Jacques Gernet
Die chinesische Welt

Die Geschichte Chinas von den

Anfängen bis zur Jetztzeit

Mit 40 Schwarz-Weiß-Tafeln,

16 Abbildungen im Text und

31 Karten und Plänen

Insel Verlag

Aus dem Französischen von Regine Kappeler
Titel des französischen Originals: *Le Monde chinois*

Für die deutsche Ausgabe durchgesehen
und auf den neuesten Stand gebracht

Fünfte Auflage 1987

Druck: Nomos Verlagsgesellschaft, Baden-Baden
Printed in Germany

Die chinesische Welt

INHALTSÜBERSICHT

Einleitung

DAS ALTERTUM

Teil 1: Vom archaischen Königtum zum Zentralstaat (17.-3. Jh. vor Chr.)

I. Das archaische Königtum
II. Das Zeitalter der Fürstenstaaten
III. Die Entstehung des zentralisierten Staates
IV. Das Erbe des Altertums

DIE KRIEGERISCHEN REICHE

Teil 2: Aufstieg, Entwicklung und Niedergang des Zentralstaates (2. Jh. vor Chr. – 2. Jh. nach Chr.)

I. Die Zeit der Eroberungen
II. Ursachen und Folgen der Expansion
III. Der Aufstieg der Gentry und die Krise der politischen Institutionen
IV. Die Kultur der Han-Zeit

Teil 3: Das Mittelalter (3.-6. Jh.)

I. Barbaren und Aristokraten
II. Die Kultur im Mittelalter

Teil 4: Von der Wiedervereinigung zur Zersplitterung (7.-10. Jh.)

I. Das Aristokratenreich
II. Der Übergang zum Reich der Mandarine
III. Von der Öffnung Chinas für ausländische Einflüsse zur Rückkehr zu den Quellen der klassischen Tradition

DAS REICH DER MANDARINE VON DER SONG-DYNASTIE ZUR MING-DYNASTIE

Teil 5: Die chinesische »Renaissance« (11.-13. Jh.)

I. Die neue Welt
II. Kultur und Wissenschaft in der chinesischen »Renaissance«

Teil 6: Von den sinisierten Reichen zur Mongolenherrschaft (11.-14. Jh.)
I. Die sinisierten Reiche
II. Mongolensturm und Mongolenherrschaft

Teil 7: Die Herrschaft der Autokraten und der Eunuchen (14.-17. Jh.)
I. Wiederaufbau und Expansion
II. Politische, soziale und ökonomische Veränderungen
III. Der Beginn der Neuzeit in China und die Krise am Ende der Ming-Zeit
IV. Das geistige Leben in der Ming-Zeit

DAS CHINA DER NEUZEIT

Teil 8: Der autoritäre Patriarchalismus (17.-18. Jh.)
I. Die Eroberung Chinas und die Errichtung der Mandschu-Herrschaft
II. Die aufgeklärten Despoten
III. Das geistige Leben von der Mitte des 17. bis zum Ende des 18. Jahrhunderts

Teil 9: Vom Niedergang zur Fremdbestimmung und Selbstentfremdung
I. Die große Rezession
II. Die soziale Explosion und ihre Folgen
III. Das Scheitern der Modernisierung und das weitere Eindringen des Auslandes
IV. Die geistigen Strömungen im 19. Jahrhundert

DAS MODERNE CHINA

Teil 10: Das gedemütigte China (erste Hälfte des 20. Jh.)
I. Der Zerfall der traditionellen Wirtschaft und Gesellschaft
II. Die politische Entwicklung in der ersten Hälfte des 20. Jahrhunderts
III. Die philosophische und literarische Entwicklung

Teil 11: Ein neues Kapitel der Geschichte
Die chinesische Volksrepublik

Das ausführliche Inhaltsverzeichnis befindet sich am Ende des Buchs.
Alle Karten wurden von Thierry Daullé und Catherine Meuwèse entworfen und von der Société Graphique et Cartographique ausgeführt.

»In diesen Tagen, seit ich Sie nicht gesehen«, sagte er, »habe ich vieles und mancherlei gelesen, besonders auch einen chinesischen Roman, der mich noch beschäftiget und der mir in hohem Grad merkwürdig erscheint.« »Chinesischen Roman?« sagte ich. »Der muß wohl sehr fremdartig aussehen.« »Nicht so sehr, als man glauben sollte«, sagte Goethe. »Die Menschen denken, handeln und empfinden fast ebenso wie wir, und man fühlt sich sehr bald als ihresgleichen . . .« »Aber«, sagte ich, »ist denn dieser chinesische Roman vielleicht einer ihrer vorzüglichsten?« »Keineswegs«, sagte Goethe, »die Chinesen haben deren zu Tausenden und hatten ihrer schon, als unsere Vorfahren noch in den Wäldern lebten . . .«

Eckermann, Gespräche mit Goethe, Mittwoch, den 31. Januar 1827.

Im vorliegenden Werk wird für das Chinesische die offizielle Transkription der Volksrepublik China (1958) verwendet, außer für Namen, die sich bei uns eingebürgert haben, wie Peking, Kanton, Nanking usw.

Umschrifttabelle
(in runder Klammer das Wade-Giles-System, in eckiger Klammer die für das Deutsche gebräuchliche Umschrift von Othmer-Lessing)

	nicht aspirierte Verschlußlaute			aspirierte Verschlußlaute			Reibelaute		
Labiallaute	b	(p)	[b]	p	(p')	[p]	f	(f)	[f]
Dentallaute	d	(t)	[d]	t	(t')	[t]			
Präpalatallaute	z	(ts)	[ds]	c	(ts')	[ts]	s	(s)	[s]
Retroflexe Laute	zh	(ch)	[dsch]	ch	(ch')	[tsch]	sh	(sh)	[sch]
Palatallaute	j	(ch)	[dj]	q	(ch')	[tj]	x	(hs)	[hs]
Alveolarlaute	g	(k)	[g]	k	(k')	[k]	h	(h)	[h]
Nasallaute: n, m				Liquide: r (j) [j]					

Im Vokalsystem wird der Nullgrad (vollkommenes Fehlen eines Vokals) nach präpalatalen und retroflexen Lauten durch ein *i* (z. B. *zi, chi*) und vor einem liquiden Laut durch ein *e (er)* wiedergegeben. Das *u* entspricht dem deutschen u, außer nach *y, j* und *q,* wo es für den Laut ü eintritt. Die Diphtonge *(ai, ao)* und die Triphtonge *(iao, uai)* werden gebunden gesprochen. Die Laute i und u vor folgendem Vokal sind halbvokalisch (z. B. kuang sprich etwa wie kwang, lien wie ljien).

Vorbemerkungen der Übersetzerin

1. Sofern für Titel von chinesischen Werken in der deutschen sinologischen Fachliteratur Übersetzungen existieren, wurden diese übernommen (z. B. für literarische Werke aus Feifel-Nagasawa, für historische Werke aus Franke-Trauzettel). Sind mehrere Varianten vorhanden, so habe ich die eingebürgerte deutsche Übersetzung ausgewählt, falls es eine solche gibt (z. B. für das Shuihuzhuan – »Die Räuber vom Liang Schan Moor«), andernfalls die dem chinesischen Original am nächsten stehende Version. War keine deutsche Übersetzung auffindbar, so wurde die Titelinterpretation Gernets ins Deutsche übertragen. Das chinesische Original steht in allen Fällen in Klammer dabei.

2. Adels- und Beamtentitel sowie Bezeichnungen für Verwaltungseinheiten wurden dagegen immer aus dem Französischen übersetzt, da im Deutschen eine einheitliche Terminologie fehlt und es sich bei den (in diesem Falle französischen) Entsprechungen für chinesische Begriffe jeweils schon um eine Interpretation des Autors handelt.

3. Geographische Namen wurden im allgemeinen verdeutscht, außer chinesischen und japanischen Ortsnamen, bei denen nur die allerüblichsten (wie Peking, Schanghai usw.) in der eingebürgerten deutschen Form übernommen wurden. Alle anderen chinesischen Namen – dies gilt auch für Personennamen – stehen in Pinyin-Transkription (z. B. Xi'an statt Hsi-an oder Sian, Qingdao statt Tsingtao).

4. Bei der Transkription indischer, arabischer, türkischer, vietnamesischer u. a. Namen herrscht im Deutschen keine Einheitlichkeit. Sie wurde im allgemeinen aus der Reihe »Fischer Weltgeschichte« übernommen.

EINLEITUNG

Das Ziel dieses Buches – oder besser gesagt sein Bemühen – ist es, in die Geschichte der chinesischen Welt einzuführen. Es sollen die Etappen ihrer Entwicklung, ihre sukzessiven Erfahrungen, die Beiträge aus aller Welt, die sie im Laufe der Jahrhunderte bereichert haben, und die Einflüsse aufgezeigt werden, die sie ihrerseits auf die Weltgeschichte ausgeübt hat.[1] Das heutige China ist Produkt und Endpunkt einer langen Geschichte. Ebenso wie man unsere europäischen Länder nicht ohne ihre Entstehungsgeschichte seit der Renaissance, dem Mittelalter und der Antike zu kennen behaupten darf, verkennt man China vollständig, wenn man seine gewaltige historische Dimension außer acht läßt.

Die Bedeutung Chinas erklärt sich nicht allein durch die Zahl seiner Einwohner und die – heute allerdings zum größten Teil erst potentielle – Macht dieses 900-Millionen-Staates; sie ist allgemeinerer Art und liegt ebenso sehr in seiner Vergangenheit wie in seiner Gegenwart: die chinesische Kultur war Vorbild für einen großen Teil der Menschheit, dem sie ihre Schrift, ihre Technik, ihre verschiedenen Weltanschauungen, Religionen und politischen Institutionen weitergab. Korea, Japan, Vietnam gehören als Länder chinesischer Besiedlung zum selben Kulturkreis. Aber Chinas Ausstrahlung reichte noch viel weiter: bis zu den türkischen, mongolischen und tungusischen Völkern der Mongolei und des Altai, nach Zentralasien, Tibet und ganz Südostasien. Sie hat auch weiter entfernte Länder berührt: Der Westen, der bis zum heutigen Tag bei China immer wieder Anleihen gemacht hat, weiß über diese Einflüsse, ohne die er heute anders aussehen würde, kaum Bescheid.

Es kann sich hier nur um den Versuch einer Synthese handeln. Denn wenn auch die Gesamtheit der wissenschaftlichen Arbeiten, die chinesische, japanische und westliche Forscher zur Geschichte der chinesischen Welt und der chinesischen Kultur leisteten, nicht mit der gewaltigen Forschungsarbeit verglichen werden kann, die unserer klassischen Antike und unseren europäischen Ländern gewidmet wurde, so sind die Untersuchungen dennoch schon viel zu zahlreich, um alle herangezogen und ausgewertet werden zu können. Bei dem Versuch, dreieinhalb Jahrtausende so faktenreicher und vielfältiger Geschichte zu umfassen, sind Lücken, Mängel und Irrtümer unvermeidlich.

Dazu kommen Schwierigkeiten anderer Art. Demjenigen, der sich mit Ostasien zum erstenmal befassen will, fehlt ein ganzer Grundstock von Kenntnissen, die ebenso sehr im unbewußten Lernprozeß des täglichen Lebens wie im eigentlichen Unterricht erworben werden. Obwohl ein Drittel der Menschheit in jenem Erdteil

---

1 Es waren dabei das Fehlen jeglichen Handbuchs und der äußerst niedrige Wissensstand über China zu berücksichtigen, ganz zu schweigen von den falschen Vorstellungen und Vorurteilen. Daraus ergab sich die Notwendigkeit, die Fakten schrittweise in ihren historischen Kontext einzuordnen und gleichzeitig die engen Verbindungen zwischen den einzelnen Entwicklungsbereichen – Gesellschaft, politische Systeme, Wirtschaft, Beziehungen Chinas zu anderen ostasiatischen und eurasischen Kulturen, Technik, Geistesleben usw. – herauszuarbeiten.

lebt und diese Menschen heute, auf unserer kleingewordenen Welt, unsere Nachbarn sind, ist unsere Bildung entschieden »abendländisch« geblieben. Es erfordert allerdings eine große Denkanstrengung, Europa aus einem Blickwinkel zu betrachten, aus dem es nur mehr als Anhängsel des eurasischen Kontinents und seine Geschichte nur mehr als Sonderfall derjenigen Eurasiens erscheint.

Raum und Bevölkerung

Die Geschichte der chinesischen Welt ist die eines geographischen Raums von riesigen Ausmaßen, der alles andere als homogen genannt werden kann: Er erstreckt sich von Sibirien bis zum Äquator und von den Küsten des Pazifischen Ozeans bis ins Herz des eurasischen Kontinents. Die Kenntnis der unterschiedlichen geographischen Bedingungen und der allgemeinen Struktur dieses gewaltigen Raums ist für ein Verständnis seiner Geschichte unerläßlich. Hier können allerdings nur die Grundzüge skizziert werden: der massive Charakter des Kontinentalblocks, der im Südwesten von den riesigen Gebirgsketten und von den Hochplateaus des Himalaja, die sich bogenförmig um den Hindukusch zur indochinesischen Halbinsel erstrecken, betont wird; die von Wüsten durchzogene Steppenzone (oder, genauer gesagt, Präriezone), die den Raum zwischen den sibirischen Wäldern und dem Kulturland Nordchinas einnimmt; die fruchtbaren Ebenen, die durch Anschwemmungen der großen Flüsse entstanden sind (das Sungari-Becken und das Liao-Becken in der Mandschurei, die große zentrale Tiefebene Nordchinas von über 300 000 km^2, das mittlere und untere Yangzi-Becken, die Tiefebene von Kanton, das Becken des Roten Flusses in Vietnam und andere Flußbecken der indochinesischen Halbinsel usw.); die ausgedehnten Küsten, die sich von der Amur-Mündung bis zur malaiischen Halbinsel erstrecken, und die ununterbrochene Kette von großen und kleinen Inseln vom japanischen Archipel bis zum noch ausgedehnteren Komplex der großen indonesischen Inselwelt (Philippinen, Borneo, Celebes, Java, Sumatra). Dazu kommt noch die Heterogenität des Klimas: die Gebiete im Süden und Osten sind den periodischen Einflüssen des Monsuns ausgesetzt. Innerasien hat trockenes Kontinentalklima. Ebenso wichtig ist der Einfluß des Breitengrads: so ist China sowohl das Land sibirischer Kälte und strenger Winter als auch dasjenige feuchter und schwüler Tropenhitze.

Die Völker, die diese Regionen bewohnen, unterscheiden sich beträchtlich in ihrer Lebensweise, ihrer Kultur und Sprache. Das Kriterium der Sprache ist wohl das augenfälligste.

Die Sprachen Ostasiens[1]

Die in Ostasien und in der Volksrepublik China gesprochenen Sprachen gehören fünf verschiedenen Sprachgruppen an. Ihre geographische Verteilung ist relativ klar, außer in Südchina und auf der indochinesischen Halbinsel, wo extreme Sprachvermischung herrscht.

---

1 Außer dem Japanischen sind alle in der Übersicht genannten Sprachgruppen in der Volksrepublik China und in Taiwan vertreten. Zusätzlich soll noch die indoeuropäische Sprachfamilie erwähnt werden, die in der Volksrepublik China durch 15 000 Tadschiken (iranische Sprachgruppe) und durch 9 700 Russen vertreten ist.

»ALTAI«-SPRACHEN			NORDOSTASIATISCHE SPRACHEN	
Türkische Gruppe	*Mongolische Gruppe*	*Tungusische Gruppe*	*Koreanisch*	*Japanisch*
Uigurisch	Mongolisch	Mandschurisch		
Kasachisch	Dachurisch	Xibo		
Usbekisch		Hezhe		
Tatarisch				
Salar		Olunchun		
Kirgisisch				
Yugu				

SINO-TIBETISCHE SPRACHEN			
Tibeto-birmanische Gruppe	*Thai-Gruppe*	*Miao-Yao*	*Chinesische Gruppe*
tibetische Dialekte Birmanisch Sprachen der tibeto-birmanischen Minoritäten SW-Chinas und der indochinesischen Halbinsel	Siamesisch Laotisch Sprachen der Thai-Minoritäten SW-Chinas u. der indochinesischen Halbinsel	Sprachen der Minoritäten SW-Chinas und der indochinesischen Halbinsel	nordchinesische Dialekte Wu-Dialekte Kantonesische Dialekte Dialekte von S-Fujian Dialekte von N-Fujian Hakka-Dialekte Dialekte von Hunan

AUSTROASIATISCHE SPRACHEN (MON-KHMER)	»MALAIISCH-POLYNESISCHE« SPRACHEN
Khmer (Kambodschanisch) Cham (Minoritäten der Ostküste Vietnams und Kambodschas) Mon (Niederburma) Sprachen der Mon-Khmer-Minoritäten von Yunnan, der indochinesischen Halbinsel u. der Nikobaren.	Malaiisch Javanisch Weitere »malaiisch-polynesische« Sprachen Indonesiens Sprachen der ethnischen Minderheiten von Taiwan

– Zwischen Sibirien und Nordchina, das von einer Mehrheit mit chinesischer Sprache und Kultur besiedelt ist, leben Völker der türkischen, mongolischen und tungusischen (früher als »ural-altaisch« bezeichneten) Sprachgruppen, die sich bis Zentralasien und darüber hinaus ausgebreitet haben.
– Koreanisch und Japanisch bilden eine eigene Gruppe, weil sie sich vom linguistischen Standpunkt aus grundsätzlich vom Chinesischen und den mit ihm verwandten Sprachen unterscheiden, und obwohl sie beide zu den türkischen, mongolischen und tungusischen Sprachen einige Affinitäten zu haben scheinen.
– Die Völker der sino-tibetischen Sprachgruppe bewohnen die Hochplateaus und Gebirge des Himalaja, die verschiedenen Länder der indochinesischen Halbinsel und das eigentliche China mit seinen 21 Provinzen, die sich vom Amur-Tal und der Mongolei bis zu den Grenzen Burmas, Laos' und Vietnams erstrecken. In dieser großen und heterogenen Gruppe ist nach der Zahl der Sprecher natürlich die Gruppe der chinesischen Dialekte die bedeutendste.
– Die Gruppe der Mon-Khmer-Sprachen, die in China selbst kaum gesprochen werden, ist auf der indochinesischen Halbinsel besser vertreten.
– Weiter südlich werden die »malaiisch-polynesischen« Sprachen in einem Gebiet

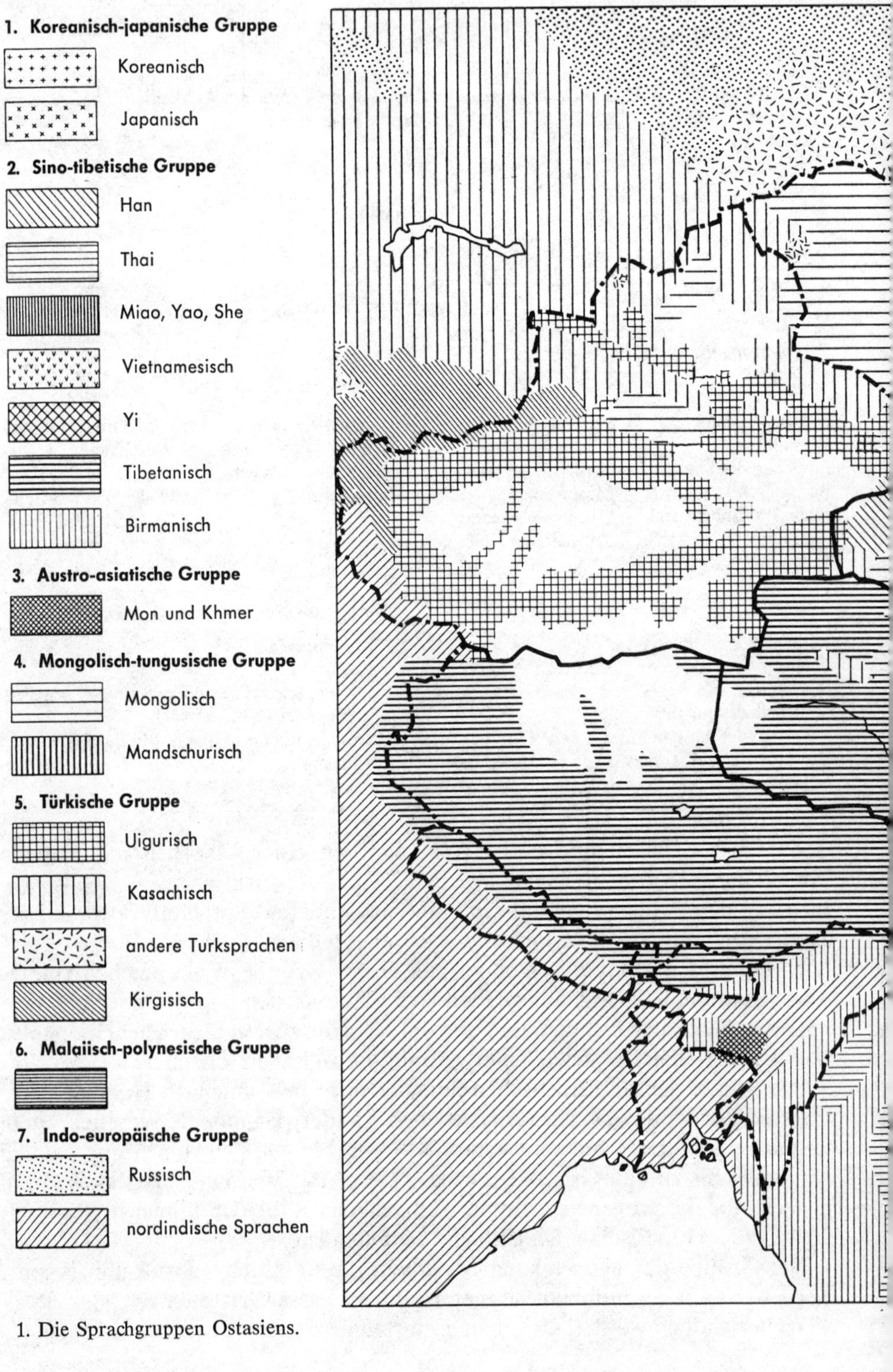

1. Die Sprachgruppen Ostasiens.

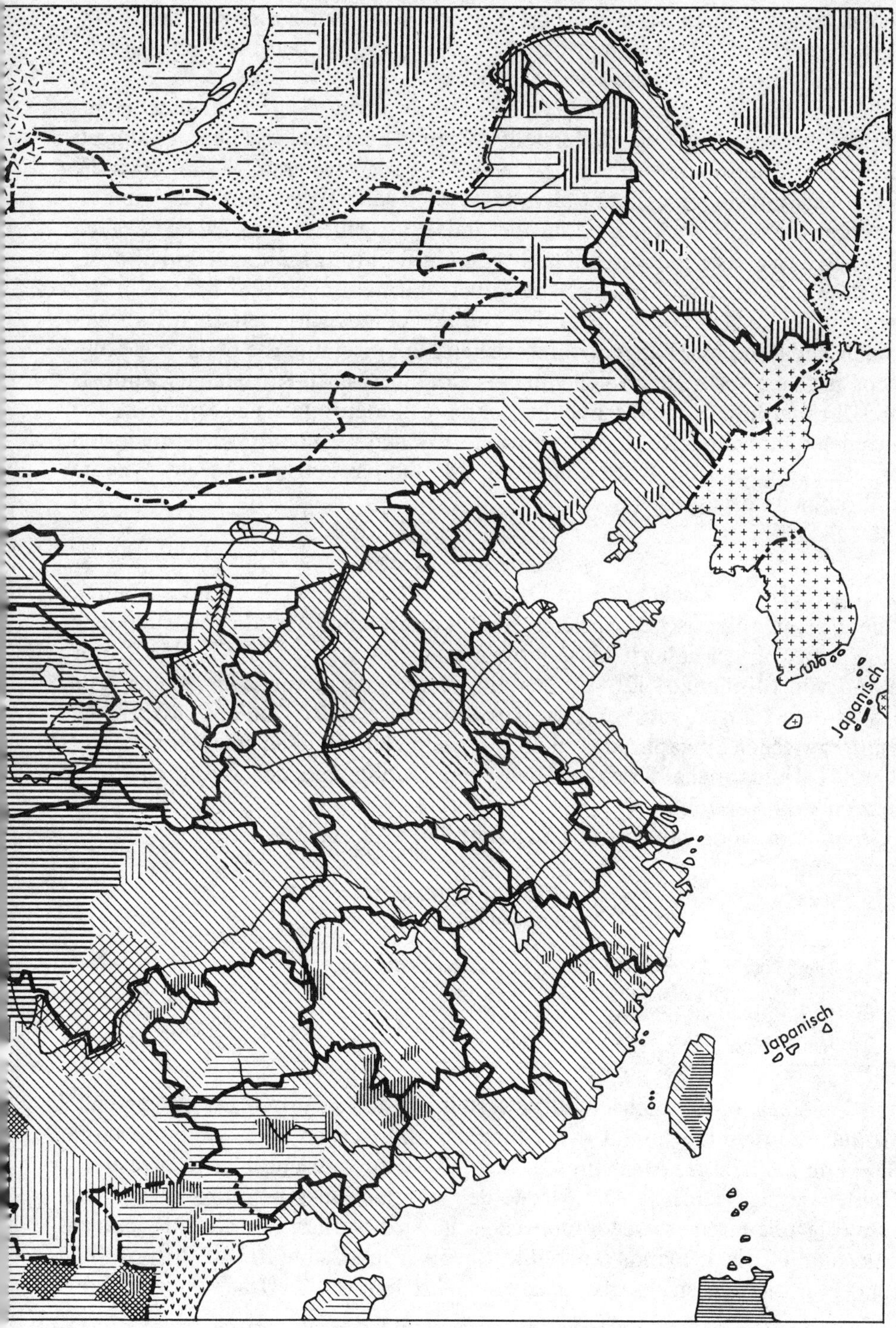
Japanisch
Japanisch

gesprochen, das vor allem Malaysia und die großen südostasiatischen Inseln umfaßt, sich aber tatsächlich im Osten bis Melanesien, im Norden bis Taiwan (Formosa) und im Westen bis Madagaskar erstreckt.

Diese Verteilung der verschiedenen Sprachgruppen trägt Spuren einer sehr langen Geschichte, deren Ergebnis sie darstellt. Wenn es auch praktisch unmöglich ist, die sprachliche Situation der frühen Geschichte zu rekonstruieren, so sind doch die großen Entwicklungslinien bekannt. Seit dem ersten Jahrtausend hat eine Ausbreitung der chinesischen Sprachgruppe stattgefunden, ausgehend vom Tal des Gelben Flusses gegen das Yangzi-Becken hin und später in Richtung Südchina und Südostasien; das Gebiet der Thai-Sprachen, der tibeto-birmanischen und Mon-Khmer-Sprachen verlagerte sich vom Yangzi-Tal und den chinesisch-tibetischen Randgebieten nach Südchina und zur indochinesischen Halbinsel hin; die malaiisch-polynesischen Sprachen verbreiteten sich von den südchinesischen Küsten nach Südostasien und darüber hinaus. Und schließlich sind die indoeuropäischen Sprachen, die während vieler Jahrhunderte in den zentralasiatischen Oasen gesprochen wurden (die Sprachen von Kutscha, Karaschahr und Khotan ostiranische Dialekte), heute dort vollkommen ausgestorben.

Die Han

Im gewaltigen geographischen Raum Ostasiens mit seinem Völkergemisch bilden heute die Völker chinesischer Sprache und Kultur, die Han, die bedeutendste Gruppe. Sie bewohnen nahezu 15 Millionen km² von Sibirien (54° N) bis Timor (10° S) und von Mindanao (126° O) bis zum Herzen des eurasischen Kontinents (73° O, was dem Längengrad von Bombay an der Westküste Indiens entspricht). Die Distanz zwischen Singapur, das zu drei Vierteln von Chinesen bevölkert ist, und dem Amur-Tal entspricht derjenigen zwischen Dublin und der Westgrenze der chinesischen Volksrepublik.

Die Gesamteinwohnerzahl beträgt ungefähr 900 Millionen.

Die Han-Völker Ostasiens
(in Millionen)[1]

Han in der Volksrepublik China	660 (Schätzung von 1970)
Hui (chinesische Mohammedaner)	4
Han in Taiwan (Formosa)	13
Han in Südostasien	11

Die Han-Bevölkerung ist ungleichmäßig verteilt; in den 21 Provinzen des eigentlichen China – zu dem die Insel Taiwan hinzugezählt werden muß –, die mit ihren 4 600 000 km² beinahe die Ausdehnung Europas bis zur sowjetischen Grenze erreichen, bildet sie die Mehrheit. Die Fläche der einzelnen dieser 21 Provinzen, von denen im folgenden immer wieder die Rede sein wird, variiert zwischen derjenigen Rumäniens und Griechenlands; auch ihre Bevölkerungsdichte ist mit Europa vergleichbar. Nur die sehr stark urbanisierte Provinz Jiangsu übertraf schon im Jahr

1 Erwähnt sei außerdem die Existenz chinesischer Kolonien in Indien, Madagaskar, Südafrika und Nord- und Südamerika.

1957 die Bevölkerungsdichte der Niederlande (Schanghai zählt heute 10,5 Millionen Einwohner, Nanking 1 600 000, zahlreiche weitere Städte in Jiangsu haben über eine Million Einwohner).

Es existiert aber auch ein »äußeres China«, das von den chinesischen Bevölkerungsgruppen gebildet wird, die sich in den meisten südostasiatischen Ländern (indochinesische Halbinsel, Indonesien, Philippinen) angesiedelt haben. Diese Gruppen sind besonders zahlreich in Malaysia (über ein Drittel der Bevölkerung), in Sarawak (an der Nordwestküste von Borneo) und in Thailand; auch in Vietnam, Kambodscha, Java und auf den Philippinen stellen sie einen nicht unwesentlichen Faktor dar. Singapur, die malaysischen Städte Penang und Malakka, Cholon in Vietnam sind chinesische Städte.

Die verschiedenen Völker chinesischer Sprache und Kultur bilden bei weitem kein einheitliches Ganzes; sie unterscheiden sich voneinander durch ihre Traditionen, Gebräuche, ihre ethnische Zusammensetzung und ihre Dialekte. Das Fehlen des nationalen Kriteriums, mit Hilfe dessen wir in Europa so klar zwischen Franzosen, Spaniern, Italienern und Rumänen unterscheiden können, verschleiert in der chinesischen Welt eine Vielfalt, die das Produkt ihrer Geschichte ist und sicherlich in der Vergangenheit stärker war als heute, da Schulunterricht und erleichterte Kommunikation die Eigenart der einzelnen Gebiete verwischen. Die Erforschung der Geschichte der Besiedlung Chinas durch die Han sowie die Ethnographie der verschiedenen Völker chinesischer Sprache und Kultur wären eine gewaltige Aufgabe, die noch nie systematisch in Angriff genommen worden ist und für die häufig die Quellen fehlen.

Vergleich zwischen den Oberflächen der Provinzen mit mehrheitlicher Han-Bevölkerung und der europäischen Länder
(in km²)

Chinesische Provinzen		Europäische Länder	
Sichuan	569 000	Frankreich	550 800
		Spanien	504 900
Heilongjiang	463 600	Schweden	449 200
Yunnan	436 200		
Gansu	366 000	Polen	311 700
		Italien	301 100
		Rumänien	243 400
Guangdong	231 400		
Guangxi	220 400		
Hunan	210 500		
Hebei	202 700		
Shenxi	196 750		
Hubei	187 500		
Jilin	187 000		
Guizhou	174 000		
Henan	167 000		
Jiangxi	164 800		
Shanxi	157 100		
Shandong	153 300		
Liaoning	151 000		

Anhui	139 900	Griechenland	132 500
		Tschechoslowakei	127 800
Fujian	123 100	Bulgarien	110 950
Jiangsu	102 200		
Zhejiang	101 800	Ungarn	93 000
		Schweiz	41 300
Taiwan	35 960	Belgien	30 560

Obwohl sie als »Dialekte« bezeichnet werden, womit bei uns eigentlich eine regional begrenzte Form einer bestimmten Sprache gemeint ist, werden die chinesischen Dialekte von Millionen gesprochen; die Unterschiede zwischen ihnen sind ebenso groß wie diejenigen zwischen den europäischen Sprachen einer Sprachgruppe, und sie gliedern sich zu größeren Gruppen, innerhalb deren beträchtliche Varianten bestehen.

Die nordchinesischen Dialekte bilden immerhin eine ziemlich homogene Gruppe; sie wurden im Jahr 1953 von 387 Millionen Menschen gesprochen und verteilen sich auf vier verschiedene Gruppen. Die relative Einheitlichkeit dieser Dialekte kann ihre Erklärung in dem Völkergemisch finden, das sich im Laufe der Jahrhunderte in allen Gebieten zwischen der Mongolei und dem Yangzi-Becken gebildet hat, und außerdem in der zum Großteil jungen Besiedlung der Nordostprovinzen (Mandschurei) und des Südwestens (Yunnan und Guizhou). Dagegen zeugen die dialektale Zersplitterung im Süden und Südosten sowie der archaische Charakter mehrerer dieser Dialekte von der relativen Stabilität der Bevölkerungsgruppen dieser Gegenden; die Erhaltung gewisser Züge des alten Chinesischen läßt sich aus den aufeinanderfolgenden Kolonisationswellen durch die Han-Bevölkerung seit dem Ende des Altertums erklären.

Einwohnerzahl und Bevölkerungsdichte der Provinzen mit mehrheitlicher Han-Bevölkerung
(offizielle Zahlen von 1957)[1]

BEVÖLKERUNG			DICHTE		
Provinz	Bevölkerung	europ. Land mit vergleichbarer Einwohnerzahl	Provinz	Dichte	Dichte in den europ. Ländern
Sichuan	72 160 000		Heilongjiang	32	
Shandong	54 030 000	Italien, GB	Gansu	35	
Henan	48 670 000	Frankreich	Yunnan	44	Irland 41
Jiangsu	45 230 000		Jilin	67	Spanien 64
Hebei	44 720 000		Guangxi	88	Österreich 87
Guangdong	37 960 000		Shenxi	93	Frankreich 91
Hunan	36 220 000		Guizhou	97	
Anhui	33 560 000	Spanien	Shanxi	102	Polen 102
Hubei	30 790 000	Polen	Jiangxi	113	Tschechos. 112

1 Zwar sind Zahlen aus jüngeren Jahren vorhanden; sie sind jedoch nur Extrapolationen der Zahlen von 1957 und daher weniger zuverlässig.

Zhejiang	25 280 000		Fujian	119	
Liaoning	24 090 000		Sichuan	127	
Guangxi	19 390 000	Rumänien, Jug.	Liaoning	159	DDR 159
Yunnan	19 100 000		Hubei	164	
Jiangxi	18 610 000		Guangdong	164	
Shenxi	18 130 000		Hunan	172	Italien 177
Guizhou	16 890 000	Niederlande	Hebei	221	GB 226
Shanxi	15 960 000		Anhui	240	BRD 233
Heilongjiang	14 860 000		Zhejiang	248	
Fujian	14 650 000	Tschechoslow.	Henan	291	
Gansu	12 800 000		(Taiwan	346)	Belgien 315
Jilin	12 550 000		Shandong	352	Niederlande 376
(Taiwan	12 429 000)[2]		Jiangsu	443	

Territorien mit Han-Minderheiten außerhalb des Kernlandes	*Bevölkerung*	*Dichte*
Autonomes Gebiet Mongolei	9 200 000	7,8
Autonomes uigurisches Gebiet Xinjiang	5 640 000	3,4
Provinz Qinghai (Kukunor)	2 050 000	2,8
Autonomes Gebiet Xizang (Tibet)	1 274 000	1

2 1972: 15 500 000, 1975: 16 100 000

Die chinesischen Dialekte
(nach Statistiken von 1953, in Millionen)

Nordchinesische Dialekte (4 Gruppen)	387
Wu-Dialekte (4 Gruppen)	46
Dialekte von Guangdong (5 Gruppen)	27
Dialekte von Hunan und Jiangxi ...	26
Hakka-Dialekte	20
Dialekte von Süd-Fujian	15
Dialekte von Nord-Fujian	7
Gesamtzahl	528

In diesen Zahlen sind weder die Han-Bevölkerung von Taiwan (heute 16 Millionen, von denen die Mehrheit einen Dialekt von Süd-Fujian spricht) noch die chinesischen Kolonien Südostasiens (11 Millionen, die je nach ihrer Herkunft kantonesische Dialekte, Hakka-Dialekte oder Dialekte von Süd-Fujian sprechen) enthalten.

Wie die europäischen Völker sind die Völker Chinas das Produkt unzähliger Völkergemische, zu denen es in der Folge von Kriegen, Invasionen, Kolonisationen, Umsiedlungen und Kontakten mit Nachbarn gekommen ist. Zur Entstehung der Han-Völker haben türkische, mongolische, tungusische, koreanische, tibeto-birmanische, Thai-, Miao und Yao-, Mon-Khmer-Ethnien und in geringerem Maß sogar weiter entfernte Völker aus den indischen und iranischen Grenzräumen und aus Südostasien beigetragen. Die ethnische Zusammensetzung Nordchinas ist im Laufe der Geschichte durch Beiträge von Völkern altaischer Sprache, die aus der Steppenzone und der nördlichen Mandschurei stammten, ständig erneuert worden; diejenige der westlichen Provinzen durch Mischehen mit Bergvölkern des Himalaja und Halbnomaden aus Qinghai. Ein ethnischer Schmelztiegel war auch Südchina, das

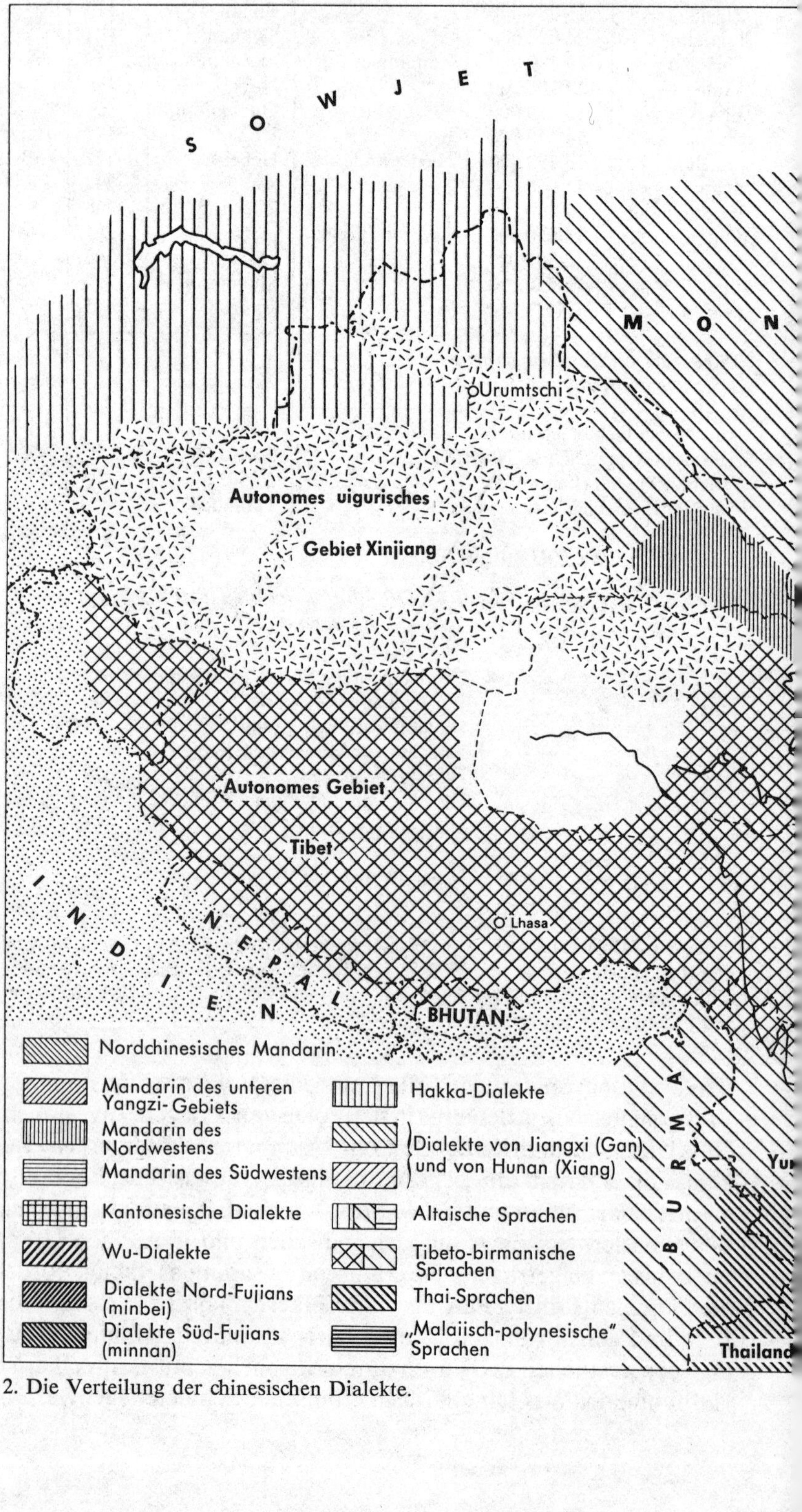

2. Die Verteilung der chinesischen Dialekte.

N I O N
L E I
Innere Mongolei
Heilongjiang
Harbin
Changchun
Jilin
Shenyang
Liaoning
Pyongyang
KOREA
Seoul
omes Gebiet
Baotou
Peking
Tianjin
Hebei
Yinchuan
Taiyuan
Autonomes Gebiet Ningxia
Shanxi
Shandong
Qingdao
zhou
ansu
Kaifeng
Luoyang
Zhengzhou
Henan
Jiangsu
Xi'an
Shenxi
Nanking
Schanghai
Anhui
Hubei
Wuhan
Hangzhou
Zhejiang
Chengdu
Chongqing
Nanchang
Changsha
Jiangxi
Hunan
Fujian
Fuzhou
Taibei
Guiyang
Guizhou
Xiamen
Taiwan
ming
Kanton
Nanning
Guangdong
Hongkong
VIETNAM
0
600 km
Luzon
Hainan

während zwei Jahrtausenden bis heute Kolonisationsgebiet blieb. Im Südwesten (in den Provinzen Guizhou, Yunnan, Hunan, Sichuan, Guangxi und Guangdong) gibt es heute noch zahlreiche nicht-chinesische Ethnien. Zwar besteht heute die Bevölkerung der Volksrepublik China zum weitaus überwiegenden Teil aus Han; die Staatsbürger Chinas, die anderen Nationalitäten angehören, machen aber immerhin 42 bis 45 Millionen aus. Über fünfzig dieser Nationalitäten sind offiziell anerkannt und genießen eine relative politische Autonomie.

Aus dem Gesagten geht hervor, daß die Han-Völker bei weitem kein homogenes Ganzes bilden, wie man es sich a priori vorstellen würde, ja daß manche Provinzen ethnisch extrem uneinheitlich sind. Im Norden und Osten der Insel Taiwan gibt es auch noch Ethnien, die malaiisch-polynesische Sprachen sprechen.

Die wichtigsten nicht-chinesischen Nationalitäten der Volksrepublik China
(offizielle Zahlen von 1957)

Name	Ethno-linguistische Gruppe	Siedlungsgebiet	Zahl
Zhuang	Thai	Yunnan, Guangdong	7 800 000
Uiguren	Türkische Gruppe	Xinjiang, West-Gansu	3 900 000
Yi	Tibeto-birmanische Gruppe	Yunnan, Guizhou, Hunan	3 260 000
Zang	Tibetische Gruppe	Tibet, Qinghai, Sichuan	2 770 000
Miao	Miao-Yao	SW-Provinzen	2 680 000
Mandschuren	Tungusische Gruppe	NO, Mongolei, Pekinger Region	2 430 000
Mongolen	Mongolische Gruppe	Mongolei, NO, Gansu, Qinghai	1 640 000
Buyi	Thai	Yunnan	1 320 000
Koreaner	Koreanische Gruppe	Nordosten	1 250 000

Diese nicht-chinesischen Völker sind die letzten Überreste einer Geschichte, die durch die stete Ausbreitung der Völker chinesischer Sprache und Kultur gekennzeichnet ist. Im Kontakt mit den eroberten Völkern und weiter entfernten Kulturen haben sich Lebensweise und Kultur der Han eben auch verändert, bereichert und differenziert. Ethnische Gemische, Entlehnungen zwischen verschiedenen Völkern und Akkulturationserscheinungen zeigen, welch entscheidende Bedeutung in historischer Perspektive die verschiedenen Lebensweisen und Kulturen haben. So gibt es Han-Völker, die zu Nomadenhirten geworden sind, und solche, die die Lebensweise der Ureinwohner Südchinas angenommen haben; andrerseits unterscheiden sich heute manche Ethnien der südchinesischen Provinzen kaum mehr von den Chinesen.

Lebensweise und Kultur

Wenn die sprachliche Situation Ostasiens und der Volksrepublik China, wo beinahe alle Sprachgruppen dieses Erdteils vertreten sind, auch bereits die komplizierte Zusammensetzung der Bevölkerung anzeigt, so gestatten andere Faktoren eine plastischere Gliederung. Sammeln, Jagen und Fischen, Viehzucht und Ackerbau sind in mehr oder weniger entwickelter Form die Grundtätigkeiten des Menschen, der sich zuerst einmal ernähren muß; ergänzt durch Raub (Beutezüge, Plünderungen und Piratentum) und Handel, stehen sie in enger Beziehung zu den Kulturen, deren Grundlage sie waren. Die Lebensweise liefert uns daher die Basis für jede allgemeine Geschichtsinterpretation.

Die ersten Gegebenheiten sind geographischer Art. Die Geographie ist es nämlich, die eine bestimmte Lebensweise begünstigt oder ihr Grenzen setzt. Von einer gewissen Höhe an und unter bestimmten klimatischen Bedingungen muß anstelle von Weizen Gerste angepflanzt werden. Die weiten Steppen der Mongolei eignen sich besser für die Großviehzucht als für den Ackerbau. Der Naßreisanbau findet bevorzugt in den bewässerten Ebenen der subtropischen und tropischen Gebiete statt usw. (Natürlich sollte man sich vor einem geographischen Determinismus hüten: So kann durch die Anlage von Terrassen der Wasserreis auch auf Hügeln und dank der Bewässerung auch in Trockengebieten angepflanzt werden.) Nordchina und die südliche Mongolei eignen sich ebenso gut zum Ackerbau wie zur Rinder-, Schaf- und Pferdezucht. Diese Spannweite, die einer bestimmten Lebensweise gegeben ist, ermöglicht ihr Vordringen bzw. ihren Rückzug sowie das Nebeneinander verschiedener Lebensweisen; alle diese Erscheinungen hatten große historische Bedeutung und erklären zum Teil die Kontakte und Entlehnungen zwischen verschiedenen Kulturen. Aber die starke Tendenz jeder menschlichen Gesellschaft, ihre eigene Lebensweise über die natürlichen Grenzen hinaus, die ihr gesetzt sind, auszudehnen, die relative Freiheit des Menschen gegenüber den geographischen Bedingungen, stehen nicht im Widerspruch zur allgemeinen Verteilung der verschiedenen Lebensweisen und somit der verschiedenen Kulturen und Zivilisationen. In dem gewaltigen geographischen Raum, den Ostasien einnimmt, kann man vier große Kulturen unterscheiden, die mit spezifischen Lebensweisen verbunden sind:
– die Kultur der Seßhaften, die vorwiegend hochentwickelten Ackerbau betreiben. Dazu gehören die Völker des chinesischen Kulturkreises sowie alle jene, die von ihm beeinflußt worden sind;
– die Kultur der Nomaden und Viehzüchter der Steppen- und Wüstengegenden zwischen der sibirischen Taiga und dem bebauten Ackerland Nordchinas, zwischen der Mandschurei und dem unteren Wolgabecken;
– die Kultur der Bergvölker des Himalaja-Massivs und seiner Randgebiete, die sowohl Viehzucht als auch Ackerbau betreiben;
– die Mischkulturen der Tropenzone, bei denen zusätzlich zu mehr oder weniger primitiven Ackerbautechniken noch Jagd und Viehzucht betrieben werden. Heute sind diese ehemals blühenden Kulturen im Aussterben begriffen.

Außer diesen vier großen Kulturen muß der Vollständigkeit halber noch diejenige der seßhaften Händler der zentralasiatischen Oasen angeführt werden.

Die hochentwickelte Kultur der seßhaften Ackerbauern

Überall auf der ganzen Welt waren es die höchstentwickelten Anbautechniken, die die größte Bevölkerungsvermehrung, die Bildung eines bedeutenden Produktionsüberschusses und die Entstehung organisierter Staaten ermöglicht haben; auf diese Weise sind die großen Hochkulturen entstanden. In der Bevölkerungsgruppe, die allmählich alle fruchtbaren Ebenen, alle Täler und Hochplateaus Ostasiens besiedelt und andere Völker mit ähnlichen geographischen Bedingungen zu ihrer Lebensweise bekehrt hat, muß man zwei verschiedene Arten von Ackerbau unterscheiden:
– den Trockenfeldbau, der auf das Neolithikum zurückgeht und dessen Grundlage

der Anbau von Gerste und verschiedener Hirse- und Weizenarten ist. In der Trockenzone Nordchinas hat eine gelegentliche Bewässerung zur Erhöhung des Ertrags und zu regelmäßigeren Ernten geführt. Zwar ist in diesen Regionen der Ackerbau vorherrschend; die Viehzucht (Rinder, Schafe, Pferde) hat jedoch in früher Zeit (2. und 1. Jahrtausend) eine verhältnismäßig wichtige Rolle gespielt und war auch später lange Zeit hindurch nicht unbedeutend. Im Gegensatz zu den Nomaden und Bergvölkern jedoch haben die seßhaften Ackerbauern den Genuß von Milch abgelehnt und dem Fleisch nur eine geringe Rolle in ihrer Ernährung zuerkannt;

– den Naßreisanbau, der sich allmählich im Laufe der ersten zehn nachchristlichen Jahrhunderte entwickelt und erst gegen Ende dieser Periode seine volle Blüte erreicht hat. Es handelt sich um eine Anbautechnik, die wahrscheinlich in mehreren Regionen entwickelt wurde (hauptsächlich in Nord-Indien und im unteren Yangzi-Becken), die sich jedoch mit großem Erfolg in allen warmen und feuchten Gegenden, wo eine Bewässerung möglich ist, durchgesetzt hat (in den subtropischen und tropischen Ebenen und Tälern Chinas, auf der indochinesischen Halbinsel, in Indonesien, Korea und Japan). Die Entwicklung der Reiskultur stellt in der Geschichte Ostasiens eine völlig neue Etappe dar; vom 8. bis 10. Jahrhundert an hat sie den Völkern dieses Erdteils sozusagen neues Leben eingehaucht.

Die Geschichte der hochentwickelten Ackerbauformen in Ostasien ist im übrigen sehr komplex. Sie ist gekennzeichnet durch eine ganze Reihe von Fortschritten und Umwandlungen. Neben der Perfektionierung der Reisanbautechniken haben in den letzten tausend Jahren die Züchtung ertragreicherer Arten, die Einführung des Sorghum im 13. Jahrhundert und amerikanischer Pflanzen vom 16. Jahrhundert an (Süßkartoffel, Erdnuß, Mais, Tabak, Kartoffel) radikale Umwälzungen mit sich gebracht.

Die nomadischen Viehzüchter der Steppenzone

Diese Völker der »proto-altaischen« und »altaischen« Sprachgruppe haben in der Geschichte der chinesischen Welt eine wesentliche Rolle gespielt und auf deren Kultur einen tiefen Einfluß ausgeübt. Ihre Hauptmerkmale sind:

– die Mobilität der Behausungen (Jurten), der Viehherden (Rinder, Schafe, Pferde, Kamele, Yaks) und anderer Güter (der Schmuck der Frauen stellt einen der mobilen Reichtümer der Nomaden dar). In der Regel überschreitet die Entfernung zwischen den Sommerweiden in den Ebenen und den Winterweiden in geschützten Tälern 150 km nicht. Aber notfalls sind die Hirtenstämme imstande, weitere Distanzen zurückzulegen, was im allgemeinen bei der Bedrohung durch mächtigere Stämme geschieht;

– eine Lebensweise mit ständiger kriegerischer Ausbildung (Pferdedressur, Jagd, Bogenschießen oder Gewehrschießen vom Pferderücken aus);

– eine Wirtschaftsform, bei der die Viehprodukte alle grundlegenden Bedürfnisse decken (Milch, Kumys, Käse, Butter, Wolle, Felle und Pelze, getrockneter Mist als Brennmaterial). Beutezüge (d. h. Einfälle bei seßhaften Völkern oder Nachbarstämmen, Plünderung von Karawanen), Geschenke von Seßhaften sowie der Handel ergänzen diese Wirtschaftsform seit dem 10. Jahrhundert mit Metall, Getreide,

Seide, Luxusgegenständen und Tee. Die Beutezüge haben den Zweck, für den Winter Getreidevorräte anzulegen, aber oft auch, die seßhaften Völker zur Öffnung ihrer Märkte zu zwingen. Den nomadischen Viehzüchtern ist jedoch der Anbau von Gerste, Weizen und Hirse nicht ganz unbekannt, auch haben sie in gewissen Epochen eine Metallurgie entwickelt. Zudem haben sich während der ganzen geschichtlichen Zeit seßhafte Ackerbauern und Handwerker bei den Nomadenstämmen aufgehalten;

– wichtig ist außerdem die Rolle der Steppenvölker als Bindeglieder zwischen den Pelztierjägern der sibirischen Waldzone, den seßhaften Völkern, die Stoffe und Metalle herstellten, den Bergstämmen des Himalaja, den seßhaften Händlern der Oasenkette, die sich von Nordwestchina (Provinz Gansu) nach Transoxanien erstreckt, und den Völkern des Mittleren Orients und Osteuropas;

– eine Stammesgemeinschaft, die auf der Unterwerfung schwächerer Stämme durch stärkere und dem Gegensatz zwischen einer Aristokratie mit Viehbesitz und Gruppen von Sklaven oder Leibeigenen beruht;

– die Instabilität der Stammesföderationen und der politischen Einheiten, in denen die Macht des gewählten Oberhaupts durch Versammlungen bewaffneter und berittener Krieger eingeschränkt wird. Kontakte und Handelsbeziehungen zu seßhaften Völkern haben Entlehnungen sowie wirtschaftliche und soziale Wandlungen bewirkt, zunächst eine Stärkung der politischen Organisation und eine Bereicherung der Steppengesellschaften ermöglicht, aber auf lange Sicht dadurch, daß ein Teil des Nomadenstammes oder seiner Aristokratie seßhaft wurde, zu inneren Spannungen und Brüchen geführt.

Die Bergvölker des Himalaja-Massivs und seiner Randgebiete

Die Expansionszone der Bergvölker, die heute drei bis vier Millionen Menschen zählen, erstreckt sich auf ungefähr 4 Millionen km^2. Sie betreiben sowohl Ackerbau (Anbau von nicht hochwertigen, aber widerstandsfähigen Getreidearten wie vor allem Gerste, dann auch Hirse, Roggen, Buchweizen, seltener Weizen in geschützten Tälern) als auch Viehzucht (Rinder, Yaks, Pferde, Schafe, Ziegen). Die Großviehzucht, die derjenigen der Hirtennomaden der Steppenzone gleicht, ist auf den Hochplateaus von Tibet und Qinghai nicht unbekannt, jedoch überwiegt in den Berggebieten die Viehzucht mit Winterställen und Transhumanz. Die Spezialisierung als Viehzüchter, Ackerbauern oder die Kombination von beiden Formen durch dieselben Völker erklärt sich aus den unterschiedlichen Naturgegebenheiten (Hochplateaus, Berge und Täler). Während die Häuser der Ackerbauern aus Stein sind, flache Dächer und manchmal sogar die Form mehrstöckiger Türme haben, bewohnen die Viehzüchter schwarze Zelte. Die kriegerische Natur der Bergvölker des Himalaja (Tibeter, Qiang oder Tanguten, Jyarung, Nakhi oder Mo-so usw.) äußert sich in Überfällen auf Karawanen und Einfällen in Ackerbaugebiete von Seßhaften. Im Laufe der Geschichte haben sie sich nach Osten, in die heutigen Provinzen Gansu, Sichuan und Shenxi, sowie nach Norden und in die Oasengebiete ausgebreitet.

Die Mischkulturen Südchinas und Südostasiens

Diese Kulturen, die heute im Rückzug begriffen sind, waren einst bis zum Yangzi-Tal und nach Südostasien sehr weit verbreitet. Sie kombinierten Jagen und Sammeln, Viehzucht, weniger entwickelte Ackerbautechniken als die Han, Salz- und Süßwasserfischerei. Ihr Zurückweichen in Berggebiete, bedingt durch das Vordringen der Reisbauern der Ebenen, und ihr allgemeiner Rückzug gegen Süden machen eine Rekonstruktion ihrer frühen Geschichte schwierig. Einige Gruppen waren durch die Anpassung an schwierigere Umweltbedingungen gezwungen, ihre Lebensweise in eine Form von Wanderackerbau zu verwandeln, die in Ostasien schon früh belegt ist und heute noch von einem Komplex ethnischer Minderheiten Südchinas und der indochinesischen Halbinsel betrieben wird: von den Yao und Miao in Guangxi, Guangdong, Guizhou und Yunnan, den Meo oder Mhong in Nordvietnam, den Li in den Berggebieten der Insel Hainan usw. Bei dieser primitiven Ackerbauwirtschaft kennt man das Abbrennen des Busches oder Waldes; die Dörfer werden nach vier oder fünf Jahren, wenn der Boden ausgelaugt ist, weiterverlegt. Angepflanzt werden Knollengewächse (Taro, Igname oder Yams), die mit dem Grabstock gesät werden, Getreidesorten des Trockenfeldbaus, Bergreis und seit einigen Jahrhunderten auch Mais. Ein Teil dieser alten Völker, vor allem die Küstenbewohner, die sich hauptsächlich vom Fischfang ernährten, sind ausgestorben oder mit seßhaften Ackerbauern verschmolzen, die ihre Fischfangmethoden übernommen haben. Manche Gruppen sind zum Naßreisanbau übergegangen – so die Zhuang, eine bedeutende Thai-Minorität in Südwestchina, die 1957 7 800 000 Angehörige zählte, die Shan in Burma, die Thai in Vietnam (Tho, schwarze und weiße Thai, Nong) – und haben in den Deltagebieten der großen Flüsse der indochinesischen Halbinsel organisierte Staaten gegründet. Die Geschichte dieser Völker, die die Schrift kennen, ist ziemlich gut erforscht und gestattet es, ihre Wanderungen von den chinesisch-tibetischen Grenzgebieten und Südchina in südlichere Gegenden zu verfolgen (die Burmanen kamen durch das Tal des Irawadi, die Thai durch das Menam-Tal, die Khmer durch das Mekong-Tal, die Vietnamesen durch das Tal des Roten Flusses).

Die historische Entwicklung hat zu einer Verbreitung des Naßreisanbaus vom Yangzi-Tal bis Java geführt; dennoch gehört Südchina durch seine alten Völker, Sprachen und Kulturen eng zu Südostasien. Man findet die gleichen ethnischen tibetisch-birmanischen, Thai-, Miao-, Yao- und Mon-Khmer-Minoritäten sowohl in Südchina als auch in den Berggebieten der indochinesischen Halbinsel.

Einige spezifische Züge dieser kulturell verschiedenen Völker, die uns aus schriftlichen und archäologischen Quellen bekannt sind, bestehen heute immer noch: Wanderackerbau, Pfahlbauten, Büffelzucht, Zubereitung von in seinem eigenen Saft fermentiertem Fisch, Genuß von Betel, Gebrauch von Rückentragkörben, Verwendung der Mundorgel (Khene in Laos und *sheng* in China) und der Bronzetrommel, Existenz von Mythen über die Entstehung der Rassen und über die Sintflut, Schlangen- und Drachenkult, Hunde- und Tigerkult, Schamanismus usw. Einige dieser Gebräuche haben sich sogar bei den höchstentwickelten Völkern Südchinas und der indochinesischen Halbinsel eingebürgert.

Die Kulturen der Seßhaften und die Händler der zentralasiatischen Oasen

Eine ununterbrochene Kette von Oasen verbindet West-Gansu mit den Becken des Syr-darja und des Amu-darja (dem Oxus der Griechen). Sie zieht sich zu beiden Seiten der Wüste Takla-makan bis jenseits des Pamir hin, von Jiuquan und Anxi – im Norden über Hami, Turfan, Kutscha und Aksu, im Süden über Dunhuang, Charkhlik, Niya, Khotan und Jarkend – nach Kaschgar und weiter über Kokand, Taschkent, Samarkand bis nach Buchara. Diese von seßhaften Ackerbauern und Händlern besiedelten Oasen waren der Treffpunkt aller asiatischen Völker: Völker der indoeuropäischen Sprachgruppe (Bewohner von Kutscha und Khotan, Sogdier, Sarten usw.), der »altaischen« Sprachgruppe (Xiongnu, Türken, Uiguren, Mongolen usw.) und der sino-tibetischen Sprachgruppe (Chinesen, Tibeter, Tanguten usw.). Die Vielfältigkeit der im Jahr 1900 in der Nähe der Stadt Dunhuang im äußersten Westen von Gansu ausgegrabenen Papiermanuskripte des 5. bis 8. Jahrhunderts zeigt den kosmopolitischen Charakter dieser Oasenbevölkerung; Chinesen, Steppennomaden, Bergvölker des Himalaja sowie die jenseits des Pamir gegründeten Reiche haben im Laufe der Geschichte immer wieder um die Kontrolle dieser Oasen gekämpft. Neben einer Menge von chinesischen Manuskripten hat man eine Anzahl von tibetischen Texten, aber auch uigurische, sogdische (ostiranische), tangutische Dokumente, Dokumente in den Sprachen von Khotan und Kutscha, in Sanskrit und Prakrit gefunden.

Diese Oasen waren einst einer der Hauptwege, über die Einflüsse aus dem Iran, aus Indien, dem Nahen Osten und dem Mittelmeerraum nach Ostasien einströmten.

Die Verbindungswege des eurasischen Kontinents

Schließlich muß dem Einfluß entfernterer Kulturen eine wichtige Rolle zuerkannt werden. Während ihrer gesamten Geschichte standen Ostasien und China im besonderen in Verbindung mit dem Westen und dem Süden des eurasischen Kontinents. Aus dieser Verbindung ergeben sich drei Problemkreise, die miteinander in enger Beziehung stehen: die großen Handelsströme – See- und Karawanenhandel –; die großen militärischen Expansionen und die diplomatischen Beziehungen; die Verbreitung der großen Religionen und die Pilgerfahrten. In verschiedenen Epochen waren nicht dieselben Verbindungswege gleich wichtig, daher standen auch nicht dieselben Teile der Welt mit den verschiedenen ostasiatischen Regionen in Verbindung. Vom Ende des chinesischen Altertums (3. Jh. vor Chr.) bis zum 9. Jahrhundert nach Chr. haben die Oasenstraßen eine Hauptrolle gespielt. Im 13. und 14. Jahrhundert waren die nördlicheren Steppenstraßen eine wichtige Verbindungslinie zwischen der Mongolei und Nordchina einerseits, Europa und dem Mittleren Orient andererseits. Entscheidende Folgen für die Geschichte der eurasischen Kulturen hatten auch die indo-iranische Expansion zur See vom 2. bis zum 8. Jahrhundert, die islamische vom 8. bis zum 14. Jahrhundert, die chinesische vom 11. bis zum 15. Jahrhundert, die europäische von Beginn des 16. Jahrhunderts an.

In den Handelszentren der äußersten Grenze der chinesischen Welt an den großen Straßen, die den eurasischen Kontinent durchziehen, verkehrten Kaufleute, Gesandtschaften und Missionare aus Zentralasien, Indien und dem Mittleren Orient. Ebenso waren die chinesischen Küstenstädte Treffpunkt von Seeleuten und

Händlern der verschiedensten Länder: Koreanern und Bewohnern von Liaodong an den Küsten von Shandong und Jiangsu, Japanern in Zhejiang, Südostasiaten, Bewohnern des indischen Ozeans (Indern, Iranern, Arabern), und Europäern (vom 16. Jahrhundert an) in Guangdong und Fujian. Die langen Reisewege und der Jahresrhythmus des Monsuns erklären die Bildung von Ausländerkolonien, durch die fremde Einflüsse verbreitet wurden, in Häfen und städtischen Zentren. Diese Zentren lagen an den großen Handelsachsen Chinas (Straßen, die das Wei-Tal in Shenxi mit dem unteren Yangzi-Gebiet verbinden, Straßen von Kanton zum mittleren Yangzi-Raum über das Becken des Xiang in Hunan und das Becken des Gan in Jiangxi, das Yangzi-Tal und die großen Kanäle, durch die die Gegend von Hangzhou mit Kaifeng und Peking verbunden wurde usw.). Die großen chinesischen Städte – und vor allem die Hauptstädte – waren schon immer kosmopolitisch, und umgekehrt waren die chinesischen Streitkräfte, Gesandtschaften, Pilger, Kaufleute und Handwerker in allen Regionen Asiens anzutreffen.

Eine schematische Übersicht über die Lebensformen und Kulturen Ostasiens und die Einflüsse von außen tragen zum Verständnis des Reichtums und der Vielfalt dieser Welt bei. Wie jedes einzelne europäische Land hat auch jede Region des eigentlichen China und seiner Nachbarstaaten ihre eigene Geschichte, nämlich die Geschichte ihrer Bevölkerung, der politischen Einheiten, zu denen sie im Laufe der Geschichte gehört hat, der Einflüsse von Ureinwohnern, Nachbarvölkern oder weiter entfernten Völkern. In Sprache, Sitten und Gebräuchen, Menschentypus haben sich überall Züge bewahrt, die aus einer mehr oder weniger weiten Vergangenheit stammen.

Mehr als jede andere Welt war die Welt Chinas in dauerndem Kontakt mit Völkern, deren Lebensweise und Kultur sich stark von der ihrigen unterschieden. Auch jene Kulturen, von denen es beeinflußt wurde (das alte Mesopotamien, das vor-islamische Persien, Indien, die islamische Welt, der christliche Westen) waren China zutiefst fremd. Aufgrund der so unterschiedlichen Elemente, die zur Entwicklung der chinesischen Zivilisation beigetragen und sie im Laufe der Zeit bereichert und umgewandelt haben, war sie wie alle großen Kulturkreise der Welt in einem ständigen Werden begriffen.

Überblick über die historische Entwicklung Chinas

Der grundlegende Unterschied zwischen der Geschichte Chinas und der Geschichte der westlichen Länder, angefangen vom Altertum bis zum heutigen Tag, liegt in einer unterschiedlichen Genauigkeit ihrer Erforschung. Es ist nicht so, daß die Quellen fehlen, im Gegenteil: Zwar ging die Mehrheit der Archive und Manuskripte verloren, doch ist das gedruckte Schrifttum reicher als im Westen. Während die Geschichte Italiens oder Frankreichs, zum Beispiel des 16. Jahrhunderts, Jahr für Jahr erforscht ist und die historischen Veränderungen, die sich in diesem Jahrhundert vollzogen haben, soweit möglich, untersucht sind, ist die Geschichte Chinas im Westen so schlecht bekannt, daß Aussagen sich sehr oft noch auf lange Perioden von drei oder vier Jahrhunderten beziehen. So wird zum Beispiel die Ming-Zeit (1368-1644) manchmal als homogene Periode hingestellt, von der man nur einige große Ereignisse kennt; die wirkliche Geschichte dieser Epoche jedoch bleibt noch zu erforschen, die Untersuchung kürzerer Zeitabschnitte und einzelner Regionen noch zu leisten, denn von den Tropen bis Sibirien umfaßte das China der Ming-Zeit eine zehnmal so große Fläche wie Frankreich.

Vor der Entwicklung der modernen Mediävistik war man allgemein der Ansicht, unser Mittelalter sei eine Epoche der Finsternis und der Stagnation gewesen. Dann erst haben die Historiker herausgefunden, welch vielfältige Entwicklung das Mittelalter gekannt hat. Die Geschichte Chinas kann mit unserem noch unerforschten Mittelalter verglichen werden, und die ständig wiederholten Vorwürfe der Stagnation, der periodischen Rückkehr zu einem früheren Zustand, der Permanenz ein und derselben Sozialstrukturen und politischen Ideologie sind nichts anderes als Werturteile über eine noch unbekannte Geschichte. Ohne Zweifel hat die große Anzahl historischer Arbeiten, die seit Anfang unseres Jahrhunderts in Japan und in den westlichen Ländern geschrieben wurden, unseren Wissensstand erhöht. Aber man ist noch weit von dem Forschungsstand entfernt, der es erlauben würde, die Entwicklung der chinesischen Welt mit derjenigen Europas zu vergleichen; von der Erforschung historischer Details, wie sie für die Geschichte des Westens geleistet werden konnte, ganz zu schweigen.

In der Geschichte Chinas kann man jedoch recht unterschiedliche sozio-politische Organisationsformen erkennen: Zwischen dem religiösen und kriegerischen Königtum des archaischen Zeitalters (ca. 1600-900) und dem zentralisierten, von bezahlten und absetzbaren Beamten verwalteten Reich, das Ende des dritten vorchristlichen Jahrhunderts entstand, gibt es keine Gemeinsamkeiten. Die Gesellschaft des 10. bis 7. Jahrhunderts mit ihren zahlreichen Fürstentümern wiederum, deren Oberhäuptern hohe Würdenträger aus adligen Familien zur Seite standen und die gekennzeichnet waren durch hierarchische Familienkulte, war ihrerseits vollkommen eigenständig. Die Veränderungen des zentralisierten Staates seit seiner Entstehung waren viel bedeutender, als man sie sich im allgemeinen vorstellt, da sie durch die Uniformität des Vokabulars verschleiert worden sind. Auch die Entstehung einer endogamen Gutsaristokratie mit Abhängigen, die der Zentralmacht ihren Willen aufzwingt, in den Reichen des Yangzi-Tals zwischen dem 3. und 6. Jahrhundert ist ein Phänomen, das in keiner anderen Epoche und in keiner anderen Region Chinas eine Entsprechung kennt. Das politische System der beginnenden Song-Zeit (960-1279) mit seinen Parteienkämpfen in der Beamtenschaft ist eine ganz andere Welt als das am Ende des 14. Jahrhunderts durch den ersten Ming-Kaiser geschaffene autoritäre Kaiserreich. Somit gründet die Auffassung, daß mit der Abschaffung der chinesisch-mandschurischen Dynastie im Jahre 1912 ein 2000jähriges politisches System zu Ende gegangen ist, auf einem Trugbild. Es stimmt wohl, daß es zwischen dem ersten Kaiser, Qin Shi Huangdi (221-210), und dem letzten Kaiser, dem Mandschu Puyi, der als Kind unter der Regierungsdevise Xuantong (1908-1912) regierte, immer Kaiser und Dynastien gegeben hat; aber nach der Organisationsform des Staates, nach den sozialen Gruppen, die an der Macht waren (Aristokratie, Militärmachthaber, Literaten-Familien, die von ihrer Grundrente lebten, Eunuchen usw.) unterscheiden sich die einzelnen Epochen tiefgreifend voneinander. Das chinesische Kaiserreich undifferenziert für die Gesamtdauer seiner Existenz ein für allemal charakterisieren zu wollen ist ein schwerer methodischer Fehler. Politische Systeme sind lebendige Organismen, die sich unaufhörlich den sozialen und wirtschaftlichen Veränderungen anpassen, ausgenommen dann, wenn sie zeitweise mit ihnen im Widerspruch stehen.

Die Unterscheidung, die wir im allgemeinen zwischen Monarchie und Demokratie treffen, ist zu absolut. Ebenso wenig wie wir in der Geschichte Modelle reiner Demokratie finden, fehlt in den Institutionen der chinesischen Monarchie jedes Element der Mäßigung und jede Ausdrucksform des Volkswillens. Die Ausbeutung der Schwächsten, die Willkür und die Gewalt sind keine Erfindungen der chinesischen Welt, und alles in allem zeigt sich in der Geschichte der anderen Völker nicht mehr Gerechtigkeit und Humanität. Es wäre ein Leichtes, die soziale und politische Geschichte Europas in ebenso düsteren Farben zu malen wie diejenige Chinas.

In der folgenden Übersicht sollen die Veränderungen der politischen Organisationsform Chinas vom frühen Altertum bis heute dargestellt werden.

Das Altertum:

ca. 1600-900: es ist die Epoche einer Palastkultur, für die der Mittlere Orient[1] zur gleichen Zeit ähnliche Beispiele liefert. Der König, der an der Spitze einer Adelsklasse steht, deren ausschließliche Betätigung Opferdienst und Kriegführen sind, führt das Heer an und leitet den Kult. Sämtliche Aktivitäten unterstehen dem Königspalast, der gleichzeitig politische, religiöse, militärische und wirtschaftliche Funktionen ausübt.

ca. 900-500: An die Stelle dieses archaischen Königtums tritt ein System von verbündeten und rivalisierenden Adelsstaaten. Die Fürsten sind innerhalb der Hierarchie, die auf Verwandtschaft und Kultprivilegien beruht, miteinander durch familiäre, religiöse, politische, wirtschaftliche und militärische Beziehungen verbunden. Am Ende dieser Periode zerfällt dieses System, während gleichzeitig Großreiche entstehen, die miteinander in Konflikt geraten.

ca. 500-220: Diese Krise der Adelsgesellschaft wird durch die Entwicklung monarchischer Institutionen gelöst und führt zur Entstehung einer Art von zentralisiertem Staat, der sich, dank der Abschaffung der Lehensgüter und der Ausschaltung des Hochadels, direkt auf das Bauerntum als Quelle der wirtschaftlichen und militärischen Macht stützt.

Die kriegerischen Reiche:

–220 bis +190: Diese Staatsform dehnt sich durch Eroberungen auf alle ehemaligen Königreiche aus. Ihre Entwicklung nimmt jedoch einen raschen Fortschritt. Die Zentralisierung der Macht begünstigt den Palast auf Kosten der Beamtenschaft und löst daher zwei aufeinanderfolgende Krisen aus, von denen die zweite zu einer völligen politischen Anarchie führt.

190-310: Unabhängige Militärmachthaber bekämpfen einander und teilen schließlich die chinesischen Länder auf: in Nordchina, unteres Yangzi-Gebiet und Sichuan. In Nordchina entsteht eine Militärdiktatur, die dem Widerstand der immer

1 Im vorliegenden Werk wird der englische Terminus »Mittlerer Orient« verwendet, um den geographischen Raum von den nordindischen Ebenen bis zum Mittelmeer zu bezeichnen, im Gegensatz zum Begriff »Naher Osten«, der sich nur auf die östlichen Mittelmeerländer bezieht.

mächtiger werdenden reichen Grundbesitzerfamilien begegnet; diese verfügen über autarke und unabhängige Ländereien, deren Entstehung auf das 1. und 2. Jahrhundert zurückgeht.
310-590: Die nicht-chinesischen Völker, die sich seit den ersten nachchristlichen Jahrhunderten in Nordchina angesiedelt haben, gründen dort Reiche, deren Institutionen eine Synthese der chinesischen Staats- und Militärtraditionen mit denjenigen der Steppennomaden beziehungsweise der Bergvölker aus dem chinesisch-tibetischen Grenzbereich darstellen. Im Yangzi-Tal bilden die Großgrundbesitzerfamilien mit landwirtschaftlichen Gütern und Abhängigen allmählich eine endogame Aristokratie, der es gelingt, die schwache Zentralgewalt zu beherrschen. Aus den König- und Kaiserreichen des Nordens, die immer mehr sinisiert werden und sich auf eine ethnisch gemischte Militäraristokratie stützen, geht schließlich ein geeintes Reich hervor, das anfangs als deren Fortsetzung erscheint.
590-755: Es beginnt ein Kampf zwischen der chinesisch-barbarischen Aristokratie, die zu Beginn des neuen Reiches geherrscht hatte, und einer neuen Beamtenklasse, die zur Verstärkung der Verwaltung geschaffen worden war. Das System der Landzuteilungen an die Bauern sowie der Kontrolle über den Grundbesitz, das in Nordchina seit der Gründung des zentralisierten Staates besteht, verfällt und wird Ende des 8. Jahrhunderts von einem Erntesteuersystem abgelöst: An die Stelle der Rechte über die Bauern und ihre Arbeitskraft treten Ansprüche auf das Ackerland. Parallel dazu wird der zeitlich befristete Militärdienst bald darauf durch ständige Söldner ersetzt.
755-960: Die Militäraristokratie, die die chinesischen Länder geeinigt hatte, wird gleichzeitig mit der neuen Beamtenklasse, die sich im Laufe der vorangehenden Periode gebildet hat, ausgeschaltet. Militärische Glücksritter schaffen sich Söldnerheere und teilen die chinesischen Länder untereinander auf.

Das Reich der Mandarine von der Song- zur Ming-Dynastie:
960-1280: Einem der Heerführer gelingt die Wiedervereinigung der chinesischen Länder. Aber die Notwendigkeit der Verwaltungskontrolle und der wirtschaftliche Aufschwung führen rasch zu einer Vergrößerung des Beamtenkorps und zu einer Perfektionierung des Staats- und Verwaltungsapparats. Eine neue Klasse von gebildeten Familien, die von ihrer landwirtschaftlichen Grundrente lebt – und sich grundlegend von der Aristokratie des Mittelalters unterscheidet –, entsteht und beherrscht von nun an bis in die Moderne die politische Szene in China. Im 14. Jahrhundert und in der Folgezeit kommt es mit der absolutistischen Zentralgewalt zum Zusammenstoß.
1280-1370: Im Laufe der vorhergehenden Epoche hatten sich im nördlichen Grenzgebiet große nicht-chinesische Reiche gebildet, die ihre Institutionen von China übernahmen. Von Beginn des 13. Jahrhunderts an werden sie nach und nach durch die immer mächtiger werdenden Mongolen ausgeschaltet, deren autoritäres und feudales Regime eigene Züge trägt und sich auf im allgemeinen nicht-chinesische Beamte stützt. Durch Eroberungsfeldzüge Ende des 13. Jahrhunderts wird die Mongolenherrschaft auf ganz China ausgedehnt; Mitte des darauffolgenden Jahr-

hunderts kommt es zu Volksaufständen, durch die sie gestürzt wird.
1370-1520: Das Reich, das am Ende der Mongolenzeit aus den Volksaufständen hervorgegangen ist, legt von Anfang an starke autokratische Tendenzen an den Tag. Die Zentralmacht mißtraut ihren Amtsträgern und kontrolliert sie mit Hilfe einer Geheimpolizei.
1520-1644: Der Widerspruch zwischen den starren politischen Institutionen und dem tiefgreifenden sozialen und wirtschaftlichen Wandel im 16. Jahrhundert löst von ca. 1600 an eine schwere soziale und politische Krise aus, auf die kurz darauf Söldner- und Bauernaufstände folgen.

Das China der Neuzeit:

1644-1800: Sinisierte Völker, die sich im Laufe der ersten Hälfte des 17. Jahrhunderts des Nordostens (Mandschurei) bemächtigt hatten, machen sich die Anarchie in China zunutze, erobern China und treten an die Stelle der ehemaligen chinesischen Führungsspitze. Das gleich nach der Invasion errichtete militärische und feudale Regime lockert sich allmählich, und die neuen Machthaber übernehmen im wesentlichen die Institutionen der vorangehenden Dynastie, wobei sie die ehemalige Bildungsschicht zu gewinnen suchen. Die Zusammenarbeit dieser Klassen verhindert gefährliche Spannungen, wie sie in der ersten Hälfte des 17. Jahrhunderts bestanden hatten. Ein nie dagewesener Wohlstand trägt zum sozialen Frieden bei.
1800-1900: Eine staatliche Finanzkrise, die Ausbreitung der Korruption und eine wirtschaftliche Rezession führen jedoch zu einer Verschlechterung der Lage. Während der ersten Hälfte des 19. Jahrhunderts schreitet diese Entwicklung weiter fort und führt zwischen 1850 und 1870 zu einer gewaltigen sozialen Explosion. In den letzten dreißig Jahren des 19. Jahrhunderts kommt es schließlich in der Folge des wirtschaftlichen und militärischen Drucks von seiten der Westmächte und bald darauf auch Japans zur Auflösung von Staat und Gesellschaft, zum Zusammenbruch der Wirtschaft und zum Verlust der nationalen Unabhängigkeit.

Das moderne China:

1900-1976: Es entstehen neue politische Strömungen. Die wichtigste geht von der Geschäftsbourgeoisie aus, die sich, begünstigt durch die ausländischen Niederlassungen in den großen Häfen und in Südostasien, gebildet hat. Aber die tatsächliche Macht liegt in den Händen der neuen Militärmachthaber, die vom Ausland unterstützt werden. Die langdauernde Krise findet eine Teillösung in der Schaffung einer Militärdiktatur. Diese wird schließlich infolge der Entstehung von Bauernmilizen hinweggefegt, deren Führer im Jahr 1949 die chinesische Volksrepublik gründen. Das neue Regime, dessen Institutionen denen der Sowjetunion nachgebildet sind, baut die Wirtschaft rasch wieder auf und nimmt gleichzeitig eine radikale Umwandlung der Gesellschaft in Angriff. Der Rhythmus beschleunigt sich mit dem Großen Sprung nach vorn (1958-1959), dem die utopischen Konzeptionen Mao Tse-tungs zugrunde liegen. Die Naturkatastrophen von 1960-1961 und der Bruch der UdSSR mit China stellen den großen Wendepunkt der Jahre 1949-1976 dar. Pragmatische Erwägungen stehen erneut im Vordergrund, bis Mao Tse-tung mit Hilfe eines Teils der Armee die Kulturrevolution auslöst, um wieder das Steuer in die Hand zu nehmen und ein Einschläfern der Revolution zu verhindern. Aber die dem sowjetischen Modell nachgeahmten Strukturen überdauern den Sturm.

In dieser stark vereinfachten Übersicht über die politische Geschichte der chinesischen Welt werden andere wichtige Aspekte ihrer Entwicklung nicht berücksichtigt, so zum Beispiel die Ausbreitung der Völker chinesischer Sprache und Kultur, die Größe der politischen Einheiten, die Perioden militärischer Expansion und der Kolonisation. Bei den kleinen chinesischen Staatswesen des frühen Altertums, die nicht über das untere Becken des Gelben Flusses hinausreichten, handelte es sich nur um Enklaven inmitten von riesigen Flächen unbebauten Landes. Erst zwischen dem 4. und dem 1. Jahrhundert vor Chr. wurden die Ebenen Nordchinas urbar gemacht. Bei der Kolonisation Südchinas handelte es sich um einen langdauernden Prozeß, der Ende des 3. Jahrhunderts vor Chr. begann. Dem kriegerischen China des 6. bis 8. Jahrhunderts, das nach Zentralasien orientiert war, gelang es, seine Macht bis in die Gegenden jenseits des Pamir auszudehnen. Das China des 12. und 13. Jahrhunderts war dagegen auf das Meer und den Handel ausgerichtet und wurde von den Steppenreichen bedroht. Das chinesisch-mandschurische Reich, das im 18. Jahrhundert einen Großteil Asiens beherrschte, maß den kontinentalen Problemen mehr Bedeutung bei als dem – dennoch blühenden – Handel in den südlichen und südöstlichen Küstenprovinzen.

Dieser Überblick verzichtet auch auf die Darstellung der großen Etappen der technischen Entwicklung, auf deren Fortschritte jeweils eine Bevölkerungszunahme folgte. Im Altertum bewohnten vermutlich nur einige Millionen Menschen die chinesischen Länder; die großen technischen Errungenschaften (in Landwirtschaft, Eisenverarbeitung und Mechanik) vom 4. bis 2. Jahrhundert vor Chr. waren wahrscheinlich die Ursache des starken Bevölkerungswachstums, das uns aus der ersten überlieferten Volkszählung bekannt ist: 57 Millionen im Jahr +2. Die zweite große Periode technischer Neuerungen liegt zwischen dem 8. und 9. Jahrhundert (Fortschritte in der Technik des Naßreisanbaus, Pflanzenselektion, Buchdruck, Papiergeld, neue Maschinen, Auftauchen der großen Hochseedschunken); sie brachte ein abermaliges demographisches Wachstum mit sich: Zwischen dem 11. und dem 15. Jahrhundert überschritt die Bevölkerung die Hundertmillionengrenze. Schließlich ermöglichten die Einführung amerikanischer Pflanzen und der Aufschwung des Handwerks vom beginnenden 16. Jahrhundert an den stärksten Bevölkerungszuwachs der Geschichte in der Zeit zwischen diesem Jahrhundert und den dreißiger Jahren des 19. Jahrhunderts. Die jüngeren demographischen Entwicklungen datieren aus unserer Epoche und laufen zu denjenigen der übrigen Welt parallel.

Geistesgeschichte, Religionsgeschichte und Literaturgeschichte werden in diesem Buch ebenfalls berücksichtigt, doch nicht als Anhängsel einer sich selbst genügenden politischen Wirtschafts- und Sozialgeschichte. Beide Arten von Geschichte gehören zusammen und ihre Trennung wäre künstlich. Es ist wichtig, in Erinnerung zu rufen und aufzuzeigen, daß die chinesische Welt eine Geistesgeschichte hat, d. h., daß sich in allen Bereichen des Wissens und der Ideen jene Speicherung von sukzessiven Erfahrungen und die Prozesse der Assimilation des Neuen an das Alte, der Vertiefung und der Weiterentwicklung vollzogen haben, die für jede Geschichte charakteristisch sind. Es mußten sowohl die typischen Grundzüge und die Besonderheiten der geistigen Traditionen Chinas als auch die äußeren Einflüsse herausgearbeitet werden, die China mit der übrigen Welt verbinden und den Parallelismus der allgemeinen Entwicklungslinien aufzeigen. Analogien zwischen der großen buddhistischen Bewegung religiöser Begeisterung in China und der religiösen Begeisterung des mittelalterlichen Christentums, oder entfernte Affinitäten zwischen großen chinesischen Denkern des 17. und 18. Jahrhunderts und unseren Philosophen der Aufklärung sind auffallend. Auch was der Westen in jüngster Zeit nach China gebracht hat, ist nicht so radikal neu, wie man meinen könnte. Mathematik, Ethik und Politik, Soziologie, Geschichtskritik und Textkritik können in China auf eine lange Entwicklungsgeschichte zurückblicken, und zu der Zeit, als es vom Westen entdeckt wurde, war China dem Westen in vielen Bereichen ebenbürtig.

Grundzüge der chinesischen Zivilisation

Es scheint, daß die chinesische Zivilisation mit einer bestimmten hochentwickelten Ackerbautechnik verbunden ist, die beinahe ausschließlich in den Ebenen und Tälern Anwendung fand. In chinesischen oder sinisierten Gebieten blieben die Berge unbewirtschaftet und waren Siedlungsgebiete anderer Völker. Andererseits wurde die Weideviehzucht auf den Minimalbedarf an Zug- und Tragtieren beschränkt. Während in Indien, im Mittleren Orient, im Mittelmeerbecken und in Europa das Weidevieh – Rind, Pferd, Kamel, Schaf und Ziege – in Wirtschaft und Vorstellungswelt eine entscheidende Rolle spielte und in allen diesen Regionen Ackerbau und Viehzucht verbunden wurden, war Ostasien das einzige Gebiet der Erde, wo eine so eindeutige Trennung zwischen der Welt der Viehzüchter und derjenigen der Ackerbauern stattgefunden hat. Diese Opposition, die allein schon genügen würde, um die Eigenart des Fernen Ostens zu kennzeichnen, und deren Konsequenzen grundlegend waren, ist sicherlich Ausdruck einer Entscheidung, wie sie von den verschiedenen Zivilisationen getroffen werden. Zweifellos wurde sie aber auch von der Geographie begünstigt: die Gebiete der Großviehzucht liegen im Nordwesten und im Norden der großen fruchtbaren Tiefebenen des Beckens des Gelben Flusses.

Die modernen Forscher haben die vorherrschende Bedeutung der Agrarwirtschaft in China betont. Es scheint aber, daß die jüngste Situation, die eher Ausnahmecharakter trägt, sie dazu verleitet hat, den ruralen Charakter der chinesischen Welt überzubetonen und zu verallgemeinern. Tatsächlich verhält es sich so, daß China in der ersten Hälfte des 20. Jahrhunderts infolge einer starken wirtschaftlichen Rezession zu einem unorganischen Konglomerat von Dorfgemeinschaften wurde, die nur unter großen Schwierigkeiten von der Landwirtschaft allein existieren konnten. In den Augen der anderen Völker Ostasiens und der übrigen Welt waren bis in die jüngste Zeit für China ganz andere Züge als die landwirtschaftliche Grundlage seiner Wirtschaft typisch.

Eines der vortrefflichsten Verdienste Chinas ist es, im Laufe seiner langen Entwicklung die vollkommensten politischen Organisationsformen der Geschichte der menschlichen Gesellschaften entwickelt zu haben. Es ist erstaunlich und bemerkenswert, daß es in so früher Zeit gelang, ein vereinheitlichtes Verwaltungssystem auf ein Gebiet auszudehnen, das so groß und bevölkerungsmäßig so mannigfaltig wie Europa ist. Man denke an den Ausspruch Mirabeaus, der im Frankreich vor 1789 »eine wirre Anhäufung von uneinigen Völkern« sah! Die chinesische Welt erbrachte auch die Leistung, ihren geographischen Raum am sorgfältigsten systematisch zu organisieren, durch Straßen, Poststationen, Speicher, umwallte Städte, Verteidigungsmauern, Regulierung der Wasserläufe, Wasserreservoire, Kanäle usw. Die Entwicklung der politischen Funktion und ihre vorrangige Bedeutung vor allen anderen Funktionen (der militärischen, religiösen, wirtschaftlichen) ist einer der wesentlichen Grundzüge der chinesischen Welt.

Aber China hat auch eine hervorragende technische Zivilisation geschaffen. Im Gegensatz zu den Nomaden, die Felle und Filz verwenden, haben die Chinesen schon sehr früh hochentwickelte Webetechniken erfunden: das Seidenweben schon am Ende des 2. Jahrtausends, das Baumwollweben am Ende des 13. Jahrhunderts. Ebenso legten sie große Fähigkeiten auf dem Gebiet der Töpferei – die Geschichte der chinesischen Keramik ist eine der reichsten der Welt, und die Porzellankunst hat in China schon im 12. Jahrhundert ihre höchste Perfektion erreicht – sowie der Metallurgie an den Tag: Die Bronzen der Shang-Zeit gegen Ende des zweiten Jahrtausends sind die schönsten, die je geschaffen wurden; das Eisengießen entwickelte sich schon im 4. Jahrhundert vor Chr. zu einer bedeutenden Industrie, und zwei Jahrhunderte später gelang es den Chinesen, in großem Maßstab Stahl zu produzieren. Obwohl die chinesische Kultur vor kurzem einmal als »agrikole Kultur« bezeichnet wurde, war China für alle Völker Asiens das Land der erfahrensten Metallurgen.

Chinesische Handwerker und Ingenieure wurden nach Persien und sogar nach Rußland gerufen . . . Bis zum 19. Jahrhundert war China eines der größten Exportländer von Luxusgütern, die in der ganzen Welt gehandelt wurden: Seide (vom 3. Jh. vor Chr. bis zum 19. Jh.), Keramik, Baumwollprodukte, Tee, aber auch Bronzespiegel, Lacke, Eisenwaren, Möbel, Bücher und Malereien. Eben weil in Ostasien sehr lebendige Handelsströme existierten, waren die Seefahrernationen Europas seit Anfang des 16. Jahrhunderts bemüht sich einzuschalten; ein China mit reiner Agrarwirtschaft hätte auf sie kaum Anziehungskraft ausgeübt.

Die Vorstellung, die man sich meist von der chinesischen Welt macht, ist daher falsch. Dennoch ist in ihr eine allgemeine Wahrheit enthalten, deren man sich nur vage bewußt ist: Aufgrund der vordringlichen Bedeutung der Politik konnten sich die Wirtschaft, die Religion und das Militär nicht so autonom und eigenständig entwickeln wie in den anderen Zivilisationen. Natürlich gab es in der chinesischen Welt ein unabhängiges religiöses Leben, Vertreter einer kriegerischen Tradition und sehr aktive Handelskreise, die der Kontrolle des Staates entgingen; aber niemals ist es einer Geistlichkeit, einer Militärkaste oder einer Handelsklasse gelungen, die politische Macht an sich zu reißen. Darin liegt ganz sicher eine der Konstanten und eine der großen Besonderheiten der chinesischen Welt; hierdurch unterscheidet sie sich von allen anderen.

In China findet man weder die Unterordnung der menschlichen Ordnung unter die Ordnung Gottes noch die Vorstellung von einer aus dem Ritus entstandenen und durch den Ritus aufrechterhaltenen Welt, wie sie der Mentalität Indiens eigen sind. Auch der Steppennomade hat eine andere Weltanschauung als der Chinese, der das Produkt einer Agrar- und Handwerkskultur ist. Der Hirtennomade weiß, was die Aneignung von Gütern ist, weil er sie täglich praktiziert. Beutebesitz, Sklaverei im engeren Sinn, Befehlsgewalt, Aufteilung der Weidegründe, der erbeuteten Güter und Gefangenen sind Grundzüge der sozialen und politischen Ordnung der nomadischen Viehzüchter. Sie weisen auf eine auf Gewalt und Recht gründende Welt, auf geistige Einstellungen und Verhaltensweisen hin, die uns wegen unserer indoeuropäischen – lateinischen, keltischen und germanischen – Vergangenheit näher sind als die Welt der Chinesen. Bei diesen Völkern, die nur zeitweise, in den Perioden, in denen sie Staaten bildeten, eine Schrift angenommen haben, hat das gesprochene Wort eine Bedeutung und eine Macht, wie sie in der chinesischen Welt der Schrift zukommen.

Die politische Gewalt in China, im allgemeinen als Zwangs- und Befehlsgewalt aufgefaßt, hatte eher die Funktion eines belebenden und ordnenden Prinzips, selbst wenn diese Auffassung Gewalt und Brutalität nicht ausschließt. Aber der Zwang ist immer mit dem Gedanken der moralischen Besserung verbunden. Es wäre ein Irrtum, in dem Bemühen um eine regulierende Funktion der Sitten und Gebräuche nur einen Vorwand oder ein Alibi eines tyrannischen Regimes zu sehen, während es sich doch um den Ausdruck einer besonderen politischen Verhaltensweise handelt, die bis in unsere Tage erhalten geblieben ist. Man unterläge einer Täuschung, glaubte man, hier einem schlechthin autokratischen Regime die Maske heruntergerissen zu haben.

Damit befinden wir uns bereits auf dem gefährlichen Boden der Frage nach den Grundprinzipien des chinesischen Denkens. Es wäre riskant, hier zu verallgemeinern, ohne sich jeweils auf eine bestimmte Epoche, einen bestimmten Bereich der menschlichen Aktivitäten, ein bestimmtes soziales Milieu zu beziehen. Und dennoch steht für alle, die mit jener Welt in Berührung gekommen sind, fest, daß sie anders ist als diejenige, die uns geformt hat, auch heute noch. Ihre politischen, religiösen, ästhetischen, juristischen Traditionen unterscheiden sich von denen Indiens, des Islams, der christlichen Welt des Westens (im übrigen haben die Kulturen diesseits der abschreckenden Barriere des Himalaja-Massivs untereinander regen Kontakt gehabt). China kennt weder die Idee der Transzendenz, noch die Idee des Guten an sich oder den engen Eigentumsbegriff. Dem Gedanken der einander ausschließenden Gegensätze, der Idee des Absoluten, der scharfen Trennung von Materie und Geist zieht China die Begriffe der Komplementarität, der Wechselbeziehung, des gegenseitigen Einflusses, der indirekten Einwirkung, des Modells und die Idee der Ordnung als einer organischen Totalität vor. In China existieren weder erschöpfende Bestandsaufnahmen wie sie die mesopotamische Welt kennt, noch verschachtelte Klassifikationen in der Art Indiens. Für das chinesische Denken wird die Ordnung der Menschheit und der Welt am besten durch Systeme variabler und dynamischer Symbole dargestellt. Die chinesische Logik ist nicht aus einer Analyse der Sprache hervorgegangen, sondern basiert auf dem Umgang mit Zeichen entgegengesetzter und komplementärer Bedeutung. Vielleicht ist auch die Schrift an diesen tiefgreifenden Tendenzen, die zu einer Bevorzugung des geschriebenen Zeichens gegenüber dem gesprochenen Wort geführt haben, nicht unbeteiligt.

Die chinesische Schrift

Zwischen Schrift und Kultur bestehen enge Beziehungen. Ohne dieses Instrument zur Aufzeichnung und Weitergabe, mit dem Raum und Zeit besiegt werden, hätten die großen Zivilisationen nicht entstehen können. Aber auch die Schriftart hat tiefgreifende Wirkungen auf die allgemeine Ausrichtung der Kulturen gehabt, und die chinesische Schrift gestattet es besser als jede andere, sich dieser entscheidenden Konsequenzen bewußt zu werden. Sie stellt das einzige Beispiel einer in ihrem Prinzip ebenso originellen wie komplexen Schrift dar – jedes Zeichen entspricht im allgemeinen einer semantischen Einheit –, die einem so bedeutenden Teil der Menschheit als Ausdrucksmittel gedient hat. Sicherlich hat ihre Schwierigkeit, wenngleich in viel geringerem Maß, als man annehmen könnte, denjenigen sozialen Klassen zum Vorteil gereicht, die zu ihr Zugang hatten: In allen Gesellschaften, die je existiert haben, gehörte immer nur eine kleine Minderheit zu den Schriftkundigen; der Anteil der Gebildeten in der chinesischen Welt scheint im allgemeinen aber höher gewesen zu sein als im Westen, obwohl die Erlernung des lateinischen Alphabets viel weniger Zeit beanspruchte. Dieses Paradox kann seine Erklärung in der großen Bedeutung finden, die in China der Kenntnis der Schrift und dem Bücherwissen beigemessen wurde.

Dagegen zog die grundlegende Originalität der chinesischen Schrift auf mehreren Gebieten wichtige Folgen nach sich, da sie die phonetischen Veränderungen, die sich im Laufe der Zeit vollzogen haben, die Varianten der Dialekte und sogar den Wandel in der Struktur der Sprache selbst unberücksichtigt läßt. Seit der Vereinheitlichung der Schrift, die der Staat Qin Ende des 3. Jahrhunderts vor Chr. ganz China aufzwang, ist die chinesische Schrift eines der wirksamsten Instrumente der politischen Einigung gewesen. In China hat sich gleichzeitig aus sprachlichen (Mannigfaltigkeit der Dialekte), politischen und administrativen Gründen eine Schrift durchgesetzt, die zur Betrachtung gemacht und der gesamten chinesischen Welt zugänglich ist. Bis heute gibt es im Prinzip keine allgemeingültige Aussprachenorm; ein und derselbe Text kann in den verschiedenen Dialekten verschieden ausgesprochen werden. Kann man sich mündlich nicht verständigen, so nimmt man die Schrift zu Hilfe, die jederzeit eine Verständigung ermöglicht. Dank ihrer Eigenart ist die chinesische Schrift in allen Regionen Asiens, die von der chinesischen Kultur beeinflußt wurden, zu einem universalen Ausdrucksmittel geworden.

Völker, deren Sprache sich vom Chinesischen stark unterscheidet (Koreaner, Japaner, Vietnamesen), haben die chinesische Schrift übernommen, die sie zum Teil auch heute noch auf ihre Weise und nach ihren Sprachgewohnheiten lesen. Das schriftliche Chinesisch war die Kultur- und Verwaltungssprache Vietnams bis zu seiner Eroberung durch Frankreich, Koreas bis zur Annexion durch Japan, Japans in den Jahrhunderten, in denen der chinesische Einfluß dort vorherrschend war. Auch gibt es eine bedeutende chinesisch geschriebene Literatur, deren Autoren – Dichter, Historiker, Romanschriftsteller, Philologen oder Philosophen – keine Chinesen, sondern Koreaner, Japaner und Vietnamesen waren. Man kann daher sagen, daß in Ostasien eine echte Kulturgemeinschaft existiert hat, die sich durch die Verwendung der chinesischen Schrift auszeichnete.

Eine andere Folge der Eigenart der chinesischen Schrift betrifft die Art des

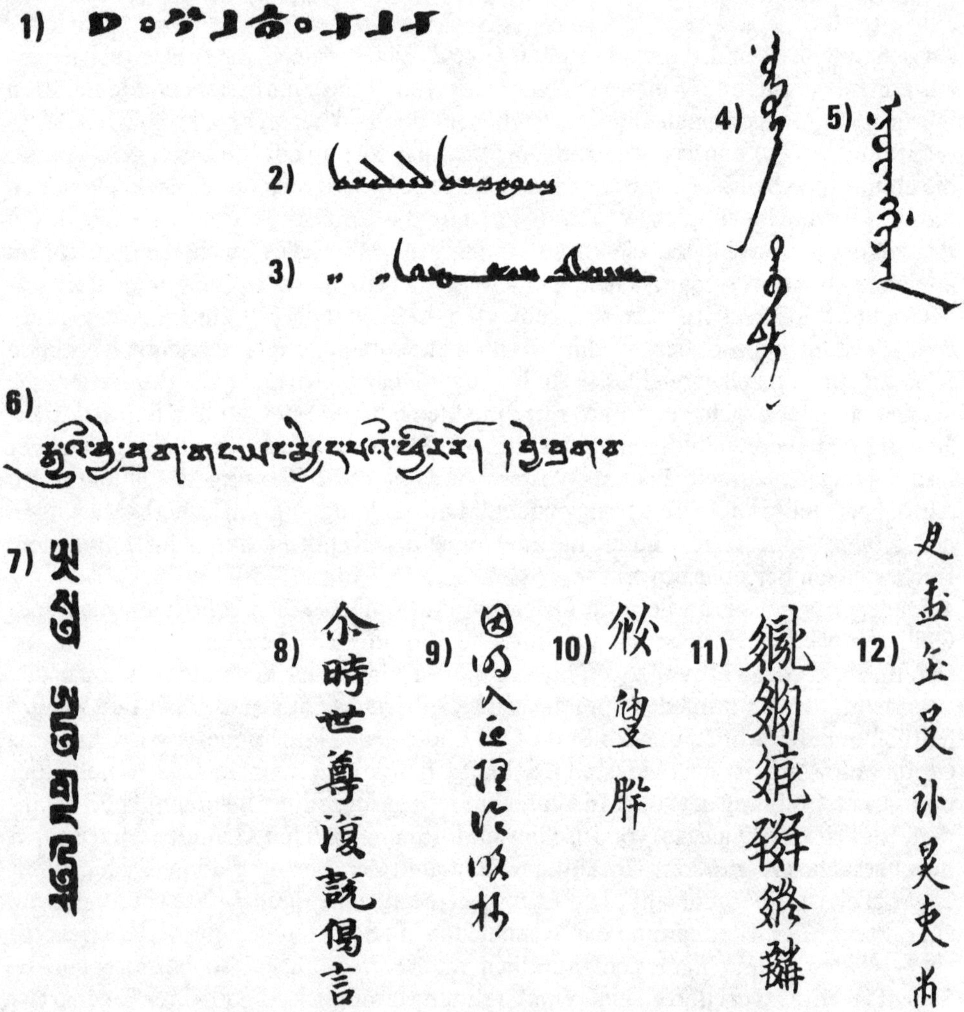

I. Die verschiedenen Schriftarten Chinas und seiner Randgebiete.

1. Orchon-Türkisch. – *Vom Aramäischen abgeleitete Schriftarten:*
2. Sogdisch.
3. Uigurisch.
4. Allgemein gebräuchliches Mongolisch.
5. Mandschurisch.

Vom Brahmi abgeleitete Schriftarten: 6. Tibetisch.
7. 'P'ags-pa-Mongolisch.

Von der chinesischen Schrift abgeleitete Schriftarten:
8. Chinesisch, Normalschrift.
9. Chinesisch, Kursivschrift.
10. Die Schrift der Kitan.
11. Die Schrift der Xixia.
12. Die Schrift der Dschurdschen.

Wissens und der Kultur, die sich in der chinesischen Welt und in den Ländern des chinesischen Kulturkreises herausgebildet hat. Die Tatsache, daß phonetische Veränderungen in der Schrift nicht ausgedrückt werden, hat eine Kontinuität der Schrifttradition ermöglicht, wie sie in keiner anderen Kultur möglich war. Wenn auch der Stil nach Epoche und Art des Schriftstücks variiert, hat man dennoch kaum mehr Schwierigkeiten – manchmal sogar weniger –, einen Text aus dem zweiten vorchristlichen Jahrhundert zu lesen als ein in klassischem Chinesisch abgefaßtes Werk der neuesten Zeit. Daraus erklärt sich der traditionelle Charakter des chinesischen Wissens und dessen erstaunliche Ansammlung im Laufe der Jahrhunderte. In der Schriftsprache existiert ein unerschöpflicher Vorrat an Formeln und unzähligen Binomen *(ci)*, die von Generationen von Dichtern, politischen Schriftstellern, Historikern, Moralisten und Gelehrten in unaufhörlicher Arbeit angehäuft wurden. Diese außergewöhnliche Kontinuität der Schrifttradition erfordert vom Leser in erster Linie eine sehr breite Bildung, deren Aneignung viel mehr Zeit erfordert als diejenige der Schrift selbst. So erklärt sich auch die Rolle der Schrift als Regierungs- und Verwaltungsinstrument, und gleichzeitig das gewaltige Ansehen des »Literaten«, d. h. des feinsinnigen Gebildeten, der fähig ist, politische Funktionen auszuüben. Die Rhetorik, die in der griechisch-römischen Welt so sehr geschätzt wurde, spielt in den Ländern chinesischer Kultur nur eine untergeordnete Rolle. Da die Schrift in der chinesischen Welt so eng mit den politischen, sozialen, ästhetischen und geistigen Aspekten verbunden ist, kann eine Einführung in die chinesische Schrift schon zum Verständnis der chinesischen Kultur beitragen.

Zum Abschluß muß noch ein merkwürdiges Paradox erwähnt werden: Eben diese komplizierte und scheinbar so unbequeme Schrift war, in stark vereinfachten Kursivformen, Ausgangspunkt für die erste Stenographie der Geschichte. Aus dem alltäglichen Gebrauch zur sofortigen Aufzeichnung von Unterhaltungen, politischen Diskussionen, Prozessen, vom Wortschwall der von Geistern Besessenen, hat die chinesische Schrift sehr früh und in großem Maßstab gestattet, wofür die alphabetischen Schriften länger brauchten: die direkte Aufzeichnung der Rede. In einem im Jahr 988 in Bagdad arabisch abgefaßten Werk bringt der berühmte Mohammed al-Rasi (850-925) sein Erstaunen über einen offensichtlich in der Abbasiden-Hauptstadt weilenden Chinesen zum Ausdruck, der Werke von Galenus, einem der Väter der griechischen Medizin (2. Jh. nach Chr.), nach dem Diktat übersetzte und aufzeichnete.

Die chinesische Schrift ist keineswegs eine Ausnahmeerscheinung; nach ihrem Modell entstanden in Ostasien ähnliche Schriftarten (die Schrift der Kitan im 10. Jahrhundert, die tangutische Xixia-Schrift im 11. Jahrhundert, die Schrift der Dschurdschen im 12. Jahrhundert, die vietnamesische *chunom*-Schrift im 14. Jahrhundert); außerdem waren ihre Kursivformen die Grundlage der japanischen Silbenschrift und des koreanischen Alphabets.

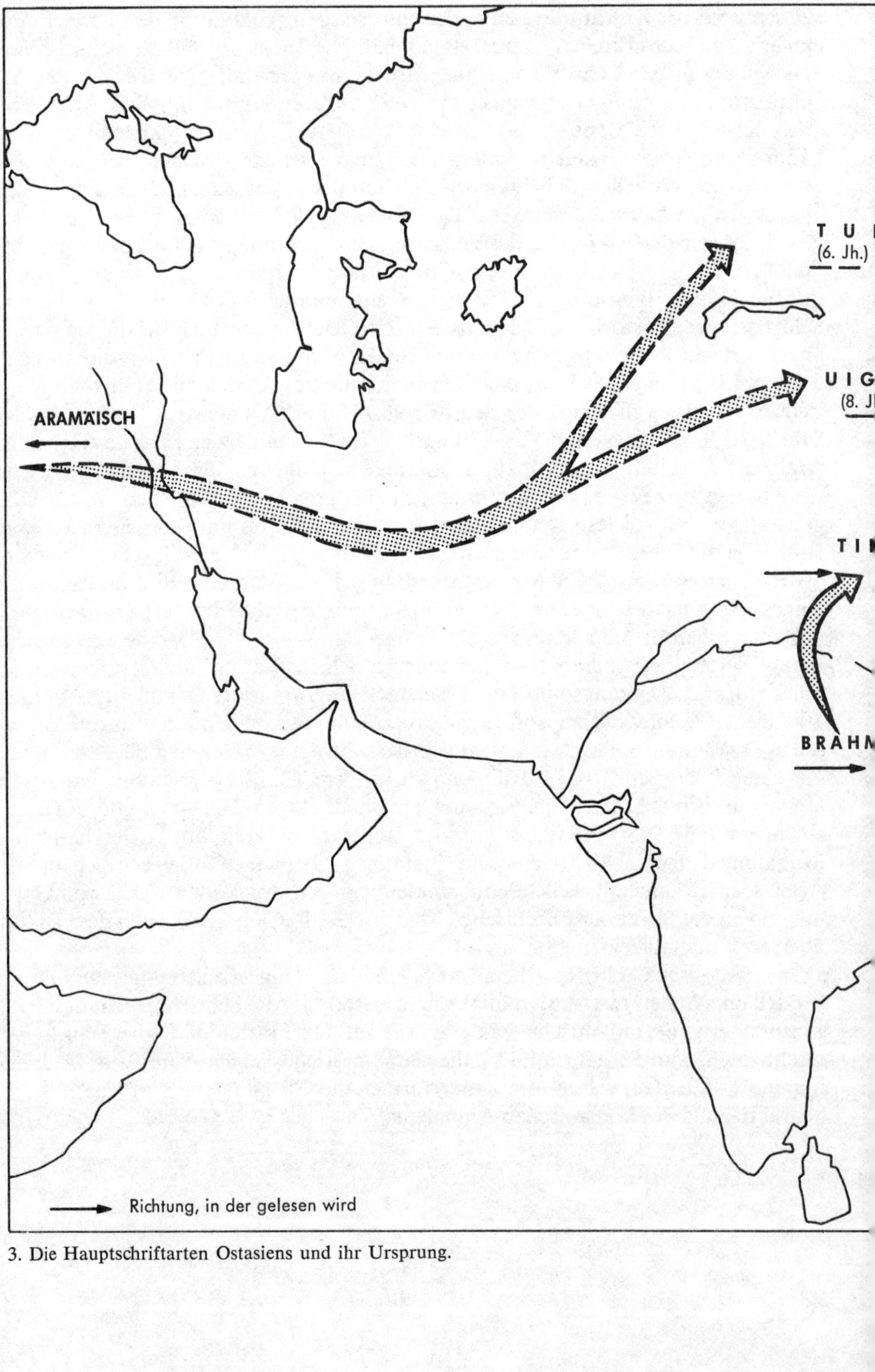

3. Die Hauptschriftarten Ostasiens und ihr Ursprung.

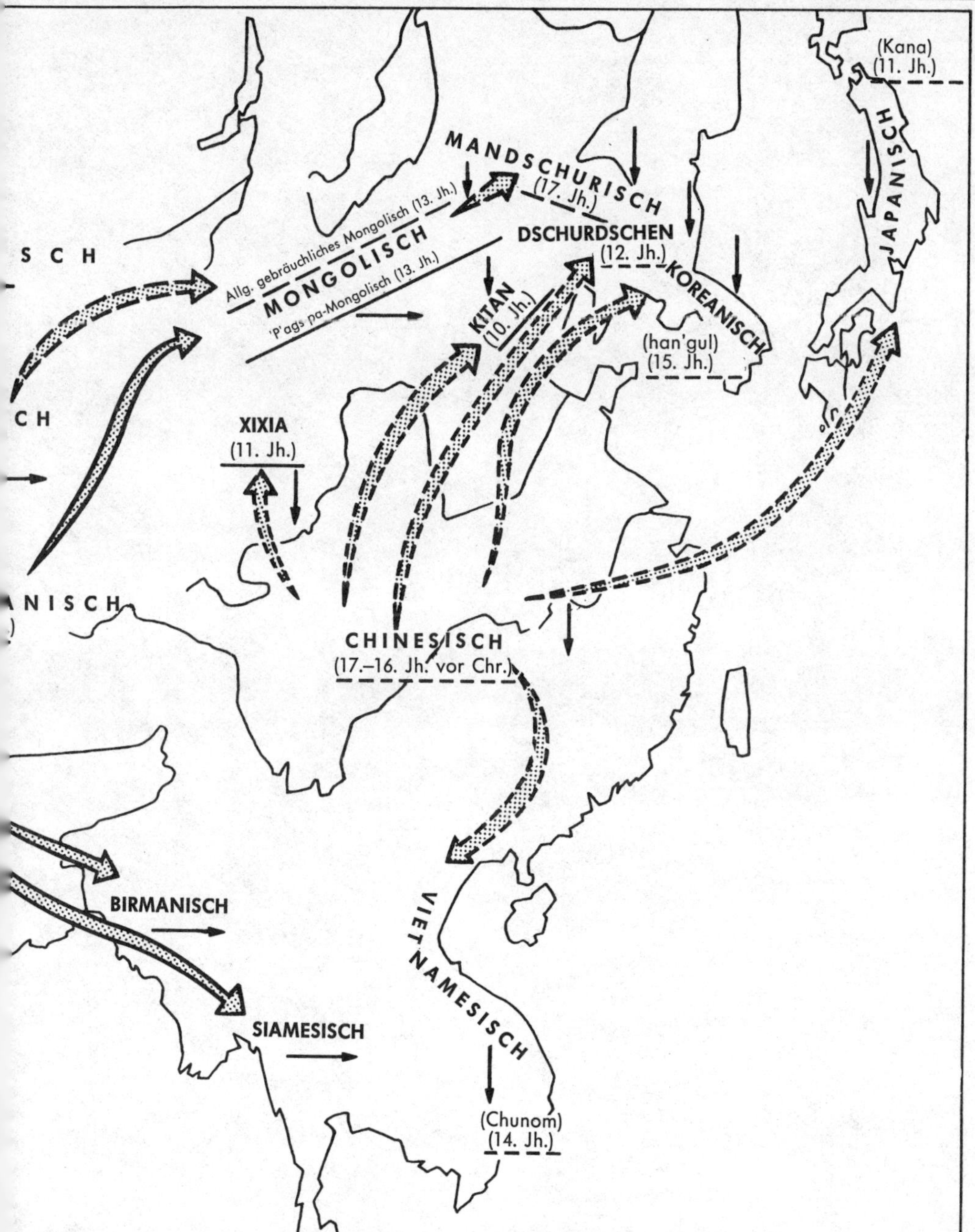
(Kana)
(11. Jh.)
JAPANISCH
MANDSCHURISCH
(17. Jh.)
Allg. gebräuchliches Mongolisch (13. Jh.)
MONGOLISCH
'P'ags pa-Mongolisch (13. Jh.)
DSCHURDSCHEN
(12. Jh.)
KOREANISCH
(han'gul)
(15. Jh.)
KITAN
(10. Jh.)
XIXIA
(11. Jh.)
SCH
CH
ANISCH
CHINESISCH
(17.–16. Jh. vor Chr.)
BIRMANISCH
SIAMESISCH
VIETNAMESISCH
(Chunom)
(14. Jh.)

Das Altertum

TEIL 1
VOM ARCHAISCHEN KÖNIGTUM ZUM ZENTRALSTAAT

I. KAPITEL
DAS ARCHAISCHE KÖNIGTUM

1. Die neolithischen Vorstufen

Das Neolithikum, das durch technologische Neuerungen wie das Steinschleifen, die Töpferei und primitive Anbautechniken gekennzeichnet ist, reicht im Mittleren Orient in das 10. Jahrtausend zurück. In Ostasien ist das Neolithikum möglicherweise beinahe ebenso alt; aufgrund des C 14-Gehalts konnten manche japanische Töpfereien auf das 8. Jahrtausend datiert werden, und es ist nicht wahrscheinlich, daß die japanische Inselwelt dem Festland voraus war. Dennoch gehören die uns durch Ausgrabungen bekannten großen neolithischen Kulturen, die in Nordchina der Bronzezeit vorausgingen, erst dem Spätneolithikum an.

Sie konnten in einem Gebiet zwischen Gansu und der Halbinsel Shandong und im Osten bis zur nordchinesischen Tiefebene lokalisiert werden. Es handelt sich hierbei um die Zone des Löß – eines feinen Staubes, den der Wind im Pleistozän abgelagert hat und von dem noch heute Nordwestchina in dicken Schichten bedeckt ist – und um das riesige Becken, das durch Anschwemmungen des Gelben Flusses aufgefüllt wurde. Der kulturelle Vorsprung dieses Gebiets gegenüber den im Norden angrenzenden Regionen (Mongolei, Mandschurei, Ordos-Gebiet, Wüste Gobi, das Gebiet von Mikrolith-Kulturen) sowie den südlicheren Hügelländern und niedrigen Berggegenden erklärt sich durch seine große Fruchtbarkeit.

In Nordchina unterscheidet man zwei große Zonen neolithischer Kulturen: Die eine ist gekennzeichnet durch eine mit geometrischen Mustern bemalte Töpferei (die sogenannte Yangshao-Kultur, benannt nach einem Dorf in Henan) und erstreckt sich von den Tälern in Gansu bis ins südliche Shenxi und ins nordwestliche Henan; die Besonderheit der zweiten, die ursprünglich in der nordchinesischen Tiefebene und im Westen der Provinz Shandong beheimatet war, ist die Verwendung einer feinen schwarzen Töpferei (die sogenannte Longshan-Kultur, nach einer Landschaft in Shandong).

Die Longshan-Kultur hat sich über ihre Urheimat hinaus nach Norden und Süden ausgebreitet, in die südliche Mandschurei und in die ans Meer angrenzenden Ebenen von Jiangsu, wo ihre Träger mit Völkern anderer Traditionen in Kontakt gekommen sind. Denn in den Tiefländern von Anhui und Jiangsu und an den Zuflüssen des Yangzi in Hubei bestanden andere neolithische Kulturen, die noch kaum erforscht sind, sich aber durch bestimmte Eigenheiten auszeichnen: die Verwendung einer anderen Art von Töpferei als in Nordchina sowie die Bedeutung der Jagd und des Fischfangs.

Weiter südlich, in den Tälern von Fujian und Guangdong, lebten Sammlervölker, die offenbar erst später zum Ackerbau übergegangen sind; sie bedienten sich einer Töpferei mit eingedrucktem Muster.

Diese komplexe Situation neolithischer Kulturen mit verschieden hoher Entwicklungsstufe deutet schon ganz allgemein die Opposition zwischen Nord- und Südchina an, die auch in späteren Epochen fortdauern sollte und die auf unterschiedliche geographische Bedingungen, Bevölkerung und Traditionen gegründet ist.

Die Yangshao- und die Longshan-Kultur

Das Zentrum der Yangshao-Kultur befand sich im westlichen Henan und im Wei-Tal in Shenxi. Die menschlichen Siedlungen waren auf Terrassen längs der Flüsse angelegt. In der Fundstätte von Banpo, die im Jahr 1952 in der Nähe von Xi'an entdeckt wurde, hat man ein ganzes Dorf – runde und rechteckige Häuser in vertieftem Boden und umgeben von kleinen Lehmmauern – ausgegraben. Holzpfeiler dienten offenbar als Stützen für das Strohdach. Die schönsten Töpfereien von Yangshao sind mit geometrischen Figuren und manchmal mit hochstilisierten roten oder schwarzen Vogel- oder Fischzeichnungen geschmückt. Die Brenntemperatur scheint 1000 bis 1500 Grad Celsius erreicht zu haben. Auf den gewöhnlichen und weniger kunstvollen Töpfereien finden sich einfache eingeritzte oder mit Hilfe von Korbgeflechten eingedruckte Muster. Es gibt keine Hinweise auf den Gebrauch der Töpferscheibe. Neben Werkzeugen aus Steinsplittern fanden sich auch Äxte und Pfeilspitzen aus geschliffenem Stein. Als Hauptgetreidesorte wurde eine Art von Hirse angepflanzt; auch die Hunde- und Schweinezucht scheint eine wichtige Rolle gespielt zu haben.

Diese Kultur, von der man größere Siedlungen und eine höher entwickelte Töpferei findet als in Fundstätten des Spätneolithikums in Südrußland, war jedoch keineswegs einheitlich: Die Töpfereien, die in Gansu ausgegraben wurden und nicht so alt wie diejenigen der östlicher gelegenen Fundstätten von Shenxi und Henan zu sein scheinen, tragen kunstvollere Motive.

In Henan hat die sogenannte Longshan-Kultur, die stärkere regionale Differenzierungen aufweist, die Kultur von Yangshao überlagert; dieses ist jedoch das einzige Indiz, mit Hilfe dessen man zwischen diesen beiden Kulturen, von denen es sehr wohl möglich ist, daß sie in anderen Gebieten Chinas nebeneinander bestanden haben, eine Chronologie aufstellen könnte. Das hervorstechendste Merkmal der Longshan-Kultur sind die sehr eleganten schwarzen, harten und feinen Töpfereien mit rechteckigem Profil, die mehrheitlich in den Fundstätten von Shandong ausgegraben wurden. Einige ihrer Formen ähneln schon den Vasen der Bronzezeit. Die meisten von ihnen wurden auf einer Töpferscheibe mit hoher Drehzahl hergestellt. Aber diese feinen schwarzen Töpfereien finden sich nur in Shandong häufig, während überall sonst grobe, einfarbige – graue, schwarze, rote und manchmal weiße – Töpfereien vorherrschen.

Die Fundstätten von Longshan sind auf Anhöhen über der Tiefebene oder auf Hügeln gelegen. Die Behausungen scheinen denen von Yangshao zu entsprechen; während aber die Dörfer von Yangshao nicht befestigt waren, hat man in Chengziya (Shandong) einen Wall aus gestampftem Lehm gefunden (diese Technik, die Erde schichtweise festzustampfen, besteht auch noch in der Bronzezeit weiter). Weit verbreitet war in der Longshan-Kultur die Verwendung von Knochen für Pfeilspitzen, für kleine Werkzeuge usw.; viel häufiger als in der Yangshao-Kultur wurden geschliffene Steine benutzt (für verschiedene Arten von Beilen und für Sicheln in der für Nordostasien typischen Halbmondform). An Haustieren fanden sich Schweine, Schafe und Rinder. Aber ebensowenig wie in der Yangshao-Kultur gibt es Hinweise auf den Besitz von Pferden. Die Bestattungsgewohnheiten der beiden Kulturen waren beinahe identisch, wobei man in der Longshan-Kultur schon Tote mit dem Gesicht zur Erde gerichtet begraben hat, wie es dann in der Bronzezeit allgemein üblich wurde. Auch die Sitte, für Wahrsagezwecke Knochen der Einwirkung des Feuers auszusetzen, kündigte schon eine Praxis an, die in der Bronezeit einen großen Aufschwung nehmen sollte. Die Schrift war jedoch unbekannt.

Während die für die Yangshao- und Longshan-Kulturen typischsten Keramiken sich auffallend voneinander unterscheiden, ähneln sich die gewöhnlichen Töpfereien, die auch noch in der Bronzezeit fortbestehen und die in Henan meist grau sind, in den beiden Kulturen sehr stark. Aus diesen hochentwickelten Kulturen des Neolithikums und ihrer relativ dichten Bevölkerung sollten die Palast-Stadt und eine auf dem Besitz von Bronzewaffen gegründete Macht hervorgehen. Die allgemeinen Entwicklungsbedingungen sind denen analog, die zur Entstehung der ersten Hochkulturen im anderen großen Flußbecken, der Kulturen Mesopotamiens, des Indus-Tals und Ägyptens geführt haben.

2. Das archaische Königtum

Obwohl sich die schon vor dem Zweiten Weltkrieg nicht unbedeutende Zahl der archäologischen Entdeckungen seit 1950 stark erhöht hat, konnte das unvermittelte Auftreten der Bronze am Unterlauf des Gelben Flusses, das schon die Archäologen vor dem Zweiten Weltkrieg erstaunt hatte, nicht befriedigend aufgeklärt werden. In China scheint der Bronzezeit keine so lange Periode, in der reine Metalle verwendet wurden, vorausgegangen zu sein wie in den westlichen Regionen des eurasischen Kontinents. Die Bronze tauchte auch später auf als im Mittleren Orient. Dagegen erreichte ihre Bearbeitung sehr rasch – schon in der zweiten Hälfte des zweiten Jahrhunderts – eine Vollkommenheit, die überall sonst unerreicht geblieben ist. Gewisse Besonderheiten der ostasiatischen Entwicklung könnten vielleicht dieses Fehlen einer langen Experimentierperiode sowie die raschen Fortschritte auf diesem Gebiet erklären. Die hochentwickelte Töpferkunst von Longshan, die hohen Temperaturen, unter denen gearbeitet wurde, die geringe Rolle des Hämmerns und Schmiedens in den technischen Traditionen Ostasiens, lassen eine unabhängige Erfindung der Legierung von Metallen vermuten. Wenn sich auch nicht jeder äußere Einfluß auf die Bronzebearbeitung sowie auf andere Kulturelemente ausschließen läßt, wurden diese Einflüsse doch rasch in die Traditionen des archaischen China integriert: Schon gegen Ende des Neolithikums wurde das untere Tal des Gelben Flusses zum Mittelpunkt einer eigenständigen Kultur, die auf ganz Asien ausstrahlen sollte.

Es gibt ernsthafte Gründe, die Bronzekultur mit der Kultur von Longshan in Verbindung zu bringen; denn gewisse charakteristische Eigenheiten sind beiden gemeinsam:

- das schichtweise Feststampfen des Lehms;
- die Befestigung städtischer Siedlungen durch dicke, festgestampfte Lehmmauern;
- das Wahrsagen anhand von flachen Knochen, die der Wirkung des Feuers ausgesetzt wurden;
- die einander sehr ähnlichen charakteristischen Formen der feinen schwarzen Töpfereien von Shandong (Longshan) und der Bronzegefäße der Shang-Zeit.

Und schließlich stimmt auch die Überlieferung, nach der die Hauptstädte der ersten beiden Dynastien von Osten nach Westen verlegt wurden, mit der Lage des Zentrums der Longshan-Kultur in Shandong bzw. der weiter westlich gelegenen Hauptstädte der Shang-Zeit überein.

Die erste Dynastie der Bronzezeit: die Shang- oder Yin-Dynastie

Obwohl dem Königtum der Shang-Zeit sehr wahrscheinlich politische Organisationsformen vorausgingen, die es ankündigten, und obwohl die Überlieferungen, die für das Neolithikum eine Dynastie – die der Xia – annehmen, nicht ganz unbegründet sind, vollzog sich die rasche Entwicklung der Bronzetechnik doch zusammen mit einem beachtlichen Aufschwung der archaischen Kultur. Die Überreste der letzten Hauptstadt der Shang-Yin (im Nordosten von Henan, in der Nähe des heutigen Anyang), die vom 14. Jahrhundert bis zum Ende des 11. Jahrhunderts bewohnt war, lassen schon auf eine hochentwickelte Kultur schließen, die über eine ganze Reihe von ausgearbeiteten Techniken und von Kenntnissen verfügte, deren Vorstufen kaum bekannt sind. Ganz allgemein tauchten in bereits hochentwickelten Formen im unteren Becken des Gelben Flusses die Schrift, der Wagen, architektonische Techniken, Wahrsagebräuche, die Bronzekunst, verschiedene Arten von Opfergefäßen, Dekorationsmotive usw. auf. Gewiß haben es die seit 1950 gemachten Entdeckungen gestattet, in manchen Fällen etwas weiter in die Vergangenheit vorzudringen. Sie haben jedoch nicht viel Licht auf die Entwicklung geworfen, die auf allen diesen Gebieten, die das Ende der Shang-Zeit kennzeichnende Stufe an Verfeinerung und Komplexität ermöglicht hat. Zwar ist man berechtigt, den Beginn dieser Dynastie – und auch den Beginn der Bronzezeit – auf Mitte oder Ende des 17. Jahrhunderts anzusetzen; für die Beschreibung der Shang-Kultur dagegen ist man gezwungen, sich hauptsächlich auf die Ausgrabungen von Anyang zu stützen.

Die Stelle, an der die letzte Hauptstadt der Shang (oder Yin, nach einem in der letzten Periode gebräuchlichen Namen), Da Shang oder Dayi Shang, lag, war unter den elf letzten Königen besiedelt. Insgesamt soll diese Dynastie beinahe dreißig Könige gezählt haben, und gemäß der Überlieferung soll die Hauptstadt innerhalb eines zwischen dem westlichen Shandong, dem südlichen Hebei, dem westlichen Henan und dem nördlichen Anhui gelegenen Gebiets sechsmal verlegt worden sein. Die Spuren verteilen sich auf einen großen Raum. Bei Ausgrabungen hat man folgende Entdeckungen gemacht: eine kleine Zitadelle, deren Mauern aus gestampftem Lehm wie in den nordchinesischen Städten späterer Epochen von Osten nach Westen und von Norden nach Süden ausgerichtet sind; Gruben mit Knochen und Schildkrötenpanzern, die unter Einwirkung des Feuers zur Wahrsagung verwendet wurden und oft Inschriften tragen; Überreste von rechteckigen Fundamenten und Gebäuden auf Grundmauern aus Stein und mit Bronzesockeln, die als Stützen für

Pfeiler dienten; Gräber mit Skeletten von Menschenopfern und Hunden (die geopferten Menschen, die mit nach außen gerichtetem Blick außerhalb des Gebäudes lagen, hatten Streitäxte *[ge]* sowie Bronzegefäße bei sich); fünf Gruben mit angespannten Wagen und den Skeletten der Wagenführer. In manchen Gräbern fand man Skelette ohne Kopf, in anderen Schädel ohne Körper. Und schließlich wurden große Grabmäler entdeckt, bei denen es sich offensichtlich um Königsgräber handelt. Die Mehrzahl dieser Entdeckungen, die auf Riten, die mit der Erstellung von Bauten zusammenhängen sowie auf die Opferung von Kriegsgefangenen hindeuten, wurde zwischen 1927 und 1936 gemacht.

Seit 1950 hat man in Nordchina zahlreiche weitere Fundstätten der Shang-Zeit entdeckt. Der bedeutendste Fund wurde im Jahr 1953 in Vororten von Zhengzhou in Henan gemacht: die Fundamente einer zwanzig Meter dicken Befestigungsmauer aus gestampftem Lehm, Überreste von Wohngebäuden, Werkstätten, Öfen mit Bronzegußformen sowie zahlreiche Keramiken. Man hat kein großes Grabmal von der Art, wie sie in Anyang entdeckt wurden, gefunden; die Hauptausrichtungen – nach Nord-Süd, Ost-West – sind jedoch die gleichen wie in der letzten Hauptstadt der Shang-Yin. Die Ausführung der Bronzegegenstände ist einfacher, jedoch übertrifft sie bereits diejenigen der ältesten Bronzefunde des Mittleren Orients.

Die einzigen Gegenstände, die schon sehr früh aus Bronze gegossen wurden, sind Waffen, Kultgefäße, Wagenteile und Teile von Pferdegeschirren. Am Ende der Shang-Zeit tragen sie reiche und komplizierte Muster, deren Stil und deren zahlenmäßig beschränkte Motive relativ konstant geblieben sind. Man findet sie auch auf Gegenständen aus Elfenbein, Jade und Holz. Es handelt sich dabei um hochstilisierte Tierzeichnungen und Tierformen, die zu beiden Seiten einer Mittellinie symmetrisch angeordnet sind. Diese künstlerische Darstellung von Tieren, die im Neolithikum völlig fehlt, taucht ganz plötzlich auf und scheint für die Bronzezeit Nordostasiens charakteristisch zu sein. Man findet sie bis nach Südsibirien und dort vor allem in der Kultur von Karasuk (in den Tälern am Oberlauf des Ob und des Jenissei), die mit der chinesischen Bronzekultur der ausgehenden Shang-Zeit und der beginnenden Zhou-Zeit anscheinend in Verbindung gestanden hat. Bei der Untersuchung der Shang-Bronzen konnte ein je nach der für die verschiedenen Gegenstände nötigen Legierung unterschiedlich hoher Kupfer- oder Zinngehalt festgestellt werden. Sie enthalten 5 bis 30 Prozent Zinn und 2 bis 3 Prozent Blei. Die Kultgefäße, von denen eine große Anzahl von verschiedenen Formen existiert, die jede einem bestimmten rituellen Zweck entsprach, gehören natürlich zu den schönsten Stücken. In der Shang-Zeit tragen diese Gefäße nur kurze Inschriften oder Marken, bei denen es sich zweifelsohne um Familienwappen handelt; dieselben Zeichen finden sich auf den Waffen, deren typischste das *ge* ist, eine geschäftete Dolchaxt, die nur in Ostasien vorkommt und dazu dient, den Feind anzufallen und ihm die ersten Schläge zu versetzen.

Der leichte und widerstandsfähige Wagen mit großen Rädern und zahlreichen Speichen ist schon von der Art, die in der folgenden Epoche gebräuchlich wird, scheint aber weniger verbreitet gewesen zu sein. Es handelt sich um einen Wagentyp mit viereckigem Wagenkasten und gebogener Deichsel; die beiden Pferde, die ihn

II. Verschiedene Arten von Kultgefäßen.

ziehen, sind mit dem Nackenjoch angeschirrt, der einzigen Art von Pferdegeschirr, die vor der Erfindung des Brustgeschirrs und des Kumtgeschirrs auf der ganzen Welt bekannt war. Sehr ähnliche Wagentypen kannte man in der Bronzezeit auch in den westlichen Teilen Asiens (es sei daran erinnert, daß der Wagen und die Domestizierung des Pferdes als Zugtier in Anatolien und Syrien um das 17. Jahrhundert auftauchen). Der Wagen der Shang-Zeit war ein Streit- und Paradewagen und blieb dem König und dem Hochadel vorbehalten. In den alten Liedern des *Shijing* wurde zwischen dem 9. und 6. Jahrhundert die Schönheit der Paradewagen und Pferdegespanne geschildert.

Wagen und bestimmte Kriegswaffen (vor allem der anscheinend sehr starke, kompliziert zusammengesetzte Reflexbogen) wurden auch zur Jagd verwendet, damals eine Art von königlichem Ritus, auf den in Inschriften häufig angespielt wird. Großwild war damals reichlich vorhanden (verschiedene Arten von Hirschen, Wildrindern, Bären, Tigern, Wildschweinen).

Aus archäologischen Funden und aus Inschriften kann man sich eine zumindest allgemeine Vorstellung von der Shang-Gesellschaft machen. Der Vergleich mit späteren Quellen zeigt sowohl eine ganz allgemeine Übereinstimmung und zahlreiche Analogien – die Zhou-Gesellschaft ist offenbar aus der Shang-Gesellschaft hervorgegangen – als auch besondere Eigenheiten.

Die umwallte Stadt, der Wagen, die Waffen und Bronzegefäße waren charakteristisch für eine Adelsklasse, die sich durch ihre Teilnahme an der Kriegführung und an den Opferhandlungen definierte. Die Ausgrabungen und Inschriften liefern vorwiegend Informationen über diese Adelsklasse, während sie das Leben der Bauern, deren Anbautechniken und Werkzeuge (Messer aus Stein und Spaten aus Holz mit gebogenem Schaft) sich von denen des Neolithikums offenbar kaum unterschieden, nur erahnen lassen. Der Königspalast war das Zentrum sämtlicher Aktivitäten einer Adelsgesellschaft, die von der Person des Königs vollständig beherrscht wurde. Im übrigen waren religiöse, kriegerische, politische, administrative und wirtschaftliche Funktionen eng miteinander verbunden oder, genauer gesagt, gar nicht voneinander geschieden. Das Königsgeschlecht stand an der Spitze einer Clanorganisation, in der die Familienvorsteher gleichzeitig Leiter des Familienkults waren. Es existierten schon Territorialgewalten, die dem Lehenswesen späterer Epochen stark ähneln. Diese Gewalten, die den Titeln *hou* und *bo* entsprachen, wurden von den Mitgliedern des königlichen Clans ausgeübt, manchmal aber auch von Geschlechtern mit anderen Namen. Der Herrschaftsbereich der Shang erstreckte sich auf die gesamte nordchinesische Tiefebene und reichte an manchen Stellen bis ins Yangzi-Tal. Auf demselben Gebiet lebten auch Fremdvölker, die von den Shang als Barbaren angesehen wurden und die mit den Menschen der Bronzezeit meist auf Kriegsfuß standen. Diese Ethnien waren im nördlichen Jiangsu und im Huai-Tal besonders zahlreich.

Die Shang-Kultur hebt sich von der folgenden Epoche in erster Linie durch ihre religiösen Praktiken und deren vorherrschende Rolle ab. Dabei muß der Akzent einerseits auf die Bedeutung einer bestimmten Art von Weissagung mit Hilfe des Feuers gelegt werden, die in der folgenden Epoche nur mehr eine Nebenrolle spielt, andererseits auf die besondere Stellung, die der Kult der verstorbenen Könige einnahm, auf die prunkartigen Opferhandlungen sowie den Brauch des Menschenopfers, der unter den Zhou langsam ausstarb.

Wahrsagung und Opferbräuche

Typisch für Ostasien, das die im Westen des eurasischen Kontinents überall gebräuchliche Eingeweideschau nicht kennt, ist der Brauch, Knochen von Opfertieren zu Orakelzwecken dem Feuer auszusetzen. Dieser Brauch, der schon im Neolithikum belegt ist, erfuhr in der Bronzezeit eine Weiterentwicklung und Vervollkommnung und wurde zu einer der Haupttätigkeiten des Königs. Es entstand eine wahre Orakelkunde, die ausschließlich von Spezialistenkollegien ausgeübt wurde. Die Knochen, die man zur Wahrsagung verwendete, wurden sorgfältig präpariert und enthielten übereinanderliegende ovale und runde Hohlräume, die unter der Einwirkung von Feuer T-förmige Risse ergaben (das T entspricht dem Schriftzeichen *bu*, mit dem diese alte Wahrsageart bezeichnet wird). Gegen Ende der Anyang-Zeit verbreitete sich die Verwendung der Bauchteile von Schildkrötenpanzern. Seit Beginn des 20. Jahrhunderts wurden über hunderttausend Knochen und Schildkrötenpanzer mit Inschriften gefunden. Mit Ausnahme einer geringen Anzahl stammen sie alle aus dem Gebiet der letzten Shang-Yin-Hauptstadt. Davon wurden beinahe fünfzigtausend Inschriften publiziert und untersucht. Die ersten Exemplare dieser Knochen und Schildkrötenpanzer tauchten bei Apothekern auf, von denen sie als »Drachenknochen« verkauft wurden; sie zogen die Aufmerksamkeit des Inschriftenkenners Wang Yirong (1845-1919) auf sich und wurden von dessen Freund Liu E (1857-1909) als Dokumente der Shang-Dynastie identifiziert. Seither wurden diese Orakelinschriften (*buci* oder *jiaguwen* = »Schild- oder Knocheninschriften«) von zahlreichen chinesischen Gelehrten untersucht. Gleichzeitig gedieh mit den Ausgrabungskampagnen der Academia Sinica von 1927 bis 1936 und den Entdeckungen, die seit 1950 gemacht wurden, die wissenschaftliche Erforschung der Shang-Stätten. So konnte das Königreich der Shang in seiner letzten Periode in religiöser, politischer und sozialer Hinsicht genau untersucht werden; obwohl noch zahlreiche Ungewißheiten bestehenblieben, wurden doch beträchtliche Fortschritte erzielt.

Die Inschriften, die nach der Feuerprobe eingeritzt wurden und sozusagen als Kommentare der durchs Feuer entstandenen Zeichen dienten, wurden mit dem Ziel gesammelt, Archive für die Orakelkunde anzulegen. Diese Archive stellen die älteste Form der chinesischen Historiographie dar und prägten deren wesentliche Charakteristika von Anfang an: ihre enge Beziehung zur Politik und ihre Bedeutung als Wissenschaft von den Präzedenzfällen. Denn das Wahrsagen bezog sich auf alle Bereiche, die mit der Funktion des Königs zu tun hatten: Ahnenkult und Götterverehrung, militärische Unternehmungen, Ernennungen von Amtsträgern, Einberufungen zum Hof, Bau von Städten, landwirtschaftliche Kampagnen und Meteorologie (Regen, Dürre, Wind), Krankheiten, Reisen, Träume, Geburten, Voraussage von Glück oder Unheil für die kommenden Jahre oder die kommende Nacht.

Diese Inschriften liefern uns die älteste Form der chinesischen Schriftzeichen und beweisen, unter Berücksichtigung der wichtigen Änderungen, die zwischen der Shang- und der Zhou-Zeit stattfanden, die außerordentliche Kontinuität der

Schreibtradition. Eine ziemlich große Anzahl von heute noch gebräuchlichen Schriftzeichen läßt sich in ihrer Entwicklung bis in das 14. bis 11. Jahrhundert zurückverfolgen. Diese schon sehr komplexe archaische Form der Schrift, die nahezu 5 000 verschiedene Schriftzeichen kannte, von denen 1 500 eindeutig entziffert werden konnten, kennt bereits die Mehrzahl der Bildungsprinzipien, die ihre spätere Weiterentwicklung ermöglichten: neben einfachen Zeichen *(wen)* (konventionelle Zeichen oder hochstilisierte Darstellungen von Gegenständen oder Teilen von Gegenständen) existieren schon zusammengesetzte Zeichen *(zi)*. Es kommt aber auch vor, daß wie in den ältesten Schriften des Mittleren Orients Zeichen, unabhängig von ihrem ursprünglichen Sinn, allein wegen ihres phonetischen Werts verwendet werden.

Die Kollegien von Wahrsagern und Schreibern, die mit der Wahrsagung am Königshof betraut waren (in der Anyang-Periode gab es verschiedene Schulen von Neuerern und Traditionalisten) beschäftigten sich in erster Linie mit Fragen der Zahlen und des Kalenders. Schon auf den Tierknochen- und Schildkröteninschriften finden sich die beiden Zahlensysteme, die im Lauf der gesamten chinesischen Geschichte gebräuchlich waren: ein kontinuierliches Dezimalsystem, das mit Hilfe von zehn einfachen Zeichen von 1 bis 10 und einem Zeichen für 100, zu dem noch eines für die Zahl 10 000 hinzukommen sollte, notiert wird; zwei Reihen von komplizierten Zeichen, eine auf der Grundlage der Zahl zehn, die andere auf der Grundlage der Zahl zwölf, deren Kombination einen Zyklus von 60 Doppelzeichen ergibt. Diese Zeichen dienten nur für die Aufzeichnung der Tage; der 60er Zyklus wurde erst vom 2. Jahrhundert vor Chr. an zur Bezeichnung der Jahre angewandt. Zur Shang-Zeit wurde der Ablauf der Zeit in Dekaden und in ihren Kombinationen gezählt; man kann feststellen, daß die Namen der Könige immer eines der Zeichen enthalten, das zur Bezeichnung der Dekade diente. Es scheint, daß es dem Tag entsprach, an dem ihnen Opfer dargebracht werden mußten.

Die Zahl der Opfer, die an einem bestimmten Datum oder in unregelmäßigen Abständen dargebracht wurden, war groß. Die wichtigsten von ihnen betrafen die Verehrung der verstorbenen Könige, manchmal zusätzlich auch der Königinnen. Aufgrund der Inschriften konnte eine vollständige Liste der Shang-Könige aufgestellt werden, die sogar über die Gründung der Dynastie hinausreicht. Die Erbfolge ging jeweils vom älteren auf den jüngeren Bruder über, und, nach dem Auslöschen der Generation der Brüder, vom Onkel mütterlicherseits auf die Neffen. Daher beträgt, obwohl dreißig Shang-Könige aufgezählt werden, die Anzahl der Generationen nur achtzehn. Diese Liste fällt im übrigen bis auf einige Details mit derjenigen der späteren Überlieferung zusammen, wie man sie in dem zu Beginn des 1. Jahrhunderts vor Chr. abgeschlossenen *Shiji* (Historische Aufzeichnungen) von Sima Qian findet.

Ochsen, Schafe, Schweine und Hunde wurden in großer Zahl geopfert; Opfergaben von 30 oder 40 Ochsen für einen einzigen Vorfahren waren keine Seltenheit. Es existieren eigene Zeichen zur Bezeichnung eines Opfers von 100 Ochsen oder 100 Schweinen sowie für Opfergaben von jeweils 10 Tieren. Diese Fülle von Opfergaben, die es in späteren Epochen nicht mehr gab, läßt vermuten, daß die Viehzucht in der Wirtschaft dieser archaischen Gesellschaft einen bedeutenden Platz einnahm.

Der Kult gewährleistete anläßlich großer Bankette eine Umverteilung der Reichtümer; aber er verursachte auch oft massive Zerstörungen, vor allem bei Begräbnissen von Königen.

Die zwischen 1927 und 1936 in Anyang entdeckten großen Königsgräber liefern uns das erstaunlichste Bild des China der Shang-Zeit. Sie haben einen kreuzförmigen Grundriß und enthalten eine große rechteckige Gruft, die in einer Nord-Süd-Achse angelegt ist und ein tiefer gelegenes kleineres Zentralgrab enthält. Zwei, manchmal vier Rampen von 15 bis 20 Meter Länge führen zum Niveau der Hauptgruft. Der hölzerne Sarg des Königs ruht über der zentralen Gruft, in der ein Hund geopfert wurde. Auf den Zugangsrampen und auf der Plattform, die das Grab umgibt, wurden Skelette von bewaffneten Männern, bei denen es sich sicher um Gefolgsleute und Diener des Königs handelte, sowie der Wagen des Königs mitsamt Pferden und Wagenlenkern, Töpfereien, Bronzegefäße und andere Wertgegenstände gefunden. Die Sitte, beim Begräbnis eines Königs seine nächsten Diener zu opfern und sie mit ihm zu begraben und den König mit seinen wertvollsten Besitztümern und den Insignien seiner Königswürde (hauptsächlich sein Wagen und seine Pferde) zu umgeben, findet sich in zahlreichen anderen Kulturen der Bronzezeit wieder.

Die Orakelinschriften weisen auch auf andere Kulte hin. Ein wichtiges Opfer, das den Namen *di* oder *shangdi* trägt (dieser Terminus wurde viel später zur Bezeichnung der mythischen Kaiser der Urzeit verwendet und diente am Ende des 3. Jahrhunderts vor Chr. dem Ersten Kaiser als Modell für die Schaffung des neuen Terminus *huangdi*), scheint zur Idee von einer höheren Gottheit geführt zu haben, die die politische Ordnung (Schutz der Städte und des Heeres) und die Ordnung der Natur (Regen, Wind, Dürre) gewährleistet. Daneben gab es weniger wichtige Gottheiten: die Mutter des Ostens, die Mutter des Westens, die Herren der vier Himmelsrichtungen, die Quelle des Huan-Flusses, der bei Anyang vorbeifließt, der Gelbe Fluß, bestimmte heilige Berge usw. Bei gewissen Kulten scheint eine Art von Schamanen (*shi:* dieses Wort, das auch die Bedeutung »Leichnam« hat, bezeichnet in der Zhou-Zeit den Repräsentanten des Toten beim Begräbnisritual) und von Hexenmeistern *(wu)* eine Rolle gespielt zu haben.

Die Menschenopfer waren wohl ein Charakteristikum der Shang-Kultur; manche von ihnen stehen anscheinend in Zusammenhang mit der Einweihung von Gebäuden, andere mit Begräbniszeremonien oder mit Opferfeiern zu Ehren der verstorbenen Könige. Einzig die Sitte, daß die nächsten Begleiter und die Konkubinen dem Herrscher in den Tod folgen mußten, sollte – allerdings in sporadischer Form – die Shang-Zeit überdauern; im Laufe des 1. Jahrtausends wurden die Menschenopfer immer häufiger durch Puppen oder kleine Figuren ersetzt.

II. KAPITEL
DAS ZEITALTER DER FÜRSTENSTAATEN

1. Der Niedergang des archaischen Königtums

Nach einer Überlieferung, die anzuzweifeln keine Ursache besteht, war es ein in Shenxi entstandener Staat namens Zhou, der die Shang-Yin-Dynastie stürzte. Das Ereignis kann auf die Jahre um 1050 oder 1025 datiert werden. Dieser Staat außerhalb des Territoriums der Shang, der mit den Barbarenvölkern der westlichen Regionen Kontakte und Beziehungen unterhielt, hat offenbar die für die Pferdezucht günstigen geographischen Bedingungen zu nutzen verstanden: im oberen Jing-Tal und im Nordosten von Gansu entstanden in späteren Epochen zahlreiche Gestüte. Bei den Zhou, deren Sitten zweifelsohne kriegerischer waren als die der Yin, war der Gebrauch des Wagens weiter verbreitet; auch scheinen sie die Erfinder einer neuen Art des Pferdegespanns mit vier Zugpferden gewesen zu sein.

Die ersten Jahrhunderte der Zhou-Zeit

Aufgrund des außergewöhnlichen Ansehens, das die Gründer der Zhou-Dynastie in der Gelehrtenschule von Lu, d. h. in der sogenannten »konfuzianischen» Tradition genossen, ist es angebracht, kurz zusammenzufassen, wie in der Überlieferung die Ablösung der Yin durch die Zhou geschildert wird.

Die Leute von Zhou seien unter ihrem Anführer, der später als König Wen in die Geschichte eingehen sollte, zu dem Zeitpunkt, als der letzte König der Yin mit einem Krieg gegen die Huai-Barbaren beschäftigt war, in Henan einmarschiert. Während des siegreichen Vordringens der Zhou starb König Wen im Kampf und wurde von König Wu abgelöst. In der Schlacht von Muye, nördlich des Gelben Flusses, wurden die Yin endgültig geschlagen und ihr letzter König, Zhouxin, wurde geköpft. Die Könige Wen und Wu wurden von den ehemaligen Untertanen der Yin und von den Barbarenvölkern, die unter der Tyrannei von Zhouxin gelitten hatten, als Befreier gefeiert. Nach seinem Sieg übergab König Wu die Verwaltung der Kleinstaaten in der nordchinesischen Tiefebene Wugeng, dem Sohn des enthaupteten Tyrannen, und kehrte nach Shenxi zurück, wo er bald starb. Unter seinem Nachfolger, König Cheng, kam es zu Unruhen, die Wugeng, der sich mit den Huai-Barbaren verbündet hatte, dazu benützte, sich gegen die Autorität der Zhou zu erheben. Der Onkel des jungen Königs Cheng, der Herzog von Zhou (Zhougong), führte die Verteidigung und den Gegenangriff an. Yin wurde zerstört und die Huai-Barbaren unterwarfen sich. Von da an hatte der Staat Zhou zwei Hauptstädte: Zhouzong, in der Nähe des heutigen Xi'an in Shenxi, und Chengzhou, in der Nähe des heutigen Luoyang in Henan. Um ihre Herrschaft über die ehemaligen Territorien der Yin zu sichern, setzten die Zhou an die Spitze der alten sowie der damals neugegründeten Kleinstaaten Mitglieder ihrer eigenen Familie oder verschwägerter Familien.

Was im weiteren von der traditionellen Überlieferung festzuhalten ist, bezieht sich auf Aufstände fremder, aber assimilierter Völker, die unter der Herrschaft der beiden Nachfolger des Königs Cheng stattfanden, auf die Bemühung der Zhou, unter König Mu (Mitte oder Ende des 10. Jahrhunderts?) nach Nordwesten (nach Gansu und wahrscheinlich ins heutige Ost-Xinjiang) vorzudringen, sowie auf Kämpfe von König Mu gegen Ethnien namens Quanrong (»Hunde-Barbaren«) im Nordwesten und gegen Völker aus Nord-Jiangsu.

Nach den Fundstellen und Inschriften, die seit 1950 entdeckt wurden, zu schließen, scheint der Anfang des 1. Jahrtausends eine Periode der Expansion gewesen zu sein. Unter den Zhou erreichte die Kolonisation die Gegend des heutigen Peking, den äußersten Nordosten von Shandong und die Ebenen des unteren Yangzi.

Dagegen waren das ausgehende 9. Jahrhundert und das 8. Jahrhundert anscheinend eine Periode der Schwäche und des Verfalls, die mit den Angriffen von Fremdvölkern in Beziehung gebracht werden kann: Einfälle der Yanyun, eines Steppenvolkes, das möglicherweise schon ein Reitervolk war, unter Xuanwang (827-782), Invasionen der Quanrong in Shenxi unter Youwang (781-771). Mit dem Beginn der Verfallsperiode der Zhou-Dynastie unter König Li (878-828) setzt eine genaue historische Datierung ein: das erste Datum der chinesischen Geschichte ist das Jahr –841.

Die traditionelle Chronologie

Die traditionelle Historiographie unterteilt die Zhou-Zeit in zwei Perioden: in die Epoche, in der sich die wichtigste Hauptstadt der Zhou-Dynastie im Wei-Tal befand (die sogenannte Periode der Westlichen Zhou, vom Ende des 11. Jahrhunderts bis zum Jahr 771) und in die Epoche, die von der Verlegung der Hauptstadt nach Chengzhou (in der Nähe des heutigen Luoyang in Henan) bis zum Sturz der Zhou durch das Reich der Qin im Jahr –256 dauert (die sogenannte Periode der Östlichen Zhou). Es bestehen aber auch andere traditionelle Einteilungen: eine davon gründet sich auf die Existenz von Reichsannalen, nämlich die Annalen von Lu in Shandong, die sich auf die Jahre 722-481 beziehen; vom Titel dieser Annalen stammt die Bezeichnung dieser Epoche als Chunqiu *(Frühling und Herbst)*. Und schließlich ist die Epoche, die der Einigung Chinas als Kaiserreich im Jahr –221 vorangeht, aufgrund der unaufhörlichen Kriege als Periode der »Kämpfenden Staaten« *(Zhanguo)* bekannt. Der Beginn dieser Periode wird manchmal auf das Jahr –453 festgesetzt, das Jahr, in dem die Territorialmacht von Jin (eines Königreichs, das Shenxi und einen Teil von Hebei und von Henan umfaßte) de facto aufgeteilt wurde, manchmal aber auf die offizielle Anerkennung dieser Teilung und der Reiche, die aus ihr hervorgingen (Han, Wei und Zhao), durch den König der Zhou im Jahr –403.

Die früheren chinesischen Historiker, die der Meinung waren, daß die Riten, die Kulttraditionen und die Familienhierarchien sich im wesentlichen bis in die zweite Hälfte des 5. Jahrhunderts erhalten konnten und anschließend abgeschafft wurden, betonten den Gegensatz der Chunqiu-Periode zur Periode der Kämpfenden Staaten. Tatsächlich läßt sich die komplexe Entwicklung, die vom archaischen Königtum – seine Hauptmerkmale bestanden am Anfang der Zhou-Zeit weiter – zum zentralisierten Staat und zur Einigung Chinas als Kaiserreich führte, nicht mit Kontinuität erklären.

2. *Von den Fürstenstaaten zu den Königreichen*

Was uns über die Gesellschaft der Zhou-Zeit bekannt ist, stammt vor allem aus einer Chronik, die den *Annalen von Lu* als Kommentar hinzugefügt wurde: das *Zuoshizhuan* oder *Zuozhuan* (Kommentar des Zuo zur Chronik Frühling und Herbst), das wahrscheinlich im 5.und 4. Jahrhundert zusammengestellt wurde. Die Zuverlässigkeit dieser Traditionen scheint immerhin, wenn man andere schriftliche Quellen und archäologische Zeugnisse hinzunimmt, eine Rekonstruktion des Gesellschaftstyps der chinesischen Fürstentümer des 9. bis 7. Jahrhunderts zu gestatten.

Die Adelsgesellschaft des 9. bis 7. Jahrhunderts

Mit dem Terminus des Feudalismus wurde so oft Mißbrauch getrieben, daß er bedeutungslos geworden ist. Es ist besser, auf ihn zu verzichten und das politische und soziale System, das in der langen Geschichte Chinas am ehesten dem westlichen Feudalismus entsprechen würde, durch seine spezifischen Institutionen zu charakterisieren. Im übrigen handelt es sich aufgrund der Abhängigkeit der politischen Organisationsform vom System des Familienkults und der engen Verbindung von kriegerischer und religiöser Funktion, um ein völlig eigenständiges System; es schließt sich eng an das archaische Königtum an, aus dem es hervorgegangen ist.

Dieses System basiert auf einer Hierarchie von Domänen und von Familienkulten, an deren Spitze die königliche Domäne und der Ahnenkult der Zhou stehen. Der König trägt den Titel *tianzi* (»Himmelssohn«) und hat sein Amt vom »Herrn da oben« *(shangdi)* erhalten; er allein hat das Recht, ihm Opfer darzubringen. Die Hauptstadt Zhouzong im Wei-Tal war das große Kultzentrum des ganzen Staatenverbandes der Zhou-Staaten; hier befand sich der Tempel der verstorbenen Könige.

In den einzelnen Kleinstaaten wurde die Herrschaft von Familien ausgeübt, deren Macht sich auf die Anzahl ihrer Wagen, auf ihre religiösen Privilegien (das Recht auf bestimmte Opfer, auf die Aufführung bestimmter Tänze und den Vortrag bestimmter Hymnen usw.), auf das Alter ihrer Traditionen und auf ihre Beziehungen zum Königshaus, auf den Besitz von Emblemen und Wertgegenständen (Bronzegefäße, Jade, Glockenspiele und Klangsteine usw.) gründete. Um die erworbenen Rechte auf ewig festzuhalten, entstand seit der Herrschaft von König Mu (Mitte oder Ende des 10. Jahrhunderts) der Brauch, den genauen Text der Investitur- und Schenkungszeremonien auf Bronzegefäße, die dem Ahnenkult dienten, einzugravieren. Aus ihnen weiß man, daß die Verleihung eines Lehens, eines Marktfleckens oder eines Amtes mit verschiedenen Schenkungen verbunden war: Kleider, Stoffe, Bronzewaffen, Wagen, Opfergefäße, Kaurimuscheln, Diener, Tiere usw.

Die Territorien haben sich durch eine Art von Streuung ausgedehnt: Das Lehenswesen, das einer Adelsfamilie eine gleichzeitig religiöse und militärische Macht über ein begrenztes Gebiet verlieh (der Terminus *feng*, mit dem das Lehen bezeichnet wird, spielt an auf die Erdaufschüttungen, mit denen die Grenze des Gebiets markiert wurde), war eigentlich nichts anderes als eine Kopie des Königtums innerhalb einer breiten Hierarchie von Familien und Domänen. Den Zusammenhalt des Ganzen gewährleistete das System des Familienkults, das in Hauptzweige *(dazong)* (diejenigen des Könighauses und der Fürstenhäuser) und in Nebenzweige *(xiaozong)* unterteilt wurde. Der Vorsteher des obersten Kults war in jedem Clan der direkte Nachkomme des Ahnherrn, der den Clan begründet hatte, und der von Generation zu Generation verehrt wurde, sowie die Gesamtheit seiner Nachkommen; dagegen waren die Vorsteher der Nebenzweige nur zur Verehrung von vier Generationen der aufsteigenden Linie ihrer eigenen Familie (Vater, Großvater, Urgroßvater, Ururgroßvater) berechtigt. Mindestens seit der Shang-Zeit war es in allen Adelsfamilien die Regel, daß der Erstgeborene der Hauptgattin die Kultpflichten und Kultprivilegien übernahm. Daraus erklärt sich die große Bedeutung, die dem männlichen Erben und der ersten Gattin beigemessen wurde.

Die Organisation der Fürstenstaaten (*guo:* dieser Terminus bezeichnet eine umwallte Stadt) war ein Abbild derjenigen des Königshauses: der Fürst, der den Titel *gong* (»Herr«) trug – ein Titel, der später in die fünfstufige Adelshierarchie integriert wurde –, war umgeben von *daifu* (»Baronen«) und *qing* (»Stabsoffizieren«). Die älteste Bedeutung des Wortes *qing* beweist, daß es sich um eine religiöse und dienende Funktion am Fürstenhof handelte: Es bezeichnete den Vorsitzenden der großen Opferbankette. Die berühmten Familien, deren Oberhäupter, *qing* und *daifu,* bei ihren Herren Funktionen erfüllten, die praktisch erblich wurden, erhielten gleichzeitig mit ihrem Amt Marktflecken (*yi* oder *caiyi*) außerhalb der ummauerten Stadt *(bi)* als Benefizien. Den *daifu* und den *qing* unterstanden niedrigere Adlige *(shi),* die aus Nebenlinien stammten und deren Hauptfunktion darin bestand, in Streitwagenabteilungen zu dienen. Die Bauern stellten das Fußvolk *(tu)* und bestellten die Ländereien, deren Ernten dem Adel gehörten.

Außer ihren Funktionen bei den Fürsten und der Leitung ihres eigenen Familienkults waren die *qing* und die *daifu* (»Stabsoffiziere« und »Barone«), ebenso wie die Fürsten als hohe Würdenträger des Königshauses verpflichtet, am Krieg teilzunehmen und auf Anforderung ihres Vorgesetzten Kontingente von Wagen und Kriegern zu liefern. Die Organisation des Heeres war daher eine Nachahmung der politischen und familiären Organisation.

Man kann sich vorstellen, wie diese auf Familienkult und Erhaltung der Privilegien der Vorfahren gegründete Gesellschaft aus einer früheren Ordnung hervorgegangen ist, in der der König allmächtig gewesen zu sein scheint: Während offenbar unter den Shang die Verehrung der verstorbenen Könige und das Ansehen ihres Geschlechts die gesamte politische und soziale Organisation beherrschten, erforderte das spätere, viel komplexere und unstabilere System, daß der König nur mehr die Rolle eines Schiedsrichters ausübte. Im Prinzip waren die Ämter und Privilegien, die der König verlieh, widerruflich: aber durch die Entstehung der Fürstentümer und die Machtzunahme der Familien des Hochadels kam es allmählich zur Erblichkeit und zur Erstarrung eines Systems, das anfangs und unter der völligen Abhängigkeit vom König sicherlich beweglicher gewesen war. Andererseits wurde in der ersten Hälfte des 8. Jahrhunderts die Entwicklung durch die Angriffe der Völker aus Shenxi und die Verkleinerung der Königsdomäne überstürzt. Neben Zheng, das zur Zeit der Verlegung der Hauptstadt der Hauptverbündete der Könige von Zhou war, aber bald darauf seine vorherrschende Stellung einbüßte, waren in der nordchinesischen Tiefebene andere mächtige Reiche entstanden: Song, Wei, Lu, Cao, Chen, Cai usw. Im 8. Jahrhundert gab es ein Dutzend davon, inmitten einer großen Anzahl von Kleinstaaten. Seit der Gründung der Zhou-Dynastie hatte sich im übrigen das System der Fürstengeschlechter kompliziert; neben Familien, die denselben Namen wie die Zhou-Dynastie trugen *(tongxing)* und von ihr abstammten, gab es Familien anderen Namens *(yixing)*, deren Vorfahren Kampfgefährten der ersten Könige gewesen waren. Auch die Linie der Shang lebte noch fort, und zwar im Fürstentum Song, im Westen von Henan, wo die alten Traditionen des Königtums von Anyang bewahrt wurden.

Innerhalb dieser Konstellation von schwachen und mächtigen Fürstentümern überwog nicht mehr die religiöse und kriegerische Souveränität der Könige, selbst wenn es weiterhin üblich blieb, sich ihrem Schiedsspruch zu unterwerfen und sich auf ihre moralische Autorität zu stützen: die Riten und die Wissenschaft der Präzedenzfälle waren die Grundlagen der neuen Ordnung; mit ihrer Hilfe wurden die Beziehungen zwischen den verbündeten und rivalisierenden Kleinstaaten geregelt, die durch Kriege, Blutrache, Heiraten, Verträge, Austausch von Gütern und Dienstleistungen geteilt bzw. geeint waren. Mit der Entstehung der Fürstentümer und der Schwächung der Königsmacht entstanden eine neue Gesellschaft und neue Sitten: ein auf seine Vorrechte bedachter Adel, der den Fragen der Etikette große Bedeutung beimaß, das Ideal des edlen Kriegers und eine Moral der Ehre und des Ansehens.

Insoweit das System der Kulthierarchien und der Riten, die seinen Zusammenhalt gewährleisteten, vom Vorrang des Königsgeschlechts abhing, erscheint eine solche Gesellschaft natürlich als unstabile Übergangsform. Nach und nach sollten der Niedergang des Königtums, die regionale Eigenheiten verstärkende geographische Zersplitterung und die Tendenz der Fürstenstaaten zur Vergrößerung und zur Bildung großer politischer Einheiten das Gleichgewicht ändern, das sich zwischen den Kleinstaaten eingependelt hatte, und die Welt der adligen Fürstenstaaten auf einen Weg führen, der ihren Untergang bedeutete.

Der Niedergang der Adelsinstitutionen

Im Laufe der Chunqiu-Periode bildete sich ein allgemeiner Gegensatz heraus zwischen den alten Staaten der nordchinesischen Tiefebene, deren Fürstenhäuser auf die Gründung der Zhou-Dynastie zurückgingen – den »Staaten der Mitte«, *zhongguo*, der Name, der später auf ganz China angewandt werden sollte – und den peripheren Staaten, die allmählich größere und mächtigere politische Einheiten bildeten: in alten Ländern ist die Zersplitterung des Territoriums immer größer als in jungen. Bei diesen neu entstehenden Großreichen handelte es sich um: Jin, im Fen-Tal in Shenxi, einem für Pferdezucht geeigneten Bergland, in dem die politische Organisation direkt auf der Organisation des Heeres beruhte, Qi, im Nordwesten von Shandong, einem durch Salz-, Fisch-, Seiden- und Metallhandel reich gewordenen Küstenland; Chu, im Gebiet des mittleren Yangzi und in den Tälern von Hubei, dessen Herrscher wie die Zhou den Titel König trugen und über riesige, von Eingeborenenstämmen besiedelte Gebiete regierten. Dieses Reich, dessen Kultur halb barbarisch war und dessen Sprache einer nicht-chinesischen Sprachgruppe angehörte, hatte sich schon im Jahr 704 bis nach Süd-Henan ausgedehnt.

Äußere Umstände sollten die Macht und Autorität dieser Reiche vergrößern: Die

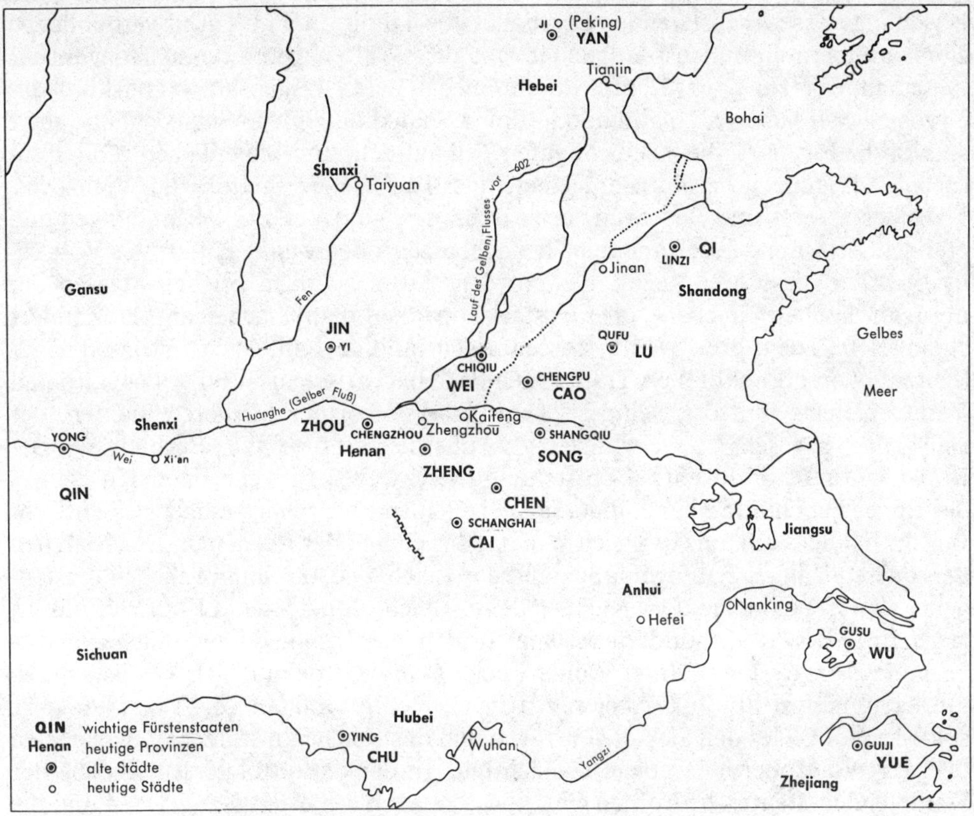

4. Die großen Fürstenstaaten zur Chunqiu-Zeit (Frühling und Herbst).

Einfälle von in Nordchina ansässigen Völkern, die schon im 8. Jahrhundert eine Bedrohung waren, verstärkten sich in der zweiten Hälfte des 7. Jahrhunderts und führten dazu, daß den Fürsten von Qi und von Jin die Rolle von Anführern von Staatenverbänden und Schutzherren der chinesischen Länder zufiel. Möglicherweise wurden diese Angriffe nicht-chinesischer Stämme durch den Druck hervorgerufen, den auf sie die ersten Nomadengemeinschaften der Steppenzone, wahrscheinlich schon Reitervölker, ausübten. Auf jeden Fall haben sie die Entstehung der Hegemonien *(ba)* begünstigt. Die Hegemonie von Qi wurde durch den Bündnisschwur *(meng)* unter dem Vorsitz des Fürsten Huan (685-643) im Jahre 651, diejenige von Jin durch die von Fürst Wen (636-628) im Jahre 632 gebildete Koalition offiziell bestätigt.

Zu Beginn des 6. Jahrhunderts jedoch, nach der Niederlage, die König Zhuang von Chu dem Heer von Jin im Jahr 597 zufügte, wandelte sich die Natur und die Bedeutung der Hegemonien: von diesem Zeitpunkt an zwangen die mächtigeren Reiche den schwächeren ihren Willen auf, und der unter Bedrohung geleistete Eid wurde zum Mittel der gewaltsamen Legitimierung der Situation.

Mit der Bildung großer regionaler Einheiten nahm der Kampf zwischen den einzelnen Reichen andere Züge an: nun wurden nicht mehr von verbündeten beziehungsweise rivalisierenden durch dieselbe Tradition und Kultur verbundenen Fürstentümern Familienstreitigkeiten mit den Waffen geregelt; die kriegerische Auseinandersetzung wurde nun durch einen tieferen Gegensatz verstärkt. Jedes einzelne der Reiche – Qi in Shandong, Jin in Shanxi und Qin in Shenxi – hatte seine spezifische Eigenart, die zu einem guten Teil auf den unterschiedlichen geographischen Bedingungen beruht (Berggebiete oder Ebenen, Verbreitung der Viehzucht, Nähe des Meeres und Bedeutung des Fischfangs, gute Verkehrsverbindungen und Handel, Beziehungen zu anderen, benachbarten oder weiter entfernten Völkern usw.). Aber diese drei Reiche des Nordens lagen zu nahe bei den Staaten der nordchinesischen Tiefebene, um sich stark von ihnen zu unterscheiden. Ganz anders stand es mit dem Reich Chu, dessen eigenständige Kultur das Produkt einer Synthese von autochthonen Traditionen der »barbarischen« Völker des mittleren Yangzi-Gebiets und den »chinesischen« Traditionen der Mittleren Staaten, der *zhongguo,* gewesen zu sein scheint. Außerdem führte die Verbreitung der Bronzekultur im Südosten zur Entstehung zweier weiterer Reiche, deren Kultur von derjenigen der chinesischen Länder um den Gelben Fluß nicht weniger weit entfernt war. Es handelt sich um das Reich Wu, das das Gebiet der Ebenen und Seen südlich des unteren Yangzi-Laufs umfaßte, und das Reich Yue, das im nördlichen Küstengebiet von Zhejiang lag. Der Aufstieg dieser Reiche von See- und Flußschiffahrern gegen Ende des 6. Jahrhunderts verursachte den Niedergang ihres westlichen Nachbarn, des Staates Chu. Unter König Fucha (496-473) dehnte sich Wu gegen den mittleren Yangzi hin aus. Aber sein Rivale, König Goujian von Yue (496-465), sollte letzten Endes den Sieg davontragen und das Reich Wu stürzen, indem er sich der von Wu eroberten Gebiete bemächtigte. In der darauffolgenden Epoche der Kämpfenden Staaten bedrohten Chu und Yue auch weiterhin den Frieden und die Unabhängigkeit der Kleinstaaten der nordchinesischen Tiefebene.

Das Übergewicht der militärischen Faktoren in einer Gesellschaft, deren Ordnung religiös und rituell begründet war, mußte deren Natur ändern. Nicht nur die Typen der traditionellen Beziehungen zwischen den Fürstenstaaten waren davon betroffen, sondern, da das soziale System ein Ganzes bildete, auch die Beziehungen zwischen den großen Familien innerhalb der Staaten selbst. Um das Jahr 600 vermehrten sich die Anzeichen einer Krise der Adelsgesellschaft; im Lauf des 6. Jahrhunderts tauchten neue Institutionen auf, deren Ziel es war, die Macht und Unabhängigkeit des Fürsten zu verstärken: im Staat Lu wurden in den Jahren 594 und 590, in Zheng in den Jahren 543 und 538 die ersten Formen einer Agrarsteuer erwähnt. Die ehemalige Dienstleistung, die darin bestanden hatte, den Fürsten ein Kontingent bewaffneter Krieger zu stellen *(fu)*, wurde immer häufiger durch eine Abgabe in Form von Waffen und Getreide ersetzt; in der zweiten Hälfte des 6. Jahrhunderts tauchten die ersten auf Bronze geschriebenen Gesetze auf. Zu Recht wurden Gesetze und Steuern von den Ritualgelehrten der Schule von Lu als erste Beeinträchtigungen der traditionellen Gewohnheiten, die die Grundlage der alten Ordnung bildeten, angesehen: sie sind Anzeichen für Machtkämpfe der großen Familien. Diese Kämpfe verschärften sich von Beginn des 5. Jahrhunderts an. Im Staat Lu, im Westen von Shandong, rissen drei mächtige Familien von *daifu* (»Barone«), die Mengsun, Shusun und Jisun, die Herrschaft des Fürstentums an sich, wobei der legitimen Nachkommenschaft der vom Gründer der Zhou belehnten Fürstengeschlechter nur mehr eine nominelle Rolle gewährt wurde. Im Staat Jin machten sich die sechs Familien von Stabsoffizieren (die sechs *qing*), die den drei Heeren des Reiches vorstanden, die Macht streitig; ihre Kämpfe führten im Jahr 453 zur Aufteilung des Territoriums und zur Bildung von drei unabhängigen politischen Einheiten, die von den Familien der Han, Wei und Zhao regiert wurden. Im Staat Qi riß die Familie der Tian im Jahr 386 endgültig alle Vorrechte des Herrschergeschlechts an sich.

Diese inneren Konflikte, diese Usurpationen waren das Vorspiel zu den Kriegen der Periode der Kämpfenden Staaten. Sie kündigten schon den kommenden Wandel an: Die Machtkonzentration in den Händen einer einzigen Person und die Entstehung des zentralisierten Staates.

III. KAPITEL
DIE ENTSTEHUNG DES ZENTRALISIERTEN STAATES

Die Epoche der Kämpfenden Staaten, die vom Ende des 5. Jahrhunderts bis zur Einigung Chinas als Kaiserreich im Jahre –221 dauerte, war eine jener außergewöhnlichen Perioden, in der die gleichzeitigen und aufeinanderfolgenden Veränderungen, einander bedingend und potenzierend, den Lauf der Geschichte beschleunigen und einen Umbruch der Gesellschaft, der Lebensweise, der Wirtschaft und des Denkens mit sich bringen. Die anfangs langsame, im 6. Jahrhundert noch kaum zu erkennende Bewegung erfuhr gegen Ende des 3. Jahrhunderts eine so starke Beschleunigung, daß sich die Unterschiede von einer zur nächsten Generation vertieften.

Ausgangspunkt dieses Wandels war ganz offensichtlich die Krise der Adelsgesellschaft und ihrer Institutionen und Anschauungen, die im 6. und 5. Jahrhundert in den Kämpfen zwischen Familien des Hochadels und in den ersten Maßnahmen zur Konzentration der Macht in den Händen der einzelnen Herrscher offenbar wurde. Versucht man, die Grundtendenz der letzten drei Jahrhunderte vor der Einigung Chinas als Kaiserreich zu charakterisieren, so könnte man sagen, daß sich die politische Macht von der Schlacke zu befreien versuchte – nämlich dem familiären und religiösen Kontext, mit dem sie vom 9. bis zum 7. Jahrhundert untrennbar verbunden war – und daß sie um so klarer als eigene Realität erkannt wurde, je mehr sie sich davon befreite. Es hieße, nur einen Teil der Wirklichkeit erfassen, würde man von einem Versuch des Herrschers sprechen, sich von seiner Bevormundung durch die Familien des Hochadels zu befreien; tatsächlich war es die Natur der Macht selbst, die im Laufe dieses Kampfes zwischen der Tradition und den neuen Erfordernissen der Zeit einen Wandel erfuhr.

1. Die Beschleunigung des Wandels

Diese Tendenz der politischen Macht, sich als etwas Eigenes anzusehen und ihre Autorität zu behaupten, kann nicht von einer Art militärischen Expansionsbestrebens isoliert werden. Den Kämpfen zwischen Zentralmacht und Familien hoher Würdenträger folgten auf dem Fuße die Kriege zwischen den einzelnen Reichen, die das Ziel verfochten, ihr Territorium auszudehnen, ihre Ressourcen zu vermehren und die Hegemonie an sich zu reißen. Dieser enge Zusammenhang zwischen den inneren Problemen und den äußeren Kämpfen war der wahre Motor für den Wandel dieser Epoche. Daher verdient die Zeit der Kämpfenden Staaten tatsächlich ihren Namen: die chinesischen Länder des ausgehenden Altertums wurden von einer kämpferischen Dynamik auf den Weg zum zentralisierten Staat getrieben.

Es kann hier nicht im Detail auf die Kriege und Bündnisse eingegangen werden, die diese ganze Periode ausfüllen. Sieben Staaten traten dabei hervor: die »drei Jin«, nämlich Han, Wei und Zhao, die aus der Aufteilung des Staates Jin hervorgegangen waren; das alte mächtige Reich Qi, das von der Familie der Tian regiert wurde; zwei Reiche, deren Macht erst jüngeren Ursprungs war: Yan in Hebei, dessen Hauptstadt in der Gegend von Peking lag und das an die Steppenzone der Nomaden angrenzte, und Qin in Shenxi, das Land der ersten Zhou, das sich durch seinen

Pferdereichtum und seine rauhen kriegerischen Sitten auszeichnete; und schließlich Chu, in den Tälern des mittleren Yangzi und im Han-Tal, ein halb chinesisches Reich. Das waren die »sieben Mächte« (die *qixiong*), zwischen denen kurzfristige Bündnisse geschlossen und wieder aufgelöst wurden, die bald Wei, bald Qin, die beiden Hauptgegner in dieser Periode erbitterter Kriege, begünstigten. Im Laufe dieser Kämpfe wurden die Kleinstaaten der nordchinesischen Tiefebene, Bewahrer der ältesten Traditionen, von den sie umgebenden mächtigeren Reichen aufgesogen.

Mehr denn je schien der Ahnenkult mit den Notwendigkeiten der Zeit im Widerspruch zu stehen; der Herrscher – sei er legitimer Nachkomme oder Usurpator – mußte nun, wollte er sich an der Macht halten, über eigene Einnahmequellen, Streitkräfte und Erfüllungsgehilfen verfügen; daher war er gezwungen, sich an neue Männer zu wenden, zu deren Gunsten er die großen Adelsfamilien ihrer erblichen Ämter beraubte.

Der Wandel der politischen Macht

In den Fürstentümern der Chunqiu-Epoche hatte sich ein kleines Gefolge herangebildet, dessen Aufgaben hauptsächlich im Opfertum und im Kriegführen, aber auch in der Verwaltung des Fürstenhauses und der Domänen bestanden. Neben den höchsten Ämtern, die von Generation zu Generation von den großen Familien der *daifu* (»Barone«) und der *qing* (»Stabsoffiziere«) (die Funktionen des *situ,* des Verwaltungsbeauftragten, des *sima,* des Kriegsministers, des *sikong,* des Beauftragten für die öffentlichen Bauarbeiten, des *sikou,* des Justizministers) ausgeübt wurden und die sich je nach Fürstentum im Detail voneinander unterschieden, gab es eine große Anzahl weniger illustrer, jedoch unerläßlicher Funktionen, wie die des obersten Hofschreibers, des Schreibers des Inneren, des Leiters des Ahnenkults, von dem zahlreiche Untergebene abhängig waren (Beter, Wahrsager, Auguren, Leiter ritueller Tänze usw.), sowie die der persönlichen Bediensteten des Fürsten: Stallmeister, Kutscher, Wagenvorsteher, Küchenmeister usw. Die Träger dieser Funktionen waren aus einer Klasse hervorgegangen, deren Stellung innerhalb der Kulthierarchie und deren wirtschaftliche Situation niedriger war als die der Familien der *daifu* (»Barone«) und *qing* (»Stabsoffiziere«). Sie stammten von Familien jüngerer Brüder und von Söhnen der Nebenfrauen *(shuzi)* ab und gehörten der Masse des niedrigen Adels *(shi)* an. Die Rolle dieser kleinen Adligen jedoch, die Krieger, Hüter der geschriebenen Überlieferung und Spezialisten verschiedener Wissensgebiete waren, sollte entscheidend werden: aus ihren Kreisen rekrutierte der Fürst seine ersten Verwaltungsbeamten. So wird auch verständlich, warum am Ende der Entwicklung, die zum zentralisierten Staat führte, der Terminus *shi,* der in der Chunqiu-Zeit den adligen Krieger bezeichnete, schließlich die Bedeutung eines »Literaten« annahm, eines Mannes, der fähig ist, politische Funktionen im wesentlichen ziviler Art auszuüben.

Zur gleichen Zeit, da sich eine neue Art von Zentralmacht bildete, erfuhren die Territorialgewalten eine radikale Veränderung. Früher war der Brauch der königlichen Schenkung von Marktflecken *(caiyi)* oder Lehen *(feng),* mit der häufig Ämter am Hof oder außerhalb des Hofs verbunden waren – Vergünstigungen, deren

Erblichkeit in den Inschriften der Kultgefässe betont wurde –, die einzige Quelle der Territorialgewalt in den Fürstenstaaten der nordchinesischen Tiefebene gewesen; nun tauchte in den peripheren Reichen Qin, Jin und Chu ein neuer Terminus auf. Die eroberten Marktflecken, die zweifelsohne direkt der Autorität des Fürsten unterstanden, erhielten dort die Bezeichnung *xian;* wir finden den Terminus in dieser besonderen Bedeutung zum ersten Mal in den Jahren 688-687. Aber die Neuerung blieb ohne Folgen, da die *xian* im traditionellen System, das in der Chunqiu-Zeit noch herrschte, bald schon zu Erbgütern von Familien von *daifu* (»Baronen«) oder *qing* (»Stabsoffizieren«) wurden. Aber das, was die *xian* prinzipiell von den früheren Marktflecken unterschied, nämlich die Tatsache, daß es sich um eroberte Gebiete handelte, sollte später zu einer radikalen Veränderung der Territorialgewalt führen. Denn im Augenblick, als der Herrscher sich von der Vormundschaft der mächtigen Familien befreite, indem er sich auf die Klasse des Kleinadels stützte, war es nicht mehr der Hochadel, der sich traditionsgemäß die neueroberten Gebiete aneignete; diese Gebiete blieben vielmehr direkt der Zentralmacht unterstellt. Die *xian* wurden folglich zum Modell einer neuen Art von Territorialgewalt – nämlich des Verwaltungskreises, den Vertreter der Zentralmacht kontrollierten –, und das Modell kann zu jenem Zeitpunkt, als der Herrscher stark genug ist, die alten Familien von *qing* (»Stabsoffiziere«) und *daifu* (»Barone«) zu stürzen, auf das gesamte Reich übertragen werden. Dies traf zum ersten Mal unter Xiaogong (361-338) in Qin ein, anläßlich der Reformen von Shang Yang, als das Verwaltungssystem eingeführt wurde, das später in den Reichen Qin und Han herrschen sollte: einer Hierarchie von Beamten entsprach eine Hierarchie von Territorien; die *xian* wurden zu größeren Gruppen zusammengefaßt, die die Bezeichnung *jun* (»Kommandanturen«) erhielten, wobei jeder *xian* und jeder *jun* einen eigenen Sitz und einen eigenen Verwaltungschef hatten (*xianling* in den *xian, taishou* in den *jun*).

Die Entwicklung führte folglich zu einem politischen System, das durch die Existenz einer ernannten Beamtenschaft gekennzeichnet war, die entlohnt wurde, absetzbar war und der Kontrolle der Zentralmacht unterstand, deren verlängerter Arm sie sozusagen war; dieses politische System zeichnete sich außerdem durch die Aufteilung des gesamten Territoriums in Verwaltungskreise aus. Aber erst unter der Herrschaft von Fürst Wen (445-395) in Wei und von König Huiwen (337-325) in Qin tauchte das neue Amt des Kanzlers *(xiang)* auf und mit ihm die Gewohnheit, systematisch zwischen zivilen und militärischen Funktionen zu unterscheiden; erst im Laufe des 4. Jahrhunderts entstanden die ersten Verwaltungskreise, die von Beamten verwaltet wurden. Die politische Entwicklung, bedingt durch die Kämpfe zwischen den großen Familien und die Bemühungen der Zentralmacht, sich vom beherrschenden Einfluß der Tradition zu befreien, hätte jedoch nicht zu dem radikalen Wandel geführt, den das Aufkommen des zentralisierten Staates mit sich brachte. Weitere Faktoren kamen hinzu, die ihrerseits zur Entstehung des neuen Staates beitrugen.

1. Vielfalt der chinesischen Landschaften. Oben: Terrassenfelder in Yunnan. Unten: Die mongolische Steppe in der Nähe des Flusses Mergun.

2. Vielfalt der chinesischen Landschaft. Oben: Floß aus Lederschläuchen auf dem Fluß Xining in Qinghai (Kukunor). Unten: Einsammeln von Wasserpflanzen am Ufer des Taihu-Sees (Jiangsu).

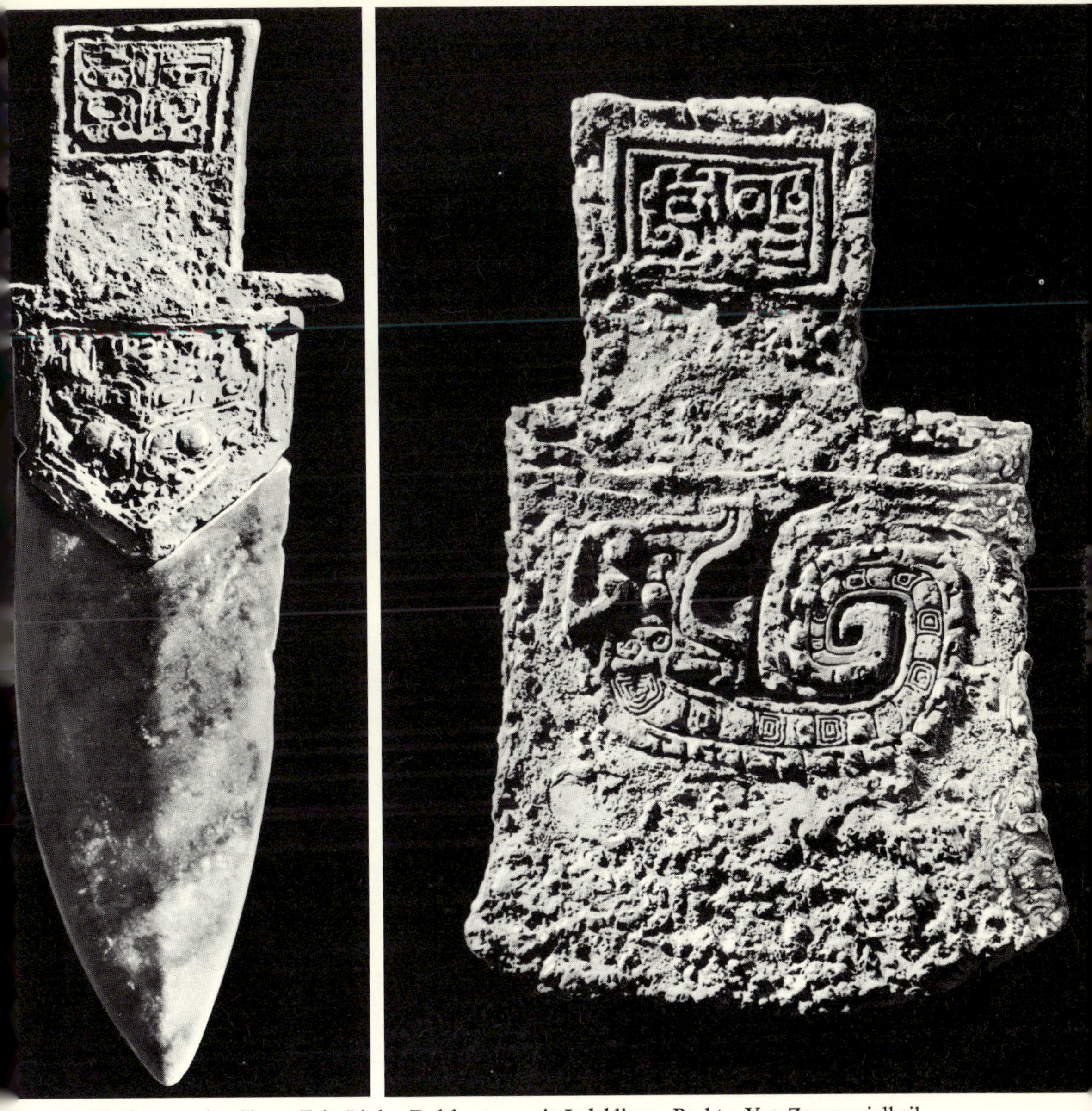

3. Waffen aus der Shang-Zeit. Links: Dolchaxt *ge* mit Jadeklinge. Rechts: Yue-Zeremonialbeil aus Anyang.

4. Zun-Ritualgefäß in Elefantenform (Beginn der Zhou-Zeit, 11.–9. Jh.).

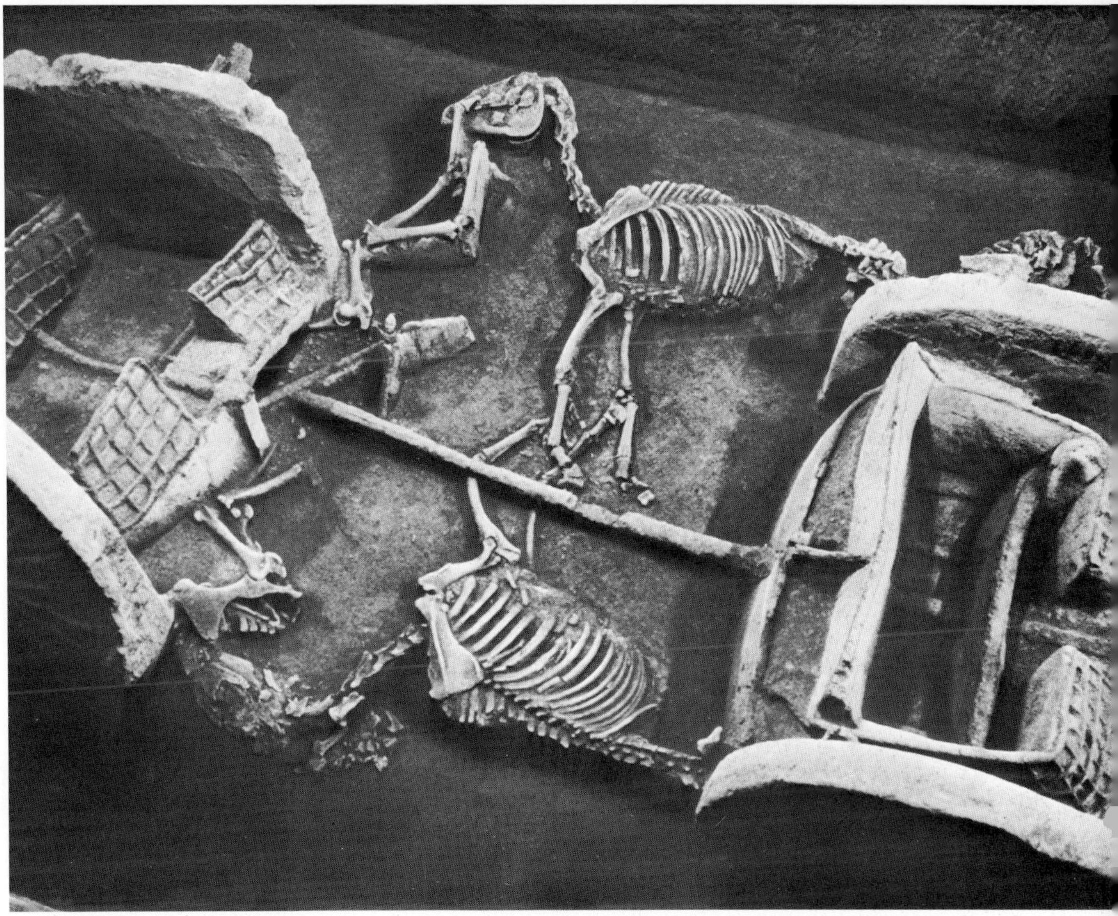

5. Wagengrube des Reichs Guo in der Nähe der Sanmen-Schluchten in Henan (8.–7. Jh.).

6. Steingravierungen aus der Han-Zeit. Oben: Jagdszene (Terrakotta). Unten: Auf Steinplatten eingravierte Zeremonie.

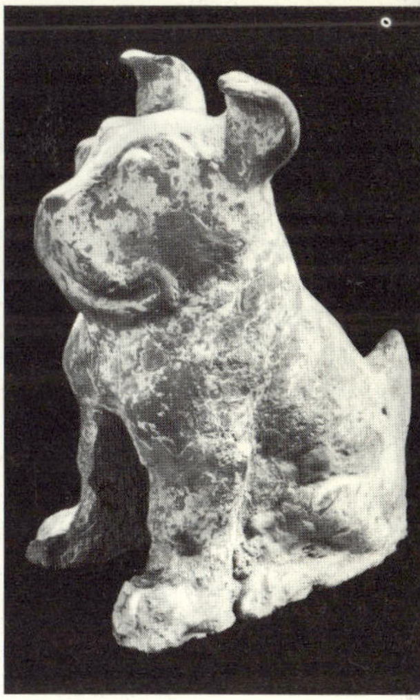

7. Grabkeramiken aus der Han-Zeit: a) Befestigter Bauernhof von Lach-te'uong in Thanh-hoa (Vietnam); b) Zaubermeister mit zwei Köpfen; c) Pferd, Statuette vom Ende der Han-Zeit; d) Hund aus lackierter Terrakotta aus der Späteren Han-Zeit.

8. Krieger der Nördlichen Wei in seiner Rüstung. Grabkeramik.

Der Wandel des Kriegswesens

Im frühen Altertum und in der Chunqiu-Zeit war der Krieg eine Tätigkeit des Adels; der Besitz von Wagen, Pferden und Bronzewaffen war der kleinen Anzahl derer vorbehalten, die an den Kämpfen teilnahmen, Turnieren auf offenem Gelände, in denen man die aristokratischen Tugenden zur Schau stellte. Das Fußvolk, das aus Bauern bestand, spielte nur eine untergeordnete Rolle. Im 5. und 4. Jahrhundert begann der Verfall der Riten und der traditionellen Hierarchien die Natur der Kämpfe zu verändern, die nun rauher wurden. Es handelte sich nun nicht mehr darum, sich durch Tapferkeit und nötigenfalls durch Edelmut auszuzeichnen, sondern zu siegen und Territorien zu erobern. Der Krieg erforderte von dieser Epoche an immer mehr Energien und Ressourcen. Am Ende der Chunqiu-Zeit erhöhte sich die Anzahl der Streitwagen. Die Feldzüge, die früher auf einige Scharmützel beschränkt gewesen waren, wurden länger, und im 4. und 3. Jahrhundert entwickelte sich der Belagerungskrieg. Die Kriegführung war nun nicht mehr – wie der Vollzug kultischer Handlungen – Sache der Adligen, sondern Sache von Spezialisten der Taktik und Strategie. Das Bemühen um Wirksamkeit um ihrer selbst willen war die Ursache dieses Wandels im Kriegswesen. Diese Entwicklung fand ihren Niederschlag sowohl in der Zusammensetzung der Heere als auch in der Bedeutung, die neuerdings den Reserven beigemessen wurde. Vom 5. bis zum 3. Jahrhundert verminderte sich durch die Entwicklung der Infanterie allmählich die Rolle der Streitwagen, wodurch es schließlich zum Zusammenbruch der Art von adliger Lebensweise kam, die mit der Ausübung des Berufs eines Wagenlenkers verbunden war. Weitere Neuerungen trugen zu diesem Wandel der Kriegführung bei: das Auftauchen des Schwertes, das wahrscheinlich in der Mitte des 6. Jahrhunderts von Steppenvölkern entlehnt wurde, der Armbrust und der Kavallerie. Die Armbrust, die mit dem Fuß angespannt wurde, war eine stärkere und genauere Waffe als der Doppelreflexbogen des Altertums und der Nomaden. Sie sollte daher zu einer der häufigsten Waffen der chinesischen Welt und bis zur Song-Zeit (10. bis 13. Jh.) in verschiedenen Formen perfektioniert werden. Ihre Verbreitung wurde auf die zweite Hälfte des 5. Jahrhunderts (Yang Kuan) datiert; sie hat sich aber möglicherweise erst zu einem späteren Zeitpunkt vollzogen. Die Kavallerie, die beweglicher und schneller als die Streitwagen operierte, tauchte im 4. Jahrhundert in den nördlichen Reichen auf, wo sie gleichzeitig mit der Bekleidung der Steppenreiter (Waffenrock und Hose) von den Nomaden übernommen wurde.

Die Entwicklung der Infanterieeinheiten seit dem 6. Jahrhundert – in Jin anläßlich von Kämpfen gegen Stämme in den Berggebieten von Shanxi; in Wu und Yue sehr wahrscheinlich dort, wo sich das von Seen und Wasserläufen durchzogene Gelände für Wagen kaum besser eignete – bis zu großen Infanterieheeren im 3. Jahrhundert sollte entscheidende Folgen haben, und man kann sagen, daß das Aufkommen des zentralisierten Staates mit diesem Wandel der Kriegstechnik eng verbunden ist. Die auf Eroberungen und Ausübung der Hegemonie bedachten Herrscher, die dem ehemaligen Fußvolk *(tu)* mehr Bedeutung und schließlich eine entscheidende Rolle in den Kämpfen beimaßen, waren nun gezwungen, diesen Infanteristen, die zur Chunqiu-Zeit eine Art Diener der adligen Krieger gewesen waren, eine Stellung und ein Ansehen zu gewähren, die ihnen bisher versagt gewesen waren. In der Epoche des Zentralstaates fand gleichzeitig ein Aufstieg der Bauern zu unabhängigen Landwirten und zu Kriegern statt; das Recht auf Land und das Recht auf die auf dem Schlachtfeld erworbenen Ehren gingen Hand in Hand.

Aber die lange Dauer und die Heftigkeit der Kämpfe vom 6. und 5. Jahrhundert an, die »realistische« Haltung der Herrscher und ihrer Berater im 4. und 3. Jahrhundert brachten auch ein neues Interesse für wirtschaftliche Fragen mit sich, oder – genauer gesagt – ein Bewußtwerden der Wirtschaft als spezifische Realität: denn der Sieg gehörte demjenigen, der über die größte Anzahl von Menschen, die größte Menge von verschiedenen Ressourcen und Getreidereserven verfügte.

Der Wandel der politischen Gewalt und der Kriegstechnik hatte einen wirtschaftlichen und sozialen Hintergrund, dessen Bedeutung hervorgehoben werden muß.

Der wirtschaftliche Aufschwung und die technischen Neuerungen

Das 4. und 3. Jahrhundert vor Chr. waren für die chinesische Welt eine Zeit des raschen wirtschaftlichen Aufschwungs und der technischen Neuerungen. Zu dieser Zeit wurden dank intensiven, von den Herrschern geförderten Urbarmachungen das Wei-Tal, die nordchinesische Tiefebene und das Becken von Chengdu in Sichuan zu Gebieten mit kontinuierlichem Anbau; zu dieser Zeit entstand auch eine hochentwickelte Agronomie (Verwendung von Dünger, Unterscheidung verschiedener Bodenarten, Beachtung des Zeitpunkts der Feldarbeiten und der Aussaat, Entwässerung usw.). Die Trockenlegung von Sumpfgebieten und die Entwässerung von versalztem Boden sind die wichtigsten Aspekte dieser bewußten Agrarpolitik. Die großen Bewässerungsarbeiten dieser Epoche hatten das Ziel, einerseits neues Ackerland zu erschließen, andererseits für Dürreperioden genügend Wasserreserven zur Verfügung zu stellen. Die berühmtesten Bewässerungsanlagen wurden in der Gegend von Ye, in der Nähe von Handan (im Südosten des heutigen Hebei), in der Gegend von Chengdu in Sichuan und im Wei-Tal in Shenxi erstellte. Die Namen der Wasserbauingenieure, die die Initiatoren dieser Arbeiten waren, sind in die Geschichte eingegangen: Ximen Bao und Shi Qi von Wei, Li Bing und sein Sohn Zheng Guo von Qin.

Im 4. und 3. Jahrhundert vor Chr. kam es erstmals zu einer Bevölkerungszunahme der chinesischen Welt. Wenn man auch keine Möglichkeiten einer Schätzung der Bevölkerung der Chunqiu-Zeit hat, so weist doch alles darauf hin, daß die Besiedlung sehr dünn war. Selbst im Gebiet, wo die meisten chinesischen Kleinstaaten lagen, längs des Gelben Flußes und in der nordchinesischen Tiefebene, gestattete die Agrartechnik nur eine geringe Bevölkerungsdichte. Dagegen sprechen die Texte des 3. Jahrhunderts (vor allem das *Hanfeizi*) von einem raschen Bevölkerungsanstieg, der sich in der Epoche der Früheren Han-Dynastie fortsetzte. So erklären sich die Zahlenergebnisse der ersten bekannten Volkszählung der Geschichte: 57 671 400 Einwohner im Jahre +2, d. h. etwas mehr als die Schätzungen für das gesamte römische Reich zum selben Zeitpunkt.

Urbarmachung und Erschließung von Neuland haben in großem Maß zur Stärkung der Zentralmacht beigetragen. Sie haben ihr geholfen, sich von der Vormundschaft der großen Familien zu befreien, indem sie ihr neue regelmäßige Einnahmequellen in Form von Agrarsteuern, die die Bauern selbst bezahlen mußten, lieferten.

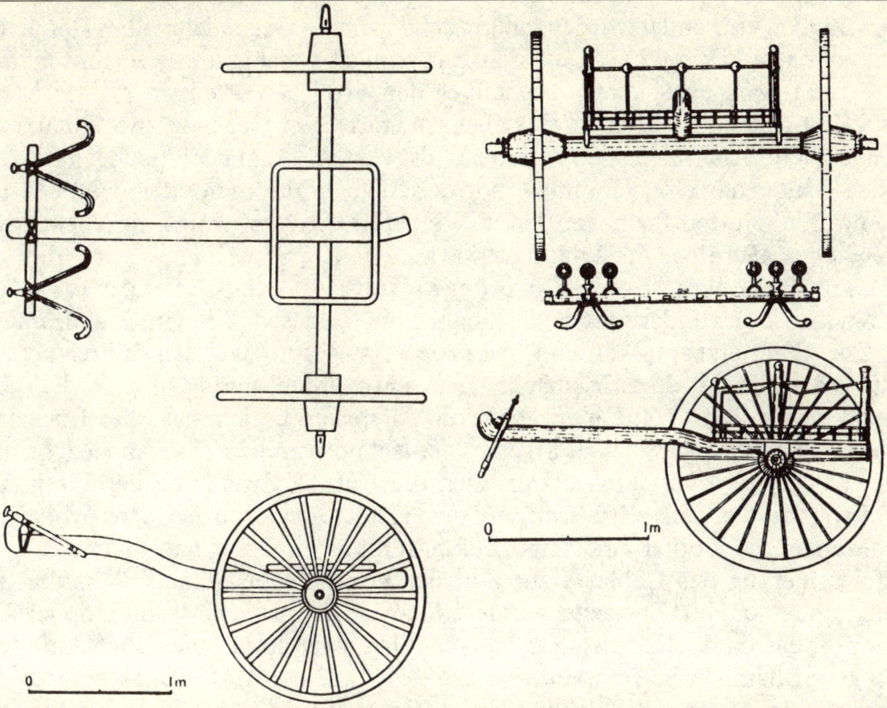

III. Links: Schema eines Wagens aus der Ausgrabungsstätte Anyang (Ende des 2. Jahrtausends). – Rechts: Schema eines Wagens aus der Ausgrabungsstätte Huixian (Henan) (5. Jh. vor Chr.).

Gleichzeitig ermöglichten sie eine direkte Kontrolle über die Bauern, die auf den neuerschlossenen Gebieten angesiedelt wurden und nicht mehr wie in den ehemaligen Marktflecken vom Hochadel abhängig waren. Durch die Erschließung von Neuland konnten auch die Verwaltungskreise vergrößert werden. Auch die Entwicklung der Technik begünstigte die Förderung der Landwirtschaft. Die modernen Historiker, unter anderen der Chinese Yang Kuan und der Japaner Masubuchi, haben die entscheidende Rolle betont, die im 4. und 3. Jahrhundert der Verbreitung der Eisenwerkzeuge zufällt. Sie lösten die Holz- und Steinwerkzeuge ab, ermöglichten eine tiefere Bodenbearbeitung und erleichterten Urbarmachung und große Bauarbeiten. Diese Werkzeuge wurden nicht geschmiedet, sondern gegossen. Es scheint, daß China dank seinen Erfahrungen mit der Töpferei und der Metallurgie das Eisengießen direkt gelang und daß es nicht wie die europäischen Länder ein langes Zwischenstadium der Schmiedekunst durchmachen mußte. Zum ersten Mal wird ein Gegenstand aus Gußeisen im Jahr –513 erwähnt, was bedeutet, daß damals die Technik des Eisengießens schon hoch entwickelt und allgemein verbreitet war.

Archäologische Zeugnisse sind erst aus der Zeit um das Jahr 400 bekannt, als das Eisengießen sich schon zu einer wahren Industrie entwickelt hatte. In den seit 1950 entdeckten Fundstätten wurden zahlreiche Überreste von Gegenständen aus Gußeisen aus der Periode der Kämpfenden Staaten ausgegraben (Beile, Spaten, Messer, Schwerter usw.). Man hat außerdem Formen gefunden, die zum Gießen von Eisengegenständen verwendet wurden, hauptsächlich in der Gegend der alten Hauptstadt Yan, nahe von Peking. Das Gußeisen, das weniger brüchig und weniger scharf als die Bronze war, hatte dieser gegenüber den großen Vorteil, in großer Menge produziert werden zu können, vor allem in erzreichen Gegenden wie Shanxi und Shenxi. Im übrigen hat es den Anschein, als seien schon in der Epoche der Kämpfenden Staaten dank der Kombinierung des Gießverfahrens mit dem Hämmern die Eisenwaffen mit den Bronzewaffen in Wettstreit getreten, wobei die Verwendung der letzteren allerdings noch häufiger war.

Man hat sich über diesen »Vorsprung« Chinas auf dem Gebiet der Eisen- und Stahlindustrie gewundert; tatsächlich haben die Chinesen schon im 2. Jahrhundert vor Chr. Stahl erzeugt, während in Europa erst gegen Ende des Mittelalters die ersten Versuche mit dem Eisengießen gemacht wurden, und Stahl erst viel später erzeugt wurde. Man sollte hier nicht von Vorsprung beziehungsweise Rückstand sprechen, sondern eher von der Eigenart der technologischen Tradition jeder einzelnen Zivilisation. Für China erklärt sich die frühe Entwicklung der Eisen- und Stahlindustrie aus seiner Erfahrung auf dem Gebiete des Bronzegießens (wobei man aus Mangel an Kupfer und Zinn anfangs Eisen zu Hilfe nahm) und aus der Perfektionierung des Gebläses zur Zeit der Kämpfenden Staaten. Offenbar erst später, unter der Han-Dynastie, wurde jedoch das Kolbengebläse mit Doppeleffekt erfunden, das dank einem System von Ventilen einen kontinuierlichen Luftstrom erzeugt und damit hohe Temperaturen ermöglicht. Diese Art von Blasebalg, die den Europäern im 16. und 17. Jahrhundert auffiel, wurde in China bis in die Moderne hinein verwendet.

Das Eisengießen machte die chinesische Welt schon sehr früh mit der Idee der serienweisen Reproduktion eines Gegenstandes nach einem Modell vertraut, die bei uns erst seit der Entwicklung der modernen Industrie geläufig geworden ist. Während im Altertum im allgemeinen jedes Bronzegefäß ein Einzelstück war, wurden die Eisengußformen zur Serienproduktion verwendet und waren oft so angefertigt, daß in einem einzigen Arbeitsgang mehrere Exemplare desselben Gegenstandes hergestellt werden konnten.

Andere technische Fortschritte betreffen die Transportmittel. Der Deichselwagen, bei dem die Pferde durch das Nackenjoch angeschirrt sind, wich zur Zeit der Kämpfenden Staaten dem Karren mit Gabeldeichsel, während anscheinend gleichzeitig das Nackenjoch – das in der übrigen Welt noch sehr lange Zeit die einzige bekannte Schirrweise blieb – durch das Brustgurtgeschirr ersetzt wurde. Diese neue Erfindung stellte zusammen mit dem Kumt, das zwischen dem 5. und 9. Jahrhundert nach Chr. auftauchte, einen wichtigen Fortschritt in der Ausnutzung der tierischen Zugkraft dar. Indem man die Pferde vom Joch befreite, das auf ihre Luftröhre drückte, wurden sie leichter lenkbar und konnten schwerere Lasten befördern. Ein einziges Pferd genügte nun, wo vorher zwei oder sogar vier Pferde nötig gewesen waren. Es ist bemerkenswert, daß sowohl das Eisengießen als auch die rationellen Methoden der Pferdeschirrung, die in China seit der Epoche der Kämpfenden Staaten belegt sind, beide in Europa gegen Ende des Mittelalters auftauchen. Ohne daß dafür ein absoluter Beweis geliefert werden könnte, ist die Entlehnung sehr wahrscheinlich.

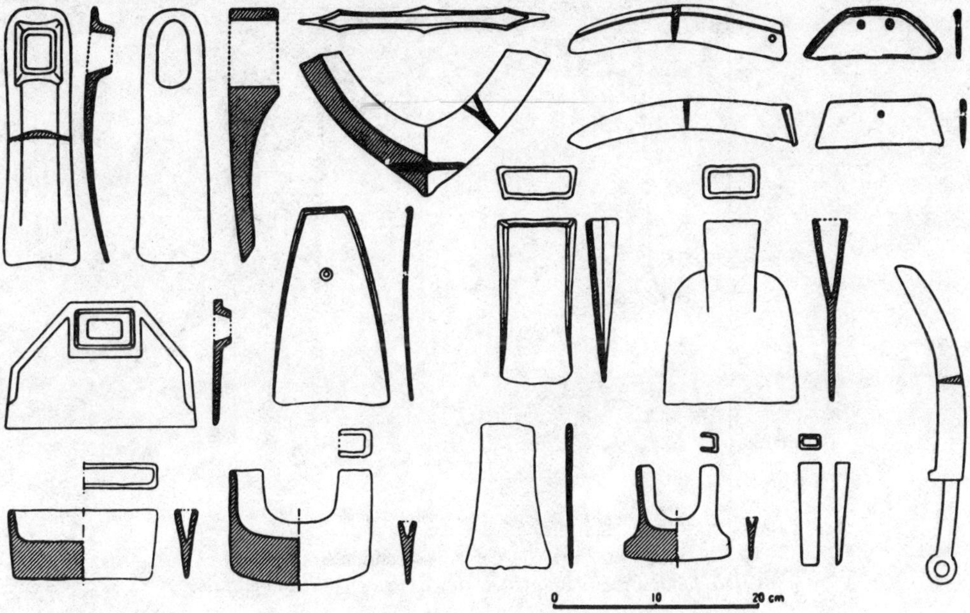

IV. Gußeisengeräte aus dem 4. und 3. Jh.:
Hacken, Pflugschar, Sicheln, Beil und Messer.

Seit dem 4. und 3. Jahrhundert vor Chr. war es in China auch üblich, die Speichen leicht gegen den Radsturz hin zu neigen, wodurch das Rad widerstandsfähiger gegen seitliche Stöße wird.

Daß die Zeit der Kämpfenden Staaten eine der an technischen Neuerungen reichsten Epoche der Geschichte war, liegt sicherlich darin, daß durch die immer erbitterter geführten Kriege neue Bedürfnisse entstanden. Die Herrscher, darauf bedacht, ihre Unabhängigkeit zu sichern und die militärische Macht ihrer Reiche zu verstärken, beschäftigten sich nicht nur mit der Entwicklung der Landwirtschaft, sondern hielten Ausschau nach neuen Ressourcen: sie begannen, sich am Rande des bebauten Ackerlandes liegende Gebiete, Sumpfgebiete, Wald- und Buschzonen, die bis dahin den Bauern zum Holzsammeln, zum Fischfang und zur Jagd frei zur Verfügung gestanden hatten, anzueignen und deren Erze, Tier- und Pflanzenwelt auszubeuten. Auf Waren und Marktstände wurden Gebühren erhoben. Doch der Handel und das Handwerk, die in vollem Aufschwung standen, schufen eine neue Klasse von Kaufleuten. Während in der Chunqiu-Epoche der Handel auf Luxusgegenstände wie Perlen oder Jade beschränkt blieb und ausschließlich von Kaufleuten ausgeübt wurde, die mit den Fürstenhöfen in besonderen Beziehungen standen, entwickelte sich in der darauffolgenden Periode ein großer Handel mit allgemein verbreiteten Konsumgütern (Stoffen, Getreide, Salz), mit Metallen, Holz, Leder und Fellen. Die reichsten Kaufleute besaßen außerdem große Unternehmungen (vor allem Bergwerke und Eisengießereien), erhöhten die Zahl ihrer Arbeiter und Handelsvertreter und verfügten über ganze Schiffahrtsflotten auf Flüssen und über Karawanen von Karren. Diese neuen Aktivitäten entgingen dem traditionellen

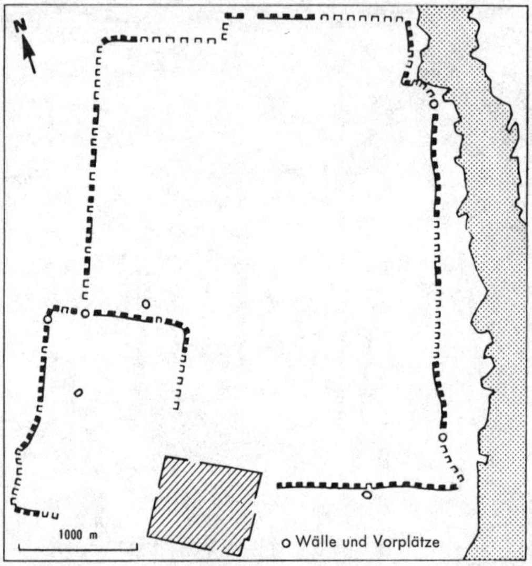

5. Städte der Epoche der Kämpfenden Staaten.
A. Die Stadt Linzi, Hauptstadt des Reiches Qi in Shandong.

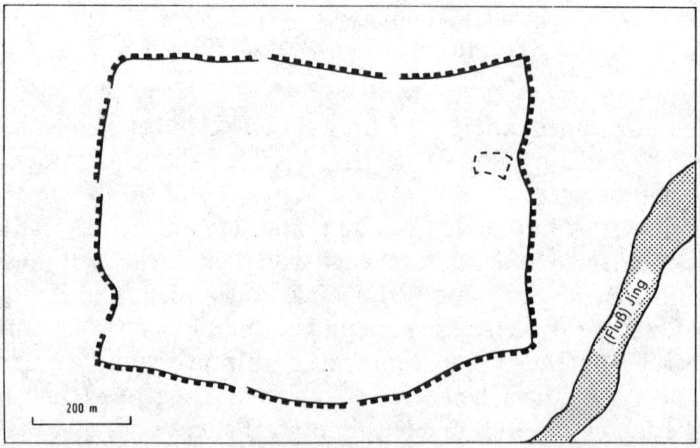

B. Die Stadt Teng in der Nähe des heutigen Tengxian (SW-Shandong)

Rahmen der Palastwirtschaft mit ihren von Palastadligen kontrollierten Zünften: Töpfer, Wagner, Bogenmacher, Gerber, Korbflechter, Graveure usw. Die großen Handelsunternehmer stellten jedoch nun die soziale Gruppe dar, die mit ihren Tätigkeiten und Leistungen am meisten zur Bereicherung des Staates beisteuerte. Als Verbündete und manchmal als Berater der Herrscher scheinen sie auf die Entwicklung des politischen Denkens am Ende des Altertums großen Einfluß ausgeübt zu haben.

Die Hauptstädte der Reiche waren nicht mehr nur Sitz der politischen Gewalt; sie wurden allmählich zu großen Handels- und Handwerkszentren. Die jüngsten Ausgrabungen haben über die Erweiterung der Stadtmauern am Ende der Zeit der Kämpfenden Staaten Aufschluß gebracht. Unter diesen blühenden Städten sind

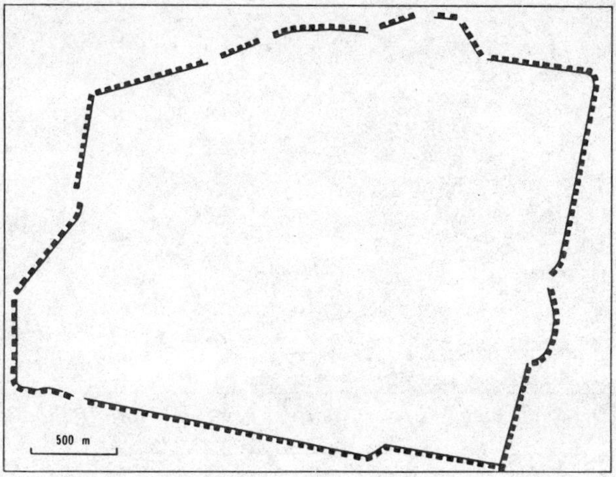

C. Die Stadt Xue in der Nähe des heutigen Tengxian in Shandong.

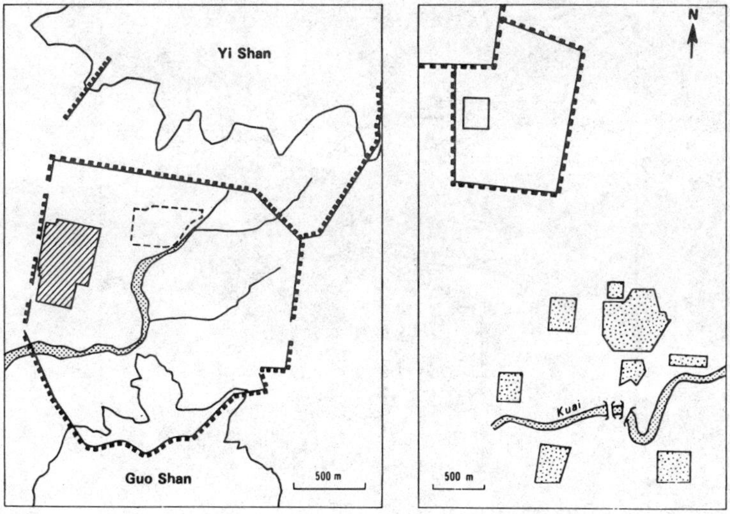

D. Die Stadt Zhencheng in der Nähe des heutigen Zouxian in Shandong.
E. Die Stadt Xintian (Reich Jin in Shanxi)

Linzi in Qi, im Nordwesten von Shandong, eine der größten und reichsten Agglomerationen dieser Epoche, Handan in Zhao, im Südosten von Hebei, Wen in Wei, Ying in Chu, Luoyi in Zhou und Rongyang in Han zu nennen. Die Kriege des 3. Jahrhunderts hatten dann auch häufig die Eroberung dieser großen Wirtschaftszentren zum Ziel.

Durch den Aufschwung des privaten Handels und Handwerks, der das Wachstum der Städte erklärt, kam es auch zur Verbreitung des Metallgeldes, dessen älteste Exemplare auf das 5. Jahrhundert zurückgehen. Die Ausgrabungen haben ergeben, daß diese Münzen, von denen vier verschiedene Arten existierten, in relativ genau abgegrenzten geographischen Räumen im Umlauf waren, die sicherlich großen Wirtschaftseinheiten entsprachen: die *bu,* deren Form Eisenspaten ähnelt, waren in

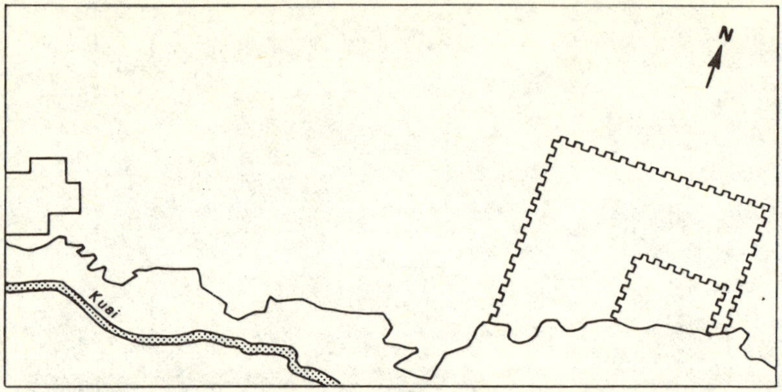

F. Die Stadt Wuguo in der Nähe des heutigen Quwo (Reich Jin)

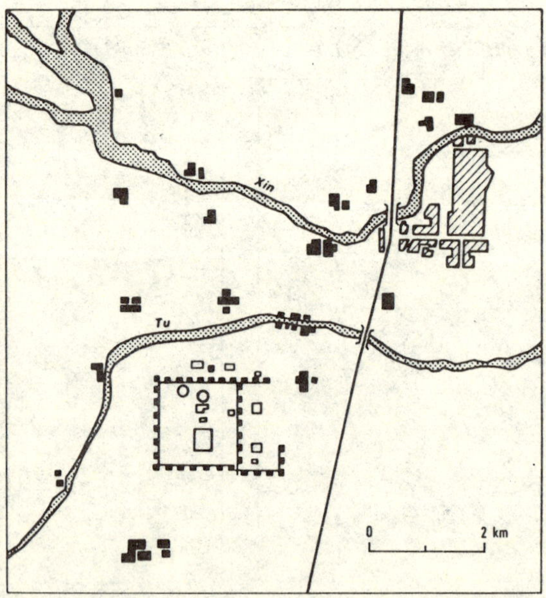

G. Die Stadt Wangcheng in der Nähe von Louyang (Henan)

Han, Wei und Zhao gebräuchlich, den drei Reichen, die aus der Teilung von Jin hervorgegangen waren; die *dao,* in Messerform, in den Nordostgebieten, in Qi, Yan und Zhao; die »Ameisennasen« *(yibi)* in Form von Kaurimuscheln, dieser Art von archaischem »Geld«, das gleichzeitig auch die Funktionen der Verzierung, des Schmucks und des Talismans hatte, zirkulierten in Chu, in Hubei und Hunan; die runden Münzen mit rundem Loch in der Mitte in den Nordwestgebieten, in Zhou, in Qin und in Zhao. In Qi waren die Münzen vom Staat selbst geprägt worden; möglicherweise gehen jedoch die Münzen in Spaten- und Messerform, die oft den Namen der Stadt tragen, in der sie ausgegeben wurden, auf die Initiative reicher Kaufleute zurück.

Die Auswirkungen der wirtschaftlichen Entwicklung beschränkten sich nicht nur

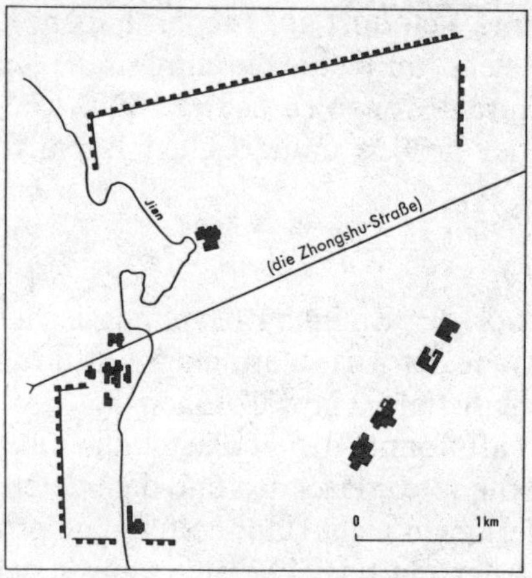

H. Die Stadt Handan (Hebei)

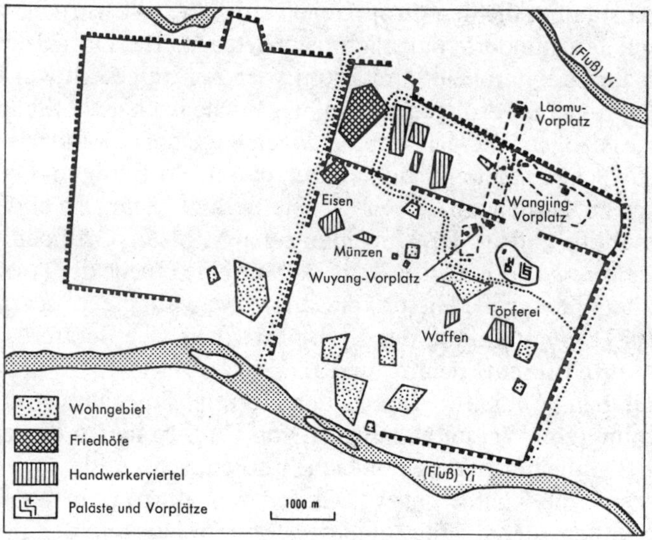

I. Die Stadt Xiadu (Reich Yan in Hebei)

auf die chinesischen Länder: in den letzten beiden Jahrhunderten vor der Gründung des Kaiserreichs intensivierten sich die Handelsbeziehungen zu den Nachbarvölkern. Yan, dessen Hauptstadt im Gebiet des heutigen Peking lag, trieb Handel mit mandschurischen und nordkoreanischen Stämmen, Zhao und Qin mit Steppennomaden; es scheint, daß schon im 4. und 3. Jahrhundert Seide aus dem Staat Qin nach Nord-Indien gelangte (daher der indische Name Cîna, um das Seidenland zu bezeichnen). Im Süden scheint Chu zur selben Zeit seine Handelsbeziehungen mit Eingeborenenstämmen der Tropenzone ausgebaut zu haben. Unter König Qingxiang (298-263) fand ein Feldzug nach Sichuan (den Ländern von Ba und Shu), nach Guizhou (Qinzhong) und in die Gegend des heutigen Kunming in Yunnan (Land von Dian) statt; die Überlieferung sagt, daß die Soldaten von Chu einheimische Frauen geheiratet und sich dort angesiedelt haben. Diese Handelsexpansion der großen peripheren Reiche, durch die die chinesische Kolonisation der Randgebiete (südliche Mandschurei, Mongolei, heutige Süd- und Südwestprovinzen) gefördert wurde, bahnte der großen militärischen Expansion des Qin- und Han-Reichs ihren Weg.

Die sozialen Umwälzungen

Die zwei Jahrhunderte vor der Einigung der chinesischen Länder im Jahr –221 waren nicht nur eine Periode der wirtschaftlichen Entfaltung und der Neuerungen, sondern auch eine Epoche sozialer Umwälzungen.

Die alte Adelsgesellschaft konnte den Schlägen, die ihr die neuen, alle Macht an sich reißenden Staatsoberhäupter versetzten und dem tiefen und starken Einfluß der wirtschaftlichen Veränderungen nicht standhalten. Die großen Familien, die ihren Ursprung auf das frühe Altertum zurückführten, gingen dem Ruin entgegen, verloren ihre Machtstellung und zerfielen schließlich. Gleichzeitig mit ihren Domänen und ihren Kleinstaaten, die den Großreichen eingegliedert wurden, verschwanden auch ihre durch Jahrhunderte ängstlich bewahrten Kulte. Durch den Niedergang des Hochadels und die parallele Verstärkung der Zentralgewalt wurde jedoch eine große Anzahl von kleinen Adligen, die auf der Suche nach einer Stellung waren, an die Fürstenhöfe gezogen. Diese in verschiedenen Künsten bewanderten Männer, die ihre Talente zur Schau stellten, machten sich in der Hoffnung, in den Dienst eines Fürsten berufen zu werden, an dessen nächste Berater heran. So bildeten sich rund um die Fürstenhöfe und in der Umgebung der Minister Gruppen von Klienten (*binke,* »Gäste«; *sheren,* »Leute des Hauses«), die eine Quelle des Ansehens und der Macht darstellten. Der große Historiker Sima Qian widmete in seinen *Historischen Aufzeichnungen (Shiji)* (Anfang des 1. Jh. vor Chr.) vier Beratern, die dafür berühmt waren, durch ihren Edelmut und ihr Ehrgefühl mehrere tausend Klienten angezogen zu haben, je eine Biographie: den Herren Mengchang von Qi, Pingyuan von Zhao, Xinling von Wei und Chunshen von Chu. In diesen Kreisen entfalteten sich im 4. und 3. Jahrhundert die politische und ethische Reflexion, die Kunst des Ränkeschmiedens, die Rhetorik usw. Die Zeit war günstig für das Entstehen von Sekten und Schulen, deren Hauptanliegen untrennbar mit der politischen und sozialen Wirklichkeit jener Zeit verbunden waren.

Nicht nur der hohe und niedere Adel war von diesen Umwälzungen betroffen; auch die unbekannte Welt der Landbevölkerung, auf die die ältesten Texte nur Blitzlichter werfen (auf die kollektive Arbeitsweise unter der Leitung von Aufsehern, auf die Gruppenheiraten anläßlich religiöser Feste, auf die klassifikatorische Verwandtschaft, das religiöse Leben, das dem Zyklus der Jahreszeiten angepaßt war), erfuhr einen tiefgreifenden Wandel, der die Änderung ihres Status erleichterte (Teilnahme am Krieg und Recht auf Land).

Die wirtschaftliche Blüte, die zum Entstehen einer schmalen Schicht von reichen Handelsunternehmern und Großgrundbesitzern führte, kam nicht allen Klassen gleichmäßig zugute; sie verstärkte, im Gegenteil, die Ungleichheiten. Die armen Bauern verschuldeten sich und wurden schließlich von ihren Land vertrieben; die Zahl der Pächter, Landarbeiter und Schuld-Sklaven – neben der Sklaverei als Strafe

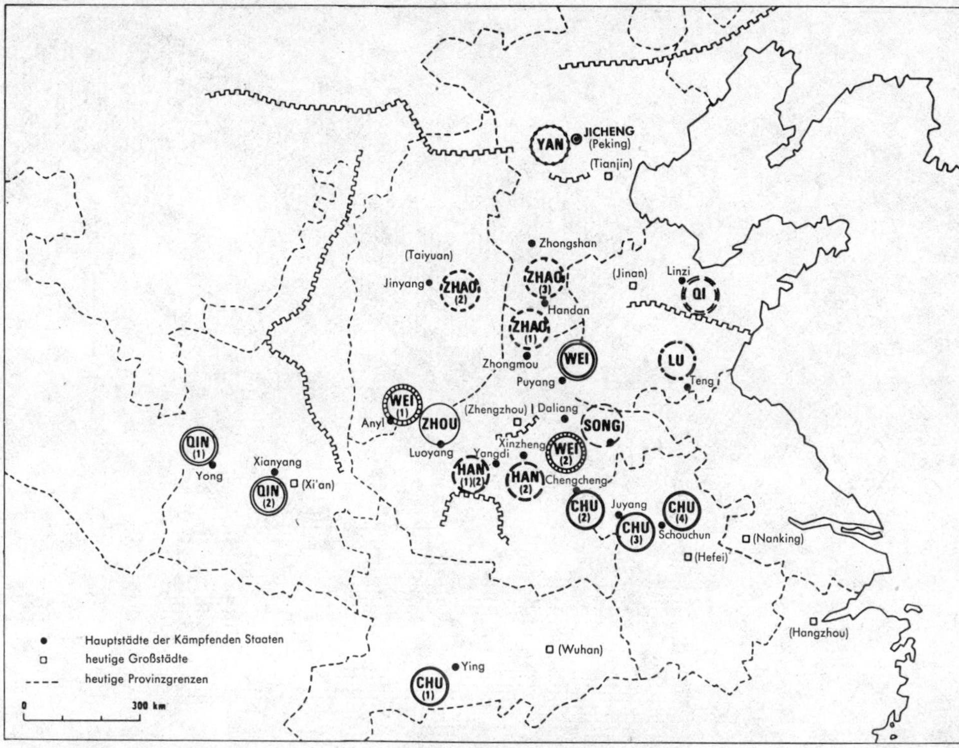

6. Die Kämpfenden Staaten.

die einzige Form von Sklaverei, die China je gekannt hat – stieg an; die landlosen Bauern fanden in den aufstrebenden Industrien Beschäftigung (Bergbau, Eisengießereien, Salinen, handwerkliche Betriebe) oder wurden auf Neuland angesiedelt, das die Herrscher erschließen wollten. Alle diese Veränderungen zerstörten die Struktur der erweiterten bäuerlichen Großfamilie und führten zum Zerfall der alten Dorfgemeinschaft. Nun waren die Bedingungen reif für die großen Reformen, durch die die Grundlagen des zentralisierten Staates geschaffen wurden.

2. Die staatliche Revolution

Der erhabene Herrscher hat die Welt geeint, er hat alle Dinge geprüft und weiß über alle, nahe und ferne, Bescheid. Er weist jedem Wesen seinen Platz zu, er untersucht die Ereignisse und die Tatsachen und gibt ihnen den Namen, der ihnen zukommt.
Inschrift einer Stele, die vom Ersten Kaiser der Qin errichtet wurde.

Die zur Gründung des Zentralstaates führende Reformbewegung ist nur eine von vielen Strömungen der Epoche der Kämpfenden Staaten; sie kann daher nicht von den verschiedenen anderen Tendenzen dieser Periode, einer der reichsten der chinesischen Geistesgeschichte, getrennt werden. Aber den Reformern, die später als

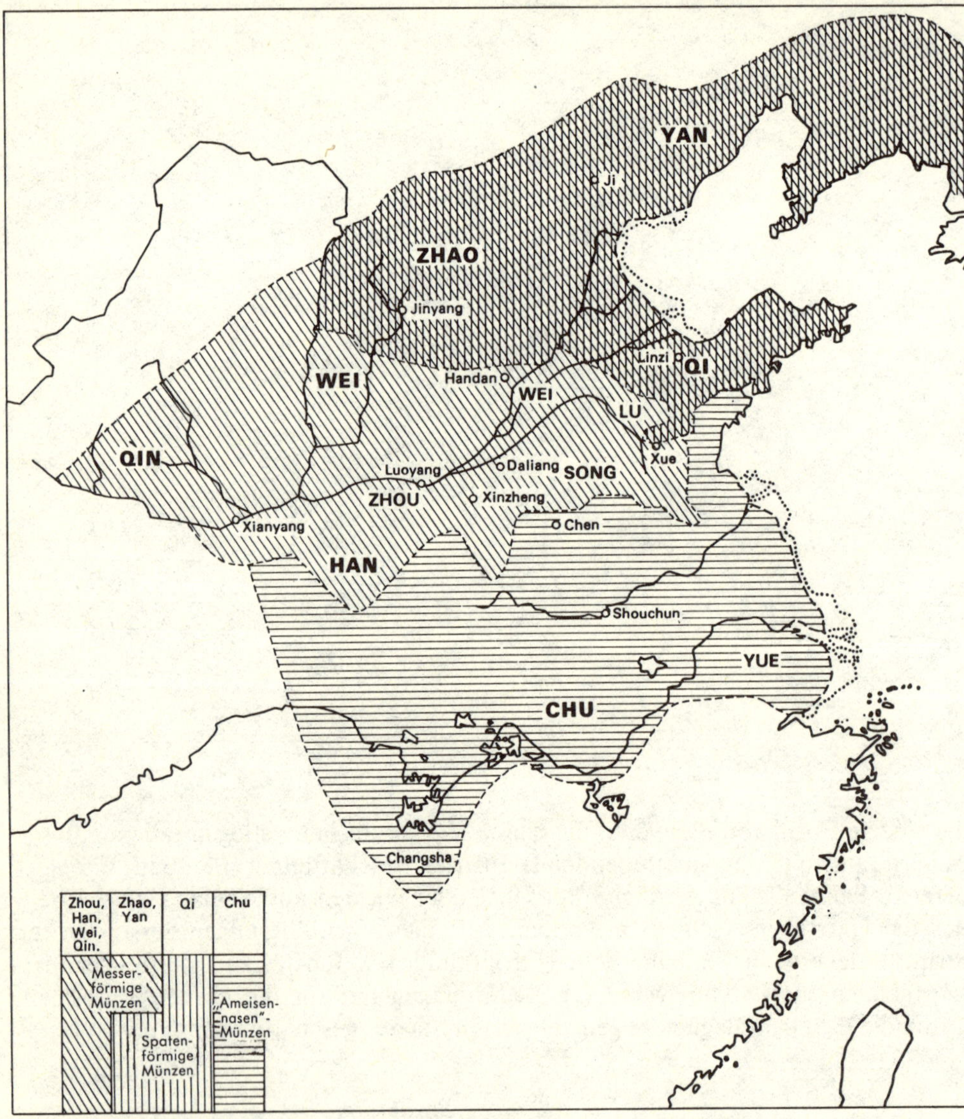

7. Schematische Verteilung der verschiedenen Münzarten zur Zeit der Kämpfenden Staaten.

»Legalisten« *(fajia)* bezeichnet wurden, kommt das Verdienst zu, die grundlegenden Institutionen des neuen Staates und schließlich des Kaiserreichs selbst geschaffen zu haben, da ihre ursprünglich am systematischsten in Qin durchgeführten Reformen im Laufe der Eroberungen, die dieses nordwestliche Reich in den Jahren 230 bis 221 machte, auf die Gesamtheit der chinesischen Länder ausgedehnt wurden.

Die Gründung des Zentralstaates

Die realistische und pragmatische Strömung, der die Legalisten angehörten, wurde sich ihrer Ziele, Mittel und philosophischen Implikationen immer bewußter und brachte einen der größten Denker des 3. Jahrhunderts, Han Fei (280?-234) hervor. Sie entspricht ihrem Prinzip nach den beiden praktischen Hauptanliegen, die in den zwei Jahrhunderten vor der Gründung des Kaiserreichs das gesamte politische Leben beherrschten: »den Staat bereichern« *(fuguo)* (dem Herrscher die materiellen Grundlagen für seine Macht zu liefern) und »die Heere stärken« *(qiangbing)* (ihm mit den Waffen die universelle Hegemonie und Souveränität zu sichern). Mehr als in allen anderen Reichen scheinen in Qin die zur Durchführung der radikalen Reformen günstigen Vorbedingungen vorhanden gewesen zu sein, die aus ihm einen mächtigen, sich von allen anderen bisherigen chinesischen Reichen grundsätzlich unterscheidenden Staat machen sollten. Das durch seine Lage im abgeschlossenen Wei-Becken ziemlich gut gegen äußere Angriffe geschützte Qin war ein armes, verhältnismäßig rückständiges Land, dessen Verwaltungskreise sich leicht durch Neulanderschließung vergrößern ließen und dessen Adel anscheinend wenig Macht besaß. Von dem Aristokraten Shang Yang (390?-338) bis zu dem reichen Kaufmann Lü Buwei, der unter dem letzten Qin-Fürsten und Gründer des Kaiserreichs als Minister diente, folgten einander dort Berater, die eine realistische und absolutistische Politik vertraten.

Gongsun Yang, Herr von Shang, bekannter unter dem Namen Shang Yang, verwandt mit der Fürstenfamilie des Kleinstaates Wei in Henan (nicht zu verwechseln mit dem anderen, aus der Aufteilung von Yin hervorgegangenen großen Reich Wei), war der Urheber der ersten großen Reformen im Reich Qin. Nachdem er anfangs Berater des Königs Hui von Wei in Da Liang (dem heutigen Kaifeng) gewesen war, soll er im Jahr 361 nach Qin gekommen und dort im Jahr 359 eine erste Reihe von Reformen im Geiste Shang Yangs verkündet haben. Sie bestanden darin, paramilitärische Gruppierungen von zehn und fünf Familien mit Kollektivhaftung aufzustellen und als Basis für die Besteuerung nicht mehr die erweiterte Familie, sondern die Kleinfamilie zu nehmen, Adelsränge für ruhmreiche Kriegstaten zu schaffen (diese Ränge waren eine Vorstufe zu den 21 Adelsrängen des Qin- und Han-Reichs), die Neulandgewinnung und die Agrarproduktion zu fördern, die Mitglieder von Adelsfamilien, die sich keine Verdienste im Krieg erworben hatten, zu degradieren, und den Inhabern neuer Adelstitel Land, Sklaven (Untätige wurden zur Sklavenarbeit gezwungen) und Kleidung zu gewähren. Nach der Verlegung der Hauptstadt nach Xianyang (im Nordwesten des heutigen Xi'an, am linken Ufer des Wei) soll im Jahr 350 erneut eine Reihe von Reformen durchgeführt worden sein, die die erweiterte Großfamilie abschafften und die Einrichtung von Verwaltungskreisen *(xian)*, eine neue Landaufteilung und die Vereinheitlichung der Maße und Gewichte verkündeten.

Nach einem Sieg von Qin über Wei im Jahr 340 sollte Gongsun Yang als Belohnung für seine Verdienste das Land von Shang erhalten; er wurde jedoch nach dem Tod des Fürsten, dessen Berater er gewesen war, gevierteilt, da er mit seinen Reformen den Haß des alten Adels auf sich gezogen hatte. Andere setzten sein Werk fort.

Besonderheiten des neuen Staates

Die Entstehung des zentralisierten Staates und die parallele Zerstörung der alten Gesellschaft können nicht besser als mit dem Terminus Revolution bezeichnet werden. Die Gründung des Zentralstaates in Qin in der Mitte des 4. Jahrhunderts vor Chr. nimmt in der Geschichte Ostasiens einen Platz ein, der mit demjenigen der Entstehung des Stadtstaates in der griechisch-lateinischen und westlichen Welt vergleichbar ist; denn er schuf die Grundlagen der kaiserlichen Macht, und er war es, der auch weiterhin die grundsätzlichen politischen Konzeptionen der chinesischen Welt beeinflußt hat. Zwischen Griechenland und China bestehen neben tiefgreifenden Unterschieden auch bemerkenswerte Analogien: in beiden Fällen führte die Krise der Adelsgesellschaft zu einer »Demokratisierung« der aristokratischen Institutionen. Die Bauern, die zum Rang von Kriegern erhoben und von der Vormundschaft der großen Adelsfamilien befreit wurden, gewannen nun Zugang zu einer Ranghierarchie, bei der es sich um die Übersetzung der ehemaligen Adelshierarchien in den neuen Rahmen des Zentralstaates handelt. Im gleichen Sinn ist es bezeichnend, daß der Terminus, der einst dem entsprach, was im französischen Mittelalter *service d'ost* genannt wurde (*fu,* eine Leistung in Form von Kriegern und Streitwagen, die von Inhabern von Lehen und Marktflecken erbracht wurde, und die gegen Ende der Chunqiu-Zeit in eine Abgabe in Form von Materiallieferungen umgewandelt wurde), schließlich zur Bezeichnung der Kopfsteuer und der Abgaben wurde, die der Staat von jedem Individuum forderte.

Die Verschiedenheit und letzten Endes bedeutsame Eigenart der Entwicklung Chinas beruht darauf, daß es in der Chunqiu-Zeit keine Institutionen gab, die den für die indoeuropäische Welt und das archaische Griechenland charakteristischen Versammlungen gleichberechtigter Krieger vergleichbar wären, nach deren Vorbild offenbar die Volksversammlungen geschaffen wurden.

Eines der bedeutendsten Ergebnisse der Reformen: Die Bauern, die früher von Adelsfamilien abhängig gewesen waren, wurden zur Hauptstütze der wirtschaftlichen und militärischen Macht des neuen Staates gemacht. Diese Verbindung von produktiver und kriegerischer Funktion findet sich so systematisch in keiner anderen Zivilisation. Sie blieb – mit einigen Unterbrechungen – bis zum 9. Jahrhundert die Grundlage des politischen und sozialen Systems der chinesischen Welt. Diese »Wehrbauern« waren jedoch weder einem Despoten untertan, der seine Machtbefugnis nach freiem Belieben ausübte und das Recht über Leben und Todes jedes einzelnen hatte, noch waren sie gleichberechtigte Bürger, die gemeinsam über die Staatsangelegenheiten entschieden. Es wäre ein Irrtum, in dem neuen politischen System, wie es im 4. Jahrhundert vor Chr. definiert wurde, nur eine gewöhnliche Form von Despotismus zu sehen; denn der Fürst übte nicht eigentlich eine willkürliche Befehlsgewalt aus, sondern verkörperte eher eine belebende und ordnende Macht.

Der Begriff des Gesetzes, wie er sich in der Epoche der Kämpfenden Staaten langsam herausbildete, hat nichts mit dem gemein, was wir meist unter Gesetz zu verstehen pflegen. Er ist weder aus dem Gewohnheitsrecht noch aus der Praxis der Schiedsgerichtsbarkeit hervorgegangen; er ist auch nicht das Ergebnis einer Abmachung, die den gemeinsamen Willen aller zum Ausdruck bringen würde. Das Gesetz ist vielmehr, als objektiver, öffentlicher und über allen stehender Begriff, der abweichende Auslegungen nicht zuläßt, das Instrument einer hierarchischen Einstufung der Individuen aufgrund eines allgemeinen Maßstabs von Würdigkeit und Unwürdigkeit, Verdienst und Verschulden. Gleichzeitig ist es das allmächtige Instrument, mit Hilfe dessen die einzelnen Aktivitäten in die für die Macht des Staates und den öffentlichen Frieden günstigste Richtung gelenkt werden können. Da es seinem Wesen nach eine Ordnung schaffen soll, kann es nicht mit der Natur der Dinge und der Menschen in Widerspruch stehen. Han Fei (gestorben 234) spricht von einer Erprobung der Gesetze und mißt der dank einer vernünftigen Kritik der Zeugenaussagen vollkommenen Information des Herrschers über sein Reich große Bedeutung bei. Das Gesetz ähnelt als Quelle einer universellen Harmonie den Pfeifen *(lü)*, auf denen alle Maße aufbauen und deren Name an die Begriffe des Modells und der Regel erinnert (der Terminus *lü* wird später unter dem Kaiserreich auf Strafgesetzbücher angewandt).

Die Reformen waren Ausdruck eines Denkens, das man als rational bezeichnen kann. Sie zielten darauf ab, die Vielzahl verschiedener Rechte, Privilegien und Gebräuche, die die alte Gesellschaft – man ist versucht, sie als »Ancien Régime« zu bezeichnen – mit ihren Adelsgeschlechtern, Abhängigkeiten und Hierarchien charakterisierten, durch einheitliche Regeln zu ersetzen. Staatliche Institutionen – Zivil- und Militärbeamte, ein System von Strafen und Belohnungen, verteilt nach Regeln, die jede Ungerechtigkeit und jede Günstlingswirtschaft verhindern, Ehrenränge, die für Dienstleistungen verliehen werden, Kollektivhaftung und obligatorische Denunziation von Straftaten innerhalb von Familiengruppen, ein einheitliches Maß- und Gewichtssystem – traten an die Stelle der früheren Gewohnheitsrechte, Riten und Moral. Für den neuen Staat war charakteristisch, daß alle seine Institutionen auf objektive Kriterien gründeten.

Die Auswirkungen der staatlichen Revolution waren tiefgreifend und dehnten sich auf alle Bereiche aus. Der Anteil dessen, was der Welt Chinas damals an Vergangenheit verlorenging und was ihr davon allmählich unverständlich wurde, ist sicher beträchtlich. Die Umwälzungen fanden in Qin früh statt und waren radikal. In den anderen chinesischen Ländern ereigneten sich die Veränderungen später und langsamer. Diese Verzögerung hat die Erhaltung gewisser Traditionen ermöglicht, obwohl der Zentralstaat damals auf ganz China ausgedehnt wurde und obwohl der Erste Kaiser sich bemühte, alles auszurotten, was an die alte Gesellschaft erinnerte. Im Osten scheint es den ehemaligen Kulturzentren Qi und Lu in Shandong in dieser stürmischen Zeit gelungen zu sein, einen Teil ihrer Traditionen zu bewahren; so erklärt sich deren Wiederaufleben zur Han-Zeit, unter völlig anderen Verhältnissen als denen früherer Jahrhunderte.

IV. KAPITEL

DAS ERBE DES ALTERTUMS

Die aus dem Altertum erhaltenen schriftlichen Dokumente hatten in der Geschichte der chinesischen Kultur eine Bedeutung, die derjenigen der biblischen und klassischen Traditionen im Westen vergleichbar ist. Dieses Schrifttum – oder besser gesagt, was davon in veränderter und verfälschter Form überliefert wurde – war Gegenstand umfangreicher Auslegungen, die sich seit dem zweiten vorchristlichen Jahrhundert bis heute angehäuft haben, und diente der Lehre und der philosophischen, politischen und ethischen Reflexion als Grundlage. Die Geschichte des chinesischen Denkens ist zu einem guten Teil identisch mit den verschiedenen Standpunkten und Haltungen, die im Laufe der Jahrhunderte diesem ehrwürdigen Erbe gegenüber eingenommen wurden. In ihm haben die Chinesen unaufhörlich Spuren vergangener Weisheit gesucht. Die Textanalyse und die philosophische Interpretation der alten Schriften, oft als Ausdruck einer unwandelbaren Orthodoxie angesehen, war im Gegenteil Anlaß leidenschaftlicher und widersprüchlicher Debatten, deren Folgen einschneidend waren und deren Nachhall bis heute spürbar ist; alles in allem scheint sich die Analogie zu unserer christlichen Tradition am ehesten aufzudrängen.

1. Die Traditionen des 10. bis 6. Jahrhunderts

Die Klassiker

Die ältesten mündlich oder schriftlich überlieferten Dokumente wurden zwischen dem 9. und 6. Jahrhundert verfaßt und entstammen dem Kreis der Schreiber und Annalisten des Königshofes der Zhou-Dynastie sowie der Fürstenhöfe. Es handelt sich um Texte politischen, religiösen und rituellen Charakters, die dem Gesellschaftstyp entsprechen, wie man sich ihn für den Anfang des 1. Jahrtausends und für das Zeitalter der Fürstenstaaten vorstellt: nämlich einem Adel, dessen Hauptbeschäftigung im Kriegführen und im Opferkult bestand und der darauf bedacht war, das hohe Alter seiner Rechte und Privilegien zu betonen. Der größte Teil dieser Schriften stammt offenbar vom Königshof; es handelt sich um Archivstücke, die sprachlich und inhaltlich den Bronzeinschriften derselben Epoche gleichen (Investitur- oder Schenkungsurkunden, Prozessentscheidungen), aber auch um fragmentarische Textbücher ritueller Tänze. Diese Texte wurden in einem Sammelwerk zusammengefaßt, das den Titel *Shu* (Urkunden) oder *Shangshu* trägt; ungefähr die Hälfte des Werks wird heute als authentisch angesehen. Mehrere Kapitel dieser Sammlung geben Teile aus einem Textbuch für Kriegstänze wieder, in denen der Sieg König Wus von Zhou über den letzten König der Yin gefeiert wird. Ähnliche Textstücke aus Tanzritualen der Yin, deren Tradition im Fürstentum Song bewahrt worden war, sowie Reden, feierliche Ansprachen und Eidestexte scheinen ebenfalls dem *Shangshu* eingegliedert worden zu sein.

Der größte Teil eines anderen Sammelwerks mit dem Titel *Shi* (»Lieder«) umfaßt Hymnen von Opfern und rituellen Zeremonien wie Festmählern oder Bogenschießen. Diese Lieder, die aus regelmäßigen Strophen bestehen, wurden am Hof der

Zhou-Könige gesungen und von Tanz und Musik, bei der Glockenspiele und Klangsteine überwogen, begleitet. Ihre Themen scheinen zwischen dem 8. und 6. Jahrhundert vielfältiger geworden und durch ein neues Genre bereichert worden zu sein, den »Liedern von den Fürstenstaaten« *(guofeng)*, die sich offenbar von den Wechselgesängen junger Bauern und Bäuerinnen anläßlich des Frühlingsfestes inspirieren ließen. Diese Liebeslieder, deren Form freier und geschmeidiger als die der alten religiösen Hymnen ist, bestehen aus volkstümlichen Themen und Refrains, in denen die von den Gegenspielern geäußerten Gefühle mit dem jahreszeitlichen Geschehen und der Dorfbevölkerung in Verbindung gebracht werden.

Die Annalen, die demselben Milieu wie die Archivstücke, die Textbücher ritueller Tänze und die Opferhymnen entstammen, stellen ebenfalls eine der besonderen Formen der ältesten schriftlichen Traditionen dar. Diese Dokumente – tägliche, monatliche, jahreszeitliche und jährliche Aufzeichnungen der Ereignisse, die anscheinend im Tempel verkündet wurden – kann man auch als Ritualdokumente bezeichnen. Sie stellen offenbar eine Fortsetzung der Orakelarchive der Anyang-Zeit dar und hatten den Zweck, eine Wissenschaft diplomatischer, religiöser, astronomischer Präzedenzfälle und solcher von Naturereignissen zu schaffen; daraus erklären sich sowohl die Präzision der Termini und der Datumsangaben als auch die extreme Trockenheit und der stereotype Charakter der Eintragungen. Nach den Auffassungen, die den Annalen zugrunde liegen, sind die Ereignisse untrennbar mit ihren zeitlichen Konstellationen verknüpft: Raum und Zeit scheinen mit besonderen Eigenschaften ausgestattet zu sein.

Die ältesten Annalen gehen offenbar auf das 9. Jahrhundert zurück; Sima Qian gibt als erstes genaues historisches Datum das Jahr –841 an, wobei er sich auf Quellen stützt, die nach seiner Zeit verlorengegangen sind. Ein einziges Dokument ist zum größten Teil erhalten geblieben: die »Annalen des Reiches Lu« in Shandong, die wegen der jahreszeitlichen Vermerke zu Beginn der einzelnen Abschnitte *Frühling und Herbst (Chunqiu)* genannt wurden. Die erhaltenen Teile beziehen sich auf die Jahre 722 bis 481. Die Annalen von Jin und Chu, die in einigen Werken zitiert werden, sind schon am Ende des Altertums verlorengegangen; diejenigen von Qin wurden zu Beginn des 1. Jahrhunderts vor Chr. den »Historischen Aufzeichnungen« *(Shiji)* von Sima Qian einverleibt. Schließlich wurden bei der Entdeckung des Grabes eines Fürsten von Wei im Jahr +279 die Annalen des Wei-Reichs von Shanxi wiedergefunden. Der auf Bambusstreifen geschriebene Text dieser Annalen (daher ihr Name *Zhushu jinian*, »Bambusannalen«) ist nur in sehr verstümmelter Form überliefert und konnte erst im Jahr 1917 von dem Gelehrten Wang Guowei teilweise rekonstruiert werden.

Wenn wir auch annehmen können, daß die ältesten Formen der Geschichtsschreibung in der Welt Chinas gleichsam eine Fortsetzung der auf Tierknochen und Schildkrötenpanzern geschriebenen Orakelarchive darstellen, hat doch die Wahrsagekunst in der Zeit der ersten Zhou-Könige eine unabhängige Entwicklung eingeschlagen. Parallel zum Knochenorakel, das aufgrund seiner Ehrwürdigkeit lange Zeit hindurch gepflegt wurde, entstand ein gleichzeitig bequemeres und komplexeres Verfahren: dabei werden leichte Stäbchen aus Schafgarbenstengeln benutzt, die paarweise oder einzeln aufgelegt, Figuren von sechs ununterbrochenen (ungerade Zahlen) bzw. unterbrochenen (gerade Zahlen) Linien ergeben. Mit diesen so entstehenden 64 Hexagrammen können alle nur denkbaren Strukturen des Universums nachgebildet werden, da sie aufgrund der Wandlungsmöglichkeiten jeder einzelnen – männlichen *(yang)* oder weiblichen *(yin)* – Linie, in starker bzw. schwacher Position, mit einer dynamischen Kraft versehen sind. Die Schafgarbenwahrsager *(shi)*, die die Orakeltradition der Yin-Zeit fortsetzten, legten den Grundstein zu einer Auffassung der Welt als Totalität, die von gegensätzlichen und komplementären Kräften und Eigenschaften gebildet wird; auch leisteten sie einen ersten Beitrag zur Entwicklung der Mathematik. Ihre Ideen stehen auch am Anfang der chinesischen Wissenschaft und Philosophie.

Jeder Staat scheint seine eigenen Wahrsagetraditionen besessen zu haben. Erhalten blieb jedoch nur das Orakelbuch des Zhou-Hofes; es erhielt den Titel *Yi*, den man im allgemeinen mit »Wandlungen« wiedergibt. Die ältesten Interpretationsregeln, die in einer knappen, dunklen, an Termini technici reichen Sprache verfaßt sind, deren Bedeutung später unklar wurde, fanden im Laufe des 1. Jahrtausends durch eine Reihe von Deutungen und Kommentaren eine Ergänzung, die von der unaufhörlichen Bereicherung der Orakeltradition zeugen.

In diesen vier Sammelwerken *(Shu, Shi, Chunqiu, Yi)* sind die ältesten Traditionen aus dem Milieu der Schreiber, Annalisten und Wahrsager des Altertums überliefert. Die Schriftgelehrten des Staates Lu, durch die sie anscheinend weitergegeben wurden, fügten noch das *Buch der Riten (Li)*, dessen minuziöse Vorschriften in allen Lebenslagen befolgt werden sollten, sowie eine Abhandlung über die Musik *(Yue)* hinzu, die zur Han-Zeit verlorenging. Alle diese sechs mündlich oder schriftlich in verschiedenen Fassungen kompilierten, umgestalteten und durch apokryphe Texte ergänzten Werke wurden in der Han-Zeit in den Rang von Klassikern *(jing)* erhoben.

Die relativ späte Aufzeichnung der klassischen Traditionen

Das älteste Schrifttum, das in einer extrem knappen und schwer zu interpretierenden Sprache verfaßt ist, stellt nur einen sehr kleinen Teil des Erbes aus dem Altertum dar; zwischen dem 5. und dem 3. Jahrhundert kamen substantiellere Texte hinzu, die den Zweck hatten, die alten Texte zu ergänzen und zu kommentieren. Sie gehören einer Epoche an, die den Niedergang und schließlich den Zusammenbruch der alten Gesellschaft mit sich brachte. Deshalb weisen diese Werke, obgleich sie sich an die alte Überlieferung anschließen, neue Züge auf, in denen sich der Einfluß der ethischen Theorien und Auffassungen jener Zeit spiegelt. So ist im *Gongyang zhuan*, einem Kommentar zu den »Annalen von Lu«, der wohl um das 4./3. Jahrhundert gleichzeitig mit dem *Guliang zhuan*, einem weiteren Kommentar zu denselben Annalen, verfaßt wurde, der Einfluß der Klassifikationstheorien der Philosophen der Yin-und-Yang-Schule und der Fünf-Elementen-Lehre *(yinyang wuxing jia)* spürbar. Das *Zhouli* (»Riten der Zhou«) oder *Zhouguan* (»Die Beamten der Zhou«), das ungefähr gleichzeitig mit den anderen Ritenbüchern *(Yili, Liji* und *Da Dai liji)* (4.-3. Jh.) verfaßt wurde, zeichnet sehr alte Traditionen auf und räumt aber auch der Verwaltungsutopie einen großen Platz ein. Das *Zuozhuan*, ein heterogenes Werk aus unvollständigen Texten, die am Ende des Altertums umgearbeitet wurden, besteht zum größten Teil aus einer halb romanhaften Chronik über den Kampf zwischen den Reichen Jin und Qi.

Was in China vom ältesten Erbe bewahrt wurde, stammt daher im wesentlichen aus Überlieferungen des 5. bis 3. Jahrhunderts, die im Laufe der Han-Zeit und bis zum 3. und 4. Jahrhundert nach Chr. kompiliert und oft verfälscht wurden. So stellt sich seit ihrer Entstehung für die klassische Tradition ein Problem, das keinesfalls übersehen werden darf: das Problem ihrer Interpretation und ihrer späteren Zusätze.

2. Das Erwachen der ethischen und politischen Reflexion

Konfuzius, der Meister der Gelehrtenschule

Die Philosophen, die in der Han-Zeit als Vertreter der Gelehrtenschule *(rujia)* angesehen wurden, berufen sich auf einen Weisen namens Kong Qiu, der von den jesuitischen Missionaren des 17. Jahrhunderts zu Confuzius latinisiert wurde (Kong *fuzi,* »Meister Kong«). Alles, was von ihm überliefert ist, beschränkt sich auf einige mehr oder weniger authentische Traditionen und eine Sammlung seiner Gespräche, das *Lunyu,* das nach Konfuzius' Tod von seinen Schülern aufgezeichnet wurde. Was man zur Not »konfuzianische Tradition« nennen könnte, umfaßt eine Reihe von ihrer Natur und ihrem Inhalt nach ziemlich heterogenen Texten: die klassischen Bücher, ihre ältesten Kommentare, Die *Gespräche des Konfuzius (Lunyu)* sowie Werke aus dem dritten vorchristlichen Jahrhundert, deren Eigenständigkeit für diese Epoche tiefer sozialer und politischer Umwälzungen charakteristisch ist. Wenn der Begriff »Konfuzianismus«, der von Europäern geprägt wurde, überhaupt einen Sinn hat, so weist er jedenfalls weit über die Persönlichkeit dieses großen Weisen hinaus.

Die Anfänge eines sittlichen Denkens, das wohl durch die Krise der Adelsgesellschaft und den Verfall der Riten ausgelöst wurde, gehen sicherlich auf Konfuzius und seine Zeit zurück. Konfuzius stand, wie es die Bedeutung, die er in seiner Lehre den Schriften des Altertums beimaß, beweist, den traditionalistischen Kreisen der Schreiber und Annalisten nahe. Diese Kreise, die an den immer häufigeren Verletzungen der alten Gebräuche und Vorschriften Anstoß nahmen, mußten empfänglich sein für eine Rückkehr zum richtigen Gebrauch der Riten in Tat und Wort (dies wird durch die spätere Entstehung eines archaisierenden Ritualismus, der sich bewußt utopisch gab, und durch die Theorie der »Richtigstellung der Bezeichnungen« *(zhengming)* bestätigt). Es überrascht nicht, daß man sich in diesen Kreisen um die Definition des »Edlen« *(junzi)* unabhängig von seiner sozialen Stellung bemüht hat. So kann jedenfalls die Grundtendenz verstanden werden. Konfuzius (traditionelle Daten: 551-479), Meister einer kleinen Schule, deren Ziel es war, »Edle« zu formen, mißt große Bedeutung rituellen Übungen bei, die durch Beherrschung der Gesten, Handlungen und Gefühle zu einer Vervollkommnung des Individuums führen. In seiner Morallehre, die die Frucht einer unaufhörlichen Reflexion über die Menschen ist, fehlt jeder abstrakte Imperativ. Sie ist vielmehr praxisbezogen, wobei der Meister sowohl jeden besonderen Umstand als auch den Charakter jedes einzelnen Schülers berücksichtigt. Daher ist es unmöglich, die Eigenschaften des vollkommenen Menschen, und insbesondere das *ren,* eine Geisteshaltung der Zuneigung und Nachsicht, ein für allemal zu definieren; sie müssen vielmehr je nach Fall und Individuum unterschiedlich umschrieben werden. Weisheit kann nur durch ständige Bemühung, jeden Augenblick und ein ganzes Leben lang, erreicht werden, durch die Kontrolle kleinster Details im Verhalten, durch die Einhaltung der Regeln des gesellschaftlichen Lebens *(yi)*, den Respekt vor dem anderen und vor sich selbst und den Sinn für Gegenseitigkeit *(shu)*. Konfuzius sucht nicht nach einer abstrakten Wissenschaft des Menschen, sondern nach einer Lebenskunst, die Psychologie, Moral und Politik umfaßt. Die Tugend ist die Frucht persönlichen Bemühens (und nicht mehr eine angeborene Eigenschaft Adliger). Dem Wettkampfgeist, von dem der damalige Hochadel beherrscht ist, stellt Konfuzius die Redlichkeit, das Vertrauen und gute Einverständnis gegenüber, durch die seiner Meinung nach früher die menschlichen Beziehungen geregelt waren. Er setzt Bildung der Persönlichkeit und öffentliches Wohl gleich.

Damit zeichnen sich die neuen Gedanken einer Lehre ab, deren Bestreben es vor allem war, der Tradition treu zu bleiben. Durch Mengzi (Menzius) (2. Hälfte des 4. Jh.) und Xunzi (um 298-235) erfahren sie in einem anderen historischen Kontext Weiterentwicklungen und nehmen neue Bedeutung an. Daß Konfuzius unter der Han-Dynastie und noch mehr seit der Song-Dynastie (10. bis 13. Jh.) so großen Ruhm erntete, erklärt sich aus den theoretischen und doktrinären Beiträgen, die nach seiner Epoche hinzugefügt wurden.

Mozi, der Gründer einer Predigersekte

Mozi, der ungefähr sechzig Jahre nach Konfuzius lebte (um 480-390), war der Meister einer Sekte von niedrigen Adligen *(shi)*, die im Gegensatz zur bescheidenen Schule des Konfuzius im 4. und 3. Jahrhundert riesigen Erfolg haben sollte. Mozi, den die Konflikte seiner Zeit stark berührten und der dem Clan-Geist, dessen verheerende Auswirkungen immer spürbarer wurden, feindlich gegenüberstand, wollte eine neue egalitäre, auf gegenseitiger Hilfe und Hingabe für das Wohl der Gesamtheit gründende Gesellschaft schaffen. Er verurteilte die Gewinnsucht, den Luxus, die Anhäufung von Reichtum, die Entwicklung der militärischen Macht, den Krieg, der seiner Meinung nach einfach eine Form von Raub ist; als Heilmittel gegen die Übel seiner Zeit schlug er ein Ideal allgemeiner Genügsamkeit, eine einheitliche Regelung der Ausgaben, eine strenge Einhaltung der Gesetze und die Ehrfurcht vor Gott und den Geistern vor. Da er der Ansicht war, daß der Hauptgrund aller Streitigkeiten und Konflikte im familiären Egoismus liegt, predigte er einen allgemeinen Altruismus *(jian'ai)*. Seine Anhänger, die von sektiererischem Eifer besessen waren, lebten in Armut und intervenierten, um Kriege zu vermeiden oder ungerechtfertigt angegriffene Staaten mit Waffen zu verteidigen. (Merkwürdigerweise findet man bei diesen überzeugten Pazifisten die genauesten Informationen über die Kriegskunst der Zeit der Kämpfenden Staaten). Das Werk, das den Namen *Mozi* erhielt, besteht zum größten Teil aus Moralpredigten mit Themen wie »Über die Mäßigung«, »Gegen die Aggression«, »Der Wille des Himmels«, »Über die Existenz von Geistern«, »Gegen die Gelehrten« usw. Mozi, der Verfechter einer sich auf den Kleinadel stützenden autoritären Regierung, wollte allen eine Art von moralischem Konformismus aufzwingen.

Diese merkwürdige Sekte, die offenbar in den beiden Jahrhunderten vor der Einigung Chinas als Kaiserreich zahlreiche Anhänger zählte, sollte die Geschichte des chinesischen Denkens kaum beeinflussen. Ihre größte Leistung liegt auf dem Gebiet der Rhetorik, die von Mozi und seinen Schülern zum Zwecke der Predigt gepflegt wurde; so trugen sie zu einem Fortschritt in der logischen Verknüpfung der Gedanken und zu einer Ausfeilung des Satzbaus bei. Sie schmückten die Themen ihrer Predigten mit Beispielen und erweiterten sie durch Vergleiche.

3. Geistige Strömungen des 4. und 3. Jahrhunderts

Die sozialen und wirtschaftlichen Veränderungen, die sich im 5. Jahrhundert bemerkbar machten, sowie das Bestreben der Zentralmacht, sich auf die Klasse des Kleinadels zu stützen, erklären die rasche Zunahme der Klientelen, der Sekten und Schulen. Die nach einem Amt strebenden Kleinadligen versuchten sich in Künsten auszuzeichnen, mit denen sie die Schirmherrschaft der Mächtigen gewinnen konnten; in jener Epoche nahmen die Herrscher gierig alle Rezepte, Listen und Techniken auf, die eine Festigung ihrer Macht und den Sieg über ihre Rivalen ermöglichten. Diese Künste betreffen daher vor allem die Staatsführung; die einen haben zivilen Charakter *(wen)*, wie die Diplomatie, die Kunst der Überredung, die Kenntnis geheimer staatlicher Verfahren; andere, wie die Taktik, die Strategie, die Fechtkunst, sind militärischer Art *(wu)*. Es handelt sich auch um Techniken, mit deren Hilfe der Staat bereichert wird (Agronomie, Hydrologie) oder die dem Fürsten einen Zuwachs an Vitalität verleihen, durch die er als heilig angesehen wird. Hervorragende Meister tauchten auf, die in diesen verschiedenen Künsten und Techniken bewandert waren und um sich eine mehr oder weniger große Anzahl von Schülern versammelten. Sie wanderten von Reich zu Reich, um ihre Lehre zu verkünden und schlugen manchmal am Hof eines Fürsten oder bei dessen Beratern ihren Wohnsitz auf. Die Vermehrung der verschiedenen Schulen und die Verbreitung verschiedener Wissensgebiete nahm vor allem im 4. und 3. Jahrhundert zu, so daß Konfuzius und Menzius selbst, wenn auch nicht Menzius' Schüler, wohl zu einer Epoche zu zählen sind, in der die kommende Entwicklung sich erst andeutete.

Das im wesentlichen praktische Ziel dieser Lehren und ihre enge Verbindung mit politischen, sozialen und wirtschaftlichen Anliegen ihrer Zeit erklären den eklektischen Charakter der meisten von ihnen und die Leichtigkeit, mit der sie sich gegenseitig beeinflußten; denn es handelt sich nicht um Systeme, um abstrakte Philosophien, sondern um geistige Strömungen, zwischen denen manchmal keine klaren Grenzen zu ziehen sind. Indessen beeinträchtigt dieser Praxisbezug keineswegs den eigentlichen philosophischen Wert und das philosophische Interesse der Fragen, die sich die chinesischen Denker damals gestellt haben; das abstrakte und logische Philosophieren ist nicht das einzig mögliche.

Die Staatstheoretiker

Die sicherlich bedeutendste von allen geistigen Strömungen des 4. und 3. Jahrhunderts vertreten die Denker, die später als »Legalisten« *(fajia)* bezeichnet wurden. Jedenfalls handelt es sich dabei um die Richtung, die mit den damaligen Veränderungen von Staat und Gesellschaft in Einklang stand und sie am wirksamsten beeinflußt hat. Wir kennen die Geschichte des Legalismus jedoch schlecht: Das Werk, das Shang Yang, dem Urheber der Reformen von Qin (Mitte des 4. Jh.) zugeschrieben wurde, das *Shangzi* oder *Shangjunshu,* gilt als mehrere Jahrhunderte später verfaßte Fälschung. Ein zur Zeit der Kämpfenden Staaten geschriebenes heterogenes Werk mit dem Titel *Guan Zhong,* dem Namen eines Ministers des Fürsten Huan von Qi im 7. Jahrhundert, hat die Bibliographen der Han-Zeit dazu verleitet, aus dieser halb legendären Persönlichkeit den ersten Legalisten zu machen. Man weiß auch kaum, wer Shen Buhai und Shen Dao waren, die in der Han-Zeit zu den Legalisten gezählt wurden und deren Ideen nur mangelhaft bekannt sind. Das einzige Werk, dessen Hauptteil authentisch zu sein scheint, ist das *Hanfeizi* des großen Denkers Han Fei (Fei von Han, 280?-234). Das legalistische Denken erscheint darin in seiner ausgeprägtesten Form als Ergebnis einer Synthese und einer auf eine ganze Reihe von Erfahrungen mit der Staatsführung und Staatsorganisation angewandten Reflexion. Diese Erfahrungen betreffen die Diplomatie, die Kriegführung, die Wirtschaft und die Verwaltung und entsprechen dem vom 5. bis zum 3. Jahrhundert allgemein verbreiteten Streben nach Stärkung der wirtschaftlichen und militärischen Macht der Staaten.

Das Verdienst der Legalisten ist es, begriffen zu haben, daß der Ursprung der Staatsmacht in ihren politischen und sozialen Institutionen liegt. Ihre Originalität besteht darin, daß sie den Staat und seine Untertanen der Souveränität des Gesetzes unterstellen wollten.

Nach Han Fei ist es wichtig, daß der Fürst als einziger Wohltaten und Ehren erweist, Züchtigungen und Strafen anordnet. Delegiert er nur einen winzigen Teil seiner Macht, dann geht er das Risiko ein, sich Rivalen zu schaffen, die ihm bald die Macht entreißen würden. Ebenso muß das Wirkungsfeld jedes Staatsbeamten streng umrissen und abgegrenzt werden, um Kompetenzkonflikte zu vermeiden und zu verhindern, daß die Funktionäre die mangelhafte Abgrenzung ihrer Befugnisse ausnützen und sich Macht anmaßen, die ihnen nicht zukommt. Vor allem aber soll der Erlaß objektiver, bindender und allgemeiner Vorschriften das Funktionieren des Staates gewährleisten. In seinen philosophischen Tendenzen zeugt der Legalismus von einem ständigen Bemühen um Objektivität. Nicht nur soll das Gesetz öffentlich und allen bekannt sein und jede abweichende Interpretation ausschließen; auch seine Anwendung muß den unsicheren und schwankenden Urteilen des Menschen entzogen werden. Wohl mag die Methode, die Kriegsverdienste und den bewiesenen Mut mittels der dem Feind abgeschlagenen Köpfe zu berechnen, als etwas roh erscheinen; sie hat jedoch den Vorteil, alles, was ohne objektiven Maßstab reine Ansichtssache bliebe, jeder Diskussion zu entziehen. Die ganze chinesische Rechtsauffassung blieb von der anfänglichen Ausrichtung, die ihr der Legalismus gab, gekennzeichnet: Die Aufgabe des Richters, des Verwaltungschefs ist es nicht, das Für und Wider abzuwägen, in seinem Inneren die Schwere des Verbrechens einzuschätzen und recht eigentlich willkürlich über die Strafe zu entscheiden, sondern er muß die Straftat korrekt definieren. Darauf hat er sich zu beschränken, denn die korrekte Definition zieht automatisch die entsprechende Strafmaßnahme, wie sie im Gesetzbuch vorgesehen ist, nach sich. In der Verwaltung soll die strenge

Durchführung der Anordnungen durch Rückgriff auf geschriebene Texte (Verwaltungsberichte, Inventare, tägliche Aufstellungen usw.), auf Berechnungen, objektive Beweise (Siegel, zweiteilige Embleme, deren Zusammenpassen zum Beweis der Echtheit genügt) gewährleistet werden. Der Wert der Institutionen und der Staatsbeamten soll nach ihrer effektiven Leistung *(gongyong)* beurteilt werden.

Für die Moralisten, die ein Regieren auf der Grundlage der Tugend verfochten, hatte das Problem der Auswahl der Beamten entscheidende Bedeutung; für die Legalisten war es unwesentlich. Der Fürst braucht keine Ausnahmemenschen und ist auch nicht auf den Glücksfall angewiesen; es genügt, irgendeine beliebige Person einzusetzen, da ja der Staatsapparat selbst automatisch das reibungslose Funktionieren des Staats und der Gesellschaft zur Folge hat. Moralische Qualitäten sind nutzlos; sie sind sogar schädlich, weil sie dadurch, daß sie tugendhaften Männern eine Macht verschaffen, die die Souveränität des Fürsten und des Gesetzes gefährdet, den Zusammenbruch des Staates verursachen können. Wie im *Shangzi* verkündet wird, das trotz seines späten Datums der legalistischen Tradition des 4. und 3. Jahrhunderts vor Chr. treu bleibt, ist die Politik nicht Sache der Moral; Politik ist nur die Gesamtheit der konkreten Mittel und der Kunstgriffe, die die Vorherrschaft des Staates gewährleisten und aufrechterhalten.

Die gesetzlichen Vorschriften haben nicht nur den Zweck, die politische Organisation radikal zu reformieren, sondern zielen auf eine Umgestaltung der gesamten Gesellschaft ab. Die Einrichtung einer Stufenleiter von Straftaten und einer Stufenleiter von Ehrenrängen, die beide zusammen ein untrennbares Ganzes bilden, soll die Schaffung einer kontinuierlichen sozialen Hierarchie ermöglichen, die ständig überprüft wird. Dadurch sollen alle Aktivitäten der Staatsangehörigen so gelenkt werden, daß sie dem Staat dienen, Tätigkeiten, die als nützlich angesehen werden (Soldaten und Bauern) sollen gefördert und andere bestraft werden (Vagabunden, Parasiten, Hersteller von Luxusgegenständen, Disputanten und Philosophen). Die historischen Bedingungen jener Zeit – die Entwicklung eines Heeres, das zuletzt im wesentlichen aus Bauern zusammengesetzt war, die Notwendigkeit genügender Reserven für langdauernde Feldzüge – führten dazu, daß der Agrarproduktion absoluter Vorrang gewährt wurde. Die Landwirtschaft wurde folglich als Quelle (*ben:* die »Wurzel« oder der »Stamm«) aller wirtschaftlichen und militärischen Macht betrachtet, im Gegensatz zu den sekundären oder untergeordneten Bereichen (die »Zweige«, *mo*) Handwerk und Handel, deren ungeregelte Entwicklung die Schwächung und den Zusammenbruch des Staates nach sich ziehen könnte. Daher sei es nötig, alle Aktivitäten, die das Volk von seinen wesentlichen Aufgaben ablenken, zu bremsen, gegen Spekulanten zu kämpfen, den Preis der Grundnahrungsmittel und die Währung zu überwachen. Vom 4. und 3. Jahrhundert an entfaltet sich so eine politische Ökonomie, die in der Welt Chinas eine frühe und bedeutende Entwicklung gekannt hat.

Wenn der Fürst die einzige Quelle der Strafen und Ehren ist, welche die soziale Hierarchie bestimmen, heißt dies nicht, daß er nach freiem Belieben über seine Macht verfügen darf. Seine Macht beschränkt sich vielmehr auf die Schaffung von Institutionen und objektiven Maßstäben, die allen bekannt sind. Seine Unparteilichkeit ist, ähnlich wie die der Naturordnung, absolut; in diesem Punkt wird bei Han Fei der Einfluß der Taoisten deutlich.

An der Entstehung des Legalismus waren jedoch auch andere Einflüsse beteiligt. Noch vor der Schaffung einer Staatstheorie, die auf der Souveränität des Fürsten und des Gesetzes beruht, haben Politiker, die diplomatische Erfolge anstrebten, versucht, mit Hilfe von geheimgehaltenen Rezepten *(shu)* von günstigen Gelegenheiten zu profitieren. Diese Auffassung von politischer Aktion, die auf konkrete und einzelne Situationen in Raum und Zeit gründet, scheint sich als erste durchgesetzt zu haben, als die Herrscher die Umwälzungen der Adelsgesellschaft benutzen wollten, um sich von der Vormundschaft der mächtigen Aristokratenfamilien zu befreien und die Hegemonie zu erlangen. Auch die Legalisten räumten diesem Begriff der geheimen Rezepte und Kunstgriffe, denen ihr Fürst einen Teil seiner persönlichen Macht verdankte, einen wichtigen Platz ein.

Schließlich übte auch die Denkweise der reichen Handelsunternehmer, von denen einige im 5.–3. Jahrhundert als Berater der Fürsten dienten, einen Einfluß auf die Entwicklung des Legalismus aus. Unter ihnen waren Fan Li in Yue um 500, der als einer der ersten »die Bereicherung des Staates und die Stärkung des Heeres«, *fuguo qiangbing,* befürwortete, Bai Gui in Wei im 4. Jahrhundert und Lü Buwei, Ende des 3. Jahrhunderts Berater des Fürsten von Qin. Die Zuhilfenahme von Berechnungen, objektiven Beweismitteln, ja auch der Gedanke geheimer Kniffe sind Legalisten und Handelskreisen gemeinsam.

Was den Zeitgenossen und den Chinesen der Han-Zeit als auffallendstes Prinzip des Legalismus erschien, ist die Gleichheit aller vor dem Gesetz. So schreibt Sima Tan im 2. Jahrhundert vor Chr.: »Sie unterscheiden nicht zwischen Nahestehenden und Fremden, sie machen keinen Unterschied zwischen Adligen und dem gemeinen Volk und richten alle zusammen nach dem Gesetz, so daß die auf Zuneigung und Respekt gegründeten Beziehungen hinfällig werden«. Trotz der späteren Veränderungen der chinesischen Welt war der Beitrag der Legalisten auf dem Gebiet des Rechts, der politischen, sozialen und administrativen Organisation grundlegend. Bis heute hat der Legalismus unaufhörlich das chinesische Denken beeinflußt.

Von den religiösen Praktiken zur Philosophie: die Taoisten

Als eine Periode der Rastlosigkeit, der sozialen Unruhen und Umwälzungen, begünstigten das 4. und das 3. Jahrhundert in besonderem Maße die Entwicklung religiöser Strömungen. Schon im 5. Jahrhundert war die von Mozi geleitete Sekte durch ihre Religiosität und ihr Bestreben, das universelle Heil zu sichern, hervorgetreten. Für diejenigen, die man später »Taoisten« *(daojia)* genannt hat, liegt das Heil jedes einzelnen und aller nicht in einer kollektiven Aktion, sondern im Sichzurückziehen und in der Ausübung von Praktiken, die ein Vergessen und ein Beherrschen der Welt ermöglichen. Von ihnen sind Sammlungen von Lehrfabeln, kurzen symbolischen Geschichten und Diskussionen erhalten. Das bedeutendste Werk, das *Zhuangzi,* stammt größtenteils aus der Feder eines genialen Schriftstellers, wohl eines der größten, den die lange Geschichte der chinesischen Literatur kennt (Zhuang Zhou, um 370-300). Ein späteres Sammelwerk, das *Liezi,* scheint nach dem Vorbild des *Zhuangzi* verfaßt worden zu sein. Zu diesen beiden Werken kommt noch ein kleines Büchlein, das sibyllinische Sentenzen enthält, die wohl als Meditationsthemen dienen sollten und deren Dunkelheit zahllose Übersetzer gereizt hat: das *Laozi daodejing*.

Viele Stellen lassen den Rückgriff auf wahrscheinlich viel ältere magisch-religiöse Praktiken vermuten. Wie Marcel Granet betont hat, ist der Ausgangspunkt der taoistischen Denker nicht philosophisch, sondern religiös. Es war ihr Ziel, durch strenge Diäten, Atemübungen (geschlossener Atemkreislauf), Sexualpraktiken, Gymnastik, – wahrscheinlich auch schon alchimistische Praktiken – die Lebenskraft zu erhalten und zu erhöhen; alle diese Praktiken wurden unter der Bezeichnung *yangsheng* (»das Lebensprinzip nähren«) zusammengefaßt. So wollte man den Körper stählen, um ihn unverwundbar zu machen (Wasser, Feuer, wilde Tiere können dem Heiligen nichts anhaben), wollte die Macht erlangen, sich während ekstatischer Reisen frei im Universum zu bewegen und den Alterungsprozeß auf unbegrenzte Zeit hinausschieben. Alle diese Techniken, die von der Han-Zeit an besser bekannt sind, scheinen das Privileg von Schulen von Magiern *(wu)* gewesen zu sein, die schon für das früheste Altertum belegt sind.

Die taoistische Philosophie scheint sich auf dieser Grundlage magischer Traditionen und unter dem Einfluß anderer geistiger Strömungen, jedoch in absoluter Opposition zu ihnen entwickelt zu haben. Dem Zwang der Moral, der Riten, der politischen Organisation und der Opferpraktiken, der von den düsteren Anhängern Mozis gepredigt wurde, stellten die taoistischen Denker das Ideal eines autonomen, natürlichen, freien und freudigen Lebens entgegen. Alles Elend der Welt komme von den Entstellungen, Behinderungen und den Überflüssigkeiten, die der Natur durch die Kultur aufgezwungen wurden und die das Lebensprinzip schwächen. Um ein erfülltes Leben zu leben, müsse jeder Energieverlust verhindert werden; der Mensch müsse die vollkommene Einfachheit *(pu)* des Wesens im Naturzustand wiedererlangen; er müsse sich dem Rhythmus des universellen Lebens anpassen, zwischen langen Perioden des Winterschlafs und der Ausgelassenheit abwechseln, die Spiele und Tänze der Tiere nachahmen, die instinktiv die Geheimnisse der Lebenshygiene beherrschen. Der Mensch müsse wie das große Ganze sein: Stille, Seelenruhe und vollkommene Leidenschaftslosigkeit; wer unruhig und geschäftig ist, um Reichtum und Ruhm nachzulaufen, um die Welt zu retten, um dem Staat zu dienen, sei nur ein Narr, der seine Vitalkraft verschleudere und sich jede Hoffnung, die wahre Heiligkeit zu erlangen, untersage.

Ebenso verwerfen die Taoisten jedes diskursive Denken, denn die Sprache ist als soziale Institution eines der ersten Hindernisse für die freie Kommunikation zwischen dem Menschen und dem großen Ganzen. Alle Unterscheidungen sind willkürlich. Leben und Tod stellen nur zwei einander ablösende Phasen ein und derselben Wirklichkeit dar. Zhuangzi entlehnt die Dialektik der Sophisten, um die Eitelkeit aller sprachlichen Oppositionen zu demonstrieren. Jede Lehre, die die Sprache zu Hilfe nimmt, ist illusorisch, und die Schriften der Alten sind nichts anderes als Auswürfe; der Weise lehrt und formt seine Schüler direkt durch seinen unmerklichen Einfluß und ohne ein Wort auszusprechen. Denn außer dieser unmittelbaren und universellen Erkenntnis, die durch vollkommene Seelenruhe und vollkommene Leidenschaftslosigkeit erworben wird, existieren nur vergängliche, zufällige, unbeständige und relative Wahrheiten. Die einzige wahre Wirklichkeit ist diese unbestimmte Verwandlungskraft, dieses immanente Prinzip der kosmischen Spontaneität, das Dao (Tao) genannt wird.

Der Taoismus übte auf das chinesische Denken und auf die Entwicklung der religiösen Bewegungen in der Welt Chinas einen wesentlichen und oftmals ausschlaggebenden Einfluß aus. Auch leistete er einen beträchtlichen Beitrag zur Entwicklung der wissenschaftlichen Konzeptionen und für gewisse Entdeckungen. Selbst in der Auffassung von der politischen Macht, deren eine Grundlage im Besitz magisch-religiöser Kräfte lag, und den Regierungstheorien, ist sein Einfluß zu erkennen.

Menzius

Im Gegensatz zu den Neuerern, die sich hauptsächlich mit dem Funktionieren des Staates und der Einrichtung der Institutionen beschäftigen, die zu seiner Entwicklung nötig sind, stehen die Denker, die der Ansicht sind, daß die Macht auf der Tugend des Fürsten beruht. Dieser alte Gedanke wird von jenen, die sich auf Konfuzius berufen, durch die Weiterentwicklung der sittlichen Konzeptionen grundlegend erneuert. Die Tugend ist nun nicht mehr dem Adel inhärent, sondern wird zu einer moralischen Eigenschaft, die von allen erworben werden kann. Für Mengzi (Menzius, 2. Hälfte des 4. Jh.) setzt sich notwendigerweise jener Fürst als universeller Herrscher über alle chinesischen Länder durch, der mit seiner Tugend den sagenhaften Helden des frühen Altertums (Yao, Shun und Yu, dem Gründer der Xia-Dynastie) und den ersten Zhou-Königen gleichkommt, da in jenen Zeiten eine vollkommene gesellschaftliche Harmonie herrschte. Es handelt sich nicht mehr um eine religiös begründete Patrimonialgewalt, sondern einfach um Edelmut und Sorge um das Wohl jedes einzelnen. Nicht das Land, das immer in genügendem Ausmaß vorhanden ist, noch Reichtümer oder militärische Macht – die ohne die Teilnahme und Mitarbeit des Kleinadels und der nichtadligen Bevölkerung nichts sind – zählen, sondern nur die Menschen. Jedoch entziehen die Begierde, der Egoismus, die Herrschsucht, durch die sie die Unterdrückung und das Leid der Niedrigen verstärken, den Fürsten die Zuneigung des Volkes. Wer unter den Großen dieser Welt in dieser Zeit der Gewalt und Entfesselung der Begierden den tollkühnen Wagemut an den Tag legte, zur humanitären Regierungsweise der alten Könige zurückzukehren, würde eine Art Revolution auslösen: alle unterdrückten Völker würden auf ihn wie auf einen Retter zuströmen.

Dieses Thema, das in dem Werk, in dem die Gespräche mit dem Meister aufgezeichnet sind, ausführlich behandelt wird (man findet darin außerdem Ratschläge, die das Wirtschafts- und Steuersystem betreffen: Menzius schlägt vor, zur alten Methode des »Brunnenfeldes«, das im System des *jing* idealisiert wird – einer Aufteilung des Landes in neun gleichgroße, quadratische Parzellen –, zurückzukehren sowie die Handelsabgaben zu senken), ist verbunden mit einer optimistischen Auffassung von der menschlichen Natur: die Menschen besitzen bei ihrer Geburt im Keim die für ihre Vollendung als Edle nötigen moralischen Eigenschaften: *ren*, Menschlichkeit, *yi*, Pflichtgefühl, *li*, Höflichkeit, *zhi*, Wissen. Diese Keime können entweder durch die Erziehung entfaltet, oder aber durch den verderblichen Einfluß der Umwelt erstickt werden.

Menzius, der als Denker keine große Originalität zeigt, fand erst im Verlauf des 9. bis 11. Jahrhundert großen Anklang wegen der Ähnlichkeit seiner Auffassung von der menschlichen Natur *(xing)* mit gewissen buddhistischen Theorien (die Buddha-Natur ist jedem Menschen angeboren) und der allgemeinen Übereinstimmung seiner politischen Ideen mit den philosophischen und ethischen Tendenzen, die sich in der Song-Zeit entwickelten. Das Buch *Menzius* wurde zu einem der grundlegenden Texte der »neo-konfuzianischen« Orthodoxie, die sich in den autoritären und patriarchalischen Reichen der Ming-Dynastie (1368-1644) und der Qing-Dynastie (1644-1911) durchsetzte.

Xunzi

Viel tiefer und origineller als Menzius ist Xunzi (um 298-235), zusammen mit seinem Zeitgenossen Han Fei einer der gewaltigsten Denker des 3. Jahrhunderts. Sein Denken wurde stark von den Legalisten und auch von den Taoisten beeinflußt. Xunzi, der wohl als erster in der Weltgeschichte den sozialen Ursprung der Moral erkannt hat, weigert sich, in der menschlichen Natur im Rohzustand etwas anderes als einen Komplex anarchistischer und irrationaler Tendenzen zu sehen; das Gute und die Vernunft entstehen erst durch die Disziplin, die das Leben in der Gesellschaft notwendigerweise erfordert. Die Gesellschaft ist es, die durch ihre ständige Repression, die sie auf die dem Menschen angeborenen Begierden, die Gewalttätigkeit und den Egoismus ausübt, diese lebendigen Kräfte kanalisiert, zähmt und zum Vorteil aller und jedes Einzelnen ummodelt. Die Gesellschaft ist die große Erzieherin des Menschen. Pflichten *(yi)* und Verhaltenvorschriften (*li,* »Riten«) bringen jedem einzelnen Selbstbeherrschung und Sinn für das Angebrachte und Richtige bei. Feste und Zeremonien, Musik und Tanz stellen ein Einüben des guten Einverständnisses dar. Die Institutionen sind es, die den Menschen formen.

Yi und *li,* die keineswegs das willkürliche Werk eines Gesetzgebers sind, sondern als objektive Realitäten und nicht mehr als moralische Eigenschaften aufgefaßt werden, sind das natürliche Produkt der Geschichte: sie tragen daher ein Prinzip der Rationalität in sich und die Gesellschaft selbst ist die Quelle aller Vernunft *(li)*. Soziale Ordnung und Vernunft fließen zusammen.

Ohne Verteilung *(fen)* der Ränge und gesellschaftlichen Stellungen entsprechend der von allen anerkannten Gerechtigkeit *(yi)* würde der soziale Zusammenhalt, der die kollektive Macht menschlicher Großgruppen schafft, durch Streit und Zank zerstört. Daher muß deren Verteilung durchsichtig sein und die Bezeichnungen müssen mit der Wirklichkeit übereinstimmen.

Bei Xunzi findet sich eine der besten Darlegungen der Theorie der »Richtigstellung der Bezeichnungen« *(zhengming)*. Die Theorie des *zhengming* ist aus den Kreisen der Schreiber und Annalisten hervorgegangen, die in der Anwendung der Termini in genauer Übereinstimmung mit der rituellen Tradition das Mittel sahen, um ein moralisches Urteil zu sprechen; nun wurde sie zum Instrument einer neuen, auf Verdienst und Verschulden gegründeten Ordnung: indem der Fürst qualifiziert, d. h. Titel und Ränge verleiht, strömt er die Ordnung aus, die das reibungslose Funktionieren der gesamten Gesellschaft gewährleistet. Wenn er so handelt, greift er nicht in Streitigkeiten ein, sondern begnügt sich damit, einen Mechanismus zu schaffen, der auf dem Konsens aller beruht und daher Streit von vornherein vermeidet. Das gleiche Vorgehen findet sich bei Han Fei: der Fürst befiehlt nicht und greift nicht direkt ein; er ist vollkommen unparteiisch und daher Quelle und Garant einer universellen Ordnung.

Ebensowenig wie bei Xunzi findet sich bei den anderen chinesischen Philosophen der Gedanke, der für den Westen irgendwie grundlegend zu sein scheint, nämlich daß der Ursprung der Ordnung im Zwang und in der individuellen Befehlsgewalt liege. Die Ordnung, die zur Chunqiu-Zeit ihre Quelle in der Gesamtheit der rituellen Vorschriften und der Hierarchien des Ahnenkults hat, wird bei Menzius zum automatischen Ergebnis des Verhaltens eines Fürsten, der dazu berufen ist, Universalherrscher zu werden; bei Zhuangzi ist die Ordnung die Folge der Tugend des Heiligen, bei Xunzi das Produkt objektiver Mechanismen, die sich aus dem gesellschaftlichen Zusammenleben ergeben, bei Han Fei das Ergebnis allgemeiner Vorschriften, die von den Staatsoberhäuptern erlassen werden. Der Gedanke, daß sich die Ordnung nur aus einer automatischen und sozusagen organischen Anpassung ergeben kann, findet sich in der Kosmologie: das Gleichgewicht der Natur gewährleistet das Spiel gegensätzlicher und komplementärer Kräfte und Eigenschaften, ihr Wachstum und ihr Niedergang finden in der Folge der Jahreszeiten ihren Ausdruck; keine individuelle Macht beherrscht sie. So werden die Schwierigkeiten verständlich, die beim Zusammenstoß der chinesischen und europäischen Kultur im 17. Jahrhundert den Dialog erschwerten; je nach ihrer Einstellung sahen die christlichen Missionare im Begriff *tian* (Himmel, Ordnung der Natur) entweder eine einfache mechanistische Auffassung oder den Überrest eines monotheistischen Kults.

Die Sophisten und die Vertreter der »Fünf-Elementen-Lehre«

Die Rhetorik, eine der Besonderheiten der Schule von Mozi, beruht auf Analogien, lange ausgeführten Vergleichen und Wiederholungen. Mit ihrer Plumpheit und Schwerfälligkeit ist sie nicht geeignet für Debatten an den Fürstenhöfen und für diplomatische Unterredungen. Wo es sich nicht darum handelt, zu predigen, sondern mit wenigen Worten zu überzeugen, ist die Redeweise lebendig, voll von Anspielungen, heftig oder ironisch. Die Disputanten greifen zu allen Mitteln: moralische und rituelle Vorschriften, Anekdoten, Lehrfabeln, historische Präzedenzfälle, Paradoxe und Beweisführungen mit absurden Konklusionen wechseln einander ab. Man scheut sich nicht, zu Scheinargumenten zu greifen, um den Gegner zu verwirren oder zu überraschen. Die politischen Bedingungen der Zeit der Kämpfenden Staaten haben die Entstehung einer originellen Sophistik begünstigt, die sich durch ihr im wesentlichen pragmatisches Ziel von derjenigen der griechischen Welt unterscheidet, die mit der Institution der Verteidigungsreden bei Gericht und in der Politik verbunden war. Die Redezeit war beschränkt. Die chinesischen Sophisten *(bianzhe)*, behindert durch eine Sprache, in der Singular und Plural, Abstraktum und Konkretum nicht unterschieden werden konnten, haben auch weder die sprachliche Analyse weit vorangetrieben, noch eine rhetorische Logik aufgebaut. Die einzigen Denker, von denen überhaupt der Name und einige Fragmente überliefert sind, sind Hu Shi (ca. 380–300) und sein bekannterer Nachfolger

Gongsun Long (ca. 320–250). Man verdankt ihnen eine Reihe von Paradoxen, die sich auf die Analyse der Begriffe der Größe, der Zeit, des Raumes, der Bewegung, der Einheit und Vielzahl gründen und zu ihrer Zeit einigen Erfolg verzeichnen konnten, aber als eine Reflexion über abstrakte Begriffe ohne Folgen blieb.

Denn die chinesische Logik sollte sich nicht in diesen Bahnen bewegen, sondern dem Weg folgen, den jene Wahrsager eingeschlagen hatten, die die Mathematik in die Welt Chinas einführten. Der Umgang mit den Zahlen und Zeichenkombinationen, die konkrete räumlich-zeitliche Werte auszudrücken vermochten, diente den philosophischen Theorien und den Wissenschaften als Grundlage. Dieser Versuch, die Welt zu begreifen, der weniger irrational als mancher andere ist, hat im Laufe der Geschichte in vielen Bereichen seinen heuristischen Wert erwiesen (Chemie, Magnetismus, Medizin usw.). Gerade in der Zeit der Kämpfenden Staaten scheinen die Klassifikationstheorien der Wahrsagerkreise systematisiert worden zu sein, in denen die gleichzeitig gegensätzlichen und komplementären Urkräfte (*yin* und *yang* als männliches und weibliches Prinzip, sowie die fünf Elemente) miteinander in Korrelation gebracht und in räumlich-zeitliche Gruppen gegliedert werden. Ebenso wie ihre Aufeinanderfolge gestatten die Zunahme und die Abnahme dieser Werte eine Interpretation der Ordnung der Natur und der Geschichte. Mit ihnen können die Entstehung, der Höhepunkt und der Niedergang von Regierungen erklärt werden. Diese Theorien, die den Bedürfnissen einer Zeit sozialer und politischer Umwälzungen entsprechen, aber auch unter der Qin- und Han-Dynastie große Beachtung finden sollten, scheinen insbesondere in der »Akademie« von Jixia in Linzi (dem heutigen Yidu in Shandong), der Hauptstadt von Qi, gepflegt worden zu sein, wo sich die Vertreter verschiedener Schulen trafen. Der Überlieferung nach kommt einem gewissen Zou Yan (ca. 305-240) das Verdienst zu, diese kosmologischen Theorien systematisiert zu haben.

Die Literatur

Die Denker, die man die chinesischen Philosophen *(zhuzi)* der Zeit der Kämpfenden Staaten genannt hat, beriefen sich auf eine reiche mündliche Literatur, aus der sie Anekdoten, Fabeln, kleine Geschichten, Allegorien oder Rätsel schöpften, die in verschiedenen Fassungen überliefert sind. Ein Teil dieser Literatur wurde gleichzeitig mit den anderen Überlieferungen jener Epoche im 2. und 1. Jahrhundert vor Chr. in Form von romanhaften Chroniken oder Biographien, von Sammlungen von Reden oder Aussprüchen berühmter Persönlichkeiten, deren Inhalt oft heterogen ist, schriftlich festgehalten. Im *Mutianzi zhuan,* das im Jahr 279 in Henan in einem Grab aus der Zeit der Kämpfenden Staaten wiedergefunden wurde, werden die sagenhaften Reisen von König Mu (traditionelle Datierung: 1001-947) in den Westen erzählt. Das *Yanzi chunqiu* ist eine Sammlung von nach Genres klassifizierten Anekdoten; das *Wuzi* ist ein Werk über Strategie, das nach einem berühmten General des Wei-Reichs benannt wurde; das *Guanzi,* das dem Guan Zhong, Minister von Qi im 7. Jahrhundert, zugeschrieben wird, ist eine aus disparaten Teilen bestehende Abhandlung über Politik und Wirtschaft; das *Guoyu* und das *Zhanguoce* sind historische Sammlungen mit eingestreuten Reden über die Chunqiu-Zeit beziehungsweise die Zeit der Kämpfenden Staaten.

Diese aus sehr verschiedenartigen Genres bestehende Literatur läßt bereits den Einfluß einer internationalen Folklore vermuten, der sich aus den historischen Bedingungen der damaligen Zeit erklärt (aus der Präsenz indoeuropäischer Völker in Zentralasien, der Expansion Persiens unter den Achämeniden bis nach Transoxanien im 5. Jahrhundert, der Verbindung Chinas vom 5. bis zum 3. Jahrhundert mit der indischen Welt): die mythische Geographie Indiens scheint einen direkten Einfluß auf die Kosmologie von Zou Yan ausgeübt zu haben, der dem Berg Kunlun, dem chinesischen Gegenstück vom Berg Sumeru, eine zentrale Stellung einräumt; die Pfeil-Aporie des Zenon aus Elea findet sich bei den chinesischen Sophisten wieder usw.

Aber schon bald ersetzten realistische Auffassungen die mythische Geographie, und die ältesten Mythen der chinesischen Welt wurden allmählich in eine Geschichte mit profanem Charakter eingebaut. In dieser unter der Han-Dynastie fortgesetzten Geschichtsschreibung wurden Fragmente von Mythen und Legenden, religiöse Themen von nicht mehr verstandener Bedeutung in historische Tatsachen verwandelt, umgeformt und einer kontinuierlichen Chronologie, die bis auf den Beginn des 3. Jahrtausends zurückgeht, einverleibt. Kulturheroen, die von den verschiedenen Sekten und Schulen des 5. bis 3. Jahrhunderts als Schutzpatrone erkoren wurden (Huangdi, der Gelbe Kaiser, Fuxi und seine Schwester Nügua, Shennong, der göttliche Landmann, Yao, Shun und Yu, der Gründer der Xia-Dynastie usw.) und denen die Menschheit ihre grundlegenden Institutionen sowie die Zivilisierung der Welt verdankt, erhielten einen Platz in einer datierten Geschichte, an die die folgende Zeit anschloß.

Auch auf einem ganz anderen Gebiet zeichnete sich das Ende der Zeit der Kämpfenden Staaten aus: durch das Aufblühen einer neuen poetischen Gattung. Sie stammt aus dem Staat Chu und ist reich an Elementen, die aus autochthonen Kulturen entlehnt wurden. Dieses Genre geht sicherlich auf viel ältere Traditionen zurück, wurde aber zum ersten Mal zu Beginn des 3. Jahrhunderts von einem Adligen aus Chu namens Qu Yuan illustriert. Es handelt sich um eine religiöse, lyrische Dichtung mit freiem, bald abgehacktem, bald majestätischem, von Ausrufen markiertem Rhythmus. In manchen Gedichten wird die Reise des Schamanen auf der Suche nach der angerufenen Gottheit beschrieben, die an Flüge des »vollkommenen Menschen« *(zhenren)* erinnert, der nach Zhuangzi über Wind und Wolken, Sonne und Mond reitet und sich jenseits des Universums bewegt. Die Gedichte von Qu Yuan *(fu)* wurden von dessen Neffen Song Yu und von Jin Cha imitiert, bevor sie sich unter der Han-Dynastie in preziöse dichterische Schilderungen mit gesuchtem Vokabular verwandelten.

Die kriegerischen Reiche

TEIL 2
AUFSTIEG, ENTWICKLUNG UND NIEDERGANG DES ZENTRALSTAATES

Im Laufe der vier Jahrhunderte der Han-Zeit (von Beginn des 2. Jahrhunderts vor Chr. bis zum Ende des 2. Jahrhunderts nach Chr.; offizielle Daten: –206 bis +9 für die Frühere Han-Dynastie, 25-220 für die Spätere Han-Dynastie) fanden bedeutende Veränderungen in der Gesellschaft, der Verteilung der politischen Kräfte, den demographischen Verhältnissen, in den Beziehungen der chinesischen Welt zur Steppe und in der Wirtschaft statt. Man kann daher innerhalb des kontinuierlichen Verfallsprozesses, dem der vom ersten Qin-Kaiser geschaffene Zentralstaat unterworfen war, zwischen dem Bürgerkrieg der Jahre 210 bis 202, der das Ende des Kaiserreichs zur Folge hatte, und der Epoche der Anarchie und der Kämpfe zwischen den Heerführern, mit denen in den Jahren 190 bis 220 die Spätere Han-Dynastie zu Ende geht, mehrere Etappen unterscheiden.

Auf die Periode der Festigung der Zentralmacht in den ersten sechzig Jahren des 2. Jahrhunderts folgten die große militärische Expansion unter der Herrschaft des Kaisers Wudi (141-87) und eine gewaltige Anstrengung, die Territorien im Norden und Nordwesten zu erschließen. Die Macht des Kaiserreichs beruhte auf der Masse von Kleinbauern, die als Soldaten ausgehoben wurden. Die autokratischen Tendenzen, die sich unter Wudi herausgebildet hatten, bewirkten jedoch nach dessen Tod einen Bruch zwischen der Beamtenschaft und dem Hof, der zum Zentrum der von den Kaiserinnenfamilien gesponnenen Intrigen wurde. Diese Intrigen führten zur Usurpation durch Wang Mang (9 bis 23 nach Chr.). Die politische Krise der letzten fünfzig Jahre der Früheren Han-Dynastie hatten jedoch soziale und wirtschaftliche Veränderungen und eine langsame Assimilierung eines Teiles der ehemaligen Nomadenbevölkerung begleitet. Diese verschiedenen Ursachen begünstigten die Entstehung einer Klasse reicher Grundbesitzer, einen allgemeinen Rückstrom der in den nördlichen und nordwestlichen Randgebieten angesiedelten Kolonisten sowie eine rasche Verminderung der Schicht der Kleinbauern. Daher stützte sich das nach dem Interregnum von Wang Mang restaurierte Kaiserreich auf die neue Klasse der Gentry, die sich aus politischen und administrativen Kadern zusammensetzte. Nach einer Zeit relativen Wohlstands brachen die Probleme wieder auf. Es kam zu einem Konflikt zwischen den verschiedenen Kreisen am Hof, die von den Eunuchen und den Familien der Gentry vertreten wurden, und anschließend zu einer Krise in der Bauernschaft, die ihren Ausdruck in großen taoistisch inspirierten Volksaufständen fand. Durch sie wurde die Zentralmacht geschwächt und der Aufstieg der Heerführer, die mit deren Unterdrückung beauftragt wurden, begünstigt. Vom Jahr 190 an verfügten die Han-Kaiser nur mehr über eine nominelle Macht; gleichzeitig löste die allgemeine Anarchie den Niedergang der Stadtwirtschaft aus.

I. KAPITEL
DIE ZEIT DER EROBERUNGEN

1. Von der Qin- zur Han-Dynastie

Die Einigung der chinesischen Länder und die ersten expansionistischen Tendenzen
Die erste große militärische Leistung des Staates Qin nach seiner Reorganisation durch Shang Yang war der Sieg über die Nomaden im Norden im Jahre 314; darauf folgte im Jahr 311 die Besetzung der Ebene von Chengdu (Land der Shu) in Sichuan sowie des östlichen Sichuan (Land der Ba) nach dem Vordringen des Qin-Heeres in Berggebiete, die von nicht-chinesischen Stämmen besiedelt waren. Durch die Besetzung des oberen Han-Tals (Hanzhong wurde im Jahr 312 eingenommen) expandierte der Staat Qin auf Kosten von Chu in den Jahren 278-277 nach Hubei; dabei fiel die Hauptstadt von Chu, Ying (das heutige Jiangling), in die Hände des Generals Bai Qi. Nun folgte eine Reihe von Angriffen gegen die Nachbarstaaten im Osten: Han, Wei und Zhao. Das Heer von Qin drang bis Handan, der im äußersten Südosten von Hebei gelegenen Hauptstadt von Zhao, vor, dessen Belagerung es aber im Jahr 257 aufgeben mußte. Im Jahr 249 annektierte Qin das kleine Territorium der Östlichen Zhou in Henan und setzte so dem ehrwürdigen Geschlecht der Zhou-Könige ein Ende.

Im Jahr 247 kam Fürst Zheng (259–210) von Qin an die Macht, der die chinesischen Länder militärisch einigte und das erste Kaiserreich der Geschichte gründete. In Feldzügen, die ungefähr zehn Jahre währten, vernichtete er die Staaten Han (230), Zhao (228), Wei (225), Chu (223), Yan (222) und Qi (221). Nachdem er im Jahr 221 die Eroberung aller chinesischen Länder abgeschlossen hatte, nahm er den Titel »erhabener Herrscher« *(huangdi)* an, der künftig zur normalen Bezeichnung aller Kaiser wurde; er selbst ging unter dem Namen der Erste Kaiser *(shi huangdi)* in die Geschichte ein.

Der Erste Kaiser dehnte mit Hilfe seines Beraters, des Legalisten Li Si, der an die Stelle des im Jahr 237 abgesetzten Lü Buwei getreten war, das in Qin herrschende Verwaltungssystem auf die gesamte damalige chinesische Welt aus. Die Einteilung des gesamten Territoriums in sechsunddreißig Kommandanturen *(jun)*, deren Zahl bald auf achtundvierzig erhöht wurde, begleitete eine Reihe von Vereinheitlichungsmaßnahmen: Prägung einer einheitlichen Art von runden Kupfermünzen mit quadratischem Loch in der Mitte, die bis in die Moderne Verwendung fand, Vereinheitlichung der Hohl- und Längenmaße, Schaffung einer neuen Schriftnorm, die die verschiedenen damals in den chinesischen Ländern üblichen Schriftarten ersetzen sollte, Vereinheitlichung des Achsstandes der Wagen. Die alten Grenzmauern, die die einzelnen Reiche zur Verteidigung gegen ihre Nachbarn errichtet hatten, wurden niedergerissen, und der private Waffenbesitz verboten (aus den beschlagnahmten Metallwaffen wurden in der Hauptstadt zwölf riesige Statuen gegossen). Gleichzeitig wurden große Bauarbeiten in Angriff genommen: die Anlegung eines Netzes von kaiserlichen Straßen und von Bewässerungskanälen, der Bau einer Großen Mauer in den nördlichen Grenzgebieten. Diese Mauer, die das Kaiserreich gegen die Einfälle der nomadischen Xiongnu aus der Steppenzone schützen sollte,

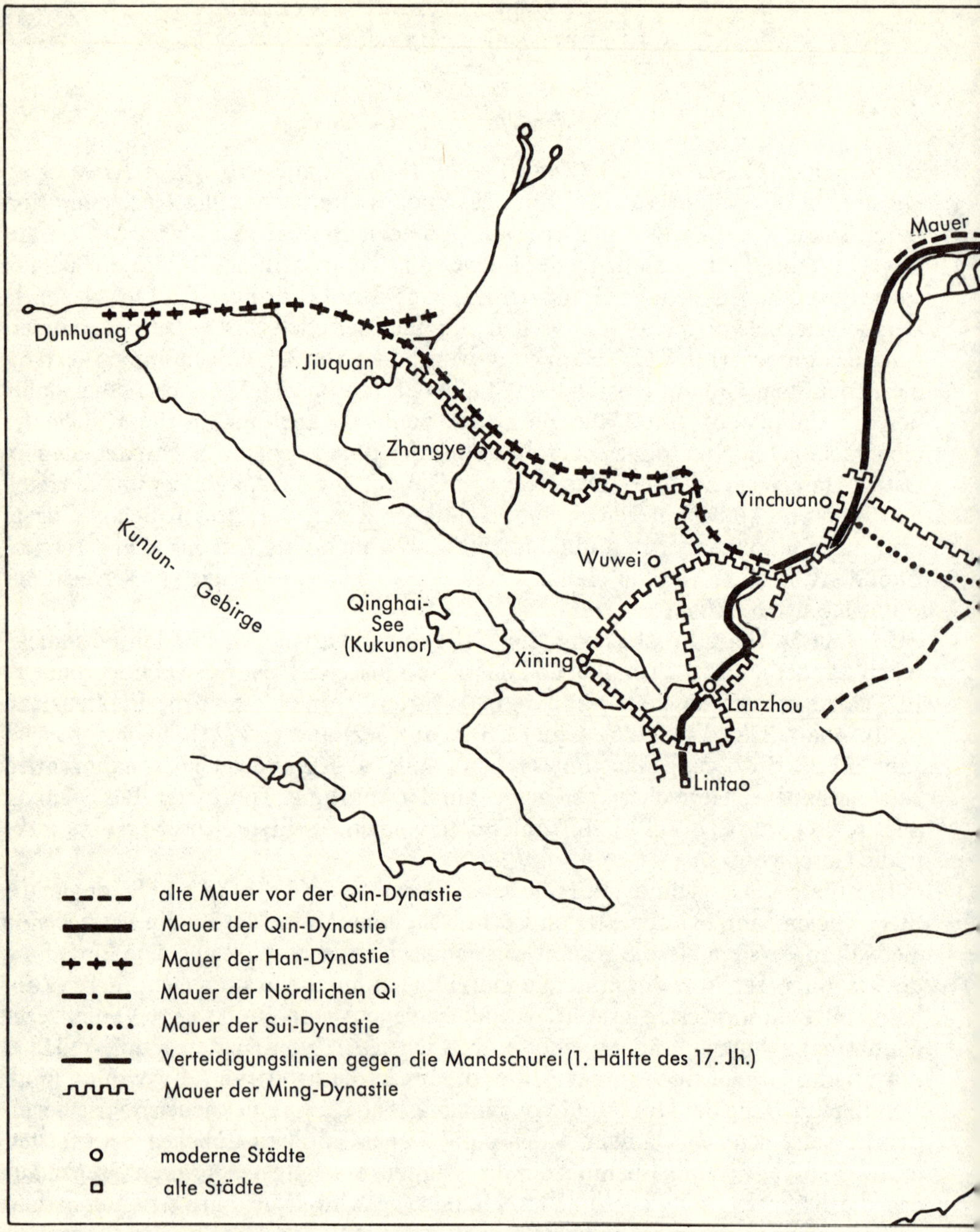

8. Die Große Mauer der Quin und der Verlauf der Großen Mauern unter den verschiedenen Dynastien.

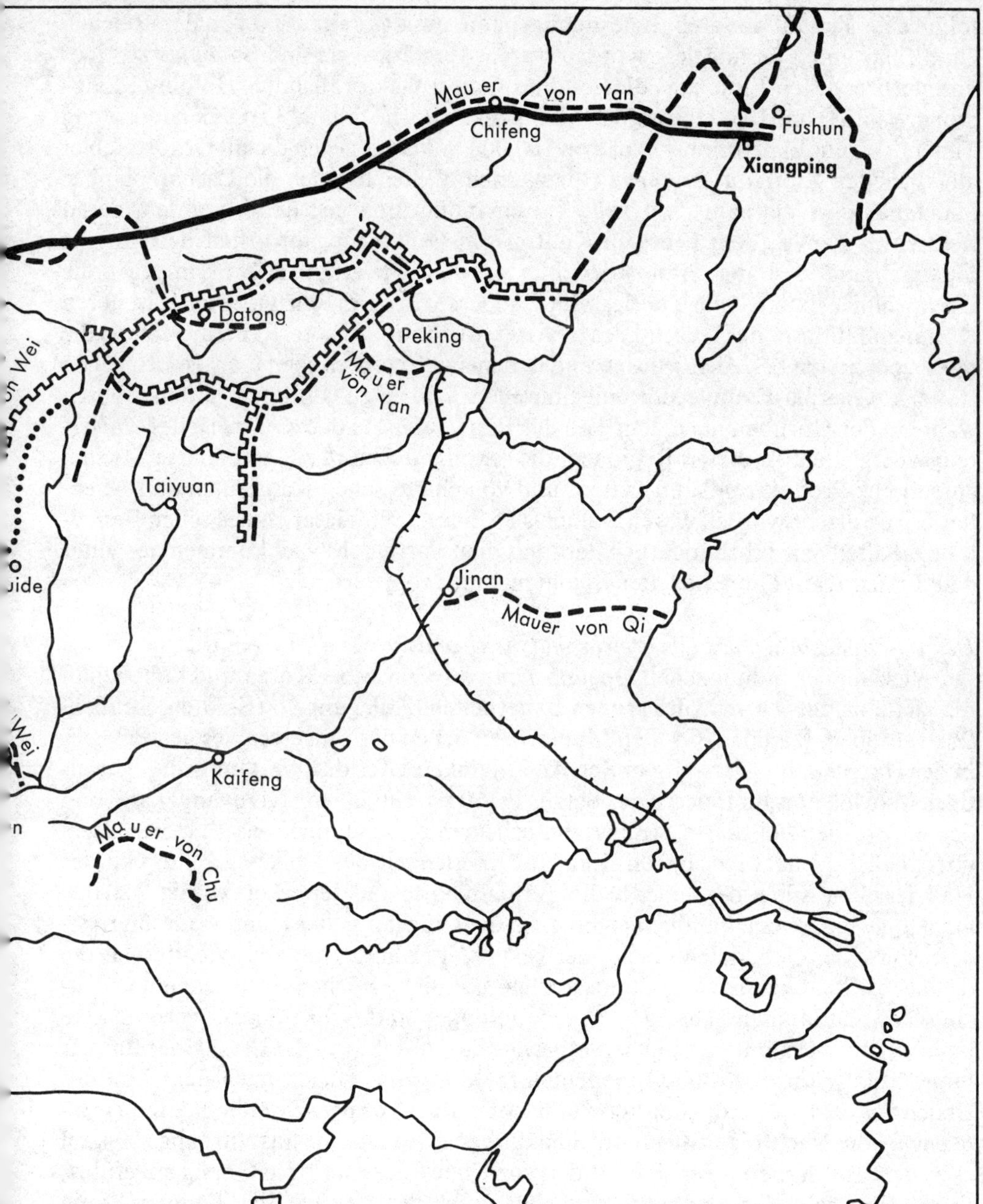
Mau er von Yan
Chifeng
Fushun
Xiangping
Datong
Peking
Mauer von Yan
on Wei
Taiyuan
uide
Jinan
Mauer von Qi
Wei
Kaifeng
n
Mauer von Chu

folgte dem Verlauf der alten Befestigungen, die um das Jahr –300 von den Reichen Qin, Zhao und Yan angelegt worden waren, verstärkte sie und baute sie zu einer ununterbrochenen Linie aus, die von Süd-Gansu bis nördlich der Halbinsel Liaodong reichte (vom 104. bis zum 123. Längengrad). Im Jahr 213 zog General Meng Tian mit einem Expeditionskorps von 100 000 Soldaten gegen die im Ordos-Gebiet angesiedelten Xiongnu. Andere Feldzüge richteten sich gegen die Barbarenländer Südchinas und Vietnams, wo neue Kommandanturen gegründet wurden, deren Zentren in Panyu (dem heutigen Kanton), in Guilin im Nordosten der Provinz Guangxi, und in Xiang (Hanoi) errichtet wurden. Die Angriffe der Qin gegen die Ureinwohner Fujians (die Yue des Min-Landes: Min Yue) führten zu einer weiteren Kommandantur in der Gegend des heutigen Fuzhou. Diese entfernten Gebiete, die mit Deportierten besiedelt wurden und in denen die chinesischen Garnisonen gegen ständige Guerilla-Einfälle der einheimischen Völker zu kämpfen hatten, sollten während der Unruhen nach dem Tod des Ersten Kaisers der Kontrolle des Kaiserreichs entgleiten. In diesen Regionen, die schon zur Zeit der Kämpfenden Staaten chinesische Produkte gekannt hatten und von chinesischen Kaufleuten und Abenteurern erforscht worden waren, sollten sich die Spuren dieser chinesischen Besiedlung erhalten; ein Jahrhundert später fand man dort noch Nachkommen der unter dem Ersten Kaiser angesiedelten Soldaten und Deportierten.

Der Zusammenbruch des Qin-Reichs und die Gründung der Han-Dynastie

Die Vielzahl der militärischen Operationen von Gansu bis Korea und von Fujian bis Vietnam, das Ausmaß der großen Bauarbeiten (Anlegung von Städten, Straßen, Poststationen, Kanälen, Großen Mauern), zu denen der Bau eines riesigen Palastes in der Hauptstadt (Xianyang in Shenxi, am linken Ufer des Wei) und eines gewaltigen Mausoleums im Inneren des Berges Li (50 km östlich von Xianyang) kam, und das außerordentlich harte Strafsystem scheinen die Tyrannei des Ersten Kaisers unerträglich gemacht zu haben. Zur Unzufriedenheit des Volkes gesellte sich der Haß des alten Adels, der seine Rechte verloren hatte und deportiert wurde (120 000 »mächtige und reiche Familien« wurden in die Umgebung der Hauptstadt umgesiedelt) sowie der Gebildetenschicht; der Erste Kaiser hatte, um alle Wichtigtuer, die den neuen Staat kritisierten, auszuschalten, sämtliche Bücher mit Ausnahme medizinischer und landwirtschaftlicher Abhandlungen und Orakelbücher verboten: so kam es zur berühmten »Bücherverbrennung« des Jahres 213, und darauf zur Hinrichtung von über 400 Opponenten in Xianyang. Gleich nach dem Tod des Ersten Kaisers, als sein jüngster Sohn unter dem Namen Zweiter Kaiser *(ershi huangdi)* die Nachfolge antrat, brachen die ersten Aufstände aus. Im Jahr 209 kam es zu den Volkserhebungen. Sie wurden von Chen Sheng und Wu Guang angeführt, denen sich bald der alte Adcl von Chu unter der Leitung der Familie Xiang anschloß.

Die Autorität eines aus dem Volk stammenden kleinen Beamten von Qin namens Liu Bang als Führer der Aufständischen wuchs ständig; anfänglich stand er unter dem Befehl von Xiang Yu (232-202), der ihn zum Fürsten von Han befördert hatte, begann dann jedoch den Kampf gegen seinen Verbündeten. Im Jahr 207 überschritt er mit seinen Truppen das Qinling-Gebirge und im darauffolgenden Jahr schlug er

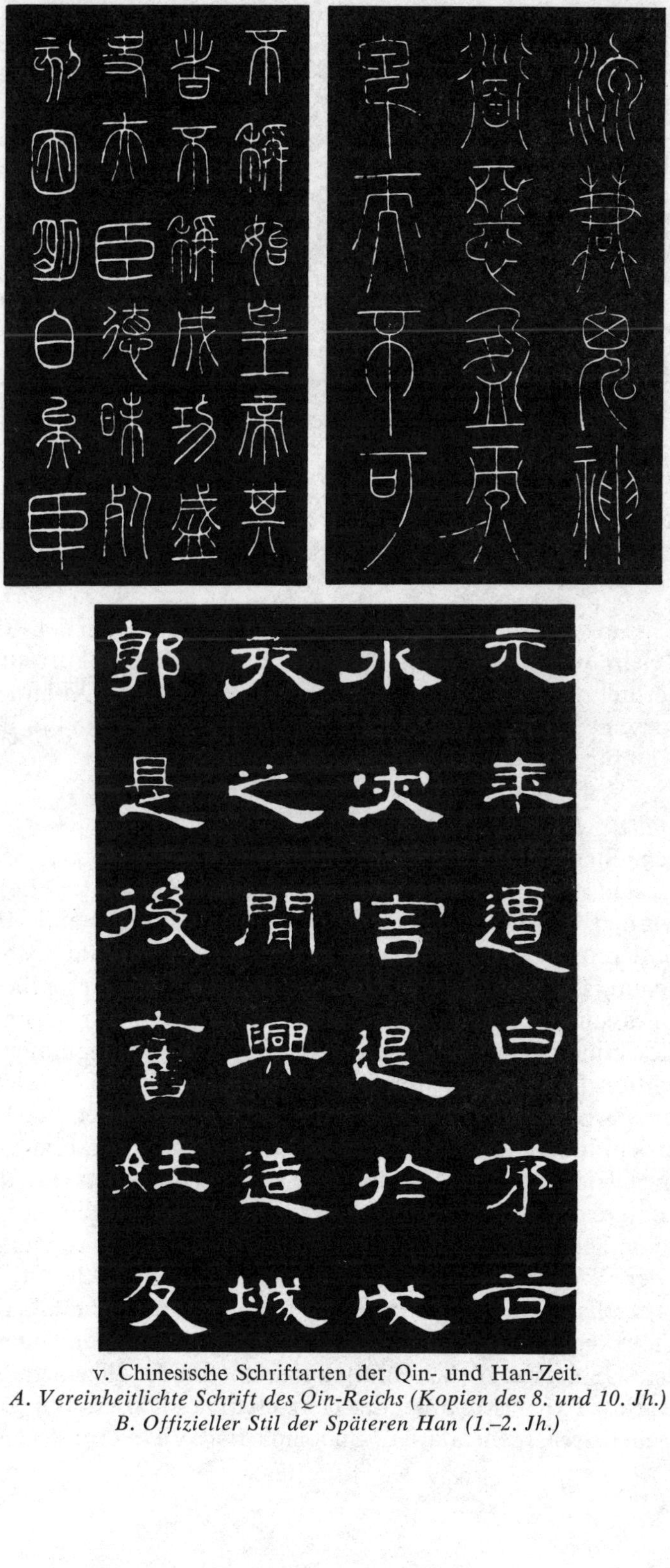

v. Chinesische Schriftarten der Qin- und Han-Zeit.
A. Vereinheitlichte Schrift des Qin-Reichs (Kopien des 8. und 10. Jh.)
B. Offizieller Stil der Späteren Han (1.–2. Jh.)

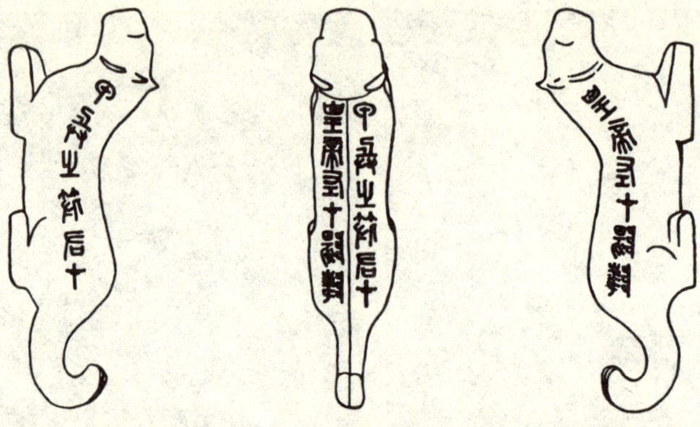

VI. Zweiteiliges Legitimationsemblem der Qin-Dynastie (221–206).
Der Text auf den beiden Seiten des Tigers lautet:
»Zweiteiliges Legitimationsemblem für das Heer.
Der rechte Teil befindet sich im Kaiserpalast, der linke in Yangling«.
Diese Art von Legitimationsemblem, bei der das Zusammenpassen der beiden Teile die Echtheit der Befehle bewies, taucht zur Zeit der Kämpfenden Staaten auf und bleibt bis zur Tang-Zeit (7.-9. Jh.) in Gebrauch.

die Qin im Wei-Tal vernichtend; dies ist das theoretische Datum der Gründung des neuen Han-Reichs. Im Jahre 202 schaltete Liu Bang seinen Konkurrenten aus, legte sich den Kaisertitel zu und machte aus Chang'an (dem heutigen Xi'an), im Südosten von Xianyang, seine Hauptstadt. Wie vor ihm Xiang Yu verteilte Liu Bang an seine ehemaligen Kampfgefährten Adelstitel und Lehen.

Der Fortbestand der legalistischen Institutionen

Der legalistische Staat, wie er im Reich Qin von der Mitte des 4. Jahrhunderts an bestand und dessen Prinzipien vom Ersten Kaiser auf das gesamte chinesische Reich ausgedehnt wurden, beruhte auf einer anonymen Verwaltungs- und Militärorganisation, die die Kontrolle und Eingliederung der Bauern gewährleistete. In dieser direkten Beziehung zwischen Bauernschaft und Staat liegt das wesentliche Merkmal der neuen Auffassung von Regierung und Gesellschaft. Trotz gegenteiligen Anscheins hat die Frühere Han-Dynastie das Erbe der Qin übernommen und fortgesetzt. Die traditionelle Geschichtsforschung gefiel sich darin, das Reich der Qin in den düstersten Farben zu malen. Der Tyrann hatte sich gegen die Literaten gewandt, deren Einfluß unter der Han-Dynastie dagegen vorherrschend werden sollte. Aber die Grundlagen der Macht waren anfangs unter den Han dieselben wie unter dem Königreich und Kaiserreich der Qin. Auf dem Gebiet der Philosophie und der Religion herrschten dieselben Konzeptionen vor: das scholastisch ausgelegte System der Wechselbeziehungen, das eine allgemeine Erklärung des Universums und des gesellschaftlichen Wandels ermöglicht, taoistische Glaubensvorstellungen der Wahrsager- und Wundertäterkreise von Shandong und den Küsten von Hebei. Auf dem Gebiet der Außenpolitik änderten sich die allgemeinen Bedingungen nicht; die große Expansion unter der Herrschaft des Kaisers Wu (141-87) in die Mongolei, nach Korea, Zentralasien, Südchina und Vietnahm nahm nach einer

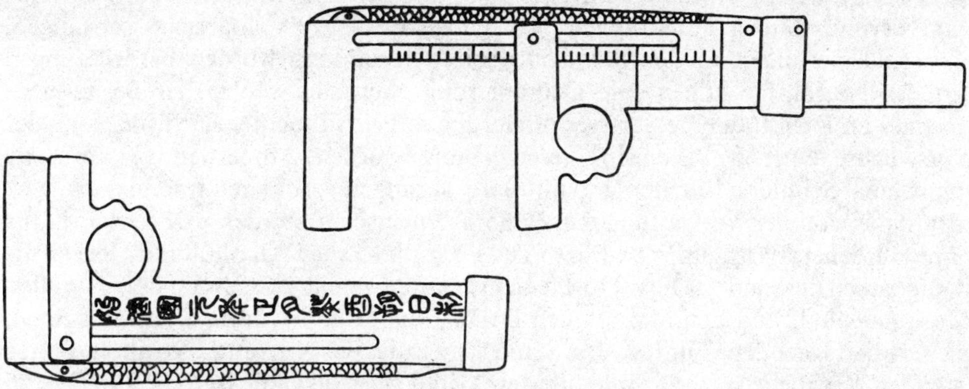

VII. Schublehre aus dem Jahr +9, auf *cun* (10. Teil von *chi)* und auf *fen* (10. Teil von *cun)* geeicht. Die Inschrift auf der rechten Seite lautet: »Hergestellt am Tag *guiyou,* zum Neumond des fünften Monats des ersten Jahres *Shijianguo*«.

Unterbrechung von rund einem Jahrhundert die Offensiven und Feldzüge des Ersten Kaisers wieder auf.

Erst im Lauf einer langdauernden und komplexen Entwicklung, bei der die verschiedensten Faktoren in Rechnung gezogen werden müssen (wirtschaftlicher Aufschwung, Änderung der Beziehungen zwischen der chinesischen Welt und der Steppenwelt, Stärkung der Macht des Kaiserpalastes auf Kosten derjenigen der Beamtenschaft, Verminderung der Macht des Staates über die Bauern, Aufstieg reicher Gentry-Familien usw.), hat sich das Han-Reich immer mehr von seinem Ursprung entfernt.

Die politische und administrative Organisation unter Liu Bang unterschied sich nicht von derjenigen des Qin-Reiches. Zu Beginn der Han-Dynastie wurde an der Mehrzahl der Gesetze und Verordnungen, die unter dem Ersten Kaiser in Kraft waren, festgehalten. Das Territorium wurde genau wie zuvor in Kommandanturen *(jun)* und Präfekturen *(xian)* aufgeteilt, die Funktionen in der Hauptstadt und in der Provinz wurden in derselben Weise dreigeteilt: in zivile Angelegenheiten, militärische Angelegenheiten, Inspektion und Kontrolle der Verwaltung. So bestand nicht nur in den Gebieten, die direkt von der Zentralregierung abhingen, der »legalistische« Staat fort, sondern auch in den »Lehen« *(fengguo),* die den Kampfgefährten des Dynastiegründers und den Verwandten der kaiserlichen Familie überlassen wurden. Seine Macht basierte auf der direkten Kontrolle der gesamten Bevölkerung und jedes einzelnen Individuums, wozu genaue Volkszählungen unerläßlich waren (die aus der Han-Zeit überlieferten Volkszählungen gehören zu den genauesten der Geschichte), denn jeder Untertan mußte eine persönliche Geldsteuer entrichten (diese Kopfsteuer betraf sogar kleine Kinder) und jährliche Fronarbeit und Militärdienst leisten. Außerdem erlaubte es das legalistische Straf- und Belohnungssystem (gerichtliche Verurteilungen, Gewährung von Rängen, Beförderungen, Amnestien usw), die gesamte Bevölkerung in die kontinuierliche Hierarchie von vierundzwanzig Ehrenrängen *(jue)* einzustufen. Für militärische Leistungen, Getreidelieferungen an den Staat oder gegen Bezahlung wurden Beförderungen erteilt. Die Strafen zogen eine Degradierung nach sich, wobei der Besitz eines Ranges im Deliktfall eine Strafverminderung mit sich brachte. Zur Milderung der Auswüchse einer zu strengen Gesetzgebung wurden Amnestien gewährt, die manchmal Schulden löschten und mit Beförderungen verbunden waren; auch wurden dabei von der Verwaltung den Bauerngemeinschaften (den »Dörfern«, *li*) für ihre jährlichen Festmähler zu Ehren des Erdgottes *(she)* Alkohol und Ochsen als Opfergaben gespendet. Diese Dorfgemeinschaften verstärkten durch ihren sozialen Zusammenhalt und den moralischen Druck, den sie auf lokaler Ebene ausübten, den beherrschenden Einfluß des Staates auf die Bevölkerung. An ihrer Spitze standen Notabeln, die aus ihren ältesten Mitgliedern gewählt wurden. Ihre Moral beruhte auf der Unterordnung der Jüngeren unter die Älteren und auf der Respektierung der Hierarchien.

Der legalistische Staat gründete sich auf die Unterteilung der menschlichen Gruppen in sehr kleine Einheiten; das Bestehen großer Gemeinschaften, bedeutender Lokalkulte, zahlreicher Privatklientelen stellte tatsächlich das größte Hindernis für sein Funktionieren dar. Daher war dort der beherrschende Einfluß der Zentralregierung am stärksten, wo die Besiedlung jung war, während in den Gebieten alter Besiedlung die kaiserliche Verwaltung mit den großen Familien Kompromisse schließen mußte. Dies war in Shanxi der Fall, wo Clanrivalitäten zu unaufhörlichen Blutracheakten führten, denen die Vertreter der Zentralregierung ohnmächtig gegenüberstanden. Einer der Hauptgründe für die Bevölkerungsumsiedlungen erklärt sich wohl daher: Der Staat hatte Interesse daran, die einflußreichen Familien zu versetzen und aus ihrer Umgebung zu entfernen, um ihnen ihre Macht zu entreißen. Es lag auch deshalb in seinem Interesse, die Neuland- und Kolonisationsgebiete zu vermehren, weil sich eine Bevölkerung aus umgesiedelten Personen – Strafverurteilten, Freigelassenen, Soldaten, katastrophengeschädigten Bauern – leichter in der Hand halten läßt.

Die Bevölkerungsumsiedlungen dienten jedoch nicht nur politischen, sondern auch wirtschaftlichen und militärischen Zwecken. Indem sie die am dichtesten besiedelten Gegenden von ihrem Bevölkerungsüberschuß befreiten, ermöglichten sie gleichzeitig die Erschließung von Trockengebieten im Norden und in den mongolischen Randgebieten; dadurch wurde die Versorgung der Heere erleichtert, die mit der Verteidigung Chinas gegen die Steppeneinfälle beauftragt waren. Schon im Jahr –198 wurden über 100 000 Angehörige begüterter und einflußreicher Familien der ehemaligen Staaten Qi, im Norden von Shandong, und Chu, im mittleren Yangzi-Gebiet und im unteren Han-Tal, in die Gegend rund um die Hauptstadt deportiert. Dies war die erste einer langen Reihe von ähnlichen Maßnahmen, die bis zum Ende des 1. Jahrhunderts vor Chr. andauerten und die Bevölkerungsverteilung in Nordchina, genauer im Nordwesten, veränderten, wo die Zahl der Militärkolonien *(tuntian)*, die aus Soldaten und ihren Familien bestanden, unter der Regierung von Wudi (141-87) zunahm.

Wie die Qin-Dynastie praktizierte auch die Frühere Han-Dynastie eine Politik der großen Bauarbeiten, die meist strategische und wirtschaftliche Bedeutung hatten. In den Jahren –192 und –190 wurden die Bauern und Bäuerinnen des Wei-Tals aufgeboten, um die Stadtmauern der neuen Hauptstadt Chang'an zu errichten. In beiden Jahren wurde je die Zahl von nahezu 150 000 Arbeitern erreicht. Aber in der Folgezeit nahm man immer mehr Soldaten und Strafverurteilte zu Hilfe. Im Jahr –132 wurden 100 000 Soldaten zur Reparatur eines Dammbruchs am Gelben Fluß herangezogen. Soldaten und Sträflinge verlängerten im Jahr –102 die Großen Mauern vom Nordosten Lanzhous bis Yumenguan im äußersten Westen von Gansu, bauten Befestigungsanlagen in der Mongolei in der Gegend von Juyan (Etsingol), im Nordosten und im Norden der Kommandanturen von Jiuquan und Zhangye. Im Jahr –76 wurde in der südlichen Mandschurei eine weitere Befestigungslinie von »deportierten jungen Taugenichtsen und von Beamten, die Straftaten begangen haben« gebaut. Neben Befestigungswällen und kleinen Forts wurden auch Kanäle und Straßen angelegt, die sowohl wirtschaftlichen Bedürfnissen dienten als auch den Einfluß der Zentralregierung auf die jeweiligen Regionen verstärkten. Im Jahr –129 wurde ein 150 km langer Kanal zwischen Henan und Shenxi gegraben, der das Wei-Becken mit dem Gelben Fluß verbinden sollte, im Jahr –95 wurde ein ungefähr 100 km langer Kanal eröffnet, der den Wei-Fluß mit dem weiter nördlich gelegenen Lauf des Jing verband. In ganz Nordchina entstanden unter der Herrschaft von Wudi und seiner unmittelbaren Nachfolger unzählige Bewässerungsanlagen. Von den großen Straßen, die unter der Früheren Han-Dynastie gebaut wurden, ist diejenige zu nennen, die die Hauptstadt über das Baoxie-Tal und das Massiv des Zhongnanshan mit Chengdu verband, und diejenige, die vom Jahr –130 an von Sichuan in die reichen Ebenen von Guangdong angelegt wurde. Zu den technischen Schwierigkeiten wie dem Bau von überhängenden Straßen über Schluchten *(zhandao)* kamen im Südwesten Meutereien von Arbeitern, die an Ort und Stelle bei einheimischen Stämmen rekrutiert worden waren.

Die Bemühung um die Abschaffung der »Lehen« und die Gleichschaltung des kaiserlichen Adels

Wenn das Reich der Han alle seine Institutionen von dem der Qin übernahm und alle Merkmale eines »legalistischen« Staates trug, so erklären sich manche Anpassungen aus seiner anfänglichen Schwäche.

Die Han-Regierung hatte in einer Atmosphäre von Anarchie und allgemeiner Revolte ihren Ausgang genommen. Nach der kurzen Periode der Einigung durch das Königs- und Kaiserreich der Qin zwischen 230 und 210 waren die von der Zeit der Kämpfenden Staaten ererbten regionalistischen Tendenzen noch lebendig. Daher konnte sich die Han-Verwaltung anfänglich nur in einem Teil der alten chinesischen Länder direkt durchsetzen. Von den 54 Kommandanturen, die das Kaiserreich zu Beginn des 2. Jahrhunderts zählte, gehörten 39 (d. h. genau zwei Drittel des Territoriums) zu den Lehen *(fengguo)*, die im Jahr 201 den ehemaligen Mitkämpfern des Dynastiegründers verliehen wurden. Die Mehrzahl dieser »Königreiche«, deren Verwaltung mit derjenigen der kaiserlichen Territorien identisch war und die von kaiserlichen Kommissären kontrolliert wurden, lag in den Ostgebieten des Reichs und im Yangzi-Tal. Es wäre ein Irrtum, in der Schaffung dieser

»Königreiche« eine Art von Wiederaufleben des alten Lehenssystems zu sehen; der Feudalismus des Altertums war endgültig untergegangen. Demnach stellte die relative Unabhängigkeit dieser Reiche eine Bedrohung für die Zentralregierung dar, die sich aus diesem Grund bemühte, sie im Laufe des 2. Jahrhunderts abzuschaffen.

Unter der Regierung der Kaiserin Gaohou (188?-180) wurden die ehemaligen Mitstreiter, die der Gründer der Dynastie an die Spitze der Lehen gesetzt hatte, zugunsten von Verwandten des Kaisers ausgeschaltet. Unter ihrem Nachfolger Wendi (179-157) schlugen die Berater Jia Yi (200-168) und Chao Cuo (?-154) eine Einschränkung der übermäßigen Macht der Fürsten vor. Unter Jingdi (157-141) schließlich brach eine Krise aus. Sie führte zur Rebellion der »Sieben Königreiche«, die von den Fürsten von Wu und Chu, deren Lehen in der heutigen Provinz Jiangsu gelegen waren, geleitet wurde. Dem kaiserlichen Heer gelang es im Jahr 154, die Rebellion niederzuschlagen und damit dreizehn Jahre vor Beginn der Herrschaft von Wudi (141-87) die Autorität der Zentralregierung in den von der Hauptstadt am weitesten entfernten Gebieten zu sichern. Im Jahr 124 unternahm Liu An, Fürst von Huainan, einem Lehen in Anhui, seinerseits den Versuch, die Oberherrschaft der Kaiser abzuschütteln, aber vergeblich; zwei Jahre darauf wurde er hingerichtet. Schon im Jahr 127 war ein Gesetz erlassen worden, das den endgültigen Untergang der Lehen und des kaiserlichen Adels bedeutete; dieses Gesetz schaffte die Weitergabe des Titels und der Besitztümer an einen einzigen legitimen Erben ab und schrieb die gleichmäßige Aufteilung des Erbes unter alle Söhne vor. Mit dem Ende der Herrschaft von Wudi hatten die Fürsten jede Territorialgewalt eingebüßt und das einzige Privileg, das ihnen blieb, war die Einziehung von Getreidesteuern bei einer bestimmten Anzahl von Bauernfamilien. Die Regierungszeit Wudis erscheint daher nicht nur als Epoche einer nie dagewesenen militärischen Expansion, sondern auch als Periode der inneren Konsolidierung.

Grundtendenz des ganzen 2. Jahrhunderts war die Verstärkung der Zentralisierung. Der Einfluß gelehrter Berater bei Hof und die Lockerung der von der Qin-Dynastie übernommenen Gesetzgebung stellten diese grundsätzliche Ausrichtung nicht in Frage. Tatsächlich wurden zwischen dem Jahr 191, als der Besitz der vom Ersten Kaiser verbotenen Bücher wieder erlaubt wurde, und dem Jahr 167, als die Verstümmelung als Strafe aus dem Gesetzbuch verschwand, die strengsten Gesetze der Qin-Zeit abgeschafft. Während jedoch zu Beginn der Han-Zeit eines der großen Prinzipien des Legalismus, nämlich die Gleichheit aller vor dem Gesetz, aufrechterhalten worden war, verstärkte sich nun, unter dem Einfluß mächtiger Berater, die sich auf die gelehrten Traditionen beriefen, die Tendenz zur Einführung von Unterscheidungen aufgrund der sozialen Stellung (*guijian* oder *zunbei*) und des Verwandtschaftsgrades (*qinshu*). So wies Jia Yi schon im Jahr 176 in einer Denkschrift auf die Nachteile einer zu einheitlichen Anwendung der Gesetze hin; die kaiserliche Würde strahle auf diejenigen aus, die dem Herrscher durch Blutsbande oder durch ihren Rang nahestünden, und es sei daher angebracht, den großen Persönlichkeiten des Staates die mit gewöhnlichen Strafen verknüpfte Schande zu ersparen. Derartige Betrachtungen erklären den Brauch, der sich später durchgesetzt hat, den zur Todesstrafe verurteilten Würdenträgern als besondere Gunst den Selbstmord zu gestatten. Das Strafsystem jedoch, in dem die Strafen nach dem

Verwandtschaftsgrad (wobei dieser Grad nach der Art und Dauer der jeweils erforderten Trauerzeit bestimmt wird) und nach der sozialen Stellung des Opfers und des Schuldigen abgestuft wird, sowie die Sonderverfahren für Schuldige, die der Aristokratie und dem Mandarinat angehören (die sogenannten *ba yi*, »acht Beratungen«, d. h. diejenigen Fälle, die dem Kaiser überwiesen werden) bildeten sich erst allmählich heraus. Im 7. Jahrhundert nahmen sie schließlich die ausgearbeitete Form an, die im Tang-Kodex, dem ersten vollständig überlieferten Strafgesetzbuch, erhalten ist; diese bewundernswerte Systematisierung des Rechts ist das Werk der Gesetzgeber zwischen der Han- und der Sui-Zeit.

2. Die große Expansion der Han in Asien

Man kann die Meinung vertreten, daß die gesamte Politik der Früheren Han-Dynastie vom Problem der Steppenvölker beherrscht und gelenkt wurde. Die Einfälle der bogenschießenden Steppenreiter waren nichts Neues; diese hatten schon am Ende des 4. Jahrhunderts die Reiche Qin, Zhao und Yan, von Gansu bis in die Mandschurei, bedroht und waren der Anlaß zum Bau der ersten Verteidigungsmauern gewesen. Gegen Ende der Qin-Zeit und während des Bürgerkriegs, in dem Prätendenten um die oberste Macht einander bekämpften, entstand unter der Führung der Xiongnu in der Steppenzone eine große Föderation der Nomadenstämme.

Über die Frage, ob die Xiongnu und die Hunnen ein und derselben Herkunft sind, ist schon viel Tinte geflossen; die Analogie der Namen ist hier vielleicht trügerisch. Wegen des großen zeitlichen Abstandes ihres historischen Auftretens ist dieses Problem jedoch für die Geschichte ohne Bedeutung. Wie die anderen Steppenreiche umfaßte das Xiongnu-Reich, das sich vom Baikal-See zum Balchasch-See und im Süden ungefähr bis zum 40. Breitenkreis erstreckte, Stämme verschiedener Herkunft. Ihre Sprachen gehörten der »altaischen« Gruppe der mongolischen, türkischen und tungusischen Sprachen an, die wir aus einer viel späteren Epoche kennen. Der Name der mächtigsten Stämme, die die Führung der Föderation übernommen hatten, war auf die Gesamtheit dieser Völker ausgedehnt worden; der gleiche Vorgang wiederholte sich später mit den Ruanruan, den Türken und den Mongolen. Das Reich der Xiongnu, das von einem gewissen Maodun (209-174) gegründet wurde, bestand von –204 bis –43, dem Jahr, in dem sich die Steppenstämme aufteilten in südliche Xiongnu, die sich China anschlossen und in der Inneren Mongolei ansässig waren, und in nördliche Xiongnu, die das Gebiet der heutigen Äußeren Mongolei bewohnten. Von der Periode Maoduns an erstreckte sich die Macht der Xiongnu bis ins Tarim-Becken. Unter der Herrschaft seines Sohnes Laoshang (174-160) übten die Xiongnu auf die Großen Yuezhi Druck aus, die einen iranischen Dialekt sprachen und sich in den Oasengebieten und in Gansu angesiedelt hatten. Diese Völker der indoeuropäischen Sprachgruppe wurden allmählich nach Westen zurückgedrängt und setzten sich schließlich im nordwestlichen Randgebiet der indischen Welt fest. Die Umstände machen verständlich, warum sich die chinesische Expansion unter der Han-Dynastie nicht nur auf die Mongolei beschränkt, sondern sich nach ganz Zentralasien erstreckt hat.

Die Expansion unter der Han-Dynastie um –100

136	Beginn mit der Erkundung der Straßen von Sichuan über Yunnan nach Burma und von Sichuan über Guizhou nach Guangdong.
135	Erste Angriffe auf das Königreich der Yue in Fujian.
133	Militärische Expedition mit einem Heer von 300 000 Soldaten, mit Wagen und Kavallerie, gegen die Xiongnu in die Mongolei.
130	Neuerliche Bemühung, von Sichuan aus nach Burma und nach Guangdong vorzudringen.
128	Offensive gegen die Xiongnu. Erste Kriegszüge in die Mandschurei und nach Nordkorea.
124	Erste große Offensive gegen die Xiongnu.
123	Neuerliche Offensive in die Mongolei.
121	Zweite große Offensive gegen die Xiongnu.
120	Feldzug gegen die Kunming-Stämme in West-Yunnan.
119	Dritte große Offensive in die Mongolei und großer Sieg über die Xiongnu.
117	Schaffung der Kommandanturen von Dunhuang und Zhangye in West- bzw. Zentral-Gansu.
115	Schaffung der Kommandanturen von Jiuquan und Wuwei in denselben Regionen.
112-111	Militärische Expedition gegen das Reich der Südlichen Yue (Guangdong und Nordvietnam) und Aufteilung ihres Territoriums in neun Kommandanturen.
110	Militärische Expedition gegen das Reich der Yue von Fujian und Ende dieses Reichs.
109	Militärische Expedition nach Nord- und Mittelkorea. Ende des Dian-Reiches in West-Yunnan.
108	Schaffung von vier Kommandanturen in Nord- und Mittelkorea. Erste Feldzüge nach Zentralasien.
105	Gesandtschaft der Han nach Seleukia am Tiger.
104-101	Feldzüge nach Zentralasien und in den Pamir.
102	Verlängerung der Großen Mauern bis Yumenguan in West-Gansu.
101	Ende des Reichs Dayuan im Ferghana-Gebiet, im oberen Becken des Syr-darja.
97	Neuerlicher Feldzug gegen die Xiongnu.
90	Feldzüge in die Mongolei und in die Gegend von Turfan in Zentralasien.
86 und 82	Militärische Expeditionen gegen die Kunming-Stämme in West-Yunnan.
78	Militärische Expedition in die Mandschurei.
77	Neuerliche militärische Expedition nach Zentralasien.
72-71	Feldzüge gegen die Xiongnu.
71	Intervention in der Dsungarei, zwischen dem Altai- und dem Tianshan-Gebirge.
67	Militärische Expedition nach Turfan.
56	Schaffung des Generalprotektorats der Westgebiete (*Xiyuduhu*).

Die Mongolei und Zentralasien

Die Aufstände und der Bürgerkrieg hatten der vom Ersten Kaiser der Qin eingeleiteten Offensivpolitik ein Ende gesetzt; in der Zeit vom Ende des 3. Jahrhunderts bis zu Beginn des 2. Jahrhunderts blieben die Großen Mauern ohne Verteidigung. Die in der Mongolei und im Ordos-Gebiet angesiedelten Nomaden stießen bei ihren Einfällen nach Nordchina auf keinerlei Hindernisse. Sie drangen auf zwei Hauptwegen ein: Der eine führte über die Gegend des heutigen Datong im äußersten Norden von Shanxi ins Fen-Tal, der andere über die Ordos-Straße und die Täler von Shenxi in die Gegend von Chang'an. Eine Niederlage der chinesischen Heere in den Jahren 201-200 veranlaßte einen allgemeinen Rückzug südlich der Großen Mauern, der bis um 135 dauerte. Die Han waren zu einer Beschwichtigungspolitik gezwungen, die unter der Bezeichnung *heqin* bekannt ist: »Friede und Freundschaft«. Im Jahr 198 erhielt das Haupt der Xiongnu, der *shanyu*, dem die Han jährlich beträchtliche Geschenke von Seide, Alkohol, Reis und Kupfergeld ablieferten, eine chinesische Prinzessin zur Frau. Aber von der Regierungsperiode Wendis (179-157) an kritisierten zwei der wichtigsten Ratgeber des Kaisers, Jia Yi (200-168) und Chao Cuo (?-154) diese Beschwichtigungspolitik. Die ständigen Einfälle, die große Anzahl der chinesischen Überläufer, die steigenden Forderungen der Xiongnu gaben Anlaß zu einer Änderung der Politik. Die Geschenke an die Nomaden erhöhten gleichzeitig mit dem Reichtum auch ihre Macht. Zu einer Zeit, da sich die Zentralmacht konsolidiert hatte, erschien es möglich, die Einfallsstraßen jenseits der Großen Mauern zu kontrollieren und die Expansionspolitik wieder aufzunehmen, die der Erste Kaiser verfochten hatte. Bei den Diskussionen, die im Jahr 133 am Hof stattfanden, siegten die Befürworter einer starken Politik über die Anhänger einer Kompromißpolitik. Die berühmte Mission des Zhang Qian, durch die bewiesen wurde, daß die Han in Zentralasien Verbündete gewinnen konnten, festigte einige Jahre später die Überzeugung, daß eine Generaloffensive nötig sei. Zhang Qian, der im Jahr 139 auf der Suche nach den Yuezhi, den alten Feinden der Xiongnu, nach Westen aufgebrochen war und den die Nomaden zehn Jahre lang als Gefangenen festgehalten hatten, gelang es, ins obere Syr-darja-Tal, ins Land Dayuan, dem Ferghana, zu entkommen; von dort aus schlug er sich nach Baktrien, südlich des Amu-darja, durch. Hier hatten sich die seßhaft gewordenen Yuezhi angesiedelt, die damals den Griechen unter dem Namen Indoskythen bekannt waren. Im Jahr 126 kehrte Zhang Qian nach Chang'an zurück und brach im Jahr 115 ins Land der Wusun auf, die südöstlich des Balchasch-Sees als Pferdezüchter lebten; er bereiste neuerlich das Ferghana-Tal, die Sogdiane und die zentralasiatischen Oasen. Er kehrte mit der Überzeugung zurück, daß alle diese Länder sich brennend für chinesische Waren – und vor allem für die geschätzteste unter ihnen, die Seide – interessierten. Alle diese Völker konnten seiner Meinung nach mit Geschenken für das Han-Reich gewonnen werden. So haben die Reisen des Zhang Qian dem damaligen China die Existenz möglichen Handelsverkehrs mit chinesischer Seide und anderen chinesischen Waren in Zentralasien und den Gebieten jenseits des Pamir aufgezeigt.

Es scheint daher, daß zu den Faktoren, die für die Expansion des Han-Reichs unter Wudi (141-87) bestimmend waren, nicht nur die Festigung der Zentralmacht und die Aufstellung eines mächtigen Heeres zählen, sondern auch der Reichtum und wirtschaftliche Aufschwung, die das Ansehen Chinas bei allen seinen Nachbarn festigten. Man darf nicht vergessen, daß die diplomatische Tätigkeit beim chinesischen Vordringen in die Mandschurei, in die Mongolei, nach Zentralasien und in die Tropenregionen eine ebenso große Rolle gespielt hat wie die militärische Expansion.

Die ersten großen Offensiven gegen die Xiongnu fanden zwischen 127 und 119 statt. Expeditionskorps von über 100 000 Reiter- und Fußsoldaten drangen in den Jahren 124, 123 und 119 in der Mongolei ein. Vom Jahr 115 an hatte das Han-Reich von den Nordgrenzen her praktisch nichts mehr zu befürchten; im Jahr 108, nach der Einrichtung von vier Kommandanturen in Nord- und Mittelkorea, erstreckte sich das Reich der Han vom Japanischen Meer bis in die Gegend von Kunming in Yunnan und von Dunhuang in die Region von Tourane in Zentralvietnam.

Man darf sich aber nicht vorstellen, daß es den Han gelungen sei, überall eine reguläre Verwaltung einzurichten; an vielen Orten handelte es sich nur um ein einfaches Vordringen der Chinesen, das von Garnisonen gesichert wurde, die die Straßen und Durchgangswege inmitten von Völkern kontrollierten, deren Haltung oft äußerst schwankend war. Am intensivsten versuchten die Han in Gansu und in den nördlichen Randgebieten Fuß zu fassen, indem sie Militärkolonien *(tuntian)* einrichteten, die die doppelte Aufgabe hatten, das eroberte Land urbar zu machen und zu bewässern sowie die Verteidigung des Hinterlandes zu gewährleisten.

In Gansu wurden im Jahr 117 die Kommandanturen von Dunhuang und Zhangye, im Jahr 115 diejenigen von Wuwei und Jiuquan geschaffen. Seither wurden große Anstrengungen zur Kolonisation der Nordwestgebiete unternommen; man kann die Zahl der unter Wudi dort angesiedelten Personen auf zwei Millionen schätzen. Einige Zahlen genügen, um die Größe dieser Bevölkerungsumsiedlungen zu ermessen: Im Jahr 127 wurden 100 000 Bauern in Shuofeng, im Nordwesten des Ordos-Bogens, mitten in der Mongolei, angesiedelt, im Jahr 102 180 000 »Wehrbauern« in die Kommandanturen von Jiuquan und Zhangye verschickt, im Jahr 120 700 000 Opfer der großen Überschwemmungen von West-Shandong nach Shenxi umgesiedelt. Diese großen Umsiedlungen veränderten die Bevölkerungsverteilung in ganz Nordchina und hatten zweifelsohne positive Auswirkungen auf die Agrarwirtschaft der am dichtesten besiedelten Gebiete des Gelben Fluß-Beckens.

Die Mandschurei und Korea

Zur gleichen Zeit, da sie sich in der Mongolei und Zentralasien ausbreiteten, drangen die Han nach Nordosten (Mandschurei) und nach Korea vor, mit dem Ziel, der Oberherrschaft der Xiongnu über die Donghu und die Wuhuan, einem Volk von Pferdezüchtern, das in der südöstlichen Mongolei und im Liao-Becken ansässig war, ein Ende zu machen und dabei dem Kaiserreich die Kontrolle über die Handelsstraßen jener Region zu sichern. Die chinesische Kolonisation der Mandschurei war im übrigen kein neues Faktum; sie ging zumindest auf die Zeit der Kämpfenden Staaten (5.-3. Jh.) zurück; tatsächlich hat man in der Mandschurei Überreste von Bauten gefunden, die den Siedlern des Königreichs Yan, dessen Hauptstadt in der Umgebung des heutigen Peking lag, zugeschrieben werden müssen. Dazu kommen die Verbindungen zur See zwischen den Küsten von Shandong und der nur ungefähr 120 km davon entfernten Halbinsel Liaodong (was der Entfernung Sizilien–Tunesien entspricht) und wohl auch zwischen Shandong und Korea, die gleichfalls schon vor der Han-Zeit bestanden. So erklären sich die systematischen Bemühungen der Han am Ende des 2. Jahrhunderts, die südmandschurischen Ebenen und die Halbinsel Korea dem Reich einzuverleiben. Nach einem Sieg über die Donghu im Jahre 128 richteten die Han in der Mandschurei Kommandanturen ein. Zwischen 109 und 106 wurde der größte Teil Koreas erobert (es entstehen Kommandanturen im nordwestlich gelegenen Lelang, im südwestlich gelegenen Zhenfan, in Lintun im Nordosten und in Xuantu im Norden auf beiden Seiten des Yalu-Flusses). Die Westküsten Koreas blieben bis ins 4. Jahrhundert nach Chr. chinesisch. Diese Periode chinesischer Besiedlung der Gebiete erklärt die Fülle archäologischer Spuren aus der Han-Zeit auf der koreanischen Halbinsel. Bis zur kürzlichen Entdeckung weiterer Fundstellen waren in den chinesischen Grab-

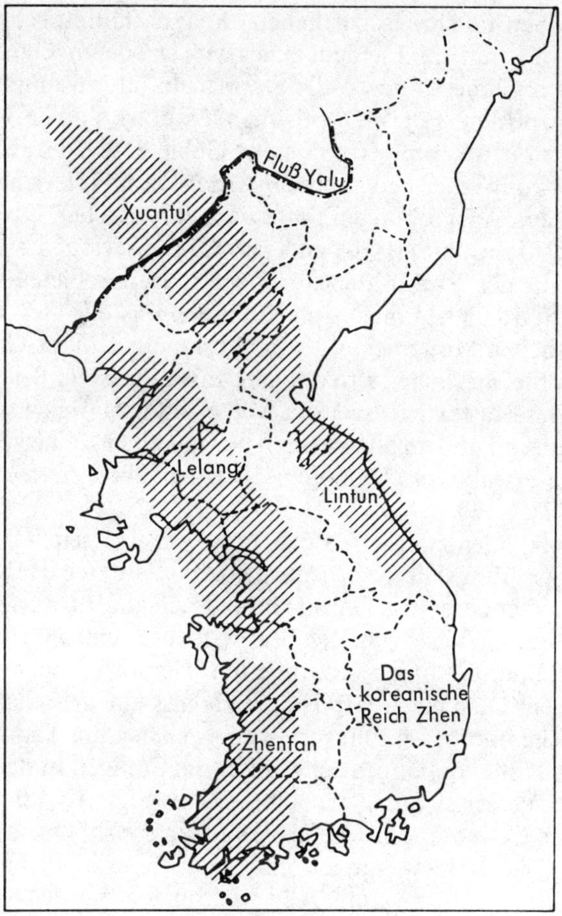

9. Die Han-Kommandanturen in Korea.

stätten von Lelang in Korea die schönsten Muster von Wandmalereien jener Epoche zu finden.

Die Organisation des Nordheeres

Es hieße die Tatsachen grob vereinfachen, wollte man in den Großen Mauern eine scharfe Trennlinie zwischen der Welt der Steppennomaden und der Welt der chinesischen Stadtbewohner und Ackerbauern sehen. Die nördlichen Randgebiete Chinas bilden eine Zone, in der die gegensätzlichen Lebensformen des Ackerbauern und des Viehzüchters sich mischten und verbanden, im Laufe der Jahrhunderte abwechselnd bald das Weideland vordrang und den Ackerbau zurückdrängte, bald die Trockengebiete von der seßhaften Bevölkerung erobert und für den Ackerbau erschlossen wurden. Es gab manche Hirtenstämme, die sich zum Ackerbau bekehrten, und es gab Han, die die Lebensweise der Hirtennomaden annahmen. Die Probleme der Verteidigung gegen die Steppeneinfälle standen aufgrund von Erscheinungen wie Akkulturation, Diplomatie und Handelsverkehr in einem sowohl kulturellen, politischen und wirtschaftlichen als auch militärischen Kontext. Die Großen Mauern sind nur ein Element eines viel größeren Ganzen: verbündete Stämme, die mit den Chinesen gegen die Steppeneinfälle zusammenarbeiten, weit vordringende Grenzposten, Forts, Garnisonen, Militärkolonien, von der zwangsweise umgesiedelten Bevölkerung erschlossene Gebiete, Pferdezucht usw.

Dank der Entdeckung einer bedeutenden Anzahl von Holz- und Bambusmanuskripten und dank den Ausgrabungen längs dem chinesischen Limes der Han-Zeit seit Beginn unseres Jahrhunderts ist uns die Organisation des Heeres und des Verteidigungssystems der Han in den nördlichen Grenzgebieten ziemlich gut bekannt. Die ungefähr 10 000 Manuskripte stammen aus der Gegend von Etsingol (Juyan) in der westlichen Mongolei und von Dunhuang in West-Gansu. Es handelt sich dabei um Berichte, amtliche Mitteilungen, Inventarlisten, Briefe von Soldaten, Bruchstücke aus Gesetzestexten usw., die, wie es damals üblich war, auf schmale Streifen geschrieben sind und im allgemeinen nur aus einer Reihe von Schriftzeichen bestehen; die darin erwähnten chronologischen Angaben erstrecken sich auf die Zeit von ca. –100 bis +100.

An den Grenzen standen zwei Arten von Truppen: einerseits »Wehrbauern«, die »Soldaten der Bewässerungskanäle« *(hequzu)* oder »Soldaten der Speicher« *(kuzu)* genannt wurden, und andererseits Garnisonssoldaten auf Vorposten. Wachdienste, Patrouillieren und militärische Übungen beanspruchten einen Großteil der Zeit der in den ersten Verteidigungslinien stationierten Truppen. Jeder Posten stand in ständigem Kontakt mit den Nachbarposten und dank einem Signalsystem auch mit dem Hinterland; rote und blaue Flaggen, Rauchzeichen am Tag und Feuer in der Nacht wurden mit Hilfe von langen schwenkbaren Stangen in der Art der ägyptischen Ziehbrunnen besser sichtbar gemacht. Dieses Signalsystem, das dank eines ziemlich komplexen Codes eine rasche Übermittlung verhältnismäßig genauer Informationen über Truppenbewegungen und Angriffe ermöglichte, wird schon in Texten aus dem Jahr –166 erwähnt. Alle Meldungen wurden bei Sendung und Empfang schriftlich aufgezeichnet. Die sehr formalistische Verwaltungsroutine erforderte von jedem Vorsteher eines Wachtpostens eine beträchtliche Korrespondenz und die Zusammenstellung umfangreicher Archive, die nicht nur die militärischen Aktivitäten selbst, sondern auch die Versorgung und die in den Lagerhäusern aufbewahrten Waffen betreffen: Bogen, Pfeile, Armbrüste, Wurfmaschinen usw. Bei ihren Patrouillen mußten die Soldaten oft große Streifen von Erde oder Sand ebnen, damit die Abdrücke der Nomaden aufgespürt werden konnten. Sie waren mit dem Unterhalt der Gebäude, der Fabrikation von Ziegeln, die mit Hilfe einer Form hergestellt und anschließend in der Sonne getrocknet wurden, dem Sammeln von Brennmaterial und der Herstellung von Pfeilen beschäftigt und übten außerdem die Funktionen von Zollbeamten und Polizisten aus. Alles, was die Grenzposten passierte, war Gegenstand strengster Überwachung: Menschen, Tiere, Waren. Suchte man nach einem Flüchtigen, so wurde seine genaue Beschreibung übermittelt; auch der Gebrauch des Passes, dessen Vorformen auf die Zeit der Kämpfenden Staaten zurückgehen, ist für die Han-Zeit, ebenso wie die Verwendung von Polizeihunden, gut belegt. Die Wachtposten hatten aber die Aufgabe, den Requisitionen der diplomatischen Karawanen nachzukommen. Aus den Dokumenten der Zeit geht die Vielfalt der Aufgaben hervor, die den Garnisonen des chinesischen Limes zufielen; die eigentlichen militärischen Tätigkeiten stellten nur einen Aspekt der Beziehungen zwischen der chinesischen Welt und der Welt der Hirtennomaden dar.

Das Heer der Han wurde nach dem im Königreich und Kaiserreich der Qin üblichen System der Wehrpflicht gebildet. Die gesunden Männer wurden im Alter von dreißig Jahren eingezogen und mußten ein Jahr in den kaiserlichen Garden und ein Jahr in der Kommandantur ihres Heimatortes dienen. So war es jedenfalls in den Gebieten rund um die Hauptstadt der Brauch; die in den Grenzgebieten ausgehobenen Rekruten blieben zeitlebens dort. Es gab aber an den Grenzen auch Söldner, die mit Geld angeworben wurden. Die Expeditionskorps unter Kaiser Wudi setzten sich aus starken Kontingenten barbarischer Hilfstruppen, chinesischen Söldnern und Strafverurteilten zusammen, denen es gestattet worden war, ihre Strafen durch Heeresdienst zu verbüßen. Nach der Regierung Kaiser Wudis bestand die Tendenz, die durch Aushebung gebildeten Truppen zu vermindern; das Heer der Späteren Han-Dynastie setzte sich dann hauptsächlich aus Veteranen, Söldnern und sehr zahlreichen barbarischen Hilfstruppen zusammen.

Das Vordringen der Han in die Tropengebiete

Die chinesische Expansion vom Yangzi südwärts ist eines der bedeutendsten Geschehnisse der Geschichte Ostasiens, und zwar sowohl wegen ihrer Dauer, die sich auf nahezu drei Jahrtausende erstreckt, als auch aufgrund der Veränderungen, die sie mit sich gebracht hat: Bevölkerungsverschiebungen, ethnische Vermischungen, Untergang oder Wandel alter Kulturen, gegenseitige Entlehnungen usw. Was heute noch von den alten Ethnien übergeblieben ist, stellt nur mehr eine Art von Relikt dar, das trotz der bemerkenswerten Dauerhaftigkeit gewisser Charakteristika weder eine genaue Vorstellung von diesen alten Kulturen, noch von der Verteilung der verschiedenen Ethnien in frühen Epochen vermitteln kann. Manche Völker scheinen völlig untergegangen zu sein. Große Stammesfürstentümer und bedeutende Königreiche mit eigenständigen Kulturen wurden durch die chinesischen Militärexpeditionen oder durch progressive Assimilierung zerstört oder allmählich verkleinert. Allein aus archäologischen Funden haben einige dieser eigenständigen Kulturen Gestalt angenommen. So wurde die Existenz des in den Han-Quellen kurz erwähnten Dian-Reichs, dessen politisches Zentrum in der Ebene des heutigen Kunming in Yunnan lag, seit 1956 plötzlich durch erstaunliche archäologische Funde als historisch erwiesen. Dieses Reich, das vom Ende der Zeit der Kämpfenden Staaten bis ins 2. nachchristliche Jahrhundert bestand und dessen Wirtschaft auf Großviehzucht und Ackerbau beruhte, unterhielt Beziehungen zu den kriegerischen Stämmen der Yelang im Osten, die die Verbindungswege zwischen Sichuan und Guangdong kontrollierten, zu den Kunming-Stämmen in West-Yunnan und zu den Chinesen in der Ebene von Chengdu; von ihm waren die Übergänge zwischen dem oberen Yangzi-Tal und Burma besetzt. Sein Reichtum durch Handel gestattete die Entwicklung einer originellen Bronzekunst. In ihr kreuzen sich die verschiedensten Einflüsse, deren deutlichsten man wahrscheinlich am wenigsten vermuten würde: den Einfluß aus dem Ordos- und dem Steppengebiet. Bei den Ausgrabungen von Shizhaishan im Osten des Sees von Kunming wurden zwischen 1955 und 1960 bemerkenswerte Bronzebehälter für Kauri-Muscheln gefunden, die den Fürstenfamilien als Schutzheiligtümer dienten und deren Deckel mit Reliefszenen geschmückt sind, wertvollen Zeugnissen der Wirtschaft, des Kults und des täglichen Lebens der Einwohner. Das Dian-Reich wurde im Jahr –109 vom Heer der Han zerstört; der Fürst bewahrte bis zur Regierungszeit von Zhaodi (87-74) seinen Titel und wurde später in der Folge einer Rebellion beseitigt. Durch die chinesische Kolonisation blieb von dieser eigenständigen Kultur keine Spur übrig.

Nach Feldzügen gegen die Kunming-Stämme West-Yunnans in den Jahren –86 und –82 drangen die Chinesen bis an die Grenzen Burmas vor. Um das Jahr + 100 trafen in Luoyang Tribute aus dem Königreich der Shan von Nordburma ein (Gesandtschaften der Jahre 94, 97 und 120).

Eine andere Fundstätte, die 1924 in Dông-son bei Thanh-hoa, ungefähr 150 km südlich von Hanoi, entdeckt wurde, hat eine weitere Bronzekultur an den Tag gebracht, die ungefähr zeitgenössisch mit dem Dian-Reich gewesen zu sein scheint. Diese Kultur von Fischern, Jägern und Ackerbauern, die Pfahlbauten bewohnten, ist gekennzeichnet durch die Verwendung von Bronze-Trommeln. Religiöse Szenen verzieren sie, in denen mit Federn geschmückte Tänzer dargestellt sind. Unter den Musikinstrumenten fällt die Khene auf, eine Mundorgel, die in den Tropengebieten weit verbreitet ist und von der das chinesische *sheng* abstammt. In der Dông-son-Kultur sind Einflüsse aus der Steppe und aus China spürbar. Unter den aus China eingeführten Gegenständen befinden sich eine Vase und ein Schwert aus der Zeit der Kämpfenden Staaten sowie Münzen aus der Zeit Wang Mangs (9-25).

Was für die Reiche von Dian und Dông-son nachgewiesen wurde, gilt wahrscheinlich auch für andere alte Kulturen, von denen keine archäologischen Spuren erhalten geblieben sind. Fujian, das zum Meer ausgerichtet und durch Berge isoliert ist, und Süd-Zhejiang bildeten im 3. und 2. Jahrhundert vor Chr. eines dieser unabhängigen Reiche: die Yue von Min (der damalige Name Fujians und des Flusses Fuzhou) waren eines der zahlreichen Völker von Fischern, die seit dem Altertum das ganze Küstengebiet zwischen dem Mündungstrichter von Zhejiang und dem Gebiet von Huê in Vietnam besiedelten. Die militärischen Expeditionen des Ersten Qin-Kaisers in diese Gegend waren ohne Folgen geblieben; den Han gelang es jedoch, gegen Ende des 2. Jahrhunderts in großer Stärke dorthin vorzustoßen und im Jahr –110 das Reich der Yue von Min zu zerstören.

Das gesamte Küstengebiet mit seinen fruchtbaren Ebenen (dem Becken von Xijiang in der Gegend von Kanton und dem Delta des Roten Flusses) von Guangdong und Vietnam bis zur Umgebung des heutigen Da-nang (Tourane) war vom chinesischen Handel schon zur Zeit der Kämpfenden Staaten (5.-3. Jh.) durchdrungen worden. Der Erste Kaiser hatte, nach seinen Feldzügen der Jahre 221-214 in den Süden, im heutigen Gebiet von Guilin (Nordost-Guangxi), Kanton und Hanoi Garnisonen eingerichtet. Aber nach dem Zusammenbruch des Qin-Reichs hatte sich dort ein unabhängiges Königreich gebildet, dessen Herrscherfamilie möglicherweise halbchinesischer Abstammung war und den Namen Zhao trug: das »Reich der Südlichen Yue« (Nanyueguo), eine Bezeichnung, die nach der chinesischen Syntax dem Namen Vietnam (Namviet) entspricht. Dieses Reich, dessen Bevölkerung wohl aus Vorfahren der Thai und der Mon-Khmer bestand, scheint hauptsächlich vom Handel und vom Fischfang gelebt zu haben. Seine wichtigsten Häfen waren Kanton, Hepu (ein Gebiet der Perlenfischerei, im Westen der Halbinsel Leizhou in Guangdong) und ein im Golf von Tongking gelegener Hafen. Es handelte mit Elfenbein, Perlen, Schildkrötenpanzern, Rhinozeroshörnern, Stoffen aus pflanzlichen Fasern und Sklaven der südlichen Inseln. Nach mehreren Interventionen, deren erste im Jahr 181 stattfand, drang das Expeditionskorps der Han im Jahr 113 in die Gegend von Kanton und ins Deltagebiet des Roten Flusses vor, und das Territorium des Nanyue-Reichs wurde zwei Jahre später in chinesische Kommandanturen verwandelt.

Die Lage in den tropischen und ungesunden Gebieten, die in Südchina und Vietnam von der Han-Regierung kontrolliert wurden, war jedoch ständig unsicher; die Vegetation und das oft gebirgige Gelände eignen sich ausgezeichnet für eine Guerillatätigkeit. Unaufhörlich kam es zu Handstreichen und Scharmützeln. Während der Zeit der Wirren unter Wang Mang (9-23) und in den ersten Jahren der Han-Restauration hatte die Auswanderung von Chinesen nach Yunnan, Guangdong, Nord- und Mittelvietnam zugenommen. Vom Jahre 40 an breiteten sich jedoch die Aufstände im Delta des Roten Flusses aus und zogen die Erhebung aller Völker von ganz Mittelvietnam und der Gegend von Hepu im Westen von Guangdong nach sich. Zwei Schwestern, Tru'ng Thăc und Tru'ng Nhi, von denen die Ältere bald darauf den Titel einer Königin annahm, führten diese große Rebellion an. Heute werden sie als Heldinnen der nationalen Unabhängigkeit Vietnams verehrt. Ma Yuan (–14 bis +49), dem »General, der die Fluten bezähmte«, gelang es jedoch, diesen Aufstand im Jahr +43 niederzuwerfen.

Erste Öffnung nach Südostasien und zum Indischen Ozean

Durch die Festsetzung der Han in Guangdong und Vietnam wurde der chinesische Einfluß auf Südostasien ausgedehnt: in Kambodscha gefundene Bronzebeile sind nach dem Modell der chinesischen Beile angefertigt; Bruchstücke von Han-Töpfereien aus dem 1. Jahrhundert nach Chr. wurden in Ostborneo, Westjava und Südsumatra ausgegraben. Gleichzeitig traten die Länder Südostasiens und des Indischen Ozeans durch die Ausehnung der chinesischen Kommandanturen nach Süden zum erstenmal in direkte Beziehung mit der chinesischen Welt. In der »Geschichte der Han-Dynastie« (Kapitel 28 B) wird im ersten vorchristlichen Jahrhundert der erste Seeweg in die südlichen Meere und in den Indischen Ozean beschrieben. Diese Beziehungen sollten sich aber erst von den ersten Jahrhunderten nach Chr. an entfalten, im Anschluß an die maritime Expansion der Indo-Iranier, auf die vom 3. Jahrhundert an ein Aufschwung des Seehandels in Südchina folgte. Archäologische Ausgrabungen (Grabmäler aus der Gegend von Kanton, Guixian in Guangxi, Changsha in Hunan) haben die große Bedeutung der Überseewaren unter den Han nachgewiesen: Glas, Bernstein, Achat, Karneol. Einige Grabfiguren bestätigen die Existenz eines Handels mit Sklaven aus Südostasien. Der Jasmin *(moli)*, eine der exotischen Pflanzen Chinas, wurde vom 3. Jahrhundert an in der Gegend von Kanton angepflanzt. In der Zeit zwischen 89 und 105 kamen indische Gesandtschaften an den Hof der Han. Offizielle Beziehungen zwischen China und der Insel Java werden zum erstenmal für das Jahr 132 erwähnt.

Die Entwicklung des indo-iranischen Seehandels, die sich wohl aus einem Fortschritt der Navigationstechnik erklärt, der Aufschwung des Austausches zwischen Indien, dem Mittleren Orient und dem Mittelmeerraum, die Verbreitung des Buddhismus – dieser Religion von Kaufleuten, die gewisse Verbote des Brahmanismus nicht kannte –, die Entdeckung neuer goldproduzierender Länder zu einem Zeitpunkt, da die Wege des nördlichen Eurasien abgeschnitten waren, gehören zweifelsohne zu den großen historischen Ereignissen im Asien der ersten nachchristlichen Jahrhunderte. So kam es zur Hinduisierung der Küstenebenen Südostasiens, und so erklären sich auch die episodischen Kontakte des China der Han-Zeit mit den östlichen Gebieten des Römischen Reichs. Eine der großen Zwischenlandestationen dieses indo-iranischen Handels scheint ein Hafen des alten kambodschanischen Königreichs von Funan (Phnam) im Mekong-Delta gewesen zu sein. Auf dem Gebiet dieser alten Stadt sind unter den Überresten des 2. bis 4. Jahrhunderts auch eine im Jahr 152 geprägte römische Münze mit dem Bildnis des Antoninus Pius (138-161) und eine Münze mit dem Bildnis Mark Aurels (161-180) gefunden worden. In der »Geschichte der Liang-Dynastie« (502-557) (Kapitel 54) wird erwähnt, daß zur Han-Zeit häufig Kaufleute aus Da Qin (der Name »Großes Qin« bezeichnet die Ostgebiete des Römischen Reichs) in Funan anzutreffen waren. Im Jahr 120 habe ein birmanisches Reich dem Hof in Luoyang als Geschenk Tänzer und Jongleure aus dem Land Da Qin, die auf dem Seeweg nach Ostasien gekommen waren, geschickt. Im Jahr 166 wird in den chinesischen Quellen eine »Gesandtschaft« römischer Kaufleute, möglicherweise Syrer aus Palmyra, erwähnt, die an den Küsten Zentralvietnams Station gemacht hatten. Zwei weitere, ähnliche Gesandtschaften werden im Jahr 226 in Nanking und im Jahr 284 in Luoyang verzeichnet.

Diese weitreichenden Beziehungen zwischen dem östlichen Mittelmeerraum und Südchina haben nicht nur Kuriositätswert: sie beweisen die Existenz eines hauptsächlich dank der Anziehungskraft der chinesischen Seide nicht unbedeutenden Handelsverkehrs.

II. KAPITEL
URSACHEN UND FOLGEN DER EXPANSION

Der Import chinesischen Eisens und chinesischer Seide begründete und verstärkte aller Wahrscheinlichkeit nach die Macht des großen Steppennomadenreichs der Xiongnu und auch für die Expansion der Han in Asien war wohl der wirtschaftliche Aufschwung der chinesischen Welt die Hauptursache. Nicht nur hat das China der Han aus dieser wirtschaftlichen Blüte sein Ansehen und seine Macht außerhalb Chinas geschöpft; ebensosehr hat der Handelsverkehr in die Mongolei, nach Korea, Zentralasien, Südchina und Nordindien dadurch, daß er die Aufmerksamkeit der chinesischen Regierung auf sich zog, die militärische und diplomatische Expansion angeregt. Der Reichtumszuwachs Chinas und die Politik der Geschenke, die die Han-Dynastie gegenüber ihren Nachbarn einschlug, haben jedoch allmählich die Anfangsgegebenheiten verändert und zu einer Integration der Barbaren ins chinesische Reich geführt. Vom Ende des ersten vorchristlichen Jahrhunderts an war es darum nicht mehr nötig, die Expansionsanstrengungen in gleichem Maße wie früher aufrechtzuerhalten; auch ging die chinesische Kolonisation im Norden und Nordwesten zurück.

Diese Veränderungen in den Beziehungen des Han-Reichs zu seinen unmittelbaren Nachbarn und der wirtschaftliche Aufschwung haben andererseits den fortschreitenden Zerfall jener Klasse nach sich gezogen, auf der zur Zeit von Kaiser Wu (141-87) Chinas Macht beruhte: die Klasse der »Wehrbauern« und der Kleinbauern. Die Restauration der Han-Dynastie im Jahr +25 nach dem kurzen Interregnum des Usurpators Wang Mang sollte das Werk von Gentry-Familien sein, deren Reichtum und Macht unaufhörlich gewachsen waren.

1. Wirtschaft und Politik

Handel und Expansion

Vom 4. und 3. Jahrhundert an scheint sich der Handel der Reiche Zhao und Qin in die Mongolei und nach Zentralasien, der Reiche Yan und Qi in die Mandschurei und nach Korea, des Reichs Chu nach Sichuan und Yunnan ausgebreitet zu haben. Bei Ausgrabungen in der Mandschurei und in Nordkorea wurden zahlreiche Münzen in Messerform *(mingdao)* aus der Zeit der Kämpfenden Staaten gefunden; sie beweisen die Existenz eines Warenaustauschs zwischen dem in der Gegend des heutigen Peking gelegenen Reich Yan und den Nordost-Gebieten. Alles scheint außerdem darauf hinzuweisen, daß Seidenwaren aus dem Qin-Reich nach Westen exportiert wurden; aufgrund dieses Exports ist vermutlich in Indien das Seidenland bekannt geworden. Der Name Cîna scheint auf das 4. oder 3. Jahrhundert vor Chr. zurückzugehen.

Unter der Han-Dynastie nahm der Handelsverkehr zwischen den chinesischen Ländern und den verschiedenen Regionen des asiatischen Kontinents zu. Zahlreiche Hinweise legen die Vermutung nahe, daß zwischen der Expansion unter der Han-Dynastie vom Ende des 2. Jahrhunderts vor Chr. an und der Entdeckung oder der Kenntnis der großen Handelswege, die die damalige chinesische Welt mit

Südchina und Südostasien, Zentralasien und den indischen und iranischen Randgebieten verbanden, ein Zusammenhang bestand. Der Bericht Zhang Qians über das große Interesse der Völker Zentralasiens und der Gebiete nördlich und südlich des Amu-darja für die chinesische Seide war es gewesen, der die große Expansionspolitik ins Tarim-Becken und in das Pamirgebiet bestimmte. Die überraschende Entdeckung von Bambus- und Textilwaren aus Sichuan, die über Burma und Nordindien gekommen waren, durch Zhang Qian während seines Aufenthaltes in Baktrien veranlaßte Kaiser Wu dazu, militärische Expeditionen nach Yunnan zu entsenden, um die Straßen jener Region unter seine Kontrolle zu bringen. Die Schlußfolgerung von Tang Meng, daß ein Handelsweg zwischen Sichuan und der Gegend von Kanton (Panyu) existieren müsse – während einer Mission in Guangdong im Jahr –135 hatte Tang Meng dort eine Sauce entdeckt, die aus einer aus Sichuan importierten Frucht gemacht war –, waren der auslösende Faktor für die Feldzüge der Han nach Guizhou.

Der wirtschaftliche Aufschwung Chinas im 2. Jahrhundert vor Chr. und seine politische Expansion verstärkten die Bedeutung seines Handels und brachten eine noch engere Verknüpfung der Beziehungen zwischen Handel, Krieg und Diplomatie. Die Einrichtung chinesischer Garnisonen von Korea bis ins Herz Asiens, die Aufnahme diplomatischer Beziehungen und die Kontrolle der großen Handelswege schufen für die Kaufleute eine besonders günstige Situation. Bei den Steppenkarawanen der Han-Zeit handelte es sich um wahre wandernde Städte. Eine Gesandtschaft der Nördlichen Xiongnu, die im Jahr +84 nach Chang'an reiste, und an der der *shanyu* selbst sowie Fürsten seiner Familie teilnahmen, war von einer 100 000 Kopf starken Viehherde begleitet. Im Winter +135 überfielen die Wuhuan anläßlich eines Beutezugs einen Konvoi von über 1000 Karren, der von chinesischen Kaufleuten aus Hebei angeführt wurde. In den Grenzstädten entstanden große Märkte, an deren Handel sich die Garnisonssoldaten beteiligten. Die an der Stelle des heutigen Zhangjiakou (Kalgan) im Nordwesten von Peking gelegene Stadt, in der die Wuhuan und die Xianbei am Ende der Späteren Han-Zeit Handel trieben, ist ein Beispiel für diese großen Handelszentren in den Grenzgebieten. Gegen Ende des 2. Jahrhunderts kam der Stadt der Flüchtlingsstrom zugute, der durch die Aufstände der Gelben Turbane im Jahr 184 ausgelöst worden war.

Es ist schwierig, innerhalb dieses »internationalen« Handels zwischen dem zu unterscheiden, was man mangels einer treffenderen Bezeichnung als Privathandel bezeichnen könnte, und jener offiziellen Form von Handel, dem Tribut, der dazu diente, die politischen Beziehungen und manchmal auch die Familienbande der Han mit ihren Nachbarn durch Warenaustausch zu stärken. Denn Kaufleute schlichen sich in offizielle Karawanen ein und genossen mit ihnen den Schutz der chinesischen Garnisonen; andere wieder, die von weither kamen, gingen sogar so weit, sich als bevollmächtigte Vertreter ihres Landes auszugeben. Auf die militärische Öffnung Zentralasiens durch das Heer der Han unter Kaiser Wu folgte ein Ansturm chinesischer Kaufleute in die Oasengegenden. Aber auf jeden Fall haben die Han ihre ganze Außenpolitik auf den Austausch von Geschenken und insbesondere von Wertgegenständen gegründet. Mit der Ausschaltung der Zwischenhändler, die sich in den chinesischen Grenzregionen vor allem durch Seidenhandel bereicherten und ihr Ansehen erhöhten, zielten die Han weniger auf den Ausbau ihrer direkten Herrschaft als auf die Ausweitung ihrer diplomatischen Beziehungen ab. Daher haben sie sich meist darauf beschränkt, durch die Einrichtung von Garnisonen an den Durchgangsstellen der Kaufmannskarawanen die Handelswege zu kontrollieren. Dies war nicht nur in den ständig von Steppeneinfällen bedrohten zentralasiatischen Oasen der Fall, sondern auch in den von einheimischen Stämmen besiedelten Berggebieten Südwestchinas, deren Bevölkerung gegenüber den Han keine eindeutige Haltung zeigte.

Die Politik der Geschenke und der Seidenhandel

Um ihren Einfluß auf ihre Nachbarn auszudehnen, diese für sich zu gewinnen und bei ihren Feinden Streitigkeiten auszulösen, haben die Han eine Politik der Großzügigkeit und des Prunks vertreten, die uns durch ihre extreme Kostspieligkeit und ihren systematischen Charakter überrascht. Wohl kein anderes Land der Welt hat je eine solche Anstrengung unternommen, seine Nachbarvölker mit Geschenken zu überschwemmen, und hat damit das Geschenk zu einer politischen Methode erhoben. Im Laufe der vier Jahrhunderte der Han-Zeit haben die Steppen- und Oasenvölker – und in geringerem Ausmaß die Bergvölker Südwestchinas – eine unermeßliche Menge von Seidenstoffen und anderen chinesischen Waren erhalten. Die Geschenke, die schon vom Anfang des 2. Jahrhunderts an ein großes Ausmaß hatten, nahmen in der zweiten Hälfte des 1. Jahrhunderts vor Chr. rasch zu und erreichten ihren Höhepunkt unter der Späteren Han-Dynastie.

Einige Zahlen beweisen diese Zunahme:

	Flockseide in Pfunden (*jin*)	Seidenballen
– 51	6 000	8 000
– 49	8 000	8 000
– 33	16 000	18 000
– 25	20 000	20 000
– 1	30 000	30 000

Im Jahr +91 erreichte die Gesamtmenge der an die Südlichen Xiongnu verschenkten Seidenwaren den Wert von 100 900 000 Münzeinheiten *(qian)*, die an die Oasenreiche verschenkten den Wert von 74 800 000 Münzeinheiten. Nach der zweiten Mission Zhang Qians am Ende des 2. Jahrhunderts vor Chr. in die Dsungarei und das Pamirgebiet waren chinesische Waren und Seidenstoffe in Zentralasien jedoch in solchem Überfluß vorhanden, daß sie einen Großteil ihrer Anziehungskraft und ihres Wertes verloren hatten.

Man hat Schätzungen aufgestellt, nach denen die jährlichen Einkünfte des Kaiserreichs zwischen dem 1. Jahrhundert vor Chr. und ca. 150 nach Chr. ungefähr 10 Milliarden Geldeinheiten erreichten, die Privateinkünfte des Kaisers von 8 Milliarden nicht mitgerechnet. Von diesen 10 Milliarden wurden drei bis vier jährlich für Geschenke an fremde Völker ausgegeben. Man kann sich die Folge dieser Abschöpfung von den Reichtümern Chinas – durch die wohl gleichzeitig die handwerkliche

Produktion gefördert und die allgemeine Wirtschaft des Reichs geschwächt wurde – und ihre stimulierenden Auswirkungen auf den Handel zwischen Ostasien, Nordindien, Persien und dem Mittelmeerbecken vorstellen.

Wenn auch feststeht, daß schon vor der Einigung der chinesischen Länder durch den Ersten Kaiser mit chinesischen Waren gehandelt wurde, haben doch erst die Geschenke an die Xiongnu und an die zentralasiatischen Reiche dieser Erscheinung ein nie dagewesenes Ausmaß verliehen. Der große Seidenhandel quer durch den eurasischen Kontinent hat unter den Späteren Han, im 1. und 2. Jahrhundert nach Chr., noch weiter zugenommen. Er betraf gleichzeitig China, Zentralasien, Nordindien, das Reich der Parther und das Römische Reich. Die berühmte »Seidenstraße«, die das Tal des Gelben Flusses mit dem Mittelmeerraum verband, führte über die Städte von Gansu, die Oasen des heutigen Autonomen Gebiets Xinjiang, den Pamir, Transoxanien, Persien, Irak und Syrien. Die an Jade reiche Oase von Khotan, an der Straße gelegen, die die Wüste Takla-makan im Süden umgeht, scheint eines der großen Transitzentren des Seidenhandels gewesen zu sein. Fragmente von Seidengeweben aus der späteren Han-Zeit wurden in Niya, einer im Osten von Khotan gelegenen Oase, gefunden; diese Seidenstoffe weisen große Ähnlichkeiten mit denjenigen auf, die in den Gräbern von Palmyra entdeckt und auf die Jahre 83-273 datiert wurden. Doch auch Indien scheint dem Seidenhandel zwischen China und dem Mittelmeerraum oft als Zwischenstation gedient zu haben. Chinesische Seide, die wohl aus Sichuan stammte oder über diese Gegend hereinkam, war in den Ebenen des Ganges und des Indus schon im 4. und 3. Jahrhundert vor Chr. als Produkt aus Cîna, d. h. dem Königreich der Qin, bekannt. Durch die Expansion der Han unter Wudi nach Zentralasien scheinen sich dann, nach gewissen archäologischen Hinweisen zu schließen, die Beziehungen zwischen China und Nordwestindien entwickelt zu haben; ein Teil der Seidenwaren, die ins Römische Reich gelangten, wurde wohl direkt über das Indus-Tal gebracht: Da die Parther, und insbesondere die Nabatäer, die eine Abgabe von 25 % auf alle Waren erhoben, den Handel zwischen Transoxanien, Persien und dem Mittelmeerraum kontrollierten, förderte Rom im 1. und 2. Jahrhundert die Seefahrt im Süden, wodurch das Reich der Parther umschifft wurde. Es ist übrigens bekannt, daß die Parther Gan Ying, der im Jahr 97 nach Chr. von den Han nach Da Qin (mit diesem Namen wurden die Ostgebiete des Römischen Reichs bezeichnet) gesandt wurde, davon abhielten, seine Reise fortzusetzen.

Wenn auch ein großer Teil der chinesischen Seide in den Nahen Orient und ins Mittelmeerbecken gelangte, darf doch nicht vergessen werden, daß der Seidenhandel sich auf ganz Asien erstreckt hat. Archäologische Entdeckungen weisen nach: Seidenstoffe wurden auch abseits der Seidenstraße gefunden, in Etsingol in der Inneren Mongolei, in Noin-Ula, 130 km nördlich von Ulan-Bator, im burjätischen Sibirien in Ilmova-Pad, und sogar in Kertsch auf der Krim.

Die Sinisierung der Barbaren und ihre Integration ins Kaiserreich

Die Geschenke an die Barbaren entsprachen einer bewußten und weitsichtigen Politik: es ging darum, sie zuerst einmal zu betören, sie von der mächtigen Föderation der Xiongnu, die die gesamte Steppenzone und die zentralasiatischen Oasen beherrschte, zu lösen, und sie langfristig durch die Gewöhnung an den Luxus zu korrumpieren.

Prunkvolle Empfänge, die von erlesenen Geschenken begleitet waren, blieben den Anführern der Xiongnu, den *shanyu,* und den Fürsten der zentralasiatischen Reiche, die sich an den Hof der Han begeben, vorbehalten. Die ersten Besuche von *shanyu's*, die sich Chang'an angeschlossen hatten, waren Staatsereignisse. Aber in der Folge vermieden die Chinesen allzu häufige Huldigungsdemonstrationen solcher Art, da sie ihnen hohe Kosten verursachten. Im Jahr –3 weigerten sie sich, den *shanyu* der Südlichen Xiongnu zu empfangen. Im Jahr +45 verzichteten sie darauf, das Tributsystem – das für das chinesische Kaiserreich unvorteilhafter war als für seine Nachbarn – auf achtzehn zentralasiatische Reiche auszudehnen, die sich anschickten, Geschenke und Geiseln nach Luoyang zu senden.

Auch die Verleihung von offiziellen Titeln oder von Siegeln durch den Kaiser, die Anerkennung eines Ranges innerhalb der protokollarischen Hierarchie, die die Gesamtheit der mit China verbündeten Länder umfaßte, brachten den ausländischen Fürsten nicht unbeachtliche Vorteile. Mit der Familie der Liu in verwandtschaftliche Beziehungen zu treten stellte jedoch eine außergewöhnliche Auszeichnung dar. Zahlreiche chinesische und sinisierte Reiche schlugen in der Folgezeit eine Politik ein, die darin bestand, politische Bündnisse durch Heiraten zu bekräftigen, und die bis in die Mandschu-Zeit befolgt wurde. Chinesische Prinzessinnen führten in den fremden Ländern chinesische Sitten und Gebräuche, chinesische Kultur und chinesischen Luxus ein. Ihre Anwesenheit in diesen Ländern war Anlaß für den Austausch zahlreicher Gesandtschaften. Eine der häufigsten Praktiken der Han-Zeit bestand jedoch in der Entsendung von Geiseln *(zhi)* an den Kaiserhof; die Fürsten der zentralasiatischen Reiche und die Stammesfürsten der Föderation schickten als Zeichen ihres Bündnisses mit China ihre eigenen Söhne in die chinesische Hauptstadt, wo sie auf Kosten des Kaisers großzügig unterhalten wurden, eine chinesische Erziehung genossen und oft Funktionen in den kaiserlichen Garden oder in der inneren Palastverwaltung erhielten. So wurden sie für die chinesische Lebensweise und Kultur gewonnen, die sie nach der Rückkehr in ihrer Heimat verbreiteten. Das System der Geisel lieferte neben der Garantie gegen Bündnisbruch außerdem die Möglichkeit, leichter in die Nachfolgeangelegenheiten der jeweiligen Länder eingreifen zu können.

In Verbindung mit militärischen Angriffen, diplomatischen Aktivitäten, Geschenken von Seide und anderen chinesischen Waren – in den Gräbern der Xiongnu-Fürsten wurde eine große Anzahl von Lack- und Jadegegenständen, Töpfereien, Bronzespiegeln, Münzen und Seidenstoffen gefunden –, mit der Verleihung von Titeln und den Heiratsverbindungen hat das Geiselsystem auf die Dauer Früchte getragen. Zwischen den Han und den »abhängigen Reichen« *(shuguo)* der verbündeten Völker, von der Mandschurei bis Zentralasien, wurden regelmäßige Beziehungen hergestellt. Um die Mitte des 1. Jahrhunderts begann die Föderation von Stämmen verschiedener Herkunft, die von den Xiongnu Ende des 3. Jahrhunderts geschaffen worden war, zu zerfallen. Im Jahr –60 spalteten sich die Xiongnu in fünf feindliche Gruppen auf; die Annäherung eines der wichtigsten Stammesfürsten, des *shanyu* Huhanye an die Han im Jahr –51, beschleunigte diese Entwicklung.

Die Aufspaltung der Steppenvölker in Südliche Xiongnu, die sich China anschlossen, und Nördliche Xiongnu, die dem Kaiserreich feindlich gesinnt waren, krönte im Jahr -43 die Bemühungen nahezu eines Jahrhunderts: Die an China angrenzenden Stämme, die ungefähr das Gebiet der heutigen Inneren Mongolei besiedelten, bildeten eine Pufferzone zwischen der Welt der Seßhaften und der Welt der kriegerischsten Stämme, die weiter nördlich, bis zur Umgebung des Baikal-Sees, als Nomaden lebten. Vom Jahr -36 an sollten die Han praktisch für ein Jahrhundert keiner Bedrohung aus der Steppe mehr ausgesetzt sein.

Die Völker der im Norden Chinas gelegenen Randgebiete haben sich unterschiedlich entwickelt. Im Nordwesten, bei den Qiang, die seit -98 an die Han Tribut bezahlten, halb seßhaft geworden waren und außer von Viehzucht und Beutezügen auch von der Landwirtschaft und vom Handel lebten, verlief diese Entwicklung rasch. In der heutigen Äußeren Mongolei dagegen ist vor dem 1. und 2. Jahrhundert nach Chr. kaum etwas davon zu bemerken. Die Wuhuan, ein Volk aus der nordöstlichen Mongolei, das mit seßhaften Völkern in Kontakt stand, wurden sehr früh schon vom chinesischen Einfluß erfaßt und massenweise in das Heer der Han eingegliedert, wo sie die Reitertruppen bildeten. Ihre nördlichen Nachbarn dagegen, die Xianbei, blieben ihrer nomadischen Lebensweise treu und zeigten sich aggressiver: im Jahr + 140 fielen sie in China ein, und zwangen die Han, ihnen ein beträchtliches Territorium zu überlassen; in den Jahren 156-178 wurden sie neuerlich aktiv.

Nachdem sie den Anschluß bedeutender Stammesgruppen erreicht hatten, die sich unter ihren Schutz stellten, bemühten sich die Han, ihre Kontrolle über die »abhängigen Reiche« *(shuguo)*, zu verstärken. Diese waren im Prinzip einfach Verbündete und daher in der Ausübung ihrer Gebräuche nicht eingeschränkt und China gegenüber steuerfrei. Zwischen der Regierungszeit Kaiser Wudis und dem 2. Jahrhundert nach Chr. nahm die Verwandlung der *shuguo* in militärische Territorien *(bu)*, und später in gewöhnliche Verwaltungsbezirke *(junxian)* in allen Randgebieten des chinesischen Reichs ihren Fortgang. Schon im 2. vorchristlichen Jahrhundert waren bei verbündeten oder den Han unterworfenen Völkern in der südlichen Mongolei, in Gansu, Korea, Yunnan, Guangdong und Nordvietnam normale Verwaltungsbezirke geschaffen worden. Die Tendenz, ehemalige Hirtennomaden immer systematischer ins Kaiserreich zu integrieren, verstärkte sich unter den beiden Han-Dynastien. Sie wurde durch die innere Entwicklung der Stämme begünstigt: ihr steigender Reichtum, ihr Bevölkerungszuwachs, ihre Neigung, eine seßhafte oder halbseßhafte Lebensweise anzunehmen. Im Jahr -50 scheint die gesamte Xiongnu-Bevölkerung, die mit China verbündet war, 50 000 bis 60 000 Personen ausgemacht zu haben; im Jahr +90 erreichte sie schon die Zahl von 237 000 Personen. Die chinesischen Beamten bemühten sich, Nomaden zum Ackerbau zu bekehren, der für das Kaiserreich eine zusätzliche Einnahmequelle darstellte; gleichzeitig stieg die Zahl der Eingliederungen ehemaliger Nomaden ins chinesische Heer rasch an. Die Frauen und Kinder der eingezogenen Soldaten wurden im Hinterland als Geiseln behalten und im Falle des Verrats hingerichtet.

Die Stämme innerhalb Chinas wurden von der chinesischen Verwaltung oder auch von Privatpersonen, die von ihnen Dienstleistungen, Frondienste und Steuern forderten, ausgebeutet. (So mußten die Xiongnu in Shanxi bei reichen Familien der Gegend von Taiyuan als Landarbeiter dienen. Die Qiang in Gansu wurden schweren Requisitionen für den Transport unterworfen.) Deshalb versuchten die in China siedelnden Stämme, das schwere Joch, das ihnen vom 1. Jahrhundert vor Chr. an auferlegt wurde, abzuschütteln; während der ganzen Epoche der Späteren Han-Dynastie kam es immer wieder zu Unruhen. Die diesen Stämmen zugemutete Ungerechtigkeit war um so größer, als die Nomaden der Äußeren Mongolei, deren Einfälle die Han zu fürchten hatten, weiterhin von China reiche Geschenke empfingen.

2. Wirtschaft und Gesellschaft

Den Hintergrund für die militärische, diplomatische und kommerzielle Expansion Chinas zur Han-Zeit bilden der Aufschwung der Produktion, der Fortschritt der Technik und die Entwicklung des Handels. Diese verschiedenen Aspekte der historischen Entwicklung sind untrennbar miteinander und gleichzeitig mit der gesamten Sozialgeschichte des 2. und 1. Jahrhunderts vor Chr. verbunden.

Der Fortschritt der Technik und der wirtschaftliche Aufschwung

Von der zweiten Hälfte des 2. vorchristlichen Jahrhunderts an wurde, wie aus den übereinstimmenden Zeugnissen der schriftlichen und der archäologischen Quellen hervorgeht, die chinesische Welt von einer bemerkenswerten Dynamik erfaßt. China kamen nun die Fortschritte, die in den beiden Jahrhunderten vor der Schaffung des Kaiserreichs – dieser an Neuerungen so reichen Periode – erzielt worden waren, sowie die Vorteile seiner politischen Einigung zugute.

Unter den Han nahmen die Fortschritte der Eisenmetallurgie weiter zu; zwar wurde erst im 6. Jahrhundert ein neuartiges Schmelzverfahren beschrieben, das einen Vorfahren des modernen Siemens-Martin-Verfahrens darstellte; Stahl jedoch konnten die Chinesen schon im 2. Jahrhundert vor Chr. erzeugen, mittels gemeinsamer Erhitzung und Bearbeitung von Eisenarten mit verschieden hohem Kohlenstoffgehalt. Schon damals traten Stahlwaffen an die Stelle der Bronzewaffen, die zur Zeit der Kämpfenden Staaten offenbar die einzig bekannten waren, da das Gußeisen vor allem zur Herstellung landwirtschaftlicher Werkzeuge verwendet wurde. Die Schwerter, Hellebarden und Armbrust-Mechanismen aus der Han-Zeit, die man ausgegraben hat, sind alle aus Eisen. Das Zeugnis von Plinius dem Älteren (37-39), der die Qualität des von den Seres erzeugten Eisens lobt, stützt die Anspielungen in den chinesischen Quellen auf heimliche Ausfuhr von Eisen und auf die Verbreitung der Eisenverarbeitungstechniken der Han-Zeit in den zentralasiatischen Oasen. Das Eisenhandwerk war übrigens das aktivste und wichtigste Handwerk dieser Epoche. Nach der Einführung des Staatsmonopols für Eisen und Salz im Jahr –117 eröffnete die Verwaltung 48 Gießereien, von denen jede zwischen mehreren hundert und tausend Arbeitern beschäftigte. Bei diesen Arbeitern, die in den privaten Gießereien *tongzi* genannt wurden – ein Wort, das auf Jugendliche angewandt wird und eine dienende Stellung bezeichnet – handelte es sich um Rekruten oder Sträflinge; ihre Lebensbedingungen gaben häufig Anlaß zu Revolten.

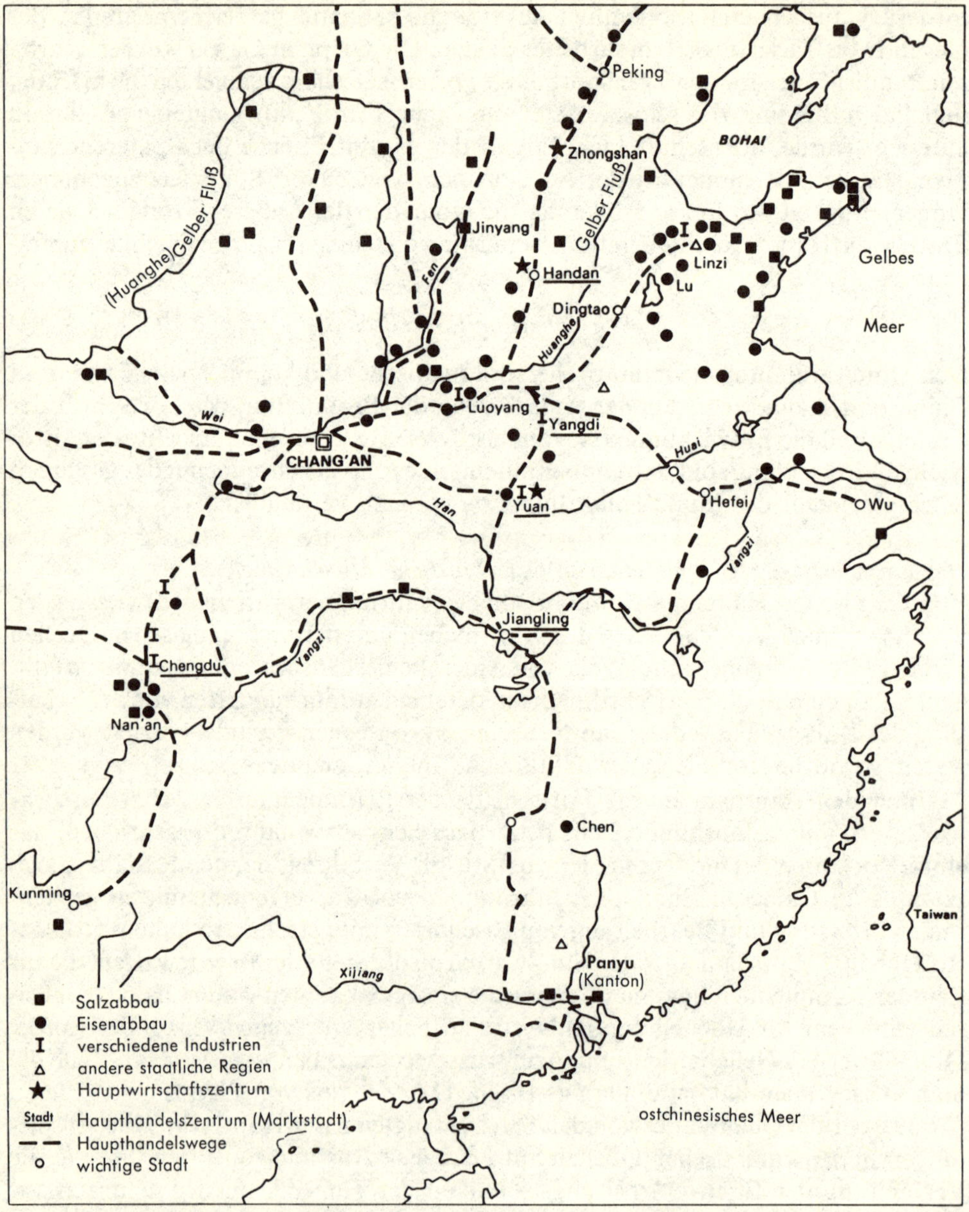

10. Wirtschaftszentren im China der Früheren Han-Zeit.

Außer für die beiden großen Sektoren des Salzes und des Eisens, für die das Staatsmonopol im übrigen nicht einmal ein Jahrhundert lang strikt ausgeübt wurde, bestanden private und öffentliche Unternehmungen nebeneinander, so auf dem Gebiet der Seidenweberei. In der Hauptstadt (Chang'an) und in den Provinzen arbeiteten große staatliche Betriebe, deren Unterhalt sehr kostspielig war und deren Produktion wohl zu einem großen Teil als Geschenke für die Fremdvölker Verwendung fand. In Linzi, der ehemaligen Hauptstadt des Reiches Qi, im Nordwesten von Shandong, wurden in diesen Betrieben mehrere tausend Arbeiter beschäftigt. Es gab aber auch Privatunternehmen von reichen Kaufmannsfamilien. Ebenso war die Lage bei den Lacken, die vor allem in Sichuan und Henan hergestellt wurden; in manche in archäologischen Fundstätten ausgegrabenen Stücke ist der Name des Handwerksmeisters eingraviert, der die Produktion leitete; andere tragen keine Marke und könnten aus Privatbetrieben stammen. Archäologische Funde und Anspielungen in manchen Texten lassen eine wichtige Rolle der Privatunternehmen in der Wirtschaft der Han-Zeit vermuten.

Ein anderes wichtiges Handwerk war das Kupferhandwerk; es wurden hauptsächlich Münzen, deren private Prägung schon früh einem Verbot unterlag, sowie Bronzespiegel erzeugt. Im 1. Jahrhundert nach Chr. waren diese Spiegel ein Exportartikel; von dieser Zeit an änderten sich ihre Motive und Inschriften. Von Sibirien bis Vietnam, ja sogar in Südrußland wurden zahlreiche Exemplare davon gefunden.

Auf dem Gebiet der landwirtschaftlichen Produktion und der Agrartechnik wurden eindeutige Fortschritte erzielt. Die Eisenwerkzeuge waren von besserer Qualität als im 4. und 3. Jahrhundert, und die Verwendung des von Ochsen gezogenen radlosen Pflugs verbreitete sich. Unter Kaiser Wu wurden große Anstrengungen unternommen, die Fläche der bewässerten Gebiete zu vergrößern und in Nordchina Neuland zu erschließen. Agarexperten erhielten den Auftrag, neue Anbaumethoden zu fördern, und manche Beamte bemühten sich, Nomadenstämme, die schon seit Ende des ersten vorchristlichen Jahrhunderts innerhalb der Großen Mauern angesiedelt waren, zum Getreideanbau zu überreden. Vom Jahr –85 an verbreitete sich eine Art von Fruchtwechsel *(daitian)*. Aber die Hauptgetreidesorten blieben dieselben wie im Altertum: Gerste, Weizen, Hirse, zu denen noch Soja und der noch nicht so wichtige Reis hinzukamen. Seit dem 2. Jahrhundert erlaubte der Anbau der Luzerne *(musu)*, die aus den westlichen Regionen importiert wurde, eine Ausweitung der Pferdezucht in Nordchina.

In der Epoche Wang Mangs (9-23) taucht die Wassermühle auf. Meistens handelte es sich um einen Satz von Stampfern *(dui)*; eine horizontale Nockenwelle, die von einem vertikal in einen Wasserlauf gestellten Rad bewegt wurde, trieb ihn an. In einem Text aus dem Jahr +31 ist auch die Verwendung der Wasserkraft für den Antrieb von Kolbengebläsen in den Schmieden erwähnt.

Eine rationelle Art der Pferdeschirrung, das Brustgurtgeschirr, war in der Periode der Kämpfenden Staaten (5.-3. Jh.) erfunden worden, zu einer Zeit, als der Karren mit Gabeldeichsel allmählich an die Stelle des Deichselwagens trat. Der Han-Zeit kam diese große technische Neuerung auf dem Gebiet des Tansportwesens voll zugute. Es muß aber auch die Erfindung eines Fahrzeugs erwähnt werden, dessen Bedeutung fälschlicherweise als sekundär angesehen werden könnte: des Schubkarrens. Er ist im 3. Jahrhundert in Sichuan belegt, aber auf Abbildungen schon im 1. und 2. Jahrhundert zu sehen und überall dort äußerst praktisch, wo die Verbindungswege sich auf enge Fußpfade beschränken. Dank der Lage seines Schwerpunkts in der Nähe der Radachse können mit dem Schubkarren ohne große Anstrengung Lasten bis zu 150 Kilo transportiert werden.

Im Gegensatz zum China der Neuzeit waren in der Han-Zeit – und in noch größerem Ausmaß in der Tang-Zeit – Zug- und Tragtiere im Überfluß vorhanden: Pferde, Ochsen und Esel. Die Pferde wurden geritten oder angespannt, dienten aber nur zum Personentransport und für den Krieg; ihre Rasse wurde vom Ende des 2. Jahrhunderts vor Chr. an durch Kreuzungen mit Hengsten aus Ferghana und dem Territorium der Wusun im Ili-Tal verbessert. Der Esel, der aus dem Westen stammt und von den Xiongnu nach Nordchina eingeführt wurde, war unter den Han aufgrund seiner Widerstandsfähigkeit und seines niedrigen Preises von allen Bevölkerungsschichten sehr geschätzt.

Die reiche Kaufmannschaft und die Gentry

Die technischen Fortschritte des 2. und 1. Jahrhunderts vor Chr., der Aufschwung der Produktion und die Entwicklung der großen Handelsströme konnten nicht ohne Auswirkungen auf die Gesellschaft der Zeit bleiben. Das Reich der Han hat sich als Erbe der legalistischen Tradition bemüht, den Ehrgeiz der großen Familien zu zügeln und für die Bedürfnisse seiner Diplomatie und seiner militärischen Expansion einen bedeutenden staatlichen Sektor einzurichten (Gießereien, Salinen, Seidenwebereien usw.). Aber diese Anstrengung konnte nicht mehr als ein Jahrhundert aufrechterhalten werden; seit der Mitte des 1. Jahrhunderts vor Chr. lockerte sich die Kontrolle immer mehr bis zur Epoche der Späteren Han-Dynastie (25-220), unter der es den reichen Provinzfamilien gelang, die Oberhand zu gewinnen.

Doch auch zur Zeit, als die staatliche Kontrolle über die Wirtschaft des Kaiserreichs am wirksamsten war, mußte die Zentralregierung mit der lokalen Gentry rechnen. Eine der Besonderheiten der Han-Gesellschaft war gerade die Existenz sehr reicher Familien, die landwirtschaftlichen Betriebe (Produktion von Reis und anderen Getreidearten, Viehzucht, Fischzucht usw.) mit industriellen Betrieben (Webereien, Gießereien, Herstellung von Lackarbeiten usw.) und Handelsunternehmungen kombinierten und über eine große Masse von Arbeitskräften verfügten. In den Gebieten, wo die Haupteinnahmequelle die Landwirtschaft war, beschränkten sich die reichen Familien darauf, die armen Bauern unter Druck zu setzen, indem sie Darlehen zu Wucherzinsen gewährten und die Schuldner anschließend zur Verpachtung oder zum Verkauf ihres Landes zwangen. Dies war offenbar der Grund für die Verhaftung und Verurteilung von tausend Angehörigen der Gentry, einer Art kleiner Landtyrannen, durch Wang Wenshu, einen Beamten legalistischer Tendenz, im Jahr –120. Überall dort jedoch, wo die wirtschaftlichen Bedingungen es erlaubten, kamen zu den landwirtschaftlichen Einkünften noch andere hinzu.

Als ganz typisch kann in dieser Hinsicht der Fall der Gegend von Chengdu in Sichuan gelten, die von den Geographen Rotes Becken genannt wird; es handelt sich um eine der reichsten und aktivsten Regionen Chinas zur Han-Zeit. Durch den Abbau von sogenannten »Salzbrunnen«, durch das Eisengießen, die Herstellung von Lacken (Lackarbeiten aus Sichuan wurden in Han-Gräbern Westkoreas, ca. 3000 km von Chengdu entfernt, gefunden), Brokaten, durch den Handel mit Textilien, Ochsen und Eisen konnten vom 2. Jahrhundert vor Chr. an große Reichtümer angehäuft werden. Die Familie Zhuo, eine der reichsten von Chengdu, besaß riesige Gebiete bebauten Landes, Fischteiche und Jagdreviere; sie beschäftigte in eisenverarbeitenden Industrieunternehmen 800 Handwerkssklaven, sie bereicherte sich durch den Salzhandel mit Eingeborenenstämmen des Südwestens, die durch ihre »hammerförmige« Frisur gekennzeichnet waren. Dieser Handel zwischen Chinesen und einheimischen Stämmen scheint häufig die Form eines Austausches von Geschenken und Gegengeschenken angenommen zu haben, die der Mentalität der Ureinwohner sicherlich mehr entsprach als die Form des Handels mit genauer Wertangabe der Waren. Es wird der Fall eines beträchtlichen Geschenks von Seidenwaren und anderen chinesischen Produkten erwähnt, das später mit Pferden und Ochsen zurückbezahlt wurde.

Aber was auf Sichuan zutrifft, gilt auch für viele andere Regionen Chinas und läßt auf die Existenz einer reichen Gentry-Klasse schließen, die dem Kaiserreich seine Verwaltungskader lieferte. Die wirtschaftliche Basis dieser Schicht war durchaus nicht nur auf die Landwirtschaft beschränkt, sondern erstreckte sich außerdem auf Industrie und Handel. Dadurch erklärt sich wohl die verhältnismäßig große Anzahl von »Sklaven« im China der Han-Zeit, Strafverurteilten und zahlungsunfähigen Schuldnern, die zum Großteil in den großen handwerklichen Unternehmen beschäftigt wurden.

Durch die Konzentration des Grundbesitzes, die mit dem wirtschaftlichen Aufschwung des 1. Jahrhunderts vor Chr. einherging, sah sich der Staat um den Beginn unserer Zeitrechnung vor ein schwerwiegendes Problem gestellt; einer der Hauptgründe für das Scheitern des Usurpators Wang Mang in den Jahren 9-23 war die Tatsache, daß er nicht imstande war, dieses Problem zu lösen.

Freiheit oder Kontrolle der Wirtschaft?

Die feindselige Haltung Chinas den Händlern gegenüber, die für das Schicksal der chinesischen Welt so tiefgreifende Folgen gehabt und die chinesische Zivilisation spezifisch geprägt hat, erklärt sich aus verschiedenartigen und komplexen Gründen. Schon vor der Schaffung des Kaiserreichs waren sich die philosophischen Traditionen – die mohistische, taoistische und legalistische Tradition – einig in der Verurteilung des Luxus und unnützer Ausgaben; die Motive dieser Verurteilung waren jedoch je nach der philosophischen Strömung verschieden. Der Hang zum Luxus, der in der gelehrten Tradition ein Zeichen für Verschwendung, für Arroganz und für fehlende Tugend war, erscheint auch schon bei Menzius als einer der indirekten Gründe für das Elend der Bauern. Während die taoistischen Denker in ihm die Quelle von Unnatürlichkeit und Ursache der Unordnung sehen, wird er von den Schülern des Mozi im Namen eines asketischen Ideals allgemeiner Genügsamkeit und des allgemeinen Ausgleichs von Ungleichheiten verurteilt. Tiefere Gründe scheint diese feindselige Haltung dem Handel gegenüber jedoch auf seiten der Staatsmacht und der Führungsspitze gehabt zu haben: Denn der Handel war ein sozialer Störfaktor, da er dem reichen Händler die Unterdrückung der Armen, den

Aufkauf des Agrarlandes und die Anstellung der so verarmten Bauern als Sklaven in seinen Bergwerks-, Eisen- oder Handelsunternehmen erlaubte. Der Handel lenkte, indem er zu unnötigen Ausgaben anreizte, von den grundlegenden und zum Überleben des Staates unerläßlichen Tätigkeiten ab: von der Produktion von Getreide und Textilien, die zum Unterhalt des Heeres, zur Durchführung einer der wirksamsten Methoden der Diplomatie, der Geschenkpolitik, nötig waren, von der Verteidigung und von den großen Bauarbeiten. Der Schaden, den die Händler und Handwerker anrichteten, war daher sowohl sozialer als auch politischer und wirtschaftlicher Art. Das China der Han-Zeit schöpfte seine Stärke zu einem beträchtlichen Teil aus den seit der Epoche der Kämpfenden Staaten erzielten technischen Fortschritten und aus dem Aufschwung der Produktion von Getreide, Eisen, Salz und Stoffen. Den Händlern diese Quellen des Reichtums oder auch nur deren ausschließliche Kontrolle zu überlassen hätte die Hinnahme von Verfall und Sturz des Kaiserreichs bedeutet. Friede und Einheit waren nur dann möglich, wenn die Regierung die Haupteinnahmequellen kontrollieren und verteilen konnte.

Schon im Jahr –199, mitten im Bürgerkrieg, wurden Maßnahmen getroffen, um die verschwenderische Lebensweise der Kaufleute einzuschränken. Das Tragen von Seidenkleidern, der Besitz von Pferden und Waffen wurden ihnen untersagt. Diese strenge Politik, von der man auf den großen Reichtum der Händler schließen kann – denn man verbietet nur das, was existiert –, wurde erst in dem Augenblick gelockert, als die schon damals sehr einflußreiche Kaiserin Lü die Macht an sich riß. Die weiblichen Mitglieder des Kaiserhofs zeigten sich oft den Kaufleuten günstig gesinnt oder steckten sogar mit ihnen unter einer Decke, weil die Organisation der Verwaltungsdienste der Frauengemächer und möglicherweise auch gewisse viel ältere Traditionen diese Komplizität unvermeidlich machten. Die antimerkantilistische Reaktion kam erst gegen Ende des 2. Jahrhunderts unter Kaiser Wudi zum Durchbruch, und zwar unter dem Druck des Defizits, das durch die äußerst kostspielige Politik militärischer und diplomatischer Expansion entstanden war. Deshalb wurde im Jahr –119 eine einheitliche Abgabe auf alle Schiffe und Wagen beschlossen und vor allem, im selben Jahr, das Staatsmonopol auf Salz und Eisen eingeführt, das im Jahr –117 auf das ganze Reich ausgedehnt wurde. Seit der Zeit der Kämpfenden Staaten waren die Salz- und Eisenindustrie die aktivsten und rentabelsten Industrien. Diese Maßnahme, die sich später andere chinesische Reiche zum Vorbild nehmen sollten, scheint eine Zeitlang die Macht der Großkaufleute, die gleichzeitig Industrie- und Handwerksunternehmer waren, eingeschränkt zu haben. Es ist aber zu bemerken, daß unter Wudi die kaiserliche Regierung von der Mitwirkung der Großkaufleute verhältnismäßig unabhängig war. Anders als die Tang-, Song- und Ming-Dynastien hatte sie es nicht nötig, die Dienste der reichen Händler für die Versorgung des Nord-Heeres mit Getreide, Viehfutter und anderen Produkten in Anspruch zu nehmen, da die Versorgung im wesentlichen von den Militärkolonien *(tuntian)* sichergestellt wurde. Im Jahr –98 wurde das Salz- und Eisenmonopol durch das weniger wichtige Alkoholmonopol ergänzt. Auf jeden Fall ist es klar, daß die wirtschaftlichen Kontrollmaßnahmen des Staates und seine feindselige Haltung den Kaufleuten gegenüber eng mit der Finanzlage des Reichs zusammenhingen. Die antimerkantilistische Tradition lieferte nur Argumente für eine Politik, die aus den Schwierigkeiten der Zeit heraus geboren wurde. Der Beweis dafür ist die Kritik des Monopolsystems, die gleich nach dem Tod von Wudi anläßlich der Diskussionen über die Abschaffung oder Beibehaltung des Monopols am Kaiserhof im Jahr –81 laut wird. Der umfangreiche Bericht über diese Diskussionen mit dem Titel *Yantielun* (»Diskussionen über Salz und Eisen«), der einige Jahrzehnte später, zwischen –73 und –49, veröffentlicht wurde, ist uns glücklicherweise erhalten geblieben.

III. KAPITEL
DER AUFSTIEG DER GENTRY UND DIE KRISE DER POLITISCHEN INSTITUTIONEN

Von den Palastintrigen zur Usurpation

Der Sturz der Früheren Han-Dynastie zu Beginn unserer Zeitrechnung ist das Ergebnis eines mehr als ein Jahrhundert andauernden Entwicklungsprozesses. Während unter der Regierung von Wendi und Jingdi, von 179 bis 141, die Mitwirkung der kaiserlichen Beamten, Minister und Ratgeber an der Regierung die Konsolidierung der kaiserlichen Macht ermöglicht hatte, traten unter der langen Herrschaft Wudis (141-87) autokratische Tendenzen zutage, die unter der Regentschaft des Generals Huo Guang, der Wudis letzten Willen ausführte, den Sieg davontrugen. Im Jahr –80 schwang sich Huo Guang zum Diktator auf und besetzte alle leitenden Stellen mit Mitgliedern seiner Familie. Die Reaktion, zu der es nach seinem Tod im Jahr –68 kam (im Jahr –66 fand ein großer Prozeß statt, infolge dessen seine ganze Verwandtschaft hingerichtet wurde), stellte die alleinige Konzentration der Macht auf den Kaiser nicht in Frage. Die kaiserliche Macht, die nun der Unterstützung und des Gegengewichts der Gesamtheit der Verwaltungsbeamten und Berater beraubt war, wurde bald zum Spielball von Palastintrigen und Kämpfen zwischen den Familien der Kaiserinnen. Eine autokratische und allmächtige Regierung gerät notwendigerweise unter die Fuchtel von Günstlingen, Frauen und Eunuchen. Einer dieser gegen Ende der Früheren Han so mächtigen Kaiserinnenfamilien gelang es, einen der ihrigen auf den Thron zu bringen: den Usurpator Wang Mang, der die kurzlebige Dynastie Xin, »die Neue«, (9-23) gründete.

Ein anderer Grund für den Sturz der Früheren Han-Dynastie scheint die immer rascher verlaufende Entwicklung auf dem Land gewesen zu sein: Die Konzentration des Grundbesitzes in den Händen der Reichsten (lokale Gentry, Kaufleute, große Familien) war Ursache sozialer Spannungen innerhalb der Landbevölkerung und wirtschaftlicher Schwierigkeiten, die durch Wang Mang bei weitem nicht gelöst wurden. Die ersten Erlasse über die Beschränkung des privaten Landbesitzes stammen aus den letzten Jahren des ersten vorchristlichen Jahrhunderts; auf sie folgte bis zum Ende des 3. Jahrhunderts eine lange Reihe ähnlicher Erlasse, die im allgemeinen jedoch wirkungslos geblieben zu sein scheinen und so von den Schwierigkeiten zeugen, auf die der Staat bei der Aufrechterhaltung seiner Kontrolle und seines Schutzes der Kleinbauern stieß.

Wang Mang versuchte, die schwierige Lage, die er übernommen hatte, durch radikale Maßnahmen zu beheben: »Nationalisierung« des gesamten Landbesitzes und aller Sklaven (die allerdings nur ein Hundertstel der Bevölkerung ausmachten und deren Stellung sich von derjenigen der römischen Sklaven stark unterschied), sukzessive Währungsreform und Prägung neuer Münzen nach altem Modell. Die Schaffung der neuen Dynastie brachte auch eine Änderung aller Titel und aller Institutionen mit sich. Diese Reformwut, besonders heftig, weil die Macht usurpiert worden war, ließ sich natürlich von den kosmogonischen Theorien der Zeit leiten, aber auch von archaisierenden Konzeptionen: Wang Mang gründete seine Reformen auf ein Werk, das später als suspekt angesehen und dessen Entstehungszeit verhältnismäßig spät angenommen wurde, das aber reich an zweifelsohne sehr alten Elementen ist: das *Zhouli* (Riten der Zhou) oder *Zhouguan* (Die Beamten der Zhou), das eine sehr systematische Darstellung der Zhou-Verwaltung liefert und die Gesamtheit der öffentlichen Ämter in Beamte des Himmels, der Erde und der vier Jahreszeiten einteilt.

Die radikalen Maßnahmen Wang Mangs blieben wirkungslos und verärgerten nur die reichen Grundbesitzer, ohne der Agrarkrise Abhilfe zu schaffen. Die Neuverteilung des Landes, die auf die Konfiszierung durch den Staat hätte folgen sollen, kam nicht zustande, und die Währungsmanipulationen führten zu einer allgemeinen wirtschaftlichen Unordnung. Im Jahr 17 tauchten in Shandong Gruppen aufständischer Bauern auf, die von einer Frau mit den Fähigkeiten einer Zauberin, der »Mutter Lü«, angeführt wurden. Andere solcher Gruppen stützten sich im darauffolgenden Jahr auf einen Anführer namens Fan Chong. Nach einer Reihe von Überschwemmungskatastrophen im unteren Becken des Gelben Flusses dehnten sich die Aufstände auf die ganze Nordchinesische Tiefebene aus. Die Rebellen, die sich ihre Gesichter als Dämonen schminkten, wurden »Rote Augenbrauen« *(chimei)* genannt. Ihr geistiger Anführer war ein gewisser »König Jing von Chengyang« in Shandong, der behauptete, mit der Familie Liu der Han verwandt zu sein, und sich mit Hilfe von Medien ausdrückte. Ziel der Bewegung, die über eine eigenständige politische und wirtschaftliche Organisation verfügte, war die Restauration der Han-Dynastie. Gleichzeitig mit den Unruhen und den Bauernaufständen bedrohten der Widerstand und die Rebellion des ehemaligen Han-Adels und der Großgrundbesitzerfamilien die neue Dynastie. Die Verbindung dieser beiden Kräfte trug schließlich im Jahr 23 den Sieg davon. Nach der Niederlage und dem Tod des Usurpators trat einer der Vertreter des alten Geschlechts der Liu, der aus der Gegend von Nanyang in Süd-Henan stammte, die Macht an und restaurierte die Han-Dynastie. Dieser Liu Xiu, der unter dem Namen Guangwudi (25-57) regiert hat, vernichtete die letzten Überreste der Aufständischen und zerstörte die unabhängigen Regierungen, die sich mit Wei Xiao in Ost-Gansu und mit Gongsun Shu in Sichuan gebildet hatten.

Die neuen Grundlagen des restaurierten Kaiserreichs

Während der Erste Kaiser (Qin Shi huangdi) über eine anonyme administrative und militärische Organisation verfügte, die er auf die eroberten Länder ausdehnte, und es der Früheren Han-Dynastie, die dieser Politik der direkten Kontrolle der Bauernschaft durch den Staat treu blieb, in weniger als einem Jahrhundert gelungen war, alle diejenigen auszuschalten, die die Zentralregierung behindern konnten, stützte sich die Spätere Han-Dynastie auf die neue soziale Schicht, die ihr zur Macht verholfen hatte: die Familien der Großgrundbesitzer der Nordchinesischen Tiefebene und insbesondere von Henan. Die Verlegung der Hauptstadt von Chang'an nach Luoyang hat ihre Gründe nicht nur in der wirtschaftlichen Entwicklung der im Osten der Übergänge zwischen Shenxi und Henan gelegenen Gebiete, sondern auch im Vorhandensein dieser neuen Klientel. Um gegen die Macht der Lehensträger, der Gentry und der reichen Familien anzukämpfen, hatte sich die Frühere Han-Dynastie auf die Masse der Kleinbauern zu stützen bemüht. Aber die soziale

Entwicklung, die Migrationen im Inneren und die Aufstände sollten gegen Ende des ersten vorchristlichen Jahrhunderts und unter der Späteren Han-Dynastie die Macht der Großgrundbesitzer stärken, bei denen es sich um direkte Verwandte oder Verwandte aus einer Seitenlinie der kaiserlichen Familie, um hohe Beamte und um die Provinzgentry handelte.

Im ersten Viertel des 1. Jahrhunderts nach Chr. nahmen die Bevölkerungsverschiebungen rasch zu; ihre Ursache liegt in einem allgemeinen Rückzug der Verteidigungslinien aus den Gebieten im Norden und Nordwesten, die unter Kaiser Wudi mit Hilfe von Militärkolonien und Bevölkerungsumsiedlungen erschlossen worden waren, in der Ansiedlung von Hirtennomaden- und Bergstämmen der chinesisch-tibetischen Grenzgebiete innerhalb der Großen Mauern und in den häufigen Unruhen dieser seßhaft gewordenen Völker, die von der chinesischen Verwaltung ausgebeutet wurden. Dieser Exodus kam vor allem den südlich der Nordchinesischen Tiefebene gelegenen Regionen, dem Roten Becken von Sichuan und, in geringerem Maß, dem Yangzi-Becken zugute. (Die Bevölkerung der Kommandantur von Changsha in Hunan, die bei der Volkszählung vom Jahr +2 235 825 Einwohner zählte, erreichte im Jahr +140 die Zahl von 1 054 372 Einwohnern.) Der Zustrom entwurzelter Bauern und ehemaliger militärischer Siedler, die auf Landsuche waren, vermehrte die Arbeitskräfte der großen Domänen. So entstand eine Schicht von Abhängigen der reichen Familien, die sogenannten »Gäste« *(ke)*, d. h. ständige Pächter, persönliche Garden, die später unter der Bezeichnung *buqu* bekannt wurden, Diener oder Sklaven *(nubi)*. Gleichzeitig schwächte sich der Einfluß des Staates auf die Kleinbauern ab, denen die Frühere Han-Dynastie einen großen Teil ihrer Macht verdankt hatte. Der künftige Guangwudi, der Gründer der Späteren Han-Dynastie, war der typische Vertreter dieser großen Grundbesitzerfamilien aus der Provinz, denen es nach mehreren erfolglosen Rebellionen gegen Wang Mang erst mit Hilfe der Bauernaufstände gelang, sich der Herrschaft zu bemächtigen. Guangwudis riesige Domäne bei Nanyang war durch mit Toren versehene Befestigungsmauern geschützt und besaß einen eigenen Markt. Die Verteidigung wurde durch eine Privatmiliz gesichert. Diese oben genannte soziale Schicht, die zu Beginn der neuen Dynastie eine beherrschende Stellung innehatte und im 2. Jahrhundert mit den Palasteunuchen in Konflikt geraten sollte, zeigte sich auf dem Gebiet der Landwirtschaft sehr initiativ: Weite Anbauflächen wurden bewässert, die Vieh- und Fischzucht wurden gefördert, wodurch sie sich für Zeiten der Unruhe eine vollkommene wirtschaftliche Unabhängigkeit sicherte. Manche ihrer Mitglieder scheinen riesige Vermögen angehäuft zu haben: Als der Großminister Liang Ji, ein angeheirateter Verwandter des Kaisers, im Jahr 159 hingerichtet wurde, soll der Verkauf seines Eigentums der Staatskasse eine Summe von drei Milliarden Geldstücken eingebracht haben, mit der während eines Jahres die Getreidesteuern auf die Hälfte hätten gesenkt werden können. Diese großen Familien, die über autarke Domänen verfügten, kündigen schon die Aristokratie der Jin-Zeit und der Südlichen Dynastien an, deren Macht durch den Verfall der Stadtwirtschaft begünstigt wurde.

Ebenso wie in Politik und Gesellschaft traten seit der Herrschaft von Kaiser Wu und der Diktatur General Huo Guangs auch in den Beziehungen zwischen dem chinesischen Reich und den Randvölkern tiefgreifende Veränderungen ein. Von seiten der Mongolei hatte das Kaiserreich kaum mehr etwas zu befürchten: Seit der Zeit ihrer Aufspaltung war die Macht der Xiongnu immer mehr zurückgegangen; dieser Prozeß des Niedergangs wurde gegen Ende des ersten nachchristlichen Jahrhunderts durch die Offensiven von Ban Chao in der Mongolei und in Zentralasien noch beschleunigt. Zwischen diesen Völkern, die Hirtennomaden geblieben waren, und den seßhaften Ackerbauern dienten dem chinesischen Reich mehr oder weniger sinisierte und seßhaft gewordene Stämme als Schutzwall. Außer in den Jahren 89-90 haben laut den Überlieferungen keine gefährlichen Einfälle der Nördlichen Xiongnu stattgefunden, und die heftigsten Angriffe aus der Steppe im 2. Jahrhundert, nämlich die Einfälle der Xianbei im Jahr 140 und in den Jahren 156-178 in Hebei und in Shanxi, scheinen keine schwerwiegenden Folgen gehabt zu haben. Ernsthafte Schwierigkeiten dagegen hatten die Han mit ehemaligen Nomadenstämmen, die sich in China selbst, und mit den proto-tibetischen Bergstämmen der westlichen und nordwestlichen Randgebiete, die sich in Gansu und Shenxi angesiedelt hatten. Unter der Späteren Han-Dynastie kam es unaufhörlich zu Aufständen, die im 2. Jahrhundert noch zahlreicher wurden. Schon im Jahr 107 überlegten manche Ratgeber wegen der Rebellionen der Qiang sogar einen allgemeinen Rückzug der Verteidigungslinien des Nordwestens, vom Handelszentrum Wuwei (Liangzhou) in Zentral-Gansu bis nach West-Shenxi. Diese ins chinesische Reich integrierten und in Massen ins chinesische Heer eingegliederten Fremdvölker sind die Vorfahren jener Völker, die vom 4. Jahrhundert an in Nordchina unabhängige Reiche bildeten.

Der Fortschritt der Handelsbeziehungen im 1. und 2. Jahrhundert nach Chr.

Die unter der Früheren Han-Dynastie getroffenen Maßnahmen zur Einschränkung der Macht der Kaufleute scheinen letzten Endes wenig erfolgreich gewesen zu sein. Die allgemeine Lockerung der Kontrolle im Inneren und in den Grenzgebieten unter der Späteren Han-Dynastie sowie die Dezentralisierung des Monopolsystems während der Restauration unter Guangwudi haben dann die Bedeutung des Privathandels und des Schmuggelwesens noch erhöht. Noch nie zuvor scheinen die ausländischen Kaufleute so zahlreich gewesen zu sein wie im 1. und 2. Jahrhundert; ihre Anwesenheit ist zweifelsohne eine Erklärung dafür, warum unter den Späteren Han der ausländische Einfluß so lebendig wurde. Es sei daran erinnert, daß in dieser Epoche – der Zeit des großen Aufschwungs des Seidenhandels in Eurasien – der Buddhismus in China einzudringen begann. Was den Schmuggel betrifft, so bezog er sich auf Waren, deren Export verboten war; hierbei handelte es sich um Waren von »strategischem Interesse«, hauptsächlich um Eisen und um Waffen. Einige archäologische Funde stützen die Aussagen der schriftlichen Quellen: In einem Barbarengrab in Nord-Liaoning wurden Waffen mit chinesischen Inschriften und Eisenwerkzeuge aus der Epoche Kaiser Wudis gefunden. Kürzlich hat man einen Armbrust-Mechanismus, der seit 1915 im Museum von Taxila (bei Peschawar) in Afghanistan ausgestellt war und aus den Ruinen des nach 30 nach Chr. wiederaufgebauten zweiten Parther-Palastes von Sirkap stammt, als chinesisch identifiziert. Durch die Schutzmaßnahmen der Han konnte die Verbreitung der technischen Geheimnisse der chinesischen Gießer in Asien im übrigen nicht verhindert werden.

Chen Tang, ein General am Ende der Früheren Han-Dynastie, behauptete, daß die Wusun aus dem Ili-Tal vor noch nicht langer Zeit die Herstellung von geschärften Waffen gelernt hätten. Dasselbe scheint für die Bewohner von Dayuan im Ferghana zuzutreffen. Möglicherweise handelte es sich nur um die von China importierte Eisenschmiedekunst. Einen stärkeren Beweis liefern die in der Oase Niya, im Osten von Khotan, gefundenen Gußeisenstücke. Im Tarim-Becken sollte sich die Eisen- und Stahlindustrie halten: Zur Zeit der Westlichen Jin (265-314) wurden Erzeugnisse von dort in chinesische Grenzgebiete importiert.

Die Entwicklung des neuen Reichs von seiner Gründung bis zum Aufstand des Jahres 184

Die drei ersten Regierungsperioden der restaurierten Dynastie zwischen 25 und 88 stellen eine Epoche der inneren Stabilität und der Expansion dar. Die Kaiserinnenfamilien und die Eunuchen, die die Usurpation durch Wang Mang verursacht hatten, wurden von der Regierung ferngehalten. Im Becken des Roten Flusses und in Zentralvietnam stellte General Ma Yuan (–14 bis 49) in den Jahren 43-44 die eine Zeitlang durch Aufstände der einheimischen Bevölkerung gefährdete Situation wieder her. Die Xiongnu, die zu sehr uneins waren, um die Schwäche des chinesischen Reichs zur Zeit des Bürgerkriegs unter Wang Mang auszunützen, waren für Nordchina keine ernsthafte Bedrohung mehr. In Zentralasien wurden durch die Feldzüge des General Ban Chao (31-102), die er zum großen Teil auf eigene Initiative hin unternahm, die Oasen im Zeitraum der Jahre 73 bis 94 wieder unter Kontrolle gebracht. In Hami (Yiwu) wurde im Jahr 73 eine Garnison eingerichtet, und die seit dem Jahr +16 geschlossene Pamir-Straße vom Heer der Han wieder geöffnet. Im Jahr 94 schickten mehr als fünfzig zentralasiatische Reiche Tribute nach Luoyang. Aber erst in der Zeit zwischen 125 und 150 gelang es den Han, sich die Oberherrschaft in Zentralasien wieder zu sichern.

Von der Herrschaft Hedis an (88-105) verschlechterte sich das politische Klima in der Hauptstadt. Die Familien, die der kaiserlichen Familie durch Heirat verbunden waren, die sogenannten *waiqi* (»äußere Verwandte«), nutzten den Umstand, daß Kinder und Schwächlinge einander auf dem Thron folgten, um ihren verlorenen Einfluß wiederzugewinnen: es handelte sich um die Familien Dou unter Hedi (88-105), Deng unter Andi (106-125) und Liang unter Shundi (126-144). Gleichzeitig wuchs die Macht der Eunuchen. Im Jahr 135 wurde ihnen gestattet, Söhne zu adoptieren. Mit ihrer Macht vergrößerte sich auch ihr Reichtum. Sie besaßen große landwirtschaftliche Güter (in einem Fall soll ein Eunuch 31 Häuser und 640 Hektar Agrarland besessen haben), sie betrieben Großhandel und verfügten über Handwerkssklaven. Die Autorität dieser Palastdiener, die aus unteren Schichten stammten, bei Hof, die unheilvollen Folgen ihres Einflusses auf die Politik des Kaisers und auf die Rekrutierung der Staatsbeamten riefen den Widerstand der Großgrundbesitzerfamilien und der aus ihnen hervorgegangenen Literaten-Beamten hervor. Es entstand eine Partei, über die jedoch im Jahr 167 die Eunuchen den Sieg davontrugen; alle ihre Mitglieder wurden ihres Amtes enthoben und ins Exil geschickt. Aber diese Niederlage genügte nicht, um die Großgrundbesitzerfamilien, deren Macht in den Provinzen intakt blieb, zu entmutigen. Der Kampf wurde erst während der im

Jahr 184 beginnenden großen Bauernaufstände entschieden. Die Eunuchen, die zuerst eine Zeitlang geschwächt worden und dann dank der Unruhen auf dem Land wieder an die Macht gekommen waren, wurden endgültig im Jahr 189 ausgeschaltet, als Yuan Shao, ein Mitglied einer großen Familie aus Henan, Luoyang eroberte und mehr als 2 000 Eunuchen massakrieren ließ. He Jin, der General der Kaiserlichen Garden dagegen wurde das Opfer seiner Unentschlossenheit.

Die messianischen Revolutionäre

Die letzten Jahre des 2. Jahrhunderts waren durch eine außerordentlich schwere Agrarkrise gekennzeichnet. Schon um das Jahr 170 begannen Banden von umherirrenden Bauern den Frieden der Provinzen zu bedrohen. Bald darauf kam es infolge von Überschwemmungen am Unterlauf des Gelben Flusses zu einer breiten messianischen Bewegung taoistischer Inspiration, die in den Randgebieten Shandongs und Henans ihren Ausgang nahm und im Jahr 184 zum gewaltigen Aufstand der Gelben Turbane *(Huangjin)* führte. Ihre Anführer waren ein gewisser Zhang Jiao, der erste Patriarch der taoistischen Sekte des Großen Friedens (*taiping:* dieses Wort erinnert an die Idee des goldenen Zeitalters, das durch die Gleichheit aller und die Gemeinschaft der Güter verwirklicht wird) und seine beiden Brüder Zhang Bao und Zhang Liang. Zhang Jiao, ein begabter Propagandist und Heilkundiger – damals wüteten nach Überschwemmungen im unteren Gelben Flußbecken Epidemien –, war der Papst einer Religion, deren Gottheit der Herr Huanglao war, eine Synthese des mythischen Herrschers Huangdi (»der Gelbe Kaiser«) und eines vergöttlichten Laozi. Die militärisch organisierte Sekte zählte schon im Jahr 184 360 000 bewaffnete Mitglieder. Die höchste Macht wurde von der von Zhang Jiao und seinen beiden Brüdern gebildeten Triade, den »Generälen Herren des Himmels, der Erde und der Menschen«, ausgeübt. Ihnen unterstand eine ganze Hierarchie von Anführern, die gleichzeitig militärische, administrative und religiöse Funktionen hatten. Die religiösen Tätigkeiten spielten in diesen Gemeinschaften eine wichtige Rolle: Sie widmeten sich mehrere Tage lang dauernden Festen und Zeremonien, die »Versammlungen« *(hui)* oder »Reinigungsfasten« *(zhai)* genannt wurden. Bei diesen religiösen Handlungen bekannten die Teilnehmer öffentlich ihre Sünden und gaben sich einer kollektiven Trance hin, wobei sie sich unaufhörlich zu Boden warfen und von der Begleitmusik und der kollektiven Erregung angefeuert wurden. Manchmal kam es zu orgiastischen Szenen, bei denen Männer und Frauen »ihren Atem vermischen« *(heqi)*. Zur Zeit der Tag- und Nachtgleiche im Frühling und im Herbst wurden Kriegsamulette und medizinische Zaubermittel verteilt. Nach der Lehre des *Taipingdao* sind Krankheiten die Folge von Sünden. Diese Heilslehre, die taoistische Traditionen und den Huanglao-Kult mit den kosmogonischen Theorien des *yin-yang* und der Fünf Elemente verbindet, anerkennt das *Daodejing* von Laozi und einen Offenbarungstext jüngeren Datums, das *Taipingjing* (Klassiker des Höchsten Friedens) als heilige Texte.

In Westchina entstand zur selben Zeit eine Sekte mit ähnlicher Organisation und ähnlicher Lehre wie die Gelben Turbane, blieb aber auf Sichuan und das obere Han-Tal beschränkt. Ihr Gründer war der Zaubermeister Zhang Daoling (oder Zhang Ling), von dem man glaubte, er habe sich die Geister der Luft, der Erde und des Wassers dienstbar gemacht. Diese Sekte verlangte von ihren Anhängern einen Beitrag von fünf Scheffeln Reis (daher ihr Name *wudoumi dao,* »Lehre der fünf Scheffel Reis«). Wie die Gelben Turbane nahmen die Anhänger des *wudoumi dao* zu Besessenheitspraktiken Zuflucht, glaubten an die Wunderkraft von Amuletten, an die Wirkung des Sündenbekenntnisses und an den religiösen Ursprung der Krankheiten. Die Kranken wurden abseits gehalten und lebten isoliert in Hütten. Aber die Institutionen gegenseitiger Hilfe scheinen bei dieser Sekte stärker entwickelt gewesen zu sein: Es gab Gratisspeicher für Reisende, Unterhalt der Straßen als Sühneleistung. Außerdem scheinen sie das Privateigentum abgeschafft zu haben.

Überall, wo die Bewegung der Gelben Turbane Fuß fassen konnte, wurde zum zweiten Mond des Jahres 184, einem Jahr, das die zyklischen Zeichen *jiazi* trägt – die ersten eines neuen Sechzigerzyklus – der Aufstand ausgelöst. Die Rebellen, die an ihren gelben Turbanen erkennbar waren, eroberten trotz des durch General He Jin in Luoyang organisierten Widerstands Städte in Shandong und Henan. Nach dem Tod der drei Zhang, die gleich zu Beginn des Aufstands getötet wurden, dehnte sich im Jahr 185 die Bewegung auf das Gebiet des Taihangshan, der die Provinzen Shanxi und Shandong trennt, im Jahr 186 nach Shenxi, Hebei und Liaodong, im Jahr 188 auf Shanxi aus. Um das Jahr 190 gelang es den Anhängern der Sekte der fünf Reisscheffel, im Süden von Shenxi unter der Leitung von Zhang Lu, einem Enkel von Zhang Daoling, einen unabhängigen Staat zu gründen.

Das Kaiserreich unter der Herrschaft der Soldateska

Man kann der Auffassung sein, daß zu dieser Zeit die kaiserliche Regierung nur mehr eine nominelle Existenz hatte. Die tatsächliche Macht lag in den Händen der Heerführer, die mit der Unterdrückung des Aufstands der Gelben Turbane betraut worden waren und von denen einige am Staatsstreich des Jahres 189 teilgenommen hatten: Es handelte sich um Dong Zhuo, einen Abenteurer aus Ost-Gansu, Yuan Shu, einen Vetter von Yuan Shao, Cao Cao (155-220), den aus Anhui stammenden Adoptivenkel eines Eunuchen, und Sun Ce (175-200), einen älteren Bruder von Sun Quan, der im Jahr 222 in Wuchang das Reich Wu gründen sollte. Gleich nach der Hinrichtung der Eunuchen im Jahr 189 führte Dong Zhuo seine Truppen nach Luoyang und setzte den letzten Han-Kaiser, Xiandi, auf den Thron. Sein Heer, das wie dasjenige von Cao Cao bedeutende Barbarenkontingente umfaßte, plünderte im Jahr darauf Luoyang und brannte es nieder. Bei diesem Brand gingen die kaiserliche Bibliothek und die Archive der Han zugrunde; der Verlust scheint viel größer gewesen zu sein als derjenige der berühmten »Bücherverbrennung« unter dem ersten Qin-Kaiser. Im Jahr 192, zwei Jahre nach der Verlegung der Hauptstadt nach Chang'an, wurde Dong Zhuo, der durch seine Exzesse und seine Grausamkeit zweifelhafte Berühmtheit erlangt hatte, ermordet. Von diesem Augenblick an stieg Cao Caos Macht; es gelang ihm, nach und nach seine Rivalen in Nordchina auszuschalten – darunter Yuan Shu, der im Jahr 197 ein unabhängiges Reich gegründet hatte – und die Grundlagen eines neuen Kaiserreichs zu schaffen, das allerdings auf die Nordchinesische Tiefebene und die Nord-Provinzen beschränkt blieb.

Die durch die Bauernaufstände bewirkten Zerstörungen und noch mehr die

Verwüstungen, die die Kriege zwischen den rivalisierenden Militärmachthabern vom Jahr 190 an mit sich brachten, hatten einen Niedergang der städtischen Wirtschaft zur Folge, der sich vor allem im Wei-Tal und in Nord-Hunan bemerkbar machte. Mit dem Zusammenbruch des Staates und dem Sieg der Heerführer war dieser wirtschaftliche Verfallsprozeß, der auf den großen Aufschwung des Handwerks und des Städtewesens der Han-Zeit folgte, eines der Symptome, die eine neue Periode ankündigten. Am Ende der Han-Zeit begann schon das chinesische »Mittelalter«.

IV. KAPITEL
DIE KULTUR DER HAN-ZEIT

Die scholastische Philosophie der Fünf Elemente

In der Han-Zeit kam es zum Durchbruch einer Denkweise, die offenbar in der Interpretation der Omina und in den okkulten Wissenschaften vorherrschend war. Es handelt sich um eine Art von Scholastik, beruhend auf einem System von räumlich-zeitlichen Wechselbeziehungen, die eine umfassende Erklärung der Welt liefern. Man nennt sie die Lehre des *yin,* des *yang* und der Fünf Elemente *(yinyang wuxing shuo)*. Die fünf Elemente und die weiblichen *(yin)* und männlichen *(yang)* Kräfte folgen als Seinsweisen oder Grundenergien in Phasen des Wachstums, des Höhepunkts und des Abnehmens aufeinander. Diese Vorstellungen gingen von den Wahrsageschulen des Altertums aus, welche die 64 Hexagramme und die 8 Trigramme interpretierten, und wurden zur Zeit der Kämpfenden Staaten, hauptsächlich in Shandong, systematisiert. Der berühmteste Theoretiker war Zou Yan (305-240) von Qi, der sein Interpretationssystem offenbar auf sämtliche Wissensgebiete ausdehnte: auf die Astronomie, Sternwahrsagekunde, Geographie, Geschichte und Politik. In seiner Grundthese setzt Zou Yan die Aufeinanderfolge der Regierungen zu derjenigen der fünf Elemente in Beziehung, nach einer Reihenfolge, bei der das Alte vom Neuen zerstört wird: Erde – Holz – Metall – Feuer – Wasser.

Diese Theorien herrschten zum Zeitpunkt der Einigung der chinesischen Länder durch das Qin-Reich vor. Sie finden sich in einem Kapitel des Buchs der Riten, nämlich im *Yueling,* dessen Text im *Lüshi chunqiu (Frühling und Herbst des Lü Bu-We)* wieder aufgenommen wird, einem Werk, das als Ausdruck eines Gesamtwissens, einer Synthese aller Schulen galt. Es wurde von den Klienten Lü Buweis verfaßt, eines reichen Kaufmanns aus Henan, der Berater der Fürsten von Qin und später, bis 237, Minister des Ersten Kaisers war. Lü Buwei hatte eine Art Privathof um sich versammelt, der nahezu 3000 begabte Männer aus Qi, der Heimat von Zou Yan, sowie taoistische Magier aus Zhao und Chu umfaßte. Aber das ist noch nicht alles: das ganze neue Ritual des Qin-Reichs beruhte auf den Theorien der Fünf-Elementenlehre und dem System der Wechselbeziehungen zwischen den Elementen, Himmelsrichtungen, Planeten, Farben, Tönen der Scala, moralischen Eigenschaften, Geschmacksempfindungen, Gefühlen, inneren Organen usw. Da die Gründung der neuen Dynastie den Sieg der Urkräfte des Wassers über das Feuer bedeutete, unter dem die Zhou-Dynastie gestanden hatte, mußten alle Institutionen des Kaiserreichs mit dieser neuen Kraft harmonieren: sie war es, die die schwarze Farbe der Fahnen vorschrieb, die Strenge der Gesetze und den ständigen Rückgriff auf die Zahl sechs rechtfertigte, die sogar die Länge von Verträgen und die Form der Zeremonialhüte bestimmte.

Die Vielfalt der Traditionen

Man hat immer wieder die Erneuerung des »Konfuzianismus« betont, zu der es nach der Zeit des Obskurantismus im legalistischen Qin-Reich gekommen sein soll. Es stimmt, daß unter den Han das Studium der Klassiker systematisch vom Staat gefördert wurde. Die Klassik wurde zur Quelle einer offiziellen Ideologie, deren

Orthodoxie nun festgelegt werden mußte. Schon im Jahr –136 wurde ein Kreis von »umfassend gebildeten Spezialisten der fünf Klassiker« *(wujing boshi)* gegründet. Diese Gruppe, die unter Kaiser Wu (141-87) fünfzig Mitglieder, unter Zhaodi (87-74) hundert, unter Xuandi (37-7) zweihundert Mitglieder zählte, wuchs unter der Späteren Han-Dynastie noch weiter an und übte auf den Hof und auf das politische System einen bedeutenden Einfluß aus. Es stimmt auch, daß auf dem Gebiet der öffentlichen Moral die Han Gewicht legten auf die Tugend der kindlichen Pietät und der Ehrfurcht vor den Altersklassen. Die kindliche Liebe wurde zu einem der Auswahlkriterien für Beamte, und Handlungen, die gegen sie verstießen, zogen eine strenge Bestrafung nach sich. Dorfversammlungen zu Ehren des lokalen Erdgottes wurden gefördert, weil man in ihnen ein Mittel zur Stärkung des sozialen Zusammenhalts und zur öffentlichen Sichtbarmachung der Hierarchien sah, die auf dem Alter und auf vom Staat verliehenen Titeln gründeten (was im übrigen wohl ganz der legalistischen Tradition entsprach).

Aber man muß sich vor kategorialen Unterscheidungen hüten, die dem Geist dieser Epoche widersprechen würden: es ist sehr schwierig, am Ende der Zeit der Kämpfenden Staaten und im 1. Jahrhundert der Han-Zeit zwischen Spezialisten des *yin* und *yang,* Magiern, Taoisten oder Kennern des alten Schrifttums der Zhou-Zeit – d. h. Gelehrten, die mit verschiedenen Namen wie *fangshi, shushi, daoren, ru* bezeichnet wurden – zu unterscheiden. Der Erste Kaiser, der Rhetoriker, Sophisten und Theoretiker vertrieben hatte, behielt dennoch ein Kollegium von siebzig Vertretern verschiedener Schulen der Zeit der Kämpfenden Staaten bei, das schon als Vorstufe der Kaiserlichen Akademie der Han gelten kann. Und man könnte mit gutem Recht behaupten, daß die Kaiser und die herrschenden Schichten dieser Epoche sich ebenso sehr für taoistische Techniken und Theorien begeisterten, wie sie darauf bedacht waren, eine »konfuzianische« Orthodoxie aufzubauen.

Die taoistische Strömung, die unter dem Ersten Kaiser so stark war, lebte unter den Han fort. Der Glaube an die Geheimnisse des langen Lebens, die mit Hilfe verschiedener Techniken (Alchimie, Diätpraktiken, sexuelle Praktiken, Atemübungen, Gymnastik usw.) ein Überleben des Körpers ermöglichen, an die Existenz Unsterblicher, die im Laufe der Zeit in verschiedener Gestalt auftreten, an die Existenz der Inseln der Seligen in den östlichen Meeren war weit verbreitet. Die taoistischen Magier *(fangshi)* von Shandong und von den Küsten Hebeis bewahrten am Hof der Han das Prestige, das sie unter dem ersten Qin-Kaiser genossen hatten. Der Taoismus stand in der Gunst des Kaisers Huidi (195-157), der Kaiserin Dou, der Gemahlin von Wendi (180-157), von Gelehrten wie Lu Jịa (unter Gaozu, 206-157), des Autors des *Xinyu,* eines Werkes, in dem die metaphysischen Ursachen des Sturzes der Qin und des Siegs der Han dargelegt werden, von Sima Tan, dem Vater Sima Qians, oder noch später von Yang Xiong (–53 bis +18), der ein taoistisches Werk mit dem Titel *Taixuan* (Höchstes Geheimnis) verfaßte. Gegen Ende des zweiten vorchristlichen Jahrhunderts stand die taoistische Philosophie am Hofe des Fürsten Liu An von Huainan in hohem Ansehen.

Bekannt ist auch die Rolle und die Bedeutung religiöser Formen des Taoismus im Volk. Die letzten und stärksten taoistischen Bewegungen, die der Gelben Turbane und der Sekte der Fünf Reisscheffel, am Ende des 2. Jahrhunderts nach Chr., zeichneten sich nicht nur durch einen Glauben an die Utopie eines tausendjährigen Reichs aus, sondern auch durch das Vorhandensein einer organisierten Kirche, eines Kults und einer Morallehre. Der Einfluß dieser Volksströmungen aber drang durch diejenigen Angehörigen des Kaiserpalastes an den Hof der Han, die aus dem Volk stammten, nämlich die Kaiserinnen und kaiserlichen Konkubinen. Einige Jahre vor dem Beginn des Aufstands der Gelben Turbane wurde dort der Huanglao-Kult eingeführt, und der Taoismus trat als politische Theorie auf, die das Ziel einer vollkommenen sozialen Harmonie vertrat, wie sie im Terminus »Großer Friede« *(taiping)* ihren Ausdruck findet.

Daher ist es nicht richtig, von einer Vorherrschaft des »Konfuzianismus« zu sprechen, vielmehr muß der eklektische Charakter des geistigen Lebens der Han-Zeit unterstrichen werden.

Der Aufschwung der esoterischen Interpretationen

Am bemerkenswertesten ist, daß die Scholastik der Fünf Elemente das gesamte Denken dieser Zeit durchdrang. Auch in dieser Hinsicht besteht kein Bruch, sondern eine Kontinuität zwischen der Qin-Zeit und der darauffolgenden Periode. Und wenn von einer Erneuerung des Studiums der Klassiker und des »Konfuzianismus« gesprochen werden darf, so steht diese Erneuerung unter dem Zeichen der *yin*- und *yang*-Theorien, und ist daher zutiefst eigenständig.

Die Scholastik der Fünf Elemente sollte die Grundlage einer neuen Interpretation der klassischen Schriften werden, die mündlich überliefert worden waren und im 2. Jahrhundert vor Chr. wieder auftauchten. Der Gründer dieser neuen Schule der Exegese war Dong Zhongshu (ca. 175-105), dessen Hauptwerk, das *Chunqiu fanlu,* gleichzeitig eine Auslegung des *Chunqiu,* der Annalen von Lu, und ihres Kommentars von Gongyang, wie auch eine Darlegung der eigenen Theorien ist. Seine grundsätzlichen Anregungen bezieht Dong Zhongshu aus der scholastischen Philosophie des *yin, yang* und der Fünf Elemente, die als Stützen des Universums sittliche, soziale und politische Prinzipien darstellen.

Nach damaligen Vorstellungen enthalten die Klassiker, diese von bedeutenden Weisen verfaßten ehrwürdigen Werke, ein geheimes Wissen. Ihre Auslegung konnte daher nur Sache von Spezialistenschulen sein, in denen ihr verborgener Sinn von Generation zu Generation weitergegeben wurde. Als eine Art von Kabbalistik leisteten die kosmologischen Theorien, die seit der Zeit Zou Yans hoch im Ansehen standen, dem Bedürfnis nach einer Synthese und einer allgemeinen Erklärung, das für die damalige Zeit typisch zu sein scheint, und gleichzeitig den Hauptanliegen der Interpreten der Klassiker Genüge. So wird verständlich, warum diese wegen ihrer übermäßigen Knappheit oft dunklen Texte schon sehr früh als Sammlungen von Prophezeiungen angesehen wurden und warum sich unter der früheren Han-Dynastie die esoterischen Kommentare *(chanwei)* vermehrt haben. In den *chanwei* wimmelt es von Zahlenspekulationen, von glückbringenden und unheilvollen Vorzeichen, von Bezügen zwischen Himmelsabteilungen und Weltengegenden *(fenye),* von historischen Ereignissen und Dynastiefolgen. Große Bedeutung wird den symbolischen Darstellungen von Himmel und Erde (den *tu*) beigemessen. Zu den berühmtesten von ihnen, der »Schrift vom Luo«, die dem Kaiser Yu von einer göttlichen Schildkröte überbracht wurde, und der »Karte vom Fluß«, die dem mythischen Kaiser Fuxi von einem Pferde-Drachen aus dem Gelben Fluß geschenkt wurde, existieren zwei wichtige esoterische Kommentare (das *Hetuwei* und das *Luoshuwei*).

Die Mode der esoterischen Kommentare und der Prophezeiungen und die Nutzung der Vorzeichen für politische Zwecke scheinen gegen Ende der Früheren Han-Dynastie, um den Beginn unserer Zeitrechnung, ihren Höhepunkt erlebt zu haben. Diese Tendenz blieb nicht ohne Auswirkungen auf die Wissenschaft. Zwar hatte man schon sehr früh Wert auf die Beobachtung von Naturerscheinungen gelegt, aber erst vom Jahr –28 an wurden die Sonnenflecken systematisch aufgezeichnet, ein Material, das für die heutige Astronomie nicht ohne Interesse ist. Ebenfalls zur Han-Zeit, im Jahre +132, wurde der erste Seismograph der Weltgeschichte erfunden; dieser von Zhang Heng erdachte Apparat sollte theoretisch die Lokalisierung von Erdbeben ermöglichen, die als Zeichen einer Störung in der Ordnung der Natur aufgefaßt wurden. Er soll ein Erdbeben in Gansu angezeigt haben. In der Han-Zeit wurden auch rasche Fortschritte in der Konstruktion astronomischer Apparate gemacht, von der Erfindung der Äquatorialarmilla durch Geng Shouchang (um 75-49), die im Jahr –52 dem Kaiser vorgeführt wurde, bis zur Armillarsphäre von Zhang Heng, mit Äquatorialkreis, Ekliptik, Meridian- und Horizontkreis, die aus dem Jahr 124 stammt, und der im Jahr 132 ein von einer Klepsydra kontrollierter Mechanismus mit täglicher Umdrehung hinzugefügt wurde.

Beziehungen der scholastischen Philosophie zur Wirklichkeit ihrer Zeit

Da die Scholastik der Fünf Elemente – oder zumindest ihre Kategorien und grundlegenden Oppositionen – einen beherrschenden Einfluß auf das Denken der Zeit ausübte, findet sie sich bei den Interpreten der Omina, den Kommentatoren der Klassiker, den Philosophen taoistischer Tradition (das *Huainanzi,* eine Sammlung taoistischer und mystischer Tendenz, die Ende des zweiten vorchristlichen Jahrhunderts verfaßt wurde, ist davon ebenso durchdrungen wie die Werke von Dong Zhongshu), und sogar bei denjenigen Denkern, die die Mißbräuche des Esoterismus und die Übertreibungen des Aberglaubens verurteilen.

Man kann sich die Frage nach den Ursachen dieses Erfolgs stellen: möglicherweise wurde die Entstehung einer Scholastik, die Anspruch auf eine totale Erklärung der Welt erhebt, durch die politischen Verhältnisse begünstigt. Mit der Schaffung des Kaiserreichs, der Ersetzung der ehemaligen Fürstenstaaten durch Verwaltungskreise und dem Untergang des Ahnenkults der Staatsoberhäupter wurde die Regierung jeglicher religiöser Fundierung beraubt. Daher ist die Annahme nicht unwahrscheinlich, daß sie das Bedürfnis hatte, sich auf eine Kosmologie mit magischem Charakter zu stützen, deren Elemente dem archaischen Denken entnommen waren und nun in – im übrigen veränderliche – Systeme integriert wurden. Der Theorie, die die Aufeinanderfolge der fünf Urkräfte durch die Zerstörung der alten Eigenschaft durch eine neue erklärt, stand jene gegenüber, die jede Eigenschaft aus der vorhergehenden entspringen läßt. Wenn es auch einer sehr alten Tradition entspricht, die Tätigkeit des Fürsten als Ordnen des Kosmos aufzufassen, so war unter dem Kaiserreich der Rahmen doch ein anderer: hier waren es die festgelegten Gesetze und Verordnungen der Legalisten, die die magisch-religiöse Bedeutung der alten Riten annahmen. Der Erste Kaiser verstand sich selbst als Demiurg: er hatte der Welt Form verliehen, indem er ihr Normen, Längen- und Hohlmaße, eine neue Schrift gab und indem er durch die Schaffung einer kontinuierlichen Hierarchie von Ehrenrängen und die Einrichtung einer Stufenleiter von Strafen und Belohnungen die Gesellschaft gestaltete.

Unter dem Einfluß der beherrschenden *yin*- und *yang*-Lehre wurde das System, das die Legalisten als bevorzugtes Instrument der politischen und sozialen Ordnung erdacht hatten, durch eine magisch-religiöse Bedeutung bereichert: Strafen und Züchtigungen sind unheilbringend *(xiong)*, Großzügigkeit und Amnestien sind glückbringend *(ji)*; Aufgabe des Kaisers ist es, strenge und milde Maßnahmen richtig zu dosieren, damit weder übermäßiges Unheil, noch übermäßiges Heil die Harmonie des Kosmos in Gefahr bringen. In einem Reich, das als universales Reich aufgefaßt wurde, waren der Herrscher und seine Beamten in ihren Kommandanturen und Präfekturen Inspiratoren und Verantwortliche einer totalen Ordnung, die ihren Ausdruck in reichen Ernten, im guten Einverständnis zwischen den Menschen, und im Fehlen von Naturkatastrophen, Kriegen und Plünderungen fand.

Rivalitäten zwischen den Schulen und gegensätzliche Tendenzen

Aus der Vielfalt der Schrifttraditionen und der Exegetenschulen der Früheren Han-Zeit schälten sich bald zwei einander entgegengesetzte Haupttendenzen heraus. Während die Mehrzahl der Exegeten sich auf mündlich überlieferte Texte stützte, die in der zeitgenössischen Schrift aufgezeichnet worden waren *(jinwen)*, wurden nun Abschriften der Klassiker gefunden, die vor dem Kaiserreich in alter Schrift *(guwen)* geschrieben worden waren. Diese archäologischen Entdeckungen lösten einen Streit aus, der weit über die Frage der Authentizität der Texte hinausreichte und dessen Nachwirkungen bis mitten ins 19. Jahrhundert hinein spürbar blieben. Der erste große Fund sollte, nach der Auffassung der einen, auf die Zeit des Kaisers Jingdi (156-140) zurückgehen, während er nach der Meinung anderer erst aus dem Jahr +93 stammte: es wurden Kopien neuerer Fassungen des *Shangshu* (Buch der Urkunden), des *Liji (Li Gi, das Buch der Sitte des älteren und jüngeren Dai)*, des *Lunyu* (Gespräche des Konfuzius) und des *Xiaojing* (Klassiker der kindlichen Pietät) in einer Mauer von Konfuzius' Wohnhaus gefunden. Als erster interessierte sich für diese Texte, deren Entzifferung offenbar mit Schwierigkeiten verbunden war, Kong Anguo, ein Nachkomme aus Konfuzius' Familie, der unter Kaiser Wudi (141-87) lebte. Sehr bald jedoch scheinen die Spezialisten der in alten Schriftzeichen geschriebenen Texte sich mit all denjenigen umgeben zu haben, die kabbalistische Interpretationen ablehnten und sich dagegen verwahrten, in den Klassikern eine Sammlung von Prophezeiungen zu sehen. Wenn man wohl die Verfechter der in neuer Schrift geschriebenen Texte der kosmologischen Tradition und Orakeltradition des Staates Qi zuordnen kann, zu deren berühmtesten Vertretern Zou Yan zählt, so gehören ihre Gegner eher der moralisierenden und ritualistischen – aber auch oft rationalistischen – Tendenz des Staates Lu an, der Heimat des großen Weisen. Diese neuen Tendenzen sollten sich jedoch erst später durchsetzen. Während der Diskussionen, die im Jahr –51 am Hof zwischen den Vertretern der gegnerischen Schulen stattfanden, gewannen die Interpretationen von Dong Zhongshu die Oberhand, und am Ende der Früheren Han-Zeit gab es nur vereinzelte Verfechter der *guwen*-Tradition, darunter Liu Xin (–32? bis +23), kaiserlicher Bibliothekar und bedeutender Herausgeber von Texten, die aus der Zeit vor der Einigung Chinas als Kaiserreich stammen. Damals bezogen sich die gegensätzlichen Meinungen nicht mehr nur auf abweichende Fassungen derselben Texte, sondern auch auf Werke mit unterschiedlichen Lehren. So ist der Gongyang-Kommentar der »Annalen von Lu« wegen des Interesses, das Dong Zhongshu ihm entgegengebracht hatte, und wegen seines esoterischen Hintergrunds typisch für die *jinwen*-Schule, während die große Chronik des Zuo Qiuming, das *Zuozhuan,* das als Kommentar zu den »Annalen von Lu« angesehen wird, und das *Zhouli* (Riten der Zhou) charakteristisch für die *guwen*-Schule sind. Die Tatsache, daß die Verfechter der *guwen*-Tradition vom Usurpator Wang Mang begünstigt wurden, sollte ihnen zum Zeitpunkt der Han-Restauration schaden; dennoch gewann diese Bewegung bald an Bedeutung und die berühmtesten Kommentatoren der Späteren Han-Zeit stützten sich auf Texte in alter Schrift: so Jia Kui (30-101), Kommentator des *Zuozhuan,* des *Zhouli* und des *Guoyu* (Gespräche über Staaten), Ma Rong (79-166), der unter anderem eine vergleichende Untersuchung der drei Kommentare zu den »Annalen von Lu« verfaßte *(Chunqiu sanzhuan yitong shuo),* und der berühmte Zheng Xuan (127-200), dem wir Kommentare des *Shijing* (Buch der Lieder), des *Yili,* des *Zhouli,* des *Liji,* des *Lunyu* und des *Shangshu* verdanken. Der einzige bedeutende Vertreter der *jinwen*-Tradition unter der Späteren Han-Dynastie war He Xiu (129-182), der über den Gongyang-Kommentar arbeitete; Zheng Xuan widerlegte jedoch seine Theorien. Die zuerst wieder gesammelten Texte in alten Schriftzeichen setzten sich nach der Han-Zeit durch, und zwar hauptsächlich bei den Liu-Song in den Jahren 457-465 und den Liang in den Jahren 502-520 im Yangzi-Gebiet, später im Reich der Sui (589-618). Der Sieg der *guwen*-Schule führte zum fast vollständigen Verschwinden der umfangreichen esoterischen Literatur der Han-Zeit; erst im 18. und 19. Jahrhundert machten sich gewisse Gelehrte und Philosophen daran, die in Vergessenheit geratene Tradition zu rehabilitieren: die Tradition, die von den Werken Dong Zhongshus, dem Gongyang-Kommentar zu den »Annalen von Lu« und von den Schriften von He Xiu vertreten wird.

Die Entzifferung der in alter Schrift geschriebenen Texte war zweifelsohne Ausgangspunkt eines erneuten Interesses für die Epigraphik. Das erste chinesische Wörterbuch – denn das *Erya,* ein noch vor dem Kaiserreich erschienenes Werk unbekannten Entstehungsdatums, das eine Art von Enzyklopädie mit einer Reihe von Glossen darstellt, kann nicht als Wörterbuch bezeichnet werden – erschien um +100: es handelt sich um das *Shuowen jiezi* von Xu Shen, in dem die einfachen und zusammengesetzten Zeichen der noch relativ archaischen Schrift analysiert werden, die Li Si vor der Einigung Chinas als Kaiserreich geschaffen hatte. Das Werk enthält 9 353 Zeichen, die auf 540 Klassifikatoren verteilt sind.

Die rationalistische Reaktion, die sich vom Ende der Früheren Han-Zeit an abzeichnete, muß wohl mit den Tendenzen der Anhänger der Alttextschule in Verbindung gebracht werden. Ihre Vertreter waren Männer wie Yang Xiong (–53 bis +18), Verfasser von *fu* und Spezialist des *Buches der Wandlungen,* Huan Tan (Anfang des 1. Jh. nach Chr.), ein Musiker und Naturalist, und vor allem Wang Chong (27-97), der Autor eines großen Werks, des *Lunheng,* das den Aberglauben der Zeit kritisiert. Wohl blieben diese Denker dem geistigen Rahmen ihrer Zeit verhaftet (dem System der Wechselbeziehungen, dem Gegensatz zwischen *yin* und *yang,* Erde und Himmel usw.), aber es ist ihnen ein scharfer Blick für logisches Denken und eine ausgeprägte Vorliebe für rationale Erklärungen nicht abzusprechen. Wang Chong zeigt lebhaftes Interesse für Fragen der Physik, der Biologie und der Genetik. Wenn er sich auch manchmal auf die Autorität der Alten beruft, greift er doch gern zu Argumenten, die sich auf die Erfahrung stützen und bemüht sich, die Erscheinungen allein durch natürliche Ursachen zu erklären. Er ist, wie Huan Tan, Materialist und leugnet das Weiterleben nach dem Tode: ebenso wie das Feuer Brennstoff benötige, könnten der Geist, die Sinne und die Wahrnehmung nicht unabhängig vom Körper existieren. Er kritisiert den Begriff des individuellen Schicksals *(ming),* an den man zu seiner Zeit fest glaubte, und sieht in der Vielfalt der menschlichen Schicksale das Ergebnis dreier unabhängiger Faktoren: der angeborenen körperlichen und geistigen Veranlagungen, des Zufalls der Umstände und Wechselfälle, aber auch – und damit zeigt Wang Chong, wie sehr er der Gefangene seiner Zeit bleibt – der Einflüsse der Gestirne, die von der Geburt an auf das Individuum einwirken.

Der Höhepunkt der klassischen Gelehrsamkeit und die geistige Erneuerung am Ende der Han-Zeit

Unter der Späteren Han-Dynastie kam es zu einer nie dagewesenen Blüte des Studiums der Klassiker, mit hervorragenden Kommentatoren wie Ma Rong (79-166), dem Verfasser einer vergleichenden Untersuchung der drei Kommentare der »Annalen von Lu« *(Gongyangzhuan, Guliangzhuan* und *Zuoshizhuan),* und dem bedeutenden Gelehrten Zheng Xuan (127-200). Im Jahr 175 wurde der von Cai Yong (133-192) zusammengestellte Text der sechs Klassiker *(Yi, Shi, Shu, Chunqiu, Li, Yue)* in der Hauptstadt in Stelen eingraviert. So günstige Umstände sollten erst sehr viel später wieder eintreten: das Studium der Klassiker und der »Konfuzianismus« gingen von da an einer Periode des Verfalls und der Lethargie entgegen, die praktisch bis zum Aufkommen einer neuen ethischen und metaphysischen Philosophie im 11. Jahrhundert dauerte.

Die politische und soziale Krise der ausgehenden Han-Zeit begünstigte schon die Entstehung neuer Tendenzen, die durch eine Rückkehr zu den Traditionen der Zeit der Kämpfenden Staaten gekennzeichnet waren: zum philosophischen Taoismus des *Zhuangzi* und des *Laozi,* zum Nominalismus, zur Dialektik der Schule des Mozi, zum Legalismus. Wie im 4. und 3. Jahrhundert scheinen zwei antithetische Haltungen die Denker zu scheiden: einerseits der Rückzug auf sich selbst und andererseits das Streben nach einer auferlegten Ordnung, was der Wahlmöglichkeit zwischen Anarchie und Diktatur entspricht. So stellt das *Qianfulun* des Wang Fu (ca. 90-165), dessen Titel (Worte eines Eremiten) schon die Ablehnung des Engagements in einer korrumpierten Welt zum Ausdruck bringt, eine Kritik der politischen Sitten der Zeit und der übermäßigen Bedeutung dar, die dem Handel und dem Handwerk beigemessen wurde. Hier ist schon der wiederauflebende Einfluß der legalistischen Theorien spürbar. Aber das *Zhenglun* (Abhandlung über Politik) von Cui Shi (ca. 135-170) ist in noch höherem Maß das Werk eines überzeugten Verfechters einer Stärkung der Staatsmacht durch die Anwendung drakonischer Gesetze, die rechtliche oder faktische Privilegien unberücksichtigt lassen.

Die neuen Tendenzen, die sich gegen Ende der Han-Zeit offenbarten, sollten sich im 3. und 4. Jahrhundert entfalten, zum Zeitpunkt, als die große religiöse Bewegung entstand, die das gesamte Denken des chinesischen Mittelalters beherrschte. Das China des 4. bis 8. Jahrhunderts war ein China buddhistischer Kultur.

Die neue Auffassung von der Geschichtsschreibung als Synthese und als politische und sittliche Reflexion

Der langsame Fortschritt der Historiographie seit dem Beginn der Reichsannalen und der Zeit der ersten Bronzeinschriften (9.-8. Jh.) führte um das Jahr –100 zu einer Synthese, die das Werk eines der größten Historiker Chinas war: Das *Shiji* (Historische Aufzeichnungen) von Sima Qian (135?-93?), der das Werk seines Vaters Sima Tan fortsetzte, baut auf dem Gesamtwissen der Zeit vor ihm auf und wird gleichzeitig zum ersten Modell einer langen Reihe offizieller Dynastiegeschichten, deren Tradition bis in die Mandschu-Zeit reicht. Sima Qian übernahm den exakten chronologischen Rahmen der Reichsannalen (Aufzeichnung nach dem Tag, Monat und Jahr der Regierungszeit), der den Werken der chinesischen Historiographen, von den ersten datierten Ereignissen im Jahr –841 an bis in die neueste Zeit, ihre bemerkenswerte Genauigkeit verleiht. Auch übernahm er die alte Gewohnheit, die feierlichen Akte der Königsmacht buchstabengetreu wiederzugeben. Und schließlich machte er sich so weit wie möglich die Kunst der Erzählung, der Anekdote und der Rhetorik zu eigen, die in der Diplomatie und in den Wortgefechten zwischen den verschiedenen Schulen zur Zeit der Kämpfenden Staaten entstanden war. So wurde zur Han-Zeit eine nicht unbedeutende mündliche Literatur, die noch nicht ganz in Vergessenheit geraten war, aufgezeichnet: die große Chronik des Zuo Qiuming, die bald darauf als Illustration und Kommentar der »Annalen von Lu« diente, die »Pläne« (oder besser gesagt »Bambusschriften«) der Kämpfenden Staaten *(Zhanguoce)* und das *Guoyu* (Gespräche der Staaten). Sima Qian, dessen Stil zu den schönsten der chinesischen Literaturgeschichte gehört und der ein Meister der Synthese war, entwarf zum ersten Mal, mit Hilfe von mündlichen Überlieferungen, Texten, Archiven sowie zeitgenössischen Aussagen, ein Gesamtgemälde der Geschichte der chinesischen Welt von ihren Ursprüngen an. Das *Shiji* (Historische Aufzeichnungen), ein Werk politischer und ethischer Reflexion, hat die Verfasser der späteren großen Dynastiegeschichten beeinflußt, angefangen von der »Geschichte der Han-Dynastie« *(Hanshu)*, die gegen +82 von Ban Gu und seiner Schwester Ban Zhao vollendet wurde. Daher findet man in diesen Werken die Gliederung Sima Qians in drei Hauptteile wieder: in Annalen der Herrscher, Abhandlungen (über Riten, Musik, Astronomie, Verwaltung, Geographie, Heer, Kanäle, Wirtschaft, Recht usw.) und in Biographien, die wertvolle Informationen über fremde Länder enthalten.

Die chinesische Prosa erreichte ihre volle Reife mit den großen Schriftstellern wie

Sima Qian, Jia Yi (201-168) oder Dong Zhongshu (ca. 175-105), die Historiker oder Verfasser politischer Essays oder Throneingaben waren. Diese Prosa, die sich in gleichem Maße für Darstellung, Berichte und Reden eignet, ist zu Recht berühmt wegen ihrer kraftvollen und eleganten Prägnanz, ihrer Geschmeidigkeit und Suggestivkraft. Sie scheint sich sämtliche Erfahrungen zu eigen gemacht zu haben, die zur Zeit der Kämpfenden Staaten in den verschiedensten Genres erprobt worden waren. Diese Prosa haben um das Jahr 800 Liu Zongyuan und Han Yu auferstehen lassen; auch wurde sie von den Schriftstellern der Ming- und Qing-Zeit nachgeahmt.

Eine höfische Literatur

Die Fürstenhöfe des zweiten vorchristlichen Jahrhunderts, hauptsächlich diejenigen von Liang, Wu und Huainan, waren wie der Kaiserhof Zentren geistiger, literarischer, wissenschaftlicher und künstlerischer Aktivität und erinnern in gewisser Hinsicht an die Fürstentümer der Zeit der Kämpfenden Staaten. Fürsten und Kaiser umgaben sich mit einer Klientele von Gauklern, Akrobaten, Musikern, Wahrsagern, Literaten und Gelehrten. Die Klienten des Fürsten Liu An von Huainan, der im Jahr –122 als Rebell hingerichtet wurde, haben ein taoistisches Werk mit dem Titel *Huainanzi* verfaßt; dieses Werk stellt jedoch mit seiner Tiefgründigkeit und Ernsthaftigkeit eine Ausnahme dar. Die allgemeine Tendenz gilt den Zerstreuungen und Verfeinerungen des Hoflebens und erklärt den Erfolg einer literarischen Gattung, die zwischen dem 2. Jahrhundert vor Chr. und dem 3. Jahrhundert nach Chr. ausgiebig gepflegt wurde: des *fu*. Es ist von lyrischen Gedichten des Staates Chu (den *Chuci*) abgeleitet und stellt eine Art von Beschreibung in rhythmischem Stil dar, die oft ziemlich umfangreich ist und und sich die Jagd, die Parks, die Paläste und Spiele der Fürstenhöfe und des Kaiserhofs zum Thema nimmt. Dieses Genre, das von der chinesischen Tradition nicht zur Poesie gezählt wird, ist außerdem gekennzeichnet durch seine Übertreibungen, seine Hyperbeln, seine Lyrik sowie seine Preziosität und seinen gelehrten und erlesenen Wortschatz. Zur Han-Zeit wurde es so sehr geschätzt, daß es kaum einen bekannten Literaten gab, der sich nicht darin versuchte. Die berühmtesten Verfasser von *fu* waren Jia Yi (200-168), der während eines Exils in Hunan die Inspiration zu seinem Werk aus der Erinnerung an den großen Qu Yuan schöpfte, Sima Xiangru (179? bis 117) aus Sichuan, dessen *fu* später häufig imitiert wurden, Yang Xiong (–53 bis +18), ebenfalls aus Sichuan, der Historiker Ban Gu (32-92), der das berühmte »Fu der beiden Hauptstädte« *(Liangdufu)* schrieb, das später von dem Astronomen Zhang Heng (78-139) in seinem *Erjingfu* nachgeahmt wurde.

Diese Verfeinerung steht nicht im Widerspruch zu einer ausgeprägten Vorliebe für Volkslieder und Volksmusik und für alles Exotische aus fremden Ländern, die sich seit der großen Expansion unter Wudi zeigte. Das Reich der Han, das von Männern aus dem Volk gegründet wurde, hat lange Zeit die Spuren seines plebejischen Ursprungs bewahrt. Im Hinblick auf die Komposition neuer Hymnen für den kaiserlichen Ahnentempel wurde unter Wudi eine Musikbehörde *(yuefu)* geschaffen, die die Aufgabe erhielt, volkstümliche und exotische Lieder und Musik zu sammeln. So konnten Themen von Volksliedern, Tänze, Melodien und Musikinstrumente aus Zentralasien in großem Maßstab in die gebildeten Kreise der Zeit eindringen. Diese Institution, die im Jahr –7 unter dem Druck orthodoxer neuerungsfeindlicher Literatenkreise abgeschafft wurde, sollte aber auf die Entwicklung der chinesischen Dichtkunst einen tiefgreifenden Einfluß ausüben: im Laufe des 1. und 2. Jahrhunderts nach Chr. tauchte ein neues lyrisches Genre auf, das »antike Gedicht« *(gushi)* mit Verszeilen aus fünf Schriftzeichen (vom Ende der Späteren Han-Zeit an aus sieben Schriftzeichen). Dieses Genre, das anfänglich seine Themen aus Volksliedern schöpfte, sollte eine große Zukunft haben und im Laufe einer langen Entwicklung zum regelmäßigen Gedicht *(lüshi)* werden, dessen Regeln in der Tang-Zeit (7. Jh.) festgelegt wurden. Die wunderbaren »Neunzehn antiken Gedichte« *(Gushi shijiushou)* stellen den ersten Markstein in der Geschichte der klassischen chinesischen Dichtkunst dar.

Die Kraft und Lebendigkeit der Kunst der Han-Zeit erklärt sich aus dem starken Einfluß der Volkstraditionen, des magischen und religiösen Taoismus und der fremden Kulturen. Diese Eigenschaften finden sich auch in den Wandmalereien wieder, die in Korea, in der Mandschurei, in Hebei und Shandong endeckt wurden, in den Szenen und Figuren, die in den Gräbern, Tempeln und Säulenhallen aus Stein gehauen wurden (Skulpturen aus Shandong, Sichuan und Henan), und in den sehr realistischen und lebendigen Grabstatuetten (Darstellungen von verschiedenen Persönlichkeiten und Gebäuden).

TEIL 3
DAS MITTELALTER

Die Periode, die mit dem Ende der Han-Zeit begann, ist in verschiedener Hinsicht unserem europäischen Mittelalter vergleichbar. Von Anfang an war sie bestimmt durch den Niedergang des Staates, durch den Zusammenbruch der städtischen Wirtschaft, durch die Zersplitterung des Reiches. Während aber Nordchina, der damals reichste und am dichtesten besiedelte Teil Chinas, schon zu Beginn des 4. Jahrhunderts in mehrere Reiche zerfiel, deren herrschende Schicht barbarischer Herkunft war, bildete sich im Yangzi-Tal eine mächtige und auf ihre Privilegien bedachte Aristokratie heraus, die der Zentralmacht ihren Willen aufzwang. Im Geistesleben geriet die in der Han-Zeit vorherrschende Philosophie völlig in Vergessenheit, und die klassische Bildung wurde nicht mehr gepflegt; dagegen dominierten individualistische Strömungen und eine rein ästhetische Literatur- und Kunstauffassung. Das China jener Zeit war auch eine Periode starker Religiosität, und man könnte in gleichem Sinne wie vom christlichen europäischen Mittelalter vom buddhistischen chinesischen Mittelalter sprechen.

Damit erschöpfen sich jedoch die Analogien zwischen Europa und China. Denn schon Mitte des 5. Jahrhunderts entstand in Nordchina wieder ein zentralisierter Staat, und die Epoche der Südlichen Dynastien im Yangzi-Tal war auf den Gebieten der Literatur, der Kunst und der Philosophie eine der blühendsten der gesamten chinesischen Geschichte. Andererseits führte vom Ende des 5. Jahrhunderts an das Aufblühen des Handels zum raschen Verfall der Aristokratie im Süden, die im Laufe der Kriege der Mitte des 6. Jahrhunderts unterging, und begünstigte im Norden die Konsolidierung der Staatsmacht. Während der Bruch zwischen der Han-Zeit und der Epoche der Nördlichen und Südlichen Dynastien (317-589) deutlich ist, zog sich das chinesische Mittelalter bis zum »Aristokratenreich« der Sui und der Tang hin. Dieses neue Reich übernahm in seinen Institutionen, herrschenden Klassen, in Literatur und Kunst und in der Religiosität eindeutig das Erbe der Nördlichen und Südlichen Dynastien und setzte es fort.

Chronologische Übersicht über die Periode von 220-589

NORDCHINA	SICHUAN	YANGZI-GEBIET U. SÜDCHINA
	Die drei Reiche (Sanguo) (220-265)	
Wei (Cao-Wei) in Luoyang, 220-265 annektieren Shu-Han im Jahr 263 →	Shu-Han in Chengdu, 221-263	Wu in Nanking, 222-280
	Westliche Jin in Luoyang (265-316) folgen auf die Cao-Wei im Jahr 265 annektieren Wu im Jahr 280 ziehen sich nach Nanking zurück im Jahr 317	
	Die nördlichen und die südlichen Dynastien (Nanbeichao) 317-589	
Die Sechzehn Reiche der Fünf Barbaren, 304-439	Cheng-Han in Chengdu, 304-347	*Die Sechs Dynastien (Liuchao)* nach dem Wu-Reich (222-280), in Nanking Östl. Jin (Dong Jin), 317-420
	← annektieren Sichuan im Jahr 347	
Nördliche Wei (Bei Wei oder Tuoba-Wei), 386-535 einigen Nordchina im Jahr 439; Hauptstadt in Luoyang ab 493		Song (Liu-Song), 420-479 Qi (Nan Qi), 479-502
Nordostchina Östliche Wei (Dong Wei) (534-550) in Ye (S-Hebei) Nördliche Qi (Bei Qi), 550-577 in Ye	*Nordwestchina* Westliche Wei (Xi Wei) (535-557) in Chang'an Die Xi-Wei annektieren im Jahr 553 Sichuan Nördliche Zhou, 557-581 in Chang'an	Liang, 502-557 Chen, 557-589
← annektieren die Bei Qi im Jahr 577		
	Sui 581-618 folgen auf die Bei Zhou in Chang'an im Jahr 581 annektieren Chen (Südchina) im Jahr 589 →	

I. KAPITEL
BARBAREN UND ARISTOKRATEN

Allgemeines

Die Geschichte der Periode zwischen dem Ende der Han-Dynastie und der Wiedervereinigung des Reiches unter den Sui und Tang, das heißt von Anfang des 3. bis zum Ende des 6. Jahrhunderts, ist so komplex, daß es sich empfiehlt, von den unzähligen Ereignissen Abstand zu nehmen, um einige grundlegende Kontinuitäten herauszuarbeiten. Die einen betreffen Nordchina, die anderen das China des Yangzi-Beckens.

1) Seit dem Ende der ersten Han-Dynastie begannen die Nomaden seßhaft zu werden. Dieser Prozeß setzte sich fort in den Reichen, die sich in Nordchina teilten, und in jenen, die es zwischen dem 3. und 6. Jahrhundert zu einigen vermochten. Der langsame und komplexe Übergang der nomadischen Viehzüchter der Inneren Mongolei, der Mandschurei und Nord- und Nordwestchinas zur Seßhaftigkeit ist bis heute eine der großen Konstanten der Geschichte Ostasiens geblieben.

2) Die Tendenz zur Zentralisierung und zum Ausbau des Staates, die offenbar zusammenhing mit der Verteidigung gegen die Einfälle der Steppenvölker, aber auch mit der Notwendigkeit der Kolonisierung, der Landverteilung und der Bewässerung der Trockengebiete, blieb in Nordchina, vor allem im Nordwesten, von der Qin- und Han-Dynastie bis zu den Dynastien der Sui und Tang bestehen. Diese Tendenz war sowohl dem Cao-Wei-Reich als auch den Nördlichen Wei eigen und es scheint, daß die »legalistischen« Traditionen, nach denen der Staat in der Ansiedlungspolitik und in der sozialen und wirtschaftlichen Organisation eine aktive Rolle spielen soll, für Nordchina typisch sind.

3) Eine weitere für die Nordstaaten typische Tendenz ist ihr militärisches Expansionsstreben, das seinen Ursprung in der Bedrohung aus der Steppe hat. Das Cao-Wei-Reich, die »Sechzehn Reiche der Fünf Barbaren« (4. Jh.) im Wei-Tal und in Gansu, die Reiche der Nördlichen Wei und der Nördlichen Zhou im 5. und 6. Jahrhundert, sie alle hatten es auf Zentralasien, auf die Mongolei, die Mandschurei und Korea abgesehen, wie vor ihnen die Qin und Han und nach ihnen die Sui und Tang. Ihre diplomatische und militärische Aktivität zielte darauf ab, das Verteidigungssystem gegen die Steppeneinfälle zu stärken und die großen Handelswege zu kontrollieren.

Auch die Staaten im Süden zeigen Wesenszüge, die bis zum 6. Jahrhundert einigermaßen stabil blieben:

1) Die meisten Gebiete im Süden waren von Ureinwohnern bevölkert: von Stämmen der Thai, Tibeto-Burmanen, Miao-Yao und, möglicherweise, im Inneren auch von Mon-Khmer und an den Küsten von malaiisch-polynesischen Stämmen. Nur die Ebenen des Yangzi-Beckens, die Südküsten der Bucht von Hangzhou und die Ebene von Kanton wurden allmählich von Einwanderern chinesischer Sprache und Kultur besiedelt. Die einheimischen Stämme mit ihren eigenen, unterschiedlichen Kulturen wurden dezimiert, in die Berge zurückgedrängt oder wegen mangelnder Arbeitskräfte und Soldaten zu Requisitionen gezwungen und in die chinesische Armee eingezogen, vom chinesischen Handel durchdrungen und, während sich das

von den Han beherrschte Gebiet ausdehnte, allmählich sinisiert und assimiliert. Die Kontakte zwischen Chinesen und Ureinwohnern führten zu – bis heute noch kaum untersuchten – wechselseitigen Beeinflussungen, deren Ausmaß beträchtlich gewesen zu sein scheint.

2) Da das Yangzi-Becken und Südchina von den Han in mehreren Wellen besiedelt wurden, zog die Rivalität zwischen Neu-Einwanderern und früheren Siedlern Schwierigkeiten nach sich, die erst allmählich beseitigt werden konnten. Die älteren Siedler bemühten sich dabei stets, die Neuankömmlinge nicht hochkommen zu lassen.

3) Die dünne Besiedlung des Yangzi-Beckens und Südchinas, ihre relative Armut (der Handel entwickelte sich erst gegen Ende der Südlichen Dynastien, und Fortschritte in der Technik des Reisanbaus wurden erst unter der Tang-Dynastie, im 7. und 8. Jahrhundert, erzielt), die großen Entfernungen und der koloniale Charakter dieser Gebiete sind Faktoren, die die offenbar erstaunlich stabile sozio-politische Struktur mitbestimmt haben. Die Schwäche der Zentralmacht und die Stärke der großen Familien waren charakteristisch für die zwischen dem Ende der Han-Zeit und dem Sturz der Chen in Nanking bestehenden Reiche. Vom 4. Jahrhundert bis Mitte des 6. Jahrhunderts bildete sich eine Aristokratie von großen Familien heran, die nur untereinander heirateten, die wichtigsten Ämter besetzten und ihre Privilegien von der Zentralmacht bestätigen ließen.

Ein Sonderfall war Sichuan, oder genauer, das Minjiang-Tal, das Rote Becken. Sein Reichtum, der auf der Fruchtbarkeit seines Bodens, auf seinem Klima, seinen Bodenschätzen und seiner Stellung als Handelsknotenpunkt beruhte (die Ebene von Chengdu liegt an der Kreuzung der Handelswege, die nach Yunnan, Burma und Nordostindien, nach Guizhou und Guangdong, ins mittlere Yangzi-Tal, obere Han-Tal und ins Wei-Becken, nach Qinghai und in die Oasen Zentralasiens führen), erklärt, zusammen mit seiner relativen Isolierung von den anderen chinesischen Regionen, die starke Tendenz Sichuans zur Autonomie. Die Ebene von Chengdu war nur durch zwei schwer zugängliche und leicht kontrollierbare Hauptwege mit den ehemaligen Ländern von Chu und Qin verbunden; gegen Norden führten schmale Bergstraßen von Sichuan nach dem Wei-Tal; gegen Osten war der Yangzi-Lauf mit seinen engen Schluchten und gefährlichen Strömungen der einzige Zugang zum mittleren und unteren Yangzi-Tal. Diese besondere Lage macht verständlich, warum Sichuan, obgleich es zahlreiche Perioden völliger Autonomie kannte, bald von Staaten abhing, die im Wei-Tal entstanden, bald von Reichen des mittleren und unteren Yangzi-Tals. Deshalb finden sich dort einerseits Einflüsse Nordwestchinas, andererseits des Yangzi-Tals.

Zwischen den Jahren 25 und 36 während des Aufstandes der Roten Augenbrauen war Sichuan unabhängig. Dann erneut, etwa zwischen 180 und 215, als Zhang Daoling und sein Enkel Zhang Lu dort eine Art Kirchenstaat gründeten. Nach der Epoche der Drei Reiche, während der in Sichuan das Shu-Han-Reich bestand (221-263), erlebte es zwischen 304 und 347 abermals eine Zeit der Autonomie unter der Herrschaft einer Familie von Di-Bergstämmen proto-tibetischer Herkunft, den Han der Familie Cheng (Cheng-Han), die eines der »Sechzehn Reiche der Fünf Barbaren« bildeten.

1. Von der Militärdiktatur zur Anarchie (190-317)
Die Drei Reiche

Das Cao-Wei-Reich in Nordchina

Die Han-Dynastie wurde erst im Jahr 220 gestürzt. In Wirklichkeit hatte jedoch seit Beginn des 3. Jahrhunderts Cao Cao im Wei-Tal und in der Nordchinesischen Tiefebene die Macht inne, so daß man den Anfang des Wei-Reiches (220-265) auf 210 ansetzen könnte. Zu diesem Zeitpunkt hatte Cao Cao ganz Nordchina unter seiner Herrschaft geeint. Sein Machtstreben hatte ihn zur Eroberung des Yangzi-Tales getrieben, aber die berühmte Schlacht am Roten Felsen *(Chibi)* im Jahre 208, am Laufe des Yangzi in Hubei, hatte seine Expansionspolitik zum Stillstand gebracht. Die schwere Niederlage, die Cao Cao durch die verbündeten Truppen von Sun Quan (185-252) und Liu Bei (161-233) erleiden mußte, war das Vorspiel zur Aufteilung Chinas in die Drei Reiche *(sanguo)*: in das Reich Wei der Familie Cao, in das von Liu Bei gegründete Reich der Han von Sichuan (Shu-Han, 221-263) und in das von Sun Quan gegründete Reich der Wu (222-280).

Die Politik Cao Caos stand in Einklang mit der Tendenz, die sich in intellektuellen Kreisen der ausgehenden Han-Zeit durchgesetzt hatte: sie war typisch »legalistisch«, d. h. zentralistisch und autoritär, und der Staat, der von Cao Cao ins Leben gerufen wurde, glich einer Militärdiktatur. Einer der bemerkenswertesten Züge dieser neuen Politik war die Schaffung zahlreicher Agrarkolonien *(tuntian)*. Zu einer Zeit, da Aufstände und Bürgerkriege einen spürbaren Rückgang der landwirtschaftlichen Produktion herbeigeführt hatten, entsprach diese Einrichtung wirtschaftlichen und steuerpolitischen Bedürfnissen. Deshalb wurden die *tuntian* Cao Caos, im Unterschied zu denen der Früheren Han-Dynastie, nicht nur mit Soldaten besiedelt, die Ackerbau betrieben, sondern auch mit enteigneten Bauern.

Nicht alle *tuntian* lagen an der Nordgrenze; auch im Inneren des Reichs existierten solche Kolonien. Sie erstreckten sich bis ins Huai-Tal. Sehr große Kolonien mit Zehntausenden von Siedlern gab es im östlichen Henan. Die Mitglieder der *tuntian,* die einer paramilitärischen Organisation unterstanden, erhielten vom Staat landwirtschaftliche Geräte und Arbeitstiere.

Die Schaffung einer immer größeren Zahl von Agrarkolonien trug zur Wiederbelebung der Wirtschaft und zur Stärkung des Verteidigungssystems bei. Gleichzeitig wurden große Anstrengungen zum Wiederaufbau unternommen: Entwässerungs- und Bewässerungsarbeiten, Bauten von Wasserreservoirs usw. Eine noch wichtigere Aufgabe war die Wiederansiedlung jenes Teils der Bevölkerung, der im Lande umherzog und damit der Kontrolle des Staates entging, und den es vor allem an die Höfe der reichen Gutsbesitzer zog. Cao Cao, der als Adoptivenkel eines Eunuchen nicht an die Aristokratie der ausgehenden Han-Zeit gebunden war, versuchte seine Macht auf Kosten der großen Familien des Landadels durchzusetzen, die sich nach der Ermordung der Eunuchen im Jahr 189 auf der politischen Bühne hervorgetan hatten.

Die Armee Cao Caos war anfangs ein buntes Gemisch aus Söldnern, ehemaligen Banditen und Vagabunden, Chinesen und Barbaren: Xiongnu, Xianbei, Wuhuan, Qiang. Dieses Heer hatte Cao Cao zu seiner Macht verholfen. Um dem im Aufbau begriffenen neuen Reich eine reguläre Rekrutierung zu sichern, schuf Cao Cao Familien von Berufssoldaten, die *shijia*, die nur untereinander heiraten durften und die vielleicht mit der Zeit eine Art Militärkaste hätten bilden können. Wie früher unter den Qin wurde die Soldatenlaufbahn nun durch die Verleihung von Titeln und durch materielle Anreize schmackhaft gemacht. Bei der Reorganisation des Heeres nahm Cao Cao außerdem vermehrt die Hilfe der in Nordchina ansässigen ehemaligen Hirtennomaden in Anspruch, die ihm die besten Truppen und vor allem die geschicktesten Bogenschützen lieferten. Diese Masseneingliederungen von Barbaren sowie verschiedene Begünstigungen, die den Steppenvölkern gewährt wurden (Cao Cao gestattete zum Beispiel einer bedeutenden Gruppe von Xiongnu, sich im Südosten von Shanxi anzusiedeln), beschleunigten den Akkulturationsprozeß, dessen Folgen zu Beginn des 4. Jahrhunderts deutlich sichtbar wurden, als die sinisierten Nomaden in Nordchina unabhängige Reiche bildeten.

Ein weiterer Aspekt von Cao Caos Politik war die als Reaktion auf die Lockerung unter der Späteren Han-Dynastie erfolgte Verschärfung des Strafrechts. Unter der im Jahr 220, nach dem Tod Cao Caos, von dessen Sohn Cao Pei proklamierten Cao-Wei Dynastie wurden zum ersten Mal die Gesetze aus den vier Jahrhunderten der Han-Dynastie kompiliert. Der Neue Kodex *(Xinlü)* der Wei stellt einen Markstein in der chinesischen Rechtsgeschichte dar. Er beeinflußte die Verfasser des Jin-Kodex, der mit seinen 2 926 Paragraphen viel ausführlicher war als der Han-Kodex, und der später von zwei hervorragenden Rechtsinterpreten kommentiert wurde: von Du Yu (222-284), der auch als Ingenieur und wegen seines *Zuozhuan*-Kommentars berühmt war, und von Zhang Fei (Daten unbekannt).

Die Bemühungen um staatliche Effizienz und politische Zentralisierung, die das Werk Cao Caos und seiner Nachfolger auszeichnen, fanden ihren Ausdruck auch in der Schaffung eines neuen Beförderungssystems für Beamte, dessen Ziel es war, die Besten zu fördern und eine unparteiische Auswahl zu garantieren. Mit Hilfe dieses Systems wurden alle Beamte in neun Grade eingestuft, den *jiupin*.

Allerdings begünstigte dieses System schon bald die großen Familien, die sich im Heer ausgezeichnet hatten; gerade diese Klasse aber sollte der Cao-Dynastie zur Gefahr werden. Nach dem Beispiel der Familie Sima zu urteilen, scheint deren Aufstieg sehr rasch erfolgt zu sein: Sima Yan, dessen Großonkel mehrere Feldzüge nach Sichuan gegen die Shu-Han angeführt und das von Gongsun in Liaodong begründete unabhängige Reich zerstört hatte, dessen Vater Organisator der Streitkräfte der Wei und Kommandant der Truppen war, die im Jahr 263 das Shu-Han-Reich zu Fall brachten, bemächtigte sich zwei Jahre später in Luoyang des Kaiserthrones und gründete die neue Dynastie der Jin (265-316).

Das Shu-Han- und das Wu-Reich (Sichuan und Yangzi-Tal)

Die Entstehung dieser beiden kurzlebigen Reiche in Sichuan und im Yangzi-Tal erklärt sich nicht nur durch die Unruhen und den wirtschaftlichen Rückgang der ausgehenden Han-Zeit, sondern auch durch deren besondere geographische und soziale Lage. Die Sezessionsbestrebungen des chinesischen Kolonialgebiets des unteren Yangzi-Beckens verlieh dem Kampf der Sun, die eigentlich nur einfache Heerführer und Rivalen Cao Caos waren, die Bedeutung eines Unabhängigkeitskrieges. Daher erklärt sich die Verlegung der Hauptstadt, die sich zuerst in Wuchang, am Zusammenfluß des Yangzi und des Han befand, nach Nanking im Jahr 229 wohl aus dem Einfluß, den im Wu-Reich die großen Familien von Jiangnan hatten. (Die Bezeichnung Jiangnan bezieht sich auf das Gebiet südlich des Yangzi-Unterlaufs.) Seit dem Aufstand der Gelben Turbane hatten diese reichen Kolonialfamilien die Vormundschaft der Zentralmacht abzuschütteln versucht. Sie hatten ihre eigene Verteidigung organisiert und konnten im Notfall die »Berg-Yue« *(shanyue)*, einheimische Stämme, die durch die Kolonisation in die Berge zurückgedrängt worden waren, und Flüchtlinge, die dort Asyl gesucht hatten, zu Hilfe rufen. Verstärkte Unruhen in Nordchina und eine Zusammenarbeit zwischen dem Militär und den Siedlern genügten, um im Yangzi-Tal einen unabhängigen Staat entstehen zu lassen.

Eine ähnliche Erscheinung vollzog sich in Sichuan, einem reichen und verhältnismäßig isolierten Gebiet, wo ebenfalls zahlreiche einheimische Völker lebten; sie wurde begünstigt durch das Ansehen Liu Beis, eines Nachkommen der kaiserlichen Han-Familie, und durch die politische und militärische Begabung seines Beraters Zhuge Liang (181-234). Aber während das Wu-Reich von einer Art Föderation der mächtigsten Familien des Yangzi-Tals regiert wurde, trugen in Sichuan die zentralistischen Tendenzen den Sieg davon: ebenso wie das Wei-Reich war das Reich der Shu-Han ein Militärstaat, den »legalistische« Berater leiteten. Nach dem Tode Zhuge Liangs jedoch sank seine Macht, und im Jahr 263 wurde es vom Wei-Reich annektiert.

Der Bürgerkrieg und der Aufstand der sinisierten Söldner

Der Machtantritt der Familie Sima bestätigte den Triumph der großen Familien, der Sima, der Cui, der Xiahou usw. über den Staat und erschwerte die Bemühungen um politische Zentralisierung. Schon vor ihrem Herrschaftsantritt hatte sich die Familie Sima dafür verwendet, die von den Cao ins Leben gerufenen Agrarkolonien *(tuntian)*, auf die sich ihre Macht gründete, abzuschaffen. Aus diesem Grund erwiesen sich die Maßnahmen des neuen Reichs, die seiner Festigung dienen sollten – die Veröffentlichung eines neuen Strafkodex, Maßnahmen, um zu verhindern, daß die großen Familien alle politischen und administrativen Ämter an sich rissen, flächenmäßige Einschränkung des Großgrundbesitzes und Begrenzung der Zahl der von ihnen Abhängigen – als unwirksam. Schon zu Beginn der Dynastie sprach man 27 Verwandten des Kaisers – die Mitglieder anderer Familien als der kaiserlichen nicht mitgerechnet – große Einkünfte zu (die Ranghöchsten kamen in den Genuß der Steuern mehrerer Tausend Bauernfamilien). Auch hatten sie das Recht, in den Gebieten, die ihnen als Lehen überlassen worden waren, ihre eigenen Beamten zu ernennen und Privatmilizen zu unterhalten, die zwischen 1 500 und 5 000 Mann umfaßten. Nach dem Tod des Gründers im Jahre 290, dem es zehn Jahre vorher gelungen war (279-280), das Yangzi-Tal (Wu-Reich) dem Kaiserreich einzuverleiben, führte der Aufstieg einer großen Familie namens Jia zu Streitigkeiten zwischen den Adligen und ihren Klientelen in der Provinz. Die Unruhen dauerten von 291 bis 305, und während sieben Jahren bekämpften sich die Fürsten der kaiserlichen Familie in einem wahrhaften Bürgerkrieg, der unter der Bezeichnung

»Rebellion der acht Fürsten« bekannt wurde. Seit den ersten Jahren des 4. Jahrhunderts verschlimmerte sich die Lage infolge von Dürren und Heuschreckeninvasionen, die in den vom Bürgerkrieg verwüsteten Gebieten Hungersnöte auslösten. Die Bergstämme und Viehzüchter, die im Norden und Nordwesten angesiedelt waren und massenweise ins Heer eingezogen wurden, benutzten zudem die allgemeine chaotische Lage, um sich zu erheben und unabhängige politische Einheiten zu bilden. Schon im Jahr 304 gründete eine proto-tibetische Familie namens Di in Sichuan das Reich der Cheng-Han, während sich die Xiongnu aus Süd-Shanxi unabhängig erklärten, indem sie denselben dynastischen Namen, Han, später Zhao, annahmen. Im Jahr 311 bemächtigte sich der Xiongnu-Führer Liu Cong der Hauptstadt Luoyang, und im Jahr 316 fiel auch Chang'an unter dem Ansturm eines anderen Xiongnu-Führers namens Liu Yao. Dies bedeutete das Ende der kurzlebigen Dynastie der Westlichen Jin.

Die Hungersnöte, das politische, wirtschaftliche und administrative Chaos, das in Nordchina am Anfang des 4. Jahrhunderts bestand, und die Aufstände verschiedener Stämme in diesem Gebiet lösten einen Exodus der chinesischen Bevölkerung aus, der seinen Höhepunkt anscheinend um 309 erreichte, aber auch nach der Gründung der Östlichen Jin-Dynastie in Nanking (Jiankang) im Jahr 317 nicht zum Stillstand kam. Der Flüchtlingsstrom teilte sich. Die einen zogen von Hebei und Shandong ins Huai-Tal, das untere Yangzi-Gebiet, nach Zhejiang und Fujian, während die anderen sich von Shenxi und Shanxi gegen das mittlere Yangzi-Gebiet, gegen Yunnan und das Becken des Roten Flusses in Vietnam bewegten; eine kleine Anzahl von Flüchtlingen aus Hebei ging in die südliche Mandschurei. Insgesamt sollen im ersten Viertel des 4. Jahrhunderts mehr als eine Million Menschen emigriert sein. In dieser Massenbewegung, die wie alle anderen großen Krisen der Geschichte die chinesische Diaspora verstärkt hat, scheinen die nicht-chinesischen Völker nur sekundäre Wirkungen ausgeübt zu haben. Im übrigen ist es nicht richtig, die Barbarenaufstände, die zu Beginn des 4. Jahrhunderts in Nordchina stattfanden, mit den großen Invasionen in Europa eineinhalb Jahrhunderte später in Verbindung zu bringen, wie dies manchmal getan wird. Nicht Invasionen von Fremdvölkern haben den Sturz der Jin und den Rückzug der chinesischen Dynastien ins untere Yangzi-Gebiet verursacht; die Gründe dafür waren vor allem das Chaos und die allgemeine Notlage; die Barbaren haben die Anarchie nur ausgenutzt und waren schon in China ansässig, als sie die Macht ergriffen. Sie waren keineswegs ungebildete Bergstämme und kriegerische Hirtennomaden geblieben, sondern im Gegenteil von den Gebräuchen, Institutionen und der Lebensweise der Chinesen stark beeinflußt. Der Vorstoß der Hunnen nach Südrußland, Europa und in den östlichen Mittelmeerraum in den Jahren 444-454 war, ebenso wie schon derjenige der Chioniten in den Iran im Jahr 356, das Werk echter Nomaden, die offenbar aus dem Altai-Gebiet stammten. Diese Invasionen können nicht mit den Ereignissen in Beziehung gesetzt werden, die in China am Ende der Westlichen Jin-Dynastie stattfanden. Daher ist es für die Geschichte ohne Bedeutung, ob die Xiongnu und die Hunnen, wie manche Forscher glaubten, miteinander verwandt waren. Denn was zählt, sind einzig und allein die Lebensweise, die sozio-politischen Strukturen und die Kulturen.

2. Die Herrschaft der Aristokraten im Yangzi-Becken

Nach dem Rückzug der Jin ins Yangzi-Tal änderte sich das politische Klima: von da an war nicht mehr von Zentralisierung die Rede – außer vereinzelt während der Dynastien der Song (420-479) und der Qi (479-502), die sich erfolglos darum bemühten, die Macht der großen Familien zu brechen – und es kam zur Bildung einer endogamen und hierarchisch aufgebauten Aristokratie, die am Hof und in der Provinz bis Mitte des 6. Jahrhunderts über die tatsächliche Macht verfügte. Diese Aristokratie, die aus Nachkommen der zu Beginn des 4. Jahrhunderts aus dem Norden eingewanderten Familien und den reichsten Siedler-Familien des Yangzi-Tals und des Küstengebiets der Bucht von Hangzhou zusammengesetzt war, wurde vom Kaiserhof urkundlich anerkannt und von Steuern und Fronarbeit befreit. Und da der Zugang zu Ämtern und Privilegien vom Alter und der Berühmtheit der Familie abhängig war, bemühte sich diese Aristokratie um die Anlegung von genealogischen Registern *(jiapu)*. Deren Entwicklung war gegen Ende der Song-Dynastie so weit fortgeschritten, daß die gewohnheitsmäßigen Sitten gesetzlich verankert wurden, indem Heiraten zwischen Adligen *(mingjia,* »berühmte Familien«) und Nicht-Adligen *(hanmen,* »arme Familien«) verboten wurden. Die Entstehung dieser endogamen Aristokratie mit offiziellen Adelstiteln, ihr Aufstieg und ihr anschließender rascher Niedergang von der Mitte des 6. Jahrhunderts an stellen die bemerkenswerteste soziale Erscheinung der Südlichen Dynastien dar.

Die Östlichen Jin

Der neue, in Nanking im Jahr 317 von einem Fürsten der Familie Sima gegründete Staat hatte anfänglich mit dem schwierigen Problem der Einwanderer zu kämpfen. Diese waren so zahlreich, daß man beschloß, sie getrennt zu registrieren und in weißen Listen, *baiji,* zu erfassen, während die gelben Listen, *huangji,* den Alteingesessenen vorbehalten blieben. Man sah sich auch gezwungen, in manchen Gebieten »Einwanderer-Kommandanturen« *(qiaojun)* zu schaffen. Die Regierung konnte den schnell verlaufenden Prozeß nicht verhindern, der die Einwanderer der unteren Schichten in die Abhängigkeit der reichen Familien geraten ließ; sie wurden zu »Gästen« *(ke)* und Dienern *(nubi)* der Großgrundbesitzer. Der Staat war zu schwach, um überhaupt an eine flächenmäßige Beschränkung des Großgrundbesitzes, wie dies in Nordchina geschah, oder an eine zahlenmäßige Kontrolle der Abhängigen denken zu können. Die führende Rolle hatten im übrigen die großen Familien: die Wang, Yu, Huan und Xie, die einander in erbitterten Machtkämpfen ablösten.

Trotz ihrer Schwäche gelang es den Östlichen Jin jedoch nicht nur, den Angriffen vom Norden Widerstand zu leisten und die Offensiven von Fu Jian zum Stillstand zu bringen (am Fluß Fei im Jahr 383), sondern sogar im Jahr 347 Sichuan zu annektieren und so den in Nanking etablierten Dynastien den Weg nach Zentralasien zu öffnen.

Die Krise, die den Jin ein Ende setzen sollte, veranschaulicht gleichzeitig die Macht der großen Provinzfamilien und der Heerführer. Schon in der zweiten Hälfte des 4. Jahrhunderts waren das Gan-Tal in Jiangxi und ein Teil von Hubei praktisch der Kontrolle der Zentralregierung entglitten. Aber die Bemühungen der Regierung von Nanking, die privaten Garden *(buqu)* und die Abhängigen der großen Familien einzuziehen, scheinen in der Region zwischen dem Taihu-See und den nördlichen Küstengebieten von Zhejiang eine Atmosphäre der latenten Unzufriedenheit geschaffen zu haben. Diese Lage begünstigte den Erfolg einer Erhebung, die um das Jahr 400 in der Gegend von Ningbo begann. Ihr Anführer war ein gewisser Sun En, eine Mischung von Pirat und Magier, gebürtig aus Shandong, der sich wie sein Vater der taoistischen Sekte der Fünf Reisscheffel *(wudoumi dao)* angeschlossen hatte. Er warb in Schiffer-, Fischer- und Piratenkreisen der Küstengebiete von Zhejiang Leute an, stand aber wohl auch in Verbindung mit den Großgrundbesitzern der heutigen Gebiete von Hangzhou, Shaoxing und Ningbo. Die Aufständischen, die auf »mehrstöckigen Schiffen« *(louchuan)* herumfuhren und »Dämonenheere« bildeten, verwüsteten von den Zhoushan-Inseln (Chusan) aus die Küstengebiete und bedrohten bald darauf Nanking. Im Jahr 402 wurden sie vernichtend geschlagen, und ihre Niederlage löste in ihren Reihen zahlreiche Kollektivselbstmorde aus. Die Bekämpfung des Aufstands hatte jedoch den Aufstieg jener Heerführer ermöglicht, die mit seiner Unterdrückung beauftragt waren: ein gewisser Huan Xuan benutzte die Gelegenheit, in Nanking die Macht an sich zu reißen, von wo er im Jahr 420 von einem Rivalen namens Liu Yu vertrieben wurde, der durch seine siegreichen Feldzüge gegen die Reiche im Norden sehr populär geworden war. Dieser Liu Yu wurde zum Gründer einer neuen Dynastie, der Song, die unter dem Namen Südliche Song-Dynastie (Nan Song) oder Song der Familie Liu (Liu Song) bekannt ist.

Die Song-Dynastie

Als Liu Yu in Nanking an die Macht kam, scheinen die Immigrationsprobleme des beginnenden 4. Jahrhunderts gelöst und die Einwanderer aus dem Norden in der übrigen Bevölkerung aufgegangen zu sein. Schon zu Beginn der Song-Dynastie wurde nämlich zur Vereinheitlichung des Steuersystems die Unterscheidung zwischen gelben und weißen Listen aufgehoben. Die ersten Regierungsjahre der neuen Dynastie wurden gestört durch Angriffe von seiten der in Shenxi und Hebei etablierten Reiche; anschließend genoß jedoch das Yangzi-Reich in der *yuanjia*-Ära (424 bis 453) eine Zeit relativer Ruhe, in der es seine Beziehungen zu Zentralasien und den japanischen Fürstentümern ausbauen konnte. Diese Zeit des Friedens dauerte jedoch nicht an; die Bemühung der Liu, einer Familie niedriger Abkunft, die durch einen militärischen Staatsstreich an die Macht gekommen war, die Verwaltung in der Provinz wieder unter ihre Kontrolle zu bekommen, rief den Widerstand der großen Adelsfamilien hervor. Gleichzeitig trugen die Angriffe des nördlichen Wei-Reichs, dessen Heer bis zum Yangzi vordrang, zur Schwächung der Dynastie bei. Ein General namens Xiao Daocheng, der die Rebellion eines kaiserlichen Prinzen unterdrückt hatte, benutzte diesen Verfall der Zentralmacht, um einen seiner Günstlinge auf den Thron zu setzen und schließlich im Jahr 479 selbst die Macht zu ergreifen.

Die Qi-Dynastie

Zwei einschneidende Fakten müssen für die Periode der kurzen, von Xiao Daocheng gegründeten Qi-Dynastie (479-502) erwähnt werden: die Stärkung der Zentralmacht auf Kosten der Aristokratie und der Aufschwung des Großhandels im Yangzi-Tal und in Südchina. Die Fälschung der dem Steuerwesen als Grundlage dienenden Bevölkerungsregister wurde nun schwer bestraft, während sich die neue Regierung gleichzeitig bemühte, den Aufstieg Nicht-Adliger zu leitenden Stellungen zu fördern. Die extremen Repressionsmaßnahmen gegen die Aristokratie sollten im übrigen den Sturz der Dynastie auslösen. In den letzten Jahren des 5. Jahrhunderts kam es infolge von massenweisen Hinrichtungen Adliger zu Unruhen; ein Vetter des Kaisers, der das strategisch wichtige Gebiet von Xiangyang im Norden von Hubei als Lehen besaß, rebellierte, marschierte nach Nanking und riß schließlich die Macht an sich: es handelt sich um Xiao Yan, den zukünftigen Kaiser Wu der Liang-Dynastie (502-557).

Die Liang-Dynastie

Das erwachende Interesse des Yangzi-Gebiets am Handel gegen Ende des 5. Jahrhunderts sollte bedeutende soziale Folgen haben: der Aufschwung des Handels trug zum Ruin einer Aristokratie bei, die einen großen Teil ihrer Macht aus der Abschließung der Regionen und aus der wirtschaftlichen Autarkie der Großgrundbesitzungen schöpfte. Dieser kommerzielle Aufschwung, der zweifelsohne mit der Entwicklung des Handelsverkehrs in der Südsee und im Indischen Ozean verknüpft war, stellt den Beginn einer Entwicklung dar, die zur großen wirtschaftlichen Blüte des 10. bis 13. Jahrhunderts im Yangzi-Becken und in den südlichen Küstenprovinzen führte. Ende des 5. Jahrhunderts kam es zu einer Intensivierung des Schiffsverkehrs auf dem Yangzi; aus Südostasien und der indo-iranischen Welt trafen zahlreiche ausländische Kaufleute ein. Die am Yangzi gelegenen Städte sowie Kanton im äußersten Süden begannen sich zu entfalten, und der Staat erzielte beachtliche Einkünfte aus Handelsabgaben.

Diese wirtschaftliche Expansion setzte sich unter der langen Herrschaft des Kaisers Wu der Liang (502-549) fort, der sich mit fähigen Beratern umgab: Shen Yue (441-513), vor allem durch seine phonetischen Arbeiten bekannt, und Xu Mian (466-535), Verfasser politischer Schriften. Die erste Hälfte des 6. Jahrhunderts war eine Zeit des Wohlstands und des Friedens. Es war das Goldene Zeitalter der Adelskultur der Südlichen Dynastien. Der Buddhismus, der sich den gesellschaftlichen Gegebenheiten des Yangzi-Gebiets angepaßt hatte und vom Hof und den großen Familien gefördert wurde, erfuhr eine nie dagewesene Blüte. Bald darauf sollte es jedoch zu einer schweren Krise kommen, die zum Untergang der südlichen Aristokratie führte.

Die von der Cao-Familie ins Leben gerufene Institution von Familien, die sich dem Waffenhandwerk widmen (*shijia* oder *binghu*) war unter den Östlichen Jin beibehalten worden, und der Staat hatte im 4. Jahrhundert einigermaßen die Kontrolle über sein Heer bewahrt. Im 5. Jahrhundert änderte sich plötzlich die Situation; seit dem Regierungsbeginn der Song-Dynastie (420-479) wurden wieder halb staatliche, halb private Söldnertruppen gebildet, die von den lokalen Beamten und den großen Adelsfamilien in der Provinz rekrutiert wurden. Diese Streitkräfte aus Verwahrlosten und Banditen, die an die »grandes compagnies« des französischen Mittelalters erinnern und von militärischen Abenteurern in der Art der Condottieri angeführt wurden, entwickelten sich zu einer Gefahr für die Zentralmacht und führten Mitte des 6. Jahrhunderts zum Sturz der Liang. Im Jahr 548 erhob sich ein gewisser Hou Jing, ein zu den Liang übergelaufener General der Westlichen Wei (Nordwestchina) und führte seine Truppen gegen Nanking. Im Verlauf der Unruhen, die bis zu seinem Tod im Jahr 552 andauerten, griffen die Westlichen Wei mehrmals vom Wei-Tal in Shenxi aus siegreich das Reich der Liang an. Im Jahr 553 besetzten sie Sichuan und unterbrachen dadurch die Verbindung zwischen Nanking und Zentralasien; sie bemächtigten sich der strategisch wichtigen Position von Xiangyang, von der aus der Zugang zum Han-Tal beherrscht wurde, und drangen in West-Hubei bis nach Jiangling am mittleren Yangzi-Lauf vor, wo sie einen Fürsten der regierenden Familie der Xiao einsetzten, den sie in Xiangyang gefangengenommen hatten. Dieses neue Reich der Späteren Liang in Hubei wurde von den im Wei-Tal etablierten Reichen kontrolliert: den Westlichen Wei (535-557), den Nördlichen Zhou (557-581) und den Sui (581-618), die ihm im Jahr 587 ein Ende setzten. Nachdem sich die Westlichen Wei in Sichuan und Hubei etabliert hatten, ging der Bürgerkrieg im unteren Yangzi-Tal weiter. Chen Baxian, ein Heerführer, der in der Gegend von Wuchang, die damals reicher als die von Nanking war, ein Lehen besaß, riß im Jahr 557 die Macht an sich und gründete die letzte der Südlichen Dynastien, die Chen-Dynastie (557-589).

Die Chen-Dynastie

Das Reich der Chen, das aus den Militärrebellionen und dem Bürgerkrieg der endenden Liang-Dynastie hervorging, war von anderer Art als die Reiche der vorher in Nanking etablierten Dynastien: die Aristokratie war von der Macht vertrieben worden und den Massenhinrichtungen zum Opfer gefallen; nur ein kleiner Teil des alten Liang-Adels konnte in Chang'an, bei den Westlichen Wei, Zuflucht finden. Das geschwächte Reich, das seine westlichen Provinzen verloren hatte, konnte sich nur mehr auf das Heer stützen. Im Westen wurde es von den Späteren Liang, im Norden von den Nördlichen Zhou und den Nördlichen Qi bedroht. Die Zurückeroberung von Shouyang (dem heutigen Shouxian, 200 km nördlich von Nanking) war nicht von Dauer. Als der erste Kaiser der Sui im Jahr 589 seinen raschen Vorstoß nach Nanking ausführte, brach das Reich zusammen.

3. Königreiche und Kaiserreiche sinisierter Barbaren in Nordchina

Die Sechzehn Reiche der Fünf Barbaren (4. Jh.)

Die Erhebungen von nicht-chinesischen Völkern, die sich am Ende der Westlichen Jin-Dynastie in Nordchina angesiedelt hatten, endeten rasch mit der Aufsplitterung Nordchinas, von der südlichen Mandschurei bis zu den östlichen Oasen Zentralasiens und von Sichuan bis Shandong, in mehrere kleine Reiche, deren herrschende Schicht meist aus dem nördlichen oder nordwestlichen Grenzgebiet stammte. So begann am Anfang des 4. Jahrhunderts eine Periode, deren politische Geschichte zu

Die Sechzehn Reiche der Fünf Barbaren (Wuhu shiliuguo)

Name des Reichs	Herkunft der Führungsschicht und Gebiet	Nachfolgende Reiche	Daten
Frühere Zhao (Han)	Xiongnu (Shanxi)	Spätere Zhao	304-329
Cheng Han	Di (Sichuan)	Östliche Jin	304-347
Spätere Zhao	Jie (Hebei)	Frühere Yan	319-351
Frühere Liang	Han (Gansu)	Frühere Qin	314-376
Frühere Yan	Xianbei (Hebei)	Frühere Qin	349-370
Frühere Qin	Di (Shenxi)	Westliche Qin	351-394
Spätere Yan	Xianbei (Hebei)	Nördliche Yan	384-409
Spätere Qin	Qiang (Shenxi)	Östliche Jin	384-417
Westliche Qin	Xianbei (Gansu)	Xia	385-431
Spätere Liang	Di (Gansu)	Spätere Qin	386-403
Südliche Liang	Xianbei (Gansu)	Westliche Qin	397-414
Nördliche Liang	Xiongnu (Gansu)	Nördliche Wei	401-439
Südliche Yan	Xianbei (Shandong)	Östliche Jin	400-410
Westliche Liang	Han (Gansu)	Nördliche Liang	400-421
Xia	Xiongnu (Shenxi)	Nördliche Wei	407-431
Nördliche Yan	Han (Liaoning)	Nördliche Wei	409-439

den verworrensten gehört und die erst mit der Wiedervereinigung Nordchinas durch die Nachkommen eines Xianbei-Stammes im Jahr 439 ein Ende fand. Die zahlreichen Annexionen und aufeinanderfolgenden Machtwechsel, die häufigen Verlegungen der Hauptstädte – so verlegten die Xia zwischen 407 und 431 ihr politisches Zentrum von Nord-Shenxi nach Xi'an, dann nach Tianshui in Ost-Gansu, und schließlich ins obere Jing-Tal, in den Nordosten von Tianshui – machen jede übersichtliche Darstellung der Periode unmöglich. Die Vielfalt der Ethnien, der Grad ihrer Vermischung mit den Han, ihr Entwicklungsstand – sie waren mehr oder weniger sinisiert und seßhaft – erhöhen die Komplexität ihrer politischen Geschichte. Immerhin kann festgestellt werden, daß diese Ethnien, die von den chinesischen Historikern als »Fünf Barbaren« bezeichnet wurden (Xiongnu, Jie, Xianbei, Qiang und Di) zwei verschiedenen Volksgruppen angehören. Die einen (die Qiang und die Di), die den Tibetern und Tanguten der späteren Epochen verwandt sind, stammten aus dem nordwestlichen Grenzgebiet und sprachen sino-tibetische Sprachen; die anderen waren die Nachkommen von Steppennomaden, und ihre Sprachen gehören der Gruppe der türkischen, mongolischen und tungusischen Sprachen an. Ihre soziale und politische Organisation scheint ziemlich unterschiedlich gewesen zu sein; so war den Qiang und den Di das aristokratische Stammessystem der Nomaden unbekannt und sie scheinen nur eine Art militärischer Organisation gekannt zu haben.

Diese Völker – oder, genauer gesagt, ihre Eliten – verbanden folglich ihre eigenen sozialen und politischen Traditionen mit umfassenden Anleihen bei chinesischen Anschauungen und Institutionen. Ihre herrschenden Schichten waren so stark sinisiert, daß sie sich als Nachfolger der ehemaligen nordchinesischen Staaten betrachteten. Die Xiongnu von Shanxi übernahmen den Namen der großen Han-Dynastie. Auch tauchten im 4. Jahrhundert wieder alte Namen aus der Zeit der Kämpfenden Staaten auf: Die Sechzehn Reiche der Fünf Barbaren trugen in Shenxi den Namen Qin, in Shanxi den Namen Zhao, in Hebei und in Shandong den Namen Yan. Die einzige Ausnahme stellten die Reiche in Gansu dar, die den Namen von Liang, dem heutigen Wuwei, im Zentrum dieser Provinz annahmen.

Die regierenden Familien vermischten sich so häufig mit den Han, die die Mehrheit der Bevölkerung ausmachten, daß es sinnlos wird, zwischen Chinesen und Nicht-Chinesen zu unterscheiden. So darf man aus der Tatsache, daß unter den Sechzehn Reichen, die zwischen den ersten Jahren des 4. Jahrhunderts und dem Jahr 439 in Nordchina aufeinander folgten, drei als von Han-Familien begründet angesehen werden, keine weiteren Schlüsse ziehen. Es handelt sich um die Früheren Liang (314-376), die Westlichen Liang (400-421) und die Nördlichen Yan (409-439).

Das einzige hervorstechende Ereignis der äußerst wirren politischen Geschichte Nordchinas im 4. Jahrhundert ist die Entstehung eines großen Reichs, das von einer Familie proto-tibetischer Herkunft gegründet wurde: des Reichs der Früheren Qin (351-394). Der größte Herrscher dieses in Chang'an im Wei-Tal etablierten Reichs war Fu Jian (357-385), dem es in den Jahren 370-376 gelang, Nordchina zu einem starken Militärstaat zu einigen und das Reich der Östlichen Jin im Yangzi-Tal zu bedrohen. Der Überlieferung nach hat Fu Jian im Jahr 382 eine gewaltige militärische Expedition nach Süden in die Wege geleitet – die Zahlen in den historischen Texten sind übertrieben: 600 000 Fußsoldaten und 270 000 Reitersoldaten –, ist jedoch an einem Fluß in Zentralasien entscheidend geschlagen worden: Es handelt sich um die berühmte Schlacht am Fei (383).

Der Aufstieg der Tabgač und die Entstehung des Reichs der Nördlichen Wei

Der Aufstieg des kleinen Reichs der Tuoba (= Toba) und die Eroberung Nordchinas in der ersten Hälfte des 5. Jahrhunderts ist ein typisches Beispiel für die Entwicklung der in jenen Regionen angesiedelten Völker nomadischer Herkunft: Die politischen Einheiten, deren Entwicklung zur Seßhaftigkeit am weitesten fortgeschritten war und deren herrschende Schichten am stärksten sinisiert waren, sahen sich bald von Völkern bedroht, die die kriegerischen Sitten der Steppennomaden beibehalten und von den Chinesen lediglich diejenigen Institutionen übernommen hatten, die zu einer Staatsbildung unerläßlich sind. Diese Völker, die in den Randgebieten zwischen der Ackerbauzone der Seßhaften und der Steppenzone der Hirtennomaden angesiedelt waren, kontrollierten dort die Handelswege und fanden mühelos Nachwuchs für ihre Streitkräfte.

Die Östlichen Jin (265-316) hatten sich um ein Bündnis mit den Xianbei bemüht, Nomadenstämmen aus der südlichen Mandschurei, die sich im 3. Jahrhundert im Südosten der Mongolei angesiedelt hatten. Die Östlichen Jin hatten ein Gebiet in Nord-Shanxi den Tuoba überlassen, einem der drei Stämme der Xianbei (Tuoba, Yuwen und Murong), und ihrem Anführer im Jahr 315 den Titel Fürst von Dai verliehen. So hielten die Tuoba – dies ist die chinesische Transkription des ethnischen Namens der Tabgač – eine wichtige strategische Position auf einer der Hauptinvasionsrouten Nordchinas besetzt. Schon am Ende des 4. Jahrhunderts gelang es ihnen, das gesamte Gebiet zwischen der Ordos-Wüste und dem Becken von Siramuren im Nordosten von Peking unter ihre Kontrolle zu bringen. Nachdem sie den alten Namen Wei angenommen hatten – in der Geschichte sind sie als

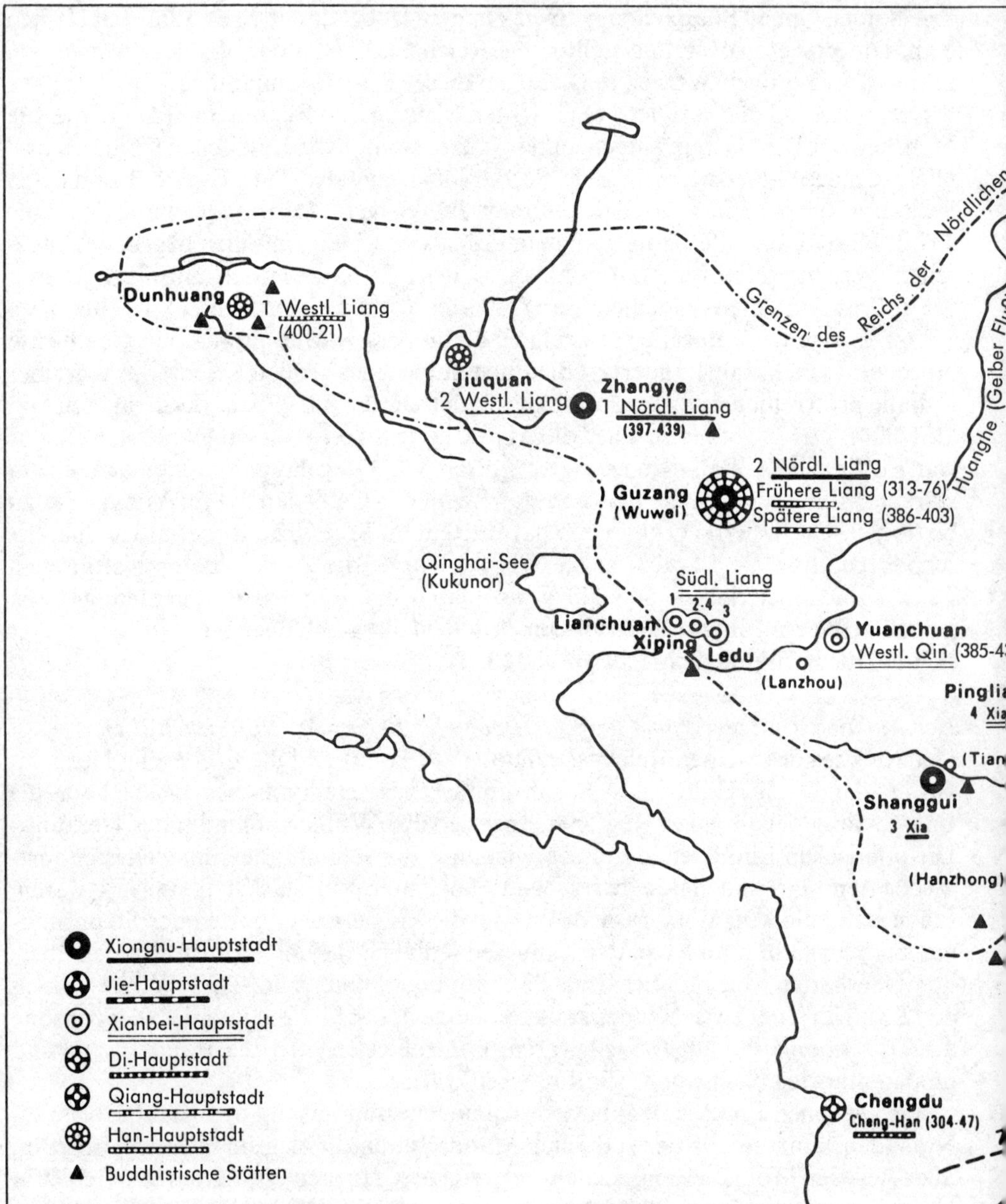

11. Die Zersplitterung Nordchinas im 4. Jahrhundert: Die Sechzehn Reiche der Fünf Barbaren.

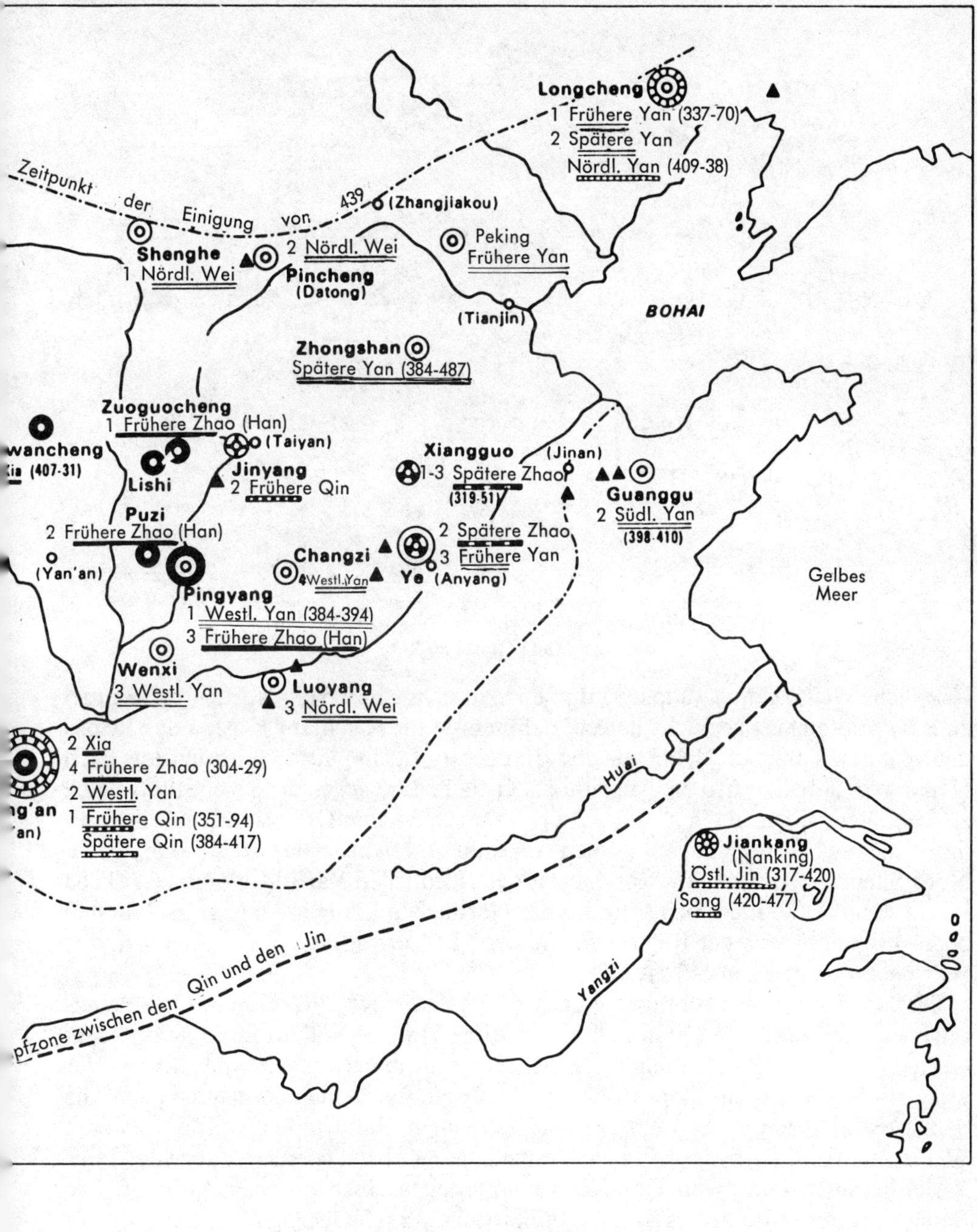
Longcheng
1 Frühere Yan (337-70)
2 Spätere Yan
Nördl. Yan (409-38)
Zeitpunkt der Einigung von 439
(Zhangjiakou)
Shenghe
1 Nördl. Wei
2 Nördl. Wei
Pincheng
(Datong)
Peking
Frühere Yan
(Tianjin)
BOHAI
Zhongshan
Spätere Yan (384-487)
Zuoguocheng
1 Frühere Zhao (Han)
(Taiyan)
Lishi
Jinyang
2 Frühere Qin
Puzi
2 Frühere Zhao (Han)
(Yan'an)
Xiangguo
1-3 Spätere Zhao
(319-51)
(Jinan)
Guanggu
2 Südl. Yan
(398-410)
Changzi
4 Westl. Yan
2 Spätere Zhao
3 Frühere Yan
Ye (Anyang)
Gelbes Meer
Pingyang
1 Westl. Yan (384-394)
3 Frühere Zhao (Han)
Wenxi
3 Westl. Yan
Luoyang
3 Nördl. Wei
2 Xia
4 Frühere Zhao (304-29)
2 Westl. Yan
1 Frühere Qin (351-94)
Spätere Qin (384-417)
Huai
Jiankang
(Nanking)
Östl. Jin (317-420)
Song (420-477)
Qin und den Jin
Yangzi

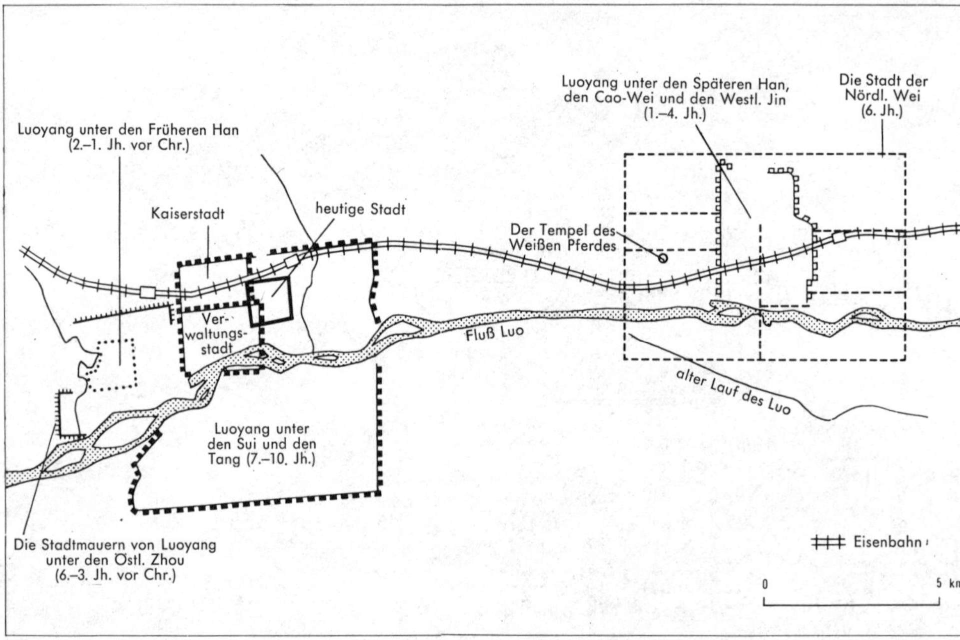

12. Lage und Ausdehnung von Luoyang von der Han- zur Tang-Dynastie.

Nördliche Wei bekannt – und im Jahr 386 Datong im äußersten Norden von Shanxi zu ihrer Hauptstadt gemacht hatten, dehnten sie ihr Reich auf Kosten des Reichs der Späteren Yan nach Hebei aus und drangen zu Beginn des 5. Jahrhunderts nach Henan vor. Sobald ihnen die Angriffe der Östlichen Jin gegen die Reiche im Norden zu Hilfe kamen, starteten sie eine Reihe von siegreichen Offensiven, durch die es ihnen gelang, Nordchina zu einigen: im Jahr 431 wurde das Reich der Xia in Nord-Shenxi annektiert, im Jahr 439 das der Nördlichen Yan in Liaoning (südliche Mandschurei) und im selben Jahr das der Nördlichen Liang in Gansu. Im Jahr 440 bemächtigten sie sich der Region von Wuwei (Liangzhou) in Gansu, die ihnen den Weg nach Zentralasien öffnete.

Die Nördlichen Wei schlugen eine Art »legalistischer« Politik ein, die gekennzeichnet war durch den staatlichen Eingriff in die Bevölkerungskontrolle und -verteilung. Diese Politik wurde zusätzlich durch die Rauhheit und Strenge der kriegerischen Sitten der Steppenvölker verschärft: die Nomaden neigten dazu, die Seßhaften als Vieh zu betrachten. Die staatlichen Handwerker wurden in ihren Werkstätten praktisch als Gefangene festgehalten und durften nicht außerhalb ihrer Kaste heiraten. Die freien Handwerker unterlagen einer strengen Aufsicht. Die Bauern wurden mittels eines Systems militärischer Eingliederung überwacht, das an die Qin-Zeit erinnert: je fünf Familien bildeten eine »Nachbarschaft« *(lin)*, fünf *lin* bildeten ein »Dorf« *(li)* und fünf *li* eine »Dorfgemeinde« *(dang)*; auf jeder Ebene wurden Vorsteher eingesetzt, die der Verwaltung gegenüber verantwortlich waren. Um die Neulanderschließung in der Trockenzone voranzutreiben, griffen die Nördlichen Wei zu einem System autoritärer Landverteilung nach der Anzahl der Män-

Bevölkerungsumsiedlungen bei den Nördlichen Wei
(erste Hälfte des 5. Jahrhunderts)

Jahr	Bevölkerung	Zahl	Ziel der Umsiedlung
398	Xianbei aus Hebei und N-Shandong, Koreaner	100 000	Datong
399	Große chinesische Familien	2 000 Familien	Datong
399	Chines. Bauern aus Henan	100 000	Shanxi
418	Xianbei aus Hebei	?	Datong
427	Bevölkerung aus dem Xia-Reich (Shenxi)	10 000	Shanxi
432	Bevölkerung aus Liaoning	30 000	Hebei
435	Bevölkerung aus Shenxi und Gansu	?	Datong
445	Chines. Bauern aus Henan und Shandong	?	Nördlich des Flusses
449	Handwerker aus Chang'an	2 000 Familien	Datong

ner, die ihrem Alter nach fähig sind, den Boden zu bearbeiten; im 7. Jahrhundert ließen sich die Sui und die Tang von diesem Modell beeinflussen. Den buddhistischen Klöstern wurden Strafverurteilte und staatliche Sklaven, die sogenannten »Gemeinschaftsfamilien« *(sengqihui)* zugeteilt, die die Aufgabe hatten, die brachliegenden Felder urbar zu machen. Vor allem aber wandten die Nördlichen Wei in großem Maßstab das Mittel der Umsiedlung an, um die Umgebung der Hauptstadt Datong und die Gebiete in Shanxi zu bevölkern.

Allein während der Herrschaft von Daowudi (386-409) betrug die Gesamtzahl der vom Gebiet östlich des Taihangshan in die Umgebung von Datong deportierten Personen 460 000.

Diese Umsiedlungen, die zumeist gleich nach der Eroberung neuer Gebiete stattfanden, trugen zu einer allmählichen Veränderung der Wirtschaft, der Institutionen und der Sitten und Gebräuche bei, deren Auswirkungen sich im 6. Jahrhundert entfalteten. Mehrere Faktoren sind am wachsenden chinesischen Einfluß seit der Einrichtung der Hauptstadt in Datong am Ende des 4. Jahrhunderts beteiligt: je größer die Anzahl der seßhaften Bevölkerung war, die in das Reich eingegliedert wurde, desto größer wurde die Notwendigkeit, chinesische Institutionen und chinesische Berater zu Hilfe zu nehmen. Hier soll die bedeutende Rolle erwähnt werden, die der große Ratgeber Cui Hao (381-450) am Hof von Datong spielte; er führte bei den Nördlichen Wei chinesische Verwaltungsmethoden und das chinesische Strafrecht ein. Durch die Einfälle von Nomaden aus der Äußeren Mongolei, den Ruanruan oder Rouran (eines Volkes, das wohl den Awaren verwandt ist, die im 6.-8. Jahrhundert in Europa eindrangen), durch die Notwendigkeit eines Gegenangriffs (die Nördlichen Wei starteten im Jahr 429 einen großen Feldzug gegen die Ruanruan), durch die strategische und handelspolitische Bedeutung der Kontrolle über die zentralasiatischen Oasen gerieten die Nördlichen Wei in die gleiche Lage wie die vorhergehenden chinesischen Reiche. Die Wirtschaft ihres Reichs erfuhr allmählich eine Veränderung durch den fortschreitenden Übergang zur Seßhaftigkeit, durch die Entwertung der Pferde infolge der wachsenden Rolle der Infanterie in den Kriegen gegen die Reiche im Yangzi-Gebiet und durch die wachsende Bedeutung der Einkünfte aus der Landwirtschaft (Getreide und Stoffe). Und schließlich haben die Anziehungskraft der chinesischen Handwerksprodukte, der Hang zum Luxus, das Prestige der chinesischen Kultur und der gewichtige Einfluß des Buddhismus die Mentalität der Tabgač-Aristokratie gewandelt.

Die Entwicklung war am Ende des 5. Jahrhunderts so tiefgreifend, daß eine Verlegung der Hauptstadt unerläßlich erschien. Der Hof verließ das am Rande der Steppe gelegene Datong, um sich im Jahr 494 in Luoyang, mitten im Zentrum der großen Ackerbauzone niederzulassen. Ein Jahr zuvor hatten die Nördlichen Wei, in der Luftlinie 600 km südlich von Datong, in der Nähe des seit 311 verlassenen Gebiets der ehemaligen Hauptstädte der Späteren Han-Dynastie und des Cao-Wei-Reichs, die neue ummauerte Stadt Luoyang wiederaufgebaut, die im Jahr 501 vergrößert wurde.

Der wachsende chinesische Einfluß in der herrschenden Schicht nomadischer Herkunft, den die Verlegung der Hauptstadt ohnehin begünstigt hätte, wurde durch systematische Sinisierungsmaßnahmen des Kaisers Xiaowendi (421-499) und seiner Nachfolger vom Zeitpunkt ihrer Übersiedlung nach Henan an noch beschleunigt. Es wurde verboten, Xianbei-Kleider zu tragen, die Sprache der Xianbei zu sprechen und sogar Familiennamen dieser Herkunft beizubehalten. Die kaiserliche Familie ging mit gutem Beispiel voran, indem sie den chinesischen Namen Yuan annahm. Heiraten zwischen der Xianbei-Aristokratie und den großen chinesischen Familien wurden gefördert. Auf allen Gebieten wurde die herrschende Schicht rasch und tiefgreifend zu chinesischen Sitten und Gebräuchen bekehrt. Die kriegerischen Steppentraditionen waren bald nur mehr eine ferne Erinnerung, während der Hang zum Luxus sich in den Prunkbauten der Kaiserin Hu unter Xiaomingdi (515-528) und der großen Adelsfamilien der Xianbei ungehemmt äußerte: buddhistische Klöster und mehrstöckige Türme wurden erbaut, Glocken und Statuen gegossen. Die Bewegung religiöser Begeisterung, die die Oberschicht jener Zeit erfaßte, fand ihren Ausdruck in der Zurschaustellung von Prunk. In Luoyang, das zum ostasiatischen Zentrum des Buddhismus wurde, häuften sich innerhalb der riesigen Stadtmauern, die sich vom Osten nach Westen über 10 Kilometer und vom Norden nach Süden über 7,5 Kilometer erstreckten, Reichtümer und Herrlichkeiten an. Im *Bericht über die buddhistischen Klöster in Luoyang (Luoyang qielan qi)* von Yang Xianzhi, der einige Jahre nach 543 veröffentlicht wurde, ist uns eine Beschreibung dieser Hauptstadt mit ihren »1367 großen und kleinen Klöstern« erhalten geblieben.

Der wirtschaftliche Aufschwung, der sowohl in Nordchina als auch im Yangzi-Becken vom Ende des 5. Jahrhunderts an deutlich wurde, begünstigte die Assimilierung der ehemaligen Xianbei-Aristokratie an die chinesische Bevölkerung. Trotz ihrer politischen Trennung lebten diese beiden Teile der chinesischen Welt im gleichen Rhythmus, und der Austausch zwischen ihnen war beträchtlich. Bei den Nördlichen Wei erklärt die Wiederaufnahme des Handelsverkehrs mit Zentralasien den Zustrom ausländischer Kaufleute nach Luoyang; ein ganzes Stadtviertel, das Muyili, wurde ihnen überlassen. In Ye, der Hauptstadt der Nördlichen Qi (550-577) in Süd-Hebei, lebten zahlreiche sogdische Kaufleute aus dem Amu-darja-Gebiet.

Spannungen, Zerfall und Aufteilung Nordchinas (534-577)

Die Entwicklung, die im ganzen 5. Jahrhundert andauerte und sich am Anfang des 6. Jahrhunderts beschleunigte, führte zu immer heftigeren Spannungen im Inneren der Xianbei-Gesellschaft. Die chinesische Kultur und Lebensweise wurde hauptsächlich von den Hofkreisen und allgemein vom Hochadel nomadischer Herkunft übernommen. Dagegen blieben das Heer, das die Nordgrenze bewachte, und die am Rande der Ackerbauzone nomadisierenden Stämme trotz dem chinesischen Einfluß den alten Steppentraditionen treu. In dieser Welt der Krieger und Hirten wuchsen die Feindseligkeit und der Groll gegenüber den Kreisen des Hofes und der hohen Zivilbeamten um so mehr, als der wirtschaftliche und gesellschaftliche Wandel sie selbst in den Hintergrund drängte. Während in der ersten Hälfte des 5. Jahrhunderts, zur Zeit der Eroberungen, die mehrheitlich aus Hirtenstämmen hervorgegangenen Krieger großzügig mit Ehren überschüttet worden waren, wuchs in der Führungsspitze vom Zeitpunkt der Verlegung der Hauptstadt nach Luoyang an das Desinteresse für militärische Fragen.

Im Jahr 523 kam es zu einer Rebellion der aus Xianbei, Ruanruan und Tölös-Türken zusammengesetzten Streitkräfte, die das Reich bis ungefähr zum 41. Breitenkreis gegen Steppeneinfälle verteidigten: es handelt sich um den Aufstand der »Sechs Garnisonen« *(liuzhen)*, auf den ein zehnjähriger Bürgerkrieg folgte (524 bis 534). Als die kaiserliche Regentin Hu, deren extravagante Ausgaben zugunsten des Buddhismus Revolten und Banditentum ausgelöst hatten, im Jahr 528 den Kaiser Xiaomingdi ermorden ließ und ein Kind auf den Thron setzte, marschierten die Streitkräfte und die Stämme aus Shanxi nach Süden und besetzten Luoyang. Die Kaiserin Hu und ihr kaiserlicher Sohn wurden im Gelben Fluß ertränkt und zweitausend Hofleute ermordet. Es folgte eine Zeit der Wirren, in der zwei Heerführer an die Macht kamen, die sich in den Jahren 534-535 das Wei-Reich aufteilten. Diese geographische Aufteilung reflektierte die politischen und sozialen Gegensätze, die den Bürgerkrieg ausgelöst hatten: Das östliche Wei-Reich, das im Jahr 534 unter der Führung des Generals Gao Huan (496-547) in Ye (Süd-Hebei) gegründet wurde, war traditionalistisch und dem chinesischen Einfluß gegenüber feindselig eingestellt und wurde von Militärkreisen nomadischer Herkunft beherrscht; das Reich der Westlichen Wei dagegen, dessen General Yuwen Tai (502-556) im Jahr 535 den ersten Herrscher in Chang'an einsetzte, wurde von Überlebenden der sinisierten Aristokratie von Luoyang angeführt und nahm für seine Zivilverwaltung und den Aufbau seines Heeres die Hilfe der Chinesen in Anspruch.

Man kann sich vorstellen, daß die Reiche, in denen die Generäle die faktische Macht innehatten, nicht sehr dauerhaft waren: Nach dem Tod von Yuwen Tai im Jahr 556 gründete sein ältester Sohn die neue Dynastie der Zhou (Nördliche Zhou, 556-581); im folgenden Jahr riß ein Vetter von Gao Huan in Ye die Macht an sich und gründete die neue Dynastie der Qi (Nördliche Qi, 557-577), die später von den Zhou gestürzt wurde. Und schließlich usurpierte ein Verwandter der weiblichen Linie der Kaiserfamilie namens Yang Jian in Chang'an den Kaiserthron, indem er die neue Dynastie der Sui gründete und so im Jahr 589 der langen Periode der Aufteilung zwischen Nordchina und China des Yangzi-Gebiets, die praktisch im Jahr 222 begonnen hatte, ein Ende setzte.

Das Reich der Sui und das der Tang war anfänglich in jeder Hinsicht der Nachfolger jener Reiche, die von 535 bis zur Usurpation durch Yang Jian in Chang'an etabliert waren. Die meisten Institutionen stammten von den Westlichen Wei und den Nördlichen Zhou. Eine der wichtigsten betraf die Organisation des Heeres: ein Milizheer *(fubing)*, dessen Schaffung im allgemeinen Yuwen Tai zugeschrieben und auf das Jahr 550 datiert wird. Trotz des Wechsels der Dynastien änderten sich zwischen der Epoche von Yuwen Tai und der Mitte des 7. Jahrhunderts die Führungskräfte, die politischen Auffassungen und die Gesellschaft kaum. Und wenn man auch in der Wiedervereinigung Chinas im Jahr 589 das Ende einer der großen Geschichtsperioden sehen kann, ist es doch eine Tatsache, daß zwischen dem China der Sui und dem China der ersten Hälfte der Tang-Zeit einerseits und dem China der Nördlichen Dynastien, und hier vor allem den Reichen der Westlichen Wei und der Nördlichen Zhou andererseits, Kontinuitäten bestanden.

4. Kontakte, Einflüsse und Beziehungen nach außen

Ein Überblick über die gesamte Geschichte der chinesischen Welt legt nahe, der ständigen Bereicherung der Han durch Kontakte mit Völkern, deren Kultur und Lebensweise ihnen fremd waren, große Bedeutung beizumessen. Für die Entwicklung der chinesischen Zivilisation waren die Beiträge aus der Steppe, aus den sino-tibetischen Grenzgebieten und aus Südchina tatsächlich von grundlegender Wichtigkeit. Der Einfluß dieser Nachbarkulturen machte sich auf allen Gebieten bemerkbar: Schirrmethoden, Sattel, Steigbügel (4. Jh.), Technik des Brückenbaus und der Konstruktion von Bergstraßen, Heilpflanzenkunde und Kenntnis der Gifte, Schiffahrtskunst usw. Die chinesische Mundorgel *(sheng)* ist eine Entlehnung von Völkern der Tropenzone und ist nach demselben Prinzip wie die laotische Khene gebaut. Später, im 13. Jahrhundert, lernten die Han von einheimischen Völkern der südlichen Provinzen den Anbau und das Weben der Baumwolle, die zur Mongolenzeit Verbreitung fanden und zu einer der großen chinesischen Industrien wurden. Selbst die religiösen Traditionen der Han sind von den Entlehnungen geprägt: der Mythos des Hundes Panhu, der aus dem Ur-Ei geboren wurde und Schöpfer aller menschlichen Rassen ist – ein Mythos, der sich bei zahlreichen Ethnien Südchinas und der indochinesischen Halbinsel bis heute bewahrt hat – drang zwischen der Zeit der Kämpfenden Staaten und der Han-Zeit in die chinesische Folklore ein. In den Liedern von Chu *(Chuci)* (4.-3. Jh. vor Chr.) finden sich schamanistische Traditionen, die nicht chinesischen Ursprungs zu sein scheinen. Diese wenigen Beispiele mögen genügen, um aufzuzeigen, wieviel China seinen Nachbarvölkern verdankt. Nicht weniger bedeutend war der Beitrag entfernterer Kulturen. In der langen Geschichte dieser Kontakte und Entlehnungen war das »chinesische Mittelalter« eine der reichsten und fruchtbarsten Perioden.

Südchina, Südostasien und der Indische Ozean

Das Vordringen der Völker chinesischer Sprache und Kultur in die Tropenregionen, dessen Geschichte hier nicht im Detail dargestellt werden kann, scheint während der Periode der Südlichen Dynastien (der Sechs Dynastien: Wu, Östliche Jin,

Song, Qi, Liang, Chen) deutliche Fortschritte gemacht zu haben. Im 3. Jahrhundert waren es Wu und Shu, im 4. Jahrhundert die Östlichen Jin, die die Reichtümer jener noch kaum bekannten sich nach Süden erstreckenden Gebiete auszubeuten versuchten; Yunnan, Guizhou, Hunan, Guangxi, Guangdong, das heutige Nord- und Mittelvietnam usw. Da es ihnen an Arbeitskräften und Soldaten mangelte, marschierten sie in diese Gebiete ein und entführten gewaltsam Vertreter der einheimischen Völker. Im 5. Jahrhundert kam es zwischen den Song und Stämmen, deren Gebiete sie annektiert hatten, zu heftigen Kämpfen.

Von Beginn des 4. Jahrhunderts an waren Süd- und Südwestchina besser bekannt. Im Jahr 304 erschien eine Abhandlung – eines der ersten botanischen Werke in China – über Bäume, Pflanzen, Früchte und Bambusarten in Guangxi und Jiaozhi (das Becken des Roten Flusses in Vietnam): das *Nanfang caomu zhuang*. Nach der Eroberung Sichuans durch die Östlichen Jin im Jahr 347 verfaßte Chang Qu ein geographisches und historisches Werk über die Gebiete von Guizhou, Yunnan, Sichuan und Süd-Shenxi, das den Titel »Bericht über das Reich von Huayang« *(Huayang guozhi)* trägt. Man findet darin Informationen über die Flora, die Fauna, die Produkte und Gebräuche dieser Länder, von denen die meisten noch von Ureinwohnern bevölkert waren.

Die Kolonisation und die bewaffneten Expeditionen gingen jedoch über Südchina und Vietnam hinaus und erreichten Überseegebiete. Schon im 3. Jahrhundert besaß der Staat Wu eine Seeflotte, mit der er Taiwan (wenn es sich nicht vielmehr um die Ryūkyū-Inseln handelt) (Yizhou), Hainan (Zhuya) und die Insel Quelpart in Südkorea (Jizhoudao) angriff. Wu hatte politische und handelspolitische Interessen in der Südsee, und strategische Interessen in den nordöstlichen Meeren. Im Jahr 228 wurde eine Gesandtschaft auf dem Seeweg in das Reich Funan (Phnam) im Mekong-Delta geschickt, wo Ausländer aus den Ländern rund um den Indischen Ozean und dem Mittleren Orient verkehrten. Die Anführer dieser chinesischen Mission in das alte Kambodscha, Zhu Ying und Kang Tai, die dort mit einem Abgesandten des indischen Kushān-Reichs zusammentrafen, haben Reiseaufzeichnungen hinterlassen: einen »Bericht über die Kuriositäten von Funan« *(Funan yiwu zhi)*, eine »Beschreibung der fremden Reiche zur Wu-Zeit« *(Wushi waiguo zhuan)* und ein Werk über die »Sitten und Gebräuche in Kambodscha« *(Funan tusu)*.

Vom 4. bis zum 6. Jahrhundert waren die Beziehungen des Yangzi-Gebiets mit Südostasien und dem Indischen Ozean im Aufschwung. Song, Qi und Liang standen in Verbindung mit Linyi, einem hinduisierten Reich an den Südostküsten Vietnams, das später unter dem Namen Champa bekannt wurde, mit Funan, der Insel Java, Indien und Ceylon. In der Zeit vom ausgehenden 4. Jahrhundert bis Mitte des 6. Jahrhunderts kamen zahlreiche Gesandtschaften der indischen Reiche und Ceylons nach Nanking. Wie in den anderen Epochen großer maritimer Expansion (11. bis 13. Jahrhundert und 16. bis 19. Jahrhundert) stand dieser Aufschwung der Beziehungen der chinesischen Welt zu Südostasien und zum Indischen Ozean in einem viel breiteren Zusammenhang. Das Interesse der Dynastien von Nanking an den Überseegebieten fällt zeitlich zusammen mit dem Bedeutungszuwachs der indo-iranischen Seeflotte und der Entwicklung des Handelsverkehrs zwischen dem Mittleren Orient, dem Indischen Ozean und Südostasien. Hieraus erklären sich die fortschreitende Hinduisierung der Küstenebenen der indochinesischen Halbinsel und der indonesischen Inselwelt und der ständig wachsende Zustrom von Ausländern aus Südostasien und dem Indischen Ozean in die Städte Südchinas und des Yangzi-Tals: Menschen aus Vietnam, Champa (Linyi), Kambodscha usw., Singhalesen, Süd- und Nord-Inder, Ost-Iranier. Diese Ausländer, die über das südchinesische Meer kamen, trugen ihrerseits zum Eindringen des Buddhismus in die chinesische Welt bei.

Die Mandschurei, Korea und Japan

Durch den Kampf zwischen Wei und Wu im 3. Jahrhundert war die Bedeutung der im Nordosten der chinesischen Welt gelegenen Gebiete wieder gewachsen. Die Expansion der Han hatte die Entstehung chinesischer Kolonien in der südlichen Mandschurei und in Korea begünstigt. Am Ende des 2. Jahrhunderts hatte sich eine Familie von Gouverneuren aus Liaodong, die Gongsun, den Aufstand der Gelben Turbane und den Bürgerkrieg in Nordchina zunutze gemacht, um in der südlichen Mandschurei eine Art von unabhängigem Han-Reich zu errichten, dessen Hauptreichtum offenbar im Pferdehandel bestand. Zwischen 231 und 238 wurde dieses Reich von den Cao-Wei vernichtet, die sich anschließend in Korea festsetzten, wo sie im westlichen Teil der Halbinsel die beiden Kommandanturen Lelang und Daifang gründeten. Die Chinesen blieben bis ungefähr zum Jahr 313 in Korea.

Die Cao-Wei, die Nachfolger der Han als Großmacht des Nordostens, waren auch mit den japanischen Fürstentümern in Beziehung getreten. Schon unter den Han war es zahlreichen Stammesfürstentümern der *Woren* – »Zwerge«, nach dem chinesischen Ausdruck – zur Gewohnheit geworden, den Han Tribute zu zahlen. Diese Stammesfürstentümer befanden sich höchstwahrscheinlich im Norden von Kyūshū, wo Ausgrabungen zahlreiche Überreste der Han-Zeit zutage gebracht haben: Bronzespiegel, Eisengegenstände, Münzen aus der Zeit Wang Mangs. Im Jahr 1784 wurde in dieser Gegend sogar ein Investitursiegel gefunden, das ein Han-Kaiser einem »König der Zwergsklaven« *(Wonuwang)* verliehen hatte. Dieses Siegel, das lange Zeit als Fälschung gegolten hatte, wurde nach dem jüngsten Fund eines ähnlichen Siegels (1956), das aus dem alten Dian-Reich in Ost-Yunnan stammt, als echt anerkannt. Im 3. Jahrhundert scheinen die Beziehungen zwischen den Cao-Wei, die gegen das Reich Wu kämpften, und den japanischen Fürstentümern enger geworden zu sein. Zwischen 238 und 247 wurden vier japanische Gesandtschaften in Wei und zwei Gesandtschaften der Wei in Japan verzeichnet. Auch die Archäologie bezeugt mit den zahlreichen chinesischen Seidenwaren, Goldgegenständen und Spiegeln aus der Wei-Zeit, die in Japan gefunden wurden, diesen kontinuierlichen Austausch. Es ist ferner zu erwähnen, daß das *Sanguozhi* (Geschichte der Drei Reiche), des aus Sichuan stammenden Chen Shou (233-297), die erste Quelle ist, in der der Verbindungsweg zwischen den Südostküsten Koreas und dem japanischen Archipel über die Tsushima- und Iki-Inseln beschrieben wird.

Infolge der Zersplitterung des Reichs der Westlichen Jin (260-316) und der Schaffung der drei koreanischen Reiche Koguryo (Gaojuli) im Norden, Paekche (Baiji) im Südwesten und Silla (Xinluo) im Südosten der Halbinsel lockerten sich von Beginn des 4. Jahrhunderts an die Beziehungen zwischen Nordchina und Japan.

Da es dem Reich Wu (222-280) an Pferden mangelte, suchte es sich mit den Gongsun gegen seinen mächtigen Nachbarn im Norden zu verbünden. Das erklärt die Entsendung mehrerer Gesandtschaften auf dem Seeweg in die Mandschurei. Eine davon soll an die 8000 Männer auf ungefähr 100 Schiffen umfaßt haben. Vielleicht handelte es sich hierbei um ein Expeditionskorps mit der Bestimmung, den vom Cao-Wei-Reich bedrohten Gongsun Hilfe zu bringen. Ein Mönch aus dem in Nanking etablierten Reich der Östlichen Jin soll im Jahr 384 als erster den Buddhismus am Hof von Paekche eingeführt haben. Im 5. und 6. Jahrhundert schließlich suchten die japanischen Fürstentümer, beunruhigt wegen der den beiden koreanischen Reichen im Süden der Halbinsel geltenden Eroberungspläne des Reichs Koguryo, eines Verbündeten der Nördlichen Wei, das Bündnis mit den Dynastien von Nanking. Diese politischen Umstände haben zu jener Zeit die Beziehungen zwischen Japan und dem China des Yangzi-Gebiets enger gestaltet.

Die Mongolei und Zentralasien

Der Einfluß der Steppenkulturen auf Nordchina war beträchtlich und sicherlich viel bedeutender, als es den Anschein hat. Seit dem Altertum machten die Chinesen zahlreiche Anleihen bei den Steppenvölkern: Techniken der Pferdedressur für die Kavallerie, Viehzuchtmethoden, die Hose, der Sattel, die Erfindung des Brustgurtgeschirrs zwischen 4. Jahrhundert vor Chr. und Han-Zeit, des Steigbügels im 4. Jahrhundert, des Kumtgeschirrs zwischen 5. und 9. Jahrhundert. Wenn von der Han-Zeit an die in Nordchina ansässigen Nomaden immer rascher sinisiert wurden, so war die umgekehrte Erscheinung wohl nicht weniger bedeutend: Aus der Steppenwelt wurden kriegerische Traditionen und manche Institutionen übernommen. Aber dieses Verschmelzen der chinesischen und der nomadischen Welt wurde schamhaft mit einem Schleier bedeckt: Seit der Verlegung der Hauptstadt der Nördlichen Wei nach Luoyang am Ende des 5. Jahrhunderts geriet alles, was die Führungsschicht an ihre nomadische Herkunft erinnern konnte, zutiefst in Mißkredit. Die »Geschichte der Wei« *(Weishu)*, die zwischen 551 und 554 verfaßt wurde, bemüht sich, die Tabgač-Dynastie als typisch chinesisch hinzustellen, so daß man bei deren Lektüre nicht auf die Idee kommen würde, daß sie aus kaum sinisierten Steppenhirten hervorgegangen ist. Die etwa seit dem Jahr 500 stark ausgeprägte Tendenz, alles, was in den Institutionen und Gebräuchen von den chinesischen Normen abweichen könnte, zu zensieren, hat dazu geführt, daß die eigenständige Zeit der barbarischen König- und Kaiserreiche im 4. und 5. Jahrhundert in das kontinuierliche und homogene Gewebe der Dynastiegeschichten eingegliedert wurde. Die ethnisch gemischte chinesisch-barbarische Aristokratie, die zu Beginn der Tang-Zeit (7. Jh.) am Ruder war, hat das für Emporkömmlinge typische Vorurteil bewahrt, sich der Tatsache zu schämen, daß sich unter ihren fernen Vorfahren ungebildete Nomaden befanden, die in Zelten wohnten und von Viehzucht und Beutezügen lebten. Daher können wir aus den im 7. Jahrhundert kompilierten Geschichten Nordchinas nicht entnehmen, wie die »Sechzehn Reiche der Fünf Barbaren« und das Tabgač-Reich der Wei vor der Verlegung der Hauptstadt nach Henan in Wirklichkeit ausgesehen haben. Nur vergleichende Schlüsse, unabsichtliche Zeugenaussagen und Induktionen können hier gewisse Einsichten vermitteln.

Die Ansiedlung von Völkern aus der Mandschurei, Mongolei und den sino-tibetischen Grenzgebieten in Nordchina hat die ethnische Zusammensetzung dieses Teils der chinesischen Welt verändert und damit auch Mentalitäten und Traditionen verwandelt. Im Volk waren Heiraten zwischen den Han und den Steppen- und Bergbewohnern sehr häufig; in der Oberschicht vermehrten sie sich vom 6. Jahrhundert an infolge der von den Nördlichen Wei eingeschlagenen systematischen Sinisierungspolitik. So entstand eine gemischte chinesisch-barbarische Aristokratie: zahlreiche große Familien der Sui- und Tang-Zeit, ja gerade diejenigen, die von ca. 600 an bis in die erste Hälfte des 8. Jahrhunderts die treueste Stütze der kaiserlichen Macht waren, trugen türkische oder Xianbei-Namen: Yuwen, Murong, Linghu, Dugu, Yuchi usw. In zahlreichen anderen Fällen aber wurde die barbarische Herkunft durch die Annahme eines chinesischen Familiennamens verschleiert. Die Tang selbst, die den typisch chinesischen Namen Li trugen, waren halb türkischer Herkunft.

Das »chinesische Mittelalter« wird von zwei großen Expansionsperioden umrahmt: derjenigen der Han-Zeit, von Ende des zweiten vorchristlichen Jahrhunderts bis Mitte des 2. Jahrhunderts nach Chr., und derjenigen der Tang-Zeit, im 7. und 8. Jahrhundert. Aber in der Zeit zwischen diesen beiden Eroberungsperioden, in denen die chinesischen Heere bis in den Pamir und zeitweise sogar bis nach Transoxanien vordrangen, wurden die Beziehungen der chinesischen Länder zu den Oasen im Tarim-Becken und am Fuße des Kunlun nicht unterbrochen. Das Cao-Wei-Reich bemühte sich, in diesen Oasen wieder Fuß zu fassen. Das Ansehen der Westlichen Jin am Ende des 3. Jahrhunderts erklärt die große Anzahl der von zentralasiatischen Reichen, aber auch von südostasiatischen Ländern zwischen 268 und 289 nach Luoyang geschickten Gesandtschaften. In den Jahren 271, 273, 285 und 287 trafen Tributsendungen aus Shanshan (dem heutigen Charkhlik), Khotan, Kutscha, Karaschahr und aus dem Ferghana-Tal ein; in den Jahren 268, 284, 285, 287 und 289 Gesandtschaften aus Linyi (Champa) und Funan (Kambodscha). Im Jahr 285 wurde ein chinesischer Gesandter ins Ferghana-Gebiet geschickt, um dem dortigen Herrscher den Fürstentitel *(wang)* zu verleihen. Im 4. Jahrhundert dehnte sich das Reich der Früheren Liang (316-376), dessen Hauptstadt Wuwei in Zentral-Gansu war, bis zur Gegend von Turfan aus. Nach 376 und nach dem Feldzug des Generals Lü Guang im Jahr 384 wurde die Oberhoheit Fu Jiangs, des großen Herrschers der Früheren Qin, bis ins Tarim-Becken anerkannt. Die Offensiven der Späteren Liang (386-403) sollten sie bis nach Karaschahr und Kutscha führen. Als ihr Reich von den Nördlichen Wei annektiert wurde, flüchtete die regierende Familie der Nördlichen Liang (401-439) nach Turfan, wo sie das neue Reich Gaocheng gründete. Und schließlich setzten sich auch die Nördlichen Wei, nach ihrer Eroberung von Gansu in den Jahren 439-440, in Zentralasien durch und nahmen in Datong Tribute von ungefähr zwanzig Oasenreichen entgegen.

Andererseits standen – was man aufgrund der Entfernungen und der natürlichen Hindernisse kaum denken würde – die in Nanking vom 4. bis 6. Jahrhundert etablierten Dynastien sowohl mit Zentralasien als auch mit den im Nordosten des Reiches der Cao-Wei und der Nördlichen Wei (Mandschurei, Korea und Japan) gelegenen Ländern in Beziehung. Als Vermittler zwischen den Yangzi-Reichen und den Oasenfürstentümern dienten die Tuyuhun, ein Volk von Viehzüchtern aus Qinghai (Kukunor). Die Beziehungen wurden unter den Liang von Nanking während der ersten Hälfte des 6. Jahrhunderts, in der Folge der Expansion der Tuyuhun in die Oasen von Shanshan und Qiemo (dem heutigen Tschertschen), sogar noch enger. Erst mit der Besetzung Sichuans durch die Westlichen Wei im Jahr 553 brachen sie ab.

Die Expansion der Tang nach Zentralasien und bis in die Randgebiete des Iran war kein plötzliches und unvorhergesehenes Ereignis. Ihr ging im Gegenteil während der ersten Türkeneinfälle in Nordchina eine Periode großer diplomatischer Aktivität zwischen den Reichen, die von 535 an in Chang'an herrschten, und den Gebieten westlich von Yumenguan und Dunhuang voraus; dies wird von der großen Anzahl der Gesandtschaften der zentralasiatischen Reiche und des Perserreichs der Sassaniden in Chang'an bewiesen:

553, Gesandtschaften der Hephtaliten und Persiens;
558, Gesandtschaften der Hephtaliten und Persiens;
560, Gesandtschaft des Reichs von Kutscha;
564, Gesandtschaft aus der Sogdiane (Gegend von Samarkand);
567, Gesandtschaft aus Buchara (Tal des Amu-darja);
574, Gesandtschaft des Reichs von Khotan (Pferde als Tribut);
578, Gesandtschaft aus Persien.

Ähnlich wie in den großen Städten Südchinas und des Yangzi-Tals, wohin während der Epoche der Sechs Dynastien (222-589) immer mehr Fremde aus Südostasien und dem Indischen Ozean strömten, bildeten sich auch in den städtischen Zentren Nordchinas Kolonien von Kaufleuten aus den zentralasiatischen Oasen und den Gegenden zwischen dem Syr-darja und den heutigen Grenzen Indiens und des Irans: Sie stammten aus Turfan, Kutscha, Khotan, Kaschgar, Samarkand, Buchara, Baktra, Peschawar, Ost-Persien, Kaschmir und dem Indus- und Ganges-Tal. Die über die südchinesischen Häfen und die Straßen von Gansu gereisten Kaufleute, offiziellen Gesandten, Geiseln und Missionare übten im Laufe dieser entscheidenden Periode der chinesischen Geschichte einen bedeutenden Einfluß aus. Nach einer Zeit der Anpassung während der ersten Jahrhunderte nach Chr. hat der Buddhismus in China, vom Ende des 4. Jahrhunderts bis zum Ende des 8. Jahrhunderts, eine gewaltige Bewegung religiöser Begeisterung ausgelöst, frühere Traditionen tiefgreifend gewandelt und in der chinesischen Welt, wie auch in den Nachbarländern Chinas, dauerhafte Spuren hinterlassen. Gleichzeitig mit dem Buddhismus haben sich in China und in ganz Ostasien Einflüsse aus Indien, Persien und Griechenland bemerkbar gemacht.

II. KAPITEL
DIE KULTUR IM MITTELALTER

Die vier Jahrhunderte dauernde Periode vom Niedergang der Han-Dynastie bis zur Schaffung des Aristokratenreichs der Sui und Tang war eine der reichsten und komplexesten der chinesischen Geistesgeschichte, erstaunlich fruchtbar an Neuerungen. Es entstand eine Metaphysik, die ganz aus der Scholastik der Han-Zeit hervorgegangen war und vom Anfang des 4. Jahrhunderts an durch buddhistische Beiträge der Mahāyāna-Lehre, der Lehre von der universellen Leerheit, bereichert wurde. Eine Art von künstlerischem und literarischem Dilettantismus setzte sich durch, ein Streben nach ästhetischem Genuß um seiner selbst willen, das zur klassischen Tradition in krassem Widerspruch stand. Gleichzeitig kam es zu den ersten und bedeutenden Versuchen einer Literatur- und Kunstkritik. Die Malerei entwickelte sich vom handwerklichen Stadium zu einer gelehrten und intellektuellen Kunst. Zum ersten Mal in der chinesischen Geschichte wurde die Landschaft zum Gegenstand der Malerei und der künstlerischen Darstellung. Die Dichtkunst erlebte eine noch nie dagewesene Blütezeit. Und schließlich entstand eine gewaltige Bewegung religiöser Begeisterung, die so verschiedenartige Aspekte umfaßte und so zahlreiche und weitreichende Auswirkungen hatte, daß sie im Rahmen einer allgemeinen Geschichte der chinesischen Welt kaum angedeutet werden können.

Dazu kommen die Komplexität der politischen und sozialen Geschichte, die unabhängige Entwicklung Nordchinas und des Yangzi-Beckens, die relativ große Abschließung der einzelnen Regionen, die den Reichtum und die Vielfältigkeit des Geisteslebens noch vergrößernden Entlehnungen des Südens beim Norden. Aufgrund der ethischen und philosophischen Entwicklung von ungefähr 190 bis zum Ende des 3. Jahrhunderts wurde die Epoche, in der die erste der »Dynastien« des Yangzi-Raums entstand, zu einem Angelpunkt der Geschichte. Die Unterschiede zwischen dem kriegerischen, volkstümlichen, fast analphabetischen Nordchina, das vom Einfluß aus der Steppe und dem chinesisch-tibetischen Grenzraum durchdrungen war, und dem aristokratischen und verfeinerten China des Yangzi-Raumes mit seinen erlesenen Zirkeln, seinen zahlreichen Eremiten und seinem Hofleben waren im 4. Jahrhundert tiefgreifend. Dieser ausgeprägte Kontrast schwächte sich im 5. und 6. Jahrhundert ab. Seit der Zeit, als die immer mehr sinisierten Nördlichen Wei ihre Hauptstadt nach Luoyang verlegten (494), an die Stelle, wo sich die chinesischen Regierungen vom beginnenden 1. Jahrhundert bis zum beginnenden 4. Jahrhundert gehalten hatten, begeisterten sich alle Teile der alten chinesischen Welt gemeinsam für den buddhistischen Glauben.

Die moralische Atmosphäre dieser über drei Jahrhunderte dauernden Epoche läßt sich aus den politischen und gesellschaftlichen Gegebenheiten erklären. Die Kämpfe zwischen Cliquen großer Familien, die Tendenz der mächtigen Geschlechter, sich in geschlossene Aristokratien zu verwandeln, die Schwäche der Nankinger Reiche, die Nichtigkeit des politischen Kampfs spielten gewiß eine Rolle bei dem Rückzug des Individuums auf sich selbst und dem Streben nach der Kunst um ihrer selbst willen, durch die die gebildeten Kreise zwischen dem 3. und 6. Jahrhundert gekennzeichnet waren. Auch das Vorherrschen der philosophischen und literarischen Kreise in den Yangzi-Reichen, der Erfolg der Mode des Eremiten- und Mönchslebens und schließlich die Rolle des Hofes als letzter Zuflucht inmitten der Wirren der Niedergangsperiode finden hierin eine Erklärung, ebenso wie der Erfolg dieser großen fremden Religion in der rohen, gewaltsamen und halbbarbarischen Welt des Nordens, wo der Buddhismus den Schutz der Satrapen genoß, die sich das Reich der Cao und der Sima aufgeteilt hatten, und das rasche Anwachsen der buddhistischen Frömmigkeit.

1. Metaphysik, Ästhetik und Dichtkunst

Vom legalistischen Nominalismus zu ontologischen Spekulationen

Während des Niedergangs der Han-Dynastie kam es zu einem Bruch in den Traditionen der verschiedenen Schulen und zu einer tiefen moralischen und politischen Krise, die die Blickrichtung völlig verändert zu haben scheint. Das Studium der Klassiker erlebte mit Ma Rong (79-166) und Zheng Xuan (127-200) eine letzte hohe Blüte, und die Eingravierung des Textes der sechs Klassiker auf Stelen, die in der Akademie *(taixue)* von Luoyang im Jahre 175 von Cai Yong (133-192) veranlaßt wurde, nimmt symbolische Bedeutung an: lange nicht mehr sollten diese ehrwürdigen Texte – ausgenommen das *Buch der Wandlungen (Yijing)* – Gegenstand solcher Sorgfalt und Aufmerksamkeit sein. Zwar verdienen einige bekannte Kommentatoren der klassischen Werke zwischen der Han-Zeit und der großen Erneuerungsbewegung der Song-Zeit im 11. und 12. Jahrhundert Erwähnung, aber es handelt sich bei ihnen nur um Einzelfiguren, die die Tradition der Han fortsetzten, ohne die Methoden der Textauslegung, noch die in den Texten enthaltene Philosophie umzustürzen.

Die Wirren des ausgehenden 2. Jahrhunderts und die Erhebungen von Barbarenstämmen zu Beginn des 4. Jahrhunderts haben ihrerseits zu diesem Niedergang der Bildungstraditionen beigetragen: bei der Plünderung Luoyangs durch die Söldnertruppen von Dong Zhuo im Jahre 190 wurden die Han-Archive und die kaiserliche Bibliothek zerstört; das gleiche Schicksal erfuhren im Jahr 311 die Sammlungen der Cao-Wei. Nebenbei sei bemerkt, daß die kaiserliche Bibliothek der Cao-Wei und der Westlichen Jin, die nach dem neuen Klassifizierungssystem in vier Kategorien eingeteilt war (*sibu:* Klassiker, Geschichte, Philosophie und Literatur), das sich anschließend durchsetzen sollte, auch alte Dokumente auf Bambusstreifen aufnahm, die im Jahr 279 im Grab eines Fürsten des Wei-Reichs aus dem Jahr –299 entdeckt worden waren. Unter diesen Schriften befanden sich die berühmten »Bambus-Annalen« des Wei-Reichs *(Zhushu jinian),* die uns dank ihrer Zitierung in verschiedenen Werken in fragmentarischer Form erhalten geblieben sind. Vor allem aber war es die seit dem Ende der Han-Zeit spürbare moralische Krise, die das geistige Leben in neue Bahnen lenkte, indem sie eine Erneuerung und eine Vertiefung der politischen und philosophischen Reflexion auslöste.

Seit der zweiten Hälfte des 2. Jahrhunderts war es zu einer Renaissance der geistigen Strömungen aus der Zeit der Kämpfenden Staaten (4.-3. Jh.) gekommen: Legalismus, Nominalismus (Theorie der »Richtigstellung der Bezeichnungen«, *zhengming,* d. h. der Festlegung des gesellschaftlichen Status und des gesellschaftlichen Ranges), Taoismus in der metaphysischen Auslegung des *Laozi.* Aber der Standpunkt ist ein ganz anderer als im 4. und 3. vorchristlichen Jahrhundert: in der ersten Hälfte des 3. Jahrhunderts bezog sich die Reflexion auf die funktionelle Organisation des Staates, auf seine notwendige und natürliche Hierarchisierung, auf die Stellung der Individuen in der Gesellschaft, auf ihre Einordnung nach ihren Fähigkeiten und ihrem Charakter. Bei den Denkern dieser Zeit war die Idee weit verbreitet, daß die soziale Ordnung nur dann gewährleistet werden kann, wenn jedem sein ihm angemessener Teil *(fen)* – der Teil, der von seinem individuellen Schicksal *(ming)* bestimmt ist – zugewiesen wird. Man findet diesen Gedanken bei Liu Shao (erste Hälfte des 3. Jh.), dem Verfasser des »Neuen Kodex« *(Xinlü)* der Cao-Wei und Autor einer »Abhandlung über Charakterkunde«, des *Renwuzhi,* bei dem die legalistischen Auffassungen eng mit den nominalistischen Theorien verbunden sind; und bei Guo Xiang (gestorben 312), dem berühmten Kommentator des *Zhuangzi.* Auch Wang Su (195-256), der in seinen Klassiker-Kommentaren die esoterischen Interpretationen verwirft, beschäftigt sich mit dem Problem der gesellschaftlichen Hierarchien.

In diesen Interpretationen erkennt man den Einfluß der politischen Gegebenheiten jener Zeit wieder (Cao Cao und seine Nachfolger hatten eine legalistisch inspirierte Militärdiktatur geschaffen): den Einfluß der in der Han-Zeit blühenden Theorien über die Komponenten des individuellen Schicksals und den Einfluß der Verwaltungspraktik, die Kandidaten für öffentliche Ämter nach ihrem Verhalten und ihrer Persönlichkeit einzustufen. Diese Aufgabe wurde von speziellen Beamten (den *zhongzheng*) ausgeführt, die ihr Urteil in einer kurzen und prägnanten Formel zusammenfaßten. Die Klassifizierung der Persönlichkeiten wurde vom Beginn des 3. Jahrhunderts an zu einem der beliebtesten Diskussionsthemen der chinesischen Intelligentsia in den freien und abstrakten Konversationen, die »reine Gespräche« *(qingtan* oder *qingyi)* genannt wurden. Diese Plaudereien, bei denen man sich in Bonmots, witzigen Erwiderungen und gewähltem Sprachgebrauch überbot, weiteten ihr Thema der Charakterkunde allmählich auf literarische, künstlerische, ethische und philosophische Probleme aus. Die *qingtan* wurden nach dem Exodus vom Anfang des 4. Jahrhunderts typisch für die aristokratischen Kreise der Südlichen Dynastien; frühe Beispiele dieser »reinen Gespräche« sind in einem Werk aus der ersten Hälfte des 5. Jahrhunderts erhalten, dem *Shishuo xinyü* (Neue Darstellung von Geschichten aus der Welt) von Liu Yiqing. Andererseits wurde die Form einer ganzen Reihe von apologetischen Abhandlungen der Zeit der Südlichen Dynastien aus dem gängigen Gebrauch der kontradiktorischen Diskussionen entliehen. Diese Abhandlungen waren vom 4. bis 6. Jahrhundert eine der Lieblingswaffen der gebildeten Buddhisten und ihrer Gegner, vom »Mouzi oder die zerstreuten Zweifel« *(Mouzi lihuolun)*, einem in Vietnam entstandenen Werk unbekannten Datums, das aber sicherlich eines der ersten seiner Art ist, bis zum *Hongmingji,* einer großen Sammlung von Streitgesprächen, die im Jahr 510 erschien.

Parallel zur legalistischen und nominalistischen Strömung, die für das 3. Jahrhundert so charakteristisch ist, zeigte sich seit dem Ende des 2. Jahrhunderts ein erneutes Interesse für das esoterische Werk, das den Namen Laozis als Titel trägt (das *Daodejing*), und für das *Zhuangzi.* Dieses Interesse führte im 3. Jahrhundert zu einer neuen philosophischen Richtung, die außer diesen beiden Werken noch das alte Wahrsagebuch der Zhou *(Zhouyi* oder *Yijing, Buch der Wandlungen)* zu Hilfe nahm: die sogenannte »Mysterienschule« *(xuanxue)*. Ihre berühmtesten Vertreter waren He Yan (gestorben 249), der eine »Abhandlung über das Namenlose« *(Wuminglun)* verfaßt hat, Wang Bi (226-249), ein genialer Philosoph, der im Alter von 23 Jahren starb und Kommentare zum *Laozi* und zum *Yijing* geschrieben hat, Xiang Xiu (223?-300), Verfasser eines großen *Zhuangzi*-Kommentars, den Guo Xiang (gestorben 312) seinem eigenen Kommentar beifügte, und Pei Wei (267-300), dem wir das *Chongyoulun* (Abhandlung über den Vorrang des Seins) verdanken. Die Vertreter der Mysterienschule schneiden Probleme der Metaphysik an: die Beziehung zwischen dem Sein und dem Nichtsein, die nicht als einander ausschließende Gegensätze aufgefaßt werden, sondern als untrennbar miteinander verbunden, wobei dem Sein, das definierbar, nennbar, wechselnd und verschiedenartig ist, notwendigerweise als Kehrseite, als ontologische Stütze das fundamentale Nicht-Sein, Quelle aller sichtbaren Erscheinungen zugeordnet wird; der Vorrang des Seins oder des Nicht-Seins; das Fehlen oder Vorhandensein von Leidenschaften beim Weisen; die Beziehungen zwischen Denken und Sprache; das Wesen der Musik usw.

Diese ontologischen Spekulationen, die bei einem Philosophen wie Guo Xiang eng mit legalistischen und nominalistischen Interpretationen verbunden sind, sollten nach dem Exodus nach Süden um das Jahr 310 dauerhaften Erfolg haben; im Laufe des 4. Jahrhunderts wurden sie durch Beiträge des Buddhismus des »Großen Fahrzeugs« erneuert; diese Mahāyāna-Lehre der grundlegenden Unwirklichkeit aller Erscheinungen übte auf die Liebhaber der »reinen Gespräche« und der Diskussionen über das Sein und das Nicht-Sein, über die Substanz *(ti)* und die Funktion *(yong)* große Anziehungskraft aus. Ihre scheinbare Analogie mit den Auffassungen der Mysterienschule hat nahezu ein Jahrhundert lang die grundlegenden Unterschiede dieser ausländischen Philosophie gegenüber den chinesischen Traditionen verschleiert.

Individualismus, Freiheit, Ästhetik und Dichtkunst

Die gnostischen und ontologischen Spekulationen der Mysterienschule, die im 3. Jahrhundert oft mit konservativen sozialen Theorien verbunden waren, schöpften ihre Denkanstöße aus den beiden großen Werken der taoistischen Denker der Zeit der Kämpfenden Staaten. Sie vertraten aber keineswegs die eigentlichen Grundtendenzen der taoistischen Bewegung, die sich, im Gegenteil, in den Literatenkreisen durch antikonformistische Haltungen ausdrückten: Verachtung der Riten, Sichgehenlassen, Gleichgültigkeit gegenüber der Politik, Hang zur Spontaneität, Naturliebe usw. Die geistige Unabhängigkeit und Freiheit, die Abscheu vor Konventionen, die Leidenschaft des l'art pour l'art sind kennzeichnend für die gesamte Zeit der Wirren vom 3. bis zum 6. Jahrhundert. Man könnte sagen, daß während des ganzen chinesischen Mittelalters eine Art von »Ästhetizismus« vorherrschend war. Diese der klassischen Tradition entgegengesetzten Tendenzen wurden zum ersten Mal von einer kleinen Gruppe von gebildeten Bohemiens zum Ausdruck gebracht, die man später »Die Sieben Weisen vom Bambushain« *(zhulin qixian)* nannte, und deren berühmtester Vertreter der Dichter und Musiker Xi Kang (223-262) war.

Nach dem Exodus ins Yangzi-Tal bestehen dieselbe Geisteshaltung, dieselbe Naturliebe und Freiheitsliebe in den aristokratischen Kreisen fort. Man findet sie wieder in der Umgebung des berühmten Kalligraphen und Dichters Wang Xizhi (gegen 307-365), mit dessen Namen eine der bekanntesten Episoden der Geschichte der chinesischen Literatur und Kalligraphie verbunden ist: das Treffen im Orchideen-Pavillon *(lantinghui)* in Guiji (in der Gegend des heutigen Shaoxing in Zhejiang), bei dem einundvierzig Dichter während eines improvisierten Wettstreits manches Zechgelage feierten.

Von den »Neunzehn antiken Gedichten« *(Gushi shijiushou)*, dem ersten Beispiel lyrischer Gedichte, die zweifelsohne aus der späteren Han-Zeit stammen, bis zum goldenen Zeitalter der klassischen Poesie des 7. bis 9. Jahrhunderts, entwickelte sich die chinesische Dichtkunst kontinuierlich fort, und sie hat zahlreiche große Namen aufzuweisen. Während die Werke der berühmten Dichter der Ära Jian'an (196-220), die *Jian'an qizi,* und diejenigen ihrer Zeitgenossen Cao Cao und seiner Söhne (Cao Pei, 187-226, Kaiser Wen der Wei, und Cao Zhi, 192-232) noch Werke militärisch und politisch engagierter Männer sind, die, von der Kraft und Einfachheit der *Yuefu* aus der Han-Zeit erfüllt, den Themen der Volksliteratur treu bleiben, zeugt die Poesie des 4. bis 5. Jahrhunderts im Gegenteil von dem politischen Desengagement und Streben nach der Schönheit um ihrer selbst willen, die das besondere Wesensmerkmal der Periode der Südlichen Dynastien sind. Taoisierende Tendenzen wie sie schon bei Xi Kang (223-262) und Ruan Ji (210-263) spürbar sind, finden sich auch bei dem großen bukolischen Dichter Tao Qian (Tao Yuanming) (365-427) wieder; der Landschaftsdichter Xie Lingyun (385-433) dagegen war als einer der ersten buddhistisch beeinflußt.

Das Interesse für die Natur, so wie sie nach den taoistischen Auffassungen erscheint, als Aufenthaltsort der Unsterblichen, als heiliger Ort, in dem man ein freies Leben fern von den Kompromissen der Welt führen kann, bereicherten die Dichtkunst wie die Malerei. So tauchten im 4. und 5. Jahrhundert neben Figuren aus der gelehrten oder der taoistischen Tradition, neben den guten und bösen Geistern, den Interieurszenen aus den Palästen nun auch Berglandschaften auf. Die Landschaftsmalerei, die von taoistischen Themen und Auffassungen beherrscht wurde und noch an die Beziehungen des Taoismus zur Magie erinnert, aber doch schon rein ästhetische Absichten vertrat, erscheint folglich in China mehr als ein Jahrtausend früher und in einem völlig anderen Zusammenhang als in Europa. Vom Augenblick an, da die Malerei nicht mehr, wie zur Han-Zeit, das Werk von Handwerkern war, wurde sie zusammen mit der Kalligraphie zu einer der beliebtesten Künste in den gebildeten Kreisen, und begann sich rasch weiterzuentwickeln. Die Farben wurden vielfältiger, neue Darstellungskonventionen traten auf, die den Ausdruck einer komplizierten Ordnung gestatteten (eine Vielzahl von verschiedenen Blickwinkeln, die Darstellung der Ferne und der Nähe durch eine Übereinanderschichtung verschiedener Ebenen usw.). Einer der ersten und der größten Maler wurde zwanzig Jahre vor Tao Qian und vierzig Jahre vor Xie Lingyun geboren: Gu Kaizhi (345-411).

Andere wichtige Neuerungen des chinesischen Mittelalters sind die vorrangige Bedeutung, die dem ästhetischen Wert der Kunstwerke, unabhängig von jeder moralischen Beurteilung, beigemessen wurde, und die Bemühung, die Werke kritisch zu analysieren und zu klassifizieren. Bemerkenswerte Fortschritte in der Verfeinerung des Geschmacks und der Kriterien wurden zwischen der Cao-Wei-Zeit und der Liang-Zeit erzielt. Das erste Werk der Literaturkritik ist das *Dianlun* des Dichters Cao Pei (Anfang des 3. Jh.), in dem die Vorzüge von Prosa und lyrischer Dichtung der Han-Zeit miteinander verglichen werden. In seinen Urteilen läßt sich Cao Pei schon ausschließlich von literarischen Kriterien leiten, die er von dem großen taoistischen Meister Ge Hong übernimmt. In seinem *Baopuzi* (um 317) erklärt er die gegenseitige Unabhängigkeit von Moral und Schönheit. Viel später, in der ersten Hälfte des 6. Jahrhunderts, versuchte Zhong Rong unter den Liang in seinem *Shipin,* 123 Dichter von der Han-Zeit bis zur Liang-Zeit in drei Kategorien einzuordnen, und ergänzte diese Klassifizierung mit zahlreichen kritischen Anmerkungen. Als ein Höhepunkt der Geschichte der chinesischen Literaturkritik jedoch können vor allem das *Wenxin diaolong* (Der literarische Geist und das Gravieren von Drachen) von Liu Xie (Beginn des 6. Jh.) und die Herausgabe der berühmten Anthologie *Wenxuan* (gegen 530) gelten. Das *Wenxuan,* das ein Prinz der kaiserlichen Familie der Liang zusammenstellte, ist bis heute eine der Hauptquellen für die chinesische Literaturgeschichte der Periode zwischen der Früheren Han-Dynastie und dem Beginn des 6. Jahrhunderts geblieben.

Diesen Ansätzen zu einer Literaturkritik entsprach eine parallele Bemühung um eine Kunstanalyse und Kunstkritik. So verdanken wir Xie He, der gegen Ende der Südlichen Qi lebte (479-502), einen »Klassifizierenden Katalog der alten Maler« *(Guhuapin),* in dem Werke von 27 Malern des 3. bis 5. Jahrhunderts analysiert werden, und Yao Zui der Chen-Dynastie (557-589) eine Fortsetzung dieses Katalogs, das *Xuhuapin,* in dem zwanzig Maler der Liang-Zeit besprochen werden.

Während das 4. und 5. Jahrhundert und die erste Hälfte des 6. Jahrhunderts als Zeit der Reife und der entscheidenden Neuerungen in der Literaturgeschichte der Südlichen Dynastien gelten können, setzte unter der Chen-Dynastie (557-589) eine Periode des Niedergangs ein, die sich wohl aus den politischen und sozialen Bedingungen dieser Zeit erklärt. Man beschäftigte sich hauptsächlich mit formalen Fragen. Im 6. Jahrhundert dominierte in Prosawerken ein Stil, der auf semantischen Oppositionen und phonetischen Harmonien aufgebaut ist und eine Vorliebe für die Kopplung von Sätzen aus vier und sechs Zeichen zeigt. Entfernte Vorstufen zu diesem Stil, der unter der Bezeichnung *pianwen* (Parallelsätze) oder *siliuwen* (Sätze aus vier und sechs Zeichen) bekannt ist, gab es in der Prosa der ausgehenden Epoche der Kämpfenden Staaten und der Han-Zeit; allerdings nimmt er im 6. Jahrhundert einen noch nie dagewesenen künstlichen und systematischen Charakter an. Und schließlich sei, auf einem benachbarten Gebiet, der Erfolg der manierierten und erotischen Poesie am Hof des letzten Chen-Kaisers erwähnt, mit Dichtern wie Xu Ling (507-583) und Jiang Zong (510-594). Es scheint, daß nun die lebendigen Quellen versiegt waren, aus denen die großen Dichter wie Tao Qian, Xie Lingyun und Yan Yanzhi (384-456) schöpften. Aber der Formalismus dieser Verfallsperiode war nicht nutzlos: er kam den Tang-Dichtern bei ihrer Synthese aller früheren Traditionen zugute.

Die taoistischen Kreise

Die gnostischen und ontologischen Spekulationen der Anhänger der Mysterienschule, die das Studium des *Laozi* und des *Zhuangzi* mit demjenigen des Wahrsage-Klassikers, des *Yijing*, verbanden, sind eigentlich kaum taoistisch zu nennen. Diese Männer aus der Oberschicht, die sich für »reine Gespräche« begeisterten, hatten keinen Kontakt zur echten religiösen, gelehrten und technischen Strömung des Taoismus, die sich seit dem Altertum und der Han-Zeit unabhängig von ihnen weiterentwickelt hatte. Der echte Taoismus, bei dem es sich um eine mehr oder weniger geheime Strömung handelt, entstammte Kreisen, die manchmal der großen Sekte aus Sichuan, der Sekte der Fünf Reisscheffel *(Wudoumidao)* zugeordnet werden. Diese Kreise waren die Verwahrer der von Medien enthüllten Offenbarungen und der Überlieferungen über die Wiederverkörperungen der Heiligen; die höchsten Geheimnisse der Sekte wurden vom Meister auf den Schüler weitergegeben. Aus diesen Kreisen ging eine hagiographische Literatur hervor, deren ältestes Zeugnis das *Liexianzhuan* ist, das Liu Xiang am Ende des ersten vorchristlichen Jahrhunderts kompilierte. Später, als es von buddhistischen Mönchen imitiert wurde, hatte es großen Erfolg. Ebenfalls diesen Kreisen verdanken wir die Entstehung von Sammlungen übernatürlicher Erzählungen, die nach dem *Shoushenji* (Bericht über die Suche nach Geistern) von Gan Bao (317-420) großen Anklang finden sollten. Im Laufe der Zeit wurden in diesen Sammlungen Erzählungen volkstümlicher oder buddhistischer Herkunft mit taoistischen Erzählungen vermischt.

Das Hauptziel der Taoisten war jedoch die Suche nach Methoden, mit denen das Leben verlängert *(changsheng)*, das Lebensprinzip genährt *(yangsheng)* und der Körper sublimiert werden könnte. Die Suche nach Unsterblichkeitsdrogen war von einer langen Reihe von Experimenten begleitet, die sich während des größten Teils der chinesischen Geschichte fortgesetzt haben und denen man, nach Needham, manche der wichtigsten Entdeckungen der chinesischen Welt verdankt (unter anderem verschiedene Verfahren der Stahlhärtung). Eines der ältesten Dokumente der Geschichte der chinesischen Alchimie, die mit Quecksilber, Blei, Schwefel, Gold und Silber experimentierte, ist das *Zhouyi cantong qi,* das im 2. Jahrhundert nach Chr. verfaßt wurde. Zu Beginn des 4. Jahrhunderts zählte Ge Hong (283-343?), der Autor eines Werks über taoistische Techniken, des *Baopuzi* (gegen 317), sowie einer Sammlung von Biographien Unsterblicher, des *Shenxianzhuan*, zu den berühmtesten Vertretern dieser Tradition des gelehrten Taoismus. Ge Hong scheint vor allem die Arzneimittelkunde, die Alchimie, Medizin und Astronomie beherrscht zu haben. Möglicherweise wurde er während seiner langen Aufenthalte in Tropengebieten, hauptsächlich in Kanton, in die Geheimnisse einheimischer Völker eingeweiht. Der Haupterbe von Ge Hong in Südchina war Tao Hongjing (456-536), ebenfalls ein enzyklopädischer Geist, der sich das Gesamtwissen seiner Zeit angeeignet hat: Mathematik, *yin-* und *yang*-Theorie, Geographie, Alchimie, Medizin, Arzneimittelkunde usw., konfuzianische, aber auch buddhistische Traditionen. Wir verdanken ihm einen Kommentar zu einer alten Abhandlung über Arzneimittelkunde, das *Bencaojing jizhu.* Ge Hong übte in Nordchina auf Kou Qianzhi (363-448) Einfluß aus, eine bedeutende Persönlichkeit aus einer reichen Familie von Chang'an. Diese Familie führte ihre Abstammung auf das Geschlecht der »Himmelsmeister«

(tianshi) zurück, dessen erster Patriarch Zhang Daoling, der Gründer der Fünf-Reisscheffel-Sekte, war. Kou Qianzhi gelang es im Jahr 424, mit dem Hof der Nördlichen Wei in Verbindung zu treten und sich bei Kaiser Taiwudi (424-451) Gehör zu verschaffen, in dem er die Reinkarnation einer taoistischen Gottheit zu erkennen behauptete. Er schloß sich dem großen Literaten-Beamten Cui Hao, dem Berater Taiwudis an, als Maßnahmen gegen den buddhistischen Klerus getroffen wurden. Aber schon machte sich der Einfluß dieser rivalisierenden Religion bemerkbar: Kou Qianzhi war der Gründer der ersten taoistischen Klöster, die von den buddhistischen Disziplinarregeln beeinflußt waren; von diesem Zeitpunkt an kam es zur Entstehung und zum Aufschwung einer taoistischen Priesterschaft, die mit ihren heiligen Texten, ihren Tempeln und ihrer Liturgie weitgehend eine Nachbildung des buddhistischen Klerus war.

2. Die große Welle der buddhistischen Frömmigkeit

Die Verbreitung des Buddhismus in ganz Asien ist aufgrund der geographischen Ausdehnung, der Anzahl und Verschiedenartigkeit der von den Randgebieten des Iran bis Japan und von Zentralasien bis Java von ihm erfaßten Völker eine Erscheinung von viel größerem Ausmaß als die ungefähr gleichzeitige Ausbreitung des Christentums in den westlichen Regionen des eurasischen Kontinents. Die unzähligen schriftlichen Traditionen, die mannigfaltigen Schulen und reichen kulturellen Elemente, die vom Buddhismus mitgeführt wurden, erhöhten die Komplexität der Erscheinung.

Als der Buddhismus im 1. und 2. Jahrhundert nach Chr. in die Welt Chinas einzudringen begann, hatte er schon eine lange Geschichte hinter sich, im Laufe derer er neben all dem, was er autochthonen Substraten Nord- und Südindiens verdankt – von iranischen und hellenistischen Einflüssen durchsetzt wurde. Während der Periode der größten buddhistischen Religiosität in China (5. bis 8. Jh.) entwickelte er sich in den buddhistischen Ländern außerhalb Chinas weiter. Diese Weiterentwicklung aber spielte für die Geschichte Chinas ebenfalls eine Rolle, da der Buddhismus in der Form, die er vom 8. Jahrhundert an in Tibet angenommen hatte, zur großen Religion der Bergvölker des Himalaja und der Steppennomaden geworden war. Darum müssen diese späteren Entwicklungen und die verschiedenen Ursprungsgebiete des buddhistischen Einflusses in Ostasien mit berücksichtigt werden. Wenngleich der chinesische Buddhismus im wesentlichen aus den zentralasiatischen Oasen und den südöstlich des Amu-darja gelegenen Gebieten stammt, wurde die Entwicklung der Lehren in China selbst auch von Schulen beeinflußt, die in Kaschmir, Ceylon, Sumatra, dem Ganges-Tal usw. gelegen waren und zu gewissen Zeiten große Ausstrahlungskraft besaßen.

Das ist aber noch nicht alles: die große, in Nordostindien entstandene Religion mußte sich in China einer völlig andersartigen Kultur anpassen; die Anpassung wurde in dem Maß ermöglicht, wie bestimmte Elemente des Buddhismus den Traditionen und Anliegen entsprachen, die den verschiedenen Gesellschaftsschichten der ausgehenden Han-Zeit und der späteren Epochen eigen waren. Entsprechend den auseinanderklaffenden Bedürfnissen und Interessen des Adels, der Bauernschaft und der Staatsmacht hat sich eine verhältnismäßig autonome buddhistische Kirche mit ihren jeweiligen religiösen Gemeinschaften, Kultstätten, Ländereien und Abhängigen herausgebildet. Aufgrund seiner sozialen, politischen und wirtschaftlichen Rolle, seines beherrschenden Einflusses, den er ungefähr vom Jahr 400 bis zum Beginn des 11. Jahrhunderts ausgeübt hat, seiner verborgenen, aber tiefgreifenden Wirkung auf die chinesische Geistesgeschichte bis in die neueste Zeit, war der Buddhismus eines der Grundelemente bei der Entstehung der chinesischen Welt. Er hat die religiösen, philosophischen, literarischen und künstlerischen Traditionen gleichzeitig bereichert und von Grund auf gewandelt.

Das Eindringen des Buddhismus nach China

Der Buddhismus hat sich längs der Handelsstraßen auf dem größten Teil des asiatischen Kontinents verbreitet: einerseits entlang der Kette von Oasen, die das Amu-darja-Becken mit Gansu verband, andererseits auf den Seewegen zwischen dem Indischen Ozean und Südostasien. Der Aufschwung des Kontinentalhandels und der Ausbau der Seeverbindungen haben seit Beginn unserer Zeitrechnung ungefähr gleichzeitig stattgefunden.

Der Buddhismus, am Ende des 6. Jahrhunderts vor Chr. im mittleren Ganges-Tal entstanden, war ein Heilsweg, und ausschließlich denen vorbehalten, die mit der Welt gebrochen hatten. Nun mußte er sich, mit neuen Elementen bereichert, allmählich in eine allgemeine Heilslehre verwandeln, die allen offenstand. Hierzu war die Entwicklung einer Hagiographie nötig gewesen, die den historischen Buddha mit einer Aura des Wunderbaren umgab und dadurch dem Geschmack der weltlichen Gläubigen entsprach (der Zyklus der früheren Leben des Sākyamuni, *jātaka,* in dem die altruistischen Tugenden des großen Weisen veranschaulicht werden). Andere Buddhas, die ihm ähnelten, mußten Gestalt annehmen (hier vor allem die Figur des Maitreya, des kommenden Messias), und ein Kult entstehen (Reliquienkult, Kult des großen Weisen, der unsterblichen buddhistischen Heiligen, der Arhats). Diese Entwicklung fand innerhalb der Sekten selbst statt, die aus der Lehre des Meisters hervorgegangen waren. Sie sollte aber um den Beginn unserer Zeitrechnung in Nordwestindien zu einer großen Erneuerungsbewegung führen, die sich von ihr abtrennte, den Namen »Großes Fahrzeug« (Mahāyāna, chinesisch *dacheng*) annahm und eine unendliche Anzahl von religiösen Figuren schuf (gegenwärtige, vergangene und zukünftige Buddhas unzähliger Welten, und Bodhisattvas, »Wesen des Erwachens«, die aus Mitleid mit den Menschen ihren Eingang ins Nirvāna hinauszögern, um diese zu bekehren und sie vor dem ewigen Leiden der Seelenwanderung zu erretten). So wurde der Buddhismus zu einer Religion für weltliche Gläubige; sie wurde von den Kaufleuten angenommen, die in der Region zwischen dem Indus-Tal und dem Amu-darja-Becken Fernhandel betrieben.

Die iranischen und hellenistischen Einflüsse, die sich in diesen Gebieten lange Zeit hindurch mit den indischen Einflüssen vermischt hatten, scheinen die Entwicklung wirkungsvoll unterstützt zu haben. An dem Ort der Begegnung verschiedener Kulturen ist der Buddha offenbar zum ersten Mal in menschlicher Gestalt dargestellt worden; dort hat sich eine hellenistisch inspirierte Bildhauerkunst entwickelt (die Schule von Gandhāra in der Gegend von Peschawar, im nördlichen Westpakistan, deren Einfluß sich nach Osten ausdehnte: Schule von Mathurā, zwischen Delhi und Agra); dort hat sich die Form des Reliquienbehälters *(stūpa)* verändert und wurde höher, und dort hat sich der Brauch durchgesetzt, buddhistische Skulpturen aus dem Felsen zu hauen, für die die Grotten von Bāmiyān im Nordwesten von Kabul eines der berühmtesten Beispiele sind.

Schon die Expansion des indischen Maurya-Reichs unter Aśoka (272-236) bis zum Hindukusch hatte die Verbreitung des Buddhismus in jener Gegend verstärkt (die Inschriften von Aśoka zugunsten des Buddhismus sind in einer veränderten Form des Sanskrit, dem Prākrit, in Aramäisch und Griechisch abgefaßt). Die entscheidende Rolle bei der Verbreitung des Buddhismus nach Zentralasien und bis in die Welt Chinas scheint aber die Entstehung des Reichs der Kushānen (der Indoskythen: der Großen Yuezhi aus Gansu und der Tocharer) gespielt zu haben, dessen Blütezeit zwischen den Jahren 50 und 250 nach Chr. liegt. Dieses Reich, dessen Hauptstadt am großen Verkehrsknotenpunkt Peschawar (Purushapura) lag, kontrollierte Nordwestindien, Kaschmir, das heutige Westpakistan, Afghanistan, die östlichen Randgebiete des Iran und die Oasen des Amu-darja-Beckens und des westlichen Tarim-Beckens. Zudem begünstigte die chinesische Expansion nach Zentralasien und die Entwicklung des Handels zwischen dem Tarim-Becken und dem Becken des Gelben Flusses das Vordringen buddhistischer Einflüsse nach China.

Aus den historischen Bedingungen erklärt sich folglich sowohl die Tatsache, daß in der chinesischen Welt die sehr verschiedenartigen Traditionen aus den Gebieten zwischen dem Indus-Tal und dem östlichen Iran, Transoxanien, Kaschmir und den zentralasiatischen Oasen (vor allem Khotan und Kutscha) überwogen, als auch der Umstand, daß sich diese buddhistischen Einflüsse zuerst in den nordchinesischen Handelsstädten und im städtischen Milieu bemerkbar machten. Die ersten Übersetzer buddhistischer Texte ins Chinesische waren keine Inder, sondern Parther, Sogdier und Indoskythen, oder aber in China oder in den chinesischen Grenzräumen geborene Personen sogdischer oder indoskythischer Herkunft.

Zum ersten Mal wird eine buddhistische Gemeinschaft im Reich der Han für das Jahr +65 erwähnt; aus der Tatsache ihrer weit östlichen Lokalisation, in Nord-Jiangsu, läßt sich schließen, daß der Buddhismus sich schon in den Städten Gansus, die damals kosmopolitische Handelszentren waren (Dunhuang, Jiuquan, Zhangye, Wuwei) und in den Hauptstädten (Chang'an und Luoyang), wo zahlreiche Ausländer lebten, eingebürgert hatte.

Erst später scheint der Buddhismus auf dem Seeweg in China eingedrungen zu sein. Der Seehandel zwischen dem Indischen Ozean und Südostasien, der zur Hinduisierung und »Buddhisierung« der Flußbecken der indochinesischen Halbinsel und später der Küstenebenen Sumatras (Gegend von Palembang) und Javas führen sollte, erklärt die Anwesenheit von Kaufleuten und Mönchen aus den Gegenden zwischen dem Indus und dem östlichen Iran und später aus den verschiedenen Provinzen Indiens und der Insel Ceylon im heutigen Nordvietnam (Gegend von Hanoi), in Kanton und im Yangzi-Tal. Diese Erscheinung wurde den Zeitgenossen offenbar erst nach der Gründung des Reichs Wu (222-280) im unteren Yangzi-Gebiet und mit dem Ausbau des Handels in dem großen Vielvölkerraum des Beckens des Roten Flusses in Vietnam und den Ebenen von Kanton bewußt. Anfang des 3. Jahrhunderts wird die Anwesenheit zahlreicher Ausländer in Jiaozhou (Gegend von Hanoi) erwähnt. Und einer der ersten Übersetzer von indischen Texten ins Chinesische, Kang Senghui, der im Jahr 247 nach Nanking kam, entstammte einer in Vietnam ansässigen Kaufmannsfamilie sogdischen Ursprungs.

Die Anpassung des Buddhismus in China

Das Eindringen des Buddhismus in China und seine Anpassung an die chinesische Welt ist eine komplexe Erscheinung, deren verschiedene Aspekte voneinander verhältnismäßig unabhängig scheinen. Die fremde Religion kam keineswegs als monolithischer Block nach China, sondern als eine Mischung von Statuenkult, von einer neuen Art von Mönchsleben, einer Reihe von sittlichen Regeln, verschiedener Lehren und Techniken für Konzentrationsübungen und ekstatischen Praktiken. Kult und Frömmigkeit einerseits, Lehre und Philosophie andererseits haben sich anfangs unabhängig voneinander entwickelt. Manchen Aspekten des Buddhismus wurde aufgrund ihrer Ähnlichkeit mit Traditionen der verschiedenen chinesischen Gesellschaftsschichten besondere Aufmerksamkeit geschenkt. In den ersten nachchristlichen Jahrhunderten wurde diese fremde Religion als Abart des Taoismus betrachtet, und mit der Zeit entstand sogar der Gedanke, daß der Buddhismus das Produkt alter taoistischer Einflüsse sei (hierher stammt das Motiv der Bekehrung der Barbaren durch Laozi). So wichtig auch die Rolle des Taoismus war, so waren es doch viel allgemeiner die gesamten religiösen, ethischen und philosophischen Traditionen der chinesischen Welt, die, begünstigt durch gewisse Analogien, zu diesem breiten Assimilierungsprozeß beigetragen haben, der einen Teil der sozialen und politischen Geschichte des 2. bis 8. Jahrhunderts mitgestaltet.

Das erste sichere Zeugnis des Buddhismus in China ist die Erwähnung einer in Pengcheng, einem Handelszentrum in Nord-Jiangsu, ansässigen und von einem Mitglied der kaiserlichen Familie gegründeten Gemeinschaft im Jahr 65. Bei den Zeremonien, die im Jahr 166 am Hof der Han stattfanden, tritt Buddha in Verbindung mit der taoistischen Gottheit Huanglao auf. In einem Text aus dem Jahr 193 wird, abermals in Pengcheng, von der Errichtung eines buddhistischen Tempels durch einen kleinen Lokalherrn berichtet, und dabei auch der Brauch religiöser Bankette *(zhai)* und der buddhistischen Zeremonie der Taufe von Statuen erwähnt. Diese Texte sind Zeugnisse eines Kults, dessen frühe Entwicklung kaum bekannt ist, dessen Rolle aber sicherlich entscheidend war. Die aus westlichen Gegenden gekommene Religion wies neue Züge auf, die die Aufmerksamkeit und die Neugier der Stadtbevölkerung auf sich lenkten: Statuen in stehender, hockender und liegender Stellung, die mit prunkvollen Gewändern und Verzierungen geschmückt, Zeremonien, die von unbekannten Litaneien, Gesängen und Melodien begleitet waren, Reliquientürme (Stūpas), deren Höhe vom horizontalen Stil der chinesischen Bauweise abstach, auf den Gebäuden errichtete Masten usw.

Der Kult wirft das grundlegende und weitreichende Problem der Assimilierung des Buddhismus durch die chinesischen Formen des religiösen Lebens auf. Weder die philosophischen und theoretischen Entlehnungen noch die mit Angst untermischte Verehrung der wundertätigen Mönche durch die halb barbarischen Herrscher Nordchinas erklären zur Genüge die allgemeine Bewegung inbrünstiger Frömmigkeit, von der die chinesische Welt vom Ende des 5. Jahrhunderts an erfaßt wird, noch wie der Buddhismus in China zu einer großen Religion wurde. Im Kult und in den lokalen Gemeinschaften kam es zu einem unterirdischen und kaum bekannten Wirken, dessen Resultate erst deutlich sichtbar wurden, als der Buddhismus schon zu einer chinesischen Religion geworden war, mit seinem Klerus, seinen Gläubigen und seinen Kultstätten.

Viel besser dagegen sind wir über die Reihe von Elementen geistiger oder technischer Art informiert, die – begünstigt durch gewisse Analogien – im Laufe der ersten vier nachchristlichen Jahrhunderte aus dem Buddhismus teilweise übernommen wurden. Hier eine Zusammenstellung dieser Entlehnungen und ihrer chinesischen Entsprechungen:

– die buddhistische Lehre vom *Karma* (Vergeltungskausalität durch die Seelenwanderungen) und die chinesische Auffassung vom individuellen Schicksal *(ming)* und Anteil *(fen)*, der einem zufällt;

– die Mahāyāna-Lehre von der grundlegenden Leerheit aller Erscheinungen und die ontologischen Spekulationen der Mysterienschule über das Sein und das Nicht-Sein;

– der Altruismus, die Reinheit und die Ethik des Buddhismus (in den fünf »Hauptverboten« werden das Töten von Lebewesen, der Diebstahl, der Ehebruch, die Lüge und die Trunkenheit verurteilt) einerseits, die traditionelle chinesische Morallehre andererseits;

– das Mönchsleben und das chinesische Ideal des vom öffentlichen Leben zurückgezogen lebenden Weisen und des weltfernen Heiligen;

– die Praktik des buddhistischen Yoga *(dhyāna)* (Zählung der Atemvorgänge, Betrachtung des Körpers als Gegenstand der Verwesung, Sichtbarmachung von Farbbildern usw.) und taoistische Trance- und Ekstasetechniken;

– die buddhistische und die chinesische Wundertätigkeit (Wahrsagung, Medizin und Magie).

Wenn auch die erste Adaptierung eines indischen Textes ins Chinesische (das *Sishierzhangjing*, ein 42teiliges Sūtra) ungefähr aus dem Jahr 100 stammt und die Übersetzungstätigkeit in Luoyang und Chang'an am Ende der Han-Zeit sowie im Cao-Wei-Reich (220-265) alles andere als unbedeutend war (vor allem nach der Ankunft des parthischen Mönchs An Shigao in der Hauptstadt im Jahr 148), so scheint doch der Einfluß des Buddhismus anfangs auf einen sehr engen Kreis beschränkt geblieben zu sein, nämlich auf die Milieus, die in direktem Kontakt mit den ausländischen Kaufmannskolonien standen. Dort befand sich gewiß eine beträchtliche Anzahl von Personen, die in China geboren und schon mehr oder weniger assimiliert waren (mehrere Übersetzer der ersten nachchristlichen Jahrhunderte gehören zu dieser Kategorie von zweisprachigen Einwanderern aus zwei Kulturen). Das einzig bemerkenswerte Ereignis aus der allerersten Zeit des Buddhismus in China ist die Entdeckung neuer Ekstase- und Konzentrationstechniken in der importierten Religion durch taoistische Kreise im 2. Jahrhundert. Daher erklärt sich, daß ein bedeutender Teil der frühen Übersetzungen sich auf die Dhyāna-Praktiken des Kleinen Fahrzeugs beziehen. Erst nach der Periode, in der zwischen

268 und 289 das Reich der Westlichen Jin enge Beziehungen zu Zentralasien unterhielt, und nach der Ansiedlung des gegen 230 in Dunhuang in einer Familie indoskythischer Herkunft geborenen Mönchs und Übersetzers Zhu Fahu (Dharmaraksha) in Chang'an im Jahr 284, begannen um das Jahr 300 gewisse theoretische Elemente der Mahāyāna-Lehre in die Adelskreise der Hauptstadt einzudringen. Gerade damals stand die Mysterienschule mit Xiang Xiu und Guo Xiang im Vordergrund. Von dieser Zeit an, und nach dem Exodus der chinesischen Oberschicht ins Yangzi-Tal, erwachte in den Kreisen, in denen die »reinen Gespräche« gepflegt wurden, großes Interesse an den buddhistischen Theorien der Leerheit, der Vergeltung der Taten und der Wiederverkörperung des Individuums in den Seelenwanderungen. Dank diesem rein philosophischen Interesse der Adelskreise für den Buddhismus kam es in den Reichen von Nanking zu einer Art Osmose zwischen den weltlichen Gläubigen und den ersten Mönchsgemeinschaften. Es gab nicht wenige hochgebildete Mönche chinesischer Kultur, und zwar jener Zeit, in der die Exegese des *Laozi* und des *Zhuangzi* einen bedeutenden Platz einnahm; der chinesische Mönch Zhi Dun (314-366) (Zhi Daolin), der in den Gegenden von Süd-Jiangsu und Nord-Zhejiang und auch in der Hauptstadt großen Einfluß ausübte, kann als typischer Vertreter der Literaten-Mönche angesehen werden.

Dieser philosophische Buddhismus, der eine Mischung aus den Traditionen der Mysterienschule und den gnostischen und ontologischen Spekulationen des Großen Fahrzeugs (den Texten des Prajnāpāramitā und Vimalakīrti) darstellt und der bis gegen Ende der Östlichen Jin-Zeit (420) einflußreich blieb, war in Nordchina unbekannt. Doch sollten die gelehrten Traditionen aus den westlichen Regionen erst vom Ende des 4. Jahrhunderts an Fuß fassen. Nach den Unruhen, die die Zersplitterung des Jin-Reichs in den Nordprovinzen und die Entstehung von Barbarenreichen zur Folge hatten, wurde der Hof der Späteren Zhao-Herrscher Shi Le (319-333) und Shi Hu (333-349) in Südwest-Hebei zum wichtigsten buddhistischen Zentrum. Von einem Mönch namens Fotudeng (gestorben 349), der wahrscheinlich aus Kutscha stammte und der wegen seiner Fähigkeiten als Weissager und Magier von den beiden Barbaren-Tyrannen sehr geschätzt wurde, ging nach dem Exodus ganz zu Beginn des 4. Jahrhunderts der erste Aufschwung des Buddhismus in Nordchina aus. Kult und Frömmigkeit, Magie und Interesse für die Trance- und Ekstasepraktiken kennzeichnen den von den dort etablierten kurzlebigen und brutalen Dynastien nomadischer oder tibetischer Herkunft geförderten Typus von Religion. Die Schirmherrschaft des Staates sollte jedoch den Aufschwung der Klosterzentren und den Fortschritt der buddhistischen Gelehrsamkeit ermöglichen. Nach der Mitte des 4. Jahrhunderts wurde Chang'an zum Hauptzentrum der buddhistischen Studien. Der chinesische Mönch Dao'an (314-384), ein Schüler von Fotudeng, der vom Nachfolger Shi Hus im Jahr 349 nach Chang'an gerufen wurde, ist eine der bedeutendsten Persönlichkeiten des chinesischen Buddhismus. Er interessierte sich nicht nur für die Konzentrationspraktiken des Kleinen Fahrzeugs *(dhyāna)*, für die Lehre der universellen Leerheit aus den Texten des *Prajnāpāramitā (Vollkommenheit der Weisheit)*, für die Geschichte der früheren Übersetzungen (wir verdanken ihm den ersten Katalog buddhistischer Werke in chinesischer Sprache, der mit wissenschaftlich äußerst wertvollen bibliographischen Anmerkungen versehen ist, das *Zongli zhongjing mulu,* das 600 Titel umfaßt); er war nicht nur der erste, der den Kult des Bodhisattva Maitreya anregte, Vorschriften für das Mönchsleben aufstellte und die scholastischen Klassifizierungen des Kleinen Fahrzeugs studierte, sondern er war auch der erste, der versucht hat, die eigentliche Bedeutung des Buddhismus in bezug auf die geistigen Traditionen Chinas festzustellen. Sein Einfluß war im Norden, wo der große Übersetzer Kumārajīva zu Beginn des 5. Jahrhunderts die Schule von Chang'an fortführte, ebenso groß wie im Yangzi-Gebiet. Dao'an wohnte zwischen 365 und 379 in Xiangyang, im mittleren Han-Tal; er unterhielt Beziehungen zu den buddhistischen Zentren des östlichen Jin-Reichs und mehrere seiner Schüler siedelten sich im Yangzi-Tal an.

Der große Aufschwung des Buddhismus in China

Die beiden großen Namen Huiyuan (334-417) im Yangzi-Gebiet und Kumārajīva (350-413) in Nordchina bezeichnen den Beginn des 5. Jahrhunderts, der als einer der entscheidenden Wendepunkte in der Geschichte des chinesischen Buddhismus angesehen werden kann. Auf allen Gebieten der komplexen Wirklichkeit, die jede Religion darstellt, erlangte der Buddhismus damals seine Autonomie. Die Kenntnis der großen Schulen Indiens und Kaschmirs vertiefte sich, die Qualität der Übersetzungen verbesserte sich merklich, und die Beiträge der Mahāyāna-Lehre beschränkten sich nicht mehr auf eine Reihe von philosophischen Begriffen: nun wurde die chinesische Welt vom Geist der Hingabe und vom Gemeinschaftsgefühl der weltlichen und geistlichen Kreise durchdrungen. Sie kennzeichneten die Bewegung, durch die der Buddhismus zu einer großen Heilslehre wurde. In den ersten Jahren des 5. Jahrhunderts entstand andererseits ein organisierter Klerus, der dank der Übersetzungen der großen Abhandlungen über die Mönchdisziplin *(Vinaya)* mit genauen Vorschriften versehen wurde; immer mehr chinesische Mönche unternahmen nun Reisen in indisierte Länder, »auf der Suche nach dem Gesetz« *(qiufa),* d. h. um bei fremden Meistern in die Lehre zu gehen und noch unbekannte Texte mit zurückzubringen.

Diese Fortschritte waren das Ergebnis eines langen Reifeprozesses, der sich seit der Kontaktaufnahme der chinesischen Welt mit der großen fremden Religion Zentralasiens und der indischen und iranischen Randgebiete vollzogen hatte. Aber auch die beiden hervorragenden Mönche Kumārajīva aus Kutscha und Huiyuan, ein Chinese, haben mit ihrem Werk einen Beitrag geliefert.

Huiyuan, in einer gebildeten Familie aus Nord-Shanxi geboren, hatte in seiner Jugend in Henan eine klassische Bildung erhalten. Bald nach seiner Bekehrung durch Dao'an wurde er zu dessen brillantestem Schüler. Im Jahr 380 siedelte sich Huiyuan am Lushan, einem berühmten Berg im Süden von Jiujiang an. Im Donglin-Kloster gründete er das bedeutendste buddhistische Zentrum des Yangzi-Tals. Er stand in Verbindung mit den gebildeten Adelskreisen der ausgehenden Östlichen Jin-Dynastie und unterhielt mit Kumārajīva einen gelehrten Briefwechsel über Fragen der Lehre. Ihn interessierten die Konzentrationstechniken, die nach der Mönchstradition ein Mittel zur Erreichung der Weisheit sind (durch intuitive und nicht durch diskursive Reflexion über die absolute Wirklichkeit) und er führte seine weltlichen Schüler in den Gebrauch der Ikonen und der Visualisierungspraktiken der Buddhas als Konzentrationsmethode, die den weltlichen Gläubigen zugänglich ist, ein. Im Jahr 402 versammelte Huiyuan seine ganze Gemeinschaft, Mönche und Weltliche, vor einem Bildnis des Amitābha-Buddha. Dort sprachen sie gemeinsam den Wunsch aus, im westlichen Paradies (Sukhāvatī: die Reine Erde, *jingtu*), wo diese große buddhistische Gottheit der Mahāyāna-Lehre residiert, wiedergeboren zu werden. Es ist dies die erste große Kundgebung eines allen Gläubigen gemeinsamen Glaubens, in der der Buddhismus zum ersten Mal als universale Heilslehre erscheint. Die Lehre Huiyuans scheint sich andererseits durch das Bestreben auszuzeichnen, der chinesischen Elite das Wesen des Buddhismus und das, was ihn radikal von den religiösen und geistigen Traditionen der chinesischen Welt unterschied, verständlich zu machen.

Kumārajīva, der indischer Herkunft war, hatte in Kaschmir studiert, wo die hināyānistischen Traditionen der Sarvāstivādin-Scholastik und die Praktiken des buddhistischen Yoga *(dhyāna)* dominierten. In Kaschgar hatte er sich zur Mahāyāna-Lehre bekehrt. Wieder zurück in Kutscha, wurde er von Lü Guang, dem General des mächtigen Reichs der Früheren Qin, gefangengesetzt, der ihn 17 Jahre in Wuwei (Liangzhou) festhielt. Als er im Jahre 401 Gansu eroberte, bemächtigte sich Yao Xing, der »tibetische« Herrscher der Späteren Qin, der sich zum Buddhismus bekehrt hatte, dieses großen Mönchs und brachte ihn im darauffolgenden Jahr in seine Hauptstadt (Chang'an). Von da an organisierte und leitete Kumārajīva ein Übersetzerteam, das beinahe auf allen Gebieten des umfangreichen buddhistischen Schrifttums tätig wurde: die großen Sūtras der Mahāyāna-Lehre übersetzte bzw. nochmals genauer übersetzte, Lehrbücher des Dhyāna, große scholastische und metaphysische Werke. Eines der größten Verdienste Kumārajīvas war die Einführung der im 3. und 4. Jahrhundert aus der Mahāyāna-Lehre hervorgegangenen philosophischen Mādhyamika-Schule in China, die auf einer Art von Dialektik gründet: was vom absoluten Standpunkt aus richtig ist, ist vom Standpunkt der scheinbaren Wahrheiten aus falsch und umgekehrt; durch den ständigen Rückgriff auf diese Dialektik zwischen Absolutem und Phänomenalem kann die totale geistige Befreiung erreicht werden, die das letzte Ziel des Buddhismus ist.

Die Periode Huiyuans und Kumārajīvas war daher der Ausgangspunkt eines gelehrten Buddhismus, der sich seiner Originalität bewußt war, und einer buddhistischen Frömmigkeit, die vom 5. bis 8. Jahrhundert alle Schichten der chinesischen Gesellschaft erfaßte. Von Beginn des 5. Jahrhunderts an nahmen die großen religiösen Figuren des ostasiatischen Buddhismus, auf die sich manche der brühmtesten Sūtras der Mahāyāna-Lehre beziehen, Gestalt an: die Bodhisattvas Maitreya (Mile), Avalokiteśvara (Guanshiyin oder Guanyin), Manjuśri (Wenshushili), Samantabhadra (Puxian), der Amitābha-Buddha (Amituo fo), der Bhaishajyaguru (Yaoshi rulai) usw. Seit dieser Zeit entstanden diejenigen religiösen Strömungen, aus denen im 6. bis 8. Jahrhundert eigentliche chinesische buddhistische Sekten hervorgingen.

Das Jahr 440 kann als wichtiges Datum der politischen und religiösen Geschichte Nordchinas angesehen werden, denn von diesem Zeitpunkt an hatte das große Tabgač-Reich der Wei direkten Zugang zu den Straßen Zentralasiens. Nach einer kurzen Periode (424-448), während der der Hof der Nördlichen Wei die junge taoistische Kirche begünstigte, die unter dem Patronat des Himmlischen Meisters Kou Qianzhi stand, entwickelte sich der Buddhismus allmählich zu einer Art von Staatsreligion. Der Mönch Tanyao wurde gegen 470 zum Leiter des buddhistischen Klerus ernannt und zur gleichen Zeit wurde eine besondere Klasse von weltlichen Gläubigen geschaffen, die direkt der Kirche unterstand (die »Samgha-Familien«, *sengqihu*). Die Arbeiten an den berühmten buddhistischen Höhlentempeln und Skulpturen von Yungang, im Westen der Hauptstadt Datong, wurden im Jahr 489 in Angriff genommen. Nach der Verlegung der Hauptstadt Datong nach Luoyang im Jahr 494 war die neue Hauptstadt bedeutendstes buddhistisches Zentrum Asiens. Zu dieser Zeit scheint die buddhistische Religiosität sowohl im Norden als auch im Yangzi-Tal ihren Höhepunkt zu erreichen. Die tiefreligiöse Periode, Zeit der Kaiserin Hu der Nördlichen Wei und des »Bodhisattva-Kaisers« Wu der Liang-Dynastie (erste Hälfte des 6. Jh.), fand unter der Herrschaft der Kaiserin Wu Zetian (690-705) ihre Fortsetzung.

Religion, Gesellschaft und Politik

Die ungefähr vom Jahr 300 an bekundete Wißbegier der Adelskreise, die den Mönchen von nordchinesischen Herrschern barbarischen Ursprungs wie Shi Hu (334-349) gewährten Vergünstigungen, die ersten Übersetzungen indischer Texte ins Chinesische und die ersten Bekehrungen sind nicht notwendigerweise Ausdruck einer breiten tiefreligiösen Bewegung. Im Gegenteil, zur Zeit, da in China überall mehrstöckige Türme (Stūpas, *ta*) und Tempel gebaut, zahlreiche buddhistische Grotten aus dem Fels gehauen wurden, da die Zahl der Mönche rapid zunahm und gegen Ende des 4. Jahrhunderts die ersten mystischen Selbstmorde verzeichnet wurden, hat sich nicht nur das Ausmaß, sondern das Wesen der Bewegung selbst geändert. Um sie zu verstehen, muß man die Grundlagen der gesellschaftlichen Struktur in Betracht ziehen, die Gliederung in Stadt- und Dorfviertel, die Klientelen der großen Familien, die chinesischen Kultgemeinschaften zum Darbringen von Opfern für den Erdgott *(she)*, sowie die größeren Gemeindegruppen *(yi)*. Die Bekehrung war nicht zuerst und nicht hauptsächlich Sache des individuellen Gewissens, sondern eine Frage des Beitritts zu einer Gruppe von Gläubigen oder einer Mönchsgemeinschaft. Weit davon entfernt, frühere Formen des religiösen Lebens zu ersetzen, war der Buddhismus im Gegenteil in die traditionellen Gruppen eingedrungen und hatte nach ihrem Modell neue geschaffen. Dadurch wurde er tiefgreifend sinisiert. Das Wesentliche dabei ist die Umgruppierung der Gesellschaft rund um die neuen Kultzentren (Klöster, heilige Stätten, Einsiedeleien, Wallfahrtsorte), die nicht nur religiöse, sondern auch politische, wirtschaftliche, geistige und künstlerische Aspekte mit einschließt.

Im Süden hatte sich der Buddhismus einer Gesellschaft angepaßt, die durch die Macht eines Gutsadels mit Klientelen gekennzeichnet war. Die Klöster mit ihren Ländereien und ihren Familien von Abhängigen wurden diesem weltlichen Modell nachgebildet. Im Norden dagegen wurde der Buddhismus durch die Macht der Zentralregierung dazu bewogen, die Unterstützung der Herrscher zu suchen, die die Quelle aller Vergünstigungen waren. Diese gesellschaftlichen und politischen Eigenheiten erklären, warum die großen buddhistischen Zentren des Yangzi-Tals und

Südchinas verstreut (außer Nanking handelt es sich um Jiangling, Xiangyang, Lushan in der Nähe des Poyang-Sees, die Gegenden von Suzhou, den Berg Emei in Sichuan usw.), die Nordchinas dagegen in den Hauptstädten lagen. Es ist auch kein Zufall, wenn im Süden ein großer Mönch wie Huiyuan (334-417) laut die Unabhängigkeit der Kirche dem Staat gegenüber geltend machte (seine »Abhandlung über die Gründe, warum die Mönche den Herrschern nicht ihre Ehrerbietung erweisen müssen«, das *Shamen bujing wangzhe lun,* stammt aus dem Jahr 404), während Faguo (gestorben 419), der der oberste Leiter des buddhistischen Klerus bei den Nördlichen Wei war, den Kaiser mit der Person des Buddha selbst zu identifizieren suchte. Die Tendenz, die buddhistische Kirche in den Staat zu integrieren, hat sich mehrmals im 5. und 6. Jahrhundert in Nordchina deutlich gezeigt. Das wiedervereinigte China der Sui und Tang hat diese doppelte Adels- und Staatstradition auf dem Gebiet der Religionspolitik geerbt. Im 9. Jahrhundert sollte schließlich die Tendenz zur drakonischen zahlenmäßigen Einschränkung des Klerus und seiner strengen Kontrolle triumphieren, die im Jahr 446 bei den Nördlichen Wei und im Jahr 574 bei den Nördlichen Zhou zutage getreten war.

Die buddhistische Kirche, die vom Staat gefördert wurde, hat gleichzeitig versucht, sich ihm gegenüber ihre Unabhängigkeit zu bewahren. (Huiyuan war am Anfang des 5. Jahrhunderts der erste, der die Prinzipien der Autonomie des Klerus festgelegt hat.) Die Mönche waren weder strafrechtlich noch auf dem Gebiet der öffentlichen Verpflichtungen (Frondienst, Steuern, Kopfsteuer) der allgemeinen Gerichtsbarkeit unterworfen. Außerdem galten die kirchlichen Güter als unveräußerlich und waren durch religiöse Verbote gegen jede Art von Aneignung geschützt. Diese Privilegien erforderten als Gegenleistung die Einhaltung der Klosterregeln (Tonsur, Zölibat, Befolgung der religiösen Verbote usw.) sowie die Kenntnis der Riten und der heiligen Texte. Der Staat übernahm das Patronat über die neue Religion und die Initiative für religiöse Akte (Weihe von Mönchen, Gründung von Klöstern, verschiedene Schenkungen usw.). Gleichzeitig bemühte er sich, seinerseits eine Kontrolle über die buddhistische Kirche auszuüben. Vom 5. Jahrhundert an nahm der Glaube jedoch einen so allgemeinen und mächtigen Aufschwung, daß zahlreiche wirtschaftliche und politische Schwierigkeiten daraus entstanden, denen gegenüber die Staaten meist machtlos waren. Die allzu große Anzahl von fiktiven Mönchsweihen, die dem Staat einen Teil seiner Einkünfte, seiner Arbeitskräfte und Soldaten entzogen; die Zunahme der Bauernmassen, die Zuflucht in Klöstern suchten; die Beschlagnahmung von Ländereien infolge von Schenkungen oder fingiertem Verkauf; die beträchtlichen Ausgaben für Bauten, für den Unterhalt von Mönchen und für die Organisation von Festen; der Mangel an Metall, zu dem es aufgrund des Gießens von Glocken und Statuen gekommen war; die wirtschaftliche Macht der Klöster, die ausgedehnte Gebiete von Berg- und Ackerland sowie Wassermühlen und Ölpressen besaßen; die okkulte Macht der Mönche über die kaiserlichen und aristokratischen Frauengemächer, die aus dem geheimen Einverständnis zahlreicher Personen Nutzen zog, die Verletzungen der traditionellen Moral durch den Buddhismus (übermäßige Ausgaben, Auflösung der Familienbande, Dispens von Pflichten, die man dem Staat gegenüber hat); der subversive Charakter mancher Sekten, alle diese üblen Folgen, die der beherrschende Einfluß der neuen Religion mit sich brachte, wurden periodisch von den Beamten, die sich der Staatsinteressen bewußt waren, angeprangert. So erklären sich die Bemühungen, die Zahl der Mönche zu senken und den Reichtum der Kirche einzuschränken. Die Buddhisten selbst nannten diese Bestrebungen die »vier Verfolgungen« (im Jahr 446 bei den Nördlichen Wei, 574 bei den Nördlichen Zhou, 842-845 unter der Tang-Dynastie, 955 bei den Späteren Zhou). Die beiden ersten dieser Versuche wurden in Nordchina unternommen, wo taoistische Kreise, denen die Privilegien der buddhistischen Kirche ein Dorn im Auge waren, sie begünstigten. Der dritte Versuch, zur Tang-Zeit, steht in einem völlig anderen Zusammenhang: dem einer »nationalistischen« Bewegung und einer Reaktion auf die ausländischen Einflüsse, die im Mittelalter und in der ersten Hälfte der Tang-Zeit in sehr breitem Ausmaß in die chinesische Welt eingedrungen waren.

Die Pilgerfahrten

Die in China eingedrungenen Schrifttraditionen des Buddhismus waren völlig unzusammenhängend und stammten aus verschiedenen Sekten und Schulen des Großen und Kleinen Fahrzeugs. Auch waren die frühesten Übersetzungen, in denen man häufig Entsprechungen aus der taoistischen Tradition zu Hilfe nahm, unvollständig und schwer zu lesen; manchmal wurden mündliche Kommentare in sie aufgenommen. Als von Ende des 4. Jahrhunderts an der Buddhismus in seiner außergewöhnlichen Vielfalt besser bekannt wurde, wurden diese Mängel und Fehler immer stärker empfunden. Hier lag der Hauptgrund der Pilgerfahrten: Man wollte die wahre Lehre festlegen und aus den »buddhistischen Reichen« eine größere Anzahl von Texten mit zurückbringen. Daher ist der Terminus »Pilgerfahrt«, der Reisen an heilige Stätten bezeichnet, die ausschließlich aus Frömmigkeit unternommen werden, kaum passend für die langen Fahrten chinesischer Mönche durch Asien. Die Anziehungskraft der heiligen Stätten und Orte des Buddhismus im Nordosten und Nordwesten Indiens spielte in der breiten Bewegung der Pilgerfahrten, die vom Ende des 4. bis zu Beginn des 9. Jahrhunderts stattfand, nur eine Nebenrolle.

Der erste bekannte chinesische Pilger war Zhu Shixing, der im Jahr 260 zum Studium nach Khotan reiste und bis zu seinem Tode dort blieb. Etwa um die gleiche Zeit unternahm der berühmte Übersetzer Zhu Fahu (Dharmaraksha) eine Reise in die zentralasiatischen Oasengebiete, von wo er im Jahr 265 wieder nach Chang'an zurückkehrte. Die meisten jedoch, die sich Ende des 3. Jahrhunderts und im Laufe des 4. Jahrhunderts in die westlichen Regionen begaben, sind uns unbekannt. Wahrscheinlich hat der große Mönch Dao'an (gestorben 385) die Informationen von Pilgern jener Zeit benutzt, als er seinen »Bericht über die Westlande« *(Xiyuzhi)* schrieb. Erst vom Jahr 400 an nimmt jedoch die Zahl der Pilgerfahrten chinesischer Mönche nach Zentralasien und Indien zu. Der erste Pilger, der wegen seines Berichts über seine lange Fahrt in die Oasengebiete, nach Indien und Südostasien berühmt wurde, war Faxian. Im Alter von über 60 Jahren brach er im Jahr 399 von Chang'an auf, besuchte Kutscha, Khotan, Kaschgar, die Gebiete von Kaschmir und Kabul, das Indus-Tal und die Städte am Ganges. In Tāmralipti, einem Hafen im Golf von Bengalen, schiffte er sich nach Ceylon und Śri Vijaya (dem Gebiet des

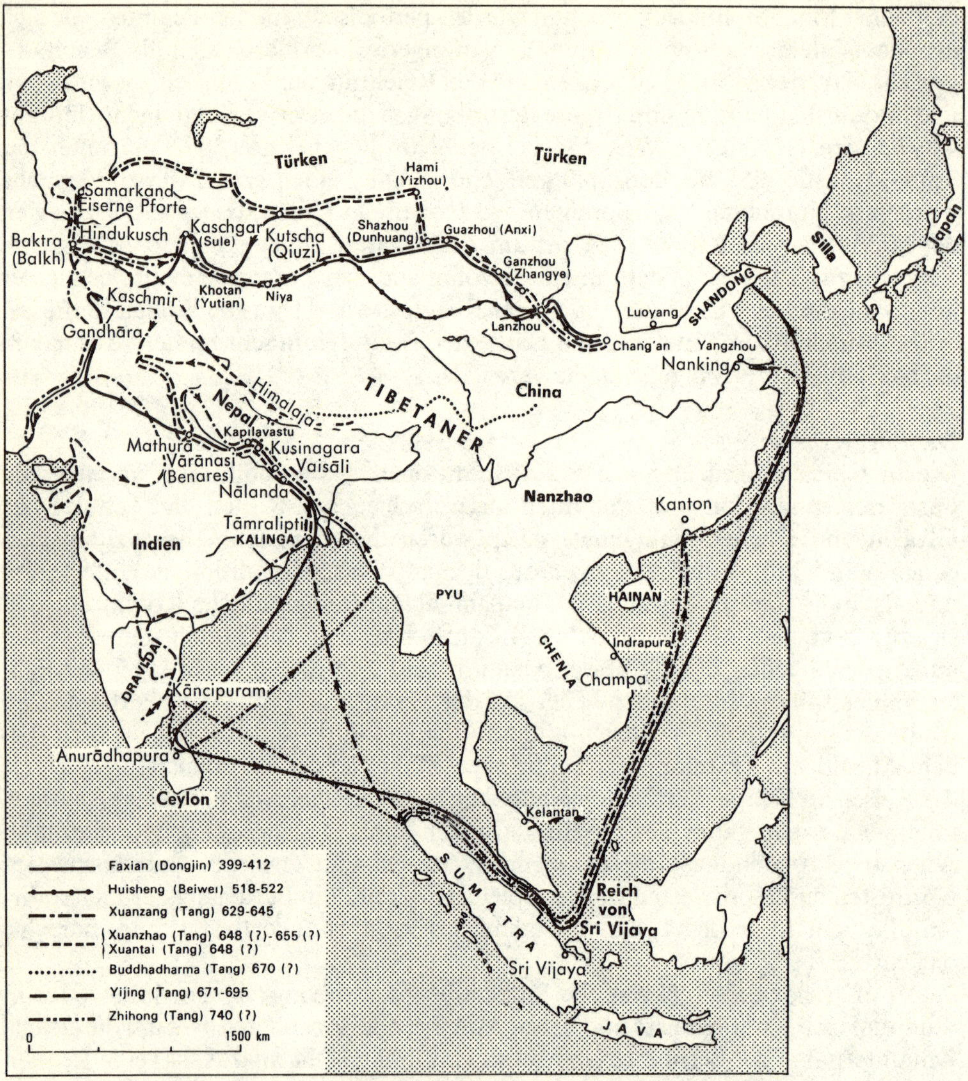

13. Die wichtigsten Pilgerfahrten chinesischer buddhistischer Mönche nach Indien.

heutigen Palembang an der Ostküste Sumatras) ein; auf seiner Rückreise nach Kanton im Jahr 412 wurde er bis an die Küsten von Shandong abgetrieben. Faxian übersetzte zusammen mit dem indischen Mönch Buddhabhadra in Nanking einen Teil der zahlreichen Manuskripte, die er mitgebracht hatte, und schrieb einen genauen Bericht über die fünfzehn Jahre, die ihn durch über dreißig Reiche geführt hatten: das *Foguoji,* (Bericht über die buddhistischen Länder), das auch unter dem Titel »Bericht des Faxian« *(Faxian zhuan)* bekannt ist. Dies ist der einzige vollständig erhaltene Reisebericht aus jener Epoche. Die Mehrzahl der im 5. und 6. Jahrhundert verfaßten Aufzeichnungen sind verlorengegangen oder nur fragmentarisch überliefert. Erhalten ist das *Liguozhuan* (Bericht über die besuchten Länder) von Fayong, einem Mönch der Südlichen Song, der im Jahr 420 mit 25 Begleitern nach Sichuan und in die zentralasiatischen Oasen aufbrach und über den Indischen Ozean, Südostasien und Kanton nach China zurückkehrte. Dagegen ist das *Waiguozhuan* (Bericht über die ausländischen Reiche) von Zhiming verlorengegangen, der im Jahr 404 mit fünfzehn anderen Mönchen Kanton verließ und im Jahr 434 wieder in Wuwei (Gansu) eintraf. Ohne die zufällig erhaltenen Informationen, die in der berühmten Beschreibung der Klöster von Luoyang aus dem Jahr 547 überliefert sind, dem *Luoyang qielan ji* von Yang Xianzhi, wüßten wir nichts Genaues über die Mission des Song Yun, des Gesandten der bigotten Wei-Kaiserin Hu, in ein nordwestindisches Reich. Song Yun, der im Jahr 518 in Begleitung chinesischer Mönche von Luoyang aufbrach, begab sich über das Territorium der Tuyuhun, über das Lop Nor und die Oase von Khotan in die Gegenden westlich von Kaschmir, nach Udyāna und Gandhāra, sowie ins obere Indus-Tal, wo er zehn Jahre lang blieb. Erst im Jahr 522 kehrte er in die Hauptstadt der Nördlichen Wei zurück. Sein eigener Reisebericht, das *Songyun jiaji,* ist verlorengegangen.

Wegen ihrer Genauigkeit sind die Reiseaufzeichnungen der chinesischen Pilger, die Zentralasien, Kaschmir, den Norden des heutigen Afghanistan, die Ganges- und Indus-Ebenen, Südindien, Ceylon, Sumatra und die anderen südostasiatischen Länder bereisten, die wertvollste Quelle für die Geschichte jener Regionen vom Beginn des 5. bis Ende des 8. Jahrhunderts. Ohne die Berichte von Faxian, ohne die Informationen, die im *Shuijingzhu* enthalten sind, einer Art von historisch-geographischen Kommentaren, die bei den Nördlichen Wei von Li Daoyuan (?-527) zu Beginn des 6. Jahrhunderts kompiliert wurden, ohne das *Shijia fangzhi,* dieses bedeutende Werk über die indische Kultur im 7. Jahrhundert, das der Mönch Daoxuan (596-667) im Jahr 650 beendete, und ohne die ausführlichen Notizen der Pilger aus dem 7. und 8. Jahrhundert wüßten wir über die Geschichte des indisierten Asiens zu Beginn unseres Mittelalters praktisch nichts.

Buddhistische Übersetzungen und buddhistische Literatur in chinesischer Sprache

Die Übersetzungen indischer buddhistischer Texte (in Sanskrit, Prākrit und Pāli) ins Chinesische verteilen sich auf nahezu zehn Jahrhunderte. Die ersten stammen aus der zweiten Hälfte des 2. Jahrhunderts, die letzten aus dem 11. Jahrhundert. Sie umfassen die Gesamtheit der buddhistischen Schulen Indiens und der buddhistischen Länder, und stellen eine sehr umfangreiche Menge von Texten dar: ungefähr

40 Millionen chinesischer Zeichen und 1 692 Titel von Werken, von denen manche mehrmals, zu verschiedenen Epochen, übersetzt wurden. Es handelt sich um die reichste Quelle der in den verschiedenen asiatischen Sprachen, die den buddhistischen Schriften als Vermittler dienten, noch vorhandenen Sūtras (Predigten, die Buddha zugeschrieben werden), Abhandlungen über Disziplin, scholastischen Kommentaren und Texten.

Nach einer Periode der ersten zögernden Versuche (der »Antiken Übersetzungen«, *guyi*), in der die Übersetzungen entweder aufgrund von übermäßigen Konzessionen an das chinesische Publikum zu frei oder wegen ihrer extremen Worttreue ungeschickt und beinahe unverständlich waren, wurden in der Genauigkeit und im Stil von dem Übersetzerteam, das sich zu Beginn des 5. Jahrhunderts um den Mönch Kumārajīva aus Kutscha sammelte, große Fortschritte erzielt, ebenso wie später von der Übersetzergruppe von Paramārtha (Zhendi, 500-569), einem indischen Mönch, der in Kambodscha gelebt hatte und vom Liang-Kaiser Wu im Jahr 548 von Kanton nach Nanking gerufen wurde. Diese Zeit wird die Epoche der »Alten Übersetzungen« *(jiuyi)* genannt. Eine dritte Etappe stellen die »Neuen Übersetzungen« *(xinyi)* der Tang-Zeit (7.-9. Jahrhundert) dar, die aufgrund ihrer einheitlichen Terminologie und technischen Strenge nicht mehr die literarische Bedeutung früherer Übersetzungen haben.

Es scheint, daß die Übersetzerteams von Anfang an nach den im 5. bis 8. Jahrhundert herrschenden Prinzipien zusammengestellt wurden. Sie umfaßten eine verhältnismäßig große Anzahl von religiösen und weltlichen, chinesischen und ausländischen Mitarbeitern (deren Aufgaben mit der Zeit wohl immer genauer aufgeteilt wurden), die das Original mündlich übersetzten, die Übersetzungen schriftlich aufzeichneten, ihre Richtigkeit überprüften, den Stil ausfeilten und sich schließlich nochmals der Genauigkeit der endgültigen Übersetzung versicherten. Die Vorworte, Nachworte, Kolophone zu den Übersetzungen sowie die bibliographischen Kataloge liefern wertvolle Aufschlüsse über die Bedingungen, unter denen die Texte übersetzt, über die Personen, von denen sie nach China eingeführt wurden, über die Traditionen, die sich auf die Werke selbst, auf ihre Autoren, die Schulen und buddhistischen Sekten Indiens und der buddhistischen Länder beziehen. Dank dieser Angaben, die ein Beweis für den starken Hang der Chinesen zur historischen Genauigkeit sind, konnte die Geschichte des Buddhismus in Asien rekonstruiert werden. Für den Zeitraum zwischen 515 und 946 gibt es nicht weniger als 14 bibliographische Kataloge über die Übersetzungen buddhistischer Texte ins Chinesische, die mit kritischen Anmerkungen und verschiedenen Informationen versehen sind. Der berühmteste und genaueste ist derjenige des Mönchs Sengyou (das *Chusanzang jiji*, 515), der den später verlorengegangenen Katalog des Dao'an (374) übernimmt und auf den neuesten Stand bringt, und derjenige des Mönchs Zhisheng (das *Kaiyuan shijiao mulu*, 730), eines der Meisterwerke der chinesischen Bibliographie.

Neben den Übersetzungen indischer Texte gab es eine reiche buddhistische Literatur in chinesischer Sprache, die sich vom 4. Jahrhundert an entwickelt hatte. Es sind Arbeiten über die Geschichte des Buddhismus in Indien oder China, Kommentare zu den kanonischen Texten, Sammlungen von Biographien chinesischer Mönche, die Geschichte chinesischer Sekten, apokryphe Sūtras usw. Diese gewaltige Produktion religiöser Texte, Übersetzungen und Werke, die in China selbst verfaßt wurden, sollte auf die profane chinesische Literatur Einfluß ausüben.

Der Beitrag des Buddhismus zur chinesischen Welt

In den Gebieten zwischen Indien und dem Iran war der hellenistische Einfluß so stark geblieben, daß er die buddhistische Kunst, die ursprünglich symbolisch war und dann figurativ wurde, tiefgreifend prägte. So verbreitete sich eine aus indischen, griechischen und iranischen Einflüssen gemischte Kunst von den Becken des Indus und des Ganges bis in die zentralasiatischen Oasen, und von dort nach Nordchina, Korea und Japan. Daß manche buddhistische Statuen in Nordchina und Japan in ihrem Faltenwurf, ihrer Haltung und ihrem Gesichtsausdruck entfernt an die griechische Bildhauerkunst anklingen, ist einer der schönsten Beweise für die Einheit unserer Welt.

Gleichzeitig mit der Bildhauerkunst drang in Nordchina eine den indo-iranischen Grenzgebieten und Indien eigene architektonische Technik ein: die Anlegung von Felsgrotten. Diese Felstempel Indiens, Afghanistans und Zentralasiens, zu deren berühmtesten Beispielen Bāmiyān im Nordwesten von Kabul zählt, wurden von Faxian während seiner Mission in Nordchina zu Beginn des 6. Jahrhunderts, von Xuanzang zu Beginn der Tang-Zeit und von vielen anderen erwähnt. Mit dem Bau der ersten Grotten am Ort der Tausend Buddhas (Qianfodong) in der Nähe von Dunhuang soll im Jahr 366 begonnen worden sein. In der Zeit vom 5. bis 8. Jahrhundert entstanden in Nordchina, von Sichuan bis Shandong und von Gansu bis Hebei zahlreiche Höhlentempel, deren Statuen von bisweilen kolossalen Ausmaßen oft direkt aus dem Fels herausgehauen wurden. Die schönsten und großartigsten Stätten, oft auf die Initiative von Kaisern hin, aber unter Mitarbeit der Gläubigen errichtet, sind wie unsere Kathedralen Zeugen der gewaltigen Bewegung religiöser Begeisterung im damaligen China: die Grotten von Yungang im Westen von Datong, an denen zwischen 489 und 523 gearbeitet wurde – die größten Statuen dort sind 40 bis 50 Meter hoch –, die Grotten von Longmen im Süden von Luoyang, der neuen Hauptstadt der Nördlichen Wei nach Datong vom Ende des 5. Jahrhunderts an, an denen im 6. und 7. Jahrhundert praktisch ununterbrochen gebaut wurde (der große Vairocana von Longmen und seine beiden Akoluthen wurden zwischen 672 und 675 vollendet); die Höhlen von Maijishan in der Nähe von Tianshui in Gansu. Aber neben diesen drei berühmten Stätten könnte eine lange Reihe von buddhistischen Höhlentempeln aufgezählt werden, die in Nordchina unter den Wei, den Qi, den Zhou, den Sui und den Tang im Laufe der glänzendsten Periode der buddhistischen Bildhauerkunst und Architektur Chinas entstanden sind. Die verschiedenen Stilarten der einzelnen Höhlen erklären sich wohl aus den Einflüssen aus Taxila, Mathurā, den Oasen von Khotan, Kutscha, Turfan usw. Die Mehrzahl dieser Denkmäler trägt die Spuren späterer Arbeiten unter den Fünf Dynastien, den Song und den Yuan, d. h. des 10. bis 15. Jahrhunderts; sie sind Zeugnisse einer niedergehenden Religiosität und einer Kunst, die sich erschöpft hat.

Die Wände der Höhlen und der Klöster wurden oft mit religiösen Malereien bedeckt (mit Szenen aus dem früheren Leben Buddhas, mit buddhistischen Gottheiten, Darstellungen der Hölle usw.). Die wenigen bedeutenden Exponate, die vor der Feuchtigkeit und dem Vandalismus bewahrt blieben, befinden sich in den Grotten der Tausend Buddhas (Qianfodong) in der Nähe von Dunhuang. Es sind außerdem einige Malereien des 5. und 6. Jahrhunderts in Astāna, in der Nähe von Turfan, erhalten. Anhand dieser Volkskunst, die von Zentralasien und Nordwestindien beeinflußt ist, können wir uns eine Vorstellung von der großen Tradition buddhistischer Malkunst bilden. In China wurde sie von berühmten Künstlern wie Wu Daoxuan (Wu Daozi) (geboren um 680), der in den Klöstern von Chang'an religiöse Fresken schuf, vertreten.

Wie von der vom 5. bis 8. Jahrhundert so verbreiteten buddhistischen Malerei, sind auch von der ältesten buddhistischen Architektur nur einige wenige Denkmäler erhalten, obwohl das Modell bestimmter Tempel des 7. und 8. Jahrhunderts in Japan treu beibehalten wurde. Einer der originellsten Bauten des Buddhismus in China ist bekanntlich der Stūpa *(ta)*, das einzige hohe Bauwerk in der chinesischen Architektur, das die Form eines mehrstöckigen Turmes und seltener einer umgekehrten Schale hat. Seine Modelle haben sich im Laufe der Jahrhunderte stark verändert. Die Stūpas waren anfänglich aus Holz (2. bis 3. Jh.), oft aus Backsteinen oder aus Mauerwerk, unter den Song manchmal aus Eisen; im allgemeinen sind sie bis zur Tang-Zeit viereckig, dann rechteckig oder zehneckig, mit einer unterschiedlichen Anzahl von Stockwerken, deren Höhe von unten nach oben entweder regelmäßig abnimmt oder gleichbleibt (10. Jh.). Die berühmtesten, wie der 120 Meter hohe Stūpa im Yongningsi-Kloster in Luoyang aus dem beginnenden 6. Jahrhundert, existieren nicht mehr. Und von den ältesten bis heute erhaltenen, sind eigentlich nur der steinerne Stūpa des Songyuesi-Klosters in Songshan (um 520) und die beiden gemauerten Stūpas in Xi'an, die im 7. Jahrhundert in der Hauptstadt der Tang errichtet wurden, erwähnenswert.

Der Wirkung, die die religiösen Feste und Veranstaltungen allgemein auf die Entwicklung der Kunst hatten, kann nicht genug Bedeutung beigemessen werden. Dies gilt für den Buddhismus nicht weniger als für das mittelalterliche Christentum. Zahlreiche Künstler, Maler, Gießer, Bildhauer, Architekten lebten von Aufträgen, die ihnen Klöster, weltliche Gemeinschaften oder reiche Gläubige erteilten. Buddhistische Prozessionen und Aufführungen, die Beleuchtung der Grotten, periodische Ausstellungen von in den großen Kultstätten aufbewahrten Schätzen, trugen alle gemeinsam zur Verbreitung des Glaubens, seiner Legenden und wesentlichen Dogmen, zur Verstärkung des sozialen Zusammenhalts und der Religiosität bei. Die mit ihnen verbundenen Aktivitäten erforderten die Mitarbeit und Teilnahme jedes einzelnen. Auch erstand durch sie eine völlig neue ästhetische Welt. Dem Buddhismus kann eine allgemeine tiefgreifende Veränderung des Empfindens zugeschrieben werden: Diese neue Religion hat in die chinesische Welt den Sinn für Ornamentik, für die unermüdliche Wiederholung der gleichen Motive erweckt (eine religiöse Praktik, aus der der Blockdruck hervorgehen sollte), die Vorliebe für das Prunkvolle (vergoldete Statuen, kostbare Stoffe usw.), aber auch für das Gigantische und Kolossale. Alle diese Tendenzen liefen der klassischen Tradition zuwider, deren Grundzüge Nüchternheit, kraftvolle Bündigkeit und Genauigkeit in der Linienführung und der Bewegung waren.

Kunst und Literatur sind nicht weit voneinander entfernt, und was für die eine gilt, gilt auch für die andere. Die Tendenzen in beiden entsprechen einander, und die Bereicherung der Literatur war ebenso bedeutend. Die großen buddhistischen Sūtras des Mahāyāna, die vom 5. bis zum 9. Jahrhundert in China viel weiter verbreitet waren als die Klassiker, machten die Chinesen vertraut mit langen literarischen Ausführungen, mit der Wiederholung der gleichen Themen, mit der Mischung von Vers und Prosa; die freiere buddhistische Lyrik übte Einfluß auf die Entwicklung der chinesischen Dichtkunst aus. Der Buddhismus hat nicht nur die literarische Thematik bereichert, indem er zahlreiche Episoden aus den früheren Leben Buddhas, aus Erzählungen über Höllenfahrten, Pilgerfahrten und Heldentaten der großen buddhistischen Persönlichkeiten lieferte. Er hat auch zur Entstehung neuer Gattungen geführt: öffentliche Predigten, Gespräche zwischen weltlichen und geistlichen Meistern und Schülern, Aufführungen von erbaulichen Szenen mit abwechslungsweise psalmodierten und gesungenen Teilen. So hat er zur Entwicklung einer Literatur in der Umgangssprache und zum späteren Aufschwung der Erzählung, des Romans und des Theaters beigetragen.

Mit dem allgemeinen Siegeszug des Buddhismus hat sich die Weltanschauung selbst verändert: Unermeßliche Räume und Zeiten, die sich endlos vermehren; das menschliche Schicksal, eingebettet in einen ununterbrochenen Kreislauf von Wiedergeburten, in dem sich Wesen der sichtbaren und der unsichtbaren Welt vermischen (Götter, Menschen, Höllenwesen, Tiere und Dämonen) und unvermeidlich der geheimnisvollen Erscheinung der Vergeltungskausalität aller guten und bösen Taten unterworfen sind.

Unter den Elementen indischer Kultur, die der Buddhismus mit sich geführt hat und die manchmal auch die Spur iranischer und hellenistischer Einflüsse trugen, nahmen die profanen Wissenschaften Indiens einen ziemlich wichtigen Platz ein. Die indische Mathematik, Astrologie, Astronomie und Medizin drangen zwischen dem 4. und 8. Jahrhundert dank Übersetzungen »brahmanischer« Werke, deren chinesische und indische Fassungen leider verlorengegangen sind, in die chinesische Welt ein. Unter den Übersetzungen des Parthers An Shigao, der im Jahr 147 nach Chr. nach Luoyang kam, befand sich ein indisches medizinisches Werk, das 404 Krankheiten abhandelte. Der in der indischen Mathematik und Astronomie bewanderte Mönch Yixing (683-727) organisierte in den Jahren 721-725 eine wissenschaftliche Expedition, die die Länge des Schattens des Gnomons während der Sommer- und Wintersonnenwende an neun vom Zentrum Vietnams bis zum Grenzgebiet der Mongolei verteilten Orten (vom 17. bis zum 40. Breitengrad) erforschen sollte. Der Einfluß der indischen Wissenschaften macht sich vor allem von etwa 600 bis zur Mitte des 8. Jahrhunderts bemerkbar.

Das Beispiel der Inder, die auf dem Gebiete der Grammatik und der Phonetik Meister waren, hat die Chinesen dazu anregen können, die Laute ihrer eigenen Sprache zu analysieren, trotz der unüberwindlich scheinenden Schwierigkeiten, die ihr Schriftsystem mit sich brachte. Auch die Transkriptionsprobleme der indischen Termini und die Notwendigkeit, die magischen Formeln des esoterischen Buddhismus (*mantra* und *dhāraṇī*) so getreu wie möglich wiederzugeben, trugen zur Entwicklung der Phonetik in China bei. Während die Notierung der Aussprache chinesischer Zeichen mit Hilfe anderer Zeichen, die den Anfangs- und den Endlaut angeben (das sogenannte *fanqie*-System), Sun Yan aus Wu (gestorben um 260) zugeschrieben wird und sicherlich ganz ohne jeden indischen Einfluß entstanden ist, verhält es sich mit den späteren Methoden nicht so. Die Untersuchung des Reimsystems in den Jahren 424-453 führte bei Shen Yue (441-513) zur ersten Definition der Töne im alten Chinesisch: ebener, steigender, fallender und zuerst fallender, dann steigender Ton (Wörter mit Verschlußlaut am Ende). So konnten die Kompositionsregeln für Gedichte strenger festgelegt und eine Reihe von Reimwörterbüchern geschaffen werden:

das *Qieyun* von Lu Fayan (601),
das *Tangyun* von Sun Mian (751),
das *Guangyun* von Chen Pengnian, 1008 gedruckt,
das *Jiyun* von Ding Du (53 525 Zeichen), Mitte des 11. Jh.,
das *Wuyin jiyun* von Han Daozhao der Jin-Dynastie (1115-1234).

Von der Mitte des 16. Jahrhunderts an entstanden gelehrte Forschungen historischer Phonetik, die sich teilweise auf die Grundlagen dieser wertvollen Dokumente stützen.

Schließlich soll erwähnt werden, daß auf einem ganz anderen Gebiet durch die Vermittlung der Mönchskreise gewisse Finanzinstitutionen indischen Ursprungs in China bekannt wurden: Pfandleihe, finanzielle Vereinigungen mit dem Ziel, das gemeinschaftliche Kapital ertragreich anzulegen, Versteigerung und später Lotterien.

Zusammenfassend läßt sich sagen, daß der Beitrag des Buddhismus für China während der großen Periode des Kontakts zwischen der chinesischen und der indischen Welt (von den ersten nachchristlichen Jahrhunderten bis ins 9. Jahrhundert) grundlegend war und daß während der ganzen Epoche, in der die mit guten Bibliotheken klassischer und religiöser Werke ausgestatteten Klöster die Hauptzentren der Lehre und des Wissens waren, eine echte buddhistische Kultur herrschte. Diese Situation, die in Japan länger bestehen bleiben sollte, dauerte in China bis zur Proskription des Buddhismus und zur Zerstreuung der religiösen Gemeinschaften in den Jahren 842-845 an.

TEIL 4
VON DER WIEDERVEREINIGUNG ZUR ZERSPLITTERUNG

I. KAPITEL
DAS ARISTOKRATENREICH

Die Periode, die mit dem Ende des 6. Jahrhunderts begann, war anfänglich noch ganz in der Zeit verwurzelt, die man das »chinesische Mittelalter« nennen könnte; zu ihr gehörte sie mit ihrer Gesellschaft – Aristokraten und Abhängige *(ke, buqu, nubi)* –, ihrer Wirtschaft, Literatur und Kunst und ihrem religiösen Glauben (die Tang-Zeit wird das goldene Zeitalter des Buddhismus genannt). Diese Periode stellt in Ostasien den Übergang zwischen der mittelalterlichen Welt und einem neuen Zeitalter dar. Die ersten Vorzeichen der kommenden Veränderungen machten sich im Anschluß an die große Militärrebellion von An Lushan bemerkbar, die von 755 bis 763 dauerte. Deshalb wurde hier – ohne Rücksicht auf die traditionelle Periodisierung nach »Dynastien« auf der Grundlage des mystischen Begriffs der kaiserlichen Linie – die Tang-Zeit zweigeteilt und ihr zweiter Abschnitt eng mit der darauffolgenden Periode verbunden. Im Anschluß an den Aufstand änderte sich nicht nur die allgemeine Stimmung, sondern auch das politische Klima, die Wirtschaft, die Institutionen usw., und die Periode der sogenannten Fünf Dynastien zwischen 907 und 960 war die logische Folge und der Abschluß der Entwicklung, die am Ende des 8. Jahrhunderts begann. Auf das »Aristokratenreich«, dessen Grundlagen zwischen 590 und 625 geschaffen wurden, folgte eine Periode des Übergangs zu einem neuen Zeitalter.

Der Beginn der Sui-Dynastie im Jahr 581 wird, weil er den Reichen nicht-chinesischer Herkunft in Nordchina ein Ende setzte und weil acht Jahre später die Wiedervereinigung aller chinesischen Länder auf ihn folgte, im allgemeinen als eines der großen Daten der Geschichte angesehen. Aber die traditionelle Historiographie führt, indem sie die Betonung auf politische Ereignisse dieser Art legt, zu zwei gegensätzlichen Ergebnissen: Sie verschleiert gewisse grundsätzliche Kontinuitäten und mißachtet gleichzeitig die tiefstgreifenden und bedeutsamsten Veränderungen. Weder die Usurpation durch General Yang Jian (541-604) bei den Nördlichen Zhou, noch die Thronbesteigung der Familie Li, die im Jahr 618 die Tang-Dynastie gründete, wurden von radikalen Veränderungen in der politischen Führungsschicht, im Gesellschaftstyp und in den grundlegenden Traditionen begleitet. Im übrigen sind die ethnische und kulturelle Reinheit immer nur Mythen gewesen: Die Reiche der Sui (581-617) und der Tang (618-907), die im Gegensatz zu den Barbarenreichen des 4. bis 6. Jahrhunderts als eigentliche chinesische Reiche gelten, stützten sich anfangs auf die politischen, sozialen, ethnischen und kulturellen Grundlagen der damals schon stark sinisierten Reiche der Westlichen Wei (535-557) und der Nördlichen Zhou (557-581). Die großen Umwandlungen dagegen, die im

11. Jahrhundert eine sich von derjenigen des 6. und 7. Jahrhunderts so stark wie das Europa der Renaissance von dem des Mittelalters unterscheidende Welt schufen, begannen mitten in der Tang-Zeit, gegen Ende des 8. Jahrhunderts.

Es trifft zu, daß die Wiedervereinigung des Yangzi-Gebiets und Nordchinas die Perspektive erweiterte, indem sie dem China der Sui und der Tang eine Öffnung zum Meer, in die Tropenzone und in die Länder Südostasiens gab. Tatsache ist aber auch, daß die Tang das wertvolle Erbe der künstlerischen und literarischen Traditionen der Dynastien von Nanking übernommen haben. Die Wiedervereinigung des Nordens und des Südens fand jedoch nicht plötzlich statt: Sie war während des ganzen 6. Jahrhunderts durch eine Intensivierung der wirtschaftlichen Beziehungen und der menschlichen Kontakte, durch den Warenaustausch und den Austausch von Menschen und Ideen vorbereitet worden. Das Luoyang der ersten dreißig Jahre des 6. Jahrhunderts und das Nanking des Liang-Kaisers Wu gehören beide demselben goldenen Zeitalter des Mittelalters an, derselben Aristokratenwelt, die von tiefer religiöser Begeisterung durchdrungen, vom Erwachen der Handelstätigkeit belebt und von den durch Zentralasien und über den Indischen Ozean verlaufenden großen Handelsströmen erfaßt wurde. Im übrigen ist es falsch, das ganze Verdienst um die politische Einigung einzig und allein der Sui-Dynastie zuzuschreiben: Sichuan wurde schon im Jahr 553 dem Reich der Westlichen Wei angegliedert, und auch Hubei, wo die Wei im selben Jahr einen ihrer Günstlinge einsetzten, gehörte ihm virtuell an. Die Einigung des seit ungefähr 534 aufgespaltenen und von Kriegen verwüsteten Nordchina im Jahr 577 muß als Werk der Nördlichen Zhou angesehen werden. Indem sie das geschwächte Reich der Chen im Jahr 589 zerstörten, führten die Sui nur einen 36 Jahre vorher begonnenen Prozeß zu Ende. Als einer seiner Hauptfaktoren können die von den Westlichen Wei geschaffenen Militärinstitutionen angesehen werden.

Die politische Geschichte der Periode zwischen 581 und 683

Die Sui-Dynastie (581-617) wurde in Chang'an nach einem Staatsstreich von einem angeheirateten Verwandten der regierenden Familie der Nördlichen Zhou, dem General Yang Jian, gegründet. Er war Oberhaupt der Aristokratie des Wei-Tals und Ost-Gansus. Yang Jian regierte von 581 bis 604 unter dem Namen Kaiser Wen und setzte im Jahr 589 dem Reich der Chen ein Ende, einem letzten Ausläufer der Sechs Dynastien, die in Nanking seit Beginn des 3. Jahrhunderts aufeinandergefolgt waren. Die Überlieferung stellt ihn in Gegensatz zu seinem Nachfolger, der in den schwärzesten Farben gezeichnet wird: Kaiser Yang (605-617), Usurpator der kaiserlichen Macht, sei durch seinen Größenwahn, seinen Hang zum Luxus, seine Lasterhaftigkeit und seine Grausamkeit dem Volk gegenüber ins Verderben gestürzt worden. Sie wirft ihm die großen Bauarbeiten und seine kostspieligen Feldzüge nach Korea vor. Hierbei handelt es sich jedoch um ein Lieblingsthema der offiziellen Historiographie: Der letzte Herrscher einer Dynastie wird notwendigerweise als Schandfleck hingestellt. In Wirklichkeit zeichnete sich die Politik beider Sui-Herrscher durch ihre bemerkenswerte Kontinuität aus, die zu Beginn der darauffolgenden Dynastie ihre Fortsetzung finden sollte. Unter der Herrschaft des Sui-Kaisers Wen, zu dessen ersten Initiativen die Anlegung der beiden riesigen

Hauptstädte des Wei- und des Luo-Tals zählt, begann der Bau großer Kanäle und riesiger Getreidespeicher in der Gegend von Luoyang und Chang'an (Daxingcheng). Im Nordwesten wurden im Jahr 585 große Mauern von 350 Kilometern Länge errichtet. Schon unter Wendi begann die Politik der maritimen Expansion, die die Regierungsperiode des Kaisers Yang kennzeichnete (Bau einer Kriegsflotte, Ausbau von Yangdu, dem heutigen Yangzhou, als zweite Hauptstadt, militärische Expeditionen nach Formosa oder den Ryūkyū-Inseln, nach Chituguo im Gebiet von Palembang in Sumatra und nach Linyi an den Ostküsten Südvietnams, das später unter dem indischen Namen Champa bekannt wurde. Das erste Expeditionskorps zu Land und zur See gegen das Reich Koguryo in Korea, einen potentiellen Verbündeten der Türken, fand im Jahr 598 statt, dreizehn Jahre vor dem ersten Korea-Feldzug Yangdis. Unter der Herrschaft des zweiten Sui-Kaisers begann diese Macht- und Prestigepolitik jedoch wachsende Schwierigkeiten hervorzurufen: in Hebei und Shandong vermehrten sich nach Überschwemmungen des unteren Gelben Flusses in Jahr 611 die Bauernaufstände. Infolge von Requisitionen, die für die drei unglückseligen Feldzüge nach Korea (612, 613, 614) nötig gewesen waren, verschlimmerte sich die Lage. Als im Jahr 613 die erste vom Adel organisierte Rebellion, die Rebellion von Yang Xuangan, ausbrach, verschlechterten sich die Beziehungen zu den Türken.

Li Yuan (565-635), der General, der mit der Verteidigung gegen die Nomaden in Taiyuan, im Zentrum von Shanxi, beauftragt wurde, rebellierte im Jahr 617 auf Anstiftung seines Sohnes Li Shimin (598-649), des zukünftigen Kaisers Taizong (626-649), verbündete sich mit den türkischen Stämmen und marschierte nach Chang'an, wo er die neue Dynastie der Tang gründete und sich zum Kaiser Gaozu (618-626) ausrufen ließ.

Die ersten Jahre der Tang-Zeit waren eine Epoche der inneren Konsolidierung: Unterdrückung der Unruhen, die im Jahr 628 ein Ende fanden; Reorganisation der Verwaltung; Aufteilung des Reichs in zehn große Regionen – im 8. Jahrhundert waren es dann fünfzehn –, denen bald darauf Verwaltungs-, Finanz- und Justizinspektoren vorgesetzt wurden; Strafgesetzgebung; Agrarsystem; Steuerwesen; Heer; Erziehung (Schaffung von Akademien und höheren Schulen in den beiden Hauptstädten Chang'an und Luoyang, Schaffung von Präfektur- und Unterpräfekturschulen). Auf diese Epoche folgte zwischen 626 und 683 eine der größten militärischen Expansionen der chinesischen Geschichte. Die chinesischen Heere fügten den östlichen Türken, deren Hauptstadt im Orchon-Tal (südlich des Baikal-Sees) lag, eine entscheidende Niederlage bei, vernichteten die Tölös-Türken und verbündeten sich mit den uigurischen Türken der östlichen Mongolei, mit den Tuyuhun und den Tanguten im Nordwesten, setzten in Turfan dem Reich von Gaochang ein Ende, das die Verbindungen zwischen Chang'an, dem Tarim-Becken und Transoxanien behinderte, schlugen die westlichen Türken im Ili-Tal und öffneten und kontrollierten die Oasenstraßen.

Das Ansehen der Tang in Asien erreichte damit seinen Höhepunkt: mehrere Länder Südostasiens, wie das Reich Huanwang (Champa) und Zhenla (Kambodscha) erkannten die chinesische Oberhoheit an. In Korea wurde das Reich Koguryo zerstört und Silla unterworfen. Die Tang schufen chinesische Präfekturen in

Transoxanien und griffen sogar in Nordindien in der Gegend von Patna ein (Dynastie der Harshavardhana, 605-647, in Magadha).

Die Grundlage für die außerordentliche Expansion waren politische und wirtschaftliche Institutionen, die nun analysiert werden müssen.

1. Die politischen und wirtschaftlichen Grundlagen des Tang-Reichs

Von den letzten Jahren des 6. Jahrhunderts an bis um 625 wurde ein großes Werk vollendet, das die wirtschaftlichen und institutionellen Grundlagen schuf, ohne die die chinesische Expansion des 7. und 8. Jahrhunderts unmöglich gewesen wäre.

Die großen Bauarbeiten

Zwischen 587 und 608 wurde ein Netz von Schiffahrtswegen, Kanäle und schiffbar gemachte Flüsse, ausgebaut, mit dem Ziel, die Täler des Gelben Flusses und des Wei mit dem unteren Yangzi-Tal bis nach Hangzhou zu verbinden; dieses Netz wurde im Jahr 608 durch einen Kanal verlängert, der die Verbindung zwischen den Regionen von Luoyang und Peking herstellte. Es ist der erste große Kanal der chinesischen Geschichte. An diesen 40 Meter breiten Kanälen, parallel zu denen eine kaiserliche Straße verlief, lagen in regelmäßigen Abständen Relaisstationen (zwischen Yangzhou nördlich des Yangzi und Luoyang waren es ungefähr vierzig). Zwischen Luoyang und Chang'an wurden dem Kanal entlang riesige Getreidespeicher errichtet, deren wichtigster am Zusammenfluß des Luo mit dem Gelben Fluß ein Fassungsvermögen von 20 Millionen *shi,* d. h. 12 Millionen Hektoliter Getreide hatte. Dieses Schiffahrtsnetz, das zu strategischen und politischen Zwecken und zur Erleichterung der Kommunikation zwischen Nordchina und dem Yangzi-Gebiet gleich nach der Einigung angelegt wurde, gewährleistete unter der Herrschaft von Taizong (626-649) erst den Transport einer nur geringen Quantität von Reis nach Luoyang (12 000 Tonnen), während Seidenwaren einen großen Teil des Handels ausmachten. Aber im Anschluß an die Entwicklung der Reiskultur südlich des unteren Yangzi wird der Umfang der Getreidefracht ein Jahrhundert später fünf- bis zehnmal höher. Daher haben die großen Kanäle für den wirtschaftlichen Aufschwung des 8. und 9. Jahrhunderts eine entscheidende Rolle gespielt und es den Tang erlaubt, sich unter den schwierigen Bedingungen nach dem Aufstand von An Lushan (756-763) an der Macht zu halten. Trotz der Arbeiten, die auf der rund 400 Kilometer langen Strecke zwischen den beiden Hauptstädten Luoyang und Chang'an geleistet wurden, war die Verbindung aufgrund der starken Strömung des Gelben Flusses und des gebirgigen Charakters der Grenzgebiete von Henan und Shenxi nie problemlos. Umladungen waren nicht zu vermeiden. Zu Zeiten von Hungersnöten im Wei-Tal sahen sich der Hof und die Zentralverwaltung gezwungen, ihre mit großen Kosten verbundene Übersiedlung nach Luoyang anzuordnen, weil dort die Versorgung leichter war.

Um das Jahr 600 wurden die beiden Hauptstädte Chang'an und Luoyang nach grandiosen Plänen ausgebaut. Die Außenmauern von Chang'an maßen unter den Sui und den Tang von Osten nach Westen 9,7 km und von Norden nach Süden 8,2 km. Die rechteckig angelegte Stadt zählte vierzehn Straßen, die von Norden nach Süden, und elf, die von Osten nach Westen führten. Sie waren 70 bis 150 Meter

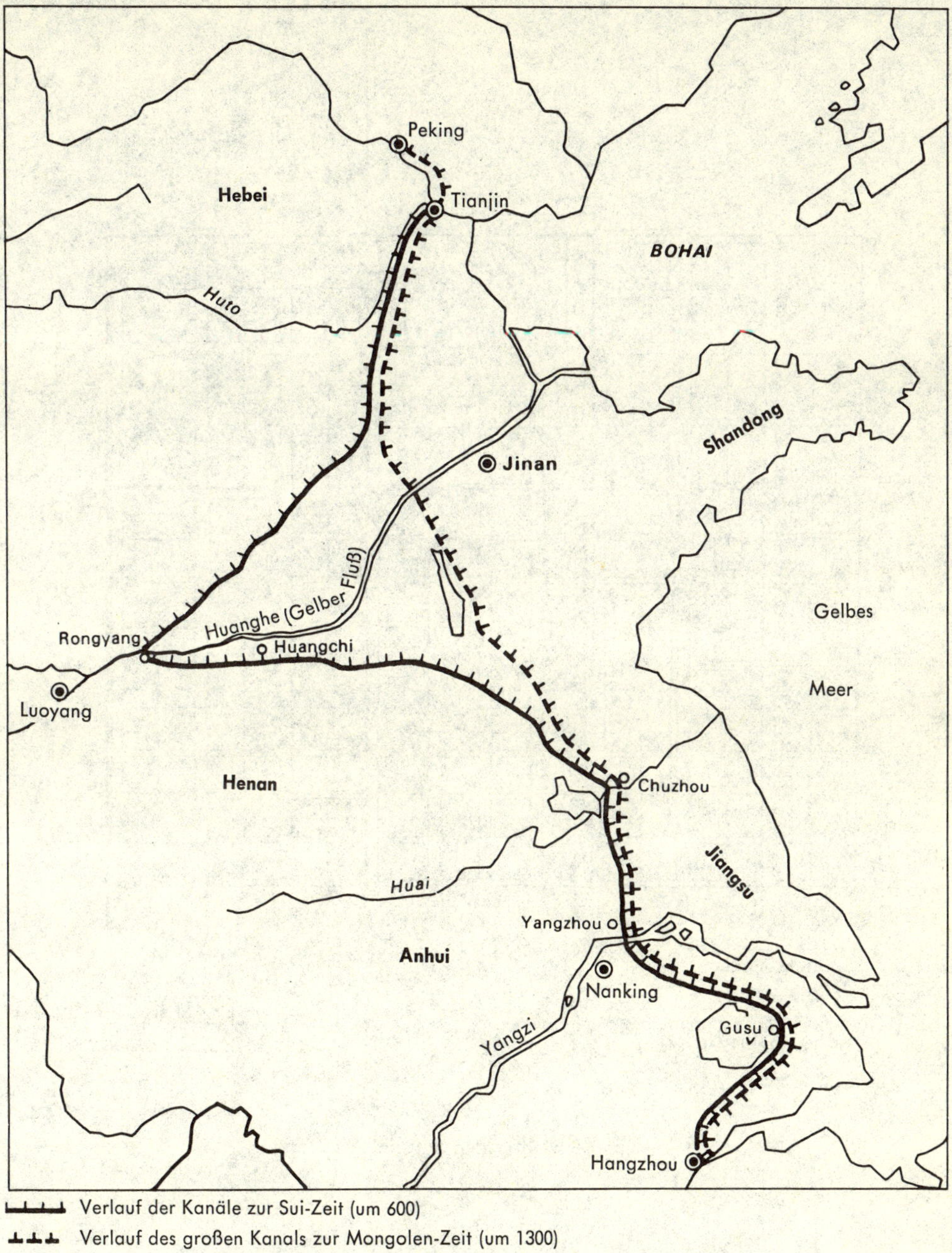

14. Der große Kanal.

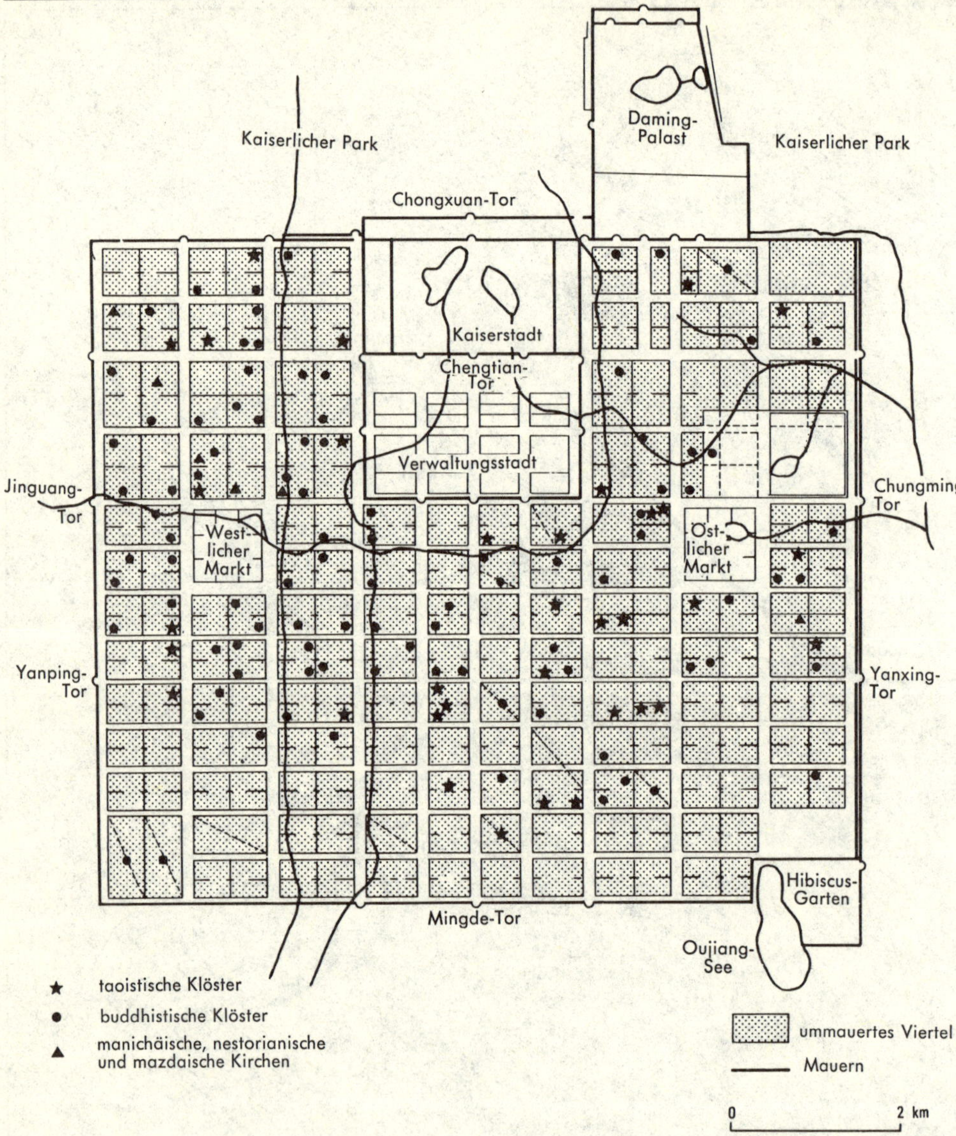

15. Chang'an unter den Sui und den Tang.

breit und von mit Bäumen bepflanzten Gräben umsäumt. Diese Straßen umgrenzten 110 ummauerte Viertel und zwei an Kanälen gelegene riesige Märkte; im Norden der Stadt schützten zwei große Mauern die Kaiserpaläste und die Verwaltungsstadt. Es muß allerdings erwähnt werden, daß die Vergrößerung der Hauptstädte auf den Ausbau Luoyangs unter den Nördlichen Wei im Jahr 501 zurückgeht. Während die Stadtmauer von Luoyang unter den Späteren Han nur 9 *li* (ca. 4,5 km) auf 6 *li* (3 km) maß, erreichte diejenige der Hauptstadt der Wei schon die Ausmaße von Chang'an unter den Sui. Soll man in dieser neuen Konzeption von der Stadt als einem riesigen befestigten Lager einen Einfluß der Steppenvölker sehen? Das neue Luoyang, dessen Dimensionen etwas kleiner als die von Chang'an waren, wurde zur selben Zeit wie Yangzhou, die große Hauptstadt im Südosten, wo sich zwischen dem 7. und 9. Jahrhundert zahlreiche ausländische Kaufleute aufhielten, nach einem schachbrettartigen Plan ausgebaut. Aus Yangzhou wollte der zweite Sui-Herrscher, der anscheinend eine Vorahnung des maritimen und kommerziellen Aufschwungs des unteren Yangzi-Gebiets hatte, seine zweite Hauptstadt neben Luoyang machen.

Die Städte und Schiffswege, die um das Jahr 600 ausgebaut wurden, stellten das wirtschaftliche Gerüst Chinas vom 7. bis zum 9. Jahrhundert dar; das auf dem Gebiet der juristischen, administrativen und militärischen Institutionen geschaffene Werk war jedoch nicht weniger bedeutend und entscheidend. Die Gesetzgeber der Sui-Zeit und der frühen Tang-Zeit haben es als Erben der langen Tradition, die auf die Cao-Wei und die Nördlichen Wei zurückgeht, verstanden, die früheren Errungenschaften zu systematisieren und dem neuen Reich eines der wesentlichen Elemente für seine Macht zu liefern.

Das Verwaltungssystem

Die chinesische Verwaltung erreichte im 7. Jahrhundert ihre Reifezeit. Als komplexer und wohldurchdachter Organismus, der von seiner langen vorhergehenden Entwicklung Zeugnis ablegt, verdient sie es, an dieser Stelle zumindest summarisch beschrieben zu werden.

Der Ursprung des chinesischen Verwaltungssystems liegt weit zurück: Er geht auf den Zeitpunkt zurück, da die von hohen Adligen ausgeübten Palastfunktionen im 4. und 3. vorchristlichen Jahrhundert durch öffentliche Funktionen ersetzt wurden. Deshalb erinnert die Terminologie manchmal noch an den Personal- und Domestikencharakter der offiziellen Ämter im Altertum. Seit dem Kaiserreich begann sich jedoch eine relativ autonome Beamtenschaft heranzubilden, deren Bestrebungen ein Gegengewicht zu den sich am Hof bildenden Cliquen – denjenigen der Eunuchen, der Familien der Kaiserinnen, der Generäle usw. – sowie zur Willkürherrschaft der Kaiser darstellten. Der Verwaltungsapparat wurde im 7. Jahrhundert vervollkommnet und sollte im 11. Jahrhundert neue Fortschritte machen. In den Epochen nach der Song-Zeit (11.-13. Jh.), unter den Ming und den Qing, setzte sich seine Entwicklung in Richtung einer autoritären Zentralisierung fort, durch die seine Macht und Freiheit sowohl in der Zentralregierung als auch in den Provinzen beschnitten wurde.

Die Gebäude der Zentralverwaltung nahmen unter den Tang in Chang'an einen

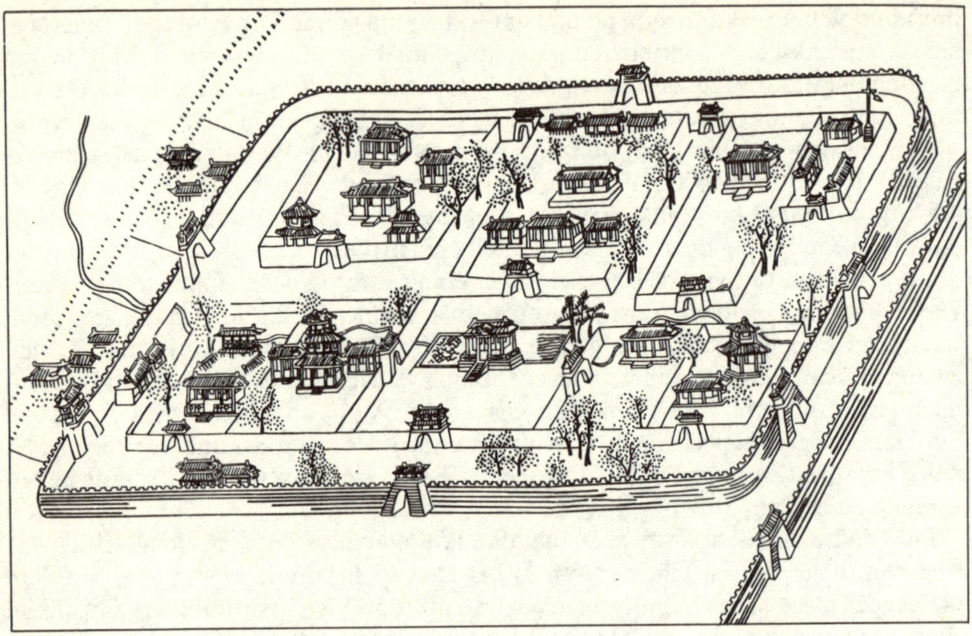

VIII. Plan eines Palastes von Chang'an, aus einer Ausgabe des *Chang'anzhi, Bericht über Chang'an* von Song Minqiu (1019–1079)

ummauerten Raum von 4,5 km² ein, die sogenannte »Kaiserstadt« *(huangcheng)* im Süden des Palastes. Diese Verwaltung umfaßte vier Hauptabteilungen:
– eine Staatskanzlei *(shangshusheng)*, der sechs Ministerien unterstellt waren (Beamten-, Finanz-, Riten-, Heeres-, Justizministerium und Ministerium für öffentliche Arbeiten);
– eine kaiserliche Kanzlei *(menxiasheng)*, die eine Übermittlungsrolle spielte und eine Kontrolle über die kaiserlichen Dekrete ausübte;
– ein großes kaiserliches Sekretariat *(zhongshusheng)*, das mit der Redigierung der offziellen Texte betraut war; diese beiden letzten Organe übten eine Kontrolle über die Politik im allgemeinen aus;
– einen Staatsrat, dem außer dem Kaiser hohe Würdenträger und wichtige Beamte angehörten, bei denen es sich im allgemeinen um die Vorsitzenden der sechs Ministerien handelte, die die Staatskanzlei bildeten.

Außerdem gab es zahlreiche Amtsstellen mit begrenzten Funktionen, von denen als die wichtigste das Zensorat *(yushitai)* zu nennen ist, eine Art allgemeines Aufsichtsorgan über die Verwaltung, das mit der Aufdeckung aller Arten von Mißbräuchen (Korruption, Veruntreuung, Betrug usw.) und der Annahme von Beschwerden gegen die Verwaltung von seiten der Bevölkerung beauftragt war. Die strittigsten Fälle wurden vom Hohen Gerichtshof *(dalisi)* in letzter Instanz entschieden, und er allein war berechtigt, die Todesstrafe zu verhängen. Weitere Institutionen befaßten sich mit der Verwaltung der Wasserstraßen und Kanäle, der Arsenale, der kaiserlichen Bibliothek, der Staatsuniversität *(guozijian)*, der Palastgarden, des inneren Palastes, des Hauses des Erbprinzen usw.

Von dieser Zentralverwaltung hing die gesamte Verwaltung der Provinzen, oder besser gesagt, der großen Regionen (*dao* unter den Tang, *lu* unter den Song) ab, in die das Reichsterritorium aufgegliedert war. Auf der niedrigsten Stufe standen die Unterpräfekturen *(xian)*, Verwaltungskreise, die höchstens einige Zehntausende von Einwohnern zählten. Durchschnittlich vier bis fünf Unterpräfekturen wurden zu einer Präfektur zusammengefaßt, die ihren Sitz im wichtigsten städtischen Zentrum hatte. Diese Präfekturen hatten unterschiedliche Bedeutung; die meisten trugen die Bezeichnung *zhou;* einige wurden jedoch als höhere Präfekturen *(fu)* eingestuft. Die Präfekturen, deren Ausmaß je nach der Bevölkerungsdichte variierte (die flächenmäßig größten waren am dünnsten besiedelt), entsprachen ungefähr einem durchschnittlichen Departement in Frankreich. Von der kaiserlichen Verwaltung wurden nur sehr wenige Beamte für die Provinzen ernannt; so gab es im allgemeinen in einer Unterpräfektur nur einen oder zwei. Daher standen den kaiserlichen Funktionären lokale Beamte zur Seite. Da die kaiserlichen Beamten fremd in einer Gegend waren, in der sie nur einige Jahre blieben, mußten sie sich die Unterstützung der lokalen Gentry sichern und sich bei der Durchführung der Direktiven der Zentralregierung den lokalen Gegebenheiten anpassen. Dafür genossen sie als kaiserliche Funktionäre beträchtliches Ansehen.

Über den Präfekturen standen schließlich spezialisierte Ämter, die manchmal für weite Landesteile zuständig waren. Meist hatten sie militärische oder finanzielle Befugnisse, die die Koordination und Kontrolle der Präfekturen gewährleisten sollten. An der Spitze dieser Organe standen hohe Beamte.

Die juristischen Institutionen

Aus der Tang-Zeit sind bedeutende Sammlungen juristischer und administrativer Texte überliefert; manche konnten teilweise rekonstruiert werden. Dies ist der Fall bei administrativen Verfügungen und Regelungen, die der große japanische Rechtshistoriker Niida Noboru zusammengetragen hat. Der Tang-Kodex, *Tanglü shuyi*, der in einer ersten Fassung im Jahr 624 entstand, in den Jahren 627 und 637 revidiert und im Jahr 653 mit einem Kommentar versehen wurde, ist der erste chinesische Kodex, der uns vollständig erhalten geblieben ist. Sein direkter Vorläufer ist der Kodex der Nördlichen Zhou aus dem Jahr 564, der seinerseits auf den weniger vollständigen und ausgearbeiteten Kodices der Cao-Wei und der Westlichen Jin (268) aufbaute. Er ist ein bewundernswertes Werk, trotz seines großen Umfanges und seiner Komplexität mit lückenloser Logik aufgebaut. Die Grundprinzipien dieses Rechts, seiner Rechtsbegriffe und seiner Kategorien sind bisher praktisch noch nie analysiert worden; diese hochinteressante Arbeit brächte jedoch bestimmt eine ganze Struktur von vollkommen eigenständigen Begriffen und einer eigenen Psychologie ans Licht. Im wesentlichen handelt es sich um ein Recht, das auf einer kontinuierlichen Stufenleiter von Strafen beruht und in dem die Schwere der Straftat nicht nur von der Tat selbst, sondern auch von der Stellung des Schuldigen zu seinem Opfer abhängt. Handelt es sich um mehr oder weniger nahe Verwandte, so wird diese Stellung durch die Länge der Trauerzeit, die für jeden Verwandtschaftsgrad vorgeschrieben ist, bestimmt; bei Nicht-Verwandten hängt sie von hierarchischen Beziehungen ab (Kaiser, Beamte verschiedener Rangstufen, einfache Privatpersonen, Bedienstete usw.). Der Richter ist Leiter des Prozesses, manchmal auch Untersuchungsrichter. Seine Aufgabe besteht nicht darin, die Schuld abzuwägen und »Recht zu sprechen«, sondern mit Hilfe der Modelle, die ihm der Kodex liefert, das Wesen der Straftat genau festzulegen, indem er sie mit den vorgegebenen Fällen vergleicht *(lun)* und sich nach einer Skala richtet, die für jeden Fall in ganz strikter Weise Straferhöhungen bzw. Strafminderungen vorsieht. Diese Eigenheiten des chinesischen Rechts reichen historisch weit zurück und erklären die absolute sprachliche und begriffliche Gleichsetzung zwischen den Termini und Begriffen der Straftat und der Strafe (das Chinesische kennt für beide nur ein Wort, *zui*). Die Skala umfaßt Gruppen von Strafen, deren Art von der Schwere des Delikts abhängt: Schläge mit dem Rohrstock, mit dem Bambusstock, Zwangsarbeit, Exil mit Zwangsarbeit, Erdrosselung und Enthauptung. Der Kodex befaßt sich ausschließlich mit dem Strafrecht und unterscheidet sich dadurch von anderen Arten der Rechtsprechung. Der Tang-Kodex umfaßt mehr als 500 Paragraphen, die sich auf zwölf Abschnitte verteilen:

1. Definitionen und allgemeine Regeln.
2. Gesetze, die sich auf das Betreten verbotener Orte (Kaiserpaläste, Tore der Ummauerungen, Befestigungsmauern, Grenzposten usw.) beziehen.
3. Straftaten, die von Beamten in Ausübung ihrer Funktion begangen werden.
4. Gesetze, die die Bauernfamilien betreffen (Land-, Steuer- und Heiratsgesetze).
5. Gesetze über die staatlichen Gestüte und Speicher.
6. Gesetze über die Truppenaushebung.
7. Straftaten gegen Personen und Güter.
8. Straftaten, die im Laufe von Schlägereien begangen werden.
9. Fälschungen und betrügerische Nachahmungen.
10. Verschiedene Gesetze mit Sondercharakter.
11. Gesetze über die Festnahme von Schuldigen.
12. Gesetze über die Verwaltung des Rechtswesens.

Das Agrarsystem

Das Agrarsystem der Tang-Zeit wies im 7. Jahrhundert und in der ersten Hälfte des 8. Jahrhunderts eine der bemerkenswertesten Eigenheiten der Geschichte auf: den Rückgriff auf ein Landverteilungssystem, das während mehr als einem Jahrhundert regelmäßige Steuereinnahmen und eine gewisse soziale Stabilität aufrechterhalten sollte. Die gleichmäßige Verteilung von Parzellen auf Lebenszeit tauchte schon unter der Nördlichen Wei-Dynastie auf, die dieses System im Jahr 486 offiziell annahm. Aber während damals bezweckt war, durch vermehrte Zuteilungen von Parzellen die Neulandgewinnung in der Trockenzone zu fördern, zielten die im Jahr 624 von den Tang erlassenen Agrarverordnungen *(tianling)* darauf ab, jeder Bauernfamilie das zum Lebensunterhalt und zur Zahlung der Steuern nötige Land zur Verfügung zu stellen. Das damals angenommene »System der gleichmäßigen Landverteilung« *(juntianfa)* war mit den im Jahr 619 verordneten Steuergesetzen untrennbar verbunden.

In diesen Gesetzen wurden drei Arten von Abgaben unterschieden, die – nach einem seit dem Ende des Altertums herrschenden Usus – nicht nach dem Umfang der Güter, sondern nach der Zahl der Personen erhoben wurden: *zu,* die Steuer in Form von Getreide, *yong,* verschiedene Fronarbeiten, und *diao,* die Steuer in Form von Textilien (Seide, *juan,* in den Gebieten, wo Seidenraupen gezüchtet wurden, sonst – vor allem im Nordwesten – Tuch aus Hanf, *bu*). Die Steuern in Form von Getreide und in Form von Textilien entsprachen zwei Arten von grundsätzlich verschiedenem Landbesitz, wie er in den neuen Agrarverordnungen unterschieden wurde: einerseits die großen Anbauflächen (Weizen, Hirse, Gerste) und andererseits die kleinen Grundstücke, auf denen die Wohnhäuser und Gärten lagen und die zur Ausübung des kleinen häuslichen Seiden- oder Tuchgewerbes nötigen Maulbeerbäume und der Hanf angepflanzt wurden. Während die großen Anbauflächen entsprechend der Anzahl männlicher Erwachsener pro Familie als Parzellen auf Lebenszeit *(koufentian)* aufgeteilt wurden, betrachtete man das restliche, ebenfalls beschränkte Land als dauernden Besitz *(yongye)*. Für die Alten, Kranken, Behinderten, Witwen, Händler und Handwerker, Nonnen und Mönche waren kleinere Grundstücke auf Lebenszeit *(koufentian)* vorgesehen. In den dichtbesiedelten, landarmen Gebieten waren die Grundanteile kleiner als in den dünnbesiedelten. Und schließlich gab es eine ganze Reihe von Ausnahmebestimmungen für Ländereien, die nicht aufgeteilt wurden und vom öffentlich erlassenen Agrarsystem ausgenommen waren (öffentliche Ländereien, Beamtenland, vom Kaiser als Geschenk gewährtes Land, Klostergüter, Militärkolonien, Agrarkolonien usw.).

Dieses Steuer- und Agrarystem setzte genaue Volkszählungen, eine genaue Kenntnis des Katasters jedes Kantons sowie eine Einstufung jeder Person nach den in den Verordnungen festgesetzten Altersgruppen voraus: »Gelbe« (Säuglinge), »Kleine« (Kinder), »Mittlere« (Jugendliche), Erwachsene und Greise. Man hat lange geglaubt, daß das »System der gleichmäßigen Landverteilung« aufgrund dieser komplizierten administrativen Kontrolle nur theoretisch existiert hat. Aber die Entdeckung von Manuskripten aus dem 7. und 8. Jahrhundert in den Oasen von Dunhuang in Gansu und von Turfan (Gaochang) in Zentralasien hat den Beweis für sein tatsächliches Funktionieren erbracht. Gewisse Dokumente aus Turfan beziehen sich auf die Rückgabe bzw. Gewährung von Landbesitz nach dem System der Verteilung auf Lebenszeit. Und die Volkszählungsregister *(huji)* von Dunhuang, die das Alter jedes einzelnen Familienmitglieds und eine genaue Aufstellung des Landbesitzes und seiner Grenzen anführen, stammen aus einer Epoche, in der dieses System schon im Verfall begriffen, aber noch nicht ganz verschwunden war.

Möglicherweise konnte dieses System nur in der Zone des Trockenanbaus zwischen den nördlichen Provinzen und dem Huai-Tal wirklich angewandt werden, da weiter im Süden die Reisfelder schwer aufzuteilende Einheiten bildeten und die für ihre Bewirtschaftung und Bewässerung aufgewandten Investitionen ein stärkeres Eigentumsgefühl hervorriefen. Die Unterschiede zwischen dem Weizen-China und dem Reis-China traten jedoch zum Zeitpunkt deutlich hervor, als die Reiskultur zwischen dem 8. und 11. Jahrhundert einen Aufschwung nahm. Sie waren noch spürbar zur Ming-Zeit (14.-17. Jh.), in der ein doppeltes Steuersystem bestand, das annähernd diesem allgemeinen Gegensatz zwischen der Weizen- und Sorghum-Zone einerseits und der Reis-Zone andererseits entsprach.

Das Heer

Den Kern des Sui- und Tang-Heeres im 7. Jahrhundert bildete die Aristokratie; die besten Truppen wurden von den großen Familien des Guannei (Shenxi und Ost-Gansu) und, in geringerem Maß, aus anderen Gegenden Nordchinas mitsamt ihren Kadern gestellt. Ihre Männer waren es, die in den Elite-Truppen dienten: in den kaiserlichen Garden und im Palastheer. Im Gegensatz zum traditionellen Klischee war die führende Klasse des 6. Jahrhunderts und die unter den Sui und zu Beginn der Tang-Zeit aus ihr hervorgegangene Führungsschicht nicht eine Klasse von Literaten-Beamten, sondern eine Aristokratie mit militärischen Traditionen. Ihre Vorliebe für das Kriegführen, ihr Interesse für Pferde und Pferdezucht lassen sich aus ihrem nomadischen Ursprung und dem langen Einfluß der Steppenkulturen auf Nordchina erklären. Ohne die Wertschätzung des Krieges, den Sinn für Ehre und die Aktionsfreudigkeit, die diesem Adel eigen waren, wären die kriegerischen Unternehmungen der Sui und der Tang unmöglich gewesen.

Allerdings hat zu diesen Erfolgen auch die Leistungsfähigkeit der militärischen Institutionen beigetragen. Sie waren ursprünglich auf eben diese Familien mit militärischer Tradition zugeschnitten: ein System von Milizen *(fubing)* von 800 bis 1 200 Mann, die rund um die Hauptstadt, in Shenxi, in der Gegend von Taiyuan, in Shanxi, dem Einfallstor der Türken, und an den Nordgrenzen konzentriert waren. Dieses Aushebungssystem erfaßte unter den Nördlichen Zhou nur Familien von Berufsmilitärs und scheint erst unter den Tang auf die Bauernschaft ausgedehnt worden zu sein. Die in der zu Anfang der Tang-Zeit erlassenen Milizverordnungen vorgesehene Weisung, daß die Reiter ihr eigenes Pferd und einen Teil ihrer Bewaffnung selbst mitbringen mußten – was bei einfachen Bauern undenkbar gewesen wäre – ist in dieser Hinsicht bezeichnend. Ganz offensichtlich gab es zu dieser Zeit, ebenso wie in den anderen Epochen, eine Arbeitsteilung im Heer. Die Bauern, die nicht an Pferde gewöhnt und erbärmliche Reiter waren, konnten sich – abgesehen von wenigen Ausnahmen – als Krieger nicht mit den Steppenbewohnern messen. Sie stellten dagegen die Masse des Fußvolks, waren geeignet, befestige Posten zu halten, Gelände zu besetzen und wurden oft für so wichtige Aufgaben wie die Futter- und Getreideproduktion, für den Transport und als Kuriere eingesetzt. Die Elite-Truppen und die Korps für rasche Einsätze bestanden nicht aus Bauern, sondern im wesentlichen aus verbündeten und mehr oder weniger sinisierten Nomaden oder, wie es im 6. und 7. Jahrhundert der Fall war, aus mit Barbaren ethnisch gemischten Han, aus Chinesen, die Gewohnheiten und Mentalität der Steppenbewohner teilweise angenommen hatten.

In der Offensivpolitik des Tang-Reichs hat ein Tier eine entscheidende Rolle gespielt: das Pferd, das von Bogenschützen geritten wurde. Im 7. und 8. Jahrhundert wurde die Pferdezucht systematisch ausgebaut. Wenn man den Texten Glauben schenken darf, so verfügten die Tang zu Beginn ihrer Dynastie nur über eine geringe Anzahl von Pferden, insgesamt 5 000, von denen 3 000 den Sui in den Sümpfen von Chi'anze im Westen von Chang'an und 2 000 den Türken in Gansu geraubt worden sein sollen. Aber sehr bald wurden staatliche Gestüte geschaffen, die rasch anwuchsen: Schon Mitte des 7. Jahrhunderts verfügten die Tang über 700 000 Pferde, die auf große Weideflächen in Shenxi und Gansu verteilt waren. Dazu kam eine uns nicht bekannte Anzahl von Pferden in Privatbesitz. Die private Pferdezucht scheint jedenfalls in Nordchina und vor allem in Ost-Gansu, Shenxi und Shanxi sehr entwickelt gewesen zu sein. Die Verordnungen der Milizen *(fubing)* sahen, wie gesagt, vor, daß die Krieger – oder zumindest manche von ihnen, nämlich diejenigen, die den großen Adelsfamilien angehörten – selbst ihr Pferd stellten. In der ersten Hälfte des 8. Jahrhunderts waren die Mitglieder der kaiserlichen Familie, die hohen Beamten und die Generäle im Besitz eigener Herden von Pferden, Ochsen, Schafen und Kamelen. Die Periode, in der das chinesische Heer über die größte Anzahl von Pferden verfügte, fällt mit den großen Offensiven in der Mitte des 7. Jahrhunderts zusammen. Bis um das Jahr 665 waren die Pferde zahlreich und billig; dann aber wurden bei den türkischen und tibetischen Einfällen die Gestüte zerstört, und mit der Pferdezucht scheint es abwärts gegangen zu sein. Im Jahr 713 zählten die kaiserlichen Gestüte nur noch 240 000 Pferde. Dank der Intensivierung der Pferdezucht und der Pferdekäufe bei Steppennomaden stieg diese Zahl im Jahr 725 auf 400 000 an. Im Jahr 727 wurde am Oberlauf des Gelben Flusses, in Yinchuan, ein Pferdemarkt eingerichtet, wo die Türken ihre Pferde gegen Seide und Metall verkauften. Aber kurz vor dem An Lushan-Aufstand im Jahr 754 betrug die Anzahl der Pferde in den staatlichen Gestüten nur mehr 325 700. Das kleine mongolische Pferd, das heute im Aussterben begriffen ist und nur mehr in der Dsungarei existiert, war damals in der gesamten Steppenzone und in Nordchina verbreitet und mit vielen verschiedenen Rassen gekreuzt worden. Die Tributlieferungen der in Zentralasien und jenseits des Pamir gelegenen Reiche ermöglichten die Zucht. So wurden im Jahr 703 reinrassige Araberhengste an den Hof der Tang gebracht; im Jahr 654 erhielten sie von den Tibetern wilde Ponys; es kamen Pferde aus Kokand, Samarkand, Buchara, Kisch, Schasch, Maimargh, Khuttal, Pferde aus Gandhāra, Khotan, Kutscha, kirgisische Pferde aus dem Raum des Baikal-Sees usw.

Die nordchinesische Aristokratie war im 7. und 8. Jahrhundert pferdebegeistert. Die feine Gesellschaft ritt und spielte Polo, das wohl aus dem Iran importiert worden war und in Chang'an Furore machte. Die Begeisterung für das Pferd erklärt dessen Bedeutung in der Malerei – manche Maler, wie Han Gan (um 720-780) spezialisierten sich auf Pferde – und in der Bildhauerei der Tang-Zeit, wie die wunderbaren Basreliefs des Grabs von Kaiser Taizong (626-659) und die Grabfiguren zeigen. Aber das Tang-Pferd hat Merkmale, die den Einfluß der Importe und der Kreuzungen mit den Rassen des Mittleren Orients und Transoxaniens erkennen lassen. Diese waren größer und schlanker als das kleine mongolische Pony, das, wie die Malereien der Yuan- (13.-14. Jh.) und der Ming-Zeit (14.-17. Jh.) beweisen, nach der Tang-Zeit wieder aufkam.

Nach den tibetischen Einfällen des Jahres 763, bei denen die Mehrzahl der Pferde aus den staatlichen Gestüten weggeschleppt wurde, kam es zu einem endgültigen Niedergang der Pferdezucht in Nordwestchina. Die Tang konnten sich seither nur mehr mit Linderungsmaßnahmen behelfen: mit Ankäufen von Pferden bei Privatpersonen (im Gebiet der Hauptstadt wurden 30 000 Stuten für die Palaststallungen erworben), bei Nomaden (815-816 wurden im Ordos-Gebiet für 10 000 Seidenrollen Pferde gekauft); mit einem mißlungenen Versuch, in den Jahren 817 bis 820 die staatliche Pferdezucht durch Enteignungen von Bauern in der Agrarzone von Shenxi, Henan und Nord-Hubei anzusiedeln. Die Uiguren, die den Tang in den Jahren 758-759 bei ihren Kämpfen gegen die Tibeter geholfen hatten, erhielten dafür das beinahe absolute Monopol des Pferdehandels. Auf ihren Gewinn bedacht, verkauften sie der chinesischen Verwaltung zu horrenden Preisen schlechte Gäule; so wurde gegen Ende des 8. Jahrhunderts ein uigurisches Pferd zum Preis von 40 Stücken Seide verkauft.

Die besten Pferdezuchtgebiete scheinen in Ost-Gansu, im Jing-Tal in Shenxi und in den westlichen Regionen von Shanxi gelegen zu haben. Als China nicht mehr imstande war, diese Gebiete gegen die Einfälle der Bergstämme und Nomaden zu verteidigen, büßte es eines der Hauptinstrumente seiner Interventionspolitik in Zentralasien ein und sah sich dazu verurteilt, sich auf Henan und die Südost-Gebiete zurückzuziehen. Die Schwäche der Song bis zur Eroberung des Nordens durch die Dschurdschen zwischen 960 und 1126 hat sicherlich hierin einen Grund.

Die räumliche Verteilung der chinesischen Heere ist aufschlußreich (und die diesbezüglichen Bemerkungen gelten nicht nur für die Tang-Zeit): Die Truppen waren rund um die Hauptstadt und den Nord- und Nordwestgrenzen entlang konzentriert. Denn ihre Hauptaufgabe war es, das Reich gegen Einfälle und Invasionen aus den Grenzgebieten zu schützen und die Verteidigung der Zentralregierung gegen Rebellionen in den Provinzen zu gewährleisten. Die kaiserlichen Garden im Süden der Hauptstadt und die im Norden des Palastes untergebrachten Streitkräfte waren ein direkter Schutz gegen Staatsstreiche. Die Garden stellten außerdem Eskorten für den Kaiser während Reisen oder großen Zeremonien. Diese Entfaltung von Macht und Prunk war grundsätzlich den Elitetruppen vorbehalten. Die Grenzheere erfüllten zwei verschiedene Funktionen: Sie waren entweder Expeditionskorps, in denen die Kavallerie das aktivste Element darstellte, oder Garnisonen, deren Aufgabe es war, die Verteidigungslinien und die Kommunikationszentren zu halten. Die in den Provinzen stationierten Truppen machten nur einen kleinen Teil des gesamten chinesischen Heeres aus; von dieser Seite scheint sich die kaiserliche Macht kaum bedroht gefühlt zu haben. Solange sich die Bauernaufstände nicht in wirkliche bewaffnete Rebellionen verwandelten, die manchmal die Unterstützung der oberen Klassen fanden, stellten sie keine ernste Gefahr dar. Es handelte sich dabei nur um Banden von entwurzelten Bauern, die von Plündereien lebten und als Schlupfwinkel schwer zugängliche Berg- oder Sumpfgebiete wählten. Wegen ihrer schlechten Ausrüstung waren sie im allgemeinen machtlos gegen die befestigten Städte, in denen die Vertreter der kaiserlichen Macht residierten. Das Banditentum war alles in allem ein chronisches und erträgliches Übel. Im übrigen ließ sich mit den Räuberhauptleuten verhandeln; sie konnten durch die Verleihung von Titeln und offiziellen Ämtern gefügig gemacht werden. Es ist jedenfalls klar, daß die Regierung nicht in erster Linie auf die Gewalt zählte, um in der Provinz den Frieden aufrechtzuerhalten. Meistens genügten dazu schon die Institutionen: Die Gruppierung der Einwohner in kleine Einheiten, die für die Handlungen jedes einzelnen verantwortlich waren; die Verpflichtung, Straftaten zu denunzieren; die Haftbarkeit der Beamten und Vorsteher des Kantons, des Dorfes und der Familie bildeten seit Beginn des Kaiserreichs ein so allgemeines und so in die Gesellschaft integriertes Zwangssystem, daß es nicht einmal mehr als solches empfunden wurde. Daher rührte seine bemerkenswerte Leistungsfähigkeit.

2. Die große Expansion des 7. Jahrhunderts

Vom Ende des 6. Jahrhunderts an begann China stärker und reicher zu werden, sich zu organisieren, seinen Einfluß nach außen auszudehnen und die Völker zurückzudrängen, die in seine Randgebiete einfielen: die Tuyuhun von Qinghai, die Tanguten der Grenzbereiche von Sichuan, die Türken und andere Nomaden der Mongolei und der Dsungarei, die Kitan der östlichen Mongolei und des Liaohe-Beckens in der Mandschurei und die Einwohner des Reichs Koguryo in Nordkorea. China wurde gleichzeitig durch die Bedrohungen von außen und die Zunahme seiner eigenen Macht stimuliert.

Die Ereignisse

Mit der Bildung einer neuen Föderation der Nomadenstämme, die von den Türken *(Tujue)* angeführt wurde, hatte sich die Lage in der Steppenzone seit Mitte des 6. Jahrhunderts verändert. Diese Gründer eines neuen Steppenreichs hatten im Jahr 552 in den Gebieten zwischen dem Orchon-Tal im Süden des Baikal-Sees und dem Ili-Tal der Hegemonie der Ruanruan (oder Rouran) ein Ende gesetzt. Die Bedrohung durch die Türken, die gefährlicher war als diejenige durch ihre Vorgänger, führte zur zweiten großen Bauetappe in der Geschichte der Großen Mauern, nach derjenigen des 3. und 2. Jahrhunderts vor Chr. und vor der dritten und letzten Etappe im 15. Jahrhundert.

Während die Nördlichen Wei sich darauf beschränkt hatten, im Jahr 423 die alten Mauern aus der Qin- und Han-Zeit zu verstärken und die Gegend von Datong, ihrer Hauptstadt im äußersten Norden von Shanxi, im Jahr 446 zu befestigen, bauten die Nördlichen Qi in den Jahren 555-556 neue Verteidigungslinien, die in den Jahren 557 und 565 teilweise verdoppelt wurden und südlicher als die Befestigungen der Qin-Zeit verliefen. Derselben Linie sollten im 15. Jahrhundert die Befestigungen der Ming folgen.

Als Nordchina im Jahr 577 von den Zhou geeint wurde, änderten sich die Beziehungen zwischen Türken und Chinesen. Während bis dahin die beiden einander bekämpfenden nordchinesischen Reiche den Vorteil gehabt hatten, das Bündnis der Türken suchen zu können, wandelten sich die Gegebenheiten nach der Einigung. Sie stellte die notwendige Voraussetzung dar für die zweite große chinesische Expansion in Asien, nach derjenigen der Han-Zeit.

Die Aufspaltung der Türken im Jahr 582 in zwei Stammesföderationen, in die Osttürken des Orchon-Tals und die Westtürken des Altai-Gebiets, scheint ihre Macht nicht geschwächt zu haben. Im selben Jahr drangen sie massenweise über die Großen Mauern vor, und die Sui sahen sich im Jahr 585 gezwungen, die von den Nördlichen Qi errichteten Befestigungen nach Westen zu verlängern. Der neue Mauerabschnitt erstreckte sich über 350 Kilometer vom Ordos-Gebiet bis zum heutigen Yinchuan (Ningxia) am Oberlauf des Gelben Flusses. Nach einem Vertrag, der im Jahr 584 abgeschlossen wurde und auf den im Jahr 590 die Heirat einer

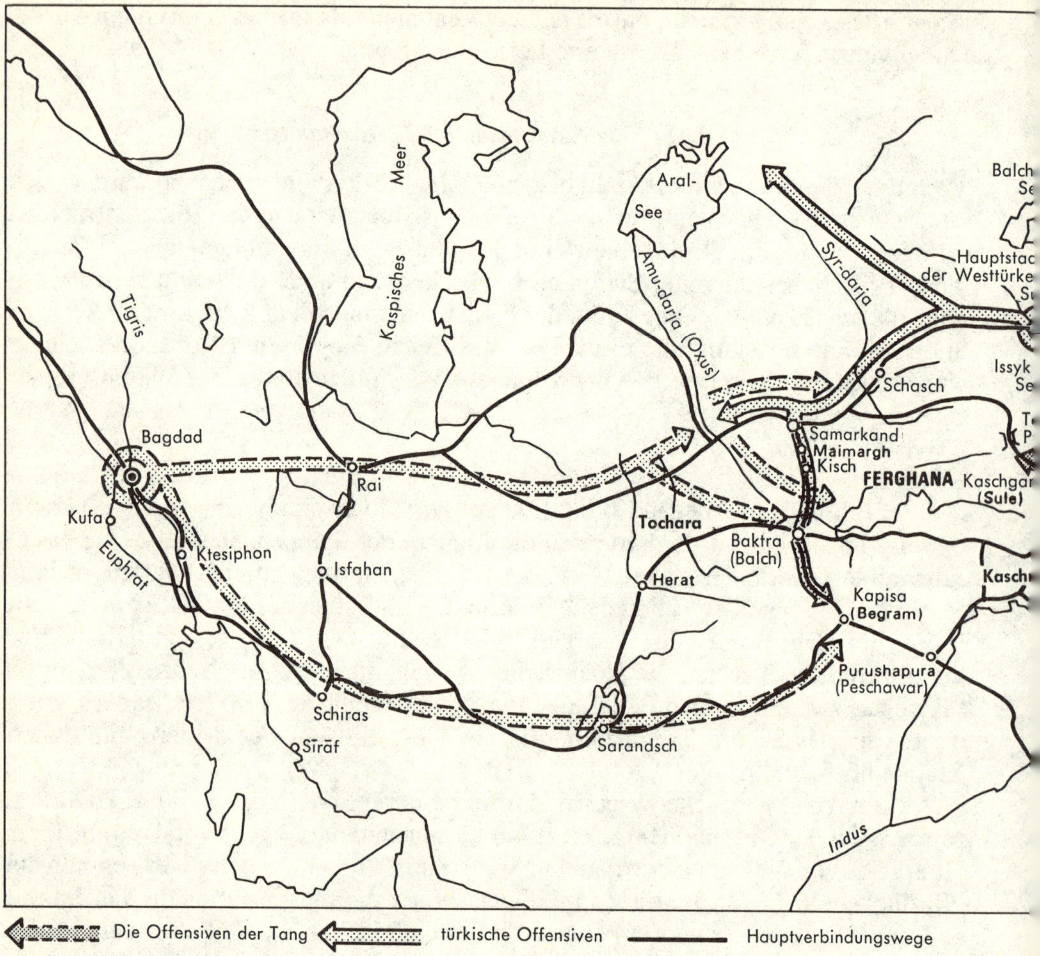

16. Zentralasien im 7. und 8. Jahrhundert.

chinesischen Prinzession mit einem türkischen Khan folgte, hörten die Einfälle für einige Zeit auf. Aber um 600 griffen die Türken wieder an und drangen im Jahr 601 in die Umgebung von Chang'an vor. Schon im Jahr 608 konnten die Türken nach Kukunor zurückgedrängt werden, doch erst im Jahr 630, während der großen Offensive, die den Tang die Kontrolle über das Ordos-Gebiet und die südwestliche Mongolei einbrachte, wurde der Bedrohung durch die Türken Einhalt geboten.

Dasselbe Jahr (630) markiert den Beginn der großen Tang-Expansion unter Taizu und Gaozong (von 626 bis 683) in Asien. Durch die türkische Niederlage öffneten sich dem chinesischen Heer und der chinesischen Verwaltung in den Jahren 630 bis 645 die Wege nach Zentralasien: im Jahr 640 Hami und Turfan (das Reich von Gaochang, das von chinesischen Siedlern gegründet wurde), im Jahr 658 Karaschahr und Kutscha; etwas später gerieten die Oasen Transoxaniens eine nach der anderen unter chinesische Kontrolle. Jenseits des Pamir wurden chinesische

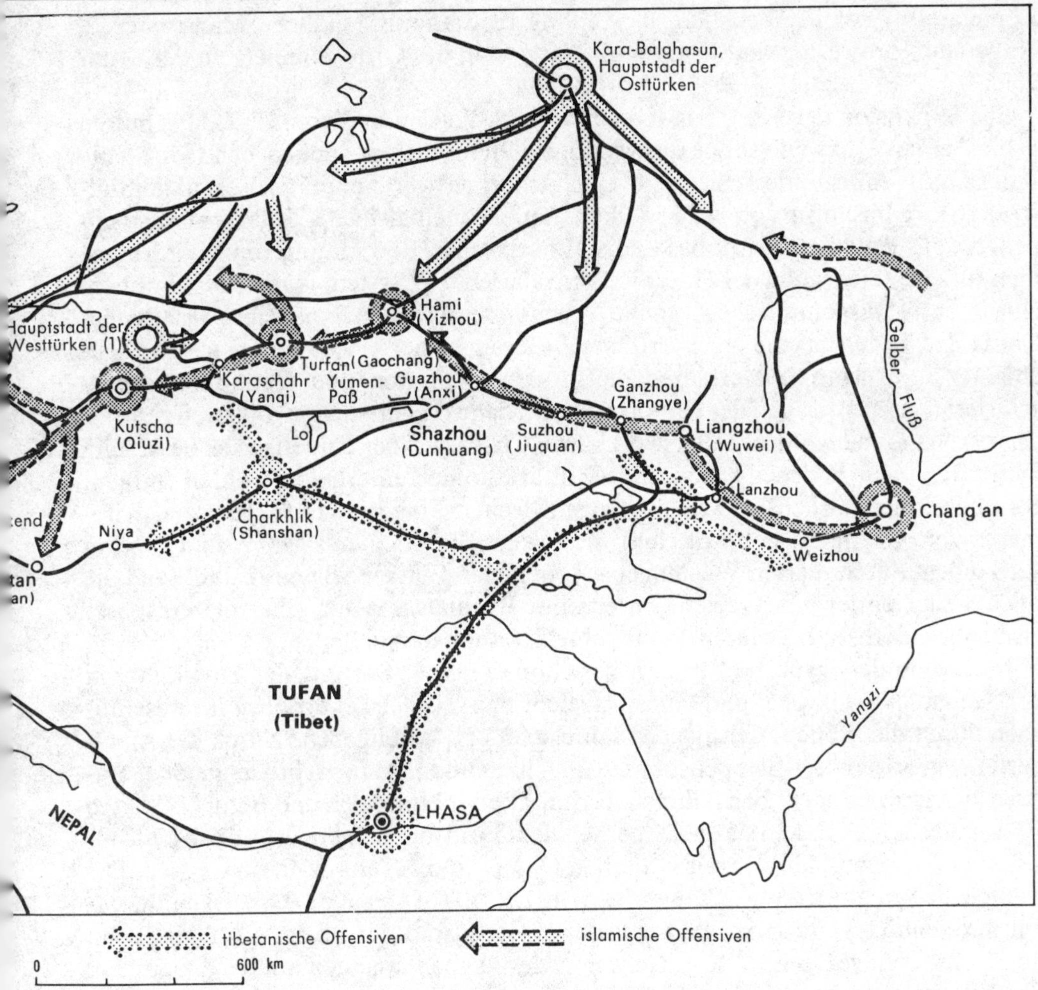

Verwaltungsbezirke geschaffen: die Präfekturen von Kang (Samarkand), An (Buchara), Shi (Taschkent), Mi (Maimargh), He (Kuschanika), Cao (Kaputana), Shi (Kisch). Im Jahr 648 unternahm General Wang Xuance mit wahrscheinlich nepalesischen und tibetischen Truppen einen Feldzug nach Nordindien, in die Gegend von Patna, um die Thronfolge des kleinen Reichs von Magadha zum Vorteil Chinas zu regeln. Um 600 gerieten im Nordosten die Mandschurei und praktisch die ganze koreanische Halbinsel unter die Kontrolle der Tang. Im Jahr 662 griff China in die inneren Angelegenheiten der Sassaniden-Dynastie in Ktesiphon am Tigris ein, gerade zum Zeitpunkt, als das persische Reich durch den Vormarsch der Araber unter der Omaijaden-Dynastie bedroht wurde. Die Ausdehnung des Machtbereichs der Tang auf diese riesigen Territorien führte zur Errichtung von sechs »Generalgouvernements« (*dudufu* oder *duhufu*), einer Art von Militärprotektoraten: Annan in Hanoi, Beiting (Bischbalik in der Gegend des heutigen Urumtschi, im Süden der

Dsungarei), Anxi in West-Gansu, Andong in Liaoning (südliche Mandschurei), Anbei im Nordwesten und Shanyu im Nordosten des Ordos-Gebiets, in der Mongolei.

Die Expansion der Tang von Korea bis nach Persien und vom Ili-Tal bis mitten nach Vietnam ist zweifelsohne das wichtigste Phänomen der politischen Geschichte Asiens im 7. Jahrhundert. Sie setzte eine bemerkenswerte militärische und administrative Organisation voraus: Mobilität und Schnelligkeit der Interventionstruppen, die aus Kavalleriekorps bestanden, Pferdezucht, Einrichtung von Militärkolonien für die Versorgung der Heere in Zentralasien, ein System von Relaisstationen, eine intensive diplomatische Aktivität. Aber diese gewaltige Expansion, die aus dem China der Tang-Zeit die erste Großmacht Asiens jener Epoche machte, war brüchig. Wie zur Han-Zeit erklären die großen Distanzen und Kommunikationsschwierigkeiten zwischen der Hauptstadt und den von China kontrollierten zentralasiatischen Gebieten den äußerst prekären Charakter der chinesischen Besetzung dieser Regionen, in denen kostspielige Militärkolonien unterhalten werden mußten. Kaschgar, die westlichste Oase des Tarim-Beckens, lag nahezu fünftausend Kilometer von Chang'an entfernt, und die Wege, die Anxi mit Hami und Turfan verbanden, durchquerten Wüstengebiete, in denen Wasserstellen rar sind. Und die noch weiter entfernten Gebiete jenseits des Pamir waren nur über Gebirgspässe erreichbar, deren Überwindung eine echte Leistung darstellte.

Zu Beginn der Dynastie wurde zwar schon die Unterwerfung der Tuyuhun und der Tanguten in Qinghai und Gansu erreicht und das Türkenproblem im wesentlichen durch die große Offensive des Jahres 630 und anschließend durch die Annäherung eines Teils der Steppenstämme an China und ihre fortschreitende Sedentarisierung geregelt. Dennoch nahmen die Einfälle der Nomaden und Bergvölker kein Ende und stellten, indem sie die Sicherheit der Garnisonen und Karawanen bedrohten, den Anschluß der zentralasiatischen Oasen an die Tang wieder in Frage. Die Tang sahen sich gezwungen, einen Feldzug ins Ili-Tal gegen die Osttürken durchzuführen, und erst im Jahr 748 wurde deren Hauptstadt Suyab am Lauf des Tschu vom chinesischen Heer zerstört. Neue Schwierigkeiten tauchten mit der Expansion der Tibeter auf, die zwischen 670 und 678 in die Oasenzonen einfielen und eine Zeitlang Khotan, Jarkend, Kaschgar und Kutscha besetzten, sowie mit der arabischen Expansion, die zu einem Rückgang des chinesischen Einflusses im Iran führte und bald darauf die chinesischen Eroberungen in Transoxanien und im Raum von Kaschgar bedrohte.

3. Die politische Geschichte der Periode zwischen 684 und 755

Die Kaiserinnen Wu und Wei

Die beherrschende Gestalt im ausgehenden 7. Jahrhundert und in den ersten Jahren des 8. Jahrhunderts war Wu Zhao (624-705), eine ehemalige Konkubine der Kaiser Taizong (626-649) und Gaozong (649-683). Vom Jahr 654 an war ihr Einfluß sehr stark, und im Jahr darauf wurde sie zur Ersten Gattin des Kaisers; de facto herrschte sie nach dem Tod Gaozongs im Jahr 683. Nachdem sie den legitimen Erben von der Macht ausgeschlossen hatte, nahm sie im Jahr 690 den Kaisertitel Zetian an und gründete die Zhou-Dynastie, deren einziger Herrscher sie bleiben sollte; sie war der erste und der einzige weibliche Kaiser in der Geschichte Chinas. Dieses Zwischenspiel von fünfzehn Jahren (oder 22 Jahren, wenn man die gesamte Periode in Betracht zieht, in der Wu Zetian de facto geherrscht hat) kann nur durch die politische Gesellschaft der Zeit und den entscheidenden Einfluß des Buddhismus eine Erklärung finden. Sobald die Kaiserin Wu Einfluß auf die Regierung auszuüben vermochte, waren alle ihre Bestrebungen darauf gerichtet, die Vertreter der nordwestlichen Aristokratie, die seit Beginn der Dynastie alle leitenden Ämter besetzt hielten und insbesondere mittels der Kaiserlichen Kanzlei *(menxiasheng)* die Staatsführung kontrollierten, von der Macht zu entfernen. Gleich nach dem Tod Gaozongs im Jahr 684 ließ Zetian mehrere hundert dieser Aristokraten und zahlreiche Mitglieder der Kaiserfamilie Li hinrichten. Sie verlegte den Hauptsitz des Hofes von Chang'an nach Luoyang und entging so leichter der Kontrolle der großen Familien. Aber sie wünschte darüber hinaus die Bildung einer neuen Klasse von Verwaltungsbeamten zu fördern, die durch Examina rekrutiert wurden. Es ist bemerkenswert, daß die Prüfungen, die unter der Han-Dynastie für die Rekrutierung und Beförderung der Beamten nur eine Nebenrolle gespielt hatten, erst vom Jahr 669 an eine systematische Organisation erhielten. Diese Institution, die in der chinesischen Welt einen so bedeutenden Einfluß haben sollte, war anfänglich eine politische Waffe in den Händen der Kaiserin Wu Zetian. Als sie im Jahr 690 den Kaisertitel annahm, änderte sie die gesamte offizielle Nomenklatur und den Verwaltungsaufbau, wobei sie – wie nahezu sieben Jahrhunderte vor ihr der Usurpator Wang Mang – den suspekten Klassiker, das *Zhouli,* als Vorbild ansah. Sie änderte auch Ortsnamen und erfand neunzehn neue Schriftzeichen, deren Gebrauch als obligatorisch erklärt wurde.

Aber der erstaunliche Aufstieg Wu Zhaos und vor allem ihre Thronbesteigung lassen sich nicht erklären ohne die Hilfe und geheime Unterstützung der buddhistischen Kirche, die seit dem Beginn des 6. Jahrhunderts eine große politische und wirtschaftliche Macht darstellte. Buddhistische Weissagungen, die eigens für sie zurechtgeschmiedet worden waren, bezeichneten die ehemalige Konkubine von Taizong als künftigen Kaiser und als Reinkarnation des Bodhisattva Maitreya (Mile), des rettenden Buddha, des Messias, in dessen Erwartung in der Vergangenheit schon mehrere chiliastische Sekten gelebt hatten. Sie selbst war nach dem Tod Taizongs im Jahr 650 in ein Nonnenkloster eingetreten. Sie war bigott und abergläubisch und überhäufte die Kirche mit Gunstbezeigungen (Priesterweihen, Klostergründungen, kirchlichen Bauten, Glocken und Statuen usw.). Unter ihrer Herrschaft wurde der gewaltige Vairocana mit seinen beiden Akoluthen am Engpaß von Longmen, südlich von Luoyang, aus dem Fels gehauen.

Die Machtperiode Wu Zetians und die fünf Jahre, die auf die Restauration der Tang im Jahr 705 – als die Kaiserin Wei allmächtig war – folgten, war eine Zeit der Verschwendung und der allgemeinen Lockerung. Kaiserliche Prinzen und Prinzessinnen, hohe Beamte, Günstlinge und große Klöster bereicherten sich und vergrößerten ihren Grundbesitz. Die Kleinbauern, die im Besitz von Parzellen auf Lebenszeit waren, brachen unter der Last der Steuern und Lasten zusammen, und die Zahl der Pächter stieg an.

Das goldene Zeitalter der Tang

Die erste Hälfte des 8. Jahrhunderts (oder genauer, die Jahre 710-755) war die Blütezeit der Tang-Geschichte. Zu dieser Zeit erreichte die Ausstrahlung Chinas in Asien ihren Höhepunkt. Die Hauptstadt Chang'an war das Zentrum einer kosmopolitischen Zivilisation, in der sich Einflüsse aus Zentralasien, Indien und dem Iran mischten. Die klassische Dichtkunst und die buddhistischen Studien erreichten eine nie dagewesene Blüte.

Im Jahr 710 schaltete der Sohn des Kaisers Ruizong, Li Longji (685-762), der von Zetian im Jahr 690 von der Macht verdrängt worden war, den Clan der Wei aus und setzte seinen Vater auf den Thron, bevor er vom Jahr 712 an unter dem Titel Xuanzong (712-756) selbst regierte. Seine bedeutende Herrschaft begann mit einer Neuordnung des Finanzwesens, der Verwaltung und der politischen Verfahren. In den Jahren 721 und 724 bemühte man sich, die Volkszählungsregister wiederaufzustellen, um der dramatischen Verringerung der Zahl der steuerpflichtigen Familien Einhalt zu gebieten. Der Verfall des Milizsystems *(fubing)*, das im 7. Jahrhundert die Expansion der Tang nach Asien ermöglicht hatte, machte eine Reorganisation des Heeres nötig; diese Reformen stärkten die Autonomie und die Initiativgewalten der Militärchefs. Durch eine bessere Verwaltung der kaiserlichen Gestüte, die unter der Herrschaft von Zetian vernachlässigt worden waren, erhöhte sich der Bestand an Pferden gewaltig. Auf den Hilferuf des Reichs Tochara und anderer Reiche dieser Gegend, die von arabischen Einfällen bedroht wurden, griffen die Tang im Amu-darja-Becken ein. Im Jahr 723 wandelten sie das Reich der Mohe, das von Jägerstämmen aus dem Randgebiet des Amur gebildet wurde, in eine chinesische Präfektur um. Vom Jahr 745 an führten sie eine große Gegenoffensive durch, die dem arabischen Vordringen nach Transoxanien und ins Ili-Tal Einhalt gebieten sollte.

Doch es fanden langsame Veränderungen statt, die zu einer der größten Krisen der Geschichte führten. Das Agrarsystem verfiel immer mehr. Mit der Schaffung von Militärbezirken (*fanzhen* oder *fangzhen*) an den Nordgrenzen, die unter dem Kommando kaiserlicher Kommissäre *(jiedushi)* standen, wuchs die Macht der Militärbefehlshaber. Die Bildung eines bedeutenden Heeres von Berufssoldaten stellte eine Gefahr für die Zentralregierung dar; dennoch wurden während der Herrschaft von Xuanzong die Militärchefs vom Staat immer mehr begünstigt. Die Ausgaben für die Streitkräfte stiegen von zwei Millionen Schnüren zu 1 000 Kupfermünzen im Jahr 713 auf zehn Millionen im Jahr 741, und erreichten 14 bis 15 Millionen im Jahr 755. Trotzdem mußten die Tang dem Druck des tibeto-birmanischen Reichs von Nanzhao in Yunnan nachgeben und ihm um 750 die Kontrolle der Straßen und Territorien im Südwesten überlassen. Und die chinesische Gegenoffensive im heutigen russischen Turkestan brachte China eine Niederlage: Im Jahr 751 wurde das vom koreanischen General Gao Xianzhi befehligte Tang-Heer in der Schlacht am Fluß Talas, im Süden des Balchasch-Sees, von den Arabern geschlagen. Im Gebiet von Hami im Nordwesten von Dunhuang bildete sich im Jahr 745 ein Reich von halb seßhaften, unter dem Namen Uiguren bekannten Türken.

Auf politischer Ebene folgte auf die Tang-Restauration im Jahr 705 eine Rückkehr der alten Nordwest-Aristokratie zur Macht, die von da an mit der neuen, durch

Examina rekrutierten Beamtenklasse kämpfte. Der Konflikt erreichte im Jahr 736 seinen Höhepunkt, als der Literaten-Beamte Zhang Jiuling (673-740), ein in den Tropen geborener Kreole, und der Vertreter der Aristokratie des Wei-Tals, Li Linfu (?-752) aneinandergerieten. Die Lage wurde noch komplizierter, als Xuanzong gegen Ende seiner Herrschaft sich nicht mehr um die Staatsführung kümmerte und unter dem Einfluß der Konkubine Yang Yuhuan, der berühmten *guifei* Yang, die im Jahr 745 in den Palast eingetreten war, Mitgliedern ihrer Familie wichtige Stellungen verlieh. Nach dem Tod von Li Linfu im Jahr 752 trat der Vetter der kaiserlichen Favoritin, Yang Guozhong, mit dem General An Lushan um das Amt des Kanzlers in Wettstreit. Die Ernennung Yang Guozhongs löste Ende 755 die große Militärrebellion An Lushans aus.

Die Militärrevolte von 755-763

Die militärische Expansion, die Erfolge der chinesischen Streitkräfte von Korea bis in den Iran scheinen unter der Herrschaft von Xuanzong (712-756) zu einer Art von Eigengesetzlichkeit geführt zu haben. Die Zentralregierung hatte offenbar vergessen, daß sich unter solchen Umständen durch eine Art von natürlicher Entwicklung Berufsarmeen bilden, die von eigenen Interessen getrieben werden und in denen ein Geist herrscht, der sich immer mehr vom Zivilleben entfernt. Die Autonomie der Truppen erhöhen, die Kommandos konzentrieren, sich auf Berufssoldaten verlassen bedeutet, sich Instrumente für eine offensive und siegreiche Politik verschaffen, aber gleichzeitig den Staat schwächen. Die Tendenz, die Macht der Heerführer zu erhöhen, wurde in der ersten Hälfte des 8. Jahrhunderts durch Erwägungen innenpolitischer Art verstärkt: Um sich gegen die mächtige Verwandtschaft der Konkubine Yang Yuhuan, und hier vor allem gegen die Macht von Yang Guozhong, zu wehren, der sich in Sichuan eine Art von Lehen geschaffen hatte, versuchte der Großminister Li Linfu, der das Reich von 737 bis 752 regierte, die Generäle des Nord-Heeres zu begünstigen. Li Linfu setzte vor allem auf die Generäle nichtchinesischer Herkunft, in der Hoffnung, sie seien fügsamer als die chinesischen Militärs. So sah sich in der Gegend des heutigen Peking, die seit den Koreakriegen unter den Sui durch einen großen Kanal versorgt wurde, der General An Lushan, der allein drei Militärbezirke kommandierte, vom Hof mit Gunstbezeigungen überschüttet. An Lushan, Sohn eines sogdischen Vaters und einer türkischen Mutter, trug einen sogdischen Familiennamen aus der Gegend von Buchara, nördlich des Amu-darja, und sein Vorname war eine ziemlich genaue Transkription des iranischen Namens der Roxane (»Licht«), jener baktrischen Prinzessin, die Alexander der Große geheiratet hatte. Im Winter 755-756 marschierte An Lushan an der Spitze seines Heeres nach Luoyang und Chang'an, die ihm widerstandslos in die Hände fielen. Die darauffolgenden dramatischen Ereignisse – die Flucht des Kaisers nach Chengdu, die Nachfolge Shi Simings als Chef des aufständischen Heeres nach dem Tod An Lushans im Jahr 757, die Schwierigkeiten der Rückeroberung des Gebiets um die beiden Hauptstädte durch den neuen Kaiser Suzong mit Hilfe der Tibeter und Uiguren – können in einem Werk wie dem vorliegenden, das die Geschichte Chinas nur rasch überfliegt, nicht ausführlich geschildert werden. Wichtiger ist es, die sehr ernsten Folgen dieser Tragödie zu erörtern.

II. KAPITEL
DER ÜBERGANG ZUM REICH DER MANDARINE

1. Die Folgen der Rebellion

Die Rebellion An Lushans und Shi Simings kann als einer der großen Wendepunkte in der Geschichte Chinas angesehen werden, da sie von einer allumfassenden Neuorientierung begleitet wird. Die Krise scheint Veränderungen beschleunigt zu haben, die in der ersten Hälfte des 7. Jahrhunderts erst undeutlich vorhanden waren: Die Außenbeziehungen, Politik, Wirtschaft und Gesellschaft, das geistige Leben erfuhren seit den schrecklichen Jahren 755 bis 763 einen raschen Wandel.

Der Rückzug

Im Laufe der Krise brach das gesamte Abwehrsystem zusammen, das an den Randgebieten des Reichs aufgestellt worden war. Die Kontrolle über das Pamirgebiet war schon einige Jahre vor der Revolte, nach der Besetzung der Region von Kaschgar durch die Araber, verlorengegangen. Die Uiguren, die die Hauptverbündeten der legitimen Regierung waren, breiteten sich im Jahr 757 nach Gansu aus und beherrschten nun das ganze Gebiet zwischen Wuwei im Zentrum von Gansu und Turfan. Die Tibeter behaupteten ihre Macht: Sie fielen in die zentralasiatischen Oasen, in Qinghai und in Gansu ein. Im Jahr 763 setzten sie sich in Ningxia am Oberlauf des Gelben Flusses fest, raubten die Pferde der kaiserlichen Gestüte in Ost-Gansu und drangen sogar nach Chang'an vor. Vom Jahr 790 an verlor China endgültig die Kontrolle über alle Territorien im Westen des Yumen-Passes. In Anbetracht der Beziehungen, die die chinesischen Länder mit Zentralasien und mit den Gebieten jenseits des Pamir seit der Han-Zeit ständig unterhalten hatten, handelt es sich hier um ein Ereignis von für die Geschichte Chinas entscheidenden Konsequenzen.

Im Nordosten erklärte sich Silla, das sich seit Ende des 7. Jahrhunderts in Korea durchgesetzt hatte, von den Tang unabhängig. Und schließlich hatten sich seit Mitte des 7. Jahrhunderts in den Regionen zwischen Sichuan und Burma tibeto-birmanische Fürstentümer gebildet, die sinisiert oder von chinesischen, indischen und tibetischen Einflüssen durchdrungen und bald mit China, bald mit Tibet verbündet waren. Das mächtigste von ihnen, das des »Südlichen Fürsten« (Nanzhao), hatte seine Rivalen annektiert und sich trotz der chinesischen Feldzüge, durch die es unterworfen werden sollte, vom Jahr 750 an immer weiter ausgedehnt. Im 9. Jahrhundert wurde das Nanzhao-Fürstentum zu einer noch stärkeren Bedrohung, als es mit seinen Angriffen bis nach Chengdu vordrang und sich im Jahr 827 des Beckens des Roten Flusses und Hanois bemächtigte. Nach dem Mißerfolg einer chinesischen Militärexpedition in den Jahren 865-867 gelang es ihm sogar, während einiger Zeit die Hauptstadt Sichuans zu besetzen. Dieses Reich im Südwesten, das vom Jahr 902 an unter dem Namen Reich von Dali (einem Ort am Westufer des Erhai-Sees in West-Yunnan) bekannt war, sollte bis zum Zeitpunkt seiner Eroberung durch die Mongolen Mitte des 13. Jahrhunderts fortbestehen.

Eine allgemeine Rückzugsbewegung, die auf die große Zeit der Expansion im 7.

und in der ersten Hälfte des 8. Jahrhunderts folgte und sich im 10. Jahrhundert mit der Entstehung des sinisierten Reichs der Kitan im Nordosten und dem Verlust der Kontrolle Chinas über das Becken des Roten Flusses verstärkte: Vietnam, das von mehr als einem Jahrtausend chinesischer Verwaltung und Kolonisation tiefgreifend geprägt war, schüttelte im Jahr 939 die Schirmherrschaft der in Kanton etablierten Südlichen Han ab und bewahrte von da an für immer seine Unabhängigkeit. Ausnahmen bilden die Zeit seiner Besetzung durch die Mongolen und die kurze Periode zu Beginn des 15. Jahrhunderts, als Vietnam ein Teil des Ming-Reichs wurde.

Die Veränderungen im Steuersystem und die Entwicklung der Gesellschaft

Auf einem ganz anderen Gebiet waren die Veränderungen nicht weniger bedeutend: nämlich auf dem Gebiet des Steuerwesens, das mit dem politischen Aufbau und den sozialen und wirtschaftlichen Gegebenheiten in engem Zusammenhang stand.

Das System der Aufteilung der großen Anbauflächen, für die Steuern in Form von Getreide abgeliefert werden mußten, in nicht-erbliche Grundstücke, war komplex und unstabil, da es von genauen und jeweils auf den neuesten Stand gebrachten Volkszählungen und Katastern abhing. Außerdem war es aufgrund der unterschiedlichen geographischen Bedingungen und der ungleichen Verteilung der Bevölkerung unmöglich, überall einheitliche Gesetze durchzuführen. Dort, wo nicht genug Land vorhanden war, wurde die Erlaubnis zur Abwanderung erteilt. Dort, wo an die Stelle der kleinen Grundstückchen mit Maulbeerbäumen solche mit Hanf traten, wie im ganzen Nordwesten Chinas, war die Versuchung groß, die nicht-erblichen Landzuteilungen in das Grundeigentum der Familie einzugliedern. Auch gaben die zahlreichen in den Verordnungen vorgesehenen Ausnahmen Gelegenheit, das Gesetz zu umgehen. Schon vom Ende des 7. Jahrhunderts an begann der Verfallsprozeß der Klasse der Kleinbauern mit nicht-erblichem Landbesitz, und die Gewohnheit, die Volkszählungsregister zu fälschen, fand allgemeine Verbreitung.

Diese Erscheinung hatte zweifelsohne mehrere Gründe: spontane Abwanderungen in der Folge von Nomaden- oder Tibeter-Einfällen in den Grenzgebieten, die Anziehungskraft der Gegenden des Huai und des Yangzi, wo die Reiskultur und der Handel aufblühten, der Druck derjenigen Großgrundbesitzer, die den Bauern in Notsituationen Darlehen geben konnten. Aber der Hauptgrund für den raschen Rückgang der steuerpflichtigen Familien im Laufe des 8. Jahrhunderts war zweifelsohne die Ausbeutung der Ärmsten durch die Reichsten und Mächtigsten. Die großen Familien des Nordwestens, die die politische Szene beherrschten, der kaiserliche Adel (die direkten und die angeheirateten Verwandten des Kaisers und die Familien der kaiserlichen Konkubinen), die Generäle und hohen Beamten und die großen Klöster besaßen im 7. Jahrundert und in der ersten Hälfte des 8. Jahrhunderts private Ländereien, die unter verschiedenen Bezeichnungen aufgeführt wurden, von denen die häufigste die des *zhuangyuan* (»Garten-Gutshöfe«) war. Diese Besitzungen mit Landhäusern und Parkanlagen umfaßten landwirtschaftliche Betriebe, die am Rande derjenigen der Bauern lagen: Berggebiete oder Hügelland, Obstgärten und auch Getreidefelder. Ihre Wassermühlen an Flußläufen waren manchmal die Ursache von Streitigkeiten mit den Bauern, denen das Wasser für die Bewässerung der Felder entzogen wurde. Während der ersten Hälfte der

Tang-Zeit dehnte sich dieser private Grundbesitz aus, indem er Bauernland eingliederte und so seinen Charakter änderte, so daß der Terminus *zhuangyuan* schließlich große landwirtschaftliche Betriebe bezeichnete, die von Pächtern oder bezahlten Landarbeitern bewirtschaftet wurden. Aus diesen großen Gutshöfen gingen, wie aus den römischen villae, später kleine Agglomerationen hervor: zahlreiche Städte aus der Song-Zeit erinnern mit ihrem Namen *(zhuang)* an jenen Ursprung. Dieser Wandel erklärt sich wohl aus der kommerziellen Entwicklung Chinas vom 8. Jahrhundert an.

Die Bemühungen in der ersten Hälfte des 8. Jahrhunderts, die aus den Verzeichnissen verschwundenen Familien und Ländereien neuerlich zu registrieren, blieben erfolglos. Daher griff man zu einer neuen Besteuerungsform, die nicht mehr auf die den Bauernfamilien, sondern auf dem Grundbesitz *(ditouqian)* und der Ernte *(qingmiaoqian)* beruhte. Dieses System wurde bei der berühmten Reform der direkten Steuern, die Yang Yan im Jahr 780 veranlaßte, systematisiert und verallgemeinert zur sogenannten *liangshuifa,* der Sommer- und Herbst-Steuer, der »Doppelsteuermethode«.

Die Reform der Agrarsteuern, von denen ein Teil den Provinzbudgets zufloß, genügte jedoch nicht. Man mußte neue Einnahmequellen finden, denn zahlreiche Regionen entgingen der Autorität der Zentralregierung. Durch die Staatsmonopole, die eine Besteuerung der Produktion oder Distribution der alltäglichen Konsumprodukte erlaubten, kamen regelmäßige und von der politischen Situation unabhängige Einkünfte ein und das Defizit konnte ausgeglichen werden. Der wirtschaftliche Aufschwung, der im 8. Jahrhundert das Yangzi-Tal und Sichuan erfaßt hatte, sollte den Erfolg dieser neuen Besteuerungsformen gewährleisten, die sich vom Vorbild des unter der Herrschaft des Han-Kaisers Wudi im Jahr –117 eingeführten berühmten Salz- und Eisenmonopols leiten ließen. Das Salzmonopol, das am sichersten und rentabelsten war, da die Regierung die Produktionsgebiete kontrollierte (die Salzgärten der Küstenprovinzen von Hubei bis Kanton, die Salzseen in Süd-Shanxi und die Salzbrunnen in Sichuan), wurde im Jahr 759 eingeführt, das Alkoholmonopol 764, das Monopol auf den Tee, dessen Gebrauch rasche Verbreitung fand, im Jahr 793. Schon im Jahr 780 lieferte das Salzmonopol dem Staat die Hälfte seiner Einkünfte. Im Jahr 806 brachte es 6 Millionen Schnüre zu 1 000 Geldeinheiten ein; zwei Jahre später bereits 8 800 000 Schnüre. So hatten sich das Steuersystem und die Verteilung der verschiedenen Steuerarten zwischen 760 und 800 radikal gewandelt. Nicht nur die Natur der Agrarsteuern war geändert worden, indem es sich nicht mehr um Kopfsteuern, sondern um Grundsteuern handelte; es nahmen nun auch die Steuern aus dem Handel eine größere Bedeutung ein als die auf dem Kleinbauerntum lastenden direkten Steuern. Diese Tendenz sollte sich in der Song-Zeit (960-1279) verstärken.

Die Steuerpolitik führte zu einer Begünstigung der reichen Kaufleute, die die Salzsteuern eintrieben und so jedenfalls die Gelegenheit hatten, mit großem Kapital umzugehen und ihre wirtschaftliche Macht zu stärken. Der Handelsverkehr zwischen dem Yangzi-Becken und Nordchina, zwischen Sichuan und Zhexi (Süd-Jiangsu und Nord-Zhejiang) befand sich ungefähr vom Jahr 800 an in den Händen steinreicher Kaufleute, die zu offiziell berechtigten Mittelpersonen der Verwaltung geworden waren. Es handelte sich um reiche Salzhändler aus Yangzhou, der bedeutenden Handelsstadt am großen Kanal, zwanzig Kilometer nördlich des Yangzi, und um reiche Kaufleute aus Chengdu in Sichuan. Nicht zu vergessen ist der außerordentliche Aufschwung des Teehandels im 8. Jahrhundert (der Brauch des Teetrinkens begann sich unter den Tang zu verbreiten). Schon Ende des 8. Jahrhunderts erreichten die Einkünfte aus der Besteuerung des Handels mit Tee, der in Anhui, Zhejiang und Fujian sowie in Sichuan angepflanzt wurde, 400 000 Schnüre zu 1 000 Kupfermünzen, d. h. ca. 12 % der enormen Einkünfte aus der Salzsteuer.

Die Teehändler waren in großem Maß an der Erfindung neuer Arten von Kreditüberweisungen beteiligt. In den Jahren 806 bis 820 tauchten unter der Bezeichnung *feiqian* (»fliegendes Geld«) die ersten Wechsel auf. Die Teehändler, die ihre Ware in der Hauptstadt verkauften, lieferten ihre Gewinne den Stellen ab, die in Chang'an die Provinzverwaltungen vertraten (die *jinzouyuan*), und bekamen dafür Schuldanerkennungsscheine, mit denen sie sich nach Abzug der in der Hauptstadt erhobenen Steuern nach ihrer Rückkehr in ihre Heimatprovinz in Naturalien auszahlen lassen konnten. Ende des 9. und Anfang des 10. Jahrhunderts begannen Lagerhäuser, Pfandleihanstalten, Wechselstuben und Handelshäuser eintauschbare Lagerscheine auszugeben, die die Vorgänger der Banknoten waren. Das erste staatliche Papiergeld tauchte im Jahr 1024 in Sichuan auf. Die Ursache für diese Erfindungen bei der Kreditüberweisung war der Mangel an Zahlungsmitteln zu einer Zeit, da die Handelstransaktionen eine rasche Entfaltung erlebten.

Die erste große Blüte des Reisanbaus

Im 8. Jahrhundert verschob sich der Schwerpunkt der chinesischen Welt allmählich vom Wei-Tal und der nordchinesischen Tiefebene, die seit dem Altertum und dem Neolithikum das Zentrum gewesen waren, gegen das untere Yangzi-Becken hin. Diese historisch wegweisende Erscheinung hing zweifelsohne sowohl mit dem Fortschritt des Naßreisanbaus als auch mit der Entwicklung des Handels im Yangzi-Gebiet zusammen, wo Seide, Tee und Salz (in den Salinen des Huai-Flusses) produziert wurden. Die bis zum 6. Jahrhundert übliche Anbaumethode, den Reis auf dem Feld zu ernten, auf dem er gesät worden war, machte ein zeitweiliges Brachliegen der Felder unerläßlich. Dagegen ermöglichte die Technik des Umsetzens der Reisschößlinge unter der Tang-Dynastie eine rasche Ertragssteigerung, die sich dank der Einführung von frühreifenden Reisarten und dank der systematischen Pflanzenselektion im 11. Jahrhundert noch erhöhte. So wurde die Naßreiskultur zu einer der höchstentwickelten Agrartechniken der Welt, die bis in unsere Epoche den höchsten Ertrag pro Hektar hervorbringt. In der Tang-Zeit tauchten auch für diese Anbauart geeignete landwirtschaftliche Geräte auf, deren Formen denen der heutigen schon stark ähnelten: die Kettenpumpe *(longguche)*, die das Wasser mit Hilfe eines Tretrads von einer Stufe auf die nächsthöhere befördern kann, die Egge *(pa)* und der Pflug für das Reisfeld. Diese Fortschritte im Reisanbau förderten nicht nur die Besiedlung des Yangzi-Beckens, sondern lieferten auch – dank dem um das Jahr 600 zu strategischen und politischen Zwecken erbauten Kanalsystem – Nordchina, dessen Produktion den klimatischen Wechselfällen unterworfen blieb, zusätzliche Ressourcen. Nach den damaligen Volkszählungen stieg die Bevölkerung der südlichen Regionen des mittleren und unteren Yangzi-Beckens in der Zeit von 600 und bis 742 von drei Millionen auf zehn Millionen steuerpflichtige Personen, während in Nordchina, wo der Hauptteil der ungefähr 50 Millionen Einwohner des tangzeitlichen China angesiedelt war, ein leichter Bevölkerungsrückgang stattfand: im selben Zeitraum sank in den Nordprovinzen die Bevölkerung von 75 % auf 53 % der Gesamtbevölkerung. Die Zunahme der Reistransporte auf dem großen Kanal zur Zeit, als Pei Yaoqing (681-743) das System der Wasserwege durch die Schaffung von Relaisstationen und Lagerhäusern reformierte (734), gestattet es, den Zeitpunkt zu bestimmen, wann die landwirtschaftliche Blüte des unteren Yangzi-Gebiets einsetzte. In den Jahren 734-736 wurden 7 Millionen *shi,* das heißt über 4 Millionen Hektoliter Reis nach Nordchina befördert.

Die Zunahme des Reisanbaus hat in großem Maß zur Wiederherstellung der Dynastie nach der großen Krise der Jahre 756-763 beigetragen. Die »Reiskammer« des Huai und des unteren Yangzi war vom Krieg verschont geblieben, und vom Ende des 8. Jahrhunderts an waren die Ernteerträge in diesem Raum die Grundlage für die gesamte Wirtschaft des Reichs.

2. Die Zersplitterung des Reichs

Die politische Entwicklung

Auf dem Gebiet des Steuerwesens hatte die Zentralregierung eine erstaunliche Anpassungsfähigkeit an den Tag gelegt – zwischen 780 und etwa 850 kam es zu einer wahren Restauration der Macht der Tang –, dagegen gelang es ihr nicht, die politische Kontrolle wiederzugewinnen, die sie vor der Revolte über das ganze Reich ausgeübt hatte.

Die außergewöhnliche Macht An Lushans vor dem Ausbruch der Revolte rührte daher, daß er die Befehlsgewalt über die Militärbezirke Fanyang (Gebiet von Peking), Hedong (Shanxi) und Pinglu (Shandong) auf sich vereinigte und über einen Bestand von nahezu 200 000 Soldaten und ungefähr 30 000 Pferden verfügte. Hinzu kam die Unterstützung, die ihm von den Nomadenstämmen der östlichen Mongolei und der südlichen Mandschurei zuteil werden konnte. Aber die eigentlichen Ursachen der Revolte, nämlich die faktische Unabhängigkeit der kaiserlichen Kommissäre, die die Militärbezirke kommandierten *(jiedushi)*, wurden durch die Niederschlagung des Aufstandes nicht beseitigt. Die legale Regierung sah sich im Gegenteil veranlaßt, zur Bekämpfung der Aufständischen die Zahl der Militärbezirke in den Provinzen zu erhöhen und die Befugnisse der *jiedushi* zu erweitern. Am Ende der Tang-Zeit gab es 40 bis 50 Militärbezirke unterschiedlicher Größe, und diese Institution bestand unter den Fünf Dynastien (907-960) fort und zählte noch 30 bis 40 *fanzhen.*

Die faktische Autonomie, die die Zentralregierung den kaiserlichen Kommissären gezwungenermaßen überlassen mußte, sollte die Aufteilung des Reichs und den Sturz der Dynastie zur Folge haben. Die Entwicklung scheint jedoch von einer merkwürdigen wandernden Aufstandsbewegung beschleunigt worden zu sein.

In der Folge der in Nordchina wütenden Hungersnöte bildeten sich im Jahr 874 in den Randgebieten von Shandong, Henan und Jiangsu Banden von Plünderern.

9. Basrelief aus dem Grab des Tang-Kaisers Taizong, des Sohnes des Gründers der Tang-Dynastie (626–649).

10. Hofdamen der Tang-Zeit, Grabstatuetten (7. Jh.).

11. Bodhisattva aus vergoldeter Bronze, Statuette aus der Wei-Zeit (Nordchina, 6. Jh.).

12. Bodhisattva und Wächter der Höhle von Fengxian, eines Felsheiligtums von Longmen in Henan (7. Jh.).

13. Buddha-Kopf aus der Tang-Zeit (7.–8. Jh.).

14. Blick auf die buddhistischen Grotten von Dunhuang (4.–13. Jh.).

15. Die buddhistischen Wallfahrtsorte. Links: Dayanta-Stupa im Daci'ensi-Kloster von Xi'an in Shenxi, im Jahr 652 erbaut und zu Beginn des 8. Jh. restauriert. Rechts: Detail aus einer Freske der Grotte 323 von Qianfodong bei Dunhuang.

16. Detail einer Freske aus den buddhistischen Grotten von Qianfodong in der Nähe von Dunhuang.

Zehn um 742 existierende Militärbezirke (fanzhen)

Name	Ort	Bestände an Soldaten u. Pferden	
Anxi	Kutscha (Tarim Becken)	24 000	2 700
Beiting	Bischbalik (in der Nähe des heutigen Urumtschi)	20 000	5 000
Hexi	Liangzhou (Zentral-Gansu)	73 000	7 900
Shuofang	Lingzhou (Oberlauf des Gelben Flusses)	64 700	13 300
Hedong	Taiyuan (Shanxi)	55 000	14 800
Fanyang	Youzhou (Region des heutigen Peking)	91 400	6 500
Pinglu	Yingzhou (Shandong)	37 500	5 500
Longyou	Shanzhou (Kukunor)	75 000	10 000
Jiannan	Chengdu (Sichuan)	30 900	2 000
Lingnan	Kanton	15 400	0

Im Jahr darauf machten sie zwei Salzschmuggler zu ihren Anführern, von denen der eine, Wang Xianzhi, nachdem er sich den Tang unterworfen hatte, im Jahr 878 hingerichtet wurde; der andere, Huang Chao, gab dieser wandernden Aufstandsbewegung ihren Namen. Ausgehend vom südwestlichen Shandong plünderten die Aufständischen entlang den großen Straßen Chinas die reichsten Städte und richteten große Verwüstungen an. Anfänglich hatten sie Marktflecken am Gelben Fluß angegriffen. Im Jahr 878 zogen sie vom Süden Luoyangs ins mittlere Yangzi-Gebiet bis zum Poyang-See, trieben sich in Anhui und Zhejiang herum und erreichten im Jahr 879 Fuzhou und Kanton, wo sie die ausländischen Großkaufleute massakrierten. Darauf zogen sie weiter nach Guangxi und Hunan, und besetzten Ende 880 Luoyang. Zu Beginn des darauffolgenden Jahres drang die 600 000 Mann starke Streitmacht der Aufständischen in Chang'an ein; die Hauptstadt und ihre Umgebung wurden verwüstet. Huang Chao, von ihrerseits die Stadt plündernden Regierungstruppen aus Chang'an vertrieben, fiel dort fünf Tage später wieder ein, um in dieser unglückseligen Stadt – nach seinen Worten – »ein Blutbad anzurichten«. Im Jahr 883 fanden die Truppen der Shato-Tataren unter dem sinisierten Türken Li Keyong (856-908), der in den Dienst der Tang getreten war, bei ihrer Einnahme von Chang'an nur mehr Ruinen vor. Li Keyong wurde dann in der Zeit der Wirren am Ende der Dynastie einer der Anwärter auf den Kaiserthron und erreichte schließlich mit der Gründung der Späteren Tang-Dynastie im Jahr 923 sein Ziel. Vom Jahr 885 an residierten die Tang-Kaiser, die zu Spielbällen der mächtigsten Kriegsherren geworden waren – von kurzen Perioden abgesehen –, nicht mehr in Chang'an, der riesigen Hauptstadt, die im 7. und 8. Jahrhundert den Ruhm und Glanz der Tang symbolisiert hatte, sondern in Luoyang.

Ein ehemaliger Unterführer von Huang Chao, Zhu Wen (Zhu Quanzhong, 852-912), der zur legitimen Regierung übergegangen war und die strategische Stellung Kaifeng im östlichen Henan besetzt hielt, gründete im Jahr 907 das neue Reich der Liang (Hou Liang, Spätere Liang): mit diesem Datum endete auch nominell eine Dynastie, die die faktische Macht schon im Jahr 885 eingebüßt hatte.

17. Die politische Zersplitterung Chinas unter den Fünf Dynastien (10. Jh.)

Eine neue Form der Macht

Die für den Verfall und den Untergang der Tang direkt Verantwortlichen waren die sogenannten kaiserlichen Kommissäre, die den Militärbezirken *(fanzhen)* vorstanden, die *jiedushi;* sie und ihre Streitkräfte waren es, die der Zentralregierung die Kontrolle über die Provinzen entrissen, die Tang-Dynastie stürzten und China für nahezu ein Jahrhundert aufsplitterten.

Während die ersten Militärkommissäre aus dem Adel und der Gebildetenschicht stammten, erleichterte die Schwächung der kaiserlichen Gewalt nach der Revolte von Wang Xianzhi und Huang Chao (874-883) die Ausschaltung der ehemaligen Verwaltungskader in den Militärbezirken. Nun wurden die Generäle in einer Art demokratischer Wahl, die in Armeen, die sich von der Zentralregierung unabhängig gemacht hatten, keine Seltenheit darstellte, von ihren eigenen Truppen ernannt und zu »kaiserlichen Kommissären« erhoben. Die Auswahl beruhte ausschließlich auf der Popularität, den militärischen Fähigkeiten und der Autorität der betreffenden Person. So kamen in den Provinzen Männer aus den untersten Schichten der Gesellschaft an die Macht. Zhu Quanzhong (Zhu Wen), der Gründer der ersten der Fünf Dynastien, die in Kaifeng zwischen 907 und 960 aufeinanderfolgten, war der Sohn eines verarmten Provinzgelehrten. Er arbeitete anfangs als Landarbeiter, dann als militärischer Abteilungschef, und verdankte schließlich seine Ernennung zum kaiserlichen Kommissär seinen Waffentaten in den Feldzügen gegen Huang Chao. Wang Jian, der sich in Sichuan ein Reich schuf, war ein ehemaliger Räuber, der dann Soldat geworden war. Qian Lu, der erste Fürst des Reichs Wu und Yue (Süd-Jiangsu und Nord-Zhejiang) war ein entwurzelter Bauer, der in die Selbstverteidigungsmilizen der großen Familien von Hangzhou eingetreten war. Die in Fujian regierenden Brüder Wang waren ehemalige Banditen aus Henan. Zwei andere Beispiele: Der Gründer des Reichs von Jingnan am mittleren Yangzi war der ehemalige Sklave eines Kaufmanns aus Kaifeng, und Ma Yin, Fürst von Chu, war ein zum Räubertum übergegangener Zimmermann. Li Keyong (856-908), der Gründer der Späteren Tang-Dynastie, war, wie schon erwähnt, ein Stammesführer türkischer Shato-Stämme, der während der Revolte von Huang Chao in den Dienst der Tang eingetreten war.

So entstand eine neue Führungsschicht, in der die Traditionen aus der Zeit der Illegalität lebendig blieben. Es bestand ein enges Abhängigkeitsverhältnis zwischen den Satrapen und ihren Generälen. In Räuber- und Rebellenkreisen war es üblich, sich Bruderschaft zu schwören, und dieser Schwur brachte mehr Verpflichtungen mit sich als die Blutsverwandtschaft. In den unabhängigen Streitmächten der ausgehenden Tang-Zeit verbreitete sich aber auch der Brauch der Adoption: Die staatsführenden Generäle nahmen ihre Unterführer oder Untergebenen als Adoptivsöhne *(yier)* an. Aus diesen fiktiven Verwandtschaftsbeziehungen erklärt sich der Zusammenhalt der Privatgarden und der persönlichen Söldnerheere. Sie stellten die solideste Grundlage der neuen Gewalten dar und verdrängten die Autorität der Zentralregierung in allen Gebieten, indem sie die Zivilbeamten ausschalteten. Die Konzentration der bewaffneten Gewalt in den Händen des Staatschefs war kennzeichnend für die Epoche der Fünf Dynastien und den Beginn der Song-Zeit. In dieser Hinsicht besteht eine kontinuierliche Entwicklung von den autonomen Militärbezirken am Ende des 9. Jahrhunderts bis zur Wiedervereinigung der chinesischen Länder durch den Gründer der Song-Dynastie: Das Reich der Song war direkt aus den unabhängigen Kommandanturen der ausgehenden Tang-Zeit hervorgegangen.

Anfänglich ernannten die kaiserlichen Kommissäre selbst ihre Nachfolger, wobei der Kaiserhof die Wahl nur mehr bestätigte und so versuchte, wenigstens offiziell kraft seiner Autorität zu billigen, was er nicht verhindern konnte. Schon bald jedoch wurde der Posten des kaiserlichen Kommissärs erblich. In einer zweiten Phase, etwa um 900, nahmen die unabhängigen Militärbezirke die Bezeichnung Königreich *(guo)* an, und einige Jahre später zögerten ihre Staatschefs nicht, den Kaisertitel zu usurpieren und eigene Dynastien zu gründen. Die einzigen Unterschiede zwischen den in Kaifeng aufeinanderfolgenden »Fünf Dynastien« und den »Zehn Königreichen«, die den Rest des ehemaligen Tang-Reichs untereinander aufteilten, liegen

Die Aufteilung des Tang-Reichs
und die Umbildung der Militärbezirke in König- und Kaiserreiche

Militärbezirke (*fanzhen*)	Königreiche (*guo*)	Kaiserreiche
Nord-Shanxi 883	Jin 895	Hou Tang 923
Ost-Henan und Oberlauf des Huai, 883	Hou Liang 901	Hou Liang 907
Nord-Anhui und Nord-Jiangsu 892	Wu 902	Wu 927
Nord-Hebei 894	Yan 909	Yan 911
Westliches Wei-Becken 887	Qi 901	Hou Tang 123
Fujian 896	Min 909	Min 945
Sichuan 891		Qian Shu 907
Hunan 891	Chu 907	
Zhejiang 898	Yue 902	Wu-Yue 907

Aus dieser Tafel geht hervor, daß die späteren Reiche der Fünf Dynastien schon Ende des 9. Jahrhunderts ihre faktische Unabhängigkeit erreicht hatten.

darin, daß die in Kaifeng etablierten Regierungen in Nordchina ein größeres Territorium beherrschten und daß sie als Nachfolger der Tang angesehen wurden.

Regionale Autonomie und wirtschaftliche Blüte im 10. Jahrhundert
Die Schwäche der Zentralregierung am Ende der Tang-Zeit begünstigte das Erwachen regionalistischer Tendenzen: Die aus den Militärbezirken hervorgegangenen Reiche entsprachen meist großen natürlichen Regionen. Das war der Fall beim Reich Shu in Sichuan, beim Reich der Südlichen Han in Kanton, beim Reich Min in Fujian, Chu in Hunan, Wu-Yue in Zhejiang usw. Ihre Unabhängigkeit erlaubte es diesen Regionen, ihre natürliche Bestimmung zu behaupten, sich wirtschaftlich autonom zu entwickeln und Beziehungen nach außen zu knüpfen. Manche moderne Historiker haben im Aufstand der Brokathandwerker, der von Wang Xiaobo und Li Shun von 993 bis 995 in Sichuan angeführt wurde, eine autonomistische Bewegung gesehen, die die Aufrechterhaltung der wirtschaftlichen und politischen Unabhängigkeit Sichuans zum Ziel hatte, als diese Provinz vom Song-Reich annektiert wurde; die aufständischen Handwerker waren von der Produktion der Brokatfabriken der Gegend von Kaifeng bedroht. Im Yangzi-Becken und in den Häfen der Küstenprovinzen scheint sich der wirtschaftliche Aufschwung, der seit dem 8. Jahrhundert offenbar geworden war, nicht verlangsamt zu haben. Das Reich Min in Fujian, dessen Landverbindungswege mit den inneren Provinzen schlecht waren, bereicherte sich durch den Ausbau seines Seehandels und durch den Export von Seidenwaren und Keramiken, die in Fujian, Zhejiang und Anhui hergestellt wurden. Kanton erlebte Anfang des 10. Jahrhunderts eine wahre Blütezeit. Das Reich Chu in Changsha erhöhte seine Seiden- und Tuchproduktion und erzielte hohe Einkünfte aus dem Tee-Export nach Norden. Während Sichuan, das Yangzi-Becken und die südlichen Küstenprovinzen im 10. Jahrhundert eine Zeit des Wohlstands erlebt zu haben scheinen, die sich im 11.-13. Jahrhundert bis zur Eroberung durch die Mongolen fortsetzte, hatte der Norden durch die ununterbrochenen Kriege zwischen 890 und 923 stark gelitten. Chang'an war zerstört. Luoyang entvölkert, und es ist daher verständlich, daß die Regierungen, die vom Jahr 907 an

auf die Tang-Dynastie folgten, ihre Hauptstadt weiter im Osten, am Ausgang des großen Kanals, einrichteten. Dem Norden mangelte es an Soldaten für seine Streitkräfte und es kam vor, daß die gesunden Männer aller Altersstufen eingezogen wurden. Desertionen waren keine Seltenheit – um sie zu verhindern, wurden die Soldaten mit glühenden Eisen gebrandmarkt –, und sie stellten auch künftighin bis Ende des 10. Jahrhunderts ein schweres Problem dar. Die Dämme der Flüsse waren, nachdem man Breschen in sie geschlagen hatte, um die von feindlichen Truppen besetzten Gebiete zu überschwemmen, undicht geworden, und im Jahr 931 kam es zu einer Dammbruchkatastrophe. Zudem trugen die Angriffe der Kitan, eines türkisch-mongolischen Volkes aus den Gebieten nördlich von Peking, zur allgemeinen Unsicherheit und Unstabilität der in Kaifeng etablierten Regierungen bei.

3. Konklusion

Der Anbruch einer neuen Zeit

Neuerungen, die im Laufe der Tang-Zeit und am Ende dieser Epoche auftauchten, haben das Aussehen der chinesischen Welt stark verändert. Als erste Anzeichen kommender Veränderungen gestatten sie es bereits, das Bild eines vom China des 7. Jahrhunderts, das aus dem Mittelalter die gesellschaftlichen Traditionen des Nordens und das literarische und künstlerische Erbe der Sechs Dynastien übernommen hatte, sehr verschiedenen China zu skizzieren.

Die wesentlichen Züge sind:

– der Verfall und der Untergang der alten Aristokratie des Nordwestens, und allgemeiner, die Ausschaltung der alten Führungsschicht des 7. und 8. Jahrhunderts; die Gesellschaft der Song-Zeit ist eine Gesellschaft neuer Männer, die zu den großen Familien von Adligen oder Gebildeten der ersten Hälfte der Tang-Zeit keine Beziehung mehr haben;

– im 9. und 10. Jahrhundert die Bildung von Berufsheeren aus Söldnern, die endgültig an die Stelle der seit den Qin und den Han üblichen Heeresaufgeboten treten. Daraus entsteht eine neue Art von politischer Macht: Der Staatschef stützt sich nicht mehr auf eine Anzahl von mächtigen Familien, die ihn an die Spitze gebracht haben, sondern auf einen Kern von Elitetruppen, die ihm persönlich ergeben sind;

– eine Änderung des Steuersystems, die scheinbar ohne große Bedeutung ist, deren Folgen aber einschneidend sind: während seit dem Ende des Altertums der Staat sein Hoheitsrecht über die Personen und ihre Arbeitskraft ausübte, was eine Verteilung der Anbauflächen und die Beschränkung des Grundbesitzes unerläßlich machte, führen die Reformen von Yang Yan im Jahr 780, die sich aufgrund der Bevölkerungsverschiebungen und der schwierigen Kontrolle als nötig erweisen, zu einer Übertragung dieses Rechts auf die Anbauflächen. Dadurch wird ein Eigentumsbegriff verstärkt, der der Tradition fremd war. Der Rückgriff auf Söldnerheere, der sich durch gewisse politische Umstände erklärt, hängt ebenfalls eng mit der Lockerung der staatlichen Kontrolle über das Individuum zusammen;

– die Unmöglichkeit, die zentralasiatischen Straßen zu benutzen – ein Hauptgrund für den Verfall der buddhistischen Kirche – und, vom Beginn des 10. Jahrhunderts an, der erneute Machtzuwachs der Nomaden, der zur Entstehung großer sinisierter Reiche führen sollte, für die es in der Vergangenheit keine Beispiele gab. Die Abschließung der Nordgrenzen zieht eine Verschiebung des politischen und wirtschaftlichen Schwerpunkts Richtung Süden und Südosten nach sich, eine Erscheinung, die durch den immer deutlicheren Aufschwung des unteren Yangzi-Gebiets beschleunigt und verstärkt wird. Im Gegensatz zum China des 7. Jahrhunderts, das gegen Innerasien ausgerichtet war, wendet sich das von der Mitte der Tang-Zeit an entstehende China dem Meer zu;

– der Aufschwung der Landwirtschaft, des Handels und der Städte am unteren Yangzi, der auf dem Fortschritt des Naßreisanbaus, auf der Entwicklung neuer Handelsströme (Tee, Salz, Versorgung des Nord-Heeres mit Futter und Getreide usw.), die das Yangzi-Gebiet und Sichuan eng mit dem Norden verbinden, und auf der Entstehung neuer Handelstechniken (dem einlösbaren Lagerschein, aus dem die Banknoten hervorgehen sollten) beruht. In diesem Zusammenhang begünstigt die Einrichtung von Staatsmonopolen den Aufstieg einer neuen Schicht von reichen Kaufleuten, die jedoch der Bevormundung der Regierung nicht entgeht;

– das Auftauchen einer neuen Technik – der Reproduktion von Texten und Zeichnungen mittels des Blockdrucks –, die durch eine plötzliche Verbreitung des Wissens zu einer Erweiterung der sozialen Basis der Führungsschicht führt, und andererseits eine Volksliteratur hervorbringt, die nicht mehr mündlich, sondern schriftlich überliefert wird.

III. KAPITEL

VON DER ÖFFNUNG CHINAS FÜR AUSLÄNDISCHE EINFLÜSSE ZUR RÜCKKEHR ZU DEN QUELLEN DER KLASSISCHEN TRADITION

Die Geistesgeschichte des 7. bis 10. Jahrhunderts verlief zur politischen Entwicklung desselben Zeitraums in erstaunlichem Maße parallel. Das China des 7. und 8. Jahrhunderts übernahm das Erbe der mittelalterlichen Traditionen und führte die buddhistischen Studien und das Gedicht in regelmäßiger Form zu ihrem Höhepunkt. In dieser Zeit, die dem »Ästhetizismus« des 3. bis 6. Jahrhunderts treu blieb, wurde wenig Neues geschaffen, außer auf dem Gebiet der Geschichtsschreibung, wo es zu frühen Ansätzen von Reflexion kommt. China war damals offen für alles Ausländische und übte seinerseits auf fast ganz Asien einen tiefen Einfluß aus. Wohl zu keiner anderen Epoche war die Ausstrahlungskraft Chinas so groß. Aber nach dem Rückgang der chinesischen Expansion von der Mitte des 8. Jahrhunderts an kam es zu einer Reaktion des Sich-Abschließens, zu einer feindseligen Einstellung fremden Kulturen gegenüber und zu einer Rückkehr zu den Quellen der chinesischen Tradition, die dem Mittelalter vorangegangen war. Noch handelte es sich nur um Tendenzen, die jedoch zum Zeitpunkt der großen chinesischen »Renaissance« des 11. Jahrhunderts vorherrschend wurden.

1. Der Höhepunkt der mittelalterlichen Kultur

Geschichtsschreibung und Dichtkunst

Die Traditionen der Periode der Nördlichen und Südlichen Dynastien (4.-6. Jh.) setzten sich zur Sui- und Tang-Zeit fort und blieben bis Mitte des 8. Jahrhunderts vorherrschend.

Die Prosa im erlesenen Parallelstil und die höfische Dichtung, wie sie im 6. Jahrhundert im Yangzi-Gebiet beliebt waren, wurden zu Beginn der Tang-Zeit noch gepflegt, und die Literaturkritik beruhte weiterhin auf einer rein ästhetischen Bewertung. Davon zeugte auch das immer noch wache Interesse für die Anthologie der besten Literaturwerke, das *Wenxuan:* Li Shan veröffentlichte im Jahr 658 seinen berühmten Kommentar, der im Jahr 719 in das »Wenxuan mit fünf Kommentatoren« *(Wuchenzhu Wenxuan)* eingegliedert wurde. Auch der »Epochenweise Abriß über berühmte Maler« *(Lidai minghuaji)*, in dem Zhang Yanyuan seine kritischen Anmerkungen zu 371 Malern und Kalligraphen von den Jin bis ins Jahr 841 vereinigt hat, setzte die Tradition der kunstkritischen Werke der Südlichen Dynastien fort.

Die Tang-Zeit ist das goldene Zeitalter der klassischen Dichtung, des regelmäßigen Gedichts, in dem nach strengen Regeln der Wechsel von Tönen und Reimen kombiniert wird. Die Lyrik dieser Epoche schöpfte aus dem reichen Erbe der langen Tradition von der in ihrer Einfachheit ergreifenden Han-Dichtung bis zu den dekadenten und überspitzten Dichtern der letzten Südlichen Dynastie. In der gleichen Zeit erneuerte das damals gegen die Steppen und Oasen Zentralasiens und für weit entfernte Kulturen offene China, das auch sozial immer weniger abgeschlossen war, seine Inspirationsquellen. Die Dichtkunst war nicht mehr, wie unter den Südlichen Dynastien, das Privileg einer geschlossenen Aristokratie, und das Prüfungssystem begünstigte vom Ende des 7. Jahrhunderts an den Aufstieg neuer Gesellschaftsschichten. Der für uns fremd anmutende Gedanke, der aber mit der moralischen und praktischen Wirklichkeit der damaligen chinesischen Welt in Einklang stand, daß man nur mit einer dichterischen Bildung ein vollendeter Mensch sein könne, hatte die Einführung einer Prüfung im Abfassen von Gedichten für die höchsten Beamtenrekrutierungsexamina nötig gemacht. Diese Verfügung war wohl am erstaunlichen Aufschwung dieses literarischen Genres vom 7. bis zum 10. Jahrhundert mitbeteiligt. Auch darf der Einfluß der kaiserlichen Mäzene – der große Xuanzong (712-756) war gleichzeitig Dichter, Musiker und Schauspieler – sowie die bedeutende Rolle der Kreise von Prostituierten-Sängerinnen nicht vergessen werden, mit denen die Jeunesse dorée von Chang'an und die staatlichen Prüfungskandidaten verkehrten.

Ein Teil der besten Tang-Gedichte wurde Anfang des 18. Jahrhunderts in der »Vollständigen Sammlung der Tang-Dichter« *(Quantangshi)* (1705) veröffentlicht, die 48 900 Gedichte von 2 300 Dichtern enthält. Unter den bedeutendsten Namen müssen Chen Zi'ang (661-702), Song Zhiwen (gestorben um 710) und Shen Quanqi (gestorben gegen 713) für den Beginn der Dynastie; Meng Haoran (689-740), Wang Changling (?-755), Wang Wei (701?-761), Li Bai (Li Tai-po) (701-762), Gao Shi (ca. 702-765) und Du Fu (712-770) unter der glanzvollen Herrschaft von Xuanzong und Suzong; Bai Juyi (772-846) und sein Freund Yuan Zhen (779-831) für die erste Hälfte des 9. Jahrhunderts, in der neue reformistische Tendenzen auftauchten, und schließlich Du Mu (803-853), den man zur Unterscheidung von seinem berühmten Vorgänger, dem großen Du Fu, den »kleinen Du« nannte, sowie Li Shangyin (812-859) und Wen Tingyun (812-870?) genannt werden; sie alle waren persönliche, originelle Dichter und legen zudem Zeugnis von den sehr unterschiedlichen Epochen ab, in denen sie lebten.

Um das Studium der Klassiker stand es zur Sui- und Tang-Zeit nicht besser als in der Zeit der Wirren, die der Han-Dynastie ein Ende gesetzt hatte. Das *Wujing zhengyi* (Die richtige Auslegung der Fünf Klassiker), das von Kong Yingda (574 bis 648) und Yan Shigu (581-645) verfaßt und im Jahr 653 gedruckt wurde, ist eigentlich eine Kompilation der früheren *Zuozhuan*-Kommentare von Kong Anguo (Ende des 2. Jh. vor Chr.), Zheng Xuan (127-200), Du Yu (222-284) und des *Yijing*-Kommentars von Wang Bi (226-249). Ein weiterer Kommentator der Klassiker, Lu Yuanlang (Lu Deming) (um 581-630) beschäftigte sich mit Werken, die im 3. und 4. Jahrhundert in der Mysterienschule *(Xuanxue)* in Ansehen gestanden hatten. Er schrieb einen Kommentar zum *Laozi* und zum *Yijing*.

Dagegen zeigten sich im 7. und 8. Jahrhundert in der Geschichtsschreibung neue Richtungen. Zu Beginn der Tang-Zeit nahmen die historiographischen Arbeiten in großem Maße zu in einer Richtung, deren Gefahren schon bald darauf angeprangert wurden: neben den Dynastiegeschichten der Nördlichen Dynastien *(Beishi)* (645) und der Südlichen Dynastien *(Nanshi)* (659), deren Verfasser Li Yanshou (Daten unbekannt) war, wurden von offiziellen Equipen von Historiographen fünf Dynastiegeschichten kompiliert. Auf diese Weise wurden die verschiedenen Teile des *Suishu* (Geschichte der Sui) zwischen 622 und 656, die »Geschichte der Liang«

(Liangshu) und der Chen *(Chenshu)* um 629, die der Nördlichen Zhou *(Zhoushu)* im Jahr 636 und die der Jin *(Jinshu)* im Jahr 645 vollendet. Der mechanische Charakter dieser Kompilationen, die Kontrolle, die die Regierung auf ihre Abfassung ausübte, die Auslassungen und Verdrehungen, die mächtige Persönlichkeiten den Autoren aufzwangen, die mangelnde Durchdachtheit und die fehlende Koordination waren schon zu Beginn des 8. Jahrhunderts Gegenstand der Kritik eines unabhängigen Denkers: Die »Studien zur Historiographie« *(Shitong)* von Liu Zhiji (661-721), die im Jahr 710 erschienen, das erste Werk dieser Art in der Weltliteratur, stellen den Anfang einer Reflexion über Probleme der Geschichte und der Historiographie dar, die sich im 11. Jahrhundert entfalten und viel später mit Zhang Xuecheng (1738-1801) zu einer Geschichtsphilosophie führen sollte, die an Vico und Hegel erinnert. Liu Zhiji kündigt tatsächlich schon die Historiker der Song-Zeit und die Philosophen des 17. und 18. Jahrhunderts an: Er lehnt jede irrationale Interpretation ab (die Verbindung der dynastischen Zyklen mit der Aufeinanderfolge der fünf Grundeigenschaften, *wuxing*); er will aus der Geschichte nur die menschlichen Faktoren festhalten; er ist davon überzeugt, daß Monographien von Städten, Clans, der Flora und Fauna der verschiedenen Regionen notwendig seien; er bringt der genauen Aufzeichnung des Wortlauts in der Form, wie er ausgesprochen wurde, Interesse entgegen (die Worte seien der Mensch selbst und trügen die Spur seiner Persönlichkeit); seine Haltung den Klassikern gegenüber ist kritisch; er bemüht sich vordringlich um Objektivität und sucht nach Kriterien für die historische Wahrheit.

Genau zum Zeitpunkt, als dieses kritische Denken erwachte – und zweifelsohne im Zusammenhang damit –, entstanden neue Typen historischer Werke. Sie entsprachen den Bedürfnissen der damaligen Zeit und einem neuen Interesse für die Geschichte der Institutionen; gleichzeitig stellen sie eine Reaktion auf den routinemäßigen Charakter der offiziellen Kompilationen dar. Es sind politische und historische Enzyklopädien, die sich nicht mehr auf den traditionellen Rahmen der Dynastien beschränken, sondern größere Zeiträume umfassen, mit dem Ziel, die im Laufe der Epochen an den Institutionen vorgenommenen Veränderungen aufzuzeigen. Dies gilt für das *Zhengdian* (740) von Liu Zhi, dem Sohn des Liu Zhiji, und für das berühmte *Tongdian* von Du You (732-812), eine Geschichte der politischen Institutionen vom Altertum bis zum Jahr 800, in der ein kurzer Bericht über das große islamische Zentrum Kufa in Mesopotamien zu finden ist. In die Reihe dieser ersten Enzyklopädien gliedern sich die großen historischen Werke der Song-Zeit des 11. und 12. Jahrhunderts ein.

Der Höhepunkt des chinesischen Buddhismus

Das China der Sui- und der Tang-Zeit war vom Ende des 6. Jahrhunderts an bis zur Mitte des 9. Jahrhunderts das glanzvollste Zentrum des Buddhismus, der für die Mehrheit der asiatischen Völker zur Universalreligion geworden war. Dieser Tatsache verdankte China – mehr als seinen Feldzügen und Siegen von Korea bis Persien – seine Ausstrahlungskraft. Für Japan und Korea war das China der Tang-Zeit gleichsam eine zweite Heimat des Buddhismus, näher als Indien, mit ihren Zeugnissen und Legenden, heiligen Stätten, berühmten Pilgerorten und mit ihren illustren Meistern aber nicht weniger angesehen. In den Wutai-Bergen im Nordosten von Shanxi fanden Erscheinungen des Bodhisattva Manjuśrī statt. Puxian (Samantabhadra) ritt auf einem Elefanten durch den Nebel des Berges Emei in Sichuan... Der Buddhismus war zur Sui- und Tang-Zeit integrierender Bestandteil der chinesischen Kultur, Gesellschaft und des politischen Systems. Die Klöster waren Zentren einer weltlichen wie auch religiösen, chinesischen wie auch buddhistischen Kultur. Dem Typ des gebildeten Mönchs, der Dichter, Maler und Kalligraph war, entsprach derjenige des frommen weltlichen Gebildeten, der sich für buddhistische Philosophie interessierte, Konzentrationspraktiken betrieb und fähig war, mit Mönchen oder Eremiten über einzelne Punkte der Lehre zu diskutieren.

Es kam zur Entfaltung eines typisch chinesischen Buddhismus, der auf den Gebieten der Interpretation und der Lehre Neuerungen brachte. In dieser Zeit entstanden die großen Sekten, die in Japan weiterblühen sollten, und der Buddhismus wurde in China durch neue Beiträge aus Indien und den anderen buddhistischen Ländern und durch eine beträchtliche Menge neuer Übersetzungen bereichert.

Die Geschichte der buddhistischen Sekten in China ist so komplex, daß hier nicht näher auf sie eingegangen werden kann. Entgegen den von ihren Anhängern aufgestellten Überlieferungen, die die Entstehungszeit ihrer Sekte so weit wie möglich in die Geschichte zurückzuverlegen suchten, haben sie sich verhältnismäßig spät herausgebildet. Es sollen hier nur die Hauptsekten erwähnt werden. Manche Sekten hatten einen sehr breiten Erfolg, der sich auf weltliche Kreise ausdehnte, andere dagegen konnten nie über den engen Rahmen religiöser Gemeinschaften hinausdringen. Dies war der Fall bei der eklektischen Schule des Tiantai (Name eines Berges im Nordwesten von Zhejiang), die vom Mönch Zhiyi (538-597) gegründet wurde. Nach ihr reihen sich die verschiedenen Sūtras des Großen Fahrzeugs in chronologischer Folge und wenden sich jeweils an ein unterschiedliches Publikum; als grundlegenden Text sieht die Schule den berühmten »Lotos des Guten Gesetzes« *(Fahuajing)* an. Dies war auch der Fall bei der Schule von Huayan, der sogenannten »Ornamentikschule«, die von dem aus einer sogdischen Familie von Chang'an stammenden Mönch Fazang (643-712) gegründet wurde; für ihn war der grundlegende Text das *Avatamsakasūtra (Huayanjing)*.

Der sehr breite Erfolg, den die Sekte des Reinen Landes (Jingtu), deren erster Patriarch Shandao (613-681) war, beim Volk hatte, erklärt sich aus dem Fortschritt, den die große Strömung der Verehrung des Buddhas des unendlichen Lichts (Amitābha) seit der Zeit von Huiyuan zu Beginn des 6. Jahrhunderts gemacht hatte, und aus der Einfachheit ihrer Praktiken: dem Verlangen, im Reinen Land wiedergeboren zu werden und den unaufhörlichen, dem Amitābha-Buddha dargebrachten, Huldigungen.

Die typisch chinesische *chan*-Sekte (japanisch *zen*), die im 8. Jahrhundert entstand und eine der lebendigsten Sekten bleiben sollte, fand in den Gebildetenkreisen begeisterte Aufnahme. Im Gegensatz zum indischen *dhyāna*, das im Chinesischen mit *chan* transkribiert wird, lehnt diese Schule die lange Askese ab, die durch immer schwierigere Konzentrationsmethoden bis an die Grenzen des Seins vorzudringen erlaubt. Die um 700 vom kantonesischen Mönch Huineng (638-713), einem Halbbarbaren, gegründete Sekte, die ikonoklastisch war und jedem System, Dogma, Schrifttum und Ritus ablehnend gegenüberstand, erstrebte die plötzliche Erleuchtung. Um den Geist vom diskursiven Denken und vom Ich-Begriff zu lösen, nahm man in dieser Sekte zu Paradoxen und zur Meditation über absurde Themen (*gong'an,* »Fälle«), zu verwirrenden Antworten, Schreien und manchmal sogar zu Stockschlägen Zuflucht.

Aber auch durch ihre Pilger und Übersetzer wurde die Tang-Zeit zu einer der bedeutendsten Epochen der Geschichte des Buddhismus in Ostasien. Die beiden berühmtesten Pilger des 7. Jahrhunderts waren Xuanzang (602-664) und Yijing (635-713).

Xuanzang, schon damals einer der größten Kenner der buddhistischen Philosophie, wie sie in chinesischen Übersetzungen zugänglich war, brach im Jahr 629 mit dem Ziel in die zentralasiatischen Wüstengebiete auf, sich ein Manuskript der großen Abhandlung über Metaphysik mit dem Titel »Länder der Yoga-Meister« (*Yogācaryābhūmiśāstra,* chinesisch *Yuqie shidi lun*) zu verschaffen und seine Kenntnisse zu erweitern, um die Widersprüche zwischen den verschiedenen philosophischen Schulen des Buddhismus lösen zu können. Nach zweijährigem Aufenthalt in Kaschmir gelangte er an die heiligen Stätten des ursprünglichen Buddhismus in Magadha (Gegend von Patna und Gaya in Bihār) und studierte fünf Jahre lang im berühmtesten buddhistischen Kloster von Nālandā bei Rājagrha (dem heutigen Rājgir). Anschließend durchwanderte er ganz Indien von Norden nach Süden und von Osten nach Westen, und ließ sich von den namhaftesten Meistern unterweisen. Aber schon war er ihnen ebenbürtig, sowohl durch seine vollkommene Beherrschung des Sanskrit, in das er für den König von Kāmarupā (einem Reich im heutigen Assam) im Jahr 647 nach seiner Rückkehr nach China den Text des *Laozi daodejing* übersetzte, als auch durch seine gründliche Kenntnis der buddhistischen Metaphysik und ihrer umfangreichen und schwierigen Abhandlungen. Nach sechzehnjähriger Abwesenheit kehrte er im Jahr 645 nach Chang'an zurück und leitete bis zu seinem Tod die fruchtbarsten Übersetzerteams der ganzen Geschichte des chinesischen Buddhismus. Seiner achtzehnjährigen Arbeit verdanken wir ungefähr ein Viertel aller Übersetzungen von indischen Texten ins Chinesische (1 338 Kapitel von insgesamt 5 084 Kapiteln, die in sechs Jahrhunderten von 185 Übersetzerteams übersetzt wurden).

Ein Jahr nach seiner Rückkehr verfaßte einer seiner Schüler nach den Reiseaufzeichnungen des Meisters ein allgemeines Werk über die Länder, die er von Zentralasien bis Süd-Dekkan und von der Gegend von Kabul bis Assam besucht hat: das *Datang xiyuji* (Chronik einer Reise in den Westen zur Tang-Zeit), das Informationen über das Klima, die Wirtschaft, die Sitten und Gebräuche, die politischen Systeme, die Geschichte und den Stand des Buddhismus in den verschiedenen Regionen Asiens liefert. Die Biographie Xuanzangs (das *Daci'ensi sanzengfashi zhuan*), die kurz nach seinem Tod begonnen und im Jahr 688 überarbeitet wurde, befaßt sich noch genauer mit der Schilderung seiner Reisen.

Ein anderer berühmter Pilger des 7. Jahrhunderts, Yijing, schiffte sich im Jahr 671 auf einem persischen Handelsschiff nach Indien ein. Nach einem Aufenthalt an den Ostküsten Sumatras im großen buddhistischen Zentrum Śri Vijaya (dem heutigen

Palembang) ging er im Jahr 673 in Tāmralipti an der Küste von Bengalen, in der Nähe des heutigen Kalkutta, an Land. Von dort gelangte er nach Magadha und blieb nahezu zehn Jahre in Nālandā, dort, wo Xuanzeng dreißig Jahre vorher den Buddhismus studiert hatte. Im Jahr 685 verließ er Indien und reiste auf demselben Seeweg, auf dem er gekommen war, wieder nach Śri Vijaya, wo er bis zu seiner Rückkehr nach China im Jahr 695 weilte. In Luoyang wurde er von der Kaiserin Zetian persönlich empfangen. Seine beiden berühmten historischen Werke, deren Manuskripte er im Jahr 692 nach Kanton schickte, verfaßte Yijing in Palembang. Das eine befaßt sich mit dem Stand des Buddhismus in Indien und Südostasien (Bericht über den Buddhismus, aus der Südsee übersandt, *Nanhai jigui neifa zhuan*), das andere besteht aus einer Reihe von Kurzberichten über chinesische Pilger, die im 7. Jahrhundert in buddhistische Länder reisten (Bericht über die großen Mönche, die zur Tang-Zeit im Westen das Gesetz suchten, *Datang xiyu qiufa gaoseng zhuan*).

Direkt überliefert sind uns aus der Tang-Zeit jedoch nur die Reiseberichte zweier anderer Pilger: eines Mönchs koreanischer Herkunft namens Huichao, der sich auf dem Seeweg nach Indien begab und über Zentralasien im Jahr 729 nach China zurückkehrte, und des Mönchs Wukong, der ins heutige Nord-Afghanistan und ins Ganges-Becken reiste. Wukong, der im Jahr 751 von Chang'an aufgebrochen war, kehrte im Jahr 790 über die Oasen Kaschgar und Kutscha nach China zurück.

Die Absperrung der zentralasiatischen Straßen, die von den Tibetern und Arabern besetzt gehalten wurden, und die Zerstreuung der buddhistischen Gemeinschaften in China anläßlich der großen Proskription der Jahre 842 bis 845 brachten das Ende der Pilgerfahrten nach Indien mit sich. Die letzte bedeutende Pilgerfahrt wurde im Jahr 966 offiziell organisiert. Über 150 Mönche nahmen an ihr teil, von denen ein kleiner Teil über die zentralasiatischen Oasen bis nach Indien gelangte (Gandhāra, Nepal und Magadha) und im Jahr 976 wieder nach China zurückkehrte.

Xuanzeng, der gleich nach seiner Rückkehr nach Chang'an in den Jahren 646-648 das große enzyklopädische Werk »Länder der Yoga-Meister« übersetzte, hat durch seine Lehre und seine Übersetzungen in China die äußerst gelehrte und hochentwickelte Philosophie der epistemologischen Vijnānavādā-Schule bekanntgemacht, nach der die wahrnehmbare Welt eine Schöpfung unseres Geistes ist. Der Einfluß, den er auf seine Schüler ausübte und der bis nach Japan vordrang, blieb jedoch auf Mönchskreise beschränkt. Xuanzeng, ein bedeutender Indologe und genauer Philologe (er stellte sehr strenge Übersetzungsregeln auf), ist in der Geschichte des chinesischen Buddhismus eine Ausnahmeerscheinung: er war der einzige Chinese, der das umfangreiche Gebiet der buddhistischen Philosophie in seiner ganzen Breite und Komplexität beherrschte.

Die Einführung des esoterischen Buddhismus, des sogenannten Tantrismus, in der Tang-Zeit sollte von größerer Tragweite sein. Diese Form des Buddhismus, die auf magischen Formeln und Kreisen beruht und die vor allem in seiner gereinigten Form, in der sie mit symbolischen Spekulationen verbunden wird, bekannt ist, scheint von der Mitte des 7. Jahrhunderts an in Indien großen Aufschwung genommen (Meister des Tantrismus unterrichten von diesem Zeitpunkt an in Nālandā) und sich rasch nach Ceylon und Südostasien verbreitet zu haben. Bald darauf kam der Tantrismus über Tibet nach China. Im 8. Jahrhundert entstanden zahlreiche Übersetzungen von Tantra-Texten ins Chinesische. Der berühmteste Meister und Übersetzer, Amoghavajra (chinesisch Bukong) (705-774), hat zwei indische Vorgänger, die in den Jahren 716 und 719 nach China gekommen waren. Amoghavajra, der wahrscheinlich aus Ceylon gebürtig war, in China seine Jugendjahre verbrachte und zwischen 741 und 746 wieder nach Ceylon zurückkehrte, übersetzte in Chang'an von 756 an eine ganze Reihe von Tantra-Texten und hatte am Hof der Tang sehr großen Erfolg.

Der Tantrismus stellt, am Vorabend der großen Veränderungen, durch die die chinesische Welt in neue Richtungen gelenkt wurde und die den Niedergang der großen Mönchsgemeinschaften nach sich zogen, den letzten Beitrag des indischen Buddhismus in China dar. Mit ihm endet die lange Periode intensiver Beziehungen zwischen den indisierten Ländern und China. Der Tod Amoghavajras im Jahr 774 ist in seiner Art ein Symbol für das Ende des chinesischen Mittelalters.

Es muß jedoch erwähnt werden, daß die Kontakte zwischen dem indischen und dem chinesischen Kulturkreis nicht auf das reiche Gebiet des Buddhismus beschränkt waren. Auch die profanen Wissenschaften Indiens gelangten nach China. Schon in der ersten Hälfte der Tang-Zeit hielten Gelehrte aus Indien sich in Chang'an und Luoyang auf, und im 7. und 8. Jahrhundert scheinen zahlreiche »brahmanische« Texte aus den Gebieten der Astronomie, Astrologie, Mathematik und Medizin übersetzt worden zu sein. Die chinesische Mathematik beeinflußte jedoch ihrerseits wieder die indische.

2. Die ausländischen Einflüsse

In der ersten Hälfte der Tang-Zeit ist die Oberschicht in alles »Barbarische« ganz vernarrt: Tanz, Musik, Spiele, Kleidung, Küche, Wohnung usw. Der Einfluß der Steppenzone und Zentralasiens konnte sich zwar ununterbrochen seit der Han-Dynastie in Nordchina verbreiten. Nach den großen Offensiven von Beginn des 7. Jahrhunderts an wurden die Kontakte zwischen dem China des Wei-Tals und des Gelben-Fluß-Tals, der Mongolei, dem Tarim-Becken und den Gebieten jenseits des Pamir, verstärkt durch Gesandtschaften, Tribute, Missionen, Handelskarawanen und Pilgerreisen jedoch noch enger. In noch größerer Anzahl als zur Han-Zeit bildeten sich ausländische Kolonien in den Handelsstädten Gansus, Shenxis und Henans, sowie am großen Kanal und in Kanton. Man kann sagen, daß die damalige chinesische Zivilisation kosmopolitisch war. Die Hauptstadt Chang'an war der Treffpunkt sämtlicher asiatischer Völker: von Türken, Uiguren, Tibetern, Koreanern, Einwohnern von Khotan und Kutscha, Leuten aus Kaschmir, Sogdiern, Persern, Arabern, Indern, Singhalesen usw. Grabmalereien und Grabfiguren des 7. und 8. Jahrhunderts zeugen in lebendiger Weise vom damaligen Interesse der Chinesen für die fremdesten dieser Ausländer, die im allgemeinen einen dunklen Teint und hervorspringende Nasen hatten, bisweilen mit einem Schuß Ironie und mit einer Tendenz zur Karikatur. Diese Invasion von Ausländern, von Elementen fremder Kulturen und von exotischen Produkten (Sklaven, Tieren, Pflanzen, Nahrungsmitteln, Parfums, Heilmitteln, Stoffen, Schmuck usw.) wirkte zwangsläufig auf das Empfinden jener Zeit ein und bereicherte mit ihren Beiträgen die Zivilisation der Tang. So änderten die Musik und die Tänze aus Zentralasien den Geschmack der chinesischen Gesellschaft. Die indische Musik drang über Zentralasien (Kutscha) und später über Kambodscha und Champa nach China ein; manche ihrer Elemente wurden in der japanischen Hofmusik beibehalten. Alles, was aus Zentralasien stammte, genoß die Gunst der Oberschicht: Tänze und Musik aus Turfan, Kaschgar, Buchara und vor allem aus Kutscha. In der Handelsstadt Liangzhou (Wuwei, in Gansu), die eines der wichtigsten Zentren für die Verbreitung des zentralasiatischen und indo-iranischen Einflusses in China gewesen zu sein scheint, kam es zu einer originellen und in China sehr geschätzten Synthese zwischen der Musik aus Kutscha und der chinesischen Musik.

Der iranische Einfluß

Die beiden großen kulturellen Strömungen aus Persien und Indien haben sich im gesamten Raum zwischen Afghanistan und dem Tal des Amu-darja und bis zu den Oasen des Tarim-Beckens miteinander vermischt und gegenseitig bereichert. Die in Zentralasien und Nordchina aktivsten Kaufleute stammten aus Samarkand (chinesisch Kang), Maimargh (Mi), Kisch (Shi), Buchara (An); ihre Sprache, das Sogdische – ein entlang allen Handelswegen vom Becken des Amu-darja bis ins Wei-Tal gesprochener ostiranischer Dialekt – wurde zum Kommunikationsmittel in ganz Zentralasien. Da die Handelswege von Buchara nach Merw, von Balch nach Herat weiterführten, ist es verständlich, daß der Einfluß des Iran in China ziemlich stark eindrang. Durch den Vorstoß der Tang über den Pamir hinaus kam es auch zu einer Einmischung Chinas in die iranische Politik. Schon im Jahr 638 wird eine Gesandtschaft des persischen Sassaniden-Reichs in Chang'an erwähnt, und die im Jahr 642 beginnenden arabischen Einfälle zogen eine Annäherung zwischen dem iranischen Hof und dem Hof des Kaisers Gaozong nach sich. Sogar das ferne Byzanz dachte an ein Bündnis mit China: Im Jahr 643 traf in Chang'an eine byzantinische Gesandtschaft ein. Im Jahr 661 forderte der letzte Sassanidenherrscher, Piruz, der nach Tochara (Gegend von Balch) geflohen war, die Hilfe Chinas gegen die Angriffe der Omaijaden an. Im darauffolgenden Jahr wurde eine Militärexpedition durchgeführt, die bis nach Ktesiphon an die Ufer des Tigris vordrang und Piruz wieder auf den Thron verhalf. Dieser unglückliche Herrscher wurde jedoch abermals gezwungen, ins Exil zu gehen, und traf im Jahr 674 in Chang'an ein, wo Kaiser Gaozong ihn mit allem Prunk empfing und ihm den Titel eines Offiziers der Palastgarde verlieh. Im Jahr 674 kehrte er noch einmal in den Westen zurück, kam aber im Jahr 708 neuerlich nach Chang'an, wo er bald nach seiner Ankunft starb.

Der Einfluß des Iran ist auch in der chinesischen Kunst und im chinesischen Handwerk des 7. und 8. Jahrhunderts spürbar. So verbreitete sich damals in China eine neue Hämmer- und Ziseliermethode persischen Ursprungs für die Bearbeitung von Gold- und Silbergegenständen. Das offenbar aus dem Iran stammende Polospiel wurde zu einer der Hauptvergnügungen der chinesischen Oberschicht. Der iranische Einfluß machte sich jedoch vor allem auf dem Gebiet der Religion bemerkbar, mit der Einführung neuer fremder Kulte in den Städten Gansus, in Chang'an und Luoyang.

Das nestorianische Christentum, das sich im 5. und 6. Jahrhundert im Sassanidenreich verbreitet hatte, war über Herat, Balch und Samarkand in die westlichen Oasen der heutigen Provinz Xinjiang eingedrungen. Es scheint nach den großen Offensiven, durch die sich China die zentralasiatischen Handelswege öffnete, in die Handelsstädte Gansus und des Wei-Tals gelangt zu sein. Eine berühmte zweisprachig – in Syrisch und Chinesisch – beschriftete Stele, die im Jahr 781 in der nestorianischen Kirche des Yining-Viertels in Chang'an errichtet wurde und deren Entdeckung zu Beginn des 17. Jahrhunderts bei den jesuitischen Missionaren Aufsehen erregte, berichtet von der jüngst erfolgten Christianisierung Chinas: die Heilige Schrift war im Jahr 631 in Chang'an von einem Perser, dessen Name in chinesischer Transkription Aloben lautet, eingeführt worden. Sieben Jahre später gestattete der Kaiserhof der Tang das Predigen und den Bau von christlichen Kirchen. Während der Herrschaft der Kaiserin Zetian (690-705) war das Christentum Feindseligkeiten von seiten der Buddhisten ausgesetzt, genoß aber unter Xuanzong (712-756) wieder den Schutz des Kaisers. Es handelte sich um ein in seinen Dogmen, seiner Liturgie und seiner Terminologie iranisiertes Christentum. Der Nestorianismus, der im Jahr 431 vom Konzil von Ephesus verurteilt wurde, war in China unter der Bezeichnung »Religion der heiligen Texte Persiens« *(bosi jingjiao)*, »Religion der großen Qin« (die Bezeichnung bezieht sich auf die Herkunft dieser christlichen Häresie aus dem byzantinischen Reich) oder als »Religion des Lichts« *(jingjiao)* bekannt. Er hatte nicht genügend Zeit, in Ostasien Anhänger zu gewinnen: Nachdem er anläßlich der großen Proskription ausländischer Religionen in den Jahren 842 bis 845 verboten worden war, scheint er im folgenden ganz untergegangen zu sein. Er hatte vor allem bei sogdischen Kaufleuten und bei den Westtürken um Anhänger geworben (die Evangelien wurden ins Türkische und Sogdische übersetzt); später drang er zu den Kereit-Mongolen des Tschu-Tals im Südwesten des Balchasch-Sees und zu den Ongot des Ordos-Gebiets vor. Dieses Steppenchristentum wurde in der Mongolenzeit zur Grundlage unserer mittelalterlichen Legende vom christlichen Reich des Priesters Johannes. Seine Wiedereinführung in China durch die Mongolen – in der Yuan-Zeit gab es in Zhenjiang und Yangzhou am unteren Yangzi-Lauf und in Hangzhou nestorianische Kirchen – sollte ohne Wirkung bleiben.

Eine andere Religion aus dem Iran übte jedoch bleibenden Einfluß aus: der Manichäismus *(monijiao)*. Seine Ausübung wurde unter der Kaiserin Zetian im Jahr 694 gestattet, und er scheint sich bei den Uiguren, einem seßhaften Turkvolk, das in Turfan, Gansu und Shenxi von der Mitte des 8. Jahrhunderts an eine große politische und wirtschaftliche Rolle spielte, behauptet zu haben. Der Einfluß manichäischer Priester machte sich auf den Gebieten der Astrologie und der Astronomie bemerkbar. Sie führten in China zum erstenmal die Woche ein, deren Tage mit Sonne, Mond und den fünf Planeten in Beziehung stehen, während die chinesische Tradition, die der zeitlichen und räumlichen Gliederung in vier und fünf Einheiten treu geblieben war, nur fünf zählte. Der Manichäismus, der wie die anderen fremden Religionen Mitte des 9. Jahrhunderts verboten wurde, tauchte merkwürdigerweise im 11. und 12. Jahrhundert an den Küsten Fujians und Zhejiangs und im Inneren dieser Provinzen wieder auf, allerdings vermischt mit buddhistischen und teilweise taoistischen Traditionen. Dieser eigenständige Kult wurde dort in Geheimgesellschaften gepflegt, die gegen die bestehende Regierung revoltierten. Möglicherweise hat jedoch der Einfluß des Manichäismus bis ins 14. Jahrhundert in China fortgewirkt: Der Name der Ming-Dynastie (»Licht«) (1368-1644) könnte auf die Erinnerung des Dynastiegründers an die in den Geheimgesellschaften der Mongolenzeit fortbestehenden manichäischen Traditionen hinweisen.

Was den Mazdaismus (Zoroatrismus) betrifft, der nach der arabischen Eroberung aus dem Iran verschwand, so scheint er schon in der zweiten Hälfte des 6. Jahrhunderts unter der Zhou- und Qi-Dynastie nach Nordchina gelangt zu sein. Durch die militärische Expansion der Sui und der Tang vermehrte sich zweifelsohne die Anzahl der Feuerverehrer: Im 7. Jahrhundert gab es mazdaische Tempel in Dunhuang (Shazhou), Wuwei (Liangzhou), Chang'an (ein im Jahr 631 gegründeter Tempel) und Luoyang. Vorstellungen von Zauberkünstlern, die in den Tempeln von Wuwei und Luoyang stattfanden, scheinen einen gewissen Erfolg gehabt zu haben. Von dieser Religion, die die Chinesen *xianjiao* (Religion des Feuergottes) nannten, blieben im 10.-13. Jahrhundert nur mehr vereinzelte Spuren übrig.

China und die islamische Welt vom 7. bis zum 9. Jahrhundert

Während der gesamten Periode zwischen dem 7. und 13. Jahrhundert waren die islamische und die chinesische Welt die beiden großen Kulturkreise Eurasiens. Die Expansion der Tang nach Zentralasien und Transoxanien fällt mit den großen arabischen Eroberungen zusammen, die das islamische Reich bis Spanien und zum russischen Turkestan ausdehnten. Das chinesische Reich der Tang, das kontinental ausgerichtet und kriegerisch war, und das der Song, das auf das Meer und den Handel ausgerichtet war, und die Reiche der Omaijaden und der Abbasiden sind Zeitgenossen und gehören derselben historischen Periode Eurasiens an. Ostasien und die Welt des Islam scheinen sogar eine analoge Entwicklung durchgemacht zu haben: Auf die militärischen Eroberungen folgte in einer Welt, in der die städtischen Zentren in voller Blüte standen, eine Zeit des Handels, der Literatur, der Wissenschaft und Technik. Gemeinsam war China und den islamischen Ländern dann auch das gleichzeitig über sie hereinbrechende schreckliche Unglück des Mongolensturms: im Jahr 1258 eroberte das Heer des Khans Hülägü (1218-1265) Bagdad und im Jahr 1276 besetzten die Truppen Bayans (1236-1294) Hangzhou, die Hauptstadt der Südlichen Song.

Die Beziehungen zwischen der islamischen und der chinesischen Welt begannen folglich in der Tang-Zeit und dauerten bis zur Mongolenzeit (13.-14. Jh.) im Großreich, das von den Nachfolgern Tschingis Khans geschaffen wurde, an.

Zu den ersten Kontakten kam es während der zwischen ungefähr 650 und 750 stattfindenden arabischen Expansion in die Regionen, die sich von Mesopotamien zum Balchasch-See erstrecken. Die Politik der Tang in diesem Raum hatte einzig und allein das Ziel, sich dem siegreichen Vordringen der Araber zu widersetzen. Aber das System von Bündnissen Chinas mit den Opfern der Omaijaden-Eroberung konnte deren Fortschreiten nicht verzögern: Das persische Sassanidenreich wurde zwischen 642 und 652 erobert, die Oasen Transoxaniens waren vom Jahr 704 an besetzt, und in den darauffolgenden Jahren setzten sich die Araber in Choresmien, im Ferghana-Tal und in Kaschgar fest. Die chinesische Gegenoffensive der Jahre 745 bis 751 kam südlich des Balchasch-Sees zum Stillstand, nach der berühmten Schlacht am Talas, die – 19 oder 18 Jahre nach der Schlacht von Poitiers – das Ende der chinesischen Ambitionen in Transoxanien und im Gebiet von Kaschgar bedeutete. Die große Krise, die von der Revolte An Lushans in den Jahren 755 bis 763 ausgelöst worden war, beschleunigte den Rückgang des chinesischen Einflusses in den Ländern diesseits und jenseits des Pamir.

Durch den chinesisch-islamischen Kontakt gelangten manche ostasiatische Erfindungen in die islamische Welt und nach Europa. Das bekannteste Beispiel ist das Papier: Die Papierherstellungsverfahren, die in China seit dem 2. Jahrhundert nach Chr. perfektioniert wurden, breiteten sich von Samarkand über Bagdad und Damaskus nach Ägypten, den Maghreb und schließlich im 10. und 11. Jahrhundert ins islamische Spanien aus. In Italien wurde das erste Papier Ende des 13. Jahrhunderts hergestellt. Ohne diese lange Wanderschaft einer zwölf Jahrhunderte vorher in Nordchina erfundenen Technik hätte es in der westlichen Welt weder den Buchdruck noch die Neuzeit gegeben. Der Überlieferung nach haben die Araber von Gefangenen aus der Schlacht am Talas im Jahr 751 die Papierherstellungsverfahren gelernt. In Wirklichkeit gab es schon vor dem 8. Jahrhundert chinesische Einflüsse in Transoxanien und Persien: Zum Zeitpunkt der arabischen Eroberung lebten schon chinesische Papierfabrikanten, Weber, Goldschmiede und Maler in Kufa (dem heutigen Kerbela im Südwesten von Bagdad) und Samarkand.

Die Kämpfe zwischen dem chinesischen Heer und den arabischen Reitern in Transoxanien und südlich des Balchasch-Sees sollten die Herstellung politischer Bindungen zwischen Chinesen und Muselmanen nicht verhindern: Im Jahr 756 wurde ein wahrscheinlich aus Persern und Irakern zusammengesetzes Kontingent zur Unterstützung des von der An Lushan-Revolte bedrohten Kaisers Suzong nach Gansu geschickt. Weniger als fünfzig Jahre später schlossen die Tang und die Abbasiden ein Bündnis gegen die Angriffe der Tibeter in Zentralasien, und im Jahr 798 traf eine Gesandtschaft des Kalifen Harun al-Rashid (766-809) in Chang'an ein.

Diese diplomatischen Beziehungen über Zentralasien bestehen in der gleichen Zeit, in der sich, nach der Gründung von Bagdad im Jahr 762, die islamische Welt in den Indischen Ozean und bis nach Ostasien erweiterte. Nach der Verlegung der Hauptstadt von Damaskus nach Bagdad nahmen die von Sīrāf, dem Hafen von Basra im Persischen Golf ausgehenden Seereisen in die Straße von Malakka und nach Südchina stark zu. Der zwischen den chinesischen Küsten und dem Indischen Ozean stattfindende Handel betraf Luxusgüter (in Richtung China Elfenbein, Weihrauch, Rhinozeroshörner, Kupfer, schwarze Sklaven; in Richtung Indien Seide, Gewürze und Porzellan, das vor allem in Fujian hergestellt wurde).

Mitte des 8. Jahrhunderts zählte der große Hafen von Kanton, das Khānfū der arabischen Kaufleute – eine Kolonialstadt, deren Hinterland noch von Ureinwohnern besiedelt war – unter seiner auf 200 000 Personen geschätzten Einwohnerschaft zahlreiche ausländische Kaufleute dunkler Hautfarbe: Kunlun (Malaien), Bosi (Iranier, wenn dieser Name nicht ein südostasiatisches Land bezeichnet), Polomen (Brahmanen, d. h. indische Kaufleute), Cham von der Ostküste Vietnams, Vietnamesen, Khmer, Leute aus Sumatra usw. Die Mohammedaner des orthodoxen und des schiitischen Ritus hatten eigene Moscheen im Ausländerviertel, das auf dem Südufer des Flusses von Kanton lag. Das älteste Zeugnis eines Ausländers über Kanton stammt von einem Mohammedaner: es ist der *Bericht über China und Indien ('Akhbār al-Shīn wal Hind)*, der dem Kaufmann Suleyman zugeschrieben wird und auf das Jahr 851 datiert ist.

Die Plünderung der Stadt im Jahr 758 durch iranische und arabische Piraten, deren Stützpunkt anscheinend ein Hafen der Insel Hainan war, und die Habgier der in der zweiten Hälfte des 8. Jahrhunderts auf den Posten von »Kommissaren für Handelsschiffe« *(shibosi)* ernannten Eunuchen zogen die Verlegung eines Teils des Handels nach Nordvietnam und in die Gegend des in der Nähe der Grenze von Fujian gelegenen Chaozhou, nach sich. Der Bericht Suleymans stammte jedoch aus einer Zeit, in der ehrlichere Verwaltungsmethoden seit Anfang des 9. Jahrhunderts einen Wiederaufschwung des Handels in Kanton ermöglicht hatten. Der Handelsverkehr zwischen dem Persischen Golf und dem großen Hafen des tropischen China ging nach der Plünderung der Stadt durch die Truppen von Huang Chao im Jahr 879, nach den einige Jahre vorher erfolgten Aufständen afrikanischer Sklaven in Basra, und schließlich nach dem Erdbeben, durch das Sīrāf im Jahr 977 zerstört wurde, neuerlich zurück. Vom 11. bis zum 14. Jahrhundert, das heißt zur Song-Zeit und nach der Besetzung Südchinas durch die Mongolen, war der wichtigste Hafen nicht mehr Kanton, sondern Quanzhou, das Zaytūn der mohammedanischen Kaufleute an der Küste Fujians.

3. Die Ausstrahlung der Tang-Kultur

Durch die chinesische Expansion in Asien im 7. und 8. Jahrhundert wurde der Einfluß der Tang-Kultur auf alle Nachbarländer verstärkt: auf Zentralasien, die Mongolei, Tibet, Transoxanien, Korea, Japan und die südostasiatischen Länder. Manche Elemente der chinesischen Kultur drangen bis zu den Türken des Orchon-Gebiets vor (der Kalender, der Zwölf-Tier-Zyklus usw.); die türkische Sprache enthält heute noch Lehnwörter aus dem Chinesischen, die auf die damalige Epoche zurückgehen. Chinesische Prinzessinnen, die mit türkischen und uigurischen Khans und mit tibetischen bTsan-pos verheiratet wurden, führten in den Nomadenjurten und in den Steinpalästen Lhasas die chinesischen Klassiker ein. Die Öffnung der Tibet-Straße nach dem zwischen dem Hof der Tang und der tibetischen Königsfamilie einige Jahre vor der Mitte des 7. Jahrhunderts abgeschlossenen Bündnis – die erste chinesische Prinzessin, die mit einem bTsan-po verheiratet wurde, traf im Jahr 641 in Lhasa ein – ermöglichte es chinesischen Pilgern, über die Hauptstadt Tibets und über Nepal zu den heiligen Stätten des Buddhismus zu reisen. Auf diesem Weg pilgerten die Mönche Xuanzhao im Jahr 651, Xuantai in der zweiten Hälfte des 7. Jahrhunderts, und zahlreiche andere, deren Namen nicht überliefert sind, nach Indien. So drangen paradoxerweise die ersten buddhistischen Einflüsse, die in der zweiten Hälfte des 8. Jahrhunderts nach Tibet gelangten, nicht von Indien, sondern von China aus ein.

Man darf im übrigen nicht vergessen: das gewaltige Ansehen des Tang-Reichs in ganz Asien beruhte zum Teil darauf, daß China mit seinen großen Heiligtümern, seinen berühmten Wallfahrtsorten und seinen angesehenen »Meistern des Gesetzes« eines der großen Zentren des Buddhismus war. Die positive Haltung der Tang dem Buddhismus und anderen fremden Religionen gegenüber war allerdings wohl nicht immer frei von politischen Hintergedanken.

Der Einfluß Chinas auf Japan

Zur Tang-Zeit nahm die Verbreitung chinesischen Gedankenguts in Japan außergewöhnliche Ausmaße an und rief seit den ersten Jahren des 7. Jahrhunderts einen plötzlichen Fortschritt der politischen Zentralisierung hervor, der seinerseits wieder die Entlehnungsbewegung beschleunigte.

Zweifelsohne hatte der chinesische Einfluß nie aufgehört, sich auf den japanischen Inseln und insbesondere auf Kyūshū bemerkbar zu machen. Schon seit der Zeit der chinesischen Kommandanturen in Korea waren japanische Fürstentümer mit den Han in Verbindung getreten, und diese Beziehungen zu Nordchina und dem Gebiet des unteren Yangzi hatten nach der Entstehung der drei koreanischen Reiche zu Beginn des 4. Jahrhunderts fortgedauert. Nie aber war das Ansehen Chinas in Ostasien so groß gewesen wie im 7. und 8. Jahrhundert. Nie war der Einfluß Chinas in Japan so allgemein und so tiefgreifend wie zur Tang-Zeit. Dieser Einfluß, der in mehreren Wellen in den Jahren 602 bis 622 und erneut von 646 bis 671 erfolgte, erstreckte sich auf alle Bereiche – politische und administrative Institutionen, Sprache, Literatur, Kunst, Technik, Religion usw. – und verwandelte Japan rasch in ein Land chinesischer Zivilisation.

In der Nara-Zeit (710-784) und in der Heian-Zeit (794-1068) waren es nicht mehr nur spontane Einflüsse, sondern herrschte in Japan eine systematische und bewußte Nachahmungspolitik. So konnte Japan, das gegen Aggressionen von außen besser geschützt war, bis heute manche chinesische Tradition bewahren, die auf die Tang-Zeit zurückgeht.

Der im Jahr 701 veröffentlichte Taihō-Kodex und andere juristische und administrative Sammelwerke Japans des 8. Jahrhunderts sind sehr stark vom Tang-Kodex und der damaligen chinesischen Gesetzgebung beeinflußt. Der Plan der neuen Hauptstadt Heijō (Nara), die im Jahr 710 gegründet wurde, und der Plan von Heian (Kyōto) von 793 haben beide Chang'an zum Vorbild. Die ersten offiziellen japanischen Geschichtswerke, das *Kojiki* (712) und das *Nihonshoki* (720) wurden nach dem Modell der chinesischen Dynastiegeschichten abgefaßt. Alle großen buddhistischen Sekten Japans (Jōdo, Tendai, Shingon, Zen usw.) sind Ableger chinesischer buddhistischer Sekten der Tang-Zeit in Japan; ihre Lehren und heiligen Texte wurden von japanischen und manchmal von chinesischen Mönchen in Japan eingeführt. So begab sich Jianzhen (688-763), ein Mönch und Arzt aus Yangzhou in Jiangsu, im Jahr 753 mit vier anderen chinesischen Mönchen nach Japan, wo er im Jahr 763 in Nara starb.

Von den berühmtesten japanischen Mönchen, die zum Studium bei den großen Meistern des Gesetzes und zum Besuch der buddhistischen Zentren und der namhaftesten heiligen Stätten (Chang'an, Luoyang, Tiantaishan in Zhejiang, Wutaishan in Shanxi usw.) nach China reisten, seien folgende Namen erwähnt: der Mönch Gembō (?-746), der im Jahr 716 mit einer Gesandtschaft nach Chang'an aufbrach

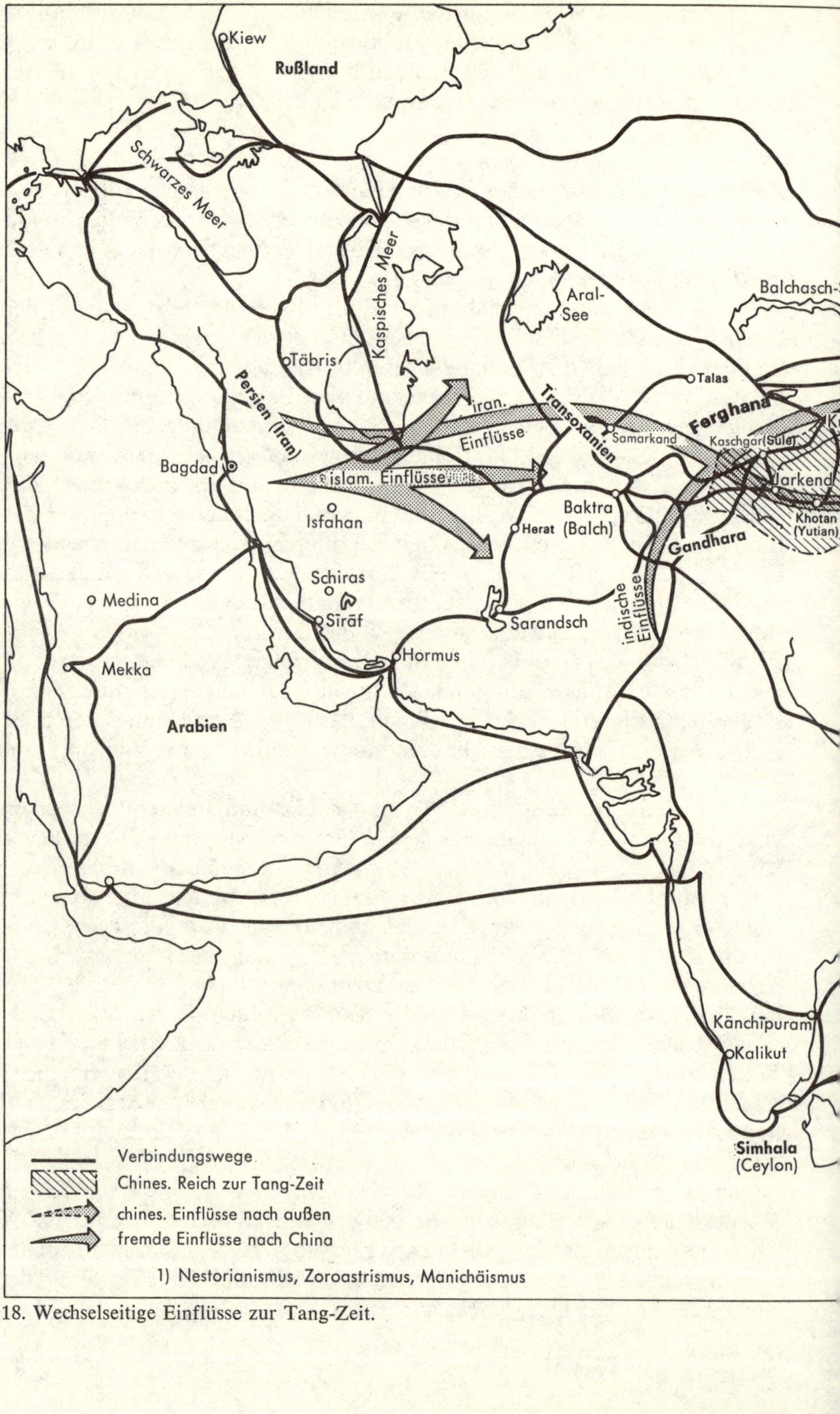

18. Wechselseitige Einflüsse zur Tang-Zeit.

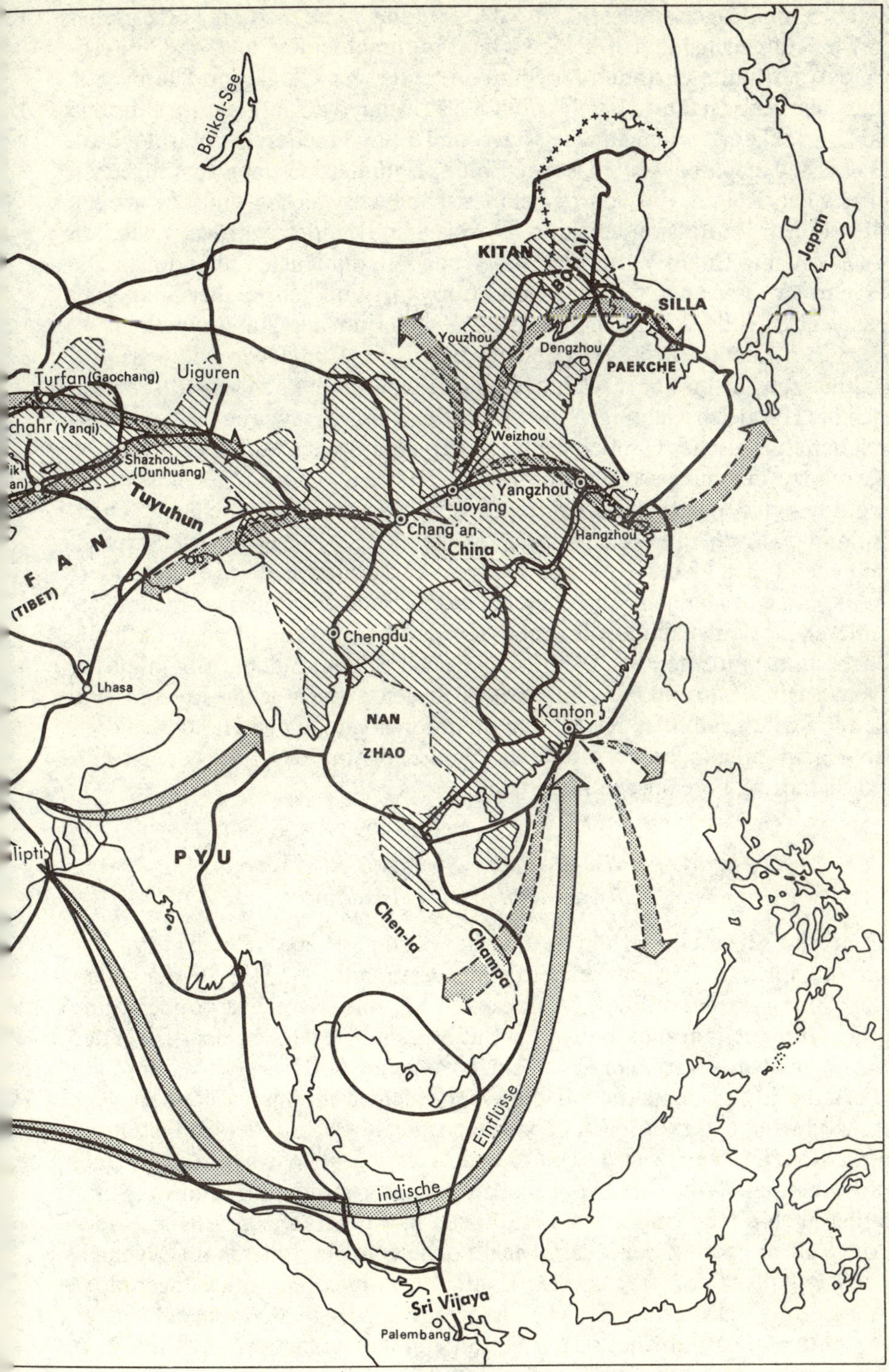
Baikal-See
Japan
KITAN
BOHAI
SILLA
PAEKCHE
Youzhou
Dengzhou
Turfan (Gaochang)
Uiguren
chahr (Yanqi)
Weizhou
Shazhou (Dunhuang)
Tuyuhun
Luoyang
Yangzhou
Chang'an
China
Hangzhou
F A N
(TIBET)
Chengdu
Lhasa
Kanton
NAN
ZHAO
PYU
Chen-la
Champa
Einflüsse
indische
Sri Vijaya
Palembang

und nach achtzehnjähriger Abwesenheit 5 000 buddhistische Texte in chinesischer Sprache sowie Kultgegenstände in seine Heimat mitbrachte; Kūkai (774-835) (Kōbō daishi), der berühmte Gründer der Shingon-Sekte, der China von 804 bis 806 bereiste, und sein Reisegefährte Saichō (767-822) (Dengyō daishi), der im Jahr 805 nach Japan zurückkehrte; die Mönche Jōgyō und Engyō (geboren 799 in Kyōto), die von 838 bis 839 in China weilten, sowie Ennin. Er hinterließ einen ausführlichen Bericht über seine Reisen, die von der chinesischen Verwaltung und der großen anti-buddhistischen Repression der Jahre 842 bis 845 behindert wurden. Zwischen 838 und 847 besuchte Ennin Yangzhou, das Huai-Tal, die Küsten Shandongs, die Wutai-Berge in Nord-Shanxi, Chang'an und Luoyang, und kehrte über Shandong und Korea zurück. Außerdem seien noch die Mönche Eun, der China zwischen 842 und 847 bereiste, Enchin (814-891) (Chishō daishi) (in China von 853-858) und Shūei (in China von 862 bis 866) erwähnt. Zu den Pilgerreisen und Gesandtschaften kamen noch die Handelsbeziehungen: Am Ende der Tang-Zeit wurde die Anwesenheit zahlreicher chinesischer Handelsschiffe in den japanischen Häfen gemeldet.

Auch Korea, wo der chinesische Einfluß schon früher und noch tiefer eingedrungen war, konnte sich der starken Anziehungskraft der Tang-Kultur nicht entziehen. Als sich Silla im Jahr 668 die Reiche von Paekche und Koguryo einverleibt hatte, waren dem neuen Reich Gebiete mit zahlreichen chinesischen Siedlern eingegliedert worden. Während eines halben Jahrhunderts, gegen Ende des 7. und zu Beginn des 8. Jahrhunderts, bestanden dank zahlreicher Gesandtschaften und Reisen koreanischer Mönche und Studenten nach China, zwischen Silla und den Tang intensive Beziehungen. Korea nahm damals im übrigen in den nordöstlichen Meeren eine beherrschende Stellung ein. An den Küsten Shandongs und in den Handelsstädten am großen Kanal entstanden vom unteren Yangzi bis in den Grenzbereich von Henan und Shandong koreanische Kolonien.

4. Die »nationalistische« Reaktion und die Rückkehr zu den Quellen der chinesischen Tradition

Um das Jahr 800 setzte eine große Wende im geistigen Leben Chinas ein. Das Wesentliche an ihr war das starke Bedürfnis bestimmter Kreise, zu den alten Quellen der chinesischen Tradition zurückzukehren, und, damit verbunden, eine feindselige Haltung dem ausländischen Einfluß gegenüber, der seit dem Ende der Han-Zeit in so großem Ausmaß in China eingedrungen war. Diese Reaktion folgte auf eine Periode, in der der Hof und die Oberschicht sich den Ausländern, der exotischen Mode und den exotischen Produkten gegenüber besonders aufgeschlossen gezeigt hatten. Sie scheint ihre Erklärung zu einem großen Teil in der Revolte An Lushans, die den Aspekt einer nationalen Niederlage annahm, und im Stimmungswandel nach diesen tragischen Ereignissen zu finden. Die sträfliche Nachsicht, die die Führungsspitze der Xuanzong-Epoche den Heerführern im allgemeinen und den Befehlshabern fremder Herkunft im besonderen entgegengebracht hatte – An Lushan selbst war ja der Sohn eines sogdischen Vaters und einer türkischen Mutter –, hatte beinahe zum Untergang des Reichs geführt und seine anschließende große Schwäche zur Folge gehabt. Die Barbaren, die von der Dynastie zu Hilfe gerufen werden mußten, hatten sich im Nordwesten festgesetzt und herrschten uneingeschränkt in Gansu und Shenxi: Plündernde Tibeter raubten die kaiserlichen Gestüte aus, fielen im Jahr 763 sogar in Chang'an ein, setzten sich ungefähr zwischen 770 und 850 in den Städten Gansus fest; Uiguren rissen das Monopol des Pferdehandels an sich, aus dem sie großen Gewinn schlugen, und betätigten sich als Pfandleiher und unerbittliche Wucherer in der Hauptstadt. Der Reichtum der in den großen Städten ansässigen ausländischen Kaufleute hatte fremdenfeindliche Reaktionen ausgelöst, die sich anläßlich von Aufständen entluden: im Jahr 760 wurden in Yangzhou mehrere Tausend arabische und persische Kaufleute von aufständischen Banden unter der Führung von Tian Shengong massakriert; mehr als ein Jahrhundert später, im Jahr 879, gingen die Truppen von Huang Chao in Kanton ebenfalls gegen ausländische Kaufleute vor. Der Reaktion des Volks entsprachen in der Oberschicht bestimmte politische Haltungen: während die ethnisch gemischte Aristokratie, die sich so lange an der Macht gehalten hatte, von ihrem barbarischen Ursprung her offensichtlich eine größere Fähigkeit besaß, fremde Einflüsse aufzunehmen und militärische Neigungen zu bewahren, wurde das Milieu der Gebildeten und der durch Examina rekrutierten und zumeist aus Südostchina stammenden Beamten allmählich vom Gedanken beherrscht, daß durch das Eindringen der Barbaren seit dem 4. Jahrhundert langsam die chinesische Reinheit untergraben und die alten Sitten verdorben worden seien, was zur Dekadenz Chinas geführt habe. Diese Schicht, die kaum militärische Interessen hatte, war der Ansicht, daß die Militärgewalt der Zivilgewalt strikt untergeordnet bleiben müsse. Dazu kamen der anmaßende Reichtum der buddhistischen Kirche, die Macht der Mönche, die engen und geheimen Bande, die sie mit den Frauen des Kaiserhofs und den Eunuchen verbanden. Den Eunuchen, deren Macht um 800 im Ansteigen begriffen war, gelang es unter Xianzong (Yuanhe-Ära, 806-820), die Regierung unter ihre Kontrolle zu bringen, indem sie über die Investitur und Absetzung der Kaiser entschieden. Die Auswüchse der Zeit, der Niedergang des Adels aus Shenxi und Ost-Gansu, seit das »Land innerhalb der Pässe« *(guannei)* seine politische und wirtschaftliche Vorherrschaft eingebüßt hatte, die Unterbrechung der zentralasiatischen Verbindungsstraßen, über die der Hauptstrom der ausländischen Einflüsse eindrang: alle diese Umstände riefen eine Reaktion der Personen hervor, die sich für die Vertreter der chinesischen Orthodoxie hielten. Die exotischen Religionen und darunter vor allem der Buddhismus waren nun von ihren Ursprungsländern abgeschnitten: von den Oasen des Tarim-Beckens, Kaschmir, den Grenzräumen Indiens und des Iran. China war bereit, sich abzuschließen und auf sich selbst rückzubesinnen.

Der Terminus des Nationalismus wäre anachronistisch. Dennoch zeichnen sich nach der An Lushan-Revolte eine Reihe von Reaktionen ab, die dem Nationalismus analog sind und die im Laufe der Geschichte später noch wiederholt zutage traten. Wie soll man dieses Festhalten an einer authentischen Tradition, die angeblich von ausländischen Beiträgen verdorben wurde, diesen Drang, zu den reinen, aber nur in der Vorstellung vorhandenen Quellen des orthodoxen Denkens und der orthodoxen Ethik zurückzukehren, bezeichnen, da sie sich nicht auf den noch ganz jungen Begriff der Nation, sondern auf den Begriff der Kultur beziehen? Man müßte, um diese Ideen wiederzugeben, den häßlichen Terminus »Kulturalismus« erfinden.

Die »Alt-Stil-Bewegung«

Merkwürdigerweise trat der Wunsch nach einer Rückkehr zum Alten zuerst in stilistischen und literarischen Anliegen zutage. Es ging darum, zur Einfachheit, Kürze und Ausdruckskraft der chinesischen Prosa der Han-Zeit und des ausgehenden Altertums zurückzufinden. Der erste, der im »alten Stil« *(guwen)* schrieb und damit einen Weg aufzeigte, war Liu Zongyuan (773-819). Nach der chinesischen Auffassung konnte die Form nicht vom Inhalt abgelöst werden: Die stilistischen Bemühungen der Epoche der Sechs Dynastien standen aber in Einklang mit einer vollkommenen moralischen Gleichgültigkeit. Die Literatur sollte jedoch nicht nur ein ästhetisches Freizeitvergnügen sein. Falls sie keine richtigen und starken Gedanken zum Ausdruck brachte, galt sie nur mehr als eine verabscheuungswürdige Virtuositätsübung. Die erzieherische, moralische und politische Funktion, die die Literatur im Altertum hatte, war mit ihrer Form untrennbar verbunden. Diese Themen wurden vom größten chinesischen Prosaschriftsteller seit Sima Qian, dem bedeutenden Han Yu (768-824), einem notorischen Anti-Buddhisten und orthodoxen Gelehrten, entwickelt, dessen im Jahr 819 verfaßte Schmähschrift gegen die Szenen von Massenhysterie anläßlich der Verlegung einer Buddha-Reliquie Berühmtheit erlangte. Gewiß hatten Liu Zongyuan und Han Yu Vorgänger in der Person mancher Historiker und Dichter seit dem Beginn der Tang-Zeit, unter anderem in Liu Mian, dem Präfekten von Fuzhou in der Zhenguan-Ära (627-649). Er war der Meinung, daß seit dem Ende der Han-Zeit das *dao* der alten Philosophen, das gleichzeitig Weisheit und Wahrheit bedeutete, verlorengegangen sei. Aber erst mit Han Yu und Liu Zongyuan gelangte die *guwen*-Bewegung voll zur Blüte. Von ihnen nahm die radikale Entwicklung ihren Ausgang, die im 11. und 12. Jahrhundert zum »Neokonfuzianismus«, einer Art von Renaissance, führte. Schon bei einem der unmittelbaren Nachfolger Han Yus fand sich eine philosophische Ausrichtung, die die neokonfuzianischen Denker der Song-Zeit ankündigte: Li Ao (gestorben um 844) studierte die buddhistische Philosophie und eignete sich das Denken der *chan*-Schule (japanisch *zen*) an, um den Buddhismus besser widerlegen zu können. Diese Studien führten ihn zu neuen Auffassungen von den klassischen Begriffen des *xin* (Geist) und des *xing* (Natur), die der gesamten Philosophie der Song-Zeit ihre Ausrichtung geben sollten: Das innere Wesen des Weisen wird durch Leidenschaften *(qing)* in Unruhe gebracht, und dennoch sind die Natur des Weisen und die Leidenschaften so unauflöslich miteinander verbunden wie Helligkeit und Dunkel. Die Wahrheit, die in vollkommener Aufrichtigkeit (und Unerschütterlichkeit), *cheng*, besteht, liegt jenseits jeder Unterscheidungsmöglichkeit, jeder Opposition zwischen innerem Wesen und Leidenschaften. Hier findet man die grundlegende Dialektik der *chan*-Schule wieder, umgesetzt in die Terminologie der Klassiker und des Menzius.

Die antibuddhistische Repression und der Niedergang des Buddhismus

Der »nationalistische« und fremdenfeindliche Charakter der Bewegung, die in den Jahren 842-845 zur großen Proskription der ausländischen Religionen und darunter der wichtigsten von ihnen, des Buddhismus, führte, geht klar aus den damals angeführten Motiven hervor. Schon im Jahr 836 verbot ein Erlaß den Chinesen jede

Beziehung zu »farbigen Leuten«, ein Terminus, der sich auf Ausländer aus den Regionen jenseits des Pamir und aus Südostasien bezieht: Iraner, Sogdier, Araber, Inder, Malaien, Bewohner von Sumatra usw. In dem Proskriptionsdekret, das kurz darauf, im Jahr 845, verfügt wurde – zu einem Zeitpunkt, als alle Maßnahmen praktisch schon Anwendung fanden – warf man dem Buddhismus als Religion der Ausländer vor, die Ursache für die moralische und wirtschaftliche Schwächung der kurzlebigen Südlichen Dynastien – Jin, Song, Qi, Chen und vor allem Liang – gewesen zu sein. Es heißt darin, die Nestorianer- und Mazdaisten-Mönche würden in den Laienstand zurückgeführt, »damit sie nicht mehr die chinesischen Sitten verderben«, und es ist darin von der moralischen Einfachheit und Reinheit die Rede, die von nun an herrschen solle. Es kam sowohl zu einer gefühlsbetonten Reaktion – einer verschwommenen Feindseligkeit allen Ausländern und den religiösen Vorrechten gegenüber, die sie vor 755 erlangt hatten –, als auch zu einer in dem Maß berechneten Reaktion, als sie sich gegen politische und wirtschaftliche Realitäten richtete: gegen die Macht der Eunuchen, buddhistischer, abergläubischer, ungebildeter und geldgieriger Fanatiker, den skandalösen Reichtum der buddhistischen Klöster an Grundbesitz, Arbeitskräften, Geld und Metallen zu einer Zeit, da der Staat in einer Finanzkrise steckte und es ihm an Kupfer zum Gießen von Münzen mangelte. Die buddhistische Kirche verfügte in der Form von Kultgegenständen, Glocken und Statuen über den größten Teil der Edelmetalle ganz Chinas. Eine der Maßnahmen war darum das Einschmelzen der Glocken und Statuen, um aus ihnen Münzen zu gießen. Im Volk wurde dieses Geld allerdings abgelehnt; man fürchtete sich, ein Sakrileg zu begehen.

Es wäre jedoch falsch, sich das Verbot ausländischer Religionen als ein plötzliches und brutales Ereignis vorzustellen. Erst allmählich wurde zu den radikalsten Maßnahmen gegriffen. Anfangs beschränkten sie sich darauf – gemäß einer Gewohnheit, die man als traditionell bezeichnen kann –, den buddhistischen Klerus zu säubern, um die ungebildeten und falschen Mönche zu entfernen. Anschließend wurden die Privatgüter der Bonzen konfisziert, nach einer restriktiven Auslegung der buddhistischen Abhandlungen über Mönchsdisziplin: Denn die Mönche legten das Gelübde der Armut ab. Man schaffte die buddhistischen Zeremonien im Staatskult ab und schritt zu immer massiveren Rückführungen in den Laienstand (im Jahr 845 täglich 300). Schließlich wurde ein allgemeines Inventar der Heiligtümer der Klöster aufgestellt, und daraufhin wurden ihr Landbesitz, ihre Leibeigenenfamilien, ihr Geld und Metall konfisziert. 260 000 buddhistische Mönche und Nonnen wurden säkularisiert und als Steuerzahler registriert, 150 000 Abhängige von Klöstern, die der Steuer und den Frondiensten des Staates entgangen waren, in die Steuerlisten eingetragen, 4 600 Klöster zerstört oder in öffentliche Bauten verwandelt, 40 000 kleine Kultstätten niedergerissen oder zweckentfremdet. Nur einige wenige Tempel mit offiziellem Statut, in denen eine kleine Anzahl von Mönchen den Dienst versahen, wurden beibehalten. Die Religionen iranischer Herkunft – Mazdaismus, Manichäismus, Nestorianismus – erfuhren ein noch viel schlimmeres Los: Sie wurden definitiv verboten, und ihre Mönche, von denen es nur einige Tausende gab, wurden alle in den Laienstand überführt.

Diese strengen Maßnahmen sollten dem Buddhismus in China sehr schweren

Schaden zufügen, obwohl schon kurz nach der Proskription der Nachfolger des Kaisers Wuzong (841-846) die in den Jahren 843-845 erlassenen strengen Verfügungen lockerte, einer Anzahl von laisierten Mönchen die Wiederaufnahme des religiösen Lebens gestattete und den Wiederaufbau bestimmter Klöster erlaubte. Im übrigen wurden die Proskriptionserlasse wohl nur in der Hauptstadt strikt angewandt. Denn es gab überall, sogar bei den Vollzugsbeamten, einen heimlichen Widerstand, der es in manchen von Chang'an entfernten Gebieten wohl möglich machte, Mönche und ihre Kultstätten zu verschonen. Die Ausdehnung Chinas zur Tang-Zeit war so groß wie die Europas im Mittelalter. Aus diesem Grund konnten die buddhistischen Gemeinschaften ihre Macht bewahren und sie im 10. Jahrhundert im Reich Min in Fujian und im Wu-Yue-Reich sogar ausbauen. Zur Song-Zeit sollte ein bedeutendes Mönchstum wiedererstehen und die buddhistische Kirche einen großen Teil ihrer Macht wiedergewinnen. Sie scheint sich jedoch selbst überlebt und ihre Triebkraft verloren zu haben, denn ihre Elite von gebildeten Mönchen war zerstreut und ihre Lehrtraditionen waren in der großen Proskription von 845 unterbrochen worden.

Vom Ende des 8. Jahrhunderts an war der chinesische Buddhismus von den großen religiösen Zentren Asiens abgeschnitten, die während mehr als einem halben Jahrtausend seine Inspirationsquellen gewesen waren. Die heiligen Stätten blieben ihm versperrt, und im Randgebiet Indiens und des Iran war der Buddhismus selbst von der Expansion des Islam bedroht. Nach dem Ende der Tang-Zeit blieb in China nur eine einzige Sekte wirklich aktiv, die *chan*-Sekte (japanisch *zen*), die eigentlich mehr chinesisch als buddhistisch war. Immer seltener wurden indische Texte ins Chinesische übersetzt; die großen Übersetzer, Kommentatoren und Exegeten waren tot. Zur Song-Zeit zogen die Historiker des Buddhismus die Bilanz der Vergangenheit. Das *Jingde chuandeng lu (Sammlung über die Weitergabe der Lampe, verfaßt zur Jingde-Ära)*, das im Jahr 1004 erschien und 1 701 Biographien von *chan*-Mönchen enthält, hat nichts mehr von der naiven Begeisterung der ersten Hagiographien des Buddhismus, und das *Fozutongji (Allgemeine Annalen der Patriarchen des Buddhismus)*, eine umfangreiche Kompilation, die von den Methoden weltlicher Historiker beeinflußt ist, scheint im Jahr 1269 unter die allgemeinen buddhistischen Geschichtswerke einen Schlußstrich zu ziehen.

Kurz gesagt, die große religiöse Begeisterung des 6. und 7. Jahrhunderts schien versiegt zu sein. Es gab zweifelsohne zahlreiche Ursachen für dieses Phänomen, aber die Hauptursache muß vielleicht im gesellschaftlichen Wandel gesucht werden. Demnach hätte der Buddhismus seinen beherrschenden Einfluß in dem Augenblick eingebüßt, als die gesellschaftliche Struktur, der er sich angepaßt hatte und die vom 3. bis zum 8. Jahrhundert bestand (endogame Aristokratie, System von Gutsadel mit Abhängigen, Stadt- und Bauerngemeinden), zwischen dem 8. und 9. Jahrhundert vom allgemeinen Aufschwung der Stadtwirtschaft und der Geldwirtschaft verändert wurde. Das große Kloster mit seinen Ländereien, seinen Leibeigenenfamilien *(sihu)*, seinen Mühlen, Ölpressen und Pfandleihanstalten als autarke Wirtschaftseinheit war sozusagen das Symbol der gleichzeitig moralischen, religiösen und wirtschaftlichen Autorität des Buddhismus in China. Die großen Klöster und der weltliche Adel der Epoche der Sechs Dynastien und der Tang-Zeit scheinen nicht nur ein analoges und gemeinsames Schicksal erfahren zu haben; zwischen den beiden bestanden auch enge Beziehungen. Sicherlich war die Proskription von 845 für die buddhistische Kirche ein großer Schlag. Aber die gesellschaftliche Entwicklung zerstörte die schon stark erschütterten Grundlagen vollends. Es gibt keine Religion, die nicht in der Sozialstruktur, in der sie sich entwickelt hat, verwurzelt wäre.

Das Reich der Mandarine von der Song-Dynastie zur Ming-Dynastie

TEIL 5
DIE CHINESISCHE »RENAISSANCE«

Die moralisierende Orthodoxie, von der die gesamte chinesische Geschichtsauffassung seit dem 12. Jahrhundert geprägt wurde, und die traditionelle Historiographie, die Chinas Vergangenheit nur auf die Zentralregierung und die Verwaltung bezogene Ereignisse ohne zeitliche Dimension reduzierten, haben uns so fest von der Unveränderlichkeit der sozialen und politischen Struktur, der grundlegenden Institutionen, des Denkens, der Wirtschaft und der Technik der chinesischen Welt überzeugt, daß wir die tiefstgreifenden Veränderungen und die hervorstechenden Neuerungen nicht mehr bemerken. Was in der europäischen Geschichte als Anbruch einer neuen Zeit betrachtet wurde, ist in der traditionellen Perspektive der chinesischen Geschichte nur ein »Dynastiewechsel«. Wenn sich die Vergangenheit der chinesischen Welt so radikal von derjenigen Europas unterscheidet, so ist daran zuallererst ihre Darstellung schuld. Diese Tatsache darf wohl nicht als belanglos angesehen werden, denn unsere Geschichtsschreibung der Welt gründet sich auf den Vorrang des Westens, auf den evolutionären Charakter seiner Geschichte und auf die relative Stagnation der anderen Zivilisationen.

Stellt man jedoch die um die Jahrtausendwende auftauchenden Neuerungen zusammen, so bilden sie ein umfangreiches Ganzes, dessen eindrucksvolle Kohärenz wohl zur Einsicht bringen muß, daß China zu jener Zeit einen echten Wandel durchmachte, dessen Tragweite nicht weniger bedeutend ist als diejenige der Veränderungen am Ende des Altertums.

In diesem Buch haben wir dafür den Terminus »Renaissance« verwendet, der gewiß kritisiert werden kann, wenn die Analogien zur europäischen Renaissance auch zahlreich sind: Rückkehr zur klassischen Tradition, Verbreitung des Wissens, Aufschwung von Wissenschaft und Technik (Buchdruck, Explosivstoffe, Fortschritt der Schiffahrtstechniken, Uhr mit Hemmung usw.), Entstehung einer neuen Philosophie und einer neuen Weltanschauung. Alles in allem besitzt die Welt Chinas, wie der Westen, ihre eigenen und originellen Züge. Dieser Vergleich mit unserer Geschichte soll nicht mehr sein als ein Hinweis auf einen ganz allgemeinen Parallelismus in der Entwicklung der verschiedenen Kulturkreise, Hinweis auch auf befristete Wechselbeziehungen, durch die sie im Laufe ihrer Entwicklung miteinander verbunden waren.

Zeittafel des 10. bis 14. Jahrhunderts

Äußere Mongolei	Nordwestliche Rand-Gebiete	Nordöstliche Rand-Gebiete	Nordchina		Südchina
			Shanxi Jin-Reich (895-923)	FÜNF DYNASTIEN (in Kaifeng)	Shu-Reich (907-923) in Sichuan, Chu-Reich (907-951) und Jingnan-Reich (907-963) in Hunan, Südliche Han (911-971) in Kanton, Min-Reich (909-978) in Fujian, Wu-Yue-Reich (907-978) in Zhejiang, Wu-Reich und Südliche Tang (902-975) in Jiangxi
		LIAO-Reich (Kitan) (946-1125)		Spätere Liang (907-923) Spätere Tang (923-936) Spätere Jin (936-946) Spätere Han (947-950)	
			Reich der Nördlichen Han (951-979)	Spätere Zhou (951-960)	
MONGOLEN-Reich 1206 Machtantritt von Tschingis Khan 1227 Annexion des Xia-Reichs 1234 Annexion des Jin-Reichs 1271 Annahme des Dynastienamens YUAN 1276-1279: Annexion des Reichs der Südlichen Song Die Mongolen werden in die Mongolei zurückgedrängt	Reich der Westlichen XIA (1038-1227)	JIN-Reich (Dschurdschen) (1115-1234) annektiert Nordchina im Jahr 1126	NÖRDLICHE SONG (960-1126) in Kaifeng		
			SÜDLICHE SONG (1127-1279) in Hangzhou		
			1368, Gründung des chinesischen MING-Reiches in Nanking		

I. KAPITEL
DIE NEUE WELT

Vom 11. bis zum 13. Jahrhundert gab es keinen Bereich des politischen, gesellschaftlichen oder wirtschaftlichen Lebens, der nicht im Vergleich zu den früheren Epochen radikale Veränderungen aufwies. Der Wandel war nicht nur quantitativ (demographischer Zuwachs, allgemeiner Anstieg der Produktion, Entwicklung des Binnen- und Außenhandels usw.), sondern auch qualitativ. Die politischen Sitten, die gesellschaftliche Struktur, die Beziehungen zwischen den einzelnen Klassen, das Heer, das Verhältnis zwischen Stadt und Land und die Wirtschaftsformen waren nicht mehr die gleichen wie in dem noch halb mittelalterlichen Aristokratenreich der Tang. Eine neue Welt war entstanden, die in ihren Grundzügen schon dem China der Neuzeit angehörte.

Diese neue Welt lebte jedoch unter der Bedrohung ständiger Invasionen, die sie schließlich zerstörten, als Anfang des 12. Jahrhunderts das chinesische Reich seiner Nordprovinzen beraubt und in den Jahren 1273 bis 1279 zur Gänze erobert wurde. Diese Bedrohung von außen war nicht ohne Verbindungen zur Wirtschafts- und Sozialgeschichte der Song-Zeit, und sie war es, die die ganze chinesische Politik vom Ende des 10. bis zum Ende des 13. Jahrhunderts bestimmt hat.

1. Politische Geschichte und Institutionen

Die Ereignisse

Im Jahr 951 gründete General Guo Wei in Kaifeng die kurzlebige Dynastie der Späteren Zhou und vereinte ganz Nordchina mit Ausnahme der Gegend von Taiyuan in Nord-Shanxi, wo sich das kleine, von den Kitan protegierte türkische Reich der Nördlichen Han festgesetzt hatte. Das Werk, das von den Späteren Zhou von 951 bis 960 vollendet wurde, kündigte schon die große Anstrengung um wirtschaftlichen Wiederaufbau und politische Wiedervereinigung zu Beginn der Song-Zeit an: Brachland wurde wieder bebaut, Militärkolonien wurden geschaffen, die Steuerlast wurde vermindert und gerechter verteilt, die Kanäle und Dämme wurden wieder instandgesetzt; im Jahr 955 wurden die Besitztümer der buddhistischen Klöster konfisziert (wie schon im Jahr 845 wurden die Glocken in Münzen umgeschmolzen), und es wurden siegreiche Feldzüge gegen das Reich Shu und das Reich der Südlichen Tang durchgeführt. Nord-Sichuan und das Gebiet zwischen dem Huai und dem Yangzi wurden annektiert. So stand General Zhao Kuangyin, als seine Truppen ihn an die Macht brachten und er in Kaifeng im Jahr 960 die Song-Dynastie gründete, an der Spitze eines erneuerten Reichs, dessen Macht es ihm gestattete, das Werk seiner Vorgänger zu konsolidieren und zu erweitern.

Innerhalb von zwanzig Jahren gelang es der neuen Song-Macht, die Eroberung der unabhängigen Reiche zu Ende zu führen und unter ihrer Autorität Gebiete zu vereinigen, deren Oberfläche siebenmal größer als die des heutigen Frankreich war. Die Wiedervereinigung fand in folgenden Etappen statt:

963 mittleres Yangzi-Gebiet (Reich Chu)
965 Sichuan (Spätere Shu)

971 Guangdong (Südliche Han)
975 Anhui, Jiangxi und Hunan (Jiangnan)
978 Jiangsu und Zhejiang (Wu-Yue)
979 Shanxi (Nördliche Han)

Diese Folge von Siegen beruhte wohl teilweise auf der Leistungsfähigkeit der von den Späteren Zhou geschaffenen Institutionen und auf der Tüchtigkeit des Heeres, dessen Leitung der Gründer der Song-Dynastie im Jahr 960 übernommen hatte. Aber anders als im 7. Jahrhundert blieb die militärische Expansion auf die chinesischen Länder beschränkt und drang nicht in die Mandschurei, nach Korea, in die Mongolei und nach Zentralasien vor. Im Nordosten wurde sie nämlich vom mächtigen Reich der Kitan zum Stillstand gebracht, das sich im Lauf des 10. Jahrhunderts gebildet hatte, und im Nordwesten von den Tibetern, die sich nach Qinghai, Gansu und Shenxi ausgedehnt hatten. Im Südwesten schließlich wurde die Expansion vom Reich von Dali gebremst, dem Nachfolgestaat des Nanzhao-Reiches in Yunnan, den erst im Jahr 1253 die mongolischen Streitkräfte zerstörten. Vietnam aber war es gelungen, sich im Jahr 939 von der chinesischen Oberherrschaft, d. h. des Reichs der Südlichen Han in Kanton, zu befreien, und im Jahr 968 ein geeintes und unabhängiges Reich zu bilden (Dynastie der Dinh). Das erste dieser beiden Daten stellt den Endpunkt der langen Hegemonie dar, die die chinesischen Kaiserreiche und die Königreiche Südchinas beinahe ohne Unterbrechung seit dem 2. vorchristlichen Jahrhundert im Becken des Roten Flusses und an den Küsten Annams ausgeübt hatten. Im Jahr 981 gelang es Vietnam, einen Feldzug der Song zurückzuschlagen. Im Jahr 1009 wurde der »Große Viêt« (Dai Viêt) von der neuen Dynastie der Ly (1009-1225) gegründet. Sie führte von 1073 bis 1077 in Guangxi, Nord-Vietnam und in den Küstengebieten gegen das chinesische Heer und die chinesische Flotte einen Krieg, der dem Song-Reich große Schwierigkeiten bereitete. Denn durch die Existenz zahlreicher Eingeborenenstämme wurde seine Lage in diesen tropischen und ungesunden Regionen noch kompliziert.

Unter der Herrschaft des dritten Song-Kaisers, Zhengzong (997-1022) begann das Kitan-Reich der Liao, das damals auf dem Höhepunkt seiner Macht war, siegreiche Angriffskriege in Hebei und Shanxi. Die Song wurden zur Unterzeichnung eines Vertrages gezwungen (Friede von Shanyuan im Tal des Gelben Flusses, 1004), der sie zu erheblichen jährlichen Tributzahlungen an die Liao verpflichtete. Dennoch sicherte dieser Vertrag – wie derjenige, der ihn im Jahr 1042 ergänzte und die Tributzahlungen des Song-Reichs erhöhte – China keinen vollkommenen Frieden an den neuen Grenzen. Gleichzeitig drohte in den Nordwest-Provinzen eine noch schwerere Gefahr. In diesem Raum, in dem tibetische, chinesische, türkische und mongolische Völker zusammenlebten, war in der ersten Hälfte des 11. Jahrhunderts unter der Führung eines ehemaligen Volkes von Viehzüchtern, der Tanguten, eine große politische Einheit entstanden. Dieses unter dem Namen der Westlichen Xia (1038-1227) bekannte Reich erstreckte sich von der südlichen Mongolei bis Qinghai (Kukunor) und reichte bis in die Provinzen Shanxi, Shenxi und Gansu hinein, deren Bevölkerung mehrheitlich aus Han bestand. Auch mit diesem Reich mußten die Song im Jahr 1044 einen kostspieligen Friedensvertrag unterzeichnen, der sie aber nicht vor neuerlichen Angriffen schützte.

In der zweiten Hälfte des 11. Jahrhunderts verschärfte sich die Bedrohung durch die Xia; gleichzeitig nahmen die wirtschaftlichen Schwierigkeiten zu. Die Zentralregierung rief einen Minister namens Wang Anshi (1020-1086) zu Hilfe, dem sie die Vollmacht verlieh, eine Reihe von Reformen durchzuführen, die die gesellschaftliche, wirtschaftliche und militärische Struktur in Frage stellten und schließlich eine heftige Reaktion der Großgrundbesitzer und reichen Kaufleute auslösten. Nach dem Tod seines Schutzherrn Kaiser Shenzong im Jahr 1085 wurde Wang Anshi entmachtet. Der Anführer der konservativen Partei, Sima Guang (1019-1086), übernahm die Regierung und machte die Reformen rückgängig. Diese Parteienkämpfe, die das Reich schwächten, dauerten bis zur plötzlichen Invasion der Dschurdschen an, eines in der Mandschurei ansässigen sinisierten Volkes, das im Jahr 1126 das Liao-Reich zerschlug und ganz Nordchina besetzte.

Den Song, die südlich des Yangzi-Unterlaufs Zuflucht gesucht hatten, gelang es schließlich, Hangzhou zu ihrer provisorischen Hauptstadt zu machen. Die nun beginnende Periode wird, im Gegensatz zur ersten Hälfte der Song-Zeit (960-1126), als Südliche Song-Dynastie (1127-1279) bezeichnet. Die Konservativen gewannen endgültig die Macht zurück; es kam jedoch zu einer neuen Opposition zwischen den Befürwortern der Rückeroberung und den Anhängern eines Modus vivendi mit dem Dschurdschen-Reich der Jin. Die Gegenoffensiven im Norden scheiterten an der militärischen Übermacht der Dschurdschen. Dem Song-Heer, das über keine Kavallerie verfügte, fehlte es an Kampfgeist. Das Reich schlug unter der Leitung des Kanzlers Qin Gui (1090-1155) daher eine Beschwichtigungspolitik ein. Wegen einer Veränderung in der politischen Führung zeitigte jedoch der mit den Jin abgeschlossene Friedensvertrag keinen Erfolg. Die Verträge wurden mehrmals gebrochen, und ständige Kriege führten zu einem Preisanstieg und einer Steuererhöhung. Diese wirtschaftlichen Schwierigkeiten lösten ihrerseits wieder gesellschaftliche Unruhen aus. Die politische Zentralisierung sicherte den im Laufe des 12. und 13. Jahrhunderts aufeinanderfolgenden Kanzlern Qin Gui, Han Tuozhou (1151-1202), Shi Miyuan (?-1233) und Jia Sidao (1213-1275) eine fast absolute Macht. Der Niedergang des Reichs verschärfte sich bis zum Augenblick der Mongoleninvasion, die der Dynastie praktisch schon im Jahr 1276 (Datum des Falles von Hangzhou) ein Ende setzte.

Der neue Staat

Die grundlegenden Institutionen des neuen Staates wurden unter dem zweiten Song-Kaiser, Taizong (976-997), zum Zeitpunkt der Konsolidierung des Reichs geschaffen beziehungsweise ergänzt. China wurde mit einem wahren Netz von Informations-, Kontroll- und Kommandostellen überzogen, das bis in die hintersten Regionen reichte und der Zentralregierung eine noch nie dagewesene Macht über das gesamte Territorium verlieh. Durch die Reformen in der Yuanfeng-Ära (1078-1085) erfuhr die Zentralisierung noch eine weitere Verstärkung, und die Rolle des Kanzlers wurde so bedeutend, daß sie die des Kaisers überschattete.

Die allgemeine Politik wurde von einem Staatsrat geführt, der aus fünf bis neun Mitgliedern bestand und dessen Vorsitz der Kaiser innehatte. Dem Staatsrat wurde ein Büro angegliedert, das mit der Redaktion der offiziellen Texte beauftragt war:

der »Hof der Akademiker« *(xueshiyuan)*, dessen Mitglieder manchmal als Ratgeber fungierten. In allen Fällen aber hörte die Regierung zahlreiche Stellungnahmen an. Und die Beschlüsse wurden erst nach Beratungen gefaßt, bei denen verschiedene Ansichten zum Ausdruck kamen, wobei der Kaiser die angenommenen Vorschläge nur mehr sanktionierte oder in letzter Instanz entschied. Drei Ämter waren mit der Annahme der Stellungnahmen, der Anregungen und Beschwerden von seiten Beamter oder einfacher Privatleute betraut. Sie waren voneinander unabhängig, und ihre Mitglieder genossen absolute Immunität, die nicht einmal vom Kaiser selbst in Frage gestellt werden konnte. So wurde eine gewisse Objektivität gewährleistet. Es ist eine Tatsache, daß unter den Song (und speziell im 11. Jahrhundert) Projekte und Vorschläge aller Art von Personen sehr unterschiedlicher Stellung in großer Zahl in die Verwaltungsbüros und sogar bis in die Regierung gelangten.

Die Zentralverwaltung, die im Vergleich zu ihrer Schwerfälligkeit unter den Tang an Einfachheit gewonnen hatte, scheint funktionstüchtiger geworden zu sein. Sie bestand aus drei droßen Abteilungen:

– Wirtschaft und Finanzen (die »drei Ämter«, *sansi:* Ämter für Staatsmonopole, Budget und Bevölkerung);
– Heer *(shumiyuan)*;
– Sekretariat *(zhongshumenxia)*, das mit der Gerichts- und Personalverwaltung (Beamtenprüfungen, Ernennungen, Beförderungen usw.) betraut war.

In den Provinzen, wo die Distrikte *(xian)* in Präfekturen zusammengefaßt waren, von denen manche mehr militärischen Charakter (die *jun*), andere mehr industriellen Charakter (die *jian*) hatten, waren kaiserliche Kommissäre mit Sondermissionen beauftragt und kontrollierten, gemäß ihren Kompetenzen, die juristischen, steuerrechtlichen, wirtschaftlichen oder militärischen Angelegenheiten.

Neben der Existenz voneinander unabhängiger Informations- und Kontrollorgane und der extrem strengen Trennung von Befugnissen und Kompetenzen müssen noch zwei Besonderheiten des politischen Systems der Song-Zeit hervorgehoben werden: Einerseits die Vermehrung der mit wirtschaftlichen Fragen beschäftigten Ämter, die ihren Grund darin hatte, daß der Hauptanteil der Staatseinkünfte aus Handel und Industrie kam; andererseits die Effizienz des Rekrutierungs- und Beförderungssystems für Beamte dank Mechanismen, die die Auswahl der Besten begünstigten.

Unter den Song hatte das Prüfungssystem zur Rekrutierung von Beamten seine größte Vollkommenheit erreicht. In der Folgezeit degenerierte es und in den autoritären Reichen der Ming und der Qing wurde es so schwerfällig, daß es den sozialen Aufstieg eher bremste als förderte. Diese Institution war geschaffen worden, um der übermäßigen Macht der Militäraristokratie zu begegnen; sie hatte unter den Tang im 7. und 8. Jahrhundert Gestalt angenommen (die ersten Prüfungen sollen im Jahr 606 unter dem Sui-Kaiser Yangdi stattgefunden haben). Die Kandidaten wurden in sehr kleiner Anzahl – bis zum Jahr 737 von einem bis zu drei Kandidaten pro Präfektur – von den Lokalbehörden vorgeschlagen oder kamen aus staatlichen Schulen der Hauptstadt. Es gab verschiedene Typen von Examina (klassische Bildung, Recht, Geschichte der Schrift, Mathematik, militärische Eignung mit Wettkämpfen im Schießen und in der Körperkraft); die angesehenste Prüfung mit den meisten Kandidaten war jedoch ein Examen über Allgemeinbildung und die Fähigkeit im Abfassen von Schriftstücken, die auch das Schreiben eines Gedichts einschloß. Die von den Song am Ende des 10. Jahrhunderts und im Laufe des 11. Jahrhunderts durchgeführten Reformen bestanden darin, drei verschiedene Ebenen zur Erweiterung der Beamtenrekrutierung zu schaffen (Präfekturprüfungen, Prüfungen, die in der Hauptstadt vom kaiserlichen Sekretariat kontrolliert wurden, und Prüfungen, die in Anwesenheit des Kaisers im Kaiserpalast stattfanden), nur einen einzigen Prüfungstyp beizubehalten und die Objektivität der Beurteilung durch verschiedene Maßnahmen wie die Anonymität der Prüfungskopien zu garantieren.

Wie unter den Tang und in den anderen historischen Epochen garantierte eine erfolgreiche Prüfung – außer für die Ersten auf der Liste, die rasch Karriere machten – nicht automatisch eine Ernennung als Kader der kaiserlichen Verwaltung. Noch andere Verfahren dienten der Beförderung von Beamten, darunter ein System von Empfehlungen, in dem der Empfehlende für die Fehler und Irrtümer seines Schützlings verantwortlich war, sowie die Anwendung einer möglichst objektiven Benotung.

Seine Entwicklung vom 11. bis zum 13. Jahrhundert verlieh dem Zivilbeamtentum im damaligen politischen System und in der Gesellschaft der Zeit beträchtliches Gewicht. Zu keiner anderen Epoche haben die »Mandarine« auf die Staatsführung eine so wirksame Kontrolle ausgeübt. Die Günstlinge, die Kaiserinnen mit ihren Familien, die Eunuchen, alle Personen, die dem Kaiser nahestanden, über die Palastintrigen auf dem laufenden waren und denen es in anderen Perioden gelungen ist, die Staatsangelegenheiten zu beeinflussen oder gar zu lenken, scheinen zur Song-Zeit keinerlei Einfluß gehabt zu haben. Die Kaiser selbst fristeten ein Schattendasein, während ihre Minister die Szene beherrschten.

Aber auch die politischen Sitten zeugten von der Macht und der beherrschenden Rolle der Beamtenschaft. Im 11. Jahrhundert entstanden zum erstenmal große politische Parteien, deren konträre Tendenzen und Auseinandersetzungen der Ausdruck gewisser sozialer Gegensätze waren. Gewiß war man weit entfernt von den Formen der parlamentarischen Regimes unserer Zeit (eher noch ließe sich ein Vergleich mit den heutigen Ostblockstaaten ziehen), aber die heftigen Kämpfe, in denen die Gegner ihre ganze Karriere aufs Spiel setzten – denn ein politischer Richtungswechsel brachte eine weitreichende Erneuerung der politischen Führungsschicht mit sich –, beweisen die Intensität des politischen Lebens in der Song-Zeit.

Die Reformbewegung

Das 11. Jahrhundert war in der Geschichte Chinas die Zeit der großen Reformversuche des politischen und gesellschaftlichen Systems. Die Reformbewegung, die mit den geistigen Strömungen dieser Zeit untrennbar verbunden ist, war jedoch stärker als die Philosophie von historischen Zufällen abhängig. So waren die von den Angriffen der Liao und der Xia verursachten Schwierigkeiten Ausgangspunkt für die Versuche, die Mängel des Verteidigungssystems auszumerzen. Da jedoch die militärischen Probleme kaum aus dem wirtschaftlichen, sozialen und politischen

Zusammenhang herausgelöst werden können, bezogen sich die Reformen, die das Werk weitblickender Männer mit einer Gesamtkonzeption von Staat und Gesellschaft waren, schließlich auf die Gesamtheit der Institutionen.

Angesichts der Bedrohung durch die Tanguten, die im Jahr 1038 das Reich der Westlichen Xia gründeten, rief man einen Provinzbeamten namens Fan Zhongyan (989-1052) zu Hilfe, der einen Plan zur Eindämmung der neuen Macht im Nordwesten vorlegte. Der im Jahr 1044 mit den Xia abgeschlossene Friedensvertrag wurde als Teilerfolg gewertet und Fan Zhongyan gutgeschrieben. Fan Zhongyan und seine Mitarbeiter hatten, nachdem sie in die Regierung berufen worden waren, ein zehn Punkte umfassendes Reformprojekt verwirklicht, das das Prüfungs- und Beförderungssystem der Beamten, die Landwirtschaft und das Steuerwesen betraf.

Bei den Reformen unter Fan Zhongyan handelte es sich jedoch nur um bescheidene Verbesserungen schon existierender Institutionen. Dagegen nehmen sich die in der zweiten Hälfte des 11. Jahrhunderts durchgeführten Reformen viel kühner und radikaler aus. Es ist deshalb verständlich, daß sie auf heftigen Widerstand stießen und die Führungsschicht in zwei rivalisierende Clans aufspalteten.

Moderne Historiker haben für die »neuen Gesetze« Wang Anshis (1021-1086) die Bezeichnung »Sozialismus« gebraucht. Es steht fest, daß gewisse Kreise der Intelligentsia und der Bauernschaft im 11. und 12. Jahrhundert von einem Ideal sozialer Gerechtigkeit erfüllt waren, das manchmal egalitaristische Züge trug. Aber es ist ebenso klar, daß Wang Anshi keineswegs das Ziel im Auge hatte, die Grundlagen der Gesellschaft und der politischen Macht in Frage zu stellen. Er war beeinflußt von liberalen Vorstellungen und praktischen Anliegen eines Verwaltungsbeamten. Wang Anshi, ein Feind des Despotismus, der von der regulierenden Funktion der Gesetze im sozialen und politischen Bereich überzeugt war, scheint eine Art von soziologischem Einfühlungsvermögen besessen zu haben. In seinen Augen war die faktische Diskriminierung der Kleinbauern, die allein die Last der direkten Steuern und der Frondienste tragen mußten, die tiefere Ursache für die Schwäche des Staates. Er glaubte, daß man sie durch eine Verbesserung ihrer Lage, durch die Wiederherstellung einer gewissen Gerechtigkeit bei der Verteilung der Lasten wirksamer zur Teilnahme am Kampf gegen die Übergriffe der Reiche im Norden bewegen könnte. Ebenso wie die armen Bauern der Ausbeutung derer zum Opfer fielen, die ihnen in Notlagen verzinsliche Darlehen gewähren konnten, litten die kleinen Handwerker und Händler unter der totalen Abhängigkeit, in der sie die von den reichen Kaufleuten beherrschten Gilden *(hang)* hielten.

Die Reformer stammten aus einer der Regionen Chinas – dem Südosten –, in der der wirtschaftliche Aufschwung einen intensiven Waren- und Geldumlauf mit sich gebracht hatte (Fan Zhongyan war aus Suzhou, Wang Anshi aus Fuzhou in Jiangxi gebürtig). Ihre Herkunft erklärt wohl manche ihrer Überzeugungen: Was die Ausbeutung der Armen durch die Reichen ermögliche, seien die Hindernisse, die das Zirkulieren der Reichtümer blockieren, nämlich die Hortung. Im Gegensatz zu einer statischen Wirtschaftshteorie, die eine viel weitere Verbreitung gehabt zu haben scheint, war Wang Anshi der Ansicht, daß durch die Entwicklung der Produktion gleichzeitig der Lebensunterhalt jedes einzelnen und die Einkünfte des Staates erhöht werden können.

Wang Anshi, der schon im Jahr 1056 ein Reformprojekt eingereicht hatte, das die Lage im Nordwesten wiederherstellen sollte, wurde im Jahr 1068 in die Regierung berufen. Im Jahr 1076 wurde er unter dem Druck der konservativen Partei zum Rücktritt gezwungen, 1078 neuerlich eingesetzt, aber 1085 von Sima Guang, seinem Hauptgegner, der im selben Jahr die Abschaffung der »neuen Gesetze« erwirkte, wieder entmachtet.

Die Reformprojekte Wang Anshis, die hauptsächlich zwischen 1069 und 1075 angenommen wurden, bezogen sich auf ganz verschiedene Bereiche: Steuerwesen, Wirtschaft, Heer, Verwaltung. Eines der Hauptanliegen Wang Anshis war es, die Lasten des Bauerntums zu mildern, indem er gegen die Praktiken der Großaufkäufe und der Lagerung einschritt, eine Kontrolle des Getreidepreises einrichtete und das Steuersystem so reformierte, daß Steuerhinterziehungen erschwert wurden. Er änderte die herkömmlichen Regeln für den Transport der Naturalsteuern, gestattete die Umwandlung der Dienstleistungen in Abgaben, ermöglichte staatliche Darlehen zu bescheidenen Zinsen und richtete zur Bekämpfung des Wuchers sogar staatliche Pfandleihanstalten ein. Große Leistungen wurden auf dem Gebiet der Bewässerung und der Verbreitung agronomischer Kenntnisse vollbracht. Gleichzeitig suchte man nach neuen Einkommensquellen, die das Kleinbauerntum nicht mehr belasten sollten; so beteiligte sich der Staat nun am Großhandel. Durch diese Maßnahmen konnten sowohl die öffentlichen Einnahmen merklich erhöht als auch die Grundsteuern um die Hälfte gesenkt werden.

Ein anderes Ziel Wang Anshis war es, dem Staat ein treu ergebenes, ausschließlich um das öffentliche Wohl bemühtes Verwaltungspersonal zu verschaffen. Aus diesem Grund wurden die Gehälter der Staatsbeamten beträchtlich erhöht – die chinesischen Beamten waren, außer in der Mitte des 18. Jahrhunderts, vielleicht nie besser bezahlt als in der Song-Zeit – und wurde das allzu formalistische Prüfungssystem so reformiert, daß die praktischen Kenntnisse (Wirtschaft, Recht, Geographie usw.) endlich mehr Bedeutung erhielten. Auf der Ebene der Präfekturen und der Unter-Präfekturen wurden zur Förderung des Beamtennachwuchses öffentliche Schulen geschaffen, deren Unterhalt ihnen zugewiesene Ländereien gewährleisteten.

Die wichtigsten Neuerungen betrafen jedoch das Militär. Zu einer Zeit, als die Aufblähung des Söldnerheeres eine große Belastung für den Staat darstellte, ohne eine wirksame Verteidigung zu gewährleisten, beschloß Wang Anshi, durch die Schaffung von Bauernmilizen dem Volk die Aufgabe zu übertragen, wieder für seine eigene Sicherheit zu sorgen. Diese Milizen *(baojia)*, die zu Einheiten von je zehn Familien zusammengefaßt und regelmäßig trainiert und mit Waffen versorgt wurden, gestatteten eine Herabsetzung der hypertrophen Bestände der regulären Streitkräfte.

Der heftige Widerstand, auf den die »neuen Gesetze« Wang Anshis stießen, hatte zweifelsohne wirtschaftliche und soziale Gründe: Die Reformen stellten zu viele Privilegien und soziale Positionen in Frage. Der erbitterte Kampf, der mehr als zwanzig Jahre lang – und sogar noch nach dem Tod der beiden Hauptgegner – zwischen der Reformpartei Wang Anshis und der vom Historiker Sima Guang und vom Mathematiker Shao Yong angeführten konservativen Partei herrschte, war jedoch viel mehr als einfach nur ein Interessenstreit. Die Gegensätze der Personen, ihrer Temperamente und ihrer Bildung scheinen dabei eine große Rolle gespielt zu haben. Uneigennützige Haltungen sind nicht auszuschließen; denn hat die Reformbewegung nicht deshalb entstehen können, weil im 11. Jahrhundert jeder einzelne, unabhängig von seiner Stellung, das Recht hatte, seine Anregungen an höchster Stelle vorzubringen?

Zu dieser Reformbewegung gehörte zweifelsohne auch die Einrichtung von Wohlfahrtsinstitutionen für das Volk: Waisenhäuser, Armenhäuser, Spitäler, ärztliche Fürsorgestellen für Unbemittelte, öffentliche Friedhöfe, Getreidespeicher zur Vorsorge usw. Diese Institutionen waren zahlreicher in städtischen Gebieten, wo der Zustrom von mittellosen Personen und die Bevölkerungskonzentration große Probleme stellten. Sie beruhten auf dem Vorbild der von buddhistischen Klöstern im 6. und 7. Jahrhundert geschaffenen Wohlfahrtseinrichtungen: es wurden ihnen als ständige Einnahmequellen unveräußerliche Ländereien zugewiesen. Diese Art von Stiftungen war zur Song-Zeit weit verbreitet. Nicht nur der Staat griff zu diesem Mittel, um bestimmte Einkünfte sicherzustellen; in der Folge des von Fan Zhongyan mit seinen »Gerechtigkeitsdomänen« *(yizhuang)* gelieferten Beispiels, benutzten es auch große Familien zum Zweck gegenseitiger Hilfe innerhalb des Clans. Diese Verweltlichung einer buddhistischen Institution und die Übernahme von Wohlfahrtsfunktionen, die von den Klöstern geleistet worden waren, durch den Staat, war eine der Spätfolgen des Verbots der buddhistischen Kirche im Jahr 845.

2. Das Heer

Vom regulären Heer zum Söldnerheer

Wenn das Reich der Song auch dem Verteidigungsproblem vordringliches Interesse entgegenbrachte, neue Kriegsmaschinen erfand, die Bestände der Streitkräfte erhöhte, während der Invasion der Dschurdschen eine Kriegsflotte schuf und vom Ende des 10. Jahrhunderts bis zum Ende des 13. Jahrhunderts den Hauptteil der Ressourcen für den Krieg aufwandte, wurde dennoch die unbestrittene Oberhoheit der Zivilgewalt über die Militärgewalt stets aufrechterhalten und bekräftigt. Der Geist, von dem das Song-Reich getragen wurde, war dem seiner Gegner im Norden entgegengesetzt. Die Verherrlichung der rohen Gewalt, die Eroberungslust und die Herrschsucht, die den echten Krieger auszeichneten und die zu den Eigenschaften der gefürchtetsten Gegner Chinas, der Dschurdschen und der Mongolen, zählten, fehlten ihm vollständig. Dieser mangelnde Kampfgeist, den man dem China der Song-Zeit vorgeworfen hat, läßt sich sehr wohl erklären, ohne daß irgendwelche angeborenen und zeitlosen Eigenschaften ins Feld geführt werden müssen.

Das ererbte und vom neuen Reich der Song übernommene Söldnersystem machte den Soldatenberuf nicht mehr zur Angelegenheit aller, sondern zu einer spezialisierten Tätigkeit. Seit der Qin-Zeit hatte aber die Stärke des chinesischen Heeres auf der Aushebung beruht. Sie lieferte die Hauptbestände des Heeres, die Barbarenkontingente in sehr vorteilhafter Weise ergänzten, nämlich die Bergvölker und Nomaden, deren Ausdauer und Kampfgeist geschätzt wurden. Den Song fehlte diese wertvolle Unterstützung durch Barbaren-Hilfstruppen, und ihr Heer litt an sämtlichen Mängeln der Söldnerheere: erhöhten Ausgaben, langen Perioden der Untätigkeit, in denen sich die Disziplin lockerte, und der Tendenz, sich wie ein Fremdkörper im Reich zu benehmen. Die Anwerber der Söldner stellten eine Geißel der Landbevölkerung dar, und wenn es vorkam, daß Soldaten entlassen wurden, so schlossen sie sich bald darauf zu Räuberbanden zusammen. Zudem rekrutierte man die Söldner, um der Landwirtschaft nicht zu schaden, mit Vorliebe unter Entwurzelten, unter Verbannten, die sich illegal im Land aufhielten, unter begnadigten Verurteilten oder aber unter Eingeborenen aus dem Süden, die der Regierung nach Aufständen auf Gnade und Ungnade ausgeliefert waren. Mehr denn je empfand die Zivilgewalt das Bedürfnis, sich – durch Aufsplitterung der Einheiten, durch eine Aufteilung der Verantwortlichkeiten und vermehrte Kontrollen, die den Heerführern jede Initiative nahmen – gegen die autonome Entwicklung der militärischen Macht zu schützen. Bürokratische Gewohnheiten trugen zur Schwächung des Verteidigungssystems bei: offizielle Inventare zählten mehr als tatsächliche Zustände. Schon zu Beginn der Song-Dynastie hatten ihre Gründer Sorgfalt darauf verwandt, das Palastheer *(jinjun)*, das eine Elitetruppe darstellte, in drei Einheiten aufzuteilen und der Kontrolle des *shumiyuan* zu unterstellen. Vom Ende des 10. Jahrhunderts bis zur großen Offensive der Dschurdschen im Jahr 1126 setzte sich der Verfallsprozeß des Song-Heeres (der in der Nähe der Hauptstadt stationierten *jinjun* und der *xiangjun* in den Provinzen) ununterbrochen fort, seine Bestände dagegen schwollen an: während sie im Jahr 975 auf 378 000 Mann beschränkt waren, betrugen sie im Jahr 1045 schon 1 259 000 Soldaten. Durch die Reformen Wang Anshis zwischen 1068 und 1085 – Entlassungen, Schaffung von Bauernmilizen *(xiangbing)* und Sondereinheiten für die Grenzregionen *(fanbing)*, ständige Ausbildung der Soldaten – konnte die Lage verbessert werden. Aber zu Beginn des 12. Jahrhunderts verfügten die Song wiederum über hypertrophe und unwirksame Streitkräfte, obgleich die militärischen Ausgaben den größten Teil des Budgets verschluckten und zu wirtschaftlichen Schwierigkeiten führten. Während die an den Feldzügen der Jahre 963 bis 979 beteiligten Streitkräfte über zahlreiche Kontingente ehemaliger Nomaden- und Bergvölker verfügt hatten, konnte das Song-Reich diese wertvollen Hilfskräfte nicht mehr rekrutieren. Zudem fehlte es dem chinesischen Heer, seit die Viehzuchtgebiete vom Xia-Reich besetzt gehalten wurden, an Pferden, und der Versuch Wang Anshis, mitten in der Agrarzone (hauptsächlich am Unterlauf des Gelben Flusses) die Pferdezucht zu fördern, war zum Scheitern verurteilt.

Und dennoch war die Zeit vom 11. bis zum 13. Jahrhundert in China eine Periode bemerkenswerter Fortschritte in der Militärtechnik. Diese Fortschritte führten sogar zu einer Änderung der Kriegführung und sollten auf lange Sicht tiefgreifende Auswirkungen auf die Weltgeschichte haben. Sie müssen im Zusammenhang mit einem für die damalige Epoche charakteristischen Forschungs-, Erfindungs- und Experimentiergeist gesehen werden.

Sogar die Aushebung der Rekruten ging nach bestimmten objektiven Kriterien vor sich: die künftigen Soldaten wurden nach einer Reihe von Prüfungen ausgewählt, die sich auf ihre körperliche Tüchtigkeit bezogen – Laufen, Springen, Sehschärfe, Schießen usw. –, und nach Körpergröße eingeteilt, wobei die größten zu den Elitetruppen kamen. Es entstanden jedoch immer mehr Spezialkorps, für die dieses Einstufungskriterium nicht galt: Soldaten für Brandwaffen, Pioniere, Soldaten für Wurfmaschinen usw. Auch die Theorie und Technik des Belagerungskrieges wurde entwickelt; gleichzeitig, vom Ende des 10. Jahrhunderts an, manifestierte sich ein reges Interesse für Fragen der Bewaffnung. Neue Waffengattungen wurden erfunden und ausgearbeitet: Wurfmaschinen, Repetier-Armbrüste, Sturmwagen usw. Erfindungen wurden durch Prämien gefördert, und die neuen Waffen erprobt, bevor man sie in den Arsenalen serienmäßig herstellte. In einer Abhandlung über die Kriegskunst, die im Jahr 1044 erschien, »Sammlung der wichtigsten Militärtechniken« (*Wujing zongyao*) von Zeng Gongliang, wird unter anderen Erfindungen ein Petroleum-Flammenwerfer erwähnt, der mit Hilfe eines Kolbens mit Doppelwirkung einen kontinuierlichen Flammenstrahl erzeugte.

Nach dem Rückzug der Song ins Yangzi-Tal von 1126-1127 an kam es zur Entwicklung einer bedeutenden Kriegsflotte, deren Basen am Yangzi-Lauf und an der Küste lagen. Zu erwähnen ist die Verwendung von Schaufelrad-Schiffen, die von einem Tretrad oder einem Kurbelsystem angetrieben wurden. Manche davon hatten bis zu 25 Räder. Ihr Einsatz wird für die Seeschlachten von 1130 und 1161 gegen die Dschurdschen erwähnt. Dieser sehr schnelle Schiffstyp ist jedoch schon seit dem 8. Jahrhundert belegt und ist möglicherweise noch älter. In Europa fanden die ersten Versuche mit Schaufelrad-Schiffen im Jahr 1543 statt.

Das China der Song-Zeit nimmt jedoch vor allem durch die Erfindung und Perfektionierung der militärischen Explosivstoffe einen entscheidenden Platz in der Weltgeschichte ein.

Die Feuerwaffen

Das Rezept für das Schießpulver (Kohle, Salpeter und Schwefel) wird zum erstenmal im Jahr 1044 im *Wujing zongyao* erwähnt; erst im Jahr 1285 taucht dieselbe Formel in einem europäischen Text auf (die erste Anspielung auf das Pulver stammt von Roger Bacon aus dem Jahr 1267). Diese Erfindung beruhte auf alchimistischen Experimenten, die in der Tang-Zeit in taoistischen Kreisen gemacht worden waren; schon bald darauf, in den Jahren 904-906, wurde sie militärisch angewandt, und zwar in der Form von Brandgeschossen, die »fliegendes Feuer« (*feihuo*) genannt wurden.

Noch in der Epoche des *Wujing zongyao* wurden verschiedene Typen von Feuerwaffen entwickelt. Das Werk erwähnt Nebel- und Brandgranaten, Wurfmaschinen zum Abschuß der Brandgeschosse, aber auch schon Sprenggranaten (*pili huoqi*). In der Schlacht von Caishi (in Anhui) im Jahr 1161 wurden Wurfmaschinen mit Sprenggranaten (*pilipao*) eingesetzt, die dem Song-Heer zum Sieg über die Dschurdschen verhalfen. Zu Beginn des 13. Jahrhunderts war der Gebrauch von Explosivgeschossen mit Metallhülle (*zhentianlei*, »Blitz, der den Himmel erschüttert«, und *tiehuopao*, »Bombarde mit Eisengranaten«) bei den Mongolen weit verbreitet. Ende des 13. Jahrhunderts bedienten sie sich bei ihren Versuchen, Japan einzunehmen, dieser Waffengattung, die in Japan unter der Bezeichnung *teppō* (chinesisch *tiepao*) bekannt wurde. Die Geschichte der ersten Anwendungen des Schießpulvers zeigt also, daß man sich anfänglich seiner Brand- und Vernebelungseigenschaften, aber schon bald seiner Sprengkraft bediente. Die dritte Etappe führte zur Ausnutzung seiner Antriebskraft in einem Richtrohr. Die ersten bekannten Versuche dieser Art fanden im Jahr 1132 statt. Es handelte sich um eine Art von Mörser oder Raketenwerfer aus dicken Bambus- oder Holzrohren (die Sprengkraft des Pulvers war damals durch die Verwendung eines höheren Salpeteranteils beschränkt). Die Chinesen waren die ersten, die das Prinzip des Raketenantriebs entdeckten, indem sie Brandpfeile in Richtrohre aus Bambus einpaßten. Die ersten Mörser mit Metallrohr aus Eisen oder Bronze tauchten um 1280 während der Kriege zwischen den Song und den Mongolen auf, und für diese Waffengattung wurde der neue Terminus *chong* geschaffen.

Was Ende des 13. Jahrhunderts nach Europa weitergegeben wurde, war folglich nicht nur die Formel für das Pulver, sondern auch eine Idee, die Frucht langwieriger Versuche und zahlreicher Experimente in Ostasien, nämlich daß man diesen Explosivstoff als Antriebselement in einem Rohr verwenden konnte. Diese Entdeckung scheint über die islamischen Länder in den Westen gelangt zu sein (die arabische Bezeichnung für Salpeter lautet bei dem andalusischen Botaniker Ibn al-Baytār, der im Jahr 1248 in Damaskus starb, »chinesischer Schnee«, die persische Bezeichnung »chinesisches Salz«). Der Überlieferung nach sollen die Mongolen in der Schlacht am Fluß Sajô in Ungarn im Jahr 1241 Feuerwaffen verwendet haben. Die Auswirkungen, die die Entwicklung der Feuerwaffen im 14. und 15. Jahrhundert auf die Geschichte Europas haben sollte, sind bekannt: sie trug zum Ruin des mittelalterlichen kriegerischen Adels bei. Dagegen konnte die Erfindung der neuen Waffen auf die soziale und politische Organisation der chinesischen Welt keinerlei Einfluß ausüben: sie kamen im Rahmen der staatlichen Streitkräfte nur zu einer Reihe von verschiedenen Waffen hinzu, die gleichzeitig perfektioniert wurden. Und die Erklärung dafür, warum die Feuerwaffen in China nie systematisch weiterentwickelt wurden, liegt zweifelsohne in den allgemeinen Bedingungen des Kriegs in Ostasien (und hier vor allem der Mongolei zur Ming-Zeit).

Es soll im übrigen darauf hingewiesen werden, daß noch vor den Feuerwaffen die Einführung der Steinschleudermaschine oder Mangonel in Europa die Belagerungskunst revolutioniert hat. Bei dieser Waffe, die für Befestigungsanlagen beinahe ebenso gefährlich war wie Kanonenschüsse, handelte es sich um eine arabische Adaptation einer Kriegsmaschine, die in China schon sehr lange verwendet wurde *(pao)* und deren Stoßkraft und Antriebsgeschwindigkeit weder durch das Drehen eines Stricks, noch, wie bei den alexandrinischen oder byzantinischen Wurfmaschinen, durch die Spannung einer Feder, sondern durch die Spannung eines oft aus mehreren Teilen bestehenden großen Hebelarmes erreicht wurde.

3. Die neue Gesellschaft

Eine Klasse von Grundrentnern

Eine Reihe von verschiedenen Faktoren – der Anstieg der Agrarproduktion, die Erhöhung der Bodenrente, die Verbreitung der Bildung, der Bedarf des Staates an Beamten – führte im 11. Jahrhundert zu einem zahlenmäßigen Anstieg der gebildeten und wohlhabenden oder sehr reichen Familien. Es entstand ein neuer Menschentyp, eine neue Mentalität, ein soziales und politisches System, das auf einer von den Einkünften ihres Bodenkapitals lebenden Grundrentnerklasse beruhte. Von der Han-Zeit bis zur Tang-Zeit waren die in den einzelnen Regionen oder beim Hof einflußreichen großen Familien bestrebt gewesen, eine Art von geschlossener, auf ihre Genealogie bedachter Aristokratie zu bilden. In Nordchina verdankten manche von ihnen ihr Ansehen ihrer militärischen Tradition und den Kriegstaten, durch die ihre Mitglieder hervorgetreten waren. Abgesehen von Parkanlagen und Landhäusern waren ihre Ländereien durch ihre vielfältige Produktion autark. Sie umfaßten Obstgärten, Mühlen, Fischteiche, Werkstätten, Ölpressen usw. Wenn es nötig war – wie etwa am Ende der Han-Zeit und in den Südlichen Reichen – konnten diese Landsitze befestigt und gegen Plünderungen, Aufstände und manchmal sogar gegen die Forderungen von seiten des Staates verteidigt werden. Das Verhältnis dieses »Landadels« zu seinem Gefolge (»Gäste«, *ke,* Garden, *buqu,* und Dienerschaft, *nubi*) war patriarchalisch; diese Beziehungen des Herrn zu seinem Diener waren gewohnheitsrechtlich anerkannt und wurden gesetzlich sanktioniert.

Der Zusammenbruch des Systems der Landverteilung auf Lebenszeit im 8. Jahrhundert, die Belastung des Agrarlandes durch den Hauptanteil der Steuern – während bis dahin die Besteuerung auf der Grundlage der arbeitsfähigen Personen erfolgt war (was zu einer Beschränkung des Großgrundbesitzes und zu Landzuteilungen an Kleinbauern geführt hatte) –, der Aufschwung der Reiskultur (es scheint, daß das neue Steuersystem von den Bedingungen in den Regionen des Huai-Tals mit Mischkultur – Weizen und Reis – inspiriert wurde) und vor allem die Kommerzialisierung der Agrarprodukte zogen tiefgreifende Veränderungen nach sich. Die Tendenz der großen Familien und Klöster, ihre Privatdomänen *(zhuangyuan)* auf Kosten des Bauernlandes auszudehnen, hatte sich in der zweiten Hälfte der Tang-Zeit verstärkt. Die allgemeine Entwicklung jedoch, die durch den Übergang vom regulären zum Söldnerheer unterstützt wurde, war im 10. und 11. Jahrhundert schon abgeschlossen. Von da an war nicht mehr von autarken Domänen, von geschlossener Aristokratie, von mittelalterlichen Beziehungen des Klienten zu seinem Herrn die Rede. Nun ging es um Pacht, Lohnarbeit, Grundrente, d. h. um eine Quelle regelmäßiger Einkünfte, die es manchen Familien ermöglichte, bequem in der Stadt zu leben. Die neue Gesellschaft gründete zwar wie früher auf der Ausbeutung der Schwächeren, aber Mentalität und Unterdrückungsmechanismen waren nicht mehr dieselben. Außerdem hatte sich die herrschende Schicht – die Schicht, die durch ihre Bildung zur politischen Macht gelangen konnte und ihre Herrschaft auf lokaler Ebene ausübte – beträchtlich vergrößert. Jede Familie bestand im allgemeinen aus einer Hauptgattin, einer Konkubine und durchschnittlich zehn Kindern. Im übrigen residierten die Großgrundbesitzer selten auf dem Lande; ihre Verwalter *(jianzhuang, ganren, ganpu)* waren es, die mit den Pächtern und den Landarbeitern verhandelten und manchmal eine globale Aufsicht über ihren mehrere Dörfer oder mehrere Parzellen umfassenden Grundbesitz ausübten. Oft wurden den Pächtern Wohnung, Werkzeuge, Saatgut und Arbeitstiere geliefert, und der Besitzer kümmerte sich um ihre Verheiratung. Aber alle Vorschüsse wurden verzinst und je nach der Art des Darlehens zu verschiedenen Zinssätzen verrechnet: ein Zehntel der Ernte für einen Arbeitsochsen, ein Fünftel für die Wohnung und die geliehenen Werkzeuge, zehn Prozent monatlich für die Darlehen in Form von Geld, von

Getreide oder Saatgut usw. Die Agrarmärkte und die Bevölkerungszentren der großen Ländereien fielen oft zusammen und entwickelten sich dank der wirtschaftlichen Blüte zu großen Marktflecken (*zhen* oder *shi*; viele jedoch behielten den Namen *zhuang* bei), die das Netz der großen Handelsagglomerationen ergänzten.

Die Agrarprobleme

In den Landkreisen (*li* und *xiang*), die mehrere Dörfer (*cun* oder *zhuang*) umfaßten, unterschied die Verwaltung zwischen eingesessenen Familien *(zhuhu)* und kreisfremden Familien *(kehu)*. Die ersteren waren Eigentümer kleiner Grundstücke, die nach ihrer Fläche in fünf Kategorien eingestuft wurden (wobei die dritte und mittlere Kategorie über 100 *mu* verfügte, die vierte über 50, die fünfte über 30 bis 20, viel weniger, als zum Lebensunterhalt einer Bauernfamilie minimal nötig war); diese Gruppe war steuerpflichtig. Die zweite Gruppe besaß kein Land, bestand ausschließlich aus Pächtern und Landarbeitern und wurde nicht besteuert. Die reichsten Bauernfamilien – die der ersten und zweiten Kategorie – stellten die Garden (*gongshou*, »Bogenschützen«), die die Aufgabe hatten, für die öffentliche Ordnung zu sorgen, und die Vertreter des Kantons bei der Distriktverwaltung *(xian)*, die *sanyi:* den Kantonsvorsteher, den Steuerverwalter und den Polizeivorsteher. Die Großgrundbesitzer dagegen entgingen dieser Klassifizierung, diesen Dienstleistungen und Steuern, die ausschließlich auf den kleinen Landwirten lasteten.

Sicherlich gilt dieses Bild weder für alle Regionen (die Großgrundbesitzer waren in der Zone des Reisgroßanbaus am Yangzi-Unterlauf viel zahlreicher als in Nordchina), noch für alle Perioden der Song-Zeit. Dennoch steht fest, daß das freie Spiel der wirtschaftlichen Faktoren vom 11. bis zum 13. Jahrhundert die Diskrepanz zwischen Reichen und Armen vergrößert und die sozialen Spannungen auf dem Land verstärkt hat. Ein Teil der vom Jahr 1069 an durchgeführten Reformen wurden von dem stärker denn je zutage tretenden Mißverhältnis zwischen den Lasten der Kleinbauern und den Privilegien der Großgrundbesitzer bestimmt. Zwischen 1064 und 1067 ergab eine Schätzung, daß von einer Ackerbaufläche von 24 Millionen Hektar nur 30 % besteuert wurden. Aber wenn die Maßnahmen zugunsten der Kleinbauernschaft und der Kampf gegen die Steuerhinterziehungen zum Zeitpunkt der großen Reformen der Jahre 1068 bis 1085 unter Wang Anshi auch eine relative Verbesserung brachten, so verschlechterte sich die Lage unter der Herrschaft von Huizong (1105-1125) doch wieder.

Zu dieser Zeit brach ein kurzer, aber schwerer Aufstand in Zhejiang aus, einer Region, in der Tee, Lacke, Papier-Maulbeerbäume und Zypressenholz produziert wurden, und über die der Handelsverkehr zwischen Jiangxi und Fujian verlief. Dieser Aufstand, der durch Requisitionen für den Kaiserpalast in Kaifeng ausgelöst wurde, stand unter dem Einfluß einer Geheimgesellschaft, deren im wesentlichen buddhistische Lehre mit manichäischen Elementen durchsetzt war. Ihre Anhänger waren strenge Vegetarier und praktizierten einen Dämonenkult. Die sehr schlecht bewaffneten Aufständischen, unter der Führung eines gewissen Fang La, massakrierten Mitglieder der Gentry, Reiche und Beamte. Die Gefangennahme von Fang La im Jahr nach ihrem Ausbruch beendete die Revolte und löste eine Welle von Kollektivselbstmorden bei den Sektenmitgliedern aus.

Während der Katastrophe der Jahre 1126 bis 1138 litt die Region um den Dongting-See in Hunan gleichzeitig unter den Einfällen der Dschurdschen, unter den ungesetzlichen Geldeintreibungen korrupter Verwaltungsbeamter und unter den Plünderungen einer halböffentlichen-halbprivaten Lokalstreitmacht, die zum Kampf gegen die Eroberer geschaffen wurde und an die »grandes compagnies« des französischen Mittelalters erinnert. Im Jahr 1130 kam es zum Aufstand der Bauern unter der Führung von Zhong Xiang, eines begabten Heerführers, Magiers und Wunderheilers. Zhong Xiang wird folgender subversive Ausspruch in den Mund gelegt: »Das Gesetz trennt Oben und Unten, Reich und Arm. Ich werde ein Gesetz erlassen, nach dem verfügt wird, daß Oben und Unten, Reich und Arm gleich sind.« Er wurde bald gefangengenommen und hingerichtet. Aber seine Truppen erhielten Zustrom und verschanzten sich im Sumpfgebiet des Sees. Die anfänglich zerstörerische und egalitaristische Revolte Zhong Xiangs artete in simple Raubzüge aus. Um diesen Abszeß loszuwerden, der die Organisation der Verteidigung gegen die Dschurdschen störte, wurde eine großangelegte Repressionsaktion durchgeführt, die bis 1135 dauerte und deren Leitung im letzten Jahr der berühmte General Yue Fei übernahm.

Infolge der Konzentration des Landbesitzes auf eine kleine Anzahl Privilegierter, verschlechterte sich während der ganzen Periode der Südlichen Song die Lage auf dem Land unaufhörlich. Nach dem Vertrag zwischen den Song und den Jin, der die Grenze zwischen den beiden Staaten endgültig festlegte, wurde die ganze Reisanbauzone südlich des Huai, die in den Jahren 1130 bis 1140 stark gelitten hatte, wieder bebaut. Aber nur die reichen Grundbesitzer, die allein über das nötige Kapital verfügten, profitierten davon. Mitte des 13. Jahrhunderts war die Lage auf dem Land südlich des Yangzi, in der großen Ackerbauzone rund um den Taihu-See, so explosiv und das Einziehen der Steuern so schwierig geworden, daß der Großminister Jia Sidao (1213-1275) tiefgreifende Reformen durchzuführen versuchte. Sie stießen jedoch in der Zentralverwaltung und im Staatsrat, in denen Vertreter der Großgrundbesitzer saßen, auf erbitterten Widerstand. Der Plan Jia Sidaos bestand darin, den Grundbesitz auf 500 *mu* (ca. 27 ha) zu beschränken und ein Drittel des überschüssigen Landes auf Staatskosten aufzukaufen, um es in »öffentliches Land« *(guantian)* zu verwandeln, dessen Einkünfte für Kriegsausgaben verwendet würden. Diese Reformen wurden vom Jahr 1263 bis zum Tod Jia Sidaos teilweise verwirklicht. Gegen Ende der Dynastie waren 20 Prozent des unteren Yangzi-Gebiets in »öffentliches Land« verwandelt worden. In der Folgezeit bemächtigten sich die Mongolen dieses Grundbesitzes, und teilten ihn den Fürsten der Khan-Familie zu oder sie verwendeten die Einkünfte zum Unterhalt ihrer Garnisonen.

Kurz, die sozialen und wirtschaftlichen Bedingungen seit dem Ende der Tang-Zeit haben zur Entwicklung einer Schicht von Pächtern und Landarbeitern geführt, die derjenigen der Moderne schon viel näher steht als den Abhängigen der früheren Epochen.

Einerseits wuchs auf dem Land, das seit dem Aufkommen der großen, Städte und Dörfer miteinander verbindenden Handelsströme auf Preisschwankungen stärker reagierte als früher, die Zahl der landlosen oder mittellosen Bauern; andererseits boten sich den Ärmsten von ihnen neue Möglichkeiten, sich ihren Lebensunterhalt zu verdienen. Eine große Anzahl wurde für das Heer rekrutiert, das seit dem 10. Jahrhundert aus Söldnern bestand. Das Handwerk, das in manchen Sektoren aufgrund des Umfangs der Einrichtungen, der großen Fülle von Beschäftigten und manchmal auch aufgrund des technischen Niveaus industrielle Züge zeigte, zog ein viel zahlreicheres Proletariat an, als es die Salzarbeiterfamilien und die staatlichen Handwerker der Tang-Zeit waren. Insbesondere im Bergbau, in der Metallurgie, in der Keramikherstellung, in den Papierfabriken, Druckereien und Salinen war der Bedarf an Arbeitskräften groß. Der Bevölkerungsüberschuß vom Land strömte jedoch in erster Linie in die großen Handelszentren. Sie nahmen diese unbeständige Bevölkerungsschicht auf, die in kleinen städtischen Berufen unterkam: als kaufmännische Angestellte, Angestellte in Gastwirtschaften, Kabaretts und Teehäusern, Hausierer, öffentliche Unterhalter, ohne von den Gaunern, Betrügern, Dieben und Prostituierten beiderlei Geschlechts zu sprechen. Und schließlich beschäftigten die reichen Familien und Großkaufleute in ihren zahlreichen Herrschaftshäusern in Kaifeng und Hangzhou eine Überfülle von Dienern, die von Aufsehern überwacht wurden und deren Arbeiten gleichzeitig sehr vielfältig und sehr spezialisiert waren. All dies war gewiß neu und erklärte sich aus dem Wandel der ruralen Wirtschaft, aus der Entwicklung des Handels und des Städtewesens und dem zahlenmäßigen Anstieg der reichen oder auch nur wohlhabenden Familien.

Das Aufblühen der Städte

Die Entstehung einer sehr differenzierten Schicht von ärmeren und reicheren Kaufleuten, die viel breiter war als in der Tang-Zeit, und die Entwicklung großer Handelszentren ist charakteristisch für die Song-Zeit. Nicht nur im Inneren Chinas und vor allem am Yangzi-Lauf, sondern auch in den Randgebieten (in Xiongzhou nahe dem heutigen Baoding in Hebei, in Qinzhou in der Nähe von Tianshui in Ost-Gansu) und an der Küste (Hangzhou, Wenzhou in Zhejiang, Fuzhou und Quanzhou in Fujian) vermehrten sich die dichtbesiedelten und sehr aktiven Städte.

Anhand des Beispiels von Kaifeng, der Hauptstadt der einander dort vom Jahr 907 an ablösenden Fünf Dynastien und anschließend der Hauptstadt der Nördlichen Song zwischen 960 und 1126, soll die Geschichte der städtischen Entwicklung vom 9. bis zum 11. Jahrhundert veranschaulicht werden.

Der erste Befestigungsring Kaifengs stammte aus dem Jahr 781. Vom 9. Jahrhundert an entstanden jedoch an den großen Zufahrtsstraßen am Ausgang der Haupttore im Süden und Osten der Stadt Kaufläden, Werkstätten und Gaststuben. Dort bildeten sich spontan Märkte, die der Kontrolle entgingen, welche die Verwaltung über die im Inneren der Stadt den Handwerkern und Kaufleuten vorbehaltenen Standorte ausübte, wie dies auch im 7. Jahrhundert in Chang'an der Fall war. Diese Märkte am Stadtrand, die sich am Ende der Tang-Zeit vermehrten, waren unter der Bezeichnung »Futtermärkte« *(caoshi)* bekannt. Nachdem Kaifeng im Jahr 918 Hauptstadt geworden war, platzte es aus allen Nähten; im Jahr 954 wurden Außenmauern errichtet, was aber eine baldige Entstehung von Außenvierteln (*xiang*, »Gebäudeflügel«, die in Analogie zum Hausbau so genannt wurden) außerhalb dieses zweiten Befestigungsringes nicht verhindern konnte. Die Ausdehnung der Stadt rund über ihren alten Kern hinaus wäre aber nur von beschränktem Interesse, hätte sie nicht ein das Wesen der Stadt selbst betreffender Wandel begleitet. Während Chang'an und die anderen großen Städte des 7. und 8. Jahrhunderts vor allem Adels- und Verwaltungsstädte waren, in denen die staatlichen Behörden jede Handelsaktivität streng unter ihrer Abhängigkeit zu halten suchten, stellte Kaifeng das erste Beispiel einer Agglomeration breiterer Schichten dar, für die Handel und Amüsement Vorrang hatten. Die politischen Behörden und ihre Beamten hatten von dieser Epoche an direkten Kontakt mit einer typisch städtischen Bevölkerung, die mehrheitlich dem einfachen Volk angehörte, während das Aufblühen des Handels alle alten Regeln sprengte, die der Stadt ihren aristokratischen Charakter bewahren sollten. Nachdem im Jahr 1063 in Kaifeng die Sperrstunde aufgehoben worden war, konnte man sich in der Stadt nachts frei bewegen. Handelsstände und Vergnügungsstätten (*wazi,* Vergnügungsviertel, die in Hangzhou einen großen Aufschwung nehmen sollten) blieben bis zum Morgengrauen geöffnet. Die gesetzliche Bestimmung, nach der der Handel und das Handwerk auf bestimmte Viertel beschränkt bleiben sollten, scheint noch früher verschwunden zu sein: in der ganzen Stadt entstanden Läden und Werkstätten, und die ursprünglichen Umgrenzungen der Viertel waren aufgehoben. Aus diesem Grund fand man sich nicht mehr mit Hilfe der Bezeichnungen der Stadtviertel, sondern mit Hilfe von Straßennamen zurecht. Die ersteren waren offizieller Herkunft gewesen, die letzteren stammten aus dem Volk. Die Straße wurde zu einem der Charakteristika der neuen chinesischen Städte. Während früher die Stadtviertel den Dorfvierteln (die bis zur Tang-Zeit dieselbe Bezeichnung, *li,* trugen) in jeder Hinsicht glichen, unterschied sich nun die städtische Agglomeration aufgrund ihrer Lebensweise und ihrer Bewohner deutlich vom Land.

Eine mobilere Gesellschaft

Im 11.-13. Jahrhundert wechselten die Menschen öfter und lieber ihren Aufenthaltsort als in der Tang-Zeit, der Zeit der Sechs Dynastien oder der Han-Zeit. Denn die großen Handelsströme rissen die Menschen mit sich fort: Schiffer, Lastenbeförderer, Seeleute und Kaufleute legten zum Teil regelmäßig weite Strecken zurück. Auch die Beamten, deren Zahl sich erhöht hatte, waren zu Ortsveränderungen gezwungen: sie durften weder an ihrem Heimatort noch auf demselben Posten mehr als drei oder vier Jahre bleiben. Und schließlich lösten die Schwierigkeiten des Lebens auf dem Land, die große Anzahl und Vielfalt der kleinen städtischen Berufe, die Anziehungskraft der Stadt als Zentrum des Reichtums und des Vergnügens einen Zustrom von Vagabunden und armen Bauern in Richtung der großen Agglomerationen aus. Die Transportmittel waren bequem und billig. Überall konnten zu bescheidenen Preisen Karren oder Boote gemietet werden.

Es ist verständlich, daß sich in dieser Gesellschaft, die mobiler war als in früheren Jahrhunderten und in der Schicksalsschläge häufiger vorkamen, neue Arten von Beziehungen herausbildeten: Die Tendenz, sich in Gruppen oder Vereinigungen zusammenzuschließen, war in der Oberschicht wie im einfachen städtischen Volk um so stärker, als das Risiko der Isolierung größer und gegenseitige Hilfe nötiger war. In der Beamtenschaft, in der jeder einzelne durch die Parteikämpfe und das Empfehlungssystem, das den Schutzherren an seinen Schützling band, und durch wechselnde Solidaritäten unvorhergesehen ins Verderben gestürzt werden konnte, entstanden feste und dauerhafte Beziehungen zwischen Studienkollegen, Prüfungskandidaten desselben Jahrgangs, Prüfern und Kandidaten, Meistern und Schülern. In allen Schichten – im Volk, bei den Gebildeten, den ambulanten Händlern – zeigte sich die Tendenz, Vereinigungen *(hui)* zwischen Personen zu gründen, die aus derselben Region oder demselben Landkreis stammten. So erklärt sich die Verbreitung gewisser Lokalkulte in großer Entfernung von ihrem Ursprungsort. Und schließlich entsprach die Entstehung von Kaufmanns- und Handwerkergilden *(hang)* seit dem Zusammenbruch des staatlich kontrollierten Marktsystems und seit der Ausbreitung der Läden und Werkstätten über die ganze Stadt dem Bedürfnis von gegenseitigem gutem Einvernehmen und gemeinsamer Verteidigung der Mitglieder desselben Berufs. Das Wuchern der Tätigkeiten des »tertiären Sektors« erklärt die erstaunliche Spezialisierung dieser Art von Gilden.

Die Notwendigkeit gegenseitiger Hilfe hat auch zur Konsolidierung des großen Familienclans der Gebildetenschicht das Ihrige beigetragen, der mit seinem Aufbau, seinen Prinzipien und seiner Moral eine der Neuerungen der Song-Zeit darstellte. Als einer der ersten hatte der Reformer Fan Zhongyan die besonderen Regeln des Familienclans festgelegt. Ihm verdanken wir eine Sammlung von Familienvorschriften und die Schaffung von »Gerechtigkeitsdomänen« *(yizhuang),* d. h. von besonderen, unveräußerlichen Ländereien, deren Einkünfte den gemeinsamen Bedürfnissen des Clans dienten – insbesondere der Erziehung der Kinder – und seinen benachteiligten Mitgliedern helfen sollten. Das Wort *yi,* das nur annähernd mit »Gerechtigkeit« übersetzt werden kann, fand auf alle Beziehungen Anwendung, die gegenseitige Hilfe und Unentgeltlichkeit der Hilfeleistung mit einschlossen.

4. Die wirtschaftliche Expansion

Die Erhöhung der Nahrungsmittelproduktion

Mit der Einführung des Umsetzens der Reisschößlinge und dem Auftauchen neuer Anbauwerkzeuge und Bewässerungsanlagen hatte im 8. Jahrhundert die Entwicklung der Reisbaugebiete des Yangzi-Beckens und Südchinas ihren Anfang genommen. In den darauffolgenden Jahrhunderten verstärkte und erweiterte sich dieser Aufschwung des Reisanbaus; und dies war zweifelsohne eines der wichtigsten Ereignisse der damaligen Geschichte Ostasiens. Die ostasiatischen Zivilisationen verdankten ihm eine Art von zweitem Lebenshauch. Die Zeit vom 11. bis 13. Jahrhundert war die Blütezeit des Reichs von Angkor. Bevor eine so hohe Bevölkerungsdichte möglich wurde, wie man sie heute in Java, im Becken des Roten Flusses in Vietnam oder in gewissen Gebieten Ostchinas antrifft, hat der Reisanbau die Freisetzung einer großen Anzahl von landwirtschaftlichen Arbeitskräften gestattet. Die Reiskultur hat das Reservoir geliefert, das sich seit dem Neolithikum zum Aufblühen der Zivilisationen, d. h. für die Entwicklung der politischen und sozialen Organisation, der Kunst, der Technik und des Denkens, als unerläßlich erwiesen hat. Von allen Kulturpflanzen ist nämlich der Paddy (= ungeschälter Reis) diejenige, mit der man den höchsten Ertrag pro Hektar erzielt. Die Überproduktion in den Ebenen südlich des Yangzi – »wenn die Ernte in Su(zhou) und Chang(zhou) reif ist, wird die Welt satt« *(Suchangshu tianxiazu)*, heißt ein Sprichwort aus der Song-Zeit – hat die Entwicklung des überregionalen Handels, die Kommerzialisierung der Agrarprodukte, den Aufschwung des Handwerks und das Wachstum der Städte gefördert. Vom 10. bis zum 13. Jahrhundert kam es in der chinesischen Geschichte zum zweiten großen Bevölkerungsanstieg, von rund 53 Millionen Mitte des 8. Jahrhunderts auf anscheinend annähernd 100 Millionen.

Im 11. Jahrhundert nahm die Entwicklung des Reisanbaus ihren Fortgang. Nach 1012 wurden frühreifende Reisarten, die im Winter reif werden und daher zwei Ernten ermöglichen, aus Champa (an der Südostküste Vietnams) eingeführt und von der chinesischen Verwaltung systematisch verbreitet. Unter der Bezeichnung *xian* gelangten sie in die Gegend des Taihu-Sees, nach Fujian und Jiangxi, und gestatteten bald darauf eine Verdoppelung der Anbauflächen. Zur Ming-Zeit (1368-1644) verbreiteten sie sich weiter, während gleichzeitig neue, seit der Song-Zeit durch Selektion gewonnene Arten die Skala der frühreifenden und widerstandsfähigen Reissorten vervollständigten. Im 11. Jahrhundert wurden jährlich 7 Millionen *shi* (42 Millionen Doppelzentner) auf dem großen Kanal transportiert, der die Gegend von Hangzhou und Suzhou mit der Region von Kaifeng in Henan verband. Die tragischen Ereignisse der ersten Hälfte des 12. Jahrhunderts bewirkten eine weitere Belebung der Landwirtschaft im Yangzi-Gebiet. Es wurden große Anstrengungen unternommen, die Anbauflächen durch zusätzliche Kultivierung der Randgebiete von Seen und Sümpfen zu vergrößern. Diese wurden *weitian* genannt (»geschlossene Felder«, da sie von kleinen Dämmen umgeben waren). Andererseits führten Einwanderer aus dem Norden den Weizenanbau und den Anbau von Futterpflanzen auf den Trockenfeldern des Yangzi-Beckens ein.

Der Aufschwung des Handwerks und des Handelsverkehrs

Die landwirtschaftliche Blüte Chinas im 11.-13. Jahrhundert erscheint folglich als Grundlage seiner wirtschaftlichen Expansion, in dem Maß, wie sie einen bedeutenden Bevölkerungsanteil für andere Aufgaben als die Nahrungsmittelproduktion freisetzte (die jährliche Ernte von Reis und anderem Getreide erreichte ungefähr 300 Millionen Doppelzentner).

Textilpflanzen gewannen an Bedeutung (Hanf, Maulbeerbäume zur Aufzucht von Seidenraupen, Baumwolle, die sich im 13. Jahrhundert in mehreren Regionen zu verbreiten begann). Die Kultur des Teestrauchs entwickelte sich im Hügelland südlich des Huai-Flusses und in Sichuan, der Lackbaum wurde in Hubei, Hunan und Nord-Zhejiang angepflanzt. Die gesamte handwerkliche Produktion erfuhr eine rasche Expansion. So nahm die Metallurgie, durch den Kapitaleinsatz reicher Grundbesitzerfamilien und durch die Perfektionierung ihrer Techniken belebt, unter den Nördlichen Song einen Aufschwung: die Steinkohle trat an die Stelle der Holzkohle, die Gebläse wurden von hydraulischen Maschinen angetrieben, im Bergbau benutzte man Sprengstoffe usw. Im Jahr 1078 wurden über 114 000 Tonnen Gußeisen hergestellt (in England erreichte die Gußeisenproduktion im Jahr 1788 erst 68 000 Tonnen). Neben Kleinbetrieben, in denen während der toten Saison Bauern angestellt wurden, gab es in Süd-Hebei, im Zentrum von Shandong und in Nord-Jiangsu bedeutende Unternehmen, die ständig spezialisierte Arbeitskräfte beschäftigten. So gab es in Liguo in Jiangsu 3 600 Lohnarbeiter. Diese Großbetriebe arbeiteten für den Staat.

Ganz allgemein erhöhte sich im 11. Jahrhundert die gesamte Bergbauproduktion sehr rasch: Eisen, Kupfer – das zum Münzgießen unerläßlich war –, Blei, Zinn usw. Zahlreiche Bergwerke wurden eröffnet, vornehmlich in den südlichen Gebieten des Reichs.

Auch das Keramikhandwerk erlebte einen nie dagewesenen Aufschwung. Brennöfen und Werkstätten gab es in vielen verschiedenen Regionen, aber die berühmtesten Keramiken stammten im 11. Jahrhundert aus den kaiserlichen Werkstätten von Kaifeng und anderen Städten Henans sowie aus Dingxian in Hebei; im 12. und 13. Jahrhundert aus Hangzhou, Quanlong und Jianyang in Fujian, aus Ji'an und Jingdezhen in Jiangxi. Die Porzellankunst, eines der Ruhmesblätter Chinas, erreichte im 12. Jahrhundert ihre Vollkommenheit.

Beinahe jede Region war für ein bestimmtes Produkt berühmt: Süd-Hebei für sein Eisen, das Gebiet des Taihu-Sees für seinen Reis, Fujian für seinen Rohrzucker, Sichuan und Zhejiang für ihr Papier, Chengdu, Hangzhou und die Städte am Yangzi-Unterlauf für gedruckte Bücher usw. Die Entwicklung des Handelsverkehrs ermöglichte nämlich eine breitere Zirkulation der Waren. Die Entstehung großer Handelszentren überall im Reich und insbesondere im Yangzi-Becken, in Sichuan und an den Küsten Fujians und Zhejiangs führte zu einer allgemeinen Umorientierung der Handelsströme, die sich nun nach den großen Städten ausrichteten, und zu einer Entwicklung des Warenaustausches sowohl innerhalb jeder Region als auch zwischen den einzelnen Regionen. Während im 8. Jahrhundert die als Steuern abgelieferten Produkte den Hauptanteil des Warenverkehrs ausgemacht hatten, war nun das Volumen des Privathandels weitaus größer als das der als Steuern abgelieferten Nahrungsmittel. Aber vor allem nutzte China zum erstenmal in seiner Geschichte das riesige, in der Welt einzigartige Schiffahrtsnetz, das vom Yangzi und seinen Zuflüssen gebildet und durch die Kanäle, die Hangzhou mit Zhenjiang und Yangzhou verbanden, mitten nach Nordchina hinein verlängert wurde. Dieses Schiffahrtsnetz, das sich über mehr als 50 000 Kilometer erstreckte, wurde von der größten und vielfältigsten Flotte der damaligen Welt befahren. An manchen Stellen des Yangzi war der Verkehr so dicht, daß wahre schwimmende Städte entstanden. In der Song-Zeit wurde in China auch die Eignung der langen eingeschnittenen und an günstigen Ankerplätzen reichen Küsten von der Nordostspitze Zhejiangs bis zur Grenze Vietnams für die Küstenschiffahrt voll ausgenützt.

Die fundamentale Ursache für die wirtschaftliche Expansion Chinas zwischen dem 11. und 13. Jahrhundert muß jedoch in der Entstehung eines städtischen Bürgertums der Grundeigentümer und reichen Kaufleute und im Wachstum der Nachfrage im Inneren gesucht werden. Es ging nicht mehr nur darum, den Kaiserpalast mit Luxusprodukten zu beliefern, denn der Luxus war zum Privileg eines größeren Bevölkerungsanteils geworden. Die Zahl der reichen Familien hatte sich erhöht. Der Reichtum an Bauten und Möbelausstattungen, die Gartenkunst, die Verfeinerung in Kleidung und Küche sind charakteristisch für das städtische Milieu der Song-Zeit. Es ist kein Zufall, daß sich die Keramikkunst, die Architektur, die

Webekunst und allgemeiner alle Produkte, die zum Komfort des täglichen Lebens gehören, vom 11. bis zum 13. Jahrhundert so rasch entwickelt haben.

Der Außenhandel, dessen Importe vor allem Luxusprodukte waren – Weihrauch, seltene Steine (Karneol, Achat, Bernstein usw.), Kampfer, Elfenbein, Korallen, Rhinozeroshörner, Ebenholz, Sandelholz usw. –, war für China defizitär, weil ein Teil der Importe mit Kupfergeld und anderen Metallen (Blei, Zinn, Gold und Silber) bezahlt werden mußte. Die zur Song-Zeit geprägten Kupfermünzen waren in allen Ländern Asiens verbreitet: im Reich der Xia, der Liao und der Jin, in den südostasiatischen Ländern und in den Ländern rund um den Indischen Ozean. In Japan waren sie so zahlreich, daß sie als lokales Zahlungsmittel dienten.

Aber dem Ausland erschien China auch als das Land des Luxushandwerks, aus dem die begehrtesten und für den Handel einträglichsten Produkte kamen. Die Reiche im Norden, die als Gegenwert für die chinesischen Waren nur Pferde, Schafe, Felle und Wolle liefern konnten, führten Tee, Salz (von dem ein bedeutender Teil auf Schmuggelwegen nach Nordwesten gelangte), Stoffe und Metall ein. So forderten die Xia und die Liao nach den Verträgen, die den Song in der ersten Hälfte des 11. Jahrhunderts aufgezwungen wurden, die Lieferung von Produkten, die sie zum Ausbau ihres Handels mit Zentralasien und dem Mittleren Orient benötigten: Tee, Seide, Silber. Andererseits stellten die Seiden- und Keramikwaren die wesentlichen Exportartikel des Überseehandels dar, der von den Häfen Zhejiangs und Fujians ausging. Chinesisches Porzellan wurde in so großer Menge in alle ostasiatischen Länder und Länder des Indischen Ozeans (ja sogar bis Afrika) ausgeführt, daß anhand von in Japan, auf den Philippinen und in Borneo gefundenen Exemplaren die Geschichte der chinesischen Keramik geschrieben werden kann.

Der Handelsstaat

Der Staat der Song paßte sich der wirtschaftlichen Entwicklung an und ersetzte die Preis- und Marktüberwachung und die staatliche Zwangseinziehung von Handwerkern, wie sie während des ganzen chinesischen Mittelalters gebräuchlich gewesen war, durch das weniger starre System der Handelsabgaben, die auf Kaufläden, auf Waren und auf den Handelsverkehr erhoben wurden. Eine ähnliche Bewegung vollzog sich auf dem Sektor der Agrarbesteuerung: die meist in Naturalien bezahlten Abgaben und die Dienstleistungen, die sich auf die Arbeitskraft des einzelnen, die Kontrolle der Familien und die Landverteilung an die Bauern gegründet hatten, wurden durch unpersönlichere Besteuerungsformen ersetzt, die sich auf den landwirtschaftlichen Ertrag stützten. Gewiß war die Praxis komplexer und von Gegend zu Gegend unterschiedlich. Frondienste und Kopfsteuer existierten auch in der Song-Zeit noch. In manchen Regionen gab es auch bestimmte traditionelle Sondersteuern, Umrechnungstabellen, die von lokalen Gebräuchen bestimmt waren, sowie zusätzliche Abgaben. Die Kompliziertheit des Steuersystems und seine lokalen und regionalen Abweichungen gestatten es lediglich, eine ganz allgemeine Entwicklung nachzuzeichnen. Diese läßt sich jedoch kaum anzweifeln. Sie hing zusammen mit der Kommerzialisierung der Agrarprodukte, mit der Ausweitung der Geldwirtschaft und dem Aufschwung des Handelsverkehrs und der Handelsströme. Der Staat bezog zur Song-Zeit nicht nur einen sehr großen Teil seiner Einkünfte aus den

Landwirtschafts- und Handelssteuern; er wurde auch selbst zum Händler und Produzenten, indem er Werkstätten und Handelsunternehmungen gründete, die von seinen Beamten geleitet wurden, und indem er systematisch die Staatsmonopole ausweitete, um den Unterhalt seines Heeres und die rasch anwachsenden Kriegskosten decken zu können.

Die gesamte politische Geschichte der Song-Zeit war nämlich vom engen Zusammenhang zwischen dem Verteidigungsproblem und den wirtschaftlichen Problemen beherrscht, die einen Teufelskreis bildeten: Die Errichtung der Monopole führte zur Entstehung eines Grenzschmuggels, durch den sich die Staaten der Xia, der Liao und der Jin bereicherten, während gleichzeitig die wirtschaftlichen Privilegien des Staates im Inneren zu Betrügereien führten und die immer stärkere Last der Steuern die Schwierigkeiten und die Instabilität des bäuerlichen Lebens vergrößerten.

Im Gegensatz zu der weitverbreiteten Ansicht, daß China im wesentlichen immer ein Agrarland gewesen sei, bezog es zur Song-Zeit – in noch größerem Maßstab als in der Han-Zeit –, am Ende der Ming-Zeit und im 18. Jahrhundert seinen Hauptreichtum aus Handel und Handwerk. Keramik, Seide, Eisen und andere Metalle, Salz, Tee, Alkohol, Papier, gedruckte Bücher usw. waren Gegenstand eines intensiven Handelsverkehrs im gesamten Reich, dessen Hauptnutznießer der Staat war. Im 11. Jahrhundert und in den ersten Jahren des 12. Jahrhunderts waren die Einkünfte aus den Handelsabgaben und den Staatsmonopolen schon ebenso hoch wie die Einkünfte aus der Agrarbesteuerung; unter den Südlichen Song, im 12. und 13. Jahrhundert, überschritten sie diese bei weitem.

Die staatlichen Einkünfte umfaßten:

1. Einkünfte aus dem Salz-, Tee-, Alkohol- und Parfummonopol.
2. Die Handelsabgaben aus dem Binnenhandel und die Zölle an den Grenzen und in den Handelshäfen.
3. Die Frondienste, von denen ein bedeutender Teil in Geldabgaben umgewandelt wurde.
4. Die Kopfsteuer.
5. Die Grundsteuern.

Diese Einkünfte setzten sich im Jahr 1077 folgendermaßen zusammen:

- 60 000 Silberunzen zu je ca. 37 Gramm (die Jahresproduktion der staatlichen Bergwerke betrug 215 400 Unzen);
- 5 585 000 Schnüre zu je 1 000 Kupfermünzen;
- 17 887 000 *shi* (ca. 60 Liter) Reis und anderes Getreide (das sind nahezu 11 Millionen Doppelzentner);
- 2 672 00 Seidenrollen.

Die Einnahmen aus Seezöllen, die zu Beginn der Dynastie nur eine halbe Million Schnüre zu 1 000 Münzen ausmachten, betrugen im Jahr 1189 65 Millionen Schnüre. In Jiaozhou, in der Gegend von Qingdao in Shandong, in Hangzhou, Ningbo, Quanzhou und Kanton wurden »Ämter für Handelsschiffe« *(shibosi)* geschaffen, die auch die Funktionen von Zoll und von Polizei übernahmen. Bei der Ankunft der Schiffe wurde von der Verwaltung ein Anteil zwischen 10 und 40 Prozent – je nach den importierten Waren – eingezogen; der Rest der Schiffsladung wurde dann nach Bezahlung einer regulären Abgabe frei verkauft.

Der Aufschwung der Geldwirtschaft

Eine der Grundbedingungen für den wirtschaftlichen Aufschwung zwischen dem 11. und dem 13. Jahrhundert war eine beträchtliche Zunahme der Zahlungsmittel und die Verbreitung der Geldwirtschaft. In der Zeit der Fünf Dynastien, von den ersten Jahren des 10. Jahrhunderts bis zur Reichseinigung der Jahre 963-979, hatte jeder einzelne der ungefähr zehn unabhängigen Staaten, die sich in China teilten, sein eigenes Geld in Umlauf gesetzt. Während in Nordchina Kupfergeld verwendet wurde, waren nach dem Vorbild Sichuans, wo aufgrund des Kupfermangels schon von jeher schwere und wenig handliche Eisenmünzen zirkuliert hatten, die auch in der Song-Zeit weiterhin in Gebrauch blieben, in zahlreichen Gebieten Südchinas (Fujian, Guangdong, Hunan, Jiangxi) Eisen- und Bleimünzen aufgetaucht. Dem neuen Reich gelang es, um 960-1000 den Gebrauch einer einzigen Art von Kupfermünzen in ganz China wieder einzuführen. Aber nach der Periode der ernsten militärischen Schwierigkeiten im Nordwesten in den Jahren 1038-1055 (damals wurden neue Münzen zu zehn Einheiten geprägt, die anschließend wieder aus dem Umlauf gezogen wurden) und von der Invasion der Dschurdschen im Jahr 1126 erhöhte der Staat im Hinblick auf seine Kriegsanstrengungen in noch nie dagewesenem Umfang das Geldvolumen. Den Rekord im Münzengießen erreichte das Jahr 1073 mit 6 Millionen Schnüren zu je 1 000 Münzen. Insgesamt wird die Zahl der unter den Nördlichen Song in Umlauf gesetzten Münzen auf 200 Millionen Schnüre geschätzt.

Trotz dieser enormen Produktion genügte das Kupfergeld nicht für alle Bedürfnisse, welche die wirtschaftliche Entwicklung und das Anwachsen der Kriegsausgaben schufen. Der Gebrauch des Silbers als Zahlungsmittel, der sich zur Epoche der Fünf Dynastien südlich des Yangzi-Unterlaufs und in Sichuan einzubürgern begonnen hatte, dehnte sich im 11. Jahrhundert auf Nordchina aus, wo die zentralasiatischen Uiguren, die mit dem Mittleren Orient Handel trieben, durch ihren Silberimport zur Verbreitung dieses neuen Zahlungsmittels beitrugen.

Die Münzprägung in Zahlen vom 9. bis zum 12. Jahrhundert
in Schnüren zu 1000 Münzen

804	135 000
820	150 000
834	100 000
995-997 (Durchschnitt von 3 Jahren)	270 000
1000	1 350 000
1007	1 850 000
1016	1 230 000
1021	1 050 000
1073	6 000 000
1080	5 949 000
1106	2 890 000
1124	3 000 000

Die Lagerscheine, die den Kaufleuten im 9. Jahrhundert von den Vertretern ihrer Provinzverwaltung in der Hauptstadt ausgestellt und die damals als »fliegendes Geld« *(feiqian)* bezeichnet wurden, und diejenigen, die seit Ende des 9. Jahrhunderts reiche Kaufleute und Finanzmänner in Chengdu (Sichuan) privat ausgaben, waren die Vorläufer der Banknoten, die erstmals im Jahre 1024 in Sichuan staatlich gedruckt wurden. Dieses neue Zahlungsmittel, das in China zwischen dem 11. und 14. Jahrhundert sehr große Verbreitung fand, aber in der Folgezeit in Mißkredit geriet und deshalb nur mehr gelegentlich benutzt wurde, leistete zur Song-Zeit einen beträchtlichen Beitrag zum Aufschwung der staatlichen und der privaten Wirtschaft. Es erlaubte unter den Song eine Einschränkung der Ausgabe von Kupfermünzen, obwohl der Mißbrauch dieses neuen Zahlungsmittels mit Zwangskurs schließlich am Vorabend der Mongoleninvasion das wirtschaftliche Chaos verstärkte. Das Papiergeld, das unter den verschiedenen Bezeichnungen *jiaozi, qianyin, kuaizi, guanzi* bekannt war, wurde im 12. und 13. Jahrhundert zum Hauptzahlungsmittel und blieb es, nachdem es sich vorher im Liao- und Jin-Reich verbreitet hatte, bis zum Ende der Mongolenzeit. Unter der Südlichen Song-Dynastie wurde Papiergeld im Wert von 400 Millionen Schnüren ausgegeben. Parallel zum Gebrauch des Papiergeldes entwickelte sich in Handelskreisen der Gebrauch von Handelseffekten: Bankanweisung, Eigenwechsel, Wechselbrief tauchten im 11. Jahrhundert auf. Die von den Eigentümern der Wechselstuben (*jifupu, jinyinpu, duifang, jiaopuzi, jiaoyinpu, zhipu, fangzhaihu, qianhu* usw.) kontrollierten finanziellen Transaktionen wurden zu einem der wichtigsten Sektoren der Handelswirtschaft der Song-Zeit.

Der Aufschwung der Seefahrt

Die Entwicklung der chinesischen Seefahrt seit dem 11. Jahrhundert ist zweifelsohne eine der wichtigsten Erscheinungen der Geschichte Asiens. Die Zeugnisse europäischer und arabischer Reisender des 13. und 14. Jahrhunderts lassen diesbezüglich keinen Zweifel zu: Die Aktivität in den großen Häfen Fujians, Zhejiangs und Guangdongs war damals unvergleichlich viel größer als diejenige in den europäischen Ländern. Die Bedeutung der Fluß- und Seeschiffahrt in der Song- und Yuan-Zeit, die Rolle der Kriegsflotte bei der Verteidigung der Südlichen Song im 12. und 13. Jahrhundert und während der Versuche der Mongolen, am Ende des 13. Jahrhunderts Japan und Java einzunehmen, die großen Expeditionen zur See unter der Ming-Dynastie in den Jahren 1405 bis 1433 bis in das Rote Meer und an die Ostküsten Afrikas sind ein deutlicher Beweis dafür, daß China in den viereinhalb Jahrhunderten von der Konsolidierung des Song-Reichs bis zur großen Expansionsperiode unter den Ming die größte Seemacht der Welt war. Dieses Phänomen erklärt sich aus einer Reihe von Umständen, die sowohl mit der Politik und der Wirtschaft als auch mit der Geschichte der Technik zusammenhängen.

Im Neolithikum und bis zu Beginn unserer Zeitrechnung scheint die Schiffahrt sich entlang den Küsten, unter Benutzung naher Inseln, abgespielt zu haben. So erleichterten die Tsushima- und Iki-Inseln seit der vorgeschichtlichen Zeit die Verbindung zwischen der Südostküste Koreas und der japanischen Kyūshū-Insel, wie auch die zwischen der Region von Lüshun (Port Arthur) gelegenen Inseln eine frühe Verbindung zwischen der Mandschurei und Ostchina ermöglicht haben. Aber schon von den ersten nachchristlichen Jahrhunderten an wurden die beständigen und regelmäßigen Windverhältnisse des asiatischen Monsunklimas in den an Süd- und Ostchina angrenzenden Meeren ausgenutzt. In diesen Meeren sind unvorhergesehene Änderungen der Windrichtungen und Flauten weniger zu befürchten als im Mittelmeer. Eine Segelschiffahrt also hat sich in diesen Regionen entwickelt, wo die von der Antike bis in die Renaissance im Mittelmeer benutzten, von Sklaven besetzten Ruderbänke unbekannt waren. Sehr früh schon wurden Fortschritte im Segelwerk gemacht. Das Schonersegel, das für chinesische Schiffe typisch ist, wurde schon im 3. Jahrhundert nach Chr. beschrieben.

Die Monsunverhältnisse begünstigten Langstreckenfahrten ohne Zwischenhalt. Diese Fahrten waren jedoch einem Jahresrhythmus unterworfen, der Auswirkungen auf die Weltgeschichte hatte: der Wintermonsun von Nordosten und der Sommermonsun von Südwesten ließen die Hochseeschiffahrt in Asien zu einer periodischen Aktivität werden, die zur Bildung großer ausländischer Kolonien an den Küsten Indiens, in Südostasien und in den chinesischen Häfen von der Yangzi-Mündung bis zur Gegend von Kanton führten. Seit den ersten nachchristlichen Jahrhunderten wurde Sumatra von den Küsten Südindiens und Ceylons aus ohne Zwischenhalt angelaufen, und die weite Distanz zwischen Palembang und Kanton scheint schon im 7. Jahrhundert regelmäßig befahren worden zu sein.

In der Geschichte der Schiffahrtstechnik in Ostasien scheint man zwei große geographische Zonen unterscheiden zu können: die erste erstreckte sich von der Küste Zhejiangs bis Korea und Japan, die andere umfaßte ganz Südostasien und Südchina. Die erste war der Bereich einer Seeschiffahrt, die von den Völkern der Küstengebiete von Liaodong, Korea, Shandong und später auch von den Japanern entwickelt wurde. Die zweite, von der zu einem frühen Zeitpunkt die Diaspora der seefahrenden Völker der »malaiisch-polynesischen« Sprachgruppe von Südchina nach Melanesien und Madagaskar ihren Ausgang nahm, war von Beginn unserer Zeitrechnung an Treffpunkt von Schiffen, die sich wohl nicht nur in ihrer Herkunft, sondern auch in ihrer Technik unterschieden. Während sich eine auf den Schiffen im Dongting-See mitten in China gebräuchliche Art von Segel bis nach Sansibar an die Südostküste Afrikas verbreitet hat, unterscheiden sich andererseits die arabischen Schiffe deutlich von den chinesischen Schiffen der Küsten Guangdongs und Fujians. Chinesische Seefahrer aus Guangdong und Fujian, Malaien, Leute aus Sumatra und Java sind mit indo-iranischen und arabischen Seefahrern in Kontakt getreten, lange bevor sie zu Beginn des 16. Jahrhunderts Westeuropäer kennenlernten.

An der Entwicklung der großen chinesischen Hochseedschunke im 10. oder 11. Jahrhundert waren daher möglicherweise verschiedenartige Einflüsse beteiligt. Ihr Herkunftsort scheint wohl die große Yangzi-Mündung zu sein, an der die Flußschiffahrt unmerklich in die Seeschiffahrt übergeht. Der Yangzi-Hauptarm und seine Nebenarme erreichen in diesem Mündungsgebiet und bis zu etwa 150 Kilometern im Landesinneren eine Breite von zehn bis zwanzig Kilometern.

Wie alle chinesischen Schiffe seit dem Altertum besteht die Dschunke aus einem rechteckigen Rumpf, von dem der Schiffsraum durch Scheidewände getrennt ist, die wasserdichte Abteilungen bilden (diese Vorrichtung wurde zu Beginn des 19. Jahrhunderts von den Europäern bewußt übernommen). An der vertikalen Wand des Hinterstevens kann ein Steuer angebracht werden. Das erste Zeugnis dieser für die Geschichte der Schiffahrt entscheidenden Erfindung liefert ein kantonesisches Schiff aus Ton, das aus dem 1. nachchristlichen Jahrhundert stammt. Das hintere Steuerruder taucht in Europa um das Jahr 1180 auf, ungefähr gleichzeitig mit dem See-Kompaß. Die Dschunken der Song-Zeit, große Segelschiffe mit vier bis sechs Masten, zwölf großen Segeln und vier Decks, die ungefähr tausend Personen befördern konnten, waren das Produkt einer langen Ansammlung von Erfahrungen und Erfindungen. Anker, Steuer, bewegliche Vorrichtung zur Verhinderung der Abtrift, Spill, Segel aus Tuch oder aus Matten mit rauher Oberfläche, die je nach der Windrichtung – Rückwind oder Gegenwind – verwendet wurden, schwenkbare Segelwerke, die die Änderung der Takelage unnötig machten, und die die Bewunderung der arabischen Seefahrer hervorriefen (die chinesische Technik ist die einzige, die ein ganz hartes Steuern vor dem Wind ermöglichte), Ruder, die sich automatisch drehten und daher nicht aus dem Wasser gezogen werden mußten, wasserdichte Abteilungen, der See-Kompaß: alle diese jahrhundertealten oder damals eben erfundenen technischen Perfektionierungen haben zu diesem erstaunlichen Ergebnis ihren Beitrag geleistet. Durch die Verwendung des Kompasses – den die Geomanten schon seit langem für ihre Berechnungen benutzten – in der Schiffahrt wurde die Sicherheit der Hochseefahrt erhöht. Von seiner Verwendung auf kantonesischen Schiffen am Ende des 11. Jahrhunderts ist zum erstenmal in einem Werk die Rede, dessen Vorwort das Datum des Jahres 1119 trägt, im *Pingzhou ketan* von Zhu Yu. In Europa wurde er schon im Jahr 1190 von Guyot de Salins erwähnt, aber erst nach 1280 allgemein auf den Schiffen verwendet.

Es waren jedoch zum Fortschritt der chinesischen Schiffahrt im 10. und 11. Jahrhundert noch viele andere Perfektionierungen nötig. Sie betreffen nicht nur die Orientierungsmethoden und die Entfernungsmessung, sondern auch die Kenntnis des Meeresgrundes und der Meeresströmungen. Die chinesische Kartographie, die seit dem 3. Jahrhundert auf einem System abstandsgleicher Parallellinien in nord-südlicher und ost-westlicher Richtung beruhte, machte zur Song-Zeit bemerkenswerte Fortschritte. Sie war der noch stark religiös dominierten Kartographie des europäischen Mittelalters und sogar der arabischen Kartographie voraus. Die auf Stelen eingravierten Karten, die uns überliefert sind, beweisen, daß sie zu jener Zeit die genauesten der Welt waren.

Der Fortschritt der Schiffahrtstechnik hat jedoch nur einen Aufschwung ermöglicht, dessen tiefere Ursachen in den politischen Umständen und in der Entwicklung des Handels lagen. China, dessen Verbindungswege nach Zentralasien abgeschnitten waren und dessen Expansion nach Norden und Nordwesten von den großen Reichen, die sich an seinen Randgebieten gebildet hatten, zum Stillstand gebracht worden war, wandte sich nun entschieden dem Meer zu. Sein Schwerpunkt hatte sich in die südöstlichen Küsten- und Handelsregionen verlagert, die durch das weitläufige Schiffahrtsnetz des Yangzi und seiner Zuflüsse ins Binnenland erweitert wurden. Der Schiffsverkehr, der vom Abbasidenreich ausging und den Persischen Golf mit Indien, Südostasien und den Küsten Chinas verband, war wohl ebenfalls an dieser Hinwendung zum Meer beteiligt. Die Seeräuberei, die in allen Epochen und bis in unsere Zeit hinein von den Küstenvölkern Ostasiens von Java bis Korea und Japan ausgeübt wurde, ging während der gesamten Blütezeit der chinesischen Schiffahrt zurück. Das im 8. Jahrhundert so mächtige maritime Reich Śri Vijaya an der Südostküste Sumatras erlebte im 11. Jahrhundert eine Niedergangsperiode. Die Seemacht von Majapahit im Zentrum Javas im 14. und 15. Jahrhundert, des Reichs von Malakka im 15. Jahrhundert und von Atjeh an der Nordwestküste Sumatras im 16. und 17. Jahrhundert sind späteren Datums.

Der Aufschwung der Seefahrt zur Song-Zeit ließ Werke entstehen, die der Beschreibung der Länder Südostasiens und des Indischen Ozeans gewidmet sind. Zum Unterschied von den früheren Reiseberichten, die von Beamten in offizieller Mission oder von Pilgern verfaßt wurden, stellten diese Aufzeichnungen über fremde Länder Auskünfte von chinesischen oder ausländischen Kaufleuten zusammen, die selbst große Seereisen von den chinesischen Küsten, den Philippinen und Borneo bis zum Roten Meer unternommen hatten; es finden sich darin sogar, wie zur Han-Zeit, Informationen über Mittelmeerländer. Die beiden wichtigsten Werke dieser Art sind das im Jahr 1178 erschienene *Lingwai daida* (Antworten auf Fragen über die Regionen südlich der Gebirgsketten) von Zhou Qufei und das *Zhufanzhi* (Bericht über die fremden Länder) von Zhao Rugua, dessen Vorwort auf das Jahr 1225 datiert ist.

II. KAPITEL
KULTUR UND WISSENSCHAFT IN DER CHINESISCHEN »RENAISSANCE«

Die Veränderungen, die sich um die Jahrtausendwende vollzogen oder schon vollzogen hatten, beschränkten sich nicht auf Gesellschaft und Politik, Wirtschaft und Technik. Sie betrafen auch eine tiefere, aber weniger sichtbare Realität: den Menschen und seine Weltauffassung, seine Vorstellungen von Zeit und Raum und von ihm selbst. Das 11. Jahrhundert, in dem eine Rückkehr zur klassischen Tradition stattfand, bedeutete das Ende der Vorherrschaft, die der Buddhismus seit dem fünften nachchristlichen Jahrhundert auf China ausgeübt hatte. Die Vorstellung von der Unermeßlichkeit von Zeit und Raum, die Vermischung der verschiedenen Gattungen von Lebewesen (Dämonen, Tieren, Höllenwesen, Menschen und Göttern) in der Seelenwanderung, diese ganze kosmische Phantasmagorie trat nun vor der sichtbaren Welt zurück. Der Mensch wurde wieder zum Menschen in einem begrenzten und verständlichen Universum, das er nur zu erforschen braucht, um es zu erkennen. Dahinter standen vermutlich eine Reihe von psychologischen Veränderungen, die durch eine Analyse der Werke jener Zeit sicherlich an den Tag kämen. Der Vertreter der chinesischen Oberschicht unterschied sich im 11. Jahrhundert ebenso stark von seinen Vorgängern der Tang-Zeit wie im Westen der Renaissancemensch vom mittelalterlichen Menschen.

Was klar zutage tritt, ist das Aufkommen eines auf das Experiment, auf die Erprobung von Erfindungen, Ideen und Theorien gegründeten praktischen Rationalismus. Es ist auch eine Wißbegier festzustellen, die sich auf sämtliche Gebiete bezieht: Kunst, Technik, Naturwissenschaften, Mathematik, Gesellschaft, Institutionen, Politik. Sie erklärt sich aus dem Bedürfnis, über alle früheren Errungenschaften einen Überblick zu gewinnen und alle Kenntnisse zu einer Synthese zusammenzufassen. Im 11. Jahrhundert entstand eine naturalistische Philosophie, die ihre endgültige Form im 12. Jahrhundert fand und das chinesische Denken in den darauffolgenden Epochen beherrschen sollte.

Der soziale und wirtschaftliche Wandel, der zahlenmäßige Anstieg der wohlhabenden Familien, die städtische Entwicklung, aber auch die immer weitere Verbreitung eines raschen und billigen Reproduktionsverfahrens schriftlicher Texte spielten gewiß eine Rolle bei dieser tiefgreifenden Erneuerung des geistigen Lebens.

1. Die Voraussetzungen für die Erneuerung

Gelehrte und volkstümliche Kultur

Mehr vielleicht als jede andere Epoche veranschaulicht die Song-Zeit die Beziehung von Kunst und Geisteswissenschaften zur sozialen Wirklichkeit. Während im 7. und 8. Jahrhundert eine mit Barbaren ethnisch vermischte Aristokratie ihre Vorliebe für kriegerische Spiele (Polo, Reiten, Jagd usw.) durchgesetzt hatte, bemühte sich die aus reichen und gebildeten Familien zusammengesetzte Führungsschicht des 11. bis 13. Jahrhunderts, die zumeist in der Stadt residierte und von den Einkünften ihres Grundbesitzes lebte, ihre Distanz gegenüber den Steppentraditionen, den Volksbelustigungen und ihre Verachtung der körperlichen Anstrengung zum Ausdruck zu bringen. Der zu Beginn der Tang-Zeit hochgeschätzte Beruf des Kriegers hatte sein ganzes Ansehen eingebüßt, seit das Heer aus Söldnern bestand, die aus den untersten Volksschichten rekrutiert wurden. Der intellektuelle und kontemplative, gelehrte und manchmal esoterische Aspekt der Kunst und der Geisteswissenschaften in der chinesischen Oberschicht wird in der Song-Zeit offenbar. Er blieb unter den Ming und den Qing beherrschend, trotz mancher Reaktionen von seiten origineller, aber vereinzelter Denker wie Li Zhi (1527-1602) oder Yan Yuan (1635-1704), die eine Rückkehr zu den praktischen Kenntnissen und körperlichen Aktivitäten befürworteten. Der chinesische Literat blieb, von Ausnahmen abgesehen, von nun an ein reiner Intellektueller, der Geschicklichkeitsspiele und Athletenwettkämpfe dem Volk überließ. Diese in der chinesischen Oberschicht tiefverwurzelte Verachtung jeder körperlichen Anstrengung und Fähigkeit hat sich bis in unsere Zeit hinein erhalten, und der Sport wurde in China erst in jüngster Vergangenheit unter dem Einfluß der angelsächsischen Länder wieder eingeführt. Seit der Song-Zeit haben sich die gebildeten Schichten ausschließlich mit gelehrter Literatur, Malerei, Kalligraphie, mit dem Sammeln von Büchern und Kunstgegenständen und mit Gartenkunst abgegeben.

Während jedoch die Bildungsschicht die klassische Dichtkunst und das neue, schwierige Genre des gesungenen Gedichts, das auf vorgegebene Melodien geschrieben wird *(ci)*, pflegte, und hohe Beamte wie Su Shi (Suo Dongpo) (1036-1101) oder Huang Tingjian (1045-1105) sich darin auszeichneten, und sich der akademischen Malerei, die unter Huizong (1101-1125) im Kaiserpalast Triumphe feierte, oder wie Mi Fu (1051-1107) der Erschließung neuer Ausdrucksformen in der Malerei widmeten, trug der Aufschwung der Unterhaltungskünste im Volk den Keim einer Volksliteratur in sich, die zu einer der fruchtbarsten und anregendsten Quellen der gesamten chinesischen Literaturgeschichte werden sollte.

Mit dem Kleinbürgertum aus Ladenbesitzern und Handwerkern, der großen Masse ihrer Handlanger, Verkäufer, Diener und Angestellten, entstand in den großen Handelszentren der Song-Zeit ein neues Milieu, dessen Neigungen und Ansprüche sich von denjenigen der Oberschicht stark unterschieden. Das städtische Leben hat die Tendenz, den Vergnügungen und Zerstreuungen ihren periodischen Charakter, ihre Beziehung zu den Jahrmärkten und Bauernmärkten zu nehmen und ihre Bindung an religiöse Feste und Aktivitäten zu lösen. Die Betätigung als Geschichtenerzähler oder Gaukler gewann einen spezifischen und autonomen Charakter und wurde zu einem eigenen Beruf. Die Städte der Song-Zeit, und vor allem die Hauptstädte Kaifeng, Hangzhou, das Peking der Jin und der Mongolen waren zu permanenten Vergnügungszentren geworden. Die Vergnügungsviertel (*wazi* oder *washi*) wurden zum Unterschied von den Schauspieler- und Musikervierteln (*jiaofang*), die unter den Tang eng von der kaiserlichen Verwaltung abhängig waren, zu Treffplätzen für das Volk, an denen sich alle berufsmäßigen Schaukünstler einfanden: Geschichtenerzähler, die sich auf verschiedene Genres spezialisiert hatten (historische, religiöse, Liebes-, Kriminalgeschichten usw.), Schauspieler, die kurze gemimte Stücke unter Musikbegleitung zum besten gaben, Musiker und Sänger, Marionettenspieler, Imitatoren von Tierlauten usw. Die Stadt war der Geburtsort neuer literarischer Formen, die sich vom 13. und 14. Jahrhundert an parallel zur gelehrten Literatur entwickelten: der Erzählung, des Romans und des Theaters. Sie sind in einer Umgangssprache voll von Regionalismen geschrieben und bewahren in ihrem Stil und Rhythmus die Lebendigkeit und Würze, die sie aus ihrer Herkunft schöpften.

Blockdruck und Buchdruck
Das auf Papier gedruckte Buch stellte im Westen seit der Mitte des 15. Jahrhunderts einen entscheidenden Fortschritt gegenüber dem auf Pergament geschriebenen Manuskript dar. Damit endet das europäische Mittelalter. In China lagen die Verhältnisse ganz anders: Die Verbreitung eines schnellen und billigen Reproduktionsverfahrens für geschriebene Texte und figürliche Darstellungen im Laufe des 9. und 10. Jahrhunderts wurde dort nicht als revolutionäres Ereignis empfunden, obwohl letzten Endes die Folgen nicht weniger bedeutend waren als diejenigen der Verbreitung des Buchdrucks in Europa. Diese unterschiedliche Reaktion läßt sich jedoch leicht erklären. Europa war innerhalb eines verhältnismäßig kurzen Zeitraumes vom mittelalterlichen Manuskript aus einem seltenen und teuren Material zum gedruckten Buch übergegangen. Nachdem es im 12. Jahrhundert das Papier kennengelernt hatte, das aus den islamischen Ländern eingeführt wurde, begann man am Ende des 13. Jahrhunderts in Italien mit der Papierherstellung, nahm mit Begeisterung um 1380 den Blockdruck auf und entwickelte zwischen 1430 und 1460 die ersten Buchdruckverfahren. In China dagegen kam es zu einer grundsätzlich anderen, viel langsamer fortschreitenden Entwicklung. Das Papier, das sich für die Reproduktion von Texten als unentbehrlich erweisen sollte, wurde in China am Ende der Han-Zeit zum normalen Schreibmaterial (das erste chinesische Papier, das am alten Limes der Han gefunden wurde, stammt aus dem 2. nachchristlichen Jahrhundert). Zwischen der Han-Zeit und dem Beginn des Buchdrucks hatte sich das Eingravieren von Texten oder Zeichnungen in Stelen entwickelt (Abreibung mit Hilfe eines feuchten Papiers, Trocknen, Einschwärzung und Reproduktion auf Papier mit Hilfe eines Tampons), das bis heute in allen Ländern des chinesischen Kulturkeises die Herstellung getreuer und billiger Reproduktionen von eingravierten Zeichnungen oder berühmten Kalligraphien ermöglicht hat. Mit Hilfe von Siegeln konnten andererseits Schriftzeichen, Zeichnungen oder religiöse Bilder reproduziert werden. Der Blockdruck, der im Laufe des 8. Jahrhunderts auftauchte, ist eine Art von Kombination beider Verfahren (Steinschneidekunst und Siegeldruck). Seine ersten bekannten Beispiele stammen vom Ausgang des 8. Jahrhunderts: buddhistische Bilder mit kurzem Begleittext, die in Dunhuang (West-Gansu) gefunden wurden, und eine magische Formel des Buddhismus, die in Japan erhalten ist und wahrscheinlich zwischen 764 und 770 in China gedruckt wurde. In der Manuskriptsammlung von Dunhuang, in der sich zahlreiche gedruckte Texte des 9. und 10. Jahrhunderts befinden, ist das erste wichtige mittels Blockdruck reproduzierte Dokument ein Text der *Diamantsūtra (Jingangjing)* aus dem Jahr 868. In jüngster Zeit wurden weitere gedruckte Texte gefunden: Zwei davon stammen aus dem Wu-Yue-Reich (unteres Yangzi-Gebiet und Zhejiang) und tragen die Jahreszahlen 953 und 174; ein anderer Text aus dem Jahr 975 wurde in Hangzhou gefunden. Zu diesem Zeitpunkt war der Blockdruck in den dichtbesiedelten und

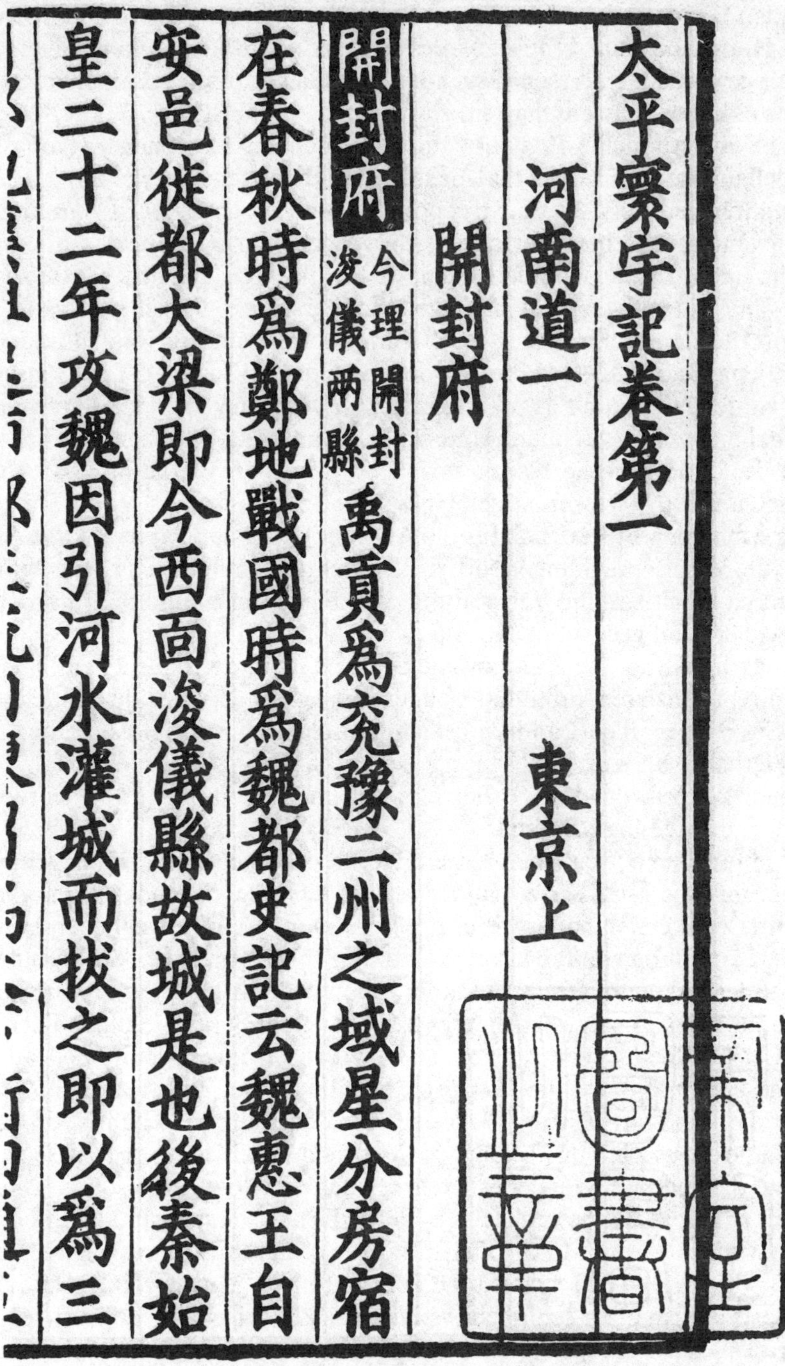
太平寰宇記卷第一
河南道一　東京上
開封府
開封府今理開封浚儀兩縣禹貢爲兗豫二州之域星分房宿
在春秋時爲鄭地戰國時爲魏都史記云魏惠王自
安邑徙都大梁即今西面浚儀縣故城是也後秦始
皇二十二年攻魏因引河水灌城而拔之即以爲三

IX. Gedruckter Text aus der Song-Zeit.
Das erste Kapitel des *Taiping huanyu ji,* einer Geographie Chinas und der fremden Länder, die im Jahr 979 vollendet wurde.

bedeutenden Handelsstädten des Roten Beckens in Sichuan und in den Ebenen, die sich von Hangzhou zum Unterlauf des Yangzi erstrecken, schon allgemein gebräuchlich geworden. In diesen Gegenden wurden schon im 9. Jahrhundert kleine Werke der okkulten Wissenschaften, Almanache, buddhistische Werke, Wörterbücher, kurze volkstümliche Enzyklopädien, elementare Lehrbücher, Sammlungen von Modellaufsätzen für die Staatsprüfungen, historische Werke usw. im Blockdruckverfahren gedruckt. Es muß der populäre und kommerzielle Charakter dieser ersten Anwendungen eines Verfahrens hervorgehoben werden, das höchstwahrscheinlich seinen Ausgangspunkt in dem Bedürfnis hatte, religiöse Texte zu reproduzieren. Die Führungsschicht und die Bildungsschicht haben sich jedoch diese neue Reproduktionstechnik sehr rasch zunutze gemacht: auf die Initiative eines gewissen Feng Dao (882-954) hin wurden zwischen 932 und 952 auf kaiserlichen Befehl in Kaifeng die neun Klassiker gedruckt. Zwischen 944 und 951 erschien auch eine Ausgabe davon in Sichuan. Und schließlich wurde zwischen 972 und 983 in Chengdu der buddhistische Kanon gedruckt, der 1 076 Werke in 5 048 Kapiteln umfaßt und auf 130 000 zweiseitigen Holzplatten eingraviert ist. Vom Jahr 1024 an verwendete man den Blockdruck für die Ausgabe des ersten Papiergelds in Sichuan und für die Veröffentlichungen offizieller Dekrete und Erlasse. Im Jahr 1027 wurden im Hinblick auf ihre Verbreitung die medizinischen und pharmazeutischen Werke revidiert und gedruckt.

Der Blockdruck, der die Kalligraphie der Texte und der figürlichen Darstellungen genau reproduzieren kann, hat sich also im Laufe des 10. Jahrhunderts eingebürgert. Er sollte in allen Ländern des chinesischen Kulturkreises (China, Japan, Korea, Vietnam) bis zur Verbreitung des mechanisierten Druckverfahrens mit beweglichen Lettern, das im 19. Jahrhundert im Westen entwickelt wurde, seine vorherrschende Stellung behalten.

Die Erfindung der beweglichen Lettern wurde jedoch in China früher gemacht als in Europa, und die asiatischen Länder verwendeten den Buchdruck parallel zum Holzschnitt. Zum erstenmal erwähnt die Verwendung von beweglichen Lettern in China eine Sammlung von Pinselaufzeichnungn *(biji)*, von denen die meisten in die Geschichte der Wissenschaft und Technik gehören: das *Mengqi bitan* von Shen Gua aus dem Jahr 1086. Die beweglichen Lettern hat einer der Schützlinge Shen Guas, ein gewisser Bi Sheng, in den Jahren 1041-1048 erfunden. Zum Zeitpunkt der Besetzung Südchinas durch die Mongolen erwähnt Wang Zhen in seiner »Abhandlung über die Landwirtschaft« *(Nongshu)* aus dem Jahr 1313 den Gebrauch von mobilen Lettern aus Zinn und schlägt die Verwendung eines drehbaren Setzkastens vor, in dem die nach Reimen geordneten Zeichen verteilt werden sollen. Die ersten bedeutenden Drucke mit beweglichen Lettern, die uns bekannt sind, wurden jedoch in Korea zwischen 1403 und 1484 auf Initiative der Zentralregierung hergestellt. Im Jahr 1403 wurden 100 000 chinesische Schriftzeichen gegossen, im Laufe des 15. Jahrhunderts kamen noch zahlreiche weitere dazu. Zwei große Familien von Buchdruckern aus Wuxi in Jiangsu, die An und die Hua, verwendeten bewegliche Lettern aus Kupfer. Im Jahr 1574 wurde die große Sammlung von Erzählungen, das *Taiping guangji,* das am Ende des 10. Jahrhunderts zum erstenmal im Blockdruckverfahren gedruckt worden war, mit beweglichen Lettern gedruckt, und zwischen 1713 und

1722 die riesige illustrierte Enzyklopädie der Kangxi-Ära, die nahezu zehn Millionen Schriftzeichen umfaßt, das *Tushu jicheng*.

Die dem chinesischen Kulturkreis angehörenden Länder Ostasiens (aber auch die Nachbarn Chinas, die von ihm beeinflußt wurden – Uiguren, Tibeter, Mongolen, Mandschuren, die über alphabetische Schriftarten verfügten) besaßen damit vom 11. bis zum 18. Jahrhundert eine von Europa unabhängige Drucktradition, die sich auch in technischer Hinsicht unterschied, da sie über keine Druckerpresse verfügte. Die Tradition ist, gemessen an der Anzahl ihrer Editionen, keineswegs unbedeutend. Doch es bestand wenig Aussicht, daß die beweglichen Lettern vor dem Fortschritt des mechanisierten Druckverfahrens in den Ländern chinesischer Kultur den Blockdruck ersetzen würden. War also die Erfindung des Buchdrucks für Europa, wo ein paar Hundert Lettern zum Druck aller nur erdenklichen Texte genügten, eine wegweisende Erfindung, so konnte sie in einer Welt, deren Reichtum gerade in der Fülle und Mannigfaltigkeit der Schriftzeichen bestand, nicht die gleiche Tragweite haben.

Im Gegensatz zur landläufigen Vorstellung – die daher rührt, daß der Buchdruck im Westen im Vergleich zum Blockdruck einen entscheidenden Fortschritt darstellte – vereinigt dieses komplexere Reproduktionsverfahren nicht alle Vorteile auf sich. Die Überlegenheit des westlichen Buchdrucks erwies sich erst allmählich und wurde erst mit seiner Mechanisierung im 19. Jahrhundert unbestritten. Bis dahin blieb er ein ziemlich schwerfälliges und kostspieliges Reproduktionsverfahren für geschriebene Texte. Matteo Ricci bemerkte zu Beginn des 17. Jahrhunderts, die chinesischen Blockdrucker bräuchten nicht länger dazu, ihre Holzplatten zu schneiden, als die europäischen Typographen, ihre Seiten zu setzen. Die Holzblöcke können nochmals geschnitten und korrigiert, und im Gegensatz zu den gesetzten Seiten für weitere Editionen aufbewahrt werden. In Europa brachte die Verbreitung des Buchdrucks eine Verarmung der Schrifttradition mit sich, weil die Herausgeber nicht das Risiko auf sich nehmen konnten, Werke zu drucken, die sich nicht genügend verkauften. Der chinesische Blockdruck, der dem europäischen Blockdruck des 15. Jahrhunderts technisch weit überlegen war (dank der Erfahrungen mit der Technik des Siegeldrucks und der Steinschneidekunst und dank der Verwendung von speziellem Papier, auf dem der zu reproduzierende Text auf der Rückseite spiegelverkehrt erschien), hatte dagegen den großen Vorteil, ein billiges und anpassungsfähiges Verfahren zu sein, das keine großen Investitionen erfordert. Er hat daher vom 10. Jahrhundert an eine außerordentlich hohe Anzahl von privaten oder offiziellen Editionen, selbst von solchen mit beschränkter Auflage, ermöglicht. Außerdem – und dies ist zweifelsohne von entscheidender Bedeutung – konnte sich in den Ländern des chinesischen Kulturkreises die Illustration im Blockdruckverfahren parallel zum Text entwickeln, während das Bild in den gedruckten Werken des Westens verhältnismäßig spät allgemein üblich wurde. Seit Einführung des Blockdrucks waren die chinesischen Bücher – Herbarien, Abhandlungen über Technik, Archäologie oder Architektur, Romane, religiöse Texte usw. – in ihrer Mehrzahl mit Illustrationen von oft bemerkenswert hoher Qualität versehen. Der Blockdruck von Texten und Illustrationen, der zwischen dem 11. und 13. Jahrhundert große Fortschritte machte, erreichte seinen Höhepunkt in der Wanli-Ära

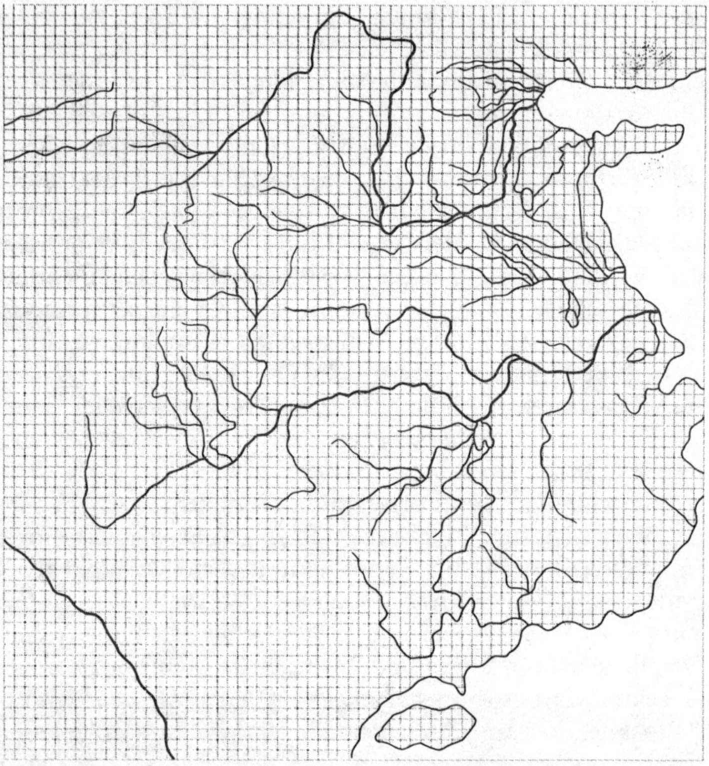

x. A. Chinesische Karte, im Jahr 1137 auf Stein graviert.
Zu beachten sind die Nord-Süd-Ost-West-Koordinaten, die seit der Zeit von Pei Xiu (224–271) gebräuchlich waren.
Jede Abteilung entspricht 100 *li,* d. h. ca. 50 km.
B. Darunter zum Vergleich eine englische Karte aus dem 18. Jh.

(1573-1619), als man drei-, vier- und manchmal sogar fünffarbige Drucke herstellte.

Trotz der Unterschiede, die auf den technischen und geistigen Traditionen und auf ihrem jeweiligen gesellschaftlichen und wirtschaftlichen Kontext beruhen und die eine Erklärung dafür darstellen, warum Ostasien und Europa nicht denselben Weg beschritten haben, bleibt die Tatsache bestehen, daß China auf dem Gebiet der Reproduktion und der Verbreitung von Texten einen beträchtlichen Vorsprung hatte: während unsere Schrifttradition im wesentlichen auf die Renaissance zurückgeht, stammt der Hauptanteil der chinesischen Schrifttradition aus der Epoche der Fünf Dynastien und der Song-Zeit. Auf diesem Gebiet hatte China folglich vor Europa einen Vorsprung von rund einem halben Jahrtausend.

2. *Wissenschaft und Philosophie*

Das neue Druckverfahren führte rasch zur Entstehung eines sehr aktiven Buchhandwerks und Buchhandels, und zu einem beträchtlichen Anstieg der schriftlichen Produktion, die eine viel größere Verbreitung des Wissens als in der Vergangenheit ermöglichte. Während in der Tang-Zeit die buddhistischen Klöster zusammen mit den staatlichen Schulen der Hauptstadt die Hauptbildungszentren waren, vermehrten sich vom 11. bis zum 13. Jahrhundert die öffentlichen und privaten Schulen und Bibliotheken. Die privaten Akademien *(shuyuan)*, die zur Song-Zeit in allen Regionen, aber vor allem im unteren Yangzi-Gebiet südlich des Stroms entstanden, spielten in der Geistesgeschichte Chinas bis zur Mitte des 17. Jahrhunderts eine entscheidende Rolle. Eine der bedeutendsten Bibliotheken war die im Jahr 978 gegründete Bibliothek des Kaiserpalastes, die 80 000 Bände besaß und deren Katalog von dem Reformer Fan Zhongyan und dem Historiker Ouyang Xiu zwischen 1034 und 1036 verfaßt wurde.

Das Schrifttum der Song-Zeit und die Entwicklung der Wissenschaften

Das 11.-13. Jahrhundert war die Epoche der ersten großen Textsammlungen, der großen Enzyklopädien und der Bestandsaufnahmen. Schon am Ende des 10. Jahrhunderts wurden vier berühmte Sammelwerke kompiliert und gedruckt, die vier großen Song-Bücher, *Song si dashu:* das *Wenyuan yinghua*, eine literarische Anthologie, die das *Wenxuan* fortsetzt und die Periode zwischen der Mitte des 6. Jahrhunderts und dem Beginn des 10. Jahrhunderts umfaßt, wurde zwischen 982 und 986 zusammengestellt; das *Taiping yulan,* eine im Jahr 983 vollendete, 1 000 Kapitel umfassende Enzyklopädie, und die sehr umfangreiche, 500 Kapitel umfassende Sammlung seltsamer Erzählungen und Geschichten, die den Titel *Taiping guangji* trägt und zum erstenmal im Jahr 981 gedruckt wurde, waren beide im Jahr 977 bei Li Fang (925-995) in Auftrag gegeben worden, schließlich wurde zwischen 1005 und 1013 das *Cefu yuangui* kompiliert, eine 1 000 Kapitel umfassende Sammlung politischer Texte und Essais.

Vor allem aber vermehrte sich in der Song-Zeit die Zahl der privaten Werke, die unabhängig von jedem offiziellen Auftrag unternommen wurden: historische Werke, Sammlungen von Aufzeichnungen, wissenschaftliche Abhandlungen, Lokalmonographien, literarische Werke usw.

Manche Tendenzen dieses Schrifttums, das viel reicher war als das der vorhergehenden Epochen, können mit der außerordentlichen Sammelmode des 11.-13. Jahrhunderts in Verbindung gebracht werden: Sammlungen von Malereien und kalligraphischen Werken, deren reichste und berühmteste von dem kunstbegeisterten Kaiser Huizong (1101-1125) zusammengestellt und während der Invasion der Dschurdschen zerstört wurde, Sammlungen von seltsamen Steinen, alten Münzen, Tuschen, Jadegegenständen usw.; zahlreich waren naturwissenschaftliche Abhandlungen, die – soweit sie uns überliefert sind – über Flora und Fauna Aufschluß geben: Abhandlungen über Pilze, Bambusarten, Chrysanthemen, Päonien, Obstbäume, Vögel usw. Als Beispiele seien das »Handbuch der Krabben« *(Xiepu)* von Fu Gong (1059) und die »Abhandlung über Südfrüchte« *(Julu)* von Han Yanzhi (1178) erwähnt.

In Mode waren auch Sammlungen verschiedener wissenschaftlicher, technischer, literarischer oder künstlerischer Aufzeichnungen, die unter der Bezeichnung *biji* oder *suibi* (»Pinselaufzeichnungen«) bekannt sind. Eine der für die Geschichte der Wissenschaften und Technik in China bedeutendsten ist das *Mengqi bitan* von Shen Gua (1031-1094), einem erstaunlich modernen Geist, der Astronom und Physiker war, und bei dem zum erstenmal die Erfindung der beweglichen Lettern erwähnt wird.

Das älteste und genaueste Werk über die chinesische Architektur, das uns überliefert ist, stammt aus der Song-Zeit. Es ist das *Yingzao fashi,* die im Jahr 1103 gedruckte, wundervoll illustrierte Abhandlung eines gewissen Li Jie, der selbst Architekt war und in Kaifeng Tempel und offizielle Gebäude errichtet hat.

Auch auf den Gebieten der Medizin, Geographie, Mathematik und Astronomie wurden in der Song-Zeit bemerkenswerte Fortschritte erzielt. Von den zahlreichen medizinischen Werken des 11.-13. Jahrhunderts sei die erste uns bekannte Abhandlung über Gerichtsmedizin erwähnt, das *Xiyuanlu* von Song Ci, das im Jahr 1242 erschien. Im Jahr 979 wurde eine Enzyklopädie über Universalgeographie in 200 Kapiteln gedruckt, das *Taiping huanyu ji* von Yue Shi (930-1007). Eine Fortsetzung dazu bildet das illustrierte Geographiewerk der Song-Zeit in 1566 Kapiteln, das *Zhudao tujing*, das im Jahr 1010 vollendet wurde. Die chinesische Kartographie erreichte in der Song-Zeit eine nie dagewesene Genauigkeit. Shen Gua hatte die Idee, Reliefkarten herzustellen. Im Jahr 1027 wurde ein in einen Wagen eingebauter Wegmesser konstruiert.

Zusammen mit der Mongolenzeit (Ende des 13. bis Mitte des 14. Jahrhunderts) war das 11.-13. Jahrhundert in China eine der größten Perioden in der Geschichte der Mathematik. Bemerkenswert ist vor allem die Entwicklung der Algebra. Als größte Namen können Shao Yong (1011-1077), dem wir eine auf vier Sekunden genaue Berechnung des tropischen Jahres verdanken, Li Ye (1192-1279) und Qin Jiushao (gestorben 1262), der Verfasser eines bedeutenden mathematischen Werkes, des *Shushu jiuzhang*, genannt werden. Qin Jiushao war der erste chinesische Mathematiker, der zu einer Zeit, als diese gleichzeitig mit den arabischen Ziffern in Italien auftauchte, die Null verwendete.

Eines der für die Geschichte der Astronomie und der Zeitberechnung bedeutendsten Unterfangen war in Kaifeng im Jahr 1090 die Konstruktion einer astronomischen Uhr, die mittels eines Hemmungsmechanismus, Verzahnungen und eines Kettenantriebs funktionierte. Es handelt sich dabei, wenn auch nicht um den ersten

– da es im 8. Jahrhundert in China einen Vorläufer gab –, so doch um einen der ältesten und perfektesten Rotationsmechanismen mit langsamer, regelmäßiger und kontinuierlicher Umdrehung, der auf der Welt erfunden wurde. Die astronomische Maschine von Su Song (1020-1101) wurde von einem Rad angetrieben. Seine Rotation regelten drehbare Schöpfbecher, die sich nacheinander aus einem Becken mit gleichbleibendem Niveau auffüllten. Dieser Uhrenmechanismus war der genaueste, der je erfunden wurde.

Die Anfänge der wissenschaftlichen Archäologie

Die für die Song-Zeit charakteristischen wissenschaftlichen Tendenzen äußerten sich auch auf dem Gebiet der Archäologie. Kunstgelehrte und Liebhaber begeisterten sich für archäologische Entdeckungen. Unter der Herrschaft von Huizong (1101-1125) wurden in der Gegend von Anyang an der Stätte, die zu Beginn unseres Jahrhunderts als letzte Hauptstadt der Shang identifiziert werden sollte, antike Bronze- und Jadegegenstände vom Ende des 2. Jahrtausends gefunden. Die Begeisterung für Antiquitäten hatte zwei Folgen: einerseits wurden die künstlerischen Traditionen dadurch bereichert (Antiquitätenmode und Imitation der antiken Kunst – gleichzeitig mit der Entwicklung eines Marktes für Kunstgegenstände werden allerdings auch die Fälschungsmethoden perfektioniert –, Einfluß der archaischen Schriftstile auf die Kalligraphie); andererseits kam es zur Entfaltung der kritischen Archäologie und der Epigraphik, die vom 11. Jahrhundert an zu Hilfswissenschaften der Geschichte wurden. Aus der Song-Zeit stammen die ersten Arbeiten über antike Glocken und Dreifüße, und die ersten illustrierten Werke, in denen Reproduktionen davon enthalten sind. Im Jahr 1092 erschienen die »Archäologischen Tafeln« *(Kaogutu)* von Lü Dalin, der erste Versuch, Bronzen des 2. und 1. Jahrtausends wissenschaftlich zu klassifizieren und zu datieren. Gegen Ende des 12. Jahrhunderts gab Hong Zun (1120-1174), der Bruder von Hong Mai (1123 bis 1202, Autor eines berühmten Sammelbandes merkwürdiger und außergewöhnlicher Geschichten, des *Yijianzhi*), sein Werk über »Antike Münzen« *(Guquan)* heraus, das erste numismatische Werk in der Geschichte Chinas.

Am bemerkenswertesten waren jedoch die Fortschritte auf dem Gebiet der Epigraphik, was sich zweifelsohne aus dem von jeher leidenschaftlichen Interesse der Chinesen für die Geschichte ihrer Schrift erklärt. Die berühmteste Arbeit ist der in jahrelanger Forschungsarbeit von Zhao Mingcheng (1081-1129) und seiner Gattin, der großen Dichterin Li Qingzhao (1084-1141?), vollendete »Katalog der Stein- und Bronzeinschriften« *(Jinshilu)*, in dem 2 000 alte Dokumente aufgezählt und die Fehler des Katalogs alter Inschriften, des *Jigulu* (1063) des Historikers Ouyang Xiu, korrigiert werden.

Die Archäologie und die Geschichte der Institutionen, die sich seit dem 8. Jahrhundert entfaltete, lassen die Vergangenheit als kontinuierliche Entwicklung vom hohen Altertum bis in die Gegenwart erscheinen.

Neue Tendenzen in der Geschichtswissenschaft

Die Bewegung kritischer Reflexion, die Liu Zhiji zu Beginn des 8. Jahrhunderts einleitete, hatte ihren Grund in der routinemäßigen und mechanischen Art und

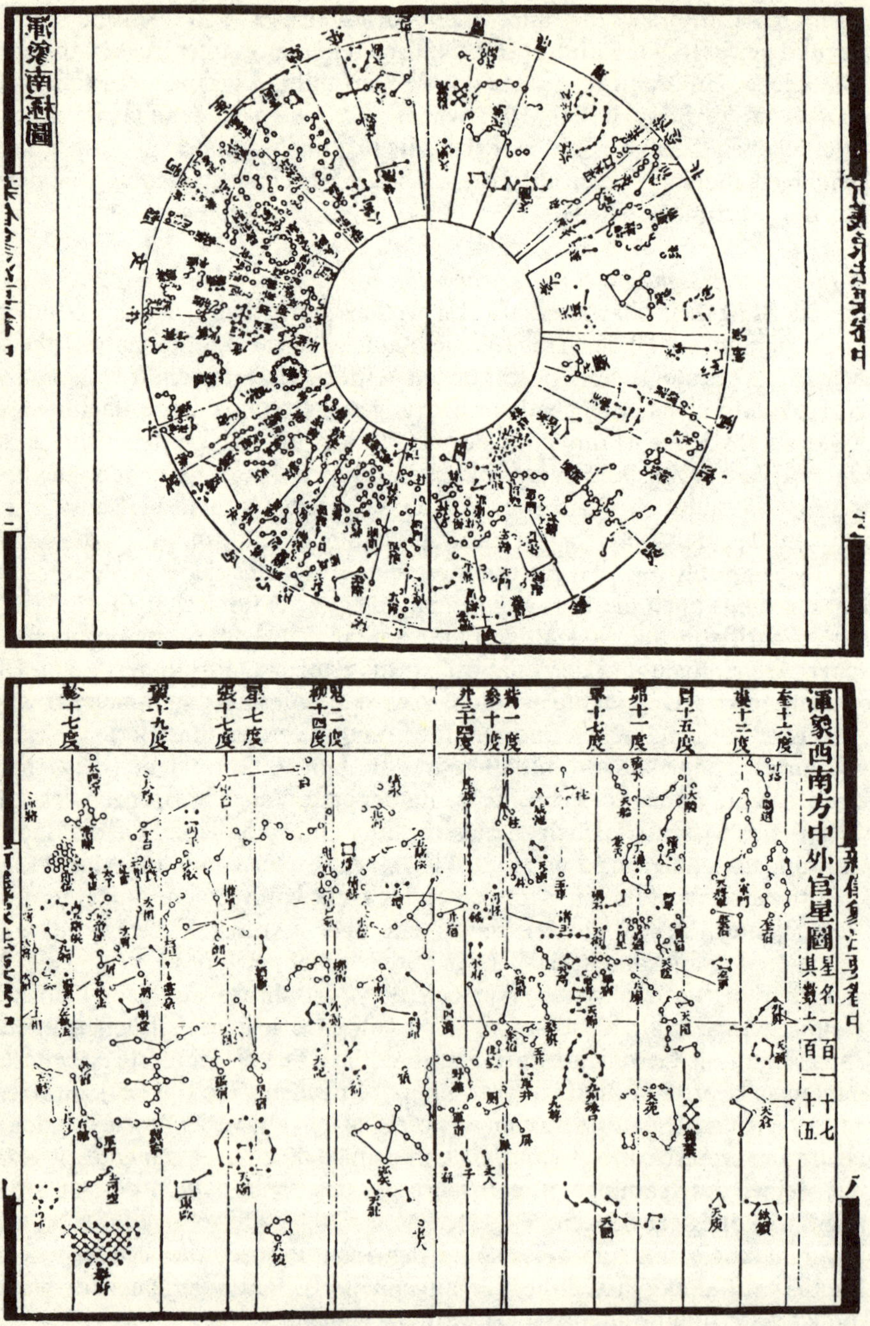

XI. Himmelskarten aus dem *Xin yixiang fayao* (1092).
A. Himmelskarte, Projektion vom Südpol.
B. Die Himmelsgegenden, die 14 der 28 Mondhäuser entsprechen, mit Äquatorialdarstellung (im Zentrum) und Ekliptikdarstellung. Projektion von Mercator.

Weise, in der zahlreiche zu Beginn der Tang-Zeit entstandene offizielle Geschichten kompiliert wurden. Die ersten historischen Enzyklopädien waren gleichzeitig wegweisend: Der Historiker sollte, ohne sich um den traditionellen Rahmen und die traditionelle Periodisierung zu kümmern, lange Zeiträume behandeln und sein Werk dabei persönlich gestalten. Denn die anonymen Kompilationen hatten gezeigt, daß die bisher gebräuchliche Methode nur oberflächliche Werke zustande brachte. Die im 8. und 9. Jahrhundert in Gang gekommene Bewegung führte im 11. Jahrhundert zu einer echten Erneuerung der Geschichtswissenschaft. Man war nun auf größere wissenschaftliche Strenge bedacht und ließ sich gleichzeitig von moralischen Anliegen leiten.

Zuerst aber mußte die Geschichte den literarischen Charakter wiederfinden, der den ersten historischen Werken eigen war: den »Historischen Aufzeichnungen« von Sima Qian (gegen –90), der »Geschichte der Han-Dynastie« von Ban Gu (gegen +82), der »Geschichte der drei Reiche« von Chen Shou (Ende des 3. Jh.). Der »antike Stil« *(guwen)*, dessen erste Anhänger und Verteidiger um 800 als originelle Köpfe angesehen worden waren, setzte sich zu Beginn der Song-Zeit durch. Er wurde von Dichtern wie Su Shi und Huang Tingjian und von Politikern wie Wang Anshi übernommen. In den »antiken Stil« schrieb auch Ouyang Xiu (1007-1072) seine »Geschichte der Tang-Dynastie« um und tilgte dabei die meisten Stellen, in denen dem Buddhismus und den Fünf Dynastien gegenüber Nachsicht an den Tag gelegt worden war. Es handelt sich um das *Xintangshu* (Neue Geschichte der Tang) (1060) und das *Xinwudaishi* (Neue Geschichte der Fünf Dynastien) (um 1070), zwei Werke, die bis heute wegen ihres literarischen Werts hoch geschätzt sind. Das zweite wurde von Ouyang Xiu im Stil der alten »Annalen des Reiches Lu« (722-481) geschrieben: es ging darum, allein durch die Verwendung der Termini ein implizites Urteil über diese Zeit der Unruhen und der Aufteilung zu fällen, die vom Ende der Tang-Zeit bis zum Beginn der Song-Zeit reicht. Diese moralisierenden Tendenzen, der Nachdruck, der auf das Problem der dynastischen Legitimität gelegt wird, die Suche nach einer ethischen Bedeutung der Geschichte sind typisch für die Song-Zeit und stehen im Einklang mit der neuen Ausrichtung der chinesischen Philosophie.

Das größte, berühmteste und einflußreichste Geschichtswerk des 11. Jahrhunderts ist eine allgemeine Geschichte Chinas von –403 bis +959, die zwischen 1072 und 1084 verfaßt wurde: der »Durchgehende Spiegel zur Hilfe bei der Regierung« *(Zizhi tongjian)* von Sima Guang, dessen einziger Vorläufer die großartigen »Historischen Aufzeichnungen« von Sima Qian sind. Trotz seiner Bemühung, die Fakten miteinander zu verbinden, übernahm Sima Guang darin die traditionelle Einteilung in Jahre, Monate und Tage. Das Werk muß jedoch aufgrund von zwei bemerkenswerten Charakteristika hervorgehoben werden: dem Anliegen des Autors, Quellen aller Art (einschließlich literarischer Werke und Inschriften) erschöpfend zu erfassen, und seiner Quellenkritik, die man schon als wissenschaftlich bezeichnen kann. Auf seine 354 Kapitel kommen im *Zizhi tongjian* 30 kritische Apparate (*kaoyi*, »Untersuchung der Abweichungen«), in denen die Gründe untersucht werden, von denen sich der Autor bei unterschiedlichen oder einander widersprechenden Überlieferungen ein und desselben Faktums leiten ließ.

Das meisterhafte Werk von Sima Guang fand so einhellige Bewunderung, daß es im 12. und 13. Jahrhundert mehrere analoge Werke beeinflußte. Der Philosoph Zhu Xi (1130-1200) schrieb eine Zusammenfassung davon, die in späteren Epochen großen Erfolg haben sollte, das *Tongjian gangmu*, das Ausdruck einer moralisierenden Geschichtsauffassung ist. Fortsetzungen des großen Werks von Sima Guang wurden veröffentlicht: das *Xu zizhitongjian changbian* von Li Tao (1115-1184) und die »Nach Jahren gegliederte Zusammenfassung der Ereignisse seit der Jianyan-Ära« (1127-1130) *(Jianyanyilai xinian yaolu)* von Li Xinchuan (1166-1243). Und schließlich gliederte Yuan Shu (1131-1205), um die Nachteile der Aufstellung nach Jahren auszuschalten, den Stoff des »Durchgehenden Spiegels« nach Sachgebieten, in seinem zwischen 1173 und 1175 verfaßten »Bericht über die Begebenheiten aus dem Durchgehenden Spiegel, vom Anfang bis zum Ende« *(Tongjian jishi benmo)*, mit dem er das Modell eines neuen Typus von Geschichtswerk schuf, das in der Folgezeit häufige Nachahmung fand.

Die Song-Zeit ist jedoch auch für ihre historischen Enzyklopädien berühmt. Zheng Qiao (1104-1162) ist der Verfasser eines Sammelwerks von Monographien, des *Tongzhi*, die von Genealogien großer Familien, Philologie, Phonetik, historischer Geographie, Botanik, Zoologie, Bibliographie, Archäologie usw. handeln. Zheng Qiao, der das Bücherwissen der Literaten verachtete und sich sehr für Naturwissenschaften interessierte, war ein zu origineller Geist, um von seinen Zeitgenossen geschätzt zu werden. Erst am Ende des 18. Jahrhunderts rehabilitierte Zhang Xuecheng sein Werk, bevor Gelehrte unserer Zeit auf es aufmerksam wurden. Eine andere historische Enzyklopädie behandelt die Geschichte der Institutionen: das *Wenxian tongkao* von Ma Duanlin, der am Ende der Südlichen Song-Dynastie und zu Beginn der Mongolenbesetzung lebte. Dieses Werk wurde erst im Jahr 1317 beendet und stellt eine Fortsetzung des *Tongdian* von Du You (732-812) dar.

Kosmologie und Ethik: die Entstehung einer naturalistischen Philosophie

Wie die Geschichte nicht bloße Tatsachen ausmachen, sondern eine ihr immanente natürliche Dynamik, die der Historiker intuitiv aufspüren muß, liegt das wahre Ziel der Malerei nicht in der materiellen Reproduktion des Sichtbaren, sondern in der Erfassung der Metamorphosen des Seins. Das Kapitel 17 des *Mengqi bitan,* das der Malerei und der Kalligraphie gewidmet ist, enthält eine berühmte Stelle, in der Shen Gua so weit geht, die Unabhängigkeit der Malerei gegenüber der gemeinen Forderung nach Ähnlichkeit zu verkünden. Was den Wert eines Kunstwerks ausmacht, sei die Intuition, die hinter das Wesen der Dinge vordringt, und das, was das Werk über die geistige Haltung, die Bildung und die menschlichen Qualitäten seines Autors aussagt.

Man könnte in der Geschichte des chinesischen Denkens vor der Song-Zeit wohl bereits ähnliche Richtlinien finden, aber noch nie war die Immanenz des Geistes in der Welt so explizit und so klar erfaßt und formuliert worden. Deshalb auch wurde das erste philosophische System, das die Zusammengehörigkeit oder, besser gesagt, die grundlegende Identität der natürlichen und der menschlichen Ordnung, der Ethik und des Kosmischen postulierte, im 11. und 12. Jahrhundert geschaffen. Mit der Formulierung dieser universellen, naturalistischen und rationalen Philosophie gelangte die Geschichte des chinesischen Denkens zu einem ihrer Höhepunkte und erreichte die Reife des klassischen Zeitalters. Diese Philosophie, an der die ersten jesuitischen Missionare Anstoß nehmen sollten und die wohl mit Ausnahme des großen Leibniz von den Europäern keiner verstand, wurde zur Grundlage und zur ethischen und natürlichen Rechtfertigung des autoritären Reichs zur Ming- und Qing-Zeit.

Nach der Ausrottung der großen philosophischen Schulen des Buddhismus, aber nicht ohne Übernahme all dessen, was sie der chinesischen Tradition an Neuem und Fruchtbarem gebracht hatten, zeichnete sich das 11. Jahrhundert durch eine Renaissance der vor-buddhistischen Philosophie aus, deren letzte große Periode auf das 3. und 4. Jahrhundert zurückgeht. Diese Erneuerung stützte sich letztlich auf die »nationalistische« Reaktion, die auf die An Lushan-Revolte und auf die sogenannte »Alt-Stil-Bewegung« *(guwen)* gefolgt war. Der Gedanke, daß man zu den lebendigen Quellen der chinesischen Tradition zurückkehren müsse und daß die seit dem Durchbruch des Buddhismus vernachläßigten Klassiker implizit eine Philosophie enthielten, mit deren Hilfe die gesellschaftliche Harmonie und die politische Ordnung gewährleistet werden könnten, war schon von Han Yu ausgesprochen worden; auch hatten Denker wie Li Ao, der zwanzig Jahre nach Han Yu starb, manche Tendenzen vorausgeahnt, die im 11. und 12. Jahrhundert zum Durchbruch kamen. Was das 11. Jahrhundert zu dieser geistigen Strömung beitrug, ist ein dieser von Optimismus und Glauben an die universelle Vernunft erfüllten Epoche eigenes Aufklärungsdenken: der Glaube an die positiven Auswirkungen der Erziehung, an die Möglichkeit, die Gesellschaft und das politische System zu verbessern, an den Vorrang der Moral, aber auch der Wille zur Systematisierung, die Suche nach einer totalen Erklärung des Universums, die an die Stelle der buddhistischen Religion und Philosophie treten könnte. Ouyang Xiu prangert die Trennung zwischen der politischen Funktion *(zhi)* und den kulturellen Normen *(jiao)* an, die seit der Epoche der Sechs Dynastien gemacht wurde: die erste könne ohne die zweite nur seelenlos und verderbt sein; die zweite verliere ohne die erste jeden Bezug zur Wirklichkeit und jeden tieferen Sinn. Für Ouyang Xiu und seine Zeitgenossen bestand die Aufgabe ihrer Epoche in einer Wiederbelebung des Ideals des Altertums, als Staat und Gesellschaft, Regierung und Erziehung eins waren. (Viel später finden sich diese Konzeptionen bei Zhang Xuecheng, einem Historiker und Philosophen des ausgehenden 18. Jahrhunderts, wieder.)

Die große Frage der Denker des 11. Jahrhunderts jedoch war die Frage nach der Integration des Menschen in den Kosmos und nach der Identifikation von menschlicher Natur und Weltordnung. Viele waren von den Problemen der Entwicklung des Kosmos, der zeitlichen Zyklen und der universellen Harmonie gefesselt, von denen sie graphische Darstellungen zu geben versuchten. Zhou Dunyi (1017-1073), Shao Yong (Shao Kangjie) (1011-1077), Zhang Zai (1020-1077) schöpften ihre Inspiration aus dem *Buch der Wandlungen (Yijing)*, diesem esoterischen Klassiker, der in der Mysterienschule *(xuanxue)* des 3. und 4. Jahrhunderts in hohem Ansehen gestanden hatte. Bei Shao Yong stützten sich die kosmologischen Fragen auf vertiefte mathematische Kenntnisse. Cheng Yi (1033-1108), der zusammen mit seinem Bruder Cheng Hao (1032-1085) Schüler von Zhou Dunyi war, verband das Studium des *Yijing* mit dem Studium der *Gespräche* des Konfuzius *(Lunyu)*, des

Menzius *(Mengzi)* und zweier kleiner Werke aus dem *Buch der Sitte (Liji)*, der »Großen Lehre« *(Daxue)* und der »Lehre der Mitte« *(Zhongyong)*. Diese von der Song-Zeit an höher als die eigentlichen Klassiker eingeschätzten Werke, die später als die »Vier Bücher« *(Sishu)* bezeichnet wurden, stellen die grundlegenden Texte dieser gleichzeitig rationalistischen, moralisierenden und metaphysisch begründeten Schule dar, die sich im 11. Jahrhundert herausbildete: Nach dem Rückzug der Song südlich des Yangzi wurden die sehr verschiedenartigen und fruchtbaren Gedanken, die in der Atmosphäre geistiger Gärung des 11. Jahrhunderts ihren Ausdruck fanden, von Zhu Xi (1130-1200) zu einer Synthese zusammengefaßt. Er übernahm hierbei eine neue Methode der Klassiker-Exegese und wandte sie auf die Vier Bücher an. Kühn legte er die Krücken der Philologie ab und ersetzte die seit der Han-Zeit praktizierte Satz-für-Satz-Interpretation durch einen philosophischen Kommentar, der den tieferen Sinn zu erfassen sucht.

Die Schule Zhu Xis, *xinglixue* (Schule der menschlichen Natur und der universellen Ordnung), *lixue* oder *liqixue* (Schule der universellen Ordnung und der Materie) genannt, wurde im Westen unter der viel vageren Bezeichnung »Neo-Konfuzianismus« bekannt. Die Konzeptionen Zhu Xis wurden von anderen philosophischen Strömungen seiner Epoche angefochten, vor allem von derjenigen, die Lu Jiuyuan (1140-1192) vertrat, für den die Welt – ähnlich wie in der buddhistischen Vijnānavāda-Schule – eine räumliche und zeitliche Ausdehnung des Geistes *(xin)* ist. Im 14. und 15. Jahrhundert erstarrten die Ideen Zhu Xis zu einem orthodoxen System und übten auf das chinesische Denken eine sterilisierende Wirkung aus, ähnlich wie die Philosophie von Aristoteles und von Thomas von Aquin im Westen.

Die chinesische Philosophie ist uns schwer zugänglich, da jede Übersetzung ihrer Termini sofort Begriffe und Vorstellungen der westlichen Philosophie ins Spiel bringt. Einige moderne Kritiker, die die von Zhu Xi vertretene geistige Strömung als rationalistisch, und die entgegengesetzte Strömung von Lu Jiuyuan und Wang Shouren (1472-1529) als idealistisch bezeichnen, führen hiermit in das chinesische Denken eine Opposition ein, die der westlichen Philosophie eigen ist. In Wirklichkeit findet sich bei Zhu Xi ein Dualismus zwischen *li* (natürliche Ordnung, Vernunft, von der sich die moralischen Prinzipien herleiten) und *qi* (»Atem«, nicht organisierte Materie), das anscheinend aus der buddhistischen Metaphysik transponiert wurde. Die Konzeptionen Lu Jiuyuans, die chinesischer sind, erinnern dagegen an die moderne Phänomenologie: für Lu Jiuyuan findet sich die Vernunft in der Welt und kann sich nicht außerhalb des Seienden realisieren. Während für Zhu Xi der Geist eine objektive Realität darstellt, die aus der Synthese von Form *(li)* und Materie *(qi)* entsteht, zögert Lu Jiuyuan nicht, den Geist mit der Welt der Wahrnehmung zu identifizieren. Man könnte daher mit gutem Recht behaupten, daß nicht Lu Jiuyuan, sondern Zhu Xi, dessen Vorgangsweise an diejenige der Empiristen und Intellektualisten erinnert, der Idealist sei. Und wenn man das chinesische Denken bis in die jüngste Zeit verfolgt, so scheint der chinesische Marxismus, für den die primäre Opposition zwischen Idealismus und Materialismus grundlegend ist, viel stärker an die neo-konfuzianische Strömung anzuknüpfen als an den Monismus der alten chinesischen Philosophen und der Richtung von Lu Jiuyuan und Wang Shouren.

3. *Konklusion*

Der Gesamtüberblick über die chinesische Periode zwischen dem 11. und dem 13. Jahrhundert führt zum Eindruck eines erstaunlichen wirtschaftlichen und geistigen Aufschwungs. Die Überraschung eines Marco Polo am Ende des 13. Jahrhunderts war nicht gespielt: der Abstand zwischen Ostasien und dem christlichen Abendland war frappant, und es genügte, die Welt Chinas und die christliche Welt dieser Epoche auf jedem einzelnen Gebiet – Handelsaustausch, Niveau der Technik, politische Organisation, Wissenschaft, Kunst und Geisteswissenschaften – zu vergleichen, um zur Überzeugung zu gelangen, daß Europa beträchtlich im Rückstand war. Im 11.-13. Jahrhundert waren China und die islamischen Länder unbestritten die beiden bedeutendsten Kulturkreise.

Dieser Rückstand des Westens hat nichts Überraschendes: die italienischen Stadtstaaten, die sich gegen Ende unseres Mittelalters wiederbelebten, lagen am Endpunkt der großen asiatischen Handelsstraßen. Europa, am äußersten Rand des eurasischen Kontinents gelegen, blieb abseits der großen Kultur- und Handelsströme. Seine Lage erklärt aber auch, daß es – zumindest seine westlichen Gebiete – vor der folgenschweren Invasion verschont blieb. Zum Zeitpunkt, da die Eroberung des Raumes zwischen Mesopotamien und dem Golf von Bengalen durch die Mongolen zum Verfall der islamischen Welt führte, machte Europa Fortschritte; es profitierte von den neuen Handelsströmen und den Entlehnungen, die auf die Schaffung des ausgedehnten mongolischen Imperiums von Korea bis an die Donau folgten: Was wir in unserer »Weltgeschichte«, die sich eigentlich nur auf die Geschichte des Okzidents beschränkt, traditionell als den Beginn der Neuzeit auffassen, ist nur die indirekte Folge der Blüte der Stadt- und Handelszivilisation, deren Bereich sich vor der Mongoleninvasion vom Mittelmeer bis zum Chinesischen Meer erstreckte. Der Westen hat einen Teil dieses Erbes übernommen und dadurch jenen Antrieb erhalten, der seine Entwicklung ermöglichen sollte. Die Vermittlung wurde durch die Kreuzzüge des 12. und 13. Jahrhunderts und durch die Ausdehnung des Mongolenreichs im 13. und 14. Jahrhundert begünstigt. Schon allein eine Aufzählung dessen, was Ostasien dem mittelalterlichen Europa jener Zeit brachte, genügt – ob es sich um indirekte Entlehnungen handelt oder um Erfindungen, die von der chinesischen Technik inspiriert waren –, um deren Bedeutung aufzuzeigen: das Papier, der Kompaß und das Heckruder am Ende des 12. Jahrhunderts; die Anwendung der Wasserkraft auf den Webstuhl, die Steinschleudermaschine oder Mangonel, die vor der Entwicklung der Feuerwaffen die Kriegführung umwälzen sollte, und der Schubkarren zu Beginn des 13. Jahrhunderts, Ende des 13. Jahrhunderts die Explosivstoffe, um 1300 das Spinnrad, der Blockdruck, aus dem wie in China der Buchdruck mit beweglichen Lettern hervorging, und am Ende des 14. Jahrhunderts das Gußeisen. Diese Liste umfaßt, zusammen mit weniger bedeutenden Neuerungen, alle großen Erfindungen, die im Westen den Anbruch der Neuzeit ermöglicht haben.

Der Aufschwung des Abendlandes, das nur dank seiner Expansion zur See aus seiner relativen Isolierung herausfand, vollzog sich zu einem Zeitpunkt, da die beiden großen asiatischen Kulturkreise bedroht waren. China, im 14. Jahrhundert durch die mongolische Ausbeutung und durch eine lange Periode von Aufständen und Kriegen stark geschwächt, mußte zur Wiederherstellung seiner Landwirtschaft und zur Wiedererlangung eines Gleichgewichts gewaltige Anstrengungen leisten. Während des größten Teils der Ming-Zeit (1368-1644) standen die gesellschaftliche Umverteilung und die neuen autokratischen Tendenzen der Regierung einer raschen Entwicklung Chinas im Wege.

TEIL 6
VON DEN SINISIERTEN REICHEN ZUR MONGOLENHERRSCHAFT

Nomaden und Bergvölker vom 10. bis zum 14. Jahrhundert

Wenn man die Entwicklung der Nomadenwelt in einigen Jahrhunderten verfolgt, erscheint sie viel komplexer und bewegter, als man zunächst annehmen könnte. Ihr unaufhörlicher Wandel beruht auf der Vielfalt ihrer ethnischen Gruppen, auf Unterschieden in der Art der Viehzucht und der Lebensweise, auf dem mehr oder weniger nahen beziehungsweise mehr oder weniger tiefen Einfluß der seßhaften Völker, auf politischen Zusammenschlüssen, Spaltungen usw. Die Tuyuhun, im 6. und 7. Jahrhundert für das China der Tang-Zeit unbequeme nordwestliche Nachbarn, waren Nachkommen von Pferdezüchtern, die sich im 4. Jahrhundert in der südlichen Mandschurei angesiedelt hatten. Diese alten Stämme wanderten allmählich gegen Westen und ließen sich schließlich in der Gegend von Kukunor in Qinghai nieder, wo sie sich mit den anderen Ethnien dieser Region vermischten und zu halbseßhaften Yak-, Schaf-, Pferde- und Kamelzüchtern wurden. Die Vorfahren der Dschurdschen, tungusische Stämme von Pferdezüchtern aus der östlichen Mandschurei, die sich zu Beginn des 12. Jahrhunderts des Liao-Reichs bemächtigten, scheinen Jäger aus den sibirischen Wäldern und dem Amur-Tal gewesen zu sein. Ganz allgemein müssen jedoch diejenigen Völker, die mit Seßhaften in Kontakt und in der südlichen Mandschurei, in der Inneren Mongolei, in den nördlichen Grenzgebieten und im Ordos-Bogen Nachbarn Chinas waren, von denen unterschieden werden, die in der äußeren Mongolei und in den Tälern des Altai-Gebietes siedelten. Die ersteren wurden infolge Handelsaustauschs, der politischen Beziehungen, der Präsenz von Ackerbauern auf den von ihnen kontrollierten Territorien, der Zusammenarbeit mit chinesischen Literaten, Verwaltungsbeamten und Handwerkern vom chinesischen Einfluß angesteckt. Die letzteren, die entfernter wohnten, wurden von diesen Einflüssen weniger leicht durchdrungen und sollten ihre ursprünglichen Traditionen und Sitten länger bewahren.

Zur ersten Gruppe dieser Völker gehören die Kitan und die Dschurdschen wie auch die tangutischen Viehzüchter, die zwischen dem 10. und dem 12. Jahrhundert in den nordöstlichen und nordwestlichen Randgebieten Chinas sinisierte Reiche gründeten. Die Mongolen dagegen gehören der zweiten Gruppe an und erscheinen in dieser Hinsicht als die Nachfolger der Xiongnu des zweiten vorchristlichen Jahrhunderts und der Türken des 6. und 7. Jahrhunderts. Wie diese waren sie im Orchon-Becken südlich des Baikal-Sees ansässig, und es gelang ihnen wie den Xiongnu und den Türken, eine große Föderation von Nomadenstämmen unter ihrer Führung zu vereinigen.

Die drei Generationen von Reiternomaden

Im 10. Jahrhundert stand Ostasien am Vorabend eines neuerlichen Ansturms der Steppenvölker, der gewaltiger sein sollte als jene der früheren Epochen. Von den Xiongnu zu den Türken und von den Türken zu den Kitan und den Dschurdschen der Song-Zeit sind merkliche Fortschritte zu verzeichnen, und man könnte grob vereinfachend drei Nomadengenerationen unterscheiden: die erste Generation, bis zum 4. Jahrhundert vor Chr., kannte den Steigbügel nicht, der in späteren Epochen den bogenschießenden Reitern größeren Halt geben sollte und so die Gewalt der Angriffe erhöhte; die Türken scheinen schon gefährlicher als die Xiongnu gewesen zu sein. Die dritte Generation, die der Kitan, der Dschurdschen und dann der Mongolen, machte dank einer Kombination der kriegerischen Steppentraditionen mit den wohldurchdachten Methoden der Streitkräfte der Seßhaften entscheidende Fortschritte in der Kampftechnik, indem sie in erster Linie Spezialisten der Belagerungskunst zu Hilfe rief. Die Krieger der Kitan, der Dschurdschen und der Mongolen waren viel besser bewaffnet und viel schwerer ausgerüstet als ihre Vorläufer der Tang-Zeit. Jeder Krieger trug (auf sich oder mit sich) einen Helm, ein Kettenhemd, Bogen und Pfeile, ein Beil, eine Keule, ein Zelt und Trockenmilch; die Pferde waren durch Leder- oder Metallrüstungen geschützt. Eine so schwere Ausrüstung erforderte eine Unmenge von Pferden und Transportmitteln; daher gewann der Troß große Bedeutung, und die Karren, von denen die Mongolen für den Transport von Waffen und Lebensmitteln starken Gebrauch machten, waren einer der Gründe für den Erfolg dieser außergewöhnlichen Eroberer. Jeder Reiter verfügte über vier bis acht Pferde, von denen er nie eines an zwei aufeinanderfolgenden Tagen ritt. Er sprang erst in den Sattel, wenn der Kampf bevorstand, d. h. wenn die von verschiedenen Wegen kommenden Truppen zusammenstießen und ihrem Kampfziel nahe waren. Der Feind wurde nun durch mehrere Angriffswellen, bei denen die Reiter immer schwerer bewaffnet waren und deren Dauer und Folge sehr genau geplant waren, bis zur Erschöpfung geschwächt.

Gleichzeitig mit der Kriegstechnik hatten sich auch die Ziele geändert: es handelte sich nun weder um Einfälle zur Öffnung von Märkten noch um Raubzüge im Herbst und Winter, wenn Getreide und Futtermittel ausgingen, sondern um Eroberungskriege. Bis zum 10. Jahrhundert hatten die Steppenvölker in Nordchina nur nach langsamer Infiltration, während der sie allmählich sinisiert wurden, Reiche gegründet, indem sie an Ort und Stelle die Macht übernahmen. Die Kitan, die Dschurdschen und die Mongolen dagegen eroberten mit Hilfe des Belagerungskrieges Ackerländer, um sie systematisch auszubeuten.

Dieser verstärkten Macht der Steppenvölker entsprach bei den seßhaften Völkern ein Fortschritt in der Strategie und in der Bewaffnung. Im 11. Jahrhundert wurden neue Waffengattungen erfunden und die Verteidigungsmittel vervollkommnet. Als die Song zu Beginn des 12. Jahrhunderts zum Rückzug südlich des Yangzi gezwungen wurden, entstand eine bedeutende Kriegsflotte.

I. KAPITEL
DIE SINISIERTEN REICHE

Das Liao-Reich der Kitan

Während im 9. Jahrhundert die chinesischen Randgebiete im Norden unter verschiedene Völker aufgeteilt waren (Uiguren von Turfan in West-Gansu, Tibeter und Tuyuhun in Qinghai, Tanguten im Ordos-Bogen, Shato-Türken in Nord-Shanxi, Kitan in Nord-Hebei, Einwohner des Bohai-Reichs in der Mandschurei) stellten sich die Kitan bald als gefährlichste Gegner der seit dem Jahr 907 in Kaifeng etablierten Dynastien heraus; es sollte nicht lange dauern, bis es zur ersten Staatsgründung der Kitan kam.

Die Kitan, entfernte Nachkommen der Xianbei des 4. Jahrhunderts, waren Steppennomaden des Siramuren-Beckens (West-Liao), einer Gegend, wo Hirtentum und Ackerbau sich verbanden. Zahlreiche chinesische Bauern lebten dort mit Stämmen türkischer oder mongolischer Abkunft zusammen, und die Nähe Chinas erklärt die Schnelligkeit, mit der die Kitan in der Folge die Institutionen und die Kultur ihrer Nachbarn übernehmen konnten. Schon im Jahr 924 starteten die Kitan eine Offensive gegen Westen, um sich die Tanguten und die Tuyuhun abhängig zu machen; im Jahr darauf zerstörten sie das Bohai-Reich. Als sie die Gegend von Peking, aus dem sie eine ihrer Hauptstädte machen sollten (die südliche Hauptstadt war Nanking), eroberten, gaben sie ihrem neuen Reich den Namen Liao, was die chinesische Bezeichnung für das Siramuren-Becken war. Im Jahr 946 stürzten sie die Spätere Jin-Dynastie, indem sie bis Kaifeng vordrangen, wo sie sich der Hofleute und Handwerker bemächtigten, und Karten, offizielle Archive, Stelen mit klassischen Texten, Wasseruhren und Musikinstrumente plünderten. Nachdem sie noch weiter in die Provinzen des heutigen Hebei und Shanxi eingedrungen waren und sich im Jahr 986 in die Mandschurei ausgebreitet hatten, erreichten sie bald darauf den Höhepunkt ihrer Macht. In den ersten Jahren des 11. Jahrhunderts stießen ihre Einfälle bis ins Tal des Gelben Flusses vor, und im Jahr 1004 wurden die Song gezwungen, in Shanyuan am Unterlauf des Gelben Flusses einen Friedensvertrag abzuschließen. Das Liao-Reich umfaßte zu diesem Zeitpunkt den Großteil der Mandschurei und der östlichen Mongolei sowie das Gebiet von Datong in Nord-Shanxi und die Gegend von Peking.

Die faktische Herrschaft der Liao erstreckte sich jedoch auf die gesamte Steppenzone von der Mandschurei und Korea bis zum Tianshan. Die Dschurdschen-Stämme der nördlichen Mandschurei, das koreanische Reich, die Tanguten des Ordos-Gebiets und auch die Song selbst wurden zur Anerkennung der Liao-Oberhoheit gezwungen. Die Liao standen in Verbindung mit Japan und dem Abbasiden-Reich; der Hof von Bagdad hielt um die Hand einer Prinzessin der Kitan an. Diese Beziehungen, die sich schon vor der Mongolenherrschaft über die ganze Steppenzone erstreckten, sind zweifelsohne eine Erklärung dafür, warum der im 13. und 14. Jahrhundert von den Mongolen verbreitete Name der Kitan (dies ist die Singularform, der Plural lautet Kitat) in der Form Kitai oder Khitai im Persischen, im Westtürkischen und in den ostslavischen Sprachen zur Bezeichnung für China wurde. Bekanntlich haben auch die Europäer, die das ostasiatische Mongolenreich besuchten, diesen Terminus übernommen: bei Marco Polo heißt China Cathay.

Mehr noch als ihre politische Bedeutung in der Steppenzone war es zweifelsohne ihr Handel, der den Namen der Kitan bis jenseits des Pamir und bis nach Europa bekannt werden ließ. Die jährlichen Tribute, die von den Song vom Jahr 1004 an dem Liao-Reich abgeliefert wurden, dienten wohl zu jenen halb-diplomatischen, halb-kommerziellen Aktivitäten, deren Ziel es nach chinesischer Auffassung war, das Ansehen einer Dynastie zu festigen. Die den Song aufgezwungenen Tribute wurden im Friedensvertrag von Shanyuan (1004) auf 100 000 Silberunzen und 200 000 Seidenrollen jährlich festgesetzt. Im Jahr 1042 wurden sie als Gegenleistung für die Hilfe, die das Liao-Reich China beim Kampf gegen die Tanguten hatte zukommen lassen, auf 200 000 Silberunzen und 300 000 Seidenrollen jährlich erhöht. Falls ein Teil dieser großen Reichtümer quer durch Asien transportiert wurde, wäre dies nicht weiter erstaunlich. So hätte die wirtschaftliche Expansion der Song auf ihre Nachbarn und in fernere Regionen ausgestrahlt.

Der Einfluß Chinas scheint im übrigen für die Entstehung, den Aufschwung und den Niedergang der Kitan-Macht ausschlaggebend gewesen zu sein. Schon zu Beginn des 10. Jahrhunderts waren diese Völker so stark sinisiert, daß sie über ein Agrarproduktion, über Eisengießereien, Webereien und befestigte Städte verfügten. Im Jahr 920 empfanden sie das Bedürfnis, zur Aufzeichnung ihrer Sprache eine Schrift zu schaffen; diese stand der chinesischen nahe, bevor später ein nach dem Uigurischen geschaffenes Notationssystem eingeführt wurde. Die Institutionen des Liao-Reichs waren eine Nachahmung der chinesischen Institutionen. Ihre Kultur glich sich mit der Konsolidierung der politischen Institutionen und dem gesellschaftlichen Wandel immer mehr der chinesischen an. Unter den Liao, wie auch nach ihnen unter den Jin, konzentrierte sich das gesamte Geistesleben auf die Gegend von Peking. Wenn Peking auch eine dem Steppeneinfluß ausgesetzte Stadt war, so war es doch auch und in erster Linie eine chinesische Stadt.

Verschiedene Gründe trugen zur Schwächung und zum anschließenden Niedergang des Liao-Reichs bei. Von der Mitte des 11. Jahrhunderts an verloren die Kitan ihren Kampfgeist und nahmen ihren Nachbarn gegenüber eine defensive Haltung ein; sie errichteten Verteidigungsmauern, Stadtbefestigungen und befestigte Verteidigungsposten. Der Einfluß des Buddhismus, dieser Religion des »Nicht-Tötens« (ahimsā), der Einfluß der Reichtümer Chinas und seiner Kultur scheinen auf die Sitten der Kitan eine zersetzende Wirkung ausgeübt zu haben. Zu Beginn des 12. Jahrhunderts beschleunigte sich nach einer katastrophalen Reihe von Dürren und Überschwemmungen infolge von Streitigkeiten innerhalb der Kaiserfamilie und des Aufstiegs tungusischer Stämme im Nordosten, die unter dem Namen Dschurdschen bekannt sind, der Verfallsprozeß des Liao-Reichs. Vom Jahr 1114 an wurde der Druck dieser Dschurdschen aus der heutigen Provinz Heilongjiang, mit denen sich die Song gegen die Liao verbündet hatten, immer stärker und führte in den Jahren 1124-1125 zum Zusammenbruch des Kitan-Reichs.

Ein Teil des Kitan-Adels emigrierte zu den Uiguren nach Xinjiang und gründete mit ihrer Hilfe zwischen 1128 und 1133 im Ili-Tal ein unter dem Namen Karakitan (»Schwarze Kitan«) bekanntes Reich, das in der chinesischen Terminologie als das Reich der Westlichen Liao bezeichnet wird. Dieses stark sinisierte, aber auch vom

Buddhismus und Nestorianismus durchdrungene türkisch-mongolische Reich hatte seine Hauptstadt in Balasaghun südlich des Balchasch-Sees, und dehnte sich später in die Regionen von Kaschgar und Samarkand aus. Durch seine Vermittlung verbreitete sich der chinesische Einfluß neuerlich in den Gebieten diesseits und jenseits des Pamir. Sein Sieg im Jahr 1141 in der Nähe von Samarkand über die seldschukischen Türken hat zweifelsohne zur Entstehung unserer mittelalterlichen Legende vom Reich des Priesters Johannes beigetragen und der christlichen Welt möglicherweise den Gedanken nahegelegt, daß sie in Asien Verbündete gegen den Islam finden könnte. Das Reich der Liao wurde im Jahr 1218 von den Streitkräften Tschingis Khans zerstört.

Das Reich der Westlichen Xia, eines Volks von Viehzüchtern und Karawanenhändlern
Bis um 1036 waren die Hauptsorge der Song im Nordwesten die Einfälle der Tibeter. Andere Völker jedoch sollten in diesem Raum eine große politische Einheit bilden. Die Tanguten, ein Hirtenvolk aus dem Ordos-Gebiet, das mit den Qiang der Tang-Zeit verwandt ist, dehnten sich im Jahr 1002 in die westliche Mongolei und nach Gansu aus. Im Jahr 1028, als sie schon durch Handel reich geworden waren, nahmen sie die beiden großen Handelszentren Wuwei, wo bis dahin die Tibeter geherrscht hatten, und Zhangye, das von den Uiguren kontrolliert wurde, ein. Im Jahr 1038 gründeten sie ein Reich, dem sie den alten chinesischen Namen Xia gaben und dessen Hauptstadt sie im heutigen Yinchuan (dem ehemaligen Ningxia), nahe dem Gelben Fluß stromabwärts von Lanzhou, errichteten. Sie wurden »Große Xia« oder chinesisch »Westliche Xia« (Xixia) genannt. Ihre Führungsschicht bestand aus mit Xianbei ethnisch vermischten Tanguten; diese waren Nachkommen der Tabgač, die im 5. und 6. Jahrhundert das Reich der Nördlichen Wei gegründet hatten, und der Tuyuhun. Die ethnisch gemischte Führungsschicht stand an der Spitze eines Reichs, das sich aus heterogenen Völkern zusammensetzte – Tanguten, Chinesen, uigurischen Türken, Tibetern –, und in dem sich die verschiedensten Lebensweisen vermischten: Ackerbauern, Karawanenhändler, nomadische Viehzüchter, halbseßhafte Hirten usw. Das Reich der Xia, das sich vom Ordosgebiet nach Gansu, Nord-Shenxi und in die Randgebiete der westlichen Mongolei erstreckte, umfaßte Steppen- und Wüstengebiete, Oasen und Ackerland. Die Wirtschaft stützte sich zwar hauptsächlich auf die Pferde-, Schaf- und Kamelzucht, sowie auf Weizen-, Gerste- und Hirseanbau, der im allgemeinen von Chinesen betrieben wurde; der Handel hatte jedoch in diesem Reich eine grundlegende Funktion: die Xia kontrollierten nämlich den Handelsverkehr zwischen dem Song-Reich und Zentralasien, und weiter nördlich den gesamten Transitverkehr der Straße, die über das Ordosgebiet die südöstliche Mongolei mit Gansu, Qinghai und Tibet verband. Der bedeutendste Handelsaustausch war natürlich derjenige mit den Song. Auf Märkten, die den Grenzen entlang angelegt waren, wurde für den Export mit Pferden, Kamelen, Ochsen, Schafen, Bienenwachs, Teppichen und Viehfutter, für den Import mit Seide, Weihrauch, Heilmitteln, Keramik und Lacken gehandelt. Ein großangelegter Schmuggel, vor allem mit chinesischem Salz, trug zur Bereicherung des Xia-Reichs bei. Das war jedoch noch nicht alles: die Song, die den Einfällen der Xia gegenüber ohnmächtig waren, wurden im Jahr 1044 zur Unterzeichnung eines

Friedensvertrags gezwungen, der sie zu jährlichen Tributlieferungen von 135 000 Seidenrollen, 72 000 Silberunzen und 30 000 Pfund Tee verpflichtete. Wie im Fall der Tributzahlungen der Song an die Kitan wurde ein Teil dieser Güter sehr wahrscheinlich von den Xia aufs neue exportiert und diente ihnen als Zahlungsmittel. Auf jeden Fall muß der Tee-Export erwähnt werden, denn er bestätigt, daß sich seit dem Ende der Tang-Zeit das Teetrinken bei allen Nomadenvölkern der Steppenzone und bei den Bergvölkern Tibets verbreitet hatte.

Die Bemühungen der Song, sich von der bedrohlichen Nachbarschaft der Xia im Nordwesten zu befreien, blieben erfolglos, und das Ergebnis der im Jahr 1081 gestarteten Offensiven war lediglich eine Schwächung Chinas. Zu Beginn des 13. Jahrhunderts jedoch begannen die Mongolen in das Reich der Xia einzufallen. Auch sein im Jahr 1225 mit den Mongolen gegen das Reich der Jin abgeschlossenes Bündnis bewahrte das Xia-Reich nicht vor seiner Zerstörung durch die Truppen Tschingis Khans im Jahr 1227.

So endete dieses Reich von Karawanenhändlern und Viehzüchtern, dessen Bevölkerung mehrheitlich aus chinesischen Bauern und Städtern bestanden hatte. Der heterogene Charakter des Xia-Reichs spiegelt sich in seinen Institutionen, die sowohl China als auch Tibet zum Vorbild hatten. Die von der Führungsschicht gesprochene Sprache – seit kurzem wissen wir, daß es sich um eine tibeto-birmanische Sprache handelte, die der Sprache der Yi (Lolo) aus Südwestchina ziemlich nahesteht – hatte vorher noch nie eine eigene Schrift besessen. Nun versuchte man zunächst, wie in Tibet eine Schrift nach dem indischen Vorbild zu entwickeln; dann benutzte man Zeichen, die auf den Prinzipien der chinesischen Schrift beruhten. Die Tatsache, daß diese sehr komplizierte Schriftart angenommen und allgemein verbreitet wurde, läßt darauf schließen, daß sie der Sprache der Xia besser angepaßt war als die phonetische Schrift des indischen Typs. Wir besitzen heute noch zahlreiche Texte in dieser Schrift: Wörterbücher, buddhistische und taoistische Werke, klassische chinesische Texte, die in die Sprache der Xia übersetzt und gedruckt wurden.

Das Jin-Reich der Dschurdschen

Die Dschurdschen (chinesisch: Ruzhen), tungusische Stämme aus der heutigen Provinz Heilongjiang, die das Liao-Reich stürzen sollten, sind die Vorfahren der Stämme, die zu Beginn des 17. Jahrhunderts den Namen Mandschu annahmen, die chinesischen Provinzen der Mandschurei eroberten und im Jahr 1644 Peking einnahmen. Die Dschurdschen-Sprache des 12. Jahrhunderts ist eine alte Form des Mandschurischen.

Der Aufstieg dieser Stämme vollzog sich mit außerordentlicher Schnelligkeit. Zum ersten Mal werden sie im Jahr 1069 erwähnt. Aber schon im Jahr 1115 nahm ihr Stammesfürst Aguda, der nordöstlich des heutigen Harbin residierte, den Kaisertitel an und gab seiner Dynastie den Namen Jin (Kin, »Gold«), der angeblich eine Anspielung auf den goldhaltigen Sand dieser Gegend sein sollte. Um diese Zeit begannen sie, die Liao anzugreifen, und von Anfang an zeigte sich ihre kriegerische Überlegenheit. Innerhalb von zehn Jahren gelang es ihnen, diesem durch wirtschaftliche Schwierigkeiten und innere Streitigkeiten geschwächten Reich ein Ende zu setzen. Im Jahr 1120 verbündeten sich die Dschurdschen mit den Song, und im Jahr 1122 griffen das Song- und das Jin-Heer mit vereinten Kräften das Reich der Liao an. Die Dschurdschen ließen sich im Jahr 1124 von den Xia und im Jahr 1126 von Korea als Großmacht des Nordostens anerkennen. Kurz nach der Niederlage des Liao-Reichs im Jahr 1125 brachen die Dschurdschen ihren Freundschaftsvertrag mit den Song und stießen nach Henan und Shandong vor. Im Jahr 1126 fiel Kaifeng. Kaiser Huizong, der Thronfolger und 3 000 Mitglieder der kaiserlichen Familie wurden als Gefangene in die Gegend von Harbin gebracht. Während die Einfälle der Kitan zu Beginn des 11. Jahrhunderts nicht weiter als bis ins Gelbe Fluß-Tal gekommen waren, drangen die Reiter der Dschurdschen bis zum Yangzi und nach Nord-Zhejiang vor, wohin sich ein Teil der kaiserlichen Familie und der ehemaligen Führungsschicht der Song geflüchtet hatte. Zwischen 1126 und 1135 verwüsteten die Dschurdschen die meisten Städte dieser Region. Im Jahr 1129 nahmen sie Nanking und Hangzhou im Sturm und stießen im Jahr 1130 bis Ningbo im äußersten Nordosten von Zhejiang vor. Im selben Jahr (1138), in dem die Song ihre provisorische Hauptstadt in Hangzhou einrichteten, schlossen sie mit den Jin ein erstes Abkommen ab; aber erst im Jahr 1142 kam es zu einem dauerhafteren Friedensvertrag, der als Grenze zwischen den beiden Staaten das Huai-Tal festlegte und die Song zu jährlichen Tributzahlungen verpflichtete, die denjenigen an die Liao entsprachen. Trotz einzelner siegreicher Offensiven und trotz der Unterstützung, die die Song in Shandong dem Widerstand der Bauern zukommen ließen, gelang es ihnen nie, die von den Dschurdschen besetzten Gebiete zurückzuerobern.

Da die Dschurdschen gleichzeitig mit ihren gegen Nordchina und das Yangzi-Gebiet gerichteten Offensiven einen Expansionsversuch in die Mandschurei und in die Mongolei unternommen hatten, erreichte ihr Reich vor Mitte des 12. Jahrhunderts seine endgültige Ausdehnung. Es umfaßte Hebei, Shandong, den Norden der heutigen Provinzen Jiangsu und Anhui, Henan, Süd-Shenxi und weiter nördlich die östliche Mongolei und die Mandschurei. Die Jin, die sich nicht auf ihre eigenen Fähigkeiten bei der Verwaltung der zahlreichen in ihr Reich eingegliederten seßhaften Völker verlassen wollten, hatten anfänglich politische Einheiten geschaffen, an deren Spitze sie Chinesen setzten, ehemalige Beamte der Song, die zu ihnen übergelaufen waren. Im übrigen richteten sie aus Angst vor Aufständen überall bewaffnete Abteilungen zur Überwachung der Bevölkerung ein. Diese fiktiven Reiche wurden jedoch bald darauf von ihnen wieder abgeschafft. So bestand das Reich Chu (südlich des Gelben Flusses), dessen Führung sie einem gewissen Zhang Bangchang anvertraut hatten, nur einige Monate des Jahres 1127; das Reich Qi, das die heutigen Provinzen Shandong, Henan und Süd-Shenxi umfaßte und von Liu Yu (1078-1143) regiert wurde, von 1130 bis 1137.

Die politische Geschichte der Jin nach ihrer Eroberung Nordchinas kann in einigen Daten zusammengefaßt werden: nach der Verlegung der Hauptstadt im Jahr 1153 aus der Gegend von Harbin nach Peking kam es zu neuerlichen Offensiven gegen die Südlichen Song; im Jahr 1161 endete eine innere Krise mit einer Usurpation, auf die eine Zeit der friedlichen Nachbarschaft mit den Song folgte. Am Vorabend der großen mongolischen Offensiven zu Beginn des 13. Jahrhunderts hatte die unter der Herrschaft von Zhangzong 1189-1208 durch Überschwemmungen des Gelben Flusses, durch Angriffe der Song und die Bemühungen der Jin, sich trotz den Aggressionen der Mongolen in der Ostmongolei zu halten, erfolgte Erhöhung der Ausgaben wirtschaftliche Schwierigkeiten ausgelöst. Im Laufe der darauffolgenden Jahre mußten die Jin den allmählich vordringenden mongolischen Truppen nach und nach die Mandschurei räumen und im Jahr 1214 ihre Hauptstadt nach Kaifeng verlegen, das weniger exponiert war als Peking. Nach den fünfzehn Jahre später ausgelösten Offensiven der Mongolen überstürzten sich die Ereignisse: im Jahr 1232 mußte der Hof der Jin, der von den Mongoleneinfällen heimgesucht wurde, in Henan von einer Stadt zur anderen fliehen, bis die verbündeten Streitkräfte der Song und der Mongolen ihn einkreisten und der Jin-Kaiser im Jahr 1234 Selbstmord beging.

In ähnlichem Maße wie ihre mandschurischen Nachkommen verbanden die Dschurdschen kriegerische Fähigkeiten mit bemerkenswerter Anpassungsfähigkeit. Die Anwesenheit sinisierter Kitan und der bedeutende Anteil der chinesischen Bevölkerung im Jin-Reich erklären im übrigen die Schnelligkeit, mit der sich der chinesische Einfluß dort bemerkbar machte. Die politische und administrative Organisation, die Wirtschaft und die Kultur der Dschurdschen waren chinesisch. Die Sinisierung ihres Adels beschleunigte sich vor allem vom Jahr 1132 an, als immer mehr Chinesen in der Verwaltung beschäftigt wurden, und nach der Verlegung der Hauptstadt nach Peking im Jahr 1153. Die Sinisierung schritt so schnell voran, daß sie eine »nationalistische« Reaktion auslöste: Kaiser Shizong (1161-1189) bemühte sich, die Sitten, Traditionen und die Sprache der Dschurdschen zu neuem Leben zu erwecken. Im Jahr 1173 wurde für die Beamtenprüfungen der Abkömmlinge der ehemaligen Stämme aus Heilongjiang die Dschurdschen-Sprache vorgeschrieben. Trotz dieser Anstrengungen geriet ihre Sprache jedoch immer mehr in Vergessenheit. Nachdem sie anfänglich, im Jahr 1120, wahrscheinlich in einer Nachahmung der Kitan-Schrift fixiert worden war (die »großen Zeichen«, *dazi*), schrieb man sie vom Jahr 1138 an in einer neuen Schrift (die »kleinen Zeichen«, *xiaozi*), die nach 1145 allgemein gebräuchlich wurde. In dieser Schrift sind uns verhältnismäßig viele Exemplare von Stelen und gedruckten Werken erhalten, da die offiziellen Texte in der Dschurdschen-Sprache abgefaßt wurden, bevor man sie ins Chinesische (und bis 1191 in die Sprache der Kitan) übersetzte, ähnlich wie die mandschurischen Texte der Qing-Dynastie im 17. und 18. Jahrhundert ins Chinesische und Tibetische übersetzt wurden.

II. KAPITEL
MONGOLENSTURM UND MONGOLENHERRSCHAFT

Das Auftreten der Mongolen in den ersten Jahren des 13. Jahrhunderts bewirkte eine völlige Veränderung der politischen Karte im Nordosten des asiatischen Kontinents. Das Jin-Reich wurde von diesem neuen Eroberervolk aus dem Orchon-Tal seit dem Jahr 1211 angegriffen und bald darauf der Mandschurei und der im Jahr 1215 besetzten Region von Peking beraubt. Das Reich der Xia wurde im Laufe eines kurzen Feldzugs (1225-1227) zerstört. Schließlich brach, 23 Jahre nach Beginn der ersten Angriffe, das Reich der Jin endgültig zusammen und ganz Nordchina wurde von den Mongolen erobert. Dreizehn Jahre brauchten sie, um sich endgültig in Sichuan festzusetzen, ungefähr vierzig Jahre, um das Yangzi-Gebiet und Südchina zu erobern. Ihre Expansion nach Burma und Vietnam stieß auf große Schwierigkeiten, und ihre Expeditionen zur See, die sie Ende des 13. Jahrhunderts nach Japan und Java durchführten, trugen ihnen nur Mißerfolge ein. So langsam die Mongolen in Ostasien vordrangen, so blitzschnell stießen sie nach Westasien und nach Europa vor. Zwar dürfen die raschen Einfälle der Truppen Tschingis Khans in den Nord-Kaukasus, in die Ukraine, auf die Krim, nach Rumänien und bis nach Süd-Polen in den Jahren 1221 bis 1224 nur als Aufklärungsaktionen verstanden werden, denn erst später kam es zu Eroberungen und Reichsbildungen: dem Ögödei-Reich (1224 bis 1310) im Altai-Gebiet und in der Dsungarei, dem Tschaghatei-Reich (1227 bis 1338) in Zentralasien, im Pamir-Gebiet und in Transoxanien, dem Il-Khan-Reich (1259-1411) im Iran, in Afghanistan und West-Pakistan, dem Reich der Goldenen Horde (1243-1502), das sich vom europäischen Teil Rußlands bis zum Jenissei erstreckte. Nichtsdestoweniger ging die Eroberung der Territorien und die Errichtung der mongolischen Macht letztlich im Westen des eurasischen Kontinents leichter vonstatten als im Osten.

Im Jahr 1236 erreichten die Mongolen das Gebiet von Kasan; im Jahr 1237 wandten sie sich gegen Moskau; im Jahr darauf erreichten sie das Gebiet von Nowgorod und zogen in das untere Don-Becken ein. Kiew, das sie 1239 bedrohten, nahmen sie 1240 ein. Bevor sie im Jahr 1242 ins untere Wolga-Becken zurückkehrten, zogen sie durch Galizien, Ungarn, Österreich, Serbien und Dalmatien. Innerhalb von wenigen Jahren bemächtigten sie sich des Abbasiden-Reichs (1258). Die trockenen und schwach besiedelten Ebenen Westasiens und Osteuropas waren zweifelsohne für eine Streitmacht, die in den Steppen der Äußeren Mongolei entstanden war, leichter zu erobern als das gebirgige Sichuan und die von Seen und Flüssen durchzogenen, dichtbesiedelten Ebenen des Huai-Flusses und des Yangzi. Zudem hatten die seßhaften Völker Ostasiens lange Erfahrungen mit den Steppenvölkern und hatten im Laufe der ständigen Angriffe seit dem Ende des 10. Jahrhunderts ihre Verteidigungsmittel perfektioniert. Im Rücken der Dschurdschen- und Mongolenheere hatten sich Guerillatruppen gebildet. Dagegen scheint in den westlichen Regionen Eurasiens der Überraschungseffekt seine Wirkung nicht verfehlt zu haben.

Die Etappen des Mongolenvorstoßes in Eurasien

1206 Temüdschin wird zum »Kaiser der Meere« ausgerufen: Tschingis Khan (1167-1227)

WESTLICHE REGIONEN EURASIENS	OSTASIEN	
1211-1224 1211, Eroberung des Reichs der Karakitan (Xi Liao) 1218, Eroberung des Reichs der Westlichen Uiguren in Xinjiang 1218-1223, Eroberung von Chwaresm (Khwārizm) und erste Offensive nach Rußland 1224, Eindringen in die nord-west-indischen Grenzbereiche	*1225-1227* Offensive nach Gansu und Ende des Xixia-Reichs	*1210-1215* Erste Offensive gegen die Jin (Nordchina) 1215, Einnahme von Peking
1227 Tod von Tschingis Khan und Aufteilung des Mongolischen Reichs		
	Ögödei (1229-1241)	
Khan Batu (1207-1255) verläßt 1236 Karakorum und gründet das Reich der Goldenen Horde; 1237-1239, zweite Offensive nach Rußland 1240, Einnahme von Kiew, Vordringen nach Polen 1241-1242, Vorstoß nach Böhmen, Ungarn, Österreich, Serbien und Dalmatien		*1231-1234* Zweite Offensive gegen die Jin 1231, Beginn des Angriffs auf Korea 1233, Belagerung von Kaifeng und Luoyang 1234, Ende des Jin-Reichs
Hülägü-Khan (1218-1265) verläßt Karakorum und gründet das Il-Khan-Reich 1258, Einnahme von Bagdad und Ende des Abbasiden-Reichs. 1259, Eroberung des Iran.	*1236-1239* Erste Offensive in Sichuan	
	Güyük (Dingzong) (1246-1248) Möngke (Xianzong) (1251-1259) Khubilai (Shizu) (1260-1294)	
	1253-1259 Zweite Offensive nach Sichuan, Eindringen in Yunnan, Nord-Burma und Vietnam. 1253, Ende des Dali-Reichs 1257, Besetzung von Hanoi	1257, erste Belagerung von Xiangyang
	1274, erster Vorstoß nach Japan; 1281, zweiter Vorstoß nach Japan; 1282-1283, Offensive gegen Vietnam und Champa, Einfälle in Kambodscha 1287-1288, neuerlicher Feldzug nach Vietnam 1292-1293, Feldzug nach Java 1300, Mißerfolg der Feldzüge nach Burma	*1272-1279* Eroberung Südchinas; 1272-1273, zweite Belagerung von Xiangyang 1276, Einnahme von Hangzhou 1277, Einnahme von Kanton 1279, Ende der Südlichen Song

1. Das Mongolen-Regime

Die Schaffung des mongolischen Ausbeutungssystems

In der Epoche Tschingis Khans, zwischen 1210 und 1227, verfügten die Mongolen noch nicht über eine eigentliche Verwaltungsorganisation. Die Bevölkerung – die Massaker verschonten im allgemeinen Handwerker und Mönche – wurde unter den Mitgliedern des mongolischen Adels als Sklaven verteilt. Die Mongolen wandelten zahlreiche Anbauflächen in Weideland um. Sie teilten das Territorium in unabhängige Verwaltungsbezirke auf, die zu Privatdomänen unter der Leitung von Feudalherren wurden, deren Macht über die Einwohner unbeschränkt war. Eine stammesmäßige und militärische Organisation diente dem mongolischen Reich in Ostasien als Verwaltung und gab ihm den allgemeinen Rahmen. Im Gegensatz zu den Kitan und den Dschurdschen waren die Mongolen vor ihrer Eroberung Chinas kaum von diesem beeinflußt gewesen, und dieser Einfluß blieb auch nachher immer oberflächlich (immerhin darf die Bedeutung der chinesischen Wurf-Artillerie bei den Mongolen vom Beginn des 13. Jahrhunderts an nicht unerwähnt bleiben). Bis zum Tode Tschingis Khans blieben ihre Kontakte zur Bevölkerung Nordchinas sehr beschränkt, und erst unter der Herrschaft von Ögödei (1229-1241) begannen die Mongolen, nach Abschluß ihrer Eroberung ganz Chinas, die Reichtümer Nordchinas systematisch auszubeuten. Zur Schaffung dauerhafter politischer Einheiten und zur Fortsetzung ihrer Expansion mußten die Mongolen die schon unterworfenen Völker zuerst auf ihre Seite bringen und sie sich zu Diensten machen, da sie selbst inmitten der sehr zahlreichen und äußerst vielfältigen Völker, die sie unterjocht hatten, nur eine kleine Minderheit bildeten. Die Eroberung Südchinas, die Feldzüge nach Japan, Burma, Vietnam und Java führten sie mit Hilfe von in China selbst ausgehobenen Truppen und mit koreanischen und chinesischen Flotten durch. Für die Ausbeutung der Völker und Reichtümer Chinas mußten diese Eroberer, die für friedliche Aktivitäten wenig begabt und den Seßhaften gegenüber voll Mißtrauen waren, gleichzeitig die chinesischen Institutionen zum Vorbild nehmen und so weit wie möglich ehemalige Untertanen des Jin-Reichs, Kitan oder Dschurdschen, sowie Ausländer aus Zentralasien, dem Mittleren Orient oder Europa zu Hilfe nehmen. Je weiter die Eroberung Nordchinas fortschritt, desto mehr wuchs das Bedürfnis, sich auf solche Mittelspersonen zu stützen. Der Haupturheber der Bekehrung der Mongolen zu den chinesischen Verwaltungsmethoden war Yelü Chucai (1190-1244), ein Abkömmling des Kitan-Adels (die Yelü waren es gewesen, die das Liao-Reich gegründet hatten) und ehemaliger Beamter der Jin. Bei der Einnahme Pekings im Jahr 1215 war er in den Dienst Tschingis Khans übergetreten. Sogleich nach dem Machtantritt Ögödeis im Jahr 1229 überzeugte Yelü Chucai den neuen Herrscher von der Nützlichkeit eines geordneten Steuersystems (Requisitionen und Steuerabgaben konnten seiner Meinung nach jährlich 500 000 Silberunzen, 80 000 Seidenrollen und über 20 000 Tonnen Getreide einbringen). Yelü Chucai wurde zum Generalverwalter Nordchinas ernannt. Unter dem Einfluß der eroberten Völker änderten die Mongolen ihre Politik und übernahmen allmählich manche Institutionen chinesischer Herkunft. Im Jahr 1229 wurden zum erstenmal Poststationen errichtet, ein System von Grundsteuern geschaffen, staatliche Getreidespeicher erbaut. Im

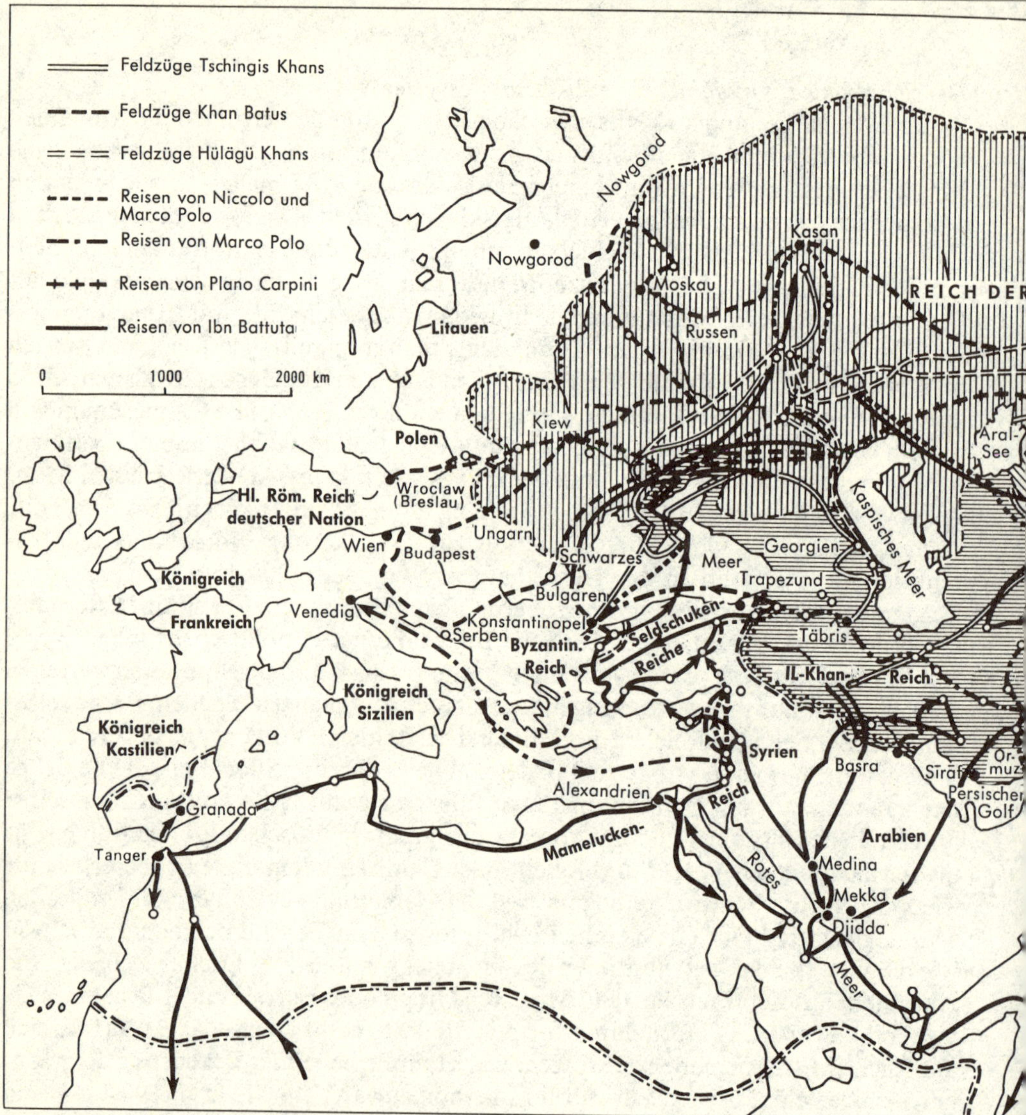

19. Die Mongolenreiche und die Verbindungen quer durch den eurasischen Kontinent zur Mongolenzeit.

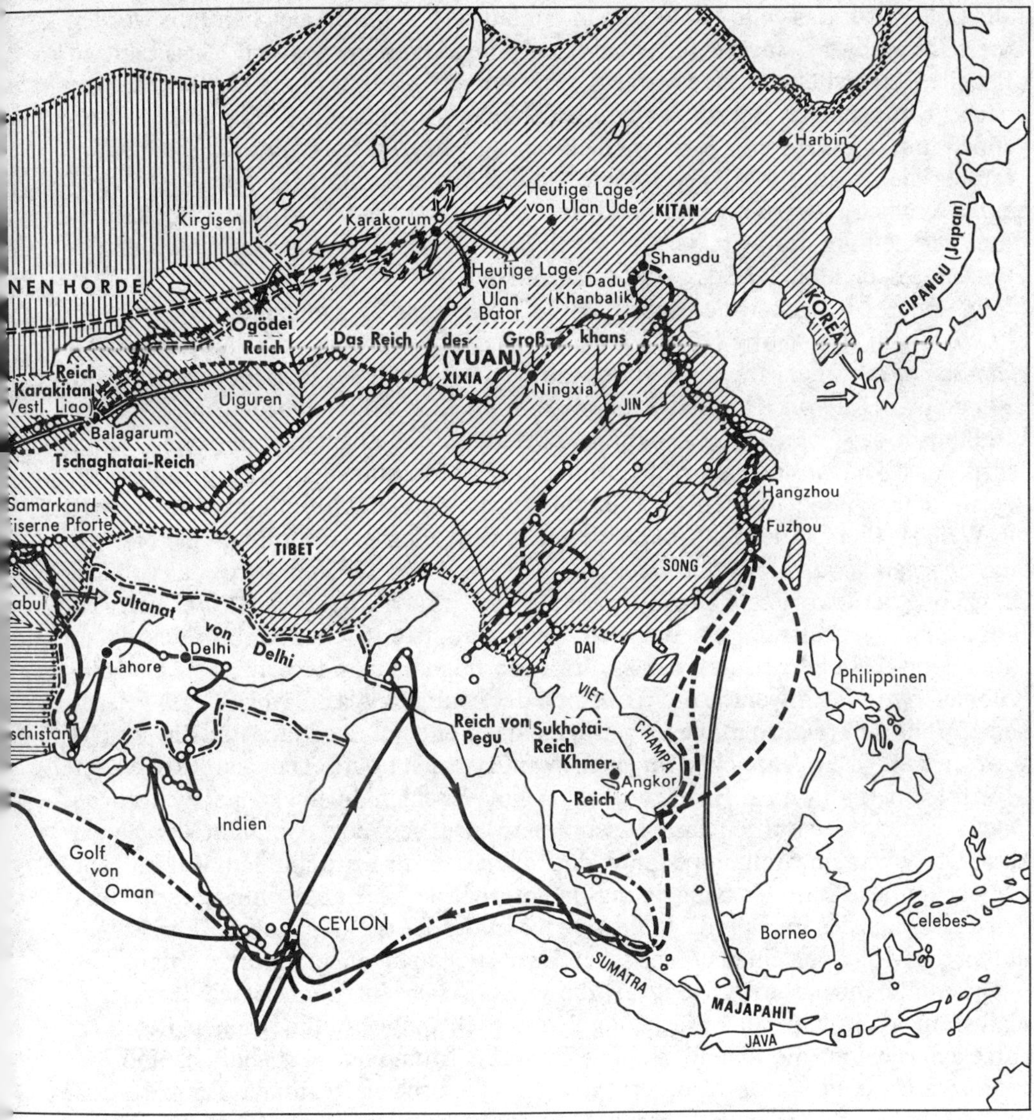
Harbin
Heutige Lage von Ulan Ude
KITAN
Karakorum
Kirgisen
Heutige Lage von Ulan Bator
Shangdu
Dadu (Khanbalik)
NEN HORDE
Ogödei Reich
Das Reich des Groß-khans (YUAN)
XIXIA
Ningxia
KOREA
CIPANGU (Japan)
Reich Karakitan (Westl. Liao)
Uiguren
JIN
Balagarum
Tschaghatai-Reich
Hangzhou
Samarkand
Eiserne Pforte
TIBET
Fuzhou
SONG
Kabul
Sultanat von Delhi
Delhi
Lahore
DAI
Philippinen
VIET
Reich von Pegu
Sukhotai-Reich
CHAMPA
Khmer-Reich
Angkor
Indien
Golf von Oman
CEYLON
Borneo
Celebes
SUMATRA
MAJAPAHIT
JAVA

Jahr 1236 wurde das erste Papiergeld in Umlauf gebracht. Im gleichen Jahr wurden Übersetzungsbüros eingerichtet, deren Aufgabe es war, chinesische Klassiker und offizielle Geschichtswerke ins Mongolische zu übertragen. Im Jahr 1237 wurden die ersten Prüfungen zur Rekrutierung von Beamten durchgeführt und im darauffolgenden Jahr in Peking eine Kaiserliche Bibliothek begründet. Unter Khubilai Khan verfaßte die im Jahr 1261 gegründete Geschichtsakademie *(Hanlin Guoshiyuan)* eine »Geschichte der Liao und der Jin« *(Liaojinshi)* (erst 1344 und 1345 kam es unter der Leitung des Ministers Toktogha [chinesisch Tuotuo] zum Abschluß der Dynastiegeschichten der Song, der Liao und der Jin).

Ein anderer Ratgeber, der neben Yelü Chucai ausschlaggebenden Einfluß ausübte, war Liu Bingzhong (1216-1274), ein ehemaliger Mönch der buddhistischen *chan*-Sekte, der über eine gute klassische Bildung verfügte. Nachdem er im Jahr 1249 an den Hof von Khubilai Khan in Karakorum berufen worden war, richtete Liu Bingzhong an den Mongolenkhan eine zehntausend Zeichen umfassende Denkschrift, das *Wanyanshu*, eine Abhandlung über Politik und Verwaltung, in der sich der aus einem han-zeitlichen Text übernommene Ausspruch findet: »Man erobert die Welt zu Pferd, aber man kann sie nicht vom Pferderücken aus regieren« *(yi mashang qu tianxia, bu keyi mashang zhi)*. Doch erst von 1252 an wurde das von Liu Bingzhong befürwortete Reformprogramm verwirklicht. Im Jahr 1267 erhielt Liu Bingzhong den Auftrag, den Bau der neuen Hauptstadt Khanbalik in Peking zu leiten. Und die Übersiedlung der Zentralregierung aus dem fernen, mehr als 1500 Kilometer von Peking entfernten, westlich des heutigen Ulan Bator (Urga) gelegenen Karakorum (Helin) in die Gegend, die das Zentrum des Liao- und Jin-Reichs gewesen war, ist ein Anzeichen für einen Wandel in den politischen Perspektiven der Mongolen: das schon zur Hälfte eroberte China erschien ihnen als unerschöpfliche Quelle von Arbeitskräften und Reichtümern. Der leitende Architekt der neuen Hauptstadt war ein Mohammedaner, dem Chinesen zur Seite standen. Der im Jahr 1267 begonnene Bau der Befestigungsmauern wurde 1292 abgeschlossen, der Bau des Kaiserpalastes im Jahr 1274 begonnen. In der Zwischenzeit – im Jahr 1271 – hatten die Mongolen einen chinesischen Dynastienamen angenommen: Yuan.

Diese allmähliche Anpassung an die chinesischen Institutionen änderte aber nichts am Mißtrauen, das die Mongolen den ehemaligen chinesischen Beamten entgegenbrachten: die leitenden Stellen blieben Mongolen vorbehalten, und die Finanzverwaltung wurde Männern aus den islamischen Regionen Zentralasiens und des Mittleren Orient anvertraut. Die mohammedanischen Kaufleute hatten sich zu als *ortaq* bezeichneten Verbänden zusammengeschlossen und praktisch das einträgliche Monopol der Steuererhebung an sich gerissen, bei der sie mongolische Militärabteilungen unterstützten. Auch der venezianische Kaufmann Marco Polo arbeitete für die Eroberer, und es kann der Fall eines Russen genannt werden, der im Jahr 1341 in Zhejiang auf einen wichtigen Posten ernannt wurde, nachdem er im Jahr 1321 in Peking die beste Doktorprüfung abgelegt hatte.

Ethnische Diskriminierungen

Einer der Grundzüge des von den Mongolen in Ostasien geschaffenen Systems war die Diskriminierung der verbündeten oder eroberten Völker. Bestimmend für sie waren nicht eigentlich Rassenkriterien, sondern der Zeitpunkt der Eingliederung der eroberten Völker ins mongolische Reich. Die Hauptquelle für die von den Mongolen in China eingeführte Diskriminierung sind die »Unterbrochenen Landarbeiten« *(Chuogenglu)* von Tao Zongyi, eine Sammlung verschiedener Aufzeichnungen *(biji)*, die im Jahr 1366 abgeschlossen wurde. Dieses Werk, das insbesondere Angaben über Volksaufstände in Südostchina Mitte des 14. Jahrhunderts enthält, zählt die von den Mongolen unterschiedenen ethnischen Kategorien auf. Die Bevölkerung war in drei Hauptgruppen unterteilt: in Mongolen, in »verschiedene Ethnien« *(semuren)*, die weder mongolisch noch chinesisch, noch sinisiert waren, und in *Hanren* (die Chinesen und die sinisierten Völker Nordchinas). Bei den Nomaden wurden 72 Stammesgruppen unterschieden, innerhalb derer wiederum eine scharfe Trennung zwischen Militäraristokratie und einfachem Volk bestand. In der Gruppe der »verschiedenen Ethnien« – die Völker türkischer Herkunft (Uiguren, Qarluq, Naimanen, Tuvas usw.), Tibeter, Tanguten, iranische Kaufleute aus dem Amu-darja-Becken, die unter dem Namen Sarten bekannt sind, Russen usw. umfaßte – wurden 31 Untergruppen unterschieden. Die Bezeichnung *Hanren* (Chinesen) hatte für die Mongolen eine sehr weite Bedeutung, da sie außer auf die Chinesen auch auf die Kitan, die Dschurdschen und die in Nord- und Nordostchina ansässigen sinisierten Koreaner angewandt wurde. Im großen und ganzen bezeichnete dieser Terminus die ehemaligen Untertanen des Liao- und des Jin-Reichs. Zu diesen Nordchinesen kamen von den Jahren 1273-1275 an noch die Südchinesen, die unter dem Terminus »neue Untertanen« *(xin furen)* aufgeführt wurden und im Mongolenreich den niedrigsten Status hatten.

Diese Einstufung der Bevölkerung war die Grundlage für eine rechtliche, administrative und steuerpolitische Diskriminierung. Leitende Stellen konnten nur von Mongolen bekleidet werden und waren erblich. Die Zivilgouverneure der Verwaltungsbezirke waren entweder Mongolen oder – seltener – Ausländer *(semuren)*, und der stellvertretende Gouverneur war im allgemeinen ein Mohammedaner.

Auf dem Gebiet des Strafwesens wurden die Chinesen am strengsten behandelt. So wurde bei Diebstahl die Tätowierungsstrafe nur auf sie angewandt. Auf jeden Mord, den ein Chinese an einem Mongolen verübt hatte, stand die Todesstrafe sowie die Verpflichtung, eine Entschädigung für die Bestattungskosten *(shaomaiyin)* zu entrichten; dagegen wurde die Ermordung eines Chinesen durch einen Mongolen nur mit einer einfachen Geldstrafe gebüßt. Der Waffenbesitz war den Mongolen erlaubt, den Chinesen verboten usw. Die Mongolen waren es, die ins chinesische Recht, das sie nach ihren autoritären Herrschaftsbedürfnissen grundlegend umformten, die Strafe des langsamen Todes *(lingchi)* für Schwerverbrecher einführten.

Als im Jahr 1315 die ersten Doktorprüfungen nach chinesischem Vorbild stattfanden, wurden nach der Herkunft der Kandidaten bestimmte Kontingentierungen vorgesehen: von insgesamt 300 Nominierungen war ein Viertel Mongolen vorbehalten, ein Viertel Ausländern *(semuren)*, ein Viertel Bewohnern von Nordchina und ein Viertel Südchinesen. Es handelte sich um eine Parodie der chinesischen Examina, da die Mongolen und die Ausländer der »verschiedenen Ethnien« ungebildet waren, während die Mehrzahl der gebildeten Familien in den Städten am unteren Yangzi in Südchina residierte.

Die Mongolen haben somit in China eine strenge soziale Trennung eingeführt, zumal Heiraten zwischen den von ihnen unterschiedenen Gruppen verboten waren. Diese Trennung ging durch die ganze Gesellschaft hindurch: sie betraf sowohl den mongolischen Adel, dessen Funktionen erblich waren, als auch die unteren Klassen, denen ein Statuswechsel untersagt blieb. Weder den staatlichen Handwerkern, den bei der Eroberung gemachten Gefangenen noch ihren Kindern war es gestattet, ihren Beruf zu wechseln. Die mongolische Regierung lieferte ihnen alles Lebensnotwendige und die Hilfsmittel zur Ausübung ihres Berufs, aber hielt sie in Häusern, die ihnen speziell zugewiesen wurden, unter strenger Aufsicht. Das galt auch für die Salz-Arbeiter, deren Arbeitsbedingungen so unerträglich waren, daß es zur Massenflucht und zu Aufständen kam. Im Jahr 1342 sank ihre Anzahl in Süd-Jiangsu und Nord-Zhejiang plötzlich von 17 000 auf 7 000. Diese Salinen-Arbeiter des Huai-Gebiets in Zhejiang sollten später zu den tapfersten Kämpfern bei den Aufständen gehören, die im Laufe der Jahre 1351 bis 1368 zum Sturz der Dynastie führten.

Das Steuerwesen und die Ausbeutung der Reichtümer Chinas

Vom Augenblick an, da die Verwaltung der eroberten Gebiete organisiert wurde, unterlag die Bauernschaft im Norden einer Kopfsteuer und einem Steuersystem, das an dasjenige der beginnenden Tang-Zeit erinnert (das *zuyongdiao*), obwohl die Kontrolle des privaten Grundbesitzes und die Landverteilung schon seit langem nicht mehr üblich waren: Außer den Dienstleistungen schuldeten die Steuerpflichtigen eine jährliche Getreide- und Stoff-Abgabe, die nach der Anzahl der arbeitsfähigen Männer berechnet wurde. Dagegen herrschte im Süden das System der zweimaligen Steuerzahlung pro Jahr, das vom Ende der Tang-Zeit stammte (das *liangshui*): im Sommer eine Steuerzahlung in Form von Stoffen, im Herbst in Form von Getreide, deren jeweilige Höhe nach der Fläche des bebauten Landes und nach der Steuerklasse der Familie berechnet wurde. Zu diesen Abgaben kamen im Norden und Süden Gratisdienstleistungen hinzu, die von der Verwaltung gefordert und deren sehr große Belastungen nur mit Unwillen erduldet wurden. Die Mongolen brauchten nämlich für ihr Postwesen, das in China selbst stark ausgebaut wurde, sowie für ihre großen Bauarbeiten und ihre Streitkräfte eine große Anzahl von Fronarbeitern.

Der Steuerdruck scheint jedoch in Südchina, von dem die Mongolen beinahe die Hälfte ihrer Einkünfte bezogen, stärker gewesen zu sein. Im unteren Yangzi-Gebiet – dort, wo sich in den Jahren 1351 bis 1368 die wichtigsten Herde der Revolte bilden sollten – und in manchen dichtbesiedelten Ebenen der Küstengebiete wurde er immer unerträglicher. Die kritische Lage in diesen Regionen erklärt sich aus der sehr geringen Anzahl von Steuerpflichtigen und aus der Politik, die die Mongolen gleich nach der Eroberung einschlugen. Nachdem sie die von Jia Sidao am Ende der Südlichen Song-Dynastie geschaffenen »öffentlichen Ländereien« *(guantian)* konfisziert hatten, hüteten sie sich davor, den privaten Grundbesitz anzurühren; gerade er war jedoch die Ursache des schweren sozialen Mißverhältnisses, unter dem die Zonen des Großreisanbaus litten. Diese Vorsicht, dieser Wunsch, nichts an der Sozialordnung der eroberten Gebiete zu ändern, brachte dem neuen Regime die Neutralität oder die Sympathie der besitzenden Klassen im Süden ein, während im

Norden, dem Land der Kleinbauern und Beamten, denen man gleich bei der Eroberung ihren Grundbesitz und ihre Ämter weggenommen hatte, die Feindseligkeit gegenüber den Eroberern allgemeiner war. Die Beibehaltung des Großgrundbesitzes im Süden, dessen Ausweitung im gesamten Reich – Domänen des mongolischen Adels, Klosterbesitz, Grundbesitz reicher Kaufleute – und die Verschlimmerung der Lage der Bauern sollten den Aufständen am Ende der Yuan-Zeit eine um so stärkere Gewalt verleihen, als zum Haß auf den Eroberer noch derjenige auf den Reichen hinzukam.

Nach der Eroberung des Yangzi-Gebiets verfügten die Mongolen mit einem Schlag über doppelt so große Ressourcen. Der Transport dieser Reichtümer nach Norden war jedoch schwierig. Die noch zu Beginn des 12. Jahrhunderts benutzten Kanäle waren nicht mehr schiffbar, seit sie nicht mehr instandgehalten wurden, und man plante, die um das Jahr 600 von den Sui geschaffene Verbindung durch eine kürzere zu ersetzen. Die große Reisanbauzone der Gegend um den Taihu-See sollte direkt mit der Region von Peking verbunden werden, das einige Jahre vor der Eroberung des Südens zur Hauptstadt ernannt worden war. Für den unmittelbaren Bedarf jedoch organisierten die Yuan Seetransporte von der Yangzi-Mündung bis in die Region von Tianjin. Ein »Klassiker der Seewege« *(Haidaojing)*, der aus der frühen Ming-Zeit (Ende des 14. Jahrhunderts) stammt und Angaben über die Verbindung zwischen Nanking und Tianjin unter Umfahrung der Halbinsel Shandong enthält, stützt sich zweifelsohne auf frühere, aus der Mongolenzeit stammende Handbücher. Gleichzeitig wurde jedoch am Bau eines großen Kanals gearbeitet – des zukünftigen Kaiserkanals der Ming- und der Qing-Zeit –, der zu Beginn des 14. Jahrhunderts vollendet war. Sein nördlicher Abschnitt wurde zwischen 1279 und 1294 erbaut, nicht ohne Schwierigkeiten, die auf dem Gelände und den verschiedenen hohen Niveaus beruhten und die Anlage von Schleusen erforderten. Die Inbetriebnahme des großen Kanals sollte jedoch den Transport zur See nicht unterbrechen. Bis zum Ende der Yuan-Dynastie fand der Haupttransport auf dem Seeweg statt.

Die Mongolen hatten China zu einem Zeitpunkt besetzt, als es in voller wirtschaftlicher Blüte stand, von der sie profitierten. Durch ihre Herrschaft wurden die Auswirkungen der kommerziellen Entwicklung und der Verbreitung der Geldwirtschaft auf die Gesellschaft jedoch noch verstärkt: Unter den Mongolen vergrößerte sich der Abstand zwischen arm und reich. Während das im Song-Reich in Umlauf gebrachte Papiergeld nur in bestimmten Gebieten und für eine beschränkte Zeitdauer gültig war, schufen die Mongolen im Jahr 1260 eine »nationale« Währung von zeitlich und räumlich unbeschränkter Gültigkeit. Auf die Emissionen von 1260, diejenigen der *Zhongtong yuanbao jiaochao*, deren Wert fiel, als ihre Konvertierung in Gold oder Silber verboten wurde, folgten die Emissionen von 1287, die der *Zhiyuan tongxing baochao*, deren Kurs bis zur Inflation am Ende der Yuan-Dynastie verhältnismäßig stabil blieb.

Andererseits begünstigten die Mongolen die Kaufleute Zentralasiens und des Mittleren Orients. Diese Händler, die meist iranischer Herkunft und zum Islam bekehrt waren, vertraut mit den Bankpraktiken der islamischen Welt und manchmal in China mit der Steuerpacht beauftragt wurden, standen in Verbindung mit dem mongolischen Adel, der ihnen oft Darlehen zu hohen Zinsen gewährte. Das von seinen neuen Herren ausgebeutete China nahm folglich indirekt durch die Karawanen der alten Seidenstraße und der Steppenrouten an einem weltweiten Handel teil, dessen Gewinn nicht ihm zukam. Diese Situation erinnert in manchem an die Lage des Mandschu-Reichs im 19. Jahrhundert. Während die Mongolen in China das Papiergeld zur alleinigen Währung erklärten, floß – wie einige Historiker annehmen – das chinesische Silber in die westlichen Regionen des Kontinents ab. Allgemein kann man gelten lassen, daß es unter den Yuan zu einer Verarmung der chinesischen Gesellschaft kam. Dieses Abfließen des chinesischen Silbers in den Mittleren Orient und nach Europa könnte den großen Metallmangel erklären, unter dem Ende des 14. Jahrhunderts das Ming-Reich anfänglich litt.

Aufstände und Widerstand gegen die Eroberer

Vom Beginn des 14. Jahrhunderts an wurde die Zentralregierung durch Nachfolgestreitigkeiten geschwächt, während die Disziplinlosigkeit des mongolischen Adels immer offener zutage trat. Inmitten der inneren Unruhen, Komplotte und Usurpationen folgten die Herrscher rasch aufeinander, vier allein zwischen 1320 und 1329. In Peking waren die Großminister und hohen Würdenträger die Herren der Lage, während in den Provinzen die immer korrupteren Verwaltungs- und Lokalbehörden ganz nach ihrem Gutdünken schalteten und walteten. Die Dynastie mußte sich gleichzeitig gegen die Rebellion ihres eigenen Adels und gegen die wachsende Feindseligkeit der chinesischen Bevölkerung wehren.

Vom Jahr 1300 an häuften sich die Aufstände, deren Ursachen mit der Härte der mongolischen Ausbeutung, der Korruption der Staatsbeamten, dem Haß auf die Ausländer und den Privilegien der Reichen schon genügend erklärt werden können. Es mag jedoch sein, daß auch speziellere Gründe mitbeteiligt waren: der Preisanstieg, der schon seit 1276 spürbar war und zweifelsohne zur Spekulation führte, oder auch autoritäre und ungeschickte Maßnahmen, die der Mentalität der Bauern zuwiderliefen. So löste die im Jahr 1315 getroffene Entscheidung, die Gräber in den Feldern zur Vergrößerung der Anbauflächen einzuebnen, Unruhen aus. Die Opposition gegen die Regierung kristallisierte sich in Geheimgesellschaften, die immer wieder verboten und verfolgt wurden, aber immer wieder von neuem auflebten. Manche von ihnen waren eindeutig mehr religiös als politisch ausgerichtet. Dies war zum Beispiel der Fall bei der Sekte des »Weißen Lotos« *(Bailian)*, die den Amitābha-Buddha verehrte und kurz vor 1133 unter der Südlichen Song-Dynastie von Mao Ziyuan aus Suzhou gegründet wurde. Ihre Anhänger, die streng vegetarisch lebten und sich weigerten, Steuern zu zahlen und Frondienste zu leisten, fand sie vor allen in den Reihen der armen Bauern. Dies war auch der Fall bei der Sekte der »Weißen Wolke« *(Baiyun)*, die um 1100 ein Mönch aus Hangzhou namens Kong Qingjiao (1043-1121) gegründet hatte und die vor allem südlich des Yangzi-Unterlaufs Fuß faßte. Es gab auch chiliastische Bewegungen, die auf das Erscheinen des Maitreya-Buddha (Mile) als Messias warteten. Im Jahr 1335 kam es in Henan, im Jahr 1337 in Hunan und im darauffolgenden Jahr in Guangdong und Sichuan zu Aufständen der Anhänger der Maitreya-Sekte. Aber die bedeutendste dieser Geheimgesellschaften war die der Roten Turbane *(Hongjin)* (1351-1366), deren Bezeichnung von der Kopfbedeckung ihrer Mitglieder herrührte. Diese Geheimgesellschaft hatte schon an Aufstandsbewegungen der Song-Zeit teilgenommen, und ihr fiel auch die führende Rolle bei den großen Erhebungen zu, die im Jahr 1351 nach den Überschwemmungen am Unterlauf des Gelben Flusses ausbrachen, sich in den darauffolgenden Jahren nach Anhui ausbreiteten und zum Sturz der Dynastie führten. Bei den Aufständen am Ende der Yuan-Zeit waren religiöse und politische Ziele eng miteinander verquickt, und es scheint, daß es aufgrund der Verfolgungen zu einer Art von Synkretismus verschiedener Einflüsse gekommen ist, die im wesentlichen buddhistisch – Amitābha-Kult und chiliastischer Maitreya-Kult –, aber auch manichäisch und möglicherweise mazdaistisch waren.

2. Die Beziehungen zwischen Ostasien, den christlichen und den islamischen Ländern

Die ostasiatischen Länder hatten bis zum 12. Jahrhundert mit der hellenisierten indo-iranischen Welt, später den islamischen Ländern über die Oasenkette des Tarim-Beckens und Transoxaniens sowie über den Seeweg in Verbindung gestanden. Infolge der mongolischen Expansion im 13. und 14. Jahrhundert gewann die alte Steppenstraße wieder an Bedeutung, die seit dem Neolithikum die Mongolei über die Dsungarei und Kasachstan mit dem unteren Wolga-Becken verbunden hatte. Diese Straße, die direkt in die Ebenen Osteuropas einmündete, wurde von den Mongolen systematisch ausgebaut. Sie dehnten das chinesische System der Poststationen dorthin aus, das sie schon im Jahr 1229 übernommen und im Jahr 1237 perfektioniert und vereinheitlicht hatten. Mit ihren Speichern, Weideplätzen und Wechselpferden bildeten die Poststationen entlang der Steppenwege ein außerordentlich gut organisiertes System, das sicherlich zum Aufschwung der Beziehungen zwischen der Äußeren Mongolei und der Region von Peking einerseits, Rußland, dem Iran und dem Mittelmeerraum andererseits beigetragen hat. Vertreter der verschiedensten Länder bereisten das mongolische Reich: Mohammedaner aus Zentralasien und dem Mittleren Orient, orthodoxe Russen aus dem Tschaghatai-Reich, dem Il-Khan-Reich und dem Reich der Goldenen Horde, Untertanen des ehemaligen Liao- und Jin-Reichs in Nordchina, Kaufleute aus Genua und Venedig, die aufgrund ihrer Handelsbeziehungen zu Rußland und dem Nahen Osten bis in die Mongolei und nach Peking gelangten. Da im politischen System der Mongolen enge Verbindungen zwischen Handel und Verwaltung bestanden, wurden sogar manche dieser Ausländer als Beamte des Yuan-Reichs in Dienst genommen. Wenn auch das Mongolische, das in einer adaptierten Form des uigurischen Alphabets geschrieben wurde (die von dem tibetischen Lama 'P'ags-pa geschaffene und im Jahr 1269 eingeführte Quadrat-Schrift war wenig gebräuchlich), in China Verwaltungssprache war, so bediente man sich in Handelskreisen auf der Karawanenstraße zwischen Täbris und Peking doch meistens des Persischen. Jedoch scheint auch das Russische auf der Steppenstraße an Bedeutung gewonnen zu haben, denn die Einigung Asiens durch die Mongolen hatte wohl verhältnismäßig viele Russen bis in die Mongolei und nach China verschlagen. Manche Historiker sind der Auffassung, der Mongolensturm habe die Grundlage für den ersten russischen Vorstoß nach Sibirien geschaffen.

Gesandte und Kaufleute aus den christlichen Ländern

Diplomatische und religiöse Motive bestimmten die westeuropäischen Länder, Franziskanermönche nach Karakorum und Peking zu schicken: Die Könige und Päpste der Epoche Ludwigs des Heiligen und der letzten Kreuzzüge setzten Hoffnungen auf die Allianz und die Bekehrung der Mongolen.

Im Jahr 1245 brach Giovanni de Piano Carpini (1182?-1252), ein in Perugia geborener italienischer Franziskaner, der von Papst Innozenz IV. nach Karakorum gesandt wurde, von Lyon auf, wohin er zwei Jahre später wieder zurückkehrte. Wir verdanken ihm Aufzeichnungen über die Sitten und Gebräuche der Mongolen, nämlich die *Ystoria Mongalorum.*

Im Jahr 1253 wurde der aus Flandern stammende Wilhelm von Rubruk vom französischen König Ludwig IX. und von Innozenz IV. während des 6. Kreuzzugs mit dem Auftrag in die Mongolei geschickt, sich um ein Bündnis mit den Mongolen gegen die Mohammedaner zu bemühen. Er reiste über das Schwarze Meer und die Krim, fuhr den Don hinauf und gelangte so zur Steppenstraße. In Karakorum, wo er von 1253 bis 1254 blieb, hatte er eine Unterredung mit dem Khan Möngke.

Der italienische Franziskaner Giovanni de Monte-Corvino (1247-1328) reiste durch den Iran nach Ormus, damals der Ausgangspunkt der Seeverbindung nach Ostasien, und schiffte sich dort im Jahr 1291 nach Quanzhou in Fujian ein. Seine erfolgreiche Mission trug ihm im Jahr 1307 die Ernennung zum Erzbischof von Peking (Khanbalik) durch Papst Klemens V. ein. Einige Jahre später wurde ihm ein Weihbischof nachgesandt. Nach seinem Tod in Peking im Jahr 1328 verschwanden in China sämtliche Spuren des römischen Christentums, so daß die Jesuitenmissionare der ausgehenden Ming-Zeit von ihren Franziskaner-Vorläufern gar nichts wußten.

Ein weiterer Franziskanermönch, Odorico de Pordenone, brach im Jahr 1314 oder 1315 nach Ostasien auf. Er besuchte Konstantinopel und reiste über das Schwarze Meer in den Iran, von wo er sich über Indien auf dem Seeweg nach Südostasien begab; in Kanton schiffte er sich nach Fuzhou ein. Von dort aus reiste er auf dem Landweg nach Hangzhou und zu Schiff über den großen Kanal nach Peking, wo er drei Jahre lang blieb. Sein Rückweg nach Europa führte ihn durch Innerasien, und im Jahr 1330 traf er wieder in Italien ein. Sein Reisebericht wurde von seinem Freund Guillaume de Soragne aufgezeichnet.

Neben diesen katholischen Missionaren müssen die berühmten venezianischen Kaufleute Niccolo, Matteo und Marco Polo erwähnt werden. Die Brüder Niccolo und Matteo traten im Jahr 1254 in Venedig eine Reise an, die sie bis nach Nordchina führte, und kehrten im Jahr 1269 wieder nach Italien zurück. Im Jahr 1271 brachen sie mit ihrem Sohn beziehungsweise Neffen Marco (1254-1324) neuerlich auf, überquerten den Pamir und reisten auf der Oasenstraße nach Gansu, wo sie ein Jahr lang in Ganzhou (Zhangye) Handel trieben. Darauf reisten sie durch Nordchina, wurden von Khubilai Khan in seiner Sommerresidenz Shangdu, 270 Kilometer nördlich von Peking, empfangen, und gelangten im Jahr 1275 nach Peking. Marco Polo wurde mit der Verwaltung der großen Handelsstadt Yangzhou betraut und führte für die Mongolen verschiedene Missionen durch. Im Jahr 1292 schiffte er sich in Quanzhou ein, besuchte Vietnam, Java, die malaiische Halbinsel, Ceylon, die

Küste von Malabar, Mekran und die Südostküste des Iran. Im Jahr 1294 gelangte er nach Ormus und kehrte im darauffolgenden Jahr nach Venedig zurück, nachdem er ungefähr ein Vierteljahrhundert in Ostasien verbracht hatte. Als Gefangener der Genuesen diktierte er dem Pisaner Rustichello in französischer Sprache seine Memoiren, das berühmte *Livre des Merveilles*.

Diese Europäer kamen im mongolischen Reich Ostasiens mit zahlreichen Kaufleuten und Verwaltungsbeamten, die aus verschiedenen Gegenden Asiens stammten, in Berührung. So befand sich zum Zeitpunkt, als Wilhelm von Rubruk in Karakorum weilte, auch ein armenischer Fürst namens Hayton am Hof des Khan Möngke. Die Mehrzahl dieser ausländischen Reisenden hat jedoch keine Memoiren hinterlassen. Eine Ausnahme ist der berühmte, in Tanger geborene Ibn Battuta (1304-1377), der im Jahr 1325 eine Reise unternahm, die ihn nach Ägypten, Mekka, in den Iran, nach Arabien, Syrien, zum Schwarzen Meer, nach Zentralasien und Nordindien führte. Acht Jahre blieb er in Delhi und schiffte sich dann nach Ostasien ein, ging in Sumatra und Java an Land, gelangte nach Quanzhou, besuchte die Provinz Guangdong und reiste schließlich von Hangzhou über den großen Kanal nach Peking. Er schiffte sich in Quanzhou ein und kehrte über den Persischen Golf, über Bagdad, Mekka und Ägypten im Jahr 1349 wieder nach Tanger zurück. Im Gegensatz zu Marco Polo war Ibn Battuta ein ausgezeichneter Beobachter und beschreibt in seinem Reisebericht über China hydraulische Maschinen, das Papiergeld, den Gebrauch der Kohle, den Schiffsbau, die Porzellanherstellung usw.

Die Ausländer haben in China Spuren ihres Aufenthalts hinterlassen, und wäre die Mongolenherrschaft nicht so kurz gewesen, so wäre der ausländische Einfluß bestimmt tiefer gewesen. In Yangzhou wurden ein christliches Grab (das Grab der Genueserin Katharina von Viglione aus dem Jahr 1342) und ein mohammedanisches Grab gefunden; und kürzlich waren eine große Anzahl von mohammedanischen, nestorianischen und katholischen, manichäischen und indischen Inschriften aus der Gegend von Quanzhou Gegenstand eines Ausgrabungsberichts. Diese Inschriften sind in arabischer und syrischer Schrift, in der 'P'ags-pa-Schrift (vor allem die nestorianischen Stelen) und in der Tamil-Schrift abgefaßt. Alles weist im übrigen darauf hin, daß nach der mongolischen Eroberung im Jahr 1276 die Aktivität im großen Hafen von Fujian nicht abgenommen hat, sondern möglicherweise von diesem Zeitpunkt an noch gesteigert wurde. Es muß aber auch auf die außerordentlich große Rolle hingewiesen werden, die Peking, der Endpunkt der Steppenstraße und seit rund 1274 Hauptstadt des Yuan-Reichs, als Treffpunkt aller ausländischen Einflüsse in China gespielt hat.

Die chinesische Diaspora auf dem eurasischen Kontinent

Im Laufe der Mongolenzeit kamen zahlreiche Ausländer nach China. Es fand aber auch eine Bewegung in umgekehrter Richtung statt, für die man im Westen natürlich weniger Interesse bekundet hat.

Von manchen Chinesen, die sich von Nordchina in den Mittleren Orient oder nach Europa begaben, sind uns die Namen bekannt. So von dem taoistischen Mönch Changchun (Qiu Chuji mit weltlichem Namen) (1148-1227), dem Patriarchen der Quanzhen-Sekte. Nachdem er schon beim Jin-Kaiser Shizong, der ihn nach Peking berief, in Gunst gestanden hatte, wurde er von Tschingis Khan im Jahr 1219 nach Afghanistan geholt. Von Shandong, wohin er sich zurückgezogen hatte, brach Changchun im Jahr 1220 mit 18 Schülern auf, reiste durch die Äußere Mongolei, über das Altai-Gebirge, Samarkand und südlich am Hindukusch vorbei zum Feldlager des Tschingis Khan in die Gegend von Kabul, wo er im Jahr 1222 eintraf. Nachdem er sich von Tschingis Khan im Jahr 1223 in der Nähe von Taschkent getrennt hatte, kehrte er 1224 wieder nach Peking zurück. Er hat einen Reisebericht hinterlassen, das *Changchun zhenren xiyou lu.*

Ein anderer Chinese namens Chang De wurde im Jahr 1259 von Khan Möngke mit einer Mission in den Iran geschickt. Von Karakorum reiste er nördlich am Tianshan vorbei nach Samarkand und Täbris, besuchte das Lager von Hülägü und kehrte im Jahr 1263 wieder zurück. Ein gewisser Liu Yu hat seinen Reisebericht unter dem Titel »Aufzeichnungen über eine Mission in den Westen« *(Xishiji)* niedergeschrieben.

Um 1275 beschlossen der in Peking geborene chinesische Nestorianermönch Rabban Bar Sauma (? -1294) und sein Schüler Marc, ins Heilige Land zu reisen. Sie statteten dem Nestorianerpapst in der wichtigsten Stadt im Nordwesten des Iran, südlich von Täbris, einen Besuch ab. Von dort wurde Sauma von Khan Argun mit einer Mission nach Rom und zum französischen und englischen König gesandt. Nachdem er in den Jahren 1287-1288 Konstantinopel und Rom besucht hatte, traf er in der Gascogne mit dem englischen König und in Paris mit Philipp dem Schönen zusammen. Er hat eine Beschreibung der Abtei von Saint Denis und der Sainte Chapelle hinterlassen. Durch seinen Besuch in Rom wurde Papst Klemens III. dazu angeregt, Giovanni de Monte-Corvino nach Peking zu schicken.

Aber wie viele Unbekannte begaben sich außer diesen berühmten Persönlichkeiten in den Iran und nach Rußland, um sich dort für immer niederzulassen! Auf seiner Reise von Peking nach Kabul in den Jahren 1221-1222 traf der Mönch Changchun in der Äußeren Mongolei und im Gebiet von Samarkand auf chinesische Handwerker. Er erfuhr auch, daß sich im oberen Jenissei-Tal chinesische Weber angesiedelt hatten.

Im 14. Jahrhundert gab es in Täbris und sogar in Moskau und Nowgorod chinesische Viertel. Die Streitkräfte von Khan Hülägü wurden bei der Belagerung von Bagdad im Jahr 1258 von einem chinesischen General angeführt, und chinesische Wasserbauingenieure arbeiteten bei der Bewässerung des Tigris- und Euphrat-Beckens mit. Die Politik der Mongolen bestand darin, die qualifizierten Techniker von einem ans andere Ende des eurasischen Kontinents zu beordern.

Durch die Mongolenherrschaft verbreiteten sich folglich gewisse chinesische Techniken im Il-Khan-Reich und im Reich der Goldenen Horde. In den persischen Miniaturen, aber auch in der iranischen Keramik, Musik und Architektur der Mongolenzeit ist der chinesische Einfluß zu spüren. Manche Forscher glaubten sogar – wobei es sich aber eher um Mutmaßungen handelt –, in der italienischen Malerei des 14. Jahrhunderts und insbesondere im *Massaker der Franziskaner in Ceuta* von Lorenzetti (um 1340) chinesische Einflüsse zu entdecken. Die Frage nach Anregungen und Beiträgen aus Ostasien stellt sich jedoch vor allem für zwei große Erfindungen der Neuzeit in Europa.

Die Einführung der Spielkarten, des Stoffdrucks und des Papiergelds in den westmongolischen Reichen im 14. Jahrhundert hing offensichtlich mit der Einführung des Blockdrucks in Europa und folglich auch mit der Entwicklung des Buchdrucks mit beweglichen Lettern zusammen. In Täbris, einem großen kosmopolitischen Zentrum, in dem sich in den letzten Jahren des 13. Jahrhunderts Genuesen, Venezianer, Uiguren, Mongolen und Chinesen trafen, wurde Papiergeld gedruckt, und der iranische Historiker Raschid al-Din (um 1247-1318), der durch seinen »Schatz des Il-Khan über die Wissenschaften Kathays« (1313) die chinesische Medizin bekanntmachte, erwähnt als erster die chinesische Erfindung des Blockdrucks. Dieser hatte in Europa, wo er einige Jahrzehnte vor der Erfindung des Buchdrucks bekannt wurde, riesigen Erfolg. Man druckte fromme Bilder, Spielkarten, kleine Textbüchlein mit Illustrationen usw. Die Idee, bewegliche Lettern zu verwenden, ergab sich offenbar von selbst, da sogar die Chinesen, deren Schrift sich dazu sehr schlecht eignet, schon von Beginn des 11. Jahrhunderts daran gedacht hatten.

Die zweite große Erfindung der Neuzeit, die Feuerwaffen, wurde bekanntlich am Anfang des 13. Jahrhunderts während der Kriege zwischen den Song, den Jin und den Mongolen gemacht, und die neuen Waffen in Europa zum erstenmal im Jahr 1241 in der Schlacht am Fluß Sajô in Ungarn von den Mongolen eingesetzt.

Man gewönne ein nur unvollständiges Bild von den Auswirkungen der mongolischen Expansion, überginge man das Phänomen der chinesischen Diaspora, die sie auslöste. Die Präsenz chinesischer Kaufleute in Ostasien, Ceylon und an der Küste von Malabar erklärt sich wohl aus dem Seehandel der Song-Zeit. Die Händler, über deren Anwesenheit in Angkor um 1297 Zhou Daguan in seinen »Aufzeichnungen über die Gebräuche Kambodschas« *(Zhenla fengtuji)* schreibt, hatten sich dort zweifelsohne schon vor der Eroberung Südchinas durch die Mongolen niedergelassen. Nichts weist darauf hin, daß die Handelsbeziehungen der großen Häfen Fujians und Kantons mit den südostasiatischen Ländern und dem Indischen Ozean unter der Besetzung gelitten hätten. Ein Zeugnis aus dem Jahr 1349 berichtet von der Existenz einer chinesischen Kolonie in Tumasik, genau an der Stelle, wo sich im 20. Jahrhundert die große chinesische Stadt Singapur entwickeln sollte. Die Eroberung des Reichs der Südlichen Song zwischen 1273 und 1279 scheint dadurch, daß sie eine Emigration von Chinesen nach Vietnam und gleichzeitig auch nach Japan auslöste, die chinesische Kolonisation in Südostasien sogar beschleunigt zu haben. Auch die mongolischen Feldzüge am Ende des 13. Jahrhunderts nach Vietnam, Kambodscha, Burma und Java hatten wahrscheinlich die gleiche Wirkung, denn die Expeditionskorps setzten sich mehrheitlich aus Chinesen zusammen, die auf dem Gebiet des ehemaligen Song-Reichs rekrutiert wurden – dieses Heer wurde *xinfujin*, »Heer der neuen Untertanen« genannt –, und ein Teil dieser Soldaten kehrte wohl nicht mehr nach China zurück. Die Unternehmungen der Mongolen in Südostasien hätten demnach den großen Expeditionen zur See zu Beginn des 15. Jahrhunderts den Weg geebnet.

Geisteswissenschaften, Naturwissenschaften und Religion in der Mongolenzeit

Daß in einem Reich, in dem die Mongolen als absolute Herrscher regierten und den Chinesen nur subalterne Funktionen überließen, die Eroberer für die Kultur ihrer

Technische Beiträge der chinesischen Welt an das mittelalterliche Europa

CHINA	EUROPA
Epoche der letzten Kreuzzüge	
Seefahrtstechnik	
See-Kompaß: belegt seit 1090, aber sicher seit dem 10. Jahrhundert gebräuchlich	um 1180
Hinteres Steuerruder: Ende des 1. Jh.; am Schiffsheck befestigt: Ende des 4. Jh.	um 1190
Rationelle Pferdeschirrung	
Brustgurtgeschirr: 3.-2. Jh. vor Chr. Kumtgeschirr: zwischen 5. und 10. Jh. (chinesische und zentralasiatische Randgebiete)	um 1200
Schubkarren	
1. und 2. Jh	um 1250
Epoche der Mongolenexpansion	
Bewaffnung	
Steinschleudermaschine oder Mangonel: 5.-4. Jh. vor Chr.	14. Jh.
Schießpulver: Erfindung im 9. Jh. Erste Erwähnung der Formel für Schießpulver: 1044	1285
Erste militärische Verwendungen des Pulvers	2. Hälfte des 14. Jh.
Brücken mit Segmentbögen:	
spätestens 610	1340
Papier, Blockdruck, Buchdruck:	
Papier: 1.-2. Jh.	erstes Papier aus der islamischen Welt importiert: 12. Jh.; erstes Papier in Italien hergestellt: Ende des 13. Jh.
Erste Blockdrucktexte: 8. Jh.	um 1375 (Rheintal)
Erste Verwendung von beweglichen Lettern: 1041-1048. Große Editionen von 1403 an	Ausarbeitung der Typographie mit beweglichen Lettern: 1430-1460
Schleusentore	
11.-12. Jh.	um 1375
Eisen- und Stahlgießen	
Erste Erwähnung des Gußeisens: –513	um 1380 (Rheintal)
Perfektionierung der Eisen- und Stahlherstellungstechniken (Verwendung der Wasserkraft, des Gebläses, Stahlherstellung): 2. Jh. vor Chr. bis 1. Jh. nach Chr. Verfahren der Stahlherstellung, bei dem Schmiedeeisen und Gußeisen zusammen geschmolzen werden: 6. Jh.	

Untertanen nur wenig Interesse zeigten ist nicht erstaunlich. Der erste Mongolenkhan, der einige chinesische Bildung besaß, war Tuq Temür (1328-1339). Die Gunst, die der »neo-konfuzianischen« Schule der Song zuteil wurde, darf daher nicht zu falschen Vorstellungen verleiten; auch kam es erst spät, zu Beginn des 14. Jahrhunderts, dazu. Im Jahr 1313 wurde die Lehre von Zhu Xi für orthodox erklärt, im Jahr 1315 das Prüfungssystem erweitert. Werke aus der Schule von Zhu Xi, darunter die »Ausführungen über das Daxue« *(Daxue yanyi)*, ein im Jahr 1229 unter den Südlichen Song verfaßtes Werk, wurden ins Mongolische übersetzt. Dadurch wurde jedoch das Vakuum der klassischen Studien und der chinesischen Philosophie unter den Mongolen nicht aufgefüllt, ebensowenig wie im Liao- und Jin-Reich, geschweige denn im Xia-Reich, in dem es kein geistiges Zentrum gab, das mit Peking vergleichbar gewesen wäre. Die Herrschaft der Mongolen war für das geistige Leben in China noch viel nachteiliger als die Autokratenherrschaft der Ming bis zum Beginn des 16. Jahrhunderts.

Naturwissenschaften und Technik hatten unter der Fremdherrschaft weniger zu leiden. Die Mongolen hatten sich aufgrund ihrer Nomadenmentalität eine ehrfürchtige Bewunderung für Handwerker, Techniker und auch für Mönche bewahrt. So erklärt sich die Ehrerbietung, die sie einem Mann wie Guo Shoujing (1231 bis 1316) erwiesen, der Wasserbauingenieur, Mathematiker und Astronom war. Nachdem er im Jahr 1263 Khubilai Khan vorgestellt worden war, wurde er 1271 mit dem gesamten Problem der Bewässerung und der Flußregulierung, und im Jahr 1276 schließlich mit einer Kalenderreform betraut, deren Berechnungen er im Jahr 1280 beendete. Der Fortschritt der chinesischen Mathematik, der sich im Song-Reich vollzogen hatte, setzte sich unter den Yuan fort und kam erst in der Ming-Zeit zum Stillstand. Um 1300 erschienen zwei berühmte mathematische Werke, die »Einführung in die Mathematik« *(Suanxue qimenğ)* (1299) und der »Jadespiegel der vier Prinzipien« *(Siyuan yujian)* (1303), deren Autor Zhu Shijie ist. Der taoistische Mönch und Geograph Zhu Siben (1273-1337) gab einen großen Atlas heraus, das *Yuditu,* an dem er neun Jahre lang, von 1311 bis 1320, gearbeitet hatte. Gegen 1350 verfaßte Wang Dayuan seinen wertvollen »Bericht über die Barbareninseln« *(Daoyi zhilue)* nach Aufzeichnungen, die er im Laufe seiner zahlreichen Reisen durch Südostasien zwischen 1330 und 1344 gemacht hatte, und Wang Zhen (Daten unbekannt) verdanken wir wichtige Abhandlungen über Agronomie, darunter das *Nongshu* (1313). Die große, 200 Kapitel umfassende Enzyklopädie von Wang Yinglin (1223-1296), das *Yuhai,* die während der Kriege zwischen den Yuan und den Song verlorengegangen war, wurde zwischen 1341 und 1368 wiedergefunden.

Die Mongolenherrschaft begünstigte das Eindringen des Islam in China. In der Yuan-Zeit entstanden mohammedanische Gemeinschaften in Nordchina und in der Provinz Yunnan, die von 1274 an von dem aus Buchara gebürtigen Mohammedaner Sayyid Ajall regiert wurde. Die Nachkommen dieser Mohammedaner verschmolzen zwar weitgehend mit den Völkern chinesischer Sprache und Kultur, haben aber bis in unsere Zeit hinein versucht, ihre Eigenständigkeit zu bewahren, und zeigten eine ausgeprägte Tendenz zur Autonomie. Die Gesamtzahl der zum Islam bekehrten Chinesen, die in Ost-Gansu, Nordchina (Peking zählt heute 250 000 Mohammedaner) und Yunnan sehr hoch war, wurde – einschließlich der

1

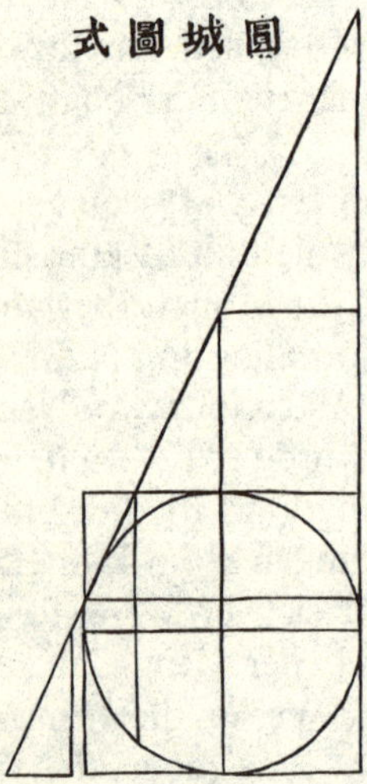

2

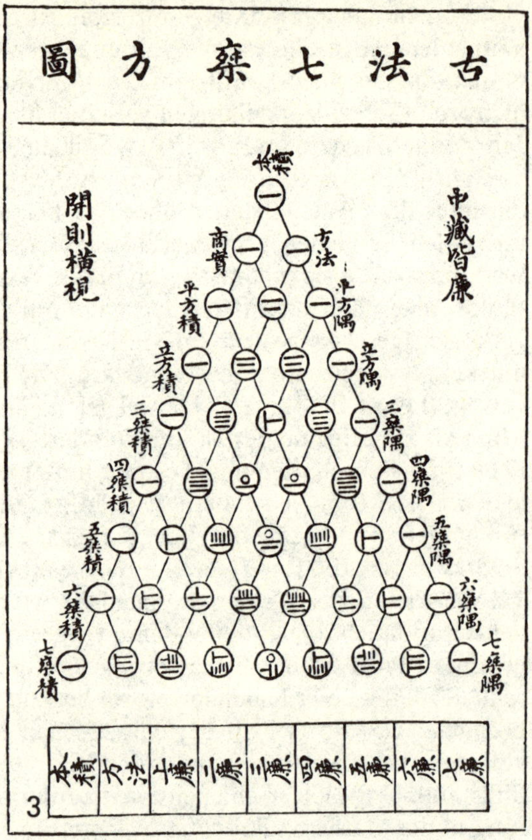

3

XII. Die Mathematik in der Song- und Yuan-Zeit

Von oben nach unten und von links nach rechts:
1) Notierung der Gleichung:
$+ 2x^3 + 15x^2 + 166x^1 - 4\,460 = 0$
bei Li Ye (oder Li Zhi) (1192–1279).
Diese Gleichung ist folgendermaßen angeordnet:

$$2x^3$$
$$15x^2$$
$$166x^1$$
$$-4\,460x^0$$

Die Zahl II zuoberst auf der Darstellung muß aufgrund ihrer Position als $2x^3$ gelesen werden: letzte Reihe der Zehnerpotenzen und 1. Reihe der vier Potenzen von x. Neben der Notierung der Position für die Zehnerpotenzen (von rechts nach links) und der Potenzen von x (von unten nach oben) sei auf die Umkehrung der Zahlen in jeder Reihe hingewiesen, mit der jede Verwechslung vermieden werden soll, sowie auf die Verwendung eines Querstrichs (hier auf der Null der untersten Reihe), der anzeigen soll, daß die Zahl negativ ist. Es springt ins Auge, wie sparsam in den Mitteln, wie elegant und bequem dieses Notierungssystem ist.

2) Diagramm aus dem *Ceyuan haijing* (1248), in dem die Eigenschaften der in rechtwinklige Dreiecke eingezeichneten Kreise veranschaulicht werden.

3) Darstellung des Pascalschen Dreiecks im *Siyuan yujian* (1303), einer Abhandlung über Algebra von Zhu Shijie.

Zahl der mohammedanischen Bevölkerung in Xinjiang – vor dem letzten Weltkrieg auf 50 Millionen geschätzt. Im 18. und 19. Jahrhundert kam es aufgrund des ängstlichen Partikularismus dieser Völker, aufgrund ihrer Randlage sowie der Ungeschicklichkeiten und überhöhten Forderungen der chinesischen Verwaltung zu ausgedehnten und blutigen Aufständen.

Die Einflüsse der islamischen Länder und insbesondere der Einfluß des islamisierten Iran dehnten sich in der Mongolenzeit notwendigerweise auf die chinesische Welt aus. Die Mongolen hatten einen Mohammedaner mit dem Bau des Palastes in Peking (Khanbalik) beauftragt, und in der Mongolei und in China gab es zahlreiche Beispiele mohammedanischer Architektur. In Yunnan, Sichuan, Gansu, Xi'an, Quanzhou und Kanton wurden Moscheen errichtet.

In der islamischen Akademie *(huihui guozi xue)*, die unter Khubilai Khan auf Vorschlag von Moiz al-Din, eines hohen Beamten des großen kaiserlichen Sekretariats, gegründet worden war, wurden Übersetzungen arabischer Texte angefertigt. Am stärksten war der Einfluß des islamisierten Iran wohl auf dem Gebiet der Mathematik und der Astronomie. Kurz nach der Plünderung Bagdads im Jahr 1258 wurde in Marāgha, südlich von Täbris, ein Observatorium errichtet, in das Astronomen aus aller Welt berufen wurden, unter denen sich natürlich auch Chinesen befanden. Der persische Astronom und Geograph Jamal al-Din (? -um 1301), der im Jahr 1286 dem mongolischen Hof ein illustriertes Geographiewerk schenkte, schuf im Jahr 1267 einen neuen Kalender. Die Mongolen errichteten in Peking ein mohammedanisches Observatorium *(huihui sitian tai)*, nach dessen Vorbild der erste Ming-Kaiser gleich in seinem ersten Regierungsjahr, im Jahr 1368, in Nanking ein mohammedanisches astronomisches Amt *(huihui sitian jian)* schuf. Im Jahr 1362 verfaßte Ata ibn Ahmad für einen mongolischen Fürsten in China eine astronomische Abhandlung mit Mondtafeln. Alles in allem ist es sehr wahrscheinlich, daß die Entwicklung der chinesischen Astronomie und die Betonung der Algebra in der chinesischen Mathematik, deren berühmteste Vertreter in der Mongolenzeit Guo Shoujing (1231-1316) und Zhu Shijie waren, durch die Beiträge des islamisierten Iran gefördert wurden.

Während die Mongolenherrschaft die Entwicklung der gelehrten und ernsten Literatur, die in China die Ausdrucksform der Gebildeten und der Politiker war, ziemlich behinderte, scheint sie dagegen gleichsam als Kompensation alle Arten von Volksliteratur angeregt zu haben: Vor allem das realistische und satirische Lied, das oft den Haß auf die Mongolen und die vom Eroberervolk begünstigten Gruppen (Mohammedaner Zentralasiens, tibetische Mönche, verbündete Chinesen usw.) zum Ausdruck bringt, aber auch die Erzählung, den Roman und insbesondere das Theater, das heißt, eine ganze Literatur in der Umgangssprache und in den Dialekten, von der uns das meiste nicht erhalten ist. Die Zentren dieser in einfachen Volkskreisen der großen Städte entstandenen Literatur waren die Handelsstädte Südostchinas und das kosmopolitische Peking. Seit dem Anfang der Song-Zeit – seit dem 11. Jahrhundert besitzen wir zum erstenmal zahlreichere umgangssprachliche Texte – weist diese Literatur eine kontinuierliche Entwicklung auf, die unbeeinflußt blieb von den zwischen dem Ende des 11. Jahrhunderts und der Mitte des 14. Jahrhunderts stattfindenden politischen Umwälzungen: der Besetzung von Nord-

Hebei durch die Kitan, der Invasion der Dschurdschen im Jahr 1126, der Einnahme Pekings durch die Mongolen im Jahr 1215, der Besetzung des Yangzi-Gebiets in den Jahren 1275-1276, den Aufständen am Ende der Yuan-Zeit. Den größten Ruhm verdankte die Literatur der Mongolenzeit der Pekingoper, dem *zaju*, dessen große Zeit unter der Jin-Dynastie (1115-1234) begann. Diese Aufführungen mit mehreren Darstellern bestanden aus einer Verbindung von gesungenen Teilen *(qu)*, Tänzen und Rezitativen mit Musikbegleitung; seine Autoren sind zumeist anonym geblieben, und die Stücke sind zum Großteil verlorengegangen. Von 1 000 bekannten Titeln sind uns nur 167 Stücke erhalten geblieben. Die berühmtesten stammen von Ma Zhiyuan (Mitte des 12. Jh.), dem Autor des *Hangongqiu* und des *Huangliangmeng*, und von Guan Hanqing (2. Hälfte des 13. Jh.). Das unsterbliche Werk *Xixiangji* (Das Westzimmer), eine romantische Liebesgeschichte, wurde von dem Pekinger Wang Shifu (um 1300) geschrieben. Nach der Eroberung Chinas durch die Mongolen emigrierten zahlreiche Dramatiker in die untere Yangzi-Region, deren Theatertraditionen sich von denjenigen Pekings unterschieden. Von den Autoren, die sich dort am Ende der Yuan-Zeit ansiedelten, soll Gao Ming (Gao Zecheng), der Verfasser des *Pipaji* (Die Laute), erwähnt werden.

Die Religionspolitik der Mongolen bestand darin, nacheinander, je nach der augenblicklichen Interessenlage, verschiedene Sekten zu begünstigen und sie mit der allgemeinen Leitung der religiösen Reichsangelegenheiten zu beauftragen. Diese Inkonsequenz erklärt sich aus dem persönlichen Charakter der Regierung, aus der Einstellung der Mongolen der Religion, ihrer Gleichgültigkeit philosophischen Fragen gegenüber, aus ihrer Begeisterung für die Magie und ihrer Wundergläubigkeit. Wenn Tschingis Khan im Jahr 1221 den taoistischen Mönch Changchun zu sich rufen ließ, tat er dies nicht aus Interesse für die intellektualistischen und asketischen Aspekte der Quanzhen-Sekte, der er sich anschloß. Diese Sekte war in Shandong von Wang Chongyang (1112-1170) gegründet worden, der den Taoismus von allen seinen okkulten Praktiken befreien und die Philosophie Laozis, des Buddhismus des Prajnāpāramitā und des »Klassikers der kindlichen Pietät« *(Xiaojing)* zu einer Synthese zusammenfassen wollte. Tschingis Khan rief Changchun ausschließlich wegen des hohen Ansehens, das dieser schon bei der Dschurdschen-Aristokratie von Peking unter den Jin genossen hatte, zu sich, und weil er überzeugt war, daß ein so berühmter Mönch unbedingt über die Fähigkeiten eines Wundertäters verfügen müsse. Nachdem im Jahr 1223 die taoistische Kirche mit der Leitung aller religiösen Fragen betraut worden war, genossen vom Jahr 1242 an unter dem Einfluß des Mönchs Haiyun (1202-1257) und von Liu Bingzhong die Buddhisten der *chan*-Schule die Gunst der Mongolenkaiser. Da der Buddhismus im Kitan-, Tanguten- und Dschurdschenreich vorherrschend gewesen war, kann es nicht überraschen, daß sein Einfluß auch im Mongolenreich spürbar wurde. Der chinesische buddhistische Kanon war zwischen 1148 und 1173 in Pingyang in Süd-Shanxi bei den Liao und erneut bei den Jin gedruckt worden. Unter den Mongolen erschien eine allgemeine Geschichte des Buddhismus von seinen Anfängen bis zum Jahr 1333, das *Fozu lidai tongzai*, eine Nachahmung des *Fozu tongji* von 1269. Dieses Interesse für den chinesischen Buddhismus wich aber schon bald, nach dem Vorstoß der Mongolen nach Tibet im Jahr 1252, einer starken Vorliebe für den tibetischen

Buddhismus, dessen magisch-religiöse Aspekte und dessen Gebrauch von magischen Formeln (*mantra* und *dhārani*) und magischen Kreisen *(mandala)* dem religiösen Empfinden der Mongolen besser entsprachen. Nach dem Regierungsantritt von Khubilai Khan im Jahr 1260 wurde die lamaistische Kirche allen anderen vorgezogen.

Dem tibetischen Lama 'P'ags-pa (1239-1280), der im Jahr 1253 in Peking eintraf, wurde die allgemeine Leitung aller religiösen Gemeinschaften des Reichs übertragen. Nach ihm wurde ein sprachenkundiger uigurischer Lama namens Senge (? bis 1291) zum allmächtigen Günstling von Khubilai Khan. Die Macht der Lamas in China war so groß, daß sie die religiösen Gemeinschaften ausbeuten konnten. Senge ließ sich zu Finanzspekulationen und überhöhten Geldeintreibungen hinreißen und machte sich Plünderungen und zahlreicher Morde schuldig. Nach der Eroberung Südchinas wurde in Hangzhou ein neues Religionsamt geschaffen. Der Auftrag, es zu leiten, erging 1277 an einen tibetischen Mönch namens Yanglianzhenjia, der wie Senge durch seine Verbrechen Berühmtheit erlangte. In den Augen der Chinesen bestand seine größte Missetat in der Schändung und Plünderung der Schätze der Kaisergräber der Südlichen Song-Dynastie in der Nähe von Shaoxing im Jahr 1278.

Die Begünstigungen, die die Mongolen der lamaistischen Kirche erwiesen, trugen folglich dazu bei, den Haß der Chinesen ihren Beherrschern gegenüber zu vergrößern. Sie hatten aber auch andere Auswirkungen: einerseits das Eindringen tibetischer Einflüsse in die chinesische buddhistische Kunst, die in der Bildhauerkunst und in der Architektur spürbar sind, und andererseits – was wichtigere Folgen nach sich ziehen sollte – die Verbreitung des Lamaismus in der Steppenzone.

TEIL 7
DIE HERRSCHAFT DER AUTOKRATEN UND DER EUNUCHEN

Eine Analyse der langen Periode der Ming-Dynastie (1368-1644) führt zur Gliederung in drei ziemlich eindeutig abgegrenzte Epochen: als erste, in der Hongwu-Ära (1368-1398) und in der Yongle-Ära (1403-1424), eine Periode des wirtschaftlichen Wiederaufbaus und der Einrichtung neuer, ganz eigenständiger Institutionen, Periode der diplomatischen und militärischen Expansion in die Mongolei, nach Südostasien, in den Indischen Ozean, aber auch nach Zentralasien. Dieses Expansionsstreben, unter dessen wichtigste Aspekte die zur Schwächung und Zurückdrängung der ehemaligen mongolischen Eroberer und der Steppenstämme unternommenen Nord-Feldzüge zu zählen sind, wird Mitte des 15. Jahrhunderts infolge der Niederlage in der Mongolei gebremst und dann ganz zum Stillstand gebracht. Die zweite Hälfte des 15. Jahrhunderts und die ersten Jahre des 16. Jahrhunderts sind eine Periode des Rückzugs und der Verteidigung. Und schließlich kommt es von rund 1520 an zu einer zweiten chinesischen »Renaissance«, die durch eine Reihe von wirtschaftlichen, sozialen und geistigen Veränderungen gekennzeichnet ist. Diese Entwicklung führt von den letzten Jahren des 16. Jahrhunderts an – zweifelsohne aufgrund der Erstarrung der politischen Institutionen – zu einer Folge von Krisen: zu einer Krise des Handels und des städtischen Handwerks, zu einer schweren politischen Krise und schließlich zu ausgedehnten Aufständen, die sich bis zur Mandschu-Invasion fortsetzen.

I. KAPITEL
WIEDERAUFBAU UND EXPANSION

1. Die Auflösung des Mongolenreichs und die Gründung der Ming-Dynastie

Die Ursachen für den Zusammenbruch des Yuan-Reichs waren, wie es häufig der Fall ist, vielschichtig und interdependent: Unordnung in der Verwaltung, in der unzählige widersprüchliche Vorschriften Geltung hatten, Schlamperei, Habgier der mongolischen und mohammedanischen Beamten, galoppierende Inflation des Papiergelds, Korruption der tibetischen lamaistischen Mönche, die den gesamten chinesischen Klerus kontrollierten und sich in die Politik einmischten, ständige Unterdrückung der chinesischen Bevölkerung und wachsendes Elend der Bauern. Letztlich war die Mongolenherrschaft in China von kurzer Dauer: Erst im Jahr 1234 hatten sie ganz Nordchina besetzt und erst 1279 die Eroberung Südchinas abgeschlossen; aber schon im Jahr 1351 brachen die Erhebungen aus, die das Reich der Mongolen stürzen sollten, und schon vom Jahr 1355 an verloren sie die Kontrolle über einen großen Teil Chinas. Schon um diese Zeit entstanden in den meisten Provinzen Aufstandszentren, und die befreiten Zonen dehnten sich auf Henan, Shenxi, Hebei, Shanxi und Sichuan aus.

Die Befreiung des Territoriums

Auch wenn sich ein Teil der Oberschicht nachträglich diesen patriotischen Erhebungen anschloß, entstanden sie doch alle im Volk. In zwei großen Regionen griffen die Aufstände weit um sich. Die erste umfaßte die Nachbarprovinzen Shandongs, wo die chiliastischen Bewegungen, die das baldige Erscheinen des erlösenden Bodhisattvas Maitreya (Mile) verkünden, sehr aktiv waren, und wo die Bevölkerung an eine kurz bevorstehende Restauration der Song glaubte. Die Masse der Aufständischen bestand dort aus Bauern. Seit 1327 verschlimmerten sich die Überschwemmungen des Gelben Flusses, aus denen sich die chronische Unstabilität dieser Gegend erklärte, und lösten fast jedes Jahr verheerende Hungersnöte aus. Im Jahr 1344 kam es unterhalb von Kaifeng infolge von unaufhörlichen Regengüssen zu Dammbrüchen. Der Gelbe Fluß überschwemmte weite Flächen, und erst fünf Jahre später konnten nach achtmonatiger Arbeit die Dämme wiederhergestellt werden. Die bedeutenden Reparaturarbeiten an den Dämmen, für die große Bauernmassen zusammengerufen wurden, begünstigten jedoch die revolutionäre Propaganda. In dieser gesamten Region der Nordchinesischen Tiefebene und südlich davon, in Anhui, dominierte die Geheimgesellschaft der Roten Turbane *(Hongjin)*, deren erster Anführer Han Shantong als Reinkarnation von Maitreya angesehen wurde. Sein Sohn Han Liner ließ sich im Jahr 1355 zum Kaiser einer neuen Song-Dynastie ausrufen.

Das zweite Aufstandszentrum entstand im Milieu der Salinenarbeiter, der Salzschiffer und Salzschmuggler des unteren Yangzi-Gebiets, deren Anführer ein gewisser Zhang Shicheng war. Die Bewegung dehnte sich auf die Seeleute und Piraten der Küsten von Zhejiang aus, die von Fang Guozhen kommandiert wurden.

Ein weniger bedeutendes Aufstandszentrum war die Region des mittleren

Yangzi, wo eine heterodoxe religiöse Bewegung ähnlich derjenigen der Roten Turbane entstanden war, die nacheinander von Xu Shouhui und Chen Youliang angeführt wurde. Sichuan, dem es ziemlich schnell gelungen war, die Kontrolle der mongolischen Regierung abzuschütteln, stellt einen Sonderfall dar. Es ist eine relativ isolierte Provinz mit lebendigen Unabhängigkeitstraditionen.

Aus dieser Lage sollte ein neues Reich entstehen. Und zum erstenmal in der chinesischen Geschichte vermochten Bewegungen, die aus dem Volk stammten, eine Dynastie zu gründen, ohne daß es zwischen der Aufstandsperiode und der darauffolgenden Zeit zu einem Bruch kam. Die Leichtigkeit, mit der sich die Befreiungsbewegungen anpassen konnten, wäre ohne ihre bemerkenswerte Organisation nicht zu erklären: Wirtschaft, Verwaltung, Heer, alles funktionierte ganz normal, sowohl in den von den Roten Turbanen befreiten Zonen als auch in den Regionen, die sie schon vor der Vertreibung der Yuan-Verwaltung unter ihrer Kontrolle gehabt hatten.

Der spätere Gründer der Ming-Dynastie war zuerst Anführer eines sekundären Aufstands in der Zone, auf die sich die Erhebungen der Roten Turbane erstreckt hatten. Der Großvater des im Jahr 1328 geborenen Zhu Yuanzhang, der später die Regierungsdevise Hongwu (1368-1398) annahm, war ein Goldwäscher aus Jiangsu, sein Vater ein wandernder Landarbeiter aus Anhui und seine Mutter die Tochter eines Hexenmeisters gewesen. Während der Hungersnot von 1344 war Zhu Yuanzhang, um zu überleben, in den Mönchsstand getreten. Seither beeinflußten ihn die messianistischen Traditionen, die in seiner Provinz in Umlauf waren. Im Jahr 1348 übernahm er die Führung einer Bande von Aufständischen, die so stark wurde, daß es ihr im Jahr 1352 gelang, sich einer kleinen Stadt im Nordosten Anhuis zu bemächtigen. Nachdem er sich mit den Truppen der Roten Turbane verbündet hatte, errang er einen Sieg nach dem anderen: im Jahr 1359 besetzte er Nanking und Umgebung, 1360-1362 die Provinzen Jiangxi und Hubei. Im darauffolgenden Jahr beherrschte er ganz Zentralchina und rief sich zum Fürsten des Reiches Wu (*Wuguowang*) aus. Im Laufe der Jahre 1365 bis 1367 schaltete er seine Rivalen aus dem unteren Yangzi-Gebiet und Zhejiang, Zhang Shicheng und Fang Guozhen, aus und gründete 1368 in Nanking die Dynastie der Großen Ming. Die Offensive wurde innerhalb und außerhalb Chinas fortgesetzt; der gleiche Schwung trug seine Truppen über die Grenzen der chinesischen Provinzen hinaus. Im Gründungsjahr des neuen Reichs, 1368, wurde Peking, die wichtigste Hauptstadt der Yuan, eingenommen; im Jahr 1369 ihre Hauptstadt Shangdu (Kaiping) in der östlichen Mongolei besetzt; im Jahr 1370 die mongolische Streitmacht in der Mongolei eingekreist; im Jahr 1371 Sichuan, 1372 Gansu, 1382 Yunnan zurückerobert, wo sich noch ein Kern mongolischer Truppen hatte halten können. Und schließlich wurde im Jahr 1387 ganz China wiedervereint. Außerhalb Chinas fand die Expansion im großen Sieg von Buinor (1388) in der nordöstlichen Mongolei, im Anschluß der im Jahr 1392 gegründeten koreanischen Yi-Dynastie an China und in den militärischen Expeditionen nach Zentralasien und Südostasien ihre Bestätigung. Diese Politik, deren Ziel es war, das Ansehen und die Sicherheit Chinas in Ostasien wiederherzustellen, setzte sich bis Mitte des 15. Jahrhunderts fort.

Der Wiederaufbau der Landwirtschaft

Das schwerstwiegende Problem stellte das wirtschaftliche Chaos dar, das zum Zeitpunkt der Reichsgründung herrschte: China war durch die Mongolenausbeutung und die Kriegszerstörungen völlig zerrüttet. Das ganze Huai-Tal hatte unter den Aufständen schwer gelitten, und manche Landstriche Anhuis waren total entvölkert. Felder, Dämme und Kanäle waren beinahe überall verwahrlost. Der wirtschaftliche Wiederaufbau, der zwischen 1370 und 1398 in Angriff genommen wurde, erforderte gewaltige Anstrengungen.

Die Bemühungen, die unter der Herrschaft von Hongwu zur Wiederherstellung der Landwirtschaft geleistet wurden, könnte man – im Rahmen des damaligen China – mit jenen der chinesischen Volksrepublik nach der Befreiung 1949 vergleichen. Die innerhalb von ungefähr zwei Jahrzehnten auf den Gebieten der Bewässerung, der Wiedererschließung von Anbauflächen und der Wiederaufforstung erzielten Leistungen sind eindrucksvoll. In den meisten Provinzen wurden unzählige große und kleine Bewässerungs- und Flußregulierungsprojekte verwirklicht. Im Jahr 1395 wurden in China insgesamt 40 987 Wasserreservoirs ausgebessert oder neu angelegt. Große Flächen wurden neu bebaut und verwüstete Zonen durch Bevölkerungsumsiedlungen systematisch neu besiedelt. Die Siedler erhielten große Landzuteilungen und kamen für viele Jahre in den Genuß der staatlichen Hilfeleistungen und der Steuerfreiheit. So nahm die Fläche des wiedererschlossenen Grund und Bodens sehr rasch zu. Die höchsten Zahlen, die der Jahre 1370 bis 1380, sind ein Beweis dafür:

1371: 575 965 ha
1373: 1 911 692 ha
1374: 4 974 069 ha
1379: 1 485 572 ha

Ähnlich stand es mit den Getreidesteuern: sie betrugen unter der Mongolenherrschaft 12 Millionen *shi* (d. h. ca. 7 Millionen Doppelzentner); im Jahr 1393, sechs Jahre nach der Rückeroberung ganz Chinas, erreichten sie beinahe 33 Millionen *shi* (nahezu 20 Millionen Doppelzentner).

Am erstaunlichsten aber waren die Leistungen auf dem Gebiet der Wiederaufforstung. Über 50 Millionen Sterkulien, Palmen und Lackbäume wurden im Jahr 1391 in der Gegend von Nanking mit dem Ziel angepflanzt, eine Hochseeflotte zu bauen, die dann zu Beginn des 15. Jahrhunderts tatsächlich den Expeditionen zur See diente. Im Jahr 1392 wurde in den Kolonisationsgebieten von Anhui jede Familie dazu verpflichtet, 200 Maulbeerbäume, 200 Brustbeerbäume und 200 Dattelpflaumenbäume anzupflanzen. Zwei Jahre darauf wurde die Verpflichtung, 200 Maulbeerbäume und 200 Brustbeerbäume anzupflanzen, auf ganz China ausgedehnt. Im Jahr 1396 erreichte in den heutigen Provinzen Hunan und Hubei die Neupflanzung der Obstbäume 84 Millionen. Nach den Schätzungen mancher Historiker betrug die Gesamtziffer der Anpflanzungen in der Hongwu-Ära rund eine Milliarde Bäume.

Der Vorrang, der zu Beginn der Ming-Dynastie der Landwirtschaft eingeräumt wurde, erscheint als Notwendigkeit und als freiwillige Entscheidung. Das dringendste Problem in dem verwüsteten China war die Versorgung der Bevölkerung mit lebensnotwendigen Gütern. Gleichzeitig wurde aber für die Zukunft eine neue

Weiche gestellt: Das Ming- und das Qing-Reich sollten sich hauptsächlich auf die Landwirtschaft stützen. Im 14. Jahrhundert fand also ein eindeutiger Wandel in der staatlichen Wirtschaft statt. Während in der Song-Zeit die Staatskasse großenteils durch Handelsabgaben gespeist wurde und unter den Mongolen der Handel noch eine bedeutende Rolle spielte, wurden von nun an die wesentlichen Ressourcen von den Bauern geliefert.

Die Bedeutung, die der Agrarbesteuerung beigemessen wurde, erklärt die äußerste Sorgfalt, mit der in der Hongwu-Ära ein das ganze Reich umfassender Kataster des Bodens und Bevölkerungsregister angelegt wurden. Die katastermäßige Erfassung erforderte zwanzig Jahre und wurde im Jahr 1387 mit den »Fischschuppen-Karten und -Registern« *(Yulin tuce)* vollendet, während die Bevölkerungsregister oder »Gelben Register« *(Huangce)* in den Jahren 1381 und 1382 erstellt und 1391 revidiert wurden.

Die Kontrolle der Bevölkerung

Eine andere bemerkenswerte Besonderheit der vom Gründer der Ming-Dynastie geschaffenen Institutionen war die funktionelle Bevölkerungseinteilung. Im China der Hongwu-Ära wurden die Berufe des Soldaten, des Bauern und des Handwerkers von einer Generation auf die nächste zwangsweise weitervererbt. Bauern-, Soldaten- und Handwerkerfamilien unterstanden drei speziellen Ministerien, die damals zu großer Bedeutung aufstiegen; denn sie hatten je einen Teil der Bevölkerung unter Kontrolle, besaßen ihre eigene Steuer- und Verwaltungsautonomie und verfügten über private Reichtümer, eigene Lagerhäuser, Getreidespeicher und Arsenale usw. Bei diesen Ministerien handelte es sich um das Finanzministerium, *hubu,* von dem die Bauernfamilien, die den Hauptanteil der Steuerleistungen erbrachten, abhängig waren, das Heeresministerium, *bingbu*, und das Ministerium für öffentliche Arbeiten, *gongbu.* Diese funktionelle Bevölkerungseinteilung war verbunden mit einer geographischen Gliederung: die militärischen Familien *(junhu)* waren in den Grenzgebieten und in den Küstengegenden zahlreicher vertreten, die Handwerkerfamilien *(jianghu)* in den Gebieten um die Hauptstädte, wo sie zur Niederlassung verpflichtet wurden oder wohin sie sich zur Erfüllung ihrer Dienstleistungen in den kaiserlichen Werkstätten begeben mußten; die Bauernfamilien *(minhu)* überwogen in allen Regionen mit großer Agrarproduktion.

Möglicherweise ließ sich der Gründer der Ming-Dynastie vom Beispiel der mongolischen Institutionen beeinflussen, denn die Erblichkeit der Berufe war eines der Prinzipien des politischen und sozialen Systems der Mongolen. Aber dieser gesellschaftliche Aufbau, der in einem von einer Erobererklasse regierten und ausgebeuteten Reich denkbar war, begann sich schon zu Beginn des 15. Jahrhunderts unter der Einwirkung interner Ursachen rasch zu zersetzen. Immer häufiger änderten Familien ihren Status; die Zahl der militärischen Familien, deren Lage als eine der schlechtesten galt, nahm so rasch ab, daß sich die Rekrutierung von Söldnern als nötig erwies. Trotz der gesellschaftlichen Veränderungen galten in den darauffolgenden Epochen weiterhin die immer noch bestehenden Register der Hongwu-Ära, so daß vom 15. Jahrhundert an die Bevölkerungszahlen nicht mehr der Wirklichkeit entsprachen und die realen Steuereinnahmen von den theoretisch festgelegten abwichen. Die Volkszählungen der Ming-Zeit, angefangen vom 15. Jahrhundert, galten als die unzuverlässigsten der ganzen Geschichte Chinas. Ihnen zufolge wäre es vom 15. bis zum 17. Jahrhundert zu einem allgemeinen Bevölkerungsrückgang gekommen, während anscheinend zu dieser Zeit eine regelmäßige demographische Entwicklung stattgefunden hat.

Der Steuerorganisation lag das sogenannte System der *lijia* zugrunde. Es faßte die Bevölkerung in Gruppen von je zehn Familien *(lijia)* zusammen, die der Verwaltung gegenüber kollektiv verantwortlich waren, Steuern und Dienstleistungen gleichmäßig auf ihre Mitglieder verteilten und gemeinsam für die Aufrechterhaltung der Ordnung sorgen mußten. Dieses Selbstverwaltungssystem wurde jedoch rasch von den wohlhabendsten und einflußreichsten Mitgliedern, die als Vermittler zwischen der Lokalbevölkerung und den Amtsstellen der kaiserlichen Verwaltung dienten, zu ihrem Vorteil umfunktioniert. Der fehlende administrative Rahmen und die relative Freiheit, die den ländlichen Gemeinschaften gelassen wurde, führten dazu, daß die ärmsten Familien in die Abhängigkeit der Gentry und der reichen Bauern gerieten. Vom Beginn des 15. Jahrhunderts an verschwand allmählich die Schicht der Kleinbauern, während sich gleichzeitig die Zahl der Pächter, der umherirrenden Bauern *(taomin)* und der Deklassierten erhöhte, die teilweise als Söldner im Heer Unterschlupf fanden, wenn sie sich nicht als Arbeiter beim ungesetzlichen Abbau von Erzen in Bergwerken, als Schmuggler, Räuber oder Piraten durchschlugen. Charakteristisch für die Ming-Zeit ist die große Bedeutung, die die lokalen Gebräuche im Bereich des Steuerwesens und der Verwaltung erlangten. Die Zahl der Beamten reichte nicht aus, um eine wirksame Kontrolle der Bevölkerung auszuüben; sie mußten sich daher bei der Durchführung ihrer Weisungen noch mehr als in den früheren Epochen den lokalen Gegebenheiten anpassen und auf die Gentry verlassen. Im 16. Jahrhundert und in der ersten Hälfte des 17. Jahrhunderts gab es im ganzen Reich 10 000 bis 15 000 Beamte bei einer durchschnittlichen Einwohnerzahl von 50 000 pro Unter-Präfektur *(xian)*, der kleinsten Verwaltungseinheit mit einem kaiserlichen Beamten an der Spitze, dem Lokalbeamte *(li)* zur Seite standen.

Absolutistische Tendenzen

Das Ming-Reich wurde von einem Bauern gegründet, der den gebildeten Schichten gegenüber ein instinktives Mißtrauen gehegt zu haben scheint. Aus diesem Grunde übte er über Regierung und Verwaltung eine strenge Kontrolle aus. Hongwus Herkunft erklärt möglicherweise auch, warum er die Rekrutierung und Beförderung von aus dem einfachen Volk stammenden Beamten stark begünstigte. Hongwu, der sehr argwöhnisch und auf seine eigene Autorität bedacht war, wandte sich schon bald gegen diejenigen, die ihn an die höchste Macht getragen hatten. Im Jahr 1380 – damals war er 62 Jahre alt – fand der große Prozeß gegen Hu Weiyong, seinen alten Mitkämpfer statt, der ebenfalls aus Anhui stammte. Da Hu Weiyong zu mächtig geworden war, wurde er angeklagt, eine Revolte geplant zu haben, und verdächtigt, mit den Mongolen und Japanern in Kontakt zu stehen. 15 000 Personen wurden in diesen gigantischen Prozeß verwickelt, der schließlich mit der Hinrichtung Hu Weiyongs endete. Dies war für Hongwu die Gelegenheit, alle Macht auf sich zu vereinigen. Er schaffte das große kaiserliche Sekretariat *(Zhongshusheng)* ab und unterstellte die sechs Ministerien (Beamten-, Finanz-, Riten-, Heeres-, Justiz- und Arbeitsministerium) direkt seiner Autorität. Gleichzeitig führte er eine Reform der Militärverwaltung durch. Durch die Schaffung einer »Generaldirektion der fünf Heere« *(Wujun dudufu)*, die er fest in der Hand hatte, war ihm künftig eine striktere Überwachung der Streitkräfte sicher.

Im Jahr 1385 fanden neuerliche Säuberungen statt, bei denen zahlreiche Beamte hingerichtet wurden, denen man Verfehlungen oder Majestätsbeleidigungen vorwarf (Hongwu war von krankhaftem Mißtrauen befallen und vermutete sogar in der Verwendung bestimmter Schriftzeichen eine versteckte Kritik seiner Person oder seiner Herkunft). Im Jahr 1390 wurde der Prozeß gegen Hu Weiyong und seine Freunde und Gesinnungsgenossen wieder aufgenommen und es wurden neuerlich über 15 000 Personen darin verwickelt.

Von Anfang an trug das Ming-Reich den Keim zu den absolutistischen Tendenzen in sich, die im 15. und 16. Jahrhundert offenbar wurden. Das politische System der Song hatte auf der Koexistenz unabhängiger Organismen beruht, die sich gegenseitig überwachten und sich auf verschiedene Informationsquellen stützten; die politischen Entscheidungen waren Gegenstand von Diskussionen, in denen widersprüchliche Meinungen frei zum Ausdruck kamen. Dagegen war die Ming-Regierung vom Ende des 14. Jahrhunderts an durch eine Tendenz zur vollkommenen Konzentration aller Gewalten auf den Kaiser, zur Regierung mittels beschränkter und geheimer Räte, durch die Isolierung der kaiserlichen Macht und die Entstehung einer Geheimpolizei gekennzeichnet, die mit der Überwachung der verschiedenen Verwaltungsstufen beauftragt war. Hongwu rief im Jahr 1382 die »Garden mit den Brokatkleidern« *(jinyiwei)* ins Leben, eine Art von politischer Polizei, die hohen Beamten nachspionieren mußte, und schuf damit seinen Nachfolgern ein verabscheuungswürdiges Beispiel.

Möglicherweise hat das Mongolenreich auf den autokratischen Charakter des Ming-Reichs einen gewissen Einfluß ausgeübt. Viele Indizien weisen darauf hin; so ist zum Beispiel der Ming-Kodex *(Minglü)* (1367, revidiert 1374, 1389 und 1397) stark von der mongolischen Gesetzgebung geprägt.

Das Werk des Gründers der Ming-Dynastie war wegweisend für die zweieinhalb Jahrhunderte nach seinem Tod, und man hat ihn zu Recht bis zum Ende der Dynastie als eine Art Helden verehrt. Hongwu hat um den Preis einer gewaltigen kollektiven Anstrengung den materiellen Wohlstand Chinas wiederhergestellt; er hat China im Ausland wieder Macht und Ansehen verliehen, indem er der chinesischen Politik Impulse gab, die bis in die Mitte des 15. Jahrhunderts spürbar blieben. Schließlich hat er die grundlegenden Institutionen eines neuen Reiches geschaffen. Aber es ist ebenso klar, daß der Gründer der Ming-Dynastie für zahlreiche politische und soziale Mängel verantwortlich ist, an denen China in der Ming-Zeit litt. Die Atmosphäre des Mißtrauens, die unter seiner Herrschaft entstand, sollte nie mehr verschwinden; die Uneinigkeit und der Argwohn zwischen der Zentralregierung und ihren Beamten vertieften sich sogar mit der Zeit. Unter den Nachfolgern Hongwus verstärkten sich die Tendenzen zur Zentralisierung und zur autoritären und geheimen Regierungsweise. Andererseits wurden der von ihm geplante utopische Aufbau der chinesischen Gesellschaft und die unter seiner Herrschaft geschaffenen Institutionen zum Gegenstand einer Art von Verehrung, und trotz der wirtschaftlichen und sozialen Veränderungen berief man sich immer wieder auf sie. So kam es zu einer immer stärkeren Verzerrung zwischen der Wirklichkeit und der Verwaltungstheorie, die auf Volkszählungen und Steuerquoten vom Ende des 14. Jahrhunderts beruhte, zum Überhandnehmen von Kompromiß- und Notlösungen, zur Wichtigkeit der Lokalgebräuche und zur Ansammlung von Detailvorschriften. Und schließlich sollten die Mängel des Steuersystems und die faktische Macht, die auf lokaler Ebene von den begüterten und einflußreichen Familien ausgeübt wurde, sehr rasch die Unterdrückung der benachteiligtsten Klassen und damit deren Unstabilität verstärken.

2. Die Fortsetzung der Expansion

Mongolei, Mandschurei und Vietnam

Ein Jahr nach dem Tod von Hongwu versuchte der zweite Ming-Kaiser auf Anraten seiner Umgebung, die Macht der Prinzen der kaiserlichen Familie einzuschränken, von denen einige in den Grenzregionen Befehlshaber waren. Diese Maßnahmen lösten eine Rebellion unter der Leitung eines Onkels des Kaisers aus, des Fürsten von Yan, Zhu Di, der das Heer der Region von Peking befehligte. Im Jahr 1401 marschierte Zhu Di nach Nanking, das er mit Hilfe von ihm günstig gesinnten Eunuchen im darauffolgenden Jahr eroberte, und nahm die Regierungsdevise Yongle (1403-1424) an. Seine Regierungszeit sollte zu einer der glanzvollsten der Ming-Dynastie werden. Im ersten Viertel des 15. Jahrhunderts, einer Zeit des allgemeinen Wohlstands, trugen die in der Hongwu-Ära entfalteten Bemühungen zum Wiederaufbau der Wirtschaft ihre Früchte. Die außenpolitische Macht des Reichs nahm weiterhin zu, und das Streben nach diplomatischer und militärischer Expansion ließ nicht nach. Trotz der heftigen Krise der Jahre 1401-1403 schien China seinen Aufstieg fortzusetzen.

Nach dem Rückzug der Mongolen gegen Norden in der Hongwu-Ära blieben zwei Gruppen von Stämmen während der ganzen Ming-Dynastie mächtig: im Nordwesten die Oiraten, ein Gemisch verschiedener Völker, und im Nordosten die Tataren, deren Name von den Europäern zu »Tartaren« deformiert und fälschlicherweise auf die Mandschus bezogen wurde; es handelt sich um ein tungusisches und nicht um ein mongolisches Volk, das auch mit den Tataren Sowjetrußlands, die türkischer Herkunft sind, nichts gemein hat. Zum Zeitpunkt des unter dem Nachfolger Hongwus vom Fürsten von Yan ausgelösten Bürgerkriegs wurden die Oiraten erneut aktiv; Kaiser Yongle nahm jedoch mit Erfolg die Offensive gegen die Mongolenstämme wieder auf und leitete selbst fünf große Feldzüge. Im Jahr 1410 trug er am Onon-Fluß nordöstlich von Ulan Bator einen großen Sieg davon. Unter seiner Herrschaft wurde die Mandschurei bis zur Amur-Mündung besetzt. In Nurgan, südlich der Amur-Mündung, war schon im Jahr 1404 ein Generalgouvernement dieser Taiga-Region eingerichtet worden.

Nahezu 5 000 Kilometer von dort entfernt griff im Jahr 1406 ein 200 000 Mann starkes chinesisches Heer im Dai Viêt in Nordvietnam ein und setzte dem Reich der

Trân ein Ende. Die militärische Besetzung und die faktische Annexion des Beckens des Roten Flusses und Zentralvietnams konnten jedoch nicht ohne Schwierigkeiten aufrechterhalten werden. Die Besatzer wurden von einer im Jahr 1418 entstandenen Befreiungsbewegung im Jahr 1427 schließlich vertrieben. Ihr Anführer, Lê Loi, gründete die neue vietnamesische Dynastie der Lê.

Diese großen militärischen Offensiven, die China in der Yongle-Ära wieder die Dimensionen des Yuan-Reichs zurückgaben und es nach Süden hin durch den Einschluß Vietnams sogar vergrößerten, begleitete eine intensive diplomatische Aktivität von Japan bis Java und von Indochina bis in den Mittleren Orient. Emissäre wurden nach Zentralasien gesandt. In der Hongwu-Ära war ein buddhistischer Mönch namens Zonglei mit einer Mission beauftragt worden, die wohl gleichzeitig diplomatischen und religiösen Charakter hatte: er sollte aus den westlichen Regionen heilige Texte mitbringen und bereiste von 1382 bis 1386 Innerasien. Unter Yongle wurde ein gewisser Chen Cheng dreimal – 1413, 1416 und 1420 – nach Zentralasien geschickt. Er kam bis nach Transoxanien ins Reich des Timur (Tamerlan) und verfaßte nach der Rückkehr von seiner ersten Mission die »Aufzeichnungen über die Etappen einer Reise in die Westlande« (Zentralasien und indo-iranische Randgebiete) *(Xiyu xingcheng ji)* und den »Bericht über die Barbarenreiche der Westlande« *(Xiyu fanguo zhi)*. Wenige Jahre zuvor, zwischen 1403 und 1406, hatte sich der Palasteunuch Hou Xian nach Tibet und Indien aufgemacht, 1413 begab er sich nach Nepal, 1415 und 1420 auf dem Seeweg nach Bengalen, und reiste im Jahre 1427, zwei Jahre nach dem Tod von Yongle, ein letztes Mal nach Tibet.

Die großen Expeditionen zur See

Die Yongle-Epoche ist berühmt für ihre großen Expeditionen zur See. Sie beweisen die technische Überlegenheit Chinas zu Beginn des 15. Jahrhunderts und seinen Vorsprung vor Portugal und Spanien, deren Schiffe erst ganz zu Ende desselben Jahrhunderts Hochseefahrten über lange Distanzen unternahmen. Chinas Vorsprung erklärt sich aus der Kontinuität seiner Schiffahrtstradition, die auf das 11. Jahrhundert zurückging und sicherlich nie unterbrochen wurde: die Flotte, deren Bau die Mongolen Ende des 13. Jahrhunderts zur Einnahme Javas in Auftrag gaben, wurde im unteren Yangzi-Gebiet fertiggestellt, wohl am selben Ort, an dem die Kriegs- und Handelsschiffe der Song-Zeit gebaut worden waren. Die Epoche der großen Hochseedschunke umfaßt den ganzen Zeitraum vom 11. Jahrhundert bis zu den großen Expeditionen vom Beginn des 15. Jahrhunderts. Diese Expeditionen stellen also keine vorübergehende Ausnahmeerscheinung dar, sondern müssen in allgemeinerem Zusammenhang gesehen werden: in der Gesamtheit der chinesischen Seefahrtsunternehmungen. Die Expeditionen der Yongle-Ära sind nur deshalb in den Dynastiegeschichten besonders hervorgehoben worden, weil es sich um offizielle Unternehmungen handelte. Ihr Zustandekommen bliebe unverständlich, wenn man vergäße, daß China nicht nur eine der Großmächte der Steppenzone und der Hochebenen Zentralasiens, sondern auch ein Land der Seeleute und Forschungsreisenden gewesen ist.

Über die Gründe für die Expeditionen zur See zu Beginn des 15. Jahrhunderts sind die Meinungen in der Forschung geteilt: waren es militärische und diplomatische Expeditionen oder Prestigeangelegenheiten oder Unternehmungen, die das Ziel hatten, den Kaiserhof mit Luxusprodukten und exotischen Kuriositäten zu beliefern? Wahrscheinlich waren alle diese Aspekte daran beteiligt. Sie entsprachen jedenfalls einem Plan, der schon unter der Herrschaft von Hongwu Gestalt angenommen hatte, und von diesem Zeitpunkt an war ihnen eine aktive diplomatische Tätigkeit in den Überseeländern vorangegangen. In der Gegend von Nanking wurden im Jahr 1391 über 50 Millionen Bäume angepflanzt, mit dem Ziel, eine Hochseeflotte zu bauen und Expeditionen zur See in ferne Länder zu unternehmen. Gleich nach der Gründung der Ming-Dynastie begann China ausländische Gesandtschaften anzuziehen, die aus allen Ländern Ostasiens in Nanking eintrafen: im Jahr 1369 aus Korea und Japan, Vietnam und Champa; 1371 aus Kambodscha und Siam; 1370 und 1390 aus den Reichen der malaiischen Halbinsel und sogar von der Koromandelküste. Heute noch kann man in einem Vorort von Nanking das Grab eines Königs von Borneo besichtigen, der mit seiner Familie und seinem zahlreichen Gefolge nach China gekommen war und dort im Jahr 1408 starb. Kürzlich wurden Fragmente einer Grabstele entdeckt, mit deren Hilfe er identifiziert wurde.

Von Eunuchen angeführte chinesische Gesandtschaften reisten im Jahr 1403 nach Java und Sumatra, nach Malakka und Kotschin an die Westküste Südindiens. Es ist anzunehmen, daß die großen Häfen Kanton, Quanzhou und Fuzhou seit dem 13. Jahrhundert mit diesen fernen Ländern in ständigem Handelsverkehr standen, denn andernfalls ließe sich die Wiederanknüpfung der diplomatischen Beziehungen kaum erklären. Andererseits ist es klar, daß die Ming-Dynastie mit ihren expansionistischen Absichten die Politik der Mongolen wieder aufnahm, wenn sich auch der Stil geändert hatte: es ging nicht mehr darum, einfach Eroberungen mit dem Zweck wirtschaftlicher Ausbeutung zu machen; vielmehr sollten die Macht und das Prestige des Ming-Reichs in Südostasien und im Indischen Ozean Anerkennung gewinnen. Die großen maritimen Expeditionen der Yongle-Ära fanden gleichzeitig mit den militärischen Operationen nach Vietnam und der Besetzung dieses Landes zwischen 1406 und 1427 statt.

Sie wurden von einem Eunuchen namens Zheng He (ca. 1371-1434) organisiert, einem Mohammedaner aus Yunnan, dessen Vater Hadschi war, da er eine Wallfahrt nach Mekka unternommen hatte. Der Sohn war nach der Eroberung Yunnans durch Hongwu im Jahr 1382 in Peking als Eunuch in die Frauengemächer des Fürsten Yan, des späteren Kaisers Yongle, eingetreten. Sein Familienname war Ma (die erste Silbe von Mohammed); im Jahr 1404 nahm er jedoch den Namen Zheng an. Nachdem er wichtige militärische Ämter bekleidet hatte, leitete er sieben Expeditionen zur See, die unter der Herrschaft von Yongle (1403-1424) und Xuande (1425-1435) stattfanden.

Hier die Daten und die Reiserouten:

1. 1405-1407: Champa (Südostküste Vietnams), Java, Sumatra, Malakka, Ceylon, Kalikut (Westküste Südindiens). In Majapahit, einem javanischen Königreich, griff Zheng He in eine Thronfolgeaffäre und in Palembang (Südost-Sumatra) in einen Konflikt zwischen der Lokalregierung und der chinesischen Kolonie ein.
2. 1407-1409: Kalikut, Kotschin (ebenfalls an der Küste von Malabar) und Ceylon.

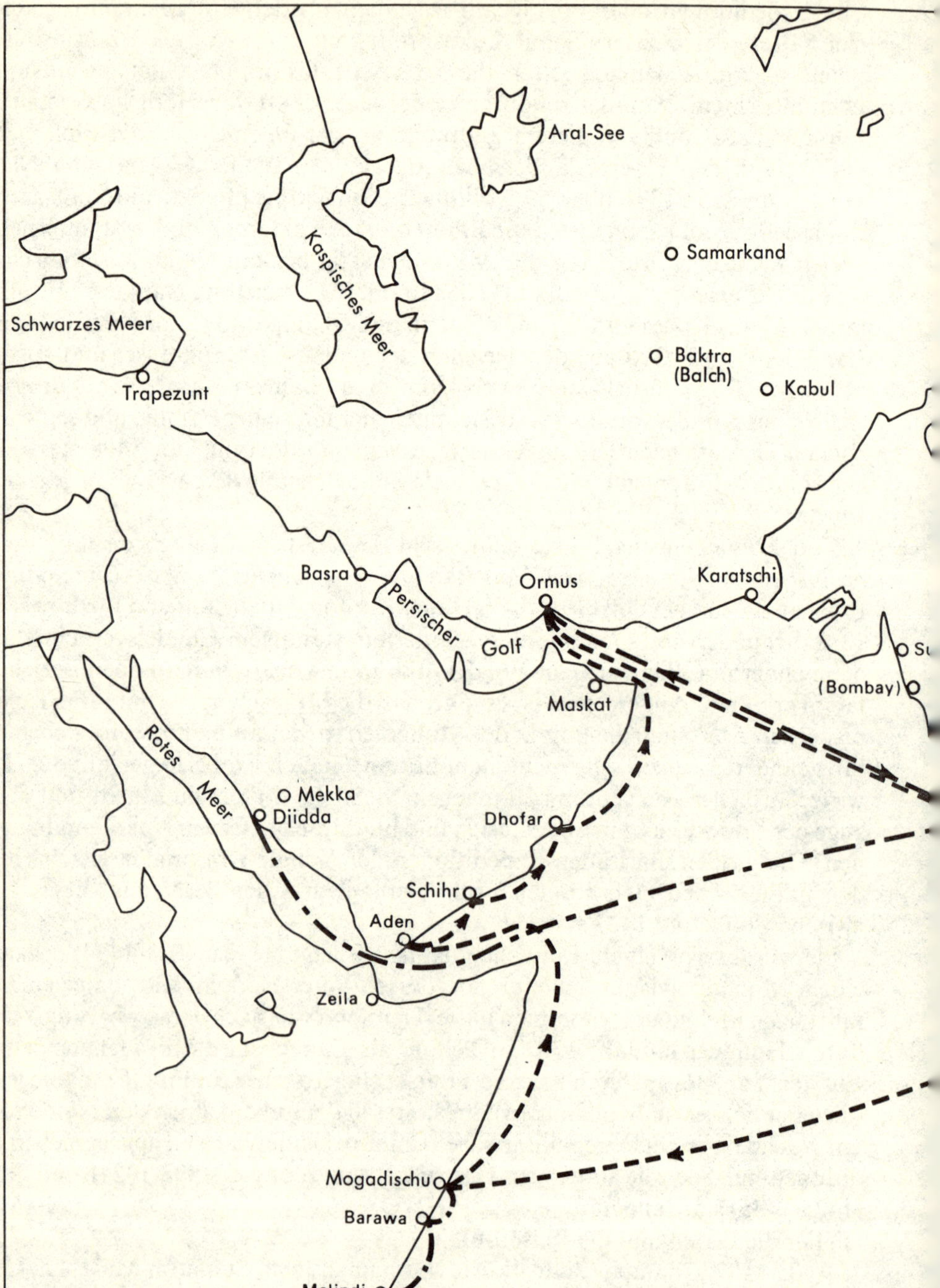

20. Die maritimen Expeditionen von Zheng He (1405–1433)

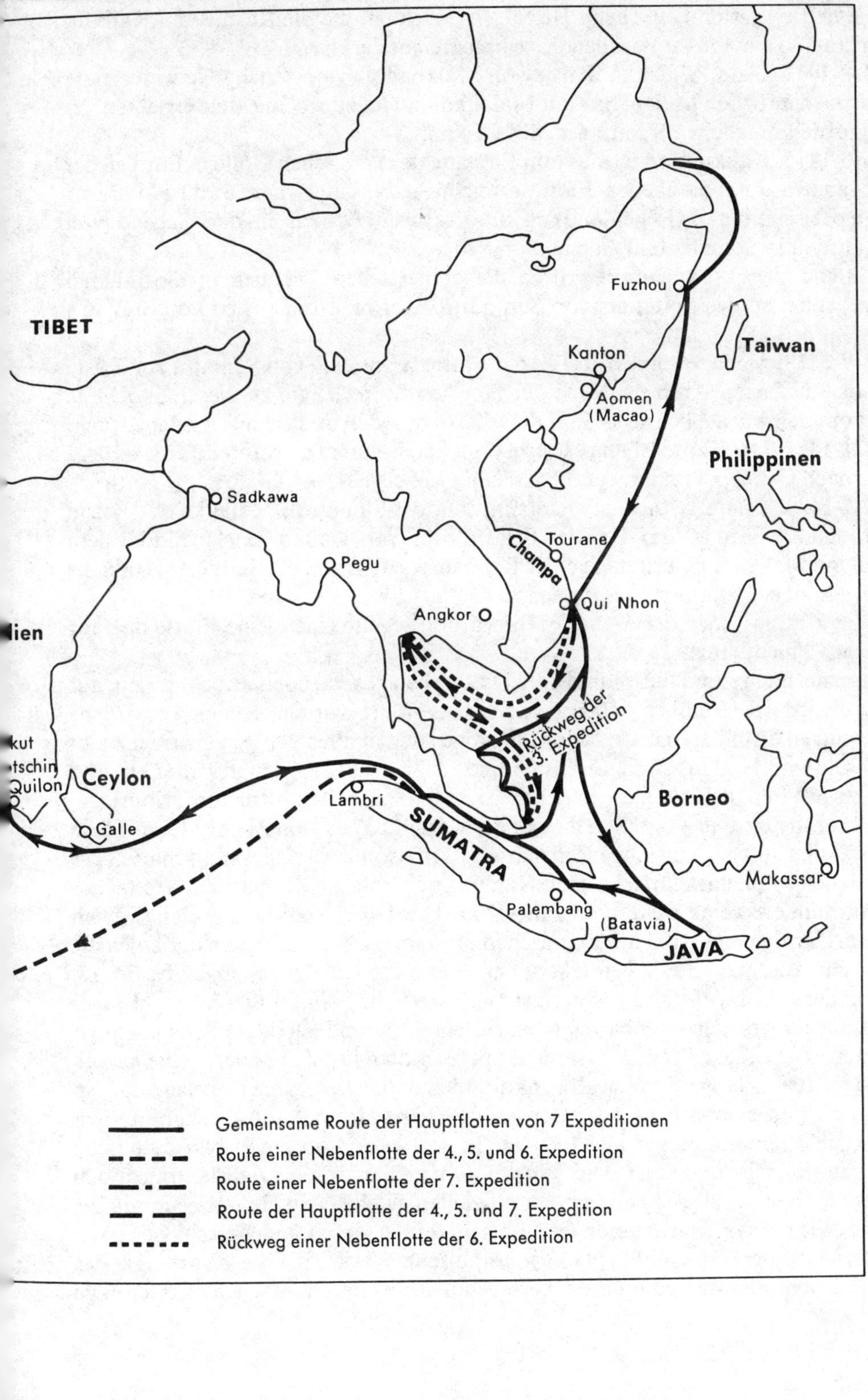
TIBET
Taiwan
Fuzhou
Kanton
Aomen
(Macao)
Philippinen
Sadkawa
Tourane
Champa
Pegu
Qui Nhon
Angkor
ien
Rückweg der
3. Expedition
kut
tschin
Quilon
Ceylon
Galle
Lambri
SUMATRA
Borneo
Makassar
Palembang
(Batavia)
JAVA
Gemeinsame Route der Hauptflotten von 7 Expeditionen
Route einer Nebenflotte der 4., 5. und 6. Expedition
Route einer Nebenflotte der 7. Expedition
Route der Hauptflotte der 4., 5. und 7. Expedition
Rückweg einer Nebenflotte der 6. Expedition

An diesen drei Orten ließ Zheng He Stelen errichten, die die Reiche von Kalikut, Kotschin und Ceylon zu Vasallen des Ming-Reiches erklärten.
3. 1409-1411: Siam, Malakka, Küste von Malabar, Ceylon. Zheng He widersetzte sich den Ansprüchen Majapahīts auf Malakka und ließ dort eine Stele errichten. Er besiegte die königlichen Streitkräfte auf Ceylon.
4. 1413-1415: Kalikut und Ormus (am Eingang des Persischen Golfes). Ein Teil der von Sumatra aufgebrochenen Flotte erreichte nach einer rund 6 000 Kilometer langen Reise ohne Zwischenlandung die Ostküste Afrikas in der Gegend von Mogadischu in Somalia und Aden.

Während dieser Expedition griffen die chinesischen Truppen in die inneren Angelegenheiten des Sultanats von Samudra-Pasai im Nordwesten von Sumatra ein.
5. 1417-1419: wieder Ormus. Ein Teil der Flotte begab sich von Sumatra zur Küste Somalias und nach Arabien. Nach der längsten Seereise, die zu dieser Epoche je unternommen wurde, kehrte sie im Jahr 1420 über Aden und Ormus wieder zurück.
6. 1421-1422: Die Flotte Zheng Hes gelangte nach Sumatra, während eine andere Flotte nach Ostafrika und in den Persischen Golf segelte.
7. 1431-1433: Champa, Java, Palembang (Südost-Sumatra), Malakka . . . Küste von Malabar, Ormus. Ein Teil der Schiffe fuhr von Kalikut nach Djidda, dem Hafen von Mekka, und traf nach einer Reise über Aden und die Südküste Arabiens wieder mit der Hauptflotte zusammen.

In der Zeit zwischen der 5. und 6. Expedition segelte eine kleine Flotte im Jahr 1424 nach Palembang.

Diese aus mehreren Dutzend riesiger Dschunken bestehenden Expeditionen, auf denen bei jeder Reise über 20 000 Personen befördert wurden, scheinen sämtliche Erwartungen erfüllt zu haben: Chinas Prestige stieg in allen Meeren Ostasiens, auf den Inseln und Halbinseln im Südosten und im Indischen Ozean gewaltig an, und mit allen Staaten dieser Regionen dehnte sich der Handel in Form von Tributlieferungen rasch aus. Die Kontakte, die seit der vierten Expedition Zheng Hes mit dem Nahen Osten aufgenommen wurden, hatten zweifelsohne zwei Gesandtschaften des ägyptischen Mameluckenreichs nach Nanking zur Folge, eine im ersten Viertel des 15. Jahrhunderts, eine weitere im Jahr 1441. Die Überlegenheit der chinesischen Flotte erklärt auch, warum die japanischen Piraten, die sich zu Beginn der Dynastie an den chinesischen Küsten bemerkbar gemacht hatten, in der ersten Hälfte des 15. Jahrhunderts fast vollständig verschwanden. Es scheint, daß die Auswahl eines Mohammedaners, der offenbar eine bemerkenswerte und gebildete Persönlichkeit war, zum ersten Kommandanten und Hauptgesandten für die Länder, in denen sich der Islam schon lange durchgesetzt hatte oder damals einzudringen begann, ein besonders kluger Schachzug war. Der Erfolg Zheng Hes in Südostasien hinterließ dort so tiefe Spuren, daß er als Gott verehrt wurde und sein Kult bis heute noch nicht ganz verschwunden ist. Die Tempel, in denen er verehrt wurde, tragen den Namen Sanbao miao, der sich auf den offiziellen Titel Zheng Hes, *Sanbao taijian*, bezieht. Wie bereits nach anderen Gesandtschaften in ferne Länder erschienen nach den Seereisen der Jahre 1405-1433 geographische Werke, die die Kenntnisse der Chinesen über die Meere und die Überseeländer erweiterten und präzisierten. Die berühmtesten davon sind die »Aufzeichnungen über die Barbarenreiche der westlichen Meere« *(Xiyang fanguo zhi)*, die im Jahr 1434 gedruckt wurden, die »Wunderdinge, die vom Sternenschiff entdeckt wurden« *(Xingcha shenglan)* von 1436 und die »Wunder der Meere« *(Yingya shenglan)*, die ein Begleiter Zheng Hes, der Eunuch Ma Huan, im Jahr 1451 herausgab; er hatte an der ersten, vierten und siebten Expedition teilgenommen.

Die Expeditionen Zheng Hes hatten auch zur Folge, daß der alte Handelsstrom und die chinesische Emigration in die südostasiatischen Länder und in die Häfen Südindiens zunahmen.

Der Beginn des Rückzugs

Man kann den Zeitpunkt der Rückkehr der letzten Expedition Zheng Hes im Jahr 1433 als Ende der Epoche betrachten, in der China 400 Jahre lang die große asiatische Seemacht war. Der Niedergang der chinesischen Flotte im 16. Jahrhundert, gerade zum Zeitpunkt, als die Piratenangriffe ihren Höhepunkt erreichten – von den Europäern bezeugt, die damals in die ostasiatischen Meere vorzudringen begannen –, wurde durch die Schwierigkeiten, auf die die Bekämpfung des Piratentums stieß, unterstrichen. Trotz dieser Schwäche der chinesischen Flotte gingen der Handelsverkehr und der Schmuggel weiter. Nie scheint der Handel zwischen den chinesischen Küsten, Japan, den Philippinen, Siam und anderen südostasiatischen Ländern so aktiv gewesen zu sein wie im 16. Jahrhundert. China war jedoch damals nicht mehr die große Seemacht, die es zu Beginn des 15. Jahrhunderts gewesen war. Seit dem Ende der Expeditionen Zheng Hes hatte es auf die Fortsetzung seiner Prestigepolitik zur See verzichtet.

In der Mitte des 15. Jahrhunderts schwand Chinas Bedeutung nicht nur auf dem Meer, sondern auch in der Steppe. Nach der Yongle-Ära (1403-1424) stießen die Offensiven der Ming in der Mongolei auf den hartnäckigen Widerstand der Nomaden, die ihrerseits zum Angriff übergingen. Wie so oft in der Geschichte waren es die dem Handel mit den Steppenbewohnern auferlegten Einschränkungen, die diese Schwierigkeiten und die Verschärfung der Einfälle auslösten. Um eine Stärkung der Oiraten zu verhindern, vielleicht auch zur Einschränkung der Pferdekäufe, deren Hauptlieferanten die Mongolen waren, auf ihr unbedingt notwendiges Minimum, hielt die Ming-Regierung ihr Embargo gegen den Waffen-, Kupfer- und Eisenhandel aufrecht und scheute davor zurück, an den Grenzen neue Pferdemärkte zu eröffnen. Während der Zhengtong-Ära (1436-1449) wurden die Oiratenstämme von Esen-Khan (? -1454) geeint und drangen in die östliche Mongolei ein. Von diesem Augenblick an häuften sich die Einfälle nach Nordchina, und im Jahr 1449 kam es zum berühmten Zwischenfall in der Festung von Tumu in Nord-Hebei, bei dem Kaiser Zhengtong von den Mongolen gefangengenommen wurde. Im Jahr 1457 erhielt er gegen ein Lösegeld die Freiheit zurück. Unabhängig von den tiefgreifenden politischen Auswirkungen, die die Tumu-Affäre in Peking hatte, bedeutete sie außenpolitisch das Ende der Expansion und den Übergang zu einer defensiven Haltung.

Die mongolischen Angriffe der Jahre 1438 bis 1449 waren für das chinesische Verteidigungssystem in der Tat verheerend, da sie einen weiten Rückzug nach

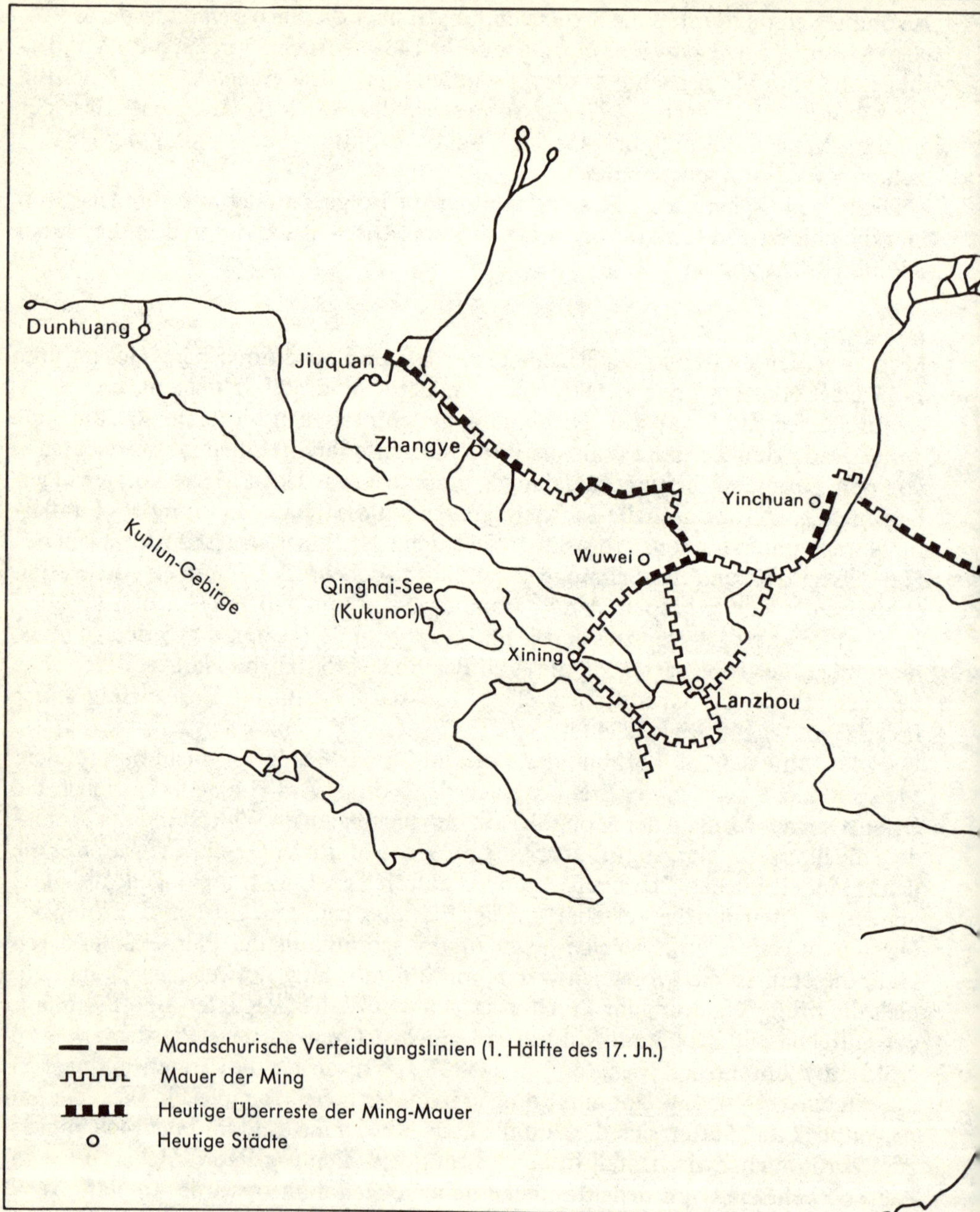

21. Die Großen Mauern zur Ming-Zeit (15. Jh.)

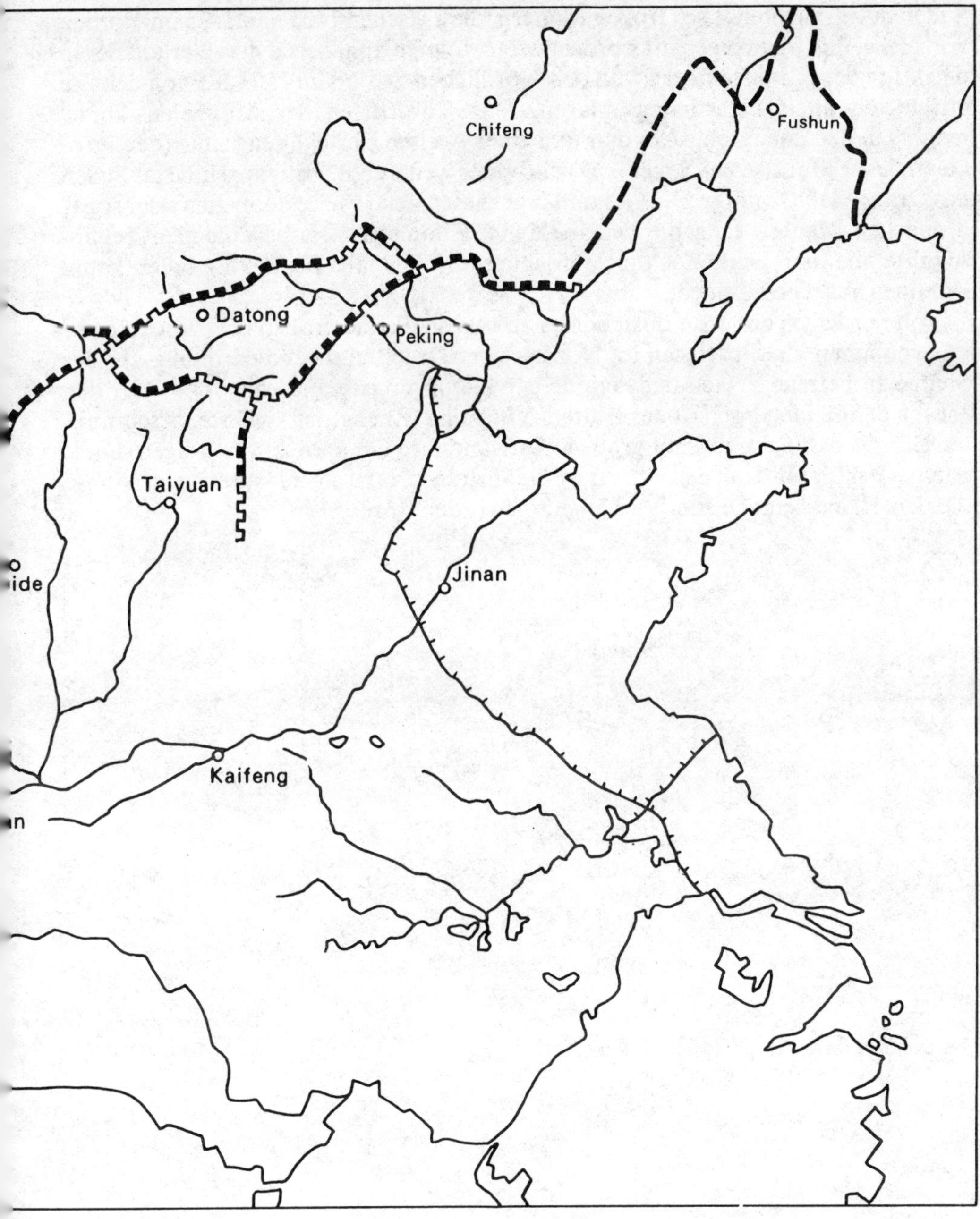
Chifeng
Fushun
Datong
Peking
Taiyuan
ide
Jinan
Kaifeng
n

Süden nötig machten. Die Großen Mauern, die zwischen 1403 und 1435 im Norden von Hebei und Shanxi gebaut worden waren, folgten annähernd dem Verlauf der in der Mitte des 6. Jahrhunderts von den Nördlichen Qi und im Jahr 585 von den Sui errichteten alten Befestigungsanlagen. Das Vordringen der Mongolenstämme machte in der Zhengtong-Ära den Bau einer zweiten Verteidigungslinie (der »großen inneren Mauer«, *neichangcheng*) und einer weiteren Befestigungslinie im Süden des Ordos-Gebiets nötig. Die Gesamtlänge dieser stellenweise doppelten oder sogar dreifachen Mauern erreichte beinahe 5 000 Kilometer. Die bedeutenden Teilabschnitte, die man heute noch in Nordchina und bis nahe bei Peking sehen kann, stammen aus dieser Epoche.

Von der Mitte des 15. Jahrhunderts an wurden keine größeren Versuche mehr unternommen, die Provinzen im Norden vom Druck und der Bedrohung aus der Steppe zu befreien. Nach der Periode der Kompromisse, die von 1449-1457, den Jahren der Gefangenschaft des Kaisers Yingzong (Zhengtong) währte, beschränkten sich die Ming darauf, mit großem Aufwand ihre Grenzen zu verteidigen. Diese passive Politik führte in der Mitte des 16. Jahrhunderts zu einer kritischen Situation, die dem Reich beinahe zum Verhängnis geworden wäre.

II. KAPITEL
POLITISCHE, SOZIALE UND ÖKONOMISCHE VERÄNDERUNGEN

Die Epoche, die sich am Ende des 14. Jahrhunderts und zu Beginn des 15. Jahrhunderts an die große Expansionsperiode der Hongwu- und der Yongle-Ära anschließt, ist einerseits gekennzeichnet durch eine Verstärkung der Tendenzen zu einer geheimen und autokratischen Regierungsweise, die schon beim Gründer der Dynastie stark ausgeprägt waren, und andererseits durch eine Reihe von Umwandlungen, durch die die während der Hongwu-Ära geschaffenen Institutionen immer deutlicher verändert wurden.

1. Die politische Entwicklung

Eunuchen und Geheimpolizei

Zu den Besonderheiten des Ming-Reichs gehörte der große Einfluß und die zeitweise Allmächtigkeit der Eunuchen, die sich ganz natürlich aus einer autoritären, überzentralisierten und geheimen Regierung entwickelt hatten. Ausgangspunkt für die Macht und den verborgenen Einfluß der Eunuchen war der Domestikencharakter ihrer Funktionen: sie waren mit den Angelegenheiten betraut, die die Person des Kaisers und der kaiserlichen Familienmitglieder direkt betrafen. Aus diesem Grund wurde ihnen das Kommando der Palastgarden übertragen, das ihnen den Aufstieg zu hohen militärischen Funktionen öffnete. Aus demselben Grund wurden sie mit der Verwaltung der Werkstätten, die den Hof mit Luxusprodukten belieferten, mit der Kontrolle der Tributlieferungen *(gong)* der Provinzen und der fremden Länder und mit der Leitung der Gesandtschaften nach Innerasien, in die südostasiatischen Meere oder in den Indischen Ozean beauftragt. Die Verwaltung der kaiserlichen Werkstätten und die Kontrolle des Handels und der Auslandsbeziehungen boten ihnen leichte Gelegenheit zur Bereicherung. Sie saßen an der Quelle der militärischen Macht und der Handelsreichtümer. Da sie mit dem Kaiser in Kontakt standen und über die Palastintrigen auf dem laufenden waren, gewannen sie auf die Autokraten, die den legitimen Vertretern der kaiserlichen Gewalt in den Provinzen mißtrauten, einen entscheidenden Einfluß. So machten die autokratischen Tendenzen der Ming-Regierung den raschen Aufstieg dieser aalglatten, schlauen, gewandten und ergebenen Diener unvermeidlich.

Der Gründer der Ming-Dynastie hatte den Eunuchen verboten, lesen zu lernen, und hatte für den Fall, daß sie sich in die Politik einmischten, die Todesstrafe vorgesehen. Ein halbes Jahrhundert später kontrollierten die Eunuchen praktisch die gesamte Verwaltung: sie entschieden über Ernennungen und Beförderungen von Beamten in der Zentralregierung und in den Provinzen. Durch die Verstärkung der Zentralregierung und durch die Schaffung eines Privatrates (»Inneres Kabinett«, *neige*), der seit dem Jahr 1426 allmählich an die Stelle der regulären Regierungsorgane trat, hatten die Kaiser die Eunuchen begünstigt. Schließlich vermochten sie sich ins Zentrum der Regierung selbst einzuschleichen. Die außergewöhnliche Macht dieser Palastdiener stammte daher, daß es ihnen gelungen war, sich eine der gefürchtetsten Waffen der Ming-Autokratie, die Geheimpolizei, zu unterstellen. Es

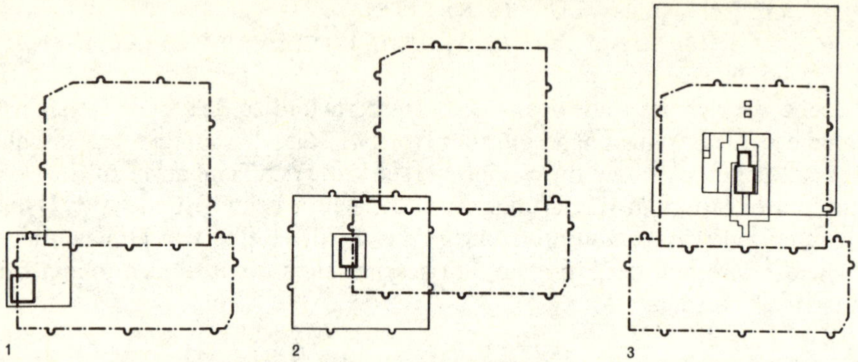

22. Die verschiedenen aufeinanderfolgenden Lagen der Hauptstädte der Liao, der Jin und der Yuan auf dem Gebiet des heutigen Peking.
gestrichelte Linie: Peking unter der Ming- und Qing-Dynastie
ausgezogene Linie: die Lage der Paläste
1. Die Hauptstadt Yanjing der Liao-Dynastie.
2. Die Hauptstadt Zhongdu der Jin-Dynastie.
3. Die Hauptstadt Dadu (Khanbalik) der Yuan-Dynastie.
(nach: M. Pirazzoli-T'serstevens, *Chine,* coll. »Architecture universelle«, Fribourg, Office du livre, 1970)

dauerte nicht lange, bis auch die »Männer der Ost-Esplanade« *(dongchang),* die unter Yongle an die Stelle der von Hongwu geschaffenen »Garden mit der Brokatkleidung« *(jinyiwei)* getreten waren, unter die Kontrolle der Eunuchen gerieten. In den Jahren 1465-1487 waren es die »Roten Reiter der West-Esplanade« *(xichang),* die im Auftrag der Eunuchen die gleiche Funktion von Geheimboten, Spionen und Provokateuren ausübten und ihre unbeschränkten und geheimen Befugnisse für Erpressungen und Korruptionen ausnutzen. Der Kaiser, der über keinerlei Kontroll- und Informationsmittel mehr verfügte, sprach seine Urteile auf Denunzierungen hin aus, ohne den Angeklagten überhaupt eine Audienz zu gewähren.

Die Macht der Eunuchen erhöhte bei den kaiserlichen Beamten das Gefühl der Unsicherheit gegenüber der willkürlichen Gewalt, von der sie abhingen. Sie weckte ihre Korruption und ihre Abneigung gegen die Zentralregierung. Die integersten und der Person des Kaisers am treuesten ergebenen Amtsträger wurden in tragische Widersprüche verwickelt. Zu den politischen Gründen für ihre Feindseligkeit gegenüber den Eunuchen kamen Gegensätze, die auf Unterschieden der Herkunft und der Erziehung beruhten. Die meisten Eunuchen waren Nordchinesen aus dem einfachen Volk, während die Beamten mehrheitlich aus gebildeten Familien des unteren Yangzi-Gebiets und Nord-Zhejiangs stammten.

Die Verlegung der Hauptstadt

Eine folgenschwere Entscheidung sollte den Gegensatz zwischen der Zentralregierung und ihren Amtsträgern, und allgemeiner zwischen dem Hof und der gesamten gebildeten Elite verschärfen. Im Jahr 1421 wurde Peking zur ersten Hauptstadt ernannt, während bis dahin Nanking der Sitz der Zentralregierung und des Hofes gewesen war. Die Verlegung der Hauptstadt, die durch die Wiederinstandsetzung des großen Kanals zwischen 1411 und 1415 ermöglicht wurde, fand nicht mit einem

Mal statt – ein Teil der Behörden blieb noch in Nanking – und war erst um 1450 abgeschlossen. Eine solche Entscheidung kann überraschen, denn Peking war eine exzentrisch gelegene Stadt, in der von jeher der Einfluß der Steppe spürbar gewesen war. Außerdem brachte ihm seine Lage eine relativ große Gefährdung hinsichtlich der Mongoleneinfälle, und Mitte des 16. Jahrhunderts wurde die Stadt durch deren Angriffe schwer bedroht. Gewiß war Peking im Jahr 1271 die Hauptstadt der mongolischen Yuan-Dynastie geworden, und vor ihr hatten sich das Kitan- und das Dschurdschen-Reich dort eingerichtet. Aber nun schlug zum erstenmal ein Reich chinesischen Ursprungs seine Hauptstadt so weit im Norden auf. Möglicherweise fühlte sich Kaiser Yongle einem Ort verbunden, an dem er Fürst gewesen war und an dem er bei seinem Feldzug nach Süden Rückhalt gefunden hatte; es kann auch sein, daß er den Bewohnern des unteren Yangzi-Raumes gegenüber Mißtrauen und Abneigung empfand. Vielleicht jedoch hat ihn ein anderer Grund dazu veranlaßt: die strategische Bedeutung der Region von Peking für die Kontrolle der östlichen Mongolei und der nordöstlichen Territorien. Tatsächlich wurden unter der Herrschaft von Yongle die Reichsgrenzen bis zum entfernten Amur-Tal hinausgeschoben. Die Verlegung der Hauptstadt war also wohl Ausdruck eines Expansionsstrebens in die Steppenzone und in die Mandschurei, Ausdruck des Ehrgeizes, in Asien die Vorherrschaft wiederaufzubauen, die das Yuan-Reich vom Ende des 13. Jahrhunderts bis zur Mitte des 14. Jahrhunderts ausgeübt hatte.

2. Die soziale und wirtschaftliche Entwicklung

Um die Gesamtheit der sozialen und wirtschaftlichen Veränderungen des 15. und 16. Jahrhunderts überblicken zu können, müßten wir sie in jedem Bereich und für jede Region im Detail verfolgen. Diese gewaltige Arbeit bleibt noch zu leisten; wir müssen uns mit einigen spärlichen Angaben und einem Allgemeineindruck begnügen, der auf eine viel tiefergreifende Entwicklung hinweist, als es die einfache Schilderung der Ereignisse ahnen läßt.

Gewisse Veränderungen betrafen die Verhältnisse auf dem Land, dessen Aktivitäten und dessen Produktion sich mit der Einführung technischer Fortschritte und aufgrund bestimmter wirtschaftlicher Veränderung vervielfältigt zu haben scheinen. Im ganzen gesehen trugen die Kosten der wirtschaftlichen Bereicherung auf dem Land jedoch die rasch verarmenden Ärmsten und Schwächsten. Zu Beginn des 15. Jahrhunderts scheint ein umfassender sozialer Wandel stattgefunden zu haben: Umwandlung der kleinen Grundbesitzer der Hongwu-Ära in Pächter, Statusänderungen in den drei Arten von Familien, wie sie vom Gründer der Ming-Dynastie eingeteilt worden waren, und allgemeine Suche nach neuen Unterhaltsmitteln. Der Ausgangspunkt dafür war zweifelsohne die allmähliche Beschlagnahmung des Grund und Bodens der armen Bauern durch die reichsten, ein andauernder wirtschaftlicher Druck auf dem Lande, den die Zentralregierung nicht zu kontrollieren vermochte. Der wirtschaftliche Aufschwung und die allgemeine Verbreitung des Silbers in der gesamten chinesischen Wirtschaft haben das Übrige zur Beschleunigung der Entwicklung beigetragen. So jedenfalls bietet sich beim gegenwärtigen Forschungsstand der Gesamteindruck dar.

Das Problem der militärischen Familien

Der Gründer Ming-Dynastie hatte aus dem Heer eine Art von autonomen Organismus machen wollen, dessen Soldaten und Einkünfte von einer Generation auf die andere von Familien mit Sonderstatus gestellt werden sollten: den militärischen Familien *(junhu)*, die auf dem Gelände von Militärkolonien *(juntun)* angesiedelt waren. Von zehn Männern mußten drei militärische Aufgaben *(shoucheng)* und sieben landwirtschaftliche Arbeiten *(gengtian)* übernehmen. Diese Kombinierung von Verteidigungs- und Produktionsaufgaben war nicht neu und rechtfertigte sich durch die Versorgungsschwierigkeiten in den Regionen, die den Nomadeneinfällen am meisten ausgesetzt waren. Neu dagegen waren die Ausweitung dieses Systems auf das gesamte Reich und der Beschluß, die Erträge bestimmter Ländereien für militärische Ausgaben zu reservieren. Darin folgte man dem Beispiel der Mongolen, die zur besseren Überwachung der Bevölkerung ihre Streitkräfte auf das gesamte Reichsgebiet verteilt hatten, wo sie eine Art von Enklaven bildeten. Man ließ sich aber auch von einem Prinzip ähnlich demjenigen der buddhistischen Stiftungen leiten, die die Zinsen eines unveräußerlichen Kapitals zum dauernden Unterhalt einer Kultstätte, eines Hospiz etc. verwendeten. Diese Art von Stiftungen hatten sich seit dem 11. Jahrhundert im weltlichen Bereich so verbreitet, daß man ihren religiösen Ursprung vergessen hatte. Die Militärkolonien der Hongwu-Ära wurden aus »öffentlichen Ländereien« *(guantian)* geschaffen, die man den Mongolen wieder weggenommen oder von Militärmachthabern und Anhängern Zhu Yuanzheng feindlich gesinnter Bewegungen konfisziert hatte, aus neu bebauten Ländereien verwüsteter Gebiete oder aus Neuland in nördlichen Provinzen wie Shanxi, der Region von Datong oder Liaodong in der südlichen Mandschurei. Anscheinend hat diese Institution in der Gesellschaft rasch Fuß gefaßt: Vom Ende des 14. Jahrhunderts an übten die militärischen Kolonien *(juntun)* eine so starke Anziehungskraft auf die ländlichen Gebiete aus, daß sich ihnen die armen Bauern freiwillig unterstellten und eine Art von Arbeitskräften mit niedrigerem Status bildeten, die den Namen »zusätzliche militärische (Familien)« *(junyu)* erhielten.

Am dichtesten gestreut waren die Militärkolonien in der Gegend von Nanking und Peking, in Liaoning, entlang der Nordgrenzen und schließlich im Südwesten, in den Provinzen Yunnan und Guizhou. Die Streitkräfte entwickelten als lebendiger und autonomer Organismus, der sich über das gesamte Territorium erstreckte, mit der Zeit ganz von selbst eine Art von regionaler Spezialisierung, falls nicht ihre Verteilung vom Ende des 15. Jahrhunderts an das Ergebnis von Richtlinien war, die der Gründer der Dynastie schon zu Beginn der Ming-Zeit angeordnet hatte. Man unterschied fünf verschiedene Arten von Streitkräften:

– die Streitkräfte, die von Liaoning bis Zhejiang für den Schutz dieser Regionen zu Land und zu Wasser sorgten;

– Streitkräfte, die von der unmittelbaren Umgebung im Norden Pekings bis Gansu diesseits und jenseits der Großen Mauern mit der Verteidigung der Nordgrenzen gegen Steppeneinfälle betraut waren;

– Streitkräfte, die in den Südwest-Provinzen, wo zahlreiche nicht-chinesische Völker lebten (Guangdong, Guangxi, Yunnan, Guizhou, Hunan) die Aufstände dieser auf ihre Unabhängigkeit bedachten Stämme zu unterdrücken hatten;

– Streitkräfte, die für die Verteidigung der beiden Hauptstädte zu sorgen hatten und rund um Peking und Nanking konzentriert waren;
– und schließlich Streitkräfte, die in allen Zonen landwirtschaftlicher Großproduktion und entlang dem großen Kanal, der Hangzhou mit Peking verbindet, die Versorgung und den Transport gewährleisten mußten.

Mit der Zeit traten in dem in der Hongwu-Ära geschaffenen System verschiedene Veränderungen ein. Die Zahl der militärischen Familien, deren ursprünglicher Grundstock von ehemaligen Kampfgenossen des Dynastiegründers gebildet worden war und sich durch den Anschluß gewisser Teile der mongolischen Truppen und durch die Zuhilfenahme von Sträflingen und Bauern vergrößert hatte, begann sich vom Beginn des 15. Jahrhunderts an zu verringern: Denn ihre Lage wurde in keiner Hinsicht als erstrebenswert betrachtet. Dazu kam, daß nicht nur die Heeresbestände, sondern infolge von ungesetzlichen Aufkäufen durch reiche Großgrundbesitzer auch die Ländereien der Militärkolonien in der Mitte des 15. Jahrhunderts plötzlich schrumpften. Der Zentralregierung stellten sich damit ernste Probleme, die eben durch die Institution der militärischen Familien und Kolonien gelöst worden waren: die Probleme der Rekrutierung, der Finanzierung der militärischen Ausgaben und der Versorgung. Die Ming-Dynastie sah sich gezwungen, auf die Praxis der Song-Zeit zurückzukommen und immer mehr zur Rekrutierung von Söldnern überzugehen. Dies war insbesondere nach dem Desaster von 1449 der Fall, als in Hebei und Henan Söldnereinheiten mit der Bezeichnung *minzhuang* (»Volkskorps«) gebildet wurden. Selten jedoch wurden Milizen zur Lokalverteidigung geschaffen, wie die *tubing* (»Lokaltruppen«), die Ende des 15. Jahrhunderts entstanden, oder die Bauernmilizen, die Mitte des darauffolgenden Jahrhunderts gegen die schwersten Angriffe japanischer Piraten gebildet wurden. Trotz der Tüchtigkeit dieser Truppen nahm sich die Zentralregierung vor ihnen in acht, da sie jederzeit zum Zentrum einer Rebellion werden konnten. Das Defizit, das durch das Verschwinden der Militärkolonien entstanden war, wurde teilweise durch Steuern, teilweise durch die Schaffung von Ländereien ausgeglichen, mit deren Bewirtschaftung in den Nordprovinzen reiche Kaufleute betraut wurden. Es handelte sich um die *shangtun* oder »Kaufmannskolonien«. Als Gegenleistung für die Nutzbarmachung dieser Ländereien mit Hilfe von Lohnarbeitern und für die Belieferung des Heeres erhielten die Kaufleute der *shangtun* Lizenzen für den Salzhandel. Zweifelsohne war es diese Einrichtung, die vom Ende der Ming-Zeit an zur raschen Bereicherung der Kaufleute und Bankiers von Shanxi führte.

Der allmähliche Untergang der Handwerkerfamilien

Eine ähnliche Entwicklung wie diejenige, die zum Verschwinden der militärischen Familien geführt hatte, sollte auch bei den Handwerkerfamilien eintreten. Der Gründer der Ming-Dynastie hatte den Handwerkern einen Sonderstatus verliehen und war damit dem Vorbild der Mongolen gefolgt, die die besten Handwerker (ca. 260 000 an der Zahl) für ihren eigenen Bedarf reserviert und vom Rest der Bevölkerung abgetrennt hatten. Diese Sonderstellung wurde zu Beginn der Ming-Zeit jedoch auf die Gesamtheit der Handwerker ausgedehnt. Gleichzeitig unterschied man zwei Kategorien von Familien: diejenigen, die ständig in den Werkstätten dienstverpflichtet waren und dem Ministerium für öffentliche Arbeiten unterstanden, die *zhuzuo*, und diejenigen, die jährlich eine gewisse Anzahl von Arbeitstagen in den oft weit von ihrem Wohnort entfernten Werkstätten ableisten mußten, die *lunban*. Die ungünstigen Arbeitsbedingungen, unter denen die Handwerker litten (eine Bezahlung unter den Marktpreisen, der Zwang zu häufigen weiten Reisen, Einschränkungen ihrer Freiheit usw.) und andererseits der wirtschaftliche Aufschwung in den Provinzen am unteren Yangzi und in den Küstenprovinzen, wo eine große Nachfrage herrschte und mit Silber gezahlt wurde, wirkten wohl zusammen und lösten eine ständige Verringerung der Zahl der Familien aus, die vom Ministerium für öffentliche Arbeiten abhingen. Zudem bewogen die Fortschritte der Geldwirtschaft den Staat dazu, die Dienstleistungen allmählich durch Abgaben zu ersetzen: Schon vom Jahr 1485 an konnten sich die in den Provinzen wohnenden Handwerker durch Silberzahlungen von ihren Dienstleistungen in der Hauptstadt freikaufen. Diese Praxis verbreitete sich so allgemein, daß sie im Jahr 1562 plötzlich bestätigt wurde. In diesem Jahr wurden alle Dienstleistungen der zeitweise dienstverpflichteten Handwerker durch Silberabgaben ersetzt; damit war diese besondere Handwerkerklasse völlig verschwunden. Aber auch die Zahl der ständig dienstverpflichteten Handwerker ging im Laufe der Dynastie ununterbrochen zurück. Zur Zeit Yongles (1403-1424) zählte man in den kaiserlichen Werkstätten rund 27 000 Handwerksmeister, von denen jedem einzelnen durchschnittlich drei bis fünf Handwerker unterstanden. Im Jahr 1615 waren es nur mehr 15 139. Am Vorabend der Eroberung durch die Mandschus waren die Register der Handwerksfamilien praktisch verschwunden, und im Jahr 1645 wurden sie von der neuen Qing-Regierung endgültig abgeschafft.

Unter den Folgen der wirtschaftlichen Veränderungen und der sozialen Entwicklung kam es im Laufe des 15. und 16. Jahrhunderts zu einer allmählichen Befreiung einer Handwerkerschaft, die vorher mehr oder weniger unter der Abhängigkeit der Verwaltung gestanden hatte.

Soziale Unruhen

Anfang des 15. Jahrhunderts begann das von Hongwu geschaffene System der drei Familienkategorien mit erblichem Beruf zu zerfallen. Die Erscheinung berührte nicht nur die militärischen Familien und die viel zahlreicheren Handwerkerfamilien; auch die Bauernfamilien *(minhu)* entzogen sich bald darauf ihrem ursprünglichen Status. Die ehemaligen kleinen Grundbesitzer, von Steuern und verschiedenen Abgaben erdrückt, denen die Reichen ihr Land wegnahmen, wurden zu streunenden Bauern *(taomin)*, die – wenn sie nicht für andere das Land bebauten – bereit waren, sich dem Schmuggel, der ungesetzlichen Ausbeutung von Bergwerken oder dem Piratentum zu ergeben. In manchen Gegenden versuchte die Mehrheit der Bauernfamilien ihre mageren Einkünfte durch Nebenbeschäftigungen aufzubessern: durch Kleinhandel, Hausieren oder Kleinhandwerk.

Die Hauptursache der sozialen Unruhen im 15. und 16. Jahrhundert scheint die allgemeine Unstabilität der Berufe und das zahlenmäßige Anwachsen der Deklassierten gewesen zu sein, die – vor allem im Bergbau, Schmuggel und Piratentum – nach einem neuen Lebensunterhalt suchten. Sicherlich könnte man auch eine

Anzahl Aufstände traditionellen Typs nennen, so zum Beispiel die Erhebungen im Jahr 1420 in Yidu (Shandong); sie wurden von einer Art Erleuchteter namens Tang Saier angeführt, die sich als »Mutter Buddhas« *(fomu)* ausgab und deren Truppen die Städte im Südosten von Shandong angriffen. Man könnte auch die sehr zahlreichen Aufstände nicht-chinesischer Völker anführen – Thai-, tibeto-birmanische, Miao- und Yao-Stämme –, die seit Beginn der Dynastie im Südwesten stattfanden. Manchmal bestand eine Verbindung zwischen diesen Aufständen und den Revolten chinesischer Bauern. So trieb im Jahr 1516 ein gewisser Pu Fae die tibeto-birmanischen Minoritäten in Sichuan zum Aufruhr, indem er das Kommen des Bodhisattva-Messias Maitreya ankündigte. All das war nicht neu. Dagegen wurden die Zunahme des Piratentums an den Küsten und die durch die zögernde Haltung der Regierung im Bergbauwesen ausgelösten Aufstände, ebenso wie die Handwerkeraufstände in den Städten vom Ende des 16. Jahrhunderts an charakteristisch für die Ming-Zeit, und sie sind Zeugen wirtschaftlicher Veränderungen, die im 15. und 16. Jahrhundert stattgefunden haben. Um die Ausbeutung der Eisen- und Kupferbergwerke und die geheime Waffenherstellung zu verhindern, hatten die Mongolen den Zutritt zu bestimmten Berggebieten verboten. Diese Politik wurde vom Gründer der Ming-Dynastie übernommen, aber nicht überall und nicht immer mit derselben Strenge durchgeführt. Zuzeiten standen die Bergwerke dem Privatabbau offen, dann wiederum wurden sie ihm verschlossen, und in diesem Fall konnte die Verwaltung Gewalt anwenden. Die Grubenarbeiter, denen die Vertreibung drohte, schlossen sich in den Bergen zusammen, um den Regierungstruppen Widerstand zu leisten.

Es kam auch vor, daß der Widerstand der Bergarbeiter sich mit Bauernaufständen verband, zum Beispiel während der großen Revolte von Deng Maoqi in den Jahren 1448-1449 in den Randgebieten von Zhejiang und Fujian. Die Übervölkerung der Ebenen und Täler in Nord-Fujian, wo seit dem 9. Jahrhundert Einwandererwellen aufeinandergefolgt waren, und der Mangel an Land führten zur Entstehung von handwerklichen Aktivitäten am Rande der traditionellen Reiskultur: Händler, die von Bauern Land erworben hatten, bereicherten sich mit Zuckerrohr, Indigo, Tee, Litschis (lee-chih), Papier, Ramie-Gewebe und Eisen. Der Kontrast zwischen einer in der Stadt residierenden reichen Grundbesitzerklasse und einer Klasse von notleidenden, von staatlichen und privaten Lasten bedrückten Pächtern führte zu der explosiven Situation, die die Revolte auslöste. Bald vereinigten sich die Truppen von Deng Maoqi mit den aufständischen Arbeitern der Silberbergwerke aus der Grenzregion zwischen Zhejiang und Fujian, die von Ye Zongliu angeführt wurden. Die Aufstände dehnten sich aus und bekamen zusätzliche Impulse durch die Eroberung von Marktflecken und Dörfern und der Erbeutung von Waffendepots. Sie waren nicht nur einfache Verzweiflungsausbrüche, sondern eine revolutionäre Bewegung, deren Anführer sich der engen Beziehungen zwischen der wirtschaftlichen und sozialen Situation ihrer Region, dem autoritären und zentralisierten politischen System der Dynastie und der unvermeidlichen geheimen Zusammenarbeit der Verwaltung und der lokalen Gentry wohl bewußt waren.

Im Laufe der Jahre 1450-1458 lockerte sich das Verbot der heimlichen Ausbeutung von Bergwerken, vor allem im oberen Han-Tal, wo es zahlreiche Einwanderer gab. Schließlich schritt die Regierung dennoch ein und die Repression löste eine Reihe von Aufständen aus. Man zählte 1,5 Millionen Vertriebene oder Tote. Ähnliches wiederholte sich im Jahr 1476, und ein weiteres Beispiel der Revolten von ungesetzlichen Bergarbeitern waren die Aufstände des Jahres 1565 im Berggebiet zwischen Zhejiang, Anhui und Jiangxi, das Mitte des 16. Jahrhunderts schon unter Pirateneinfällen gelitten hatte.

Die wirtschaftlichen Veränderungen

Ende des 14. Jahrhunderts, zu einem Zeitpunkt, als die chinesische Wirtschaft noch unter den Zerstörungen litt, die der Kampf gegen die Mongolen und der Bürgerkrieg verursacht hatten, wurden die meisten Transaktionen in Naturalien getätigt, und die Haupteinkünfte des Staates stammten aus den von den Bauern eingetriebenen Getreidelieferungen. Doch auch in der Ming-Zeit wurde, wie im 11. Jahrhundert, Papiergeld in Umlauf gebracht, dessen Gebrauch der Staat mit verschiedenen Maßnahmen durchzusetzen versuchte. Im Jahr 1394 wurde das Kupfergeld mit Papiergeld aufgekauft, 1403 die Verwendung von Silber und Gold als Zahlungsmittel verboten, die Beamtenschaft in Papiergeld bezahlt usw. Aber alle diese Bemühungen erwiesen sich als wirkungslos. Das nicht konvertierbare Papiergeld entwertete sich ebenso rasch wie unter den Mongolen. Die Noten, deren Wert im Jahr 1375 auf 1 000 Kupfermünzen und auf 1 *liang* Silber festgesetzt worden war, waren einige Jahre später nur mehr ein Drittel bis ein Viertel und im Jahr 1445 nur mehr ein Tausendstel von einem Silber-*liang* wert. Der Gebrauch des Papiergelds konnte nur um den Preis von Ungerechtigkeiten und Willkürakten des Staates und seiner Beamten aufrechterhalten werden. Daher mußten, obwohl die Noten bis um 1573 in Umlauf waren, schon im Jahr 1450 die Emissionen eingestellt werden; in der Folgezeit wurden sie nur selten wieder aufgenommen. Schließlich, als seine Existenz von Volksaufständen bedroht wurde und die Wirtschaft nahe am Zusammenbruch war, griff der Staat ein letztes Mal zur Ausgabe von Papiergeld. Zwischen 1643 und der Einnahme Pekings durch Li Zicheng im darauffolgenden Jahr wurden die letzten Noten ausgegeben, die China vor den modernen Banknoten druckte. Vom Beginn des Mandschu-Reichs an war es Dogma, daß der Rückgriff auf Papiergeld ein Zeichen für schlechte Verwaltung sei. So endete in China eine Institution, die dort erstmals in der Welt eingeführt worden war und deren Geschichte in diesem Land einen grundsätzlichen Widerspruch offenbart: den Widerspruch zwischen einer Staatswirtschaft und einem Handel, den der Staat nicht zu kontrollieren vermochte. Der Glaube an die Wirksamkeit autoritärer Maßnahmen zur Festsetzung des Wertes der Zahlungsmittel, der auf einer langen staatswirtschaftlichen Tradition beruhte, sollte vom allgemeinen Sieg des Silbergeldes völlig widerlegt werden.

Vom Beginn des 15. Jahrhunderts an setzte sich der Gebrauch von Silberbarren in manchen Regionen durch, in denen der Handel blühte und Silber importiert wurde; so wurde in Guangdong schon die Steuer in Silber bezahlt. Für das Jahr 1423 ist die Ausweitung dieses Zahlungsmittels ins untere Yangzi-Gebiet belegt, wo die Verwaltung für die Steuerzahlung den Gegenwert eines *liang* (tael = ein malaiisches Wort, das von den Europäern übernommen wurde) von 36 g Silber auf 4 *shi* (d. h. rund 240 Liter) Getreide festsetzte. Im Laufe der zweiten Hälfte des 15. Jahrhunderts wurde der Gebrauch des Silbers allmählich allgemein. In Silber wurden bezahlt: die Tribute der Provinzen vom Jahr 1465 an, die Abgaben, mit denen sich die Handwerker von ihren Dienstleistungen loskauften, von 1485 an; und seit den Jahren 1480-1500 konnten sich auch die Bauern durch die Zahlung von Steuern in Silber von manchen Dienstleistungen befreien.

Man muß daher annehmen, daß sich im Laufe des 15. Jahrhunderts die in Umlauf befindliche Silbermenge stark erhöht hat, was wohl durch den Schwarzhandel mit Japan, dem Hauptexporteur dieses Metalls, und durch die Entwicklung der einheimischen Produktion erklärt werden kann. Dieser wirtschaftliche Wandel verstärkte sich jedoch noch am Ende des 16. Jahrhunderts, und nach der Festsetzung der Spanier auf den Philippinen in den Jahren 1564-1565 begann Silber aus Amerika in die Küstenprovinzen einzudringen. Zu diesem Aufschwung des Imports kamen um dieselbe Zeit die Auswirkungen des »Erzrausches« der Jahre 1590-1605 hinzu, als die feste Bergbausteuer eine Zeitlang durch eine Produktionssteuer ersetzt wurde.

Diese Entwicklung der Geldwirtschaft scheint bedeutende Folgen gehabt zu haben, die im 16. Jahrhundert voll wirksam wurden. Zunächst war sie der Ausgangspunkt für die Steuerreformen, die zwischen 1530 und 1581 durchgeführt und um 1570-80 unter der Bezeichnung »Methode des einmaligen Peitschenschlags« *(yitiao bianfa)* systematisiert wurden. Diese Reformen hatten die Vereinfachung des Steuersystems zum Ziel, dessen Komplexität zur Quelle zahlreicher Mißbräuche geworden war. Gleichzeitig sanktionierten sie jedoch die allgemeine Verbreitung des Silberbarrens und der aus Amerika importierten Silbermünzen in der chinesischen Wirtschaft: Von diesem Zeitpunkt an wurden beinahe alle Steuern und Abgaben in Silber bezahlt. Man kann sich die Folgen dieser Befreiung der Wirtschaft für die Gesellschaft vorstellen.

3. Die Gefahren von außen

In der Mitte des 16. Jahrhunderts, ungefähr zwischen 1540 und 1560, wurde China gleichzeitig an den Nordgrenzen von den Mongolen und im gesamten Küstenbereich von den Seepiraten angegriffen. Diesen Druck von außen, der Chinas Unabhängigkeit gefährdete, löste wohl handelspolitische Einschränkungen aus, die im Bereich des Seehandels im Widerspruch zu einem kräftigen kommerziellen Aufschwung zu stehen scheinen.

Die Offensiven der Mongolen

Der Vorstoß der Mongolen in den Jahren 1438 bis 1449 hatte der Expansionsperiode Chinas nach Norden ein Ende gesetzt und zu einer Art von Status quo geführt. Der Vorstoß, zu dem es vom Jahr 1540 an kam und der seinen Höhepunkt in den Jahren 1550-1552 erreichte, war viel gefährlicher und zeigte, wie weit die Einigung der Steppennomaden schon fortgeschritten war. Es drohte sich ein neues Nomadenreich zu bilden, und die Mandschus hatten im 17. Jahrhundert und in der ersten Hälfte des 18. Jahrhunderts einen schweren Kampf vor sich, um diese ständig gegenwärtige Gefahr abzuwenden. Die Offensiven in der Mitte des 16. Jahrhunderts wurden von einem Mongolen angeführt, der offenbar das Zeug zum großen Eroberer hatte: Altan Khan (oder Anda Khan) (1507-1582), dessen Großvater Dayan Khan (geboren um 1464) es gelungen war, die Tatarenstämme unter seiner Autorität zu vereinen und von 1482 bis um 1525 über die Mongolei zu herrschen. Zu Beginn der Jiaqing-Ära (1522-1566) wurden die Einfälle Altan Khans in Shanxi und in der Gegend von Peking immer häufiger. In einem einzigen Monat des Jahres 1542 ließ er 200 000 Personen massakrieren oder gefangennehmen, eine Million Rinder und Pferde rauben, mehrere Tausend Wohnhäuser niederbrennen und riesige Anbauflächen verwüsten. Im Jahr 1550 belagerte er drei Tage lang Peking und erreichte im darauffolgenden Jahr die Öffnung der Pferdemärkte in Datong im äußersten Norden von Shanxi und in Xuanhua im Nordosten von Peking. Im Jahr 1552 besetzte er mit Hilfe chinesischer Rebellen einen Teil von Shanxi und die ehemalige Hauptstadt Karakorum in der Äußeren Mongolei. Mit dem Ziel, seine Autorität auf ganz Zentralasien auszudehnen, nahm Altan Khan in den Jahren 1559-1560 Qinghai ein, fügte im Jahr 1572 den Kirgisen und den Kasachen eine vernichtende Niederlage bei und drang 1573-1578 in Tibet ein. Im Jahr 1570 willigte er in einen Friedensvertrag mit dem Ming-Kaiser ein, und von 1573 an kam es zwischen den Mongolen und den Chinesen zu einem Modus vivendi. Bald darauf sollten jedoch im Nordosten neue Gefahren auftauchen: Ende des 16. Jahrhunderts drangen die Japaner in Korea ein, und zu Beginn des 17. Jahrhunderts entstand im Norden von Peking die neue Macht der Dschurdschen, die kurz darauf den Namen Mandschu annahmen.

Das Piratentum

Mitte des 16. Jahrhunderts mußte China sich gegen eine schwere Gefahr vom Meer her wehren, nämlich gegen die Angriffe der japanischen Piraten, die mit dem Namen Wokou (*wo,* »Zwerg«, war ein alter Name für die Japaner) bezeichnet wurden. Die Angriffe erreichten zwischen 1540 und 1565 ihren Höhepunkt; die kritischste Periode waren, gleich nach den gefährlichsten Angriffen der Mongolen unter Altan Khan, die Jahre 1553-1555. Das Piratentum war damals gewiß nichts Neues; es scheint beinahe ununterbrochen die ganze Geschichte hindurch grassiert zu haben und von allen Küstenvölkern Ostasiens ausgeübt worden zu sein: von Koreanern, Chinesen der Küstenprovinzen, Vietnamesen, Malaiien, Bewohnern von Sumatra, Java usw. Daher darf die Bezeichnung Wokou nicht in einer verengenden Bedeutung aufgefaßt werden, selbst wenn die Japaner vom Ende des 14. Jahrhunderts bis zum Beginn des 16. Jahrhunderts den Hauptbestandteil der Piraten ausmachten. Eigentlich handelte es sich bei dem, was man mit dem allgemeinen Terminus Piraten bezeichnete, um ein kosmopolitisches Völkchen mit ganz verschiedenartigen Tätigkeiten: Man findet darunter *rōnin* (eine Art von Rittern in Söldnerdiensten), die dem Daimyō Matsudaira unterstanden, wie auch ehemalige Händler und Seeleute der chinesischen Küstengebiete. Einer der Anführer der Wokou in der Mitte des 16. Jahrhunderts war ein aus Anhui gebürtiger Chinese namens Wang Zhi. Dieser Pirat, der gleichzeitig auch ein Großkaufmann war, handelte mit Japan, Luzon, Vietnam, Siam und Malakka, wobei er Schwefel, das zur Herstellung von Explosivstoffen diente, Seide und Brokat schmuggelte. Er residierte auf den südlichen Kyūshū-Inseln und war so gefürchtet, daß man ihm den Spitznamen »König, der die Meere säubert« *(jinghaiwang)* gab. Nachdem er durch List nach Hangzhou gelockt worden war, wurde er dort im Jahr 1557 hingerichtet. Man findet aber unter den Piraten auch einfachere Leute: kleine Schmuggler, Kommandanten von chinesischen oder ausländischen Hochseeschiffen, Schiffer und Seeleute *(chuanmin)*, die zwischen der Küste und den beinahe unbewohnten Inseln hin und herpendelten; die Inseln dienten ihnen als Relaisstationen, Warenlager oder Schlupfwinkel. Und schließlich verfügten diese Piraten, die eng mit dem Schmuggelhandel in Verbindung standen, über zahlreiche Komplizen auf dem Festland: Schiffseigentümer, Kaufleute, Angehörige der Gentry und manchmal sogar Beamte der kaiserlichen Verwaltung.

Seit dem Ende des 14. Jahrhunderts, als das Piratentum vor allem mit dem Kampf des Gründers der Ming-Dynastie Hongwu gegen seine Rivalen verbunden gewesen zu sein scheint, fand jedoch eine spürbare Entwicklung statt. Manche Gegner von Hongwu, die auf die japanischen Inseln geflohen waren, sollen sich dort mit den japanischen Piraten zusammengetan haben. Möglicherweise waren unter ihnen ehemalige Anhänger von Fang Guozhen (1319-1374), dieser zweifelhaften Figur, der gleichzeitig auf die mongolischen Eroberer und auf die Widerstandsbewegungen setzte, und dessen Truppen aus Schmugglern und Piraten der Küsten von Zhejiang bestanden. In den Jahren 1364 und 1371 tauchten japanische Piraten (Wokou) in Korea auf. Manche von ihnen wagten sich schon damals bis in die Yangzi-Mündung vor, plünderten Stadt und Land auf der Insel Chongming, in der Gegend von Suzhou und weiter im Süden an den Küsten Zhejiangs und Fujians. Die Gefahr machte sich folglich schon zu Beginn der Dynastie bemerkbar, und bereits damals wurden die ersten Abwehrmaßnahmen getroffen: Bau einer Kriegsflotte, Vereinheitlichung der Marinekommandos, Errichtung von Befestigungsanlagen an den Küsten von Shandong, Jiangsu und Zhejiang. Dank dieser Vorkehrungen, dank der diplomatischen Aktion der Ming in Japan und ihrer Beherrschung der Meere, scheinen die Piratenangriffe im Laufe der ersten Jahrzehnte des 15. Jahrhunderts eingedämmt worden zu sein. Sie hörten jedoch nie ganz auf; einer der Beweise für die Bedeutung, die ihnen die Ming-Regierung beimaß, war die Organisation der Streitkräfte, deren eine Hauptfunktion gerade in der Verteidigung der Küstenzonen von der Halbinsel Liaodong bis nach Guangdong bestand. Es ging darum, nicht nur strategisch wichtige Zonen wie die Gegend von Peking und die Mandschurei zu schützen, sondern Jagd auf die Piraten zu machen und ihre Einfälle auf das Festland abzuwehren.

Dennoch sollte das Piratentum im 16. Jahrhundert in nie dagewesenem Maß um sich greifen. Die Ursachen dieser Erscheinung kann man wohl erahnen: Sie scheint grundlegend mit einem eindeutigen Aufschwung des Seehandels zu dieser Epoche in allen Meeren Ostasiens von Japan bis Indonesien zusammenzuhängen. Dieser Entwicklung setzten die Ming eine restriktive Politik entgegen, die aber nicht konsequent und energisch genug war und die sich im Prinzip aus strategischen als auch ökonomischen Motiven erklären läßt. Eine staatliche gelenkte Wirtschaft führt notwendigerweise zu solchen Schwierigkeiten an der Peripherie, wenn die Überwachung nicht durchschlagskräftig genug ist. Wie sollen 2 000 bis 3 000 Kilometer Küste kontrolliert werden, wo unter dem Schutz der Inseln und mit dem

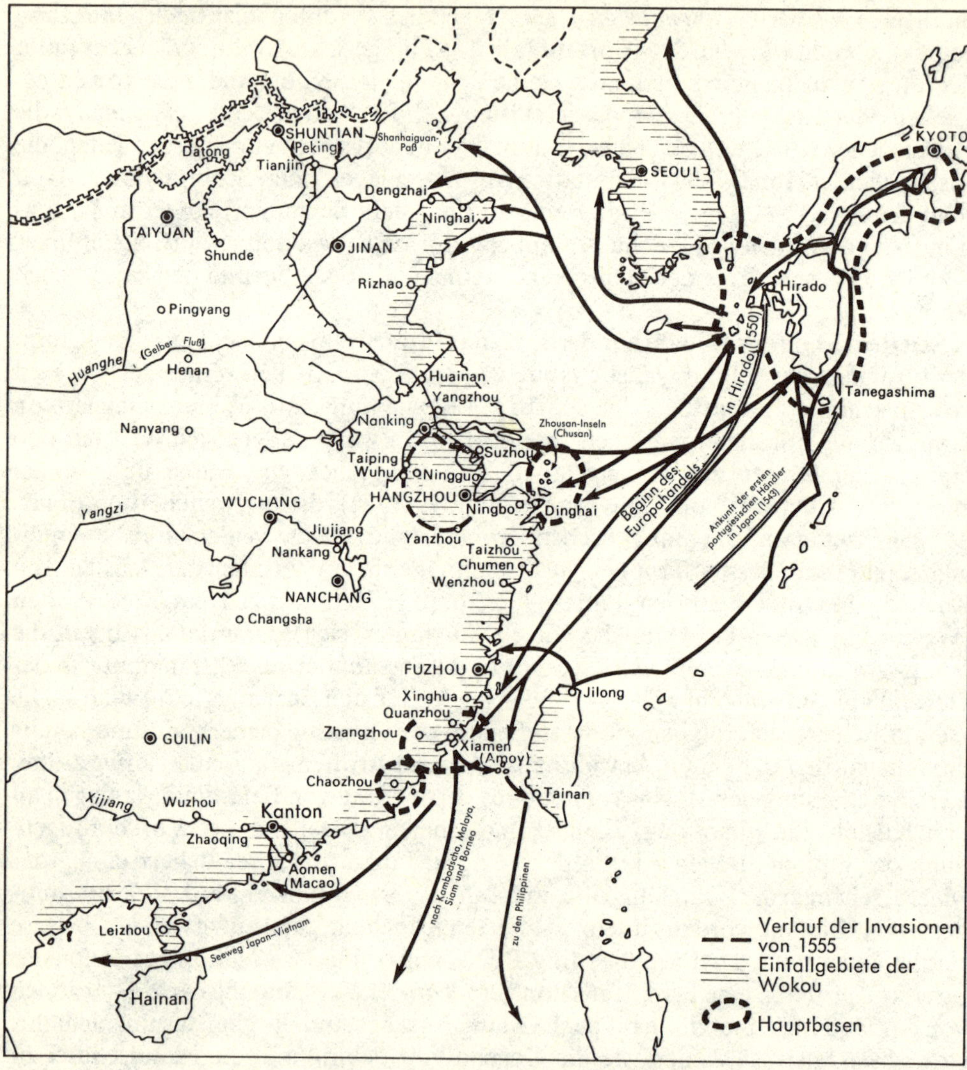

23. Die Einfälle der Wokou in Ostchina.

geheimen Beistand zahlreicher Personen auf verschiedenen Stufen der Gesellschaft Schwarzhandel betrieben wird? Die gleichen Schwierigkeiten sollten sich in der ersten Hälfte des 19. Jahrhunderts mit dem Schmuggel der Europäer wiederholen. Auf dem Gebiet des Handels ist die Kluft zwischen den offiziellen Vorschriften und der Wirklichkeit beträchtlich: Nach den Handelsbeschränkungen zu schließen, könnte man gerade zum Zeitpunkt des intensivsten Seehandels an eine Isolierung Chinas glauben. Es stimmt zwar, daß die offiziellen Beziehungen zu Japan nur über den Hafen von Ningbo im äußersten Nordosten von Zhejiang gingen, daß in Fuzhou ausschließlich mit den Philippinen gehandelt wurde (eine ähnliche Rolle hatte zwischen 1368 und 1374 und noch einmal nach 1403 in der Yongle-Ära

Quanzhou gespielt), daß Kanton, der dritte Hafen, der ein »Amt für Handelsschiffe« *(Shibosi)* besaß, vor allem Beziehungen zu der indochinesischen Halbinsel und zu Indonesien pflegte; andererseits fand der gesamten chinesischen Küste entlang, je nach den augenblicklichen Veränderungen offen oder heimlich, der Privathandel statt. So handelte der sehr aktive Hafen Haicheng in der Nähe von Xiamen (Amoy) sowohl mit Japan und den Ryūkyū-Inseln, als auch mit Malakka und den Molukken (zwischen Celebes und Neuguinea). Von sämtlichen Handelsverbindungen, die sich im 16. Jahrhundert in den ostasiatischen Meeren intensivierten, waren die wichtigsten möglicherweise diejenigen zwischen Japan und der chinesischen Küste, wo man hauptsächlich mit Gold, Silber, Kupfer und Seide handelte. Die erneuerte Aktivität der »japanischen Piraten« in dieser Epoche fände hiermit eine Erklärung.

Es scheint aber noch ein weiterer Faktor zur Entwicklung des Piratentums beigetragen zu haben, nämlich der soziale und wirtschaftliche Wandel in China selbst und die Verschlechterung der Lage der benachteiligtsten Schichten. Schmuggel und Piratentum besaßen um so mehr Anziehungskraft, je größer die Not und je höher die Gewinne waren. Die Aktivitäten erinnern an den mehr oder weniger ungesetzlichen Abbau in Bergwerken; und das Zögern der kaiserlichen Regierung, die sich abwechselnd tolerant und unnachgiebig zeigte, war ebenso schuld an der Ausbreitung des Piratenwesens wie an der Entstehung der Bergarbeiterrevolten.

Anlaß für die Verstärkung der Angriffe der Wokou Mitte des 16. Jahrhunderts waren die Verschlechterung der offiziellen Beziehungen zu Japan wie auch die Anstrengungen der Ming-Regierung gewesen, diesem Untergrundhandel Einhalt zu gebieten. Von der Yongle-Ära an (1403-1424) wurde die Anzahl der japanischen Gesandtschaften sehr streng geregelt: innerhalb von zehn Jahren wurde nur eine einzige Gesandtschaft gestattet, wobei die Anzahl der Schiffe auf zwei und die der Personen auf 200 beschränkt wurde. Nach 1432 wurden diese Zahlen auf drei Schiffe und 300 Personen erhöht. In Wirklichkeit wurden sie jedoch oft überschritten, da die Gesandtschaften häufiger waren als vorgeschrieben. Trotz der vorübergehenden Einschränkungen durch die Ming zählte man in den Jahren nach 1432 siebzehn japanische Gesandtschaften, und das Volumen des offiziellen Warenaustauschs scheint ziemlich bedeutend gewesen zu sein. Anläßlich der Gesandtschaften wurden aus Japan bei jeder einzelnen Reise Zehntausende von Säbeln, Schwefel, Hunderttausende von chinesischen Pfunden an Kupfer, Sappanholz zum Färben, Fächer usw. eingeführt. Bei der Rückreise bestand die Fracht aus Seide, Büchern, Malereien und Kupfermünzen.

Nebenbei sei die Bedeutung dieser Gesandtschaften für die Geschichte des chinesischen Einflusses in Japan zur Ming-Zeit erwähnt. Unter den Teilnehmern dieser Missionen befanden sich zahlreiche japanische buddhistische Mönche, die manchmal mit offiziellen Funktionen betraut waren. Diese oft sehr gebildeten Männer interessierten sich nicht nur für den Buddhismus, sondern auch für die Kunst, die profane Literatur und die Philosophie Chinas. Bis 1403 konnten sie sich völlig frei in China aufhalten und herumreisen, und noch zur Yongle-Ära war ihnen ein ganzjähriger Aufenthalt gestattet. So gelangten dank der Gesandtschaften über hundert bekannte japanische Mönche im 15. und 16. Jahrhundert nach China, wo sie auf der Route von Ningbo nach Peking die Städte Hangzhou, Suzhou und Nanking, das Huai-Tal und Tianjin besuchten und mit gebildeten Chinesen Kontakt aufnahmen. Umgekehrt wurden anläßlich der chinesischen Gesandtschaften chinesische buddhistische Mönche nach Japan geschickt und trugen so ihrerseits zur Verbreitung der chinesischen Kultur in Japan bei. Es sei auch der Fall eines reichen Kaufmannes namens Song Suqing (? -1525) aus Zhejiang erwähnt, der mit Japan Handel trieb, sich im Jahr 1510 dort ansiedelte und Mitglied der japanischen Gesandtschaft war, die im Jahr 1523 in Ningbo eintraf. Teilweise ist es diesen offiziellen Beziehungen und der Vermittlung der Mönche zu verdanken, daß chinesische Bücher, Kalligraphien und Malereien in Japan erhalten geblieben sind.

Die Beziehungen zwischen den Ming und Japan sollten sich jedoch vom Jahr 1552 an verschlechtern, dem Jahr, in dem die Zentralregierung angesichts des Wiederaufflackerns der Piratenangriffe den Beschluß faßte, die tolerante Haltung aufzugeben, die sie im 15. Jahrhundert überwiegend an den Tag gelegt hatte. Im darauffolgenden Jahr brach in Ningbo zwischen zwei japanischen Gesandtschaften, die beide als rechtmäßig anerkannt werden wollten, ein Streit aus. Diejenige, die von den chinesischen Behörden nicht als offiziell anerkannt wurde, plünderte die Stadt, und diese Vorfälle bestärkten die Vertreter einer entschlossenen Haltung. Im Jahr 1530 verbot man den Japanern, weiterhin Gesandtschaften nach Ningbo zu schicken. Von da an nahm das Piratentum rasch zu, und seine Rekrutierung dehnte sich auch in China selbst aus. Die Hauptstützpunkte der Piraten lagen auf den Zhousan-Inseln (Chusan) im Nordosten der Küste von Zhejiang, in der Region von Xiamen (Amoy) und Quanzhou, in der Gegend von Chaozhou im Nordosten von Guangdong sowie auf den südlichen Inseln des japanischen Archipels. Vom Norden Shandongs bis zum Westen Guangdongs wurden alle chinesischen Küstengebiete bis auf hundert Kilometer ins Land hinein heimgesucht. In der reichen, dichtbesiedelten Gegend südlich des Yangzi drangen die Piraten bis Nanking und Süd-Anhui vor. Die Küstenverteidigung war so wenig gewährleistet, daß die Verwaltung Fischereiboote einziehen mußte. Erst nach den großen Verwüstungen und Massakern der Jahre 1553 bis 1555 begann sich der Gegenangriff zu organisieren. Nach der von General Hu Zongxian gestarteten Offensive wurde im Jahr 1556 an den Küsten Zhejiangs und im darauffolgenden Jahr in Fujian die Ruhe wieder einigermaßen hergestellt. Aber erst nach den von Yu Dayou (? -1573) und Qi Jiguang (? -1587) in den Jahren 1560-1570 geleiteten Operationen war die chinesische Küste praktisch vom Piratentum befreit.

Das Ausmaß der Zerstörungen, die von den Angriffen der Piraten in der Mitte des 16. Jahrhunderts verursacht worden waren, scheint beträchtlich gewesen zu sein. Die Erinnerung an die damalige Gefahr verstärkte die alte Tendenz zur Kontrolle der Ausländer und zur Einschränkung des Privathandels.

III. KAPITEL
DER BEGINN DER NEUZEIT IN CHINA UND DIE KRISE AM ENDE DER MING-ZEIT

Die chinesische Geschichte weist vor den Umwälzungen des 20. Jahrhunderts drei große Zäsuren auf: Die erste liegt an der Wende des Neolithikums zur Bronzezeit (Auftauchen der Schrift, Erfindung der Legierungen und Verwendung des Deichselwagens); die zweite stellt die staatliche Revolution des 3. vorchristlichen Jahrhunderts dar, die Epoche der bäuerlichen Infanterieheere und der Verbreitung des Gußeisens; die dritte schließlich ist die Zäsur um das Jahr 1000, einer an technischen Neuerungen besonders reichen Zeit. Aus ihr stammen die hochentwickelte Reiskultur, die große Dschunke und der Seekompaß, neue Waffen, der Buchdruck usw. Damals entstand auch eine neue Staatsform: der Zentralisierung stand kein Hindernis mehr im Wege, die kaiserliche Macht stützte sich auf eine breite Gebildetenschicht und das Waffenhandwerk und der Bauernberuf waren getrennt. Seit sich das soziale und politische System dieses »Reichs der Mandarine« konsolidiert hat, scheint die chinesische Welt keine bedeutenden Veränderungen mehr durchgemacht zu haben; es haben sich höchstens nach dem mongolischen Zwischenspiel die autokratischen Tendenzen verstärkt. Trotz der Wirren, die in der Mitte des 17. Jahrhunderts den Sturz der Ming-Dynastie und die Errichtung der neuen Mandschu-Herrschaft begleiteten, kann man sagen, daß im großen und ganzen ein und dieselbe Staats- und Gesellschaftsform vom ausgehenden 11. Jahrhundert bis zum Ende des Mandschu-Reichs im Jahr 1911 fortbestanden hat. Die Geschichte besteht jedoch nicht nur aus großen Umwälzungen wie derjenigen, die zum Königreich des Altertums, zur Einigung der chinesischen Reiche durch den Staat Qin und zum Reich der Mandarine geführt haben. Die Veränderungen, die sich im Laufe des 16. Jahrhunderts vollzogen haben, sind so zahlreich und deutlich, daß wir für diesen Zeitpunkt den Beginn einer neuen Periode ansetzen können.

Eine der wegen ihrer Auswirkungen auf die Gesellschaft wichtigsten Veränderungen war die allgemeine Verbreitung des Silbers als Zahlungsmittel. Die Menge des in China zirkulierenden Silbers erhöhte sich im Laufe des 16. Jahrhunderts rasch und wuchs unter den Mandschus bis um 1820 weiterhin an. Das Silber blieb bis zum Beginn des 20. Jahrhunderts neben den für kleinere Beträge verwendeten Bronzemünzen das einzige Zahlungsmittel für bedeutende Transaktionen. Gleichzeitig mit der allgemeinen Verbreitung des Silbers im 16. Jahrhundert fand eine starke Zunahme des Seehandels (legaler Handel und Piratentum) in allen ostasiatischen Meeren und der städtischen Aktivitäten statt. Bestimmte handwerkliche Techniken wurden vervollkommnet (die Weberei, die Porzellanherstellung und insbesondere der Buchdruck), und diese Perfektionierungen ermöglichten es China, nach der wirtschaftlichen Depression der Mitte des 17. Jahrhunderts, seinen Ruf als größtes Exportland für Fertigprodukte wieder zu bestätigen. Zu dieser Zeit der wirtschaftlichen Expansion und des Wiederaufschwungs des Städtewesens tauchten in den ostasiatischen Meeren die ersten Abenteurer aus dem Europa der Neuzeit auf: zuerst Portugiesen und Spanier, und dann – vom Beginn des 17. Jahrhunderts an – Holländer. Diese Neuankömmlinge hatten für Ostasien keine große Bedeutung, da sie sich einfach nur in die Handelsströme des Fernen Ostens einfügten und vom Wohlstand dieses Teils der Welt profitierten; aber sie kündigten schon die kommende Zeit an. Denn China verdankte ihnen immerhin die ersten Beiträge aus Europa und Amerika: wirksamere Feuerwaffen, die Süßkartoffel, die Erdnuß, den Tabak (der Mais verbreitete sich erst später) und die ersten Silbermünzen, die von der berühmten, regelmäßig zwischen Acapulco und Manila verkehrenden Galeone eingeführt wurden. Rechnet man noch die neue Ausrichtung im geistigen Leben, die sich damals schon abzeichnete und sich im 17. und 18. Jahrhundert verstärkte, und in zweiter Linie die ersten Kontakte mit der Wissenschaft, Technik und Religion Europas um 1600 hinzu, so gewinnt man vielleicht die Ansicht, daß von einem Beginn der Neuzeit in China und in Ostasien gesprochen werden kann (auch in Japan markiert das Ende des 16. Jahrhunderts einen Wendepunkt in der Geschichte). Zwar sprechen die Historiker, die sich auf die Geschichte Chinas im 20. Jahrhundert spezialisiert haben, im Gegensatz zum »modernen China« des 20. Jahrhunderts für alle Perioden vor unserem Jahrhundert einfach als vom »traditionellen China«. Aber diese Terminologie birgt in sich Werturteile: sie setzt einen viel radikaleren Einschnitt zwischen der Gegenwart und der Vergangenheit Chinas voraus, als er sich tatsächlich darbietet, und sie scheint im Vergleich mit dem Westen der historischen Entwicklung der chinesischen Welt bis in unsere Zeit hinein jede Bedeutung abzusprechen.

1. Der Wiederaufschwung des Städtewesens

Die allgemeine Verbreitung der Geldwirtschaft auf der Basis von Silberbarren scheint den vom Gründer der Ming-Dynastie aufgestellten institutionellen Rahmen gesprengt und eine allgemeine Mobilität der Gesellschaft ausgelöst zu haben. Sie war die Ursache der immer tiefergreifenden Veränderungen, die sich vom Beginn des 16. Jahrhunderts an vollzogen und unter der Wirkung verschiedener Faktoren beschleunigt haben.

Der Aufschwung des Großhandels und des industriellen Handwerks

Um 1520 begann man das Kapital, das bis dahin vom Großgrundbesitz angelockt worden war, in Handels- und Handwerksbetriebe zu investieren. Der Preis der Grundstücke sank immer weiter und fiel in den letzten Jahren des 16. Jahrhunderts ganz zusammen. Diese Erscheinung war besonders deutlich in den südlichen Küstenprovinzen und in der Zone zwischen Hangzhou und Nordost-Jiangxi, das heißt eigentlich überall dort, wo die Geldwirtschaft auf der Basis von importiertem Silber vorherrschte; während der Krise der Agrarökonomie blühten Handel und Handwerk. Die Regionen waren als Einfallsbereiche der japanischen Piraten auch Zonen des Schmuggels mit Japan, den Philippinen, Siam, der indonesischen Inselwelt usw., und es scheint wohl, daß dieser Handel sich im Laufe des 16. Jahrhunderts trotz der offiziellen Verbote und trotz der in den Küstenregionen herrschenden Unsicherheit unaufhörlich weiterentwickelt hat: denn Kontrollen und Gefahren erhöhen nur den Wert der Schmuggelware. Manche Handelsschiffe waren so ausgerüstet, daß sie den Angriffen der kaiserlichen Flotte Widerstand leisten konnten. Im Inneren des

Festlandes kam es aufgrund der Schwierigkeiten der traditionellen Landwirtschaft zu einer raschen Vermehrung der kleinen Berufe (Hausierer, Hersteller von Lack- und Bambusgegenständen, Tuschen, Pinseln usw.), aber auch zur Kommerzialisierung der Agrarprodukte und zur Entstehung von industriellen Pflanzenkulturen: Baumwolle, Ölpflanzen, Indigo, Zuckerrohr, Tabak usw. Die ärmsten Schichten der Bauernschaft, die aus manchen Regionen in den Bergbau abwanderten oder sich als Piraten und Schmuggler verdingten, strömten auch in die Städte und versuchten dort im Kleingewerbe oder Handwerk, als Hauspersonal bei reichen Familien oder Beamte in der Verwaltung, deren Personalbestand immer mehr anwuchs, unterzukommen. Die kleinen Werkstätten verwandelten sich in große Handwerksbetriebe, von denen manche mehrere hundert Arbeiter beschäftigten. Bäuerinnen ließen sich in Songjiang im Südwesten von Schanghai in Baumwollwebereien anstellen. Nach den zeitgenössischen Beschreibungen war der Arbeiter in den großen Werkstätten schon die anonyme Arbeitskraft, die man als charakteristisch für das Industriezeitalter ansieht. Es gab einen nach Berufen aufgegliederten Arbeitsmarkt, auf dem die tüchtigen Arbeiter zu hohen Preisen verdingt wurden, während der Rest eine Masse armseliger Arbeitskraft bildete, die vor den großen Betrieben auf ihre Einstellung wartete. Manche Sektoren des chinesischen Handwerks hatten schon in der zweiten Hälfte des 16. Jahrhunderts industriellen Charakter. Dies war der Fall bei den Seiden- und Baumwollwebereien, bei der Porzellanherstellung und der Eisenverhüttung. Unter den wichtigsten privaten oder staatlichen Unternehmungen müssen folgende genannt werden: Jingdezhen im Osten des Poyang-Sees, wo es zahlreiche Porzellanbrennöfen gab; Songjiang, das große Zentrum der Baumwollweberei, das von der lokalen Produktion nicht ausgelastet wurde (um Songjiang und im Norden von Hangzhou waren riesige Flächen mit Baumwollstauden bepflanzt) und daher einen Teil seiner Rohstoffe aus Henan und Hebei einführen mußte; Suzhou, das für seine luxuriösen Seidenwaren berühmt war; Wuhu, oberhalb von Nanking am Yangzi gelegen, das auf die Färberei spezialisiert war; Cixian in Süd-Hebei, das große Zentrum der Eisengießereien, und viele andere. Gegen Ende des 16. Jahrhunderts zählte man in dreißig Papierfabriken in Jiangxi 50 000 Arbeiter.

Die chinesische Seide wurde in Japan fünf- bis sechsmal teurer als in China verkauft; dies erklärt die Bedeutung des Handels mit Japan. Ganze Schiffe voll von Keramikwaren segelten nach Nagasaki. Der Tee, den die Holländer Anfang des 17. Jahrhunderts in Fujian und Zhejiang einkauften, begann nun bis nach Europa exportiert zu werden. Wenn man Gu Yanwu (1613-1682) Glauben schenken darf, so hat die 20-30%ige Steuer auf Waren des Seehandels am Ende des 16. Jahrhunderts die Staatsausgaben bis zur Hälfte gedeckt.

Die technischen Fortschritte

Aus den zahlreichen technischen Abhandlungen, die am Ende der Ming-Zeit erschienen, gehen die eindeutigen Fortschritte mancher handwerklicher Verfahren hervor: Seidenwebstühle mit drei bis vier Haspeln, Perfektionierung der Baumwollwebstühle (seit dem 14. Jahrhundert sind Baumwollkleider allgemein gebräuchlich geworden), Verfahren zum Druck von drei- bis vierfarbigen, in der Wanli-Ära

(1573-1619) sogar fünffarbigen Holzschnitten, bemerkenswerte Fortschritte der Buchdruckerkunst, in Songjiang Erfindung einer Kupfer- und Bleilegierung für das Gießen beweglicher Lettern, Verfahren zur Herstellung von weißem Zucker und von Zuckerguß. Bekannt sind die erstaunlichen Meisterwerke der Keramik in der Ming-Zeit, und vor allem in der Xuande- und Chenghua-Ära (1426-1487), bevor der Bedarf an Serienproduktion, die teilweise auf dem Seeweg exportiert wurde, zu einem gewissen Niedergang der Qualität und Schönheit der einzelnen Stücke geführt hat.

Die technischen Fortschritte waren jedoch nicht auf die handwerklichen Berufe beschränkt; sie betrafen auch die Landwirtschaft, die dadurch abwechslungsreicher gestaltet wurde. In den am Ende der Ming-Zeit erschienenen Abhandlungen über landwirtschaftliche Techniken werden neue Maschinen für die Bodenbearbeitung, die Bewässerung, die Aussaat und die Verarbeitung der landwirtschaftlichen Produkte beschrieben. Die Methoden der Bodenmelioration, die Selektion neuer Sorten und vor allem die Einführung neuer Kulturen haben am Ende der Ming-Zeit zu einem allgemeinen Fortschritt der Landwirtschaft geführt. Die Portugiesen und etwas später die Spanier, die im 16. Jahrhundert in den Häfen an der Südküste Handel betrieben, führten Pflanzen aus der Neuen Welt ein. Eine davon, die Erdnuß, wurde von 1530-1540 an auf den sandigen Böden der Region von Schanghai kultiviert. Im 19. Jahrhundert wurde sie zu einem der Grundnahrungsmittel der Einwohner von Shandong. Die Süßkartoffel, die zum erstenmal im Jahr 1563 in Yunnan erwähnt wird, scheint gleichzeitig vom Südwesten und vom Meer her nach China gekommen zu sein. Dort fand sie am Ende des 16. Jahrhunderts und zu Beginn des 17. Jahrhunderts begeisterte Aufnahme, weil sie ein vorteilhafter Ersatz für den chinesischen Taro ist. Da sie, wie die Erdnuß, auch auf minderwertigen und schlecht bewässerten Böden gedeiht, wurde sie im 18. Jahrhundert für die Bevölkerung Fujians und Guangdongs zu einem ebenso wichtigen Nahrungsmittel wie der Reis. Eine weitere Pflanze, die schon früher bekannt war und anscheinend über Burma nach China eingedrungen ist, das Sorghum, fand im 15. und 16. Jahrhundert sehr weite Verbreitung. Die einzige amerikanische Pflanze, die, wie es scheint, neben dem Tabak weniger rasch als die Erdnuß und die Süßkartoffel, nämlich erst vom Beginn des 17. Jahrhunderts an, verbreitet wurde, ist der Mais. Er sollte in China jedoch eine bedeutende Zukunft haben.

Diese neuen Pflanzen lösten als ergänzende Kulturen, die die Ausnutzung schlechter und noch unbebauter Böden ermöglichen, deren Ernte die Winterlücke überstehen hilft und die die Ernährungsweise bereichern, noch nicht die große Agrarrevolution aus, zu der es im 18. Jahrhundert kommen sollte; die Auswirkung ihrer Verbreitung hat sich jedoch allem Anschein nach schon am Ende der Ming-Zeit bemerkbar gemacht.

Schließlich sei darauf hingewiesen, daß sich im 16. Jahrhundert eine Art von wirtschaftlicher Spezialisierung der einzelnen Regionen verstärkte. Seit dem Ende des Neolithikums bis ins 7. und 8. Jahrhundert nach Chr. war die große Produktionszone die Weizen- und Hirse-Zone gewesen, die sich bogenartig vom Wei-Tal zum Unterlauf des Gelben Flusses erstreckte und sich nach Osten auf die gesamte Nordchinesische Tiefebene ausweitete. Vom 9. und 10. Jahrhundert an trat sie den

Vorrang an die Reisbauregionen des unteren Yangzi-Gebiets, des Huai-Tals und Nord-Zhejiangs ab. Diese Regionen, die eine immer zahlreichere Bevölkerung ernährten und einen Teil ihres Überschusses nach Nordchina liefern konnten, haben unter der Song-Dynastie, im Mongolenreich und bis in die erste Hälfte der Ming-Zeit eine entscheidende Rolle gespielt. Diese Rolle der großen Reisanbau- und Reisexportregion ging jedoch im Laufe des 15. und 16. Jahrhunderts an zwei Provinzen des mittleren Yangzi, Hunan und Hubei, über, während sich die Gebiete im Süden des Yangzi-Unterlaufs mehr dem Handel und dem Handwerk widmeten.

Im Gegensatz zu den Angaben der Volkszählungen der Ming-Zeit, die nach der Hongwu-Ära (1368-1398) die unzuverlässigsten der ganzen chinesischen Geschichte sind, weist alles darauf hin, daß die chinesische Bevölkerung in der Zeit zwischen dem ausgehenden 14. Jahrhundert und der Mitte des 17. Jahrhunderts ständig angewachsen ist. Manche Historiker nannten für den Anfang der Dynastie die Zahlen von ungefähr 70 Millionen und für das Ende der Dynastie von 130 Millionen Einwohnern; ihre Zahlen liegen im Rahmen der Wahrscheinlichkeit. Ein solches Wachstum stände mit dem wirtschaftlichen Aufschwung und den Fortschritten der Landwirtschaft im 16. Jahrhundert in Einklang.

Eine neue Gesellschaft von Städtern und Kaufleuten

Die Periode, die vom Jahr 1560 an auf die Zeit der Mongolenangriffe und der Einfälle der japanischen Piraten folgte, insbesondere die gesamte erste Hälfte der Wanli-Ära (1573-1619), von 1573 bis 1582, war eine der fruchtbarsten der Geschichte der Ming-Dynastie. Aber die Vitalität und die Widersprüche der Gesellschaft der ausgehenden Dynastie machen die ganze Schlußperiode vor der Eroberung Chinas durch die Mandschus ganz besonders interessant. Der rasche Entwicklungsprozeß, der zu diesem Zeitpunkt der chinesischen Geschichte in Gang kam, fand seine Ausprägung im sozialen Wandel: Entstehung eines Proletariats und eines städtischen Kleinbürgertums, Umwälzung der bäuerlichen Welt, die vom städtischen Einfluß durchdrungen wird, Aufstieg einer Klasse von Großkaufleuten und Geschäftsmännern. Die Bankiers und Geldwechsler aus Shanxi, die in Peking Zweigstellen hatten, die reichen Kaufleute vom Dongting-See in Hunan, die Schiffseigner von Quanzhou und Zhangzhou in Süd-Fujian, die sich durch den Seehandel bereichert hatten, und vor allem die Großkaufleute von Xin'an (dem heutigen Shexian in Süd-Anhui) bildeten eine neue Klasse, die man mit derjenigen der Geschäftsleute des beginnenden Kapitalismus in Europa vergleichen könnte, wenn sich die Mentalitäten, die sozialen und politischen Bedingungen nicht so stark voneinander unterschieden. Die reichsten von ihnen verdankten ihr Vermögen ihrer Einschaltung in die Staatswirtschaft und fungierten als Lieferanten für das Heer. Gehandelt wurde mit Massenkonsumartikeln: Reis, Salz, Getreide, Stoffen. Die Bankiers von Shanxi dehnten zur Mandschu-Zeit ihre Aktivitäten auf die Äußere Mongolei und Zentralasien aus, wo sie sich in den Handel und die finanziellen Transaktionen mit den Kaufleuten von Xin'an teilten, die sich im ganzen Yangzi-Becken durchsetzen sollten.

Diese Entwicklung fand jedoch auch ihren Ausdruck im Aufkommen und in der Erneuerung literarischer Genres, des philosophischen Denkens und des Wissens.

Sie war seit dem Ende des 16. Jahrhunderts von einer Reihe von Krisen begleitet, die wohl auf der Beibehaltung eines schwerfälligen und ineffizienten politischen, den Bestrebungen der damaligen Zeit im Widerspruch stehenden Regimes zurückzuführen sind.

2. Die Krisenzeit der letzten fünfzig Jahre

Nach dem Alarmzustand, den die Mongolenangriffe und die Einfälle der japanischen Piraten ausgelöst hatten, trat eine relative Besserung der Lage ein, die mit dem Schwinden der äußeren Gefahren immer deutlicher wurde. Der Kaiser, der unter der Regierungsdevise Longqing (1567-1573) herrschte, war ein aufgeklärter Autokrat, auf soziale Gerechtigkeit und Reformen bedacht. Die unter seiner Herrschaft eingeleitete Politik setzte sich zu Beginn der Wanli-Ära (1573-1619) fort: Einschränkung der Ausgaben des Hofes, Schutz der von den Großgrundbesitzern ausgebeuteten Kleinbauern, Regulierung des Gelben Flusses und des Huai. Ein aufrichtiger und tüchtiger Verwaltungsbeamter, Pan Jixun (1521-1595), stand 29 Jahre lang der Behörde für den Unterhalt der Flußdämme und des großen Kanals vor. Alle damals ergriffenen Maßnahmen wirtschaftlicher Erneuerung gingen hauptsächlich auf die Anregung eines hohen Beamten namens Zhang Juzheng (1525-1582) zurück, der während der Minderjährigkeit Wanlis faktisch an der Spitze des Staates stand. Nach dem Tod Zhang Juzhengs im Jahr 1582 ergriffen jedoch wieder die Eunuchen die ihnen entglittene Macht, und es kam abermals zu einem laisser-aller und zum raschen Verfall der staatlichen Finanzen.

Die Finanzkrise

Der Kaiserhof verschwendete ohne nachzurechnen. Ein einziges Beispiel mag genügen, um die Verschwendungssucht des Hofes zu verdeutlichen: Der Bau des Grabes von Kaiser Wanli zwischen 1584 und 1590 – das durch Zufall wiederentdeckt und in den Jahren 1956-1959 ausgegraben wurde – kostete 8 Millionen *liang*. Die Backsteine wurden aus Linqing im Nordwesten von Shandong auf dem großen Kanal hertransportiert, die Steine stammten von einem Berg derselben Provinz, und die als Gerüst dienenden Baumstämme waren Zedern aus Sichuan und den Südwest-Provinzen. Bald kamen zu den verschwenderischen Ausgaben des Hofes diejenigen, die durch das Wachsen der äußeren Gefahren verursacht wurden. In ein und demselben Jahr (1592) machte sich Bobai, der Mongolenherrscher der Region von Ningxia nahe dem Oberlauf des Gelben Flusses unabhängig, erhoben sich die ethnischen Minderheiten der Gegend von Zunyi in Guizhou und landeten die Japaner unter dem Kommando des Shōgun Hideyoshi Toyotomi (1536-1598) in Korea. Die langen Kriegszüge der Ming zwischen 1595 und 1598 gegen die japanischen Truppen endeten zugunsten Chinas, erschöpften aber seine Staatskasse. Als zwanzig Jahre darauf der Dschurdschenfürst Nurhaci, der das chinesische Heer bei seinem Kampf gegen die japanische Invasion unterstützt hatte, sich gegen die Ming wandte, war China nicht mehr imstande, ihm in den Nordost-Provinzen wirksam Widerstand entgegenzusetzen.

Der Koreakrieg von 1593-1598 kostete die Staatskasse 26 Millionen *liang*. Die

Beendigung dieses Krieges zu Beginn des 17. Jahrhunderts verminderte jedoch das Gewicht der militärischen Ausgaben nicht: das Heer am Ende der Ming-Zeit war ein Söldnerheer und zeigte den zweifachen Nachteil, aufgeschwollene Bestände zu haben, aber nicht schlagkräftig zu sein. Seit dem Ende des 14. Jahrhunderts hatte sich seine Truppenstärke verdoppelt, aber dem zahlenmäßigen Anwachsen entsprach ein Niedergang der Truppenqualität. Matteo Ricci hat in seinen am Anfang des 17. Jahrhunderts verfaßten Aufzeichnungen über China die damalige Soldateska sehr streng kritisiert: »Alle die unter Waffen stehen, führen ein erbärmliches Leben, da sie diesen Beruf weder aus Liebe zu ihrem Vaterland noch aus Ergebenheit für ihren König, noch aus Sinn für Ehre und Ruhm ergriffen haben, sondern als Untertanen im Dienste eines Arbeitsvermittlers.« Nach den Aussagen Matteo Riccis waren die Armeepferde armselige Gäule, die sich schon durch das Wiehern der Steppenpferde in die Flucht schlagen ließen. Das Heer war der Abfallkübel der Gesellschaft: eine Ansammlung von Nichtstuern, Gaunern, allerlei Gesindel, Wegelagerern usw.

Eine andere Ursache für das Defizit waren die Apanagen, die den kaiserlichen Familienmitglieder ausbezahlt wurden. Den 24 Söhnen von Hongwu war zur Verringerung der Gefahr einer Usurpation jede Macht entzogen worden; statt dessen waren sie mit ausgedehnten Domänen versorgt worden, besaßen Weideland in den nördlichen Provinzen, verfügten über eine persönliche Garde von 3 000 bis 19 000 Mann und bezogen hohe Gehälter. Der kaiserliche Adel wurde mit jeder neuen Generation zahlreicher, so daß er am Ende der Ming-Zeit das staatliche Budget schwer belastete. Allein der Fürst von Qingcheng hatte 94 Nachkommen in direkter Linie. Unter Wanli (1573-1619) zählte man 45 Prinzen des ersten Ranges, die jährliche Apanagen von 10 000 *shi* bezogen (den Gegenwert in Silber von rund 600 Tonnen Getreide), und 23 000 Adlige niedereren Ranges. Von den Steuereinkünften in Shanxi und Henan (7 400 000 *shi*) wurde mehr als die Hälfte (4 040 000) für diese Rentenzahlungen ausgegeben. Diese Situation führte im Laufe der Jahre 1573-1628 dazu, die Heiratserlaubnis für Fürsten und die Verleihung von Adelstiteln zeitweilig einzustellen.

Die finanziellen Schwierigkeiten, mit denen die Ming-Regierung vom Ende des 16. Jahrhunderts an zu kämpfen hatte, bewogen sie zu Maßnahmen, die zumeist das gesellschaftliche Unbehagen nur verschlimmerten. Um das Defizit zu kompensieren, das durch die damals weit um sich greifende Landflucht ausgelöst worden war, erhöhte man die Handelsabgaben, schuf Zollstellen am Yangzi und am großen Kanal und forderte von den Bauern noch höhere Steuern. Die Wut über die von Eunuchen in ihrer Eigenschaft als Bergwerks- und Handelssteuerkommissäre begangenen ungesetzlichen Geldeintreibungen entlud sich von 1569 an verschiedenen Orten explosionsartig. In Linqing in Shandong mußten 45 von 73 Tuchläden, 21 von 33 Satinläden zu Beginn des 17. Jahrhunderts ihre Tore schließen. In den Städten brachen immer häufiger Handwerkeraufstände aus, die manchmal durch die Verhaftung integrer Beamten ausgelöst wurden. Zwischen 1596 und 1626 fanden beinahe jedes Jahr Unruhen in den Städten der Regionen statt, die bisher am aktivsten gewesen waren: in Suzhou, Songjiang, Hangzhou, Peking und in allen großen Handwerkszentren. Im Jahr 1603 organisierten die Bergarbeiter der privaten Gruben von Mentougou, 30 Kilometer östlich von Peking, einen Protestmarsch in die Hauptstadt. Diese Unzufriedenheit, die sowohl durch die wirtschaftlichen Maßnahmen und die Entlassungen von Staatsangestellten als auch durch die Erhöhung der Abgaben und Steuern verstärkt wurde, sollte zu den großen Erhebungen der Jahre 1627 bis 1644 führen. Ihnen gingen zwischen 1621 und 1629 Aufstände nicht-chinesischer Völker voran, die im Randgebiet von Yunnan, Sichuan und Guizhou durch Zwangseinziehungen ins chinesische Heer ausgelöst wurden.

Die politische Krise

Die Jahre 1615 bis 1627 sind gekennzeichnet durch den schweren Konflikt zwischen einer Gruppe von integren Beamten und staatstreuen Intellektuellen einerseits und den Eunuchen andererseits, deren Anmaßung und Macht auf ihrer Vertraulichkeit mit dem Kaiser, Komplizenschaften innerhalb und außerhalb des Palastes und die Passivität einer durch Korruption und Terror fügsam gemachten Verwaltung basierten. Die Partei, in der sich diese Männer ganz unterschiedlicher Herkunft zusammentaten, entstand um eine der zahlreichen Privatakademien *(shuyuan)*, die am Ende der Ming-Zeit häufig Zentren freier literarischer und politischer Diskussionen waren. Die Donglin-Akademie in Wuxi (Jiangsu) ging auf das 12. Jahrhundert zurück; sie war von einem Literaten-Beamten aus Fujian namens Yang Shi (1053-1135) gegründet worden. Nach ihrer Wiedereröffnung im Jahr 1604 wurde sie zu einem der Hauptzentren der Opposition. Ihre Mitglieder, zumeist unabhängige Literaten oder abgesetzte Beamte, pflegten die anti-absolutistischen Ideen des *Mengzi* und setzten die politischen und moralischen Prinzipien der neokonfuzianischen Tradition als Mittel gegen den Hof und die Zentralregierung selbst ein. Ein solches Vorgehen wurde im Laufe der Geschichte bis zur Mandschu-Zeit immer wieder praktiziert: Es wäre falsch, im Konfuzianismus nur eine offizielle Ideologie im Dienst der Regierung zu sehen; ebensooft war er eine Waffe in den Händen der Opposition. Auch die Anhänger der Donglin-Akademie stellten sich anfänglich auf den Boden der Legitimität und der Korrektheit der Gebräuche.

Am Ende der Wanli-Ära entfachten drei den Kaiserpalast direkt betreffende Affären die Leidenschaften und lösten eine Krise aus. Im Jahr 1615 kam es zu einem Zwischenfall, in dem man ein mißglücktes Attentat auf den Erbprinzen zu sehen glaubte, im Jahr 1620 zum mysteriösen Tod von Kaiser Taicheng – man nahm an, daß er von den Eunuchen vergiftet worden sei; und im selben Jahr leisteten die Eunuchen Widerstand gegen die Entfernung einer ehemaligen Favoritin. Bei diesen Angelegenheiten soll schon, wie manche glauben, der gefürchtete Eunuch Wei Zhongxian die Hand im Spiel gehabt haben. Der Überlieferung nach war Wei Zhongxian (1568-1627) ein Tunichtgut, der sich zur Bezahlung seiner Spielschulden kastrieren ließ, weil er sicher war, im Palast eine Anstellung zu finden. Obwohl er Analphabet war, wurde er dank der Unterstützung der Dame Ke, der Amme des späteren Kaisers Tianqi (1621-1627), ins Ritenamt berufen. Beim Machtantritt des neuen Kaisers im Jahr 1621 wurde er zum Leiter der kaiserlichen Grabstätten ernannt. Die Mitglieder der Donglin-Akademie, deren Autorität sich in der Wanli-Ära eine Zeitlang hatte behaupten können, gelangten zu Beginn der Tianqi-Ära wieder an die Macht; ihr Einfluß war jedoch von kurzer Dauer. Wei Zhongxian spann ein Netz von Komplizenschaften und kontrollierte bald darauf mit Hilfe seiner Geheimpolizei die gesamte Verwaltung. Von 1625 bis zum Tod von Kaiser Tianqi fanden schreckliche Repressionen gegen die Mitglieder und Sympathisanten der Donglin-Partei statt, von denen viele im Gefängnis exekutiert wurden. Eine Liste mit den Namen von über 700 »Verschwörern«, hohen und mittleren Beamten, wurde veröffentlicht und erlaubte eine allgemeine Verfolgung. Die Akademien, die der Opposition als Zentren dienten, wurden geschlossen. Wei Zhongxian wollte überall Tempel zu seinem eigenen Ruhm und zum Ruhm seiner Komplizen errichten lassen, die sogenannten »Tempel der Lebendigen« *(shengci)*. Für jeden einzelnen dieser Tempel, deren erster am Ufer des Westsees in Hangzhou zu Ehren des Gouverneurs von Zhejiang, Pan Ruzhen, entstand, wurden märchenhafte Summen ausgegeben. Um seine Macht zu stärken, erhöhte Wei Zhongxian die Ernennungen von Günstlingen und die Zahl der fiktiven Beamten, infolgedessen griff die Korruption immer weiter um sich. Beim Machtantritt des letzten Ming-Kaisers (1628-1644) wurde dieser furchtbare Eunuch ermordet, und die Donglin-Akademie rehabilitiert. In Suzhou lebte sie mit der »Partei der Erneuerung« *(Fushe)*, die auch »kleine Donglin-Partei« genannt wurde und sich als politisch-literarischer Kreis gab, wieder auf. Sie zählte über 2 000 Mitglieder, darunter ungefähr ein Viertel Beamte. Doch nachdem sie für kurze Zeit einigen Einfluß ausgeübt hatte, wurden ihre Mitglieder abermals entmachtet.

Die Krise der Jahre 1615-1627 hatte tiefe politische, moralische und geistige Auswirkungen auf die Generationen jener Zeit. Sie führte dazu, daß die herrschende Philosophie – die Philosophie Wang Yangmings (1472-1528) – als zu sehr losgelöst von den konkreten Problemen der Politik verworfen und daß das absolutistische Regime, das mit der gelehrten Tradition in Widerspruch stand, in Frage gestellt wurde; auch schuf sie vor der noch schlimmeren Krise, die durch die Mandschu-Invasion ausgelöst werden sollte, eine Atmosphäre moralischer Zerrüttung.

Die großen Volkserhebungen

Zu der politischen Krise und dem dramatischen Defizit der Staatskasse kamen von 1627 an noch die Bedrohung durch die Dschurdschen in der Mongolei und in Liaoning und die Volkserhebungen hinzu, deren Ausweitung den Sturz der Dynastie bewirken sollte.

Schon in den Jahren 1627-1628 hatte eine Reihe von Mißernten infolge fortdauernder Trockenheit eine schwere Hungersnot im Norden von Shenxi ausgelöst. Deserteuren aus der Mandschurei und Soldaten der Poststationen, die im Jahr 1629 aus Spargründen entlassen worden waren, schlossen sich Bauerntruppen an. Sie verheerten das Land und griffen die Städte an. Da sie in Shenxi bekämpft wurden, zogen die Aufständischen im Jahr 1632 in die Nachbarprovinz Shanxi und stießen plündernd bis Hebei vor. Bald darauf suchten die Aufständischen weitere Provinzen heim: Henan, Anhui, Süd-Shenxi usw., wobei sie sich, gemäß der jeweiligen Lage, zurückzogen oder weiter vordrangen. Trotz kurzfristiger Siege zeigten sich die Regierungsstreitkräfte außerstande, dieser endemischen Rebellion ein Ende zu setzen, die – im Gegenteil – im Laufe der Jahre ihre Bestände, ihre Macht und Organisation stärkte. An die Stelle der zahlreichen kleinen Anführer, der Rivalitäten und der Anarchie der Anfangszeit trat im Jahr 1636 eine gewisse Führungseinheit unter zwei Persönlichkeiten, die bis zur Mandschu-Invasion an der Spitze der Aufständischen bleiben sollten: Li Zicheng (1606-1645), einem ehemaligen Schafhirten, der in den Postdienst eingetreten war und der nun die Rebellion in Nordchina anführte, und Zhang Xianzhong (1606-1647), einem aus Yan'an stammenden Soldaten, unter dessen Kontrolle sich die Regionen nördlich des Yangzi befanden.

Vom Jahr 1641 an änderte die Rebellion ihre Ziele: Li Zicheng, der sich in Henan verschanzt hatte, strebte den Sturz der Ming-Dynastie an. Seine dynastischen Bestrebungen fanden ihren Ausdruck in einer beginnenden Verwaltungsorganisation. Er machte Li Yan, einen ehemaligen Lizentiaten aus einer reichen Literatenfamilie, und Niu Jinxing, einen ehemaligen Prüfungskandidaten, zu seinen politischen Beratern. Im Jahr 1643 verlagerte sich das Zentrum der Rebellion im Norden zum Wei-Tal in Shenxi hin. In seiner Hauptstadt Xi'an, die auf den Namen Chang'an umgetauft wurde, proklamierte Li Zicheng im Februar 1644 die neue Dynastie Da Shun. Im Frühling besetzte er Datong in Nord-Shanxi. Der Widerstand brach überall zusammen, und am 24. April marschierten die Streitkräfte Li Zichengs in Peking ein. Kaiser Chongzhen, von allen verlassen, erhängte sich am Morgen des 25. April auf dem Kohlenhügel im Norden des Palastes. Einen Monat später wurde Li Zicheng jedoch von den mandschurischen Truppen geschlagen, denen sich Wu Sangui, der General, den die Ming mit der Verteidigung Pekings in der Region von Shanhaiguan beauftragt hatten, angeschlossen hatte. Li Zicheng zog sich quer durch Shanxi, Shenxi und das Han-Tal zurück, verlor beinahe alle seine Truppen und wurde schließlich im Grenzgebiet von Hubei und Jiangxi von Bauern getötet.

Zhang Xianzhong hatte sich nach einer Periode großer Aktivität in den Provinzen Hubei und Hunan in Sichuan festgesetzt, wo er Chengdu zu seiner Hauptstadt machte. Dort hatte er am 9. September 1644 die Gründung des Großen Westreichs verkündet. Er war jedoch wenig geeignet zum Staatschef und übte eine Terrorherrschaft aus. Nach den zuverlässigsten Quellen wurde er am 2. Januar 1647 im Westen von Chengdu von den mandschurischen Truppen eingekreist und fand dabei den Tod.

Die Bedrohung durch die Mandschus

Die Lage des Ming-Reichs am Vorabend der Invasion erklärt, warum die Mandschus keine Mühe hatten, in China einzudringen und die Macht an sich zu reißen. Die allgemeine Anarchie, der Zusammenbruch der Staatsfinanzen, die Verwirrung in der Zentralregierung, die nach dem Selbstmord des Kaisers ihren Höhepunkt erreichte, die Schwäche der Streitkräfte, die in Hebei zur Verteidigung der Hauptstadt festgehalten wurden, und schließlich die Uneinigkeit der Chinesen und der geheime Beistand, den die Eroberer bei einem Teil der Bevölkerung fanden: alle Voraussetzungen waren günstig. Viele aus der Oberschicht zogen eine Allianz mit den äußeren Feinden, von der sie hofften, daß sie nur vorübergehenden Charakter haben würde, dem Sieg der Volksaufstände vor. Manche, die schon seit langem mit den späteren Eroberern in Kontakt standen, waren zur Zusammenarbeit mit ihnen bereit. Wie das Beispiel eines anderen Generals des Ming-Heeres, Hong Chengchou

24. Die Verteidigung des Nordostens am Ende der Ming-Zeit.

(1593-1665) beweist, war der Fall von Wu Sangui kein Einzelfall. Hong hatte sich zwischen 1634 und 1638 aktiv am Kampf gegen die Truppen von Li Zicheng beteiligt und war im Jahr 1639 zur Verteidigung der Hauptstadt gegen die Bedrohung durch die Dschurdschen einberufen worden. Nachdem er im Jahr 1642 gefangengenommen worden war, trat er in die mandschurischen Banner ein.

Vom strategischen Gesichtspunkt aus war für die Mandschus übrigens das Wesentliche in der Zeit zwischen der Einnahme von Shenyang (Mukden) und Liaoyang im Jahr 1621 und der Besetzung der ganzen Mandschurei bis Shanhaiguan im Jahr 1642 erreicht. Denn das Verteidigungssystem des Ming-Reichs im Nordosten wurde von den drei Provinzen Hebei, Liaoning und Shandong gebildet (die Halbinsel Liaodong und die Nordküste von Shandong konnten in 24 Stunden auf dem Seeweg miteinander verbunden werden). Die Allianz mit Korea trug zur Sicherheit dieser Region bei. Dieses Verteidigungssystem war jedoch zerbrechlich, denn in den mandschurischen Ebenen gab es keine natürliche Barriere als Hindernis, und der Paß von Shanhaiguan war die einzige große Verbindung zwischen

Hebei und Liaoning. Um dem Fehlen natürlicher Barrieren Abhilfe zu schaffen, hatten die Ming eine Verteidigungslinie, die vom Westen der Yalu-Mündung nach Kaiping, 300 Kilometer nördlich von Peking führte, und eine weitere von Shanhaiguan nach Jilin (Kirin) erbaut. Diese »Grenzmauern aus Weidenreihen« *(liutiao bianqiang)* bestanden aus mit Weiden bepflanzten Gräben und Wällen, die die Kavallerie der Dschurdschen aufhalten sollten. Durch den Zusammenbruch dieser Verteidigungslinien und die Besetzung des Liaohe-Beckens geriet Peking in die unmittelbare Reichweite der Invasoren.

IV. KAPITEL
DAS GEISTIGE LEBEN IN DER MING-ZEIT

Noch vor einem halben Jahrhundert, als die Forschung weniger weit fortgeschritten war, betrachtete man die Ming-Zeit als eine Periode der Sterilität und der servilen Nachahmung. Es trifft zu, daß die fast ununterbrochenen Unruhen des 14. Jahrhunderts einen schweren Niedergang nach sich gezogen haben, den eine Dynastie, deren Führungskräfte mehrheitlich aus dem Volk stammten, noch verstärkte. Auf dem Gebiet der Philosophie und der Wissenschaften – Algebra, Astronomie, Geographie, Archäologie usw. – war der Rückschritt seit ihrem Höhepunkt zwischen dem 11. und 13. Jahrhundert ganz eindeutig. Auch war das 15. Jahrhundert sicherlich nicht eines der glänzendsten und an Neuerungen reichsten der chinesischen Geschichte. Die gelehrten Traditionen zeigten nur schwache Kontinuität. Vom Beginn des 16. Jahrhunderts an kam es jedoch gleichzeitig mit der städtischen Erneuerung zu einem Wiedererwachen der philosophischen Reflexion. Die Begriffe »Individualismus« und »romantischer Anarchismus« sind, da sie auf unsere eigene Geschichte hinweisen, zweifelsohne inadäquat; sie können jedoch, wenn man sie auf China überträgt, eine Vorstellung vom Denken einer Epoche vermitteln, in der sich neue Tendenzen und traditionellere Strömungen miteinander vermischen und zueinander in Gegensatz treten. Außerdem muß für das Ende des 16. Jahrhunderts und die erste Hälfte des 17. Jahrhunderts eine bemerkenswerte Entwicklung des Theaters, der Erzählung und des Romans sowie einer halb gelehrten, halb volkstümlichen Kultur hervorgehoben werden, der Kultur eines lesehungrigen und vergnügungssüchtigen städtischen Kleinbürgertums, deren Einfluß sich jedoch bis in die Gebildetenschichten erstreckt. Noch nie zuvor war es zu einer solchen Blüte der Buchproduktion und zu einer so hohen Qualität ihrer Erzeugnisse gekommen. Es tauchten schon viele Züge auf, die als typisch für die Mandschu-Zeit gelten: das erneute Interesse für Technik und Naturwissenschaften (das von den ersten Jahren des 17. Jahrhunderts an durch die Beiträge der ersten Jesuitenmissionare angeregt wurde), die Begeisterung für seltene Bücher und die Schaffung reicher Bibliotheken, die Forschungen zur historischen Phonologie und die Textkritik. Schließlich entdeckte das China der ausgehenden Ming-Zeit die Bedeutung der politischen, sozialen und wirtschaftlichen Realitäten wieder, die von den Anhängern einer quietistischen Philosophie des Rückzugs auf sich selbst allzu lange vernachlässigt worden waren. Über den Dynastiewechsel hinweg ist hier die Kontinuität spürbar.

Die Ming-Zeit war folglich keineswegs eine Periode der Stagnation: Die Tendenzen, die sich in ihrer letzten Periode äußerten, kündigten schon ein China an, das uns näher ist. Die Geschichte der Wissenschaften, der Kunst und der Literatur bestätigt, was die Sozial- und Wirtschaftsgeschichte schon nahegelegt hatte: Die Neuzeit begann in China am Ende der Ming-Zeit.

1. Philosophie, Wissenschaft und Literatur

Die Entwicklung der geistigen Strömungen

Die Periode des wirtschaftlichen Wiederaufbaus und der militärischen und diplomatischen Expansion der beginnenden Ming-Zeit war auch eine Zeit der Stärkung der neokonfuzianischen Orthodoxie, die aus dem 11.-12. Jahrhundert übernommen und unter der Mongolendynastie seit 1313 zu Ehren gelangt war. Das Erscheinen einer Anthologie der Philosophen der Song-Zeit (des *Xingli daquan* oder »Summe der Philosophen der menschlichen Natur und des Ordnungsprinzips«) im Jahr 1415 und zweier Lehrbücher mit der offiziellen Interpretation der »Fünf Klassiker« und der »Vier Bücher« (des *Wujing daquan* und des *Sishu daquan*) stellen in dieser Hinsicht wichtige Ereignisse dar. Diese Werke dienten dem Studium der Klassiker als Grundlage und blieben bis zum Beginn des 18. Jahrhunderts in Gebrauch. Die offiziellen Interpretationen sind jedoch in den Beamtenprüfungen nicht immer respektiert worden. So kam es unter dem Einfluß neuer philosophischer Strömungen im Laufe des 16. Jahrhunderts zu einer eindeutigen Lockerung, und um 1600 hatte der Inhalt der Prüfungsarbeiten oft nichts Orthodoxes mehr. Man muß sich deshalb davor hüten, das, was als Konfuzianismus bezeichnet wird, allzu stark zu vereinfachen. Der Terminus »Orthodoxie« paßt im übrigen nur zur Hälfte auf ihn, da die Klassiker und ihre Kommentare sich in Wirklichkeit auf kein Dogma beziehen und da außerhalb der offiziellen Prüfungen, bei denen es sich um äußerst formalistische Übungen handelte, in den Literatenkreisen stark voneinander abweichende Ansichten zum Ausdruck kamen.

Wie ihre Vorgänger strebten die berühmtesten Philosophen des 15. und 16. Jahrhunderts nach einer grundsätzlich vollkommen zweckfreien Weisheit. Nicht wenige von ihnen verzichteten auf die Beamtenlaufbahn; vielleicht hielt die Notwendigkeit moralischer Zugeständnisse und der autokratische Charakter der Regierung sie davon ab. In jener Zeit lag im übrigen der Akzent viel weniger auf der Lektüre und Interpretation von Texten, denen Zhu Xi, der große Meister des 12. Jahrhunderts, so große Bedeutung beigemessen hatte, als auf Verhalten und moralischer Reform: Dies ist – abgesehen von gewissen, ihnen eigenen Abweichungen – bei Wu Yubi (1392-1469) und einem Schüler Hu Juren (1434-1484) der Fall. Zu einer Verstärkung dieser Entwicklung kam es Ende des 15. Jahrhunderts mit dem kantonesischen Meister Chen Xianzheng (1428-1500), der den quietistischen Übungen einen breiten Platz einräumte: Ziel ist es, absolute Spontaneität und vollkommene Übereinstimmung zwischen dem Geist und der Welt zu erreichen, einen Einklang, der das Prinzip jeder moralischen Handlung ist. Seither setzte sich der *chan*-Buddhismus, dessen Einfluß schon bei den ersten neokonfuzianischen Denkern des 11. Jahrhunderts spürbar gewesen war, immer mehr durch. Wang Shouren (Wang Yangming) (1572-1629), dessen Einfluß auf das gesamte 16. Jahrhundert in China sowie in Japan und Korea beträchtlich war, übernahm teilweise die Ideen Chen Xianzhengs und definierte eine neue anti-intellektualistische Philosophie, die das *li*, das Ordnungsprinzip der Gesellschaft und des Universums, verinnerlicht und jede Trennung zwischen Aktion und Erkenntnis ablehnt. Der zentrale Begriff seiner Philosophie ist der des »angeborenen Wissens« *(liangzhi)* (ein bei Menzius entlehnter Terminus), ein Prinzip des Guten, das dem Geist vor seiner Verseuchung durch die egoistischen Gedanken und Begierden inhärent ist und das man in sich selbst wiederzufinden bestrebt sein muß. Die Mehrzahl der Schulen im 16. Jahrhundert, in denen zahlreiche Meister einige Dutzende und manchmal mehrere Hundert Schüler um sich versammelten, haben sich aus den Lehren Wang Yangmings entwickelt, allerdings mit recht unterschiedlichen Ausrichtungen. Charakteristisch für diese Epoche war die Mode der akademischen Diskussionen *(jiangxue)* und die Entstehung zahlreicher mit Bibliotheken versehener Studienzentren (*shuyuan* oder Akademien). In diesem Wuchern verschiedener Schulen sehen manche ein beunruhigendes Anzeichen für eine Aufspaltung: die allgemeine Einigkeit der Denker scheint bedroht von tiefgreifenden Divergenzen, die gerade die am höchsten verehrten Traditionen betreffen. Je weiter das 16. Jahrhundert fortschritt und je größer die geistige Unabhängigkeit wurde, desto mehr wurden die klassischen Traditionen durch die buddhistischen und taoistischen Einflüsse verändert.

Eine der Schulen zeichnet sich vor allem durch die Betonung der Spontaneität und durch die Ablehnung des sozialen Zwangs aus. Ihre Grundthese ist, daß keinerlei Bemühung zum Erreichen des »angeborenen Wissens« nötig sei, da es in jedem einzelnen Menschen verwirklicht und präsent sei. An diese Schule, die sogenannte Taizhou-Schule, die von einem ehemaligen Salinenarbeiter und Autodidakten namens Wang Gen (1483-1541), einem Schüler von Wang Yangming, gegründet wurde, schloß sich einer der berühmtesten Literaten des ausgehenden 16. Jahrhunderts an: Li Zhi (1527-1602), der von einem Teil seiner Zeitgenossen geschmäht und für die Nachwelt zu einem Schandfleck wurde. In der chinesischen Volksrepublik ist er wegen seiner Verurteilung des Konfuzianismus rehabilitiert worden. Li Zhi, der durch die Heftigkeit seiner Angriffe und sein exzentrisches Benehmen auffiel, ist der Verfasser von Werken, die Skandal machten: Er stellte in ihnen die Beurteilungen historischer Persönlichkeiten in Frage und beschuldigte seine Epoche der Heuchelei. Dennoch ist er für seine Zeit repräsentativ. Mit seiner Sympathie für den Buddhismus, seinem lebhaften Interesse für die umgangssprachliche Literatur, die damals in voller Blüte stand (er versah den Roman *Shuihu zhuan, Die Räuber vom Liang-shan-Moor,* und das *Sanguozhi yanyi,* den *Roman der Drei Reiche* mit Erläuterungen), mit seiner Verteidigung der Unterdrückten (von Leuten aus dem einfachen Volk, Frauen, ethnischen Minderheiten), seiner Vorliebe für heroische Persönlichkeiten und Ausnahmemenschen und seinen Angriffen auf die traditionelle Moral steht er nicht allein da. Bei seinen Zeitgenossen fanden sich ähnliche Einstellungen: sie bringen eine geistige Entwicklung zum Ausdruck, die man wohl mit dem sozialen Wandel des ausgehenden 16. Jahrhunderts und mit der Entstehung einer städtischen Kultur in Verbindung bringen darf, in der sich gelehrte und volkstümliche Traditionen miteinander vermischten. Die Krise, die in den ersten Jahren des 16. Jahrhunderts mit dem Koreakrieg und der Entsendung von für den Bergbau und die Handelsabgaben verantwortlichen Palasteunuchen in die Provinzen begann, sollte jedoch bald darauf eine Reaktion der Sittenstrenge und eine gewisse Rückkehr zur Orthodoxie auslösen.

Der Sittenverfall und die Verschlechterung des politischen Klimas, die fortschreitende Korruption und die Verantwortungslosigkeit der kaiserlichen Regierung

XIII. Techniken der Ming-Zeit:
A. Sämaschine. – B. Mühle. – C. Haspel. – D. Keramikwerkstätte.
Holzschnitte aus dem *Tiangong kaiwu* (1637)

wurden in einem Teil der Literatenkreise lebhaft empfunden. Bemühungen um eine moralische Reform erschienen ihnen unerläßlich. Der Quietismus, die Introspektion, der Rückzug auf sich selbst, die Übernahmen aus dem Buddhismus und die synkretistischen Tendenzen der Epoche laufen der wahren konfuzianischen Tradition zuwider, die im Gegenteil die soziale Verantwortlichkeit der gebildeten Klassen betonte. Der Weise muß der Welt nützlich sein und als Ausgangspunkt für seine Reflexionen die tägliche Wirklichkeit nehmen, anstatt sich in unzugängliche Höhen zu versteigen. Gewiß war der Bruch mit dem 16. Jahrhundert nicht total: die Mode der philosophischen Diskussionen, die Rolle der Privatakademien, die Bedeutung der intuitionistischen Strömung blieben sich gleich; aber es herrschte ein völlig anderes Klima. Ein guter Teil der Intelligentsia wurde sich ihrer sozialen Rolle bewußt; sie brachte den Willen zum Ausdruck, auf die politische Entwicklung einzuwirken (vor allem die Donglin-Akademie und alle ihr angeschlossenen Bewegungen) und stellte eine Philosophie in Frage, die ihren Zweck nur in sich selbst sah. Auch ist ein erneutes Interesse für alle praktischen Kenntnisse festzustellen: Agronomie, Militärtechniken, Hydrologie, Astronomie, Mathematik usw. Diese Verbindung einer gewissen Sittenstrenge mit einer wissenschaftlichen Einstellung, die für die Mandschu-Zeit charakteristisch ist, tauchte schon am Ende der Ming-Zeit auf.

Der Fortschritt der Wissenschaften

Dem Antikonformismus Li Zhis und seiner skeptischen Haltung gegenüber einer klassischen Tradition, die in der chinesischen Welt eine ähnliche Rolle gespielt hatte wie die christliche Tradition im Westen, entsprach eine neue wissenschaftliche Denkrichtung.

Im allgemeinen schreibt man das Verdienst, eine wissenschaftliche Methode der Text- und Geschichtskritik ausgearbeitet zu haben, Gu Yanwu (1613-1682) und den großen Philologen des 18. Jahrhunderts zu. Diese hatte jedoch im 16. und zu Beginn des 17. Jahrhunderts Vorläufer in Mei Zhuo, der schon im Jahr 1543 den apokryphen Charakter der Fassung des *Shangshu* oder »Buches der Urkunden« in alten Schriftzeichen (guwen) anprangerte, und vor allem in Chen Di (1541-1617), der als erster auf dem Gebiet der historischen Phonetik in seinem *Maoshi guyin kao* (Untersuchung der alten Reime des Buches der Lieder) strenge Kriterien aufstellte. Einem anderen Philologen namens Mei Yingzu ist die erste – und bis heute übliche – Klassifizierung der chinesischen Schriftzeichen in 214 »Radikale« (oder Klassifikatoren) zu verdanken, die er im *Zihui* (1615), seinem 33 179 Schriftzeichen umfassenden Wörterbuch verwendete.

Die Mathematik, die am Ende der Song-Zeit und unter der Yuan-Dynastie in hohem Maße gepflegt wurde, verfiel seit dem 14. Jahrhundert; während die volkstümlichen Traditionen des Südens zur Ming-Zeit weiterlebten, gerieten die gelehrten Traditionen Nordchinas völlig in Vergessenheit. Übersetzungen westlicher mathematischer Werke sollten zu Beginn des 17. Jahrhunderts in China das Interesse für die Wissenschaft der Zahlen erwecken und zur Wiederentdeckung der alten chinesischen Mathematiktraditionen führen. Es muß jedoch eine Entdeckung erwähnt werden, die nicht auf den Einfluß der Jesuiten zurückzuführen ist, da sie diesen Übersetzungen zeitlich vorausgeht. Der kaiserliche Prinz Zhu

Zaiyu (1536-1611), ein begeisterter Mathematiker und Musikwissenschaftler, hat als erster auf der Welt die »temperierte Stimmung« definiert, deren Prinzipien er in seinem *Lülü jingyi* (Die wesentliche Bedeutung der Musik) darlegte. Er verfaßte dieses Werk wahrscheinlich zwischen 1584 und 1596 – einige Jahre, bevor die temperierte Stimmung zwischen 1605 und 1608 in Europa auftauchte.

Der neue Geist der Zeit trat jedoch vor allem im Bereich der praktischen Kenntnisse zutage. Am Ende der Ming-Zeit erschienen zahllose Werke technischen oder naturwissenschaftlichen Inhalts, die sich auf beinahe sämtliche Wissenszweige beziehen (Heilmittelkunde, Medizin, Botanik, Landwirtschaft, Handwerk, Geographie usw.) und zweifelsohne Zeugen der im Laufe des 16. Jahrhunderts erzielten Fortschritte sind. Auf das *Gongbu changku xuzhi* (Was man über die Werkstätten und Lagerhäuser des Ministeriums für öffentliche Arbeiten wissen muß) (1615), das eine der reichsten Fundgruben für Informationen über die Geschichte der chinesischen Technik darstellt, folgte im Jahr 1637 das *Tiangong kaiwu,* ein ebenfalls illustriertes Werk, das die gesamten Techniken der Landwirtschaft, Weberei, Keramikherstellung, Eisen- und Stahlerzeugung, des Flußtransports, der Waffenherstellung, Tusche- und Papiererzeugung usw. behandelt. Wang Zheng (1571-1644) beschreibt in einem seiner Werke zahlreiche von ihm erfundene landwirtschaftliche, hydraulische und militärische Maschinen. In Zusammenarbeit mit dem deutschen Jesuitenpater Johann Schreck verfaßte er auch die »Illustrierten Erklärungen zu den seltsamen Maschinen des Fernen Westens« *(Yuanxi qiqi tushuo)*. Gegen Ende der Ming-Zeit erschienen zahlreiche Abhandlungen zur Landwirtschaft: das *Nongshu* von Ma Yilong (1490-1571); das *Shenshi nongshu* über die Agrarmethoden in den Ebenen Nord-Zhejiangs; das *Nongpu liushu* (Landwirtschaft und Gartenbau) (1636) und vor allem die berühmte Abhandlung von Xu Guangqi (1562-1633), einem Schüler von Matteo Ricci und Übersetzer europäischer wissenschaftlicher Werke, das *Nongzheng quanshu* (1639), eine wahre Enzyklopädie der chinesischen Agrartechniken, die auch Informationen über die hydrologischen Techniken des Westens enthält.

Unter den medizinischen Werken (über Hygiene, Diätetik, Akupunktur und Moxibustion, Gynäkologie usw.) und pharmazeutischen Werken, die zwischen dem Beginn des 16. Jahrhunderts und der Mitte des 17. Jahrhunderts gedruckt wurden, muß ganz besonders die große Abhandlung über Botanik und Arzneimittelkunde von Li Shizhen (1518-1598) hervorgehoben werden, das *Bencao gangmu.* Dieses umfangreiche Werk, das im Jahr 1552 begonnen und nach sechzehnjähriger angestrengter Arbeit im Jahr 1578 vollendet wurde, enthält Eintragungen zu nahezu je tausend Pflanzen und Tieren, die in der Medizin Verwendung fanden. Es ist mit wunderbaren Holzschnitten illustriert und wurde im Jahr 1596 gedruckt. In diesem Buch wird zum erstenmal eine Art von Pockenimpfung, die Variolation, beschrieben; ihr Prinzip unterscheidet sich nicht von demjenigen, das im Westen zur Entstehung der Immunologie geführt hat.

Auch die Militärwissenschaft zeugt von diesem allgemeinen Fortschritt der Technik. Im Jahr 1621 wurde eine große Abhandlung über die Kriegskunst gedruckt, die eine Art von Pendant des beginnenden 17. Jahrhunderts zu dem Mitte des 11. Jahrhunderts erschienenen berühmten *Wujing zongyao* darstellt: das *Wubeizhi* von

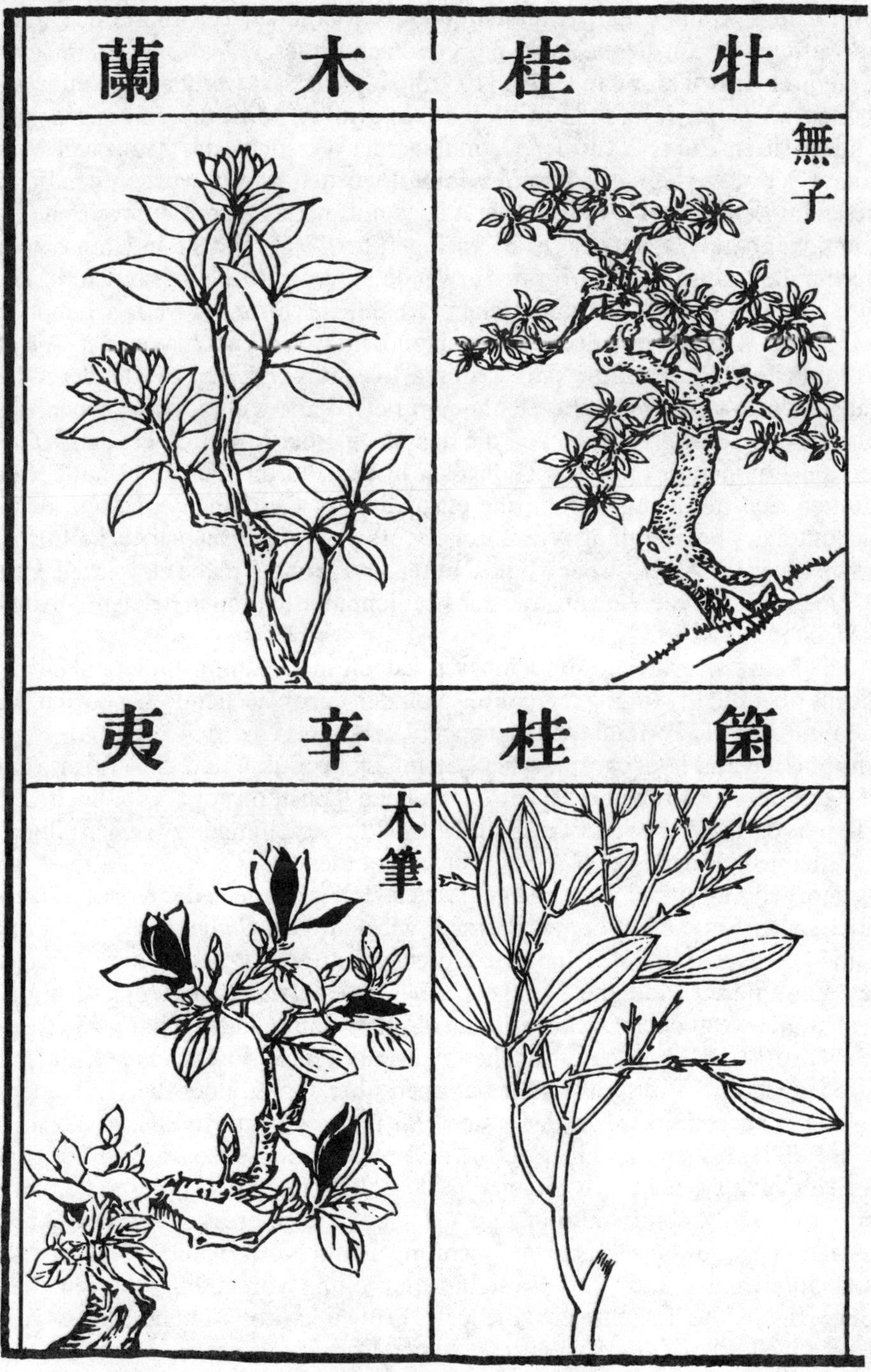

XIV. Holzschnitte aus dem *Bencao gangmu*.
Rechts zwei Arten von Zimtstauden, links zwei Arten von Magnolien.

Mao Yuanyi. Anhand der in diesem Werk enthaltenen Informationen über die Feuerwaffen soll an dieser Stelle die Geschichte dieser Waffengattung seit dem Beginn ihrer Entwicklung in China (10.-13. Jh.) skizziert werden. Die chinesischen Kanonen waren im Jahr 1497 in Vietnam in großem Maßstab eingesetzt worden. Nachdem sie in Europa auf der Grundlage der Versuche des deutschen Mönchs Berthold Schwarz (1310-1384) perfektioniert worden waren, wurden von den Portugiesen im Laufe des 16. Jahrhunderts neue und wirksamere Feuerwaffen (Kanonen und tragbare Waffen) in Ostasien eingeführt. Während sie in China, wo man weiterhin die traditionellen Mörser verwendete, wenig Anklang fanden, hatten sie in Japan großen Erfolg. Die japanischen Piraten, die Mitte des 16. Jahrhunderts die chinesischen Küsten verwüsteten, machten schon Gebrauch von der Arkebuse (Hakenbüchse), einer auf die Tanegashima-Insel importierten Waffe, deren Name zur allgemeinen japanischen Bezeichnung für die Waffe wurde. Diese neuen Waffen trugen zu den Schwierigkeiten bei, die das Ming-Heer in Korea bei den Kämpfen gegen die Truppen des Shōgun Hideyoshi in den Jahren 1593-1598 hatte. Seither bemühten sich die Ming darum, die europäischen Geschütze einzusetzen, die in China unter der Bezeichnung »fränkische Mörser« *(folangji chong)* bekannt waren. Um sich gegen die Angriffe der Mandschuren im Liaohe-Becken zu wehren, kauften die Chinesen durch die Vermittlung der Jesuitenpater Kanonen bei den Portugiesen von Macao.

Möglicherweise erhielten die Chinesen jedoch im 16. Jahrhundert über andere Wege als über die Portugiesen Kenntnis von den europäischen Feuerwaffen. Ein in der Jiajing-Ära (1522-1566) erschienenes Werk, das *Xiyu tudi renwu lue,* das das orographische und hydrographische System, die Produkte und die Völker Zentralasiens, des Iran, des Irak und der Türkei bis nach Konstantinopel abhandelt, scheint den Beweis dafür zu erbringen, daß zur Ming-Zeit Beziehungen zwischen China und den Mittelmeerländern des Nahen Ostens bestanden.

Andere geographische Werke zeigen, welche Fortschritte in der Kenntnis fremder Länder gegen Ende der Ming-Zeit erzielt wurden. Das *Shuyu zhouzi lu* (Vorwort von 1574, gedruckt 1583) behandelt Korea, Japan, die Ryūkyū-Inseln, Vietnam, Tibet, Zentralasien und die Mongolei. Das *Dongxiyangkao* (Untersuchung der östlichen und westlichen Ozeane) des aus Fujian stammenden Zhang Xie (beendet 1617, gedruckt 1618) ist hauptsächlich den Ländern Südostasiens gewidmet, vermittelt jedoch auch wertvolle Informationen über Japan, über die Holländer und die Navigationstechniken. In der ersten Hälfte des 17. Jahrhunderts, die so reich war an Publikationen, hat einer der bemerkenswertesten Geographen der chinesischen Geschichte gelebt, Xu Hongzu (Xu Xiake) (1586-1641), der erste, der sich lebhaft für die Bodengestaltung und die Geologie interessierte. Seine Arbeiten waren die Frucht unmittelbarer Beobachtungen und Notizen, die er während seiner Reisen durch ganz Süd- und Westchina im Laufe von dreißig Jahren machen konnte. Xu Xiake erforschte die Quelle des großen kantonesischen Flusses Xijiang und die Quelle des Yangzi. Während seiner Forschungsreisen in den Tälern am Oberlauf der großen Flüsse der indochinesischen Halbinsel entdeckte er, daß im Gegensatz zur damals herrschenden Vorstellung der Salwin und der Mekong zwei selbständige Flüsse sind. Das große Talent dieses Geographen kommt jedoch vor allem in seinen wertvollen Beschreibungen und seinen geologischen Beobachtungen zur Geltung.

Eine städtische Literatur

Am Ende der Ming-Zeit kam es zur Blüte ohnegleichen einer Unterhaltungsliteratur, deren Sprache den gesprochenen Dialekten viel näher ist als dem klassischen Chinesisch. Diese Literatur wandte sich an ein vergnügungssüchtiges städtisches Publikum, das wohl ziemlich ungebildet war, dafür aber frei von der geistigen Enge, die eine klassische Bildung mit sich bringt. Die große Anzahl der Volksausgaben ist ein indirekter Beweis für die Bedeutung dieses Publikums. Den Fortschritt im Buchdruck und Holzschnitt zur Wanli-Ära (1573 1619) begleitete eine Vermehrung der billigen Publikationen: Etwa von 1571 an waren die Druckereien Nord-Fujians, die eine Anzahl von Volksenzyklopädien herausgaben, eines der Hauptzentren dieser Tätigkeit.

Die Romanliteratur der ausgehenden Ming-Zeit war aus der langen Tradition hervorgegangen, die auf die Vergnügungsviertel von Kaifeng und Hangzhou im 11.-13. Jahrhundert zurückreicht (die ältesten schriftlichen Fassungen der großen Romane stammen aus dem 14. Jahrhundert); sie hatte sich jedoch von ihrem Ursprung befreit und zeigte neue Züge, die sich nur mit einem tiefgreifenden Wandel der Lebensweise erklären lassen. Die Phantasie, die Erfindungsgabe, die Psychologie, die Gestaltung spielen eine viel größere Rolle als in den Werken des 14. Jahrhunderts. Auch die Themen waren bereichert und ausgebaut worden. Die Autoren, die manchmal Beamte waren, gehörten meist der breiten Schicht der stellenlosen Literaten an, die sich recht und schlecht durchschlugen, indem sie versuchten, von Auftragsarbeiten hochgestellter Persönlichkeiten oder von den mageren Einkünften als Privat- oder Schullehrer zu leben.

Die beiden bedeutendsten Romane der ausgehenden Ming-Zeit sind das im Jahr 1570 erschienene *Xiyouji* (Die Reise nach dem Westen), das die Abenteuer des Mönchs Xuanzang und des Affen Sun Wukong auf ihrer Pilgerfahrt nach Indien erzählt, sowie das etwa aus dem Jahr 1619 stammende *Jinpingmei (King Ping Meh, Die abenteuerliche Geschichte von Hsi Men und seinen sechs Frauen)*, in dem das Leben eines reichen Kaufmannes aus Shandong geschildert wird. Beide Werke zeugen auf ihre Weise vom Sittenwandel und von der Entwicklung der Literatur jener Zeit: während das erste Humor und Phantasie vermischt und reichlich aus den verschiedensten Inspirationsquellen schöpft, ist der zweite Roman ein psychologisches und realistisches Werk und der erste Sittenroman der chinesischen Geschichte. Neben den Romanen, bei denen es sich um ausgebaute Formen kürzerer Erzählungen handelt, gibt es eine Fülle von Liebes- und Kriminalgeschichten, satirischen, erotischen, heroischen oder erbaulichen Erzählungen, in denen meist alle diese Züge miteinander vermischt sind. Zwischen 1623 und 1632 wurden umfangreiche Sammelwerke gedruckt: das *Pai'an jingqi* (Geschichten, bei deren Lektüre der Leser unwillkürlich mit der Hand auf den Tisch schlägt) und das *Sanyan* (Drei Sammlungen von Geschichten). In der Zeit zwischen 1632 und dem Jahr der Mandschu-Invasion (1644) wurde eine Anthologie von Erzählungen, von denen viele wahre Meisterwerke sind, mit dem Titel *Jingu qiguan* (Wundersame

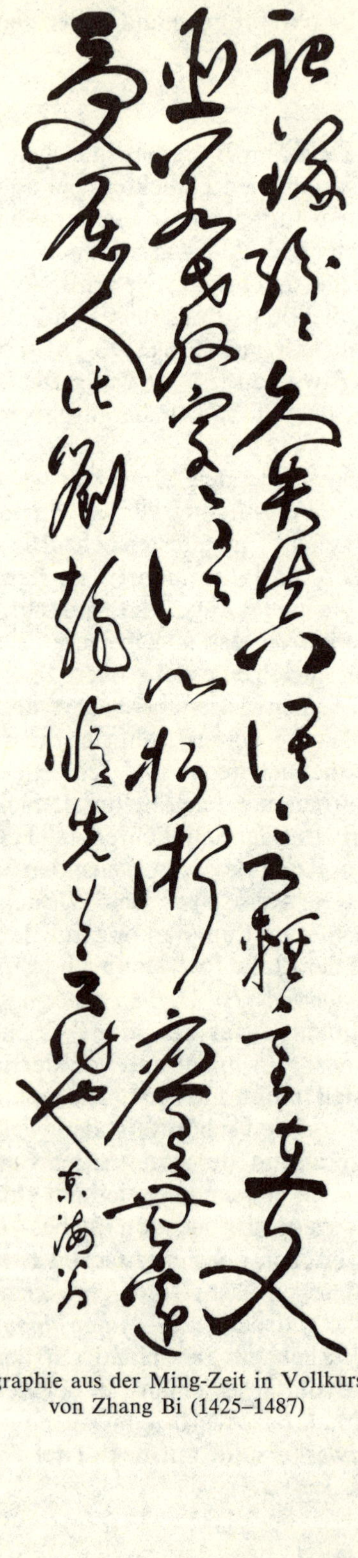

xv. Kalligraphie aus der Ming-Zeit in Vollkursivschrift, von Zhang Bi (1425–1487)

Geschichten aus neuer und alter Zeit) gedruckt. Das *Jingu qiguan* beeinflußte den japanischen Autor Rinrashi in seinem Werk *Gekka seidan* (Reine Gespräche bei Mondschein), das er im Jahr 1790 veröffentlichte. In China selbst haben die Erzählungen der ausgehenden Ming-Zeit großen Einfluß auf die in klassischer Sprache geschriebene gelehrtere Literatur des 18. und 19. Jahrhunderts ausgeübt.

Gleichzeitig mit dieser Literatur, die sich an ein neues städtisches Publikum wandte, erfuhr auch das Theater, das von den kaiserlichen Prinzen und den reichen Familien gefördert wurde, einen deutlichen Aufschwung: Aus diesem Bereich sind vor kurzem manche Werke wiederentdeckt worden. Hier können die Namen von Tang Xianzu (1550-1616) und Ruan Dacheng (1587-1646), einem hohen Beamten, der mit der Eunuchenpartei in enger Beziehung stand, genannt werden. Der erste der beiden Autoren gab seine offizielle Karriere auf, um sich dem Theater zu widmen; er schrieb neben anderen Meisterwerken ein romantisches Stück, das *Mudanting* (Die Päonienlaube). Thema des Stücks ist eine ideale Liebe, deren Macht eine junge Frau wieder zum Leben erweckt.

2. *Die ersten Einflüsse des neuzeitlichen Europa*

Die Ereignisse, die sich um 1500 im Nahen Osten und im Mittelmeerbecken abspielten, hatten auf die portugiesische Expansion in den Indischen Ozean und nach Ostasien entscheidenden Einfluß. Der Untergang der fränkischen Kolonien in Syrien und die Siege der Osmanen über die Venezianer besiegelten den Verfall Venedigs und des traditionellen Europahandels mit der islamischen Welt. Da die ägyptischen Mamelucken die Handelswege kontrollierten, suchte man einen Umweg über das Kap der Guten Hoffnung. Nachdem Vasco da Gama unter der Führung des arabischen Steuermanns Ahmad ibn Mājin im Jahr 1498 von Malindi (Kenya) aus auf dem Seeweg Kalikut an der Küste Malabars erreicht hatte, waren die Portugiesen die ersten, die sich zu Beginn des 16. Jahrhunderts bis in die ostasiatischen Meere vorwagten. Sie versuchten, sich dort in den teilweise aus Piratenaktionen bestehenden großen Handel einzuschalten, der im Laufe des 16. Jahrhunderts eine starke Ausweitung auf ganz Ostasien – China, Japan, die Philippinen, Indonesien und die indochinesische Halbinsel – erfuhr. Wie die Malaien handelten die Portugiesen zwischen Südostasien und Südchina mit Pfeffer. Es dauerte nicht lange, bis sie den Bewohnern von Java und Sumatra die Kontrolle der Seewege und des Seehandels zu entreißen versuchten, und im Süden des japanischen Archipels und in Ningbo mit den Japanern Beziehungen anknüpften.

Die portugiesischen Galeonen legten in den Jahren 1514-1516 zum erstenmal an den Küsten von Guangdong an. Vor Fujian tauchten sie im Jahr 1540 und vor Japan im Jahr 1542 zum erstenmal auf. Die Spanier erreichten die ostasiatischen Meere im Jahr 1543, und die Holländer, deren Macht sich zu behaupten begann, um 1600. Die Chinesen rechneten diese Neuankömmlinge, die sich in die Handelsströme des Fernen Ostens und Südostasiens einschalteten und Folangji (»Franken« = Portugiesen und Spanier) beziehungsweise Hongmaoyi (»rothaarige Barbaren« = Holländer) genannt wurden, zur Bevölkerung der südostasiatischen Länder, in denen sie ihre Handelsniederlassungen aufgeschlagen hatten. Es ist nicht ausgeschlossen, daß durch ihre Vermittlung gewisse europäische Einflüsse in die Küstengebiete Süd- und Südostchinas einzudringen begannen, auf ähnliche Weise also, wie sich einst indische, iranische und islamische Einflüsse in denselben Regionen ausgebreitet hatten. Aber erst seit dem Eintreffen der ersten Jesuitenmissionare im ausgehenden 16. Jahrhundert in China verfügen wir über sichere Angaben.

Das Eintreffen der ersten katholischen Missionare in Ostasien

Der christliche Westen hatte zum erstenmal mit Ostasien, genauer mit der Mongolei und der Region von Peking, von der Mitte des 13. Jahrhunderts an Kontakt gehabt, und zwar bis zum Jahr 1338, dem Todesjahr von Giovanni de Monte-Corvino, dem ersten Erzbischof des mongolischen Peking, das damals Khanbalik hieß. Zu dieser Zeit waren der Papst und die Könige von Frankreich vor allem darum bestrebt gewesen, mit einem kosmopolitischen, allen Religionen gegenüber offenen Reich ein Bündnis gegen den Islam abzuschließen. Als um die Mitte des 16. Jahrhunderts, in den Fußtapfen der portugiesischen Abenteurer, die ersten katholischen Missionare in Ostasien an Land gingen, war dort von diesem mittelalterlichen Christentum keine Spur mehr vorhanden. Zudem aber hatte sich die geistige Einstellung gewandelt: es war die Epoche der Conquistadores und der Gegenreform. Das Europa des 16. Jahrhunderts wurde von einem Eroberungsgeist und einem Bekehrungseifer beherrscht, die dem Mittelalter unbekannt waren. Das Hauptziel des im Jahr 1534 von Ignatius von Loyola geschaffenen Jesuitenordens war die Bekehrung der Heiden.

Sieben Jahre nach der Ankunft der ersten portugiesischen Händler auf Tanegashima, einer südlich von Kyūshū gelegenen Insel, ging der heilige Francisco Xavier, ein spanischer Jesuit, in Japan an Land (1549) und begann in Westjapan und Kyōto zu predigen. Er starb im Jahr 1552 in der Nähe von Kanton, ohne daß es ihm gelungen war, nach China vorzudringen. Es war eine Zeit, in der das Piratentum wütete und alle Ausländer daher suspekt waren. Die portugiesischen Freibeuter und Abenteurer waren bei den chinesischen Behörden schlecht angeschrieben; es gelang ihnen jedoch, für den gewinnbringenden Handel zwischen China und Japan an der Stelle mit dem Flurnamen Macao im Westen der Mündung des Perlflusses ein kleines Kontor einzurichten. Dies war der einzige Punkt der chinesischen Küste, an dem die Missionen sich festsetzen konnten und wurde ihre wichtigste Operationsbasis für den Fernen Osten. Da, wo alle seine Vorgänger gescheitert waren, sollte der italienische Jesuit Matteo Ricci (1552-1610) dank seiner Beharrlichkeit und seiner geistigen Anpassungsfähigkeit Erfolg haben. Nachdem er im Jahr 1583 Guangdong erreicht hatte, gelangte er 1595 nach Nanchang, der Hauptstadt von Jiangxi, und anschließend nach Nanking; 1601 ließ er sich in Peking nieder. Ricci, der bis 1595 die Kleidung der buddhistischen Mönche trug, so wie es bei den Missionaren in Japan und auf den Philippinen üblich war, sah ein, daß er, um die Oberschicht zu gewinnen, ihre Kleidung und Umgangsformen annehmen und sich dem langen und schwierigen Studium der klassischen Kultur widmen mußte. So gelang es ihm, allmählich eine Christianisierungsmethode auszuarbeiten, die darin bestand, die zumindest scheinbaren Analogien zwischen den klassischen chinesischen Traditionen und dem Christentum stark zu betonen, für die Orthodoxie und gegen den Buddhismus, den Taoismus und die volkstümlichen Glaubensanschauungen Partei zu ergreifen, und dem Hang der Literaten zur europäischen Wissenschaft, Technik und Kunst zu schmeicheln. Die Missionare führten in China auch einige mechanische Kuriositäten wie Uhren ein (Ricci wurde später zum Schutzgott der chinesischen Uhrmacher, und im 19. Jahrhundert in Schanghai in der Gestalt des »Bodhisattva Ricci«, Li Madou pusa, verehrt). Die Missionare wurden aber am Hof und in den Kreisen der hohen Beamten viel weniger wegen eines Interesses für mechanische Kuriositäten, die als nutzlose Spielereien galten, als wegen ihrer wissenschaftlichen und technischen Kenntnisse geschätzt. Wenn sie sich in Peking bis zur Auflösung ihres Ordens am Ende des 18. Jahrhunderts halten konnten, so aufgrund der Dienste, die sie den Kaisern als Mathematiker, Astronomen, Kartographen, Übersetzer, Maler und Musiker leisteten.

Die ersten Jesuitenmissionen wurden auf der Strecke eingerichtet, die Matteo Ricci zwischen Macao und Peking bereist hatte: in Zhaoqing, Shaozhou, Nanxiong in Guangdong, Ganzhou, Nanchang in Jiangxi, Nanking, Huaian und Jinan. Von dort aus dehnten sie sich am Ende der Ming-Zeit auf die Mehrzahl der Provinzen aus; zahlreicher waren sie in der Region des unteren Yangzi und in Fujian, bis wohin auch aus Manila gekommene Dominikaner und Franziskaner vordrangen.

Einige wenige Missionare kamen über Burma oder Zentralasien. So der Portugiese Benedict de Goëz, der von Agra, der Hauptstadt der Moghulen-Dynastie, in der Regierungszeit von Akbar (1556-1605) im Jahr 1602 aufbrach, um zu erforschen, ob das Cathay Marco Polos mit China identisch sei. Er reiste über Kabul, Samarkand, die Oasen des Tarim-Beckens und gelangte im Jahr 1605 nach Jiuquan in Gansu. Von dort aus schrieb er Matteo Ricci, der ihm einen konvertierten Chinesen aus Macao entgegenschickte: Bruder Sebastian Fernandez. Dieser traf im Jahr 1607 kurz vor Benedict de Goëz' Tod in Jiuquan ein. Schließlich seien zwei Missionare erwähnt, die in den Jahren 1661-1662 die umgekehrte Reise unternahmen, von Peking nach Agra, aber über Tibet und Nepal. Damit wird die erstaunliche Kontinuität der Reiserouten durch die Jahrhunderte hindurch bewiesen: dieselben Wege Zentralasiens und Tibets waren vom 4. bis zum 9. Jahrhundert von zahlreichen buddhistischen Pilgern bereist und erforscht worden.

Die Schwierigkeiten des Dialogs

Die Standpunkte der beiden Seiten unterschieden sich radikal voneinander: das, was in den Augen der Missionare und der katholischen Hierarchie nichts anderes als ein der Bekehrung dienliches Vorgehen war, machte für die Mehrheit der chinesischen Führungsschicht den einzigen Vorteil der Anwesenheit der Jesuiten bei Hof aus. Die Missionare glaubten dadurch, daß sie die Überlegenheit der europäischen Wissenschaften und Erfindungen aufzeigten, auch die Überlegenheit der Religion, die diesem Teil der Welt offenbart worden war, beweisen zu können. Abgesehen von einer kleinen Anzahl von Literaten und hohen Beamten, die mit den Jesuiten in enger Verbindung standen und von der Verwandtschaft zwischen den chinesischen Traditionen des Altertums und dem Christentum überzeugt waren, entwickelten die gebildeten Schichten in ihrer Gesamtheit der neuen Religion gegenüber eine feindliche Einstellung. Die Entstehung christlicher Gemeinschaften in Volkskreisen erschien ihnen als Bedrohung der öffentlichen Ordnung, und im Christentum selbst sahen sie nichts als ein Gefüge von Überspanntheiten und Widersprüchen. Die europäische Religion stieß nämlich in China auf schwer zu überwindende Hindernisse, die auf den Unterschieden der Gesellschaften und Kulturen beruhten, deren Geschichte, geistiger Rahmen, Verhaltensweisen und Sitten keinerlei Ähnlichkeit aufwiesen. Die Welt Chinas bot keinen leichten Angriffspunkt für eine Religion, die ein totales Engagement forderte und die Existenz eines Absoluten voraussetzte. China war zwar die religiöse Begeisterung nicht fremd; unbekannt war ihm jedoch aufgrund seiner fundamentalen Konzeption einer immanenten Ordnung, die gleichzeitig kosmisch und menschlich, natürlich und sozial war, die Kategorie der Transzendenz.

Der Dialog zwischen den Christen und den Chinesen war daher von Anfang an auf schwerwiegende Mißverständnisse gegründet, die sich im 18. und 19. Jahrhundert noch vertieften.

Die Christen wurden schon bald angeklagt:
– die chinesischen Sitten verderben zu wollen, da sie den Ahnenkult verboten (nach einer relativ toleranten Periode im 17. Jahrhundert wurden im 18. Jahrhundert die Weisungen des Vatikans in diesem Punkt unnachgiebig; dieser »Ritenstreit« war jedoch Ausdruck eines Konflikts, der schon viel früher, gleich nach dem Tod von Matteo Ricci im Jahr 1610, im Kreis der Missionare selbst ausgebrochen war);
– die Statuen und Heiligtümer des chinesischen Kults zu zerstören;
– einen Menschen zu verehren, der mit dem Tode bestraft wurde;
– zugunsten der Japaner und der Piraten und Schmuggler der Küstengebiete Komplotte zu schmieden und Spionage zu betreiben;
– sieben Kugeln am Himmel zu unterscheiden und eine geneigte Ekliptik anstelle des traditionellen chinesischen Äquatorialmodells anzunehmen (die Jesuiten lehrten in China die von Tycho Brahe revidierte Kosmologie des Aristoteles; das System Galileis, das die Kirche im Jahr 1633 verurteilte, wurde in China nie offiziell eingeführt, obwohl ein Missionar des 17. Jahrhunderts auf das heliozentrische Weltbild angespielt hat);
– geheime Vereinigungen zu schaffen (ebenso wie die Mitglieder der Geheimgesellschaften in keinem Fall ihre Mitgliedschaft gestehen durften, hatten die Neubekehrten Interesse daran, ihren Beitritt zur Kirche nicht kundzutun);
– im geheimen Metalle zu verwandeln und unheilvolle Zauberformeln auszusprechen.

Alle diese Kritiken fanden zu Beginn des 17. Jahrhunderts durch antichristliche Pamphlete weite Verbreitung; eines der ersten davon war das *Poxieji* (Sammlung, in der die Häresien widerlegt werden), das im Jahr 1639 erschien. Im Gegensatz zu den Missionaren, die im alten Glauben an einen »Herren von oben« *(shangdi)* den sehr alten Überrest einer christlichen Offenbarung zu erkennen glaubten, sahen die den Missionaren feindlich gesinnten chinesischen Literaten im Christentum nichts anderes als eine entartete Form eines mit manchen Entlehnungen aus dem Islam vermischten Buddhismus. Dieses Argument wurde häufig benutzt und taucht insbesondere im *Aomen jilue* (Abriß über Macao) aus dem Jahr 1751 auf.

Natürlich waren die chinesischen Reaktionen je nach dem sozialen Milieu unter-

17. Malereien aus der Song-Zeit. Oben: »Flüsse und Berge soweit das Auge reicht« (anonym, 12. Jh.). Unten: »Berge mit verschneiten Gipfeln« in Yu Jian (Südliche Song).

18. Porzellan aus der Song- und der Yuan-Zeit.

18. Porzellan aus der Song- und der Yuan-Zeit.

17. Malereien aus der Song-Zeit. Oben: »Flüsse und Berge soweit das Auge reicht« (anonym, 12. Jh.). Unten: »Berge mit verschneiten Gipfeln« in Yu Jian (Südliche Song).

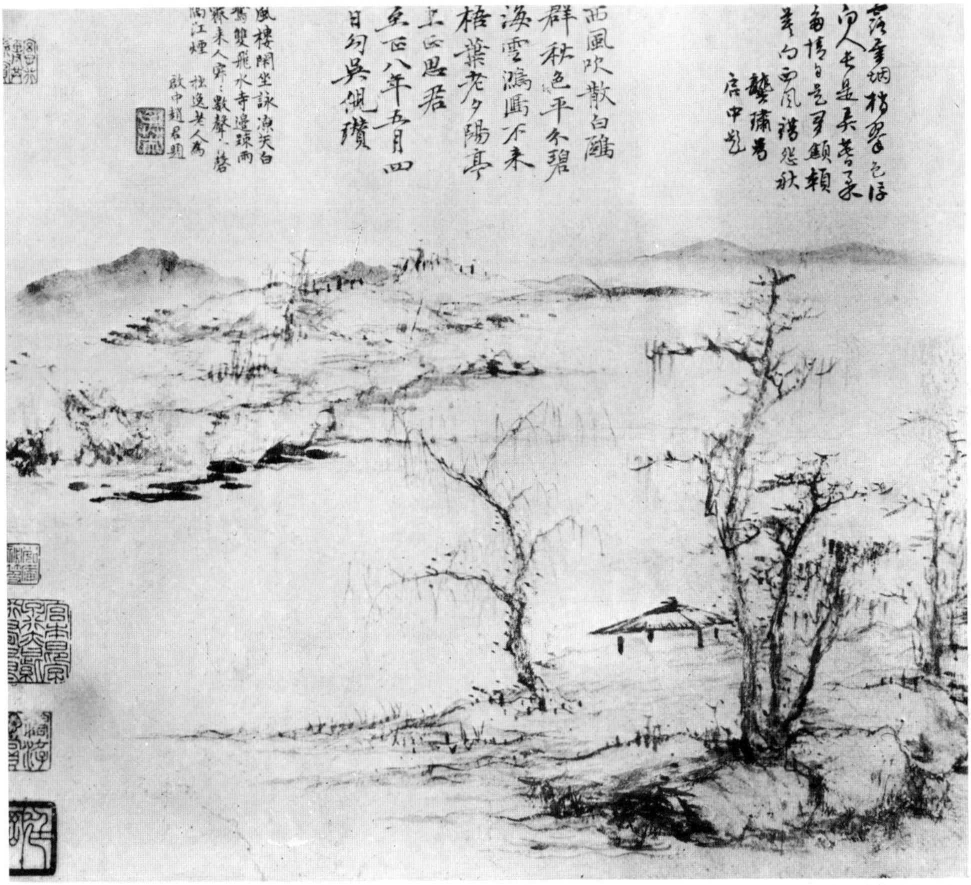

19. Malereien aus der Mongolen-Zeit. Oben: Landschaft von Ni Zan (1301–1374). Unten: Bildrolle mit acht Pferden, Kopie aus der Ming-Zeit eines Werks von Qian Xuan (Qian Shunju) (Detail).

20. Die Astronomie in der Yuan- und in der Ming-Zeit. Oben: Astronomische Instrumente aus dem Observatorium von Peking. Unten: Observatorium von Zijinshan bei Nanking.

21. Porzellan aus der Ming-Zeit: Blau-weiße Flasche.

22. Die Große Mauer des 15. Jahrhunderts nördlich von Peking.

23. Der im 15. Jahrhundert erbaute Kaiserpalast in Peking.

24. Ming-Bauten in Nanking. Oben: Allee zum Grab des Kaisers Hongwu (1368–1398), des Gründers der Ming-Dynastie. Unten: Allee zum Grab eines Königs von Borneo, der im Jahr 1408 in Nanking starb.

schiedlich. Es scheint, daß die Missionare auf dem Land anfangs eine gewisse Neugier geweckt haben. Ihre seltsamen Sitten und Praktiken lösten Staunen aus. Das Begräbnis eines Christen zog eine große Menschenmenge an. Der Missionar konnte als Abart eines buddhistischen Mönchs angesehen werden und das Christentum setzte sich auf dem Land in dem Maß fest, als es zu einer Art von Synkretismus zwischen der fremden Religion und den chinesischen Traditionen in bezug auf die Heiligkeit und das Heilige kam. So fanden sich zum Beispiel in der Biographie des Pater Etienne Faber, der am Ende der Ming-Zeit in Shanxi als Missionar tätig war, mehrere Themen der buddhistischen und taoistischen Hagiographie wieder: dieser christliche Mönch soll sich wilden Tieren haben nähern können, ohne von ihnen gefressen zu werden; er hatte die Fähigkeit, Krankheiten zu heilen; es gelang ihm, mit Weihwasser eine Heuschreckeninvasion zu vertreiben; er exorzierte die Spukhäuser; er sah genau seinen Todestag voraus; sein Leichnam verweste nicht, sein Grab blieb vom Hochwasser verschont und der Missionar wurde nach seinem Tod in einen lokalen Erdgott *(fangtudi)* verwandelt.

Zu Beginn des 18. Jahrhunderts schlug ein Pater aus Bordeaux, Louis Le Comte (1655-1728), als Bekehrungsmethode für Leute aus dem einfachen Volk folgendes vor:
- Erzählungen und Parabeln zu verwenden;
- den »Prunkgewändern, Prozessionen, Gesängen, Glockenklängen und Zeremonien« große Bedeutung beizumessen;
- Achtung vor »Bildern, Reliquien, Medaillen und Weihwasser« einzuflößen;
- sich vor allem der Unterweisung der Kinder zu widmen.

Das sind im wesentlichen die Methoden, die in China eineinhalb Jahrtausende vorher von den Buddhisten angewandt worden waren.

Die bedeutendsten Konvertiten

In der Oberschicht sollten die Jesuiten jedoch bei einer kleinen Anzahl von Literaten auffallende Erfolge erzielen. Die berühmtesten zum Christentum bekehrten Literaten sind diejenigen, die man die »drei Säulen der Bekehrung zum Christentum« genannt hat *(kaijiao san da zhushi)*: Xu Guangqi, Li Zhizao und Yang Tingyun.

Xu Guangqi (1562-1633), der in Schanghai geboren wurde und im Jahr 1604 die Doktorprüfungen bestand, war einer der ersten, der mit den Jesuitenmissionaren in Kontakt trat. Er arbeitete bei einer reichen Familie in Shaozhou als Hauslehrer und lernte zunächst in dieser Stadt Pater Lazare Cattaneo und anschließend im Jahr 1600 in Nanking Matteo Ricci kennen. Er wurde von dem Missionar Jean de Rocha auf den Namen Paul getauft. Xu Guangxi, der von 1604 bis 1607 in Peking wohnte, wurde dort zusammen mit Li Zhizao von Matteo Ricci unterrichtet. Von da an übersetzte Xu europäische Lehrbücher der Mathematik, Astronomie, Geographie und Hydraulik (die Jesuiten sollen nahezu 7 000 Bücher in westlichen Sprachen nach Peking gebracht haben). Die Chinesen verdanken ihm vor allem die Übersetzung eines Werks zur Trigonometrie mit dem Titel *Celiang fayi* (Xu Guangqi entdeckte die Identität der chinesischen und westlichen Methoden in der Trigonometrie), an dem er zwischen 1606 und 1608 arbeitete, die Übersetzung der »Elemente des Euklid« *(Jihe yuanben)* (1611) und einer Abhandlung zur Hydraulik (das

Taixi shuifa) (1612). Nachdem er im Jahr 1607 ins untere Yangzi-Gebiet zurückgekehrt war, wo er weitere Kontakte mit Jesuiten anknüpfte, zog er sich im Jahr 1621 endgültig nach Schanghai zurück und übersetzte dort eine »Abhandlung über die Seele«. Im Jahr 1630 empfahl er bei Hofe Pater Adam Schall zur Erstellung eines neuen Kalenders und Pater Longobardo zur Verhandlung über den Ankauf von Kanonen in Macao. In der Nähe seines Wohnhauses in einem Vorort von Schanghai, im Marktflecken der Familie Xu (Xujiahui, im Dialekt von Schanghai: Zikkawei) wurde eine kleine Kirche gebaut; rund um diese Kirche sollte sich im 19. Jahrhundert die bedeutende katholische Mission von Zikkawei bilden. Nach dem Tod von Xu Guangqi wurde im Jahr 1639 seine berühmte »Abhandlung über die Landwirtschaft«, das *Nongzheng quanshu*, gedruckt.

Yang Tingyun (1557-1627), Literat und Beamter wie Xu Guangqi, stammte aus Hangzhou. Nachdem er im Jahr 1600 in Peking zum Zensor ernannt worden war, befaßte er sich mit dem Transportwesen auf dem großen Kanal und mit der Verwaltung der Region von Suzhou. Als er im Jahr 1609 zurückgezogen in Hangzhou lebte, fühlte er sich vom *chan*-Buddhismus angezogen. Im Jahr 1611 lernte er bei Li Zhizao Lazare Cattaneo und Pater Nicolas Trigault kennen, die ihn zum Christentum bekehrten und im darauffolgenden Jahr auf den Namen Michael tauften. Er gründete zusammen mit Verwandten und Freunden eine »Vereinigung des Weihwassers« *(Shengshuihui)* und verfaßte ein Werk über die christliche Lehre. Im Jahr 1621 ließ er einen Essay drucken, in dem er die Überlegenheit des Christentums über den Buddhismus zu beweisen versuchte. Er nahm als Mitarbeiter bei der Abfassung von erklärenden Anmerkungen zum »Weltatlas« teil, der im Jahr 1602 von Matteo Ricci unter dem Titel *Kunyu wanguo quantu* herausgegeben wurde; es handelt sich dabei um das im Jahr 1623 gedruckte *Zhifang waiji*. In seinem Todesjahr (1627) ließ Yang Tingyun in Hangzhou eine christliche Kirche erbauen.

Li Zhizao (? -1630) stammte wie Yang Tingyun aus Hangzhou. Er lernte Ricci kurz nach seiner Ankunft in Peking im Jahr 1601 kennen, und entdeckte bei ihm die Karte des »Weltatlas«. Da er sich leidenschaftlich für geographische Fragen interessierte, machte er sich ans Studium der europäischen Kartographie und der Naturwissenschaften. Er studierte von 1604 bis 1610 bei Matteo Ricci und diente ihm als Übersetzer von verschiedenen wissenschaftlichen und religiösen Werken. Nach seiner Rückkehr nach Hangzhou im Jahr 1611 lud er die Patres Cattaneo, Sebastian Fernandez und Nicolas Trigault ein, in dieser Stadt zu predigen. Während der ersten, im Jahr 1616 von Shen Que ausgelösten und während der zweiten »Christenverfolgung« des Jahres 1622 – Shen Que gab als Grund die Explosion von zwei in Macao gekauften Kanonen an – unterstellte Li Zhizao die Christen von Hangzhou seinem Schutz. Im Jahr 1625 verfaßte er einen kurzen Bericht über die nestorianische Stele, die damals in Xi'an (Shenxi) wiedergefunden worden war (auf dieser in chinesischer und syrischer Sprache geschriebenen und auf das Jahr 781 datierten Stele wird die Geschichte der Einführung des Nestorianismus in der Hauptstadt der Tang vom Jahr 631 an geschildert), und identifizierte den Nestorianismus mit dem Christentum. Im Jahr 1664 erschien in Hangzhou ein weiteres Werk über die berühmte Stele, unter dem Titel »Abhandlung über die nestorianische Stele« *(Jingjiaobeiquan)*, das Pater Emmanuel Diaz verfaßt hatte. In der Abhandlung sind zwei nestorianische Kreuze abgebildet, die im Jahr 1638 in der Nähe des großen Hafens Quanzhou gefunden worden waren. Ein Jahr vor seinem Tod, im Jahr 1629, wurde Li Zhizao zusammen mit Xu Guangqi und Pater Longobardo mit der Erstellung eines neuen Kalenders beauftragt.

Die wechselseitigen Einflüsse

Es ist recht schwierig, den Auswirkungen dieses Kontakts zwischen gebildeten Männern Europas und Mitgliedern der chinesischen Elite während der ersten Hälfte des 17. Jahrhunderts voll gerecht zu werden; denn neben den Beweisstücken der übersetzten Werke und den offensichtlichen Fällen von Entlehnung haben sich in China und in Europa wie eine Stoßwelle diffuse Einflüsse fortgepflanzt und wieder zurückgewirkt, deren verschlungene Wege nicht verfolgt werden können. Auf den drei Hauptgebieten, in denen die Jesuiten wissenschaftlich gewirkt hatten und noch bis Ende des 18. Jahrhunderts wirkten – Astronomie, Mathematik und Kartographie –, ist ihr Beitrag unbestreitbar. In ebensolchen oder noch größerem Maß aber wirkte vielleicht der Anstoß, den sie gegeben haben: ihnen ist zweifelsohne die Erneuerung der chinesischen Mathematik im 17. und 18. Jahrhundert zu verdanken. Ganz allgemein kann man sagen, daß die wissenschaftlichen Tendenzen im China des 17. und 18. Jahrhunderts durch die Beiträge aus dem Westen verstärkt wurden.

Man muß sich im übrigen davor hüten, dem Europa des beginnenden 17. Jahrhunderts eine prinzipielle Überlegenheit zuzuschreiben. In dieser Epoche hatten der christliche Westen und die chinesische Welt beide gleichviel voneinander zu lernen.

Merkwürdigerweise waren die astronomischen Traditionen der Chinesen, wie J. Needham festgestellt hat, »moderner« als die Theorien von Matteo Ricci. Der Gründer der Jesuitenmission in China, der nichts von der kommenden Revolution in der westlichen Astronomie ahnte, lehrte dort die Ptolemäischen Prinzipien – Himmelskugeln und Ekliptikkoordinaten –, die mit den chinesischen Ideen und Gewohnheiten in Widerspruch standen: Die meistverbreitete kosmologische Theorie in China, die *xuanye*-Theorie, sah in den Sternen und Planeten Lichter aus unbekannter Substanz, die in einem endlosen Raum schweben. Diese Theorie des unbegrenzten Raumes stand in Einklang mit der indischen und buddhistischen Auffassung von der Unendlichkeit der Zeiten und Räume (Berechnungen aus der Tang-Zeit datierten gewisse astronomische Ereignisse auf rund 100 Millionen Jahre). Nicht weniger als die antike Auffassung von den himmlischen Kugeln waren die Chinesen von den Koordinaten und der Ekliptik Matteo Riccis schockiert, da sie seit der Han-Zeit an das äquatoriale Bezugssystem gewöhnt waren, das mit Tycho Brahe (1546-1601) in der modernen Astronomie allgemein anerkannt werden sollte.

Weder das *Devisement du monde* oder das *Livre des merveilles* von Marco Polo (1298), deren scheinbar fabelhafte Angaben und Übertreibungen ihre Geltung beeinträchtigt hatten, noch die kurzen Berichte der Franziskanermönche, die an den chinesischen Hof des Mongolenkhans geschickt worden waren, konnten merkliche Auswirkungen auf eine mittelalterliche Weltauffassung haben, die dem Wunderbaren und der christlichen Offenbarung einen so bedeutenden Platz einräumte. Anders war die Lage zu einer Zeit, als Europa viel offener für die Vielfalt der Völker und Sitten und die den menschlichen Gesellschaften gewidmete Reflexion geworden war, die von Montaigne bis Montesquieu führte. Noch vor den Berichten, Briefen und Werken der Jesuiten haben die Beschreibungen der ersten Reisenden des 16. Jahrhunderts, die Südchina besuchten, die ersten Elemente zur Kenntnis Chinas geliefert, einer Kenntnis, deren Folgen im 17. und 18. Jahrhundert so tiefgreifend sein sollten.

Diese Reiseberichte, und vor allem der *Bericht* von Martin de Rada (1533-1578), einem spanischen Augustinermönch, der über Mexico und die Philippinen nach China gekommen war, sowie die im Jahr 1569 gedruckte *Abhandlung* von Gaspar da Cruz, einem portugiesischen Dominikanermönch, waren die Grundlage für die *Historia de las cosas más notables, ritos y costumbres del gran Reyno de la China* von Gonzales de Mendoza, die im Jahr 1585 in Rom gedruckt wurde. Dieses Werk wurde zwischen 1585 und dem Ende des 16. Jahrhunderts dreißig Mal in den verschiedenen europäischen Sprachen aufgelegt und hatte einen gewaltigen Erfolg (eine deutsche Ausgabe erschien 1589 unter dem Titel *Eine Neuwe/Kurtze/ doch wahrhafftige Beschreibung dess gar Grossmächtigen weitbegriffenen/ bisshero unbekanndten Königreichs China*). Bevor es im Jahr 1656 von anderen Werken abgelöst wurde, mußte es jeder Gebildete einfach gelesen haben. Nun trat an seine Stelle das *De christiana Expeditione apud Sinas* (1615, französische Übersetzung 1617) des flämischen Jesuiten Nicolas Trigault, und das *De bello tartarico* (Antwerpen 1654) des italienischen Jesuiten Martino Martini, der im Jahr 1661 in Hangzhou starb.

Diese ersten Informationen über China waren die Grundlage für Entlehnungen, von denen zumindest zwei gesichert sind.

Die Idee, Hängebrücken mit Eisenketten zu bauen, wurde in Europa im Jahr 1595 bekannt. Sie wurde sehr wahrscheinlich durch die Berichte portugiesischer Reisender angeregt, die in Guangdong oder Fujian ähnliche Bauwerke gesehen haben mögen. Diese Art von Brücke, die zweifelsohne aus Sichuan und dem chinesisch-tibetischen Grenzraum stammt, war in China etwa seit dem Jahr 600 gebräuchlich. In Europa wurde zum ersten Mal im Jahr 1741 auf Vorschlag des österreichischen Architekten Fischer von Erlach (1656-1723), der ausdrücklich erklärte, sich auf chinesische Modelle zu stützen, eine solche Brücke gebaut.

Die zweite Entlehnung ist eine merkwürdige Adaptation einer chinesischen Erfindung, die zu verschiedenen Epochen und in verschiedenen Regionen belegt ist: ein Karren mit einem Mast und einem Segel. Der holländische Ingenieur Simon Stevin (1540-1620), der sich anscheinend von der Lektüre der *Historia* von Mendoza oder, was wahrscheinlicher ist, vom *Itinerario* des Jan Huyghen van Linschoten (1596) inspirieren ließ, erfand Segelwagen, die um 1600 mit Erfolg an den Stränden im Norden der Niederlande ausprobiert wurden und während des größten Teils des 17. Jahrhunderts weiterhin lebhaftes Interesse erregten. Mit ihnen wurde zum ersten Mal gezeigt, daß man sich auf der Erde mit bis dato noch unbekannten Geschwindigkeiten fortbewegen konnte.

Es ist bemerkenswert, daß die ersten Untersuchungen und die ersten Theorien über den Magnetismus rein chinesisch sind. Polarität, Induktion, Remanenz und Abweichung waren in China viel früher bekannt als in Europa, wo die ersten elektrostatischen und magnetischen Experimente auf W. Gilbert (1544-1603) zurückgehen und sich im 17. Jahrhundert weiterentwickelt haben. Gesetzt den Fall, es sei unzulässig, zwischen der Entwicklung dieses neuen Gebietes der Physik und den Beiträgen Chinas eine Beziehung herzustellen, bleibt doch die Tatsache bestehen, daß die chinesischen Auffassungen von magnetischen Erscheinungen mit kosmischen Theorien verbunden waren, deren Einfluß sich wahrscheinlich in Europa im 18. Jahrhundert bemerkbar gemacht hat. Desgleichen sollten die politischen und sozialen Vorstellungen der Chinesen, ihre Kunst und ihre Technik einen Einfluß ausüben, der für die Entwicklung des modernen Denkens nicht ohne Auswirkungen war.

Das China der Neuzeit

TEIL 8
DER AUTORITÄRE PATRIARCHALISMUS

Die neue Macht der Mandschus, die sich anfangs bei ihrer Eroberung Chinas auf die Zusammenarbeit mit den Chinesen der heutigen Nordost-Provinzen (Mandschurei) stützte und sich überall die allgemeine Anarchie zunutze machte, stieß bald auf Schwierigkeiten, die die endgültige Errichtung ihrer Herrschaft in China verzögerten: den Widerstand der Südlichen Ming, dem ein starkes Wiederaufleben des Piratentums zu Hilfe kam, und die anschließende Sezession der südlichen Provinzen gleich nach der Eroberung. Auf diese Zeit der Unsicherheit, die bis zur gänzlichen Wiedereinnahme der südwestlichen Regionen im Jahr 1681 und der Eroberung Taiwans (Formosa) zwei Jahre später dauerte, folgte jedoch eine rasche Konsolidierung der Mandschu-Herrschaft. Sie wurde begünstigt durch die Milderung des Regimes, das gleichzeitig autoritär und entgegenkommend war, durch die verstärkte Sinisierung der Mandschu-Oberschicht und durch die Bemühungen der Kaiser, die Sympathie und Mithilfe der chinesischen Gebildetenschicht zu gewinnen. Ein noch nie dagewesener Aufschwung der landwirtschaftlichen Produktion sowie des Handels führte im 18. Jahrhundert zu allgemeinem Wohlstand und raschem Bevölkerungswachstum. Gleichzeitig erzielte die Politik diplomatischer und militärischer Intervention des neuen Reichs in der Mongolei, in Zentralasien und Tibet auffallende Resultate: von der Mitte des 18. Jahrhunderts an umfaßte das chinesisch-mandschurische Reich nahezu 12 Millionen km², und sein Einfluß erstreckte sich weit über seine Grenzen hinaus. In dieser Epoche war China der reichste und größte Staat der Welt.

Während aber die Periode außergewöhnlicher Euphorie noch andauerte, tauchten die Vorzeichen einer Verfallsperiode auf: an den Grenzen kam es immer häufiger zu Konflikten, und es mehrten sich die Aufstände von kolonisierten Völkern. Die Mängel des politischen Systems, die in Zeiten des Wohlstands kaum spürbar waren, verschärften sich, und in Nordchina brachen in den letzten Jahren des 18. Jahrhunderts die ersten großen Bauernaufstände aus. Damit hatte ein Prozeß begonnen, den die Regierung nicht mehr aufzuhalten vermochte. Die riesige Ausdehnung des Reichs, sein Bevölkerungszuwachs, eine Wirtschaft, deren Erträge kaum mehr gesteigert werden konnten, die übermäßige Zentralisierung und die schlecht funktionierende Verwaltung sollten zu dem Zeitpunkt, als China in eine Periode des Niedergangs und der wirtschaftlichen Rezession hineingeriet, schwere Hemmnisse darstellen.

I. KAPITEL
DIE EROBERUNG CHINAS UND DIE ERRICHTUNG DER MANDSCHU-HERRSCHAFT

1. Der Aufstieg der Mandschu-Macht

Die Periode ihrer Entstehung

Dschurdschen, Nachkommen der tungusischen Stämme, die im 12. Jahrhundert in den Nordost-Territorien und in Nordchina das Reich der Jin (1115-1234) gegründet hatten, waren das Volk, das im Jahr 1635 den Namen Mandschu (Manzhou) annehmen sollte. Nachdem die Dschurdschen sich schon im Jahr 1589 mit den Chinesen verbündet hatten, hatten sie dem Ming-Heer bei seinem Kampf gegen die japanische Invasion in Korea in den Jahren 1592 bis 1598 Beistand geleistet. Die Dschurdschen-Stämme der östlichen Mandschurei, die von einem Stammesfürsten namens Nurhaci geeinigt worden waren, verdankten ihre Macht ihrer militärischen Organisation und ihrem Reichtum: sie hatten den Handel mit Perlen, Pelzen und Bergwerksprodukten im Nordosten an sich gerissen und schlugen großen Gewinn aus dem Anbau des Ginseng *(renshen)*, dessen Wurzel wegen ihrer Heilkraft sehr geschätzt war und zu hohen Preisen verkauft wurde. Dem Aufstieg Nurhacis war die Sedentarisierung der tungusischen und mongolischen Stämme der Region im Nordosten von Shenyang in Liaoning vorausgegangen, wo die Steppenreiche des 11. bis 14. Jahrhunderts, Liao, Jin und Yuan, Präfekturen nach chinesischem Vorbild eingerichtet hatten, die in der Ming-Zeit durch Militärgarnisonen *(wei)* ersetzt wurden. Nurhaci, der sich mit chinesischen Beratern umgeben hatte – der chinesische Bevölkerungsanteil war in dieser Region der Nordost-Provinzen ziemlich hoch – gelang es, dort eine feudale und kriegerische Organisation zu schaffen. Adelige Führer der Dschurdschen regierten eine Gesamtheit von Territorien, und nach dem Vorbild der chinesischen Garnisonen waren im Jahr 1601 militärische Einheiten geschaffen worden, die den Namen »Banner« *(qi)* trugen. Diese Einheiten unterschieden sich durch die Farben ihrer Fahnen. Im Laufe der mandschurischen Eroberungen konnte ihre quantitative Stärke dank dem Anschluß mongolischer Einheiten und der Eingliederung chinesischer Kontingente erhöht werden. Nun wurden sie in Innere Banner, die von den Mandschus und ihren Abhängigen gebildet wurden, und in Äußere Banner, die den Hilfstruppen vorbehalten waren, unterteilt. Bis zum Ende des 18. Jahrhunderts blieben sie eine der effizientesten militärischen Organisationen, die in Ostasien jemals existiert haben.

Nachdem sich die Dschurdschen mit den Ostmongolen gegen die Chahar-Mongolen (genannt nach der Provinz Chahar im Westen von Jehol und im Norden von Shanxi) verbündet hatten, nahmen sie vom Jahr 1609 an China gegenüber eine feindselige Haltung ein. Im Jahr 1616 ließ sich Nurhaci zum Khan der Dschurdschen ausrufen und gründete die Dynastie der Späteren Jin (Hou Jin). Im Jahr 1618 besetzte er Fushun im Osten von Shenyang, und begann von da an Einfälle in Nordchina zu leiten. Im Jahr 1621 nahm er Shenyang und Liaoyang ein und machte vier Jahre später Shenyang, das nun Mukden genannt wurde, zu seiner Hauptstadt.

Nach seinem Tod im Jahr 1626 wurde Abahai (1627-1643) sein Nachfolger; er entfaltete eine intensive militärische und politische Aktivität und setzte das Werk seines Vorgängers fort. Mangels Genialität und Originalität sollte die Ausdauer zu einer der Hauptqualitäten der Mandschus werden. Abahai begann die langwierige Eroberung von Chahar, unterwarf im Jahr 1638 Korea und besetzte schließlich, im Jahr 1642, die ganze Mandschurei bis zum Shanhaiguan-Paß und zwischen 1636 und 1644 die ganze Amur-Region (Provinz Heilongjiang). Die gesamte Politik Abahais zielte auf eine Nachahmung der chinesischen Institutionen ab. Seine Berater und Generäle waren Chinesen und seine moderne Bewaffnung stammte von Überläufern aus China. Im Jahr 1635 ersetzte Abahai den Namen »Dschurdschen« durch »Mandschu«, und änderte im darauffolgenden Jahr den dynastischen Titel Jin in Daqing (Große Qing) um.

So hatten sich die Mandschus kurz vor der Einnahme Pekings im Jahr 1644 die militärische Macht, den politischen Zusammenhalt, die Verwaltungsorganisation und die strategische Basis erworben, die es ihnen gestatten sollte, in China die Herrschaft an sich zu reißen und dieses riesige Land zu unterwerfen. Sie hatten weniger als ein halbes Jahrhundert dazu gebraucht.

Die Festsetzung der Eroberer in China

Nach der Eroberung der Mandschurei, dieses alten chinesischen Kolonisationslandes, fanden die Mandschus dort wertvolle Hilfskräfte für die Eroberung und Verwaltung Chinas vor. Ein Teil ihrer hohen Beamten, vor allem gegen Ende der Herrschaft von Abahai (1627-1643) und unter der Herrschaft von Shunzhi (1644 bis 1661), waren Männer, die aus dem Liaohe-Becken stammten und oft aus Shenyang (Mukden) oder Umgebung gebürtig waren. Dies traf schon im Jahr 1618 im Falle Fan Wenchengs (1597-1666) zu, eines der vier großen Würdenträger der Nurhaci-Epoche. Fan Wencheng entstammte einer Beamtenfamilie der Ming, und einer seiner Vorfahren war Präsident des Kriegsministeriums in Peking gewesen. Zum Zeitpunkt der Eroberung von Fushun im Jahr 1618 war Fan Wencheng in Nurhacis Dienste getreten und im Jahr 1636 in der damaligen Hauptstadt Mukden zum Großsekretär ernannt worden. Wie er stammten auch die Generäle, die den Mandschus bei der Eroberung Nord- und Südchinas halfen, nämlich Kong Youde (? -1652), Wu Sangui, Shang Kexi (1604-1676), Geng Zhongming (?-1649) und Sun Yanling aus Liaoning, und einige waren von den Mandschus während der Besetzung dieser Region rekrutiert worden.

Diese Mitarbeiter der ersten Stunde, die eine rein chinesische Verwaltungstradition vertraten, Literaten, die Chinesisch und Mandschurisch sprachen, wurden in die Inneren Banner eingegliedert und mitunter der Familie der Qing-Kaiser angegliedert. Diesen letzteren, deren Stellung erblich war, gaben die Mandschus die Bezeichnung »Gefolgsleute«, *booi* (chinesisch *baoyi*). Die *booi* spielten im 17. Jahrhundert und noch zu Beginn des 18. Jahrhunderts die Rolle von Informanten der Mandschus und von Vermittlern zwischen ihnen und der chinesischen Oberschicht. Als Beamte der Inneren Palastverwaltung und Überwacher der großen Werkstätten, die den Hof mit Luxusprodukten belieferten (Porzellan aus Jingdezhen, Seide aus Nanking, Suzhou, Hangzhou usw.), als Vertrauensmänner und Berater der

Kaiserfamilie hatten sie eine ähnliche Stellung inne wie einst die Eunuchen, ohne jedoch zu so unerhörter Macht aufzusteigen wie jene zur Ming-Zeit.

Die Mandschus richteten sich in China – genau so wie es die Mongolen getan hatten – gleich einer Herrenrasse ein, die dazu bestimmt ist, über ein Sklavenvolk zu herrschen. Schon im Jahr 1668 sperrten sie für die Han die Mandschurei, dieses alte chinesische Kolonisationsgebiet, um sich eine Region frei von jedem ausländischen Einfluß vorzubehalten und das Ginseng-Monopol für sich zu bewahren. Heiraten zwischen Chinesen und Mandschus wurden verboten. In Peking wie auch in den anderen großen Städten galt das Prinzip der Rassentrennung: die Hauptstadt wurde in eine Mandschu-Stadt im Norden, aus der alle ehemaligen Bewohner vertrieben wurden, und in eine Chinesenstadt im Süden aufgeteilt. Im Jahr 1645 mußten alle an Pocken erkrankten Chinesen – das heißt, eigentlich alle, die an einer Hautkrankheit litten – Peking verlassen. In der Stadt, wo man glaubte, daß die Fremdherrscher die gesamte chinesische Bevölkerung ausrotten wollten, verbreiteten sich alarmierende Gerüchte. Denn die Eroberung war mit äußerster Grausamkeit vor sich gegangen. Ein Einwohner von Yangzhou, der wie durch ein Wunder dem allgemeinen Bevölkerungsmassaker entgangen war, hat einen Augenzeugenbericht über die Greueltaten hinterlassen, die im Jahr 1645 die eindringenden Mandschu-Truppen in dieser reichen Handelsstadt des unteren Yangzi-Gebiets verübt hatten. Das Manuskript des Berichts, das »Tagebuch der zehn Tage von Yangzhou« *(Yangzhou shiriji)*, ist in Japan erhalten geblieben. Die Änderung der Kleidung und der Haartracht – das Tragen des Zopfes *(bianzi)* –, die schon 1645 bei Todesstrafe für die gesamte chinesische Bevölkerung vorgeschrieben wurde, löste Aufstände aus; manche davon, wie in Jiangyin und Jiaxing (in Jiangsu bzw. Zhejiang) wurden mit Massakern unterdrückt. Es sei daran erinnert, daß auch die Vorfahren der Mandschus, die Dschurdschen, ihren Untertanen im Jin-Reich das Tragen des Zopfes vorgeschrieben hatten, und daß der Zopf eine traditionelle Haartracht der Steppenvölker war: die Mongolen pflegten sich mehrere Zöpfe zu flechten, und schon im 5. Jahrhundert waren die Tabgač von den Chinesen »Flechtköpfe« *(suotou)* genannt worden.

Schon zu Beginn der Eroberung Chinas enteigneten die Mandschus die Bauern und bildeten Domänen, von denen die Chinesen ausgeschlossen blieben. In ganz Nordchina, vor allem rund um Peking und in der östlichen Mongolei gab es zahlreiche, zwischen 1645 und 1647 geschaffene Mandschu-Enklaven *(quan)*.

Die Arbeitskräfte, die diese Ländereien bearbeiteten (Kriegsgefangene und enteignete Bauern, die sich, um ein Fleckchen Land behalten zu dürfen, bereit erklärten, auf diesen abgeschlossenen Domänen zu arbeiten) wurden von den Mandschus als richtige Sklaven angesehen. Diese Bauern, die wie Tiere gekauft und verkauft werden konnten, zahlreichen Dienstleistungen unterworfen, sehr hart behandelt und an den Ort gebunden wurden, versuchten trotz Peitschenhieben und Todesstrafe, denen sie auch ihre Familie und ihre Nachbarn aussetzten, mit allen Mitteln zu fliehen. Die in den Bannern dienenden chinesischen Anhänger der Mandschus dagegen spielten die Rolle von Sklavenaufsehern und Polizeispitzeln. Die Auswirkungen dieses Terror-Systems, Atmosphäre des Schreckens und Korruption, erwiesen sich bald als katastrophal. Die Mandschus begriffen allmählich, daß ein gemäßigtes und einheitliches Steuersystem rentabler ist als die direkte Ausbeutung und daß freie Menschen besser arbeiten als Sklaven. Sie verzichteten nach und nach auf ihre abgeschlossenen Domänen, und die freien Bauern nahmen ihr Land wieder in Besitz. Von 1685 an wurde den Bannern jede weitere Beschlagnahme von Land untersagt, und um 1700 war die Frage der abgeschlossenen Domänen und der flüchtigen Sklaven praktisch gelöst. Den chinesischen Bauern wurden zweifelsohne sinnloserweise so viele Leiden aufgebürdet; der Irrtum der Mandschus erklärte sich aus ihrem Ziel, in China Auffassungen und Methoden durchzusetzen, die nur bei Steppengesellschaften gerechtfertigt waren. Die Änderung ihrer Politik vollzog sich nur allmählich, war jedoch radikal: den Qing verdankt China die Tatsache, daß es im 18. Jahrhundert die mildeste Agrarbesteuerung seiner ganzen Geschichte kannte. Diesem System verdanken wohl die neuen Herrscher zu einem guten Teil die positive Einstellung der Mehrheit der chinesischen Bevölkerung.

2. Verzögerungen und Schwierigkeiten

Der Widerstand der Südlichen Ming

Die Eroberer hatten Nordchina beinahe kampflos eingenommen; im Süden stießen sie jedoch auf einen sich lange hinziehenden Widerstand. Er wurde allerdings durch den mangelnden Zusammenhalt und durch den Kampf zwischen den Patrioten, die für den Widerstand eintraten, und den Pazifisten, die zur Zusammenarbeit mit dem Feinde geneigt waren, zunehmend geschwächt. In Wahrheit waren die Ming, die das Vertrauen der Bevölkerung verloren hatten, auf jeden Fall dem Untergang geweiht. Aber die Erinnerung an diese rund fünfzehn Jahre dauernde Zeit, als die Nachkommen der Ming-Kaiser, durch den Vormarsch der Mandschu-Streitkräfte von einer Provinz in die andere getrieben, den Anschein einer legitimen Regierung zu wahren suchten, sollte von den großen patriotischen Literaten der beginnenden Qing-Dynastie gerühmt werden.

Nach dem Fall Pekings und der Thronbesteigung eines neuen Kaisers in Nanking wurden mit den Mandschus, die noch von einem Teil der chinesischen Führungsschicht als Verbündete gegen die Volkserhebungen angesehen wurden, Friedensgespräche eingeleitet. Den Bemühungen eines patriotischen Ministers namens Shi Kefa (? -1645) gelang es jedoch, sie wieder abzubrechen. Nach sechs aufeinanderfolgenden Angriffen auf Yangzhou, das Shi Kefa verteidigte, wurde die Stadt – und einen Monat später Nanking – eingenommen. Ein verräterischer General lieferte den Kaiser an die Mandschus aus. Nun begann eine Zeit des Umherirrens der Nachkommen der Ming, die von Zhejiang und Fujian nach Guangdong und Guangxi und schließlich in die abgelegenste Provinz des ganzen Reichs, nach Yunnan, zurückgedrängt wurden. Je weiter die Mandschu-Streitkräfte vordrangen, desto rascher lösten die Kaiser einander ab. Im Jahr 1646 wurden Zhejiang und Fujian, wo gleichzeitig zwei Kaiser ausgerufen worden waren, sowie Sichuan besetzt. Dort entledigten sich die Mandschus des ehemaligen Führers der Aufständischen der ausgehenden Ming-Zeit, Zhang Xianzhong. Und schließlich wurde im Jahr 1647 Kanton von den Invasoren eingenommen, und in Guilin im Nordosten von Guangxi als neuer Herrscher Fürst Zhu Youlang ausgerufen, der die Regierungsdevise Yongli (1647-1660) annahm. Er war der einzige Herrscher, dessen

Regierung während der Periode der Südlichen Ming (Nan Ming) eine gewisse Bedeutung hatte. Nachdem Yongli Kanton wieder eingenommen und im Jahr 1648 einen großen Teil Südchinas zurückerobert hatte, wurde er zum Rückzug nach Yunnan gezwungen. Die Südlichen Ming waren, geschwächt durch Streitigkeiten ihrer Generäle im Jahr 1656, außerstande, in den Jahren 1658-1659 den Angriffen der von Wu Sangui geleiteten Truppen Widerstand zu leisten.

Yongli mußte im Nordosten von Burma, im 500 Kilometer westlich von Kunming am Irawadi gelegenen Bhamo Zuflucht suchen. Dort wurde er im Jahr 1661 gefangengenommen und im darauffolgenden Jahr in Kunming gehängt. Am Hof von Yongli waren in Guilin und Yunnan Jesuitenmissionare empfangen worden (unter anderem Pater Andreas Xavier Koffler). Sie haben behauptet, einige Damen aus der Umgebung des Kaisers und sogar die Mutter von Yongli bekehrt zu haben; diese schickte auf ihren Rat hin eine Gesandtschaft zum Vatikan, die im Jahr 1659 wieder nach Kunming zurückkehrte.

Das Wiederaufflammen des Piratentums

Der Widerstand gegen die Eroberer, den die Bindung an die Person der letzten Nachkommen der Ming-Kaiser und ein Ausbruch des Han-Nationalismus nährte, fand im Wiederaufflammen des Piratentums wertvolle Unterstützung. Die Südlichen Ming unterhielten im übrigen zu den Piraten der Südost-Küste von Guangdong mehr oder weniger geheime Beziehungen.

Von etwa 1650 an beherrschte die Küsten Fujians faktisch ein chinesisch-japanischer Mischling, der von Hirado, einer Insel in der Nähe des heutigen Hafens Sasebo auf Kyūshū, stammte. Dieser Piratenhäuptling namens Zheng Chenggong (1624-1662) wird bis heute in Taiwan als eine Art Nationalheld verehrt. Seine Aktivitäten bestanden wie diejenigen der Wokou des 16. Jahrhunderts aus einer Mischung von Piratentum und Handel, hatten aber auch politische Implikationen. Von Xiamen (Amoy) in Süd-Fujian aus plünderte er die reichen Küstenstädte der Provinz und stieß bei seinen Raubzügen bis Süd-Zhejiang und Nordost-Guangdong vor. Gleichzeitig handelte er aber auch mit Japan, den Ryūkyū-Inseln, Vietnam, Siam und den Philippinen, stand in Kontakt mit den Europäern, die die ostasiatischen Meere befuhren, und versuchte seinen politischen Einfluß zu stärken, indem er die Partei der Südlichen Ming gegen die Mandschus ergriff. Seine guten Beziehungen zu den Überlebenden der gestürzten Dynastie trugen ihm das Ehrenrecht ein, von 1645 an den Namen der Kaiserfamilie – Zhu – zu tragen; daher stammt sein Beiname Guoxingye (»Exzellenz mit dem Namen der Reichsfamilie«), der von den Holländern als Coxinga oder in ähnlicher Form aufgezeichnet wurde. Er diente als Mittelsmann zwischen den Südlichen Ming und Japan, wohin er sich wiederholt begab (1648, 1651, 1658 und 1660), um eine Unterstützung zu erbitten, die aber ausblieb. In den Jahren 1658-1659 wiederholte er die Waffentaten der japanischen Piraten (der Wokou) der Jahre 1553-1555, indem er mitten in die besetzte Zone bis nach Nanking vorstieß; er mußte sich aber wieder zurückziehen und von da an mit Geplänkeln an der Küste begnügen. Um Coxinga zu bekämpfen und dem geheimen Beistand, den ihm die Bevölkerung der Küstenprovinzen gewährte, ein Ende zu setzen, verfügten die Qing im Jahr 1662 die Evakuierung aller Küstengebiete von

Shandong bis Guangdong, eine Tragödie für die Einwohner, deren Städte und Dörfer systematisch dem Erdboden gleichgemacht und die zum Massenexodus gezwungen wurden. Die Auswirkungen dieser barbarischen Maßnahmen auf den Handel und die Außenbeziehungen Chinas sind wohl noch nie richtig eingeschätzt worden. Zweifelsohne wurde dadurch der chinesische Handel am Ende des 17. Jahrhunderts abgebrochen oder zumindest sehr schwer geschädigt, und andererseits die Festsetzung der Europäer – Portugiesen, Spanier und Holländer – in den ostasiatischen Meeren begünstigt.

Coxinga, der außerhalb von China Zuflucht suchen mußte, griff im Jahr 1661 die Küste Taiwans an, wo seit 1624 die Holländer Fuß gefaßt hatten. Er vertrieb sie von dort mit einer Flotte von 900 Schiffen und 25 000 Mann. Nach seinem Tod im Jahr 1662 folgte ihm sein Sohn nach, der den Generalgouverneur von Fujian, Geng Jingzheng, bei seiner Rebellion gegen die Mandschus unterstützte und sich in Taiwan halten konnte, bis die Qing im Jahr 1683 eine große militärische Expedition unternahmen und diesem unabhängigen Reich ein Ende setzten. Dabei wurde diese noch von zahlreichen malaiisch-polynesischen Stämmen besiedelte Insel, die größer als Belgien ist, zum ersten Mal China einverleibt.

Ähnlich wie die Piraten Fujians, die zur Zeit Coxingas Beziehungen zu den Südlichen Ming unterhielten, scheinen auch die Aktivitäten der Tanka an den Küsten von Guangdong an den kaisertreuen Widerstand gebunden gewesen zu sein. Die Tanka sind ein Eingeborenenstamm von Fischern, die ständig auf ihren Schiffen leben (daher ihre Bezeichnung als *chuanmin*, »Schiffsvolk«, wie sie manchmal genannt werden) und als Perlenfischer berühmt sind. Ihre Piratenaktivitäten bereiteten dem ersten Militärgouverneur, den die Qing in Guangdong einsetzten, Shang Kexi, große Schwierigkeiten und unterstützten dadurch indirekt die Widerstandsbewegung der Südlichen Ming und die Sezessionsversuche.

Die Rebellion der »Drei Feudalfürsten«, 1674-1681

Bekanntlich haben die Invasoren bei der Eroberung Chinas die Dienste ehemaliger politischer, administrativer und militärischer Kader der Ming in Anspruch genommen, die man *jiuchen* (»ehemalige Diener oder Beamte«) oder *erchen* (»diejenigen, die nacheinander beiden Dynastien dienten«) nannte. Gegen diese Beamte, die sich dem neuen Regime anschlossen, hegten die Mandschus jedoch berechtigtes Mißtrauen. Im Jahr 1656 hatten Verhaftungen stattgefunden und von da an wurde ein Großteil der alten Kader allmählich durch neue Beamte ersetzt, die durch Prüfungen rekrutiert und *Hanchen* (»Han-Beamte«) genannt wurden. Diese Säuberungsaktion konnte jedoch nicht auf die Provinzen im Süden ausgedehnt werden, die weiter entfernt und weniger gut kontrollierbar waren. Dort mußten die Qing den aus dem Nordosten stammenden Militärmachthabern, die bei der Eroberung Chinas mitgeholfen und den Widerstand der Südlichen Ming bekämpft hatten, ziemlich große Autonomie gewähren.

Indem die Mandschus den Generälen, die ihnen bei der Eroberung Südchinas geholfen hatten, umfangreiche Befugnisse zugestanden, schlugen sie einen gefährlichen Weg ein: er führte zur Entstehung von Regierungen, die von Peking praktisch unabhängig waren. Die Mandschus liefen daher Gefahr, die Kontrolle über ihr

Reich zu verlieren. Die Militärgouverneure der Küstenprovinzen und Südwestchinas, die in den Rang von »Fürsten« erhoben worden waren, behielten die Streitkräfte bei, die sie während der Feldzüge gegen die Südlichen Ming befehligt hatten, und vererbten sie auf ihre Nachkommen weiter. Sie machten sich die Autonomiebestrebungen der von ihnen verwalteten Regionen zunutze und fanden an Ort und Stelle die für ihre Unabhängigkeit nötigen Ressourcen. So hatte der Mächtigste von ihnen, Wu Sangui (1612-1678), nachdem er in den Jahren 1644 und 1645 Seite an Seite mit dem Mandschu-Heer die Streitkräfte von Li Zicheng vernichtend geschlagen und von 1657 bis 1661 Ausrottungsfeldzüge gegen die nach Yunnan geflohenen Ming-Loyalisten angeführt hatte, seine Truppen nicht demobilisiert. Er beherrschte Yunnan und Guizhou, faktisch aber auch die Nachbarprovinzen Hunan, Shenxi und Gansu, und schöpfte seine Ressourcen sowohl aus den Subsidien, die ihm die Pekinger Regierung weiterhin lieferte (im Jahr 1667 erhielt er für den Unterhalt seiner Truppen 30 Millionen *liang* in Silber), als auch aus den Monopolen, die er auf die Salzproduktion in Sichuan, die Kupfer- und Goldbergwerke, den Ginseng- und Rhabarberhandel erhoben hatte; dazu kamen die Gewinne, die er aus dem Handel mit Tibet bezog (Einkauf von Pferden und Verkauf von Tee). Als der Hof anläßlich des freigewordenen Gouverneurspostens in Kanton, wo der lokale Statthalter Shang Kexi (1604?-1676) zurückgetreten war, die Aufhebung der autonomen Regierungen der »Fürsten« verkündete, rebellierte Wu Sangui gleichzeitig mit Geng Jingzhong (?-1682), dem Gouverneur von Fujian, und gründete das kurzlebige Reich der Zhou (1673-1681). Ihnen schloß sich Sun Yanling (? -1677), der Militärkommandant von Guilin (Guangxi), an. Im Jahr 1674 gewann er die Anhängerschaft Wang Fuchens (? -1681), der seit 1670 Gouverneur von Shenxi und Gansu war, und im Jahr 1676 diejenige von Shang Zhixin (1636?-1680), des Sohnes von Shang Kexi, der über Guangdong und Guangxi herrschte. Als Wu Sangui in diesem Jahr im Begriff war, ganz China zurückzuerobern und der Mandschu-Herrschaft ein Ende zu setzen, wendete sich das Blatt: noch im nämlichen Jahr, 1676, unterwarfen sich Wang Fuchen und Geng Jingzhong den Qing, im Jahr 1677 folgte ihnen Shang Zhixin. Im darauffolgenden Jahr starb Wu Sangui und es folgte ihm auf dem Thron der Zhou sein Enkel Wu Shifan nach. Im Jahr 1679 nahmen die Qing-Truppen Jiangxi, 1680 Sichuan und 1681 Guizhou wieder ein. Wu Shifan, der in seiner Hauptstadt Kunming belagert wurde, beging Selbstmord. So endete die »Rebellion der drei Feudalfürsten« *(sanfan zhi luan)* (Wu Sangui, Geng Jingzhong und Shang Zhixin), die größte Krise der neuen Mandschu-Dynastie.

Die Beendigung der Autonomiebestrebungen südlich des Yangzi war ein Zeichen für die allgemeine Verstärkung der Kontrolle der Zentralregierung über das gesamte Reich, das Ende der Anpassungsperiode und die Konsolidierung des neuen Regimes. Deshalb läßt sich der Beginn der langen, bis zum Ende des 18. Jahrhunderts dauernden Periode innerer Stabilität auf das Jahr 1681 ansetzen, zwei Jahre vor der endgültigen Eroberung der Insel Formosa.

II. KAPITEL
DIE AUFGEKLÄRTEN DESPOTEN

Die großen Kaiser Kangxi (1662-1722), Yongzheng (1723-1735) und Qianlong (1736-1796) haben eine Anpassungsfähigkeit, eine geistige Offenheit, mit einem Wort, eine Intelligenz an den Tag gelegt, durch die sie um so mehr die Titel »aufgeklärte Despoten« verdienen, als ihre Regierungsperiode vom Ende des 17. Jahrhunderts bis um 1775 wie eine konkrete Anwendung der moralisierenden und rationalistischen Philosophie des »Neo-Konfuzianismus« erscheint.

1. Die Herrschaft der sittlichen Ordnung

Der Anschluß der Oberschicht

Von der Eroberung Pekings im Jahr 1644 bis zur Ausschaltung der von Wu Sangui im Südwesten geschaffenen Regionalmacht vergingen nahezu vierzig Jahre. Sie waren gekennzeichnet durch die Invasion des Nordens, durch die Kriege gegen die Südlichen Ming, die Schwierigkeiten mit den Piraten und schließlich durch den Abfall der südlichen Provinzen. Der beste Teil der Intelligentsia verweigerte den Eroberern seine Mitarbeit, zog sich zurück und versteckte seine gefährlichen Schriften. Aber als die Generationen, die unter den letzten Ming-Herrschern und in der Widerstandszeit gelebt hatten, allmählich ausstarben, wurde die Stabilisierung der Macht spürbarer. Die neuen Herren, die die autokratischen und zentralisierten Institutionen des Ming-Reichs ohne große Änderungen übernommen, dabei systematisch ihren eigenen Adel gefördert und so die Kontrolle über alle entscheidenden Stellen an sich gerissen hatten, begriffen sehr rasch, daß es unerläßlich war, die alte chinesische Führungsschicht für sich zu gewinnen und gleichzeitig ihre Ergebenheit zu erreichen.

Die Wiederaufnahme der staatlichen Prüfungen im Jahr 1646 trug wesentlich zur Rückkehr zur Normalsituation bei, indem sie dem neuen Regime junge und ergebene Beamte lieferte und die gesamte Aktivität der Bildungsschicht auf diesen einzigen Weg, um zu Ehren und Sozialprestige zu gelangen, hinlenkte. Dadurch, daß sie die ehemalige Führungsschicht der Ming-Zeit eng an ihre Regierung banden, erreichten die aufgeklärten Despoten das, was sie sich am sehnlichsten gewünscht hatten. Der Atmosphäre des Mißtrauens und dem scharfen Gegensatz zwischen der Zentralregierung und ihren Amtsträgern, unter denen die vorhergehende Dynastie so stark gelitten hatten, setzten sie damit ein Ende. Zu Konflikten wie demjenigen zwischen der Eunuchenpartei und der Donglin-Partei in den Jahren 1615 bis 1627 sollte es unter den Qing nicht mehr kommen. Im Gegenteil, zwischen der kaiserlichen Regierung und der chinesischen Oberschicht herrschte während des größten Teils der chinesisch-mandschurischen Dynastie ein gutes Einverständnis. Im Laufe des 18. Jahrhunderts verringerte sich der Antagonismus zwischen den Chinesen und den Mandschus und flackerte erst anläßlich der politischen und sozialen Krisen des ausgehenden 19. Jahrhunderts und des beginnenden 20. Jahrhunderts wieder auf.

Andererseits ließen die Milde der Qing-Regierung vom Ende des 17. Jahrhunderts an, ihr Bemühen, die Bauern zu schonen, das die Ruhe auf dem Land erklärt, und die den Staatsbeamten gewährten Vorteile die neue Dynastie als ein Regime erscheinen, das den Konzeptionen der Bildungsschicht am besten entsprach und dem humanitären und patriarchalischen Ideal eines orthodoxen Werkes wie des Menzius am nächsten kam. Die hohen Gehälter der Beamten in der Kangxi-Ära hatten der Korruption ein Ende gesetzt, und Kaiser Yongzheng (1723-1736) schuf sogar einen Gehaltszuschlag, das *yanglian,* der zur »Erhaltung der Redlichkeit« bestimmt war.

Das ist aber noch nicht alles. Kangxi und seine Nachfolger machten sich zu den Schirmherren der chinesischen klassischen Studien und der chinesischen Kultur, indem sie der chinesischen Bildungsschicht gegenüber eine ähnliche Politik einschlugen wie gegenüber den buddhistischen Völkern der Mongolei und Zentralasiens, die sie für sich gewinnen wollten. Sie wünschten gleichzeitig als glühendste Anhänger der chinesischen Kultur und als beste Verteidiger des Lamaismus zu erscheinen. Kaiser Kangxi unternahm sechs kostspielige Reisen in die Städte am unteren Yangzi, die das Zentrum der chinesischen Intelligentsia waren (1684, 1689, 1699, 1703, 1705 und 1707). Qianlong folgte in den Jahren 1751, 1757, 1762, 1765, 1780 und 1784 seinem Beispiel. Die Schmeichelei und die politischen Hintergedanken verbanden sich jedoch mit echter Sympathie bei diesen Herrschern, die ganz für die chinesische Kultur gewonnen waren. Kangxi, der sich für die Wissenschaft interessierte, ein guter Mathematiker und begabter Musiker war, versuchte sich wie Kaiser Qianlong auch als Dichter und Kalligraph. Am klarsten jedoch kam das Interesse dieser beiden aufgeklärten Herrscher für den gewaltigen geistigen Reichtum Chinas in den großen Editions-Unternehmungen zum Ausdruck, die unter ihrem Patronat standen (der »Geschichte der Ming-Dynastie«, der Kompilation von Katalogen zu Malerei und Kalligraphie, von Wörterbüchern, eines großen Sammelwerks der Tang-Dichter usw., und vor allem in der totalen Bestandsaufnahme des chinesischen Schrifttums, die zwischen 1772 und 1782 vollendet wurde). Diese offiziellen Aufträge verschafften zahlreichen Literaten Stellen, die sie für mehrere Jahre von der Unterhaltssorge befreiten. Vielen bot sich die Gelegenheit, ihre Begabung und unerschöpfliche Gelehrsamkeit unter Beweis zu stellen. Diese Auftragsarbeiten hatten jedoch noch einen anderen positiven Effekt: die Kreise zu entwaffnen, aus denen im 17. Jahrhundert die entschlossensten Gegner der Mandschu-Herrschaft hervorgegangen waren.

Die relative politische Milde, die Annahme der chinesischen Kultur durch die Mandschu-Kaiser und den Mandschu-Adel, der innere Friede und der allgemeine Wohlstand – all das trug dazu bei, die Verbitterung auch der unnachgiebigsten Patrioten zu besänftigen.

Ein »konfuzianisches« Reich

Man gewönne jedoch ein falsches oder unvollständiges Bild von der Lage der chinesischen Oberschicht, würde man sich darauf beschränken, die patriarchalischen Aspekte der Politik der drei großen Herrscher des 18. Jahrhunderts zu betonen. Denn dieser Patriarchalismus ist nur die Kehrseite einer zutiefst autoritären Konzeption von der kaiserlichen Gewalt. Wenn die Mandschus keine offenen

Feinde im Inneren hatten, so hatte das seinen Grund nicht nur darin, daß die chinesische Gesellschaft in ihrer Gesamtheit und ganz allgemein mit dem Regime und den Lebensbedingungen zufrieden waren, sondern auch in der unerbittlichen Verfolgung der Regime-Gegner. Die Qing-Kaiser verlangten von jedem einzelnen ihrer Untertanen ehrfürchtige Unterwerfung unter ihr Regime und unwandelbare Treue ihrer Person gegenüber. Sie betrachteten es als eine ihrer wesentlichen Aufgaben, dank der Verbreitung der »neokonfuzianischen« Orthodoxie in allen Gesellschaftsschichten, die Herrschaft der sittlichen Ordnung zu errichten. Diese Indoktrinierung, die durch die rasche Verbreitung der Schulen, sogar auf dem Lande, erleichtert wurde, erschien ihnen um so unerläßlicher, als die Legitimität ihrer Dynastie aufgrund ihrer fremden Herkunft in Frage gestellt werden konnte. So wurde in der offiziellen Moralauffassung der Akzent auf das Prinzip der Autorität und auf die Tugenden des Gehorsams gelegt und die Orthodoxie zu einer Moral der Unterwerfung umgebogen. Es stimmt zwar, daß diese Tendenz, die mit der Fortentwicklung des autoritären Reichs seit der Gründung der Ming-Dynastie zusammenhing, weiter in die Vergangenheit zurückreichte; aber wenn es je ein »konfuzianisches« Reich gegeben hat, wo die enge Verbindung zwischen moralischer Orthodoxie und politischem System offen zutage trat, so war dies gewiß das Mandschu-Reich.

Die Entschlossenheit, eine Herrschaft der sittlichen Ordnung zu errichten und gleichzeitig ihre Macht zu rechtfertigen, war bei den drei Kaisern des 18. Jahrhunderts offensichtlich. Yongzheng revidierte und ergänzte die von seinem Vorgänger im Jahr 1681 veröffentlichten »Heiligen Anweisungen« *(Shengyu)* durch Zusätze und forderte, daß sie öffentlich rezitiert wurden. Er verlangte, daß jeder Kandidat der Staatsprüfungen das von ihm selbst zur Rechtfertigung der Mandschu-Herrschaft verfaßte Werk, das *Dayi juemi lu* (1730) lesen mußte. Seit der Herrschaft Kangxis hatte sich eine Reaktion gegen die nicht orthodoxen Werke und gegen die verderblichen Romane, die im Jahr 1687 auf den Index gesetzt worden waren, abgezeichnet. Im Jahr 1714 wurde die Zensur strenger. Unter Qianlong begann eine systematische Suche nach allen alten und neuen Schriften, in denen die »Barbaren«, wenn auch nur andeutungsweise, kritisiert wurden, sowie allen Werken, deren Geist nicht orthodox war, zum Zwecke der Zensur oder Vernichtung: die berühmte »Literarische Inquisition« der Jahre 1774 bis 1789, die im Zusammenhang mit der Kompilation der riesigen Sammlung aller chinesischen Werke, einer der größten Ruhmestaten der Qianlong-Regierung, durchgeführt wurde und sich über deren Vollendung hinaus fortsetzte. Die Regierung beschränkte sich nicht darauf, Werke, die der sittlichen Ordnung schaden konnten, zu zensurieren oder zu zerstören, sondern verfolgte auch deren Verfasser und ihre Familien.

Diese Akte verabscheuungswürdiger Tyrannei – unter Yongzheng waren auch die zum Christentum bekehrten Mandschu-Fürsten ähnlichen Verfolgungen ausgesetzt, allerdings weniger um ihres Glaubens willen als wegen ihrer Haltung zum Zeitpunkt der Nachfolge Kangxis – sind aufschlußreich für das politische Regime: Wenn das Mandschu-Regime zumeist den Anschein der Milde vermittelt, so nur deshalb, weil es beharrlich darum bemüht war, einen Geist der Ergebenheit und des Gehorsams zu verbreiten, und weil es seine Macht und Stabilität auf die sittliche Ordnung gegründet hat.

2. *Das größte Reich der Welt*

Das Schicksal der Mandschus hatte sich in der Steppe angebahnt, und ihren ersten entscheidenden Erfolg hatten sie in der östlichen Mongolei erzielt, als sich ihnen die mongolischen Stämme dieser Region anschlossen. Angesichts des beinahe unerwarteten Vakuums, das sich ihnen nach der Eroberung der Nordost-Territorien in China auftat, hatten sie sich sozusagen verlocken und allmählich fortreißen lassen. Aber die Grundlagen der Mandschu-Macht sollten das Schicksal des neuen Reichs weiterhin in bestimmte Bahnen lenken: Die Qing-Dynastie war dazu berufen, zur Großmacht der Steppenzone und Zentralasiens zu werden.

Die Mongolei, Zentralasien und Tibet: Krieg, Religion und Diplomatie

Die Expansion der Mandschus nach Innerasien war von Anfang an mit dem sowohl militärischen als auch religiösen (oder, wenn man will, diplomatischen) Problem verbunden, das die Steppenvölker für sie darstellten. Der Anschluß der Ostmongolen an die Qing hatte die Beunruhigung und die Feindseligkeit der mächtigen Stämme im Westen zur Folge gehabt, die unter der allgemeinen Bezeichnung Oiraten bekannt sind und die Khoschoten, die Dsungaren, die Torghoten und die Dörbeten umfaßten. Zur Zeit, als sich im Nordosten die Mandschu-Macht heranbildete, wurde die gesamte Region zwischen Urumtschi, der heutigen Hauptstadt von Xinjiang, und Kukunor (Qinghai) von den Khoschoten kontrolliert. Schon im Jahr 1640 hatten sie sich Tibet praktisch unterworfen. Diese beherrschende Stellung in Tibet aber hatte in den Augen der Steppenvölker entscheidende politische Bedeutung. Als Schutzherren des Dalai-Lama aufzutreten hieß, sich bei ihnen ein gewaltiges Prestige zu verschaffen. Denn seit der Epoche des Yuan-Großreichs, dessen Bemühung um die tibetischen Mönche sich schon um 1260 geäußert hatte, hatte sich der Lamaismus bei den Nomadenstämmen immer mehr durchgesetzt, und seit dem Ende des 16. Jahrhunderts hatte er seinen Einfluß in der gesamten Steppenzone verstärkt. Auf die Beherrschung Tibets durch die Khoschoten folgte die Herrschaft der Dsungaren, die in den Jahren 1678-1679 ganz West-Xinjiang eroberten, wo sie den islamischen Oasen-Fürstentümern ein Ende setzten. Ihr Anführer war Galdan (1644-1697), eine bedeutende Persönlichkeit der Geschichte Zentralasiens am Ende des 17. Jahrhunderts. Im Jahr 1686 griff Galdan die Äußere Mongolei an und bedrohte die ostmongolischen Khalkha, die sich unter den Schutz der Qing begaben und während der ganzen Dynastie deren treue Untertanen blieben. Die Antwort der Qing auf diese Bemühung der Dsungaren, abermals im Zentrum Asiens ein großes Nomadenreich zu gründen, war militärischer und diplomatischer Art. Schon in den Jahren 1696 und 1697 besetzten sie die strategisch bedeutsamen Gebiete südlich des Baikal-Sees, von wo aus im 6. und 7. Jahrhundert die Osttürken und im 13. Jahrhundert die Mongolen unter Tschingis Khan ihre großen Offensiven gestartet hatten. Auf den ersten Sieg der Mandschus über die Dsungaren folgte in der zweiten Hälfte des 18. Jahrhunderts eine Reihe von Feldzügen, die zu einer Ausdehnung des chinesisch-mandschurischen Reichs bis in die Region südlich des Balchasch-Sees und bis nach Nepal führten.

Die Diplomatie der Qing bestand darin, die Gunstbezeigungen der Mongolen

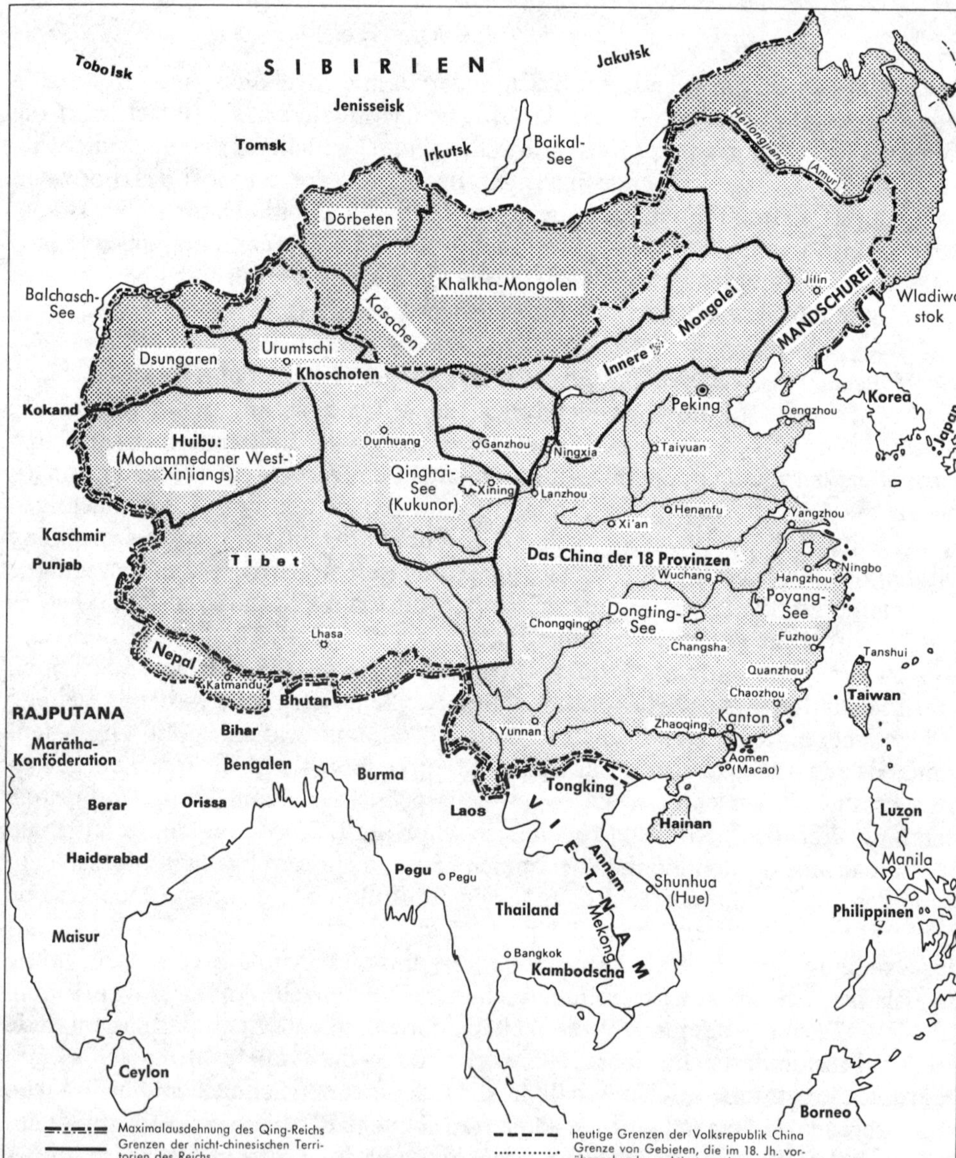

25. Die Ausdehnung des Qing-Reichs im Jahr 1759.

den religiösen Autoritäten Tibets gegenüber noch zu übertrumpfen und die Tibeter die Überlegenheit Chinas spüren zu lassen. Im Jahr 1652 wurde der Dalai Lama nach Peking eingeladen und mit allem Pomp empfangen. Von der zweiten Hälfte des 17. Jahrhunderts an war die Hauptstadt des Qing-Reichs das große Zentrum für den Druck tibetischer und mongolischer buddhistischer Werke, und im 18. Jahrhundert förderten die Qing die Übersetzung lamaistischer Texte ins Mongolische und Mandschurische. Neun Jahre nach seinem Machtantritt, im Jahr 1732, baute

Kaiser Yongzheng seinen Palast in Peking, den Yonghegong, in einen lamaistischen Tempel um, der zu einem der wichtigsten Zentren des tibetischen Buddhismus in der Hauptstadt werden sollte. Als es den Qing im Jahr 1751 gelang, sich endgültig in Tibet festzusetzen, hüteten sie sich wohl davor, ihre Macht allzu offen zu zeigen: Tibet behielt unter dem Protektorat Chinas weitgehend seine innere Autonomie. Das Wesentliche war schon damit gewonnen, daß das große religiöse Zentrum Lhasa nicht wieder in die Hände der Mongolen fallen konnte.

Trotz ihrer Niederlage im Jahr 1696 und dem Tod Galdans im Jahr darauf büßten die Dsungaren nichts von ihrer Macht ein. Unter der Herrschaft von Tsewang Rabtan (oder Araptan), einem Neffen Galdans, gelang es ihnen, ein Großreich zu schaffen, das sich von Süd-Sibirien bis an die Grenzen Tibets erstreckte und das Ili-Tal im Süden des Balchasch-Sees wie den westlichen Teil der Mongolei umfaßte. Der erste Versuch der Qing, in den Jahren 1705-1706 in Tibet Fuß zu faßen, wurde von den Dsungaren zunichte gemacht, die 1717 und 1718 Lhasa und die wichtigsten Zentren Tibets besetzten. Im Jahr 1720 jedoch drang ein chinesisch-mandschurisches Heer von Sichuan aus in die Hochebenen Tibets vor und richtete nach der Vertreibung der Dsungaren aus Lhasa dort eine feste Garnison ein. Vom Jahr 1751 an unterstand Tibet endgültig der Kontrolle Chinas, die auch trotz späteren Bemühungen der Engländer, sich dieses chinesischen Protektorats zu bemächtigen, nicht mehr aufgegeben wurde.

Die Schaffung der »Neuen Territorien«

Das Problem der Dsungaren sollte erst im Jahr 1757 eine Lösung finden. Nach einer Periode relativ guten Einvernehmens zwischen den Qing und den Dsungaren von 1728 an, und nach dem Vertrag, in dem im Jahr 1739 als Grenze das Altai-Gebirge festgelegt wurde, verschlechterten sich die Beziehungen. Peking beschloß, einen Feldzug in das Ili-Gebiet durchzuführen, das die strategische Basis dieser gefürchteten Feinde war: die Ausrottungskampagne der Jahre 1756-1757. Die Mehrzahl der Dsungaren wurde massakriert, und sogar ihr Name wurde ausgelöscht. Von da an sind sie nur mehr unter dem Namen Ölöten bekannt. Auf die Eroberung des Ili-Tals folgte in den Jahren 1758 und 1759 die Eroberung der islamisierten Oasen des Tarim-Beckens. Die Banner der Qing besetzten Aksu, Kaschgar und Jarkend. Alle eroberten Gebiete vom Altai-Gebirge bis zur Kunlun-Kette und von Dunhuang bis zum Pamir wurden einem Militärkommando unterstellt und militärisch verwaltet; sie erhielten den Namen »Neue Territorien« (Xinjiang) und sind mit dem Chinesisch-Turkestan der westlichen Geographen identisch. Erst viel später, im Jahr 1884, nach einer langen Periode chinesischer Kolonisation, wurden diese Gebiete, in denen sich seit Urzeiten indo-iranische, islamische, türkische, mongolische, tibetische und chinesische Einflüsse vermischt hatten, in den Rang einer Provinz erhoben. Seit ihrer Eingliederung ins chinesisch-mandschurische Reich waren sie ein Verbannungsort für politische und gemeine Verbrecher.

Ein kontinentales und kosmopolitisches Reich

Im Jahr 1759 erreichte das Qing-Reich somit seine größte Ausdehnung. Unter seiner Kontrolle standen Territorien, die sich über 11,5 Millionen km² erstreckten.

Noch nie hatte das chinesische Reich solche Ausmaße erreicht, und es sollte sie auch nie wieder erreichen. Die Fläche der chinesischen Volksrepublik beträgt nur 9 736 000 km². Das Reich der Qing dagegen umfaßte zusätzlich nicht nur die Äußere Mongolei und die Insel Taiwan, sondern auch Gebiete im Süden des Balchasch-Sees und im Osten des Unterlaufs des Heilongjiang (Amur) und des Ussuri (Region der Sikhota-Alin-Kette), die später von Rußland besetzt wurden. Um 1665 waren die Streitkräfte der Qing sogar bis zur äußeren Khingan-Kette nördlich des Amur vorgedrungen, die von den Russen später Stanowoj-Gebirge getauft wurde und heute zur Sowjetunion gehört. Der Einfluß des chinesisch-mandschurischen Reichs erstreckte sich jedoch über seine Grenzen hinaus: die meisten Länder Asiens (Nepal, Burma, Siam, Vietnam, die Philippinen, die Ryūkyū-Inseln, Korea) anerkannten seine Oberhoheit und waren mehr oder weniger von China abhängig.

Wie die heutige chinesische Volksrepublik war auch das Qing-Reich ein Vielvölkerstaat. Die Verwaltungsdokumente waren meist nicht nur auf Mandschurisch und Chinesisch, sondern auch auf Kalmückisch (Westmongolisch), Osttürkisch, Tibetisch und in arabischer Schrift abgefaßt. Die Verwaltung sah sich dazu veranlaßt, mehrsprachige Wörterbücher zu veröffentlichen, die heute wertvolle Dokumente für die Sprachgeschichte darstellen und eine Tradition fortsetzen, die auf den Beginn der Ming-Zeit zurückgeht: auf die Wörterbücher der Übersetzungsbüros, die *Huayi yiyu*.

Andererseits muß darauf hingewiesen werden, daß die Verwaltung dieses aus Provinzen, Kolonien und Protektoraten bestehenden Reiches keineswegs einheitlich war. Die nur den Mandschuren zugängliche Mandschurei besaß einen speziellen, sich von dem der chinesischen Provinzen unterscheidenden Status; in der Mongolei gewährleisteten persönliche Loyalitätsbeziehungen zwischen den Stammesfürsten und den Qing-Kaisern die Bindung dieser Völker an das chinesische Reich; Tibet genoß den Status eines relativ liberalen Protektorats, während die »Neuen Territorien« (Xinjiang) militärisch besetzt und verwaltet waren.

Das China des 18. Jahrhunderts, das Land der sittlichen Ordnung, war auch die größe imperialistische Macht Asiens. Die Herrschaft, die es auf dem größten Teil des Kontinents ausübte, seine unangefochtene Machtstellung und die vorherrschende Bedeutung der Frage Zentralasiens in diesem Reich zählten zu den Faktoren, die seine Haltung gegenüber den Unternehmungen des Westens im 19. Jahrhundert entschieden.

3. Eine Ära des Wohlstands

Dieses Reich, das einen großen Teil des asiatischen Kontinents umfaßte, war gleichzeitig auch das Land der Welt, in dem der Reichtum und die Bevölkerung am schnellsten zunahmen. China trat im 18. Jahrhundert in eine Periode des Wohlstands ein, der auf einem noch nie dagewesenen Aufschwung der Landwirtschaft, des Handwerks und des Handels beruhte. Hinsichtlich des Volumens seiner Produktion und seines Binnenhandels nahm es den ersten Rang unter den Nationen ein.

Der Höhepunkt der Agrartechniken

Die chinesische Landwirtschaft erreichte den Höhepunkt ihrer Entwicklung im 18. Jahrhundert. Aufgrund ihrer Techniken, der Mannigfaltigkeit der angepflanzten Sorten und aufgrund ihrer Erträge erscheint sie als die höchstentwickelte und am besten durchdachte der Geschichte vor der Entwicklung der modernen Agronomie. Zu den traditionellen Kulturen (Weizen, Gerste, Hirse und Reis, dessen Sorten seit dem 11. Jahrhundert vermehrt wurden) kamen neue, die eine Verteilung der Ernten auf das ganze Jahr ermöglichten, denen schlechte oder schlecht bewässerte Böden genügten und die das Problem der Überbrückung des Winters lösten: Süßkartoffel, Erdnuß, Sorghum *(gaoliang)*, Mais. Die Einführung amerikanischer Pflanzen seit dem 16. Jahrhundert wirkte sich nun voll aus und löste eine echte landwirtschaftliche Revolution aus. Außerdem begannen Gemüse und Obst eine beträchtliche Rolle in der Ernährung zu spielen, ganz abgesehen von den zusätzlichen Produkten, die aus der Kleinviehzucht (Schweine und Geflügel) und aus der hochentwickelten Fischzucht stammten. Sie war überall dort stark verbreitet, wo man den Boden bewässerte. Die industriellen Kulturen (Baumwolle, Tee, Zuckerrohr etc.) waren in vollem Aufschwung begriffen.

Im Vergleich dazu muß die Landwirtschaft in zahlreichen Regionen Europas zur selben Zeit als ungemein rückständig erscheinen. Der chinesische Bauer der Yongzheng-Ära und der ersten Hälfte der Qianlong-Ära war ganz allgemein bei weitem besser ernährt und führte ein angenehmeres Leben als der französische Bauer unter Ludwig XV. Er war meist auch gebildeter. Es gab so viele öffentliche und private Schulen, daß es sich einigermaßen begüterte Bauern ohne weiteres leisten konnten, ihre Kinder ausbilden zu lassen; tatsächlich waren manche große Literaten des 18. Jahrhunderts bescheidener Herkunft.

Die Agrarpolitik der Qing begünstigte im übrigen die Kleinbauern, die sehr mäßig besteuert wurden. In einer Verordnung aus dem Jahr 1711 wurde sogar die Erhöhung der Steuersätze, selbst bei einem Bevölkerungsanstieg, ganz allgemein untersagt. Auf dem Land scheint demnach in China während des größten Teils des 18. Jahrhunderts allgemeiner Wohlstand geherrscht zu haben. Erst in den letzten zwanzig Jahren der Qianlong-Ära begann sich die Lage zu verschlechtern infolge der sehr raschen Steuererhöhungen und des Drucks, den in einer solchen Situation die Großgrundbesitzer auf die Bauern ausübten, da sie allein ihnen verzinsliche Darlehen gewähren konnten.

Dieser bemerkenswerte Aufschwung der chinesischen Landwirtschaft im 18. Jahrhundert, der im übrigen von der gleichzeitigen Blüte des Handwerks und des Handel stimuliert wurde, macht eine Überprüfung bestimmter heutiger Urteile nötig.

Die sehr hohe Bevölkerungsdichte in manchen Ebenen und Deltagebieten Ostasiens (Nordchinesische Tiefebene, unteres Yangzi-Becken, Delta des Roten Flusses in Vietnam, Küstenebenen Südchinas und Javas usw.) wird oft als charakteristisch für das Asien der Monsune genannt, und man sieht darin ein Element eines diesen alten Ländern eigenen Teufelskreises: hohe Geburtenziffer, rückständige Technik, die im wesentlichen auf handwerklichem Niveau stehenbleibt, allgemeine extreme Armut. Die komplexen und manchmal widersprüchlichen Auswirkungen, die das Eindringen der Kolonialmächte mit sich brachte und die gesellschaftlichen Strukturen, die Ungleichheit betonten und jede radikale Reform verhinderten, verstärkten im 19. und 20. Jahrhundert noch die Armut. Aber was der Laie gern im Vergleich zur Lage der reichen und industrialisierten Länder als offensichtliche Beweise eines »Rückstandes« oder – nach der angelsächsischen Ausdrucksweise – als »Unterentwicklung« ansieht, ist in Wirklichkeit das Resultat einer historischen Entwicklung, die sich periodisch durch bemerkenswerte Fortschritte auszeichnete. Wenn die »entwickelten« Länder genug zu essen haben, so verdanken sie das viel weniger ihrem eigenen Genie als den geschichtlichen Umständen und insbesondere der Tatsache, daß sich die deutlichsten Fortschritte in ihrer Landwirtschaft erst in jüngster Zeit vollzogen haben. Europa hat es mit seinen Weiden, seinem Brachland und seinen Wäldern nie an Anbaugebieten gefehlt.

Das 18. Jahrhundert ist der historische Zeitpunkt, in dem die Unterschiede in der Entwicklung am deutlichsten zutage traten: damals stand die wenig ertragreiche Landwirtschaft eines dünnbesiedelten Europa, dessen Bevölkerung nur langsam zunahm, im Gegensatz zur hochentwickelten und differenzierten Landwirtschaft eines China, das einen außergewöhnlichen demographischen Aufschwung erlebte. Zu diesem Zeitpunkt gewann die Bevölkerung Chinas und ganz Ostasiens dank einer kontinuierlichen Ansammlung von technischen Fortschritten seit dem 9.-11. Jahrhundert einen eindeutigen Vorsprung vor der europäischen Bevölkerung. Die Gesellschaften des Fernen Ostens waren nicht im »Rückstand« gegenüber Europa: sie haben nur einen anderen Weg beschritten.

Das »industrielle« Großhandwerk und der beispiellose Aufschwung des Handels

Was für die Nahrungsmittelproduktion gesagt wurde, gilt auch für Handwerk und Handel: im 18. Jahrhundert gelang es China, den größtmöglichen Nutzen aus den Techniken des vorindustriellen Zeitalters zu ziehen. Die Verbindung dieser drei Bereiche – Landwirtschaft, Handwerk und Handel – muß im übrigen betont werden, da sie in engster Beziehung zueinander standen. Die wirtschaftliche Entwicklung Chinas im 18. Jahrhundert kann als Wiederaufnahme derjenigen der Wanli-Ära (1573-1619) nach einem Jahrhundert innerer Unruhen und Kriege erscheinen, sie übertraf jene aber bei weitem.

Die Textilindustrie, die an die erste Stelle aller chinesischen Produktionsbereiche trat, versorgte einen ständig wachsenden Markt und ergänzte dank der Heimarbeit die Einkünfte der Bauern. Schon am Ende des 17. Jahrhunderts wurden in den Baumwollbetrieben von Songjiang südwestlich von Schanghai ständig über 200 000 Arbeiter beschäftigt, die Heimarbeit nicht mitgerechnet.

Die Tee-Plantagen hatten sich auf das ganze Yangzi-Becken ausgedehnt und waren in Fujian und Zhejiang sehr zahlreich. Der Tee-Export auf dem Seeweg (nebenbei sei bemerkt, daß das westeuropäische Wort für den Tee aus Fujian stammt, während der von einem Teil der slawischen Sprachen übernommene Terminus der Aussprache der nordchinesischen Dialekte nahesteht) stieg von 2,6 Millionen englischer Pfunde im Jahr 1762 auf 23,3 Millionen am Ende des 18. Jahrhunderts, und nahm im 19. Jahrhundert unaufhörlich zu. Der Tee wurde von den Pflanzern (*shanhu,* »Bergfamilien«) geerntet und in großen Betrieben *(cha-*

zhuang), die mehrere hundert Lohnarbeiter beschäftigten, verarbeitet, dann von reichen Kaufmannsgilden übernommen, die in Kanton mit der Ostindischen Kompanie handelten.

Die Rekorde der Porzellanproduktion erzielten, zusammen mit dem weniger wichtigen Zentrum Lijiang in Hunan (in der Nähe von Changsha), die Porzellanbrennöfen in Jingdezhen im Osten des Poyang-Sees in Jiangxi, wo Zehntausende von Keramikarbeitern sowohl für den Hof und für reiche Familien auf Bestellung als auch für den Export arbeiteten. Seladon- und anderes Porzellan wurde in steigendem Umfang nach Japan, Korea, auf die Philippinen, die indochinesische Halbinsel, nach Indonesien und bis nach Europa exportiert.

Es müssen aber auch das Papier und der Rohrzucker erwähnt werden, die in Fujian produziert wurden, das Tuch aus Hanf aus Xinhui in Guangdong, der Stahl aus Wuhu (oberhalb von Nanking am Yangzi gelegen), die Metallwaren, die seit der Ming-Zeit in Fatshan (Foshan) bei Kanton produziert und nach ganz Ostasien ausgeführt wurden. Bestimmte sehr geschätzte Stoffe wie die feinen Baumwollstoffe aus Nanking, die Seide aus Suzhou und Hangzhou, die Rohseide aus Huzhou (nördlich von Hangzhou) gehören neben dem Tee, der Keramik und den Lacken zu den Ausfuhrprodukten, die bis nach Europa gelangten. Die außerordentliche Beliebtheit der chinesischen Einrichtungsgegenstände im Europa des 18. Jahrhunderts ist ja bekannt. Im Jahr 1703 kam das französische Schiff *Amphitrite* ausschließlich mit chinesischen Lacken befrachtet aus Nanking zurück.

China handelte mit der ganzen Welt – Japan, Südostasien, Europa und Amerika via Manila – und dieser Handel, der sich seit der Aufhebung der Einschränkungen für den Außenhandel nach der Eroberung Taiwans im Jahr 1683 entfaltet hatte, war für China gewinnbringend. Durch ihn wurden das Handwerk und die Agrarproduktion gefördert, und er ließ Silbergeld nach China fließen. Man hat geschätzt, daß von den 400 Millionen Silberdollar, die zwischen 1571 und 1821 aus Südamerika und Mexiko nach Europa importiert wurden, die Hälfte von den europäischen Ländern zum Ankauf chinesischer Waren ausgegeben wurde. Falls diese Schätzung stimmt, würde sie den Schluß nahelegen, daß China der Neuen Welt nicht nur Pflanzen verdankt, deren Verbreitung eine Art Agrarrevolution ausgelöst hat, sondern überhaupt zu den Ländern gehört, die am meisten von der Entdeckung Amerikas profitiert haben.

Gewiß war der Anteil des Seehandels in der chinesischen Gesamtwirtschaft zur Qianlong-Zeit noch gering: Ende des 18. Jahrhunderts betrugen die Handelsabgaben des Binnenhandels 4 Millionen *liang*, gegenüber 650 000 *liang* an Einkünften aus dem Seehandel. Die riesigen Ausmaße des chinesischen Reichs, die dichte Bevölkerung und deren Aktivität können diese Differenz zur Genüge erklären. Der Außenhandel interessierte in erster Linie die Küstenprovinzen, wo man – um der Nachfrage entsprechen zu können – die Teeplantagen ausdehnte. Es kam dazu, daß China, ein Exportland von Fertigprodukten, schon im 18. Jahrhundert Reis aus Südostasien und hauptsächlich von den Philippinen und aus Siam nach Fujian und Guangdong zu importieren begann; denn diese Provinzen lebten vor allem vom Handel und Handwerk und ihre Agrarproduktion war defizitär. Jährlich liefen Tausende von Dschunken, Riesenschiffe von tausend Tonnen mit 180köpfiger

Mannschaft, Amoy an. Amoy und Kanton standen mit den Küsten Vietnams und Kambodschas, mit Luzon, Malakka, Songkhla in Siam und Johore auf der malaiischen Halbinsel in Verbindung. Diese Ausrichtung der Wirtschaft in den genannten Küstenprovinzen macht ihre scheinbare »Übervölkerung« und ihr Elend in der Rezessionsperiode des 19. Jahrhunderts verständlich.

Das Bemerkenswerte am wirtschaftlichen Aufschwung Chinas im 18. Jahrhundert ist der Umfang der Handelsströme und die räumliche Ausdehnung der von manchen Kaufmannsgilden kontrollierten Regionen. Nicht nur die chinesischen Provinzen, sondern auch die Mongolei, Zentralasien und ganz Südostasien wurden in das chinesische Handelsnetz mit einbezogen, dessen Maschen natürlich in China selbst am engsten waren. Jede einigermaßen bedeutende Gilde (Bankiers aus Shanxi, Kaufleute aus Xin'an in Anhui, deren Macht auf das Ende der Ming-Zeit zurückging, Salzhändler aus Yangzhou, die gleichzeitig mit Salz aus dem Huai und Reis aus Hunan und Hubei handeln usw.) verfügte in den großen Städten über eine Art von Lokalniederlassung *(huiguan)*, die als Versammlungszentrum, Passantenhotel für Mitglieder, Lagerhaus, Filiale und Bank diente.

Diese Kaufleute, die zum Teil berühmte »Dynastien« bildeten, haben aufgrund ihres großen Reichtums und ihres Einflusses auf lokaler Ebene eine politische Rolle gespielt. Oft waren sie auch Mäzene und Kunstliebhaber und verdienen schon deshalb einen Platz in der Geistesgeschichte der Qing-Zeit.

Die Staatseinkünfte unter den ersten Qing-Kaisern
(in Millionen liang)

	Grundsteuer und Kopfsteuer	*Salzsteuer*	*Handelssteuer*
1653	21,28 (87 %)	2,13 (9 %)	0,1 (4 %)
1685	27,27 (88 %)	2,76 (9 %)	0,12 (4 %)
1725	30,07 (85 %)	4,43 (12 %)	1,35 (4 %)
1753	29,38 (73 %)	7,01 (17 %)	4,30 (10 %)
1766	29,91 (73 %)	5,74 (14 %)	5,40 (13 %)

Aus diesen Zahlen geht einerseits das Anwachsen der Staatseinkünfte, andererseits der relativ bescheidene Anteil der Einkünfte aus den Handelssteuern hervor. Die Einkünfte aus Zöllen und aus dem Seehandel machten insgesamt nur einen ganz geringen Prozentsatz aus. So wird das geringe Echo verständlich, das die britischen Vorschläge, den Warenaustausch zu steigern, am Ende des 18. Jahrhunderts fanden.

Das Bevölkerungswachstum und die Kolonisation

Der Friede im Inneren, das milde Regime und vor allem die Fortschritte der Landwirtschaft und der allgemeine Wohlstand waren zweifelsohne die Hauptgründe für das Bevölkerungswachstum im China des 18. Jahrhunderts. Dieser starke demographische Schub war für die ganze Welt der damaligen Zeit beispiellos. Während in Europa zwischen 1750 und 1800 die Bevölkerung von 144 Millionen auf 193 Millionen anstieg, zählte China im Jahr 1741 143 Millionen, im Jahr 1762 200 Millionen und im Jahr 1812 360 Millionen Einwohner.

In den neuen Territorien von Xinjiang, die einen Teil des Bevölkerungszuwachses

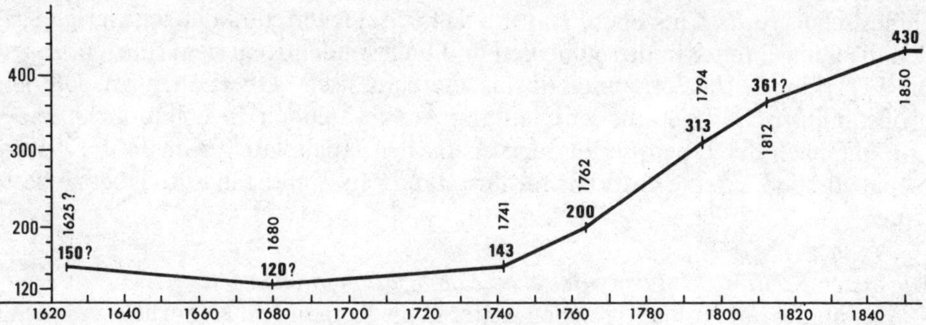

Annähernde Kurve des chinesischen Bevölkerungswachstums vom Beginn des 17. Jh. bis Mitte des 19. Jh. (in Millionen). Das demographische Wachstum, das nach den Volkszählungen zwischen 1741 und 1794 14,85 auf Tausend betrug, sank zwischen 1794 und 1850 auf 5,66. Nach 1850 kam es zu einem Stillstand.

absorbierten, schritt die chinesische Kolonisation fort. Es wurden dort Militärkolonien eingerichtet, deren Ländereien sich im Jahr 1765 über 300 000 *qing* (nahezu eineinhalb Millionen Hektar) erstreckten. Auch die Auswanderung nach Südostasien verzeichnete eindeutige Fortschritte, insbesondere in Borneo, wo die in der Folge der Islamisierung Indonesiens durch indische Mohammedaner gegründeten Sultanate einen Teil des Handels den von den Hakka abstammenden chinesischen Siedlern überließen. Wie heute noch waren die Auswanderer eines Kantons alle auf denselben Beruf spezialisiert: Goldwäscher, Ackerbauern, Viehzüchter, Fischer oder Händler. Eine bedeutende Kolonie, das am Äquator gelegene Sultanat von Pontianak an der Westküste Borneos, hatte eine Art von Republik geschaffen, die vom Qing-Reich unabhängig war, obwohl sie mit ihrem Ursprungsland, der Region von Chaozhou im Nordosten von Guangdong, ständig in Verbindung blieb. Am Ende des 18. Jahrhunderts zählte man dort 200 000 Chinesen. Diesen Staat, der Lanfang gongsi (»Lanfang-Kompanie«) genannt wurde, hatte im Jahr 1777 ein gewisser Luo Fangbai gegründet; er bestand bis 1884.

Aber auch in China selbst, vor allem in den südlichen Provinzen, in Guizhou, Yunnan und Guangxi schritt die chinesische Kolonisation fort. Wie die heutige Dialektverteilung beweist, stammten die Einwanderer entweder aus Guangdong oder aus den nördlichen Provinzen. Die demographische Zunahme der Chinesen (Han) war sicherlich zum Teil an den immer häufigeren Konflikten mit den Thai-, Miao-, Yao- und tibetisch-birmanischen Völkern dieser Regionen schuld. Der Landraub, die Wucherpraktiken der chinesischen Händler, die Versuche der chinesischen Verwaltung, die Kontrolle über die Territorien der ethnischen Minderheiten auszuweiten und zu verschärfen, führten zu zahlreichen Aufständen, die im 19. Jahrhundert noch größere Ausmaße annahmen.

4. Grenzkonflikte

Die große Ausdehnung ihres Reiches brachte die Qing in direkten Kontakt zu fernen Ländern und führte zu Spannungen und Konflikten. Komplikationen an der Grenze zwischen Yunnan und Burma wurden zum Anlaß, vom Jahr 1767 an chinesische Truppen ins obere Irawadi-Tal zu schicken, und der schwierige Krieg, den die Qing-Banner in diesen heißen und ungesunden Regionen führten, zog sich bis 1771 hin. Seither erkannte Burma die chinesische Oberhoheit an. Die letzte große militärische Leistung der Qianlong-Ära war jedoch die erstaunliche Expedition, die nach der Überquerung der tibetischen Hochplateaus im Jahr 1791 nach Nepal vorstieß, um die Gurkhas für ihre ständigen Einfälle in Süd-Tibet zu bestrafen.

Die ersten Konflikte mit der russischen Kolonisation in Ostasien

Die Kontakte mit Rußland reichen weiter in die Vergangenheit zurück, nämlich bis zu den Anfängen der Qing-Dynastie. (Zwischen 1650 und 1820 war Rußland das europäische Land, das die meisten Gesandtschaften nach Peking schickte: elf, gegen insgesamt 13 aus Portugal, den Niederlanden, dem Vatikan und England.) Von der Mitte des 17. Jahrhunderts an begannen Kosakentruppen Ostsibirien zu erforschen, wo sie Jägerstämme ausbeuteten, den Pelzhandel zu monopolisieren versuchten und befestigte Posten errichteten. Im Jahr 1649 wurde an der pazifischen Küste Ochotsk, im Jahr 1652 im Südwesten des Baikal-Sees Irkutsk gegründet. Russische Einfälle in das Tal des Heilongjiang (Amur) führten zu einem Gegenschlag der chinesisch-mandschurischen Truppen. Die russischen Gefangenen wurden in die Banner eingegliedert. Der Spielball zahlreicher Kämpfe zwischen russischen Siedlern und chinesischen Truppen in der Umgebung des Flusses Zeya war vor allem der kleine Posten von Albasin (Yaksa), der im Jahr 1651 von Chabarow gegründet worden war und abwechselnd von Russen und Chinesen eingenommen wurde. Im Jahr 1661 starteten die Qing sogar eine militärische Expedition zur See, um Albasin wiederzuerobern. Im Jahr 1686 nahmen die Russen über die Vermittlung der Holländer mit den Qing Gespräche auf. Drei Jahre später wurde der erste Vertrag Rußlands mit China in Nertschinsk (1 300 Kilometer nördlich von Peking) abgeschlossen. Die Jesuiten Gerbillon und Pereira nahmen als Dolmetscher daran teil. In diesem auf Lateinisch, Mandschurisch, Chinesisch, Mongolisch und Russisch abgefaßten Dokument wurde die Grenze zwischen dem Qing-Reich und der russischen Einflußzone festgelegt. Unter Yongzheng wurde im Jahr 1727 ein weiterer Vertrag in Kiachta, einer kleinen Stadt 150 Kilometer südlich vom Baikal-See, unterzeichnet, über die sich im 18. Jahrhundert der Handelsaustausch zwischen China und Rußland hauptsächlich abspielen sollte: vor allem Pelze gegen Baumwollstoffe und Seide (der Tee gewann erst gegen Ende des 18. Jahrhunderts an Wichtigkeit: 1,4 Millionen Rubel im Jahr 1760, 8 Millionen im Jahr 1800). Im Vertrag von Kiachta wurden die Grenzen neu festgelegt und die Anzahl der russischen Handelskarawanen nach Peking bestimmt.

Die Gesandtschaften der europäischen Länder nach China von der Entdeckung der Kap-Route bis zum Jahr 1820

	Portugal	Niederlande	Rußland	Vatikan	Großbritannien
1521	*				
1655		*			
1656			*		
1661		*			
1664		*			
1670	*				
1676			*		
1689			*		
1693			*		
1705				*	
1715			*		
1719			*		
1720				*	
1725				*	
1726	*		*		
1753	*				
1767			*		
1793					* (Macartney-Mission)
1794		*			
1805			*		
1808			*		
1816					* (Amherst-Mission)
1820			*		

Erhebungen kolonisierter Völker

Das Regime, das für die ethnischen Minderheiten galt, war vielleicht etwas weniger tyrannisch als das zaristische Regime derselben Epoche, denn in den Jahren 1770 bis 1771 flüchteten 170 000 Kalmücken aus dem Tarbagatai-Gebirge (im Nordwesten der Dsungarei) nach Xinjiang. Es scheint sich jedoch ganz allgemein im 18. Jahrhundert verhärtet zu haben, möglicherweise deshalb, weil die demographische Expansion der Han (der Völker chinesischer Sprache und Kultur) die Qing-Regierung dazu veranlaßte, immer mehr eine Politik der Intervention zu verfolgen. Die Aufstände und Repressionskampagnen, die unter der Herrschaft von Yongzheng (1723-1736) noch selten waren, vermehrten sich gleichzeitig mit den Polizeiaktionen an den Reichsgrenzen gegen Ende der Qianlong-Ära. Diese Verhärtung, die am Ende der Qianlong-Ära zunahm und mit der großen »literarischen Inquisition« der Jahre 1774-1789 zusammenfiel, erklärt sich teilweise auch aus den Initiativen der Gouverneure und Generäle, die mit der Aufrechterhaltung der Ordnung an den Grenzen und in den Zonen nicht-chinesischer Besiedlung beauftragt waren: das politische Klima am Ende des 18. Jahrhunderts begünstigte das Abenteurertum und die Korruption.

Von 1726-1729 an versuchten die Generalgouverneure von Yunnan und Guizhou den Oberhäuptern der ethnischen Minoritäten, die den chinesischen Behörden gegenüber verantwortlich waren (die *tusi*), ihre Machtbefugnisse zu entziehen und die einheimischen Stämme der regulären Verwaltung der chinesischen Verwaltungsbezirke zu unterstellen. Dies führte wiederholt zu ausgedehnten Unruhen, die grausam niedergeschlagen wurden. Die Qing begegneten auch im Jinchuan-Gebiet Schwierigkeiten, einer sehr gebirgigen Region im Nordwesten von Sichuan, wo sich seit den Jahren 1746-1749 lokale Völkerschaften tibetischer Kultur erhoben. Erst nach langen und kostspieligen Feldzügen, von denen der letzte (1771-1776) den Staat 70 Millionen Silber-*liang* kostete – mehr als doppelt so viel wie die Eroberung des Ili-Tals und West-Xinjiangs gekostet hatte –, konnte die Ordnung wiederhergestellt werden. Bei diesen letztgenannten Feldzügen wurden Kanonen eingesetzt, die von den Portugiesen in Macao gebaut worden waren.

Nach der Eroberung des Ili-Gebiets häuften sich die Revolten der islamischen Völker Xinjiangs und der chinesischen Mohammedaner von Gansu: zuerst kam es in den Jahren 1758-1759 zu Aufständen in West-Xinjiang, dann im Jahr 1765 in der Oase Usch im Süden des Balchasch-Sees. Eine weitere Erhebung fand in Gansu statt und wurde zwischen 1781 und 1784 unterdrückt. In den Jahren 1787-1788 schlug ein vom Kontinent entsandtes Expeditionskorps den Aufstand einheimischer Stämme in Taiwan blutig nieder. Und schließlich brachen in den letzten Regierungsjahren Qianlongs, in den Jahren 1795-1797, erneut schwere Revolten ethnischer Minderheiten in Hunan und Guizhou aus.

Das vietnamesische Piratentum

Infolge des Staatsstreichs von 1787 in Vietnam, das damals unabhängig, aber dem Qing-Reich zu Tributzahlungen verpflichtet war, kam es um 1800 zu einem Wiederaufflackern des Piratentums an den Süd- und Südostküsten. Vietnamesische Generäle besetzten die Hauptstadt Hanoi. Im folgenden Jahr schickten die Qing der legalen Regierung der Lê (der von Lê Loi im Jahr 1428 gegründeten Dynastie) ein Expeditionskorps zu Hilfe. Die chinesisch-mandschurischen Streitkräfte, die von Guangxi auf dem Landweg und von Guangdong auf dem Seeweg gekommen waren, erlitten jedoch eine Niederlage und zogen sich im Jahr 1789 wieder zurück. Eine neue Dynastie, die Dynastie der Nguyên, wurde proklamiert, die bis zur Besetzung Vietnams durch die Franzosen an der Regierung blieb. Der Name Dai Viêt (Großes Land der Viêt) wurde durch Vietnam (Südliche Viêt) ersetzt. Nach dem Regimewechsel gingen zahlreiche Vietnamesen, die dem früheren Regime treu geblieben waren, nach China ins Exil: manche siedelten sich in Nanking an, andere in so weit entfernten Gebieten wie Kalgan (Zhangjiakou im Nordwesten von Peking) oder sogar in Zentralasien, im Kolonisationsgebiet des Ili-Tals im Süden des Balchasch-Sees. Die Geschehnisse in Vietnam hatten jedoch in China noch weiterreichende Folgen; sie waren der Ursprung für das von Vietnamesen und Chinesen vom Jahr 1795 an entlang den Küsten Guangdongs, Fujians und Zhejiangs ausgeübte Piratentum. Seine Unterdrückung, die anfänglich von dem Admiral Li Changgeng (1750-1808) aus Fujian geleitet wurde, dauerte von 1800 bis 1809. Im Jahr 1800 zerstörte ein Taifun die Flotte der vietnamesischen Piraten an der Küste von Zhejiang. Die chinesischen Piraten suchten jedoch weiterhin die Küstenprovinzen Süd- und Südostchinas heim, und starteten im Jahr 1806 einen siegreichen Angriff auf die Küsten Taiwans.

5. Die Verschlechterung des politischen und sozialen Klimas

Die Zunahme der Korruption und die ersten Bauernaufstände

Das Ende der Qianlong-Ära war eine Zeit der Sorglosigkeit und Verschwendung. Ein großer Teil der staatlichen Ressourcen wurde von den fernen und schwierigen Kriegen in Zentralasien, Nepal, Burma und West-Sichuan, von Günstlingspensionen und -gehältern und vom Unterhalt eines zahlreichen und anspruchsvollen Hofes verschlungen. Zu diesen Lasten, deren Gewicht die steuerzahlende Bevölkerung zu drücken begann, kamen noch diejenigen, die sich aus der Zunahme der Amtsveruntreuungen ergaben. Man muß zwar einräumen, daß die Korruption ein dem politischen System inhärentes Übel war; es steht jedoch fest, daß es Zeiten gegeben hat, in denen dieses Übel weniger stark ausgeprägt war und dank der Überwachung und der Bestrafung schuldiger Beamter wirksam bekämpft wurde. Der allgemeine Wohlstand und die unter den ersten Qing-Kaisern und bis in die erste Hälfte der Qianlong-Ära herrschenden Sitten hatten dazu beigetragen, die Auswirkungen der Korruption abzuschwächen. Dagegen scheint sie im letzten Viertel des 18. Jahrhunderts im ganzen chinesischen Verwaltungsapparat rapide Fortschritte gemacht zu haben. Vermutlich hat das Beispiel des Kaisers und des Hofes in der Oberschicht den Hang zum Reichtum und Luxus verbreitet.

Diese Entwicklung erklärt sich jedoch auch aus dem immer stärker autokratischen Charakter der Politik Qianlongs. Im Jahr 1775 geriet der alternde Kaiser vollkommen unter den Einfluß eines jungen Bannergenerals namens Heshen (1750 bis 1799), der auf die Regierung und die Verwaltung des Reichs einen verborgenen, aber allmächtigen Einfluß ausübte. Im Jahr 1781 wurde er zur Unterdrückung eines Mohammedaner-Aufstands nach Gansu geschickt, erwies sich aber als so unfähig, daß er sofort wieder zurückberufen wurde. Heshen, der zahlreiche Funktionen auf sich vereinigte, warb bald darauf auf eigene Kosten Leute an und spann ein weites Korruptionsnetz. Er trat vor allem während der Unterdrückung der Aufstände von Notleidenden in Zentral- und Westchina hervor, die sich in der Geheimgesellschaft des Weißen Lotos zusammengeschlossen hatten. Diese Aufstände waren teilweise gerade durch die überforderten Geldeintreibungen unter Heshen ausgelöst worden. Heshen und seine Helfershelfer Fukang'an, Helin, Sun Shiyin usw. zogen die Kämpfe in die Länge, um sich durch die Aufblähung der Ausgaben selbst zu bereichern, und stellten Massaker an der unschuldigen Bevölkerung als Siege hin.

Diese ersten großen Bauernaufstände der Qing-Zeit erklären sich folglich sowohl aus der Erhöhung der Lasten, die auf die Landbevölkerung drückten, als auch aus den erpresserischen Geldforderungen Heshens. Die Not und Ungerechtigkeit ließen die alte Organisation des Weißen Lotos *(Bailianjiao)* plötzlich wiederaufleben, die bei den Aufständen am Ende der Mongolen-Zeit Mitte des 14. Jahrhunderts und später am Ende der Ming-Zeit eine große Rolle gespielt hatte. Wie die meisten anderen verbotenen Gemeinschaften hatte sie im Untergrund weiterbestanden. Erst nach der Ausschaltung Heshens im Jahr 1799 konnten die Aufstände des Weißen Lotos wirksam unterdrückt werden; allerdings setzten sie sich noch bis 1803 fort und erhöhten das Defizit der Staatsfinanzen. Allein für die Jahre 1798 bis 1801 betrugen die hierfür notwendigen militärischen Kosten 100 Millionen *liang*.

Die Folgen der Korruption, deren Verbreitung durch die Herrschaft Heshens vom Ende der Qianlong-Ära an gefördert wurde, machten sich in einem lebenswichtigen Sektor bemerkbar: im Unterhalt der Deiche und Flußregulierungsanlagen. Die damit beauftragten Beamten zweigten staatliche Gelder für ihren eigenen Gebrauch ab, und es kam im Laufe der Jiaqing-Ära (1798-1820) trotz der hohen Kredite, die für die Instandsetzung der Dammbrüche gewährt wurden, zu sieben großen Überschwemmungen des Gelben Flusses. Diese kriminellen Unterschlagungen öffentlicher Gelder sollten mit der schrecklichen Katastrophe des Jahres 1855 enden, als der Lauf des Gelben Flusses, dessen Wassermengen bei Hochwasser bis zu 20 000 m^3 in der Sekunde erreichen können, sich vom Norden nach dem Süden der Halbinsel Shandong verlagerte. Diese Entfernung entspricht derjenigen von Le Havre nach Bordeaux. Die letzte vergleichbare Verlagerung seines Flußbettes hatte im Jahr 1324 unter den Mongolen stattgefunden. Eine ähnliche Katastrophe ereignete sich im Jahr 1938.

Die Mängel des politischen Systems

Die Sitten und die geistige Haltung der Führungsschicht waren das Produkt eines politischen Systems, das erstmals von den Philosophen des 17. Jahrhunderts und neuerlich von den politischen Denkern des 19. Jahrhunderts analysiert und kritisiert worden ist: China litt an einer krankhaften Zunahme der Zentralisierung. Man wollte in Peking alle Fragen bis ins winzigste Detail für alle Teile dieses Riesenreichs regeln, das sich durch seine Eroberungen auf den größten Teil des asiatischen Kontinents ausgedehnt hatte und eine Welt für sich bildete. Die Bedingungen waren jedoch je nach Region, Volk, Naturgegebenheiten und lokalen Gebräuchen unterschiedlich. Die Vertreter des Kaisers in den Provinzen wurden von einer Überfülle von Vorschriften und von der tyrannischen Gesetzgebung völlig gelähmt. Die übermäßige Bedeutung, die einem extrem formalistischen Papierkrieg beigemessen wurde, die Gefahr unvorhergesehener Besuche der Zensoratsinspektoren *(duchayuan)*, die unzähligen Fallen, denen ein Lokalbeamter ausgesetzt war und die er nur mit Hilfe von Sekretären, perfekten Kennern der Vorschriften, vermeiden konnte, die Vielfalt seiner Aufgaben, seine völlige Unkenntnis der von ihm verwalteten Region, die ihn dazu zwang, sich auf die lokalen Angestellten zu verlassen und die guten Dienste und Ratschläge der Gentry in Anspruch zu nehmen – alle diese Bedingungen genügten schon, um die übertriebene Vorsicht der diensttuenden Beamten zu erklären. Ihre Haltung wurde aber noch durch eine Erziehung verschärft, die seit dem Aufkommen des »Neokonfuzianismus« der Song-Zeit die Hemmungen zusätzlich verstärkte.

Andererseits bedeuteten in dem Zustand dauernder Unsicherheit, in dem die gebildete Schicht lebte, die außergewöhnliche Chance eines erfolgreichen Ablegens der drei Serien von dreimal im Jahr stattfindenden Prüfungen (*shengyuan, juren, jinshi*, diese Titel wurden bei den Präfektur-, Provinz- und den Reichsprüfungen in Peking erlangt) und die Laufbahn eines Mandarin einen Glücksfall, der so rasch wie möglich ausgenützt werden mußte. Der Auserwählte war im Fall eines Erfolgs seinen Verwandten, Freunden und denjenigen, die auf ihn gesetzt und sein Studium finanziert hatten, verpflichtet. Daß die Beamten ihre Dienstzeit dazu benutzten, einen gewissen Wohlstand zu erreichen und ihre Verpflichtungen abzubezahlen, wurde allgemein geduldet. Die seit der Qianlong-Ära sehr schlecht bezahlten Beamten wurden durch die ihnen auferlegten schweren öffentlichen und privaten Lasten gezwungen, Steuern und Abgaben einzutreiben, die nur gewohnheitsrechtlich anerkannt waren und je nach Verwaltungsbezirk variierten, so daß die Grenze zwischen Legalität und Illegalität verschwommen blieb. Es war unmöglich zu sagen, von welchem Punkt an es sich um Veruntreuung handelte, da die Einkünfte, die die Beamten ganz legitim beanspruchen durften, von Anfang an nicht regelmäßig gewährleistet waren und die Unterscheidung zwischen öffentlichen und privaten Ausgaben nicht immer klar war. Und schließlich steckten die Beamten in einem System gesellschaftlicher Beziehungen, in dem der Austausch von Gunsterweisungen sich für den guten Geschäftsgang unerläßlich zeigte. Aber auch da war es praktisch unmöglich, eine eindeutige Grenze zwischen Erlaubtem und Unerlaubtem zu ziehen: das Geschenk, das der Usus und die Höflichkeit erforderten, verwandelte sich in geleistete und geforderte Bestechungsgelder, ohne daß man genau sagen konnte, wo die Korruption begann. Es scheint letztlich, daß in dem politischen System der beiden großen autoritären Reiche – der Qing und der Ming – das kombiniert wurde, was China seinen legalistischen und seinen humanistischen, d. h. konfuzianischen, Traditionen verdankte, davon aber nur die Fehler und Mängel übernommen wurden: einerseits eine Hypertrophie der bürokratischen Zentralisierung, andererseits ein System menschlicher Beziehungen, das sich als Vetternwirtschaft äußerte. Den Beamten persönlich kann man dabei keine Vorwürfe machen, denn vielen von ihnen waren die Mängel des Verwaltungsapparats, dessen Rädchen sie waren, und die Mängel der Gesellschaft, in der sie lebten, klar bewußt; viele von ihnen waren integer und auf das öffentliche Wohl bedacht, scheiterten aber an einem System, gegenüber dem sie machtlos und dessen Gefangene sie waren.

Durch die Zunahme der Korruption und die merkliche Senkung der staatlichen Gehälter traten am Ende der Qianlong-Ära die Mängel eines Systems in den Vordergrund, das in einer Zeit des allgemeinen Wohlstands annehmbar war. Das 19. Jahrhundert begann schlecht: die Krise der staatlichen Finanzen, die Korruption und die Bauernunruhen waren um so beängstigendere Anzeichen, als das politische Bewußtsein der Führungsschicht durch die Herrschaft der sittlichen Ordnung und die Jahre der Euphorie eingeschläfert war. Die kaiserliche Regierung war durch den Respekt und die Verehrung isoliert, die sie umgaben und die sie jedem einzelnen ihrer Untertanen einzuimpfen versucht hatte.

III. KAPITEL
DAS GEISTIGE LEBEN VON DER MITTE DES 17. BIS ZUM ENDE DES 18. JAHRHUNDERTS

Das chinesische Denken, das während der Periode der Erniedrigung, der Unsicherheit und der Unruhen, die bis zum Jahr 1683 andauerte, vom Problem der Beziehungen zwischen Staat und Gesellschaft beherrscht war, wandte sich im 18. Jahrhundert, dieser Epoche einer politischen und sozialen Konsolidierung und eines erstaunlichen wirtschaftlichen Aufschwungs, wieder heitereren Gefilden zu. Ohne mit den Tendenzen der vorangehenden Periode radikal zu brechen, schlug es nun doch eine andere Richtung ein: im 18. Jahrhundert triumphierte ein wissenschaftlicher Geist, der sich des gesamten Bereichs der Schrifttradition annahm und dessen philosophische Implikationen bemerkenswert sind.

1. Die Philosophen des 17. Jahrhunderts

Die Eroberung Chinas, die auf die großen Aufstände der zwanzig letzten Jahre der Ming-Zeit folgte und ihnen ein Ende setzte, die Sezession Südchinas, die den flüchtigen Anschein erweckte, als würde durch sie die neue Dynastie gestürzt, diese ganze Kampfperiode, die mit dem Einzug der Mandschu-Truppen in Peking im Jahr 1644 begann und mit dem Selbstmord Wu Sanguis in Kunming 1681 endete, war auch eine Periode der intellektuellen Freiheit und der radikalen Kritik an den Institutionen und geistigen Grundlagen des autoritären Reichs. Damals wurden die Mängel des Absolutismus scharfsinnig analysiert, die philosophischen Traditionen und die traditionellen Unterrichtsmethoden kritisiert und ein chinesischer »Nationalismus«, der auf der Zugehörigkeit zu einer Gemeinschaft und einer Kultur gründete, klarer definiert. Die Besetzung Chinas durch die Mandschus scheint eine moralische Krise ausgelöst zu haben, die die bedeutendsten Philosophen dieser Epoche, eine der reichsten an freien, fruchtbaren und originellen Denkern, durch Nachdenken überwinden konnten. Die Arbeit im Studierzimmer war für sie ein Ersatz für die direkte Aktion, zu deren Verzicht sie plötzlich durch die Umstände gezwungen worden waren.

Die Kontinuität der geistigen Strömungen im 17. Jahrhundert

Gleichzeitig waren diese Denker aber auch um Bewahrung und Fortsetzung bemüht. Sie übernahmen von dieser Epoche der Erneuerung und des sozialen und wirtschaftlichen Wandels, zu dem es in der Wanli-Ära gekommen war, einen Nonkonformismus, eine geistige Offenheit und eine Wißbegier, die für das ganze 17. Jahrhundert charakteristisch sind. Mit ihrer Neigung zur Gesellschaftskritik und zur politischen Kritik setzten sie eine geistige Strömung fort, die durch die Dekadenz des Staates und die Allmacht der Eunuchen ausgelöst worden war. Die engen Verbindungen zwischen der Reformbewegung am Ende der Ming-Zeit und dem Aufschwung der politischen Philosophie in der Zeit der Mandschu-Eroberung sind offenbar: die großen Denker der beginnenden Qing-Zeit waren aus den oppositionellen Kreisen der endenden Ming-Zeit hervorgegangen; die meisten von ihnen gehörten der »Erneuerungsgesellschaft« *(fushe)* an, jenem literarischen und politischen Club, der in der Chongzhen-Ära (1628-1644) eine Art von wiederauferstandener Donglin-Partei war. Die Eroberung Chinas durch die Mandschus erschien ihnen als Folge der politischen und sozialen Mängel des untergehenden Reichs. Sie wollten zunächst einer Epoche den Prozeß machen, die jeden Kontakt mit der Wirklichkeit verloren hatte und in der sich die Mehrzahl der Intellektuellen in Abstraktionen oder subjektivistischen Theorien gefiel.

Trotz der Fremdinvasion war die Kontinuität bemerkenswert. Jin Shengtan (geboren 1610) gehörte, obwohl ein Teil seiner Werke nach der Katastrophe der Jahre 1644-1645 erschien, noch ganz der geistigen Erneuerungsperiode der ausgehenden Ming-Zeit an. Wir finden bei ihm dasselbe Interesse für die nicht-orthodoxe Literatur wie bei Li Zhi. Er fühlte sich von den Klassikern abgestoßen; seine Lieblingslektüre waren die große buddhistische Sūtra »Lotos des guten Gesetzes« *(Fahuajing)* und neben dem *Lisao* von Qu Yuan und den »Historischen Aufzeichnungen von Sima Qian der Roman *Die Räuber vom Liang-shan-Moor (Shuihuzhuan)*, über den er im Jahr 1641 literaturkritische Studien veröffentlichte. Auf sie folgten im Jahr 1656 Untersuchungen zum berühmten Theaterstück der Mongolenzeit »Das Westzimmer« *(Xixiangji)*, einem sentimentalen und romantischen Werk. Jin Shengtan wurde im Jahr 1661 enthauptet, weil er anläßlich einer Zeremonie beim Tod des Kaisers Shunzhi für protestierende Studenten Partei ergriffen hatte.

In der zweiten Hälfte des 17. Jahrhunderts fanden in den Romanen und Theaterstücken frühere, für das Ende der Ming-Zeit typische Traditionen ihre Fortsetzung. Zu dieser Zeit erschienen die berühmte »Halle des ewigen Lebens« *(Changshengdian)* von Hong Sheng (1645-1704), deren Thema die Liebe zwischen der Konkubine Yang und dem Kaiser Xuanzong ist, sowie der »Pfirsichblütenfächer« *(Taohuashan)* von Kong Shangren (1648-1718). Li Yu (1611-1680?), ein erfolgloser Prüfungskandidat der Doktorexamina, der sich entschloß, sein Leben dem Theater und dem Roman zu widmen, blieb wie sein Zeitgenosse Jin Shengtan der ausgehenden Ming-Zeit verhaftet. Er schrieb unter anderem den berühmten erotischen Roman *Rouputuan (Jou Pu Tuan, Ein erotisch-moralischer Roman aus der Ming-Zeit)*.

Wie die Literatur zeigte auch die Malerei weiterhin eine bemerkenswerte Vitalität und Originalität, und zwar im Milieu der »verrückten Mönche«. Die berühmtesten von ihnen waren Bada shanren (Ende Ming – Anfang Qing) und Shitao (zweite Hälfte des 17. Jahrhunderts). Dieser Tradition unabhängiger Maler gehörten die originellsten modernen Künstler an: Zhao Zhiqian (1829-1884), Ren Yi (Ren Bonian) (1840-1895), Wu Changshi (1844-1927) und Qi Baishi (1862-1957).

Zu Beginn der Mandschu-Dynastie waren in der Literatur, in der Kunst und in der Philosophie noch nicht die Auswirkungen zu spüren, die im darauffolgenden Jahrhundert die Errichtung der sittlichen Ordnung nach sich ziehen sollte.

Die Kritik am Absolutismus und die ersten Forschungen zur Geistesgeschichte Chinas

Um die Entfaltung der politischen Philosophie zu Beginn der Mandschu-Zeit zu veranschaulichen, ist es wohl am besten, zumindest kurz die berühmtesten Denker jener Generation vorzustellen. Obwohl ihnen gewisse Grundtendenzen gemeinsam sind, ist ihre individuelle Originalität doch so groß, daß sie einzeln besprochen werden müssen. Sie alle hatten entscheidenden Einfluß auf das moderne Denken. Von ihnen ließen sich die Reformer und Revolutionäre des ausgehenden 19. Jahrhunderts und der ersten Hälfte des 20. Jahrhunderts anregen.

Huang Zongxi (Huang Lizhou) (1610-1695), der älteste seiner Generation, wurde in einer Beamtenfamilie der Gegend von Ningbo in Zhejiang geboren. Er wuchs in einem Milieu auf, das der Eunuchenherrschaft feindlich gegenüberstand, und war in seiner Jugend Zeuge des Untergrundkampfes der Donglin-Partei. Sein Vater, der sich dieser Partei angeschlossen hatte, wurde auf Anordnung von Wei Zhongxian im Jahr 1626 im Gefängnis hingerichtet. Vier Jahre später trat Huang Zongxi in Nanking in die »Erneuerungsgesellschaft« ein. Er zog sich die unauslöschliche Feindschaft Ruan Dachengs (1587-1646) zu, eines begabten Dramatikers und epikureischen Gelehrten, aber korrupten Beamten, der nach der Hinrichtung Wei Zhongxians, zu dessen treuesten Anhängern gezählt hatte, wieder in Gnaden aufgenommen worden war. Huang Zongxi verdankte seine Rettung in letzter Minute nur dem Vormarsch der Mandschu-Truppe auf Nanking, nahm aber sogleich am Kampf gegen die Invasoren teil. Im Jahr 1649 begab er sich mit anderen Führern des Widerstandskampfes nach Nagasaki, mit dem Ziel, die Japaner um Unterstützung zu bitten. Angesichts der Aussichtslosigkeit seiner Bemühungen gab er jedoch den Kampf auf und zog sich an seinen Heimatort zurück, um sich historischen, philosophischen, astronomischen und mathematischen Forschungen zu widmen. Sein erstes Werk, das *Mingyi dafang lu* (1662), ist eine allgemeine Kritik der absolutistischen Institutionen der ausgehenden Ming-Zeit. Seine politischen Auffassungen sind liberal: seiner Meinung nach müssen der Fürst und seine Minister dem Volk dienen – und nicht umgekehrt. Als heftiger Gegner der Mandschus lehnte er die Angebote, ein Staatsamt zu übernehmen, die ihm in den Jahren 1678 und 1679 gemacht wurden, ab und verweigerte die Mitarbeit am Projekt der »Geschichte der Ming-Dynastie«, die auf Initiative von Kaiser Kangxi geschrieben wurde. Huang Zongxi, der ein Kenner der Geschichte der Südlichen Ming und der Persönlichkeiten jener Widerstandsperiode war, verdankte seinen Ruhm hauptsächlich der Tatsache, daß er als erster die chinesische Geistesgeschichte zu erforschen begann. Seine beiden bekanntesten Werke sind eine Sammlung von Studien über die philosophischen Schulen der Ming-Zeit, das *Mingru xue'an* (1676), und eine allgemeine, aber unvollendet gebliebene Geschichte der chinesischen Philosophie der Song- und der Yuan-Zeit (11.-14. Jh.), das berühmte *Songyuan xue'an*.

Diesen Forschungen liegt eine Reflexion über die Krise am Ende der Ming-Zeit und über die tieferliegenden Ursachen der Niederlage Chinas bei der Fremdinvasion zugrunde. Sie erklären sich aus dem leidenschaftlichen Interesse, das Huang Zongxi dem Problem der Persönlichkeitsbildung des Menschen entgegenbrachte und aus der Bedeutung, die er der Erziehung beimaß. Sein ganzes Werk, in dem oft kühne, manchmal revolutionäre Gedanken ausgesprochen werden, erscheint als Kritik des Staates und der Gesellschaft seiner Epoche.

Eine evolutionistische Soziologie

Der neun Jahre jüngere, in Hengyang (Hunan) geborene Wang Fuzhi (Wang Chuanshan) (1619-1692) war ebenfalls Mitglied der Erneuerungsgesellschaft gewesen. Er war an den Hof des Fürsten von Gui, des späteren Kaisers Yongli (1647 bis 1660) der Südlichen Ming, nach Guangdong berufen worden und hatte am Kampf gegen die Invasoren teilgenommen; dann hatte er aber plötzlich – wie viele andere in dieser Epoche – beschlossen, in einem zurückgezogenen Gelehrtendasein, das wohl gleichzeitig auch eine Art von Flucht war, eine neue Form des Handelns zu suchen. Wang Fuzhi, der zu seinen Lebzeiten kaum bekannt war – sein Gesamtwerk wurde erst im Laufe der ersten Hälfte des 19. Jahrhunderts herausgegeben – aber die Druckplatten sind während des Taiping-Aufstandes (1851-1864) zerstört worden – steht in vielerlei Hinsicht Huang Zongxi nahe: wie er übte er Kritik an der intuitionistischen und subjektivistischen Philosophie der ausgehenden Ming-Zeit, vertrat liberale und anti-absolutistische Auffassungen, interessierte sich für die Geschichte des Widerstands gegen die Mandschus. Er ging in seiner historischen Reflexion jedoch weiter als Huang Zongxi: in seiner Auffassung von der historischen Evolution steckt implizit ein ganzes philosophisches (man könnte sagen: naturalistisches und »materialistisches«) System. Die Veränderungen der menschlichen Gesellschaften sind nach Wang Fuzhi das Produkt natürlicher Kräfte. So sei der Übergang vom Lehen zum Verwaltungsbezirk, der die große Revolution des ausgehenden Altertums kennzeichnet, eine zwangsläufige Erscheinung gewesen. Daher stehe auch die traditionelle Darstellung der ältesten Epochen als eine Art Goldenes Zeitalter im Widerspruch zu den vernünftigen Schlußfolgerungen, die man aus der Vergangenheit ableiten könne: die Geschichte der Menschheit sei gekennzeichnet durch eine ununterbrochene Evolution und einen ständigen Fortschritt der Gesellschaften. Wang Fuzhi vergleicht die Herrscher des frühen Altertums mit den Häuptlingen der Miao- und Yao-Stämme in Hunan, bei denen er sich gelegentlich aufgehalten hatte. Ein solcher Vergleich, wenngleich nicht der Effekthascherei, sondern der Wahrheitsliebe entsprungen, war ein Sakrileg. Das ist aber noch nicht alles: bei Wang Fuzhi finden wir eine Geschichtsauffassung, die wir heute »strukturalistisch« nennen würden und die in einer Welt, in der der Begriff der Totalität immer grundlegend gewesen ist, wohl weniger überrascht als im Westen. Nach Wang Fuzhi bilden die Institutionen einer gegebenen Epoche ein kohärentes Ganzes, von dem man nicht ein einzelnes Element loslösen kann; es besteht nicht nur eine Zwangsläufigkeit der Evolution, sondern in jedem einzelnen Entwicklungsstadium eine Kongruenz zwischen der Gesellschaft und den Institutionen. Daher könne das alte, zur Han-Zeit gebräuchliche System der lokalen Beamtenselektion und -empfehlung nicht mehr wiedereingeführt werden, die zu seiner Lebensfähigkeit notwendigen Bedingungen seien alle nicht mehr gegeben. Ebenso sei es illusorisch, seit sich der Begriff des Eigentums entwickelt habe, zur gleichmäßigen Landverteilung zurückkehren zu wollen. Die Nostalgiker der Vergangenheit, die die Übel der Gegenwart mit einer Rückkehr zu den Institutionen des Altertums heilen wollten, gründen seiner Ansicht nach ihre Hoffnungen auf einen fundamentalen Irrtum in der historischen Perspektive.

Zu diesem scharfen Blick für die Evolution der menschlichen Gesellschaften in der Zeit kommt bei Wang Fuzhi eine durchdringende soziologische Intuition, die ihn die vielschichtigen Unterschiede zwischen den einzelnen Kulturen wahrnehmen läßt. Es gibt jedoch in Lebensweise und Traditionen kaum entgegengesetztere menschliche Gesellschaften als diejenigen der Han und der Steppenvölker. Damit wird in den Augen Wang Fuzhis die Mandschu-Invasion verurteilt und der Widerstand dieser neuen Macht gegenüber gerechtfertigt. Wang Fuzhi, dessen Schriften am Ende der Qing-Zeit und zu Beginn der »Republik« mit Begeisterung gelesen wurden (es ist bekannt, daß Mao Tse-tung Mitglied der im Jahr 1915 in Changsha gegründeten Gesellschaft zum Studium der Schriften Wang Fuzhis war), ist wohl der erste Theoretiker eines sich auf die Gemeinsamkeit der Kultur und der Lebensweise gründenden chinesischen »Nationalismus«. Er sann auch über das Tierreich nach, und seine Überlegungen sind so bemerkenswert, daß sie der Erwähnung bedürfen: die Tiergesellschaften, zum Beispiel die der Ameisen, seien auf der Grundlage von zwei Zielen aufgebaut: der Erhaltung der Art *(baolei)* und des Schutzes der Gruppe *(weiqun)*. Ebenso sollte es in den menschlichen Gesellschaften sein: die wichtigste Funktion des Staates bestehe darin, eine bestimmte Zivilisation zu erhalten und seine Untertanen gegen Angriffe von außen zu schützen.

Physik und Geschichte bei Fang Yizhi

Fang Yizhi (1611-1671), weniger berühmt als sein Freund Wang Fuzhi, war ebenfalls einer der originellen Denker, die zu Beginn der Qing-Dynastie hervortraten. Fang Yizhi, der wissenschaftliche Enzyklopädien verfaßte, hat intuitiv den Stoffwechsel und das Prinzip der Erhaltung der Energie entdeckt. Er nimmt an, daß Lebewesen, deren äußere Form sich nicht ändert, einem tiefgreifenden Wandel ihrer Substanz *(zhi)* unterworfen sein können; in der Materie, die scheinbar träge ist, existiere in Wirklichkeit ein Wirbel von Kräften. Aber für Fang Yizhi besteht die Welt nur aus *qi*, d. h. »Materie«. An diese naturwissenschaftlichen Auffassungen schließt sich eine evolutionistische Geschichtsphilosophie an, die erstaunlich modern erscheint. Fang Yizhi glaubt an eine Vorgeschichte des Menschen und sieht die Geschichte – ähnlich wie Wang Fuzhi und später Zhang Xuecheng – als stufenweise Entwicklung der Gesellschaft und ihrer Institutionen. Wie Wang Fuzhi ist auch er der Ansicht, daß die Fürstentümer des chinesischen Altertums einige Ähnlichkeit mit den Stammesfürstentümern der Miao und der Yao in Hunan und Guangxi gehabt haben müssen. Er verwirft die rein formale Periodisierung der chinesischen Geschichte nach Dynastien und unterscheidet zwischen politischer Gemeinschaft *(zhitong)* und kultureller Gemeinschaft *(daotong)*. Diese Unterscheidung ist tatsächlich grundlegend für ein richtiges Verständnis der Geschichte Chinas. Er nimmt an, daß die historische Evolution einen Sinn hat, der mit der natürlichen Ordnung *(li)* übereinstimmt. So entspreche der Übergang vom Lehenssystem des chinesischen Altertums zum System der Verwaltungsbezirke der Epoche der Kämpfenden Staaten im 4. und 3. Jahrhundert dieser rationalen Evolution. Daraus folge, daß die menschliche Regierung kein autoritäres Handeln sein dürfe, sondern eine Aktion sein müsse, die den natürlichen Tendenzen der Sitten und der Gesellschaft entspricht. Fang Yizhi ist als Gegner des Absolutismus der Meinung, die erste Aufgabe der Regierenden bestehe darin, für die Befriedigung der grundlegenden und allen Menschen gemeinsamen Bedürfnisse des Wohlstands und der Gerechtigkeit zu sorgen. Als Anhänger des Liberalismus im wirtschaftlichen Bereich sah er in der Entwicklung der Industrie und des Handels eine Quelle von Reichtum und Wohlstand und einen Faktor des Fortschritts. Damit unterschied er sich von den vorherrschenden Ansichten seiner Epoche.

Die Schriften Fang Yizhis übten wie diejenigen seiner Zeitgenossen auf die intellektuellen Kreise der ausgehenden Qing-Dynastie und der republikanischen Zeit einen tiefgreifenden Einfluß aus. Von ihnen hatte sich insbesondere der Reformer Tan Sitong leiten lassen, der im Jahr 1898 nach der Hundert-Tage-Reform hingerichtet wurde.

Gu Yanwu, der Vater der wissenschaftlichen Kritik auf den Gebieten der Geschichte und der Philologie

Gu Yanwu (Gu Tinglin) (1613-1682) wird häufig als der bedeutendste Philosoph seiner Generation angesehen. Er wurde in Kunshan, nahe von Suzhou, geboren, gehörte in seiner Jugendzeit den oppositionellen Kreisen an und trat im Jahr 1642 der Erneuerungsgesellschaft bei. Eine Zeitlang diente er in Fujian dem Fürsten Tang der Südlichen Ming. Er begeisterte sich für Fragen der Wirtschaft, der militärischen Verteidigung und der Verwaltung und bereiste von Mitte des 17. Jahrhunderts an Nordchina. Seine geheime Absicht war es, die Guerilla-Zonen zu besuchen und die Eignung dieser Gebiete und Lokalitäten für den Fall eines Widerstandskrieges zu untersuchen. Seine zahlreichen Reisen – im Jahr 1677 unternahm er seine sechste und letzte Reise zu den Ming-Gräbern – waren für ihn außerdem Gelegenheit zur ständigen Bereicherung seiner geographischen, epigraphischen, historischen und wirtschaftlichen Kenntnisse und zu einer Vertiefung seiner Reflexion. Eines seiner ersten Werke, das *Tianxia junguo libingshu,* ist die Frucht seiner geographischen Forschungstätigkeit, wobei ihm insbesondere Probleme der Wirtschaft und der Verteidigung interessiert haben. Sein Wert liegt darin, daß Gu Yanwu seine persönlichen Kenntnisse der Örtlichkeiten mit den Informationen aus Lokalmonographien der Ming-Zeit vergleicht, die er erschöpfend studiert hat. Gu Yanwu kennzeichnet ein ständiges Streben nach konkreter Anwendung: seiner Meinung nach kann das Wissen nicht der Aktion entraten. In seine Reflexionen streut er praktische wirtschaftliche und administrative Vorschläge ein.

Sein berühmtestes Werk sind die gesammelten Aufzeichnungen, die er täglich während seiner umfangreichen Lektüren machte, das *Rizhilu.* Dieses Werk, dessen Vorwort auf das Jahr 1676 datiert ist und das nach dem Tod Gu Yanwus im Jahr 1695 gedruckt wurde, berührt eine Vielzahl von ganz verschiedenartigen Bereichen: Klassiker, Geschichte, Politik, Gesellschaft, Geographie, Psychologie, Morallehre usw.

Gu Yanwu gilt als Gründer der neuen Schule der Textkritik und der historischen Kritik, die sich im 18. Jahrhundert durchsetzte. Er erweiterte den Bereich der Historiographie und schlug als erster eine Geschichtsauffassung vor, die wir als wissenschaftlich bezeichnen können, da er die Epigraphik (er verfaßte auch »Notizen zur Schreibweise der Bronze- und Steininschriften«, das *Jinshi wenziji*), die Archäologie, die historische Phonetik (im Jahr 1677 veröffentlichte Gu Yanwu seine »Fünf Schriften zur Phonetik«, *Yinxue wushu*) und die Geographie als Hilfswissenschaften heranzog. Dieselben Methoden strenger und rationaler Analyse schlug er auch für das Studium der Klassiker vor, indem er eine Rückkehr zu den ältesten Kommentatoren, den Kommentatoren der Han-Zeit, insbesondere dem großen Zheng Xuan (127-200), einleitete.

Die Philosophie und die politischen Ideen Gu Yanwus stehen in Einklang mit seinen wissenschaftlichen Auffassungen. Er kritisierte den unbestimmten und abstrakten Charakter der Begriffe *xing* (menschliche Natur) und *xin* (Geist), die seit der Song-Zeit zum einzigen Gegenstand moralischer und philosophischer Diskussionen geworden waren. Die »neokonfuzianische« Schule der natürlichen Ordnung *(lixue)* war in seinen Augen eine minderwertige Abart der buddhistischen Philosophie. Es sei höchste Zeit, die akademischen und sterilen Kontroversen über die Natur und den Geist durch eine realistische Haltung zu ersetzen. Man müsse zum realen Menschen, zum Konkreten zurückkehren und sich allen Formen des Wissens öffnen. Und Gu Yanwu hat viel mehr geleistet, als seinen Nachfolgern lediglich einen Weg anzudeuten.

Auf politischem Gebiet findet man bei Gu Yanwu eine scharfsinnige Analyse der Ursachen für die Dekadenz des Staates. Er unterzog das politische und administrative System der ausgehenden Ming-Zeit, das von der neuen Mandschu-Dynastie ohne große Änderungen übernommen wurde, einer äußerst strengen Kritik. Der schon von Huang Zongxi ausgesprochene Gedanke, daß die Herrscher, die einst im Dienst des Volkes gestanden hatten, das Reich schließlich als ihr Eigentum betrachtet hätten, taucht bei ihm wieder auf. Die fundamentale Ursache der Mängel des politischen Systems liege aber im Bruch zwischen der Zentralregierung und ihren Amtsträgern in den Provinzen einerseits, und zwischen der Führungsschicht und dem Volk andererseits. Durch das Mißtrauen, das auf den Beamten laste, durch die Überhandnahme der Vorschriften, die Vermehrung der Kontrollen und der Überwachungsebenen schrumpfe die Autorität der Verwaltungsbeamten praktisch auf ein Nichts zusammen; dadurch würden sie gezwungen, sich auf eine kleine Bürokratie von Schreibern zu verlassen, die mit den lokalen Bedingungen und einer komplizierten, jede Initiative lähmenden Gesetzgebung vertraut sind. Deshalb sei es so weit gekommen, daß »die Autorität des Himmelssohnes nicht in den Händen der von der Regierung ernannten Beamten, sondern in denjenigen ihrer subalternen Schreiber liegt«. Dieses Thema wurde in der Folgezeit, und insbesondere im 19. Jahrhundert, sehr häufig wieder aufgegriffen. Für den extremen Absolutismus und die übermäßige Machtkonzentration gebe es nur ein Heilmittel: die Wiedereinführung einer gewissen lokalen Autonomie, die den Provinzbeamten, zusammen mit ihrer verlorenen Autorität, ihre Initiativfreudigkeit und ihr Verantwortungsgefühl wiedergebe.

Die Rückkehr zum Konkreten und die neue Pädagogik

In der zweiten Hälfte des 17. Jahrhunderts galt die allgemeine Tendenz der Kritik der geistigen Traditionen der Ming-Zeit und der Rückkehr zum Konkreten. Alle Denker dieser Epoche zeigten lebhaftes Interesse für praktische und naturwissenschaftliche Kenntnisse. Gu Yanwu war Geograph, Ökonom und Stratege und überprüfte sein umfassendes Bücherwissen durch Untersuchungen im Gelände. Er war jedoch nicht der einzige seiner Zeit: der um 18 Jahre jüngere Gu Zuyu (1631 bis 1692) verfaßte ein bedeutendes historisch-geographisches Werk, das *Dushi fangyu jiyao*, die Frucht seiner Reflexion, seiner Lektüre und seiner zahllosen Reisen, die er im Alter zwischen 28 und 50 Jahren in China unternommen hatte. Huang Zongxi war nicht nur der erste Geisteswissenschaftler Chinas; er hinterließ auch acht mathematische, astronomische und musiktheoretische Werke. Etwas später hat Mei Wending (1632-1721), ein guter Kenner der westlichen Mathematik in der Form, wie sie von Matteo Ricci und seinen Nachfolgern in China vermittelt worden war, diese mit der chinesischen Mathematik verglichen und die letztere rehabilitiert.

Einer der konsequentesten Verteidiger der praktischen Kenntnisse *(shixue)* war Yan Yuan (1635-1704). Nachdem er in der Jugend nach den Traditionen der Zhu Xi-Schule ausgebildet worden war, sich dem Studium des *Xingli daquan*, des im Jahr 1415 kompilierten großen enzyklopädischen Werks der Philosophen der menschlichen Natur und der natürlichen Ordnung gewidmet hatte, wandte er sich infolge einer großen persönlichen Krise davon ab: die Entdeckung, daß er der Adoptiv-Enkel seines Großvaters war, hatte ihn zutiefst erschüttert. Von diesem Augenblick an wurde er zu einem der schärfsten Kritiker der »neokonfuzianischen« Traditionen und neigte dazu, die klassische Kultur in Bausch und Bogen als falsch in ihren Prinzipien, als unheilbringend in ihren Konsequenzen zu verwerfen. Seine Forschungen über das Altertum brachten ihn zu der Überzeugung, daß die antike Kultur im wesentlichen eine praktische Kultur gewesen sei: man pflegte das Bogenschießen, das Wagenführen, die Wissenschaft der Zahlen. Yan Yuan hat die körperliche Betätigung und die manuelle Geschicklichkeit rehabilitiert. Dem Bücherwissen, das nur ängstliche, introvertierte, handlungs- und entschlußunfähige Individuen erzeuge, stellte er eine Erziehung gegenüber, die den ganzen Menschen erfassen und den praktischen Kenntnissen den ihnen zukommenden Platz einräumen sollte: der Landwirtschaft, der Medizin, dem Boxen, Reiten, den militärischen Übungen, der Strategie usw. Im Jahr 1696 leitete Yan Yuan die Akademie in Hebei und setzte die militärische Ausbildung, die Strategie, das Bogenschießen, Reiten, Boxen, die Mechanik, Mathematik, Astronomie und Geschichte auf das Programm.

Dies bedeutete eine totale Ablehnung der klassischen Studien, die nach Ansicht Yan Yuans unter dem Wust der Kommentare und Kommentare der Kommentare untergegangen waren. Yan Yuan gründete seinen Anti-Intellektualismus jedoch auf philosophische Konzeptionen: die manuelle Arbeit, der Kontakt mit der konkreten Wirklichkeit seien eine Form der Erkenntnis. Mehr noch: ohne Handeln und Umsetzung in die Praxis gebe es kein wahres Wissen. »Was für ein *li* (Ordnung, Struktur, Vernunft der Dinge und Lebewesen) könnte es außerhalb der Gegebenheiten und der Dinge geben?«

Man darf wohl in Yan Yuan keine Ausnahmeerscheinung sehen: zwischen ihm und einem Antikonformisten wie Li Zhi von der ausgehenden Ming-Zeit besteht eine gewisse Affinität, und seine Philosophie stimmt mit den vorherrschenden Tendenzen seiner Epoche überein. Bei seinen Zeitgenossen war er jedoch praktisch unbekannt. Seine Ideen fanden erst nach seinem Tod durch seinen Schüler Li Gong (1659-1733) Verbreitung.

2. Politik, Gesellschaft und Geistesleben unter den aufgeklärten Despoten

Mit der Festigung der Macht der Mandschu-Dynastie veränderte sich auch die moralische Atmosphäre. Die Bindung an die untergegangene Dynastie, der chinesische Patriotismus, der Haß gegen die Eroberer, die Heftigkeit, mit der die Institutionen kritisiert wurden, die Hektik der Jahre, die auf die Invasion folgten, nahmen allmählich ab. Die Elite schloß sich der neuen Macht an; ihrerseits waren die aufgeklärten Despoten anscheinend darauf bedacht, die Tugenden des autokratischen Regimes und der gesellschaftlichen Traditionen, die für die Philosophen des 17. Jahrhunderts Zielscheibe der Kritik waren, demonstrativ zur Schau zu stellen. Unter ihrer Herrschaft kam es zur letzten Blütezeit des autoritären Reichs und der sittlichen Orthodoxie. Diese Entwicklung, die durch die historischen Bedingungen begünstigt wurde, sollte sich jedoch später für China als fatal erweisen.

Auf dem Gebiet der Geisteswissenschaften übte der Staat positive und negative Einflüsse aus. Einerseits wurde durch den unerbittlichen Kampf gegen alle Formen der Opposition und durch die Einrichtung der sittlichen Ordnung die große Strömung der politischen und sozialen Kritik des 17. Jahrhunderts unterdrückt und der Untergang der städtischen und »bürgerlichen« Literatur beschleunigt, die für das Ende der Ming-Zeit charakteristisch gewesen war. Andererseits sollte das allgemeine gute Einvernehmen, das Kaiser Kangxi und seine Nachfolger mit den alten Bildungsschichten herzustellen vermochten, der Wohlstand und der innere Friede, die staatliche Förderung und der bedeutende Umfang der staatlichen Aufträge das 18. Jahrhundert zu einem der blühendsten der chinesischen Geistesgeschichte machen. Zu keiner anderen Zeit haben die chinesischen Literaten die ästhetischen, literarischen und philosophischen Traditionen ihrer eigenen Kultur so gut in ihrem Denken zusammengefaßt. Obwohl sie in einem anderen sozialen Umfeld lebten, sind die chinesischen Gebildeten des 18. Jahrhunderts, oder zumindest die bedeutendsten unter ihnen, als enzyklopädische Denker, als außergewöhnliche Gelehrte, aber auch als Männer mit Sinn für das Schöne und als Freunde der Einfachheit und des Maßes die wahren Zeitgenossen unserer Schriftsteller und Philosophen des Zeitalters der Aufklärung.

Die sittliche Ordnung

Die vom Ming-Reich übernommenen Institutionen, darunter mehr als alle anderen die Wiederaufnahme der Staatsprüfungen vom Jahr 1646 an, trugen in starkem Ausmaß zur Konsolidierung der neuen Mandschu-Herrschaft bei. Das unmittelbare Ziel der Staatsprüfungen war die Erneuerung des Nachwuchses in Politik und Verwaltung. Indem jedoch die ganze Aktivität der ehemaligen Führungsschicht in bestimmte Bahnen gelenkt und ihr ganzer Ehrgeiz von der Landkreis-Ebene bis zur Ebene der Zentralregierung mobilisiert wurde, erlaubten die Examina, sie auf die Dauer eng mit der Ausübung der Macht zu verbinden. Als einziger Zugangsweg zu Ehren und zu politischer Verantwortung haben die Prüfungen dazu gedient, ihnen die für ein autoritäres Reich unabdinglichen Tugenden der Ergebenheit und des Gehorsams einzutrichtern. Gleichzeitig wurde dadurch die Energie von Generationen von Literaten zum Versiegen gebracht: seit der Einführung des achtgliedrigen

Aufsatzes *(bagu)*, der sich laut Aussagen Gu Yanwus nach dem Jahr 1487 durchgesetzt hatte, verschärfte sich der künstliche Charakter der Prüfungen. Diese unnützen und sterilen Stilübungen bestanden darin, in der Art unserer akademischen Aufsätze mit Einleitung, These, Antithese, Synthese und Konklusion, in acht Teilen den Sinn eines Satzes oder Satzteiles aus einem Klassiker darzulegen.

Andererseits waren die zahlreichen Privatakademien *(shuyuan)* mit ihren unter den Ming seit der Mitte des 16. Jahrhunderts gegründeten guten Bibliotheken rasch zu Zentren der freien Diskussion und der Opposition gegen das Regime geworden. Die Mehrzahl wurde nach der Niederlage der Donglin-Partei in den Jahren 1625 bis 1627 geschlossen. Die Mandschus, die allen Formen von Kritik gegenüber vorsichtiger und unnachgiebiger waren, bemühten sich, auf die Lehre und die Privatakademien eine sehr strenge Kontrolle auszuüben. Die Akademien, die sie im Jahr 1657 gründeten, wurden dem Patronat des Staates unterstellt, und beschäftigten sich nur mehr mit achtgliedrigen Aufsätzen.

Zu den großen Anstrengungen des neuen Regimes, den offiziellen Unterricht auszubauen und die Zahl der Schulen zu erhöhen, kamen die Zensur und die Verfolgungen der aufsässigen Autoren, die erklärte Gegner der Fremddynastie waren oder auch nur dessen verdächtigt wurden. Unter Yongzhen (1723-1735) verschärfte sich die Lage weiterhin und führte zur großen literarischen Inquisition der Jahre 1774-1789 in der Qianlong-Ära. 10 231 Werke mit 171 000 Kapiteln wurden auf den Index gesetzt, und über 2 320 davon wurden vernichtet. Gleichzeitig erfolgten brutale Maßnahmen gegen die Verfasser und ihre Angehörigen: Enthauptungen, Verbannung, Zwangsarbeit, Konfiskation von Eigentum usw. Während zwanzig Jahren wurde im ganzen Reich Jagd auf Bücher gemacht, die als verdammenswert galten, weil sie den Qing gegenüber mangelnden Respekt zeigten, sei es auch nur durch die Präsenz graphischer Tabus, weil sie die Barbaren der Vergangenheit kritisierten, eine ketzerische Haltung zu vertreten schienen oder Informationen von strategischem Interesse vermittelten. Mit hohen Prämien wurde zur Denunziation ermutigt, der Besitz verdächtiger Werke und das stillschweigende Mitwissen dagegen zogen die schwersten Strafen nach sich. Alle diese Bestimmungen förderten ein übles und stupides Wetteifern im Dienst der Regierung.

Wenn die große literarische Inquisition der Qianlong-Ära berühmt geworden ist, so verdankt sie ihren Umfang und ihre Durchschlagskraft der Tatsache, daß sie mit der großen Kompilation des gesamten damals bekannten Schrifttums verbunden wurde, dem *Siku quanshu*. Sie entsprach jedoch Anliegen, die bei den drei großen Kaisern des 18. Jahrhunderts konstant gewesen zu sein scheinen. Von der Herrschaft Kangxis an hatte sich schon die gleiche Bemühung um sittliche Orthodoxie, die gleiche Empfindlichkeit der kaiserlichen Regierung den geringsten Anzeichen der Respektlosigkeit oder der Opposition gegenüber klar gezeigt. So waren in Zhejiang im Jahr 1663 die zahlreichen Verwandten und Freunde des Verfassers eines im Jahr 1660 gedruckten und als subversiv angesehenen *Abrisses über die Geschichte der Ming* zu Todesstrafen und Verbannung verurteilt worden.

Seit dem Ende des 17. Jahrhunderts zeichnete sich eine Reaktion gegen anstößige Werke ab. Im Jahr 1687 wurden vermeintlich sittenverderbende Romane indiziert, und im Jahr 1714 wurde die Zensur noch strenger. Die neue, puritanische Man-

XVI. Szenen aus dem Alltagsleben am Ende des 18. Jh.
(Holzschnitte aus dem Shinzoku kibun, einem japanischen Werk aus dem Jahr 1799)

dschu-Dynastie stand der in einer Art Umgangssprache geschriebenen Unterhaltungsliteratur ablehnend gegenüber, und unter Kangxi verschwand diese Literatur tatsächlich fast vollständig; an ihre Stelle traten gelehrtere und ausgefeiltere Formen. Vielleicht hatten die Literaten-Kreise selbst eine staatliche Aktion in dieser Richtung gewünscht? Vielleicht stand sie auch in Einklang mit den gesellschaftlichen Veränderungen und dem Verschwinden einer bestimmten Leserschicht, nämlich des ziemlich ungebildeten städtischen Bürgertums der ausgehenden Ming-Zeit? Jedenfalls änderte sich da, wo die Unterhaltungsliteratur weiterlebte, ihr Wesen und wohl auch ihre Leserschaft. Die berühmten Erzählungssammlungen von Pu Songling (1640-1715), das *Liaozhai zhiyi* (um 1700), von Yuan Mei (1716-1798) (*Zibuyu*, 1788), des großen Literaten Ji Yun (*Yueweicaotang biji*, zwischen 1789 und 1798) waren in klassischer Sprache geschrieben und mit ihren unzähligen literarischen Reminiszenzen und Anspielungen schwerer zugänglich. Auch die Zeit der großen Volksromane des 14. Jahrhunderts in der Art des *Roman der Drei Reiche* oder des *Räuber vom Liang-shan-Moor*, sowie des 17. Jahrhunderts wie der *Reise nach dem Westen* schien vorbei zu sein. Der Roman wurde nun auf subtile Weise ironisch – so das *Rulin waishi (Der Weg zu den weißen Wolken)* (um 1745) von Wu Jingzi (1701 bis 1754) – oder psychologisch – wie der wunderbare *Traum der Roten Kammer (Hongloumeng)*, den Cao Xueqin im Jahr 1763 unvollendet hinterließ – oder aber gelehrt wie das *Yesoubuyuan* (Worte eines Alten vom Lande, der sich an der Sonne wärmt) von Xia Jingqu (1705-1787).

Wenngleich die Herrschaft der sittlichen Ordnung dem Aufschwung der politischen Philosophie und der umgangssprachlichen Literatur, die für das Ende der Ming-Zeit und den Beginn der Qing-Zeit charakteristisch waren, ein Ende gesetzt hat, scheint der Druck der moralischen und politischen Zwänge weder die Reflexion noch den kritischen Geist, noch die Eigenwilligkeit erstickt zu haben. Trotz der Verfolgungen, denen die Majestätsbeleidiger zum Opfer fielen, und des autoritären Wesens der Mandschu-Herrschaft erscheint das 18. Jahrhundert letzten Endes als eine Periode des Gleichgewichts. Obwohl sie nichts an kritischem Geist aufgaben, befanden sich so große Denker wie Dai Zhen (1723-1777) und Zhang Xuecheng (1736-1796), aber ebenso auch ein origineller Kopf wie Yuan Mei (1716-1798), ein freidenkerischer Dichter, der den Skandal nicht scheute, in vollkommenem Einklang mit ihrer Epoche. Yuan Mei, der für die Ausdrucksfreiheit auf literarischem Gebiet eintrat – weit davon entfernt, der Dichtkunst einen moralischen Zweck zu geben, sah Yuan Mei im Ausdruck der Gefühle und der Persönlichkeit des Dichters ihr einziges Ziel –, machte sich zum Verfechter der Frauenemanzipation. Er verkündete seine Ablehnung der Polygamie und des Einbindens der Füße bei jungen Mädchen, eine Mode, die sich seit der Song-Zeit verbreitet hatte. Die gleichen feministischen Tendenzen finden sich zu Beginn des 19. Jahrhunderts bei dem aus Peking stammenden Li Ruzhen (ca. 1763-1830) wieder, einem Sprachwissenschaftler und Autor eines berühmten Romans von 100 Kapiteln, des *Jinghuayuan*, den er in den Jahren 1810-1820 schrieb und der 1828 gedruckt wurde. Einer Methode folgend, die in der europäischen Literatur sehr en vogue war und die man auch in Japan antrifft, erzielte er durch die Darstellung eines imaginären Landes, eines Reichs der Frauen (einem alten Mythos in China), in dem die

Situation der Geschlechter derjenigen des Qing-Reichs entgegengesetzt ist, satirische Wirkung.

Diese verschleierte oder direkte Kritik hatte jedoch keine Folgen. Man war weit entfernt von der sozialen und politischen Kritik der Denker des 17. Jahrhunderts. Unter der Herrschaft der aufgeklärten Despoten war die Intelligentsia letztlich mit ihrem Schicksal zufrieden. Die Korrespondenz der Literaten des 18. Jahrhunderts zeugt vielleicht auf ihre Weise von diesem Gefühl: diese Briefliteratur, die so reich ist wie diejenige des französischen Siècle des lumières, ist gekennzeichnet durch einen intimen, einfachen, direkten, manchmal vertraulichen Ton; so unter vielen anderen bei Zheng Xie (Zheng Banqiao) (1693-1765), einem originellen Geist von ritterlicher Großzügigkeit, einem eigenwilligen Kalligraphen und Verfasser einer Sammlung von »Familienbriefen«. Diesen einfachen und intimen Stil findet man auch in einer reizvollen Autobiographie wieder, die zu Beginn des 19. Jahrhunderts von einem vom Pech verfolgten Literaten geschrieben wurde: im *Fusheng liuji* (Sechs Erzählungen über ein unstetes Leben) von Shen Fu.

Das Mäzenatentum der Kaiser und der reichen Kaufleute

Das System der Staatsprüfungen, das seit Beginn der Song-Zeit herrschte, führte mit seinen sukzessiven Stufen und wegen der großen Anzahl der Kandidaten zu einer Zunahme der erfolgreichen Prüflinge, die wohl den Titel besaßen, denen es aber nicht gelang, den beneidenswerten Posten eines kaiserlichen Beamten zu erhalten. Diese mittellosen Literaten waren zu einem unbeständigen Leben verurteilt und sahen sich gezwungen, Schutzherren zu suchen und ihr Leben als Hauslehrer in reichen Familien, als Privatsekretäre von Beamten und einfache Schullehrer zu verdienen, oder manchmal sogar noch weniger angesehene Berufe auszuüben. Das Verfassen von Lehrbüchern für Prüfungsaufsätze, von Biographien und Epitaphen, von Romanen, Erzählungen oder Theaterstücken – wobei es sich um Auftragswerke oder um kommerzielle Werke handelte – stellte für sie eine wertvolle Unterstützung dar. Diese wirtschaftlichen Gegebenheiten stehen daher wohl in Zusammenhang mit der Geschichte der schriftlichen Produktion in China seit der Song-Zeit, mehr noch in der Ming- und Qing-Zeit. Es scheint in der Tat, daß der allgemeine Wohlstand und die bedeutenden staatlichen Aufträge im 18. Jahrhundert dieser wichtigen Gruppe aus der Gebildetenschicht, die nicht über regelmäßige Einkünfte verfügte, zu einer größeren Stabilität verholfen hat.

Von der Kangxi-Ära an (1662-1723) wurde eine große Anzahl von Literaten durch offizielle Aufträge bei umfangreichen Texteditionen, Kompilationen, kritischen oder gelehrten Arbeiten beschäftigt. Die erste große Publikation der Kangxi-Ära war die »Offizielle Geschichte der Ming-Dynastie« *(Mingshi)*. Schon im Jahr 1679 war der Plan dazu aufgestellt worden; mit seiner Leitung wurde im Jahr 1682 Xu Qianxue (1631-1694), ein Neffe von Gu Yanwu, beauftragt. Ein zahlreiches Team von Historikern widmete sich der Abfassung dieser umfangreichen Dynastiegeschichte, die ausführlicher und genauer ist als alle vorangehenden. Das im Jahr 1679 begonnene Werk wurde erst ein halbes Jahrhundert später, im Jahr 1735, vollendet; es zählt 366 Kapitel.

Ebenfalls in der Kangxi-Ära wurde die Kompilation einer gewaltigen illustrierten

Enzyklopädie in Angriff genommen, des *Gujin tushu jicheng*. Im Jahr 1706 begann ein gewisser Chen Menglei in privater Initiative mit dieser Arbeit, die erst 1725 ihren Abschluß fand. Gegen Chen Menglei, der sich in einer Rebellionsaffäre kompromittiert hatte, wurde die Todesstrafe ausgesprochen, die dann aber in Deportation nach Mukden (Shenyang) umgewandelt wurde. Nachdem er vor dem Tod Kaiser Kangxis wieder Gnade gefunden hatte, verlangte dessen Nachfolger, daß Chen Mengleis Name von seinem Lebenswerk verschwände, und schickte ihn abermals ins Exil. Die 10 000 Kapitel umfassende Enzyklopädie enthält folgende Rubriken: 1) Kalenderwesen, Astronomie, Mathematik; 2) Geographie; 3) Geschichte; 4) Technik, schöne Künste, Zoologie, Botanik; 5) Philosophie und Literatur; 6) Gesetze und Institutionen. Sie wurde im Jahr 1728 mit beweglichen Kupferlettern gedruckt und zählt insgesamt 10 Millionen Schriftzeichen.

Für die Kangxi-Ära muß auch die große Kompilation der Tang-Dichter erwähnt werden, das *Quantangshi.* Dieses Unternehmen leitete einer jener ehemaligen Diener des Mandschu-Hofes, die unter dem Namen *booi (baoyi)* bekannt sind, nämlich Cao Yin, der Großvater des Autors des berühmten Romans *Hongloumeng (Traum der Roten Kammer)*. Im *Quantangshi,* das im Jahr 1703 vollendet wurde, sind über 48 900 Gedichte von 2 200 verschiedenen Autoren der Tang-Zeit vereinigt.

Das *Peiwen yunfu*, ein Wörterbuch von nach Reimen geordneten Ausdrücken aus zwei oder drei Zeichen, das Beispiele aus verschiedenen Werken, angefangen von den Klassikern bis ins 17. Jahrhundert bringt, kam im Jahr 1716 zum Abschluß. Es umfaßt 558 Kapitel. Im selben Jahr erschien das berühmte Zeichenlexikon der Kangxi-Ära *(Kangxi zidian)*, das den westlichen Sinologen von seinem Erscheinen an bis zum Beginn des 20. Jahrhunderts als Grundlage für ihre Arbeiten diente. Es ist das Werk eines Teams von dreißig Philologen, die fünf Jahre daran arbeiteten; es werden darin die Bedeutungen und die Verwendungen von 42 000 Zeichen erklärt, die nach dem am Ende der Ming-Zeit aufgekommenen System der 214 Radikale klassifiziert sind.

Insgesamt zählt man 57 große offizielle Publikationen, die in der Kangxi-Ära vom Staat patroniert oder subventioniert wurden. Das bedeutendste Werk sollte jedoch die in der Qianlong-Ära verfaßte Kompilation sein, die unter der Bezeichnung *Siku quanshu* (Sämtliche Schriften der vier Literaturgattungen) bekannt ist. In ihr sind sämtliche gedruckte Werke und Manuskripte gesammelt, die in öffentlichen Bibliotheken oder bei Privatleuten erhalten waren. Ein Team von 360 Gelehrten arbeitete zehn Jahre lang – von 1772 bis 1782 – daran. Die Suche nach Büchern und Manuskripten, die freiwillig abgegeben oder gewaltsam eingesammelt wurden, hatte sich jahrelang hingezogen; das Ergebnis scheint einigermaßen erschöpfend gewesen zu sein. Die gesamte Kompilation zählte 79 582 Bände (dagegen umfaßte ein ähnliches Unterfangen aus dem beginnenden 15. Jahrhundert, das *Yongle dadian*, nur 11 095), die nach dem System der »vier Klassen« (*sibu:* kanonische, historische, philosophische und literarische Schriften) verteilt waren. 15 000 Schreiber wurden mit der Abschrift dieser gewaltigen Sammlung beschäftigt, deren Druck mit den damaligen Mitteln unmöglich gewesen wäre. Sie wurde im Jahr 1782 durch einen Katalog ergänzt, der Informationen über die Autoren, die Edition und den Stellenwert der Texte liefert. Dieses Werk, das den Titel *Siku quanshu zongmu tiyao* trägt, ist die wertvollste und vollständigste aller chinesischen bibliographischen Abhandlungen.

Zu dieser Tätigkeit des Staates, die für den Aufschwung der Geisteswissenschaften, der Kunst und der Gelehrsamkeit so förderlich war, kamen die Auswirkungen des Mäzenats steinreicher Kaufleute, die seltene Bücher, Malereien und Kalligraphien sammelten und ein Patronat über Literaten und Gelehrte ausübten. Zu den berühmtesten Mäzenen des 18. Jahrhunderts gehörten die Salzhändler aus Yangzhou in Jiangsu, deren Aufstieg auf das Ende der Ming-Zeit zurückgeht. So zum Beispiel die Brüder Ma: Ma Yueguan (1688-1755), Dichter und Bibliophiler, und sein Bruder Ma Yuelu (1697- ?) sowie dessen Sohn Ma Yu. Der Dichter und Philologe Hang Shijun (1698-1733) und Quan Zuwang (1705-1755), ein Spezialist auf dem Gebiet der historischen Geographie, waren Gäste der Gebrüder Ma in Yangzhou. Unter den berühmtesten Literaten, die vom Patronat der reichen Kaufleute profitierten, können Qi Zhaonan (1706-1768), Verfasser von Arbeiten über die Geschichte der Flüsse und Kanäle, von Studien zur historischen Chronologie und einer Monographie über den großen Hafen von Wenzhou und seine Umgebung in Zhejiang *(Wenzhou fuzhi)* sowie Qian Daxin (1728-1804), Historiker und Epigraphiker, und der große Dai Zhen genannt werden. Manche stammten wie Yan Ruoqu (1636-1704), der Mathematiker, Geograph und Kenner der Klassiker war, selbst aus dem Milieu der reichen Kaufleute. Dies ist auch der Fall bei Ruan Yuan (1784-1849), einem enzyklopädischen Geist, dem wir Arbeiten über die Geschichte der Malerei, über Mathematik, klassische Philologie, Epigraphik und Regionalgeschichte verdanken (er verfaßte eine Monographie über die Provinz Guangdong, das *Guangdong tongzhi*). Vor allem wurde er jedoch durch seine große Sammlung kritischer Kommentare zu den Klassikern *(Huangqing jingjie)* (1829) berühmt.

Der Niedergang der großen Familien reicher Kaufleute, die etwa seit dem Jahr 1800 durch die Abwertung des Kupfergeldes ruiniert wurden, sollte mit einer sehr raschen Abnahme der offiziellen Aufträge und mit dem Ende der großen Editionsunternehmungen zusammenfallen. So kam es zu tiefgreifenden Veränderungen in der Lage der intellektuellen Kreise im 19. Jahrhundert.

3. Der Aufschwung der Textkritik und die Philosophen des 18. Jahrhunderts

Die Entstehung der textkritischen Schule

Die Anwendung der wissenschaftlichen Prinzipien der Textkritik und der historischen Kritik, wie sie von Gu Yanwu und den Männern seiner Generation definiert wurden, sollte zur Infragestellung der ehrwürdigsten aller Schrifttraditionen, nämlich der Klassiker, führen, und in China – allerdings mehr als ein Jahrhundert früher – eine ähnliche Rolle spielen wie die hebräische Philologie im Westen auf dem Gebiet der Bibelforschung. Aus diesem Grunde wurde Gu Yanwu, oder richtiger noch, einer seiner berühmtesten Nachfolger, Dai Zhen, schon mit Ernest Renan verglichen: Dai Zhen und der Gründer der Bibelforschung wurden von derselben wissenschaftlichen Strenge und derselben Bemühung um Wahrheit getragen.

Am Ende des 17. Jahrhunderts bewies Wan Sida (1633-1683), wie sein Bruder Wan Sitong (1638-1702) (der am Projekt der Geschichte der Ming-Dynastie von

1679 bis 1682 mitarbeitete) Schüler von Huang Zongxi, daß das *Zhouli* (Die Riten der Zhou) keineswegs, wie man bisher geglaubt hatte, ein Werk aus der beginnenden Zhou-Zeit ist, sondern eine späte Kompilation aus der Zeit der Kämpfenden Staaten (5.-3. Jh.). Yan Ruoqu (1636-1704) nahm die Arbeit Mei Zhuos, dessen Werk im Jahr 1543 gedruckt worden war, über das *Shangshu* (Buch der Urkunden) wieder auf und erbrachte in seinem »Kritischen Kommentar zum Shangshu in alten Schriftzeichen« *(Shangshu guwen shuzheng)* neue Beweise für den apokryphen Charakter der Tradition in alten Schriftzeichen. Er widerlegte auch die Autorschaft Zeng Cans, eines Schülers von Konfuzius, am *Daxue,* einem der vier Bücher der Schule Zhu Xis. Hu Wei (1633-1714) entlarvte die berühmtesten Diagramme, die in den kosmologischen Theorien des Neokonfuzianismus eine entscheidende Rolle gespielt hatten, das *Luoshu* (Die Schrift vom Luo) und das *Hetu* (Das Flußdiagramm), als Schöpfungen der beginnenden Song-Zeit.

Die Philologen des 18. Jahrhunderts gingen jedoch noch weiter in der Kritik der seit der Song-Zeit am ehrfürchtigsten respektierten Traditionen, wobei sie nicht zögerten, schreckliche »Blasphemien« zu begehen: Yuan Mei (1716-1798), ein freidenkerischer, barocker und manierierter Dichter, der aus Skandalsucht offen feministische Ideen vertrat und sich mit einem Hof von Schülerinnen umgab, war der erste, der in den »Liedern von den Fürstenstaaten« *(Guofeng)* aus dem ehrwürdigen »Buch der Lieder« *(Shijing)* einfache Liebeslieder erkannte, eine Theorie, die der französische Sinologe Marcel Granet (1884-1940) wieder aufgriff und präzisierte. Wang Zhong (1745-1794) wagte es, Konfuzius zu entthronen, der seit der Song-Zeit zum Vater der Orthodoxie geworden war, und ihm den Platz wieder einzuräumen, der ihm im 4. und 3. Jahrhundert vor Chr. an der Seite des damals ebenso berühmten, wenn nicht noch berühmteren Mozi zugekommen war. Cui Shu (1740-1816) sprach den Überlieferungen über die Herrscher des frühen Altertums (Yao, Shun, Yu usw.), die man als Muster der Tugendhaftigkeit ansah, jeden Wert ab; dabei gründete er sich auf die Tatsache, daß solche Überlieferungen im Laufe der Geschichte immer weiterentwickelt und mit immer neuen Details bereichert werden. So wurden alle Mythen, von der die chinesische Tradition gelebt hatte, allmählich in Frage gestellt und zerstört.

Die große Bewegung philologischer Kritik, die zu den Haupterrungenschaften des 18. Jahrhunderts zählt, begann in der zweiten Hälfte des 17. Jahrhunderts und erscheint vor allem als eine Reaktion auf die Philosophie der Schule Zhu Xis und der intuitionistischen Schule Wang Yangmings. Ihrer Meinung nach haben die Generationen der Song- und der Ming-Zeit, die sich kaum darum gekümmert hatten, ihre Interpretationen auf eine strenge Analyse der Texte und Dokumente der Vergangenheit zu stützen, sich zu Spekulationen hinreißen lassen, durch die die wahre Lehre der Klassiker verfälscht wurde. Manche Kritiker gingen so weit, nach der Mandschu-Invasion sogar die buddhistischen Einflüsse anzuprangern, die seit dem 11. Jahrhundert bei den Philosophen und Kommentatoren der Klassiker eingedrungen waren: die dualistischen Konzeptionen der Schule Zhu Xis, die subjektivistischen und intuitionistischen Theorien Wang Yangmings und seiner Nachfolger gingen auf die buddhistische Metaphysik beziehungsweise auf die Philosophie der *chan*-Schule zurück. Daher müsse man auf die ältesten Überlieferungen zurückgreifen und sich von dem ganzen Wust von Interpretationen befreien, der sich seit der Song-Zeit angehäuft habe. Diese neue textkritische Bewegung, die im allgemeinen unter dem Namen *Kaozhengxue* (»Schule der Überprüfungen und Beweise«) bekannt ist, wird manchmal auch mit dem Terminus *Hanxue* (»Han-Schule«) bezeichnet. Aber im engeren Sinn bezieht sich die Bezeichnung »Han-Schule« auf die philologischen Traditionen, die sich vom Ende des 17. Jahrhunderts an in einer Literaten-Familie von Suzhou entwickelt hatten und dessen berühmtester Vertreter Hui Dong (1697-1758) war. Es handelt sich hierbei jedoch nur um eine Spezialisierung, die sich auf die Kommentatoren der Han-Zeit beschränkte. Die Kritikbewegung des 18. Jahrhunderts, die alle damals bekannten Methoden der wissenschaftlichen Forschung (Archäologie, Epigraphik, historische Phonetik, historische Geographie usw.) und alle möglichen Arten von Quellen zu Hilfe nahm, war viel mehr als lediglich Rückkehr zu den Kommentatoren der Han-Zeit. In erster Linie zeichnete sie sich durch ihre wissenschaftliche Ausrichtung aus. Die Gelehrten des 17. und 18. Jahrhunderts waren im übrigen alle mehr oder weniger in den Naturwissenschaften bewandert: Mathematik, Geometrie, Astronomie, Mechanik usw. Huang Zongxi hatte sich mit Mathematik und Astronomie befaßt, Dai Zhen widmete sich zu Beginn seiner Karriere ebenfalls naturwissenschaftlichen Studien.

Dai Zhen, Naturwissenschaftler, Gelehrter und Philosoph

Diese Schule kritischer Forschung, der man auf dem Gebiet der Philologie und der Archäologie ein so beachtenswertes Werk verdankt, erreichte ihren Höhepunkt in der zweiten Hälfte des 18. Jahrhunderts. Ihr bedeutendster Vertreter war damals Dai Zhen (1723-1777), der Sohn eines Tuchkaufmanns aus Anhui, der erst am Ende seines Lebens die höchsten Grade der Literatenlaufbahn erreichte. Sein ständig wacher, kritischer Geist, die Strenge seiner Gedankengänge, seine kompromißlose Wahrheitsliebe, seine vielfältigen Kenntnisse, die Klarheit seiner Schriften und die Originalität seines Denkens machen ihn zu einem der größten Genies seiner Zeit. Dai Zhen, der unter anderen die Devise hatte, »man darf sich weder von anderen noch von sich selbst täuschen lassen«, und für den die objektiven Beweise das einzige Kriterium der Wahrheit waren, unterschied zwischen den sicheren Wahrheiten, zu denen man durch die Verbindung unwiderlegbarer Beweise gelangt, und den Ideen im Überprüfungsstadium – dem, was wir Hypothesen nennen würden. Durch ihn entstand ein echter wissenschaftlicher Geist, der sich seiner Methoden sicher war und dessen Prinzipien sich kaum von denjenigen unterschieden, die im Westen den Fortschritt der exakten Wissenschaften ermöglicht haben. Dieser kritische Geist richtete sich jedoch fast ausschließlich auf die Erforschung der Vergangenheit.

Wie viele seiner Zeitgenossen war Dai Zhen ein äußerst wißbegieriger Denker. Wie sein Vorgänger Mei Wending (1632-1721), der eine vergleichende Studie der chinesischen und der westlichen Mathematik unternommen hatte, begeisterte auch er sich für die Geschichte der Mathematik. Die Kenntnis des Rechenschiebers von Napier (1550-1617) regte ihn möglicherweise zu einer Studie, dem *Cesuan* (1744), über die alten chinesischen Rechenstäbchen an, die mindestens seit dem 13. Jahrhundert die Lösung von Gleichungen mit mehreren Unbekannten ermöglichten. Er verfaßte eine Abhandlung über die Berechnung des Kreises (das *Gougu geyuanji,*

1755), forschte nach alten mathematischen Werken der Song- und Yuan-Zeit, die er neu edierte. Aber auch und insbesondere im Bereich der Philologie zeigte sich Dai Zhen als einer der größten Meister. Er versah die Gedichte des Qu Yuan, dieses großen lyrischen Dichters des 3. Jahrhunderts vor Chr., mit kritischen Anmerkungen (im *Qu Yuan fuzhu*, 1752), verfaßte Arbeiten zur historischen Phonetik, kommentierte in seinem *Kao gongji tuzhu* (Illustrierter Kommentar zur Abhandlung über die Berufe, 1746) die Abhandlung über die Technik des Altertums, die den letzten Teil der »Abhandlung über die Beamten der Zhou« (*Zhouguan* oder *Zhouli*) darstellt und wohl aus dem 5.-3. Jahrhundert stammt. Einen großen Teil seiner Arbeitskraft widmete er jedoch der riesigen offiziellen Kompilation von Texten aller Art, dem *Siku quanshu,* zu deren leitenden Editoren er vom Jahr 1773 an gehörte.

Dai Zhen war nicht nur einer der bedeutendsten Gelehrten der Geschichte Chinas, sondern auch einer der größten Denker seiner Epoche. Seine wissenschaftliche Haltung auf dem Gebiet der Philologie ist untrennbar mit einer bestimmten Philosophie verbunden. Seine hervorstechendsten philosophischen Werke sind das *Yuanshan* (Über die Ursprünge des Guten, 1776) und eine Studie über Menzius (*Mengzi ziyi shuzheng*, Kritischer Kommentar über den wörtlichen Sinn des Menzius, 1772). Mit methodischem Zweifel und gleichzeitig ungeheurem Respekt vor dem Altertum enthüllt und kritisiert er, wie die neokonfuzianischen Philosophen das Denken von Menzius entstellt haben. Als Feind der neokonfuzianischen Orthodoxie, für die die Natur eine Verbindung von *li* (immanente Ordnung oder natürliche Vernunft) und von *qi* (»Atem« oder Materie) war, übernahm er von diesen beiden Termini nur den zweiten, den er für ausreichend zur Erklärung aller Phänomene hielt. Indem er solchermaßen der Tendenz des chinesischen Denkens treu blieb, zog er die Konsequenzen dieser monistischen Auffassung auf der Ebene des praktischen Lebens: selbst die höchste Moral war seiner Meinung nach von unseren Trieben und Instinkten abgeleitet – nicht, weil die Moral ihre Grundlage im Egoismus hätte, was eine grob vereinfachende Erklärung wäre –, sondern weil sie an dem teilhat, was das eigentliche Wesen des Menschen ausmacht: Selbsterhaltungstrieb, Hunger, Sexualtrieb usw. sind Manifestationen der kosmischen Ordnung *(dao)*. Ebensowenig wie es abstrakte Eigenschaften gebe (Gerechtigkeit, Billigkeit, Menschlichkeit, Sinn für Riten), gebe es eine rein geistige Intelligenz, die von den Bedürfnissen und Leidenschaften unabhängig wäre. »Die Triebe unterdrücken zu wollen ist gefährlicher, als einen Flußlauf zum Stillstand bringen zu wollen.« Die Tugend bestehe nicht darin, die Triebe zu verdrängen und zu zügeln, sondern in deren harmonischem Gebrauch. So findet sich bei Dai Zhen eine radikale Kritik der konformistischen Moral, die sich seit der Song-Zeit durchgesetzt hatte und die im Namen der Vernunft *(li)* die Niedrigsten und die Jüngsten daran hinderte, ihre Bedürfnisse auszudrücken und ihre Wünsche zu befriedigen. Diese Moral war in seinen Augen die Hauptquelle der Delikte und Zwistigkeiten.

Dai Zhen, dessen philosophische Auffassungen in seiner Epoche wenig Echo gefunden zu haben scheinen und kaum befolgt wurden, hatte dagegen auf dem Gebiet der gelehrten Forschungen bedeutende Nachfolger. Am Ende der Qianlong-Ära und bis in die ersten Jahre des 19. Jahrhunderts setzten drei große Philologen sein Werk fort: Duan Yucai (1735-1815), ein direkter Schüler von Dai

Zhen, Wang Niansun (1744-1832) und Wang Yinzhi (1766-1834), die letzten berühmten Vertreter dieser textkritischen Schule, die im 18. Jahrhundert eine so große Blütezeit erlebt hatte, aber vom Beginn des 19. Jahrhunderts an ihre vorherrschende Stellung einzubüßen begann.

Eine Philosophie der Geschichte

Zhang Xuecheng (1736-1796), zwölf Jahre jünger als Dai Zhen, war mit diesem zusammen einer der profundesten und originellsten Denker des 18. Jahrhunderts. Aber zu einer Epoche, als Gelehrsamkeit, Textkritik und vor allem die Exegese der Klassiker hoch im Kurs standen, erschien Zhang Xuecheng mit seinen gegensätzlichen Tendenzen als eine Ausnahmefigur: Hauptthemen seiner Reflexionen waren die historiographische Methode und die Geschichtsphilosophie. Daher erklärt sich der geringe Widerhall, den er in seiner Epoche gefunden hat. Im 20. Jahrhundert sollte Zhang Xuecheng jedoch von japanischen und chinesischen Sinologen rehabilitiert werden.

Zhang Xuecheng, wie Wang Fuzhi und Gu Yanwu für regionale Fragestellungen aufgeschlossen, war der Ansicht, daß es zunächst wichtig sei, die Geschichte der chinesischen Länder kennenzulernen: China, das so groß wie Europa ist, könne nicht als einheitliches Ganzes behandelt werden; nur durch eine Geschichte der einzelnen Regionen, durch den Rückgriff auf Lokalmonographien *(fangzhi)* und die Verfassung neuer Monographien (Zhang Xuecheng schrieb selbst eine *fangzhi,* die leider verlorengegangen ist) sei es möglich, sich in einer so komplexen Geschichte wie derjenigen der Welt Chinas zurechtzufinden. Deshalb sei es wichtig, Lokalarchive aufzubauen, durch mündliche Befragung der Greise direkte Informationen zusammenzutragen, Inschriften, Manuskripte und lokale Überlieferungen zu sammeln usw. Wie Gu Yanwu war Zhang Xuecheng der Ansicht, daß die Geschichtsquellen alle Bereiche umfassen müßten. Er war jedoch noch radikaler: alle schriftlichen Werke, welcher Art auch immer, einschließlich der ehrwürdigen Klassiker, sind in seinen Augen historische Zeugnisse. Wenn diese Dokumentation erschöpfend zusammengestellt sei, handele es sich jedoch nicht darum, eine mechanische Kompilation daraus zu schaffen, wie die Historikerteams des 7. Jahrhunderts es getan hatten. Eine Geschichte müsse zwar ein genaues Abbild der Vergangenheit, stets aber auch ein persönliches Werk sein. Die besten historischen Werke seien immer von einzelnen Individuen geschaffen worden: dies sei der Fall bei dem bewundernswertesten von allen, den »Historischen Aufzeichnungen« von Sima Qian.

Das Seltsamste ist, daß diese historiographischen Anliegen in eine Philosophie münden. Aus dem berühmten Ausspruch Zhang Xuechengs: »Alles ist Geschichte, selbst die Klassiker« ergibt sich umgekehrt die Behauptung, daß die Geschichte die gleiche Würde wie die Klassiker hat. Sie nimmt ein philosophisches Prinzip in sich auf, sie schließt in sich das *Dao (Tao)* ein, das selbst unsichtbar ist und das der Mensch nur aus seinen historischen Erscheinungsformen kennt. Die menschlichen Gesellschaften sind dieser natürlichen Vernunft unterworfen, die das *Dao* darstellt. Die Gegenwart selbst ist Geschichte. Sie zeugt von der universellen Vernunft und hat deshalb – im Gegensatz zur Meinung der Verehrer des Altertums – die gleiche

Würde wie die Vergangenheit. Wenn die Bewegung der Textkritik auch eine gesunde Reaktion auf die Übertreibungen der intellektualistischen Philosophie Zhu Xis und der intuitivistischen Philosophie Wang Yangmings darstellte, so hatte sie doch auch negative Aspekte. Der Sieg der Gelehrsamkeit ging oft Hand in Hand mit einem Verzicht auf gedankliche Tiefe und den Sinn für größere Zusammenhänge. Die Erforschung des Details hatte seinen Zweck in sich selbst und die nichtigste Entdeckung befriedigte die Eitelkeit der Gelehrten. Daher war es nötig, zu der grundlegenden Wahrheit zurückzufinden, daß die sichtbare Welt von einem immanenten *Dao* bestimmt wird, einer typisch chinesischen Auffassung, die aber in der Perspektive eines Historikers wie Zhang Xuecheng nicht ohne hegelsche Anklänge ist: der philosophische Sinn entsteht im direkten Kontakt mit Gegenwart und Geschichte.

4. Das Werk der Jesuiten und der Einfluß Chinas in Europa

Der Dialog, den Matteo Ricci und die ersten Jesuitenmissionare aufgenommen hatten, die am Ende der Ming-Zeit nach China gekommen waren, sollte nicht unterbrochen werden. Ganz im Gegenteil, die Jesuiten festigten unter der Herrschaft der ersten beiden Mandschu-Kaiser ihre Stellung in China, und ihre Präsenz in Peking wurde das ganze 18. Jahrhundert hindurch toleriert, trotz der Unnachgiebigkeit des Vatikans und der berechtigten Entrüstung der Kaiser Yongzheng und Qianlong. Dank den Missionaren wurde die gelehrte Welt Europas reichlich mit wissenschaftlichen Informationen und mit Angaben über China und das Mandschu-Reich zum Zeitpunkt seiner größten Blüte versorgt, während China selbst manche neue Beiträge aus Europa aufnahm. Trotz zahlreicher Arbeiten, die diesem Thema bereits gewidmet wurden, ist man zweifelsohne den bedeutenden Folgen dieses Austauschs noch nicht völlig gerecht geworden.

Die wissenschaftliche Leistung und der Einfluß der Jesuiten in China

Die Jesuitenmissionare, die geschickt genug waren, sich inmitten der Aufstände und des Chaos am Ende der Ming-Zeit und anschließend im Laufe der Eroberungszeit und der Zeit der Unterdrückung der Widerstandsbewegungen bei Hof zu halten, sollten bei den Kaisern Shunzhi und Kangxi auf eine Sympathie stoßen, die nur durch die Furcht vor den politischen Folgen ihrer Bekehrungsversuche eingeschränkt wurde. Pater Adam Schall von Bell (1592-1666), der in Köln geboren wurde und im Jahr 1622 nach Peking kam, war zum Zeitpunkt der Eroberung Chinas durch die Mandschus Leiter des astronomischen Amtes in der Hauptstadt. Er war es, der durch seine Diplomatie unter den neuen Regime die Interessen der China-Missionen zu wahren vermochte. Im Jahr 1650 erhielt er die Genehmigung, die erste katholische Kirche in Peking zu erbauen, die Nantang, die zwei Jahre später vollendet wurde. Nachdem er durch die Angriffe Yang Guangxians (1597 bis 1669), eines zum Islam bekehrten Chinesen und eingeschworenen Feindes der Jesuiten, der ein antichristliches Pamphlet verfaßt hatte (das *Budeyi,* 1659), in eine sehr üble Lage gebracht worden war, wurde er im Jahr 1665 zum Tode verurteilt und erst im letzten Augenblick durch ein wie von der Vorsehung gesandtes Erdbeben gerettet. Sein Nachfolger war der Flame Ferdinand Verbiest (1623-1688), ein bedeutender Mathematiker und Astronom, der über Yang Guangxian und dessen Anhänger in den Jahren 1668-1689 einen Sieg davontrug, indem er die Überlegenheit der europäischen Astronomie bewies und dadurch die Position der Missionare im chinesischen Reich festigte.

Wie in den letzten fünfzig Jahren der Ming-Zeit blieb die Anzahl der Bekehrungen bei Hof und in den Provinzen beschränkt wegen tiefer Hindernisse, die sich aus den Unterschieden der Kulturkreise ergaben (der einheitlichen politisch-gesellschaftlichen Organisation, der Lokalmacht des buddhistischen Klerus, den chinesischen Sitten und Gebräuchen sowie moralischen und religiösen Traditionen, die zu denen Europas einen tiefen Gegensatz bildeten). Möglicherweise war der Mandschu-Adel aufgrund der Affinität des Christentums zu den religiösen Steppentraditionen für die christlichen Wahrheiten etwas empfänglicher als die chinesischen Literaten. Aber es besteht guter Grund zur Annahme, daß der Einfluß der Jesuiten sich vertieft und ausgeweitet hätte, wenn die konziliante Haltung Matteo Riccis den chinesischen Gewohnheiten und Gebräuchen gegenüber nicht gleich nach dem Tod des großen Missionars in den eigenen Rängen Reaktionen ausgelöst hätte und wenn sie nicht schließlich durch die Kirche verurteilt worden wäre. So kam es zum berühmten »Streit um die chinesischen Riten«, der im 18. Jahrhundert die gesamten Beziehungen zwischen China und Europa vergiftet hat. Die Frage war, ob der Begriff *Shangdi* (»der Herr da oben« der Klassiker) als Überrest einer Offenbarung aus dem frühen chinesischen Altertum gelten solle, die nach und nach in Vergessenheit geraten war, oder ob die Auffassungen der Chinesen als grundlegend atheistisch und agnostisch und ihre Kulte und Zeremonien als häretisch anzusehen seien. Der Himmel der Chinesen *(tian)* mußte demnach unbedingt entweder Gott oder aber reine Materie sein, obwohl er weder das eine noch das andere ist, sondern immanente und universelle Ordnung. Der Streit war nicht neu; er war schon von Pater Longobardo nach 1610 ausgelöst worden. Dieser Gegner von Matteo Ricci hatte sich darüber beklagt, daß die Chinesen keine von der Materie getrennten geistigen Substanzen anerkannten und keine absolute Unterscheidung zwischen sittlichen Prinzipien der menschlichen Gesellschaften und Naturgesetzen des Universums machten. Aber erst zu Beginn des 18. Jahrhunderts brach der Konflikt offen aus. Die Bemühungen der Jesuiten in China waren damals schon durch die Angriffe gefährdet, denen sie in Europa ausgesetzt waren, wo ihre Sympathie für die Chinesen schon seit langem als verdächtig gegolten hatte. Da beschloß der Vatikan im Jahr 1705, Monsignore Charles de Tournon mit dem Auftrag nach China zu entsenden, den Missionaren jede Toleranz gegenüber den traditionellen Gebräuchen der Chinesen zu untersagen: die Verehrung des Konfuzius und der Weisen des Altertums, den Ahnenkult usw. Zwei Jahre darauf belegte Mgr de Tournon in Nanking die abergläubischen Praktiken der Chinesen mit einem Bannfluch. Diese dogmatische Verhärtung führte zur Zerstörung eines großen Teils des Werkes, das um den Preis so bedeutender Anstrengungen seit dem Beginn des 17. Jahrhunderts geleistet worden war. Zahlreiche Chinesen fielen vom Christentum ab, die Zahl der Bekehrungen sank und die Feindseligkeit den ausländischen und chinesischen Christen gegenüber nahm zu. Kangxi, einige Jahre vorher den

Missionaren noch wohlgesonnen, war darüber verärgert, daß die Jesuiten, die er als seine Beamte sah, ihre Aufträge vom Vatikan in Empfang nahmen. Der »Ritenstreit« wurde zugunsten der Toleranzgegner beendet, zum Zeitpunkt, als das geistige Klima und die politischen Umstände die Position der Missionare ohnehin erschwerten. Aufgrund der Fortschritte der Orthodoxie und der erhöhten Bedeutung der Zentralasien-Frage in der allgemeinen Politik des chinesischen Reichs wurde die Regierungsperiode Yongzhengs (1723-1735) zu einer der Perioden, die für die Ausweitung der Missionstätigkeit am ungünstigsten war. Die Mandschu-Fürsten, die sich zum Christentum bekehrt hatten, wurden verfolgt. Die Sympathien Yongzhengs galten dem Lamaismus, dessen politische Bedeutung zu jener Zeit bekannt ist, und allgemeiner dem Buddhismus. Yongzheng verwandelte seinen Yonghegong-Palast in einen Lamatempel (1732), förderte die Neuausgabe buddhistischer Texte und gründete gegen Ende seines Lebens eine religiöse Gesellschaft für buddhistische und taoistische Studien. Pater Gaubil berichtet von folgendem Ausspruch, den der Kaiser am 21. Juli 1727 nach dem Besuch einer portugiesischen Gesandtschaft getan haben soll: »Wenn ich Bonzen in eure europäischen Provinzen schickte, würden es eure Fürsten nicht gestatten.«

Im Jahr 1773 wurde der Jesuiten-Orden durch das Breve *Dominus ac Redemptor* von Papst Klemens XIV. aufgelöst.

Wie zur ausgehenden Ming-Zeit waren es ihre Kenntnisse und ihre wissenschaftlichen Arbeiten, manchmal auch ihre Begabungen als Maler und Musiker gewesen, die den Missionaren ihr ganzes Ansehen bei den Kaisern eingebracht hatten. Diese Männer, beinahe alle bemerkenswerte Persönlichkeiten, haben unter schwierigen Umständen eine gewaltige Leistung erbracht: sie studierten gleichzeitig Chinesisch und Mandschurisch, erarbeiteten astronomische Darstellungen und führten Forschungsarbeiten durch, verfaßten geographische Arbeiten, vertiefte Studien zur chinesischen Geschichte und Chronologie – eine Chronologie, die das Datum der Sintflut in Frage stellte –, und stellten Übersetzungen her, ohne dabei ihr Apostolat und ihre religiösen Pflichten zu vernachlässigen. Sie stammten im 17. Jahrhundert aus Italien, Portugal, Spanien, aus Flandern, Deutschland und Frankreich, manche sogar aus Polen und Böhmen; im 18. Jahrhundert waren mehr Franzosen unter ihnen, denn die Politik Ludwigs des XIV., der den Jesuiten günstig gesinnt war, hatte ihnen nach dem Toleranzedikt von Kangxi (1692) eine vorherrschende Stellung eingebracht. Den beiden ersten offiziellen Missionen unter der Herrschaft Ludwigs des XIV. – die erste brach im Jahr 1687 auf mit den Patres Parrenin, Bouvet und de Prémare von La Rochelle und die zweite im Jahr 1698 (erste Reise der *Amphitrite*) – sollten mehrere folgen. Frankreich war das Land Europas, das mit dem China des 18. Jahrhunderts die engsten Beziehungen unterhielt und in dem die durch die Entdeckung Chinas ausgelösten philosophischen Streitigkeiten am leidenschaftlichsten waren.

Die Arbeiten der Jesuiten, die zweifelsohne zur Verstärkung der wissenschaftlichen Tendenzen der *Kaozhengxue*-Schule beitrugen und die Erforschung der Geschichte der chinesischen Mathematik stimulierten, wurden durch die liberale Schirmherrschaft der Kaiser ebenso gefördert wie die parallellaufenden Arbeiten chinesischer Literaten auf dem Gebiet der Publikationen und der gelehrten Forschungen. Deshalb kommt ein Teil der Verdienste den aufgeklärten Despoten zu, die unter den Regierungsdevisen Kangxi und Qianlong herrschten.

Außer in astronomischen und mathematischen Arbeiten zeichneten sich die Jesuiten im Bereich der Kartographie aus, wo sie eine Tradition fortsetzten, die auf Matteo Ricci zurückging. Der »Kangxi-Atlas«, das *Huangyu quanlantu,* ein von Pater Gerbillon angeregtes Unterfangen, wurde nach topographischen Aufnahmen und Arbeiten vollendet, die von 1707 bis 1717 andauerten. Dieser im Jahr 1718 auf Kupferplatten eingravierte Atlas übertrifft die zeitgenössischen Karten Europas. Mit dem Qianlong-Atlas, der nach topographischen Aufnahmen von 1756 bis 1759 im Jahr 1769 gedruckt wurde, stand China in der Qianlong-Ära dank der kaiserlichen Schirmherrschaft, der Fähigkeiten der Jesuiten und ihrer ausgezeichneten chinesischen Mitarbeiter an der Spitze der Kartographie.

Kangxi, ein wißbegieriger und offener Geist, interessierte sich für die westliche Malerei, Architektur und Mechanik. Auf seinen Auftrag hin setzte Pater Antoine Thomas im Jahr 1702, das heißt 90 Jahre vor der Definition des Kilometers, die Länge des *li* auf der Grundlage der Berechnung des Erdmeridians fest. Der chinesische Maler Jiao Bingzhen, von dem 46 berühmte Tafeln des *Gengzhitu* stammen (auf denen die verschiedenen Etappen der Feldarbeit und der Seidenbearbeitung dargestellt sind), studierte die europäische Perspektive. Im Jahr 1676 spielte Pater Pereira in Anwesenheit von Kangxi auf dem Cembalo, und einige Jahre später verfaßte er in Zusammenarbeit mit einem italienischen Pater die erste in China erschienene Abhandlung über europäische Musik, das *Lülü zhengyi.*

Qianlong verschönerte im Jahr 1747 seinen Sommerpalast, den Yuanmingyuan im Nordwesten von Peking, in dem er auf Anraten der Missionare Pavillons nach italienischer Mode und Springbrunnen errichten ließ. Der Palast wurde mit Malereien geschmückt, die von den Patern Giuseppe Castiglione und Jean-Denis Attiret stammen. Im Jahr 1860 wurde der Sommerpalast von den französischen Truppen geplündert und von den Engländern niedergebrannt. Der begabte Pater Castiglione blieb bis zu seinem Tod – nahezu fünfzig Jahre lang – in Zusammenarbeit mit berühmten chinesischen Künstlern als Maler von Landschaften, Porträts, Interieurszenen und Palästen in den Diensten des Kaiserhofs. Mit Hilfe von Jean-Denis Attiret und J. D. Salusti malte er die sechzehn berühmten Bilder, in denen die Hauptschlachten der Ili-Feldzüge *(Pingdingyili)* dargestellt sind und die im Jahr 1774 in Paris graviert wurden.

Es ist wahrscheinlich, daß China aus diesen geistigen, wissenschaftlichen und künstlerischen Kontakten mehr schöpfte, als die bekanntesten Entlehnungen vermuten lassen.

Mit der Auflösung des Jesuiten-Ordens und dem Tod von Qianlong ging eine Epoche zu Ende, in der die Rolle der gebildeten und gelehrten Missionare am Hof von Peking in den Beziehungen zwischen China und Europa vorherrschend gewesen war. Die Missionstätigkeit der folgenden Epoche sollte unter völlig anderen Umständen stattfinden als im 17. und 18. Jahrhundert.

Die Entlehnungen aus China und die europäischen Reaktionen

Noch hat man längst nicht alle Folgen aufgespürt und richtig bewertet, die die Entdeckung Chinas durch Europa seit dem 16. Jahrhundert mit sich brachte. Alles in allem ist es möglich, daß diese Entdeckung in viel größerem Ausmaß, als man bisher annahm, zur Entstehung der modernen Welt beigetragen hat. Denn seit der Epoche des Verfalls und der Erniedrigung, die China erleben mußte, ist das leidenschaftliche Interesse, das im 18. Jahrhundert Chinas politische und soziale Institutionen, Philosophie, Technik und Kunst hervorgerufen hatten, wieder in Vergessenheit geraten. Der Westen brüstet sich mit seinem raschen Fortschritt, dessen Verdienste er sich ganz allein zuschreibt. Eines Tages wird man vielleicht seinen Aufschwung etwas nuancierter beurteilen.

Am 18. August 1705 schrieb Leibniz in einem Brief an Pater Verjus: »Ich sehe, daß die meisten Ihrer Missionare geneigt sind, mit Verachtung von den Kenntnissen der Chinesen zu sprechen; nichtsdestoweniger ist es, da sich ihre Sprache und ihre Schriftzeichen, ihre Lebensweise, ihre Erfindungen und Manufakturen, ja sogar ihre Spiele so sehr von den unsrigen unterscheiden, als ob es sich um Menschen einer anderen Welt handelte, unmöglich, daß uns selbst eine nackte, aber genaue Beschreibung dessen, was bei ihnen praktiziert wird, nicht wesentliche und in meinen Augen bei weitem nützlichere Aufschlüsse erteilt, als die Kenntnis der Riten und der Möbel der Griechen und Römer, mit der sich so viele Gelehrte beschäftigen.« Wenn das von Leibniz skizzierte Programm von den Männern des 18. Jahrhunderts auch nur sehr unvollkommen und sehr unvollständig erfüllt wurde, scheint es doch, daß Leibniz die tiefen Auswirkungen dieser Kontakte zwischen zwei Welten sehr richtig vorausgeahnt hat.

Im Laufe des 18. Jahrhunderts wurde eine Folge umfangreicher Werke auf der Grundlage von Informationen verfaßt, die von den Missionaren gesammelt worden waren: *Lettres édifiantes et curieuses* . . . (Paris 1703-1776, 34 Bände), *Description . . . de la Chine et de la Tartarie chinoise* von J. B. du Halde (Paris 1735, 4 Bände), *Description générale de la Chine* von J. B. Grosier (Paris 1785), *Mémoires concernant l'histoire, les sciences, les arts, les mœurs et les usages des Chinois* (Paris 1776-1814, 16 Bände). Philosophen wie Leibniz, Gelehrte wie Nicolas Fréret (1688-1749), Politiker wie der Minister Henri Bertin (1720-1792), der eine systematische Untersuchung der chinesischen Technik in die Wege leitete, haben mit den Jesuitenmissionaren in China eine umfangreiche Korrespondenz unterhalten. Diese verstärkten Kontakte sollten nicht ohne Auswirkungen bleiben.

Zahlreiche, in Europa noch unbekannte Pflanzen, darunter der Rhabarber und verschiedene Bäume wurden im 17. und 18. Jahrhundert bei uns eingeführt. G. J. Vogler (1749-1814), der ein chinesisches *sheng* – ein Musikinstrument, das nach dem Vorbild der Mundorgel der sino-Thai-Welt konstruiert wurde – untersuchen konnte, ist es zu verdanken, daß im Westen die freischwebende Metallzunge angenommen wurde, eine Vorrichtung, die dem Harmonium, der Harmonika und dem Akkordeon zugrunde liegt. Von den weiteren Entlehnungen seien noch die Windfege (Tarare) erwähnt, die in China seit der Han-Zeit gebräuchlich war, die Vorrichtung der wasserdichten Abteilungen auf Schiffen, die Seidenraupenzucht und die Porzellantechnik (die ersten Versuche, die von J. F. Böttger (1682-1719) gemacht wurden, fanden im Jahr 1705 statt). Eine russische Gesandtschaft des Jahres 1675 hatte um die Entsendung chinesischer Ingenieure zum Bau von Brücken gebeten. Eine Art von Pockenschutzimpfung, die Variolation, die in China schon im 16. Jahrhundert allgemein verbreitet war, bestand darin, eine winzige Menge des Inhalts einer Pockenpustel in die Nasenlöcher des Patienten einzuführen. So hatte man in China noch vor dessen Entdeckung in Europa das Prinzip der Impfung angewandt; die Chinesen hatten nach Mitteln gesucht, die Virulenz des Virus abzuschwächen. Das Verfahren, das im Laufe des 17. Jahrhunderts in die Türkei gelangte, wurde in Europa zu Beginn des 18. Jahrhunderts bekannt. Im Jahr 1718 ließ Lady Montagu, die Frau des englischen Botschafters in Konstantinopel, ihre ganze Familie impfen. Im Jahr 1796 führte Edward Jenner die Vakzination, Impfung mit Kuhpocken, durch. Zu diesen gesicherten Gegebenheiten, deren Liste noch nicht vollständig ist, kommen noch solche, die wahrscheinlich sind.

Die Übernahme von fremden und originellen Techniken kann sich ganz unerwartet als sehr fruchtbar erweisen, und manche elementare Vorrichtung stellt sich manchmal als von grundlegender Bedeutung heraus. Ebenso verhält es sich mit den geistigen Traditionen und den Institutionen. Es trifft zwar zu, daß sich Europa im 18. Jahrhundert für ein China begeistert hat, von dem es sich ein falsches und oft idealisiertes Bild machte – die China-Schwärmerei hatte als natürliche Reaktion dessen spätere Verachtung zur Folge –; es stimmt auch, daß China den Philosophen als Vorwand gedient hat für ihre Angriffe gegen die Kirche und gegen die Mißbräuche des Ancien Régime; die Kenntnis Chinas hatte jedoch nicht nur einen negativen Inhalt.

Wie immer das Urteil über das politische und soziale System Chinas im 18. Jahrhundert lauten mag – Kultur und politische Macht waren ebenso wie in unseren bürgerlichen Gesellschaften des 19. und 20. Jahrhunderts faktisch das Privileg eines Bruchteils der Gesellschaft –, in China waren jedenfalls die übertriebenen Vorrechte der Geburt, wie sie in Europa unter dem Ancien Régime herrschten, unbekannt. Es ist eine Tatsache, daß dort die »Sitten und Gesetze« – ein Thema, das im Aufklärungszeitalter so oft besprochen wurde – die Grundlage der politischen und sozialen Ordnung waren. China war das erste Beispiel eines zivilisierten, reichen und mächtigen Staates, der dem Christentum nichts verdankte und der auf Vernunft und Naturrecht gegründet zu sein schien. So lieferte China einen beträchtlichen Beitrag zur Entwicklung des modernen politischen Denkens und manche seiner grundlegenden Institutionen wurden in Europa nachgeahmt.

Das chinesische »Prüfungssystem« wurde zum erstenmal von Mendoza im Jahr 1585 und anschließend von Pater Nicolas Trigault in seinem *Recueil d'observations curieuses* (1615) und von Montfort de Feynes in seinem *Voyage fait par terre depuis Paris jusqu'à la Chine* (1615) beschrieben. Seit dem Ende des 18. Jahrhunderts griff der Gedanke um sich, Examina zur Rekrutierung der Beamten einzuführen. In seinem Werk *Despotisme de la Chine* (1767) schlägt François Quesnay vor, der König solle sich mit einem Rat von Weisen umgeben, die so wie die chinesischen Mandarine aus allen Bevölkerungsschichten rekrutiert würden. Das Beispiel Chinas hatte sicher auch einen gewissen Einfluß auf die Einrichtung von Rekrutierungsprüfungen während der französischen Revolution im Jahr 1791. Die gleiche Institution, welche die East India Company in Indien im Jahr 1800 einführte, wurde im Jahr 1855 in Großbritannien durch die Einrichtung von Examina für den Beamtennachwuchs im Civil Service ausgeweitet.

Vauban riet Ludwig dem XIV., nach dem Vorbild der Chinesen Volkszählungen durchzuführen, die dort schon seit der Han-Zeit stattfanden. Die ersten im Westen bekannten Volkszählungen fanden im Jahr 1665 im französischen Kanada und 1749 in Schweden statt. Die ganze moderne demographische Wissenschaft ist aus einer Praxis hervorgegangen, die sicherlich früher oder später angenommen worden wäre, aber zuallererst von China angeregt wurde.

Die Bedeutung, die China unter der Qing-Dynastie der Landwirtschaft beimaß, hat das Denken der Physiokraten F. Quesnay (1695-1774) und seiner Freunde, des Marquis von Mirabeau (1715-1789) und von Dupont de Nemours (1739-1817) beeinflußt. Sie führten im Westen den Begriff der »natürlichen Ordnung« ein und proklamierten den Vorrang der Agrarproduktion vor den handwerklichen, industriellen und kommerziellen Aktivitäten, die sie von einem allgemeinwirtschaftlichen Standpunkt aus für unfruchtbar hielten. Über die Vermittlung der Physiokraten wurden die chinesischen Auffassungen zum Ausgangspunkt für die Entwicklung der politischen Ökonomie.

Sogar das ästhetische Gefühl wurde von China beeinflußt. Die außergewöhnliche Beliebtheit, die im Europa des 18. Jahrhunderts das blaue und weiße Kangxi-Porzellan, die chinesischen Möbel und Nippsachen genossen, ist bekannt. Die Mode der chinesischen Gärten und der chinesischen Architektur wurde von W. Chambers (1726-1796) im Jahr 1763 in Kew in der Nähe von London lanciert, und China hat zu einer Wandlung des Naturgefühls beigetragen, die von der Romantik weiterentwickelt wurde.

Das alles ist seit langem bekannt. Aber die Erforschung dieser Fragen verdiente es, wiederaufgenommen, weitergeführt und bis hin auf verschwommene Einflüsse und auf Hypothesen ausgedehnt zu werden, die nur durch eine strenge Analyse in Gewißheiten umgewandelt werden könnten. Denn die von China ausgehenden Anregungen beschränkten sich nicht auf die Bereiche politischen und sozialen Denkens, der Institutionen und der Technik; es ist sehr wahrscheinlich, daß sie auf die Entstehung des modernen naturwissenschaftlichen Denkens Einfluß genommen haben. Sollten diese chinesischen Einflüsse eines Tages verifiziert werden, so müßte dies als ein wesentlicher Beitrag in die Akte über die unzähligen Beweise für die Wechselbeziehungen zwischen den verschiedenen Zivilisationen aufgenommen werden.

Die »mathematische« Eigenschaft der chinesischen Schrift, die den Persern im 14. Jahrhundert aufgefallen war – im »Schatz des Il-Khan über die Wissenschaften Cathays« (1313) äußert Raschid al-Din die Ansicht, die chinesische Schrift sei der arabischen überlegen, weil sie von der Aussprache unabhängig ist –, zog auch das Interesse von Leibniz (1646-1716) auf sich und hat möglicherweise die Entwicklung der mathematischen Logik in Europa angeregt. Gewiß hat Leibniz sehr bald festgestellt, daß die chinesischen Zeichen aufgrund der historischen Anhäufung von Bedeutungen, die je nach dem Kontext variieren, keineswegs eindeutig sind. Es ist jedoch eine Tatsache, daß eines der Kennzeichen des chinesischen Denkens die Manipulation von Symbolen ist: in diesem Sinn war Leibniz' Intuition richtig.

Ein anderer besonderer und grundlegender Zug des chinesischen Denkens ist das Vorherrschen des Begriffs der allgemeinen und spontanen Ordnung, auf Kosten des Begriffs des direkten und mechanischen Eingreifens. Leibniz, der mit regem Interesse die Berichte der Jesuiten über China verfolgte und mit Pater Grimaldi in Briefwechsel stand, ersetzte die Vorstellung von der Welt als einer Maschine, durch die Vorstellung von der Welt als eines Organismus, der aus einer unendlichen Zahl von Organismen besteht. Diese letzte Konzeption der *Monadologie* erinnert mit ihrer Monaden-Hierarchie und ihrer prästabilierten Harmonie, die an keine früheren westlichen Traditionen anschließt, unwiderstehlich an die »neokonfuzianische« Auffassung des *li*, dieses der gesamten Ordnung immanenten Prinzips, das auf allen Ebenen des gesamten Kosmos zum Ausdruck kommt und aufgrund dessen jedes Wesen im großen Ganzen seinen Teil von *li* besitzt und von sich aus, ohne mechanische Lenkung oder mechanischen Impuls, zur universellen Ordnung beiträgt. Durch eine Konzeption, die an die in der Welt Chinas am allgemeinsten anerkannte erinnert, also gelang es Leibniz, den unreduzierbaren Gegensatz zwischen dem theologischen Idealismus und dem atomistischen Materialismus, der bis zu ihm das gesamte westliche Denken beherrscht hatte, zu lösen. Die Entwicklung des modernen naturwissenschaftlichen Denkens setzte aber gerade dieses voraus: daß der Westen darauf verzichtete, die Wirklichkeit außerhalb der Dinge zu suchen, daß er den in seinen geistigen Traditionen so tief verwurzelten Gedanken fallenließ, die Natur und die Lebewesen seien aus einer Maschine und derem Lenker, aus einem Körper und einer Seele aufgebaut, und daß er wie die Chinesen den Gedanken annahm, daß die Dinge in sich selbst die ganze Wirklichkeit und ihre subtilsten Geheimnisse enthalten. Leibniz, der Sinophile, ist das Anfangsglied der Kette, die bis zu den jüngsten Entwicklungen des wissenschaftlichen Denkens führt. So lautet zumindest die – hier stark zusammengefaßte – These J. Needhams, des bedeutenden Spezialisten der chinesischen Wissenschaftsgeschichte.

Auf jeden Fall ist es bemerkenswert, daß die Experimentalwissenschaften, die sich vom 16. Jahrhundert an entwickelt haben, in dem, was an ihnen spezifisch »modern« ist, mit den chinesischen Auffassungen übereinstimmen (Magnetismus, Begriff des Kraftfeldes, Idee der Teilchenwolke, der Fortpflanzung durch Wellen, die kombinatorische Logik, die Auffassung von einer organischen Ganzheit und einer Selbstregulierung der Organismen usw.), die in der westlichen Tradition fehlten. Es wäre erstaunlich, wenn dieses Zusammentreffen lediglich Zufall gewesen wäre.

TEIL 9
VOM NIEDERGANG ZUR FREMDBESTIMMUNG UND SELBSTENTFREMDUNG

Die erste Hälfte des 19. Jahrhunderts war gekennzeichnet durch eine ständige Verschlechterung des sozialen Klimas, deren vielfältige Ursachen noch kaum analysiert worden sind: das gestörte Gleichgewicht der Staatsfinanzen, das auf die Zeit der unmäßigen Ausgaben am Ende der Qianlong-Zeit zurückging; die fortschreitende Korruption in der Führungsschicht und im Kreis der Verwaltungsbeamten seit der Epoche Heshens, des Günstlings von Kaiser Qianlong; das unaufhörliche demographische Wachstum bis zur Mitte des 19. Jahrhunderts; die zu große Ausdehnung des Reichs und der wachsende Druck der Kolonialherren auf die zahlreichen dort lebenden kolonisierten Völker; das Defizit der Handelsbilanz seit den Jahren 1820-1825 und schließlich die wirtschaftliche Rezession, die um so empfindlicher spürbar war, als sie auf eine Periode des Wohlstands und der Euphorie folgte. Um die Mitte des 19. Jahrhunderts entluden sich diese verschiedenen Spannungen in der gewaltigsten sozialen Explosion, von der die chinesische Welt je erschüttert wurde. Der Taiping-Aufstand (1851-1864) und die Reihe der Erhebungen, die sich als Echo auf ihn bis um 1875 hinziehen, stellen das einschneidendste Ereignis der chinesischen Geschichte des 19. Jahrhunderts dar. Das jähe Erwachen, das diese große soziale und politische Krise in der Führungsschicht auslöste, die zu ihrer Überwindung nötige Anstrengung und die beträchtlichen Verluste und Zerstörungen, von der sie begleitet war, haben eine ganze Reihe von Veränderungen bewirkt. Eine neue politische Führungsschicht bildete sich im Laufe der kriegerischen Unterdrückung des Aufstands, die Zentralregierung erfuhr eine Schwächung, die Wirtschaft einen Niedergang. Das nach dem großen Bürgerkrieg neuerstandene Reich war ein anderes.

In dieser Niedergangs- und Krisenzeit drangen die Westmächte von 1840 an erstmals in China ein. Die Angriffe Englands in den Jahren 1840-1842, die mit dem Opiumschmuggel verbunden waren, sollten jedoch ihre historische Bedeutung erst a posteriori gewinnen: sie waren die erste Manifestation einer kolonialistischen Interventionspolitik, deren Charakter und Ziele sich mit dem Aufstieg der industriellen Macht der westlichen Nationen änderten. Der Bürgerkrieg, die Bemühungen um den Wiederaufbau und die Schwierigkeiten Chinas in Zentralasien erleichterten das erneute Eingreifen der Westmächte in den Jahren 1857-1860 und zwangen die chinesische Führungsspitze um so mehr zu einer Politik der Kompromisse, als sie für ihre Kriege und Industrialisierungsbestrebungen dringend des Kapitals und der Ingenieure aus dem Ausland bedurften. Vom Jahr 1870 an wurde der Druck von außen jedoch immer heftiger, und die innenpolitischen Widersprüche zwischen den Vertretern einer versöhnlichen und den Vertretern einer unnachgiebigen Haltung, zwischen den Modernisten, die mit den Ausländern in Beziehung standen, und den Traditionalisten, die die Realität der Zeit verkannten, verstärkten sich. Gleichzeitig vergrößerte sich der Rückstand Chinas, das zu groß und zu dicht besiedelt war, um eine radikale und schnelle Umwandlung zu gestatten, im Vergleich zu den kleinen Nationen, deren industrielle Entwicklung sich beschleunigte. Japan, das seine relative Isolierung dazu benutzt hatte, sich die westlichen Länder zum Vorbild zu nehmen, fügte dem chinesischen Heer und der chinesischen Flotte im Jahr 1894 eine vernichtende Niederlage bei. Der Vertrag von Shimonoseki leitete eine neue Periode in der Geschichte der chinesischen Welt ein: die Periode ihrer Alienation, das heißt der Veräußerung Chinas an die Ausländer und seiner Selbstentfremdung.

I. KAPITEL
DIE GROSSE REZESSION

1. Die inneren Ursachen des Niedergangs

Gegen Ende der Regierungsperiode von Qianlong und zu Beginn des 19. Jahrhunderts machten sich beunruhigende Anzeichen für den Verfall des Staates bemerkbar. Die ersten großen Bauernaufstände der Qing-Zeit fanden im Jahr 1795 im Nordwesten von Henan statt; im selben Jahr erhoben sich Eingeborenenstämme in Hunan und Guizhou, und an den Küsten von Guangdong und Fujian kam es zu einem Wiederaufleben des Piratentums. Am Ende des 18. Jahrhunderts stellte sich heraus, daß die ruhmreiche Regierungsperiode von Qianlong eine Epoche der Sorglosigkeit gewesen war, in der die öffentlichen Reserven hemmungslos ausgegeben wurden. Der Hof und der Staat hatten über ihre Verhältnisse gelebt, und von 1775 an hatte die Korruption, durch die Zentralisierung der Macht auf den Kaiser und durch den verderblichen Einfluß seines Günstlings Heshen gefördert, keine Grenzen mehr gekannt. Die Regierung, die durch falsche Berichte getäuscht wurde, war über die Lage in den Provinzen und den wahren Verlauf der militärischen Kampagnen schlecht informiert. Während die ersten Qing-Kaiser ganz besonders sparsam gewesen waren (Kangxi soll in seiner 36jährigen Regierungszeit nicht mehr ausgegeben haben als die letzten Ming-Kaiser in einem einzigen Jahr), stiegen die Ausgaben des Mandschu-Adels und des Hofes in der zweiten Hälfte der Qianlong-Ära ins Unermeßliche. Durch die Kriege in fernen Gegenden, die schwierige Unterdrückung der Erhebungen der Eingeborenen und der Mohammedaner und durch die Verschwendungssucht des Kaisers wurde die Staatskasse in den letzten Jahren des 18. Jahrhunderts endgültig geleert. Den Nachfolgern von Qianlong, die sich damit begnügten, die Ausgaben des Hofes zu beschneiden, gelang es nicht, die Finanzlage zu sanieren. Unter der Herrschaft von Yongzheng (1723-1736) hatten die Staatsreserven sechzig Millionen *liang* betragen; im Jahr 1850 – am Vorabend des gewaltigen Taiping-Aufstandes – beliefen sie sich nur mehr auf neun Millionen. Ebensowenig gelang es den Nachfolgern, der Korruption Einhalt zu gebieten und die fortschreitende Schwächung der Mandschu-Armee aufzuhalten, jener Banner, die in der Zeit ihrer größten Macht einem so großen Teil Asiens die chinesische Oberhoheit aufgezwungen hatten.

Die euphorische Stimmung, die, wie es scheint, während des größten Teils des 18. Jahrhunderts in China herrschte, hatte auf die Länge zweifelsohne unselige Auswirkungen. Sie scheint zu einer Art von Einschläferung sowohl auf politischem Gebiet, wo sie eine Verstärkung der patriarchalischen und autoritären Staatsmacht der Mandschus ermöglichte, als auch auf sozialem und wirtschaftlichem Gebiet geführt zu haben. Noch gravierender jedoch war, daß das politische und administrative System, die Produktionstechniken und die Handelspraktiken, die den Bedürfnissen eines weniger ausgedehnten und weniger dicht bevölkerten Staates genügten, einem Reich, das riesige Territorien unter seiner Kontrolle hatte und dessen Bevölkerung innerhalb eines Jahrhunderts sich mehr als verdoppelt hatte, offenbar inadäquat geworden waren. Der demographische Aufschwung, der im 18. Jahrhundert eine so bemerkenswerte Expansion ausgelöst hatte, scheint in der ersten Hälfte des 19. Jahrhunderts auf die chinesische Wirtschaft gegenteilige Auswirkungen gehabt zu haben. Während der Bevölkerungszuwachs weiter anhielt, konnte die Wirtschaft nicht mehr mithalten. Gemäß den Volkszählungen hat die chinesische Bevölkerung zwischen 1802 und 1834 um 100 Millionen Einwohner zugenommen: im Jahr 1834 verkündete das Finanzministerium, daß das Reich über 400 Millionen Einwohner zähle. Ein derartiger Anstieg ist kaum denkbar; immerhin bringen diese Zahlen eine Realität zum Ausdruck: die immer stärkere Übervölkerung zahlreicher chinesischer Provinzen.

Qianlong hinterließ seinen Nachfolgern Jiaqing (1798-1820) und Daoguang (1821-1850), deren Regierungszeiten die erste Hälfte des 19. Jahrhunderts ausfüllen, folglich eine schwierige Situation, die durch den Verfall des Staates und das ständige Wachstum der Bevölkerung noch verschlimmert wurde. Erst im Jahr 1803 konnten die von der Weißen Lotos-Sekte *(Bailianjiao)* beeinflußten Bauernaufstände unterdrückt werden. Einige Jahre später sollte es jedoch zu einem neuerlichen Aufflammen dieser Bewegung kommen: im unteren Becken des Gelben Flusses, in Henan, Hebei und Shandong, brachen von 1811 an wieder Unruhen aus. Die Aufständischen, die der Sekte der Himmlischen Ordnung *(Tianlijiao)*, einer Abart der Weißen Lotos-Sekte angehörten, fanden geheimen Beistand am Hof und bei hohen Beamten. Diese Beamten hatten unter Qianlong auf großem Fuß gelebt und waren über die harte Sparpolitik unter Kaiser Jiaqing erbost. Ein in Verbindung mit den Aufständischen organisiertes Komplott kam im Jahr 1813 in Peking zum Ausbruch, scheiterte aber, als der Kaiserpalast im Sturm genommen werden sollte. In der Provinz wurde die Rebellion ein Jahr später unterdrückt.

Wenn auch die Aufstände des *Bailianjiao* niedergeschlagen werden konnten, so wurden doch dic Ursachen der Unruhe unter den Bauern nicht behoben: der Mangel an Anbauflächen, der trotz der Landerschließung und der Verbreitung neuer Kulturen (Mais, Süßkartoffel, Erdnuß) weiterbestand, der Anstieg der Steuerlasten jeder Art, die Entwertung des Kupfergeldes im Verhältnis zum Silber, das seit dem Nachlassen der Einfuhr amerikanischen Silbers rarer wurde, das rapide Absinken der Grundrente in Verbindung mit dem Anschnellen der Grundstückspreise, die Landkonzentration in den Händen weniger reicher Großgrundbesitzer (vor allem im Süden) und der damit zusammenhängende Abstieg der Kleinbauern zu Landarbeitern: alle diese Faktoren waren die Ursachen einer ständigen Spannung auf dem Lande.

Die Unruhen unter den Bauern fanden während der ganzen ersten Hälfte des 19. Jahrhunderts kein Ende. Doch brachen nie so schwere Aufstände aus, wie sie zwischen 1796 und 1804 in Nordwestchina stattgefunden hatten. In beinahe allen Provinzen, und zum erstenmal auch in Südchina, kam es zu Erhebungen. Eine der schwersten fand in den Jahren 1832-1833 in den Berggegenden der Grenzgebiete von Hunan und Guangxi statt. Die Lage war der Ausbreitung des Banditenwesens und der Entwicklung der Geheimgesellschaften günstig. Bei ihnen handelte es sich um eine Art von religiösen Gemeinschaften, deren Mitglieder sich einen Treueschwur leisteten und einander als nahe Verwandte betrachteten. Die Geheimgesellschaft, die unter dem Namen Trias-Gesellschaft (*Sanhehui* oder *Tiandihui*) bekannt ist, und ihre sehr zahlreichen Zweiggesellschaften setzten sich in der ersten Hälfte des 19. Jahrhunderts in Südchina fest.

Die Kontrolle der Eingeborenenstämme des Südens und der Territorien in West-Xinjiang mit mehrheitlich mohammedanischer Bevölkerung blieb schwierig und prekär. Im Jahr 1807 rebellierten die Tibeter von Kukunor, im Jahr 1833 die Yao in Guizhou gegen die chinesisch-mandschurische Verwaltung. Im Jahr 1825 fielen die Mohammedaner West-Xinjiangs unter der Führung eines Khodja-Türken namens Jehangir von China ab, und die Oasen von Kaschgar und Jarkend wurden erst nach dreijährigem Kampf im Jahr 1828 wieder eingenommen.

Zu den Schwierigkeiten des schon von so vielen Ursachen der Schwäche bedrohten, in seiner Führungsschicht gespaltenen Reichs, kam noch die Unausgeglichenheit der Außenhandelsbilanz hinzu, an der der Opiumimport schuld war.

2. Schmuggel und Piratentum

Der Import von Fertigprodukten in die kolonisierten Länder, die keine Industrie besaßen, stellte einen Wendepunkt dar in der Geschichte der Unterwerfung der Regionen, die heute die Dritte Welt bilden, durch die reichen Nationen. Dieser Wendepunkt trat aber erst am Ende des 19. Jahrhunderts mit der Entwicklung der mechanisierten Produktion ein. Die Ostindische Kompanie (East India Company), die im Jahr 1786 das Handelsmonopol mit Kanton erhalten hatte, führte um 1800 eine kleine Menge von Baumwoll- und Wollstoffen aus Yorkshire nach China ein. Aber die englischen Gewebe, die in Indien Absatz fanden, verkauften sich in China schlecht, da dort die Baumwollverarbeitung hoch entwickelt war und den Bedarf deckte. Erst in den letzten Jahren des 19. Jahrhunderts sollte es von dem massiven Import amerikanischer Baumwollstoffe bedroht werden. Deshalb erzielte die Ostindische Kompanie ihren Hauptgewinn nicht aus dem Verkauf von Fertigprodukten, sondern aus dem Schmuggel mit einer Droge, deren hoher Wert bei ihrem geringen Umfang aus dem Abenteuer, das eine Reise nach China noch immer war, eine sehr rentable Sache machte.

Das Defizit der Handelsbilanz

Das Opium, das in China schon seit dem Ende der Ming-Zeit bekannt war, wurde dort erst zu Beginn des 20. Jahrhunderts auf großen Flächen angebaut. Li Shizhen erwähnt es am Ende des 16. Jahrhunderts in seiner berühmten pharmakologischen Abhandlung, dem *Bencao gangmu,* in einer arabischen Transkription, *afyûn*. Im 17. Jahrhundert führten die Portugiesen es nach Fujian ein. Schon im Jahr 1729 wurde der Opiumimport, der zu Beginn des 18. Jahrhunderts ungefähr 200 Kisten ausmachte, offiziell verboten. Dieses Verbot wurde im Jahr 1731 auf das ganze Reich ausgedehnt. Vom Ende des 18. Jahrhunderts an, nach der Besetzung Indiens durch die Engländer, nahm der Opiumanbau jedoch zu. Die Ostindische Kompanie erwarb ihre ersten Territorialrechte in Bengalen im Jahr 1757, und dehnte sie 1765 auf Bihar aus. Im Jahr 1773 riß sie das Monopol des Opiumschmuggels nach China an sich, und förderte die Kultur der Mohnblume zuerst in Bengalen und dann in Malwa in Zentralindien. Schon 1810 wurden 4 000 bis 5 000 Kisten Opium (jede mit

Der Opiumimport nach China im 19. Jahrhundert

Jahr	*Anzahl der Kisten*
1817-1819	4228 (Durchschnitt)
1820	4244 (ungefähr 5000?)
1821	5959
1823	9035
1826-1828	12 851 (Durchschnitt)
1829	16 257
1830	19 956
um 1836	ungefähr 30 000
1838	mindestens 40 000
um 1850	68 000
1873	96 000
1893	Der Import beginnt infolge des Preisanstiegs rasch abzusinken.
1917	Der Import hört ganz auf, da in China selbst genug Opium zur Deckung des Bedarfs produziert wird.

ungefähr 65 kg Opium) nach Kanton eingeführt; der Import erhöhte sich rasch, trotz aller Verbote seitens der chinesischen Regierung, die vom Ende des 18. Jahrhunderts an häufiger werden: 1796, 1813, 1814, 1839, 1859.

Im Jahr 1816 faßte die East India Company (deren Monopol schon bald darauf durch den freien Handel erschüttert und die im Jahr 1833 abgeschafft wurde) den Beschluß, diesen einträglichen Handel systematisch auszubauen. Von ungefähr 1820 an und während des ganzen 19. Jahrhunderts stieg der Import von Opium aus den englischen Besitzungen in Indien (Bengalen und später Malwa) und, in viel geringerem Maß, aus der Türkei ständig an. Der Verkauf der Droge stellte während mehr als sechzig Jahren die Haupteinnahmequelle Britisch-Indiens aus seinen Beziehungen zu China dar. Dank dem Opium war der englische Handel mit China damals nicht defizitär.

Die plötzliche Erhöhung des Imports in den Jahren vor dem »Opiumkrieg« kann keinem Zweifel unterliegen, und sie erklärt die heftige Reaktion der chinesischen Behörden und der Regierung in Peking. Denn unabhängig von den körperlichen und geistigen Schäden bei den Süchtigen dieser Droge – meist kleinen Lokalbeamten, Angestellten des *yamen* – hatte der Opiumschmuggel schwerwiegende Auswirkungen auf die Moral, die Politik und die Wirtschaft. Er hatte vor Beginn des Opiumkriegs (1839-1842) in Guangdong eine verzwickte Situation geschaffen, die aufgrund des Netzes von Komplizenschaften auf allen Ebenen zwischen Flußschiffern, Schmuggelpiraten, Lastenträgern, Händlern, Verwaltungsangestellten und Beamten aller Rangstufen nur mit drakonischen Maßnahmen entworren werden konnte. Er verschlimmerte zudem die allgemeine Korruption. Andererseits – und das war sicherlich der Grund, der die Zentralregierung zur Reaktion veranlaßte – unterminierte das Schmuggelwesen die chinesische Wirtschaft, die von den Kriegen des ausgehenden 18. Jahrhunderts und dem demographischen Druck geschwächt war. Der Opiumimport war die Ursache für das plötzliche Umschlagen der Außenhandelsbilanz zwischen 1820 und 1825: während der Außenhandel bis dahin für China gewinnbringend gewesen war, begann er von nun an defizitär zu werden.

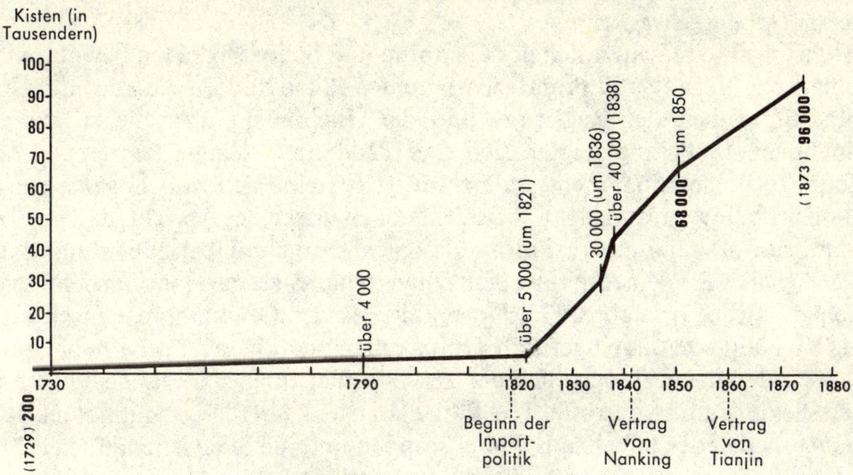

Der Opiumimport nach China.

Der Opiumimport Chinas konnte nicht mehr durch den Export chinesischer Produkte ausgeglichen werden, wenn dieser auch seit dem Ende des 18. Jahrhunderts ständig angestiegen war. Das wichtigste dieser Produkte, der Tee, war seit der Song- und der Yuan-Zeit ein wichtiger Handelsfaktor in Asien. Seine Verbreitung in Europa seit ungefähr 1730 erklärt die Erhöhung des Teekaufs (vor allem von den Jahren 1760-1770 an): von 12 700 Tonnen um das Jahr 1720 stieg er um 1830 auf 360 000 Tonnen an. Dieser bedeutende Handel hatte Auswirkungen auf China und führte zu einer Ausdehnung der Teeplantagen (hauptsächlich in Guangdong, Jiangxi und Anhui, aber auch in Fujian, Zhejiang, Jiangsu und Hunan) und zur Organisation der Teeverarbeitung und des Teehandels. Die anderen Produkte nahmen im Export nach Europa einen weniger wichtigen Platz ein; doch auch hier erhöhte sich der Umsatz eindeutig: der Ankauf von Seidenwaren stieg von 1 200 Pikul (1 Pikul = 60,45 kg) um 1750 auf 6 400 um 1830; der Ankauf von feinen Baumwollstoffen, die in Europa unter der Bezeichnung »Nanking-Stoffe« bekannt wurden, stieg von 338 000 Ballen in den Jahren 1785-1791 auf 1 415 000 Ballen in den Jahren 1814-1820. Dieser Aufschwung des chinesischen Handels konnte jedoch das aus dem Opiumschmuggel entstehende Defizit nicht wettmachen.

Zwischen 1800 und 1820 hatte China 10 Millionen *liang* Silber durch seinen Außenhandel verdient. Zwischen 1831 und 1833 verließen zehn Millionen *liang* China. Und aufgrund der »Verträge«, die China nacheinander aufgezwungen wurden, floß das chinesische Silber – das hauptsächlich zum Opiumankauf diente – während des ganzen 19. Jahrhunderts weiterhin ab (am Ende des 19. Jahrhunderts machte das Opium noch 30 % der Importe aus). Während des Taiping-Kriegs (1851-1864), als Schanghai der wichtigste Umschlagplatz war, wurden allein aus dem Hafen von Kanton 30 Millionen *liang* ausgeschifft. Wenn auch die Reform der Salzverwaltung seit dem Jahr 1832 das Defizit der Staatskasse zu verringern vermochte, führten Bevölkerungszunahme und Fehlen neuer Ressourcen doch zu Preisanstieg und zu allgemeiner Verarmung. Der Staat durfte diesem Abfließen seines Geldes nicht tatenlos zusehen.

Der erste Opium-»Krieg«

Die Führungskreise waren sich der Gefahren und Schwierigkeiten bewußt, die eine systematische Verbotspolitik mit sich brachte; daher rührten die augenscheinliche Unentschlossenheit der Regierung und die Uneinigkeit über die zu treffenden Maßnahmen. In Peking zeigten sich drei Tendenzen. Einige Berater verfochten radikale Verbotsmaßnahmen, andere traten für eine Art von Legalisierung der Opiumeinfuhr ein, und wieder andere schließlich waren der Ansicht, daß gesetzliche Maßnahmen oft schlimmere Folgen als das eigentliche Übel haben und daß das Fehlen jeglicher Reglementierung dem Schwarzhandel seine Hauptanziehungskraft entziehen würde. Im Jahr 1836, einer Zeit, als der Opiumimport rasch anstieg, schlug Xu Naiji vor, das eingeführte Opium mit einer hohen Abgabe zu belegen und die Ausländer dazu zu verpflichten, als Gegenleistung chinesische Produkte zu kaufen (Seide, Baumwollstoffe, Tee, Porzellan usw.); mit diesen Maßnahmen wollte er das Abfließen des Silbers aus China stoppen und die Staatseinnahmen erhöhen. Drei Jahre später siegten jedoch mit Lin Zexu (1785-1850) die Verfechter des totalen Verbots – vielleicht, weil die Gefahr noch dringlicher geworden war. Lin Zexu, der im Jahr 1839 nach Kanton gesandt wurde, ließ dort 20 000 Kisten Opium beschlagnahmen und erteilte den britischen Händlern den Befehl, möglichst schnell das Feld zu räumen. In der explosiven Atmosphäre, die diese extremen Maßnahmen geschaffen hatten, schlugen die Engländer mit Piratenstreichen an der Mündung des Zhujiang (Perlfluß) und an den Küsten von Zhejiang zurück, wo sie Dinghai, eine große Insel des Zhousan-(Chusan-)Archipels besetzten. Weiter nördlich bedrohten sie den Hafen von Tianjin. Aber China gab nicht nach. Nach der Ankunft von Verstärkung griffen die Ausländer abermals die Forts des Zhujiang an, besetzten Xiamen (Amoy), Ningbo, Dinghai zum zweitenmal, bedrohten Hangzhou und das untere Tal des Yangzi, auf dem die englische Flotte bis Nanking vordrang. Um dieser Bedrohung ein Ende zu setzen, willigte die chinesische Regierung in Verhandlungen ein. Im Jahr 1842 wurde der berühmte Vertrag von Nanking abgeschlossen, dessen langfristige Auswirkungen viel schwerwiegender sein sollten, als es die chinesischen Unterhändler wohl vorausgesehen hatten. Sie sahen in den englischen Angriffen einige weitere der im Laufe der Geschichte begangenen Piratenaktionen und Nomadeneinfälle, durch die sich die Ausländer Märkte an den chinesischen Grenzen öffnen wollten. Durch die Angriffe der japanischen Piraten und Coxingas waren die Küstenprovinzen und das untere Yangzi-Gebiet viel schwerer bedroht worden als durch die englischen Attacken der Jahre 1840-1842, und auch gewisse Steppeneinfälle waren bei weitem verheerender gewesen. Die englischen Truppen hatten 1841 Kanton mit nur 2 400 Mann angegriffen, und die Verstärkung, die sie im folgenden Jahr erhalten hatten, waren nur einige Tausend Mann gewesen. Die den Aggressoren gewährten Rechte standen also kaum zu der Gefahr im Verhältnis, der sich China ausgesetzt sah. Was die Schwäche Chinas zur Zeit des ersten Opium-Krieges ausmachte, waren nicht so sehr seine veraltete Artillerie, die fehlende Kampfkraft und die Disziplinlosigkeit der kaiserlichen Truppen, als seine politische Situation und sein soziales Malaise, das sich bald darauf in der gewaltigen Taiping-Rebellion entladen sollte. Die Hauptursachen für die Schwäche des Reichs waren wohl die Korruption, die Ohnmacht einer überreglementierten Verwaltung, die übermäßige Zentralisierung des Reichs, wie auch die fehlende Koordination und die zu großen Distanzen (Kanton ist von Peking über 2 000 Kilometer entfernt), die zur Folge hatten, daß die in Peking gefaßten Beschlüsse mit Verspätung eintrafen. Wenn die Qing-Regierung schließlich kapitulierte, so deshalb, weil ihre Haltung schon vor Beginn der englischen Angriffe zögernd und gespalten war. Der Kaiser Daoguang war selbst schlecht informiert, war unentschlossen und geizte mit den Staatsgeldern. Sein Gesandter in Kanton nahm eigenmächtig und ohne das Einverständnis Pekings abzuwarten im Jahr 1841 die Bedingungen an: Rückzug der chinesischen Truppen und die Zahlung einer Entschädigung von 6 Millionen *liang* Silber an die Engländer. Nachdem Daoguang zuerst von Lin Zexu, der für eine unnachgiebige Haltung eintrat, überzeugt worden war, neigte er nun einem Kompromiß zu, und entschloß sich im Jahr 1841, die Offensive wieder zu ergreifen. Die Anstrengungen, die zum Widerstand gegen die Ausländer unternommen wurden, waren immerhin beachtlich: es wurden Kanonen gegossen, Kriegsschiffe mit Schaufelrädern gebaut, deren Tradition auf die Song-Zeit zurückging, und es wurden die Häfen blockiert. Außerdem bildeten sich im Jahr 1841 in der Region von Kanton Bauernmilizen, die erfolgreich die marodierenden englischen Soldaten bekämpften. Die Milizen, die eines der durchschlagskräftigsten Mittel beim Kampf gegen die fremden Eindringlinge im 19. Jahrhundert gewesen wären, wurden jedoch von Verwaltung und Regierung ungern gesehen, da man befürchtete, sie könnten ihre Waffen gegen die etablierten Machthaber wenden.

Der Vertrag von Nanking setzte den Schwierigkeiten vorläufig ein Ende. China trat an Großbritannien die kleine felsige Insel Hongkong ab, zahlte ihm eine »Entschädigung« von 21 Millionen Silberdollar, willigte in die Öffnung der Häfen Amoy, Schanghai, Ningbo und auch Kanton für den Handel ein, das heißt hauptsächlich: für den Opiumimport. Gleichzeitig erklärte sich China damit einverstanden, das Monopol der Cohong (Gonghang) abzuschaffen, wie seit 1720 die offizielle Kaufmannsvereinigung von Kanton bezeichnet wurde. Diese Vereinigung schloß in Übereinstimmung mit der Verwaltung sämtliche Handelstransaktionen mit dem Ausland (Südostasien, Indischer Ozean, Europa) ab, von denen ein wichtiger Teil mit chinesischen Schiffen getätigt wurde. Der Zusatzvertrag von 1843 gewährte die ersten Exterritorialrechte (britische Staatsangehörige fielen nicht unter die chinesische Gerichtsbarkeit) und die Meistbegünstigungsklausel (jedes einer anderen Nation gewährte Vorrecht ging automatisch auch auf Großbritannien über). Die Konsulargerichtsbarkeit und die Schaffung der ersten Konzessionen *(zujie)* schlugen die Breschen, die es den Westmächten dank dem Fortschritt ihrer militärischen und wirtschaftlichen Macht ermöglichen sollten, ihren beherrschenden Einfluß auf China zu verstärken und seine Unabhängigkeit und Souveränität einzuschränken.

Währungsprobleme

Die Konflikte, die der Drogenschmuggel auslöste, und die direkten Auswirkungen des Opiumimports, dessen Umfang von 1820 bis zum Beginn des chinesisch-japanischen Kriegs von 1894 unaufhörlich zugenommen hat, dürfen uns seine weniger sichtbaren, aber tiefgreifenden Folgen auf die chinesische Wirtschaft und die chinesische Währung nicht vergessen lassen.

Die Geschichte des Silbers in Ostasien ist noch nicht eingehend untersucht worden. Die Verwendung dieses Metalls als Zahlungsmittel, die sich in China bis mitten in die republikanische Zeit hinein (1912-1949) erhalten hat, wurde jedoch sicherlich zu einem der wichtigen Faktoren für den Verfall der chinesischen Wirtschaft von dem Augenblick an, als die Goldwährungen mit ihr in Konkurrenz traten und sie von ihnen immer abhängiger wurde. Während die Anziehungskraft des Goldes einer der bestimmenden Gründe für die großen Expansionen zur See – ausgehend von Europa bis nach Indien und Amerika – gewesen zu sein scheint, sind die Seltenheit dieses Metalls in Ostasien (außer in Japan) und wohl auch bestimmte, der chinesischen Welt eigene Traditionen, etwa das Vorherrschen der staatlichen Wirtschaft vor der Marktwirtschaft, die Gründe dafür, weshalb das Gold dort keine bedeutende Rolle als Zahlungsmittel gespielt hat. Das Silber hatte sich in China neben den Kupfermünzen als Zahlungsmittel durchgesetzt, weil es verhältnismäßig reichlich vorhanden und sein Wert im Gegensatz zum Papiergeld relativ stabil war. Sein Gebrauch wurde im 15. und 16. Jahrhundert allgemein, und in der zweiten Hälfte des 16. Jahrhunderts erhöhte der Import aus Amerika das in Guangdong und Fujian zirkulierende Silbervolumen. Um 1564 tauchte in Kanton und Fuzhou der Dollar oder Peso aus mexikanischem Silber auf, der in Mittelamerika und Südamerika in großen Mengen gegossen wurde. In China war er bis in die Moderne hinein Zahlungsmittel.

Während sich jedoch die Silbermenge erhöht hatte, was ein Beweis für die ständige Bereicherung Chinas in der Zeit zwischen dem ausgehenden 16. Jahrhundert und dem ausgehenden 18. Jahrhundert ist, war der Wert des Silbers im Verhältnis zum Gold immer weiter abgesunken. Bis Ende des 16. Jahrhunderts behielt das Silber den hohen Wert, den es anscheinend während der ganzen Periode hatte, in der Japan in Ostasien das Hauptexportland von Edelmetallen war (damals betrug das Verhältnis Gold – Silber 1 zu 4); von etwa 1575 an begann es an Wert zu verlieren. Im Jahr 1635 war ein *liang* Gold schon 10 *liang* Silber wert. Das Umkippen der chinesischen Handelsbilanz um 1820-1825 fiel zusammen mit dem Beginn eines neuerlichen Sturzes des Silberwerts auf dem internationalen Markt. Die Annahme des Goldstandards durch die Westmächte in der zweiten Hälfte des 19. Jahrhunderts verschärfte die Lage – gerade zum Zeitpunkt, als sich in China die Auswirkungen der westlichen Handelskonkurrenz und der Kriegsentschädigungen bemerkbar machten, die China von den Aggressoren aufgezwungen worden waren. Im Jahr 1887 war ein Silber-*liang* 1,20 amerikanische Dollar wert, im Jahr 1902 nur mehr 0,62.

Während der Wert seiner Währung im Laufe des 19. Jahrhunderts auf dem Weltmarkt immer weiter sank, floß gleichzeitig das Silber in großen Mengen aus China ab. Trotz eines Preisrückganges für Opium (eine Kiste, die vor 1821 für 1 000 bis 2 000 mexikanische Dollar verkauft worden war, kostete nach 1838 nur mehr 700 bis 1 000 Dollar), stieg der Wert des Silbers, dessen Export nicht zurückging, in China selbst auf Kosten des Kupfergeldes.

Vor 1820 entsprach der Wert eines Silber-*liang* rund 1 000 Kupfermünzen, 1827 – 1 300, 1838 – 1 600, 1845 – 2 200 oder mehr.

Dieses Ansteigen des Silberpreises stellte eine schwere Belastung für die ärmsten Schichten dar, die die Mehrheit der chinesischen Bevölkerung ausmachte. Denn sie waren im Besitz der meisten Kupfer-Sapequen; ihre Steuern aber wurden auf der Basis der Silberwährung berechnet.

Aus diesen sehr summarischen Angaben kann man eine allgemeine und vorläufige Schlußfolgerung ziehen: ähnlich wie die Doppelwährung Silber – Kupfer in China eine Verschlechterung der Lage der benachteiligsten Klassen mit sich gebracht hat, hat die internationale Doppelwährung Gold – Silber im Laufe des 19. Jahrhunderts zur Schwächung der chinesischen Wirtschaft beigetragen. Diese Währungsmechanismen haben die wirtschaftliche Rezession verstärkt, die die erste Hälfte des 19. Jahrhunderts kennzeichnet.

3. China und der Westen

Das Eingreifen des Westens in China wird meist in einem für die Eigenliebe Europas und Amerikas vorteilhaften Licht dargestellt: die westlichen Länder hätten China aus seiner tausendjährigen Isolation herausgeholt, es zur wissenschaftlichen und industriellen Zivilisation erweckt und es gezwungen, sich der übrigen Welt zu öffnen. Dem Geist der Routine, der Korruption der Mandarine, der Tyrannei der Kaiser, dem naiven Glauben der Chinesen, sich im Zentrum des Universums zu befinden, und dem Aberglauben eines elenden Volkes stellen westliche Historiker den Unternehmungsgeist, den Begriff des Fortschrittes, die Wissenschaft und Technik, die Freiheit, den westlichen Universalismus und das Christentum gegenüber.

Andererseits hatte der Einbruch der westlichen Länder in Ostasien, ebenso wie in anderen Teilen der Welt, so schwere Nachwirkungen, daß von diesem Augenblick an die traditionellen Perspektiven der Geschichte des Fernen Ostens radikal verwandelt erscheinen: für die meisten – chinesischen wie westlichen – Historiker verkünden die ersten Kanonenschüsse der britischen Segelschiffe auf dem Perlfluß den Beginn einer völlig neuen Epoche in der Geschichte Chinas. Diese neue Periode scheint sich um so besser in die Weltgeschichte einzufügen, als sie ein integrierender Bestandteil der Geschichte des Westens wird, dessen Entwicklung seit der Antike bis heute als Kernstück der gesamten Weltgeschichte angesehen wird. Gleichzeitig verlieren damit alle früheren Perioden der Geschichte der chinesischen Welt, die sich nicht an die so verstandene Weltgeschichte anschließen lassen, ihr eigentliches Interesse und ihre Bedeutung.

Eine solche Auffassung verkennt aber die Zusammengehörigkeit der Kulturkreise und ignoriert Chinas weltgeschichtliche Rolle in der Vergangenheit, seine Beziehungen zu Zentralasien, zum Iran, zu Indien, der islamischen Welt und Südostasien, den Austausch der Waren, Techniken und Religionen, der unaufhörlich quer durch den eurasischen Kontinent stattgefunden hat und ohne den die Geschichte des Westens selbst unverständlich bliebe. Sie sieht auch über die spezifischen Strukturen und Traditionen der chinesischen Welt hinweg: so bedrohlich auch im 19. Jahrhundert die von außen kommenden Gefahren, so tiefgreifend die Wandlungen waren, vorherrschend blieben immer die inneren Probleme, und die chinesische Welt hat sich auf der Grundlage dieser Strukturen und Traditionen verändert. So erklärt sich die Beständigkeit bestimmter Haltungen und Züge, die das heutige China mit seiner Vergangenheit verbinden.

Wenn man die beiden Zivilisationen – die chinesische und die westliche – einander global entgegensetzt und die Geschichte auf ihrer beider Begegnung reduziert, so übergeht man damit einen weiteren fundamentalen Faktor: die Zeit. Man setzt an die Stelle einer Reihe sukzessiver Veränderungen, die in China ebenso wie in der westlichen Welt stattgefunden haben, ein Klischee. In der Geschichte der Beziehungen zwischen dem Qing-Reich und den europäischen und amerikanischen Industrienationen müssen nicht nur die Veränderungen berücksichtigt werden, die sich in der chinesischen Gesellschaft, Wirtschaft, im politischen System und im geistigen Leben vollzogen haben, sondern auch die innerhalb der meisten westlichen Länder: Ihre koloniale Expansion, die industrielle Entwicklung, die Stärkung ihrer Armeen und Flotten und die Entwicklung ihrer Außenpolitik vollzogen sich in Etappen. Das England der letzten Jahre des 19. Jahrhunderts unterschied sich schon stark von demjenigen des ersten Opiumkriegs (1839-1842). Es muß daran erinnert werden, daß die eindeutigen technischen Fortschritte in Europa und in den Vereinigten Staaten erst in der zweiten Hälfte des 19. Jahrhunderts erzielt worden sind. Im Jahr 1830 machten die Dampfschiffe der westlichen Flotten erst 3 % aus und waren Raddampfer; erst mit der Verwendung der Schiffsschraube in der Mitte des 19. Jahrhunderts hat sich in der Marine das Dampfschiff wirklich durchgesetzt. Erst von 1880 an wurde Stahl als Baumaterial für den Schiffsrumpf verwendet, das heißt, zehn Jahre nach der Eröffnung des Suezkanals (1869), jenem für die koloniale Expansion der europäischen Nationen nach Indien und in den Fernen Osten wichtigen Datum. Die Eisenbahn fand erst nach 1850 große Verbreitung.

Die Länge der Eisenbahnnetze
in Kilometern

1840	7 700	1870	210 900
1850	38 700	1880	373 500
1860	108 100	1890	618 400

Als sich in Europa und Amerika in der Mitte des 19. Jahrhunderts die Verwendung der Steinkohle allgemein verbreitete, wurden erst 90 Millionen Tonnen gefördert (davon 56 in Großbritannien). Im Jahr 1913 betrug die Gesamtproduktion 1 340 Millionen Tonnen, zur gleichen Zeit, da neue Energiequellen entdeckt wurden: das Erdöl und die Elektrizität, der Explosionsmotor und der Dynamo begannen Anfang des Jahrhunderts ihren Siegeszug.

Im Jahr 1855 wurde die Bessemer-Birne erfunden, 1864 der Martin-Ofen und 1878 das Thomas-Verfahren. Während die gesamte Stahlproduktion im Jahr 1850 zehn Millionen Tonnen betrug, erreichte sie 1913 schon 78 Millionen Tonnen.

Die Produktionskosten der englischen Baumwollstoffe sanken zwischen 1850 und 1870 dank der Fortschritte in der Mechanisierung um 80 %. Aber erst am Ende des 19. Jahrhunderts ermöglichte die Verbindung von Bank- und Industriekapital eine spektakuläre Entwicklung der mechanisierten Produktion; nun begann in der Folge von immer rascheren technischen Fortschritten die wirtschaftliche und militärische Macht der industrialisierten Länder Europas und Amerikas – und bald darauf auch Japans – für China wirklich gefährlich zu werden. Fünfzig Jahre früher war dies nicht der Fall gewesen. Wenn China als ein im wesentlichen agrarisches

Land gilt, so muß daran erinnert werden, daß Europa im Jahr 1830 weniger als 20 % Städter zählte und daß nur ungefähr zwanzig Städte mehr als 100 000 Einwohner hatten.

Die Bedrohung Chinas durch England in der ersten Hälfte des 19. Jahrhunderts war viel weniger militärischer als wirtschaftlicher Art: der Opiumimport trug dazu bei, die Wirtschaft eines ausgedehnten und dichtbevölkerten Reiches zu schwächen, dessen Finanzen und politisches System seit dem Ende des 18. Jahrhunderts einen ununterbrochenen Niedergang erlebten. Hier liegt das wesentliche Problem, denn dieser Verfallsprozeß führte zu den gewaltigen sozialen Explosionen und zu den Aufständen kolonisierter Völker, die das chinesische Reich zwischen 1850 und 1878 erschütterten.

Was die politischen Bedingungen, die Führungsschicht, die Wirtschaft, das Steuerwesen und das geistige Leben in China zwischen 1850 und 1870 so deutlich veränderte, war keineswegs der Einbruch der Westmächte, sondern die furchtbare gesellschaftliche Krise des Taiping-Aufstandes. Das fast ausschließliche Interesse der westlichen Historiker für die Geschichte des wirtschaftlichen und militärischen Eindringens Europas und Amerikas in China hat die Perspektiven verfälscht.

Die neuerlichen Unternehmungen des Auslands in China zwischen 1858 und 1860 fanden gleichzeitig mit der internen Krise statt; und als sich am Ende des 19. Jahrhunderts der Druck der Industrieländer verstärkte, hatte China kaum die Zeit, die Mittel, die Ruhe und die Autonomie, die zu seiner Stärkung und zum wirksamen Kampf gegen den Ansturm der imperialistischen Länder nötig gewesen wären.

Dieses Zusammenspiel der Entwicklung der industrialisierten Länder mit der inneren Entwicklung des Qing-Reiches bestimmte gemeinsam mit unvorhergesehenen Ereignissen das tragische Schicksal Chinas.

II. KAPITEL
DIE SOZIALE EXPLOSION UND IHRE FOLGEN

Die tieferen Ursachen der gewaltigen Erhebungen, die das chinesische Reich zwischen 1850 und 1878 erschütterten, waren schon zu Beginn des 19. Jahrhunderts am Werk, und man kann die großen Rebellionen als Endpunkt des langsamen Verfallsprozesses verstehen. Die Bevölkerungszunahme in einer Periode wirtschaftlicher Rezession, die Abwertung des Kupfergeldes, von der die ärmsten Schichten betroffen wurden, die ineffiziente und korrupte Verwaltung, die finanziellen Schwierigkeiten, die den Staat und seine Beamten dazu trieben, die Lasten der Ärmsten zu erhöhen – schon 1843 sieht sich die Regierung gezwungen, die Gehälter der Beamten und die Provinzbudgets zu senken –: diese Verkettung von Ursachen sollte zu der schrecklichen sozialen Explosion führen. Seit einem halben Jahrhundert hatte sie sich mit zahlreichen Vorzeichen angekündigt: mit den Aufständen der Gesellschaft des Weißen Lotos und der Sekte der Himmlischen Ordnung in Nordchina, dem Wiederaufflammen des Piratentums an den Küsten Guangdongs, Fujians und Zhejiangs, sporadischen Erhebungen der Bauern und der nicht-chinesischen Völker Südchinas, mit dem Wuchern der Sekten und Geheimgesellschaften.

Die Regionen des unteren Beckens des Gelben Flusses, die immer wieder von großen Überschwemmungen heimgesucht wurden, und die Trockengebiete Nordchinas, wo seit der Einstellung der Bewässerungsarbeiten im 9. und 10. Jahrhundert unvorhergesehene Dürren eintreten konnten, waren seit jeher der Schauplatz von Volksaufständen gewesen. Die größte Erhebung der chinesischen Geschichte hat jedoch im tropischen China begonnen, in Regionen, die ein halbes Jahrhundert vorher zu den blühendsten gehört hatten. Von dort breitete sie sich wie ein Lauffeuer aus. Die südchinesischen Provinzen, die auf wirtschaftliche Schwankungen empfindlicher reagierten, haben die Rezession der ersten Hälfte des 19. Jahrhunderts sicherlich stärker gespürt als Nordchina. Der Schwund des Silbers und der rasche Preisanstieg infolge des Opiumimports und, nach dem Vertrag von Nanking im Jahr 1842, die Verlagerung des Handels von Kanton nach Schanghai haben den Verfall der Wirtschaft und die Verschlechterung des sozialen Klimas in Guangdong, Guangxi und Hunan zusätzlich beschleunigt. Zwischen 1845 und 1858 sank der Tee-Export von Kanton aus von 76 auf 24 Millionen Pfund, während er sich in derselben Periode von Schanghai aus von 3 800 000 auf 51 300 000 Pfund erhöhte. Die Rezession führte zum Ruin einer ganzen Schicht von Schiffern, Lastenträgern und Händlern, die vom Handel in der Region von Kanton und auf den großen innerchinesischen Straßen über das Xiang- und das Gan-Tal lebten. Diese Schicht stellte einen Teil der ersten Truppen des Taiping-Aufstands. Auch die vollständige Einstellung des Handelsverkehrs auf dem Kaiserkanal seit 1849 trug zur Ausweitung der aufständischen Zonen bei, da sie die Familien der Flußschiffer ins Elend stürzte.

1. Das Reich des Himmels

Der große Aufstand, der um 1850 im tropischen China seinen Ausgang nahm, war von Geheimgesellschaften mit revolutionären Tendenzen und religiöser Färbung vorbereitet worden. In ihren Mitgliedern waren die seit der Epoche des Widerstands der Südlichen Ming (1645-1661) und der Sezessionsperiode der Jahre 1674-1681 schwelenden mandschu-feindlichen Gefühle sicherlich lebendig geblieben. Die Geschwindigkeit, mit der sich die Bewegung, die zum Taiping-Aufstand führte, innerhalb der Provinz Guangxi ausdehnte und nach Guangdong und ins mittlere und untere Yangzi-Gebiet übergriff, erklärt sich aus der Not und der Ungerechtigkeit, aber auch aus der Arbeit im Untergrund. Sie war dort von den Geheimgesellschaften geleistet worden, die sich der auch unter dem Namen »Himmel- und Erde-Gesellschaft« *(Tiandihui)* bekannten Trias-Gesellschaft (*Sanhehui)* angeschlossen hatten.

Eine revolutionäre Tradition

Der spätere Führer des großen Taiping-Reichs stammte aus der verachteten Minorität der Hakka (Kejia), alter Einwanderer in Südchina. Hong Xiuquan (1813-1864) erwarb, obwohl seine aus Ost-Guangxi stammende Familie arm war, die Anfangsgründe einer klassischen Bildung, fiel aber bei den offiziellen Prüfungen durch. Er war ein Erleuchteter, durch seine Veranlagung, vielleicht aber auch durch seine Herkunft und durch lokale religiöse Traditionen prädisponiert. Nach der Lektüre von Broschüren, die seit kurzem in Guangdong etablierte protestantische Missionare verteilt hatten, war er von seiner Berufung zum Messias überzeugt. Der mystische Egalitarismus, der zu einem der wesentlichen Züge der Taiping-Bewegung werden sollte, hat seinen Ursprung in diesen ersten Kontakten Hong Xiuquans mit der Missionstätigkeit. Im Jahr 1847 trat er mit einem amerikanischen Missionar namens Roberts in Verbindung und begann in Ost-Guangxi zu predigen, in einer Region, in der sich seit der Verlagerung des Kantoner Handels nach Schanghai infolge des Nankinger Vertrags die wirtschaftliche Depression besonders stark bemerkbar machte. Ermutigt durch den Erfolg seiner Predigten gründete er die »Gesellschaft der Gottesverehrer« *(Baishangdihui)*, deren Name bereits an die von den protestantischen Missionaren für »Gott« angenommene Übersetzung *(shangdi)* erinnert. Innerhalb von zwei oder drei Jahren gewann er nahezu 30 000 Anhänger: arbeitslose Flußschiffer und Lastenträger vom Kantoner Hafen und von der Handelsroute, die Kanton mit dem Xiang-Tal in Hunan verbindet, Bergarbeiter, Köhler, arme Bauern, Banditen und Deserteure. Auch unter den Hakka und den einheimischen Stämmen Guangdongs und Guangxis fand die Gesellschaft Mitglieder.

Die Gottesverehrer, die bald schon unter der Bezeichnung Taiping bekannt wurden, schalteten zunächst in Guangxi eine rivalisierende Gruppe aus, die aus Verteidigungsvereinigungen gegen das dort herrschende Banditentum hervorgegangen war, und schlossen sich dann mit den anti-mandschurischen Geheimgesellschaften zusammen. Die Rebellion brach im Jahr 1850 in Ost-Guangxi im Dorf Jintian aus. Die Taiping, die sich den Zopf, das Zeichen der Unterwerfung unter die Mandschus abschnitten (weshalb sie manchmal »Banditen mit langem Haar«, *changmaofei,* genannt wurden), zerstörten Wohnhäuser und konfiszierten den Landbesitz, den sie anschließend verteilten. Indem sie das Land gleichmäßig unter die arbeitsfähige Bevölkerung aufteilten, folgten sie einem ähnlichen Grundsatz wie die Agrargesetze der Tang-Zeit. Auch ließen sie sich von der Theorie des Brunnenfeldsystems *(jingtian)* aus dem *Zhouli* (Die Riten der Zhou) inspirieren, einem Werk, dessen Echtheit umstritten war und auf das sich schon der Usurpator Wang Mang unter den Han und die Kaiserin Wu Zetian unter den Tang berufen hatten. Ebenso entsprach die Organisation der Individuen und der Familien in paramilitärische Gruppierungen bei den Taiping sowohl alten Verwaltungstraditionen als auch dem Aufbau der Geheimgesellschaften: 25 Familien bildeten ein *ku* (»Speicher«) mit seiner Kirche *(libaitang)*, fünf Männer bildeten eine Gruppe, fünf Gruppen eine Patrouille, vier Patrouillen ein Bataillon und so fort, bis zur Bildung von Divisionen zu 2 500 Mann (die einer Gruppierung von 13 156 Familien entsprach) und von Armeen zu 125 000 Mann. Militärische, religiöse und administrative Funktionen wurden nicht getrennt. Die Taiping führten ein Gemeinschaftssystem ein, in dem der Privatbesitz abgeschafft und das Individuum streng eingegliedert war, in dem, nach der Abschaffung jeden Privathandels, die grundlegenden Bedürfnisse des einzelnen von der Gemeinschaft gewährleistet wurden und in dem die Macht theokratisch begründet war. Das alles war nicht so neu, wie es scheinen mag: dieses System hatte seine Wurzeln in alten – politischen und religiösen – chinesischen Traditionen, in denen der Mythos eines entschwundenen goldenen Zeitalters in eine utopische Zukunft mündet. In einer völlig anderen Gesellschaft und einem ganz anderen historischen Zusammenhang hatten im 2. Jahrhundert nach Chr. die Gelben Turbane eine hierarchische und theokratische Gesellschaft geschaffen, deren Endziel eine Ära der Gerechtigkeit und der Reinheit war, der sogenannte Große Friede *(taiping)*. Dieser Name, der auch in dem neuen Terminus Reich des Himmels *(tianguo)* anklingt, wurde von den Gottesverehrern übernommen. Zwar können christliche Einflüsse bei den Taiping festgestellt werden (»die Gleichheit ist das Ideal des allmächtigen Gottes, der Hong Xiuquan zur Rettung der Welt gesandt hat«), da die Anhänger wöchentlichen Gottesdiensten beiwohnen mußten; doch wurden diese neuen Beiträge des Christentums in eine typisch chinesische Form gegossen, und es waren auch andere Einflüsse zu verzeichnen. Wenn sich Hong Xiuquan, der mit göttlicher Inspiration regierte, als jüngeren Bruder Jesu bezeichnete, so erinnert dies an andere Rebellenführer und Usurpatoren, die als Reinkarnationen von Maitreya, dem rettenden Buddha, angesehen wurden. Die Taiping-Bewegung wurde vom Buddhismus, Taoismus, von den klassischen Traditionen des *Mengzi* und des *Zhouli* geprägt, und den christlichen Missionaren fielen die durch und durch heterodoxen Aspekte des Christentums der Rebellen mit den langen Haaren auf.

Die Taiping-Bewegung war nicht nur egalitaristisch und revolutionär, sondern auch puritanisch und feministisch. Sie verurteilte die wilde Ehe und den Brauch des Füßeeinbindens bei jungen Mädchen, der sich seit der Song-Zeit verbreitet hatte. Ihr Ziel war die absolute Gleichheit der Geschlechter bei der Arbeit und im Krieg. Die Frauen erhielten ein ebenso großes Stück Land wie die Männer, und sie bildeten eigene Armeen. Die Taiping verboten jeden unnützen Luxus, Spiele um Geld, den Genuß von Alkohol, von Tabak und Opium. Diese puritanischen – und auch bilderstürmerischen – Tendenzen, die eine ähnliche Richtung gehen wie die Bekehrungstätigkeit der protestantischen Missionare, sind jedoch nicht radikal neu. Auch die Rebellenbewegung unter der Führung von Zhang Xianzhong am Ende der

Ming-Zeit hatte mit zerstörerischem Eifer die Luxusgüter und die Reichen angegriffen. Und auch Zhang Xianzhong hatte weibliche Armeen gegründet *(pozi jun)*.

Höhepunkt und Unterdrückung des Taiping-Aufstandes

Im Jahr 1851 gründete Hong Xiuquan das »Himmlische Reich des Großen Friedens« und ließ sich zum »Himmlischen König« *(tianwang)* ausrufen. Denselben Titel »König« verlieh er seinen Ministern und Armeeführern: Nebenkönig *(yiwang)*, Ostkönig, Westkönig, Südkönig und Nordkönig. Yang Xiuqing (ca. 1817 bis 1856) erwies sich als genialer Organisator und Stratege, Shi Dakai als außerordentlich talentierter General. Im Jahr 1852 besetzten die Taiping Nordost-Guangxi (Region von Guilin) und Südwest-Hunan, drangen dann nach Changsha und in die Städte am mittleren Yangzi vor (Yueyang, Hanyang) und erreichten die im Südwesten von Nanking gelegenen Regionen (Jiujiang in Jiangxi, Anqing in Anhui). Im darauffolgenden Jahr nahmen sie Nanking ein, das sie »Himmlische Hauptstadt« *(tianjing)* tauften. Nanking blieb bis zum Sturz der Taiping im Jahr 1864 das politische und administrative Zentrum des *Taiping tianguo*. Danach eroberten sie das untere Yangzi-Gebiet (Zhenjiang und Yangzhou) und schnitten den Verbindungsweg des Kaiserkanals ab. In den Jahren 1853-1854 dehnte sich das neue Reich nach Norden und Westen aus. Die Taiping-Armeen wagten sich bis in die Region von Tianjin vor und bedrohten Peking; aber Kälte und Hunger zwangen sie zum Rückzug. In Shandong erlitten sie im Jahr 1855 eine Niederlage. Doch im ganzen Yangzi-Tal beherrschten sie noch ein bedeutendes Territorium.

Angesichts dieser blitzgeschwinden und siegreichen Ausbreitung des Aufstandes war die Qing-Regierung zunächst hilflos. Die Banner waren nicht in der Lage, den Strom der Aufständischen einzudämmen. Die Regierungstruppen unter der Führung von Xiang Rong erlitten im Jahr 1856 eine entscheidende Niederlage. Die Steuereinnahmen sanken erschreckend und das Transportwesen brach aufgrund der Blockierung der Lastschiffe auf dem Yangzi und des Verlustes der reichsten Territorien ganz Chinas zusammen. Im Jahr 1855 kam es zu großen Überschwemmungen des Gelben Flusses, dessen Lauf sich vom Süden der Halbinsel Shandong nach Norden verlagerte und erst im Jahr 1870 reguliert wurde. Aber nach den ersten Jahren der Panik und der Ohnmacht organisierte sich eine wirksame Verteidigung, nicht unter der Leitung der Zentralregierung, sondern auf Initiative der chinesischen Provinzverwaltungen und der Literatenklasse, die sich von der Rebellion direkt bedroht fühlte, weil diese die etablierte Ordnung und die gesamte Tradition angriff. Neue Führer tauchten auf und es bildeten sich – bisweilen mit der finanziellen Unterstützung reicher Kaufleute – neue, lokal rekrutierte Armeen. Im Westen schuf die Xiang-Armee (Xiang ist der literarische Name von Hunan) unter der Leitung des energischen Hunanesen Zeng Guofan (1811-1872) eine Kriegsflotte für Operationen auf dem Yangzi, erhielt die moralische und materielle Unterstützung der chinesischen Oberschicht und finanzierte den Krieg durch Emissionen von Papiergeld und die neue, interne Warentransitsteuer zwischen Provinzen und Präfekturen, *lijin*, die im Jahr 1853 von den Qing eingerichtet wurde. Sie eroberte im Jahr 1854 Wuchang am rechten Yangzi-Ufer zurück, und vier Jahre später gelang es ihr, Zhenjiang und Jiuquan wieder einzunehmen und Nanking zu bedrohen. Aber

Erste Offensive der Taiping von Guangxi aus.

Offensive unter der Führung von Lin Fengxian und Li Kaifeng.

Offensive unter der Leitung von Zeng Lichang.

Offensive unter der Leitung von Chen Decai.

Offensive unter der Leitung von Shi Dakai.

Offensive unter der Leitung von Li Xiucheng.

Rückzug des Qing-Hofes während der Offensive der Alliierten auf Peking.

Rückkehr des Hofes nach Peking.

Angriffe der Alliierten im Jahr 1900.

Verteidigungsfront gegen die Boxer.

1 Erste Periode des Taiping-Reichs (1831–1856).

2 Letzte Periode des Taiping-Reichs (1857–1863).

3 Ausdehnung der Nian-Rebellionen.

4 Aufstände der chinesischen Mohammedaner, der Hui.

Englische Angriffe im ersten Opium-Krieg.

Englisch-französische Angriffe im zweiten Opium-Krieg.

Provinzen.

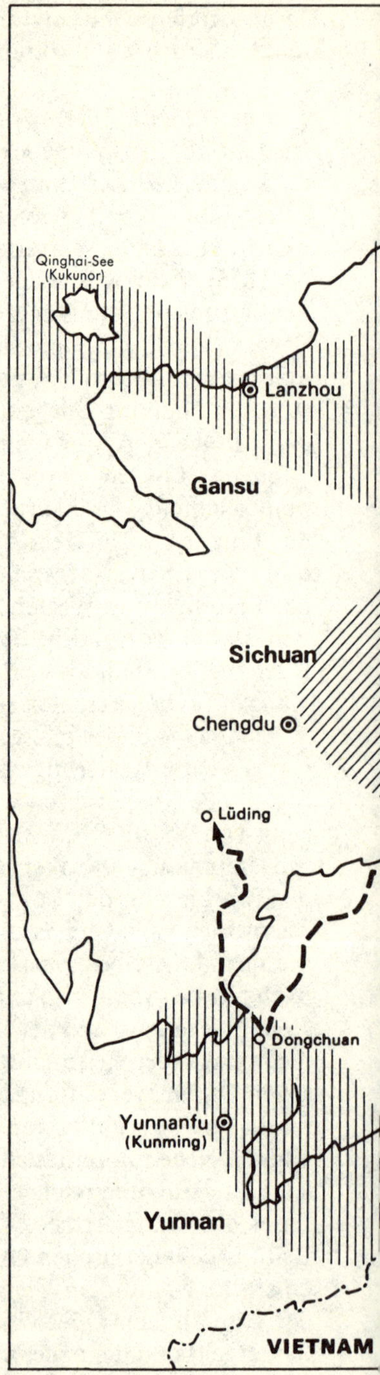

26. Die soziale Explosion der Jahre 1850–1868 und die Erhebungen der chinesischen Mohammedaner.

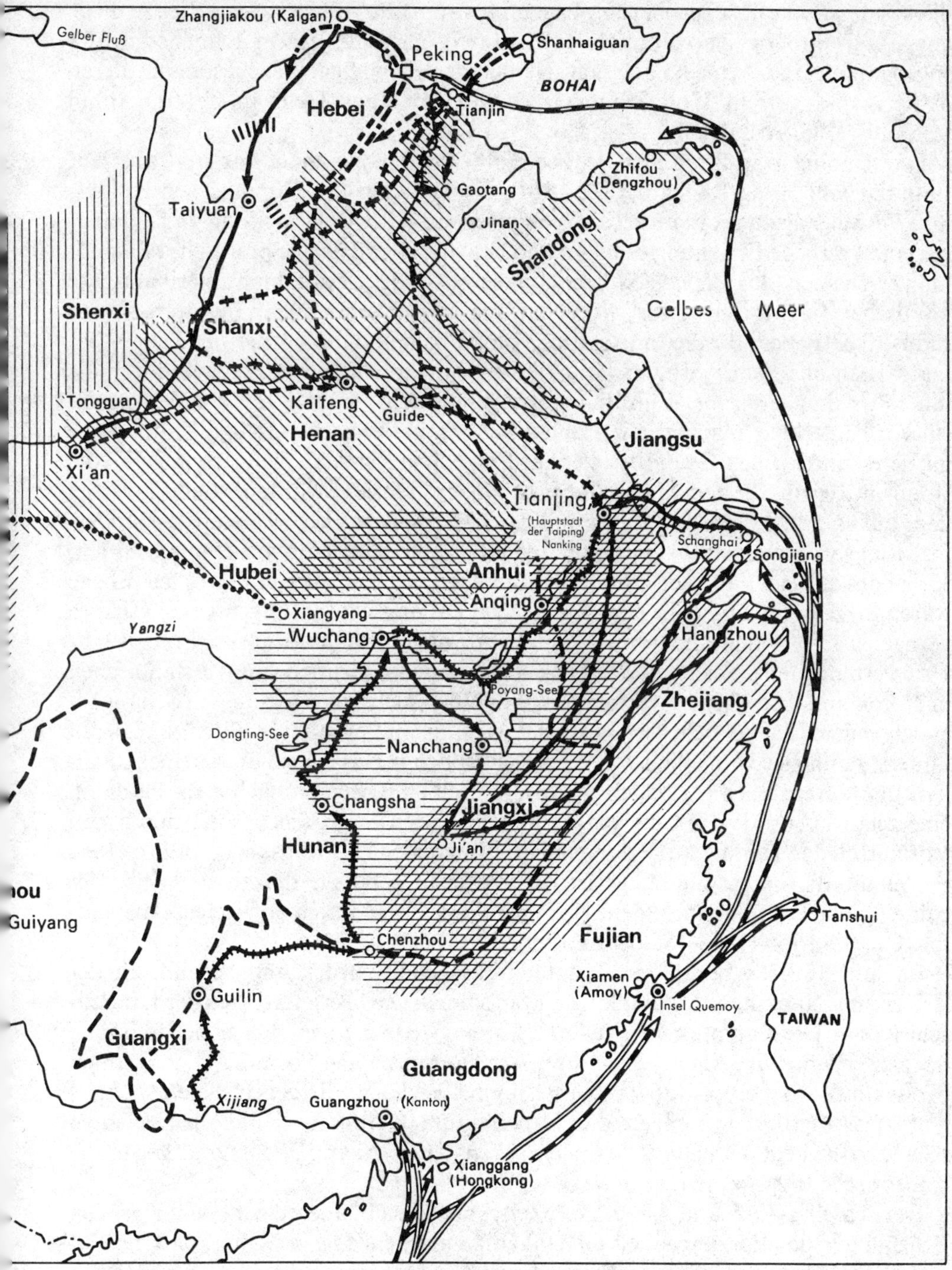
Zhangjiakou (Kalgan)
Gelber Fluß
Peking
Shanhaiguan
BOHAI
Tianjin
Hebei
Zhifou
(Dengzhou)
Taiyuan
Gaotang
Jinan
Shandong
Shenxi
Shanxi
Gelbes Meer
Tongguan
Kaifeng
Guide
Henan
Xi'an
Jiangsu
Tianjing
(Hauptstadt der Taiping)
Nanking
Schanghai
Songjiang
Hubei
Anhui
Anqing
Xiangyang
Yangzi
Wuchang
Hangzhou
Poyang-See
Zhejiang
Dongting-See
Nanchang
Changsha
Jiangxi
Hunan
Ji'an
Guiyang
Tanshui
Chenzhou
Fujian
Xiamen
(Amoy)
Insel Quemoy
Guilin
TAIWAN
Guangxi
Guangdong
Xijiang
Guangzhou (Kanton)
Xianggang
(Hongkong)

die systematische Rückeroberung begann erst im Jahr 1860 mit den drei Armeen von Zeng Guofan, Zuo Zongtan (1812-1885), ebenfalls einem Hunanesen (der sogenannten Chu-Armee, nach dem Namen des ehemaligen Reiches am mittleren Yangzi) und von Li Hongzhang (1823-1901), der aus Hefei in Zentral-Anhui stammte (Huai-Armee).

Die Taiping bemühten sich jedoch, ihre Armeen zu modernisieren und auf Initiative von Hong Rengan (1822-1864), einem Vetter des Himmlischen Königs, ihre Verwaltung zu reorganisieren. Hong Rengan hatte in Hongkong und Schanghai eine westliche Erziehung erhalten und ließ im Jahr 1859 eine politische Abhandlung erscheinen (das *Zizheng xinpian*), in der er für die Übernahme amerikanischer politischer Institutionen, für die Schaffung von Eisenbahnen, Bergwerks- und Industriebetrieben, für die Einrichtung von Banken und die Förderung technischer und wissenschaftlicher Studien eintritt. Das *Taiping tianguo* war jedoch durch die innere Uneinigkeit seiner Führungsspitze geschwächt, die sich mit der Zeit immer stärker bemerkbar machte. Die Landaufteilung hatte die feindselige Haltung der mittleren und kleinen Grundbesitzer zur Folge. Die Führung hielt sich nicht an die strengen Regeln, die der Masse ihrer Anhänger auferlegt wurden, sondern verfiel dem Luxus. Aufgrund des Krieges und der ständigen Ortswechsel blieb das Modernisierungsprogramm toter Buchstabe. Die Projekte zum Bau von Dampfschiffen, Eisenbahnen und Fabriken mußten aufgegeben werden. Auf militärischer Ebene waren die Taiping zu rasch dem Yangzi-Tal entlang vorgedrungen und hatten es vernachlässigt, sich im Inneren auf dem Lande dauerhaft festzusetzen. Erst im Jahr 1856 verbündeten sie sich mit den Nian, einer anderen Gruppe von Aufständischen in Nordchina. Die Taiping versuchten absichtlich nicht, die Region von Schanghai einzunehmen, da sie sich die Gunst der Westmächte erhalten wollten, auf deren Unterstützung sie vergeblich warteten. Schließlich verfügten sie über keine Kavallerie und waren daher zu raschen Manövern unfähig. Die Westmächte, die bis dahin eine relativ neutrale Haltung eingenommen hatten, ergriffen, als sie durch den Vormarsch der Taiping auf Schanghai ihre Interessen bedroht sahen, im Jahr 1862 Partei für die Qing. Eine Söldnertruppe wurde gebildet, die an der Seite der chinesischen Truppen unter dem Kommando des berühmten englischen Abenteurers C. J. Gordon (1833-1885) kämpfte.

Im Jahr 1864 eroberte Zuo Zongtang Hangzhou zurück und begann mit der Belagerung Nankings. Als Nanking eingenommen war, vergiftete sich der Himmlische König. Die Kämpfe gegen Teile der Taiping-Armee zogen sich jedoch in Fujian noch zwei Jahre hin. Andere Teile ihrer Armee gingen nach Formosa oder Vietnam (Tongking), wo sie von 1867 an Miliztruppen bildeten, die gegen die ehemaligen Anhänger der Lê und gegen das Banditentum kämpften. Unter dem Namen »Schwarzflaggen« *(Heiqijun)* nahmen sie später aktiv am Widerstand gegen die französische Invasion teil.

Der Taiping-Aufstand bietet die Gelegenheit, sich über die anderen großen Erhebungen der Vergangenheit Gedanken zu machen. Das Klischee, daß die chinesischen Dynastien so lange bestanden haben, bis durch Bauernaufstände das Mandat des Himmels *(tianming)* in andere Hände weitergegeben wurde und somit eine Rückkehr zum früheren Zustand eingetreten sei, hat mit den Realitäten der

Geschichte wenig zu tun. Dieses Klischee verkennt nicht nur die Vielfalt der Aufstände (die soziale und berufliche Herkunft der Rebellen, die Verbindungen der Aufständischen zu anderen gesellschaftlichen Gruppen, ihren regionalen Charakter, die geographische Ausdehnung der Aufstände, ihre Organisation, ihre Konzeptionen und Ziele), sondern auch die Entwicklung der chinesischen Welt und die besonderen sozialen und politischen Bedingungen der Zeiten, in denen sie entstanden. Die Bildung von Armeen, die von der Zentralmacht unabhängig waren, die Sezession aristokratischer Familien, die Infiltrationen und Aufstände von ehemaligen Nomadenstämmen, die sich in China angesiedelt hatten, und die Invasionen aus der Steppe haben bei den »Dynastiewechseln« eine größere Rolle gespielt als die Bauernaufstände.

Andererseits ist der Terminus »Bauernaufstand« (französisch: jacquerie) in dem Maß unpassend, wie er die Vorstellung einer anarchischen und unorganisierten Aktion von verzweifelten Bauern heraufbeschwört. Einer der auffallendsten Züge der meisten chinesischen Aufstände ist vielmehr gerade das Vorhandensein einer festen Organisation und einer Hierarchie. Eine geheim aufgestellte autonome Dorfverwaltung löste die offizielle Verwaltung in den Zonen ab, in denen es den Aufständischen gelungen war, die kaiserlichen Beamten zu vertreiben. Die großen Geheimgesellschaften mit chiliastischen Tendenzen blieben den fundamentalen Prinzipien der ländlichen oder der Berufsbruderschaften treu: Mitgliedsbeiträge, inneres Reglement, familienähnliche Beziehungen zwischen den Mitgliedern, Pflicht zur gegenseitigen Hilfe, Hierarchie der Funktionen, Erblichkeit der Mitgliedschaft innerhalb der Familien.

Außerdem wollte man in den bedeutenden Anleihen, die die Taiping beim Christentum gemacht haben, das Zeichen einer radikalen Neuheit und den Beweis für den Einfluß des Westens sehen. Das bedeutet jedoch, die Rolle der heterodoxen Religionen in den großen Aufstandsbewegungen der Geschichte und die in China grundlegende Opposition zwischen dem offiziellen, von der rechtmäßigen Regierung patronierten Kult und den vom Staat verworfenen religiösen Praktiken *(yinsi)* zu verkennen. Der Taoismus, der Buddhismus, der Manichäismus haben den Volksaufständen die messianische Hoffnung auf eine Welt des Friedens, der Harmonie und des allgemeinen Wohlstands gegeben, und das Christentum der Taiping fügt sich in diese Perspektive ein.

2. Andere Aufstände

Der Taiping-Aufstand war nur der wichtigste einer ganzen Reihe von Erhebungen. Man kann sagen, daß diese gewaltige Rebellion den Aufstand der Nian im Norden begünstigte, der später ausbrach und länger dauerte. Denn zwischen den beiden Aufständen gab es Verbindungen, ebenso wie zwischen den Nian und den aufständischen Mohammedanern Nordwestchinas, die wiederum mit den islamischen Rebellen West-Xinjiangs in Beziehung standen. Diese Aufstände waren jedoch vor allem Ausdruck des politischen und sozialen Klimas. Das Elend der damaligen Zeit, die Ungerechtigkeiten, die die untersten Schichten erdulden mußten und die Korruption der Führungsschicht vermögen den zeitlichen Zusammenfall der Unruhen genügend zu erklären.

Rebellionen und Erhebungen der Jahre 1850-1878

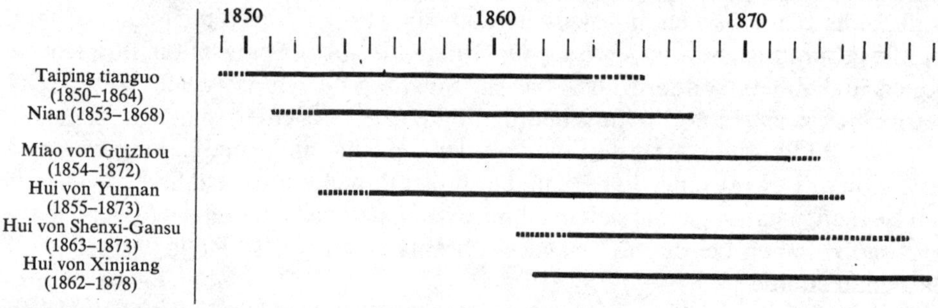

Die Nian

Für die Unruhen, die im Jahr 1851 in Nordchina, im Randgebiet von Shandong, Henan, Anhui und Jiangsu, ausbrachen, wird die Geheimgesellschaft der Nian verantwortlich gemacht, die wahrscheinlich aus der Gesellschaft des Weißen Lotos *(Bailianjiao)* hervorgegangen war (das Wort *nian* bedeutet »drehen, winden« und ist möglicherweise eine Anspielung auf das Papier, das zu Brandstiftungen benutzt wurde). Ihre Anhänger waren arme Bauern, Salzschmuggler und Deserteure, denen sich einige erfolglose Literaten anschlossen. Diese revolutionäre und anti-mandschurische Bewegung scheint kein klar definiertes Ziel gehabt zu haben. Ihre Haupttätigkeit bestand offenbar in der Umverteilung der Reichtümer durch Plünderungen, in Handstreichen und der Ausübung von Druck auf die Reichen. Die Rebellion begann vom Jahr 1853 an für die Zentralmacht gefährlich zu werden: nun hatte sie sich nach Hebei und von Shandong nach Henan ausgedehnt. Einige Jahre darauf, nach den großen Überschwemmungen des Jahres 1855, erhöhte sich die Zahl der Aufständischen.

Die befestigten Dörfer, die kleinen Kavallerieeinheiten der Nian, ihre Taktik des Störmanövers und des allgemeinen Rückzugs bei Gefahr und der geheime Beistand, den die Aufständischen auf dem Land erhielten, machten den kaiserlichen Bannern und den »Grünen Bataillons« aus chinesischen Truppen, die gegen die Nian gesandt wurden, ihre Aufgabe schwer. Diese unbeweglichen und ineffizienten Armeen, die ihre Unfähigkeit in den ersten Jahren des Krieges gegen die Taiping bewiesen hatten, konnten eine Ausweitung der Rebellion nicht verhindern. Die Nian unterstützten die Taiping bei ihrer Offensive gegen Peking in den Jahren 1854-1855 und versuchten, ihre Aktion in den Jahren 1856-1863 mit den Armeen des Himmlischen Reiches zu koordinieren. Nach dem Zusammenbruch des Taiping-Reichs im Jahr 1864 eröffnete jedoch die nun von ihrer größten Bedrohung befreite Zentralregierung eine Reihe von Großoffensiven gegen die Nian. Zunächst gelang es dem mongolischen General Senggelinqin, die Kontrolle über Shandong wiederherzustellen; er wurde jedoch bei der siegreichen großen Gegenoffensive der Nian im Jahr 1865 getötet. Nun wandte sich die Zentralregierung an die Männer, denen es gelungen war, die Taiping zu besiegen: als die Nian den Höhepunkt ihrer Macht erreichten, wurde Zeng Guofan zum Oberbefehlshaber der mit der Unterdrückung des Aufstands betrauten Armeen ernannt. Im Jahr 1866 bildeten die Rebellen zwei große Aufstandszonen: eine in Shandong – Henan – Hubei – Jiangsu und die andere in Shenxi, in Verbindung mit den Erhebungen der chinesischen Mohammedaner, die drei Jahre vorher ausgebrochen waren. Im Jahr 1867 marschierten sie gegen Peking, und Zeng Guofan trat das Kommando an Li Hongzhang ab. Im darauffolgenden Jahr wuchs die Bedrohung Pekings, als die Aufständischen von Shenxi nach Shanxi und Hebei und gleichzeitig von Shandong und Hebei nach Norden vorstießen. Im selben Jahr gelang es Li Hongzhang jedoch, mit der Rebellion fertig zu werden.

Die kolonisierten Völker

Gleichzeitig mit diesen Ereignissen fanden noch weitere Unruhen statt: vom Jahr 1854 an kam es zu Erhebungen einheimischer Völker in Guizhou, deren Geduld angesichts des Landraubs und der überhöhten Geldeintreibungen der chinesischen Verwaltung am Ende war (diese Aufstände konnten erst im Jahre 1872 vollständig unterdrückt werden); im Jahr 1855 brachen in Yunnan und 1862-1863 im Nordwesten und in Xinjiang Aufstände der chinesischen Mohammedaner und der islamischen Völker Zentralasiens aus. Mit Ausnahme der Erhebungen in Xinjiang, die vom Ausland gefördert wurden, war die eigentliche Ursache dieser Aufstände die Bevölkerungszunahme der Völker chinesischer Sprache und Kultur seit Mitte des 18. Jahrhunderts.

Seit der Mongolen-Zeit hatten sich in Yunnan und in den nordwestlichen Provinzen (Shenxi und Gansu) die Gemeinschaften mohammedanischer Chinesen gebildet, die aus Mischheiraten zwischen ausländischen Mohammedanern und Han hervorgegangen waren. Diese sozialen Gruppen lebten am Rande der chinesischen Bevölkerung und waren darauf bedacht, ihre Eigenständigkeit zu bewahren, die auf ihrer religiösen Zugehörigkeit und ihrer ethnischen Herkunft beruhte. Ihr lebendiger Partikularismus erklärt, warum diese Bevölkerungsgruppen noch heute zu den »ethnischen Minderheiten« *(shaoshu minzu)* gezählt werden. In den Jahren 1855 bis 1873 war die Ursache ihrer Aufstände die Diskrimination von seiten der Han und der kaiserlichen Verwaltung. In Yunnan wuchsen die Schwierigkeiten, die 1853 aus einem Konflikt zwischen chinesischen und mohammedanischen Zinnarbeitern entstanden waren, im Jahr 1855 zu einer Rebellion an. Im darauffolgenden Jahr veranstalteten die mit der Unterdrückung des Aufstands beauftragten Beamten ein Massaker unter den Mohammedanern. Einer der aufständischen Führer, Ma Dexin, war ein Imam, der nach Mekka gepilgert war und zwei Jahre in Konstantinopel geweilt hatte. Ma Dexin, der seinen eigenen Einfluß stärken wollte, willigte im Jahr 1861 schließlich in Verhandlungen über die Unterwerfung unter die Qing ein. Er wurde von einem gewissen Du Wenxiu abgelöst, der in der Region von Dali, 400 Kilometer von der Provinzhauptstadt (dem heutigen Kunming) entfernt, das Reich von Pingnan, ein unabhängiges Sultanat, gegründet und den Titel Sultan Suleyman angenommen hatte. Der Aufstand, der unter den Han und den einheimischen Stämmen der Region Anhänger fand, wurde auch von Burma her unterstützt. Erst nach langen Rückeroberungsfeldzügen, die von ausgedehnten Zerstörungen und Massakern begleitet waren, konnte die Rebellion im Jahr 1873 niedergeschlagen werden.

Bei den Mohammedanern der Provinzen Gansu und Shenxi, deren letzte große Aufstände in die Jahre 1781-1784 zurückreichten, begann es im Jahr 1862 unter Benutzung der günstigen Umstände des Taiping-Aufstandes und in der Folge einer Offensive der Taiping nach Shenxi in den Jahren 1861-1862 wieder zu gären. Der Hauptführer dieser Bewegung war ein mohammedanischer Reformer namens Ma Hualong (?-1871). Die Rebellion breitete sich sehr rasch vom Wei-Tal nach West-Gansu und von den Grenzgebieten der Mongolei gegen den Nordosten von Qinghai hin aus.

Ende 1868 rief die Regierung von Peking einen der angesehensten Führer der Unterdrückung des Taiping-Aufstands, Zuo Zongtang, zu Hilfe. Seiner Tüchtigkeit und seinem Organisationstalent gelang es, langsam, aber stetig die beiden Nordwest-Provinzen zurückzuerobern. Dieser Vormarsch gegen Westen war von gräßlichen Massakern und Zerstörungen begleitet. Ende 1869 war Shenxi vollständig befriedet. Im Jahr 1871 drangen die Armeen von Zuo Zongtang nach Zentral-Gansu vor, und 1872 setzte sich Zuo in der Provinzhauptstadt Lanzhou fest. Und schließlich bedeutete die Einnahme von Suzhou (dem ehemaligen und heutigen Jiuquan in West-Gansu) nach einer langen Belagerung wenn auch nicht die endgültige Wiederherstellung der Ruhe – die Unruhen dauerten noch bis 1877 –, so doch das Ende der ernsthaften Bedrohung dieser Regionen.

Von Suzhou aus, wo Zuo Zongtang sein Hauptquartier einrichtete, setzte er seine Operationen in Richtung Hami fort, wohin sich ein Teil der ehemaligen Rebellen von Gansu geflüchtet hatte, und allgemeiner in Richtung der gesamten Neuen Territorien (Xinjiang) fort, die sich im Jahr 1862 abgetrennt hatten. Die Bewegung hatte in den westlichen Oasen Xinjiangs ihren Ausgang genommen, wo die mohammedanische Bevölkerung türkischen und iranischen Ursprungs den in den Jahren 1825-1828 gestarteten Versuch wiederholt und die chinesisch-mandschurische Oberhoheit abgeschüttelt hatte. Aber der Taiping-Krieg und die zeitgenössischen Rebellionen hatten eine Lockerung der Kontrolle der Qing über Zentralasien mit sich gebracht: um 1873, kurz vor Beginn der Feldzüge Zuo Zongtangs, hatte sich die Rebellion auf ganz Xinjiang ausgeweitet. Der Führer der Aufständischen, Yakub Beg (ca. 1820-1877), ein Fürst der regierenden Familie von Kokand im oberen Syr-darja-Tal, beherrschte das gesamte Tarim-Becken vom Pamir bis zum Lop Nor. Die Türken, die Engländer und die Russen waren mit ihm in Verbindung getreten, in der Hoffnung, China zu schwächen und sich in Zentralasien eine starke Position zu verschaffen. Trotz der Opposition eines Teils der Regierung gelang es Zuo Zongtang, eine Anleihe bei ausländischen Banken zu erhalten und eine Expedition auszurüsten. In den Jahren 1876-1877 besiegte er seinen gefürchteten Feind. Anfang 1878 war ganz Xinjiang befriedet, und diese bemerkenswerte militärische Leistung stärkte das Selbstvertrauen der radikalen Patrioten wieder, die jeden Kompromiß mit den Ausländern ablehnten.

3. Die Folgen

Viel fehlte nicht und das Qing-Reich wäre untergegangen. Alle Umstände dazu waren gegeben, und der traditionelle Gedanke einer Restauration des Reichs in der Tongzhi-Ära (1862-1875) entsprach weitgehend der Realität: der Bruch zwischen dem China vor und dem China nach dem Taiping-Aufstand war tief. Wirtschaft, Finanzen, politische Führungsschicht, Kräfteverteilung im Reich, moralische und geistige Atmosphäre waren nicht mehr dieselben wie vorher.

Unter den unmittelbarsten Auswirkungen ist der enorme Verlust an Menschen, an materiellen und geistigen Reichtümern zu nennen, den die hartnäckigen Kämpfe der Aufständischen und der mit ihrer Unterdrückung beauftragten Armeen, die ausgedehnten Massaker und die systematischen Zerstörungen verursachten. Die Verluste an Menschenleben übertreffen wohl sämtliche Beispiele der Geschichte. Die gesamte reiche und dichtbesiedelte Zone zwischen der Umgebung von Nanking und dem Taihu-See und der Gegend von Hangzhou, berühmt für ihre Industrie und als geistiges Zentrum, war verwüstet worden. An vielen Orten waren fünfzig Jahre später die Spuren dieser Tragödie immer noch nicht ausgelöscht. Die genaue Zahl der Opfer ist unbekannt, aber die überzeugendsten Schätzungen variieren zwischen 20 und 30 Millionen Menschen. Während der Niederschlagung der Mohammedaner-Aufstände, heißt es, sei die Hälfte der Bevölkerung von Yunnan ausgerottet worden. In Shenxi und Gansu schätzte man die Zahl der Opfer auf mehrere Millionen, in Guizhou auf fünf Millionen. In allen Kampfzonen konnte das Vakuum erst im Laufe der zweiten Hälfte des 19. Jahrhunderts allmählich aufgefüllt werden. So haben Emigranten aus Henan, Hubei, Hunan, Nord-Jiangsu und der Region, die sich von Shaoxing und Ningbo nach Zhejiang erstreckt, das mittlere und untere Yangzi-Gebiet, diesen einst aktivsten und höchstentwickelten Teil Chinas, wiederbevölkert.

Die Priorität des landwirtschaftlichen Wiederaufbaus

Dieser gewaltige Aderlaß hat sicherlich den demographischen Druck vermindert und für den Augenblick die bäuerliche Wirtschaft erleichtert, die hart unter dem Mangel an Land zu leiden hatte. Dennoch erschien gleich nach den Zerstörungen und Massakern die Wiederherstellung der Landwirtschaft als Aufgabe erster Priorität: ihr mußten alle Anstrengungen gewidmet werden, bevor man an eine Modernisierung der Industrie überhaupt denken konnte. Vorerst galt es einer umherirrenden und halb verhungerten Bauernschaft die Mittel zu ihrer Ernährung zu liefern, die Anbauflächen instand zu setzen, die Städte, Deiche, Wasserreservoirs und Speicher wiederaufzubauen, den neuen Siedlern das nötige landwirtschaftliche Kapital (Saatgut, Werkzeuge, Arbeitstiere) vorzuschießen und die Lasten der Bauernschaft so weit wie möglich zu erleichtern. Man schätzt, daß die Agrarsteuern während der Tongzhi-Aera im Vergleich zu denjenigen der Jahre unmittelbar vor dem Taiping-Aufstand durchschnittlich um 30 % gesenkt wurden. Die allgemeine Erschöpfung nach den furchtbaren Massakern und die zugunsten der Bauern unternommenen Anstregungen erklären, warum bis zum Ende des 19. Jahrhunderts keine Unruhe mehr unter den Bauern herrschte.

In den Jahren, die auf den Zusammenbruch des Himmlischen Reichs folgten, war also eine relative Besserung spürbar: das chinesische Reich fand dank seiner instinktiven, aus einer langen historischen Erfahrung stammenden Reaktion, zuallererst seine Landwirtschaft wiederaufzubauen, ein gewisses Gleichgewicht wieder. Diese Bemühung um Wiederaufbau, die beinahe die Hälfte des eigentlichen China erfaßte, sollte jedoch schwer auf der chinesischen Wirtschaft lasten. Es mußten neue Ressourcen gefunden werden, die der Handel und das Handwerk lieferten. Andererseits wurden, wenngleich die Massaker der bäuerlichen Welt zunächst eine Erleichterung gebracht hatten, durch das politische und soziale System wieder – wie vor den Aufständen – die reichen Großgrundbesitzer und die Gentry begünstigt.

Die Erhöhung der Handelsabgaben

Handel und Handwerk hatten nicht nur stark unter den Zerstörungen der Jahre 1850-1865 gelitten, sondern mußten auch die Hauptlast des Wiederaufbaus tragen. China, das im 18. und in der ersten Hälfte des 19. Jahrhunderts ein großer Produzent von Fertigprodukten gewesen war, wurde nun zu einem Land beinahe ausschließlich agrarischer Wirtschaft, wie es die modernen Geographen und Historiker als typisch für den vorindustriellen Staat angesehen haben. Diese Lage ist jedoch in China das Ergebnis einer relativ späten Entwicklung.

Die Ausdehnung einer neuen Abgabe, die zur Finanzierung der Kriegsausgaben gegen die Taiping geschaffen wurde, auf sämtliche Provinzen in den Jahren 1853 und 1857, veränderte das traditionelle Gleichgewicht der Staatsfinanzen. Diese Abgabe, die *lijin (likin)* genannt wurde und 2 % bis 20 % des Wertes der innerhalb Chinas zirkulierenden Waren ausmachte (theoretisch eine Kupfermünze pro *liang*), bestand noch bis 1930-1931. Auf Importwaren fand sie keine Anwendung. Es ist sehr wahrscheinlich, daß diese Abgabe Handwerk und Industrie geschwächt hat dadurch, daß sie die Lasten des chinesischen Handwerks und der sich seit 1860 zaghaft entwickelnden chinesischen Industrie zu dem Zeitpunkt erhöhte, als sie der ausländischen Konkurrenz die Stirn bieten mußten. Die Handelssteuern und die Vermehrung der Binnenzollämter verstärkten die Tendenz der Regionen, sich immer mehr abzuschließen.

Eine Aufstellung der Einnahmen der Zentralregierung zeigt das Anwachsen der Abgaben, die in der zweiten Hälfte des 19. Jahrhunderts auf dem Handel und den Fertigprodukten – und dadurch indirekt auf der gesamten Bevölkerung – lasteten:

	vor 1850	*um 1890-1895*	*um 1900-1910*
Steuer in Form von Getreide	30	32	33
Salzsteuer	5 bis 6	13	13
chinesische Außenzölle	4	1	4
westliche Zölle	0	22	35
Lijin	0	15	14
Verkauf von Titeln und Ämtern	1	5	4
Gesamtsumme	40	89	103

(Schätzung in Millionen *liang*)

Während der Umfang der Steuern in Form von Getreide zwischen der Periode vor dem Taiping-Krieg und dem Beginn des 20. Jahrhunderts praktisch gleich blieb, haben sich die anderen Typen von Einnahmen im gleichen Zeitraum versiebenfacht. Die Reform der Salzverwaltung und die Ämterverkäufe haben gleichzeitig mit der

Schaffung des *lijin* vom Taiping-Krieg an zur Entwicklung der indirekten Besteuerung beigetragen.

Die 1863 durch Robert Hart begonnene Reorganisation des Seezollamtes sicherte der Zentralregierung einen bedeutenden Teil ihrer Ressourcen in der Zeit nach dem Ende des Taiping-Kriegs und vor Anfang des chinesisch-japanischen Kriegs:

	Lijin	Einkünfte aus den Seezöllen
1885	14	14
1889	ca. 14,9	21,8
1894	ca. 14,2	22,3

Außer den Einkünften aus dem Amt für ausländische Zölle, das Robert Hart von 1863 bis 1911 leitete (diese Einkünfte wurden von 1901 an vollständig von den Entschädigungszahlungen für den Boxeraufstand aufgesogen), boten die anderen Steuerreformen Gelegenheit zu bedeutenden Unterschlagungen. Es ist daher kaum möglich, die Steuerlasten abzuschätzen, die der chinesischen Bevölkerung tatsächlich auferlegt wurden: nicht allein die regulären Steuern und Abgaben gelangten nicht zur Gänze an die Regierung von Peking und an die Provinzregierungen; es bestand zudem eine ganze Reihe von Gewohnheitssteuern, die nirgends offiziell aufgeführt wurden, von dem Druck, der auf allen Ebenen von den Beamten und Verwaltungsleuten ausgeübt wurde, gar nicht zu sprechen.

Die politischen Veränderungen

Durch die furchtbaren Zerstörungen, die sie verursachten, hatten die Erhebungen der Jahre 1850-1873 die Widerstandskräfte Chinas ernsthaft geschwächt. Sie hatten aber auch zur Folge, daß die allgemeine Verteilung der politischen Kräfte verändert wurde.

Deutlicher noch als die örtlich begrenzten Angriffe der britischen Segelschiffe während des ersten Opiumkriegs deckten die ersten Jahre des Taiping-Aufstandes den Zustand der Schwäche und des Zerfalls der traditionellen Armeen auf: einerseits der Banner der Mandschus und der ihnen assimilierten Truppen, andererseits der »Grünen Bataillons« *(lüying)*, die aus chinesischen Truppen bestanden. Der Zusammenbruch des Widerstands der Taiping mobilisierte jedoch in der chinesischen Oberschicht alle Energien. Nur die individuellen Initiativen der Lokalbeamten und der lokalen Gentry sowie die finanzielle Hilfe der Kaufleute und Großgrundbesitzer konnten in einer so katastrophalen Situation Abhilfe schaffen. So entstanden nach und nach Freikorps, Divisionen und schließlich richtige Armeen.

Im Krieg, der überall zur Suche und Förderung der Fähigsten anspornt, wurden unbekannte Talente entdeckt. Rund um die großen Armeebefehlshaber, deren Autorität sich im Laufe der Kämpfe festigte, bildete sich eine Klientele von tüchtigen Männern, die aus all denjenigen bestand, die als Freunde, Verwandte, Schüler oder Bekannte an den Kämpfen teilnahmen und den zahlreichen Generalstäben der neuen Armeen angehörten. Neben den drei bedeutendsten Persönlichkeiten der Epoche – Zeng Guofan (1811-1872), Zuo Zongtang (1812-1885) und Li Hongzhang

(1823-1901) – können noch Hu Linyi (1812-1861), Li Hanzhang (1821-1899), der Bruder von Li Hongzhang und Schüler von Zeng Guofan, Zeng Guoquan (1824-1890), der Bruder von Zeng Guofan, und Liu Kunyi (1830-1902) genannt werden. Zahlreiche andere, die eine weniger wichtige Rolle in den Kämpfen spielten, haben in der politischen und geistigen Geschichte der zweiten Hälfte des 19. Jahrhunderts Bedeutendes geleistet. Der Taiping-Krieg hatte neue Kräfte und eine neue politische Führungsschicht hervorgebracht, deren Einfluß in den Jahren zwischen der Einnahme Nankings 1864 und der chinesischen Niederlage von 1894 vorherrschend war. Die Männer, die um 1870 am meisten Gewicht hatten, waren Li Hongzhang, dessen Armeen zwei Jahre vorher die Nian vernichtend besiegt hatten, und Zuo Zongtang, der die Erhebungen im Nordwesten und in Zentralasien niedergeschlagen hatte. Sie allein verfügten über organisierte Armeen und kriegsgewohnte Truppen. Die engen Beziehungen, die sie mit ihren ehemaligen Mitarbeitern und Untergebenen aufrechterhielten, die Unterstützung, auf die sie sich in den Provinzen verlassen konnten und die Ressourcen, die sie direkt aus den Regionen bezogen, in denen sie ihre Operationsbasen eingerichtet hatten, sicherten ihnen eine gewisse Unabhängigkeit von der Zentralregierung. Die Umstände, unter denen sich diese neuen Armeen zur Unterdrückung der Aufstände gebildet hatten, erklären ihren wesentlich regionalen Charakter.

Die Widerstandsbewegung gegen die Taiping trägt jedoch noch andere Kennzeichen. Sie hat die ehemaligen chinesischen Führungsschichten jäh aufgeweckt: denn der Sieg der Taiping hätte zur Zerstörung der alten politischen und sozialen Ordnung und zum Verfall sämtlicher klassischer Traditionen geführt. Die neuen Armeechefs waren zivile Verwaltungsbeamte und Literaten, keineswegs zum Soldatentum berufen. Die Gefahr, die der traditionellen Ordnung drohte, schloß sie jedoch zur gemeinsamen Verteidigung des Reichs und der Dynastie zusammen. Die Krise der Taiping war nicht nur politischer und militärischer, sondern auch moralischer Art: denn der Erfolg der Rebellion war in den Augen der Verteidiger des Reichs das Zeichen einer Perversion und einer Schwächung der alten Werte. Deshalb mußten die Ergebenheit dem Kaiser gegenüber und der Sinn für die gesellschaftlichen und familiären Hierarchien allen Untertanen mehr denn je eingeschärft werden. Der Taiping-Aufstand hat also eine orthodoxe Reaktion ausgelöst und in der Führungsschicht eine Bindung von zuvor nie erreichter Stärke an die traditionelle Moral und die althergebrachten Werte hervorgerufen. Diese auf die Krise der Jahre 1850-1864 zurückzuführende orthodoxe Reaktion ist ein entscheidender Faktor in der Geschichte der zweiten Hälfte des 19. Jahrhunderts. Denn sie hat bis zum chinesisch-japanischen Krieg von 1894 das chinesische Verhalten den ausländischen Unternehmungen und den westlichen Neuheiten gegenüber mehrheitlich beeinflußt.

Die überzeugtesten Vertreter einer Modernisierung der Armee und der Industrie waren auch die glühendsten Verteidiger der Orthodoxie: die meisten von ihnen kamen aus den Generalstäben der großen Armeen, die mit der Unterdrückung des Taiping-Aufstandes beauftragt waren. Die Erfordernisse des Krieges hatten die Armeechefs dazu gebracht, mit den Westmächten in Kontakt zu treten, denn die ausländischen Händler, Kaufleute, Banken und Regierungen konnten ihnen Waffen liefern, Anleihen gewähren und ihnen bei der Schaffung von Arsenalen und

Fabriken helfen. Von allen Führungskräften der Epoche waren die neuen Männer, die am Kampf gegen die Taiping teilgenommen hatten, nicht nur offen für Probleme der Modernisierung der Armeen und der Kriegsindustrie, sondern auch am ehesten zu Konzessionen dem Ausland gegenüber bereit. Die Modernisierung war jedoch für sie eng verbunden mit der Beibehaltung der traditionellen politischen und sozialen Formen und der Stärkung der Orthodoxie.

Die Entstehung der Widersprüche

Durch die feste Einheit, die der Taiping-Aufstand und die ihn verlängernden Aufstände in den Führungsschichten geschmiedet hatten, blieb die Schwächung der Zentralregierung lange Zeit verborgen. Aber schon in der Krisenzeit der Jahre 1860-1861, als französische und britische koloniale Truppen Peking angriffen, die meisten Angehörigen des Hofes nach Rehe (Jehol) flohen, ausländische Kontingente in der ohne Verteidigung gelassenen Hauptstadt eindrangen, Kaiser Xianfeng auf mysteriöse Weise starb und der Staatsstreich der Kaiserin Xiaoqin (Cixi oder Tz'u-hsi) stattfand, zeichnete sich eine politische Kluft ab, die sich im Laufe der Tongzhi-Ära (1862-1875) und der Guangxu-Ära (1875-1908) verstärkte. Der kleinen Gruppe von neuen Männern (Zeng Guofan, Li Hongzhang, Zuo Zongtang und ihren Anhängern) stellte sich von nun an die Mehrheit der hohen mandschurischen Würdenträger und der hohen chinesischen Beamten entgegen, mit anderen Worten: der Partei, die für eine konziliante Haltung dem Ausland gegenüber eintrat, die Partei der unnachgiebigsten Patrioten. Diese Spaltung entsprach ganz allgemein der alten Opposition zwischen den Bewohnern des Nordens, die aus wirtschaftlich nicht sehr aktiven Regionen stammten und keinen Kontakt mit den Ausländern unterhielten, und den Bewohnern des Südens, die offener, besser informiert und weniger kriegerisch waren. Die Mitglieder der Zentralregierung in ihrer Gesamtheit sahen den Aufstieg der Militärchefs, die gegen die Taiping gekämpft hatten, nicht gern; sie befürchteten die Entstehung autonomistischer Tendenzen in den Provinzen, Tendenzen, die noch latent vorhanden waren und sich tatsächlich am Ende des 19. Jahrhunderts behaupten sollten. Auch beklagten sie die Politik der Anleihen und Kompromisse, die diese neuen Männer den Ausländern gegenüber praktizierten. Infolge des Niedergangs des Mandschu-Adels und des Aufstiegs der direkt von der Grundsteuer gespeisten Regionalregierungen, wurde der Hof immer mehr zu einem Ort der Intrigen, der keine direkte Verbindung zu der tatsächlichen Lage im Reich hatte. Deshalb fanden sich unter den Vertretern einer Politik der neuen Männer nur eine kleine Anzahl von hohen mandschurischen Würdenträgern: Wenxiang (1818 bis 1876) und Yixin (1833-1898), der Prinz Gong, gehörten zu den berühmtesten Ausnahmen. Es ist bemerkenswert, daß ihre Haltung einer systematischen Feindseligkeit den Ausländern gegenüber sich, nachdem sie an den Pekinger Verhandlungen von 1860 teilgenommen hatten, radikal wandelte. Die Opposition wurde jedoch nach den Zwischenfällen von Tianjin im Jahr 1870 stärker. Cixi, die von 1875 bis zu ihrem Tod im Jahr 1908 die politische Szene in China beherrschte, zog aus dieser Lage für ihr Machtstreben Vorteile, indem sie zwischen »Modernisten« und »Konservativen« manövrierte: sie konnte sich an der Macht halten, indem sie die einen gegen die anderen ausspielte, damit aber die eigentlichen Probleme ihrer Epoche ungelöst ließ.

III. KAPITEL
DAS SCHEITERN DER MODERNISIERUNG UND DAS WEITERE EINDRINGEN DES AUSLANDES

Nirgendwo auf der Welt hat sich der große Wandel des Industriezeitalters, dessen erste Manifestationen sich in England in den Jahren zwischen dem ausgehenden 18. Jahrhundert und den 30er Jahren des 19. Jahrhunderts zeigten, ohne Krisen und Tragödien abgespielt. Diese langdauernde Entwicklung hat die verschiedenen Länder Europas jeweils in eng begrenzten Gebieten und in sehr unterschiedlichem Maße erfaßt. Im agrarischen Rußland, wo die Leibeigenschaft erst im Jahr 1861 abgeschafft wurde, bildete sich erst in den Jahren 1880-1890 eine moderne Großindustrie heran. Überall setzten die alten politischen, gesellschaftlichen und wirtschaftlichen Strukturen den sukzessiven Veränderungen, die der Fortschritt der Technik und der Produktionsmittel, der Kommunikations- und Transportmittel bewirkte, eine starke Bremswirkung entgegen. Es ist nur natürlich, daß sich das Gewicht der Vergangenheit in einem Land alter Zivilisation wie China stärker als anderswo bemerkbar machte.

Man kann jedoch nicht behaupten, daß China im Vergleich zu vielen westlichen Nationen in technischer Hinsicht sehr weit im Rückstand gewesen sei. Die ersten modernen Waffenfabriken und neuen Werften für Dampfschiffe waren dort schon in den Jahren 1865-1870 entstanden. Man kann auch nicht sagen, daß China zur Industrialisierung unfähig gewesen sei, denn manche chinesischen Betriebe des ausgehenden 19. Jahrhunderts galten als ebensogut ausgerüstet wie vergleichbare Anlagen in Großbritannien; das Eisen-Stahl-Kombinat von Hanyang hatte einen zweijährigen Vorsprung vor den Stahlwerken, die im Jahr 1896 in Yawata von der japanischen Regierung geschaffen wurden. Die Eisenbahnlinie Peking-Kalgan, die im Jahr 1909 von dem chinesischen Ingenieur Zhan Tianyou (1861-1919) mit Hilfe von chinesischen Vorarbeitern und Arbeitern zu einem viel niedrigeren Preis angelegt wurde als die von ausländischen Gesellschaften erbauten Linien, stellte angesichts der Schwierigkeiten des Geländes und der kurzfristigen Fertigstellung eine wirkliche Leistung dar.

China fehlte es auch nicht an wissenschaftlichen Traditionen, die es ihm ermöglichten, sich die neuen Entwicklungen der westlichen Wissenschaft im 19. und 20 Jahrhundert anzueignen.

Wenn es der chinesischen Welt nicht gelungen ist, im günstigen Zeitpunkt ins industrielle Zeitalter einzutreten – dieses Scheitern war die Ursache für sein vom Ende des 19. Jahrhunderts an tragisches Schicksal –, so geschah dies viel weniger wegen einer inneren Unfähigkeit, als infolge der Mängel seines politischen Systems und einer ganz besonders unglücklichen historischen Konstellation. Diese Hindernisse, die sozialen und politischen Traditionen der chinesischen Welt wurden nach der Verfalls- und Rezessionsperiode des Qing-Reichs in der ersten Hälfte des 19. Jahrhunderts durch zwei zusammenwirkende Phänomene verstärkt: die große innere Krise der Jahre 1850-1875 und den militärischen und wirtschaftlichen Druck des ausländischen Imperialismus. Die Privilegien, die die westlichen Kaufleute in China errungen hatten, haben zur Schwächung der chinesischen Wirtschaft beigetragen; die Einkreisung des chinesischen Reichs durch die Westmächte, die Zwischenfälle, die durch die Anwesenheit der Missionare ausgelöst wurden, die Forderungen und die Angriffe des Auslands haben eine traditionalistische Reaktion hervorgerufen. Die Schwächung der Zentralregierung und die politische Uneinigkeit, die Schwäche der chinesischen Landwirtschaft, der extreme Mangel an Kapital und der im wesentlichen militärische Charakter der neuen Industrien haben jede Reform der Verwaltungsmethoden und -praktiken verhindert und die Modernisierungsanstrengungen stark beschränkt. China hatte weder die Zeit noch die Mittel, sich dem Wandel der Epoche anzupassen.

1. Die Probleme der Modernisierung

Die ersten Bemühungen um eine Industrialisierung

Der Waffenkauf bei westlichen Ländern war in Ostasien eine Tradition, die auf die ersten portugiesischen Abenteurer des 16. Jahrhunderts zurückging. Die Ming bedienten sich anläßlich ihres Gegenangriffs auf Pyongyang im Jahr 1593 westlicher Geschütze, die schlagkräftiger als ihre traditionelle Artillerie waren; auch kauften sie bei den Portugiesen in Macao im Jahr 1622 Kanonen für ihren Kampf gegen die Mandschus. Die Mandschus ihrerseits baten Pater Verbiest im Jahr 1675, für ihre Feldzüge gegen Wu Sangui Kanonen nach europäischem Modell gießen zu lassen. In den Kriegen des 18. Jahrhunderts wurde in den kaiserlichen Armeen, selbst in schwer zugänglichen Regionen wie den Randgebieten Tibets oder Burmas, schwere Artillerie eingesetzt. Aber der schwache Widerstand, auf den die britischen Truppen in den Jahren 1840-1842 stießen, zeigt den völlig veralteten Charakter oder das völlige Fehlen einer chinesischen Artillerie zu jener Zeit. Erst vom Taiping-Krieg an änderte sich die Situation: die Aufständischen und die sie bekämpfenden Armeechefs kauften Waffen bei europäischen Händlern, bemühten sich, eine Kriegsflotte zu schaffen, versuchten, Darlehen und auch technische Hilfe zu erhalten, um eine Rüstungsindustrie aufzubauen. In diesem Zusammenhang wurden zwischen 1853 und 1860 in Hunan und Jiangsu auf Anregung Zeng Guofans und Zuo Zongtans kleine Arsenale und Schiffswerften errichtet; im Jahr 1859 wurden die *Zizheng xinpian* (Neue Schriften zur Hilfe bei der Regierung) von Hong Rengan, einem Vetter des Himmlischen Königs, der in Missionarskreisen in Schanghai und Hongkong verkehrt hatte, veröffentlicht. Aber die inneren Uneinigkeiten, die Angriffe von außen, die vom Jahr 1862 an feindliche Haltung der Ausländer den Taiping gegenüber erklären das Scheitern der Modernisierungsversuche der Aufständischen. Die Verhandlungen zwischen der kaiserlichen Regierung und den Westmächten sollten dagegen von den Jahren 1861-1862 an durch die Politik der Zusammenarbeit erleichtert werden, welche das Ausland nach den Konventionen von Peking und der Schaffung eines Außenamtes, des *Zongli geguo shiwu yamen,* abgekürzt *Zongliyamen* (1861), eingeleitet hatte.

Die drei Hauptanführer im Kampf gegen die Aufstände der Jahre 1851-1878, Zeng Guofan, Zuo Zongtang und Li Hongzhang, waren daher in der Lage, mit Hilfe westlicher Techniker neue Rüstungsindustrien aufzubauen. Sie wurden sogar am Ende des Taiping-Kriegs von kleinen Kontingenten ausländischer Söldner

Die Bemühungen um eine Industrialisierung in den Jahren 1840 bis 1894

1840-1842	Gießen von Kanonen, Bau von Schaufelradschiffen mit Treträdern.
1853-1860	Waffenfabriken und kleine Werften in Huan, Jiangsu und Jiangxi.
1855	Waffenfabrik in Jiangxi.
1861	Waffenfabrik und Werft in Anqing (Anhui)
	Gründung des *Zongliyamen,* des Amtes für Auslandsbeziehungen.
1862	Großes Arsenal und Werft in Schanghai *(Jiangnan zhizaoju);* Pulverfabriken in den Provinzen.
	Gründung des *Tongwenguan,* einer Schule für westliche Sprachen und Wissenschaften in Peking.
1863	Gründung einer ähnlichen Schule wie das *Tongwenguan* von Peking in Schanghai.
1864	Das *Tongwenguan* von Kanton.
1865	Die Arsenale von Nanking.
1866	Die Werften von Mawei bei Fuzhou.
1867	Die Marineakademie von Fuzhou. Die Arsenale von Tianjin.
1868	Das erste chinesische Dampfschiff wird in den Werften von Mawei fertiggestellt.
1869	Arsenale in Xi'an und Fuzhou.
1870	Die Arsenale von Schanghai gehören zu den größten Industrieunternehmungen der Welt jener Epoche.
1872	Das Arsenal von Xi'an wird nach Lanzhou verlegt.
	Gründung der chinesischen Dampfschiffgesellschaft.
	32 Studenten aus Schanghai werden in die USA geschickt.
1876-1877	Studenten der Kriegsmarine werden nach Großbritannien, Frankreich und Deutschland geschickt.
1877	Eröffnung der Bergwerke von Kaiping.
1879	Die Eisenbahn der Bergwerke von Kaiping.
1880	Telegraphengesellschaft und Telegraphenschule in Tianjin.
	Beginn mit dem Bau der Kriegsflotte in der nördlichen Zone.
1881	Telegraphenlinie Schanghai – Tianjin.
	Fabrik von Jilin.
1882	Elektrizitätsgesellschaft von Schanghai.
1886	Schule für Militäringenieure in Tianjin.
1887	Marineakademie von Kanton, Werft von Kanton.
	Eisenbahngesellschaft von Tianjin.
	Goldbergwerke von Mohe im Becken des Heilongjiang.
1888	Die Flotte der nördlichen Zone wird fertiggestellt.
	Das große Arsenal von Hanyang.
	Die Webereien von Schanghai beginnen mit der Produktion.
1890	Die Hochöfen von Hanyang. Eisenbergwerke von Daye in Hubei, Webereien in Hubei.
1893	Eisenbahnlinie Peking – Shanhaiguan. Eisenbahn von Taiwan.
1894	Die Telegraphenlinie Tianjin – Schanghai fertiggestellt.

unterstützt, deren Schlagkraft zum Zusammenbruch der Rebellion beitrug. Die bedeutendsten neuen Industrieunternehmungen dieser Epoche waren die Arsenale und Werften, die Li Hongzhang und Zeng Guofan 1865 bis 1867 in Schanghai errichteten *(Jiangnan zhizaoju)*, und die Werften von Mawei bei Fuzhou, die im Jahr 1866 mit Hilfe französischer Techniker von Zuo Zongtang erbaut wurden. Die Werft von Mawei stellte im Jahr 1868 das erste Kanonenboot fertig, und um 1870 gehörten die Arsenale von Schanghai zu den größten industriellen Unternehmungen der Welt. Zuo Zongtang förderte im Nordwesten, wo er mit der Unterdrückung der Mohammedaneraufstände beauftragt war, die Erschließung neuer Bodenschätze, die Arsenale und die Webereien.

Vom Jahr 1872 an nahm die Industrialisierungsbewegung, die immer noch von der kleinen Gruppe neuer Männer aus dem Taiping-Krieg geleitet wurde, größeren Umfang an. Man bediente sich nun der finanziellen Hilfe und der Erfahrung der Kaufleute, die sich im Handel mit den Ausländern bereichert hatten und die mit dem portugiesischen Wort *compradores* bezeichnet wurden (chinesisch *maiban*). So gründete Li Hongzhang im Jahr 1872 die chinesische Dampfschiffgesellschaft, im Jahr 1878 die Bergbaugesellschaft von Kaiping (in der Nähe von Tangshan zwischen Tianjin und Shanhaiguan), im Jahr 1879 die Eisenbahn der Gruben von Kaiping, im Jahr 1880 eine Telegraphengesellschaft in Tianjin; im Jahr 1882 eine Weberei in Schanghai, die erst 1889 zu arbeiten begann und im Jahr 1893 durch einen Brand zerstört wurde.

Nach der Niederlage Chinas im Jahr 1885 in der Folge der französisch-chinesischen Auseinandersetzungen erwies sich, daß die bisher geleisteten Anstrengungen ungenügend waren. Die inneren Schwierigkeiten und die Bedrohung von außen hatten China dazu bewogen, sein militärisches Potential zu verstärken. Als der Druck von außen sich heftiger bemerkbar machte, zeigte sich, daß die gesamte chinesische Wirtschaft gekräftigt werden mußte. Neuerliche Anstrengungen wurden unternommen, um Eisenbahnlinien anzulegen, Bergwerke zu eröffnen, Stahlwerke zu schaffen, technische Schulen zu gründen; gleichzeitig wurde auf neuer Grundlage der Aufbau moderner Armeen und Flotten wieder aufgenommen. Die katastrophale Niederlage von 1894 und die drakonischen Bedingungen des Vertrags von Shimonoseki schmälerten das Ansehen, die Unabhängigkeit und die Widerstandsfähigkeit Chinas in spürbarer Weise. Zur Zerstörung seiner Armeen und seiner Flotte kamen noch die hohen Kriegsentschädigungen und die Besetzung strategischer Regionen durch Japan hinzu. China konnte sich um so weniger von dieser schweren Niederlage erholen, als ihm sechs Jahre später die unerhört drückenden Entschädigungen für den Boxer-Aufstand auferlegt wurden. Man kann sagen, daß vom Jahr 1895 an für lange Zeit jede Hoffnung auf einen Wiederaufschwung erstorben war. Bevor es seine Unabhängigkeit wiedererlangte, sollte China während mehr als einem halben Jahrhundert furchtbare Prüfungen durchmachen.

Die Ursachen des Scheiterns

In der kurzen Zeitspanne, die China zum Aufbau einer modernen Industrie und zur Modernisierung seiner Armeen und seiner Flotte gegeben war, um gegen die wachsende wirtschaftliche und militärische Macht seiner äußeren Feinde zu kämpfen – das heißt von der Wiedereinnahme Nankings im Jahr 1864 bis zur katastrophalen Niederlage von 1894 –, mußte China gleichzeitig die Aufstände im Inneren bekämpfen, seine Autorität in Zentralasien wiederherstellen, nach den Zerstörungen seinen Wiederaufbau betreiben und nach allen Seiten gegen die Angriffe von außen kämpfen. Die Regierung der Qing war gezwungen, unaufhörlich dem Dringlichsten abzuhelfen, mit den Westmächten zu verhandeln, Anleihen bei ausländischen Banken aufzunehmen (40 Millionen *liang* zwischen dem Taiping-Krieg und dem Jahr 1894), um seine unmittelbaren Bedürfnisse zu decken. Die Zentralregierung hatte damals Macht und Ressourcen weitgehend eingebüßt. Sie teilte die tatsächliche Macht mit den regionalen Gouverneuren, die sich in den Unterdrückungskampagnen gegen die Aufstände heraufgearbeitet hatten und über eigene Armeen und Ressourcen verfügten. Vom *lijin*, der Abgabe auf den Warentransit, erhielt die Zentralregierung nur rund ein Fünftel, von den anderen Steuern rund ein Viertel. Am Hof erregte die Macht dieser neuen Männer in den Provinzen Mißgunst; man war dort für die Argumente der hartnäckigsten Patrioten empfänglich und über die reale Lage schlecht informiert, da der Hof auf sich zurückgezogen lebte. Während Kaiser im Kindes- oder Jugendalter aufeinander folgten (Tongzhi bestieg im Jahr 1862 den Thron im Alter von sechs Jahren, Guangxu 1875 mit vier Jahren und Xuantong wurde im Jahr 1908 als Dreijähriger zum Kaiser ernannt), beherrschte den Hof eine Frau, die ihre ganze Energie, Intelligenz und Schläue daran setzte, sich an der Macht zu halten. Das China der zweiten Hälfte des 19. Jahrhunderts wurde folglich theoretisch von einer Zentralmacht regiert, die weder imstande war, die dringliche Notwendigkeit einer Modernisierung zu begreifen, noch diese zu leiten. Sie verhielt sich nicht nur passiv, sondern stellte sich jeder Neuerung entgegen. Die Angriffe des Auslands in China selbst und die Bedrohung, die auf den Randgebieten des Reichs lastete, schufen ein politisches Klima, das sich gegen die Befürworter der Modernisierung wandte. Denn sie waren es, die, als Schiedsrichter der Situation, mit den Ausländern verhandelten und sich gezwungen sahen, ihnen immer mehr Privilegien zuzugestehen. Die öffentliche Meinung fürchtete zudem, daß die Schaffung von Fabriken, Bergwerken und Eisenbahnen den Einfluß des ausländischen Kapitals auf die chinesische Wirtschaft erhöhen, die Arbeitslosigkeit fördern und die Macht der Regionalgouverneure auf Kosten derjenigen der Zentralregierung verstärken würde.

Die beiden Umstände, die den industriellen und militärischen Aufschwung Japans in der Meiji-Ära ermöglicht haben, fehlten in China: es besaß weder eine starke Zentralgewalt, noch regelmäßige Einnahmequellen. Japan konnte dank der Steuern, die den Bauern aufgelastet wurden, seine Industrie und seine Armeen aufbauen. Die chinesische Landwirtschaft war damals jedoch nicht in der Lage, eine Erhöhung der Steuerlasten ertragen zu können. Die Zerstörungen durch den Bürgerkrieg und die Aufstände, die Verarmung aufgrund des Preisanstiegs, die Hungersnöte und die immer häufigeren Überschwemmungen verursachten eine Stagnation oder eine Regression der chinesischen Landwirtschaft im Laufe der zweiten Hälfte des 19. Jahrhunderts. Die hohen Beamten, die als regionale Gouverneure die Initiative zum Bau von Arsenalen, Fabriken und Werften ergriffen, hatten keine andere Möglichkeit, als die Kapitalien der Kaufleute in Anspruch zu nehmen, die sich im Handel mit den Ausländern bereichert hatten. Dieses Kapital erwies sich jedoch als völlig unzureichend. Im übrigen zeigten die *compradores* nur wenig Begeisterung für Unternehmungen, die mit einem Zinssatz zwischen 8 % und 10 % viel weniger vorteilhaft waren als die traditionellen Geldinvestitionen: landwirtschaftliche Darlehen, chinesische Banken alten Typs, Pfandleihanstalten, Landerwerb mit 20 % bis 50 % jährlichem Gewinn. Gleich den Kapitalinvestitionen war auch der Grad der technischen und wissenschaftlichen Ausbildung viel niedriger, als er in einem so großen Land hätte sein müssen. Wenn auch die Initiatoren von Industrieprojekten davon profitierten, daß sie über die Kompradoren-Kaufleute bei ausländischen Gesellschaften Kenntnisse erworben hatten, fehlten ihnen doch chinesische Techniker. Mit den technischen Belangen der neuen Unternehmungen mußten Ausländer betraut werden.

Zu diesen Handikaps – die schwersten waren wohl die fehlende Leitung durch eine Zentralregierung und der Mangel an Kapital – kamen die ineffiziente Bürokratie, die Verteilung zu hoher Dividenden und der Druck eines Staates, dessen Ressourcen erschöpft waren. So gelang es der Regierung von Peking im Jahr 1899, aus den Provinzen 2 800 000 *liang* herauszuholen. Die Hauptleidtragenden dieser radikalen Steuerabschöpfung waren die chinesische Dampfschiffahrtsgesellschaft und die Telegraphenverwaltung von Schanghai, zwei Unternehmungen, die finanziell mit dem Eisen- und Stahlkombinat von Hanyan, den Kohlenbergwerken von Pingxiang und der Textilfabrik Huasheng von Schanghai liiert waren. Anstatt seine im Werden begriffene Industrie zu schützen, versetzte der Staat dem dynamischsten Unternehmen den stärksten Schlag. So erklärt sich, warum sich nach einer mehr oder weniger langen Periode anfänglicher Erfolge die meisten neuen Unternehmen angesichts der ausländischen Konkurrenz als wenig rentabel erwiesen haben und defizitär geworden sind.

Man kann sich darüber wundern, daß es die Initiatoren moderner Industrien – Beamte mit klassischer Bildung, die zu einer solchen Aufgabe alles andere als vorherbestimmt waren – trotz der Hindernisse auf allen Sektoren zu so greifbaren Resultaten gebracht haben: Schwerindustrie (Eisen- und Kohlenbergwerke, Hochöfen, Arsenale und Werften), Leichtindustrie (Textilindustrie und Herstellung von leichten Waffen), Finanzwesen (moderne Banken), Kommunikationssektor (Dampfschiffahrtsgesellschaft, Telegraphenlinien, Eisenbahnen). Bis zum Jahr 1894 war das technologische Niveau der Industrie in China und Japan ungefähr gleich hoch, obwohl Japan im allgemeinen als weiter fortgeschritten gilt. In beiden Ländern war das investierte Kapital von derselben Größenordnung: während aber in China die Zerstreuung der Unternehmungen, ihre niedrige Anzahl im Verhältnis zur Bevölkerungsmasse die Auswirkungen der Industrialisierung abschwächte, hatte ihre Konzentration in Japan eine entscheidende Wirkung. Zudem hatten die inneren Kriege und die Bedrohung von außen China dazu bewogen, seine wesentlichen Anstrengungen auf die unproduktive Kriegsindustrie zu lenken, noch bevor die unerläßlichen Grundlagen für die Entwicklung einer modernen Wirtschaft geschaffen waren. In Japan dagegen waren die im Zusammenhang mit der allgemeinen Politik der Meiji-Regierung unternommenen Anstrengungen besser verteilt. Diese Umstände und schließlich die schweren Lasten, die der chinesischen Wirtschaft im Jahr 1895 und 1901 auferlegt wurden, erklären die unterschiedliche Entwicklung in diesen beiden Ländern: der ausländische Handel genoß in Japan dieselben Privilegien wie in China; während aber dort im Jahr 1880 noch 90 % des Außenhandels in den Händen amerikanischer und britischer Gesellschaften war, sank der Prozentsatz im Jahr 1890 auf 80 % und im Jahr 1900 auf 60 %. Als der ausländische Einfluß in China stärker wurde und aus dem Qing-Reich eine Art internationaler Kolonie machte, erlangte Japan seine wirtschaftliche Unabhängigkeit wieder.

Die Geschichte Japans in der Meiji-Ära kann im übrigen nicht mit derjenigen Chinas in der Weise verglichen werden, daß man – wie dies oft geschieht – die Anpassungsfähigkeit des japanischen Volkes dem abgestumpften Traditionalismus der Chinesen gegenüberstellt. Die beiden Länder sind in ihren Größendimensionen und ihrer Bevölkerung keineswegs vergleichbar. Während das eine kaum größer als die Britischen Inseln ist, erreichen die dichtestbesiedelten Teile des anderen die Dimensionen und beinahe die Vielfalt Europas bis zur russischen Grenze. Aber auch der historische Kontext war ein ganz anderer. Japan hatte keinen so schrecklichen Bürgerkrieg und keine Zerstörungen und inneren Schwierigkeiten erlebt, wie sie das Schicksal Chinas von der Mitte des 19. Jahrhunderts bis um 1875 waren. Japan hatte auch nicht gleich dem Qing-Reich den ständigen Druck des Auslands gekannt, der seit den ersten massiven Opiumimporten um 1830 ständig zunahm. Während China als unerschöpflicher Markt für die in vollem Aufschwung begriffenen Industrien erschien, hatte Japan für den macht- und profitgierigen Westen keine so große Anziehungskraft, und begann auch schon bald selbst am Kuchen mitzuessen. Wenn Japan in großem Ausmaß bei den Ausländern Anleihen aufnehmen und zu einem Zeitpunkt, als China mit unaufhörlichen Schwierigkeiten zu kämpfen hatte, die Grundlagen einer modernen Industrie schaffen konnte, so deshalb, weil es mehr abseits geblieben und gegen die zersetzenden Auswirkungen des wirtschaftlichen, militärischen und politischen Drucks der Westmächte besser geschützt war.

Es stimmt zwar, daß die sozialen Besonderheiten, der Nationalismus und die kriegerischen Traditionen Japans seine Anpassung an die moderne Welt und seine Übernahme des für den westlichen Imperialismus typischen Eroberungsgeistes begünstigt haben; viel mehr aber haben der Größenunterschied zwischen diesem kleinen Reich und dem riesigen Reich der Qing und die andersartigen historischen Bedingungen zu seinem Vorteil beigetragen.

Ende des 19. Jahrhunderts hätte China noch Zeit genug gehabt, seine Anfangsirrtümer zu korrigieren und den angewachsenen Rückstand aufzuholen: die Ziele, die hätten erreicht werden müssen, waren bekannt, die notwendigen Reformen waren ausgearbeitet worden, und an fähigen Männern fehlte es nicht. Dazu aber hätte China gegen den wirtschaftlichen Druck des Auslands geschützt und ihm internationale Hilfe zuteil werden müssen. Es trat jedoch genau das Gegenteil ein.

Freies Unternehmertum oder Staatswirtschaft?

Man hat die Ursache des Rückstands und den Fehlschlag der Industrialisierungsversuche in China darin gesehen, daß ihm die Elemente fehlten, die im Westen die Entwicklung des freien Unternehmertums ermöglicht haben. Tatsächlich findet sich nichts Vergleichbares in der chinesischen Welt. Der Unternehmer- und Wettbewerbsgeist, der Sparsinn, die Begriffe des Profits und der Rentabilität fehlen nicht nur in China, sondern widersprechen seiner gesamten humanistischen Tradition. Der soziale Aufstieg darf sich dort nicht auf gemeine Bereicherung beschränken, sondern schließt vor allem die Erwerbung von Ehren und Würden ein, die zu politischer Macht und politischem Ansehen Zutritt verschaffen. Die chinesische Moral predigt die Ergebenheit dem Staat gegenüber, die Charakterbildung, das bescheidene Zurücktreten. Selbst in geschäftlichen Angelegenheiten ist der Hauptgewinn nicht wirtschaftlicher, sondern gesellschaftlicher Art: moralischer Kredit, Würde und Macht. Geschäftsverhandlungen spielen sich auf der Grundlage des erworbenen Rufes, der Verwandtschaft und der eingegangenen Beziehungen ab.

25. Die Welt des Literaten zur Qing-Zeit. Oben: Tafel aus dem *Senfkorngarten,* einem Lehrbuch für Malerei aus dem Jahr 1679 (ergänzt 1701). Unten: Auf einer grünen Porzellanschale des beginnenden 18. Jh. gibt sich ein Literat in einem Pavillon der Lektüre hin; diese Szene stammt wahrscheinlich aus einem Roman.

26. Tibet als Protektorat des Qing-Reiches: a) Großes Lamakloster in Gyantse, südwestlich von Lhasa.

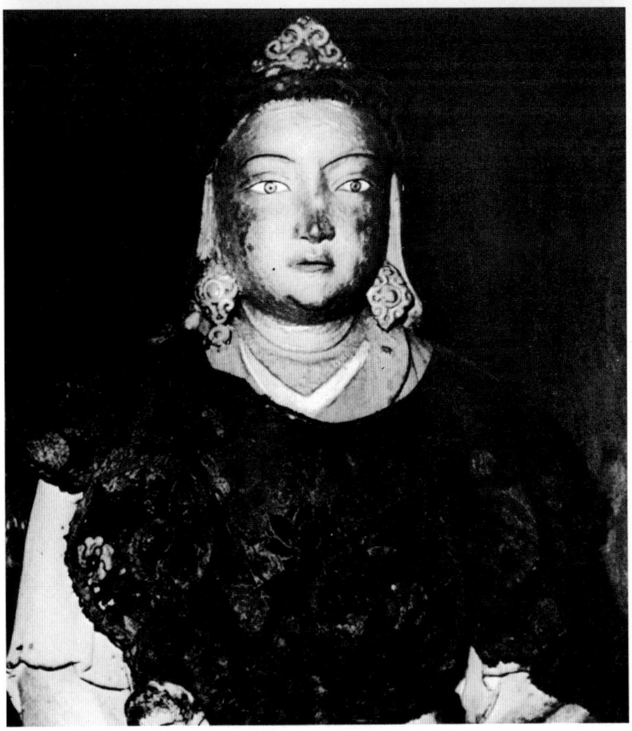

b) Mandala aus vergoldeter Bronze;
c) Bronzestatue, die die Prinzessin Wencheng darstellt, die im Jahr 641 mit dem bTsan-po von Lhasa verheiratet wurde.

27. Tafeln aus einem Miao-Album, auf denen eine ethnische Minorität Südchinas dargestellt wird (19. Jh.).

28. Die Einflüsse der europäischen Kunst auf China. Oben und unten: »Die tatarischen Gesandten bringen dem Kaiser Qianlong Pferde dar«, Gemälde von Castiglione (1688–1766), Details. Mitte: Der Yuanmingyuan, der Sommerpalast des Kaisers Qianlong, der nach den Plänen der Jesuiten ausgebaut und im Jahr 1860 von den englischen und französischen Truppen in Brand gesteckt wurde.

29. Zweite Hälfte des 19. Jh. Oben: Die Kaiserin Cixi (Tz'u-hsi), umgeben von ihren Ehrendamen. Unten: Li Hong-zhang (1823–1901), die wichtigste Führungspersönlichkeit der Periode 1864–1894.

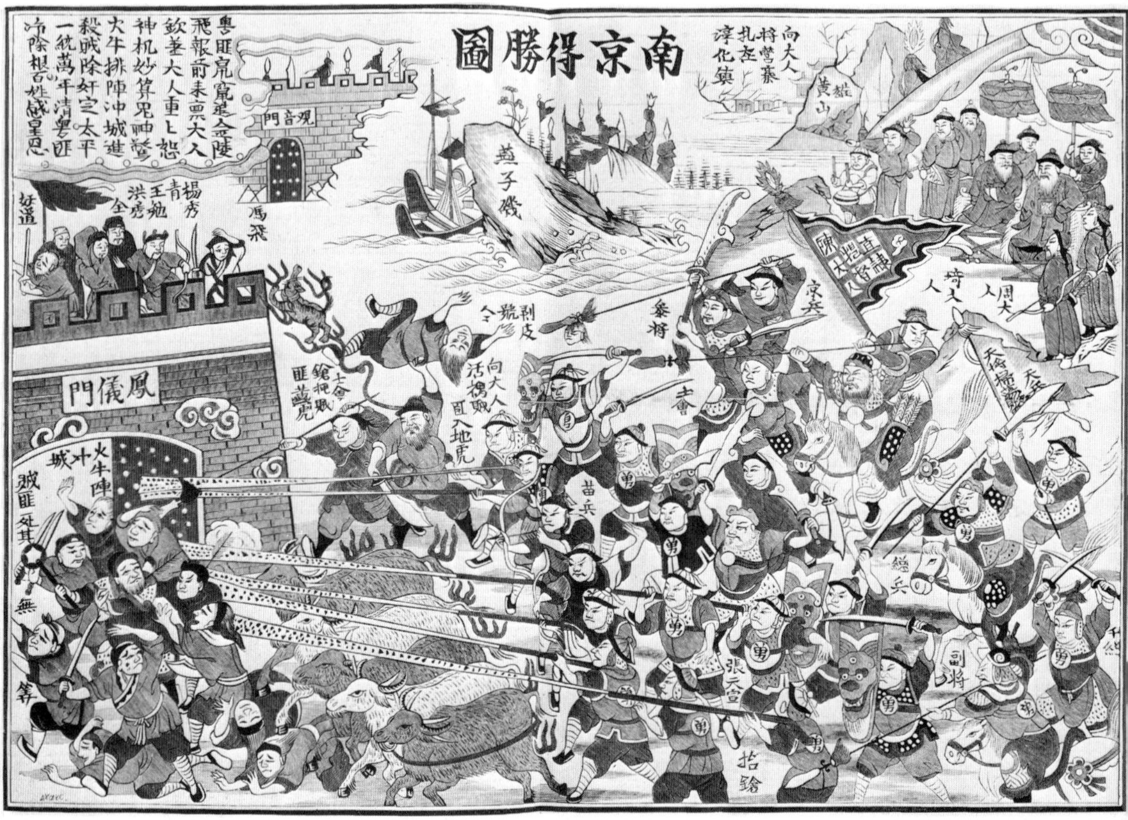

30. Der Angriff auf Nanking, die »Himmlische Hauptstadt« der Taiping, im Jahr 1864 (Holzschnitt).

Wenn es auch in China seit dem Ende der Ming-Zeit Großkaufleute und reiche Bankiers gab, die mit Wechseln handelten und es verstanden, riesige Reichtümer anzuhäufen, so hatten diese Männer doch nichts mit den großen Unternehmern des beginnenden europäischen Kapitalismus gemein. Ihre Aktivität glich, so scheint es, mehr der Steuerpacht als dem echten Privatunternehmen. Sie waren zufrieden mit der halb offiziellen Rolle, die ihnen zufiel, und versuchten nicht, sich der Staatsverwaltung entgegenzustellen; sie bemühten sich im Gegenteil, sich soweit wie möglich zu integrieren. Sie gierten nach Titeln und offiziellen Funktionen – sie leisteten dem Staat, wenn er in Schwierigkeiten war, bedeutende Finanzhilfe –, und ihr Ideal war es, den großen Literaten-Beamten gleichgestellt zu werden. Sie sammelten Bücher und Malereien und spielten die Rolle von Mäzenen. Wenn sie im Luxus lebten, fühlten sie sich durch die herrschende Moral verpflichtet, ihre eigene Verwandtschaft zu bereichern.

Die Bedeutung der politischen Funktion vor allen anderen und die besondere politische Erfahrung der chinesischen Welt erklären diese traditionellen Verhaltensweisen. Jede Zivilisation hat ihr eigenes Genie: dies vergißt man, wenn man sich bei der Erklärung der Unfähigkeit Chinas zur Modernisierung darauf beschränkt, sein politisches System und seine auf wirtschaftlichem Gebiet dirigistischen Traditionen schuldig zu sprechen. Das kaiserliche Regime war alles in allem nicht schlechter als viele andere. Die Führungskräfte der Tongzhi-Ära (1862-1875) bewiesen Energie, Initiative und Intelligenz, und ihre Leistungen waren nicht unbedeutend. Ihr Scheitern erklärt sich mehr aus den Bedingungen der Zeit und der fehlenden Leitung an der Spitze als auf ihrer radikalen Unfähigkeit. Wären sie besser geschützt worden, so hätten sich die neuen chinesischen Industrieunternehmen entwickeln können. Wären sie zahlreicher gewesen, so hätten sie die Wirtschaft und die traditionellen Verhaltensweisen umgeformt. Die Entfaltung eines freien Unternehmertums war keine notwendige Bedingung für das Heil Chinas. Indem sie sich in unserer Zeit einer kollektivistischen und staatlichen Wirtschaft zuwendet, die ihren alten Traditionen nähersteht, ist die chinesische Welt ihrem eigenen Geist treu geblieben.

In ähnlicher Weise hat sich die Übernahme parlamentarischer Institutionen nach dem Vorbild der westlichen Nationen später als sinnlos erwiesen. Nicht deshalb, weil China für eine liberale Demokratie nicht »reif« gewesen wäre, sondern weil derartige, von außen übernommene Institutionen den chinesischen Traditionen zutiefst fremd waren. Das freie Unternehmertum und die liberale Demokratie sind das Ergebnis einer Entwicklung, die den westlichen Nationen eigen ist. Wer glaubt, daß alle Gesellschaften notwendigerweise die gleichen Etappen einer linearen Evolution durchmachen müssen, deren Modell vom Westen ein für allemal vorgegeben worden sei, verkennt die Vielfalt der Zivilisationen und ihren spezifischen Charakter.

2. Das fortschreitende Eindringen des Auslands und seine Folgen

Man darf in den wiederholten Aggressionen des Westens in China und in den unerhörten Privilegien, die China von den Fremdmächten entrissen wurden, sicherlich nicht die einzige Ursache, ja nicht einmal die Hauptursache für das Scheitern seiner Modernisierungsversuche sehen; aber sie haben zu diesem Scheitern beigetragen. Die von den westlichen Ländern erworbenen Vorteile höhlten die schon vom Bürgerkrieg stark geschwächte chinesische Wirtschaft aus; die Angriffe Englands, Frankreichs und Rußlands hatten auf anderen Ebenen weit schwerer wiegende Folgen: indem sie China nicht die Zeit ließen, sich mit den für die Modernisierung seiner Wirtschaft unerläßlichen Infrastrukturen zu versehen, haben sie es zu einer im wesentlichen militärischen Ausrichtung der Industrialisierung bestimmt; andererseits haben sie eine immer radikalere Feindschaft ausgelöst, die bald zu einem der Haupthindernisse für die notwendigen Veränderungen wurde.

Die Geschichte des Einbruchs des Westens in China ist der uns am besten bekannte Aspekt der gesamten Geschichte Chinas. Daher die Verzerrung der Perspektiven: den noch so kleinen Machtdemonstrationen Englands oder Frankreichs wird mehr Aufmerksamkeit geschenkt als den gewaltigen inneren Kriegen, die das Qing-Reich erschüttert und während mehr als zwanzig Jahren sämtliche Energien mobilisiert und solchermaßen die politischen und wirtschaftlichen Bedingungen in China umgewandelt haben. Die Geschichte der ostasiatischen Länder wird von der Geschichte der Fortschritte und Eroberungen des Westens in diesem Teil der Welt in den Hintergrund gedrängt, so daß man die Umstände beinahe vergißt, unter denen sich dieser Einbruch des Auslands vollzogen hat. Zu einer Zeit, als über die Hälfte der Provinzen der Kontrolle der legalen Behörden entzogen waren, als der Bürgerkrieg wütete und noch ehe die großen Armeen gebildet waren, die die Rebellion niederschlugen, haben England und nach ihm andere westliche Nationen China Rechte entrissen, die viel umfassender waren als jene, die sie nach dem ersten Opiumkrieg erworben hatten.

Die fortschreitende Unterjochung Chinas

England hatte Chinas innere Schwierigkeiten dazu benutzt, den Opiumhandel von 1850 an auf die Küsten Guangdongs und Fujians auszudehnen. Der *Arrow*-Zwischenfall – die Überprüfung des Schmuggelschiffs *Arrow* durch die chinesischen Behörden – lieferte im Jahr 1856 den Vorwand für die Auslösung einer neuen Reihe militärischer Operationen, denen die westlichen Historiker die Bezeichnung »Zweiter Opiumkrieg« gegeben haben. 5 000 britische Soldaten schlossen im Jahr 1857 Kanton ein. Im darauffolgenden Jahr zerstörten englische und französische Schiffe die Dagu-Forts an der Mündung des Haihe (Beihe) in der Nähe von Tianjin, im Vorgelände von Peking. Angesichts dieser Bedrohung war die Qing-Regierung gezwungen, im selben Jahr den Vertrag von Tianjin zu unterzeichnen (1858). Den Ausländern wurden zehn weitere Städte geöffnet, wo sie Konzessionen erwarben; in Peking wurden Konsulate eingerichtet, und die katholischen und protestantischen Missionen erhielten die Erlaubnis, sich frei im Inneren des Landes anzusiedeln und Gebäude und Ländereien zu erwerben. China wurden erneut Kriegsentschädigungen auferlegt: es mußte Großbritannien 4 Millionen und Frankreich 2 Millionen Silber-*liang* bezahlen. Ähnliche Rechte wie diese beiden Länder erhielten auch Rußland und die Vereinigten Staaten. Trotz des »Vertrags« wurden jedoch die Kämpfe fortgesetzt, und der Widerstand Chinas war stark genug, um nach schweren Verlusten durch die französisch-englische Flotte vor den Dagu-Forts im Jahr 1859 eine zweite militärische Expedition auszulösen. Im darauffolgenden Jahr marschierte ein Expeditionskorps von rund 20 000 Mann, das sich aus britischen und französischen Kolonialtruppen zusammensetzte, gegen Peking und drang in die Stadt ein; es kam zur Plünderung und zum Brand des Sommerpalastes, des berühmten Yuanmingyuan, den Kaiser Qianlong auf Ratschlag und mit Hilfe der jesuitischen Missionare hatte verschönern lassen.

Die in Peking im Jahr 1860 unterzeichneten Konventionen verpflichteten China zu neuerlichen Opfern: Tianjin wurde den Ausländern geöffnet, die Halbinsel Jiulong (Kowloon) gegenüber von Hongkong an Großbritannien abgetreten. Die chinesische Regierung mußte weitere Entschädigungen in Höhe von 16 Millionen *liang* zahlen. Außerdem enthielten die Konventionen zwei Klauseln wirtschaftlicher Art: die Textilien, die die westlichen Länder, vor allem England, auf dem chinesischen Markt absetzen wollten, wurden von den Zollgebühren befreit. Zusätzlich erhielten die ausländischen Flotten die Erlaubnis zum freien Verkehr auf dem chinesischen Flußnetz.

Der Vertrag von Tianjin und die Konventionen von Peking stehen in einem ganz anderen historischen Kontext als der Vertrag von Nanking des Jahres 1842. Der erste Opiumkrieg gehörte noch der Epoche der Segelschiffe und der Handelsabenteuer an. Zum Zeitpunkt der zweiten Reihe ausländischer Angriffe in den Jahren 1857-1860 war die Großindustrie in den am weitesten entwickelten europäischen Ländern schon in vollem Aufschwung begriffen. Auch hatten die unterzeichneten Abkommen, die von chinesischer Seite peinlich genau befolgt wurden, eine viel größere Tragweite, und die Auswirkung der den Ausländern eingeräumten Privilegien machte sich unmittelbar darauf in der chinesischen Wirtschaft bemerkbar.

Und schließlich verlor China nicht nur seine Zollautonomie, sondern auch die Kontrolle über seine eigenen Zollbehörden. Die britische Beschlagnahmung des Seezollamtes, das der Schotte Robert Hart (1835-1911) seit 1863 reorganisierte, hatte sicherlich zunächst positive Auswirkungen, da Unterschlagungen verhindert und dem Reich regelmäßige Einkünfte gesichert wurden. Aber sie ermöglichte es den Ausländern, sich im gegebenen Augenblick definitiv die chinesischen Zolleinkünfte anzueignen. Das sollte nach 1911 geschehen, als China gezwungen wurde, die erdrückende Schuld der Entschädigungen für den Boxerkrieg mit diesen Einkünften zu garantieren.

Der Vertrag von 1858 und die Pekinger Konventionen von 1860 stellen auch eine neue Etappe in der Entwicklung der Konzessionen dar. Diese Konzessionen waren eigentliche Enklaven auf chinesischem Territorium, die der Autorität der Pekinger Regierung entgingen. Auch wachsende Schwierigkeiten, die durch die Ansiedlung der Missionare im ganzen Reich ausgelöst wurden, hatten ihre Ursache in dem Vertrag und den Konventionen.

Die Ausländer, die sich von 1860 an in größerer Zahl in China ansiedelten, fühlten sich aufgrund ihrer kommerziellen, religiösen und politischen Interessen und infolge der Konflikte mit den Behörden und der Bevölkerung dazu getrieben, immer häufiger zu intervenieren und immer mehr zu fordern. Die Verträge von Tianjin und Peking wurden bald von anderen Konventionen überholt, da jeder einzelne europäische Staat – und selbst kleine Länder wie Belgien – Wert darauf legte, in den Genuß der gleichen Rechte zu kommen und seine Privilegien immer

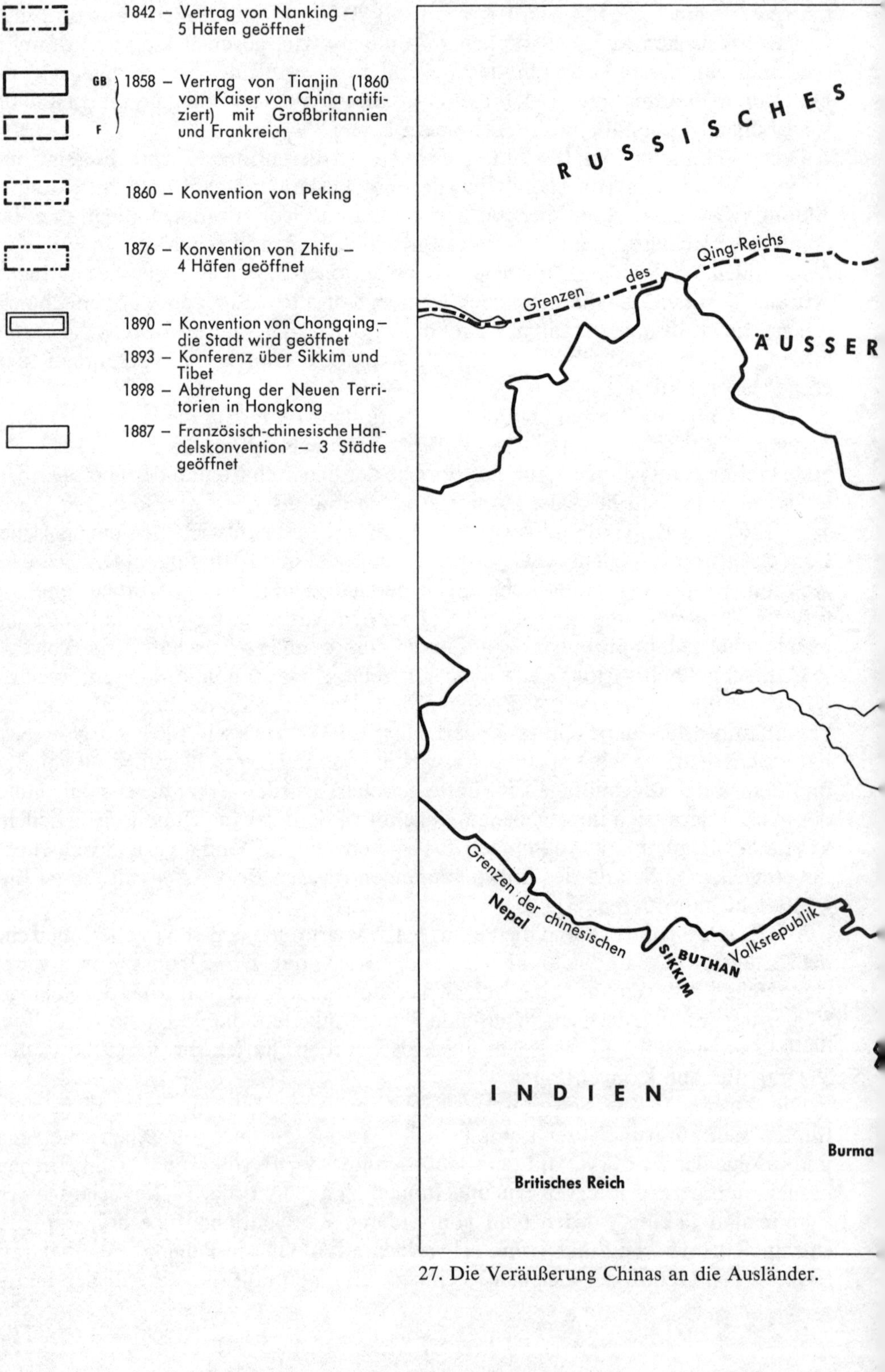

27. Die Veräußerung Chinas an die Ausländer.

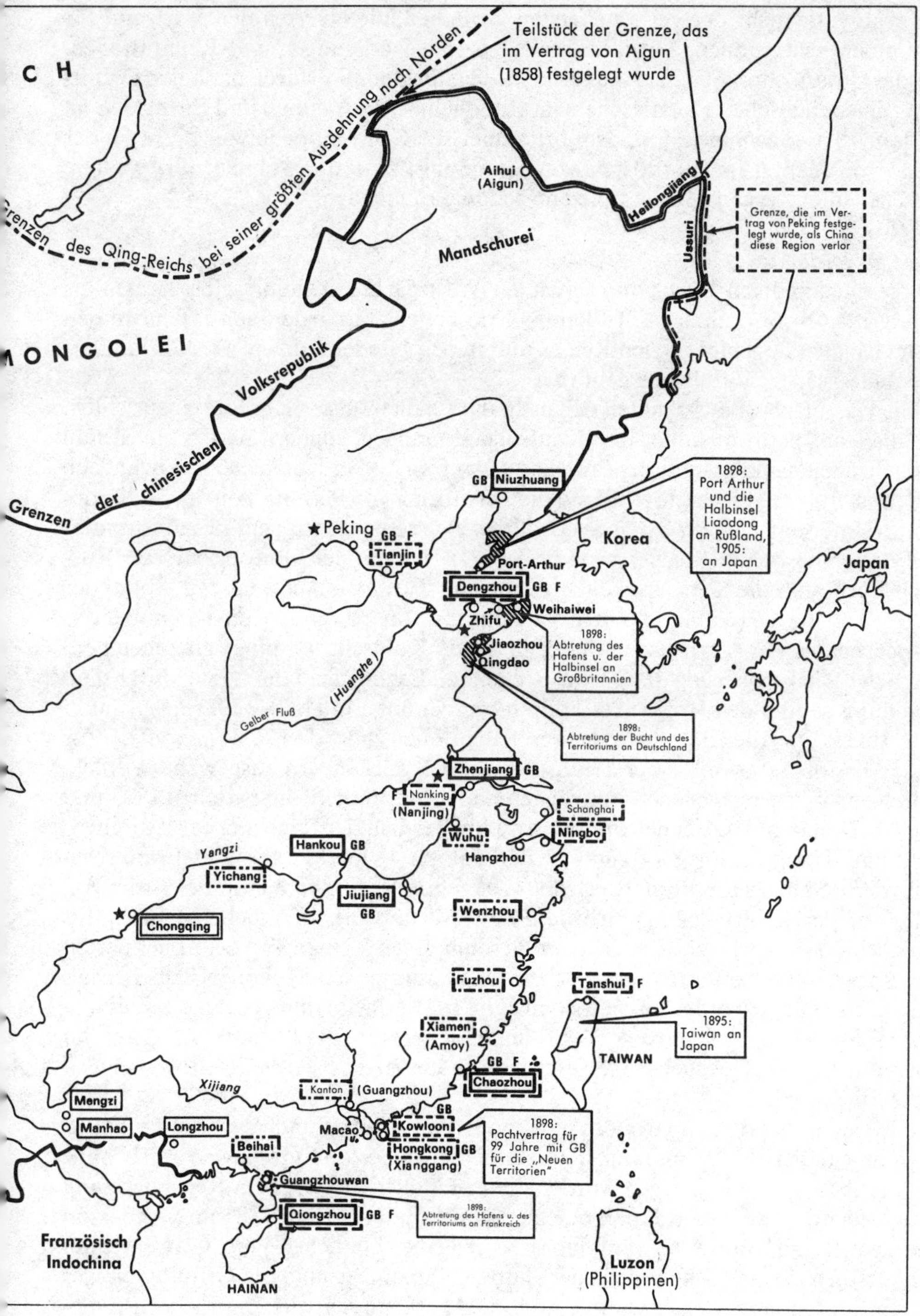
Teilstück der Grenze, das im Vertrag von Aigun (1858) festgelegt wurde
Grenzen des Qing-Reichs bei seiner größten Ausdehnung nach Norden
Aihui (Aigun)
Heilongjiang
Ussuri
Grenze, die im Vertrag von Peking festgelegt wurde, als China diese Region verlor
Mandschurei
MONGOLEI
Grenzen der chinesischen Volksrepublik
GB Niuzhuang
1898: Port Arthur und die Halbinsel Liaodong an Rußland, 1905: an Japan
Peking
GB F Tianjin
Port-Arthur
Korea
Japan
Dengzhou GB F
Weihaiwei
Zhifu
1898: Abtretung des Hafens u. der Halbinsel an Großbritannien
Jiaozhou
Qingdao
(Huanghe)
Gelber Fluß
1898: Abtretung der Bucht und des Territoriums an Deutschland
Zhenjiang GB
F Nanking (Nanjing)
Schanghai
Ningbo
Wuhu
Hangzhou
Hankou GB
Yangzi
Yichang
Jiujiang GB
Chongqing
Wenzhou
Fuzhou
Tanshui F
1895: Taiwan an Japan
TAIWAN
Xiamen (Amoy)
GB F Chaozhou
Xijiang
Kanton (Guangzhou)
Mengzi
Manhao
Longzhou
GB
Macao
Kowloon
Hongkong GB (Xianggang)
1898: Pachtvertrag für 99 Jahre mit GB für die „Neuen Territorien“
Beihai
Guangzhouwan
Qiongzhou GB F
1898: Abtretung des Hafens u. des Territoriums an Frankreich
Französisch Indochina
HAINAN
Luzon (Philippinen)

mehr auszudehnen. Die geringfügigsten Zwischenfälle lieferten den Vorwand für Machtdemonstrationen, Forderungen nach Entschädigungen und Reparationen, die die Unterjochung Chinas immer mehr verstärkten. So wurde nach der Ermordung eines englischen Dolmetschers im Randgebiet von Yunnan und Burma China im Jahr 1876 gezwungen, mit Großbritannien die Konventionen von Zhifu (in der Nähe von Yantai im Nordosten von Shandong) zu unterzeichnen: fünf weitere »offene Häfen« ergänzten die fünfzehn schon bestehenden.

Die Einkreisung

Zu diesem ständigen Druck von seiten der Westmächte in China selbst kamen die Übergriffe Großbritanniens, Rußlands, Frankreichs und bald auch Japans in den Randgebieten des chinesischen Reichs und in den Ländern, die im 18. Jahrhundert zur chinesischen Einflußzone gehörten.

Die Westmächte beschränkten sich nicht darauf, in Ostasien Kontore einzurichten, um die Handelsströme unter ihre Kontrolle zu bringen, sondern sie trachteten nun danach, auch die Länder dieses Erdteils zu besetzen und in Kolonien zu verwandeln.

Schon im Jahr 1858 hatte Rußland die Territorien von Sikhota-Alin im Süden des Amur-Unterlaufs und im Osten des Ussuri (welche Region seit dem 13. Jahrhundert Teil des chinesischen Reiches war) besetzt. 1871 hatte der Gouverneur von Russisch-Turkestan die Schwierigkeiten Chinas im Tarim-Becken und den Abfall der Neuen Territorien (Xinjiang) unter der Führung von Yakub Beg dazu benutzt, das Ili-Becken bis zur strategisch wichtigen Stadt Kuldscha (Yining) einzunehmen. Nach der Rückeroberung des Tarim-Beckens zu Beginn des Jahres 1878 durch Zuo Zongtang sandte der Hof den Mandschuren Chonghou (1826-1893) nach Sankt Petersburg, um Rückerstattung der besetzten Zonen zu fordern. Chonghou, der für diese Mission aufgrund seiner Erfahrung mit den Ausländern ausgewählt wurde – er hatte an den verschiedenen Verträgen und Konventionen, die zwischen 1863 und 1869 in Tianjin unterzeichnet wurden, anschließend an der Regelung der Zwischenfälle von Tianjin mitgewirkt und in den Jahren 1870-1872 die von Frankreich geforderte Sühnegesandtschaft geleitet –, akzeptierte in Livadija (in der Nähe von Jalta auf der Krim) Bedingungen, die der Hof und die öffentliche Meinung als unannehmbar ansahen: die Russen wollten nur einen kleinen Teil der annektierten Territorien zurückerstatten und eine Entschädigung von 5 Millionen Rubel erhalten. Nach neuerlichen Diskussionen im Jahr 1881 erhielt China gegen die Zahlung einer Entschädigungssumme von 9 Millionen Rubel und die Abtretung anderer, im oberen Irtysch-Tal gelegener Gebiete einen größeren Teil seines Territoriums wieder zurück.

Die ersten Angriffe Japans, das eine moderne Industrie und Armee aufzubauen begann, fanden schon im Jahr 1874 statt. Sein Überfall auf Taiwan blieb ohne unmittelbare Folgen; dagegen wurden die Ryūkyū-Inseln, die dem Reich der Qing tributpflichtig waren, von Japan besetzt. China mußte im Jahr 1881 ihre Annexion anerkennen. Im Jahr 1876 zwang Japan Korea einen ähnlichen Vertrag auf, wie ihn die Westmächte von China gefordert hatten. Japan erreichte die Öffnung einiger Häfen für den japanischen Handel und die Anerkennung wirtschaftlicher Privilegien. Dies war der Beginn des langen Prozesses, der China dazu trieb, sich in Korea zu engagieren, um dem japanischen Druck Widerstand zu leisten, und der zum Konflikt von 1894 führte.

In Vietnam – ebenfalls ein Land, das zur chinesischen Einflußzone gehörte, dessen Verbindungen zu China eng waren und weit in die Vergangenheit zurückreichten – hatte sich die Bedrohung von außen schon viel früher bemerkbar gemacht. In den Jahren 1862-1867 war Vietnam nach den Übergriffen Frankreichs seiner südlichen Provinzen (Kotchinchina) beraubt worden. Das Vordringen der französischen Kolonialtruppen stieß jedoch in den Jahren 1881-1882 im Becken des Song-Koi (Roter Fluß) auf einen viel ernsthafteren Widerstand. Die Vietnamesen wurden von den »Schwarzflaggen« (*Heiqijun,* wörtlich »schwarze Banner«) unterstützt, ehemaligen Taiping-Kämpfern, die sich nach Nordvietnam geflüchtet hatten und unter Liu Yongfus (1837-1917) Kommando standen. Aus den chinesischen Nachbarprovinzen Guangxi, Guangdong und Yunnan wurden chinesische Kontingente entsandt. Trotz der Aufregung, die Frankreichs vietnamesische Unternehmungen in China ausgelöst hatte, erreichte Li Hongzhang, der immer noch ein Befürworter einer konzilianten Haltung war, im Jahr 1884 eine provisorische Regelung, die die chinesischen Truppen zum Rückzug zwang. Die Reaktion der am Hof sehr mächtigen unnachgiebigen Patrioten löste jedoch eine der damals in Chinas Außenpolitik so häufigen Wendungen aus, die aufschlußreich sind für die Aufteilung der Macht und für das Zögern der Zentralregierung. Cixi entließ Yixin, einen der Hauptbefürworter der konzilianten Haltung den Ausländern gegenüber und einer Stärkung im Inneren. Aufrufe zum Widerstand wurden erlassen und neue Truppen ins Becken des Roten Flusses gesandt. Die Franzosen wurden in Langson geschlagen und beschlossen, den Krieg an die chinesischen Küsten zu verlegen. Admiral Courbet zerstörte einen Teil der neuen chinesischen Flotte, die in den Werften von Mawei bei Fuzhou gebaut worden war, und organisierte die Blockade Taiwans. Im darauffolgenden Jahr (1885) belagerten die Franzosen Ningbo, besetzten die Penghu-Inseln (die Pescadores) und versuchten Peking auszuhungern, indem sie die Seetransporte in Richtung Nordchina abfingen. China wurde gezwungen, in Tianjin erneut einen Vertrag zu unterzeichnen, der ohne die üblichen »Kriegsentschädigungen« einer totalen Kapitulation gleichkam: Frankreich erhielt in Vietnam freie Hand und China verzichtete auf seine traditionellen Beziehungen zu diesem Land alter chinesischer Zivilisation. Außerdem mußte China im Südwesten dem französischen Handel drei Städte öffnen.

Die wirtschaftlichen Auswirkungen

Die in China von den Ausländern erworbenen Privilegien sollten zwei Serien von Folgen haben. Die ersten waren wirtschaftlicher Art: diese Privilegien haben wahrscheinlich die durch den Taiping-Aufstand schon stark erschütterte chinesische Wirtschaft noch mehr geschwächt und auf lange Sicht ein immer merklicheres Mißverhältnis zwischen den im Verfall begriffenen traditionellen Sektoren und den modernen, unter der Kontrolle und Abhängigkeit der Ausländer stehenden Sektoren bewirkt. Dieses Mißverhältnis äußerte sich im Aufschwung der Regionen, in denen die ausländische Präsenz am stärksten war auf Kosten der inneren Provinzen. Denn die geöffneten Häfen bildeten Anziehungspunkte für das ausländische Kapital und für

Die Zunahme der Importe

	1871-1873	1881-1883
Opium (in Doppelzentnern)	37 408	42 777
Baumwollgarn (in Doppelzentnern)	37 791	118 020
Eisen und Kupfer (in Doppelzentnern)	142 806	273 717
Petroleum (in Gallonen)	0	176 513 915

die chinesische Bevölkerung. Gleichzeitig wurde die chinesische Wirtschaft durch die Entwicklung des ausländischen Handels vom Weltmarkt immer abhängiger und folglich immer anfälliger für dessen unkontrollierbare Schwankungen.

Die ausländischen Waren unterlagen bei ihrer Einfuhr nach China nur einer einheitlichen Abgabe von 5 %, waren aber vom *lijin,* der Warentransitabgabe, ausgenommen, von der die chinesischen Produkte schwer belastet wurden. Diese äußert vorteilhaften Bedingungen ermöglichten eine Steigerung des Imports. Die Steigerung ging allerdings weniger rasch vor sich, als die ausländischen Gesellschaften gehofft hatten: die große Masse der Konsumenten war zu arm, um den Überschuß der Industrieproduktion der reichen Nationen absorbieren zu können. In gleichem Maß, wie die Importe das labile Gleichgewicht der agrarischen Wirtschaft änderten, hatten sie auch Auswirkungen auf das traditionelle Handwerk und auf den Ackerbau; die Baumwoll-, Tabak- und Opiumplantagen entwickelten sich auf Kosten der Lebensmittelkulturen.

Die ausländischen – vor allem die britischen und amerikanischen – Schiffahrtsgesellschaften rissen andererseits seit 1862 einen ständig wachsenden Anteil des Handelsverkehrs an sich, der bisher von der chinesischen Schiffahrt auf dem Flußnetz des Yangzi und an den Küsten gewährleistet worden war. Der Hauptprofit des gesamten Handels auf den Flüssen und dem Meer fiel den ausländischen Gesellschaften zu, während ein Teil der chinesischen Transportarbeiter arbeitslos wurde. Die von Li Hongzhang im Jahr 1872 zum Kampf gegen den beherrschenden Einfluß der westlichen Länder gegründete chinesische Dampfschiffahrtsgesellschaft löste einen ernsten Gegenschlag der britischen und amerikanischen Gesellschaften aus: sie senkten sofort ihre Preise.

Die zweite Serie von Folgen, welche die Festsetzung der Westmächte in China hatte, war politischer und moralischer Art: immer häufiger kam es zu Reibereien und Konflikten zwischen den Ausländern und der chinesischen Bevölkerung. Die Feindseligkeit dem Westen gegenüber wuchs, und in der öffentlichen Meinung bildete sich eine breite reaktionäre, den Neuerungen abholde Strömung.

Psychologie und Politik

Die Präsenz von Ausländern in China, deren Art zu leben und zu handeln, deren Anmaßung und Reichtum, deren Demütigungen des chinesischen Reichs und seiner Einwohner eine Feindseligkeit auslösten, die sich fortentwickelte und selbst die von ihnen eingeführten Neuheiten einbezog, ist ein Faktor, der nicht übersehen werden darf. Während die großen Jesuitenmissionare des 17. Jahrhunderts gebildete Männer und Wissenschaftler gewesen waren, die mit der chinesischen Oberschicht in Kontakt treten wollten, waren die Vertreter der großen kolonialen Expansion des 19. und 20. Jahrhunderts zumeist Geschäftsleute. Sie unterhielten nur zu Randfiguren der chinesischen Gesellschaft – zu Dienern und Zwischenhändlern – Beziehungen, bildeten eine internationale, abgeschlossene Gesellschaft, die sich von der chinesischen Bevölkerung schon durch ihren Lebensstandard, durch ihr Überlegenheitsgefühl und ihre Verachtung der chinesischen Sitten und des chinesischen Elends, das ihnen täglich vor Augen stand, isolierte. Sie zeigten wenig Interesse für eine Zivilisation, die ihnen fremd und schwer zugänglich war und von der sie den Eindruck hatten, daß sie völlig im Verfall begriffen sei. Aufgrund der Zeugnisse dieser Leute haben sich jedoch die westlichen Länder ein Bild des zeitgenössischen China gemacht.

In ihren Augen waren die Wissenschaften, die Technik, die Handelspraktiken und die politischen Institutionen des Westens ein Gutes an sich, und alles, was China ihrem Einfluß öffnen konnte, mußte ihm letzten Endes zum Nutzen gereichen. Das Verhalten der Ausländer in China, ihr ständiger Rückgriff auf Machtdemonstrationen und auf die Gewalt sollten jedoch schwerwiegende psychologische Folgen haben. Sie schufen eine Atmosphäre des gegenseitigen Nicht-Verstehens, des Mißtrauens und des Hasses, die alle Beziehungen zwischen China und seinen ausländischen Okkupanten vergiftet hat. Sie erzeugten bei den Chinesen eine Art von Minderwertigkeitskomplex, der ihnen bei ihrer Anpassung an die großen Wandlungen der Moderne schwer schaden sollte.

Eine besondere Ursache von Reibereien war die privilegierte Stellung der christlichen Missionare seit dem Vertrag von Tianjin im Jahr 1858. Zwischenfälle, die aus der Unkenntnis gewisser chinesischer Gebräuche, aus der Intoleranz mancher Priester, aus Interessenkonflikten entstanden, Verdächtigungen, die durch das Verhalten und die Praktiken der Priester ausgelöst, und die schon seit dem beginnenden 17. Jahrhundert durch die weite Verbreitung von Schriften gegen das Christentum genährt worden waren, arteten manchmal in blutige Unruhen aus, die gewaltsam niedergeschlagen wurden. Die Priester und ihre Katechumenen, bei denen es sich zuweilen um zweifelhafte und auf ihren Gewinn bedachte Chinesen handelte, die bei der Bevölkerung in schlechtem Ruf standen, waren sich des bewaffneten Schutzes der Westmächte sicher. Die Ausländer besaßen die Privilegien der Exterritorialität und erzwangen eine harte Bestrafung ihrer Gegner und die Zahlung umfangreicher Entschädigungen (400 000 *liang* für 13 Affären zwischen 1862 und 1869). Ein einziges Beispiel mag genügen, um die allgemeine Verhaltensweise zu veranschaulichen: zu Beginn des Jahres 1870 fuhr Graf Julien de Rochechouart, ein einfacher Geschäftsträger, mit vier Kanonenbooten den Yangzi hinauf, um sich bei den chinesischen Behörden, die mit den Missionaren Schwierigkeiten hatten, Genugtuung zu verschaffen. In der langen Liste der durch die Anwesenheit christlicher Missionare in China bewirkten Zwischenfälle nehmen diejenigen vom Juni 1870 in Tianjin aufgrund ihrer Schwere und ihrer Konsequenzen einen besonderen Platz ein: sie lösten einen plötzlichen Haßausbruch gegen die Ausländer und insbesondere gegen die Franzosen aus, die offiziell die Wortführer der katholischen Mission waren. Sie brachten die Vertreter einer den Westmächten gegenüber konzilianten

Kriegshandlungen und Übergriffe der westlichen Länder und Japans in China zwischen 1840 und 1894

1840	Besetzung der Zhousan-(Chusan-)Inseln in Zhejiang und Angriff der Engländer auf Ningbo.
1841	Englische Angriffe auf Kanton, Xiamen (Amoy), Ningbo und Schanghai.
1842	Englische Angriffe auf Schanghai und Nanking. Annexion von Hongkong durch Großbritannien.
1844	Englische Konzession in Xiamen (Amoy).
1845	Englische Konzession in Schanghai.
1849	Französische Konzession in Schanghai.
1850	Annexion der Amur-Mündung (Heilongjiang) durch die Russen, die damit die Verträge von 1689 und 1727 verletzen.
1854	Annexion des nördlichen Amur-Ufers durch die Russen.
1856	Bombardierung Kantons durch die Engländer.
1857	Bombardierung Kantons und der Haihe-Forts durch die Engländer und Franzosen.
1858	Besetzung Kantons und der Haihe-Mündung. Die Russen besetzen die Territorien im Süden des Amur-Unterlaufs und im Osten des Ussuri.
1859	Neuerlicher Angriff auf die Haihe-Forts.
1860	Angriff auf die Haihe-Forts und Einfall in Hebei. Die britischen und französischen Kolonialtruppen dringen in Peking ein, plündern den Sommerpalast und brennen ihn nieder. Die Engländer annektieren die Halbinsel Jiulong (Kowloon).
	Englische Konzession in Tianjin.
1861	Englische Konzessionen in Hankou und Kanton. Französische Konzessionen in Kanton und Tianjin.
1862	Englische Konzession von Jiujiang (Jiangxi).
1863	Internationale Konzession von Schanghai.
1868	Die Engländer bombardieren den Hafen von Anping in Taiwan.
1871	Die Russen besetzen das Ili-Gebiet.
1874	Japanischer Angriff auf Formosa und Annexion der Ryūkyū-Inseln durch Japan.
1881	Die Russen annektieren definitiv einen Teil des Ili-Gebiets, den sie seit 1871 besetzt halten.
1884	Admiral Courbet bombardiert Fuzhou, versenkt die chinesische Mawei-Flotte und blockiert den Reistransport zwischen Schanghai und Nordchina in der Hoffnung, Peking auszuhungern.
1885	Die Franzosen besetzen die Penghu-Inseln und einen Teil von Taiwan.
1887	Endgültige Annexion von Macao durch die Portugiesen.

Politik in eine sehr unangenehme Lage, stärkten die Bewegung systematischer Opposition gegen die Ausländer und gefährdeten damit die Modernisierungsversuche.

In der Tatsache, daß die Barmherzigen Schwestern denjenigen, die ihnen Waisenkinder ablieferten, Prämien bezahlten, sah die Bevölkerung eine Bestätigung der traditionellen Ansicht, daß die Christen die Augen und die Herzen von Kindern zu Hexenkünsten benützen. Der französische Konsul verlor angesichts einer von einem chinesischen Beamten angeführten Delegation den Kopf und ließ auf die Demonstranten schießen. Die Wirkung ließ nicht auf sich warten: die entfesselte Menge massakrierte zwei Dutzend Ausländer und zerstörte die Gebäude der katholischen Mission. Als Wiedergutmachungsleistung mußte die chinesische Regierung achtzehn Verdächtige exekutieren lassen, die Lokalbeamten degradieren, Frankreich eine Entschädigung von 490 000 *liang* zahlen und eine Sühnegesandtschaft entsenden.

Infolge der Zwischenfälle kam es zu einer Anschwärzungskampagne gegen die Vertreter einer konzilianten Haltung. Eine der Hauptwaffen der Bewegung war die Verbreitung von Pamphleten, die unter der Bezeichnung *qingyi* bekannt sind (»reine oder unparteiische Meinung«). Diejenigen Chinesen, die die Mode der Ausländer nachahmten, sich zum Christentum bekehrten oder die Erfindungen des Westens gebrauchten, wurden als Verräter angeprangert. Schwere Verdächtigungen erhoben sich gegen solche, die wie Li Hongzhang sich mit den Feinden Chinas zu verständigen suchten, um Arsenale, Fabriken oder Eisenbahnen zu erbauen. Die Laufbahn Zeng Guofans war von 1870 an gefährdet, da er die Zwischenfälle von Tianjin mit den Franzosen anscheinend zu entgegenkommend geregelt hatte. Diese Pamphlete, Ausdruck einer in radikalen Patriotismus getriebenen öffentlichen Meinung, spielten eine große Rolle bei allen Krisen, die durch die Verletzungen von Chinas Souveränität ausgelöst wurden: so anläßlich der japanischen Intervention auf den Ryūkyū-Inseln im Jahr 1879, und im selben Jahr anläßlich der Ili-Affäre (Vertrag von Livadija, bei dem sich der chinesische Vertreter zu konziliant gezeigt hatte), oder anläßlich der Verhandlungen Li Hongzhangs mit Frankreich im Jahr 1883. Diese Angriffe der Befürworter eines Widerstands um jeden Preis verhinderten das Vorbringen nuancierterer und realistischerer Ansichten, so daß dieser ängstliche Patriotismus seinen eigenen Zielen zuwiderlief. In bezug auf die Modernisierung verwarf China nun aus Fremdenhaß das, was es als unabhängiges Land gerne angenommen hätte.

Der ausländische Druck hat auf China nicht nur als Antrieb, sondern auch als soziale, wirtschaftliche, politische und psychologische Bremse gewirkt. Die verzweifelte Suche einiger Intellektueller nach einer rettenden Ideologie innerhalb der konfuzianischen Tradition, der argwöhnische Konservativismus zahlreicher Patrioten sind Beispiele für diese Reaktion des nationalen Stolzes, der im Prinzip gut, in seinen Folgen jedoch unselig war. Von den letzten Jahren des 19. Jahrhunderts an stritten sich die fremden Nationen um ein China, das in sich selbst zerrissen war, unfähig, sein eigenes Antlitz wiederzuerkennen und das bald darauf bis zur Selbstverleugnung getrieben wurde. Diese Tragödie, die alle kolonisierten Länder durchgemacht haben, entsprach in China in ihren Ausmaßen denen einer der größten Zivilisationen. Noch heute trägt China die Spuren dieses tiefen Traumas.

3. Konklusion

Bevor die ausländischen Nationen in den Freihäfen Kapitalien anlegten und Industrien aufbauten und in Verbindung damit etwa um 1900 eine chinesische Geschäftsbourgeoisie entstand, wurde die Industrialisierung von Beamten klassischer Bildung gefördert. Sie fanden in der Zentralregierung nur geringe Unterstützung und stießen trotz ihrer traditionellen Auffassungen von Staat und Gesellschaft auf eine mächtige Opposition. Diese Befürworter einer Entlehnung der westlichen Methoden und Techniken, die Sachzwänge zu einer konzilianten und entgegenkommenden Haltung den Ausländern gegenüber veranlaßten, waren die Zielscheibe der feurigsten Patrioten, in deren Augen die Verteidigung Chinas und die Verteidigung seiner Traditionen ein und dasselbe waren. Eine industrielle Entwicklung, die Chinas Wiedererstarken ermöglicht hätte, setzte voraus, daß diesem allzu großen, durch lange und kostspielige Feldzüge erschöpften Reich – Xinjiang wurde erst im Jahr 1878 dank massiver Anleihen Zuo Zongtangs bei ausländischen Banken zur

Gänze wiedererobert –, eine gewisse Ruhepause gegönnt wurde. Es mußte jeden Konflikt mit den Westmächten und Japan vermeiden, indem es sich strikt an die Verträge hielt. China hatte einen dringenden Bedarf an Kapitalien, Technikern und Fachleuten, die ihm nur seine Aggressoren liefern konnten. Dadurch geriet es aber in Gefahr, den ausländischen Einfluß zu vergrößern. Diese Befürchtung erklärt das wachsende Mißtrauen, auf das vom Ende des 19. Jahrhunderts an die Pläne für Anleihen und die Industrialisierungsprojekte stießen. Eine echte Gefahr stellte schließlich die Arbeitslosigkeit dar, die die Modernisierung der Transportmittel und der Produktion in einem Land starker wirtschaftlicher Rezession nach sich ziehen konnte.

Wenn die Haltung der Befürworter einer Modernisierung nicht in Mißkredit geraten sollte, hätten die Angriffe von außen aufhören müssen. Aber die Ruhepause nach den Konventionen von Peking des Jahres 1860 war von kurzer Dauer. In den Jahren 1870-1890 wuchs der Druck auf China und die Länder der chinesischen Einflußzone stärker als vorher: die Besetzung des Ili-Tals durch die Russen, die Intervention Japans in Korea, in Taiwan und auf den Ryūkyū-Inseln, die Angriffe Frankreichs in Nordvietnam und in China selbst lösten Krisen aus, die die Position der Neuerer schwächten. Und schließlich leitete die Niederlage von 1894 den Versuch der Zerstückelung Chinas durch seine Aggressoren ein. Nun war es für dieses große, schon zu stark in Mitleidenschaft gezogene Land zu spät, der Lage wieder Herr zu werden.

Das Ereignis, das China aller seiner Aussichten auf einer Wiederbelebung berauben sollte, fand in den letzten Jahren des 19. Jahrhunderts statt. Das seit 1876 deutliche Vordringen Japans in Korea war eine der Hauptsorgen der Pekinger Regierung. Wie in China hatte der ausländische Druck auch in Korea eine traditionalistische und reaktionäre Strömung ausgelöst, die die Qing durch die Entsendung des Generals Yuan Shikai unterstützt hatten. Die Erhebung einer religiösen und fremdenfeindlichen Geheimgesellschaft, des Tonghak, Anfang 1894 löste eine schwere Krise aus, zu einer Zeit, als sich das Militärpotential Japans gewaltig verstärkt hatte. Die Konservativen, die eine Intervention forderten, setzten unter der Leitung ihres Anführers Weng Tonghe (1830-1904), der vier Jahre später die Reformer zu Hilfe rief, ihren Standpunkt gegen Li Hongzhang durch, der den erbärmlichen Zustand der wegen finanzieller Schwierigkeiten desorganisierten chinesischen Flotte wohl kannte. In dem kurzen Konflikt zwischen China und Japan in Korea erlitt die chinesische Armee eine schwere Niederlage, während ihre Nordflotte im Golf von Bohai praktisch zerstört wurde.

Die Folgen des in Shimonoseki, in der Meerenge zwischen Hondo und Kyūshū, abgeschlossenen Vertrags hatten eine große Tragweite: zwischen 1895 und dem Beginn des 20. Jahrhunderts verlor China seine wirtschaftliche, territoriale, politische und militärische Unabhängigkeit. Zur nämlichen Zeit, da sich der industrielle Aufschwung der reichen Nationen beschleunigte, trat China in die tragischste Periode seiner ganzen Geschichte ein.

Diese historischen Verkettungen würden Chinas Scheitern genügend erklären, ohne seine politischen, gesellschaftlichen und geistigen Traditionen einzubeziehen. Unter anderen Umständen hätte sich China vielleicht dem großen Wandel des industriellen Zeitalters anpassen können: es fehlte ihm weder an Männern mit Organisationstalent, noch an wissenschaftlichen und technologischen Traditionen. Die Verschwendungssucht und Leichtfertigkeit des Hofes, die Korruption, die starke Bindung an die Vergangenheit und die neuerungsfeindliche Reaktion waren mehr das Produkt der äußeren Umstände als der chinesischen Welt inhärenter Gegebenheiten.

IV. KAPITEL
DIE GEISTIGEN STRÖMUNGEN IM 19. JAHRHUNDERT

Um 1800 begann sich mit den politischen Umständen auch das geistige Leben zu verändern. Die Veränderungen lassen sich aus der Schwächung des Staates erklären, der bis dahin seine Allmächtigkeit hatte walten lassen und die chinesische Intelligentsia unter seinen Schutz, gleichzeitig aber auch unter seine Kontrolle genommen hatte. Sie erklären sich aber auch aus der Verschlechterung des sozialen Klimas und der politischen Sitten. Sie führten, wenn auch nicht zu einer Infragestellung der etablierten Ordnung, so doch zumindest zu lebhaftem Interesse für praktische Fragen der Regierung und der Verwaltung: für die Finanzen, das Transportwesen, die Produktion, den Handel. Dem Wunsch nach technischen Verbesserungen und nach einer Erneuerung der Regierungsmethoden entsprach eine neue Ausrichtung der scheinbar vollkommen zweckfreien Studien.

Die textkritische Schule *(kaozhengxue)*, die zur Zeit von Dai Zhen (1724-1777) in hoher Blüte gestanden und qualitativ und quantitativ Bemerkenswertes geleistet hatte, war den politischen und sozialen Umständen des 18. Jahrhunderts verhaftet: einem mächtigen und prosperierenden China, dessen gebildete Kaiser Künste und Wissenschaften förderten. Die großen, zur Kangxi- und Qianlong-Ära vom Staat patronierten Editionen hatten dem geistigen Leben jener Epoche einen entscheidenen Anstoß gegeben. Sie waren Teil einer Politik, die die anfängliche Feindseligkeit der chinesischen Gebildetenschicht den Mandschus gegenüber beschwichtigte. Diese Unternehmungen hörten jedoch mit der Qianlong-Ära auf; die einzige große offizielle Kompilation, die nach 1798 erschien, ist das *Quantangwen* (Vollständige Sammlung der Prosaschriftsteller der Tang-Dynastie und der Fünf Dynastien) (über 20 000 Titel und über 3 000 Autoren), das im Jahr 1814 nach sechsjähriger Arbeit vollendet wurde. Die Salzkaufleute von Yangzhou, die reiche Bibliotheken und Kunstsammlungen angelegt, Publikationen subventioniert und zahlreiche berühmte Literaten aufgenommen und unterstützt hatten, wurden um 1800 durch die Abwertung des Kupfergeldes ruiniert. Im 19. Jahrhundert kann mit ihnen höchstens ein Mann wie Wu Chongyao (1810-1863) verglichen werden, ein kantonesischer Kaufmann, der sich mit dem Opiumhandel ein großes Vermögen angehäuft hatte und dem eine ausgezeichnete Sammlung literarischer Werke aus Guangdong zu verdanken ist, die unter dem Titel *Yueyatang congshu* (1853) vereinigt sind. Zu Beginn des 19. Jahrhunderts trug offenbar alles zum Verfall der großen Tradition philologischer und archäologischer Kritik der *Kaozhengxue* bei. Die Schüler von Dai Zhen und die großen Gelehrten dieser Schule starben im Laufe der ersten dreißig Jahre des 19. Jahrhunderts: Qian Daxin starb im Jahr 1804, Ji Yun im darauffolgenden Jahr, Duan Yucai im Jahr 1815, Wang Nianxun 1832 und sein Sohn Wang Yinzhi zwei Jahre darauf. Es ist aber nicht so, daß seither die Tradition unterbrochen gewesen wäre: sie setzte sich bis in die erste Hälfte des 20. Jahrhunderts fort, und die Mehrzahl der großen chinesischen Gelehrten der Jahre 1895-1949 schlossen an diese wissenschaftlich strenge und rationalistische Schule an. Dieser Renaissance der textkritischen Schule entspricht eine Rückkehr zu den liberalen und patriotischen Philosophen der beginnenden Mandschu-Zeit (Gu Yanwu, Wang Fuzhi und Huang Zongxi, um nur die berühmtesten zu nennen).

Der reformierte Konfuzianismus

Die textkritische Schule wurde in den Hintergrund gedrängt, neue Tendenzen behaupteten sich, die durch den Verfall des Reichs und die aufeinanderfolgenden Krisen der chinesischen Welt entfacht wurden: durch die Aufstände der Sekte des Weißen Lotos um 1800, durch den Niedergang der politischen Sitten und die wirtschaftliche Rezession, durch die Angriffe Englands im ersten Opiumkrieg und die große soziale Explosion des Taiping-Aufstandes. Ein lebhaftes Interesse erwachte für eine Schrifttradition und eine philosophische Tradition, die seit der Han-Zeit vernachlässigt und praktisch vergessen worden war: die Tradition der Texte in »neuer Schrift« *(jinwen)*, deren berühmteste Vertreter Dong Zhongshu (ca. 175-105) und He Xiu (129-182), der große Interpret des Gongyang-Kommentars zu den »Annalen von Lu«, waren. Zu Beginn des 19. Jahrhunderts entstand eine neue Schule, die als *Gongyang*-Schule *(Gongyangxue)* oder als Neutextschule *(Jinwenxue)* bezeichnet wird. Nach Ansicht der Vertreter dieser Schule war der wahre Sinn der Klassiker nicht erst nach der Song-Zeit, sondern schon viel früher verfälscht worden: schon zur Zeit ihrer Überlieferung zu Beginn der Han-Zeit nach dem Zusammenbruch des Qin-Reichs, als neben den mündlich überlieferten Texten, die in neuer Schrift aufgezeichnet wurden, schriftliche Dokumente in alten Schriftzeichen *(guwen)* auftauchten, die sich schließlich als echt durchsetzten. Diese Echtheit bestritt nun die neue Schule, die gleichzeitig in modernisierter Form und unter religiösen Aspekten die Thesen von Dong Zhongshu und von He Xiu wieder aufnahm: die Klassiker enthalten einen verborgenen und tiefen Sinn, der für die Regierung der Menschen und für die Organisation der Gesellschaft eine praktische Bedeutung habe; die »Annalen von Lu« *(Chunqiu)* seien von Konfuzius nicht nur einfach als eine Chronik aufgezeichnet worden, sondern als ein Werk, das eine tiefgreifende Reform der Sitten und der Institutionen anstrebe; Konfuzius sei eine Art von virtuellem Herrscher *(suwang)* und den Heiligen des Frühen Altertums ebenbürtig. Schließlich ist nach den Auffassungen der Interpreten der Texte in neuer Schrift die Menschheit dazu berufen, verschiedene Stadien zu durchlaufen, um zuletzt die Einheit, Harmonie und den universellen Frieden zu erlangen.

Das radikale Reformertum der *Gongyangxue* ist folglich mit mystischen und eschatologischen Tendenzen verbunden, die sich im Laufe des 19. Jahrhunderts durch die Krisen und Prüfungen der chinesischen Welt noch verstärkten. Angesichts des aggressiven Christentums des Westens sahen sich die chinesischen Literaten dazu bewogen, den großen Weisen und seine Schriften heiligzusprechen. Angesichts der Bedrohungen von außen verkündeten sie den reformerischen und evolutionistischen Charakter dessen, was sie als die wahre klassische Tradition ansahen. Deshalb schloß sich die Mehrzahl der reformfreundlichen großen Gelehrten und Politiker des 19. Jahrhunderts der Neutextschule an. Abgesehen von dem Vorläufer Zhuang Cunyu (1717-1788), einem reinen Philologen, der sich als einer der ersten für die Texte in *jinwen* interessierte, hat Liu Fenglu (1776-1829) das chinesische Denken auf den neuen Weg des Reformertums gelenkt. Liu Fenglu rehabilitierte die beiden großen Werke der *jinwen*-Schule der Han-Zeit: das *Chunqiu fanlu* von Dong Zhongshu, das er für eine richtige Interpretation des wahren Denkens von Konfuzius vor jeder Verfälschung hielt, und den Kommentar von He Xiu zum *Gongyangzhuan,* den er in seinen *Gongyangchunqiu Heshishili* (dessen Vorwort auf das Jahr 1805 datiert ist) systematisch studierte.

Die beiden wichtigsten Schüler von Liu Fenglu und die berühmtesten Denker der ersten Hälfte des 19. Jahrhunderts kurz vor Beginn und während der Zwischenfälle des ersten Opiumkriegs waren Gong Zizhen (1792-1841) und Wei Yuan (1794 bis 1856). Im Jahr 1839 schrieb Gong Zizhen dem eben in Kanton eingetroffenen Lin Zexu, um ihn in seiner unnachgiebigen Haltung den Ausländern gegenüber zu bestärken, daß der englische Opiumhandel die chinesische Wirtschaft ruiniere und es nötig sei, die militärische Macht Chinas durch die Schaffung von Manufakturen für moderne Waffen zu stärken. Gong Zizhen, der die traditionellen Examina, das Bandagieren der Füße bei kleinen Mädchen und den Aberglauben ablehnte, verfaßte soziale und politische Schriften, die auf die Reformer des ausgehenden 19. Jahrhunderts und vor allem auf Kang Youwei einen großen Einfluß ausüben sollten. Wei Yuan, Historiker und Geograph, dessen reformerische Haltung sich ebenfalls auf die neue Philosophie des *Gongyangxue* gründet, fand mit seinen Werken um 1850 breiten Anklang. Während seines Aufenthaltes in Kanton in den Jahren 1838-1841 hatte sich Lin Zexu über westliche Waffen, Schiffe und strategische Methoden informiert und seine Informationen durch Auszüge aus ausländischen Publikationen in seinem *Sizhouzhi* (Beschreibung der vier Weltteile) vervollständigt. Wei Yuan, der in den Jahren 1840-1842 am Kampf gegen die Engländer teilgenommen hatte und im Jahr 1853 Milizen gegen die Taiping organisierte, ließ sich bei der Abfassung seines berühmten *Haiguo tuzhi* (Illustriertes Handbuch über die ans Meer grenzenden Länder) im Jahr 1842 vom Werk Lin Zexus inspirieren. In diesem Werk, das zum erstenmal im Jahr 1844 gedruckt und 1847 und 1852 in erweiterter Form wieder aufgelegt wurde, schlägt er vor, sich die Techniken der Ausländer zunutze zu machen und die Nationen, die China angreifen, nach dem alten Prinzip »die Barbaren durch die Barbaren beherrschen« *(yi yi zhi yi)* gegeneinander auszuspielen. Es hatte nicht nur in China, sondern auch in Japan, wo es schon in den Jahren 1854-1856 übersetzt wurde, großen Erfolg, und spielte zweifelsohne eine Rolle bei der Modernisierungsbewegung, die zu den Reformen der Meiji-Ära führte.

Die Entwicklung der *Jinwen*-Schule steht folglich in Zusammenhang mit einem breiten Interesse für praktische Probleme (Verwaltung, gesellschaftliche und politische Organisation, Wirtschaft, Steuerwesen, Strategie, Bewaffnung, Landwirtschaft usw.), einer Strömung, die schon zu Beginn des 19. Jahrhunderts, lange vor den ersten Angriffen der britischen Kanonenboote entstanden war. He Changling (1785-1848), ein Politiker, der mit Wei Yuan in Verbindung stand, gab im Jahr 1827 von Beamten und Literaten aus Jiangsu zu sozialen, politischen und wirtschaftlichen Fragen geschriebene Essays heraus. Diese Arbeiten bezeichnete man damals als *jingshi*, »die Epoche in Ordnung bringen«. Er faßte sie unter dem Titel *Huangchao jingshi wenbian* zusammen. Von 1882 an erschienen vervollständigte und auf den neuesten Stand gebrachte Editionen sowie Fortsetzungen zu diesem Werk. Um 1837 förderte He

Changling das Seiden- und Baumwollhandwerk in Guizhou und verbot dort den Mohnanbau, der sich zu verbreiten begann. Bao Shichen (1775–1855) interessierte sich von Jugend an für militärische, landwirtschaftliche und juristische Fragen und für das Transportproblem; er arbeitete als technischer Berater der hohen Beamten. Im Jahr 1834 verfaßte der Hunanese Chen Hungchi seine offizielle Monographie über die Verteidigung Guangdongs *(Guangdong haifang huilan)*.

Auch das Interesse – oder besser das erneute Interesse – für die westlichen Länder, für ihre Wissenschaften und Techniken, datiert nicht erst seit dem Opiumkrieg. Das *Hailu* (Beschreibung der Meere) verfaßte Wu Lanxiu bereits zu Beginn des 19. Jahrhunderts nach Informationen eines chinesischen Matrosen namens Xie Qinggao (1765-1821), der in seiner Jugend auf europäischen Schiffen gedient und zahlreiche europäische Länder besucht hatte. Im Jahr 1823 erschien das von Li Zhaoluo (1769-1841) verfaßte Werk *Haiguo jiwen*, das auf Ermittlungen bei Europäern in Kanton basiert.

Die orthodoxe Reaktion und die Erneuerung der Reformbewegung

Die Krise des Taiping-Aufstandes sollte von der Mitte des 19. Jahrhunderts an im geistigen Leben Chinas zu tiefgreifenden Umwälzungen führen. Zahlreiche Bibliotheken und Kunstsammlungen wurden zerstört, wertvolle alte und neuere Manuskripte verschwanden, und die Mehrzahl der Literaten wurde für die Rückeroberungsbemühungen und den politischen Wiederaufbau mobilisiert. In den Generalstäben der mit der Unterdrückung des Aufstands betrauten Generäle und im Kontakt mit der täglichen Realität des Krieges bildete sich eine neue Führungsschicht und eine neue chinesische Intelligentsia heran. Die große Rebellion löste eine orthodoxe Reaktion und eine Erneuerung der alten Tongcheng-Schule in Anhui aus, deren Vertreter um 1800 Yao Nai (1731-1815) und in den Jahren vor der Rebellion Fang Dongshu (1772-1851) waren. Fang Dongshu, der wie seine Vorgänger den »neokonfuzianischen« Traditionen der Song-Zeit anhing, warf den Verfechtern der textkritischen Schule vor, die Moral der Gelehrsamkeit zu opfern. In der zweiten Hälfte des 19. Jahrhunderts war Zeng Guofan, der große Sieger gegen die Taiping, der bedeutendste Vertreter dieser reaktionären und moralisierenden Tendenzen. Auch Li Tangjie (1798-1865), in der Zentralverwaltung einer der Hauptinitiatoren der Tongzhi-Restauration der Jahre 1862-1865, trat für moralische Integrität und Beherrschung der Leidenschaften ein; er war ein großer Bewunderer von Tang Bin (1627-1687), eines »neokonfuzianischen« Philosophen, der vom Intuitionismus Wang Yangmings beeinflußt war. Die Strömung der Tongcheng-Schule lebte bis zum Ende der Mandschu-Epoche fort; dieser Schule gehörten Lin Shu und Yan Fu an, die beiden großen Übersetzer westlicher literarischer und philosophischer Werke ins klassische Chinesisch.

Die schwere soziale Krise der Jahre 1851-1864 hat dadurch, daß sie eine starke orthodoxe Reaktion begünstigte, den Einfluß der Reformströmungen aus der ersten Hälfte des 19. Jahrhunderts gemindert und die Modernisierungsbestrebungen gefährdet. Den Führungskräften, die aus dem Widerstand gegen die Taiping hervorgegangen waren, erschien es zwar wichtig, die militärische Macht Chinas durch die Übernahme westlicher Techniken zu stärken; noch viel wichtiger war es ihnen aber, zur Orthodoxie zurückzukehren und die traditionelle Moral wieder durchzusetzen: aus der Bemühung um sittliche Erneuerung und aus der Rückkehr zum moralischen Konformismus mußte China die für sein Heil nötigen Kräfte schöpfen.

Das Problem der politischen Veränderungen wurde kaum angeschnitten: die Mehrheit der überzeugten Befürworter einer Modernisierung erachtete die Bewahrung der traditionellen Institutionen als fundamental. Die Sitten und Verhaltensweisen der westlichen Völker unterschieden sich von denen der chinesischen Welt so grundlegend und die beiden Zivilisationen waren so gegensätzlich, daß es nicht in Frage kam, von den Ausländern anderes als die Technik und Wissenschaft zu übernehmen. Feng Guifen (1809-1874), den man als Theoretiker der Modernisierungsbewegung bezeichnen kann, zu der es nach dem Taiping-Krieg kam, unterschied deshalb sorgfältig das Grundlegende vom Nebensächlichen: das heißt, die chinesischen Traditionen einerseits, die praktischen Kenntnisse der Europäer andererseits. Verwaltungs- und Finanzproblemen aufgeschlossen, bewandert in Mathematik, Kartographie und Geschichte des Schrifttums und für die westlichen Wissenschaften interessiert, war Feng Guifen, wie die anderen Befürworter einer Modernisierung, ein auf industriellen Fortschritt und militärische Stärkung bedachter Konservativer: das Funktionieren der bestehenden Institutionen könne durch Reformen verbessert werden, aber es komme nicht in Frage, die Sitten und die politische Organisation zu ändern. Es ist eine Haltung, wie man sie bei den Slawophilen aus der Zeit Kireevskijs (1806-1856) und Chomjakovs (1804-1860) findet, die »westliche Maschinen, aber nicht westliche Ideen« wünschten, eine Formel, die derjenigen Feng Guifens erstaunlich ähnlich ist: »das chinesische Wissen als Grundlage, das westliche Wissen für praktische Zwecke« *(zhongxue wei ti, xixue wei yong)*.

Die ununterbrochenen Demütigungen des chinesischen Reichs, die ihm von Frankreich im Jahr 1885 beigebrachten Niederlagen und noch mehr die militärische Katastrophe von 1894 setzten jedoch die Reformbewegung wieder in Schwung, die – nachdem sich die Anhängerschaft der *Gongyangxue*-Schule vergrößert hatte – kurz nach dem Vertrag von Shimonoseki mit Kang Youwei (1858-1927) einen Sieg davontrug. Der berühmte Reformer übernahm von den Gelehrten und Philosophen dieser Schule die meisten seiner Ideen (hauptsächlich von Liao Ping, 1852-1932); sein Hauptwerk, das *Datongshu (Ta Tung Shu, Das Buch von der großen Gemeinschaft)* kann als Sammelbecken sämtlicher Tendenzen der zu Beginn des 19. Jahrhunderts von Liu Fenglu gegründeten Schule angesehen werden. Thema seiner drei Hauptwerke ist jeweils eine seiner drei Hauptthesen:

- Die Mehrzahl der Texte in alter Schrift *(guwen)* sind Fälschungen von Liu Xin, einem gegen Ende der Früheren Han-Zeit lebenden kaiserlichen Bibliothekar. Diese These wird in seinem Werk *Xinxue weijing kao* (Studien über die apokryphen Klassiker der Schule der Xin-Dynastie) entwickelt, das 1891 erschien.
- Die Gedanken des Konfuzius, der eine Art von chinesischem Christus war, sind von Liu Xin und den Anhängern der Alttextschule grundlegend verfälscht worden. Der wahre Konfuzius war ein demokratischer Reformer. Diese These liegt dem *Kongzi gaizhi kao* (1897) (Studien über Konfuzius als Reformer), zugrunde.

– Im Laufe ihrer Evolution machte die Menschheit drei Stadien durch. Ein analoges Schema hatte schon Liu Fenglu formuliert, der sich vom Kapitel *Liyun* des *Liji (Buch der Sitte)* und vom *Gongyangzhuan* inspirieren ließ (die Welt entwickelt sich vom ursprünglichen Chaos zur großen Einheit, *datong*), im letzten dieser Stadien verschwinden die Staatsgrenzen und die sozialen Klassen und es entsteht eine universelle Zivilisation und ein endgültiger Friede. Die modernen Institutionen (die konstitutionelle Monarchie, das Parlament usw.), die Entwicklung des Handels und der Industrie entsprechen den Notwendigkeiten der Evolution. Diese Gedanken vertritt Kang Youwei in seinem *Datongshu*, das er schon im Jahr 1897 verfaßte, das er aber geheimhielt und das erst nach seinem Tod im Jahr 1935 veröffentlicht wurde. In dieser sozialistischen Utopie sah der Reformer die Abschaffung der Familie, der Nationen und des Privateigentums und die Einrichtung einer Weltregierung vor. Er ging sogar so weit, die Lebensregeln der zukünftigen Welt in ihren genauesten Einzelheiten zu schildern: gemeinschaftliche Schlafsäle und Restaurants, kollektive Kinderkrippen, kollektive Erziehung und Unterweisung der Kinder, Ehen von einjähriger Dauer, Feuerbestattung usw.

Die Rückkehr zu den vergessenen Traditionen

Die Auffassungen Kang Youweis erinnern an die Theorien der utopischen Sozialisten und an den Positivismus Auguste Comtes (Einteilung der Menschheitsgeschichte in drei aufeinanderfolgende Entwicklungsstadien und Wunsch nach Schaffung einer Ziviltheologie). Dennoch ist dieser Dogmatiker mystischer Tendenz keinem direkten Einfluß der westlichen Philosophie ausgesetzt gewesen, sondern hat seine Inspiration aus rein chinesischen Traditionen mehr oder weniger heterodoxer Art geschöpft. Diese Übereinstimmung mit geistigen Strömungen des Westens wirft jedoch ein ganz allgemeines Problem auf, das die gesamte Geschichte des chinesischen Denkens seit dem Beginn des Eindringens der Europäer in Ostasien betrifft. Die Einflüsse des westlichen Denkens waren bis um 1900 äußerst diffus und nahezu unerfaßbar. Sie hatten keine unmittelbaren Auswirkungen, scheinen aber die chinesische Welt dazu angeregt zu haben, in den eigenen Traditionen nach Elementen zu suchen, die mit den auf den verschiedensten Wegen nach China eindringenden ausländischen Konzeptionen eine Affinität aufwiesen.

Daraus und aus den Bedürfnissen der damaligen Zeit erklärt sich das in der Folge des Taiping-Aufstandes erneut entstehende Interesse für die Philosophen der Epoche der Kämpfenden Staaten, für die liberalen und patriotischen Denker der beginnenden Mandschu-Dynastie und für die buddhistischen Traditionen. Dai Wang (1837-1873), ein Literat der Gongyang-Schule, studierte die Werke der Denker aus der Zeit der Kämpfenden Staaten und veröffentlichte im Jahr 1869 ein Werk über Yan Yuan und Li Gong, die beiden Philosophen der Kangxi-Ära, die für die Rückkehr zu »praktischen Studien« *(shixue)* eintraten. Feng Guifen (1809 bis 1874), der Verfasser einer Sammlung von politischen Essays (1861), Kartograph, Spezialist für chinesische und westliche Mathematik und für das große Wörterbuch *Shuowen jiezi* aus dem Jahr 100 nach Chr., war ein großer Bewunderer von Gu Yanwu, dem liberalen und patriotischen Gelehrten aus der beginnenden Mandschu-Zeit.

Wissenschaftlicher Geist und wissenschaftliche Methoden auf dem Gebiet der Philologie und der Geschichte, Positivismus, Kritik der absolutistischen Institutionen, Definition eines chinesischen »Nationalismus«, der sich auf eine bestimmte Kultur und auf die Existenz einer Gemeinschaft gründet, die der Staat gegen Aggressionen von außen zu verteidigen hat: das waren die Beiträge der Philologen, Historiker und Soziologen der beginnenden Mandschu-Dynastie gewesen. Diese liberalen und anti-mandschurischen Denker, die im 18. Jahrhundert, jener Epoche der Euphorie, etwas in Vergessenheit geraten waren, übten von den dreißiger Jahren des 19. Jahrhunderts an einen tiefen Einfluß auf die Ausrichtung des chinesischen Denkens aus.

Das chinesische Geistesleben wird zweifelsohne immer komplexer, je mehr wir uns unserer Epoche nähern. Die verschiedenartigsten Strömungen vermischen sich mehr oder weniger miteinander, und es ist um so schwieriger, ihre Geschichte nachzuzeichnen, als sie noch sehr wenig erforscht wurde. Was China im 19. Jahrhundert vom Westen kennt, beschränkt sich im allgemeinen auf technische Neuerungen, die von der humanistischen Tradition der Chinesen im Vergleich zu den moralischen Regeln, die das Funktionieren der Gesellschaft gewährleisten, meist als sekundär beurteilt werden. Nur die Chinesen, die lange und häufige Kontakte mit der westlichen Welt hatten, vermochten manche grundlegende Unterschiede zu erforschen und einen Vergleich soziologischer Art zu versuchen. Dies gilt für Wang Tao (1828-1897), der schon von 1848 an mit den englischen Missionaren von Schanghai in Verbindung stand und, da er sich eine Zeitlang von den Taiping angezogen gefühlt hatte und im Jahr 1861 in ihre Dienste getreten war, unter falschem Namen nach Hongkong fliehen mußte. Dort wurde er Mitarbeiter des schottischen Sinologen James Legge (1815-1897), dem er bis zum Jahr 1874 bei der Übersetzung der Klassiker und der Vier Bücher behilflich war. Von 1868 bis 1870 hielt er sich bei J. Legge in Schottland auf. Nach seiner Rückkehr nach Hongkong schrieb Wang Tao im Jahr 1871 einen »Abriß der Geschichte Frankreichs« *(Faguo zhilue)*, im darauffolgenden Jahr eine bemerkenswerte Geschichte des französisch-preußischen Krieges von 1870, das *Pufa zhanji*, sowie eine »Abhandlung über die Artillerie« *(Huoqi tushuo)*. Er war einer der ersten chinesischen Journalisten und gründete in Hongkong die Tageszeitung *Xunhuan ribao*. Im Jahr 1884 wurde er Chefredakteur der großen Schanghaier Zeitung *Shenbao*.

Seine Kenntnis des Westens führte Wang Tao zu einer Reflexion über die Ursachen der Stärke und relativen Schwäche der Nationen. Das Beispiel des kleinen England, das auf den Gebieten der Seefahrt, der Industrie und des Handels zur Großmacht geworden war, faszinierte ihn. Er sah einen der Gründe für Englands Aufschwung in seinen Kohlereserven, behauptete aber, daß Reichtum und Macht letzten Endes von einem allgemeineren Faktor abhängen, dessen Bedeutung die der Wirtschaft und der Technik weit übersteigt: nämlich vom politischen Faktor. Seiner Meinung nach rührte der Reichtum Englands im wesentlichen daher, daß seine Führungskräfte und seine Elite vom gleichen Geist beseelt, daß die Beschlüsse gemeinsam gefaßt wurden und deshalb alle gern zur kollektiven Anstrengung der Nation beitrugen. Und wie die Grundlage für das englische Wunder seine politischen Institutionen und das gute Einvernehmen zwischen Regierenden und Regierten seien, sei die Hauptursache für den Niedergang Chinas die Kluft, die sich zwischen der Zentralregierung und der Oberschicht gebildet habe. Die alte Institution des Zensorats, durch die den früheren Reichen die Stimmung in den Provinzen bekannt war, sei untergegangen, als sich seit Beginn der Ming-Zeit das autoritäre Reich entwickelt habe. Damit China seine Macht wiedererlange, müsse sich die kaiserliche Regierung auf die einflußreichen Familien stützen, deren Schicksal mit dem ihren verbunden sei. China leide aber gerade daran, daß die Zentralregierung, im Prinzip Herr über alle Entscheidungen, den Kontakt zu denen verloren habe, die sie unterstützen und mit ihr zusammenarbeiten könnten. Die Lage sei um so schlimmer, als das chinesische Reich viel größer und daher ein viel lockereres Ganzes sei als die kleinen, in sich selbst abgeschlossenen europäischen Länder.

Wang Tao ist sicherlich kein sehr origineller Denker: die Ideen, die er auf seine Epoche anwandte, finden sich schon bei Wang Fuzhi (1619-1692) und seinen Zeitgenossen. Aber die Priorität, die er dem politischen Faktor beimaß, ist charakteristisch für das gesamte moderne chinesische Denken: es nützt nichts, die ausländischen Techniken zu übernehmen, wenn die Verwaltungsmethoden inadäquat und die Grundlagen des Staates selbst zerstört sind. Moral und Politik haben sowohl nach Ansicht der Reformer als auch der Konservativen Vorrang vor den einfachen Mitteln zur Erreichung von Reichtum und Macht wie sie die Förderung der Wirtschaft und der Technik darstellen.

Die wissenschaftlichen Einflüsse des Westens

Die westlichen Einflüsse auf dem Gebiet der Philosophie waren diffus und erst mit den um 1900 gedruckten Übersetzungen von direkter Wirkung; die Assimilation im Bereich der Wissenschaft und Technik dagegen zeigte sich viel früher: auf dem Gebiet des Vergleichs der ausländischen Beiträge mit den chinesischen Traditionen und ihrer Integration wurde eine große Arbeit geleistet, deren Anfänge auf die Zeit Matteo Riccis, das heißt auf den Beginn des 17. Jahrhunderts zurückreichen. Die Bewegung weitete sich jedoch in der zweiten Hälfte des 19. Jahrhunderts aus, als in Peking, Schanghai und Kanton in den Jahren 1862-1864 Sprachinstitute und wissenschaftliche Institute gegründet und den in den Jahren 1865-1870 erbauten Arsenalen und Werften technische Schulen angegliedert wurden. Auch der Beitrag der Missionare auf den Gebieten der Wissenschaft und Technik war nicht unbedeutend. Und schließlich wurden von 1872 an chinesische Studenten zum Studium in westliche Länder geschickt.

Zwischen 1872 und 1875 wurden 120 Studenten in die Vereinigten Staaten geschickt. Eine kleinere Gruppe aus der Marineschule von Fuzhou ging im Jahr 1875 zum Studium der Artillerie, der Waffenherstellung, der Strategie und der Techniken des Seekriegs nach Deutschland. Im Jahr 1876 begaben sich dreißig Studenten des Arsenals von Fuzhou nach Frankreich und England, wo sie in Werften, Bergwerken, Eisen- und Stahlfabriken und mechanischen Industrien arbeiteten. Vier chinesische Studentinnen, die in den USA in den Jahren 1881-1882 ihr Medizinstudium abgeschlossen hatten, arbeiteten nach ihrer Rückkehr als erste in China zugelassene Ärztinnen. In den Jahren 1880-1890 wurden weitere Studentengruppen nach Europa und Amerika gesandt. Die finanziellen Schwierigkeiten und die sehr hohen Kosten dieser Unternehmungen machten jedoch gegen Ende des 19. Jahrhunderts eine starke Einschränkung nötig.

Die ersten Entsendungen chinesischer Studenten ins Ausland waren schlecht organisiert und erzielten nur mittelmäßige Ergebnisse: die jungen Studenten, die nach Amerika geschickt wurden, assimilierten sich dort bald vollkommen; die Studenten der Marineschule von Fuzhou, die nach Deutschland geschickt wurden, waren zu alt, um sich anpassen zu können. Dagegen haben die im Jahr 1876 nach Frankreich und England gesandten Studenten und Lehrlinge des Arsenals von Fuzhou erfolgreich am Bau der neuen chinesischen Flotte mitgearbeitet, die im Jahr 1894 von den Japanern zerstört werden sollte.

Der Austausch zwischen den mathematischen Traditionen Chinas und des Westens, der zu Beginn des 17. Jahrhunderts begonnen hatte, nahm im 19. Jahrhundert seinen Fortgang. Mit der Wiederentdeckung der chinesischen Mathematik des 11.-14. Jahrhunderts, der Suche nach verlorenen und der Neuausgabe wiedergefundener Werke ist in China eine bedeutende Leistung der Komparatistik und der Synthese erbracht worden. In diesem Zusammenhang sind Männer wie Dai Zhen und Ruan Yuan zu nennen, der zwischen 1797 und 1799 seine Biographiensammlung von chinesischen Mathematikern und Astronomen mit Anmerkungen zu ihren Werken verfaßte *(Chourenzhuan)* oder Luo Shilin (gestorben im Jahr 1853 während des Bevölkerungsmassakers von Yangzhou durch die Taiping). Mit der vergleichenden Erforschung der chinesischen und der westlichen Traditionen, der Übersetzung mathematischer und physikalischer Werke sind im 19. Jahrhundert die Namen von Luo Shilin, Li Shanlan (1810-1882), dem Übersetzer mathematischer Werke bei den englischen Missionaren der London Missionary Society von Schanghai, Zheng Fuguang, dem Verfasser einer Abhandlung über Optik, des *Jingjing lingchi* (1835), und Hua Hengfang (1833-1902) verbunden.

Selbst Bereiche, in denen die chinesischen Traditionen im Vergleich zu den im Westen – allerdings auch erst vor kurzem – erzielten Fortschritten merklich im Rückstand waren (Chemie, Botanik, Geologie, Paläontologie usw.), wurden vom Ende des 19. Jahrhunderts an in die chinesischen Wissenschaften integriert. In der ersten Hälfte des 20. Jahrhunderts war der Beitrag der chinesischen Gelehrten auf den meisten Sektoren der naturwissenschaftlichen Forschung keineswegs unerheblich.

Das moderne China

TEIL 10
DAS GEDEMÜTIGTE CHINA

Der Beginn der Schreckensjahre

Der chinesisch-japanische Krieg von 1894 eröffnete eine neue Etappe im politischen, sozialen und wirtschaftlichen Zerfall der chinesischen Welt: die Folgen der Niederlage waren auf allen Gebieten so schwerwiegend, daß man der Ansicht sein kann, China sei von dieser Zeit an nicht mehr Herr über sein Schicksal gewesen. Die Kriegsflotte, die es sich unter so schwierigen Umständen aufgebaut hatte, war zerstört. Im Vertrag von 1895 wurde China eine Kriegsentschädigung von 200 Millionen *liang* – die dreifache Summe der Jahreseinkünfte der kaiserlichen Regierung – auferlegt, zu der die 30 Millionen *liang* kamen, die es ihm erlaubten, noch einige Jahre die Halbinsel Liaodong zu behalten. Die territorialen Ambitionen Japans, das Taiwan und die Penghu-Inseln (die Pescadores) annektierte und im Nordosten (in der Mandschurei) eine beherrschende Stellung errang, bewogen die Westmächte dazu, ihrerseits chinesisches Territorium zu annektieren und sich China in »Einflußzonen«, gleichsam in Jagdgebiete zur Ausbeutung seiner Reichtümer, aufzuteilen.

Deutschland bemächtigte sich im Jahr 1897 des Gebiets von Qingdao und Jiaozhou im Süosten von Shandong, Großbritannien im Jahr 1898 des Gebiets von Weihai (Weihaiwei) und des äußersten Ostens der Halbinsel Shandong, Rußland des südlichen Teils der Halbinsel Liaodong (Gegend von Dalian – in japanischer Aussprache Dairen – und von Lüshun, das von den Europäern in Port-Arthur umgetauft wurde). Frankreich, dessen Ambitionen Südwestchina galten, folgte im Jahr 1899 ihrem Beispiel, indem es sich der Region von Zhanjiang (Guangzhouwan) in West-Guangdong bemächtigte.

Hinzu kam, daß das, was Li Hongzhang als eine von seinen ausländischen Gesprächspartnern respektierte Persönlichkeit vor der Niederlage von 1894 noch mit Mühe hatte verhindern können, in den Jahren nach dem Vertrag von Shimonoseki nicht mehr aufzuhalten war: ausländische Industrien setzten sich auf chinesischem Territorium fest, in den Freihäfen und den neuen »Pachtgebieten«. Die wirtschaftliche Abhängigkeit Chinas vom Ausland verstärkte sich plötzlich durch die Invasion des fremden Kapitals, durch den Aufschwung der Banken, Fabriken, Manufakturen und Bergwerke, die von westlichen und japanischen Gesellschaften geleitet wurden und in den Städten und besetzten Regionen von den sehr billigen und verelendeten Arbeitskräften profitierten.

Schwerwiegend an diesem beherrschenden Einfluß des Auslands war der Umstand, daß er zu einem Augenblick ausgeübt wurde, als die technologischen und industriellen Fortschritte der westlichen Nationen – und in deren Folge auch Japans – am größten waren, zu einem Zeitpunkt, da die chinesische Wirtschaft zusammenbrach. Die Kriegsentschädigungen, die China im Jahr 1895 und im Jahr 1901 auferlegt wurden (200 Millionen *liang* und 450 Millionen Silberdollar), bedeuteten für die reichen Nationen jener Epoche vielleicht keine großartigen Summen. Für ein Land, das mit seinen Ressourcen am Ende war, das seine Außenmärkte für Tee und Seide verlor und das der Invasion ausländischer Produkte in seine Städte und auf das Land ohnmächtig zusah, waren sie jedoch eine erdrückende Last. Es sei im übrigen darauf hingewiesen, daß die Entschädigungen von Shimonoseki Japan die Annahme des Goldstandards im Jahr 1897 ermöglichten und in großem Maß an der Entwicklung seiner Wirtschaft um 1900 ursächlich beteiligt waren.

Die wirtschaftliche Beherrschung war von einer militärischen begleitet: die Ausländer unterhielten nun in China Kriegsflotten und Truppen, die jederzeit einsatzbereit waren. Im Unterschied zu den in den Großstädten erworbenen Konzessionen, die in erster Linie kaufmännischen Zwecken dienten, waren die Pachtgebiete hauptsächlich militärische Basen und Stützpunkte.

Die moralischen und politischen Folgen der Niederlage waren jedoch nicht weniger schwerwiegend. Nach dem Vertrag von Shimonoseki wurde Li Hongzhang, die einzige führende Persönlichkeit, die über einige Autorität verfügt und während nahezu eines Vierteljahrhunderts die gesamte chinesische Politik beherrscht hatte, von der Macht ausgeschaltet. Keine der mächtigen Persönlichkeiten jener Epoche vermochte das nun entstehende politische Vakuum auszufüllen: Yuan Shikai, der Li Hongzhang als Führer der Nord-Armee nachfolgte, war nur ein einfacher Kriegsmann ohne Format, und die einzige Sorge der Regionalgouverneure, die über das mittlere und untere Yangzi-Gebiet herrschten (Zhang Zhidong und Liu Kunyi), bestand darin, ihre Reiche aus den internationalen Wirren herauszuhalten. Das Fehlen einer starken Führung, die Meinungsverschiedenheiten, die Zerrüttung in der Führungsschicht und in den intellektuellen Kreisen sind die Charakteristika des politischen Lebens in China in diesem entscheidenden Augenblick um die Jahrhundertwende.

Die Manifestationen der Zerrüttung

Reform

Vom 11. Juni bis zum 21. September 1898 gelang es einer kleinen Gruppe von Intellektuellen unter der Führung des großen Literaten und Reformers Kang Youwei (1858-1927), sich in der Pekinger Regierung durchzusetzen und eine Reihe von institutionellen Reformen in die Wege zu leiten, die vom japanischen und russischen Modell inspiriert waren: Modernisierung der Beamtenprüfungen, Verwaltungsreform, Veröffentlichung des Staatsbudgets, Schaffung eines Wirtschaftsministeriums usw. Diese Periode hat man die »Reform der Hundert Tage« genannt. Die Reformer, die anfangs von Yuan Shikai, dem Führer der Nord-Armee, und vom Gouverneur der Provinzen Hubei und Hunan, Zhang Zhidong, unterstützt worden waren, wurden schließlich aufgrund der Reaktion der konservativen Kreise fallengelassen. Yuan Shikai schloß sich der Kaiserin Cixi an, die die Lage nun wieder beherrschte. Sechs Reformer wurden hingerichtet, darunter der Philosoph Tan Sitong (1865-1898), während Kang Youwei und sein Schüler Liang Qichao (1873-1929) nach Japan fliehen konnten und dort eine Vereinigung zum Schutze des Kaisers *(Baohuanghui)* gründeten.

Diese Episode aus der Geschichte des modernen China zeigt vor allem die Unsicherheit der politischen Situation. Sie muß im Rahmen dieser Epoche der

Die Zerstückelung Chinas

1895	Annexion von Taiwan und den Penghu-Inseln (Pescadores) durch Japan.
	Deutsche Konzessionen in Hankou und Tianjin.
1896	Russische und französische Konzession in Hankou.
1897	Deutschland annektiert die Gebiete von Qingdao und Jiaozhou in Shandong.
	Japanische Konzessionen in Suzhou (Jiangsu) und Hangzhou (Zhejiang).
1898	Die Engländer annektieren das Gebiet von Weihai in Shandong, die Russen Dalian und Lüshun (Port-Arthur) im Süden der Halbinsel Liaodong.
	Japanische Konzessionen in Hankou und Shashi (Hubei), Tianjin und Fuzhou (Fujian).
1899	Die Franzosen annektieren das Gebiet von Zhanjiang (Guangzhouwan).
	Japanische Konzession in Xiamen (Amoy).
1900	Plünderung Pekings und des Kaiserpalastes durch die Kolonialtruppen der Alliierten.
	Strafexpeditionen unter General Waldersee in zahlreiche Städte Nordchinas.
	Russische Konzession in Tianjin.
1901	Japanische Konzession in Chongqing (Chunking) (Sichuan).
1902	Belgische, italienische und österreichische Konzession in Tianjin.
1911	Die Äußere Mongolei gerät unter russische Kontrolle.
1914	Zentral- und West-Tibet unter britischer Kontrolle.
	Die Japaner übernehmen die vorher von Deutschland besetzten Gebiete in Shandong.
1931-1932	Japan dringt in die Mandschurei ein und annektiert sie.
1933	Die Japaner dringen in Jehol (Südost-Mongolei) und in einen Teil Hebeis ein.
1937	Bombardierung von Schanghai und Nanking durch die japanische Luftwaffe.
	Beginn der Invasion ganz Chinas durch Japan.

Erniedrigung und der Zerrüttung gesehen werden. Die Reformen waren ganz offensichtlich ein illusorisches Heilmittel zu einer Zeit, da das chinesische Territorium unter die ausländischen Nationen aufgeteilt wurde, da die chinesische Wirtschaft zusammenbrach und sich infolge des raschen Aufschwungs der Westmächte und Japans der Abstand zwischen den Industrieländern und dem riesigen chinesischen Reich, das im wesentlichen ein Agrarland geblieben war, täglich vergrößerte.

Dieselbe Zerrüttung und die grundlegende Ohnmacht gegenüber der wirtschaftlichen, politischen und militärischen Beherrschung durch die Industrienationen erklären, warum der Hof in Peking sich in einer Art Verzweiflungsakt dazu entschloß, einem Volksaufstand seine Unterstützung zu gewähren. Das wachsende Elend auf dem Lande, die Arbeitslosigkeit, die durch den Import von Textilien und Petroleum sowie durch die Entwicklung moderner Transportmittel (Eisenbahn und Dampfschiff) ausgelöst wurde und die Feindseligkeit, die das Verhalten der Ausländer und vor allem der Missionare hervorrief, waren die Ursachen für eine allgemeine Agitation in bäuerlichen Kreisen in den letzten Jahren des 19. Jahrhunderts. Die Geheimgesellschaften lebten wieder auf (die »Gesellschaft der älteren Brüder«, *Gelaohui*, und die »Gesellschaft der Großen Schwerter«, *Dadaohui*). Hungersnöte und Überschwemmungen, die von 1898 an in Shandong wüteten, führten zur Wiederbelebung eines der Zweige der alten Gesellschaft des Weißen Lotos: es entstand die Bewegung der Yihequan, die das chinesische Boxen als Methode des physischen und moralischen Trainings ausübten und daher von den Europäern den Namen Boxer erhalten haben. Die Boxer, die extrem fremdenfeindlich waren, wurden durch ihren Glauben an magische Praktiken fanatisiert, die ihnen angeblich Unverwundbarkeit verliehen. Sie griffen Eisenbahnen, Fabriken, Geschäfte, in

Boxer ↓ fremdenfeindlich

denen Importwaren verkauft wurden, Chinesen, die zum Christentum übergetreten waren, und Missionare an. Nachdem das energische Einschreiten Yuan Shikais sie aus Shandong vertrieben hatte, griff die Bewegung zu Beginn des Jahres 1900 auf Shanxi und Hebei über. Die Präsenz der Aufständischen in der Region Tianjin – Peking – Baoding, wo sich zahlreiche Ausländer aufhielten, führte dazu, daß die Ereignisse sich überstürzten: die Bedrohung ihrer Staatsangehörigen veranlaßte die ausländischen Mächte zum Eingreifen. Bei Hof setzten sich die Befürworter einer Unterstützung der Boxer durch, und das Reich der Qing erklärte den Westmächten offiziell den Krieg. Die Hauptverantwortlichen der chinesischen Politik in den Provinzen, die darauf bedacht waren, ihre Regionalmacht aufrechtzuerhalten und die in der Unterstützung der Boxer durch den Kaiserhof wohl nur ein unrealistisches und blindes Handeln sahen, hielten sich aus dem Konflikt heraus. Zwischen Juni und August 1900 nahmen die alliierten Truppen Tianjin wieder ein und marschierten gegen Peking. Der Kaiser und die Kaiserin Cixi (die erst am 6. Januar 1902 wieder in die Hauptstadt zurückkehrte) flohen nach Xi'an in Shenxi. Peking wurde geplündert und deutsche Truppen organisierten Strafexpeditionen gegen nordchinesische Städte. Das in Peking im Jahr 1901 unterzeichnete Protokoll auferlegte China eine riesige Kriegsentschädigung von 450 Millionen Silberdollar, das Verbot jeder ausländerfeindlichen Aktivität, den Stop der Waffeneinfuhr, die Schleifung der Forts von Dagu, die Kontrolle der Eisenbahnlinie Tianjin-Peking durch die ausländischen Truppen, die Hinrichtung hoher Würdenträger und die Entsendung von Wiedergutmachungsgesandtschaften ins Ausland.

Der Boxer-Aufstand, der eine neue Etappe in der Unterwerfung Chinas durch das Ausland darstellte, hatte Rußland die Gelegenheit zur Besetzung der Mandschurei geboten. Die Festsetzung der Russen im Nordosten löste den russisch-japanischen Konflikt von 1904-1905 aus, in dem die zaristischen Armeen durch die neue militärische Macht Japan zerschlagen wurden.

I. KAPITEL
DER ZERFALL DER TRADITIONELLEN WIRTSCHAFT UND GESELLSCHAFT[1]

Die Entstehung einer Geschäftsbourgeoisie und eines Proletariats, die Verbreitung neuer Ideen in der Intelligentsia und die politischen Bewegungen und Parteien: diesen Aspekten vornehmlich gehört im China der Jahre 1895-1949 das Interesse. Denn diese modernen Entwicklungen erinnern an diejenigen der westlichen Länder: die Anzeichen deuten darauf hin, daß China denselben Prozeß durchmachte, der schon viel früher zur Entwicklung der Industrieländer Europas und Amerikas geführt hatte. Dadurch schien sich China dem Westen anzunähern. Wenn man aber diese Aspekte der jüngsten Geschichte Chinas überbetont, läuft man Gefahr, bestimmte grundlegende Gegebenheiten zu vernachlässigen, die jede Annäherung an die frühere Geschichte der westlichen Länder ausschließen: das Vorhandensein einer riesigen Masse von Bauern, die oft an der Grenze ihrer Existenzmöglichkeiten dahinlebte; die wirtschaftliche und politische Schwächung Chinas, seine Abhängigkeit vom Ausland und die immer bestimmendere Rolle der Unabhängigen Armeen, die mit Hilfe von kostspieligen internationalen Anleihen ausgerüstet werden. Eben dieser Kontext, in dem das entsteht und sich fortentwickelt, was man gern als Beweise für die »Modernisierung« Chinas ansieht, sollte jede Analogie mit der Geschichte des Westens verbieten. Eine teilweise entwurzelte Intelligentsia, eine Bourgeoisie, die das Nebenprodukt der ausländischen Kolonisation in den Freihäfen und in den südostasiatischen Ländern chinesischer Immigration ist, ein elendes Proletariat, das sich kaum von der Masse der mittellosen Personen unterscheidet, die durch ihre Notlage in die Großstädte getrieben werden: alle diese Schichten können nur durch mißbräuchlichen Sprachgebrauch als »gesellschaftliche Klassen« analog denen der westlichen Länder bezeichnet werden. Das Wachstum Schanghais mit seinen Wolkenkratzern im amerikanischen Stil, seinen Banken und ausländischen und chinesischen Fabriken ist weniger der Beweis für den Fortschritt der chinesischen Welt, als das Symbol ihrer Selbstentfremdung.

Während das Elend der Masse der Landbevölkerung das tägliche Überleben zur alleinigen Sorge machte, entstanden in den neuen, aus dem Zerfall der chinesischen Gesellschaft hervorgegangenen sozialen Gruppen zwar starke patriotische Regungen, durch die sich diese einander fremden Fraktionen vorübergehend einigen konnten; aber die Schwäche und Machtlosigkeit der chinesischen Bourgeoisie, der Intelligentsia und des Proletariats waren offensichtlich. Die chinesischen Geschäftsleute, Eigentümer von Banken, Fabriken oder Import-Export-Unternehmen, wurden hin- und hergerissen zwischen ihrem Patriotismus, ihrem Wunsch nach wirtschaftlicher Unabhängigkeit und ihrer de-facto-Abhängigkeit von den in China etablierten großen ausländischen Banken und Unternehmen. Das Proletariat konnte aufgrund seiner Lebensbedingungen und seiner zahlenmäßigen Schwäche

---

[1] Für die wertvolle Hilfe, die mir Lucien Bianco bei der Verbesserung meiner ersten Fassung des gesamten Teils über die Geschichte des modernen China geleistet hat, sei ihm an dieser Stelle mein lebhafter Dank ausgesprochen.

keine wirksame Rolle spielen. Die ersten Arbeiterorganisationen wurden im übrigen von Chiang Kai-shek (Jiang Jieshi) anläßlich seines Staatsstreichs von 1927 zerschlagen. Die uneinige, von widersprüchlichen Strömungen durchsetzte Intelligentsia befand sich in einer so tiefen moralischen Zerrüttung, daß sie soweit kam, alles Chinesische als unheilvoll zu verwerfen und das Heil ausschließlich in den Konzeptionen des Westens zu sehen. Revolutionäre und Liberale wurden verfolgt und oft ins Exil getrieben. Die Erschütterungen, die diese agonisiernde Gesellschaft erfaßten, konnten nicht zu grundlegenden Veränderungen führen. Nacheinander wurden alle Hoffnungen enttäuscht, denn die wahre Macht gehörte den Armeeführern, diesen »starken Männern«, denen die ausländischen Banken und Regierungen Darlehen gewährten.

Es ist absurd, die ephemere republikanische Revolution von 1911-1912 mit einer bürgerlichen Revolution wie der französischen vom Ende des 18. Jahrhunderts vergleichen zu wollen. Das Bürgertum hatte niemals wirklich die Macht besessen: sie lag in den Händen derer, die über die Waffengewalt verfügten. Und China sollte sich dank der Entstehung einer anderen, nicht mehr parasitären, sondern in Symbiose mit der Landbevölkerung gebildeten Armee gleichzeitig von der ausländischen Invasion und von den Militärmachthabern befreien.

Das politische – aber auch das geistige – Leben in China hatte folglich in der ersten Hälfte des 20. Jahrhunderts einen künstlichen Aspekt, den der marginale Charakter der politischen Bewegungen noch verstärkte: diese entstanden in Japan, in den chinesischen Kolonien Südostasiens und in den Freihäfen, einer Art westlicher Enklaven in China. Die politische Agitation, die vor allem die Kreise der Studenten und der Intelligentsia erfaßte, kann – so entscheidend sie auf lange Sicht auch war – nicht den Rahmen zu einer Geschichte liefern, die in Wirklichkeit durch die Sukzession militärischer Machthaber gekennzeichnet ist:

– die Politik der Jahre 1895-1916, im Laufe derer das alte Regime zusammenbrach und unterging, wurde von Yuan Shikai beherrscht, dem Armeeführer der Nordzone (*Beiyang lujun*);

– im Jahr 1916 begannen die Militärgouverneure, die Yuan Shikai vor seinem Tod in den Provinzen eingesetzt hatte, sich zu bekämpfen und mit der Unterstützung der verschiedenen ausländischen Mächte, die in China »Einflußzonen« besaßen (Japan, Großbritannien, Frankreich usw.), China untereinander aufzuteilen: diese Jahre werden die Periode der *Warlords* genannt (1916-1928);

– der Machtantritt Chiang Kai-sheks, der durch die seit 1919 erstarkte patriotische Bewegung unterstützt wurde, eröffnete eine neue Etappe in der Geschichte des modernen China; Chiang Kai-shek, der Nachfolger der *Warlords*, dem die ausländischen Mächte wohlgesinnt waren, da er für Ordnung sorgte, schwang sich mit der freiwilligen oder erzwungenen Hilfe der chinesischen Geschäftsbourgeoisie zum Diktator auf: diese Periode nennt man das »Dezennium von Nanking« (1928-1937);

– die japanische Invasion zwang Chiang Kai-shek zur Flucht nach Sichuan. Die nationalistische Regierung, die nun von Schanghai abgeschnitten war, erlebte einen raschen wirtschaftlichen Niedergang; gleichzeitig begünstigte die ausländische Besetzung den Aufschwung der unter kommunistischer Kontrolle stehenden Guerilla-Tätigkeit. Der Endkampf in der Zeit zwischen der Kapitulation Japans im Jahr

1945 und den letzten Monaten des Jahres 1949 wurde zugunsten der Roten Armee und der Volksmilizen entschieden: China hat in der Bildung einer Bauernarmee, die von einem tiefen patriotischen Gefühl beflügelt war, den Schlüssel zu seiner Befreiung gefunden.

1. Der Zusammenbruch der chinesischen Wirtschaft

Der Druck der Kriegsentschädigungen

Zur gleichen Zeit, als China gezwungen wurde, seinen Aggressoren erdrückende Kriegsentschädigungen zu zahlen, nämlich am Ende des 19. Jahrhunderts, verschärfte sich die Abwertung des chinesischen Silbers im Verhältnis zum Gold des von den Westmächten beherrschten Welthandels. Ein *liang* von 38 Gramm Silber, das im Jahr 1887 1,20 amerikanische Dollar wert gewesen war, hatte fünfzehn Jahre später die Hälfte seines Wertes eingebüßt und entsprach im Jahr 1902 nur mehr 0,62 amerikanischen Dollar. Trotz eines leichten Wiederanziehens gegen Ende des ersten Weltkrieges sank der Silberpreis weiter. Diese grundlegende Schwäche der chinesischen Währung wurde durch das Defizit der Handelsbilanz und durch die hohen Kriegsentschädigungen verschlimmert. Die Reparationen, die bis zum Vertrag von Shimonoseki für die chinesische Wirtschaft noch auf erträgliche Summen beschränkt waren, konnten von etwa 1900 an nur mehr mit Hilfe von Anleihen bei ausländischen Banken teilweise abbezahlt werden. Die Kriegsentschädigung, die Japan nach seinem Sieg forderte, macht schon drei Jahreseinkommen des chinesischen Staates aus. Und die Entschädigung für den Boxerkrieg sechs Jahre später überstieg in noch viel höherem Maß die Zahlungsfähigkeit Chinas. Denn diese 450 Millionen Silberdollar bedeuteten in Wahrheit eine Last von 982 Millionen, wenn man die sehr hohen Zinsen hinzuzählt, die China zur Abzahlung seiner Schulden leisten mußte. Im Jahr 1911 betrugen die chinesischen Staatsschulden 200 Millionen Silberdollar; im Jahr 1924 erreichten sie schon 800 Millionen amerikanische Dollar. Es wurde immer deutlicher, daß dieses Land, in dem so viele Menschen im tiefsten Elend lebten und das so viele Katastrophen heimsuchten, niemals den Schuldenberg abtragen könnte, den ihm die reichsten und blühendsten Nationen der Welt aufgezwungen hatten.

Gleich nach dem Vertrag von Shimonoseki nahm China bei einem französisch-russischen Konsortium eine Anleihe von 400 Millionen Francs mit einer Garantie auf die Einnahmen aus den Seezöllen auf. Dazu kamen zwischen 1896 und 1898 weitere Anleihen in der Höhe von 16 Millionen Pfund Sterling von einem anderen Konsortium ausländischer Banken. Zwischen 1902 und 1910 gelang es der Pekinger Regierung, 225 Millionen *liang* als Entschädigung für den Boxerkrieg zu bezahlen, indem sie von ihren Einkünften abschöpfte und in den Provinzen mit Maßnahmen drohte, welche die Fremdmächte im Fall der Nichtzahlung anwenden wollten.

Vom Jahr 1895 an hatte China die dreifache Last der Kriegsentschädigungen, der Anleihen bei ausländischen Banken und der Ausgaben zur Schaffung moderner Armeen zu tragen. Zu dieser enormen Belastung kam die Wirkung spezifischerer Faktoren, die die chinesische Wirtschaft umwandelten und schwächten. Sie wurde immer abhängiger von den Schwankungen des Weltmarktes und folglich viel kri-

Kriegsentschädigungen, die China vom Ausland aufgezwungen wurden

1841	6 Millionen *liang* an die Engländer, die Kanton bedrohen.
1842	21 Millionen *liang* an Großbritannien.
1858	4 Millionen *liang* an Großbritannien.
	2 Millionen *liang* an Frankreich.
1860	16 Millionen *liang*, davon je die Hälfte an Großbritannien und an Frankreich.
1862-1869	400 000 *liang* als Entschädigung für Zwischenfälle zwischen Missionaren und der chinesischen Bevölkerung.
1870	490 000 *liang* Entschädigung für den Tianjin-Zwischenfall.
1873	500 000 *liang* nach dem japanischen Einfall in Taiwan.
1878	5 Millionen *liang* an Rußland (Vertrag von Livadija).
1881	9 Millionen *liang* an Rußland. Diese Entschädigung gab China das Recht, einen Teil seines Territoriums im Ili-Becken wieder in Besitz zu nehmen.
1895	200 Millionen *liang* an Japan nach der chinesischen Niederlage.
1897	30 Millionen *liang* an Japan für die Räumung der Halbinsel Liaodong durch die japanischen Truppen.
1901	450 Millionen Silberdollar an die alliierten Westmächte zum Zeitpunkt der Invasion Hebeis.
1922	66 Millionen Gold-Francs an Japan für die Räumung des Territoriums von Jiaozhou in Shandong.
	Zahlreiche, China in der Folge von Vorfällen zwischen Missionaren und der chinesischen Bevölkerung auferlegte Entschädigungen in den Jahren nach 1870 sind in dieser Liste nicht aufgeführt.

senanfälliger. Das Handwerk und die Landwirtschaft paßten sich der Nachfrage von außen an, indem sie auf Kosten der Nahrungsmittel neue Kulturen anpflanzten beziehungsweise neue Arten von Heimarbeit entwickelten (so zum Beispiel das Weben von importiertem Baumwollgarn). Deshalb kam es in manchen Sektoren zu Perioden des Wohlstands, auf die plötzliche Rezessionen folgten. Der Import von Baumwollgarn, der in den Jahren 1870-1880 von 33 000 Pikul auf 387 00 Pikul angestiegen war, sank anschließend aufgrund der massiven Einfuhr von billigen Baumwollstoffen. In manchen Regionen wurde das chinesische Baumwollhandwerk durch die Invasion europäischer und insbesondere englischer Textilien zwischen 1893 und 1899 und amerikanischer Baumwollstoffe in den Jahren 1899-1900 ruiniert. Die Baumwolleinfuhr erreichte im Jahr 1920 ihren Höhepunkt und nahm anschließend aufgrund des Elends wieder ab. Der Tee-Export war zwischen 1830 und 1880 rapid angestiegen, von 30 Millionen Pfund auf 150 Millionen Pfund. Aber wegen der Teeplantagen in Indien, Ceylon und Japan, wo man sich auf Techniken industrieller Produktion umstellte, sank der Teepreis vom Jahre 1880 an. Sieben Jahre später lagen in manchen Provinzen schon $^{8}/_{10}$ der chinesischen Teeplantagen brach: das bedeutete den Ruin eines bis dahin blühenden Sektors der chinesischen Wirtschaft. Eine ähnliche Entwicklung traf die Seidenproduktion: während der Seidenexport in den Jahren 1885-1887 einen deutlichen Wiederaufschwung genommen hatte, litt er bald darauf unter der Konkurrenz von Seidenwaren aus Japan, Frankreich (Lyon) und Italien.

Die wirtschaftliche Fremdbestimmung

Aufgrund des Vertrags von Shimonoseki, der China den ausländischen Industrien öffnete, floß westliches und japanisches Kapital in die Freihäfen und in die Pachtgebiete: denn die ausländischen Gesellschaften hofften, die notleidende und sehr billige Arbeitskraft ausnutzen zu können und zum Absatz ihrer Produkte eine vorteilhaftere Ausgangslage zu finden. Nach manchen Schätzungen stieg das ausländische Kapital von 787 Millionen Golddollar im Jahr 1896 auf 1 610 Millionen im Jahr 1914. Im Jahr 1890 gab es 499 ausländische Unternehmen auf chinesischem Boden; im Jahr 1923 waren es schon 6 865.

Es schien, als würde die chinesische Wirtschaft durch diesen Geldzufluß und diese industrielle Entwicklung gestärkt. Die Städte, in denen sich Ausländer angesiedelt hatten, waren in vollem Aufschwung begriffen: vor allem Schanghai, aber auch Tianjin, Qingdao, Wuhan, Hongkong usw. Die neuen Industrien schufen für eine große Anzahl mittelloser Menschen Arbeitsplätze und ließen die Umgebung der Städte aufleben; die Großstadt ist der geeignete Ort für die Entstehung einer Unzahl von kleinen Berufen und Handelsaktivitäten. Aber dieser Wohlstand war künstlich und trügerisch. Denn die Präsenz des ausländischen Kapitals verschlimmerte das Mißverhältnis zwischen den an den Küsten gelegenen Industriezentren und einem riesigen Hinterland, in dem sich die Lebensbedingungen immer weiter verschlechterten. Wenngleich die 300 000 Ausländer, die um 1920 in China ansässig waren, dort einen Teil ihrer Einkünfte ausgaben, wurden doch die größeren Gewinnanteile von den ausländischen Gesellschaften in ihre Länder zurückgeführt, und die spärlichen chinesischen Mittel flossen weiterhin ab. Und schließlich verstärkte die Anlage westlichen und japanischen Kapitals in China die Abhängigkeit der chinesischen Wirtschaft vom Ausland.

Um 1920 war die gesamte chinesische Wirtschaft abhängig von den großen ausländischen, in Schanghai, Hongkong, Qingdao und Hankou angesiedelten Banken und von mächtigen Gesellschaften wie zum Beispiel der Kailan Mining-Gesellschaft mit japanischem Kapital. Das Zollwesen, die Salzverwaltung und die Post wurden von Ausländern geleitet, die alle Gewinne für sich behielten. Westliche und japanische Kriegs- und Handelsflotten waren überall – in den Häfen, an den Küsten und auf dem Flußnetz des Yangzi – präsent. Mit Ausnahme einiger weniger chinesischer Unternehmen, denen es unter Schwierigkeiten gelang, gegen die sie beherrschende Konkurrenz anzukämpfen, unterstand der gesamte moderne Industriesektor (Webereien, Tabakmanufakturen, Eisenbahnen, Marine, Zement- und Seifenfabriken, Mühlenbetriebe und in den Städten die Gas-, Wasser- und Elektrizitätsversorgung sowie die öffentlichen Transporte) der Kontrolle ausländischer Gesellschaften. Das chinesische Banken-, Industrie- und Handelskapital war bei weitem niedriger als die in China investierten englischen, amerikanischen, russischen, japanischen und französischen Kapitalien. Der Hauptanteil der chinesischen Einkommen – insbesondere die Seezölle – wurde von den großen westlichen Banken von Schanghai kontrolliert; diese erhielten außerdem das gesamte Privatkapital jener, die sich eine sichere Anlage suchten und bei den chinesischen Banken nicht fanden.

Die Lage der chinesischen Unternehmen, die von einer sehr starken Konkurrenz bedrängt wurden, war nur während des ersten Weltkrieges etwas besser. Der Import aus England nahm zwischen 1913 und 1918 um 51,5 %, der aus Frankreich um

29,6 % ab, und der Import aus Deutschland wurde infolge des Eintritts Chinas in den Krieg gegen Deutschland im Jahr 1917 völlig gestoppt. Die Stellung Japans, die sich damals als einzige besserte, wurde jedoch durch zahlreiche Boykotte gegen japanische Waren gefährdet. Die Zahl der Spindeln in der chinesischen Textilindustrie erhöhte sich zwischen 1914 und 1921 um 125 %. Die relative Besserung der chinesischen Wirtschaftslage äußerte sich in den Jahren 1918-1919 in einem Wiederaufschwung des Geschäftslebens und in einem Wertanstieg des chinesischen Silberdollars. Dieser Aufschub war jedoch von kurzer Dauer; schon nach 1919 machte sich die Konkurrenz wieder bemerkbar und führte zum Bankrott zahlreicher chinesischer Firmen. Die Anzahl der japanischen Spindeln, die im Jahr 1913 111 926 und im Jahr 1922 621 828 betrug, stieg drei Jahre später auf 1 268 176 an.

Der Fall der Textilindustrie, eines der wichtigsten Wirtschaftssektoren Chinas, ist ganz besonders aufschlußreich. Während die chinesischen Unternehmer auf einem sehr beschränkten Markt die größten Schwierigkeiten hatten, Geldmittel aufzutreiben, verfügten die japanischen Industrien über viel Kapital, das ihnen zu einem Zinssatz von 3 % – gegenüber dem viel höheren 10 %-igen Zinssatz der chinesischen Banken – geliehen wurde. Überdies kostete dank eines Übereinkommens mit den Schiffahrtsgesellschaften der Transport der Rohbaumwolle aus Indien die japanischen Textilunternehmen um 30 % weniger. Und schließlich waren ihre Produkte in China von der hohen Transitsteuer – dem *lijin* – ausgenommen, die für alle chinesischen Waren bezahlt werden mußte. Alle diese Faktoren – leichtere Geldbeschaffung bei den Banken, niedrigerer Zinssatz, Steuerbefreiungen und -erleichterungen, bessere Organisation – erklären die unterschiedlichen Herstellungskosten: die chinesischen Baumwollstoffe waren um 114 % teurer als die in China durch japanische Unternehmen produzierten.

China, im 18. Jahrhundert ein wichtiges Exportland von Fertigprodukten, war noch einige Zeit das Land der feinen Baumwollstoffe und bis um 1880 das Land der Seide und des Tees geblieben. Gegen Ende des 19. Jahrhunderts mußte es jedoch nicht allein mehr Stahl, Maschinen, Eisenbahnmaterial, Waffen usw. einführen, sondern auch alltägliche Konsumartikel. Die amerikanischen und englischen Baumwollstoffe, die zuerst nur auf den städtischen Märkten verkauft worden waren, wurden in den letzten Jahren des 19. Jahrhunderts massenhaft importiert und auch überall auf dem Land verbreitet. Sogar das Öl für die Beleuchtung wurde eingeführt, denn das kleine chinesische Handwerk, das *tong*-Öl produzierte, hatte dem Petroleum-Import, der im Jahr 1910 schon 7 309 000 Hektoliter erreichte und im Jahr 1923 9 761 000 Hektoliter betrug, nicht standhalten können. Dieses riesige Land, in dem die Masse der Landbevölkerung von Subsistenzwirtschaft lebte und an endemischer Unterernährung litt, mußte sogar einen Teil seiner Nahrungsmittel, nämlich Zucker, Reis und Mehl, einführen. Große Hungersnöte zwangen China zu massiven Einkäufen: so kaufte es im Jahr 1920 für 5,3 Millionen Silberdollar und erneut im Jahr 1922 für die enorme Summe von 80 Millionen in Südostasien Reis ein.

Die Westmächte brauchten lange, um ihren Irrtum einzusehen: China war nicht die unerschöpfliche Quelle an Reichtümern, das neue Eldorado, als das sie es sich um 1840 vorgestellt hatten und das es wirklich hätte werden können, wenn seine Wirtschaft sich entwickelt hätte. Am Ende des 19. Jahrhunderts betrug die Gesamtsumme ihres Handelsaustauschs mit dem Chinesischen Reich nicht mehr als 50 Millionen Pfund Sterling, das heißt viel weniger als der Außenhandel kleiner Länder. Die Verarmung Chinas war die Hauptursache für diesen geringen Handelsaustausch. Als die chinesische Wirtschaft in den letzten Jahren des 19. Jahrhunderts und zu Beginn des ersten Weltkrieges völlig zerstört wurde, begann das Interesse der Westmächte an China abzunehmen. Dazu trugen auch der erste Weltkrieg und die auf ihn folgenden Schwierigkeiten in den westlichen Ländern bei, ebenso wie das Chaos und das Elend, in dem die chinesische Welt versank. Nach dem großen Aufschwung, der etwa um 1900 stattgefunden hatte, nahmen die Investitionen ab. Manche Länder verzichteten auf die in China erworbenen Privilegien zugunsten der Regierung von Chiang Kai-shek in Nanking, andere im Laufe des zweiten Weltkriegs. Die westlichen Länder überließen diese elende Beute Japan.

Die Naturkatastrophen

Je näher das Ende des 19. Jahrhunderts rückte, um so mehr schien China das hilflose Opfer eines Schicksals zu werden. Es war wie eine weltweite Verschwörung der Menschen und der Elemente. In den Jahren 1850-1950, der Zeit der gewaltigsten Aufstände der Geschichte, der ausländischen Kanonendonner, der Invasionen und Bürgerkriege, wurde China zusätzlich noch von großen Naturkatastrophen heimgesucht. Nie zuvor in der Weltgeschichte war die Anzahl der Opfer wohl so hoch gewesen.

Von der Mitte des 17. Jahrhunderts bis zum Ende des 18. Jahrhunderts hatten nur wenige Hungersnöte und Überschwemmungen in China stattgefunden; von der ersten Hälfte des 19. Jahrhunderts an aber kam es zu zahlreichen Naturkatastrophen von nie dagewesenem Ausmaß. Denn die Bevölkerungsdichte in den großen Agrarzonen, die Anfälligkeit des Versorgungssystems, die Planlosigkeit und Unfähigkeit einer korrumpierten Verwaltung trafen zusammen, um aus den geringsten klimatischen Wechselfällen Katastrophen werden zu lassen. Die fehlenden Reserven, die schlechte Organisation der Hilfeleistungen und die schwierigen Transportverhältnisse erklären das große Ausmaß der Hungersnöte in der Folge von Dürren in Nordchina. Der schlechte Unterhalt der Dämme und die Überhöhung der Flußbetten führten in den Jahren 1850-1950 zu heftigen Überschwemmungen. Der Hunger und das Elend hatten eine große Anzahl von armen Bauern dazu getrieben, hochgelegene Grundstücke zu bebauen und vor allem die Maiskulturen auf sie auszudehnen. Aber die intensive Abholzung im 19. Jahrhundert führte zur Erosion des Bodens, dessen Ablagerungen die Flußbetten erhöhten. Die schlecht unterhaltenen Dämme konnten die Wassermassen bei Hochwasser nicht mehr bändigen. Diese Verkettung verschiedener Ursachen, deren erste der Landhunger ist, der die chinesischen Bauern von der ersten Hälfte des 19. Jahrhunderts an erfaßte, haben der Historiker Lin Zexu (1785-1850), der Geograph Wei Yuan (1794-1856) und der Hydrograph Wang Shiduo (1802-1889) begriffen. Sie war es, die die schrecklichen Überschwemmungen nicht nur im unteren Becken des Gelben Flusses, sondern häufiger als früher auch im unteren Han-Tal und am Unterlauf des Yangzi auslöste. Die Überschwemmungen forderten nicht nur unzählige Opfer und verursachten große Zerstörungen, sondern führten auch zum Ausbruch von Epidemien. Der

Gelbe Fluß trat im Westen von Kaifeng im Jahr 1855 über seine Dämme und verlagerte seinen Lauf von der Huai-Region in die Gegend von Jinan. Im Jahr 1938 suchte er sich einen neuen Lauf nach Nord-Anhui, den er im Jahr 1947 wieder verließ. Zwischen 1931 und 1935 kam es zu schweren Überschwemmungen im unteren Yangzi-Tal.

Die großen Dürren in Nordchina hatten jedoch noch schrecklichere Folgen. Die Dürre der Jahre 1876-1879 in Shenxi, Shanxi, Hebei, Henan und einem Teil von Shandong forderte 9 bis 13 Millionen Menschenleben; die der Jahre 1892 bis 1894 ungefähr eine Million. Die Erweiterung des Eisenbahnnetzes von der Jahrhundertwende an konnte die dramatischen Auswirkungen der großen Hungersnöte vermindern: in den Jahren 1920-1921 zählte man nur eine halbe Million Tote, 1928-1931 dagegen waren aufgrund politischer Umstände allein in Shenxi nahezu drei Millionen Opfer zu verzeichnen. Während des zweiten Weltkriegs, als der größte Teil des Territoriums von den japanischen Armeen besetzt war, forderte in den Jahren 1942-1943 eine Hungersnot in Henan nahezu zwei Millionen Todesopfer.

Das China der Jahre 1919-1949 war ein demoralisiertes Land, das jede Hoffnung verloren hatte, ein Land, in dem Mitleid und Gerechtigkeit keinen Sinn mehr hatten, da die Greuel alltäglich geworden waren. Um nur ein banales Beispiel zu nennen: im Jahr 1938 schlugen die nationalistischen Armeen Breschen in die Dämme des Gelben Flusses, um den Vormarsch der japanischen Truppen aufzuhalten, und die darauf folgende Überschwemmung kostete Hunderttausenden von chinesischen Bauern das Leben.

2. Bevölkerungsbewegungen und soziale Umwälzungen

Man muß sich vor jedem kategorischen Urteil hüten, das leicht von Sonderfällen Lügen gestraft werden könnte: denn China ist ein zu großes Land und hat im Laufe der ersten Hälfte des 20. Jahrhunderts zu viele Wechselfälle erlebt, als daß man allgemeine Behauptungen aufstellen könnte. So verhält es sich zum Beispiel mit dem Elend der Bauern, das oft entsetzlich war: es kam vor, daß zu gewissen Zeiten und in gewissen Regionen die chinesischen Bauern in relativem Wohlstand lebten. Ebenso steht es mit den Auswirkungen der Ansiedlung ausländischer Industrien: wenn man nur ihre unseligen Folgen sieht (den Ruin mancher Handwerkszweige und mancher traditioneller Produktionszweige, den Export des Kapitals, den ungleichen Kampf, dem die entstehende chinesische Industrie ausgesetzt war, die unmenschlichen Lebensbedingungen des Proletariats), so vergißt man dabei die Entwicklung rentablerer Kulturen und die neuen Beschäftigungsmöglichkeiten für eine Überfülle von Bauern. Trotz des Fehlens zahlreicher wünschenswerter Monographien, die vielleicht eines Tages eine besser begründete Synthese ermöglichen werden, ist jedoch der Autor einer allgemeinen Geschichte Chinas gezwungen, einen wenn auch nur provisorischen Gesamtüberblick zu geben.

Das China der ersten Hälfte des 20. Jahrhunderts war ein armes Land, dessen Produktionstechniken mehrheitlich seit dem Beginn des 19. Jahrhunderts kaum weiterentwickelt wurden (manche scheinen sogar Rückschritte gemacht zu haben) und in dem die Mehrheit der Bevölkerung einer aufgrund dieser allgemeinen Armut

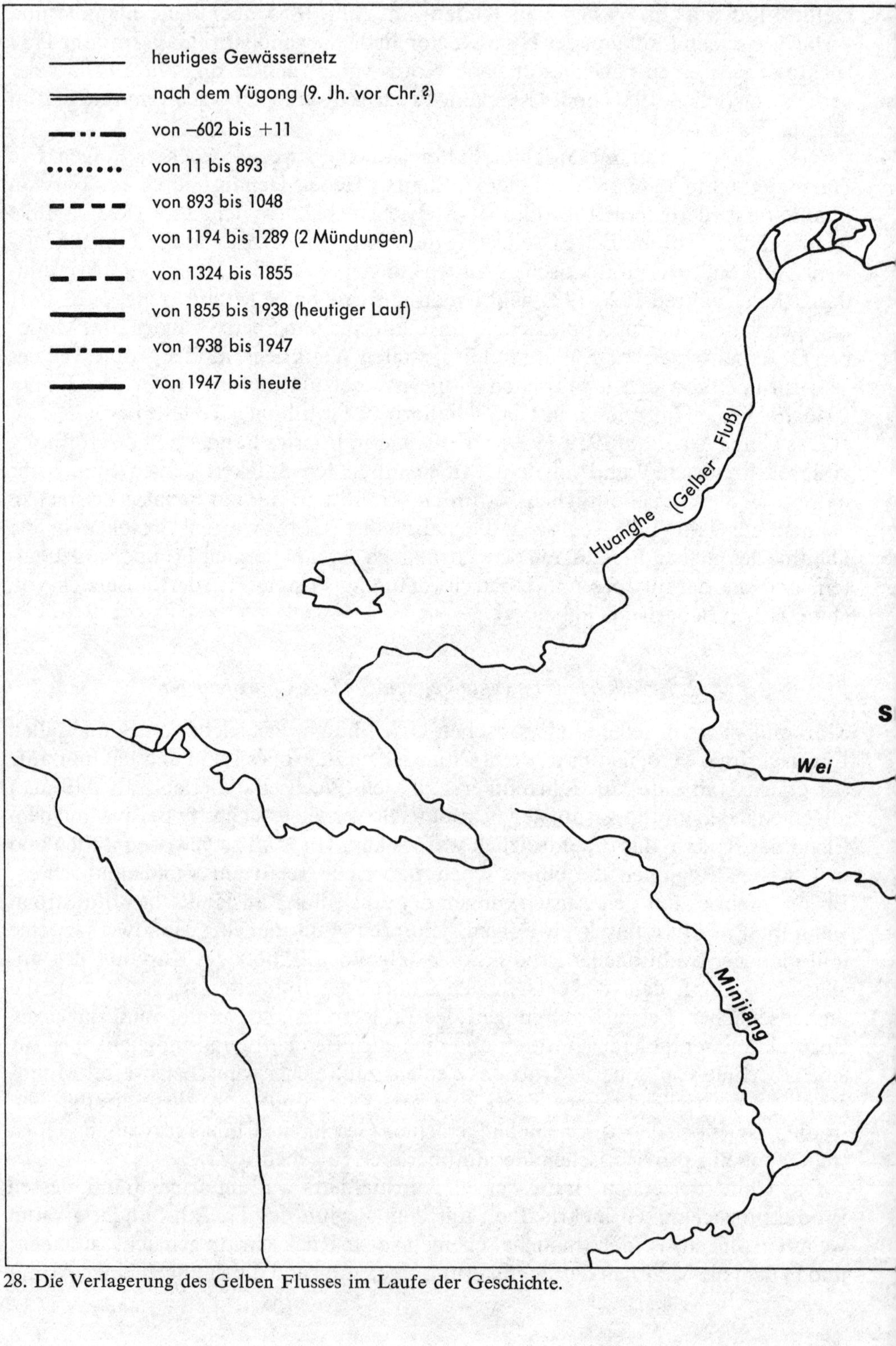

28. Die Verlagerung des Gelben Flusses im Laufe der Geschichte.

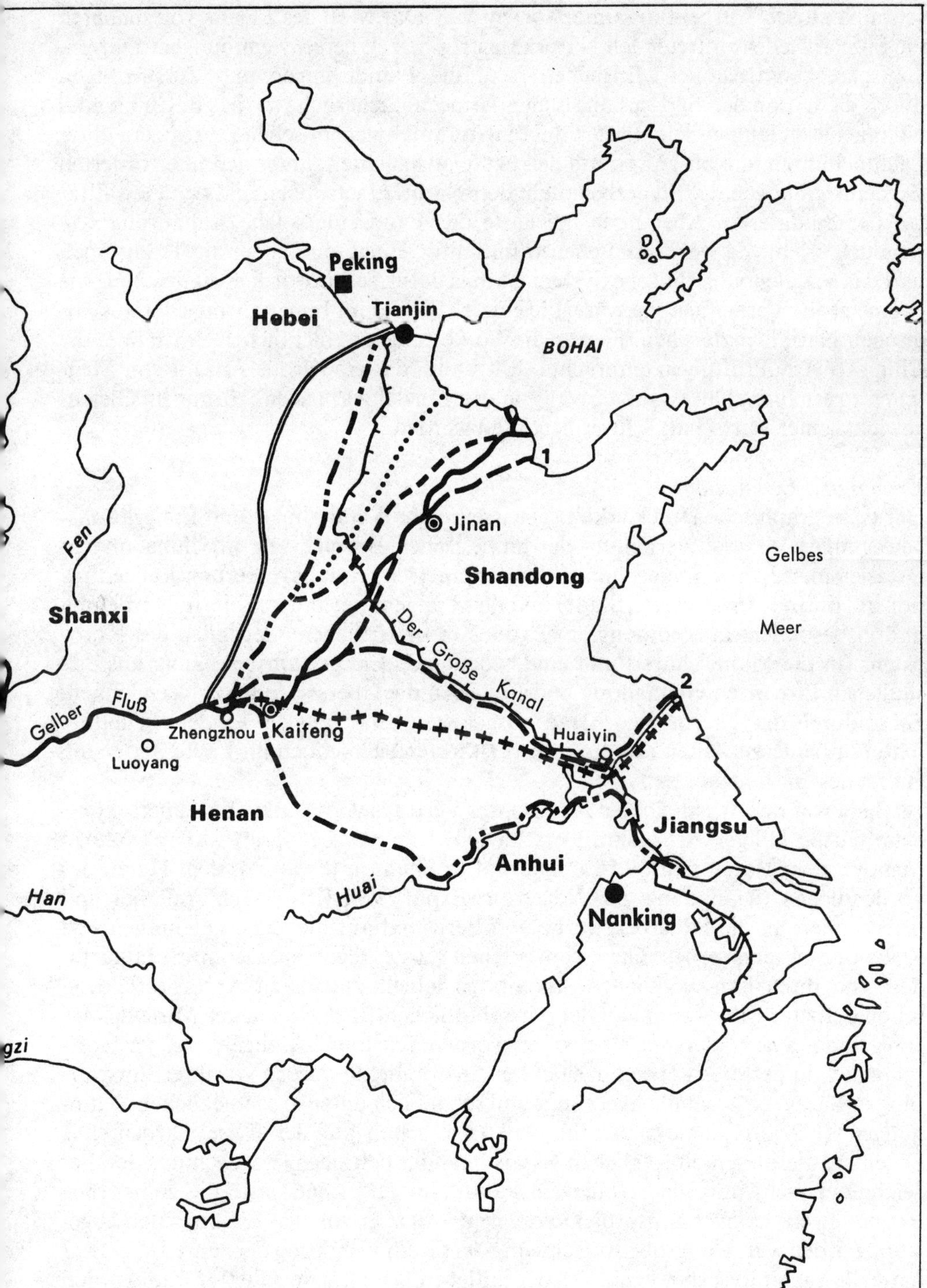
Peking
Hebei
Tianjin
BOHAI
1
Jinan
Fen
Shandong
Gelbes
Meer
Shanxi
Der Große Kanal
2
Gelber Fluß
Zhengzhou
Kaifeng
Luoyang
Huaiyin
Henan
Jiangsu
Anhui
Huai
Han
Nanking
gzi

schrankenlosen Ausbeutung unterworfen war. Das Maß des Elends voll machten die immer wieder eintretenden Naturkatastrophen (Überschwemmungen, Dürren, Heuschreckeninvasionen, Erdbeben) und die Plünderungen und Zerstörungen durch die nationalen und ausländischen Armeen. Sicherlich war das in China alles nicht neu: seit langem schon litten die Bauern unter wucherischen Zinssätzen, unter Pachtgebühren, die bis zur Hälfte der Ernte ausmachten, unter den überforderten Geldeintreibungen der Steuerbeamten, den Naturkatastrophen und den Gewalttaten der Soldateska. Aber noch nie hatte das Land eine solche Anhäufung von Unglück erlebt. Es wäre wohl ebenso unrichtig, einzig und allein die Traditionen und das soziale und politische System Chinas dafür verantwortlich zu machen, wie es eine grobe Vereinfachung wäre, die einzige Schuld im Imperialismus der ausländischen Nationen zu sehen. Es war die Verkettung geschichtlicher Umstände, die China so viele Prüfungen einbrachte. Ein Land, das eine große Anzahl von Menschen zu ernähren hatte, mußte zwangsläufig von der geringsten Störung im Gleichgewicht seiner Wirtschaft schwer betroffen werden.

Exodus und Emigration

Der demographische Druck erklärt gewisse innere Wanderungs- und Emigrationsbewegungen, die die Verteilung der chinesischen Bevölkerung in China und in Ostasien merklich verändert haben. Es war einerseits eine Bevölkerungskonzentration auf die industrialisierten Städte und ihre Umgebung, andererseits in Nordchina und insbesondere in Shandong ein Exodus in unwirtlichere Gegenden des Nordostens (in die Mandschurei) und eine bedeutende Emigrationsbewegung aus den südlichen Provinzen Guangdong und Fujian in die Überseeländer zu verzeichnen. Diese durch das übermäßige Elend ausgelösten zentrifugalen Tendenzen hatten schon in früheren Zeiten existiert; sie verstärkten sich jedoch im Laufe der ersten Hälfte des 20. Jahrhunderts.

China war den Westmächten zur Zeit des Vertrags von Nanking als unerschöpfliche Quelle billiger Arbeitskraft erschienen. Von etwa 1845 an war in Xiamen (Amoy), dem Hafen von Süd-Fujian, und in Shantou (Swatow), dem Hafen des nordöstlichen Guangdong, ein Netz zum Export von Kulis nach Amerika und insbesondere in die Silberbergwerke von Peru und auf die Zuckerplantagen von Kuba organisiert worden. Diese chinesischen Küstenregionen, die im 18. Jahrhundert von ihren handwerklichen Aktivitäten lebten und deren Agrarproduktion schon defizitär war, waren von der wirtschaftlichen Rezession in der Mitte des 19. Jahrhunderts besonders stark betroffen worden. Die unglückseligen, von der Hoffnung auf ein besseres Leben angelockten Auswanderer wurden vor ihrer Einschiffung in Baracken zusammengedrängt und schließlich unter so schrecklichen Bedingungen in Schiffsräume gepfercht, daß viele schon auf der Reise starben. Die Frachter, die diesen einträglichen Sklavenhandel betrieben, waren unter der Bezeichnung »schwimmende Höllen« bekannt. Im Jahr 1866 hatte die chinesische Regierung ein Konventionsprojekt vorgelegt, das aber von den Weltmächten abgelehnt worden war. Der große Aufschwung der Goldproduktion der Jahre 1850-1873 hatte die Emigrationsbewegung wieder aufleben lassen; vom Jahr 1867 an wurden kantonesische Kulis massenweise nach Kalifornien (chinesisch *Jiujinshan,* »alte

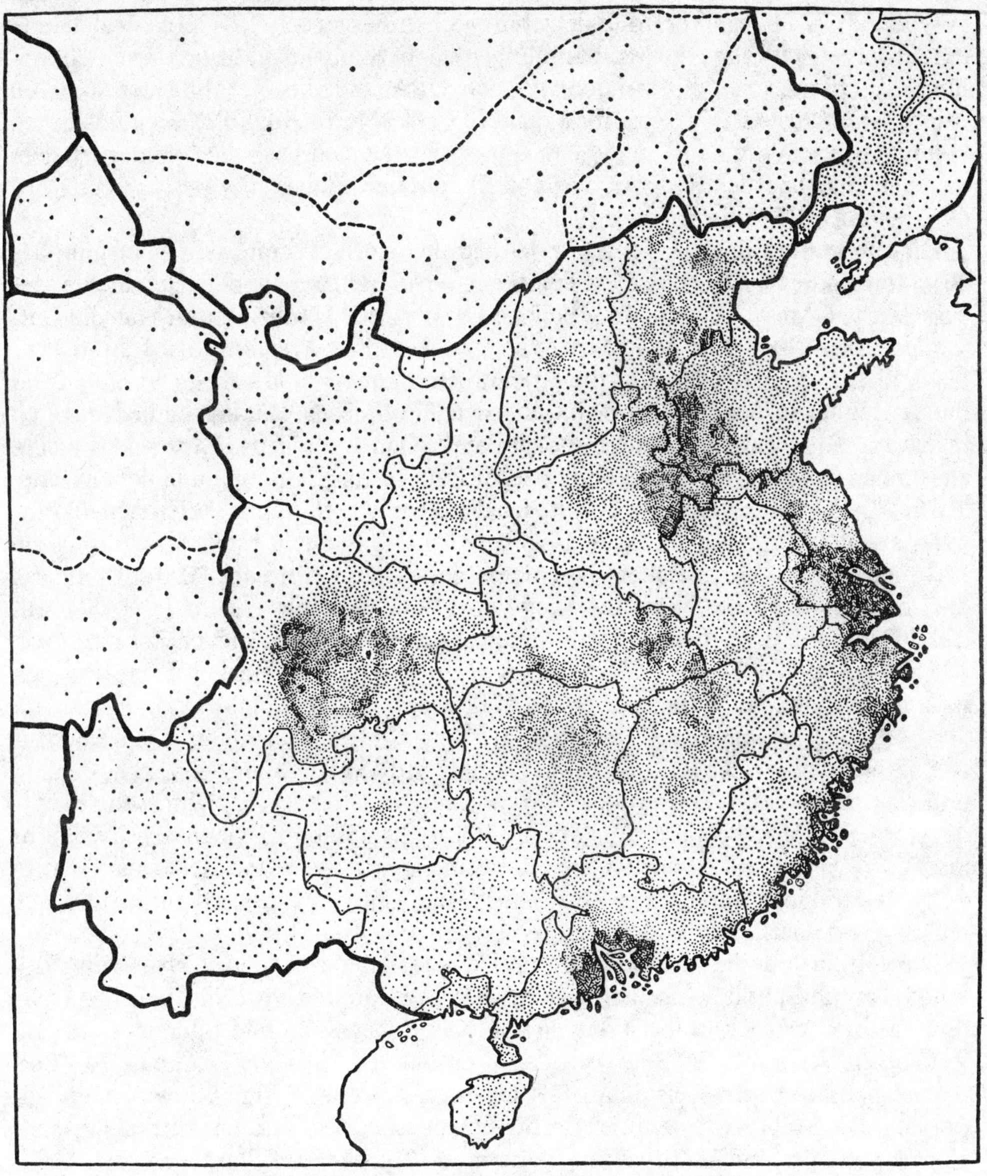

29. Bevölkerungsverteilung in China im Jahr 1925
(jeder Punkt repräsentiert 25 000 Einwohner)

Goldberge«), wo 1848 Goldvorkommen entdeckt worden waren, und anschließend nach Australien (*Xinjinshan,* »Neue Goldberge«), wo seit 1851 Gold gefunden wurde, eingeschifft. Die organisierten oder spontanen Emigrationsbewegungen riefen jedoch in den Vereinigten Staaten, wo der Rassenhaß anstieg, die Feindseligkeit der Gewerkschaften hervor. Schon 1880 mußte die amerikanische Regierung unter dem Druck der Gewerkschaften die Immigration von Chinesen einstellen. Fünf Jahre später – im Jahr 1885 – forderten die Aufstände von Rock Springs

(Wyoming) 29 Todesopfer unter den chinesischen Bergarbeitern. China protestierte erneut vergeblich gegen die Mißhandlungen seiner Staatsangehörigen. Die Behandlung der chinesischen Einwanderer in den USA und das Verbot jeder weiteren Immigration lösten in China im Jahr 1905 eine breite Boykottbewegung gegen amerikanische Waren aus. In diesem Jahr erschien ein chinesischer Roman, in dem das elende Leben der Kulis in den amerikanischen Südstaaten beschrieben wird (*Kushehui,* Die Gesellschaft des Elends).

Die Emigration nach Amerika und Australien verlangsamte sich zu Beginn des 20. Jahrhunderts. Das einzige bemerkenswerte Faktum in der Geschichte der chinesischen Auswanderung in westliche Länder im 20. Jahrhundert war die Entsendung von 140 000 chinesischen Arbeitern nach Frankreich in den Jahren 1917 bis 1918. Sie unterstützten dort die Kriegsanstrengungen und kehrten anschließend in ihre Heimat zurück. Der große Exodus von Kantonesen, Hakkas und Fukienesen in die französischen, britischen und holländischen Kolonien Südostasiens stellte zusammen mit der Ansiedlung chinesischer Bauern aus Shandong und dem unteren Tal des Gelben Flusses im Nordosten, wo die Bevölkerung von 15 Millionen im Jahr 1910 auf 44 Millionen im Jahr 1940 anwuchs, das wichtigste demographische Phänomen in der chinesischen Geschichte der ersten Hälfte des 20. Jahrhunderts dar. Die Bevölkerung Singapurs stieg von 54 000 Einwohnern im Jahr 1866 auf 224 000 im Jahr 1911, die von Niederländisch-Indonesien im gleichen Zeitraum von 175 000 auf 295 000. Die Emigrationsbewegung nach Südostasien verstärkte sich jedoch besonders im Laufe der ersten Hälfte des 20. Jahrhunderts, und zwar um 50 % bis 60 % zwischen 1900 und 1930. Dieser neue Bevölkerungszustrom überflutete die alte chinesische Kolonisation. Damals wurden Singapur, Malakka, Penang und Cholon (das zum Zeitpunkt der Mandschu-Invasion von Exilchinesen gegründet worden war) zu beinahe vollständig chinesischen Städten. Die malaiische Halbinsel bevölkerte sich fast zur Hälfte mit ehemaligen Bauern und Kulis aus Guangdong und Fujian, mit Leuten aus Chaozhou, Amoy, Fuzhou, Kanton und aus Hakka-Gemeinschaften Südchinas.

Diese Einwanderer, die von der in Südostasien durch den Aufschwung des kolonialen und kapitalistischen Systems hervorgerufenen wirtschaftlichen Aktivität angelockt wurden, integrierten sich in diesen Regionen und bildeten dort eine Art von Zwischenschicht. Sie arbeiteten in Zinnbergwerken, auf Gummi-, Tee- und Ananasplantagen, im Reisanbau, als Gärtner, Apotheker, im Bauwesen und in Banken. Die Mehrzahl von ihnen mußte sich mit niederen Berufen zufriedengeben: als Kleinhändler und Handwerker, Bauern und Arbeiter auf Plantagen usw. Manche von ihnen waren aktiver und unternehmungslustiger als die Bevölkerung, unter der sie lebten. Ihnen gelang es, große Vermögen anzuhäufen; man könnte zahlreiche bedeutende chinesische Geschäftsleute nennen, die sich mit den amerikanischen Selfmademen des beginnenden Jahrhunderts vergleichen lassen und die schließlich eine bedeutende Stellung im lokalen Wirtschaftsleben Malayas, Thailands, Burmas und Französisch-Indochinas einnahmen. Um 1936 betrug das Kapital im Besitz von chinesischen Immigraten *(Huaqiao)* in Südostasien schätzungsweise 644 Millionen amerikanische Dollar.

So hat sich in den Überseeländern eine ähnliche chinesische Bourgeoisie wie in den Freihäfen gebildet, die mit den Interessen des Auslands verbunden und mehr oder weniger zur westlichen Lebensweise und zu den westlichen Ideen übergegangen war. Ihr Einfluß und ihre Rolle beim vergeblichen Versuch, in China eine parlamentarische Demokratie einzurichten, waren keineswegs unbedeutend. Sie hat den Republikanern und der »Liga der Verbündeten« *(Tongmenghui)*, die 1905 in Tokyo von Sun Yat-sen (Sun Wen) und Huang Xing gegründet worden war, moralische und finanzielle Unterstützung geleistet. Außerdem hat die Hilfe, die die chinesischen Emigranten aus Übersee ihren Familien in Guangdong und Fujian zukommen ließen, deren Not etwas gelindert.

Der Reichtum und Einfluß eines Teils dieser Siedler und ihre Wucherpraktiken können auch den Neid, das Mißtrauen und die Feindseligkeit der Lokalbevölkerung erklären: die Erlangung der Unabhängigkeit der ehemaligen englischen, französischen und holländischen Kolonien Südostasiens nach dem Zweiten Weltkrieg und die sie begleitenden nationalistischen Regungen waren ihrer Lage abträglich.

Es sei auch erwähnt, daß die Not in den Küstenprovinzen Südchinas eine Emigrationsbewegung nach Madagaskar, Afrika, Zentralasien, Indien, Ozeanien usw. auslöste. Die chinesische Diaspora hat sich über die ganze Welt verbreitet.

Die jüngsten Statistiken über die chinesische Kolonisation in Südostasien sind nicht leicht zu interpretieren, da einerseits die Immigrationsgesetze der betreffenden Länder die Chinesen oft zum Wechsel ihrer Nationalität gezwungen haben und andererseits die Mischehen und Akkulturationserscheinungen die Lage komplizieren. Die offiziellen Zahlen sind deshalb nur Annäherungswerte:

Die Chinesen in Südostasien
(Statistiken von 1958 aus *East Economic Review*, März 1958)

Land	Chinesische Bevölkerung	Prozentsatz im Verhältnis zur Gesamtbevölkerung
Thailand	3 500 000	18
Malaya	3 013 000	44
Indonesien	1 598 000	2
Vietnam, Laos und Kambodscha	1 221 000	4
Singapur	861 000	77
Burma	400 000	2
Sarawak (Nordost-Borneo)	164 000	27
Philippinen	154 000	1
Nord-Borneo	83 000	
Gesamtzahl:	10 994 000	

(Die von V. Purcell für 1960 angeführten Zahlen ergeben eine etwas höhere Gesamtzahl: 11 227 000.)

Der Zerfall der traditionellen Gesellschaft

Die Zentrifugalbewegung, durch die manche ländliche Gegenden zugunsten der Freihäfen und die Küstenprovinzen zugunsten der peripheren Regionen (Nordosten und Südostasien) entvölkert wurden, war von einem Zerfall der chinesischen Gesellschaft begleitet. Nicht nur das Kapital schwand aus den ländlichen Gebieten Innerchinas; auch die tüchtigen Arbeitskräfte verließen diese Regionen. Mit der industriellen Entwicklung der Großstädte, die dem ausländischen Einfluß ausgesetzt waren, verschärfte sich der Gegensatz zwischen Stadt und Land. Die alte Elite hatte starke Bindungen an die Provinz und hielt trotz allem einen gewissen Kontakt mit dem Land aufrecht, um dessen Wohlstand sie sich traditionellerweise einigermaßen sorgte. Dies gilt aber nicht mehr für die Geschäftsbourgeoisie und die Intelligentsia in den Freihäfen: ihre Lebensweise und ihr zutiefst vom Westen beeinflußtes Denken entfremdete sie der Bauernschaft immer mehr und machte sie blind für das – in jeder Hinsicht grundlegende – Problem der chinesischen Landbevölkerung und der Landwirtschaft. Sie verachteten diese Welt des Elends und des Aberglaubens, die für sie die Vergangenheit repräsentierte. Denn der Westen, der für die meisten zum Vorbild geworden war, zeigte sich ihnen als Industrie- und Handelsmacht.

Dieser Graben zwischen der Bauernschaft im Inneren Chinas und den Privilegierten der in den Randgebieten Chinas gelegenen Freihäfen ist nur eines der Charakteristika der ersten Hälfte des 20. Jahrhunderts: man kann sagen, daß es damals zu einer allgemeinen Auflösung der chinesischen Gesellschaft in ihre Bestandteile kam. »Wir sind wie zerstreuter Sand«, sagte einmal Sun Yat-sen, der Gründer der Republik. Die neuen Gruppen, die – begünstigt durch die politische und wirtschaftliche Fremdbestimmung – entstanden, waren heterogen, einander fremd und oft in feindliche Fraktionen aufgespalten. Sie hatten zum Teil einen weniger guten Überblick über die Lage und ein weniger ausgeprägtes nationales Bewußtsein als die alte chinesische Elite. Während Beamten-Literaten der alten Schule wie Zhang Zhidong (1837-1909) in Hunan und Zhang Jian (1853-1926) in der ärmlichen Region von Nantong im Norden des Yangzi-Unterlaufs sich bemüht hatten, durch die Entwicklung der Stahlproduktion und die Schaffung von Textilfabriken und modernen Schulen in ihren Provinzen gegen den ausländischen Einfluß anzukämpfen, verfolgte die neue, aus Handelskreisen ohne Allgemeinbildung hervorgegangene chinesische Bourgeoisie (ehemalige Handelsagenten – *compradores* – der großen ausländischen Gesellschaften oder Kaufleute, die sich durch den Handel mit dem Ausland bereichert hatten) nur egoistische Ziele. Sie litt zwar unter ihrer Abhängigkeit und unter der Konkurrenz der japanischen und westlichen Firmen und war deshalb einer patriotischen Einstellung fähig; aber sie stand dem kolonialen Ausbeutungssystem der Ausländer völlig machtlos gegenüber. Ihre Aktivitäten trugen im übrigen kaum dazu bei, die chinesische Wirtschaft aus ihrer totalen Abhängigkeit zu befreien; außerdem waren die Industrieunternehmen der chinesischen Bourgeoisie aufgrund des Kapitalmangels und der harten Konkurrenz wenig zahlreich. Die wirtschaftlichen und politischen Umstände der Epoche trieben sie dazu, sich Banken- und Spekulationsgeschäften zuzuwenden.

Die in Japan oder in westlichen Ländern ausgebildeten Chinesen waren in der Lage, Urteile zu fällen und Vergleiche zu ziehen, und für das Problem des immer rascheren Niedergangs ihres Heimatlandes offener und empfänglicher. Sie waren patriotischer eingestellt als die Geschäftsbourgeoisie. Das jähe Erwachen der Intellektuellen und der Schuljugend nach dem ersten Weltkrieg – die berühmte 4. Mai-Bewegung 1919 – überraschte durch seine Heftigkeit und sein Ausmaß. Die Intellektuellen und die neuen »Kader« entgingen jedoch der allgemeinen Demoralisierung nicht. Ihre Lebensbedingungen waren äußerst prekär (zahlreiche chinesische Ingenieure waren arbeitslos) und sie hatten keine anderen beruflichen Möglichkeiten als die Politik oder das Unterrichtswesen. Halb entwurzelt, ihrem eigenen Land entfremdet, lebten sie in einer Welt, in der das Gesetz des Dschungels herrschte: denn wenn der soziale Zusammenhalt aufgelöst ist, sind das nackte Überleben oder aber die Bereicherung die einzigen Lebensziele. So kann man teilweise erklären, warum in der chinesischen Intelligentsia die Themen des westlichen bürgerlichen Denkens – die romantische Exaltation des Individuums, der Daseinskampf, die natürliche Auswahl usw. – so großen Anklang fanden. Nach 1927 gewann in den Reihen der chinesischen Intellektuellen jedoch der Marxismus immer mehr Anhänger.

Bleibt das neue chinesische Proletariat: es war das Produkt der Invasion des ausländischen Kapitals und des Elends auf dem Lande. Die Bergwerke, Eisenbahnunternehmen, Docks und die Fabriken der Industriezentren zogen einen Teil der Bauernschaft an und lieferten ihr neue Existenzmöglichkeiten. Dieses Proletariat ist jedoch kaum von der Masse der Personen ohne festes Einkommen zu unterscheiden, die ihren Lebensunterhalt durch die verschiedensten, manchmal unredlichen Beschäftigungen zu bestreiten suchten (Betteln, Spielen, Prostitution, Erpressung, Verbrechen, Opiumhandel usw.). Die Anzahl der Arbeitslosen war beträchtlich. Man hat die Masse der Deklassierten, bei denen es sich um ehemalige Bauern oder entlassene Soldaten handelte, um 1926 auf 20 Millionen geschätzt.

Die Lebensbedingungen des Industrieproletariats in China waren schlechter als die der europäischen Arbeiter zur Zeit der beginnenden Industrialisierung: die tägliche Arbeitszeit betrug zwölf Stunden, es gab keine Beschäftigungsgarantie, keine Kranken- oder Unfallversicherung, dagegen Frauen- und Kinderarbeit usw. Dieses Proletariat, das völlig von den Arbeitsvermittlern abhängig war, kannte bis um das Jahr 1920 keine andere Organisationsform als die traditionellen Vereinigungen zu gegenseitiger Hilfeleistung von Personen aus demselben Dorf oder derselben Region. Wie die nach Südostasien emigrierten Kulis bewahrten die Arbeiter ihre Verbindung zu ihrem Heimatkanton und schickten ihrer Familie einen Teil ihres mageren Lohnes. Erst in den Jahren 1919-1921 begannen sich, begünstigt durch die große patriotische und revolutionäre Bewegung nach dem Friedensvertrag von Versailles, Arbeiterorganisationen zu bilden. Sie wurden jedoch 1927 von Chiang Kai-shek zerschlagen. Die neuen, von der nationalistischen Regierung geschaffenen offiziellen Gewerkschaften, die von der Unterwelt und der Polizei kontrolliert wurden, hinderten das schwache chinesische Proletariat an der Ausübung jeglicher politischen Rolle in den Jahren 1928 bis 1949.

Neben diesen uneinigen Fraktionen muß eine kleine Gruppe von Militärführern und ihren Untergebenen genannt werden, Leuten von im allgemeinen mäßiger Bildung, denen jedoch in der chinesischen Geschichte der ersten Hälfte des 20. Jahrhunderts die Hauptrolle zukommt.

Eine der Hauptursachen für die Ohnmacht Chinas angesichts des ausländischen Drucks und einer der Hauptgründe für sein tragisches Schicksal in der ersten Hälfte des 20. Jahrhunderts war der schon seit dem 10.-11. Jahrhundert traditionelle Rückgriff auf Söldnertum und Berufsarmeen. Die Bauernmilizen, die sich in

Guangdong während der englischen Angriffe der Jahre 1840-1842 gebildet hatten, waren der Ausdruck einer spontanen Reaktion gewesen und ohne Folgen geblieben; denn die politischen Konzeptionen des Qing-Reichs, in dem die militärischen Fragen traditionellerweise Sache der Mandschu-Aristokratie waren, schlossen jede direkte Volksinitiative aus. Ebenso hatten die Freiwilligen-Milizen, die von lokalen Beamten in Hunan, Jiangsu und Anhui anläßlich des Taiping-Aufstandes gebildet worden waren, keinen Wandel in Theorie und Praxis bewirken können. So hatten sich die damals geschaffenen Armeen seit der Schwächung der Zentralregierung zu unabhängigen Kräften entwickelt, die der direkten Kontrolle ihrer Armeechefs unterstanden. Dies führte zu einem Fehlen der Kommandoeinheit, dessen Folgen sich insbesondere während der französischen Angriffe der Jahre 1884-1885 bemerkbar machten, sowie zur Entwicklung autonomistischer regionaler Tendenzen. Die chinesischen Armeen waren daher nicht mehr das Instrument einer allgemeinen Politik, deren erstes Ziel die Verteidigung des Reichs gewesen wäre, sondern relativ autonome und von der Zentralregierung unabhängige Organismen. Mit dem Niedergang des Staates wurden darum die Armeen und ihre Chefs zwangsläufig zu den wahren Herren des politischen Lebens in China. Die Zerrüttung und das politische Vakuum nach dem Vertrag von Shimonoseki und die Entfernung Li Hongzhangs erklären den Aufstieg eines einfachen Militärs wie Yuan Shikai, der um 1900 der Befehlshaber der bestausgerüsteten und besttrainierten Truppen war. Eine Entwicklung, die auf den Taiping-Krieg zurückgeht, machte daher aus den chinesischen Armeen in der ersten Hälfte des 20. Jahrhunderts schließlich parasitäre Fremdkörper, deren Funktion nicht im Kampf gegen den beherrschenden Einfluß und die Aggressionen des Auslands bestand, sondern – im Gegenteil – in der Übernahme einer Rolle in der Innenpolitik, die von keiner anderen Macht mehr ausgeübt wurde.

Was China die Wiedererlangung seiner Einheit und seine Befreiung sowohl von diesen parasitären Fremdkörpern als auch von der Invasion ermöglichen sollte, konnte nur ein abermaliger Rückgriff auf Freiwillige und die Bildung von Bauernmilizen in jedem Dorf und in jedem Landkreis sein. Das war die Rettung vor dem Verlust der nationalen Einheit, die ein Mann wie Wang Tao schon um 1870 im Rahmen der kaiserlichen Institutionen ins Auge gefaßt hatte.

II. KAPITEL
DIE POLITISCHE ENTWICKLUNG IN DER ERSTEN HÄLFTE DES 20. JAHRHUNDERTS

1. Die Epoche Yuan Shikais

Der Untergang des alten Regimes

Die nach der Niederlage von 1894 und nach dem Boxer-Abenteuer sehr geschwächte Qing-Regierung leitete von den Jahren 1901-1903 an eine Reihe von Reformen ein. Sie erinnern an diejenigen, für die Kang Youwei und seine Freunde im Jahr 1898 eingetreten waren: zwischen 1903 und 1906 Schaffung von Ministerien, ab 1908 Veröffentlichung des Staatsbudgets, 1905 Abschaffung der traditionellen Beamtenprüfungen und 1910 Reform des Schulwesens, Einrichtung von Provinzversammlungen (1909), Veröffentlichung eines neuen Kodex, der das Werk des großen Juristen Shen Jiaben (1837-1910) war und von der westlichen Gesetzgebung beeinflußt wurde. Die untergehende Dynastie paßte sich den Zeitumständen an. Sie zeigte, bewogen durch ihren dramatischen Geldmangel, sogar gewisse Ansätze zur Zentralisierung. Es kam zu einer plötzlichen Rückkehr der Mandschu-Aristokratie zur Macht und zu dem Versuch, die einzigen rentablen Unternehmen in den Provinzen in Beschlag zu nehmen. Yuan Shikai, dessen Macht Peking beunruhigte, wurde im Jahr 1907 seiner Funktionen als Armeechef der Nordzone *(Beiyang lujun)* enthoben und zum Außenminister ernannt. Gleichzeitig wurde der Gouverneur der beiden Hu (Hunan und Hubei), Zhang Zhidong, in die Hauptstadt berufen und mußte sein Reich am mittleren Yangzi verlassen. Sheng Xuanhuai (1849-1916), ein korrupter Beamter und ehemaliger Schützling von Li Hongzhang und später von Zhang Zhidong, riß im Jahr 1908 dank japanischer Darlehen die Kontrolle über die chinesische Dampfschiffahrtsgesellschaft und über die Hanyeping-Gesellschaft an sich (Stahlwerke von Hanyang, Eisenbergwerke von Daye in Hubei und Kohlenbergwerke von Pingxiang in Jiangxi, die das Werk Zhang Zhidongs waren). Derselbe Sheng Xuanhuai stand im Mai 1911 an der Spitze der umfangreichen Aktion zur Aufnahme von Anleihen bei ausländischen Banken, zum Rückkauf und zur Verstaatlichung der Eisenbahnen, die in den Provinzen eine sowohl patriotische als auch regionalistische Reaktion auslösen und den Sturz der Dynastie herbeiführen sollte. Das alte Regime war nicht so sehr wegen seines Ungeschicks und seiner Inkonsequenz zum Untergang verurteilt, als vielmehr aufgrund des wirtschaftlichen Zusammenbruchs und der Notwendigkeit, auf die Provinzen Druck auszuüben und »China an das Abendland zu verkaufen«, indem es Anleihen bei westlichen und japanischen Banken aufnahm. Daraus ergab sich ein wachsender Vertrauensverlust bei der ehemaligen Führungsschicht und bei der Bourgeoisie in den Freihäfen, bei den Konservativen und bei den Modernisten.

Zu dieser grundlegenden Ursache seiner Schwäche kam als zweites die Wirkung anti-mandschurischer und anti-monarchistischer Strömungen, die in verschiedenen Kreisen entstanden: in den Kreisen der nach Japan emigrierten Studenten und Intellektuellen, in der neuen Bourgeoisie Südostasiens, in den Geheimgesellschaften Südchinas und Hunans, in den Offizierskreisen der neuen Armeen, die in den von ausländischen Instruktoren geleiteten Militärschulen ausgebildet worden waren. Japan, das seit 1896 als Modell angesehen und seit seinem Sieg über die russische Flotte in Tsushima im Jahr 1905 sehr bewundert wurde, spielte in dieser Entwicklung eine entscheidende Rolle. Denn verschiedene Vereinigungen gewährten dort den politischen Flüchtlingen eine Unterstützung, die allerdings nicht immer ganz selbstlos war. Die wichtigste Strömung unter den Emigranten war die der Anhänger einer konstitutionellen Monarchie nach dem Vorbild Japans. Ihr Wortführer, der ehemalige Reformer Liang Qichao, ein gewandter Schriftsteller, fand in der intellektuellen Elite breites Gehör. Weniger authentisch chinesisch war die von Sun Yat-sen (1866-1925) (dies sein kantonesischer Name, der im Westen bekannter ist als sein Name Sun Wen) vertretene republikanische Richtung. Zum Unterschied von Liang Qichao hatte Sun Yat-sen weder eine klassische Bildung noch eine historische und philosophische Geisteshaltung. Er war ein Entwurzelter, der den größten Teil seines Lebens im Ausland auf der Suche nach moralischer und materieller Unterstützung verbrachte. Sun Yat-sen, der in der Nähe von Macao geboren wurde, in Honolulu aufwuchs und in Hongkong Medizin studierte, trat zuerst als Verschwörer auf, der mit den Geheimgesellschaften von Guangdong verbunden war. Die Vereinigungen, die er im Jahr 1894 (die »Gesellschaft zur Erhebung Chinas«, *Xingzhonghui*) und 1905 (die »Liga der Verbündeten«, *Tongmenghui*) in Tokyo gründete, glichen viel eher Verschwörervereinigungen als echten politischen Parteien. Ihre Aktionen bestanden in Komplotten und Handstreichen, die alle zum Scheitern verurteilt waren. Der berühmteste Aufstandsversuch war der vom 27. April 1911 in Kanton, der 72 Opfer forderte (die »72 Märtyrer«). Die republikanische Ideologie Sun Yat-sens war nicht sehr differenziert: in seinen »drei Prinzipien« *(Sanminzhuyi)* betont er den Nationalismus, die liberale Demokratie und die soziale Gerechtigkeit. Aber verglichen mit der Aktion zählte die Doktrin wenig, und Sun Yat-sens Anhänger (sein Freund Huang Xing, ein Hunanese, der mit den Geheimgesellschaften seiner Provinz und mit den revolutionären Kreisen der neuen Armeen in Verbindung stand, Wang Jingwei, 1883-1944, Hu Hanmin, 1879-1936, Zhang Binglin, 1868-1936) glaubten ganz naiv daran, daß das Heil Chinas in ihren Händen liege.

Das alte Regime brach zusammen, ohne daß die heterogene Gruppe der republikanischen Revolutionäre wirklich dazu beigetragen hätte. Die Revolution von 1911 war nicht eine »bürgerliche« Revolution, wie man behauptet hat, um sie in das Schema einer historischen Entwicklung einzupassen, dessen Modell Europa oder der Marxismus mit seinen fünf Stadien der Menschheit (Urgesellschaft, Sklavenhaltergesellschaft, Feudalismus, Kapitalismus und Sozialismus) liefert; sie war nicht mehr als ein Zwischenspiel im Zerfall der politischen Macht in China. Der Erfolg der Republikaner kam ganz unerwartet: eine Militärrevolte in Wuchang (Hubei) am 10. Oktober 1911 löste eine weite Sezessionsbewegung aus, von der die Mehrzahl der Provinzen erfaßt wurde. Infolge einer Allianz zwischen den Provinzversammlungen und den Militärversammlungen brachen Anfang Dezember Südchina, Zentralchina und Nordwestchina mit Peking. Sun Yat-sen kehrte gerade rechtzeitig aus den Vereinigten Staaten und Großbritannien zurück, um in Nanking zum Präsidenten der Republik gewählt zu werden; er trat sein Amt am 1. Januar 1912 an. Gleichzeitig bot er jedoch Yuan Shikai die Präsidentschaft an für den Fall, daß dieser sich bereit fand, das neue Regime zu verteidigen. Dies zeigt deutlich die extreme Schwäche dieser Republik, der es an militärischer Macht und an Einkünften fehlte. Die Republik war mit Hilfe der Unterstützung von politischen Emigrantengruppen letztlich nichts anderes als die Fortsetzung der ehemaligen Provinzversammlungen der Gentry, die sich nun von der Pseudo-Zentralregierung von Peking befreit hatten. Obwohl die Gentry damit einverstanden war, daß ihre Provinzen in einem nationalen Parlament vertreten sein sollten, waren in Wirklichkeit alle Augen auf Yuan Shikai gerichtet, den einzigen Mann, der über eine gut trainierte und gut ausgerüstete Armee verfügte und im Ausland ein gewisses Prestige hatte. Die Revolution, die praktisch ohne Blutvergießen vor sich ging, war vor allem das Resultat des unvermeidlichen Untergangs einer Dynastie, die sich nur noch durch finanzielle Schröpfung der Provinzen und durch Anleihen bei ausländischen Banken hatte halten können.

Die Diktatur Yuan Shikais

Yuan Shikai, der im Oktober 1911 vom Hof zurückgerufen wurde, nutzte die Wirren, um sich sehr umfassende Entscheidungsbefugnisse geben zu lassen, die er bei seinem Feilschen mit der schwachen Nankinger Regierung einsetzte. Zwei Tage nach der Abdankung von Puyi (Kaiser Xuantong, damals sechsjährig) am 14. Februar 1912 wurde in den Verhandlungen folgendes Resultat erzielt: Yuan Shikai tritt als Präsident der Republik an die Stelle Sun Yat-sens und die Regierung wird nach Peking verlegt. Die Abschaffung der parlamentarischen Institutionen und die darauffolgende Diktatur Yuan Shikais waren das unvermeidliche Ergebnis des damaligen Kräfteverhältnisses. Der republikanischen Koalition, die in Südchina und im Yangzi-Becken siegte, fehlt es nicht nur an militärischer und finanzieller Unterstützung, sondern auch an Zusammenhalt. Sie bestand aus der Provinz-Gentry, die der untergehenden Führungsschicht angehörte, aus Militärkadern, die für die neuen Ideen gewonnen wurden, und aus republikanischen Intellektuellen und Anhängern einer konstitutionellen Monarchie, die sich der Republik angeschlossen hatten. Yuan Shikai verstärkte seine ohnedies sehr ausgedehnten Machtbefugnisse im Laufe der Monate noch weiter. Am 22. März 1913 wurde Song Jiaoren, der Organisator der neuen republikanischen und nationalistischen Partei Guomindang und überzeugter Verteidiger der parlamentarischen Institutionen, im Bahnhof von Schanghai ermordet. Einige Monate später mußten Huang Xing und Sun Yat-sen nach Japan fliehen.

Am 10. Januar 1914 löste Yuan Shikai das Parlament auf. Im Mai wurde eine Verfassung verkündet, die ihm praktisch sämtliche Machtbefugnisse verlieh. Am 1. Januar 1916 restaurierte er die Monarchie in der Absicht, selbst Kaiser zu werden. Es handelte sich natürlich nicht um eine Rückkehr zum alten Regime, dessen Institutionen in der veränderten chinesischen Gesellschaft endgültig der Vergangenheit angehörten. Außerdem waren die regionalistischen Tendenzen und der Druck des Auslands – vor allem Japans – immer noch gleich stark, und die Militärdiktatur war ebenso schwach und gefährdet, wie es die untergehende Dynastie in den Jahren 1901-1911 gewesen war. Im Juli und August 1913 hatten sieben Provinzgouverneure Süd- und Zentralchinas gegen die Bemühungen Yuan Shikais rebelliert, seinen beherrschenden Einfluß auf die Provinzen auszudehnen. Dieser Sezessionsversuch, der in der Geschichte als »zweite Revolution« bekannt ist, wurde von der kleinen Gruppe der Anhänger einer parlamentarischen Demokratie unterstützt, die von den autoritären Methoden Yuan Shikais enttäuscht waren. Die Männer, die Yuan Shikai daraufhin in den zentralchinesischen Provinzen einsetzte – Feng Guozhang in Nanking, Duan Qirui in Anqing (Anhui), Li Zhun in Nanchang – zeigten bald gleichfalls Bestrebungen zum Abfall von ihrem Schutzherrn. Die Bedingungen für eine Zersplitterung der Macht blieben um so günstiger, als Yuan Shikai von Japan unter Druck gehalten wurde und sich, als er diesem Druck nachgeben mußte, ein großer Teil der öffentlichen Meinung gegen ihn wandte. Gleich zu Beginn des ersten Weltkrieges bemächtigte sich Japan der Eisenbahnlinien, Militärbasen und Territorien in Shandong, die bis dahin Deutschland unterstanden hatten. Im Januar 1915 überreichte die japanische Botschaft in Peking Yuan Shikai eine Liste mit 21 Forderungen, die darauf abzielten, aus China ein japanisches Protektorat zu machen. Yuan Shikai mußte den japanischen Einfluß in der Mandschurei, in der Mongolei und in Shandong als fait accompli anerkennen. Er überließ Japan das einzige einigermaßen bedeutende chinesische Industrieunternehmen, die Hanyeping-Gesellschaft mit den Hochöfen von Hanyang, den Eisen- und Kohlenbergwerken von Daye und Pingxiang.

Seit Anfang des Jahres 1916, sechs Monate vor seinem Tod, begannen Yuan Shikais Schützlinge ihm Widerstand zu leisten. Duan Qirui in Nordchina und Feng Guozhang in Nanking traten schon als seine Rivalen auf. Tang Jiyao, der Gouverneur von Yunnan, der seine Stärke der japanischen Unterstützung verdankte, erklärte sich unabhängig. Bald darauf fielen acht Provinzen im Süden und Westen ab. Dies war der Auftakt zur Periode der *Warlords* (Kriegsherren), im Laufe derer zehn der ehemaligen Offiziere der Nordarmee, die von Yuan Shikai protegiert worden waren, zu unabhängigen Militärmachthabern wurden.

2. Die Periode der Warlords

Innenpolitik und ausländische Präsenz

Wie die untergehende Dynastie in den Jahren 1901-1911 konnten sich Yuan Shikai und seine Nachfolger der Jahre 1916-1928 nur mit Hilfe von Anleihen bei ausländischen Bankenkonsortien an der Macht halten. Die Sicherheit der Banken für die Rückzahlung ihrer Darlehen bestand in der Kontrolle der regelmäßigen Einkünfte (Zölle, Salzsteuer, Postgebühren). Diese Darlehen konnten jedoch nur auf der Grundlage von Garantien gewährt werden, die nach Ansicht der ausländischen Nationen die chinesischen politischen Machthaber leisten konnten. So verweigerten die Banken selbstverständlich der schwachen republikanischen Regierung von Sun Yat-sen die Vorschüsse, die sie kurz darauf Yuan Shikai gewährten, der in den Jahren 1912-1916 als der »starke Mann« Chinas galt. Das bedeutendste Darlehen war 1913 gewährt werden: 25 Millionen Pfund Sterling mit einem Anfangsrückbehalt von 4 Millionen und einer vorgesehenen Rückzahlung von ungefähr 68 Millionen zwischen 1913 und 1960. Als Gegenleistung für die Yuan Shikai vorgestreckte Summe erhielt das Konsortium deutscher, englischer, französischer, japanischer und russischer Banken die Kontrolle über die Salzeinkünfte und über das in die chinesischen Banken eingelegte Kapital. Es versteht sich von selbst, daß solche Darlehen niemals einer Regierung gewährt worden wären, die wie die von Sun Yat-sen in Kanton zwischen 1923 und 1925 geleitete Regierung damit drohte, den übermäßigen Privilegien der ausländischen Nationen in China ein Ende zu machen.

Nach dem Ende des Ersten Weltkriegs lebten die Rivalitäten zwischen den Nationen wieder auf, die sich das ehemalige chinesische Reich in Einflußsphären aufgeteilt hatten, und verstärkten die politische Zersplitterung. Dies führte zu einem Aufstieg der von der angelsächsischen Presse *Warlords* genannten unabhängigen Militärgouverneure *(dujun)*, die über eigene Ressourcen und Armeen verfügten. Es kam zu einem komplexen Allianzverhältnis zwischen den Militärmachthabern und zur Entstehung von einander bekämpfenden Militärcliquen. Diese Armeen, die der Zustrom mittelloser Bauern vergrößerte, glichen in bezug auf ihre Ausrüstung (die Westmächte konnten in China am Ende des Ersten Weltkriegs einen Teil ihrer nicht gebrauchten Vorräte absetzen) und ihre Transportmittel (Eisenbahn, Dampfschiff) modernen Truppen, ihrem Benehmen nach jedoch Räuberbanden. Sie lebten bei ihren Verschiebungen von der Landbevölkerung, die sie auf jede Art und Weise plünderten und ausspreßten. Die politischen Waffen der Militärmachthaber waren gegen Außen die List, das Feilschen und unvorhergesehene Kehrtwendungen und gegen Innen Korruption und manchmal Terror. Während der gesamten Periode der *Warlords* verschlechterte sich die innere Lage Chinas unaufhörlich: es litt unter Inflation, Ausbreitung des Banditentums, Desorganisation des Handels und Aufschwung des Opiumanbaus (eine Einnahmequelle mancher *Warlords*). Die chinesische Bauernschaft wurde in manchen Regionen durch Ausbeutung, Krieg und Plündereien auf eine harte Probe gestellt.

Das politische Schachbrett wechselte je nach den Bündniskombinationen zwischen den Kriegsherren und ihren zivilen Alliierten. Auch der Einfluß des Auslands spielte eine Rolle. In den Jahren nach dem Tod Yuan Shikais war die Mandschurei, eine japanische Einflußzone, der Herrschaftsbereich von Zhang Zuolin (1875-1928), dem Chef der Fengtian-Militärclique (Liaoning). Duan Qirui (1865-1936) und Xu Shuzheng (1880-1925) dominierten in Zentralchina und bis Fujian mit der Unterstützung Japans, von dem Duan Qirui im Jahr 1918 eine bedeutende Hilfe erhielt (Nishihara-Darlehen); dies war die sogenannte Anfu-Clique (Anhui-Fujian). Das Yangzi-Tal, das britische Zone war, wurde von der sogenannten Zhili-Clique beherrscht (Cao Kun, 1862-1938, und Wu Peifu, 1872-1939). Großbritannien wachte aber auch über Südchina, dessen politische Situation in Hongkong Auswirkungen haben konnte. Frankreich, das seinen Traum vom Vordringen in den Südwesten noch nicht begraben hatte, unterstützte in Yunnan den ehemaligen Schützling Japans, Tang Jiyao (1882-1927).

Im Juli 1920 wurde die Anfu-Clique von der Fengtian- und Zhili-Clique aufgelöst. Im Winter 1921-1922 führte die Konferenz von Washington, die die japanische Expansion in Ostasien stoppte, zu einer Umverteilung der politischen Kräfte und zu einem bewaffneten Konflikt zwischen Zhang Zuolin, dem Vertreter der japanischen Interessen, und Wu Peifu, dem Schützling Großbritanniens. Der ständige Wandel dieser äußerst instabilen Lage kann hier nicht im einzelnen verfolgt werden. Tatsache ist, daß sie durch die Rivalitäten zwischen den ausländischen Mächten und den Druck ihrer wirtschaftlichen, politischen und militärischen Interessen noch kompliziert wurde.

Von den Anstrengungen Sun Yat-sens zum Sieg Chiang Kai-sheks

Daß die patriotischen Regungen der städtischen Kreise, die Studentendemonstrationen, die Streiks der Arbeiter und der Docker und der Boykott gegen ausländische Produkte unter diesen Umständen keine spürbare und dauerhafte Wirkung haben konnten, ist selbstverständlich. Die Anstrengungen derer, die China vor dem Chaos retten wollten, waren zum Scheitern verurteilt aufgrund der Notwendigkeit, im Ausland eine Unterstützung, die nicht selbstlos sein konnte, und die immer nur vorübergehende Allianz der Kriegsherren zu suchen. So erklären sich die fruchtlosen Versuche Sun Yat-sens.

Sun Yat-sen, der im August 1913 neuerlich in Japan Exil suchen mußte, kehrte im Sommer 1916 nach dem Tod Yuan Shikais nach Schanghai zurück. Er hegte die Hoffnung, die Militärchefs Südchinas für seine Sache gewinnen zu können, und traf im Juli des darauffolgenden Jahres in Kanton ein. Da er sich sehr rasch in seinen Hoffnungen enttäuscht sah, kehrte er 1918 wieder nach Schanghai zurück. Die Schüler und Studenten, die Intelligentsia und ein großer Teil der Bourgeoisie erfaßte heftige Empörung, als am 4. Mai 1919 die Bestimmungen des Friedensvertrages von Versailles bekannt wurden. Ihnen zufolge sollten alle von Deutschland in China erworbenen Rechte und Territorien auf Japan übertragen werden; denn Japan erschien damals den Westmächten als der beste Alliierte gegen das bolschewistische Regime. Die Bewegung, die von der Pekinger Universität ausgegangen war, breitete sich auf alle Großstädte aus. Sie war begleitet von einem Boykott gegen japanische Waren, von Streiks der Seeleute, der Eisenbahner, der Baumwollarbeiter usw. Im Dezember 1920 versuchte Sun Yat-sen die Ereignisse auszunützen, die sich zwei Monate vorher in Südchina abgespielt hatten: einem neuen Militärchef, Chen Jiongming (1875-1933), war es gelungen, die bis dahin allmächtige Jiangxi-Clique aus Kanton zu vertreiben. Sun Yat-sen zog im Triumph in Kanton ein und wurde am 5. Mai 1921 zum Präsidenten dieser lokalen Republik gewählt. Er bemühte sich, dort ein Regime zu errichten, das seinen demokratischen Zielvorstellungen entsprach. Die Feindseligkeit Großbritanniens und der immer offenere Konflikt mit Chen Jiongming zwangen ihn jedoch dazu, abermals seine Heimatprovinz zu verlassen: die Veränderung des politischen Kräfteverhältnisses nach der Konferenz von Washington hatte sich für Sun Yat-sen nachteilig ausgewirkt. Im Juni 1922 kehrte er nach Schanghai zurück und wartete auf eine Änderung der Lage in Kanton, um zu Beginn des darauffolgenden Jahres wieder dorthin zu gehen. Nun fand er außerhalb Chinas einen neuen Verbündeten: die Sowjetunion, die ein Interesse daran hatte, die Position der Westmächte im Fernen Osten zu schwächen. Im Herbst 1923 wurde der zukünftige Schwager Sun Yat-sens, Chiang Kai-shek, der in Japan eine militärische Ausbildung erhalten hatte, in einer Mission nach Moskau geschickt, wo er eine Zeitlang in der Roten Armee Erfahrungen sammelte. Gleichzeitig traf eine sowjetische Delegation (mit Borodin als politischem und Galen als militärischem Berater) in Kanton ein. Im Januar 1924 wurde die nationalistische

Partei (Guomindang) nach dem sowjetischen Modell zu einer zentralisierten, hierarchischen, bürokratischen und allmächtigen Partei umorganisiert, die ihre Kontrolle auf das gesamte Räderwerk des Staates und der Armee ausdehnen sollte. Im Mai 1924 erfolgte mit Hilfe sowjetischer Berater die Gründung der Militärakademie von Huangpu (Whampoa) in einem Vorort Kantons. Aus ihr sollten die Kader einer neuen Armee hervorgehen, die allmählich aufgebaut und unter das Kommando von Chiang Kai-shek gestellt wurde. Im Oktober 1924 sah sich Sun Yat-sen durch eine unerwartete Änderung der Lage in Peking, wo der »christliche General« Feng Yuxiang (1880-1948) an die Macht gekommen war, dazu bewogen, ein Übereinkommen mit dem neuen Beherrscher Nordchinas anzustreben. Nachdem er zu Gesprächen über eine Allianz nach Peking gereist war, starb Sun Yat-sen dort am 12. März 1925.

Schließlich unternahm die Guomindang, die sich dank dem Ausbau ihrer Armee – auf 85 000 Soldaten und 6 000 Offiziere aus der Huangpu-Akademie – in Kanton halten konnte, im Juli 1926 den Nordfeldzug *(beifa)*, den schon Sun Yat-sen so oft geplant hatte. Der Armee schlossen sich bedeutende Streitkräfte der *Warlords* an (von den sechs Armeen, die Chiang Kai-shek befehligte, bestanden fünf aus reorganisierten Warlords-Truppen; die sechste setzte sich aus den neuen Rekruten der Guomindang-Armee zusammen); sie drang ohne große Schwierigkeiten ins Yangzi-Tal ein, zumal sich ihr ein Teil der Lokalarmeen anschloß. Im Februar und März 1927 wurde das gesamte untere Yangzi-Gebiet besetzt.

Nun nutzte Chiang Kai-shek seine Stellung als Armeechef dazu, sich gegenüber der heterogenen Koalition der nationalistischen Regierung eine beherrschende Stellung zu schaffen. Da er sich der Unterstützung der mit den ausländischen Interessen verbundenen Bourgeoisie der Großkaufleute von Schanghai sicher war, brach er mit der Guomindang-Fraktion, die sich in Wuhan am mittleren Yangzi etabliert hatte. Am 12. April 1927 schlug er den Volksaufstand blutig nieder, der angesichts des Anmarsches der Guomindang-Armee in Schanghai ausgebrochen war. Die ausländischen Mächte, die in China Interessen hatten, konnten sich nunmehr gegen jedes Risiko einer Revolution gesichert fühlen; sie waren daher zur Unterstützung des neuen Regimes bereit, das Chiang Kai-shek am 18. April 1927 in Nanking gründete.

3. Das Dezennium von Nanking

Der Erfolg Chiang Kai-sheks beruhte zum Teil auf seiner bemerkenswerten Fähigkeit, sich die Umstände zunutze zu machen, und auf seiner großen taktischen und diplomatischen Begabung, in der er den geschicktesten *Warlords* gleichkam. Die tieferen Gründe seines Sieges liegen jedoch in der Schwäche und der Uneinigkeit seiner Gegner und im spontanen Spiel der wirtschaftlichen und politischen Kräfte, von denen in Wirklichkeit das Schicksal Chinas abhing. Chiang Kai-shek hatte, als er sich mit Hilfe der Unterwelt die Polizeikontrolle über Schanghai sicherte und den Aufstand der großen Hauptstadt der Provinz Jiangsu und wahren wirtschaftlichen Hauptstadt Chinas blutig niederschlug, die wohlwollende Neutralität der großen, in Schanghai angesiedelten ausländischen Gesellschaften und die Sympathie der chinesischen Geschäftsbourgeoisie gewonnen, die der Konflikte zwischen den *War-*

lords müde und durch die revolutionären Tendenzen innerhalb der Guomindang beunruhigt war. Die Mehrheit der Besitzenden schloß sich sogleich der neuen Regierung in Nanking an, da diese fähig schien, die für ihre Geschäfte notwendige Ordnung herzustellen. Die Regierung von Nanking sah sich ihrerseits genötigt, mit den Mächten, die in China bedeutende Interessen hatten, zusammenzuarbeiten; sie wurde dazu durch ihre feindselige Haltung den Revolutionären gegenüber und durch die engen Beziehungen getrieben, die die chinesische Geschäftsbourgeoisie gegen ihren Willen an die großen ausländischen Gesellschaften banden. Sie verdankte als Erbe der *Warlords* – die sie sich zu verbünden oder auszuschalten suchte, was ihr nicht ganz gelang – viel von ihrer Stärke auch der mächtigen zentralisierten Organisation, die in den Jahren 1924-1925 von den sowjetischen Beratern geschaffen worden war: das Einparteien-System sicherte eine absolute Kontrolle über die Regierung, die Verwaltung, die Armee und die politische Polizei und erlaubte Chiang Kai-shek, die Macht fest in der Hand zu behalten. Die ausländischen Mächte waren bereit, diesem starken Regime, das sie so lange herbeigewünscht hatten, die nötigen Mittel für sein wirtschaftliches Gleichgewicht zu gewähren. China gewann zwischen 1928 und 1931 einen Teil seiner Rechte wieder zurück, die die Mandschu-Regierung hatte veräußern müssen: die Anzahl der ausländischen Konzessionen in den Freihäfen sank und die Einnahmen aus der Zoll-, Salz- und Postverwaltung gingen wieder an die Nationalistische Regierung. So verfügte der »Generalissimus« über gegelmäßige Ressourcen, von denen die Seezölle nahezu die Hälfte ausmachten.

Die Einigung Chinas schritt rasch voran: schon 1928 besetzten die nationalistischen Armeen Peking, das in Beiping umgetauft wurde und seinen Titel als Hauptstadt einbüßte. Der Beherrscher der Nordost-Provinzen, Zhang Xueliang, der die Macht von seinem Vater Zhang Zuolin übernommen hatte, schloß sich Chiang Kai-shek an. Im Jahr 1930 stellte Chiang Kai-shek seine Autorität über Nordchina wieder her, die eine Zeitlang durch eine Koalition unter der Leitung des ehemaligen *Warlords* von Shanxi Yan Xishan und des »christlichen Generals« Feng Yuxiang gefährdet gewesen war.

Die Grundlagen und Charakteristika des Nationalistischen Regimes

Chiang Kai-shek erscheint folglich seit Beginn der Periode von Nanking (1927 bis 1937) als der mächtigste der Kriegsherren. Seinen Rivalen hatte er den Vorteil einer festen politischen Organisation (Einheitspartei nach sowjetischem Modell) und einer weniger schlechten finanziellen Grundlage voraus, die er zu konsolidieren suchte, indem er die Bankkreise kontrollierte. Dazu kam das Prestige, das ihm die offizielle Anerkennung durch alle ausländischen Mächte einbrachte. Doch gerade dadurch unterschied sich das Regime von Nanking von demjenigen der *Warlords:* es war enger als seine Vorläufer an die Geschäftsbourgeosie gebunden – was es im übrigen zu seinem Vorteil ausnutzte – und notwendigerweise auch offener für westliche Einflüsse. Die meisten seiner hohen Beamten hatten mit Ausländern Kontakt oder waren im Ausland ausgebildet worden. Trotz seiner laut verkündeten Absichten, die Landwirtschaft zu fördern, kümmerte es sich praktisch nicht um die tragische Lage der Bauern.

Das Nankinger Regime verdankte seine besondere Färbung jedoch auch seiner Epoche: es entstand im Augenblick, als in Italien der Faschismus, in Deutschland der Nationalsozialismus und in Japan der Militarismus aufkamen, während die parlamentarischen Demokratien von der großen wirtschaftlichen Depression Amerikas betroffen wurden und in der UdSSR das bürokratische Polizeisystem unter Stalin herrschte. Chiang Kai-shek, der die revolutionären Bewegungen heftig ablehnte und ein Bewunderer der starken Regime war, bemühte sich, deren Propagandamethoden zu imitieren und einen den Zeitumständen angepaßten »Konfuzianismus« zu verbreiten: die »Bewegung des Neuen Lebens« *(Xinshenghuo yundong)*, eine Art von moralischer Ordnung, verbunden mit dem Konfuziuskult und der Verherrlichung des Gründers der chinesischen Republik. Eine politische Polizei – die »Blauhemden« – hatte die Aufgabe, die Liberalen und die Revolutionäre zu verfolgen.

Das Hauptverdienst Chiang Kai-sheks ist es, eine gewisse politische Ordnung und teilweise die Einheit Chinas wiederhergestellt zu haben.

Die chinesischen Banken waren von Geschäftsleuten gegründet worden, die zuerst der kaiserlichen Regierung und später dem Regime Yuan Shikais und den von den *Warlords* beherrschten Regierungen verbunden gewesen waren. Sie hatten bei der Finanzierung der Kriegsausgaben eine entscheidende Rolle gespielt; dadurch bildeten sie eine Art von relativ unabhängiger Macht, die Chiang Kai-shek bei seinem Staatsstreich zum Vorteil gereicht hatte. Damals war ihre Macht aufgrund des Kapitalabflusses aus dem Inneren des Landes in das große wirtschaftliche Zentrum Schanghai, wo sich die Bankeinlagen zwischen 1921 und 1932 um 245 % erhöhten, in voller Entwicklung begriffen. Die Anzahl der chinesischen Banken in der großen Hauptstadt hatte sich von 20 im Jahr 1919 auf 34 im Jahr 1923 und auf 67 im Jahr 1927 erhöht; 1937 waren es schon 164. Sogleich nach ihrer Etablierung in Nanking zwang die Guomindang jedoch dem Banksektor eine immer engere Zusammenarbeit auf; als Gegenleistung für die von ihr zur Deckung ihres Defizits und für die Sicherung ihrer Finanzen von den Banken geforderte Unterstützung gestand sie ihnen große Vorteile zu und erleichterte ihnen die Spekulationsgeschäfte noch mehr. So bildete sich eine Art von Staatskapitalismus, der es der nationalistischen Regierung ermöglichte, jederzeit die Unterstützung der Geschäftskreise in Anspruch nehmen und den allzu unabhängigen Kapitalisten ihren Willen aufzwingen zu können. Bald schon wurden die gesamten Finanzen des Regimes von einigen Großbankiersfamilien beherrscht, die eng mit der Nankinger Regierung verbunden waren: den Song (T. V. Song: Song Ziwen, Absolvent der Harvard-Universität und Schwager Chiang Kai-sheks), den Kong (H. H. Kung: Kong Xiangxi aus einer Geschäftsfamilie aus Shanxi), den Chen (Chen Guofu und seinem Bruder Chen Lifu, die aus der Geschäftsbourgeoisie von Jiangsu stammten). In den Jahren 1934-1935 profitierte die Guomindang-Regierung von zahlreichen Bankkrachs. Sie waren die Folge von massiven Silbereinkäufen, welche die USA im Winter 1933/1934 beschlossen hatten, um ihren Druck zu verstärken. Dank der Verstaatlichung des Silbers am 3. November 1935 stabilisierte sich der chinesische Dollar, die von der nationalistischen Regierung ausgegebenen Banknoten wurden überall angenommen und die Preise hörten auf zu steigen. Zu diesem Zeitpunkt wurde der

Geldmarkt von vier Staatsbanken beherrscht: ihre Hauptfunktion war es, die Kriegsausgaben und das Defizit der Staatskasse durch die Emission von Schatzscheinen zu finanzieren, deren Zinsen zwischen 20 % und 40 % schwankten und deren Hauptnutznießer Regierungsbeamte waren.

Selbst wenn sie unter dem Regime litten – was vor allem bei der neuen Bourgeoisie, die Banken und Industrieunternehmen besaß, der Fall war –, waren die besitzenden Klassen insgesamt zufrieden mit einer Ordnung, die ihre Privilegien nicht in Frage stellte. Auf dem Lande führte die Nankinger Regierung keinerlei grundlegende Reform des Pacht- oder Steuersystems durch. Die armen Bauern waren deshalb weiterhin die Opfer einer Lage, die durch ihre Verkettung von Ursache und Wirkung als unvermeidlicher Fluch erscheinen mochte: die allzu große Anzahl der zu ernährenden Personen, die extreme Aufsplitterung des Bodens (1,3 Hektar pro Familie), sein geringer Ertrag trotz härtester Arbeit und die Last der Steuern waren daran schuld, daß der geringste Besitzunterschied zum Mittel der Ausbeutung durch Wucher und Pacht wurde. Alles trug dazu bei, den größten Teil der Bevölkerung weiterhin in tiefstem Elend zu lassen.

Die japanische Invasion der Mandschurei und die Entwicklung der Roten Armee

Die Hauptziele Chiang Kai-sheks waren einerseits die Ausdehnung und die Aufrechterhaltung seiner Kontrolle über die Partei und den gesamten Staatsapparat, die Armeen, die Polizei, die Finanzen, und andererseits die Errichtung einer starken Militärmacht für das neue Regime. Die Hälfte der Staatsausgaben wurde für die Ausrüstung der Armeen und für den Kampf gegen die unabhängigen *Warlords* verwendet. Bald tauchte jedoch ein anderer Feind auf: die von rebellierenden Kommunisten geleiteten Bauernvereinigungen, die südlich des Yangzi entstanden, und anschließend die ländlichen Sowjets, die im Süden der Provinz Jiangxi in der Region von Ruijin geschaffen wurden. Zwischen 1931 und 1934 leitete Chiang Kai-shek eine Reihe von Feldzügen gegen die Sowjetrepublik von Ruijin; durch den fünften und letzten, den deutsche Berater und ausländische Darlehen unterstützten, wurden die Kommunisten schließlich aus dieser Region vertrieben.

Zu Beginn dieser ersten Periode fand ein für die Geschichte des modernen China entscheidendes Ereignis statt: die Invasion und Besetzung der Nordost-Provinzen durch Japan in den Jahren 1931-1932. Chiang Kai-shek, der sich ganz dem Kampf gegen die »kommunistischen Banditen« widmete, nahm den Verlust dieser schon lange vom japanischen Kapital durchdrungenen Territorien, deren *Warlords* häufig mit Japan zusammengearbeitet hatten, als unvermeidliches Ereignis hin. Vor allem aber wären die im Aufbau befindlichen Guomindang-Armeen bei einem direkten Zusammenstoß mit den gut trainierten und gut ausgerüsteten Truppen der Eroberer sicherlich unterlegen. Ein Konflikt hätte für ein Regime, das sich eben erst zu konsolidieren begann, verhängnisvoll werden können. Die wirtschaftliche Macht Japans sollte durch die Besetzung dieser Territorien, die größer als Frankreich sind und nahezu 40 Millionen Einwohner zählten, gute Häfen, Kohlenbergwerke und das dichteste Eisenbahnnetz ganz Ostasiens hatten, beträchtlich gestärkt werden. Japan gewann dadurch eine ausgezeichnete strategische Basis für die Eroberung Chinas und zwang die nationalistische Regierung dazu, angesichts seines Vormarsches in Nordchina eine zögernde Haltung einzunehmen und zurückzuweichen.

Wegen ihrer Bedrohung des Regimes von Chiang Kai-shek und ihrer Auswirkungen auf das politische Leben Chinas muß die japanische Invasion der Mandschurei als das wichtigste Ereignis dieser Geschichtsperiode bezeichnet werden.

Das nationalistische Regime, das durch die Logik der Dinge dazu geführt wurde, seine reaktionären Optionen zu bekräftigen, sollte durch seine Angriffe gegen die Liberalen und Revolutionäre den Erfolg der radikalsten Tendenzen begünstigen. Es ist in der Tat bemerkenswert, daß auf den Aufschwung der verschiedenartigsten politischen und geistigen Strömungen, die während der chaotischen Periode der *Warlords* ihren Ausdruck gefunden hatten, von 1928 an eine Periode folgte, in der das Übergewicht der Kommunisten in der politischen Opposition und des Marxismus im geistigen Leben immer stärker wurde. Die von der nationalistischen Regierung angesichts der japanischen Invasion eingeschlagene Taktik des Hinauszögerns und der patriotische Kampf der Roten Armee und der Bauernmilizen trieb die ständig wachsende Masse der Oppositionellen schließlich in die Reihen der Kommunisten.

Ihr Enderfolg hat dazu geführt, daß man den Kommunisten nachträglich eine Bedeutung beimißt, die sie zum Zeitpunkt der Gründung ihrer Partei und während der Periode von Kanton in den Jahren 1923-1926 bei weitem nicht besaßen. Diese kleine politische Gruppierung wurde im Jahr 1921 von ein paar wenigen Intellektuellen gegründet, die die Arbeiterbewegung in den Freihäfen organisieren und fördern wollten. Die kommunistische Partei hätte nie gesiegt, wäre sie den Normen, die ihr von den sowjetischen Beratern aufgezwungen wurden, und den Direktiven aus dem fernen Moskau treu geblieben, wo man über die Realität in China überhaupt nicht Bescheid wußte. In dieser ersten Periode herrschten vorgefaßte Konzeptionen sowie die feststehende Idee vor, daß es nur einen einzigen Weg gebe, der zur Revolution führen könne: den Weg Rußlands. Die Grundlage der kommunistischen Orthodoxie war ein absoluter Glaube an die revolutionäre Berufung des Proletariats, verbunden mit einem tiefen Mißtrauen den Bauern gegenüber. Daraus ergab sich die Notwendigkeit einer vorübergehenden Allianz der kommunistischen Partei mit der nationalen Bourgeoisie der Guomindang, so lange bis in China die bitteren Früchte des Industriekapitalismus reifen würden. Diese Politik mußte ja die Zerschlagung der kommunistischen Partei und das Massaker der Arbeiterführer zur Folge haben. Nun aber sollte sich in den ländlichen Gebieten eine revolutionäre Bauernbewegung bilden, die den sowjetischen Direktiven zuwiderhandelte und mit der bekundeten Orthodoxie im Widerspruch stand. Anstelle des einer alten westlichen Tradition entsprechenden plötzlichen städtischen Aufstands, der der Oktoberrevolution den Sieg eingetragen hatte, begann in China eine langsame Einschließung der Städte vom Land aus.

Die wichtigsten Führer der Bauernvereinigungen und der ländlichen Sowjets, die nach 1927 entstanden, unterschieden sich hinsichtlich ihrer Herkunft und Ausbildung kaum von den ersten Führern der chinesischen kommunistischen Partei (Chen Duxiu, 1879-1942, hatte in Japan und Frankreich studiert; Li Dazhao, 1888-1927, war in einer Militärschule der Armeen der Nordzone und anschließend in Japan ausgebildet worden). Zhou Enlai (1898?-1976), der aus einer kleinen Beamtenfamilie stammte, war in Japan, Frankreich und Deutschland gewesen; Zhu De (1886 bis 1976) hatte in Göttingen und Berlin studiert. Der einzige, der China nie verlassen hatte, war Mao Tse-tung (1893-1976). Er stammte aus einer wohlhabenden Bauernfamilie aus der Umgebung von Changsha in Hunan und hatte seine ganze Jugend in seiner Heimatprovinz verbracht. Die kommunistische Bewegung, die nun weit entfernt vom künstlichen Milieu der dem westlichen Einfluß ausgesetzten Großstädte war, sollte wieder an die echtesten revolutionären Traditionen der chinesischen Welt anknüpfen. An die Stelle der Theorie trat die Praxis, an die Stelle der abstrakten Überlegung die intuitive Erkenntnis der engen Verbindung zwischen dem Ausbeutungssystem auf dem Lande und der politischen Herrschaft der Bourgeoisie in den Freihäfen, die ihrerseits wieder untrennbar mit dem beherrschenden Einfluß des ausländischen Kapitals in Zusammenhang stand. Um diesen Teufelskreis zu durchbrechen, mußte das ländliche China, Opfer der doppelten Unterdrückung durch das ausländische Kapital und die chinesische Bourgeoisie, über die Welt der Städte siegen. Zur Erreichung dieses Ziels waren eine feste Leitung und eine unbezähmbare Energie nötig, die alle von den Umständen erzwungenen taktischen Notwendigkeiten bewältigten. Zuerst wurde während des Kampfes mit dem Nationalistischen Regime in den Jahren 1927-1934 der Akzent auf die soziale Gerechtigkeit, später auf den patriotischen Kampf gegen den japanischen Aggressor gelegt. Im Kampf mußten sich die für die Führungspositionen geeignetsten Männer stählen. Unermüdlich mußte die Unterweisung und Indoktrinierung fortgesetzt werden. Neben einer typisch chinesischen Abneigung gegen Abstraktionen und Theorien erklärt dies den im wesentlichen praktischen Charakter des kommunistischen Denkens in China und seine scheinbare Schwäche in den Augen des Westens.

4. Von der japanischen Invasion zur Gründung der Volksrepublik

Der Beginn der großen japanischen Invasion von den Nordost-Provinzen aus im Juli 1937 und die ohne Vorwarnung erfolgte Bombardierung von Schanghai im August eröffneten die Periode des endgültigen Niedergangs des Nationalistischen Regimes und des Aufschwungs der Widerstandsbewegung gegen Japan.

Die Epoche von Chongqing

Ende 1937 zog sich die Guomindang-Regierung nach Hankou und anschließend nach Chongqing ins ferne Sichuan, jenseits der Yangzi-Schluchten, zurück, während die japanischen Armeen alle Provinzen im Osten und Norden des Gelben Flusses, das gesamte Yangzi-Tal bis zum Dongting-See und alle Großstädte im Osten der Linie Zhengzhou-Kanton besetzten. Die Invasion und die anschließenden Feldzüge lösten panische Reaktionen und Bevölkerungsflucht aus. Vom Ende des Jahres 1938 bis Mitte 1939 stieg die Einwohnerzahl von Chongqing, dieser alten Provinzstadt, die von der japanischen Flugwaffe hartnäckig angegriffen wurde, von 200 000 auf über eine Million an. Für das Regime bedeutete der Rückzug nach Chongqing einen krassen Bruch: es wurde plötzlich seiner Haupteinnahmequellen beraubt, der Zölle und Steuern aus den von den Japanern besetzten Regionen; es war von der großen Wirtschaftsmetropole Schanghai, von den Bankkreisen und dem internationalen Milieu abgeschnitten, die sein politischer Rückhalt und seine Klientel gewesen waren. Dieser Rückzug ins Innere Chinas hatte für seine Entwicklung maßgebliche Folgen. Es verfügt nur mehr über das von den chinesischen Banken dorthin überführte Kapital und über die anfänglich begrenzte Hilfe durch die ausländischen Nationen, vor allem durch die Sowjetunion, die die bäuerlichen Kommunisten bis zu deren Endsieg nicht zur Kenntnis nahm (ihre Hilfe betrug zwischen 1937 und 1939 250 Millionen amerikanische Dollar), die Vereinigten Staaten, Großbritannien und Frankreich. Nach dem japanischen Angriff auf Pearl Harbour vom 7. Dezember 1941 erhielt China von seiten der USA eine substantielle Unterstützung. Sicherlich ist die amerikanische Hilfe von über zwei Milliarden Dollar im Laufe des zweiten Weltkriegs – wozu in den Jahren 1945-1949 nochmals zwei Milliarden kamen – im Vergleich zu den 50 Milliarden, die die gegen Deutschland und seine Alliierten kriegführenden Staaten von den USA empfingen, verhältnismäßig gering. In einer so elenden Wirtschaftslage wie im nationalistischen China von Chongqing stellte diese Summe jedoch eine enorme Unterstützung dar. Sie sicherte dem Regime das Überleben, hatte aber auch korrumpierende Auswirkungen.

Mit der Entstehung einer enormen Bürokratie und einer hypertrophen Armee, deren Bestände eine Zeitlang fünf Millionen Soldaten betrugen, verstärkte sich das parasitäre Wesen des Systems. Es suchte den leichten Ausweg der Inflation, die zu einem immer rascheren Preisanstieg und zu einem schnellen Wertverfall des chinesischen Dollar führte. Schon 1944 hatte er nur mehr ein Fünfhundertstel seines Werts kurz vor Beginn der japanischen Invasion. Durch diesen Währungszusammenbruch, die Hilfe von außen und eine mit ihren Basen, ihrer Luftwaffe, ihren Depots, Transportmitteln und Funkeinrichtungen stärkeren amerikanischen Präsenz denn je wurden die Spekulation, die Klüngelwirtschaft und die Korruption begünstigt. Ein Teil der ehemaligen Privilegierten, die kleinen Kader des Regimes, die Lehrerschaft, kurz, alle, deren Lage es nicht erlaubte, sich durch Ungesetzlichkeiten zu bereichern, lebten in Armut und wandten sich immer mehr vom Regime ab.

Diese Haltung wurde durch den geringen Erfolg der militärischen Operationen und durch die beharrliche Feindseligkeit bestärkt, die Chiang Kai-shek den gegen die japanischen Aggressoren kämpfenden kommunistischen Partisanen entgegenbrachte. Die Soldaten und Kader der chinesischen Sowjetrepublik in Jiangxi, die in den Einkreisungsfeldzügen der Jahre 1931-1934 dezimiert worden waren, zogen sich im Oktober 1934 nach Westen zurück und marschierten über die Bergketten von West-Sichuan nach Nord-Shenxi. Die Teilnehmer des »Langen Marsches« *(changzheng)* über 12 000 Kilometer, dieses großen Epos des chinesischen Kommunismus, wurden durch die sie verfolgenden nationalistischen Armeen gezwungen, sich durch die unwirtlichsten Regionen einen Weg zu bahnen. Nahezu 100 000 waren aufgebrochen, aber nur 7 000 bis 8 000 gelangten ans Ziel. Die Überlebenden machten Yan'an zum Zentrum einer neuen Sowjetbasis, von der aus der Kampf gegen den japanischen Besatzer organisiert und ständig neue Partisanen in der Bauernschaft rekrutiert wurden. Chiang Kai-shek, der 1936 gezwungen wurde, mit den Kommunisten zusammenzuarbeiten, startete zwei Jahre später eine große Offensive gegen die revolutionären Basen im Nordwesten; nur mit Widerwillen und Zurückhaltung akzeptierte er unter dem Druck der USA das Prinzip der Einheitsfront im zweiten Weltkrieg.

Der Bürgerkrieg der Jahre 1946-1949

Die Kapitulation Japans im August 1945 änderte jedoch plötzlich die Probleme grundlegend und schien dem Regime Chiang Kai-sheks neuen Auftrieb zu geben. Die Wiedereroberung eines Teils der von den japanischen Armeen evakuierten Gebiete, die Rückkehr nach Nanking, die offizielle Anerkennung des Nationalistischen China als einen der Sieger des zweiten Weltkriegs und als Teilnehmer an den internationalen Konferenzen lösten für einen Augenblick eine euphorische Stimmung aus. Das Regime, das von allen Nationen unterstützt wurde und über große, durch die Vereinigten Staaten sehr gut ausgerüstete Armeen verfügte, mußte sich nun nur mehr endgültig von den »kommunistischen Banditen« befreien. So kam es im Jahr 1946 zu einem der größten Bürgerkriege der modernen Geschichte.

Die kampfbereiten Feinde unterschieden sich radikal voneinander. Die großen Heere des klassischen Typs, die wie Parasiten von der Bevölkerung lebten und das Land plünderten und ausbeuteten, standen im Gegensatz zu den dreimal weniger zahlreichen Bauernmilizen, die mit der anonymen Masse der Landbevölkerung verschmolzen und einen Abnutzungskrieg mit Handstreichen und lokal beschränkten Operationen führten. Die Niederlage Japans war für sie weniger vorteilhaft als für die Guomindang-Armeen, die über gute Transportmöglichkeiten verfügten. Sogar im Nordosten, wo sich die Kommunisten im Laufe ihres Untergrundkampfes gegen die japanischen Besatzer festgesetzt hatten, konnten sich die nationalistischen Truppen zum Zeitpunkt, als die Armeen der Sowjetunion sich nach der Demontage und dem Abtransport der Fabriken dieser Industriezone nach Westen zurückzogen, der wichtigsten Zentren bemächtigen. Die Nationalisten hatten jedoch eher scheinbare als reale Vorteile: ihre Kommunikationslinien waren zu weitläufig und ihre Armeen hielten nur die Städte besetzt. Das Regime hatte seine Fehler nicht korrigiert. Je länger die Kämpfe dauerten und je mehr sich die taktische Überlegenheit der Kommunisten offenbarte, die sich auf dem Lande durch ihre Politik der Landverteilung populär gemacht hatten, desto stärker wurde es von einer immer tiefergreifenden Demoralisierung unterminiert. Aus diesem Grund schwenkte nach den ersten bedeutenden Siegen der Roten Armee fast die gesamte öffentliche Meinung zugunsten der Kommunisten um. In der Mitte des Jahres 1947 ging die Rote Armee im Nordosten zur Offensive über, indem sie die Guomindang-Streitkräfte isolierte. Im Jahr 1948 eroberte sie Luoyang und Kaifeng in Henan und Jinan in Shandong. Nun begann die letzte Phase ihrer Offensive: der Aufmarsch bedeutender Einheiten, deren Bewaffnung zur Gänze aus Kriegsbeute bestand und die teilweise aus Deserteuren gebildet wurden, die mit ihrer ganzen Ausrüstung zum Feind übergelaufen waren. Während der Offensive vom September und Oktober 1948 wurde der gesamte Nordosten erobert, und die Nationalisten verloren 400 000 Mann, darunter einen Teil ihrer besten Truppen. Die Entscheidungsschlacht fand im Winter 1948/1949 in der Region von Xuzhou (Nord-Jiangsu) statt. 550 000 Soldaten der nationalistischen Armeen wurden außer Gefecht gesetzt. Die kommunistischen Truppen, die in Peking und Tianjin eingezogen waren, erreichten im Mai Schanghai, im Oktober Kanton und im November Chongqing. Während die nationalistische Regierung in Taiwan Zuflucht suchte, wurde am 1. Oktober 1949 die chinesische Volksrepublik ausgerufen.

Man hat die Ansicht vertreten, daß das Nationalgefühl die große Antriebskraft in der Geschichte des modernen China gewesen sei. Dies gilt aber eigentlich nur für die letzte Periode, die Periode des Kampfes gegen den japanischen Besatzer. Solange der chinesische Patriotismus nicht über das einzige Mittel verfügte, mit Hilfe dessen er seinen Ausdruck finden konnte – eine von ausländischen Interessen unabhängige Volksarmee – blieb er ein ohnmächtiges Wunschdenken, das vor allem die Schuljugend und die Intelligentsia verkörperten. Im Laufe des Kampfes gegen die japanischen Eroberer hatte sich in den von Japan besetzten Gebieten der Zusammenschluß zwischen den Bauern und den Soldaten der Roten Armee gefestigt. Daraus schöpfte die Befreiungsbewegung ihre Stärke, ihre Erfolge und die sehr weitreichenden Sympathien, die ihr zuteil wurden. Die Kluft zwischen der politischen Agitation der ersten dreißig Jahre des 20. Jahrhunderts einerseits und der Organisation der Bauernsowjets von Jiangxi und der Periode von Yan'an andererseits ist so groß wie diejenige zwischen Traum und Realität, zwischen der Verzweiflung der Intellektuellen, die im Wust der importierten Ideen nach Heilslehren suchten, und der Sicherheit der Kämpfer, die mit der Masse der Landbevölkerung wieder Kontakt aufgenommen hatten und dabei Herren der Lage blieben.

III. KAPITEL
DIE PHILOSOPHISCHE UND LITERARISCHE ENTWICKLUNG

Während der westliche Einfluß im 19. Jahrhundert in diffuser Weise gewirkt und eine Art konfuzianischer und orthodoxer Reaktion ausgelöst hatte, wird in der ersten Hälfte des 20. Jahrhunderts die gesamte Geistesgeschichte Chinas von den Beiträgen aus dem Westen beherrscht. Man darf jedoch die Bedeutung dieses Phänomens nicht mißverstehen: dieses massive Eindringen von Traditionen, die China fremd waren, ist nur einer der Aspekte der Fremdbestimmung der chinesischen Welt. Außerdem kann es nicht von den anderen Aspekten dieser Periode der Demütigung und der Zerrüttung isoliert werden. Die chinesische Intelligentsia litt an einem Minderwertigkeitskomplex, den die China zugefügte Schmach nährte: der Vertrag von Shimonoseki, die Besetzung der »Pachtgebiete«, das Boxer-Protokoll, die Anleihen, für die die einzigen regelmäßigen Einnahmen Chinas verpfändet wurden, die Konzessionen von Eisenbahnlinien an die Ausländer, die Abtretung der ehemaligen deutschen Besitzungen in Shandong an Japan im Friedensvertrag von Versailles, das Feuer, das die Polizei der Konzessionen in Schanghai am 30. Mai 1925 (13 Tote) und am 23. Juni 1925 in Kanton (52 Tote) auf chinesische Demonstranten eröffnete, die Besetzung des Nordostens durch Japan usw., von den tagtäglichen Erniedrigungen gar nicht zu reden, die die Chinesen von seiten der Ausländer erdulden mußten. Das geistige Leben dieser Periode ist eng mit der politischen Geschichte verbunden.

Das Eindringen der westlichen Ideen, das auf philosophischem Gebiet schon zu Beginn des 20. Jahrhunderts erkennbar war, verstärkte sich, als die alten Bildungsschichten untergingen und als eine in Japan, in den USA und in Europa oder aber in China selbst in den Schulen und Institutionen mit ausländischen Lehrern ausgebildete Intelligentsia entstand. Zahlreiche chinesische Intellektuelle – und mit ihnen die Schuljugend –, die mehr oder weniger zum westlichen Lebensstil übergegangen waren und in den Freihäfen lebten, wo aufgrund der ausländischen Präsenz ein künstlicher Wohlstand herrschte, gelangten zur Überzeugung, daß die Rettung Chinas in der totalen Verwerfung aller seiner Traditionen und in der systematischen Nachahmung des Westens liege. Dies führte zu einem großen Wissensdurst und einem anarchischen Brodeln von Ideen und Theorien. Alles, was als geistiges Stückgut und zufällig aus dem Westen kam, wurde begeistert aufgenommen. Es ist jedoch unmöglich, innerhalb von ein paar Jahrzehnten ein ganzes geistiges Erbe kennenzulernen: wenn einmal die Anziehungskraft des Fremdartigen und die vorübergehende Begeisterung vorbei sind, stellt man fest, daß alles durch das autochthone Prisma angesehen worden ist. Es gab wohl kaum eine Entlehnung, die nicht als Fortsetzung von eigentlich chinesischen Geistesströmungen betrachtet werden kann.

In der Geistesgeschichte der ersten Hälfte des 20. Jahrhunderts lassen sich leicht drei Perioden unterscheiden, die den Etappen der politischen Geschichte entsprechen. Die erste reichte von rund 1900 bis zum Untergang des Kaiserreichs; sie war gekennzeichnet durch eine Bemühung um Anpassung, die ein Widerhall der – damals besonders erfolgreichen – mehr oder weniger radikalen reformerischen Tendenzen war. Die berühmtesten Intellektuellen dieser Epoche gehörten noch den im Verschwinden begriffenen alten Bildungsschichten an. Die zweite Periode dagegen war eine Periode der tiefen Zerrüttung und der Sturzflut westlicher Ideen in die chinesischen Freihäfen. Diese erstaunliche geistige Aktivität beruhigte sich allmählich in der letzten Periode, die der Diktatur Chiang Kai-sheks entsprach: der romantische Individualismus und die aufdringliche Nachahmung des bürgerlichen Westens wichen dem langsamen, aber sicheren Vordringen des Marxismus. Die Kunst und die Literatur traten in den Dienst der Revolution.

Der Einfluß Japans und die Entdeckung des Evolutionismus

Die politische, philosophische und literarische Bewegung der ersten zehn Jahre des 20. Jahrhunderts waren durch Tendenzen zum Synkretismus gekennzeichnet. In dieser Epoche dominierte ein mehr oder weniger radikales Reformertum, dessen Anhänger und Interpreten noch der untergehenden Klasse der alten Literaten des Kaiserreichs angehörten. Die bedeutendsten Denker konnten nicht verstehen, daß das tragische Schicksal ihres Landes seit dem Vertrag von Shimonoseki, der Aufteilung Chinas in Einflußsphären und dem Boxer-Krieg besiegelt war; sie glaubten, daß der japanische Weg – ein Kompromiß zwischen Tradition und Modernisierung – noch möglich sei. Diese Illusion stammte wohl daher, daß die politischen Institutionen noch nicht zusammengebrochen waren und daß es noch ein inneres China gab. Für die Reformer aller Tendenzen und jeder Herkunft erschien damals Japan, das China geographisch und kulturell nahe ist, auf allen Bereichen als Vorbild: Erziehung, Armee, Institutionen, öffentliche Moral. Der japanische Einfluß wurde durch die große Anzahl von chinesischen Studenten, die in den japanischen Universitäten, technischen Schulen und Militärakademien ihre Ausbildung vervollkommneten – man schätzt ihre Zahl im Jahr 1906 auf ungefähr 15 000 –, durch die Aufnahme der politischen Flüchtlinge von seiten verschiedener japanischer Vereinigungen und der Meiji-Regierung – schon 1898 war zur Ausweitung des japanischen Einflusses in Ostasien die *Tōa dōbunkai*, die »kulturelle Vereinigung Ostasiens« gegründet worden – und durch das erhöhte Ansehen Japans nach seinem Sieg über die russischen Armeen und Flotten im Jahr 1905 verstärkt. Damals lernten die chinesischen Studenten die westlichen literarischen und philosophischen Werke zumeist in japanischen Übersetzungen kennen.

Die republikanischen Revolutionäre und Verschwörer, die ebenfalls in Japan gefördert wurden, stellten nur eine minderheitliche und marginale Strömung im Untergrund dar. Den größten Widerhall in den intellektuellen Kreisen und bei der Jugend fanden dagegen die Reformer, die für eine konstitutionelle Monarchie nach japanischem Modell eintraten. Ihr Wortführer war Liang Qichao, der beste Schriftsteller jener Zeit. Er war nach dem Scheitern der Hundert-Tage-Reform 1898 nach Japan geflohen und hatte dort eine unermüdliche Tätigkeit entfaltet: mit seinen Presseartikeln, Pamphleten und anderen Werken, in denen er die Ursachen von Chinas Verfall analysierte und die neuen Ideen seiner Epoche – Evolutionismus, Liberalismus, Unternehmungsgeist, Wissenschaftsgläubigkeit usw. – der chinesischen Tradition anpaßte, versuchte er seine Landsleute aufzupeitschen. Es sei nötig, einen neuen Menschen zu schaffen, denn das Übel rühre daher, daß man sich an die Erniedrigungen gewöhnt habe. An die Stelle der Milde, der Unterwürfigkeit, der

Toleranz, der traditionellen, an eine bestimmte untergegangene und überholte Zivilisation und an ein ebenfalls überholtes politisches System gebundene Moral müßten der Wettbewerbsgeist, der Kampfgeist, der Nationalismus und die Unnachgiebigkeit treten, das heißt, alle Eigenschaften, die die westlichen Nationen und Japan besaßen.

Dieses Bestehen auf der Notwendigkeit einer tiefgreifenden Umwandlung der öffentlichen Moral findet sich auch bei einem Zeitgenossen Liang Qichaos: dem aus Fujian stammenden Yan Fu (1853-1921). Nachdem er eine klassische Bildung genossen hatte, studierte Yan Fu an der Schule des Arsenals von Fuzhou, wo er Englisch lernte und eine technische und wissenschaftliche Ausbildung erhielt. Während eines Aufenthalts in Großbritannien in der Royal Navy entdeckte er die Werke von Darwin und Spencer. Er interessierte sich auch für das britische Recht und die britische Verwaltung. Nach seiner Rückkehr nach China in den letzten Jahren des 19. Jahrhunderts wurde er zu einem der ersten Übersetzer der englischen evolutionistischen Philosophen. Seine Übersetzung von *Evolution and Ethics (Tianyanlun)* von T. H. Huxley im Jahr 1898 machte ihn plötzlich bekannt; zwischen 1900 und 1910 folgten eine Reihe weiterer Übersetzungen: *The Study of Sociology (Qunxue siyan)* von H. Spencer, *Wealth of Nations (Yuanfu)* von Adam Shmith, *On Liberty (Qunjiquan jielun)* von Stuart Mill, *L'Esprit des lois (Fayi)* von Montesquieu.

Yan Fus in einem gepflegten, an literarischen Anspielungen reichen, manchmal schwerverständlichen klassisch-chinesischen Stil geschriebenen Übersetzungen sind mit persönlichen Kommentaren versehen. Sie übten einen beträchtlichen Einfluß aus und setzten die Idee durch, daß die natürliche Auswahl und der Daseinskampf Gesetze sind, denen nicht nur Tiergattungen, sondern auch Nationen unterworfen seien. Dieses Interesse Yan Fus und seiner Zeitgenossen für den Evolutionismus Darwins und die angelsächsische Soziologie haben einen politischen Hintergrund: sie rechtfertigten die Verbreitung einer neuen öffentlichen, vom Westen inspirierten Moral; der Individualismus, die Freiheit und die Demokratie sollen allmählich in die chinesischen Sitten und Institutionen eindringen.

Es ging nicht darum, den Westen zu kopieren, sondern sich von ihm inspirieren zu lassen; diese Absicht ist aus der Form selbst ersichtlich, die traditionell geblieben ist. Nicht nur die mit persönlichen Reflexionen vermischten Übersetzungen Yan Fus sind in klassischer Sprache geschrieben; auch die ersten Übersetzungen westlicher literarischer Werke erschienen in klassischem Chinesisch. Sie waren viel eher Adaptationen als eigentliche Übersetzungen und ihr Verfasser war Lin Shu (1852 bis 1924), ein Zeitgenosse Yan Fus, der ebenfalls aus Fujian stammte. Lin Shu, der in den letzten Jahren des 19. Jahrhunderts aufgrund seiner Übersetzung der *Kameliendame* von Alexandre Dumas plötzlich Berühmtheit erlangt hatte, der aber keine einzige Fremdsprache beherrschte, verfaßte nach mündlichen Übersetzungen freie Adaptationen von über 160 Romanen westlicher Autoren wie Walter Scott, Defoe, Dickens, Cervantes, Ibsen, Victor Hugo und anderen.

Diese Kombination eines neuen Inhalts mit traditionellen Formen, die für das Werk der beiden wichtigsten Übersetzer der ersten Jahre des 20. Jahrhunderts charakteristisch sind, findet sich auch in der literarischen Produktion. Zwischen 1900 und 1910 erschienen über tausend Romane. Alle stehen in Beziehung zur

Reformbewegung, lassen sich von nationalen Anliegen leiten und üben soziale und politische Kritik. Sie bleiben jedoch mit ihrer Aufteilung in Episoden, mit der Vielzahl von Figuren und ihrem Realismus den großen Modellen des chinesischen Romans des 18. und 19. Jahrhunderts treu. Die berühmtesten sind der Roman *Laocan youji* (Reisebericht des Meisters Can) (1902) des großen Literaten Liu E (1857-1909), die Werke von Wu Woyao (Wu Jianren) (1866-1910), der in den Jahren 1900 bis 1910 über dreißig Romane schrieb, und von Li Baojia (Li Boyuan) (1867-1906), dem Autor des berühmten *Guanchang xianxingji,* dessen Zielscheibe die korrupten Beamtenkreise seiner Zeit sind.

Die Invasion des Westens

Das politische und geistige Klima veränderte sich seit den Jahren 1915-1917, und die ersten Vorzeichen der großen Periode moralischer Zerrüttung, der geistigen Gärung und der Invasion westlicher Modeströmungen und Ideen tauchten auf. Von 1919 an erreichte die Erscheinung ihren Höhepunkt. Die Ursachen dieses Wandels im geistigen Leben waren zweifelsohne vielfältig und müssen angesichts der Auswirkungen des Untergangs der Dynastie und der alten Literatenklassen, der Manifestationen des japanischen Imperialismus (Besetzung der Territorien von Shandong, die 21 Forderungen, die Verstärkung der wirtschaftlichen Beherrschung Chinas durch Japan), der Enttäuschung über die Parodie einer parlamentarischen Demokratie und die Diktatur von Yuan Shikai, der einen Restaurationsversuch machte und den Konfuziuskult wieder einzuführen suchte, sowie der Zunahme der im Ausland und vor allem in den westlichen Ländern ausgebildeten Studenten berücksichtigt werden. Vor allem jedoch scheint sich zu dieser Zeit eine tiefe Kluft zwischen den Generationen aufgetan zu haben. Diese Bewegung wurde von der Schuljugend und von den aus dem Ausland zurückgekehrten Studenten ausgelöst und angeführt.

Die immer zahlreicheren Chinesen, die in Japan, Europa und den Vereinigten Staaten studiert hatten, schämten sich zutiefst ihres eigenen Landes und seiner Traditionen. Angesichts seines Verfalls erschien ihnen alles, was vom alten China übriggeblieben war – die traditionellen Sitten und Gebräuche, die Geisteswissenschaften und die Künste der Literaten – als verabscheuungswürdige Karikatur. Jeder Kompromiß mit der Vergangenheit sei unmöglich geworden: um China aus dem Zustand der völligen Erschöpfung herauszuholen, müsse endgültig mit der gesamten chinesischen Tradition gebrochen, das Bewußtsein geweckt und möglichst die gesamte Öffentlichkeit angesprochen werden.

Die erste Manifestation dieser radikalen Bewegung, von der die Schuljugend und die neue, mehr oder weniger verwestlichte Intelligentsia in den Freihäfen mitgerissen wurde – das Landesinnere blieb aufgrund seines Elends und seiner Isolierung praktisch ausgenommen –, war die Gründung von Zeitschriften und literarischen Gesellschaften. Die älteste und wichtigste war die im Jahr 1915 in Schanghai von Chen Duxiu (1880-1942) mit dem bezeichnenden Titel *Xinqingnian* (Neue Jugend) und dem französischen Untertitel *La Nouvelle Jeunesse* gegründete Zeitschrift. Chen Duxiu, ein ehemaliger Stipendiat in Japan, sollte später (1921) eines der Gründungsmitglieder der kommunistischen Partei werden. Der erste Artikel Chen Duxius in der *Xinqingnian* war ein »Aufruf an die Jugend«; er klingt wie eine

Kriegserklärung an die moralischen Traditionen Chinas, die systematisch der Dynamik und dem Unternehmungsgeist des Westens gegenübergestellt werden. Zwei Jahre später erschienen die »Vorschläge für eine literarische Reform« eines jungen, in den USA ausgebildeten Chinesen namens Hu Shi (1891-1962). In diesem Artikel trat Hu Shi für eine radikale Reform der literarischen Traditionen ein. Er forderte den Verzicht auf die klassische Sprache in den Gebieten, wo sie traditionellerweise gebraucht wurde, den Verzicht auf literarische Klischees und Anspielungen und die Verwendung einer einfachen und direkten, von der gesprochenen Sprache *(baihua)* inspirierten Sprache. Von diesem Zeitpunkt an verbreitete sich die Verwendung der *baihua* sehr rasch. Chen Duxiu wiederum äußerte den Wunsch nach einer revolutionären, lebendigen und realistischen Literatur.

Die 4. Mai-Bewegung des Jahres 1919 wurde von den Pekinger Studenten auf die Ankündigung hin ausgelöst, daß die ehemaligen deutschen Besitzungen in China auf Japan übertragen werden sollten; sie gab der Entwicklung radikalster politischer und literarischer Strömungen einen entscheidenden Anstoß. Der Initiative der Pekinger Studenten folgten weitere Demonstrationen, Streiks und Boykottaktionen. Sie waren ein Ausdruck des Ressentiments, das diese neuerliche Beschneidung der Rechte Chinas weckte, das 1917 Deutschland den Krieg erklärt hatte. Damit begann eine Periode politischer Agitation, die durch die Repressionsmaßnahmen der *Warlord*-Regierungen nur verstärkt wurde. Die politischen und literarischen Zirkel und die mehr oder weniger kurzlebigen Zeitschriften vermehrten sich. Die westlichen Einflüsse wurden immer spürbarer und die Anzahl der Übersetzungen nahm zu. Es kam zu Kontroversen zwischen Vertretern entgegengesetzter philosophischer Konzeptionen; es entstand ein neuer Romantyp, der europäischen Modellen folgte.

Diese hektische geistige Tätigkeit erweist sich, wenn man in sie eindringt, als viel verwirrender und komplexer, als eine oberflächliche Beurteilung annehmen ließe: sie kann nicht auf eine von westlichen Ideen (Wissenschaft, Demokratie, Individualismus, Nationalismus) inspirierte patriotische Aufwallung reduziert werden; sie war vielmehr aus der Selbstentfremdung der chinesischen Welt entstanden und drückte die Entwurzelung und Unangepaßtheit einer Jugend und einer Intelligentsia aus, die die Widersprüche, deren Opfer sie selbst wurden, zutiefst empfanden. In den philosophischen Strömungen und in den literarischen Werken fand nicht nur der Wunsch nach der Tat Ausdruck, sondern ebenso die Flucht vor einer ausweglosen Situation, die Verzweiflung, der Rückzug auf sich selbst und eine morbide Romantik. Die Vielfalt der Veranlagungen und Ausbildungen, der von der chinesischen Tradition ererbten geistigen Strömungen und der ausländischen Einflüsse erklären die individuellen Ausprägungen und das Wuchern der verschiedensten Schulen und Tendenzen.

Die Umstände dieser Invasion westlicher Modeströmungen und Ideen erklären, warum sie nach dem Erlöschen der fieberhaften Begeisterung keine tiefen Spuren hinterlassen haben. Viele geistige Strömungen der Periode zwischen 1917 und 1928 waren kurzlebig und künstlich. Ihr Erfolg beruhte in den meisten Fällen auf bestimmten Übereinstimmungen zwischen chinesischen und westlichen Traditionen. So kann man beispielsweise gewisse Affinitäten zwischen der Philosophie

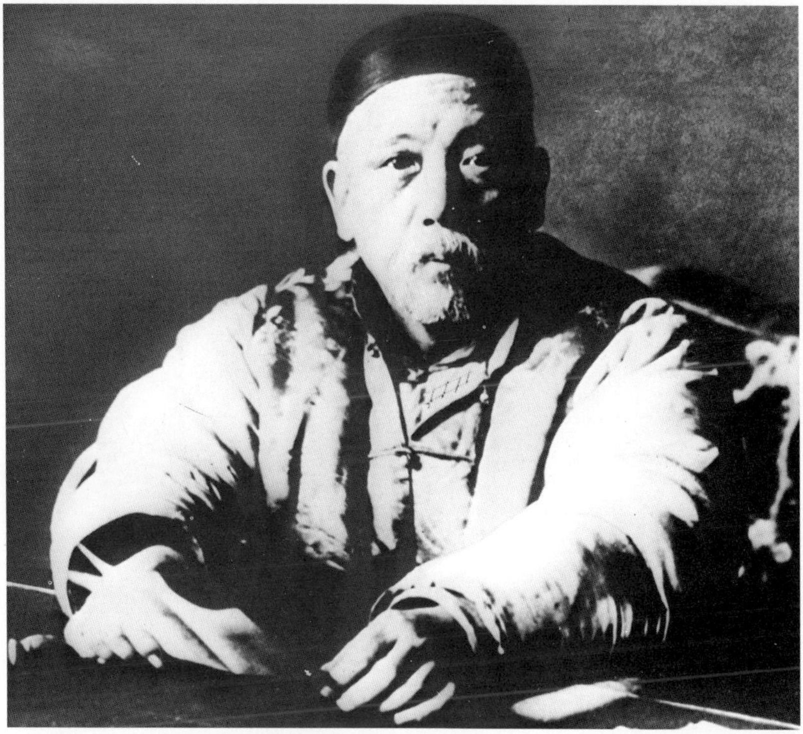

31. Die Epoche der Fremdbestimmung. Oben: Yuan Shikai (1859–1916), Armeechef der Nordzone und späterer Präsident der chinesischen Republik. Unten: Sun Yat-sen (Sun Wen) (1866–1925) zur Zeit der Nankinger Regierung.

32. Eine Handelsstraße in Schanghai in den letzten Jahren des 19. Jahrhunderts.

33. Der Aufstieg von Chiang Kai-shek (Jiang Jieshi) (1887–1975). Oben: Versorgungskolonne während der Einkreisungskampagne der Sowjetrepublik von Ruijin (1931–1934). Unten: Chiang Kai-shek zur Zeit des Nordfeldzuges.

34. Mao Tse-tung in Peking in den ersten Jahren der Volksrepublik.

35. Das städtische und industrielle China der Epoche Chiang Kai-sheks. Oben: Die Eisen- und Stahlwerke von Hankou. Unten: Der »Bund« von Schanghai (Foto aus den 1960er Jahren).

36. Die chinesische Landwirtschaft. Oben: Reisfeld nach dem Umsetzen der Schößlinge.
Unten: Tee-Ernte in Zhejiang.

37. Bauten in der Volksrepublik China. Oben: Die Yangzi-Brücke in Nanking im Bau. Unten: Baustelle in Peking.

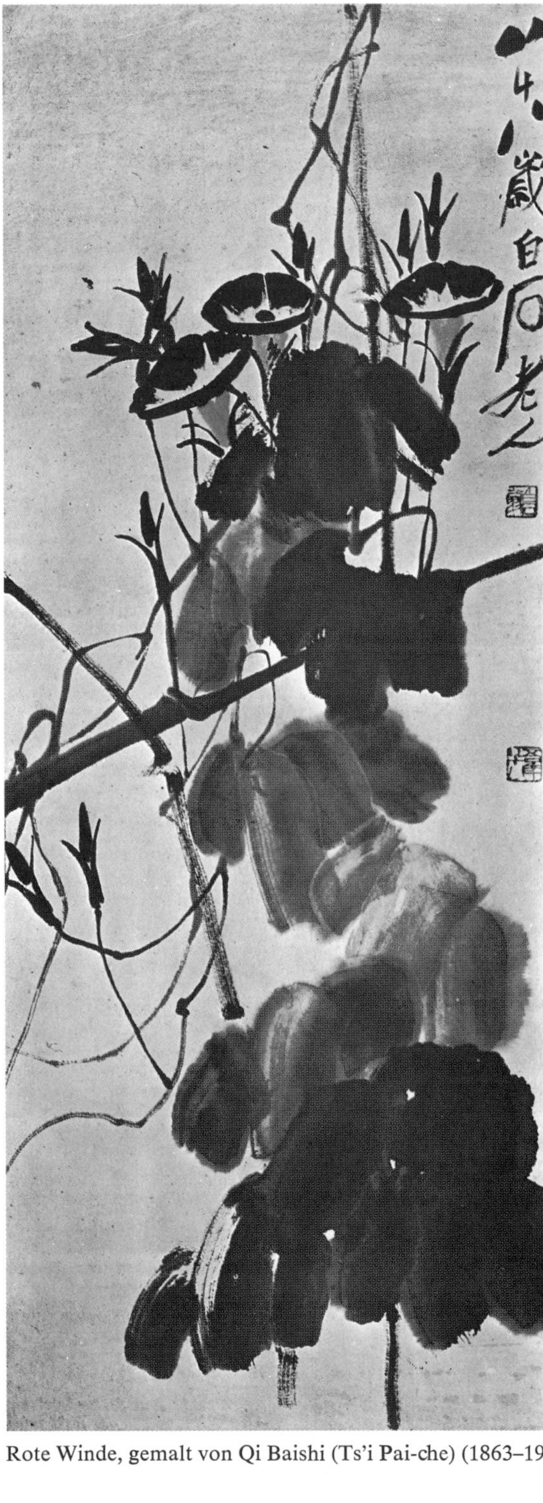

38. Rote Winde, gemalt von Qi Baishi (Ts'i Pai-che) (1863–1957).

Bergsons und dem Intuitionismus Wang Yangmings, zwischen der angelsächsischen Theorie des l'art pour l'art und bestimmten typischen Einstellungen der chinesischen Literatenkreise, zwischen dem Taoismus und dem Darwinismus erkennen, und diese Affinitäten wurden von den Autoren selbst unterstrichen.

Wie in den ersten Jahren des 20. Jahrhunderts herrschten aufgrund der britischen Präsenz in China und der großen Anzahl von chinesischen Studenten in Amerika die angelsächsischen Einflüsse vor. Hu Shi führte die pragmatische Philosophie seines Lehrers John Dewey (1859-1952) ein, der 1919-1921 selbst als Gastprofessor in China lehrte. Auch der englische Neorealist und Logiker Bertrand Russell weilte 1920-1921 in China. Deutsche und französische Einflüsse waren weniger stark. Cai Yuanpei (1868-1940), der in Berlin und Leipzig studiert hatte und 1917 die Universität von Peking reformierte, übersetzte das *System der Ethik* von F. Paulsen und verfaßte eine »Geschichte der chinesischen Ethik« *(Zhongguo lunli xueshi)* (1917). In diesem Sinne hatte schon der Gelehrte und Historiker Wang Guowei gewirkt, der zu Beginn unseres Jahrhunderts als einer der ersten in seinen »Essays von Jing'an« *(Jing'an wenji)* (1905) den deutschen Voluntarismus von Nietzsche und Schopenhauer bekanntmachte. Es muß auch die Existenz einer anarchistischen Strömung erwähnt werden, die an die egalitaristischen Konzeptionen der Geheimgesellschaften anknüpfte. Sie hatte schon früh unter den chinesischen Studenten in Paris durch die Gründung der Zeitschrift *Le Siècle Nouveau (Xin shiji)* (1907-1908) ihren Ausdruck gefunden. Einer ihrer Gründer war Li Shizeng (geboren 1882) der in Montpellier Biologie studierte und Kropotkin übersetzt hat. Auch der Schriftsteller Bajin, der 1922 nach Paris kam, war in seiner Jugend ein Anhänger der anarchistischen Strömung und nahm deshalb als Schriftsteller diesen Namen an, der sich aus der ersten und letzten Silbe seiner Lieblingsautoren Bakunin und Kropotkin zusammensetzt.

Auf die Einmütigkeit zum Zeitpunkt der 4. Mai-Bewegung 1919 folgte eine Periode der leidenschaftlichen Diskussionen. Die Moralisten und die Anhänger einer rein wissenschaftlichen Auffassung von der Gesellschaft befehdeten einander. Gegen die profitgierige und maschinengläubige Zivilisation des Westens erhob sich Kritik, zum erstenmal von seiten Liang Qichaos nach seiner Rückkehr aus Europa im Jahr 1919. Sie wurde von Liang Shuming (geboren 1893) in einer vergleichenden Studie des Orients und des Okzidents und ihrer Philosophien *(Dongxi wenhua ji qi zhexue)* aufgenommen und vertieft; er sah in der chinesischen Tradition der Anpassung der Bedürfnisse an die wirtschaftlichen und sozialen Notwendigkeiten eine höhere Form des Humanismus, welche die westliche Zivilisation mit ihren überspitzten Bedürfnissen und das andere, für die indische Welt typische Extrem, die Ausschaltung des Ich und die Überwindung der Wünsche, nicht erreichten. Diese akademischen Kontroversen wichen jedoch bald einer grundsätzlicheren Opposition zwischen Revolutionären und reinen Akademikern. Im Jahr 1928 war die Zeit Hu Shis, dessen Einfluß seit 1917 vorherrschend gewesen war, vorbei. Er wurde von Guo Moruo (geboren 1892) abgelöst, einem der ersten überzeugten Marxisten.

Eine parallele Entwicklung fand auf literarischem Gebiet statt. In den Jahren 1917-1928 bestand auch hier eine Fülle von verschiedensten Tendenzen. Der größte damalige Romanschriftsteller ist Lu Xun (Lu Hsün) (1881-1936), der auch Kritiker,

Polemiker und Übersetzer von Gogol, Plechanow, Lunatscharskij, Jules Verne und japanischen, polnischen, ungarischen und anderen Autoren war. Neben ihm gelten als weitere bedeutende Schriftsteller: Ye Shengtao (geboren 1892), Yu Dafu (1896 bis 1945), Maodun (geboren 1896), Bajin (geboren 1904), die Schriftstellerin Dingling (geboren 1907) und andere, deren düstere und oft melodramatische Werke Revolte oder Verzweiflung ausdrücken.

Die Entwicklung des Marxismus

Die Entdeckung, die von dem halbkolonisierten China erlittene Unterdrückung mit dem kapitalistischen System, das in Imperialismus ausartet, in Beziehung zu setzen, wurde in den Jahren 1919-1920 gemacht. Sie ist die Tat einer kleinen Gruppe von Intellektuellen, deren führende Köpfe Chen Duxiu und Li Dazhao (1888-1927) waren. Den Schlüssel zur Geschichte Chinas seit den ersten Angriffen des Opium-Krieges lieferte eine allgemeine Interpretation der Weltgeschichte. Die Charakteristika der kapitalistischen und imperialistischen Länder – Kult des Individuums, religiöse Intoleranz, Profitstreben um seiner selbst willen, freies Unternehmertum – und die Gründe für ihre Antinomie zu den grundlegenden Tendenzen der chinesischen Welt wurden plötzlich aus einem neuen Blickwinkel beleuchtet. Die Anziehungskraft, die der Marxismus in China sehr rasch ausübte, erklärt sich wohl durch zahlreiche Affinitäten. Mit seiner Negierung jeder transzendenten Wirklichkeit scheint er mit einer der Konstanten des chinesischen Denkens zusammenzutreffen. Die Theorie der fünf Stadien, in denen die Menschheit durch das Spiel einer sozio-ökonomischen Dialektik von der Urgesellschaft zum Sozialismus der Zukunft geführt wird, erinnert an die eschatologischen Visionen der »großen Harmonie« *(datong)* der Gongyang-Schule, die in einer noch nicht allzu fernen Epoche von Kang Youwei veranschaulicht worden war. Sie erinnert auch an gewisse historische Konzeptionen der chinesischen Philosophen des 17. Jahrhunderts, deren Einfluß nie zu wirken aufgehört hatte. Die Abschaffung des Privateigentums, die Mitte des 19. Jahrhunderts von den Taiping in die Praxis umgesetzt worden war, entspricht einer der grundlegenden Bestrebungen der chinesischen revolutionären Tradition und stimmt mit gewissen älteren Staatstraditionen überein. Der Marxismus scheint folglich mit bestimmten Ausrichtungen des chinesischen Denkens in Einklang zu stehen. Er stellt Aktionsmöglichkeiten in Aussicht und liefert ein Modell revolutionärer Organisation, das demjenigen der chinesischen Geheimgesellschaften analog ist. Die Hilfe der Sowjetunion schien diese Hoffnungen zu bestätigen.

Der Kommunismus mußte sich in China allerdings ganz besonderen Bedingungen anpassen: China war ein riesiges Agrarland, das seine wirtschaftliche Unabhängigkeit verloren hatte und das Opfer einer schrecklichen Ausbeutung war; es war ein halbkoloniales Land, in dem das zu schwache und zu elende Industrieproletariat keine entscheidende Rolle spielen sollte. Dazu stand es von 1927 bis zum Endsieg von 1949 ununterbrochen im bewaffneten Kampf: vor und nach der japanischen Invasion gegen die nationalistischen Armeen, dazwischen gegen die Armeen des Besatzers. Wenn der chinesische Kommunismus vor allem als ein militärischer und patriotischer Bauernkommunismus erscheint, so ist das auf diese besonderen Bedingungen zurückzuführen.

Zunächst einmal mußten die ersten Anhänger des neuen Glaubens geopfert werden: diejenigen, die, überzeugt von der Möglichkeit einer Arbeiteraktion in den Freihäfen, auf den Widerstand der Koalition der chinesischen Bourgeoisie und des ausländischen Kapitals stießen, aber von den Direktiven aus Moskau gezwungen wurden, wohl oder übel die Allianz mit ihren natürlichen Feinden zu akzeptieren. Zwei Jahre nach der Hinrichtung Li Dazhaos im Jahr 1927 durch die *Warlord*-Regierung von Peking wurde Chen Duxiu, nachdem man ihn für die Politik, die ihm gegen seinen Willen vom Kreml aufgezwungen worden war, verantwortlich gemacht hatte, aus der Partei ausgeschlossen. Die Intellektuellen der Städte mußten den unbekannten Kämpfern der ländlichen Gebiete weichen, und die Praxis des Alltags trat an die Stelle der Theorien der orthodoxen Lehre.

Vom Machtantritt Chiang Kai-sheks an wirkte sich alles zum Vorteil der Kommunisten aus: die Verfolgungen der Liberalen durch die Guomindang-Polizei, die Passivität der Nationalistischen Regierung angesichts der japanischen Invasion, der Kampf gegen die von den Kommunisten verkörperte Widerstandsbewegung, die immer mehr um sich greifende Korruption und der immer raschere Verfall des Chiang Kai-shek-Regimes. Immer mehr Intellektuelle schlossen sich im Laufe der Jahre den Kommunisten an. Zwischen 1935 und 1945 erhöhte sich die Anzahl der marxistischen Publikationen, und die meistgelesenen Autoren waren Marx, Engels, Lenin und Bucharin. Die Literatur entledigte sich der Einflüsse aus dem »bürgerlichen« Westen: Introspektion, Zweifel, romantische Schwärmerei für das Individuum waren nicht mehr zulässig. Die Literatur schickte sich an, eine Waffe im Dienst der Revolution zu werden. Durch die Initiativen aus Yan'an wurde sie in diesem Weg bestärkt. So hat Mao Tse-tung 1942 die revolutionären Funktionen des literarischen und künstlerischen Schaffens definiert und den Autoren vorgeschlagen, sich bei Gelegenheit von jenem Teil der alten chinesischen Traditionen inspirieren zu lassen, der den Bedürfnissen des damaligen Kampfes angepaßt werden konnte.

Die historischen und die exakten Wissenschaften

Es ist bemerkenswert, daß die chinesischen Gelehrten und Wissenschaftler trotz der tragischen Epoche und der äußerst prekären Lebensbedingungen ihre Forschungstätigkeit und ihre Bemühungen um die Entwicklung der wissenschaftlichen Lehre in China fortgesetzt haben. Diese erstaunliche Widerstandsfähigkeit der zweckfreien Studien inmitten des Chaos und des Elends beruhte zum Teil auf den belebenden Kontakten zwischen den chinesischen und den westlichen Traditionen und den persönlichen Verbindungen mit den europäischen und amerikanischen Wissenschaftlern. China verdankte die Bewahrung seiner wissenschaftlichen Tradition jedoch vor allem dem Patriotismus seiner Gelehrten und Forscher.

Die historischen Wissenschaften (Geschichtswissenschaft, Epigraphik, Archäologie) und die Philologie waren in China ganz besonders früh entwickelt worden; auf diesen Gebieten besaß China seit dem 17. und 18. Jahrhundert eine solide wissenschaftliche Tradition. Nun sollten bedeutende Entdeckungen der Forschung einen neuen Antrieb verleihen: seit 1899 die Entdeckung der Knochen- und Schildkrötenpanzer-Inschriften aus dem 2. Jahrtausend, seit 1927 die Ausgrabungen von

Anyang in Henan an der Stelle der letzten Hauptstadt der Shang (14.-11. Jahrhundert), die Entdeckung des reichen Bestandes an Papiermanuskripten aus dem 5.-10. Jahrhundert, der 1900 in der Nähe von Dunhuang in West-Gansu gefunden wurde, seit 1906 die Ausgrabungen der Holz- und Bambus-Täfelchen aus der Han-Zeit in den Regionen von Dunhuang und von Juyan in der westlichen Mongolei (1. Jh. vor Chr. und 1. Jh. nach Chr.), die Öffnung der Ming- und Qing-Archive (15.-19. Jh.) im Kaiserpalast in Peking. Hier war Stoff genug, um sämtliche historischen Perspektiven der entferntesten Vergangenheit der chinesischen Welt, die epigraphischen und archäologischen Kenntnisse, die Geschichte der Literatur, der Religionen und der Kunst von Grund auf zu erneuern.

Die Mitarbeiter an der Erforschung dieser neuen Dokumente bemühten sich, im reichen chinesischen Kulturerbe bestimmte vernachlässigte Traditionen aufzudecken, die mit den westlichen Traditionen Analogien aufweisen (Volksliteratur, Theater, Sophistik, Logik, buddhistische Metaphysik usw.). Diese Forscher kamen aus allen Gesellschaftskreisen und gehörten den verschiedensten politischen Weltanschauungen an. Die bedeutendsten von ihnen schlossen sich jedoch an die Zhejiang-Schule an. Sie hatte das Erbe der Schule für textkritische Studien *(kaozhengxue)* des 18. Jahrhunderts übernommen. Um 1900 wurde sie von Yu Yue (1821 bis 1907), einem Historiker, Literaten und Spezialisten für die chinesischen Philosophen des 4. und 3. Jahrhunderts vor Chr., dessen Ruf bis nach Japan reichte, und von Sun Yirang (1848-1908) vertreten, einem der ersten Spezialisten für die Inschriften vom Ende des 2. Jahrtausends und Bibliographen auf der Suche nach in Japan erhaltenen chinesischen Werken, dem Herausgeber des Werks des Philosophen Mozi und Förderer moderner Schulen in Zhejiang. Der berühmteste und letzte Vertreter dieser Schule für textkritische Studien in der ersten Hälfte des 20. Jahrhunderts war Zhang Binglin (1869-1936). Er stammte aus Hangzhou, war ein Freund und Kampfgefährte von Sun Yat-sen und Huang Xin – die zusammen als die »drei Patriarchen der Revolution« *(geming sanzun)* bezeichnet wurden – und war Schüler von Yu Yue gewesen. Nachdem ihn eine Zeitlang die Reformideen Kang Youweis gefangen hatten, ging er bald darauf – während eines Aufenthalts in Japan 1899, bei dem er Sun Yat-sen kennenlernte – zur anti-monarchistischen Opposition über.

Derselben Zhejiang-Schule können Luo Zhenyu (1866-1940) und Wang Guowei (1877-1927) zugerechnet werden. Luo Zhenyu, der sich in seiner Jugend vor allem mit agronomischen Problemen, die er als grundlegend ansah, beschäftigt hatte, gründete nach dem Vertrag von Shimonoseki in Schanghai eine Gesellschaft zum Studium der ostasiatischen Zivilisationen *(Dongwen xueshe)*, die praktische Ziele verfolgte und in die er japanische Professoren einlud. 1909 wurde er zum Direktor des Instituts für Agronomie in Peking ernannt. Während der Revolution von 1911 verließ er China und fand von 1912 bis 1919 in Japan Zuflucht. In den Jahren 1925 und 1929 war er in Tianjin Hauslehrer des ehemaligen Kaisers Xuantong, des jungen Puyi, und nahm im neuen, von den Japanern gegründeten mandschurischen Staat offizielle Ämter an. Er war einer der Pioniere der Erforschung der Manuskripte von Dunhuang, der Knochen- und Schildkrötenpanzer-Inschriften und der Archive des Kaiserpalastes. Wang Guowei, ebenfalls ein überzeugter Monarchist, war im Jahr 1898 in die *Dongwen xueshe* von Schanghai eingetreten und hatte dort Japanisch und Englisch gelernt. Nach seinem Physik-Studium in Japan im Jahr 1902 hatte er in den Lehrerseminaren von Nantong und anschließend von Suzhou in Jiangsu Philosophie unterrichtet; zu dieser Zeit las er die deutschen Philosophen (Kant, Schopenhauer und Nietzsche). Der Sturz der Dynastie im Jahr 1911 traf ihn schwer und er flüchtete wie sein Freund Luo Zhenyu nach Japan. Dort wandte er sich von der westlichen Philosophie ab und kehrte zur Tradition der textkritischen Studien zurück. Er publizierte Arbeiten zur Theatergeschichte der Song- und der Yuan-Zeit (1915), zu den Klassikern, den Historikern und über die Bronze-Inschriften der Zhou-Zeit. Er verfaßte auch Studien über die in Dunhuang und Juyan gefundenen Dokumente aus der Han-Zeit, über die Inschriften von Anyang und die Manuskripte von Dunhuang.

Weniger bekannt, aber wohl noch bemerkenswerter ist die Entwicklung der Lehre und Forschung auf dem Gebiet der exakten Wissenschaften. Sie ist dem Anstoß solcher Gelehrten zu verdanken, die ihr Studium teilweise in China und teilweise im Ausland absolviert hatten (hauptsächlich in den USA nach 1927) und die sich bemühten, Schüler auszubilden und Schulen und Laboratorien zu schaffen. Durch sie hat die chinesische Naturwissenschaft auf mehreren Sektoren ein internationales Niveau erreicht. Männer wie Ding Wenjiang (V. K. Ting, 1887-1936), ein bedeutender Geologe, der 1922 die Chinesische Geologische Gesellschaft und 1929 die Chinesische Paläontologische Gesellschaft gegründet hat (im Jahr der Entdeckung des Peking-Menschen), Mathematiker wie Chen Xingshen (Shiing-shen Chern, geboren 1911) und Zhou Weiliang (Chow Wei-liang, geboren 1911), einer der Pioniere der algebraischen Geometrie, der Biochemiker Xian Wu (Hsien Wu, 1893-1959) oder die Physiker Yan Jici (Ny Tsi-ze, geboren 1900) und Wu Dayou (Wu Ta-yu, geboren 1907), der Lehrer des Nobelpreisträgers in Physik Tsungdao Lee, haben in der internationalen Forschung Beiträge geleistet, die von den Wissenschaftlern der ganzen Welt anerkannt werden. Manche von ihnen, wie der Atomphysiker Qian Sanqiang (geboren 1910), ein Schüler von Frédéric und Irène Joliot-Curie, spielen heute in der Organisation der Forschung und in der militärischen Stärkung der chinesischen Volksrepublik eine entscheidende Rolle.

TEIL 11
EIN NEUES KAPITEL DER GESCHICHTE

DIE CHINESISCHE VOLKSREPUBLIK

Das Vierteljahrhundert, das mit der Proklamierung der chinesischen Volksrepublik am 1. Oktober 1949 in Peking begann und mit dem Tod ihres Gründers und geistigen Vaters im September 1976 endete, wird wahrscheinlich als außergewöhnliche Periode in die chinesische Geschichte eingehen. Es ist eine Zeit der Gärung, tiefgreifenden Entwicklung und heftiger Erschütterungen. Noch ist es jedoch zu früh, um ihren Platz in der Geschichte vorauszusagen, denn diese Zeit ist noch nicht abgeschlossen.

Der Bruch mit der vorhergehenden Periode ist eindeutig, und es soll auch nicht in Abrede gestellt werden, wie viel das heutige China vom China der Jahre 1919 bis 1945 und noch mehr vom China des 19. Jahrhunderts trennt. Was dem Laien als neu erscheint, ist es jedoch manchmal weniger, als er meint. Zur jüngsten Vergangenheit bestehen zahlreiche enge Verbindungen: die Generation, die das Dezennium von Nanking und den chinesisch-japanischen Krieg noch miterlebt hat, stirbt erst jetzt allmählich aus, und die wichtigsten führenden Politiker der Jahre 1950-1975 sind alle in der Zeit geformt worden, als Chiang Kai-shek in China an der Spitze stand. Mao Tse-tung selbst, geboren 1893, blieb bis zu seinem Tod der Mann der Sowjets von Jiangxi, des Langen Marsches und Yan'ans. Es bestehen aber überdies weniger deutlich wahrnehmbare, jedoch nicht weniger starke Verbindungen zu einer ferneren Vergangenheit. Die führenden Persönlichkeiten des neuen China scheinen von den revolutionären, egalitaristischen und utopischen Zielen der chinesischen Tradition inspiriert worden zu sein. Andererseits sind in China die Organisationsfähigkeit, die kollektive Disziplin, die Indoktrinierung, die gigantischen Bauarbeiten und sogar der überraschende Übergang von Chaos und Anarchie zur Ordnung nicht so neu. Gewisse staatliche und sittliche Traditionen scheinen sich, wenn auch in einem wohl ganz neuen Rahmen, bis in unsere Tage hinein erhalten zu haben. Trotz des völlig veränderten Bezugssystems und internationalen Zusammenhangs wäre es möglich, daß mit wachsendem zeitlichem Abstand das, was das heutige China mit seiner Vergangenheit verbindet, deutlicher hervortreten wird. Noch richten wir jedoch unsere Aufmerksamkeit zu sehr auf das anekdotische Geschehen der Gegenwart, um dies erfassen zu können. Alles in allem gehört die Geschichte des aktuellen China eher in den Bereich des Journalisten und des »Politologen« als in den des Historikers.

Die Charakteristika des neuen Regimes

Trotz des tiefen Zwists, der seit 1961 auf allen Gebieten zwischen China und der Sowjetunion herrscht, darf die Tatsache nicht vergessen werden, daß sämtliche Institutionen des neuen China der UdSSR nachgeahmt wurden und daß die Kommunistische Partei Chinas eine genaue Kopie der bolschewistischen Partei ist (dies trifft auch für die nationalistische Partei, die Guomindang, zu). Zum Zeitpunkt, als in China die Grundlagen des neuen Regimes gelegt wurden, war der sowjetische Einfluß dort außerordentlich stark. In China wie in der Sowjetunion stehen die staatlichen Institutionen unter der Kontrolle der Partei. Die Partei ist überall präsent und leitet alles, selbst wenn sie dazu nicht kompetent ist: die Verwaltung, die Unternehmen, die ländlichen Kommunen, die Fabriken, Spitäler, Schulen, Universitäten usw. Wenn auch die chinesischen Parteimitglieder nicht so große Privilegien genießen wie die sowjetischen – und das Leben der kleinen Kader recht mühsam ist –, so bringt die Parteiangehörigkeit dennoch zahlreiche Vorteile. Die Führungselite setzt sich aus den ältesten Parteimitgliedern zusammen, die schon vor der Befreiung am Kampf teilgenommen haben. Diese bejahrten Parteileute (die gleiche Erscheinung der Überalterung der Kader findet sich in der Sowjetunion) unterscheiden sich von der Masse der neuen Mitglieder, die weniger verantwortungsvolle Stellen innehaben oder Exekutivaufgaben erfüllen. In dieser drückenden Hierarchie ist das einzige Aufstiegskriterium die Ergebenheit der Partei gegenüber und die politische Orthodoxie. Es bestehen folglich grundlegende Analogien zwischen dem politischen System der Sowjetunion und demjenigen Chinas. Dies hat gewisse Fachleute für Fragen des heutigen Chinas zur Ansicht geführt, daß nach den unruhigen Jahren 1950-1975 in China eine ähnliche Entwicklung wie in der UdSSR eintreten könnte.

Und dennoch erscheint das neue chinesische Regime in der ganzen jüngsten Periode als sehr eigenständig: einerseits aufgrund der Bedeutung, die der Indoktrinierung und der geistigen Umerziehung beigemessen wird, andererseits aufgrund einer gewissen revolutionären Romantik. Das Leben der Chinesen unterliegt seit 1950 ständigen Erschütterungen und manchmal Umwälzungen durch eine Reihe von »Bewegungen«, welche die gesamte oder einen großen Teil der Bevölkerung durch ein allgegenwärtiges Aufgebot sämtlicher Kommunikationsmittel – Plakate, Zeitungen, Radio, Vorträge und Diskussionen – mobilisieren wollen. In den zahllosen Versammlungen am Arbeitsplatz ist es für jeden einzelnen eine patriotische Pflicht, unter seinen nächsten Kollegen die Regimegegner, die »lauen« und die zu unabhängigen Denker zu kritisieren und zu denunzieren. Es ist ebenfalls eine Pflicht, sich selbst seiner Fehler – sogar der geringfügigsten – und seiner mangelnden Hingabe der Partei gegenüber zu bezichtigen. Die Arbeitssitzungen, in denen im allgemeinen die Werke Mao Tse-tungs oder die Leitartikel der *Renmin ribao* (Tägliche Volkszeitung) studiert werden, die Gewissenserforschung, die Beichte und die Reue sowie die Erniedrigung gestatten die Erhaltung eines hohen Niveaus des »politischen« Bewußtseins und ermöglichen es, den Widerstand der Andersdenkenden zu brechen. So schaltet die Bevölkerung selbst die »konterrevolutionären Elemente« aus und reformiert sich durch ständigen Wetteifer und ständige Übererfüllung.

Man kann sagen, daß die Hauptaktivität im neuen China seit 1950 die Propaganda und die Indoktrinierung war, deren materieller und menschlicher Preis wohl nie ermessen werden kann, aber sicher beträchtlich ist. Seit der Gründung der chinesischen Volksrepublik wurde der Umwandlung der Gesellschaft fast immer größere Bedeutung beigemessen als der wirtschaftlichen Entwicklung und den Verwaltungsproblemen. Wie läßt sich diese Priorität der »Politik« vor der Wirtschaft erklären? Vielleicht hängt die Geschichte der chinesischen kommunistischen Partei damit zusammen: denn die Rote Armee hat sich auf dem Lande festgesetzt, indem sie mit gutem Beispiel voranging und zu überzeugen versuchte. Die Dorfversammlungen, in denen den ehemaligen reichen Bauern der Prozeß gemacht wurde, haben wohl das Modell für die allgemeinere Praxis geliefert, unter der Kontrolle der Partei die Revolution voranzutreiben und die Mentalitäten umzuformen. Es muß aber auch der Persönlichkeit und dem vorherrschenden Einfluß Mao Tse-tungs sowie gewissen, der kommunistischen Partei von Anfang an eigenen Tendenzen eine große Bedeutung beigemessen werden. Schon seit der Gründung der Partei zeigten sich utopische Wuschvorstellungen, die eine sehr alte revolutionäre Tradition fortsetzen: die Idee der großen Einheit *(datong)* oder des großen Friedens *(taiping)*, von der der Taiping-Aufstand in seinem Anfangsstadium beeinflußt wurde und die im *Datongshu* von Kang Youwei am Ende des 19. Jahrhunderts ihren Ausdruck gefunden hatte. Die klassenlose Gesellschaft, in der keine Meinungsverschiedenheiten bestehen und in der allen alles gehört – das Gegenteil der Gesellschaft der Mandarine – ist ein alter Mythos, der mit der Zeit eine recht moderne Färbung angenommen hat. Diese Wunschvorstellungen beruhen auf der Überzeugung, daß alles möglich ist, wenn man nur den Willen dazu hat. Der Glaube ist wichtiger als das Wissen, die Meinung der Partei wichtiger als die der Fachleute. Dieser Voluntarismus war bei Li Dazhao besonders stark ausgeprägt; er war aber auch einer der Grundzüge im Charakter Mao Tse-tungs.

Die Ursache der meisten Konflikte und Krisen der chinesischen Volksrepublik seit ihrer Gründung waren die Schwierigkeiten bei der Ausführung zu ehrgeiziger Direktiven. Diese Schwierigkeiten haben Rückschläge und Schwankungen in der »politischen Linie« ausgelöst und Meinungsverschiedenheiten auf höchster Ebene aufgedeckt. Den Vertretern einer raschen und radikalen Umwandlung der Gesellschaft stellten sich schon sehr früh die Anhänger eines den menschlichen Kräften besser angepaßten Entwicklungsrhythmus entgegen, die sich der Gefahren der Improvisation bewußt waren. Diese gegensätzlichen Tendenzen führten innerhalb der Partei zu Cliquenkämpfen, wobei jeder versuchte, die in der Bevölkerung durch die autoritäre Haltung und die Inkompetenz der Kader hervorgerufene Entrüstung zu seinem Vorteil auszunutzen. Während der Kulturrevolution arteten diese Konflikte in eine wahre Anarchie aus, als der Widerspruch zwischen der Allmacht des Parteiapparates und den revolutionären Aspirationen der Jugend offen zutage trat. In diesen Konflikten wie auch in der täglichen Praxis wird die marxistische Terminologie auf das freieste gehandhabt; die Termini dienen dazu, über den augenblicklichen Gegner moralische Urteile zu fällen und nicht, eine objektive Analyse der Gesellschaft auszudrücken.

1. Vom Bündnis mit der Sowjetunion zum Bruch

Der zwölfjährige Bürgerkrieg wurde aufgrund des Vakuums, das durch den Zusammenbruch des Chiang Kai-shek-Regimes entstanden war, und aufgrund der nach so langen Jahren des Leidens starken Sehnsucht aller nach Frieden sehr schnell zum Vorteil der Kommunisten beendet. Die Rote Armee genoß im übrigen bei einem

Teil der Bevölkerung und einer ziemlich großen Anzahl von Intellektuellen ein gutes Ansehen. Die Kommunisten, weit davon entfernt, wie die nationalistischen Truppen die Bauern auszuplündern, lebten viel mehr in engem Kontakt mit der Bauernschaft zusammen und organisierten eine Landaufteilung, die der Ausbeutung der Ärmsten ein Ende setzte. Außerdem waren die kommunistischen Truppen die einzigen, die in wirksamer Weise gegen die japanischen Besatzer kämpften. Ihre Disziplin, ihre soziale Gerechtigkeit und ihr Patriotismus trugen ihnen Sympathien ein. Es scheint jedoch, daß in noch größerem Maß die Korruption des nationalistischen Regimes, die Inflation und die allgemeine Erschöpfung den entscheidenden Ausschlag für den Anschluß fast der gesamten Bevölkerung an das neue Regime gegeben haben.

Obwohl die kommunistischen Kader Zeit hatten, sich für ihre neue Verantwortung vorzubereiten, kam der Sieg für sie fast zu schnell. Ihre Erfahrung war auf die bäuerliche Welt und auf die Guerillatätigkeit beschränkt. Nun mußten sie innerhalb weniger Monate riesige Territorien und Großstädte verwalten. Das Land, dessen Führung sie übernahmen, war in einem elenden Zustand; sein Lebensstandard war einer der niedrigsten der Welt; in seiner industriellen Entwicklung war es weit im Rückstand; der Bürgerkrieg und der Krieg mit dem Ausland hatten seit 1937 auf seinem Gebiet gewütet, und die Menschen hatten sich seit langem an Ungerechtigkeit und Korruption gewöhnt. Dennoch gelang es den neuen Führungskräften rasch, jede Opposition auszuschalten und überall Ordnung und Disziplin durchzusetzen, der Inflation Einhalt zu gebieten und jedem einzelnen genügend Nahrung und Kleidung zu verschaffen, die Fabriken wieder in Betrieb zu setzen und alle Eisenbahnlinien wiederherzustellen. Schon 1952 war der Wiederaufbau vollendet. Wie soll man sich diesen raschen Aufschwung und die darauffolgenden Fortschritte bis 1958 erklären, die von den langjährigen Schwierigkeiten der UdSSR nach 1917 abstechen? Manche chinesische Eigenschaften mögen mögen dabei mitspielen: Ausdauer bei der Arbeit, Einfallsreichtum, Sinn für gegenseitige Hilfe und Organisationstalent; aber auch die Sehnsucht nach Unabhängigkeit und der Stolz auf sie, der Patriotismus eines lange Zeit zu Unrecht verachteten großen Volkes, die Hoffnungen, die viele in das neue Regime setzten, und schließlich die Hingabe und die Disziplin der Kader, die entschlossene, gleichzeitig aber vorsichtige Führung.

Gemessen an der großen Bevölkerungszahl (damals rund 600 Millionen Einwohner) war die kommunistische Revolution nicht so blutig, wie man es hätte erwarten können. Die Regimegegner wurden zwar erbarmungslosen Repressionen unterworfen. Aber das neue Regime scheint Wert darauf gelegt zu haben, die ehemaligen bürgerlichen Klassen für sich zu gewinnen. Diese wurden anfangs beim Wiederaufbau in die halb-privaten, halb-öffentlichen Unternehmen mit einbezogen. Andererseits dehnte die Regierung die Maßnahmen, die in den vor der Befreiung durch die Rote Armee kontrollierten Gebieten ergriffen worden waren, auf das gesamte ländliche China aus. Die schon am 30. Juni 1950 in fünf Kategorien eingeteilten Dorfbewohner (Grundbesitzer, reiche Bauern, mittelreiche Bauern, arme Bauern und Landarbeiter) wurden überall aufgefordert, die ihnen von seiten der Grundbesitzer und Wucherer zugefügten Ungerechtigkeiten offenzulegen und – in stürmischen Versammlungen, die manchmal zu Gewalttaten und kurzerhand zu Hinrichtungen führten – die Bestrafung der Schuldigen zu verlangen. Die Landverteilung, die aus jedem einzelnen einen kleinen Grundbesitzer machte, scheint bei der Mehrheit Anklang gefunden zu haben. Dieses vorsichtige Vorgehen zu Beginn, das schon oft unterstrichen wurde, zeugt von einer gewissen Geschmeidigkeit der Chinesen, zu der sie allerdings durch die Umstände gezwungen wurden; bald darauf sollte sich die Volksrepublik einer ziemlich genauen Nachahmung des sowjetischen Modells zuwenden.

Das sowjetische Modell

Von 1952 an wurden die aus der Agrarreform hervorgegangen, im allgemeinen zu kleinen landwirtschaftlichen Betriebe zusammengefaßt. 1954 entstanden die ersten »Produktionskooperativen«, eine Entsprechung zu den sowjetischen Kolchosen. Gleichzeitig mit der allmählichen Landkollektivierung wurden in den Jahren 1955 bis 1957 jedoch auch große Anstrengungen zur Entwicklung der Schwerindustrie unternommen: Stahl, Kohle, Erdöl, Elektrizität usw. China folgte, indem es der Förderung der Schwerindustrie absolute Priorität gewährte, dem sowjetischen Modell. Zu dieser Zeit weilten zahlreiche sowjetische Techniker und Berater in China. Von den Bauern wurde eine gewaltige Leistung gefordert. Sie mußten die Städte ernähren, deren Bevölkerung sich aufgrund der Landflucht stark erhöht hatte, sowie die bei der Sowjetunion und den Ostblockländern gekauften Ausrüstungen bezahlen und bestimmte Fabriken mit Produkten agrarischer Herkunft versorgen. Zum erstenmal in seiner Geschichte begann China eine für seine Unabhängigkeit unerläßliche Grundindustrie aufzubauen. Es wurden nun nicht mehr – wie zur halbkolonialen Periode – ausschließlich die Küsten und die Region von Schanghai, sondern auch das Innere Chinas erschlossen; und es existierten nicht mehr nur Konsumgüterindustrien. Mit demselben Ziel wurde das Eisenbahnnetz in den inneren Provinzen erweitert.

In den Jahren 1955-1957 war die Anspannung jedoch übermäßig. In der Führungsschicht scheint sich die Einsicht durchgesetzt zu haben, daß der Zwang gelockert werden müsse. Das durch die Landkollektivierung hervorgerufene Unbehagen hatte seinen Ausdruck in einem Sinken der Produktion gefunden. Daher beschloß man, den oft über die Inkompetenz und das autoritäre Gehabe der aus den Städten entsandten Kader empörten Bauern mehr Unabhängigkeit und Raum für Initiative zu gewähren. Erneut wurde die Existenz eines freien Marktes gestattet. Seit dem 20. Parteitag der kommunistischen Partei der Sowjetunion wehte in allen kommunistischen Ländern ein liberaler Wind. Das damalige China war um so empfänglicher dafür, als hier eine Lockerung des Zwangs zur Notwendigkeit geworden war. Man gestattete überall den Forderungen der Basis freien Ausdruck. Vor allem bemühte man sich aber darum, die Anhängerschaft der Intellektuellen wiederzugewinnen, von denen ungefähr die Hälfte dem Regime gegenüber feindlich gesonnen oder äußerst zurückhaltend war. Durch die Erfahrungen in den zahlreichen Versammlungen zur »Reform des Denkens«, an denen sie teilnehmen mußten, sehr vorsichtig geworden, weigerten sie sich anfangs, obwohl man sie inständig darum bat, die Methoden der Partei zu kritisieren. Erst nach zahlreichen dringenden Aufforderungen ließen sich sich darauf ein. Die sogenannte Bewegung der

»Hundert Blumen« führte jedoch im Mai 1957, einmal in Schwung gekommen, zu einer wahren Anklagekampagne gegen das Regime. Studenten und Intellektuelle prangerten die Parodie einer Demokratie an, die auf allen Ebenen gespielt werde; die gesamte Macht werde von den sechs Mitgliedern des Ständigen Ausschusses des Politbüros ausgeübt und alles im voraus entschieden; die ständige Einmischung der Partei in alle Bereiche behindere jede ernsthafte Arbeit; diejenigen, die die Entscheidungen träfen, seien meistens Unfähige, die kein anderes Verdienst hätten, als sich durch Fügsamkeit und Zurschaustellung ihrer politischen Orthodoxie hervorzutun; die Arbeit und die Kompetenz würden weniger belohnt als die Heuchelei. Selbst die Sowjetunion wurde angegriffen, die im Nordosten die Fabriken demontiert hatte und sich die Hilfe an eines der ärmsten Länder der Welt bis auf die letzte Kopeke zurückzahlen ließ. Diese Bewegung deutete schon die Periode der Kulturrevolution an, in der dann die Jugend gegen die erdrückende Tyrannei der Partei anstürmte. Die Führung war jedoch völlig überrascht. Sie war nicht auf eine so große Unzufriedenheit und einen so sehnsüchtigen Wunsch nach Freiheit gefaßt. Die Unruhe unter den Studenten und der Ende Juni 1957 in Wuhan ausgebrochene Aufruhr machten eine Wiederbeherrschung der Lage dringend nötig. Die Autorität der Partei wurde in brutaler Weise wiederhergestellt, und das Experiment der »Hundert Blumen« fand seinen endgültigen Abschluß. Es hatte insgesamt fünf Wochen gedauert.

Der Versuch einer den intellektuellen Kreisen zugestandenen Liberalisierung hatte sich gegen das Regime gewandt. Das war auf dem Lande geschehen: Die allgemeine Lockerung des Zwanges und der Zentralisierung sowie die Wiederentstehung eines freien Marktes führte die Bauern dazu, den kollektivierten Sektor zu vernachlässigen und alle ihre Bemühungen auf den individuellen Profit zu richten. Auch hier mußte der Aushöhlung des Systems Einhalt geboten werden. Man kehrte jedoch nicht zur früheren Situation zurück, sondern wagte ein außerordentlich kühnes Experiment.

Der Große Sprung nach vorn

Wenn die Intellektuellen und die Bauern die Liberalisierungsmaßnahmen dazu benutzt hatten, sich gegen das Regime zu wenden und ihre traditionellen Verhaltensweisen wieder anzunehmen, so hieß das, daß die geistige Umformung noch nicht tief genug und eine neue und noch größere Anstrengung zur radikalen Umwandlung der gesamten chinesischen Gesellschaft erforderlich war. Diese Überlegungen waren wohl der Ausgangspunkt für die breitangelegte Bewegung zur vollständigen Umformung der ländlichen und städtischen Gemeinschaften, die man den »Großen Sprung nach vorn« genannt hat und in der die revolutionäre Romantik Mao Tse-tungs ihren Ausdruck findet. In den Jahren 1958 und 1959 wurden sämtliche Energien mobilisiert. Die Propaganda und die Bemühung um die Disziplinierung der Bevölkerung durch die Mobilisierung aller Kader übertrafen alles, was bisher geschehen war. Die Kolchose sowjetischer Art wurde in viel größere autonome Einheiten umgewandelt, die man Volkskommunen nennt. Diese Kommunen, in denen über 20 000 Einwohner zusammengefaßt werden, müssen sich selbst verwalten und alle sie betreffenden Fragen in den Bereichen der Landwirtschaft, Industrie, des Handels, der sozialen Angelegenheiten, der Verteidigung usw. selbst regeln. Alles wurde nun kollektiviert, selbst die winzigen individuellen Grundstücke, die die Bauern 1957 hatten vergrößern dürfen. Jedes Privateigentum, selbst an täglichen Gebrauchsgegenständen, wurde abgeschafft. Das Gemeinschaftsleben trat an die Stelle des Familienlebens. Gleichzeitig sollte auch jeder Unterschied zwischen Land und Stadt dahinfallen; im Hinblick darauf wurden große Anstrengungen zur Industrialisierung auf dem Lande unternommen: kleine Hochöfen entstanden, man appellierte an den Erfindungsgeist aller und förderte die traditionellen Techniken. Um die Agrarproduktion rapide zu steigern, wurde möglichst viel Land bebaut und eine Anzahl von Bewässerungsanlagen gebaut. Die für die Ernte schädlichen Vögel wurden systematisch ausgerottet, und es wurde die Parole ausgegeben, den Boden tiefer zu bearbeiten und dichter zu säen. Man wollte einerseits innerhalb von zwei Jahren alle Ziele des Fünfjahresplanes erreichen und andererseits mit einem Schlag die sozialistische Gesellschaft verwirklichen. Die Partei erweckte den Eindruck, alles sei möglich.

Die ausgezeichnete Ernte von 1958 schien alle Hoffnungen zu bestätigen. In der damals herrschenden Atmosphäre des Wetteiferns waren die von ehrgeizigen Kadern auf jeder Ebene aufgerundeten Statistiken mehr als aufmunternd. Als die Ernte im Jahr 1959 jedoch mittelmäßig ausfiel, begann die Begeisterung zu sinken. Die beiden folgenden Jahre waren die düstersten in der Geschichte der Volksrepublik. Nach einer Dürre, wie man sie seit einem Jahrhundert nicht mehr erlebt hatte, wurde China abermals von einer Geißel heimgesucht, die es endgültig besiegt geglaubt hatte: in manchen Regionen brachen Hungersnöte aus, und die katastrophalen Ernten von 1960 und 1961 verschlimmerten die während des »Großen Sprungs nach vorn« gemachten Fehler. Man hatte überall improvisiert, jede Koordination mißachtet und den Bauern, ohne auf ihre Erfahrung Rücksicht zu nehmen, neue Anbauarten aufgezwungen. Man hatte in gewaltigem Ausmaß Material und Energie verschwendet. Ein anderer Faktor trug noch zur Verschlimmerung der Krise bei: die Sowjetunion, beunruhigt und empört über die Unabhängigkeitsbestrebungen Chinas, stellte 1960 jäh ihre Hilfe ein, brach die Verträge über technische und wissenschaftliche Zusammenarbeit und rief ihre Techniker zurück.

2. Vom Bruch mit der Sowjetunion bis zum Tod Mao Tse-tungs

Man kann die Geschichte der chinesischen Volksrepublik seit ihrer Gründung unter verschiedenen Aspekten betrachten. Eines ihrer aufschlußreichsten Elemente ist vielleicht in der ständigen Bestrebung Chinas zu finden, sich von der sowjetischen Vormundschaft und dem sowjetischen Modell zu lösen.

Sein Bündnis mit der UdSSR hat China gegen seinen Willen gleich nach der Befreiung – zu einem Zeitpunkt, als der Wiederaufbau die dringendste Aufgabe war – in den blutigen Koreakrieg hineingezogen. Dieser Konflikt, durch den der Kalte Krieg verschärft wurde, hat stark dazu beigetragen, die Bande zwischen den beiden Nationen enger zu gestalten und China unter die von der Sowjetunion beherrschten Länder einzureihen. Die Folge der Invasion Südkoreas am 25. Juni 1950 war die sofortige Neutralisierung der Straße von Formosa durch die USA gewesen. Indem sie den nach Taiwan geflüchteten Überlebenden des nationalistischen Regimes eine massive Hilfe an Waffen und Kapital zukommen ließen, verlängerten die Vereinigten Staaten künstlich das dem Untergang geweihte Regime Chiang Kai-sheks auf einer Insel, die während fünfzig Jahren Teil des japanischen Kaiserreichs gewesen war. Damit begann die Fiktion der beiden China. Erst 1971 sollte ein Land mit 800 Millionen Einwohnern in die UNO und in andere internationale Organisationen aufgenommen werden. Dadurch, daß die USA China ächteten und es mit einer von Korea und Japan bis Südostasien reichenden Blockade umgaben, förderten sie die Tendenzen Chinas zur Isolierung, verhärteten das Regime und verstärkten die Abhängigkeit Chinas von der Sowjetunion. Zu dieser Zeit war die Volksrepublik auf sämtlichen Gebieten – Industrie, Wissenschaft, Technik, Unterrichtswesen, Außenpolitik usw. – völlig von der UdSSR abhängig, mit der sie seit 1950 ein 30jähriger Pakt der »Freundschaft, des Bündnisses und der gegenseitigen Hilfe« verband. Es stimmt zwar, daß die rückzahlbaren Vorschüsse der Sowjetunion und die Mitarbeit ihrer Techniker und derjenigen aus anderen Oststaaten einen Beitrag zum Wiederaufbau und zur wirtschaftlichen Sanierung Chinas geleistet haben. Doch ist andererseits klar, daß das sowjetische Modell den Gegebenheiten Chinas sehr schlecht angepaßt war (kostspielige Investitionen in große Industriekombinate waren in einem armen Land mit einer Überfülle von Arbeitskräften kaum angebracht) und daß die Abhängigkeit Chinas von der Sowjetunion ein Irrweg war. Früher oder später mußte sie ein Ende finden. Die große Wende trat um das Jahr 1959 ein. Nebenbei sei daran erinnert, daß im Westen die ersten maoistischen Bewegungen im Augenblick des Bruchs zwischen China und der Sowjetunion entstanden sind.

Die erste Äußerung des chinesischen Unabhängigkeitswillens war »der Große Sprung nach vorn« gewesen: der Beschluß, im Weg zur Verwirklichung des Sozialismus Etappen zu überspringen und eine ganze Reihe von noch niemals versuchten Experimenten in die Wege zu leiten (Volkskommunen, vollständige Kollektivierung, Industrialisierung auf dem Lande, usw.) hieß, das sowjetische Modell zu verleugnen und von ihm abzufallen. Der 20. Parteitag der KPdSU, die Entstalinisierung, die friedliche Koexistenz, die große Bewegung des Tauwetters, in der Sowjetunion und in den anderen Oststaaten seit 1956, kam der chinesischen Regierung besonders ungelegen: es stand für sie außer Frage, in einem Augenblick zu demobilisieren, als sie dem chinesischen Volk eine gewaltige Anstrengung auferlegte. Auf sowjetischer Seite nahmen das Mißtrauen gegen und die Verärgerung über die chinesische Volksrepublik ständig zu. Schon am 15. Oktober 1957, noch vor dem Beginn des »Großen Sprungs nach vorn«, hatte Chruschtschow das geheime Abkommen verurteilt, in dem sich die Sowjetunion verpflichtete, China die notwendigen Mittel zur Herstellung von Atomwaffen zu liefern (diese Kritik Chruschtschows wurde in Peking erst im Juni 1959 bekannt). Der »Große Sprung nach vorn« erschien den Sowjets als Wahnsinn. Andererseits waren sie über die Aggressivität der Chinesen beunruhigt: über ihre Bemühungen, die Insel Quemoy an der Küste Fujians wiederzuerobern, und über ihre Auseinandersetzung mit dem mit der Sowjetunion verbündeten Indien. Vor den Angriffen auf Quemoy im Jahr 1959 war in Tibet der große Aufstand ausgebrochen, der sofort blutig niedergeschlagen wurde; diese tibetische Angelegenheit sollte im Jahr 1962 zum Konflikt mit Indien führen. Und bald darauf kam es auch mit der Sowjetunion zum Streit über Territorien, die das zaristische Rußland China weggenommen hatte. Während der Kalte Krieg die Bande zwischen der Sowjetunion und China enger gestaltet hatte, hatte die »friedliche Koexistenz« gegenteilige Auswirkungen: sowohl auf innenpolitischem Gebiet – in bezug auf den Weg der Revolution und des Sozialismus – als auch auf dem Gebiet der internationalen Beziehungen mußte sich die chinesische Führungsspitze von denjenigen abwenden, die sie wenig später als »Revisionisten« und neue Zaren bezeichnete.

Das Zwischenspiel der Jahre 1960-1965

Im Jahr 1960 mußte China gleichzeitig die Konsequenzen aus dem »Großen Sprung vorwärts« ziehen und der neuen Herausforderung die Stirn bieten, die – im kritischsten Augenblick – die plötzliche Einstellung der Hilfe aus den sozialistischen Ländern darstellte. China, das praktisch isoliert war, gelang es, ohne jede Hilfe der Not Herr zu werden und wieder einen Sinn für das richtige Maß zu zeigen. Von 1960 an verzichtete die Regierung auf gewisse unpopuläre Neuerungen, verkleinerte die Kommunen und kehrte zu den »materiellen Anreizen« zurück, d. h. gestattete wieder das Bestehen eines freien Marktes, ließ die Techniker und Experten zu Wort kommen und berücksichtigte ihre Meinung. Dieser Richtungswechsel entsprach Änderungen in der Zusammensetzung der Führungsequipe und der faktischen Ausschaltung Mao Tse-tungs, den im April 1959 in seiner Eigenschaft als Präsident der Republik Liu Shaoqi ablöste. An hoher Stelle und im Kreis mancher Intellektueller wurde an der abenteuerlichen Politik Mao Tse-tungs versteckte Kritik geübt, die zur Katastrophe geführt habe. Es sei Zeit, das Steuer wieder fest in die Hand zu nehmen und der Landwirtschaft die Priorität wiederzugeben, die man ihr niemals hätte entziehen dürfen. Von nun an richtete sich die ganze Aufmerksamkeit auf die landwirtschaftliche Entwicklung, auf die Entwicklung einer Düngerindustrie, auf die Leichtindustrie und die Mechanisierung der Landwirtschaft. Der Geist des »Großen Sprungs nach vorn« war jedoch nicht völlig verloren: Werkstätten und kleine ländliche Fabriken zeugen – im Gegensatz zur sowjetischen Tradition – immer noch von der Bemühung um Dezentralisierung. Von 1963 an konnte in China der Mangel an Nahrungsmitteln behoben und das Lebensniveau der Bauern, auf denen bis dahin das ganze Gewicht der Industrialisierung gelastet hatte, langsam verbessert werden. Und schließlich wurde von 1962 an zum erstenmal eine echte Politik der Geburtenbeschränkung betrieben, deren Auswirkungen sich sicherlich um 1985 bemerkbar machen werden. Man muß folglich die Verdienste der damaligen Führungspersönlichkeiten, die zur Zeit der Kulturrevolution Gegenstand heftigster Angriffe werden sollten, anerkennen; sie haben es verstanden, China aus einer gefährlichen Lage zu retten.

Die Führungsspitze konnte jedoch nicht in absoluter Ruhe regieren. Mao Tsetung, der in den Hintergrund gedrängt worden war, genoß immer noch ein gewaltiges Prestige und fand feste Unterstützung in der Armee, in der einer seiner ehemaligen Kampfgefährten, Lin Biao, von Ende 1962 an die Aufgabe übernahm, das »Mao Tse-tung-Denken« zu verbreiten. Im September 1962, am 10. Plenum des 8. ZK, setzte die maoistische Gegenoffensive ein. Die Volksbefreiungsarmee und ihre Helden wurden als Vorbilder hingestellt und in die Zivilverwaltung wurden Militärs eingesetzt, die innerhalb der Verwaltung eine parallele, Mao Tse-tung ergebene Hierarchie bildeten. Die von Mao Tse-tung lancierten »Bewegungen« stießen auf den passiven Widerstand des Parteiapparats. Ende 1965 richtete Mao Tse-tung jedoch die Angriffe gegen diejenigen, die ihn während des »Großen Sprungs nach vorn« kritisiert oder ihm ihre ablehnende Haltung zu erkennen gegeben hatten. Vor allem Intellektuelle – hauptsächlich Wu Han, Deng Tuo und Liao Mosha – und Studenten wurden dazu aufgefordert, die in ihren Werken versteckten ideologischen Abweichungen anzuzeigen. Diese neue »Bewegung«, die wie die vorhergehenden am Widerstand der Partei hätte scheitern können, fand im Gegenteil in den Schulen und Universitäten ein breites Echo. Daher stammt ihre Bezeichnung als Kulturrevolution, ein Terminus, der sich vor allem auf ihre Anfangsphase bezieht. Weil sie an die Jugend, an ihre Begeisterungsfähigkeit und ihre Leidenschaften appellierte, hat die Kulturrevolution bekanntlich zu einer gewaltigen Explosion geführt. Die Studenten und Mittelschüler, die bald dazu aufgefordert wurden, ihre Angriffe nicht mehr gegen einzelne Schriftsteller, sondern gegen den gesamten Parteiapparat zu richten, und die sich auf der Seite des angesehensten Führers des neuen China in der Opposition kämpfen sahen, hatten den berauschenden Eindruck, eine der stärksten Kräfte Chinas zu sein und die Macht in ihren Händen zu halten.

Die Kulturrevolution

Die Kulturrevolution, die im November 1965 mit Angriffen auf bestimmte Schriftsteller und anschließend mit der Absetzung des Bürgermeisters von Peking, des Kulturministers und seines Stellvertreters eingeleitet wurde, erreichte erst vom Sommer 1966 an wirklich das Ausmaß einer Revolution. Gegenstand der Kritik- und Verleumdungskampagnen waren seither nicht mehr einzelne Intellektuelle oder hohe Beamte, sondern die beiden mächtigsten Persönlichkeiten in Staat und Partei: Liu Shaoqi und Deng Xiaoping (Teng Hisao-p'ing), der Generalsekretär der Partei. Während des 11. Plenums im August 1966, wurde Liu Shaoqi durch geschickte Manöver degradiert, und Lin Biao als Nachfolger Mao Tse-tungs bezeichnet. Gleichzeitig bildeten auf Mao Tse-tungs Aufruf hin die Mittelschüler und Studenten in ganz China Rote Garden. Als Ausführende, in deren Händen das Schicksal der Revolution liegt, verfolgten, quälten, erniedrigten sie und mißhandelten sogar zuweilen alle diejenigen, die sie als Konterrevolutionäre ansahen – lokale Führungskräfte, Intellektuelle und ehemalige Angehörige des Bürgertums –, wobei sie in ihrem Eifer Opfer und Nutznießer des Regimes verwechselten. Während Hausdurchsuchungen beschlagnahmten und vernichteten sie antike Bücher und Kunstwerke. Sie stürmten die Züge, mit denen sie gratis im Land umherreisen durften, und kamen zu Millionen aus ganz China nach Peking, um Mao Tse-tung zu sehen und vor ihm aufzumarschieren. Die Kulturrevolution entsprach genau den Aspirationen der chinesischen Jugend: ihrem Wunsch nach Reinheit und Emanzipation, ihrem Bedürfnis nach Hingabe und Ergebenheit einer angesehenen Persönlichkeit gegenüber. Die Kulturrevolution war im Sommer und Herbst 1966 das große Fest der Jugend, die große Gelegenheit für sie, ihre Spannungen abzureagieren.

Vom Ende des Jahres 1966 an nahm die Bewegung jedoch eine üble Wendung. Durch die Angriffe der Roten Garden waren die lokalen Führungskräfte häufig gezwungen worden, ihre Posten zu verlassen; hier und dort war es unklar, wer die Macht eigentlich innehatte. Es entstand eine allgemeine Anarchie, in der die Bevölkerung Hoffnung schöpfte, ihre Forderungen stellen zu können. Die Revolution weitete sich lawinenartig aus. Aufgrund der Empörung über Ausschreitungen der Roten Garden bildeten sich rivalisierende Gruppen, die sich ebenfalls auf Mao Tse-tung beriefen. Es kam immer häufiger zu Kämpfen zwischen ihnen. In Schanghai, das Streiks vom Dezember 1966 bis Januar 1967 lahmlegten, fanden Straßenschlachten statt. In dieser Zeit, als die Gefahr eines Bürgerkriegs und das Risiko eines Abfalls ganzer Provinzen immer deutlicher wurde, war die einzige Organisation, die dem allgemeinen Verfall entgehen konnte, die Armee. Immer häufiger wurde sie von Mao Tse-tung und Lin Biao zu Hilfe gerufen, um die Ordnung wiederherzustellen und ein neues, gleichzeitig ziviles und militärisches Verwaltungssystem zu schaffen, das sich aus sogenannten Revolutionskomitees zusammensetzte. Die Wiederherstellung der Ordnung, die die Suche nach schwierigen Kompromissen nötig machte, sollte lange dauern: sie begann im Laufe des Sommers 1967 nach dem schweren Aufruhr im Juli in Wuhan und wurde erst im Frühling 1969 vollendet. Offiziell handelte es sich immer noch um die Periode der Kulturrevolution, aber in Wirklichkeit hatten diese zwei Jahre nichts Revolutionäres mehr. Zum Wiederaufbau des Staates und der Partei wurden ehemalige Kader zu Hilfe gerufen, die von den Roten Garden vertrieben worden waren, denen man aber ihre Irrtümer verziehen hatte. Gleichzeitig wurden Kampagnen gegen die »Ultralinken« gestartet, das heißt gegen diejenigen, die sich eine echte Revolution erhofft hatten und noch immer versuchten, sie zu verwirklichen. Viele waren enttäuscht über den neuerlichen Sieg der Opportunisten. Die undiszipliniertesten Roten Garden wurden zur Vernunft gebracht und eine kleine Anzahl von aus der Kulturrevolution hervorgegangenen neuen Kadern in den Apparat integriert. Staat und Partei, seit 1967 praktisch lahmgelegt, wurden unter Mühen wieder aufgebaut, wobei bedeutende Änderungen in der Führungsspitze stattfanden und die Armee eine ganz neue Vormachtstellung erhielt. Im 12. Plenum vom Oktober 1968 wurde Liu Shaoqi abgesetzt und Lin Biao als Nachfolger Mao Tse-tungs bestätigt. Eines der wichtigsten Ziele der Kulturrevolution war erreicht: die Autorität Mao Tse-tungs war deutlich wiederhergestellt und neu bekräftigt worden.

Ziel der Kulturrevolution war jedoch nicht nur gewesen, Mao Tse-tung wieder an die Macht zu bringen; sie war begleitet von einer ausgedehnten Bewegung politischer Rechtfertigung. Am häufigsten proklamierten ihre Träger als ihre Ziele, sie wollten verhindern, daß die Revolution einschlief und daß sich eine privilegierte Bürokratenklasse bildete, somit eine Entwicklung verhindern, wie sie in der Sowjetunion eingetreten war. Liu Shaoqi und die leitenden Politiker, denen es nach dem »Großen Sprung nach vorn« gelungen war, die chinesische Wirtschaft wieder auf die Beine zu bringen, wurden in den gegen sie gerichteten Angriffen als »Revisionisten« hingestellt. Denn von nun an hatte die »Politik« Vorrang vor der Wirtschaft. In den im Laufe der Kulturrevolution in den Vordergrund gestellten Themen sind die Ideen Mao Tse-tungs unverkennbar: das zu erreichende Ziel ist immer eine radikale

Umwandlung der Gesellschaft und der Verhaltensweisen, die Aufhebung der Trennung von Kopf- und Handarbeit, das Verschwinden aller Privilegien und der sozialen Klassen. Nach der Kulturrevolution wurde es für einen Sohn eines ehemaligen Angehörigen des Bürgertums unmöglich, ein Universitätsstudium zu absolvieren. Ein weiterer, nicht weniger wichtiger Aspekt der Kulturrevolution ist der Mao-Kult, der von Lin Biao organisiert wurde, einen ungeheuren Aufschwung nahm und im Laufe weniger Jahre eine Art von Paroxysmus erreichte. Die Verbreitung einer ausgewählten Sammlung der Gedanken Mao Tse-tungs hat alle je registrierten Rekorde übertroffen. Aber auch das Bild des »Großen Steuermannes«, seine Biographie und seine Werke waren Gegenstand einer echten Verehrung.

Die Periode von 1969 bis zum Tod Mao Tse-tungs im Jahr 1976 kann als Fortsetzung der Kulturrevolution betrachtet werden, denn ihre Folgen sind noch in allen Bereichen spürbar. Die gesellschaftliche und politische Krise, von der alle geprägt worden sind, war äußerst schwerwiegend gewesen. Die Repressionsmaßnahmen gegen die überzeugtesten Revolutionäre haben große Bitterkeit hinterlassen. Größere Teile der Bevölkerung zeigen Ermüdung oder haben sich vom Regime abgewendet. Aber auch in der chinesischen Wirtschaft sind die Auswirkungen der Kulturrevolution deutlich spürbar. Infolge der Desorganisation der Eisenbahnen, infolge der Streiks und Unruhnen sowie der Absetzung der Verantwortlichen kam es zu einem starken Absinken der Produktion. Der Gesamtpreis für die Kulturrevolution war bestimmt sehr hoch, und wenn China diese neue Prüfung ohne allzu großen Schaden überstanden hat, so beweist dies seine außergewöhnliche Widerstandskraft.

Im Bereich des Unterrichtswesens, der Kunst und der Literatur war die Säuberung radikal. Alles, was nicht in den Rahmen der offiziellen Propaganda hineinpaßte, wurde unterdrückt. Lange Jahre hindurch waren die Schulen und Universitäten geschlossen – vor allem die Universitäten wurden erst sehr spät wiedereröffnet – und zahlreiche Lehrkräfte wurden zur Umerziehung durch körperliche Arbeit aufs Land geschickt. Auf dem Gebiet der Musik und des Theaters wurden nur wenige, von Jiang Qing (Chiang Ch'ing), der Frau Mao Tse-tungs und Leiterin der kulturellen Angelegenheiten, befürwortete Werke gestattet.

Auch auf die Entwicklung der politischen Macht hatte die Kulturrevolution ihre Auswirkungen: aus einer Vereinigung von Würdenträgern wurde die Führungsspitze zu einer kleinen Gruppe von Günstlingen und dem alternden Mao nahestehenden Leuten, in der eine Atmosphäre des Mißtrauens und des Komplotts herrschte. Das mysteriöse Verschwinden von Lin Biao im Jahr 1971, der eines Usurpationsversuchs angeklagt wurde, war eines der ersten Anzeichen für diese Entwicklung.

China, das anfangs von der Sowjetunion abhängig gewesen war, und auf dem Gebiet der Institutionen und der wirtschaftlichen Entwicklung treu ihrem Modell gefolgt ist, hat sich von dieser Vormundschaft befreit. Es ist auf dem Gebiet der Außenpolitik, der Verteidigung (die ersten chinesischen Atomversuche wurden 1964 unternommen) und der politischen Konzeptionen unabhängig geworden. China hat zwei große Experimente unternommen – den »Großen Sprung nach vorn« und die Kulturrevolution; und diese schweren Prüfungen haben tiefe Spuren hinterlassen. Weder der eine noch der andere Versuch hat aber zu der radikalen Umwandlung der Gesellschaft geführt, von der Mao Tse-tung träumte. Schließlich wurde die Partei im großen und ganzen wieder so aufgebaut, wie sie vor der Kulturrevolution gewesen war; und schon beginnt das Pendel wieder in die entgegengesetzte Richtung zu schwingen. Die Rückkehr zur Macht der Pragmatiker, das heißt derer, die der Wirtschaft den Vorrang vor der »Politik« geben, war vorauszusehen gewesen.

China hat durch gewaltige Kollektivarbeiten den Lauf seiner zerstörerischen Flüsse gezähmt, zwischen dem Volumen seiner lebensnotwendigen Güter und der Anzahl seiner Einwohner ein zwar noch labiles Gleichgewicht geschaffen, das sich aber dank der Geburtenbeschränkung festigen kann; es hat seine Industrie entwickelt, sein Transportwesen und seine Kommunikationsmittel ausgebaut, riesige Flächen wiederaufgeforstet beziehungsweise bewässert, das Schulwesen und das Gesundheitswesen auf das gesamte Volk ausgedehnt und das Lebensniveau seiner Bevölkerung gehoben. Diese Errungenschaften zeugen von den hervorragenden Qualitäten des chinesischen Volkes. Die 800 oder 900 Millionen Einwohner des heutigen China stellen ein riesiges Potential an Arbeitskräften, Energie und geistigen Kräften dar. Denn wenn man die Irrtümer, zögernden Versuche, die Inkompetenz der Kader, aber auch den hohen Preis der Kulturrevolution und der im Laufe des »Großen Sprungs nach vorn« gemachten Experimente berücksichtigt, so hat nur ein Teil der seit 1950 geleisteten Anstrengungen diesen Zuwachs an Macht, Reichtum und Unabhängigkeit ermöglicht. Im Laufe dieser fünfundzwanzig Jahre haben Zusammenkünfte, Versammlungen, politischer Belehrung dienende Sitzungen und die verschiedensten Kundgebungen unaufhörlich die Arbeitszeit beschnitten. In bezug auf materielle und menschliche Reichtümer war das Regime besonders kostspielig. Von einem streng wirtschaftlichen Gesichtspunkt aus gesehen könnte man von einer riesigen Verschleuderung von Energien sprechen. Doch täte man unrecht daran, einen solchen Standpunkt einzunehmen, denn keine einzige menschliche Gesellschaft gehorcht rationalen Regeln.

Anhang

CHRONOLOGISCHE TAFELN

GESCHICHTE
von Staat, Gesellschaft und Wirtschaft

17. Jh. Gründung der Shang- oder Yin-Dynastie.

–1384 Einzug der Shang in ihre letzte Hauptstadt bei Anyang, nach der Chronologie von Dong Zuobin.

–1025 (ca.): Sieg der Zhou über die Shang; Beginn der Westlichen Zhou.

–1000 (ca.): Entwicklung der Techniken des Pferdereitens in den westlichen Teilen Asiens.

–827 bis –782 (Regierungszeit des Königs Xuan): Einfälle von Völkerschaften aus dem Norden (erste Reiternomaden?).

–789 Die westlichen Barbaren zerschlagen ein Heer der Zhou.

–781 bis –771 (Regierungszeit des Königs You): Einfälle der Quanrong, eines Barbarenstammes.

–771 Barbareneinfälle in Shenxi. Die Zhou verlassen ihre Hauptstadt im Wei-Tal und richten ihren Hauptsitz in Luoyang ein. Beginn der Östlichen Zhou.

–769 Angriffe der Nördlichen Rong-Barbaren in West-Hebei.

–750 Sieg des Fürstenstaates von Qin über die Rong-Barbaren.

–722 Das erste Jahr der Chunqiu-Periode *(Frühling und Herbst)*.

–714 Feldzug des Fürstenstaates Zheng gegen die Rong.

–710 Einfall der Nördlichen Rong in den Fürstenstaat Zheng in Henan.

–707 Niederlage der Zhou in einer Schlacht gegen Zheng.

–704 Das sinisierte Reich von Chu in Hubei und am mittleren Yangzi dehnt sich bis Süd-Henan aus.

–688 Erste Erwähnung des Terminus *xian* (Verwaltungskreis), der auf ein erobertes Territorium angewandt wird.

–677 Qin verlegt seine Hauptstadt nach Fengxian in West-Shenxi.

–667 Eid zwischen den Fürstenstaaten, durch den Qi, das Reich von Shandong, zum Anführer der chinesischen Föderation gegen die Barbareninvasionen wird. Beginn der Hegemonie von Qi.

KULTUR
und Zivilisation[1]

17. Jh. Beginn des Bronzezeitalters im Becken des Gelben Flusses.

–1384 bis ca. –1025: Knochen- und Schildkrötenpanzer-Inschriften vom Ende der Shang-Zeit in Anyang (Henan).

10.–9. Jh.: Die ersten Inschriften auf Bronzegefäßen. Die ältesten religiösen Hymnen des *Shijing*.

–841 Beginn der datierten Geschichte.

–753 Beginn der Annalen von Qin.

–722 Beginn der Annalen von Lu (des *Chunqiu*).

1) Die mit dem Zeichen ☆ versehenen Eintragungen betreffen die Religionsgeschichte, die mit dem Zeichen ★ versehenen die Geschichte der Wissenschaft oder Technik.

–662 Die Di aus Ost-Shanxi fallen in die Nordchinesische Tiefebene ein.

–656 Angriff von Qi auf Chu, das einen Eid ablegen muß.

–651 Qi zwingt den Nachbarstaaten einen Allianzeid auf.

–643 Tod des Hegemons Huan von Qi.

–632 Jin, das Reich von Shanxi, reißt nach seinem Sieg über Chu in Chengpu die Hegemonie an sich.

–628 Tod des Hegemons Wen von Jin.

–623 Traditionelles Datum einer Reise von König Mu von Qin in die Westlande.

–606 Chu bedroht die königliche Domäne der Zhou in Henan.

–597 König Zhuang von Chu wird nach seinem Sieg über Jin als Hegemon anerkannt.

–594 Steuerreform im Fürstenstaat Lu in Shandong.

–593 bis –592: Jin gliedert Barbarenstämme in sein Reich ein.

–590 Neuerliche Reformen in Lu.

–589 Große Schlacht zwischen Qi und Jin, den beiden Hauptgegnern jener Epoche.

–588 Die Barbarenstämme der Roten Di werden nach 75jährigem Kampf vernichtend geschlagen.

–582 Das Reich Jin zwingt Chu einen Allianzvertrag auf.

–562 Der Fürst von Lu wird entmachtet und behält nur seine religiösen Vorrechte bei.

–558 bis –481 (Regierungszeit von Kyros II. und Darius I.): Das persische Reich der Achämeniden dehnt sich bis Transoxanien aus.

–546 Die Verbündeten des Reiches Song leisten ihm in Shangqiu (Henan) einen Eid.

–543 Steuerreform in Zheng.

–541 bis –540: Jin kämpft gegen die Barbarenstämme von Shanxi. Der Fürst von Jin zwingt seinen Adel, zu Fuß zu kämpfen.

–538 Neuerliche Reform in Zheng.

–518 Darius in Nord-Indien.

–513 Chu zerstört den Fürstenstaat Cai in Henan.

–506 Offensive von Wu (Süd-Jiangsu) gegen Chu. Wu besetzt Ying, die Hauptstadt von Chu.

–496 König Helü von Wu fällt in einer Schlacht gegen Yue (Nord-Zhejiang). Sein Nachfolger ist sein Sohn Fucha.

–494 Das Reich Yue erklärt sich zum Vasallen von Wu.

–486 Wu verbindet den Yangzi durch einen Kanal mit dem Huai.

–482 Wu verlängert den Yangzi-Huai-Kanal bis Süd-Shandong.

–481 Ende der Chunqiu-Zeit.

–473 Wu wird von Yue, seinem südlichen Nachbarn, zerstört.

–513 ★Erste Erwähnung des Eisengießens.

–501 ★Erwähnung von vier diagnostischen Verfahren in der Medizin: Untersuchung der Gesichtsfarbe und der Zunge, primitive Formen des Abhorchens, Krankengeschichte des Patienten, Pulsfühlen.

–479 Traditionelles Todesdatum des Konfuzius (Kongzi).

–478 ☆Traditionelles Datum für das *nirvāna* des historischen Buddha.

–461 Qin befestigt den Nord-Süd-Lauf des Gelben Flusses.

–453 Aufteilung des Jin-Reiches in drei Fürstenstaaten (Han, Wei und Zhao). Beginn der Periode der Kämpfenden Staaten *(Zhanguo)*.

–445 Expansion von Chu nach Osten auf Kosten von Wu.

–431 Chu zerstört den Fürstenstaat Ju in Shandong.

–423 Angriff von Han auf Zheng.

–418 bis –413: Ausweitung der Kämpfe zwischen Qin und Wei nach Shenxi und Shanxi.

–408 Die Nördlichen Di-Barbaren werden vernichtend geschlagen. Wei drängt Qin nach Westen zurück und dehnt sich bis zum nördlichen Luo aus, wo es eine Befestigungslinie errichtet.

–403 Offizielle Anerkennung der Aufteilung von Jin in drei Reiche.

–394 Qi dehnt sich auf Kosten von Lu aus.

–386 Die Familie Tian, die in Qi die Macht usurpiert hat, wird als Fürstenfamilie anerkannt.

–377 Einfall von Shu in Sichuan bis in die westlichen Randgebiete des Reiches Chu.

–375 Han setzt dem Reich Zheng ein Ende.

–367 Aufteilung des Königshauses der Zhou in zwei Fürstenstaaten: in Westliche Zhou und Östliche Zhou.

–364 Sieg von Qin über Wei.

–361 Der legalistische Reformer Gongsun Yang (Shang Yang) trifft in Qin ein.

–360 Bau von Kanälen in Wei.

–358 bis –352: Wei befestigt das nördliche Luo-Tal und verlängert seine Verteidigungsanlagen bis in den Ordos-Bogen.

–356 bis –348 (ca.): Die großen Reformen von Shang Yang in Qin.

–354 Beginn der Belagerung von Handan, der Hauptstadt von Zhao im Südwesten von Hebei.

–351 Wei zwingt Qin zum Abbruch der Belagerung von Handan.

–350 Qin verlegt seine Hauptstadt von Fengxiang nach Xianyang in der Nähe des heutigen Xi'an in Shenxi.

–341 Schlacht von Maling: das von Wei belagerte Han wird von Qi gerettet.

–340 Qin macht seine Oberhoheit über Wei geltend.

–339 Wei baut einen Kanal bei Kaifeng in Henan.

–338 Beim Tod König Xiaos, der Shang Yang berufen hatte, kommt es zur Reaktion des Qin-Adels.

–467 ★Beobachtung des Halley-Kometen.

–444 ★Berechnung des Sonnenjahres: 365 und ¼ Tage.

–436 Traditionelles Datum des Todes von Zengzi, dem Schüler von Konfuzius, dem das *Xiaojing* (Klassiker der kindlichen Pietät) zugeschrieben wird.

–395 (ca.): Tod des Legalisten Li Kui (oder Li Ke), der Minister in Wei war.

–381 (ca.): Tod des Mozi.

–350 (ca.): ★Der älteste Stern-Katalog.

–338 Hinrichtung des Legalisten Gongsun Yang (Shang Yang), des Reformers der Institutionen von Qin.

–334 Chu annektiert Yue (unteres Yangzi-Gebiet und Nord-Zhejiang).

–329 Alexander der Große in der Sogdiane.

–328 Qin bemächtigt sich Nord-Shenxis und drängt die Nomadenstämme dieser Region in die Steppe zurück. In Qin wird ein Kanzler eingesetzt.

–326 Alexander der Große in Nord-Indien.

–325 Der Fürst von Qin nimmt den Königstitel an *(wang)*.

–323 Tod Alexanders des Großen.

–322 Beginn der Maurya-Dynastie in Indien.

–318 bis –316: Qin dringt in die Ebene von Chengdu in Sichuan ein.

–312 Qin dehnt sich bis ins obere Han-Tal aus.

–308 Qin besetzt die westlichen Randgebiete von Henan.

–307 Zhao, das Reich von Nord-Shanxi, stellt ein Kavalleriekorps gegen die Steppennomaden auf.

–300 (ca.): Die nördlichen Reiche Qin, Zhao und Yan bauen Verteidigungsmauern gegen die Reiternomaden in der Mongolei und in der Mandschurei. Arbeiten am Oberlauf des Minjiang in Sichuan.

–298 bis –280 (ca.): Militärexpedition von Chu nach Ost-Sichuan und Yunnan.

–297 (ca.): Tod von Chandragupta, dem Gründer des Maurya-Reichs in Nord-Indien.

–296 Zhao setzt dem Fürstenstaat von Zhongshan in Nordost-Shanxi ein Ende.

–293 bis –289: Siege von Qin über Wei und Ausdehnung von Qin auf Kosten von Wei.

–286 Qi setzt dem Fürstentum von Song in Ost-Henan ein Ende.

–285 Allianz von Qin und Chu gegen Qi.

–280 Qin dringt in Guizhou ein.

–287 bis –278: Qin vergrößert sein Reich auf Kosten von Chu in Hubei und Hunan.

–277 Neuerliche Expedition von Qin in die Region der Yangzi-Schluchten und nach Guizhou.

–272 Machtantritt von Aśoka, dem buddhistischen König des Maurya-Reiches.

–270 Han und Zhao tragen einen großen Sieg über Qin davon.

–259 bis –257: Qin belagert Handan, die Hauptstadt von Zhao.

–256 Qin setzt dem Königshaus der Zhou ein Ende. Ende der Östlichen Zhou. Chu setzt Lu ein Ende.

–254 Zhao annektiert den kleinen Fürstenstaat Wei in Henan.

–250 Zhao belagert die Hauptstadt Yan in der Region des heutigen Peking.

–250 (ca.): Gründung des Arsakiden-Reichs der Parther.

–335 (ca.): Tod des pessimistischen Philosophen Yang Zhu, eines Verfechters des Egoismus.

–300 (ca.): Tod des Sophisten Hui Shi und des taoistischen Philosophen Zhuang Zhou, des Autors des *Zhuangzi*.

–289 (ca.): Tod von Menzius (Mengzi), dem Nachfolger des Konfuzius.

–277 (ca.): Tod des großen Dichters Qu Yuan von Chu.

–250 (ca.): Tod des Sophisten Gongsun Long.

–249 Gründung des Seleukiden-Reichs der Parther. Lü Buwei wird Minister in Qin.

–247 Qin besetzt Zentral-Shanxi und befestigt es.

–246 Thronbesteigung von König Zheng von Qin, dem späteren Ersten Kaiser der Qin-Dynastie. Qin baut einen Kanal von 150 km Länge in Shenxi.

–241 Chu verlegt seine Hauptstadt nach Shouchun in Anhui.

–240 ★Beobachtung des Halley-Kometen. Um –240, Tod von Zou Yan von Qi, dem Spezialisten der Fünf Elemente *(wuxing)*.

–239 bis –235: Bevölkerungsumsiedlungen in Qin zur Besiedlung des Wei-Tals.

–239 Das *Lüshi chunqiu,* eine Summa des Wissens der damaligen Epoche.

–237 Li Si folgt als Minister von Qin auf Lü Buwei.

–236 Ende der Regierung von Aśoka in Nord-Indien und in den Regionen zwischen dem Iran und dem Indus-Tal.

–235 Selbstmord von Lü Buwei.

–235 Tod des Philosophen Xunzi, eines konfuzianischen Soziologen, der vom Legalismus beeinflußt war.

–230 Qin annektiert Han, dessen Territorium in eine Kommandantur umgewandelt wird.

–228 Qin annektiert Zhao.

–226 Unter dem Druck von Qin verlegt Yan seine Hauptstadt aus der Region von Peking in die südliche Mandschurei.

–225 Qin annektiert Wei und richtet in Hebei und im Westen des Liaohe in der Mandschurei Kommandanturen ein.

–223 Qin annektiert Chu.

–222 Qin errichtet eine Kommandantur in Guiji (Nord-Zhejiang) und setzt dem Reich von Yan in Liaodong ein Ende.

–221 Qin annektiert Qi. Alle chinesischen Länder werden vereint. Gründung des Qin-Reichs.

–221 bis –214: Militärexpedition nach Fujian, Guangdong, Guangxi, Nord-Vietnam; Bau eines Kanals, der den Xiang mit dem Xijiang verbindet.

–220 Bau eines Netzes von kaiserlichen Straßen. Wiederaufbau und Verlängerung der Großen Mauern, die um –300 gebaut worden waren.

–215 Feldzug von Meng Tian in die Mongolei gegen die Xiongnu.

–214 Expedition nach Nanyue (Region von Kanton und Hanoi). Umsiedlung von 500 000 Sträflingen nach Nanyue. Verlängerung der Großen Mauern gegen die Halbinsel Liaodong hin.

–213 Sieg über die Xiongnu in der Ordos-Region.

–213 Die »Bücherverbrennung«.

–212 Bau von kaiserlichen Palästen.

–210 Tod des Ersten Kaisers.

–209 Beginn der Aufstände und des Bürgerkriegs. Gründung des ersten Steppenreichs durch Maodun, den Anführer der Xiongnu-Stämme.

–203 Volksaufstand von Chen She.
–207 Xiang Yu überquert die Qinling-Berge und dringt ins Wei-Tal ein. Ermordung des Zweiten Kaisers.
–206 Ende der Qin-Dynastie.
–204 Der Kampf zwischen Xiang Yu und Liu Bang, den beiden wichtigsten Anführern der Aufständischen, erreicht seinen Höhepunkt.
–203 Xiang Yu und Liu Bang teilen sich das Reich auf: in Chu, das Reich Xiang Yus, im Osten und in Han, das Reich Liu Bangs, im Westen.
–202 Liu Bang schaltet Xiang Yu aus und läßt sich zum Kaiser der Han ausrufen.
–201 Liu Bang vergibt einen Teil der Reichsterritorien an seine ehemaligen Waffenbrüder als Lehen. Einfall der Xiongnu in Shanxi.
–200 Liu Bang errichtet seine Hauptstadt in Chang'an, dem heutigen Xi'an in Shenxi. Um –200, allgemeiner Rückzug der chinesischen Verteidigungslinien südlich der Großen Mauern.
–199 Maßnahmen zur Einschränkung des aufwendigen Lebensstils der Kaufleute.
–198 Umsiedlung reicher Familien von Qi (Shandong) und Chu (mittleres Yangzi-Gebiet) in die Region von Chang'an. Friede mit den Xiongnu.
–197 Der Fürst von Dai in Nord-Shanxi verbündet sich mit den Xiongnu.
–196 Rebellion des Fürsten von Huainan.
–196 Ende des Maurya-Reiches.
–195 Rebellion des Fürsten von Yan, der sich mit den Xiongnu verbündet. Tod von Kaiser Gaozu, dem Gründer der Han-Dynastie.
–194 (ca.): Ein Mann aus Yan (Region des heutigen Peking) erobert Korea und wird dort König.
–192 und –190: Mobilisierung von Bauern und Bäuerinnen zum Bau der Befestigungswälle von Chang'an.
–191 Die härtesten Gesetze der Qin werden abgeschafft.
–188 Beginn der Regentschaft von Kaiserin Lü. Milderung der Gesetze gegen die Kaufmannschaft.
–187 Weitere Abschaffung von Strafgesetzen der Qin.
–185 Überschwemmungen des Luo in Henan und des Yi in Shandong.
–184 Verbot, Gegenstände aus Eisen nach Nanyue auszuführen (dieses Reich umfaßte Guangdong und Vietnam).
–183 Das Nanyue-Reich startet Offensiven in Hunan.
–182 Einfälle der Xiongnu in die nördlichen Provinzen.
–181 Erster Feldzug gegen das Nanyue-Reich.

–180 Tod der Kaiserin Lü. Die Mitglieder ihres Clans werden ausgerottet.

–179 Nanyue erklärt sich zum Vasallen der Han. Abschaffung des Gesetzes aus der Qin-Zeit über die kollektive Haftbarkeit der Verwandten des Schuldigen.

–177 Vordringen der Xiongnu bis Henan. Rebellion des Fürsten Liu Xingju in Shandong.

–175 Erlaubnis zu privatem Münzgießen.

–174 Die Großen Yuezhi (Indoskythen) werden von den Xiongnu aus Gansu vertrieben und gehen nach Westen. Jia Yi (200–168) legt dem Kaiser sein politisches Programm vor, das *Zhi'ance*. Tod des *shanyu* Maodun, des Gründers des Xiongnu-Reiches. Die Han schicken seinem Nachfolger eine chinesische Prinzessin.

–171 (ca.): Höhepunkt der Macht der Parther.

–169 Plan von Chao Cuo gegen die Xiongnu.

–168 Bericht Chao Cuos über das Elend der Bauern und die Beschlagnahme der Reichtümer durch die Kaufleute. Vergebung von Titeln für die Lieferung von Getreide in die Grenzregionen.

–167 Die Verstümmelung als Strafe wird aus dem Kodex gestrichen. Einführung der Zwangsarbeit als Strafe.

–166 Erste Erwähnung des Signal-Codes (Feuer und Rauch) an der Steppengrenze. Einfälle der Xiongnu.

–165 Erste offizielle Prüfungen für die Auswahl von Beamten. Chao Cuo fordert eine Einschränkung der Macht des kaiserlichen Adels.

–164 Aufteilung der ehemaligen Fürstenstaaten von Qi und Huainan.

–162 Schwere Einfälle der Xiongnu in Liaodong. Neuerlicher Versuch der Verständigung mit den Xiongnu.

–160 Überschwemmungen im Becken des Yangzi und des Han. Um –160, Machtantritt von Milinda im indo-griechischen Reich von Baktrien.

–158 Neuerliche Einfälle der Xiongnu. Erste Erwähnung der Militärkolonien *(tuntian)* an den Nordgrenzen.

–157 Der Fürst von Changsha (Hunan) stirbt ohne Nachfolger und sein Reich wird abgeschafft.

–156 Versuch eines Friedensabkommens mit den Xiongnu.

–154 Rebellion der »Sieben Fürstenstaaten« gegen die kaiserliche Macht. Scheitern der Rebellion. Tod von Chao Cuo, dem Ratgeber des Kaisers Wendi.

–152 Der *shanyu* der Xiongnu erhält eine chinesische Prinzessin zur Frau.

–148 Einfälle der Xiongnu in die Region des heutigen Peking.

–168 Tod des Literaten Jia Yi, eines berühmten Beraters des Kaisers und Verfassers von politischen Essays und von *fu* (dichterischen Beschreibungen).

–157 Tod Lu Jias, eines vom Taoismus beeinflußten Literaten und Autors des *Xinyu*.

–150 (ca.): ★Tod des berühmten Arztes Shunyu Yi.

–145 Geburt des Historikers Sima Qian, nach Wang Guowei (–135 nach Guo Moruo).

–144 Einfall der Xiongnu in Shanxi und Raub von Pferden aus dem kaiserlichen Gestüt.	
–142 Neuerlicher Einfall der Xiongnu nach Nord-Shanxi.	
–141 Thronbesteigung des Kaisers Wu (Xiaowudi).	
–140 Dong Zhongshu fordert die Verringerung der Strafen, die Förderung der Literaten und die Gründung einer Akademie.	–140 ★Erstes chinesisches Werk der Alchimie. Tod des Dichters Mei Cheng.
–139 Aufbruch von Zhang Qian nach Zentralasien auf der Suche nach den Großen Yuezhi (oder –135).	
–138 Überschwemmung und Hungersnot im unteren Gelben Fluß-Becken. Die Eingeborenenstämme Fujians greifen die Eingeborenenstämme von Süd-Zhejiang an. Expansion der Parther nach Nordwest-Indien.	
–136 Beginn der Erforschung der Wege durch Sichuan nach Burma und Indien auf Initiative von Tang Meng.	
–135 Erste Expedition der Han nach Fujian. Mission von Tang Meng in die Region von Kanton. Ende der Politik der Zugeständnisse gegenüber den Xiongnu.	–135 (ca.): ★Erste Erwähnung der hexagonalen Form der Schneekristalle im *Hanshi waizhuan*.
–133 Feldzug gegen die Xiongnu.	–133 ☆Entsendung von Magiern *(fangshi)* auf die Suche nach den Inseln der Unsterblichen.
–132 100 000 Soldaten werden für die Wiederinstandsetzung der Dämme des Gelben Flusses aufgeboten.	
–131 Versuch, nach Yunnan und Guizhou vorzudringen.	
–130 Bau einer Straße zwischen Sichuan und Guizhou. Die Großen Yuezhi siedeln sich in Baktrien an. Gesetz über die Haftbarkeit von Personen, die eine ihnen bekannte Straftat nicht anzeigen. Bau einer Straße nach Nord-Shanxi.	
–129 Bau eines Kanals von 150 km Länge zwischen Shenxi und Henan.	
–128 Neuerliche Offensive gegen die Xiongnu. Erste Feldzüge in die Mandschurei und nach Korea.	
–127 100 000 Bauern werden im Nordwesten des Ordos-Bogens angesiedelt. Gesetz über die Aufteilung der Lehen unter die Söhne.	
–126 Zhang Qian kehrt aus dem Ferghana-Tal und Baktrien zurück.	
–124 Rebellionsversuch des Fürsten Liu An von Huainan. Erste große Offensive gegen die Xiongnu.	–124 Gründung eines Amtes mit 50 Spezialisten der Klassiker in neuer Schrift.
–123 Neuerliche Offensive in die Mongolei, unter dem Befehl von General He Qubing.	
–122 Nach der Aufdeckung ihres Komplottes begehen die Fürsten von Huainan und Hengshan Selbstmord. Die Han dringen bei den südwestlichen Barbaren weiter vor.	–122 Selbstmord des Fürsten Liu An von Huainan, an dessen Hof das taoistische Werk *Huainanzi* verfaßt wurde.

–121 Zweite große Offensive gegen die Xiongnu. Sieg der Han-Heere, die 1000 km in die Mongolei eindringen.	
–120 Feldzug gegen die Kunming-Stämme in West-Yunnan. Über 700 000 Katastrophengeschädigte aus Shandong werden nach Shenxi umgesiedelt.	–120 Gründung des Yuefu, des Musikamtes, das die Aufgabe hat, Volkslieder und exotische Lieder zu sammeln.
–119 Abgabe auf Schiffe und Karren. Einführung des Staatsmonopols auf Salz und Eisen.	
–118 Bau einer 250 km langen Straße zwischen Shenxi und Sichuan.	
–117 Errichtung der Kommandanturen von Zhangye und Dunhuang in Gansu. Ausdehnung des Salz- und Eisenmonopols auf das ganze Reich.	–117 stirbt Sima Xiangru, der berühmte Verfasser von *fu*.
–115 Schaffung der Kommandanturen von Wuwei und Jiuquan in Gansu. Zhang Qian bricht neuerlich nach Zentralasien auf, ins Land der Wusun (Ili-Tal).	
–113 Große Anstrengungen zur Bewässerung und Erschließung der Territorien im Nordwesten. Die Han-Heere dringen nach Guangdong und Nord-Vietnam ein.	
–111 Ende des Nanyue-Reichs: Guangdong und Nord-Vietnam werden in neun Kommandanturen aufgeteilt.	
–110 Ende des nicht-chinesischen Reichs der Yue in Fujian.	
–109 Feldzug ins Zentrum und in den Norden Koreas. Ende der Unabhängigkeit des Dian-Reichs in Ost-Yunnan.	–109 ☆Suche nach den Inseln der Unsterblichen.
–108 Schaffung von vier Kommandanturen der Han in Korea. Erste Expeditionen nach Zentralasien.	
–105 Gesandtschaft der Han nach Seleukia am Tigris.	–105 stirbt Dong Zhongshu, der bedeutendste Kommentator der Klassiker des 2. Jh. Durch Gesandtschaften der zentralasiatischen Reiche werden die Weinrebe und die Luzerne in China eingeführt.
–104 Truppenaushebung für einen Feldzug ins Ferghana-Tal (Oberes Syrdarja-Tal), der im darauffolgenden Jahr scheitert.	–104 ★Grundlegende Kalenderreform.
–102 Einrichtung befestigter Posten in der Mongolei. Soldaten und Zwangsarbeiter verlängern die Großen Mauern von Lanzhou nach Yumenguan.	
–101 Erfolg der zweiten Militärexpedition ins Ferghana-Tal.	
–99 Die Xiongnu greifen im Tianshan die chinesischen Heere an. Volksaufstände in den östlichen Teilen des Reiches.	
–98 Anschluß der Qiang an die Han. Staatsmonopol auf Alkohol.	–98 ☆*feng*- und *shan*-Opfer an den Himmel und die Erde am Taishan.
–95 Ein 100 km langer Kanal verbindet in Shenxi den Wei mit dem Jing.	
	–93 Entdeckung von Manuskripten der Klassiker der Alttextschule. Um –93 stirbt Dongfang Shuo, ein satirischer Dichter.

–92 Beginn der Hexereiprozesse im Kaiserpalast. Um –92, Tod des großen Historikers Sima Qian, des Autors des *Shiji* (Historische Aufzeichnungen).

–90 Einnahme von Jar-khoto im Norden von Turfan.

–89 ☆*feng-* und *shan*-Opfer am Taishan. ★Zhao Guo erfindet neue landwirtschaftliche Geräte und ein neues Fruchtwechselsystem, das *daitian.*

–88 Einfälle der Armenier in Persien; die Macht der Parther sinkt.

–87 Tod des Kaisers Wu. Beginn der Regentschaft von General Huo Guang.

–86 Eingeborenenaufstände in Ost-Yunnan.

–83 bis –82: Eingeborenenaufstände im Südwesten werden niedergeschlagen.

–81 Diskussionen über die Aufhebung oder Beibehaltung der Staatsmonopole auf Salz, Eisen und Alkohol. Der Inhalt dieser Diskussionen wird einige Jahre später im *Yantie lun,* »Diskussionen über das Salz und das Eisen«, veröffentlicht.

–80 Versuch einer Rebellion durch den Fürsten von Yan. Einfälle der Xiongnu, die 9000 Mann verlieren. General Huo Guang wird allmächtig.

–78 Einfälle der Wuhuan von Liaodong.

–78 Kolonisierung Liaodongs durch jugendliche Kriminelle.

–75 Befestigungsanlagen in der südlichen Mandschurei und in Nordkorea.

–72 Großer Feldzug zur Unterstützung der Wusun gegen die Angriffe der Xiongnu.

–71 Sieg der Han und der Wusun.

–68 Die Bewachung der Forts jenseits der Großen Mauern wird aufgehoben. Tod des Generals Huo Guang.

–67 Angriff auf Jar-khoto und Beginn der militärischen Kolonisierung dieser Region.

–66 Komplott der Familie des Generals Huo Guang.

–65 Der König von Kutscha besucht Chang'an. Jarkend unternimmt den Versuch der Sezession.

–65 ★Die ältesten Wassermühlen in Kleinasien.

–64 Die Han konzentrieren ihre Anstrengungen auf die Verteidigung der südlichen Oasenstraße.

–62 Qiang und Xiongnu greifen gemeinsam Dunhuang und Shanshan an.

–61 Eine große Erhebung der westlichen Qiang wird niedergeschlagen.

–60 Anschluß von westlichen Qiang und Xiongnu an die Han. Die Macht der Xiongnu beginnt zu sinken.

–57 Unruhen und Bürgerkrieg bei den Xiongnu, wo sich fünf *shanyu* die Macht streitig machen.

–56 Weitere Xiongnu schließen sich den Han an.
–55 Gründung von zwei »abhängigen Reichen« für die angeschlossenen Xiongnu.
–53 Zwei *shanyu* der Xiongnu schicken ihre Söhne nach Chang'an. Schwierigkeiten der Han-Garnisonen bei den Wusun.
–51 Besuch des *shanyu* Huhanye in Chang'an.
–49 Neuerlicher Besuch des *shanyu* Huhanye in Chang'an.
–48 Schwere Überschwemmungen in Henan und Shandong.
–46 Abschaffung der Kommandantur von Zhuya in Hainan, aus der sich die Han nach Eingeborenenaufständen zurückziehen.
–44 Milderung des Strafsystems. Abschaffung des Eisen- und Salzmonopols.
–42 Erhebung der Qiang in Ost-Gansu.
–41 Wiedereinführung des Eisen- und Salzmonopols.
–38 Entstehung des indoskythischen Reichs der Kushan in Afghanistan.
–36 Expedition bis jenseits des Pamir anläßlich der Verfolgung einer Xiongnu-Gruppe.
–34 Abbruch der diplomatischen Beziehungen zwischen den Han und Kaschmir nach der Ermordung der Abgesandten der Han.
–33 Besuch des *shanyu* Huhanye, der eine chinesische Prinzessin zur Frau erhält, in Chang'an.
–32 Beginn einer langen Periode von Unruhen im Partherreich.
–29 Überschwemmungen im unteren Becken des Gelben Flusses, dessen Dämme im darauffolgenden Jahr wieder repariert werden.
–25 Besuch eines *shanyu* der Xiongnu in Chang'an.
–19 Bau des prunkvollen Changling-Grabes im Norden von Chang'an.
–18 Verkauf offizieller Titel. Aufstand von Zheng Gong im oberen Han-Tal.
–15 Gesandtschaft des koreanischen Paeckche-Reichs in der Kommandantur von Lelang.
–14 Eine Folge von Bauernaufständen.
–11 Der König von Kangju (unteres Syrdarja-Becken) schickt seinen Sohn nach Chang'an. Die Hauptstadt des koreanischen Paeckche-Reichs wird von den Mohe belagert, einem Stamm aus der nördlichen Mandschurei.
–10 Im Nanshan werden für die kaiserlichen Parkanlagen Bären gefangen.
–8 Wang Mang wird zum Dasima (Kriegsminister) ernannt, aber schon im darauffolgenden Jahr wieder abgesetzt.

–52 ★Äquatorialarmilla von Guo Shouchang.
–51 Konferenz am Hof über die Interpretation der Klassiker.
–46 Rekrutierung von Spezialisten der *yin-yang*-Lehre und des Wahrsagens.
–41 Die Anzahl der Studenten der Akademie wird auf tausend erhöht.
–28 ★Beginn der systematischen Aufzeichnung der Sonnenflecken.
–26 Der kaiserliche Bibliothekar Liu Xiang legt seinen »Kommentar zu den Fünf Elementen« im *Hongfan* vor, *Hongfan wuxing zhuan*, und stellt Forschungen nach verlorenen Büchern an.
–15 Das *Fangyan*, das erste Werk über die chinesischen Dialekte.
–8 Die Zahl der Studenten der Akademie wird auf 3000 erhöht.

–7 Projekt zur Beschränkung des privaten Grundbesitzes. Projekt zur Regulierung des Gelben Flusses.

–7 Abschaffung der Musikbehörde (Yuefuguan). Bibliographische Klassifizierung durch Liu Xiang, das *Qilue*.

–6 stirbt Liu Xiang, der Autor des *Xinxu* und des *Shuoyuan*. Um –6, Tod der Dichterin Ban Jieyu.

–3 Kritik Bao Xuans an der damaligen Politik und an der Unterdrückung der Bauernschaft.

–3 ☆Amulette der Königinmutter des Westens (Xiwangmu) zirkulieren in Shandong unter dem Volk.

–2 ☆Verbot des Selbstmordes aus Treue zum Verstorbenen *(xunsi)*.

–1 Besuch der Xiongnu- und Wusun-Führer in der Hauptstadt. Zu dieser Zeit sind 376 Reiche und Fürstentümer Zentralasiens an die Han angeschlossen, ungerechnet die Länder jenseits des Pamir. Regentschaft der Kaiserin Wang. Beginn der Macht von Wang Mang.

2 Erste bekannte Volkszählung: 12 366 470 Familien und 57 671 400 Individuen.

3 Wang Mang schlägt eine Reglementierung der Privatausgaben vor. Erhebung in Shenxi.

5 stirbt Kong Guang, ein Spezialist der Institutionen und Interpret der Klassiker.

6 Wang Mang, der nach dem Tod von Kaiser Ping »provisorischer Kaiser« wird, übt eine Art von Regentschaft aus. Rebellion eines Fürsten der Liu gegen Wang Mang.

7 Währungsreform durch Wang Mang. Einführung von neuen Münzen. Neuerliche Rebellionen gegen Wang Mang.

9 Wang Mang wird Kaiser und gründet die Xin-Dynastie. Die gesamte offizielle Nomenklatur wird geändert. »Verstaatlichung« von Grund und Boden.

8 stirbt Yang Xiong, ein rationalistischer, taoistisch beeinflußter Philosoph und Verfechter der Tradition in alter Schrift. Er verfaßte das *Fayan* und das *Taixuanjing*.

10 Der ehemalige Han-Adel verliert seine Titel. Bemühungen um die Preisstabilisierung. Neue Abgaben.

11 Der Gelbe Fluß durchbricht die Dämme und ändert seinen Lauf.

12 Einfälle der Koguryo und einer anderen Völkerschaft aus der Mandschurei. Aufruhr bei den Eingeborenenstämmen im Südwesten.

12 Abfall des Fürstentums von Karaschahr.

14 Die Eingeborenenstämme von Ost-Yunnan machen sich unabhängig. Neue Reformen und neuerliche Änderung der offiziellen Nomenklatur. Japanische Einfälle ins Reich Silla in Korea.

17 Ausweitung der Volksaufstände in der Folge von Naturkatastrophen und von Requisitionen für das Heer.

20 Prunkbauten unter Wang Mang in Chang'an.

20 ★Erste Erwähnung der von Wasserkraft betriebenen Sätze von Stampfern.

22 Kriegszüge gegen die Aufständischen in Shandong und Hubei, die sich als »Rote Augenbrauen« (Chimei) bezeichnen. Zustrom von Flüchtlingen in Shenxi. Neuerliche Aufstände

unter der Führung des ehemaligen kaiserlichen Han-Adels.
23 Die von Wang Mang gegründete Dynastie wird von den Volksaufständen und den Rebellionen des ehemaligen kaiserlichen Adels hinweggefegt.
24 Gongsun Shu läßt sich in Sichuan zum König von Shu ausrufen.
25 Kampf zwischen den Thronanwärtern der Familie Liu. Die Roten Augenbrauen dringen in Chang'an ein. Liu Xiu läßt sich zum Kaiser ausrufen: Beginn der Späteren Han oder Östlichen Han. Luoyang wird Hauptstadt.
26 Die Roten Augenbrauen verlassen Chang'an und wenden sich nach Westen.
27–28: Der neue Han-Kaiser schaltet seine Konkurrenten aus und schlägt die Aufstände der Roten Augenbrauen nieder.
29 Die Kommandanturen von Vietnam und zahlreiche zentralasiatische Reiche erkennen die neue Han-Dynastie an.
30 Chen Xiao, der über Ost-Gansu herrscht, schließt sich Gunsun Shu, dem Kaiser der Cheng-Han in Sichuan, an.
34 Ende des von Chen Xiao in Ost-Gansu gegründeten unabhängigen Reiches.
35 Ma Yuan siegt über die Qiang.
36 Wiedereroberung Sichuans und Ende des unabhängigen Cheng-Han-Reiches.
37 Das Reich Koguryo annektiert die Han-Kommandantur von Lelang.
39 Kriegszüge Generals Wu Han als Antwort auf die Beutezüge der Xiongnu; Rückzug der Bevölkerung von Nord-Shanxi.
40 Aufstände der Bevölkerung des Roten-Fluß-Beckens und West-Gansus. Wiederaufnahme der Geldwirtschaft nach rund zwanzigjährigem Tauschhandel.
41 Gemeinsame Angriffe der Xiongnu, Wuhuan und Xianbei in den nördlichen Grenzgebieten.
42–43: Siegreicher Feldzug von Ma Yuan gegen die vietnamesische Rebellion der Schwestern Tru'ng Thac und Tru'ng Nhi.
44 Beutezüge der Xiongnu in Gansu. Die Han stellen die Kommandantur von Lelang in Korea wieder her.
45 Einfälle der Wuhuan und der Xianbei in Liaodong.
48 Aufspaltung in Südliche und Nördliche Xiongnu.
49 Einfälle der Koguryo bis Shanxi. Tod des Generals Ma Yuan. Anschluß der Wuhuan.

23 Tod des Liu Xin, eines kaiserlichen Bibliothekars und Herausgebers von Texten aus dem Altertum, darunter dem *Zuozhuan* und dem *Zhouli*.
28 Tod des Philosophen Huan Tan.
31 ★Erste Erwähnung des Einsatzes von Wasserkraft für Gebläse in Hochöfen zum Eisengießen.
33 (ca.): Tod von Shi You, dem Autor des *Jijiupian*, einer Sammlung von gebräuchlichen Redewendungen und Ausdrücken.

50 Ansiedlung der an die Han angeschlossenen Südlichen Xiongnu in den nördlichen Kommandanturen von Shanxi und Shenxi. Um 50, erste indische Einflüsse in Malaya.
51 Beginn des kambodschanischen Funan-Reiches (Phnam).
52 Vertrag mit den Nördlichen Xiongnu.
54 Besuch des Führers der Xianbei in Luoyang.

56 Einfall der Qiang in den Nordwesten.
57 Gesandtschaft eines japanischen Fürstentums aus Nord-Kyūshū. Neuerliche Einfälle der Qiang.
62 Die Südlichen Xiongnu schlagen die Angriffe von Nördlichen Xiongnu zurück.
64 Die Nördlichen Xiongnu erreichen die Öffnung von Märkten.

69 Reparatur der Dämme des Gelben Flusses auf einer Strecke von über 500 km.
70 Ende der Überschwemmungen des Gelben Flusses. Bau des Bian-Kanals in Henan.

73–94: General Ban Chao gewinnt die seit über 60 Jahren verlorene Kontrolle über die Oasen wieder zurück.
75 Wiedereroberung der Oase von Kaschgar.
77–91: Khotan wird Sitz der Generalregierung der Han in Zentralasien.
78 Weitere Siege Ban Chaos in Zentralasien. Die Kushan annektieren Kaschmir und die nordwestlichen Randgebiete Indiens und richten ihre Hauptstadt in Gandhāra ein.

81 Bau von Bewässerungsanlagen in Anhui.

83 Die Tribute des Vietnam, die bisher über den Seeweg nach Fujian geliefert wurden, werden von nun an über Guangxi und Hunan gebracht.

87 Gesandtschaft der Kushan in Luoyang (Löwen als Geschenke). Sieg der Xianbei über die Nördlichen Xiongnu. 280 000 Nördliche Xiongnu schließen sich den Han an.
88 Abschaffung des Salz- und Eisenmonopols.
89–105: Indische Gesandtschaften in Luoyang.
91 Die Nördlichen Xiongnu werden von den Han-Heeren, die 2500 km in die Mongolei eingedrungen sind, schwer geschlagen. Der Berater Yuan An fordert eine drakonische Senkung

54 ☆Tod des Historikers Ban Biao, des Vaters von Ban Gu.

65 ☆Erste Erwähnung einer buddhistischen Gemeinschaft in Pengcheng in Nord-Jiangsu.

70 (ca.): Die »Rundreise ans Meer von Eritrea« über die Seewege vom Roten Meer an die Westküste Indiens.

78 Tod des Du Du, eines Verfassers von *fu* (dichterischen Beschreibungen) und eines politischen Essays, des *Mingshilun*.
79 Konferenz am Hof über die Interpretation der Klassiker. Der Bericht darüber ist die Grundlage des *Baihutong*.

82 (ca.): *Hanshu* (Die Geschichte der Han-Dynastie) von Ban Gu und seiner Schwester Ban Zhao.
83 Das *Lungheng* von Wang Chong: Kritik des Aberglaubens und der herkömmlichen Meinungen, naturalistische Erklärungen für physikalische Erscheinungen. Auswahl von Spezialisten des *Zuozhuan*, des *Guliangzhuan*, des *Shangshu* in alter Schrift und des *Shijing* von Mao.

der jährlichen Geschenke an die zentralasiatischen Reiche und an die Xiongnu. Ban Chao wird Generalgouverneur der Han in Zentralasien (Kutscha). Der Eunuch Zheng Zhong gewinnt große Macht über den Kaiser Hedi.

92 Ban Gu, der Autor der »Geschichte der Han-Dynastie«, stirbt im Gefängnis.

94 Großer Sieg Ban Chaos in Zentralasien.
97 Gesandtschaft des birmanischen Shan-Reichs. Gan Ying, von Ban Chao in die Ostgebiete des Römischen Reichs entsandt, wird an den Westgrenzen des Partherreichs aufgehalten.

97 Tod des Wang Chong.

100 Erhebung in Zentralvietnam.

100 Das *Shuowen jiezi*, das erste Zeichenwörterbuch (9353 Artikel). ☆Erste Adaption eines indischen buddhistischen Textes im Chinesischen.

101 Gesandtschaft der Parther, die Löwen als Geschenke bringen. Offensive gegen die Qiang. Angriff der Xianbei.

101 Tod des Kommentators der Klassiker in alter Schrift, Jia Kui.

102 Tod des Generals Ban Chao.
105 In Lianoning wird ein Einfall des Koguryo-Reichs zurückgeschlagen.

105 ★Der Eunuch Cai Lun legt dem Kaiser die ersten Papiersorten vor.

106 Einschränkung der Ausgaben des Hofes und der Gehälter gewisser Beamter. Unterdrückung einer Rebellion in Zentralasien.
107 Gesandtschaft eines japanischen Fürstentums. Anschluß der Xianbei. Manche Ratgeber empfehlen einen allgemeinen Rückzug der nordwestlichen Verteidigungslinien bis West-Shenxi.
109 Hungersnot in Luoyang und Gansu.
110 (ca.): Die größte Ausdehnung des Kushan-Reichs.
112 Schaffung von großen Jagdrevieren im Südwesten.
114 Einfälle der Qiang im Nordwesten und Eingeborenenaufstände in Sichuan.
117 Tod des Generals Hu Qubing.

117 (ca.): Stirbt Ban Zhao, die Schwester und Mitarbeiterin des Historikers Ban Gu.

118 Angriff von Koguryo und mandschurischen Stämmen auf die Kommandantur von Xuantu in Korea.

118 (ca.): ★Das *Lingxian* von Zhang Heng, ein astronomisches Werk.

120 Eine Gesandtschaft des birmanischen Shan-Reichs schenkt dem Hof von Luoyang Tänzer und Gaukler aus den Ostgebieten des Römischen Reichs.
121 Die Xianbei und das Reich Koguryo greifen die Kommandantur von Xuantu und Liaodong an.
122 Einfälle der Xianbei in Shanxi.
124 Offensive der Han gegen die Nördlichen Xiongnu von den zentralasiatischen Oasen aus.

124 ★Die Armillarsphäre des Zhang Heng. Tod des Literaten und politischen Kritikers Yang Zhen.

125 Große Offensive von Ban Yong gegen Jarkhoto. Die Macht der Eunuchen nimmt zu.
125–150 (ca.): Die Han stellen ihre Vorherrschaft in Zentralasien wieder her.
126 Offensive gegen die Nördlichen Xiongnu.

127 Neuerlicher Angriff der Xianbei auf die Kommandantur von Xuantu in Korea. Wiedereroberung einiger Oasen in Zentralasien.

130 Gesandtschaften aus dem Ferghana-Tal und Jarkend. Der König von Kaschgar schickt seinen Sohn an den Hof von Luoyang.

131 Gesandtschaft aus Khotan.

132 Erste Erwähnung von offiziellen Beziehungen zwischen China und Java. Bauernaufstand im unteren Yangzi-Gebiet. Einfälle der Xianbei in Liaodong.

133 Wiederherstellung der Kommandantur von Xuantu.

134 Einfall der Qiang in Gansu.

135 Die Eunuchen erhalten das Recht, Söhne zu adoptieren.

137 Rebellion der Truppe in Vietnam während eines Feldzugs gegen Rinan (in Zentral-Vietnam).

140 Bau von Bewässerungsanlagen in der Region von Guiji in Zhejiang. Die Einfälle der Xianbei zwingen die Han dazu, ihnen ein bedeutendes Territorium abzutreten.

141 Die Qiang sind am Höhepunkt ihrer Macht.

143 Bauernaufstand im Südosten.

144–145: Erhebung unter Führung von Fan Rong und anderen Bauernführern in Jiujiang (Jiangxi).

146 Angriff der Koguryo in Liaodong.

151 Einfall der Nördlichen Xiongnu in Hami.

154 Rebellionen in Sichuan und Shandong.

156–178: Neuerliche Einfälle der Xianbei in den Nordosten.

157 Volkszählung: 56 486 856 Personen.

159 Die Eunuchen erhöhen ihre Machtansprüche.

160 Eingeborenenaufstände in Hunan und Zentralvietnam. Bauernaufstand in Shandong.

161 Indische Gesandtschaft, die über Südostasien nach China kommt. Sieg über die Qiang.

166 Gesandtschaften von Kaufleuten aus den Ostgebieten des Römischen Reichs.

168 Die Kaiserin Dou wird entmachtet.

169 Großer Sieg über die Qiang, von denen sich zahlreiche Stämme unterwerfen.

127 Fan Ying, ein Spezialist der esoterischen Wissenschaften, wird an den Hof berufen.

132 ★Zhang Heng konstruiert einen Seismographen und eine Armillarsphäre mit einem täglichen Umdrehungsmechanismus.

139 ★Tod des Astronomen, Mathematikers und Dichters Zhang Heng.

142 Das *Zhouyi cantong ji*, ein alchimistisches Werk.

143 ★Tod des Literaten und Astronomen Cui Yuan.

147 ☆Ankunft in Luoyang des parthischen Mönchs An Shigao, des ersten bekannten Übersetzers indischer buddhistischer Texte ins Chinesische.

151 Das *Zhenglun* (Abhandlung über Politik) von Cui Shi, einem legalistischen Autor.

165 (ca.): stirbt Wang Fu, der Autor des *Qianfulun*, eines Werks sozialer und politischer Kritik.

166 ☆Erste Erwähnung buddhistischer Zeremonien am Hof von Luoyang. Tod des großen Kommentators der Klassiker, Ma Rong.

170 Erhebung in Shandong. Erfolgloser Angriff auf Kaschgar. Beginn der Unruhen auf dem Land.
175 Ausweitung der Macht der Eunuchen.

176–177: Angriff der Xianbei im Nordosten und Gegenangriff der Han.
178 Ämterverkauf. Erhebungen in Guangdong und Vietnam.

184 Großer Aufstand der Gelben Turbane, deren Truppen schon zu Beginn über 300 000 Mann zählen.
185 Die aufständischen Zonen dehnen sich auf Shanxi aus.
186 Die Rebellion erfaßt Shenxi, Hebei und Liaoning.
189 Massaker unter den Eunuchen. Plünderung von Luoyang durch die Truppen von Dong Zhuo.
190 Beginn der Macht von Cao Cao. Um 190 schaffen die Anhänger der taoistischen Sekte der Fünf Reisscheffel in Sichuan und Süd-Shenxi einen unabhängigen Staat. Ab 190 ist die Verbindung nach Zentralasien unterbrochen.
192 Ermordung des Generals Dong Zhuo. Sieg Cao Caos über die Gelben Turbane. Angriff der Stämme von Linyi auf die chinesischen Posten von Rinan (Zentral-Vietnam).

194 Hungersnot in Chang'an.
195 Kaiser Xian sucht Zuflucht in Anyi in Shanxi. Sun Ce besetzt das untere Yangzi-Gebiet.
196 Cao Cao, der Schutzherr von Kaiser Xian, herrscht in Luoyang.

200 stirbt Sun Ce, dem sein Bruder Sun Quan nachfolgt. Großer Sieg Cao Caos über die Truppen von Yuan Shao.
207 Großer Sieg Cao Caos über die Wuhuan.
208 Bündnis zwischen Liu Bei und Sun Quan gegen Cao Cao. Berühmte Niederlage der Truppen von Cao Cao am Yangzi (Schlacht am Roten Felsen).

211 Liu Bei regiert in Sichuan.
212 Sun Quan regiert in Nanking, das er befestigt und Jiankang nennt.
215 Liu Bei und Sun Quan setzen die Grenze ihrer Territorien am Xiang in Hunan fest.

170 stirbt Cui Shi, der Autor des *Zhenglun*.
173 ★Erfindung einer Visiereinrichtung für die Armbrust.
175 Der Text der Klassiker wird in der Hauptstadt durch Cai Yong in drei Schriftarten in Stelen eingraviert.

182 Tod des He Xiu, des in seiner Epoche einzigen Vertreters der Tradition in neuer Schrift und Fortsetzers von Dong Zhongshu.

190 Die Sammlungen und Archive der Han werden bei der Plünderung Luoyangs durch die Truppen Dong Zhuos zerstört.
190 (ca.): ★Das *Shushu jiyi*, (Mathematische Traditionen), das man Xu Yue zuschreibt.

192 stirbt Cai Yong, der Autor des *Duduan* über die Institutionen der Han. Tod des Lu Zhi, des Autors einer Abhandlung über die Sitten und Gebräuche der Region des heutigen Peking und eines Kommentars zum *Liji*.

193 ☆Zhai Rong baut eine buddhistische Kirche in Pencheng in Nord-Jiangsu.
196 (ca.): Liu Bao, der Präfekt von Jingzhou (Xiangyang in Hubei) gründet dort eine Akademie, die im 3. Jh. Berühmtheit erlangt.
200 Tod des Zhao Qi, des Autors eines *Mengzi*-Kommentars.

209 Tod von Xun Yue, dem Autor des *Shenjian*, Essays über politische und soziale Fragen.

217 Tod des Dichters Wang Can.

218 Cao Peng, der Sohn Cao Caos, siegt über die Wuhuan.

220 Tod des Cao Cao. Sein Sohn Cao Pei nimmt den Titel eines Kaisers von Wei an. Ende der Han-Dynastie.

221 Liu Bei gründet das Shu-Han-Reich in Sichuan und macht Chengdu zu seiner Hauptstadt.

222 Shanshan (Charkhlik), Kutscha und Khotan unterwerfen sich den Cao-Wei.

224 Angriff der Cao-Wei auf Wu.

226 Kaufleute aus den Ostgebieten des Römischen Reichs tauchen in der Region des heutigen Hanoi auf. Wu teilt das Territorium von Jiaozhi in Jiaozhou (Nordvietnam) und Guangzhou (Guangdong) auf. Um 226, Gründung des persischen Sassaniden-Reichs, das in Afghanistan und Nordwest-Indien einfällt.

228 (ca.): Die Gesandten Kang Tai und Zhu Ying von Wu in Kambodscha.

229 Sun Quan läßt sich zum Kaiser ausrufen und verlegt seine Hauptstadt von Wuchang nach Nanking.

230 Die Heere von Wei dringen in Sichuan ein. See-Expeditionen von Wu. Wei befestigt Hefei in Anhui, um sich gegen die Angriffe von Wu zu schützen.

232 Gesandtenaustausch zwischen Wu und Gongsun Yuan, der Liaodong beherrscht.

234 Stirbt Zhuge Liang, der Berater der Shu-Han.

237 Gongsun Yuan gründet Liaodong das unabhängige Reich Yan.

238 Nach dem Tod von Gongsun Yuan erobert Wei die Kommandanturen in Liaodong, Daifeng, Lelang und Xuantu in der südlichen Mandschurei und in Korea wieder zurück. Japanische Gesandtschaften in Luoyang.

240 Shu-Han dringt nach Guizhou ein. Gesandte der Wei begleiten die japanische Gesandtschaft in ihre Heimat zurück.

241 Große Bewässerungsanlagen in Wei in der Gegend des Huai.

243 Neuerliche japanische Gesandtschaft in Wei. Gesandtschaft aus Funan (Kambodscha) in Nanking.

246 Wei greift Koguryo an, das im darauffolgenden Jahr seine Hauptstadt nach Pyong-yang verlegt.

219 (ca.): ★stirbt Zhang Ji, der Autor des *Shanghanlun*, einer Abhandlung über Fieberkrankheiten.

220 Tod des Dichters und Generals Cao Cao.

220–225: ☆Zhi Qian, ein Mönch aus einer indoskythischen Familie von Luoyang, übersetzt in Nanking die *Amitābha-Sūtra* und das *Vimalakīrti*, Texte aus dem Großen Fahrzeug.

226 Tod des Dichters Cao Pei, des Sohnes von Cao Cao und ersten Kaisers der Cao-Wei.

229 (ca.): Abhandlung des Gesandten Zhu Ying von Wu über Kambodscha: das *Funan yiwu zhi*.

230 Tod des Kalligraphen Zhong Yao bei den Cao-Wei.

232 Tod des Dichters Cao Zhi, eines Sohnes von Cao Cao. Um 232: ★Zhuge Liang wird die Erfindung des »Holzochsens« (Schubkarrens) zugeschrieben.

235 ★Der Ingenieur Ma Jun baut für den Kaiser Ming der Cao-Wei verschiedene wasserbetriebene Maschinen und Marionetten.

240–248 (ca.): In Luoyang werden die Texte der drei Klassiker (*Shujing, Chunqiu* und *Zuoshizhuan*) in Stelen eingraviert.

	247 ☆Ankunft des gebildeten Mönchs Kang Senghui aus einer sogdischen Familie aus Vietnam in Nanking.
249 In Wei Staatsstreich des Generals Sima Yi.	249 Tod der Philosophen der Mysterienschule *(xuanxue)* He Yan und Wang Bi.
	250 (von ca.): ☆Chinesische buddhistische Mönche leben zurückgezogen in den Bergen.
252 Scheitern einer Offensive von Wei gegen Wu.	
	255 (ca.): ☆Tod des Mönches Zhi Qian, der buddhistische Texte übersetzte.
	256 stirbt Wang Su, ein den Legalisten nahestehender Kommentator der Klassiker.
258 Sieg von Wei in Anhui.	
	259 ☆Aufbruch des ersten bekannten chinesischen Pilgers nach Zentralasien.
	260 (ca.): Tod von Sun Yan, dem die Erfindung des *fanqie* (Aufzeichnung der Aussprache der Wörter durch Anfangs- und Endlaut) zugeschrieben wird.
	262 Tod des taoistisch beeinflußten Dichters und Musikers Xi Kang.
263 Im Wu-Reich Aufstand in Vietnam. Die Heere von Wei dringen bis Chengdu vor. Ende des Reichs der Shu-Han, das von Wei annektiert wird.	263 Tod des anarchistischen und antikonfuzianischen Dichters Ruan Ji. ★Das *Haidao suanjing*, eine mathematische Abhandlung, bei den Cao-Wei.
264 Expedition zur See von Wei gegen Wu.	
265 Wei erhält als Geschenke Pferde aus dem Ferghana-Tal und aus Kangju (unteres Syrdarja-Tal). Sima Yan gründet in Luoyang die Jin-Dynastie.	265 ★Tod des berühmten Arztes Hua Tuo, auf den die Heilgymnastik, die Massage und die Physiotherapie zurückgehen sollen.
268 Kodex der Taishi-Ära (2926 Paragraphen) bei den Jin. Gesandtschaften aus Funan und Linyi (Südostküste Vietnams) in Jin.	
	271 ★Tod von Pei Xiu, dem ersten Kartographen, der ein System nord-südlicher und west-östlicher Parallelen angewandt hat.
276 Große Epidemie in Luoyang. Wichtiger Sieg über die Xianbei im Nordwesten.	
278 Die Jin-Heere zerstören in Wu Speicher, Reisfelder und über 600 Schiffe.	278 stirbt Fu Xuan, ein Autor von politischen, philosophischen und charakterkundlichen Essays.
279 Große Offensive von Jin gegen Wu, das von sechs Heeren zu Land und zu Wasser angegriffen wird.	279 Entdeckung von Bambusmanuskripten aus der Epoche der Kämpfenden Staaten mit den »Annalen von Wei« und dem *Mutianzi zhuan* in einem Grab in Henan.
280 Einnahme von Nanking und Annexion des Wu-Reiches durch Jin.	280 ☆Tod des buddhistischen Mönchs Kang Senghui in Nanking.
	282 ★stirbt Huang Mifu, der Autor des *Zhenjiu jiayi jing*, einer Abhandlung über Akupunktur und Moxibustion.
284 Gesandtschaften von Linyi und den Ostgebieten des Römischen Reichs (Daqin). 285–286–287: Gesandtschaften aus Funan.	284 ★Tod des Du Yu, eines Juristen und Kommentators des *Zuozhuan*, der auch Ingenieur und Erfinder von Maschinen war. ☆Der indoskythische Mönch Dharmaraksha (Zhu Fahu) von Dunhuang, der buddhistische Texte übersetzte, siedelt sich in Chang'an an.
285 Aufstände in verschiedenen Regionen des unteren Yangzi-Gebiets.	285 (ca.): Das *Sanguozhi* (Die Geschichte der Drei Reiche) (220–280).

286 ☆Erste Übersetzung des »Lotos des Guten Gesetzes« durch Dharmaraksha in Chang'an.

291 Die Kaiserin Jia ist an der Macht. Beginn von Kämpfen zwischen der Familie Jia und der Familie Yang: Bürgerkrieg der »Acht Fürsten«.

295 Überschwemmungen in zahlreichen Regionen des Reichs.

296 Eine Epidemie und eine Hungersnot in Shenxi lösen einen Exodus nach Sichuan aus.

297 stirbt Chen Shou, der Autor des *Shanguozhi*.

300 Tod der Philosophen der Mysterienschule Pei Wei und Xiang Xiu, des Kommentators des *Zhuangzi*. Tod Zhang Huas, des Autors des *Bowuzhi*, einer Sammlung von außergewöhnlichen Geschichten. ★Um 300 erscheint das *Maijing* (Abhandlung über den Puls), das Wang Shuhe zugeschrieben wird.

301–302: Heftige Machtkämpfe zwischen den verschiedenen Zweigen der Sima.

304 Li Xiong läßt sich zum König von Chengdu ausrufen. Sichuan und ein Teil von Yunnan bilden ein unabhängiges Reich. Liu Yuan, der sinisierte Anführer von Xiongnu-Stämmen, gründet das unabhängige Han-Reich in Shanxi.

304 ★Die älteste Abhandlung über die Botanik der Tropenzone, das *Nanfang caomu zhuang*.

306 Die Xianbei, die ins Heer einer der Fürsten von Jin eingezogen wurden, plündern Changan; über 200 000 Einwohner finden den Tod. Bauernaufstände in Shandong.

309 Volksaufstände und Exodus ins Yangzi-Becken.

310 Liu Yao, Shi Le und Wang Mi greifen Luoyang an, Massenexodus der chinesischen Oberschicht in den Süden.

310 ☆Ankunft des buddhistischen Mönchs und Wundertäters Fotudeng in Chang'an. ★Erste Himmelskarte Chen Zhuos.

311 Luoyang wird von den Xiongnu-Söldnern geplündert. Liu Zong greift Chang'an an.

312 Tod des Kommentators des *Zhuangzi* und Philosophen der Mysterienschule Guo Xiang.

313 Ende der Kommandantur von Lelang in Korea.

313 ☆Tod des Mönchs und Übersetzers Dharmaraksha (Zhu Fahu).

314 Die Region von Wuwei in Gansu bildet ein unabhängiges Reich.

316 Belagerung und Einnahme von Chang'an durch die Xiongnu von Liu Yao. Die Westlichen Jin gehen in der Anarchie und den Aufständen der sinisierten Barbaren unter.

317 Sima Rui läßt sich in Nanking zum Kaiser ausrufen: Beginn der Östlichen Jin-Dynastie.

317 (ca.): ★Das *Baopuzi*, ein Werk über taoistische Techniken von Meister Ge Hong.

319 Shi Le läßt sich zum König von Zhao in Hebei ausrufen.

320 Beginn der Gupta-Dynastie in Indien.

320 ☆Das *Zhengwulun*, eine Abhandlung über buddhistische Apologetik. ★Um 320, Entdeckung der in Griechenland seit –134 bekannten Präzession der Tagundnachtgleichen.

322 Liu Yao siedelt über 10 000 Familien aus Ost-Gansu nach Chang'an um.

325 Die Zhao dehnen ihr Reich bis an den Huai aus.

329 Shi Hu veranstaltet Massaker in Shenxi.

330–332: Die Zhao greifen das Küstengebiet des Jin-Reichs an.

335 Shi Hu erklärt Ye in Süd-Hebei zur Hauptstadt der Späteren Zhao. Shanshan, Karaschahr, Khotan und Kutscha schicken Gesandtschaften zu den Früheren Liang in Gansu.

340 Gesandtschaft aus Linyi (Südostküste Vietnams) in Nanking.

345 Shi Hu zieht 260 000 Männer zum Bau des Palastes von Luoyang ein.

347 Die Jin dringen bis nach Chengdu vor und annektieren das Territorium der Cheng-Han.

348 Einfall von Linyi in Vietnam, ins Territorium des Jin-Reiches.

349 stirbt Shi Hu, der Herrscher der Späteren Zhao.

350 Massaker unter den sinisierten Jie, ehemaligen Nomaden, in Ye durch die chinesische Bevölkerung.

351 Gründung des Qin-Reichs in Chang'an.

354 Gründung der Früheren Liang-Dynastie in Gansu. Offensiven der Jin von Nanking gegen die Reiche im Norden.

357 Machtantritt von Fu Jian, dem dritten Herrscher der Früheren Qin. Großer Raubzug des Yan-Reichs jenseits der Großen Mauern. Funan (Kambodscha) schickt Elefanten nach Nanking.

359 Erfolglose Offensive der Jin gegen das Yan-Reich.

364 Einführung der »Gelben Register« bei den Jin zur Registrierung der Einwanderer von Norden. Japanischer Einfall ins koreanische Silla-Reich.

365 Die Yan-Heere besetzen Luoyang.

368 In Yan, Bemühung um Zentralisierung der Verwaltung.

324 Guo Pu, ein Spezialist für Wahrsagekunde und Kommentator des *Mutianzi zhuan* und des *Shanhaijing*, stirbt bei den Östlichen Jin.

343 (ca.): ☆Tod des großen taoistischen Meisters Ge Hong.

349 ☆Tod des wundertätigen Mönchs Fotudeng in Nordchina. ★Guan Sui erkennt, daß am Breitengrad von Nha-trang (Vietnam) der Schatten des Gnomons nach Süden zeigt. ☆Der große buddhistische Meister Dao'an wird nach Chang'an berufen.

365 ☆Der große buddhistische Mönch Huiyuan, ein Schüler von Dao'an, begibt sich von Xiangyang nach Jiangling. Um 365, Tod des Kalligraphen Wang Xizhi.

366 ☆Tod des gebildeten Mönchs Zhidun, eines Spezialisten des *Zhuangzi*. ☆Erste Arbeiten an den Tausend-Buddha-Grotten in der Nähe von Dunhuang.

369 Bau von Kanälen in Jin, zur Versorgung der gegen Yan kämpfenden Truppen. Jin erleidet eine Niederlage.

370 Offensive von Fu Jian gegen das Yan-Reich (Hebei und Liaoning), das annektiert wird.

370 (ca.): Das *Gengshenglun* von Luo Han, eine Abhandlung über die Seelenwanderung.

370–371: Bevölkerungsumsiedlungen in die Region von Chang'an, der Hauptstadt der Qin.

372 Gesandtschaften des koreanischen Paeckche-Reichs und von Linyi (Südostküste Vietnams) in Nanking.

372 ☆Die Qin schicken Mönche, Sūtras und buddhistische Statuen ins koreanische Reich von Koguryo.

373 Fu Jian besetzt Sichuan, Yunnan und einen Teil von Guizhou.

374 ☆Dao'an stellt einen bibliographischen Katalog der buddhistischen Übersetzungen ins Chinesische zusammen (ungefähr 600 Titel). Erste im koreanischen Paeckche-Reich geschriebene Texte. Fu Jian untersagt das Studium des Taoismus (Lao-Zhuang) und der Apokryphen *(chanwei)* der Han.

376 Fu Jian annektiert das Liang-Reich in Gansu und dehnt seine Herrschaft auf Zentralasien aus. Ganz Nordchina wird geeint.

379 Fu Jian nimmt Xiangyang am Han ein, den Riegel zum Yangzi-Gebiet. Seine Offensiven nach Süden werden jedoch von den Jin zum Stillstand gebracht.

380 (ca.): ☆Der große buddhistische Meister Huiyuan siedelt sich am Lushan an (Region von Jiujiang in Jiangsu).

381 Tribute von zahlreichen zentralasiatischen Reichen in Chang'an.

382 Militärexpeditionen unter Lü Guang, General der Qin, nach Zentralasien.

383 Große Offensive von Fu Jian gegen das Jin-Reich. Niederlage Fu Jians in Anhui (Schlacht am Fei). Lü Guang nimmt Karaschahr ein und greift Kutscha an.

384 Gründung des Reichs der Späteren Yan. Siege Lü Guangs in Zentralasien.

384 (ca.): ☆Gründung des großen Klosters Donglinsi am Lushan.

384 Tod des Historikers der Östlichen Jin Xi Zuochi, des Autors eines *Han-Jin chunqiu*. ☆Ein chinesischer buddhistischer Mönch gelangt an den Hof von Paeckche.

385 Tod des Fu Jian und Verfall seines Reichs. Gründung des Reichs der Westlichen Yan.

385 ☆Tod des großen buddhistischen Meisters Dao'an.

386 Gründung des Tuoba-Wei-Reichs (Reich der Nördlichen Wei).

386 (ca.): ☆Erste Selbstverbrennung eines buddhistischen Mönchs.

388 (ca.): Tod des Kalligraphen Wang Xianzhi, eines Sohnes von Wang Xizhi.

389 Gründung der Späteren Liang-Dynastie.

391 Sieg der Nördlichen Wei über die Steppennomaden Rouran.

392–413: Ausdehnung des koreanischen Koguryo-Reichs unter der Herrschaft von Kwanggaet'o.

395 Großer Sieg der Nördlichen Wei über die Späteren Yan in Canhepo.

396 Die Wei besetzen die Region von Taiyuan in Shanxi.

397 Die Wei besetzen die Region von Dingzhou in Hebei.

398 Die Wei nehmen Ye, die Hauptstadt der Späteren Yan, ein. Ansiedlung von Bevölkerungsgruppen aus Shandong und dem Nordosten in Datong, der Hauptstadt der Wei.

399 Umsiedlung großer Familien und chinesischer Bauern nach Datong.

400–402: Aufstand von Sun En in Zhejiang und Süd-Jiangsu.

401 Der Tibeter Yao Xing, der Herrscher der Späteren Qin, erobert Gansu.

402 Offensive der Wei gegen die Rouran. Huan Xuan, der Herrscher über die zentralen Provinzen des Jin-Reichs, rebelliert und marschiert nach Nanking.

404 Sturz des Diktators Huan Xuan und Restauration der Östlichen Jin in Nanking.

406 Erste Maßnahmen zur Verwaltungszentralisierung im Reich der Nördlichen Wei.

407 Gründung des Xia-Reichs in Nord-Shenxi.

408 Tod des Chinesen Cui Hong, eines Ministers der Wei und Urhebers der ersten Verwaltungsreformen.

413 Einfall von Linyi ins Territorium der Jin in Vietnam.

416 Die Jin-Heere dringen in Henan ein und stoßen bis Luoyang vor.

417 Die Jin nehmen Chang'an ein und setzen den Späteren Qin ein Ende.

418 Rückzug der Jin-Heere nach Osten.

420 Usurpation durch Liu Yu, der in Nanking die Song-Dynastie gründet.

422 Angriffe der Nördlichen Wei auf das Song-Reich.

423 Die Nördlichen Wei besetzen Luoyang in He-

396 Tod des Malers, Bildhauers und Mechanikers Dao Kui der Östlichen Jin.

399 ☆Der Mönch Faxian bricht über Zentralasien nach Indien auf.

401–404 (ca.): ☆Aufenthalt des Mönchs Zhiyan in Kaschmir.

402 ☆Eintreffen des großen Übersetzers aus Kutscha, Kumārajīva, in Chang'an.
☆Huiyuan organisiert am Lushan eine Andachtszeremonie für Amitābha.

404 ☆Zhimeng bricht mit 15 anderen Mönchen nach Zentralasien und Indien auf. Huiyuan verfaßt eine Abhandlung, in der er die Unabhängigkeit der Mönche von der weltlichen Macht erklärt.

410 ☆Der Mönch Buddhabhadra aus Kaschmir, ein Spezialist des indischen *dhyāna*, trifft am Lushan ein.

411 Tod des ersten berühmten Malers der chinesischen Geschichte, Gu Kaizhi.

412 ☆Faxian kehrt aus Indien, Ceylon und Sumatra zurück und legt an den Küsten Shandongs an.

413 ☆stirbt Kumārajīva, der große Übersetzer aus Kutscha.

414 Das *Foguoji* (oder *Faxianzhuan*), Bericht über die buddhistischen Reiche, von Faxian.

417 ☆Tod des großen Mönchs Huiyuan.

418 ☆Tod des Übersetzers buddhistischer Texte Buddhabhadra aus Kaschmir.

419 ☆Tod des Mönchs Faguo, der bei den Nördlichen Wei an der Spitze des buddhistischen Klerus stand.

420 ☆stirbt Gan Bao, der Autor des *Soushenji*, einer Sammlung religiöser taoistischer Volkserzählungen.
☆Aufbruch Fayongs mit 25 weiteren buddhistischen Mönchen nach Indien.

nan und bauen eine über 1000 km lange Mauer gegen die Einfälle der Rouran. Gesandtschaft von Koguryo (Korea) bei den Song.

424 Vom Ordos-Bogen bis zum Orchon-Tal im Süden des Baikal-Sees starten die Wei gegen die Rouran eine Großoffensive.

427 Besetzung von Chang'an und großer Einfall der Nördlichen Wei ins Xia-Reich in Shenxi.

428 Gesandtschaften aus Ceylon und Indien bei den Song in Nanking.

429 Großer Sieg der Wei über die Rouran.

431 Die Wei annektieren das Xia-Reich.

432 Umsiedlung von Bevölkerungsgruppen aus der südlichen Mandschurei nach Datong.

435 Gesandtschaften zahlreicher zentralasiatischer Reiche in Datong.

438 Ende der Nördlichen Yan. Gesandtschaft Japans in Nanking.

439 Die Wei setzen im Nordwesten den Nördlichen Liang ein Ende, deren Herrscherfamilie in Turfan das Reich Gaochang gründet. Ganz Nordchina wird geeint: Beginn der Periode der Südlichen und Nördlichen Dynastien (Nanbeichao) (440–589).

445 Die Wei besetzen die Oase Shanshan (Charkhlik) im Südwesten von Dunhuang. Unter dem Druck der Wei besetzen die Tuyuhun weiter im Westen Khotan.

446 Bau von 500 km langen Großen Mauern im Nordwesten.

448 Die Wei nehmen Karaschahr in Zentralasien ein.

449 (ab): Die Macht der Rouran oder Ruanruan sinkt.

450 Tod des berühmten Ministers Cui Hao, des Haupturhebers der Reformen bei den Nördlichen Wei (chinesische Verwaltungsmethoden und chinesisches Strafrecht).

425 oder 426: ☆Rückkehr des Mönchs Zhimeng aus Indien.

427 Tod des berühmten, taoistisch beeinflußten Dichters Tao Qian (Tao Yuanming).

430 (ca.): Das *Houhanshu,* Geschichte der Späteren Han.

431 ☆Tod des Mönchs Gunavarman aus Kaschmir, des Übersetzers buddhistischer Texte bei den Song in Nanking.

433 Tod des großen, vom Buddhismus beeinflußten Dichters Xie Lingyun. ☆ Tod des indischen Mönchs und Übersetzers buddhistischer Texte Dharmaraksha in Gansu.

434 ☆Tod des chinesischen Mönchs Daosheng, eines Schülers von Kumārajīva, in Chang'an und des Huiyuan am Lushan.

435 ☆Eintreffen des indischen Mönchs Gunabhadra in Kanton.

437 ☆Der Mönch Zhimeng, der 404 nach Indien aufgebrochen war, trifft in Sichuan ein.

440 ★Himmelsglobus von Qian Luozhi.

443 Tod des Wang Wei, eines Spezialisten der *yin-* und *yang*-Lehre, der Medizin und der Musik bei den Song in Nanking. Tod des Zong Bing (oder Song Bing), eines der ersten Landschaftsmaler.

444 ☆Bei den Nördlichen Wei wird unter dem Einfluß von Kou Qianzhi der Taoismus zur offiziellen Religion erklärt.

446 ☆Maßnahmen gegen den buddhistischen Klerus bei den Nördlichen Wei.

448 ☆Tod des taoistischen Meisters Kou Qianzhi, des Beraters von Kaiser Taiwu der Nördlichen Wei.

450 ★stirbt Cui Shi, der Autor einer Abhandlung über Diätetik, des *Shijing*, bei den Nördlichen Wei.

451 Friedensgespräche zwischen den Song und den Nördlichen Wei.

455 und 458: Geschenke der Tuyuhun an die Song.

460 Ein Gesetz verbietet den aristokratischen Familien der Song Mesalliancen. Japanische Gesandtschaft bei den Song.

464 Große Hungersnot in den östlichen Gebieten des Song-Reichs.

466 Aufstand in Chengdu im Song-Reich.

467 Die Wei dehnen ihr Reich nach Südosten aus (Huai-Tal).

469 Die Wei dehnen ihr Reich nach Shandong aus. Bei den Wei werden Familien mit Sonderstatus ausgestattet, die der buddhistischen Kirche unterstehen. Von 469 an, Modus vivendi zwischen den Wei und den Song.

470 Die Wei greifen die Tuyuhun in Qinghai an.

474 Aufstieg des Xiao Daocheng, des späteren Usurpators in Nanking, zum Militärchef.

478 Verbot von Heiraten zwischen Adligen und Nicht-Adligen bei den Wei.

479 Xiao Daocheng läßt sich zum Kaiser ausrufen und gründet in Nanking die Qi-Dynastie.

480–514 (ca.): Höhepunkt des Funan-Reichs (Phnam) im unteren Mekong-Becken.

481 Großer Sieg der Qi über die Wei im Norden des Huai. Neuer Kodex der Wei.

485 Bei den Wei, Durchführung eines Landverteilungssystems (Unterscheidung zwischen Großanbauflächen und Feldern mit Maulbeerbäumen). Bei den Qi, Aufstand des Tang Yuzhi in der Region von Hangzhou.

488 Schaffung von *tuntian* (Militärkolonien) im Nordwesten. Erfolgloser Angriff der Wei in Korea.

491 Neuer Codex der Südlichen Qi in Nanking.

493 Die Wei verlegen ihre Hauptstadt nach Luoyang.

451 ★Tod des Historikers Pei Songzhi bei den Song.

452 ☆Aufhebung der Maßnahmen gegen den buddhistischen Klerus bei den Nördlichen Wei.

455 Singhalesische Mönche bringen buddhistische Statuen zu den Nördlichen Wei.

456 Tod des berühmten Dichters Yan Yanzhi bei den Song.

460 ☆Der Mönch Tanyao wird bei den Nördlichen Wei zum Oberhaupt des buddhistischen Klerus ernannt.

462 ★Kalenderberechnungen des Mathematikers Zu Chongzhi, des Autors einer berühmten mathematischen Abhandlung, des *Zhuishu.*

466 Tod des Dichters Bao Zhao bei den Song in Nanking.

467 ★Guß einer monumentalen Buddha-Statue bei den Nördlichen Wei.

468 ☆Tod des indischen Übersetzers buddhistischer Texte Gunabhadra bei den Song.
★Um 468, das *Suanjing* von Zhang Qiujian (Radizieren von Quadrat- und Kubikwurzel).

470 ☆Maßnahmen gegen den buddhistischen Klerus bei den Nördlichen Zhou.

477 ★Erste Beschreibung des Steigbügels in einem chinesischen Text.

487 Die Nördlichen Wei revidieren ihre Dynastiegeschichte.

488 Das *Songshi* (Geschichte der Song) von Nanking (420–479). Tod des Historikers Zang Rongxu.

489 ☆Beginn der Arbeiten an den buddhistischen Grotten von Yungang bei Datong.

493 Erste Prüfungen zur Einstellung von Ärzten bei den Nördlichen Wei.

494–497 (ca.): ★Der Mathematiker Zu Chongzhi bei den Qi in Nanking entwirft ein neues schnelles Schiff.

495 Verbot der Xianbei-Sprache am Hof von Luoyang.

496 Die aristokratischen Xianbei-Familien müssen chinesische Namen annehmen.

499 Unruhen in Sichuan bei den Südlichen Qi.

501 Rekrutierung von 50 000 Männern für den Bau der Stadtviertel von Luoyang. General Xiao Yan marschiert gegen Nanking und belagert den Palast.

502 Xiao Yan läßt sich in Nanking zum Kaiser ausrufen und gründet die Liang-Dynastie.

503 Gesandtschaften aus Funan (Kambodscha), Kutscha und Zentral-Indien in Nanking.

507 Großer Sieg der Liang über die Wei-Heere in Anhui.

512 Gesandtschaften der koreanischen Reiche, Kambodschas und Champas in Nanking.

514 Die Wei greifen mit großen Verbänden die Region von Chengdu in Sichuan an.

515 Rebellion unter der Führung des Mönches Großes Fahrzeug (Dacheng) in Nord-Hebei.

515–528: Regentschaft der Kaiserin Hu bei den Wei.

518 Erhebung der nicht-chinesischen Völker Qiang und Di bei den Wei. Song Yun wird von der Wei-Kaiserin Hu auf Mission nach Indien geschickt.

520 Zum ersten Mal werden zwischen den Wei und den Liang gute Beziehungen hergestellt.

522 Rückkehr Song Yuns und des Mönches Huisheng nach Luoyang.

525 Die Liang erobern von den Wei in Anhui Territorien zurück.

525–527: Aufstände von Soldaten und ehemaligen Nomaden an den Nordgrenzen des Wei-Reichs.

495 ☆Beginn der Arbeiten an den buddhistischen Grotten von Longmen bei Luoyang, der neuen Hauptstadt der Nördlichen Wei.

496 ☆Gründung des berühmten buddhistischen Shaolinsi-Klosters am Songshan in Henan, das unter den Tang zu einem der großen Zentren der chinesischen *chan*-Sekte werden sollte.

500 (ca.): Das *Wenxin diaolong*, ein berühmtes literaturkritisches Werk. Das *Guhua pinlu*, das älteste kunstkritische Werk. Das *Qianziwen*, ein Lehrbuch für den Grundunterricht.

502–549 ☆Der Bodhisattva-Kaiser Wu der Liang-Dynastie, ein gläubiger Buddhist.

508–525: ☆Eine Periode großer Bautätigkeit an den buddhistischen Grotten von Longmen bei den Nördlichen Wei.

509 ☆Die Zahl der buddhistischen Klöster im Liang-Reich beträgt über 13 000.

510 (ca.): ☆Das *Hongmingji*, eine Sammlung apologetischer Schriften zugunsten des Buddhismus. Das *Shuijingzhu*, ein Kommentar zum *Shuijing* (Klassiker der Gewässer) (Geographie und Folklore).

513 Tod des Phonetikers Shen Yue, des Beraters des Liang-Kaisers Wu.

514 Tod des Literaten Fan Xiu bei den Liang.

515 ☆Das *Chusanzang jiji*, der Katalog buddhistischer Übersetzungen ins Chinesische von Sengyou. Tod des Historikers Cui Hong bei den Nördlichen Wei. Er ist der Autor einer Chronik der Sechzehn Barbarenreiche des 4. und des beginnenden 5. Jahrhunderts.

516 Tod des Kalligraphen Zheng Dazhao bei den Nördlichen Wei.

517 ☆Das *Biqiuni zhuan*, Biographien berühmter Nonnen.

520 stirbt Wu Jun, Dichter der Liang.

527 ☆Der Liang-Kaiser Wu legt in einem buddhistischen Kloster in Nanking ein Glaubensbekenntnis ab.

527 Die Unruhen dehnen sich auf das gesamte Wei-Reich aus.

528 Die von Erzhu Rong angeführten Heere dringen in Luoyang ein und veranstalten ein Massaker unter der Aristokratie. Die Kaiserin Hu wird in den Gelben Fluß gestürzt.

530 Massaker und Plünderungen durch die von Erzhu Zhao angeführten Heere in Luoyang.

532 Die Heere des Generals Gao Huan erobern Ye, schalten den Clan der Erzhu aus und setzen einen neuen Wei-Kaiser auf den Thron.

533 Persische Gesandtschaft in Nanking.

534 Aufstieg von Yuwen Tai, zu dem der Wei-Kaiser flüchtet, in Chang'an. Einmarsch von Gao Huan in Luoyang. Gao Huan setzt einen neuen Kaiser auf den Thron und verlegt die Hauptstadt nach Ye (Gründung des Reichs der Östlichen Wei).

535 Beginn der Westlichen Wei in Chang'an. Aushebung von 76 000 Männern zum Bau des Palastes von Ye.

537 Yuwen Tai erobert die Kommandanturen in Henan von den Östlichen Wei zurück.

539 Bau von Befestigungsmauern in Ye.

541–548: Vietnam macht sich von den Liang unabhängig.

543 Die Östlichen Wei bauen Verteidigungsmauern gegen die Türken.

544 Proklamation des Viet-Reichs in Vietnam.

548 Chen Baxian setzt der Sezession Vietnams ein Ende. Große Rebellion des Generals Hou Jing unter den Liang. Hou Jing belagert Nanking.

550 Gao Yang ergreift in Ye die Macht und gründet die Nördliche Qi-Dynastie. Schaffung des neuen militärischen Miliz-Systems *(fubing)* bei den Westlichen Wei.

552 schalten die Türken die Ruanruan-Stämme aus und schaffen zwischen 552 und 555 ein neues Steppenreich. Chen Baxian besiegt Hou Jing.

553 Die Westlichen Wei besetzen Sichuan.

554 Offensive der Westlichen Wei in Hubei und Einnahme von Jiangling.

528 ☆Der Hof von Silla in Korea nimmt den Buddhismus als offizielle Religion an. Tod des Xu Zunming, eines Spezialisten der Klassiker bei den Nördlichen Wei.

530 (ca.): Das *Wenxuan*, die berühmte Anthologie literarischer Texte von der Han- bis zur Liang-Dynastie. ☆Das *Gaoseng zhuan*, Biographien bedeutender Mönche, von Huijiao unter den Liang.

536 ☆Tod des taoistischen Meisters Tao Hongjing bei den Liang.

537 Tod des Historikers Xiao Zixian bei den Liang. Er ist der Autor einer Geschichte der Späteren Han und einer Geschichte der Südlichen Qi.

540 (ca.): Das *Qimin yaoshu*, ein berühmtes Werk über die Agrartechniken (Nordchina).

547 Das *Luoyang qielan ji*, eine Beschreibung Luoyangs und seiner Klöster.

548 ☆Der indische Mönch Paramārtha, der buddhistische Texte ins Chinesische übersetzte, trifft, nach einem Aufenthalt in Kambodscha, aus Kanton kommend, in Nanking ein.

550 ★Bei den Nördlichen Qi wird eine kolossale Guanyin-Statue gegossen. Tod des Dichters Yu Jianwu, eines Manieristen, bei den Liang. Er ist der Autor eines Werks kalligraphischer Kritik, des *Shupin*.

554 Das *Weishu* (Geschichte der Wei), von Wei Shou bei den Nördlichen Qi. ★Tod des Gao Longzhi, Architekt, Ingenieur, Erbauer der Hauptstadt der Nördlichen Qi (Ye) und Konstrukteur von hydraulischen Gebläsen für die Hochöfen bei Anyang.

555 Die Westlichen Wei setzen in Jiangling einen Fürsten der Liang ein (Gründung des Reichs der Späteren Liang). Rekrutierung von 1 800 000 Mann zum Bau der Großen Mauern im Norden des Reichs der Nördlichen Qi.

556 Eine Offensive der Nördlichen Qi bis nach Nanking wird durch Chen Baxian zum Stillstand gebracht. Die von den Nördlichen Qi seit 543 erbauten Großen Mauern erreichen eine Länge von über 1500 km.

557 Yuwen Jiao, der Sohn von Yuwen Tai, gründet in Chang'an das Reich der Nördlichen Zhou. Chen Baxian ergreift die Macht und gründet das Chen-Reich in Nanking.

558–578: Zahlreiche Gesandtschaften Persiens und der zentralasiatischen Reiche treffen in Chang'an ein.

562 Bau von Kanälen bei den Nördlichen Zhou.

654 Der Codex der Nördlichen Qi, der Vorläufer der Sui- und Tang-Codices.

568 Austausch von Gesandtschaften zwischen Qi und Zhou.

573 Chen erobert einen Teil seiner Territorien am Huai zurück.

577 Die Zhou annektieren das Territorium der Qi. Ganz Nordchina wird geeint.

578 Einfälle der Türken in Hebei und Gansu.

581 In Chang'an usurpiert General Yang Jian die Macht und gründet die Sui-Dynastie. Neuer Codex der Sui.

582 Einfall der Türken bis diesseits der Großen Mauern. Aufspaltung der Türken in Altai- und Orchon-Türken.

583 Siege der Sui über die Türken und die Tuyuhun.

584 Bau eines 160 km langen Kanals zwischen Chang'an und Tongguan (zwischen Shenxi und Henan).

585 Gesandtschaft der Sui bei den Westlichen Türken. Bau von Großen Mauern über eine Länge von 350 km im Nordwesten, und im Jahr 586 von kleinen Befestigungsanlagen im Nordosten des Ordos-Bogens.

587 Bau von Großen Mauern im Norden und eines Kanals in der Region von Yangzhou. Die Sui setzen dem Reich der Späteren Liang in Hubei ein Ende.

589 Die Heere der Sui marschieren in Nanking ein. Ende des Chen-Reichs.

569 ☆Tod des indischen Übersetzers Paramārtha (Liang- und Chen-Dynastie).

572 Gründung der literarischen Akademie Wenlinguan bei den Nördlichen Qi.

574 ☆Maßnahmen gegen den buddhistischen Klerus bei den Nördlichen Zhou.

577 ☆Die von den Zhou gegen den buddhistischen Klerus ergriffenen Maßnahmen werden nach der Eroberung des Territoriums der Nördlichen Qi auf dieses Gebiet ausgedehnt.

579 ☆Die antibuddhistischen Maßnahmen werden in Nordchina gemildert.

581 Tod des Dichters und Prosaschriftstellers Yu Xin (unter der Liang- und der Nördlichen Zhou-Dynastie).

583 Tod des manieristischen Dichters Xu Ling bei den Chen.

589 ☆Tod des indischen Mönchs Narendrayaśas, des Gründers einer Leprastation in Chang'an. Tod des Yao Chui, des Autors eines kritischen Katalogs über die Maler des 6. Jh.

590 Erhebungen gegen die Sui im ehemaligen Chen-Reich. Kanton wird von Eingeborenenstämmen belagert.

597 Ein Türkenkhan erhält eine chinesische Prinzessin zur Frau.

598 Erste Offensive zu Land und zu Wasser gegen Koguryo in Korea.

599 Ein Türkenkhan schließt sich den Sui an.

604 Machtantritt des Sui-Kaisers Yang.

605 Fertigstellung des Systems der großen Kanäle. Bau von Luoyang. Feldzug nach Linyi (Champa). Offensive gegen die Kitan im Nordosten.

606 Bau von großen Getreidespeichern in Luoyang.

607 Militärexpedition auf die Ryūkyū-Inseln. Gesandtschaften aus Turfan und von den Tuyuhun. Tibet wird zum ersten Mal geeinigt.

608 Aushebung von 200 000 Mann zum Bau von Großen Mauern. Japanische Gesandtschaft.

609 Große Offensive gegen die Tuyuhun. Schaffung von Militärkolonien in Gansu.

611 Feldzug zu Land und zu Wasser gegen Koguryo in Korea. Beginn der Volksaufstände.

612 Niederlage der chinesischen Heere in Korea.

613 Neuerlicher Kriegszug nach Korea.

614 Dritter Kriegszug von Kaiser Yang nach Korea.

615 Gesandtschaften der Türken, der Kitan, von Silla, der Mohe, von Tochara, von Kutscha usw. in Luoyang. Der Kaiser wird in Yanmen (Nord-Shanxi) von den Türken belagert.

617 Li Yuan, der Gouverneur von Taiyuan in Shanxi, schließt ein Bündnis mit den Türken und marschiert nach Chang'an. Allgemeines Chaos.

618 Ermordung des Sui-Kaisers Yang in Yangzhou. Li Yuan läßt sich in Chang'an zum Kaiser ausrufen und gründet die Tang-Dynastie.

619 Die Tang richten das System der drei Steuern ein: Steuern in Form von Getreide, Fronarbeiten und Lieferung von Stoffen.

590 (ca.): Das *Yanshi jiaxun*, Regeln für Familie und Hauswirtschaft.

594 ☆Das *Zhongjing mulu* von Fajing, ein Katalog buddhistischer Übersetzungen ins Chinesische. Tod des manieristischen Dichters Jiang Zong bei den Chen. ☆Tod des Xinxing, des Gründers der buddhistischen Sekte der Dritten Stufe (Sanjiejiao).

597 ☆stirbt Zhiyi, der Gründer der buddhistischen Tiantai-Sekte. ☆Das *Lidai sanbao ji*, eine Geschichte des indischen Buddhismus.

600 (ca.): ★ Die ersten Hängebrücken mit Eisenketten.

601 Das *Qieyun*, ein Reimwörterbuch von Lu Fayan.

603 ★Tod des Astronomen Yu Jicai.

605 Das *Xiyu tuji*, eine illustrierte Geographie Zentralasiens von Pei Ju.

607 ★Das *Zhubing yuanhou*, eine Klassifizierung und Ätiologie der Krankheiten.

610 ★Brücke mit Segmentbögen erbaut in Zhaoxian in der Provinz Hubei.

619–624: Die Tang schalten ihre Rivalen aus und ziehen gegen die Türken, die Tuyuhun und die Tanguten ins Feld.

624 Erlaß der Agrargesetze (System der Landverteilung auf Lebenszeit für Anbauflächen von Großkulturen). Die Türken werden nach ihrem Einfall bis Chang'an in die Mongolei zurückgedrängt. Erste Veröffentlichung des Tang-Codex.

630 Entscheidender Sieg der Tang über die Östlichen Türken. Erste japanische Gesandtschaft am Hof der Tang.

630–645: Die Tang dringen in Zentralasien ein und kontrollieren die Verbindungswege.

631 Einrichtung von 16 chinesischen Präfekturen auf dem ehemaligen Territorium der Tuyuhun.

634 Veröffentlichung des *Shizuzhi*, einer Genealogie der Tang-Aristokratie.

635–642: Arabische Offensiven in den Iran.

636 Neuordnung des Heeres.

638 Gesandtschaft der Sassaniden (Persien) in Chang'an.

640 Das Reich von Gaochang (Turfan) gerät unter chinesische Kontrolle.

641 Eine chinesische Prinzessin, Braut des tibetischen bTsan-po, trifft in Lhasa ein.

642 Einfall der Westlichen Türken in Zentralasien.

643 Gesandtschaft aus Byzanz in Chang'an.

643–646: Erste Mission des Wang Xuance in Nord-Indien.

644 Offensive der Tang zu Land und zu Wasser gegen Koguryo.

645 Reformen der Taika-Ära in Japan, nach dem Vorbild der chinesischen Institutionen unter den Tang. Chinesische Siege in Liaodong und in Nordkorea.

620 Die ältesten chinesischen Münzen, die an der Ostküste Afrikas gefunden wurden. Die ersten japanischen Annalen.

620–630: Schaffung von Medizinischen Schulen in der Hauptstadt und in den Provinzen.

624 Die Enzyklopädie *Yiwen leiju*.

625 ☆Gründung der buddhistischen Sanron-Sekte in Japan durch einen koreanischen Mönch. ★Um 625, das *Qigu suanjing*, eine mathematische Abhandlung (Gleichungen dritten Grades).

629 Das *Liangshu* (Geschichte der Liang) und das *Chenshu* (Geschichte der Chen).
☆Der Mönch Xuanzang bricht von Chang'an nach Zentralasien und Indien auf.

630 Tod von Lu Yuanlang (Lu Deming), einem Kommentator der Klassiker.

631 ☆Nestorianer aus dem Iran führen in Chang'an das Evangelium ein.

635 ★Die chinesischen Astronomen stellen fest, daß der Schweif von Kometen in die der Sonne entgegengesetzte Richtung weist.

636 Das *Zhoushu* (Geschichte der Nördlichen Zhou) und das *Beiqishu* (Geschichte der Nördlichen Qi).

636–676: ★Verfahren zur Herstellung von farbigem Papier.

638 Tod des Kalligraphen Yu Shinan.

639 Tod des berühmten Literaten Fu Yi, eines Gegners des Buddhismus.

645 ☆Das *Xu gaoseng zhuan*, Biographien bedeutender Mönche des 6. und 7. Jh. ☆Rückkehr des Mönchs Xuanzang von Indien nach Chang'an. ☆Das *Datang xiyu ji* (Beschreibung der Westlande zur Epoche der Tang). Das

Jinshu (Geschichte der Jin) und das *Beishi* (Geschichte der Nördlichen Dynastien). Tod des Yan Shigu, eines Kommentators der Klassiker.

647–648: Bau großer Schiffe im unteren Yangzi-Raum für eine Großoffensive gegen Korea. Neuerliche Feldzüge in Korea.

648 An der Spitze tibetischer und nepalesischer Truppen, setzt Wang Xuance den König von Magadha in Nord-Indien wieder auf seinen Thron.

648 stirbt Kong Yingda, ein Kommentator der Klassiker.

649 Nach seinem Machtantritt stellt Kaiser Gaozong die Vorbereitungen zur Invasion Liaodongs und Koreas ein.

650 Gesandtschaft des koreanischen Reichs Silla in Chang'an.

650 Das *Shijia fangzhi* von Daoxuan, die Hauptquelle für die indische Zivilisation im 7. Jh.

651 ☆Der Mönch Xuanzhao begibt sich über Tibet nach Indien.

652 Gesandtschaft der drei koreanischen Reiche und der Tuyuhun in Chang'an.

652 (ca.): ★Der Inder Jiashe Xiaowei wird im kaiserlichen Amt für Astronomie eingestellt.

653 Zweite große japanische Gesandtschaft in Chang'an.

653 Das *Wujing zhengyi* (Die richtige Auslegung der Fünf Klassiker).

654 Aushebung von 47 000 Mann zum Bau der Außenmauern von Chang'an. Großer arabischer Sieg im Iran.

655 Kriegszug nach Korea, um dem von Koguryo und Paeckche angegriffenen Silla zu Hilfe zu kommen.

655 (ca.): ★Das *Qianjin yaofang*, eine medizinische Abhandlung von Sun Simo (Behandlung des Kropfes mit Schilddrüsenextrakten und Behandlung der Zuckerkrankheit).

656 Das *Suishu* (Geschichte der Sui). ★Das *Suanjing shishu* (Zehn Abhandlungen über Mathematik).

657 Die Westlichen Türken werden von den Tang und den Uiguren schwer geschlagen.

657 Tod des Kalligraphen Shu Suiliang.

658 Die Generalregierung über Zentralasien wird in Kutscha eingerichtet.

658 Das *Wenguan cilin*, eine große Anthologie von Dichtern und Prosaschriftstellern von der Han- bis zur Tang-Zeit. Der Kommentar von Li Shan zum *Wenxuan*, der literarischen Anthologie des beginnenden 6. Jh.

659 Die »Geschichte der Südlichen Dynastien« *(Nanshi)*. ★Das *Xinxiu bencao*, ein offizielles Arzneibuch.

660 Die Tang und Silla brechen den Widerstand des koreanischen Reichs von Paeckche. Wu Zhao, die spätere Kaiserin Zetian, gewinnt Macht.

660 ☆Das *Datang neidian lu*, ein von Daoxuan erarbeiteter Katalog der buddhistischen Übersetzungen ins Chinesische.

661 Chinesische Verwaltung in Kaschmir, im Amu-darja-Becken, in Tochara und in den ostiranischen Grenzgebieten. Gründung der Omaijaden-Dynastie in Damaskus. Angriff der Tang auf Koguryo und Belagerung von Pyong-yang.

663 Sieg der chinesischen Heere über die japanischen Truppen, die Paeckche zuhilfe geeilt waren. 400 japanische Schiffe werden verbrannt.

664 ☆Tod des großen buddhistischen Meisters Xuanzang. ☆Das *Guang hongmingji*, eine Sammlung apologetischer Schriften zugunsten des Buddhismus.

665 Die Tang verfügen in den staatlichen Gestüten über 700 000 Pferde.

668 Chinesische Siege in Korea. Ende der Reiche von Koguryo und Paeckche. Die Mandschurei und Korea unter chinesischer Kontrolle. Einrichtung der Generalregierung von Andong in Pyong-yang. Einigung Südkoreas durch das Reich Silla, das mit den Tang verbündet ist.
670 Chinesische Gegenoffensive gegen die Tibeter in Zentralasien.
674 Der letzte Herrscher der Sassaniden in Persien, Piruz, trifft am Hof von Chang'an ein.
678 Chinesischer Sieg und anschließende Niederlage in Kukunor bei Kämpfen gegen die Tibeter.
679 Die Tang-Heere besetzen die Oase Suyab, die Hauptstadt der Westlichen Türken, im heutigen sowjetischen Kirgisien.
680 Sieg der Tang über die Türken. Im Nordwesten und in Zentralasien nehmen die tibetischen Einfälle zu.
683 Kaiser Gaozong überträgt bei seinem Tod der Kaiserin Wu, der ehemaligen Konkubine Wu Zhaos, weitreichende Befugnisse.
684 Kaiserin Wu setzt den legitimen Kaiser ab und reißt die Staatsführung an sich.
686 Kaiserin Wu ruft zu Denunziationen auf.
688 Erste Wahrsagungen, nach denen Kaiserin Wu dazu berufen ist, als Kaiser zu regieren.
689 Änderung der offiziellen Nomenklatur. Schaffung von 12 neuen Schriftzeichen.
690 Usurpation durch Kaiserin Wu, die die neue Zhou-Dynastie (690–705) gründet.
691 Umsiedlung mehrerer hunderttausend Familien des Wei-Tals in die Region von Luoyang.
692 Ausbau der Rekrutierung von Beamten durch Prüfungen. Ende der großen Prozesse: die kaiserliche Familie der Tang sowie die meisten Aristokratenfamilien des Nordwestens wurden ausgerottet. Wiederherstellung der Generalregierung von Zentralasien in Kutscha.
694 Sieg über die Tibeter und die Türken.

667 ☆Tod des Mönchs Daoxuan, eines Spezialisten der Mönchsdisziplin (Vinaya) und der Geschichte des Buddhismus in China.
668 ☆Das *Fayuan zhulin*, eine buddhistische Enzyklopädie.
670 ★Das *Shiliao bencao*, eine Abhandlung über Diätetik. ★Tod des Astronomen Li Chunfeng.
671 ☆Der Mönch Yijing bricht in Kanton nach Südostasien und Indien auf.
672 ★Himmelskarte.
672–675: ☆Skulptur des großen Vairocana von Longmen südlich von Luoyang.
673 Tod des großen Malers Yan Liben, der die mittelalterliche Tradition fortsetzte.
681 ☆Tod von Shandao, dem ersten Patriarchen der buddhistischen Sekte des Reinen Landes.
683 ★Erste Anwendungen der Null in Inschriften von Kambodscha und Sumatra.
685–695: ☆Aufenthalt des Mönchs Yijing in Śri Vijaya (Palembang und Sumatra).
687 Das *Shupu*, eine Abhandlung über Kalligraphie von Sun Guoting.
688 ☆Biographie des Meisters Xuanzang (Bericht seiner Reisen nach Zentralasien und Indien).
690 (ca.): ☆Das *Datang xiyuqiufa gaoseng zhuan*, der Bericht von Yijing über die Pilger der Tang-Zeit, die sich nach Indien begaben.
692 ☆Das *Nanhai jigui neifa zhuan* von Yijing, ein Bericht über den Buddhismus in Indien und Südostasien.
694 ☆Kaiserin Zetian gestattet den Manichäismus.
695 In Luoyang: Guß von Bronzesäulen zum

697 Angriffe der Kitan.

700 Tibetische Einfälle und türkische Beutezüge in Gansu.

701 Bau von Festungen und Einrichtung von Militärkolonien in Wuwei (Liangzhou) in Gansu. In Japan, Codex der Taihō-Ära nach dem Vorbild des Tang-Codex.

703 Innere Kämpfe in Tibet.

705 Wiederherstellung der Tang-Dynastie. Kaiserin Wei ist auf der Höhe ihrer Macht. Tod der Kaiserin Wu (Zetian). Nach 705, Vordringen der Araber in Transoxanien.

706 Die chinesischen Truppen werden in Dunhuang von den Türken besiegt.

707 Der tibetische bTsan-po erhält eine chinesische Prinzessin zur Frau. Um 707, Aufteilung Kambodschas in Inneres Kambodscha und Kambodscha der Küstengebiete.

710 Ermordung von Kaiserin Wei und Ausrottung ihres Clans. Beginn der Einsetzung von kaiserlichen Kommissären in den Militärregionen *(jiedushi)*. Gründung der japanischen Hauptstadt Nara.

711 Reform der militärischen Institutionen.

712 Thronbesteigung von Kaiser Xuanzong.

713 Schaffung des tungusischen Reichs von Bohai in der östlichen Mandschurei, das unter chinesischer Kontrolle steht. Politischer Machtaufstieg des Eunuchen Gao Lishi.

715 Arabische und tibetische Einfälle im Fergana-Tal.

719 Die Reiche von Maimargh, Samarkand und Buchara werden von den Arabern angegriffen und bitten China um Hilfe.

721 Revision der Bevölkerungsregister zur Aufnahme der umgesiedelten Familien.

723 Zuhilfenahme von Söldnern zur Auffüllung der mangelhaften militärischen Bestände.

Ruhm der von Kaiserin Zetian (Wuhou) gegründeten Dynastie.

697 Guß von neun riesigen Dreifußgefäßen in Luoyang.

700 (ca.): ☆Bildung der chinesischen buddhistischen *chan*-Sekte (japanisch *zen*).

702 Tod des Dichters Chen Zi'ang.

710 Das *Shitong* (Studien zur Historiographie) von Liu Zhiji.
Um 710, Tod des Dichters Song Zhiwen.

712 ☆Tod des Mönchs Fazang, des Gründers der buddhistischen Huayan-Sekte. Das *Kojiki*, eine Geschichte Japans.

713 ☆Tod des kantonesischen Mönchs Huineng, des Gründers der *chan*-Sekte.

716–746: ☆Reise des japanischen Mönchs Gembō nach China.

718 ★Das *Jiuzhili*, die Übersetzung eines indischen astronomischen Werks durch Gautama Siddhānta, den Leiter des astronomischen Amtes in Chang'an.

718 ★Das *Kaiyuan zhanjing*, eine Sammlung von indischen astronomischen Texten, in denen die Null verwendet wird.

719 Kommentar von Li Shan zum *Wen Xuan*.

720 Das *Nihon shoki*, eine Geschichte Japans.

721–725: ★Wissenschaftliche Expeditionen des Mönchs Yixing zur Messung des Schattens der Sonnenwenden vom 40. bis zum 17. Breitengrad.

722 Beschreibung von Chang'an und Luoyang durch Wei Shu.

723–725: ★Der Mönch Yixing und Liang Lingzan konstruieren eine hydraulische Uhr mit Hemmung, eine Vorform der von Su Song im Jahr 1088 entwickelten Uhr.

724 Japanische Gesandtschaft in Chang'an.
725 Der Wiederaufbau der staatlichen Gestüte seit 705 hat den Bestand an Pferden auf 420 000 erhöht.

728 Erste offizielle Prüfungen in Japan.
731 Machtgewinn der Eunuchen. Japanischer Einfall an den Ostküsten Koreas.
733 Die Zahl der kaiserlichen Beamten erhöht sich auf 17 680, die der lokalen Angestellten auf 57 416.

734 Bau eines 9 km langen Kanals zur Umfahrung der Sanmen-Schluchten in Henan. Reform des Transportsystems auf den Kanälen durch Pei Yaoqing. Einrichtung von Armenhäusern in den Klöstern von Chang'an. Schweres Erdbeben in Japan.

736 Beginn der Diktatur des Aristokraten Li Linfu, der den vorhergehenden Minister Zhang Jiuling entmachtet.
738 Beginn der Macht des tibetisch-birmanischen Reichs von Nanzhao in Yunnan.

742 Für die Verteidigung der Grenzen sind zehn kaiserliche Kommissäre verantwortlich. Die Heere von Hebei, Shanxi, Shandong und der südlichen Mandschurei stehen unter der Kontrolle An Lushans.
744 Beginn der Macht der Uiguren, seßhaft gewordener Türken, die sich in Ost-Xinjiang und West-Gansu angesiedelt haben. Die Uiguren setzen der Macht der Östlichen Türken in der Mongolei ein Ende.
745–751: Chinesische Gegenoffensive gegen die Araber in Transoxanien und in den Regionen südlich des Balchasch-Sees.

751 Die chinesischen Heere unter dem Kommando des koreanischen Generals Gao Xianzhi werden bei Alma Ata am Fluß Talas von den Arabern besiegt.
752 Sieg der Truppen aus Sichuan über das Nanzhao-Reich und seine tibetischen Verbündeten.
755–763: Rebellion der Generale An Lushan und Shi Siming.

755 Schneller Vorstoß der Rebellentruppen An Lushans in Henan. Fall von Luoyang.

725 ☆Proskription der reichen buddhistischen Sekte der Dritten Stufe (Sanjiejiao).
☆Tod des indischen Übersetzers buddhistischer Texte Bodhiruci (er weilte von 693 bis zu seinem Tod in Chang'an).
727 ★Tod des Mönchs, Astronomen und Mathematikers Yixing.
729 (ca.): ☆Rückkehr des Mönchs Huichao aus Indien.
730 ☆Das *Kaiyuan shijiao lu*, ein Katalog der buddhistischen Übersetzungen ins Chinesische.
732 Das *Xingzong*, ein astrologisches Lehrbuch. Das *Tang kaiyan li*, das Ritenbuch der Tang.
735 ☆ stirbt Śubhakarasimha, ein indischer Übersetzer von Texten des Tantra-Buddhismus. ☆Der Mönch Gembō kehrt mit über 7000 Manuskriptrollen und mit buddhistischen Statuen aus China nach Japan zurück. Ein chinesischer Arzt persischer Herkunft, Li Mi, trifft in Nara ein.
736 ☆Gründung der buddhistischen Kegon-Sekte in Japan durch einen chinesischen Mönch.
739 Ein Gesetz bestimmt das Verhältnis der Medizinstudenten zur Bevölkerungszahl der Verwaltungskreise.
740 Das *Zhengdian*, eine politische Enzyklopädie von Liu Zhi. Tod des Dichters Meng Haoran.
741 ☆stirbt Vajrabodhi, ein indischer Übersetzer von Texten des Tantra-Buddhismus.
743 ★Guß des großen Vairocana von Nara in Japan (16 m hoch).

745 ☆Die nestorianischen Kirchen, die »persische Tempel« genannt werden *(bosi si)*, werden nun als »Tempel von Daqin« (Ostgebiete des Römischen Reichs) bezeichnet.
749 Tod des Historikers Wu Jing, des Autors eines *Tangshu* und eines *Tangchunqiu*.
751 Vorwort zum *Tangyun*, dem Reimwörterbuch von Sun Mian.
751–790: ☆Reise des Mönchs Wukong nach Zentralasien und Indien.
752 Vorwort zum *Waitai biyao*, einem populärwissenschaftlichen medizinischen Werk.

754 ☆Ankunft des chinesischen Mönchs Jianzhen (Kanshin) in Japan, wo er die Ritsu-Sekte gründet.

756 An Lushan läßt sich zum Kaiser ausrufen. Flucht des Kaisers Xuanzong nach Sichuan. Einmarsch An Lushans in Chang'an. Suzong wird Nachfolger Xuanzongs in Lingwu (Oberlauf des Gelben Flusses).

757 stirbt An Lushan. Shi Siming tritt als Rebellenführer seine Nachfolge an. Die Uiguren dehnen sich nach Gansu aus.

758 Einrichtung des Salzmonopols. Kanton wird von arabischen und persischen Piraten geplündert.

760 Massaker an ausländischen Kaufleuten in Yangzhou durch die Truppen von Tian Shengong.

762 Die Uiguren plündern Chang'an und massakrieren die Bevölkerung. Gründung von Bagdad, der Hauptstadt der Abbasiden. Entwicklung des Seehandels nach Indien und Kanton.

763 Shi Chaoyi, der Nachfolger von Shi Siming, begeht Selbstmord. Ende der An Lushan-Rebellion. Großer Einfall der Tibeter in Gansu und Shenxi. Die Tibeter in Chang'an. Kaiser Suzong marschiert nach dem Rückzug der Tibeter in Chang'an ein.

764 Erstmals Besteuerung der Ernte.

765 Die chinesischen Heere unter der Leitung von Guo Ziyi fügen, unterstützt von den Uiguren, den Tibetern in Shenxi eine schwere Niederlage bei.

768 (nach): Die Militärregierungen der *jiedushi* handeln immer autonomer.

771 Eingeborenen- und Bauernaufstände in Guangdong und Guangxi.

772 Piratenhandlungen der uigurischen Abgesandten in Chang'an.

778 Beutezug der Uiguren in Taiyuan (Shanxi). Die Einkommen aus dem Salzmonopol betragen über die Hälfte der Gesamteinnahmen der Tang. 16. japanische Gesandtschaft bei den Tang.

779 Den zahlreichen Uiguren in Chang-an wird verboten, chinesische Kleidung zu tragen. Gegenoffensive der Tang gegen die Einfälle aus dem Nanzhao-Reich und seiner tibetischen Verbündeten in Sichuan.

780 Grundlegende Steuerreform von Yang Yan: die Besteuerung der Ernte tritt an die Stelle der Besteuerung der Familien.

781 Rebellionen der kaiserlichen Kommissäre in Hebei und Henan.

758 (ab): Prüfungen in allgemeinen Kenntnissen für die Medizinstudenten.

761 Tod des Malers und Dichters Wang Wei. Gegen 761, das *Manyoshu* in Japan.

762 ☆Tod des *chan*-Meisters Shenhui. Nach 762 das *Jingxingji*, ein Werk über die islamischen Länder, verfaßt von einem ehemaligen Gefangenen der Araber in Talas (751), der 762 über das Meer nach Kanton zurückkehrte. Tod des Dichters Li Bai.

763 Die Uiguren der Mongolei nehmen den Manichäismus als offizielle Religion an.

766 (nach): Das *Jiankang shilu*, eine Geschichte Nankings vom 3. bis zum 6. Jh.

770 Tod des großen Dichters Du Fu. ★Erste bekannte Anwendung des Blockdrucks in Japan.

774 ☆stirbt Amoghavajra (Bukong), ein singhalesischer Übersetzer von Texten des Tantra-Buddhismus.

781 ☆Nestorianische Stele mit chinesischer und syrischer Inschrift in Chang'an.

787 Friedensvertrag zwischen den Tang und den Tibetern. Bündnis der Tang mit den Uiguren und dem Nanzhao-Reich gegen Tibet.

789 Kalifat Harun al-Raschids.

790 Die Region des heutigen Urumtschi gerät unter die Kontrolle der Tibeter. Die Tang haben die Kontrolle aller im Westen von Yumenguan (West-Gansu) gelegenen Territorien verloren.

793 Die Eunuchen reißen die militärische Gewalt an sich.

793 Erste Teesteuern.

794 Die japanische Hauptstadt wird von Nara nach Heian (heute Kyōto) verlegt.

803 Das Pyu-Reich in Burma schickt Tänzer und Musiker an den Hof der Tang.

806–820: Die Regierung untersteht der Kontrolle durch die Eunuchen.

807 Eine allgemeine Volkszählung im ganzen Reich (Verwaltung, Steuerwesen, Heer) wird dem Kaiser von Li Jifu vorgelegt.

811 Senkung der Zahl der kaiserlichen Beamten und der lokalen Angestellten. Eingeborenenaufstände in Guizhou.

821 Erhöhung der Teesteuern. Der Uigurenkhan erhält eine chinesische Prinzessin zur Frau. In Chang'an Abschluß und in Lhasa, im darauffolgenden Jahr, Ratifizierung eines chinesisch-tibetischen Vertrags, der die Unabhängigkeit Tibets und die Besetzung Gansus durch die Tibeter anerkennt.

822 De facto-Unabhängigkeit der kaiserlichen Kommissäre in Hebei.

826 Kampf zwischen den Eunuchen am Hof. Ein Eunuchen-Clan bringt Kaiser Wenzong an die Macht.

829 Einfälle des Nanzhao-Reichs in Guizhou und Sichuan.

783 ★Bau von Patrouillen-Schiffen mit zwei von Pedalen betriebenen Schaufelrädern.

791 ☆Eine Inschrift, die das Eindringen des Buddhismus des Großen Fahrzeugs in Kambodscha beweist.

796 ★Das *Zhenyuan guanglifang*, eine Sammlung medizinischer Rezepte.

797 ☆Kontroverse zwischen chinesischen und indischen Mönchen in Lhasa.

800 (ca.): Das *Tongdian* von Du You, eine Geschichte der Institutionen vom Altertum bis um 800. ☆Terminologische Normierung für die Übersetzung buddhistischer Texte in Tibet.

804 ☆Rückkehr des Mönchs Saichō, des Gründers der japanischen Tendai-Sekte, nach Japan.

805 Tod des berühmten Geographen Jia Dan und des Historikers Lu Zhi.

806 (ca.): ★Synonymenwörterbuch für Mineralien und Arzneien.

806–820: Erste Eigenwechsel (oder »fliegendes Geld«, *feiqian*).

812 stirbt Du You, der Autor des *Tongdian*, einer allgemeinen Geschichte der Institutionen.

813 Das *Yuanhe junxian tuzhi*, eine illustrierte Geographie des chinesischen Reichs von Li Jifu.

814 Tod des Dichters Meng Jiao.

815 In Japan werden Teesträucher angepflanzt.

816 ☆Gründung des buddhistischen Kōyasan-Klosters südlich von Nara.

817 Tod des Dichters Li He.

818 ☆Prozession mit der buddhistischen Reliquie aus dem Famen-Kloster von Fengxiang.

819 ☆Anklageschrift Han Yus gegen den Buddhismus. Tod des – zusammen mit Han Yu – ersten Verteidigers des »alten Stils« *(guwen)* Liu Zongyuan.

824 Tod Han Yus.

831 Tod des Dichters Yuan Zhen.

833 Li Deyu kommt an die Macht und verjagt seine Rivalen aus der Regierung.
835 Die Eunuchen besiegen ihre Gegner.
836 Gründung von Samarra.
838 (ab): Niedergang der tibetischen Macht.

840 Die von den Kirgisen des oberen Jenissej-Gebiets aus der Mongolei vertriebenen Uiguren setzen sich in Ost-Xinjiang und Gansu fest. Machtantritt Wuzongs, der Li Deyu in die Regierung zurückberuft.
845 Große Proskription des Buddhismus. In Chang'an werden nur 4 Klöster und 120 Mönche, in Luoyang 2 Klöster und 20 Mönche beibehalten. Umschmelzung der Bronzeglocken und -statuen der Klöster in Münzen. Ländereien und Leibeigene der Kirche werden eingezogen.
846 Milderung der vom vorhergehenden Kaiser gegen den Buddhismus ergriffenen Maßnahmen. Li Deyu wird von seinem Kanzlerposten abgesetzt.
849 Gründung des Pagan-Reichs in Burma. Schiffe chinesischer Kaufleute in Japan.
851 Der Chinese Zhang Yichao verjagt die Tibeter aus Dunhuang und beherrscht die Region von Hami bis West-Gansu.
852 Schiffe chinesischer Kaufleute in Japan. Gegen 852, indischer Angriff auf Pegu in Burma.

858 Militärrebellionen in Guangdong, Hunan und Jiangsu. Ab 858 herrschen de facto die Fujiwara in Japan.
859–860: Volksaufstand unter Qiu Fu in Zhejiang.
860 Die Nanzhao-Heere dringen in das Becken des Roten Flusses ein.

862 Neuerlicher Einfall des Nanzhao-Reichs in Vietnam.
863 Einnahme von Hanoi durch die Nanzhao-Truppen. Einfälle des Nanzhao-Reichs in Sichuan.
864 Schiffe chinesischer Kaufleute in Japan.
865 Die Uiguren dringen nach Ost-Xinjiang vor und besetzen die gesamte Region zwischen Turfan, Urumtschi und Hami.
866 Das Nanzhao-Reich zieht sich angesichts der chinesischen Angriffe aus Nordvietnam zurück. Weitere Schwächung der Tibeter.
868 Rebellion der Truppen, die gegen das Nanzhao-Reich nach Guangxi entsandt worden waren.

833–837: Eingravierung der Klassikertexte auf Stelen in Chang'an.

838–839: ☆Chinareise des japanischen Mönchs Engyō.
839–847: ☆Chinareise des japanischen Mönchs Ennin.
841 (ca.): Das *Tangchao minghua lu*, ein kunstkritisches Werk von Zhu Jingyuan.
842 ☆3459 buddhistische Mönche werden in den Laienstand zurückversetzt.

842–845: ☆Proskription der fremden Religionen und des Buddhismus.
842–847: ☆Chinareise des japanischen Mönchs Eun.
844 (ca): Tod Li Aos, des Vorläufers der »neokonfuzianischen« Philosophen des 11. Jh.

846 Tod des Dichters Bai Juyi.
847 Das *Lidai minghua ji* (Aufzeichnungen über berühmte Maler der Vergangenheit) von Zhang Yanyuan.
850 (ca.): ☆Der große buddhistische Borobudur-Tempel im Zentrum von Java.
851 *'Akhbar al-Shin wal Hind*, arabischer Bericht über China und Indien.

853 Tod des Dichters Du Mu.
853–858: ☆Chinareise des japanischen Mönchs Enchin.
858 Tod des Dichters Li Shangyin.

860 (ca.): Das *Manshu*, eine Monographie über Yunnan (Geschichte, Ethnographie, Botanik usw.). Das *Youyang zazu*, eine Naturgeschichte kurioser und außergewöhnlicher Erscheinungen.
862–866: ☆Chinareise des japanischen Mönchs Shūei.

865 ☆Der japanische Fürst und Mönch Shinnyo, der 862 nach China gelangt war, schifft sich in Kanton nach Indien ein und stirbt in Malaya.

868 ★Das erste bekannte im Blockdruck hergestellte Buch (eine buddhistische Sūtra, die in Dunhuang wiedergefunden wurde).

870 Das Nanzhao-Reich belagert Chengdu.

870–880: Plünderung von Basra und Ubulla durch revoltierende afrikanische Sklaven.

874 Schiffe chinesischer Kaufleute in Japan.

874–884: Wandernder Aufstand unter der Führung von Juang Chao und Wang Xianzhi.

875 Sieg über das Nanzhao-Reich in Sichuan.

877–889: Der kambodschanische Herrscher Indravarman I. einigt den Süden der indochinesischen Halbinsel (Thailand, Kambodscha und den Süden des heutigen Vietnam).

878 Die Truppen des Huang Chao verlassen Henan und marschieren ins Yangzi-Tal.

879 Plünderung Kantons durch die Truppen Huang Chaos.

880 Die Truppen Huang Chaos kehren nach Henan zurück. Luoyang wird niedergebrannt. Huang Chao läßt sich in Chang'an zum Kaiser ausrufen.

881 Schiffe chinesischer Kaufleute in Japan.

883 Siege Li Keyongs, des Anführers der türkischen Shato-Stämme, über die Heere Huang Chaos.

884 Ende der Rebellion Huang Chaos.

885 (ab): Zunahme der Unruhen und der Militärrebellionen.

889–890: Gründung der ersten Stadt Angkor.

893 Bau der Außenmauern von Hangzhou durch Qian Liu. Schiffe chinesischer Kaufleute in Japan. Der Gelbe Fluß durchbricht seine Dämme und sucht sich ein neues Flußbett.

894 19. und letzte japanische Gesandtschaft bei den Tang.

895 Anarchie in Chang'an. Der Kaiser flieht in die Nanshan-Berge.

896 Li Maozhen greift Chang'an an. Neuerliche Flucht des Kaisers. Qian Liu konsolidiert seine Stellung in Süd-Jiangsu und Nord-Zhejiang.

899 Ma Yin besetzt ganz Hunan.

902 Qian Liu wird in Hangzhou zum König von Yue und Yang Xingmi in Suzhou zum König von Wu ausgerufen.

902–909: Aufteilung des Reichs in mehrere unabhängige Königreiche.

903 Zhu Quanzhong bringt den Kaiser nach Chang'an zurück und läßt die Eunuchen niedermetzeln. Wang Jian wird zum König von Shu ausgerufen.

907 Der Tang-Kaiser Ai tritt die Macht an Zhu Quanzhong ab, der in Kaifeng die Liang-Dynastie gründet. Ma Yin wird zum König von Chu, Qian Liu zum König von Wu-Yue ausgerufen. Wang Jian gründet das Reich Shu in Sichuan.

870 (ca.): Tod des Dichters Wen Tingyun.

875 Das *Beihulu*, ein Werk über die Ethnographie, die Vegetation und die Produkte Südchinas.

882 ★Ein im Blockdruckverfahren hergestellter Kalender, der in Dunhuang wiedergefunden wurde.

904 ★Der Mönch Zhihui baut hydraulische Maschinen zur Wasserversorgung der öffentlichen Bäder von Luoyang.

909 Die Liang verlegen ihre Hauptstadt nach Luoyang. Liu Shouguang wird zum König von Yan ausgerufen.

911 Liu Shouguang läßt sich zum Kaiser von Yan ausrufen.

914 Siege von Shu über das Nanzhao-Reich in der Region des Flusses Dadu in West-Sichuan.

915–922: Kämpfe zwischen dem Jin-Reich von Shanxi und den Späteren Liang.

916 Gründung des türkisch-mongolischen Reichs der Kitan in der östlichen Mongolei und in der Mandschurei.

917 Die Kitan belagern Youzhou in der Region des heutigen Peking. Gründung des Dayue-Reichs, das bald den Namen Südliche Han annimmt, in Kanton.

918 Gründung der Koryo-Dynastie in Korea. Gründung des Wu-Reichs (Jiangxi, Anhui und ein Teil von Jiangsu) in Yangzhou. Schiffe chinesischer Kaufleute in Japan.

923 Gründung der Späteren Tang, die die Hauptstadt von Kaifeng nach Luoyang verlegen.

924 Offensive der Kitan nach Westen gegen die Tanguten und die Tuyuhun von Gansu und Qinghai.

925 Bündnis zwischen den Südlichen Han und dem tibeto-birmanischen Nanzhao-Reich.

926 Die Kitan setzen dem von den Tang in der östlichen Mandschurei geschaffenen Bohai-Reich ein Ende.

933 Wang Yanjun läßt sich zum Kaiser von Min in Fujian ausrufen.

934 Die Hungersnöte in Nordchina lösen Bevölkerungsverschiebungen aus.

935 Gesandtschaft von Wu-Yue in Japan.

935–936: Das koreanische Reich Silla wird von Koryo annektiert. Einigung Koreas.

936 Expansion der Kitan nach Hebei. Gründung der Späteren Jin in Kaifeng.

937 Gründung des Reichs der Südlichen Tang in Nanking.Das Dali-Reich folgt in Yunnan auf das Nanzhao-Reich.

939 Vietnam macht sich von den in Kanton etablierten Südlichen Han unabhängig. In Japan werden die Militärs immer mächtiger.

942 Hohe Salzsteuern bei den Späteren Jin.

943 Trockenheit und Überschwemmungen fordern in Nordchina zahlreiche Opfer und lösen einen Exodus aus.

909 Tod des Dichters und politischen Schriftstellers Luo Yin im Wu-Yue-Reich.

920 Die Kitan nehmen zur Aufzeichnung ihrer Sprache eine der chinesischen nachgebildete Schrift an.

928 ☆Der König von Min, eines Reichs in Fujian, weiht 20 000 buddhistische Mönche.

931 Unter chinesischem Einfluß erste Qualifikationsprüfungen für Ärzte in Bagdad.

932–952: Die Neun Klassiker werden in Kaifeng im Blockdruckverfahren gedruckt.

938 ☆Ankunft eines buddhistischen Mönchs aus West-Indien in Korea. Ab 938, in Chang'an Eingravierung der Klassiker und ihrer Kommentare auf Stelen.

940 (ca.): ★Das älteste chinesische Manuskript von einer Himmelskarte. ★Das *Huashu*, ein taoistisches Werk Tan Qiaos, in dem auf das Steuerruder angespielt wird.

944 Große Einfälle der Kitan in Shanxi und Hebei.
945 Kaufleute aus Wu-Yue in Japan.
947 Große Invasion der Kitan ins Jin-Reich. Einnahme von Kaifeng und Sturz der Jin. Die Kitan nehmen den Dynastienamen Liao an. Volkswiderstand in den eroberten Gebieten und Rückstrom der Kitan nach Norden. Gründung der Späteren Han in Kaifeng.
951 Gründung der Späteren Zhou in Kaifeng. Gründung der Nördlichen Han in Taiyuan (Shanxi). Das Reich Chu wird von den Südlichen Tang und den Südlichen Han aufgesogen.
952 Koreanische Gesandtschaft in Kaifeng.
954 Ausbesserungsarbeiten an den Dämmen des Gelben Flusses. Sieg der Zhou über die Nördlichen Han und die Kitan.
955 Angriffe der Zhou gegen Shu und die Südlichen Tang.
956–958: Die Zhou besetzen alle nördlich des Yangzi gelegenen Gebiete der Südlichen Tang.
957 Die Zhou bauen den Lauf des Bian für den Transport nach Kaifeng aus.
958 Koryo übernimmt das Beamtenprüfungssystem. Ende der Unabhängigkeit des Reichs der Südlichen Tang, das nun Zhou unterworfen ist.
959 Gesandtschaft von Wu-Yue in Japan.
960 Gründung der Song-Dynastie durch Zhao Kuangyin in Kaifeng.
961 Pferdetribute der Dschurdschen auf dem Seeweg an die Song.
963 Die Song besetzen Jiangling am mittleren Yangzi. Ende des Jingnan-Reiches.
965 Die Song annektieren das Shu-Reich in Sichuan.
968 Belagerung von Taiyuan durch die Song. Von 968 an Soldaten-Mönche in Japan und Schlachten zwischen Klöstern. Dinh Bô-Linh nimmt in Vietnam den Kaisertitel an und gründet die Dynastie der Dinh.
969 Die Song siedeln einen Teil der Bevölkerung von Taiyuan nach Shandong und Henan um. In den Provinzen werden nach und nach die Militärbeamten durch Zivilbeamte ersetzt.
971 Einmarsch der Song-Heere in Kanton. Ende des Reichs der Südlichen Han. Gründung eines Amtes für Handelsschiffe in Kanton.
972 Überschwemmungen im unteren Becken des Gelben Flusses.

944–951: Die Neun Klassiker werden in Chengdu im Blockdruckverfahren gedruckt.
954 ★Bei den Nördlichen Zhou wird der Löwe von Cangzhou (dreimal so groß wie ein Mensch) zur Erinnerung an ihren Sieg über die Kitan in Eisen gegossen.
955 ☆Maßnahmen gegen den buddhistischen Klerus bei den Nördlichen Zhou. ☆Heilige Gegenstände werden in Münzen umgegossen.
960 ★Das *Xushishi*, ein Werk Ma Jians (Spätere Shu) über die Geschichte der Technik.
961–975: ★In Nanking Ausarbeitung einer neuen Papiersorte für die Malerei.
965 Tod des Malers Huang Quan in Sichuan.
966–976: ☆Letzte wichtige Pilgerfahrt chinesischer Mönche nach Zentralasien und Indien.
967 Das *Jiu wudai shi* (Geschichte der Fünf Dynastien) (907–960). Tod des Malers Li Cheng, eines Neuerers auf dem Gebiet der Maltechnik.
969 Älteste Erwähnung des Kartenspiels.
970 (ab): ★Umsetzung von Rotationsbewegung in Longitudinalbewegung und umgekehrt (in Europa gegen 1450).
971–983: ☆Druck des buddhistischen Kanons in Chengdu.

973 Erste Beamtenprüfungen bei den Song.

975 Die Song marschieren in Nanking ein. Ende des Jiangnan-Reichs (Südliche Tang).

977 Erhöhung der Stellenzahl für erfolgreiche Prüfungskandidaten. Ein Erdbeben zerstört den Hafen von Sīrāf im Persischen Golf.

978 Die Song annektieren das Wu-Yue-Reich.

979 Ende des Reichs der Nördlichen Han in Shanxi. Die Song einigen ganz China.

980 In Vietnam folgen die Lê auf die kurze Dinh-Dynastie.

981 Scheitern der Militärexpedition, die die Song den Dinh nach Vietnam zu Hilfe schicken.

983 Schaffung der drei Ämter für Wirtschaft *(sansi)*: Staatsmonopole, Agrarsteuern und Budget.

986 Sieg der Kitan über die Song und Expansion der Kitan nach Nordosten (Mandschurei).

987 Kauffahrteischiffe der Song in Japan.

988 Erste Beamtenprüfungen bei den Kitan.

990–991: Die Dschurdschen unterwerfen sich den Kitan.

993 Schaffung von Salz- und Tee-Ämtern in den großen Regionen des Song-Reichs.

993–995: Autonomistische Erhebung Wang Xiaobos und Li Shuns in Sichuan.

994 Korea wird Vasall der Kitan.

995 Starke Zunahme des Warenverkehrs auf dem Bian-Kanal nach Kaifeng.

997 Die Tanguten der westlichen Mongolei und Gansus unterwerfen sich den Kitan.

998 Die Song schaffen ein Amt für Pferdekäufe in Shanxi, Shenxi und Sichuan.

1000 Militärrebellion Wang Juns in Sichuan.

1001 Mahmud von Rhaznī dehnt sein Reich ins Ganges-Tal aus.

1002 Li Jiqian, der spätere Gründer des tanguti-

975 Fresken des aus Sichuan stammenden Malers Shi Ke im großen Kloster Xiangguosi in Kaifeng.

978 ★Wahrscheinlich erste Anwendung der endlosen Kette zur Kraftübertragung (in Europa im 19. Jh.). Tod Li Yus, des letzten Herrschers der Südlichen Tang; er war Dichter, Maler und Musiker. Gründung der kaiserlichen Bibliothek in Kaifeng.

979 Das *Taiping huanyu ji*, eine geographische Enzyklopädie (China und fremde Länder).

980 (ca.): ★Das *Wulei xianggan zhi* des Mönchs Lu Zanning, ein naturwissenschaftliches Werk.

981 Erster Druck des *Taiping guangji*, einer umfangreichen Erzählungssammlung von den Han bis zu den Song.

982 ☆Errichtung eines Übersetzungsbüros für buddhistische Texte.

983 Die Enzyklopädie *Taiping yulan*.

983–986: ☆Chinaaufenthalt des japanischen Mönchs Chōnen.

984 ★Erste Kanalschleuse.

986 Das *Wenyuan yinghua*, eine literarische Anthologie von Texten des 6. bis 10. Jh.

987 ☆Das *Song gaoseng zhuan*, Biographien bedeutender Mönche des 7. bis 10. Jh. Das Wörterbuch *Longkan shoujian* bei den Kitan.

988 Universalgeographie von Muqaddasī.

989 ☆Tod des taoistisch beeinflußten Eremiten Chen Xiyi.

990 (ca.): ★Erwähnung des Kompasses in einem Werk über Geomantik. Nach 990, das *Wuyue beishi*, eine Geschichte des Wu-Yue-Reichs (907–978).

992 Tod des Dichters und Verfassers außergewöhnlicher Geschichten Xu Xuan. Das *Chunhua getie*, die älteste Sammlung alter Kalligraphien.

996 Tod des großen Kompilators Li Fang.

schen Xia-Reichs, besetzt die strategisch wichtige Region von Lingzhou am Oberlauf des Gelben Flusses.

1003 Kaufleute der Song in Japan.

1004 Friede von Shanyuan zwischen den Song und den Kitan, durch den die Song zur Zahlung eines hohen jährlichen Tributs an Seide und Silber verpflichtet werden.

1008 Lu Zhens Bericht über seine Mission bei den Kitan: das *Chengyaolu.*

1009 Gründung der Ly-Dynastie (1009–1225) in Vietnam, die den Namen Dai Viet annimmt.

1010 Offensive der Kitan in Korea.

1011 Verwüstungen durch die Kitan in Korea.

1012 Wang Zeng Gesandter bei den Kitan. Erster umfangreicher Import von frühreifenden Reisarten aus Champa ins Song-Reich.

1014 Korea versucht mit den Song wieder Verbindungen anzuknüpfen.

1016–1017: Dürre und Heuschreckeninvasionen in Nordchina.

1017–1018: Neuerliche Offensiven der Kitan in Korea.

1019 Dschurdschen-Piraten im Norden von Kyūshū.

1020 Korea wird erneut den Kitan angegliedert. Eröffnung eines Kanals in der Region von Yangzhou.

1021 Eine arabische Gesandtschaft bittet um die Entsendung einer Kitan-Prinzessin als Braut für ihren Herrscher.

1022 Starke Erdbeben im Territorium der Kitan.

1024 Arabische Gesandtschaft in Korea.

1027–1028: Schiffe chinesischer Kaufleute in Japan.

1028 Vietnamesische Einfälle ins Song-Reich. Die Tanguten bemächtigen sich der Handelszentren Wuwei und Zhangye in Gansu.

1029 Dschurdschen-Piraten an den koreanischen Küsten.

1031 Tribute aus Kutscha und Dunhuang an die Song.

1033 Die Koreaner bauen eine Befestigungslinie gegen die Kitan.

1036 Die Tanguten nehmen den Uiguren die Regionen von Guazhou (Anxi), Shazhou (Dunhuang) und Lanzhou in Gansu weg.

1037 In Shanxi fordert ein Erdbeben 20 000 Todesopfer.

1003 ☆Der japanische Mönch Jakushō landet in China, wo er bis zu seinem Tod im Jahr 1034 lebt.

1004 ☆ Das *Jingde chuandeng lu,* Biographien von Mönchen der *chan*-Sekte.

1007 Für militärische und steuerliche Zwecke Bestellung einer allgemeinen Karte des Song-Reichs, die durch nebeneinandergelegte, von Malern gezeichnete Übersichtspläne gebildet wird.

1008 Das *Guangyun*, ein von Chen Pengnian verfaßtes Reimwörterbuch.

1010 Das *Zhudao tujing*, eine illustrierte Geographie des Song-Reichs in 1566 Kapiteln.

1012 (ca.): ★Al-Bīrūnī beschreibt die aus Sichuan stammende Technik der Tiefbohrungen.

1013 Das *Cefu yuangui*, eine Sammlung politischer Texte und Essays.

1015 (ca.): Das *Genji monogatari* (Geschichte der Prinzen Genji) von Murasaki.

1020 (ca.): ☆Druck des buddhistischen Kanons in Korea.

1022 (ca.): ☆Das *Yunji qiqian*, eine große taoistische Kompilation.

1024 Emission des ersten Papiergeldes in Sichuan.

1027 ★Bau eines in einen Wagen eingebauten Wegmessers.

1028 Tod des Dichters Lin Bu.

1031 ☆Beginn des Drucks des buddhistischen Kanons bei den Kitan.

1033 Tod des Klassiker-Spezialisten Sun Shi.

1034–1036: Fan Zhongyan und Ouyang Xiu katalogisieren die kaiserliche Bibliothek.

1035 (ca.): ★Erste Darstellung eines chinesischen Spinnrades.

1038 Die Tanguten gründen das Xia- oder Xixia-Reich (Reich der Westlichen Xia).

1040 Offensiven der Xia gegen die Song im Nordwesten. Besuch arabischer Kaufleute in Korea.

1041 Fan Zhongyan wird mit der Organisation der Verteidigung gegen die Xia beauftragt.

1044 Friedensvertrag zwischen den Song und den Xia, der die Song zur Zahlung eines hohen jährlichen Tributs an Seide, Silber und Tee verpflichtet.

1046 In Korea werden an den Küsten Verteidigungsanlagen gegen die Piraten gebaut.

1049 Turfan leistet den Kitan Tribut.

1050 Sieg der Kitan über die Xia. Piraten an den Nordostküsten Koreas.

1052 Aufstand der Bevölkerung in Guangxi und Belagerung Kantons.

1053 Tod des Reformers Fan Zhongyan.

1054 Die Kitan zwingen den Xia einen jährlichen Tribut an Pferden und Kamelen auf.

1057 Ein Erdbeben fordert in der südlichen Hauptstadt der Kitan, dem heutigen Peking, 10 000 Opfer.

1059 Vietnamesischer Einfall in Guangxi.

1060 Bewässerungsarbeiten in Henan bei den Song.

1064 Die Kitan verbieten den privaten Druck von Werken.

1066 Die Kitan nehmen den dynastischen Namen Liao an.

1067 Der Reformer Wang Anshi wird in die Regierung berufen.

1068 Die neuen Steuer-, Verwaltungs- und Militärgesetze *(xinfa)* von Wang Anshi treten in Kraft.

1069 Vietnam dehnt sich auf Kosten von Champa nach Süden aus.

1071 Reform der Beamtenprüfungen durch Wang Anshi.

1040 ★Das *Wujing zongyao*, eine große Abhandlung über Militärkunst (darin wird die Magnetisierung durch Remanenz beschrieben).

1041–1048: ★Erste Druckversuche mit beweglichen Lettern.

1045 Tod des Dichters Shi Jie.

1048 Tod des Dichters Su Shunqin.

1049 Das *Shengchao minghua ping*, ein kunstkritisches Werk.

1054 ★Aufzeichnung der Explosion einer Supernova.

1055 Tod des Dichters Yan Shu, der *ci* (zum Singen bestimmte Gedichte) schrieb.

1058 Erste bekannte birmanische Inschrift.

1060 Tod des Dichters Mei Yaochen. Auswahl aus den Werken der Tang-Dichter *(Tang baijia shi)* von Wang Anshi.

1061 Das *Xintangshu,* (Neue Geschichte der Tang) (618–907) von Ouyang Xiu. ★Gußeiserne Stūpa des Yuquansi-Klosters von Dangyang in Hubei (existiert heute noch).

1062 ★Das *Bencao tujing*, ein illustriertes Arzneibuch.

1063 Das *Jigulu* von Ouyang Xiu, ein Werk über die Epigraphik des Altertums.

1066 Tod des Schriftstellers Su Xun, des Vaters des Dichters Su Dongpo.

1070 Das *Tang dazhaoling ji*, eine Sammlung von Edikten und Verfügungen der Tang-Zeit. Um 1070, das *Xin wudai shi* (Neue Geschichte der Fünf Dynastien) von Ouyang Xiu.

1072 ☆Chinareise des japanischen Mönchs Jōjun. Tod des Historikers und Prosaschriftstellers Ouyang Xiu.

1073 Allein im Jahr 1073 werden sechs Milliarden Kupfermünzen gegossen. Gründung eines Rüstungsamtes.

1073 Tod des Philosophen Zhou Dunyi.

1073–1076: Vietnamesische Offensive in Guangxi.

1074 Die Liao schlagen eine Konferenz zur Festlegung ihrer Grenzen mit den Song vor.

1076 Wang Anshi wird aus der Regierung entlassen.

1077 Dammbrüche des Gelben Flusses unterhalb von Kaifeng.

1077 ★Tod des Mathematikers und Naturforschers Shao Kangjie (Shao Yong). Tod des Philosophen Zhang Zai.

1079 Tod des Dichters Wen Tong und des Historikers Song Minqiu.

1080 Gesandtschaften aus Korea und Khotan bei den Song.

1080 ★Das *Mengqi bitan*, eine Sammlung verschiedener Aufzeichnungen, eine der Hauptquellen für die Geschichte der chinesischen Wissenschaften. Das *Yuanfeng*, eine Geographie des Song-Reiches.

1081 Erfolglose chinesische Offensive gegen die Xia.

1083 Einfälle der Xia.

1084–1112: Herrschaft von Kyanzitha in Burma, Höhepunkt des Pagan-Reichs.

1084 Das *Zhizhi tongjian* von Sima Guang, eine berühmte allgemeine Geschichte Chinas von –403 bis +959. ★Druck des *Suanjing shishu*, einer Sammlung mathematischer Werke.

1085 Der Konservative Sima Guang wird in die Regierung berufen. Abschaffung der Neuen Gesetze Wang Anshis.

1085 Tod des Philosophen Cheng Hao, eines Schülers von Zhou Dunyi. ★Das *Shiwu jiyuan*, eine Enzyklopädie über die Geschichte der Technik.

1086 sterben Wang Anshi und Sima Guang.

1086 ★Himmelskarte von Su Song.

1087 Schaffung eines Amtes für Handelsmarine in Quanzhou.

1088 ★Wasserbetriebene astronomische Uhr mit Hemmungssystem von Su Song.

1090 ★Das *Yixiang fayao*, eine Abhandlung von Su Song über seine astronomische Uhr. ★Erster bewiesener Gebrauch des Kompasses auf chinesischen Schiffen. ★Das *Canshu*, eine Abhandlung über Seidenraupenzucht. Tod des Malers und Kunsttheoretikers Guo Xi.

1091 Japanische Gesandtschaft bei den Liao.

1092 Das *Kaogutu* (Archäologische Tafeln) von Lü Dalin, der erste Klassifizierungs- und Datierungsversuch der Bronzen des Altertums.

1094 Die Neuen Gesetze Wang Anshis werden nach und nach wieder in Kraft gesetzt und die Reformer aus ihrem Exil zurückberufen.

1096 Erster Kreuzzug.

1097 Großer Sieg der Song über die Xia.

1098 Tod des Historikers Fan Zuyu, des Autors einer Geschichte der Tang, des *Tangjian*.

1101 Kampf gegen die Verschwendung bei den Song (übermäßige Beamtenzahl und unnötige Ausgaben).

1101 Tod des berühmten Dichters Su Shi (Su Dongpo) und des Dichters Chen Shidao.

1102 Schaffung von Ämtern für Handelsmarine in Hangzhou und Ningbo. Zwischen den

Dschurdschen und den Koreanern werden gute Beziehungen hergestellt.

1103–1104: Tribute der Tibeter an die Liao.

1106 Rehabilitation der Konservativen der Yuanyou-Ära (1086–1093).

1111 Gesandtschaft der Song bei den Liao.

1113?–1150: Herrschaft von Sūryavarman II. in Kambodscha. Höhepunkt der Khmer-Macht. Bau von Angkor Vat.

1114 Erste Offensiven der Dschurdschen gegen die Liao.

1115 Die Dschurdschen gründen in der Mandschurei das Jin-Reich (Kin). Ihre Hauptstadt liegt im Nordosten des heutigen Harbin.

1118 Gesandtschaft der Song bei den Jin mit dem Ziel eines gemeinsamen Angriffs gegen die Liao.

1120 Zwischen den Song und den Jin wird ein Bündnis geschlossen.

1122 Die Jin und die Song nehmen das Liao-Reich in die Zange. Einnahme Pekings durch die Jin.

1124 Die Xia erklären sich zu Vasallen der Jin.

1125 Ende des Kitan-Reichs der Liao. Große Invasion der Jin in Nordchina.

1126 Belagerung der wichtigsten Hauptstadt der Song, Kaifeng. Korea anerkennt die Oberherrschaft der Jin.

1127 Die Song flüchten vor den Angriffen der Jin südlich des Yangzi.

1128 Erdbeben in Xi'an.

1128–1133: Der nach Zentralasien emigrierte Kitan-Adel der Liao gründet dort das sinisierte Reich der Karakitan oder Xiliao (Westliche Liao).

1129 Die Jin stoßen mit ihren Angriffen bis Zhejiang vor und ziehen sich im darauffolgenden Jahr nach Norden zurück.

1130–1135: Volksaufstand und Banditentum in der Region des Dongting-Sees bei den Song.

1103 ★Das *Yingzao fashi*, eine große Abhandlung über Architektur.

1105 Tod des berühmten Dichters Huang Tingjian. Das *Nantangshu*, eine Geschichte der Südlichen Tang (937–975).

1107 Das *Bogutu*, ein illustrierter Katalog der Bronzen des Altertums aus der kaiserlichen Sammlung. Tod des Malers und Ästheten Mi Fu, der eine Geschichte der Malerei, das *Huashi*, verfaßt hat.

1108 Tod des Philosophen Cheng Yi, eines Vorläufers von Zhu Xi.

1110 Tod Chao Puzhis, eines Spezialisten für *Chuci* (Lieder von Chu, 3. Jh vor Chr.).

1112 Tod des Dichters Su Zhe, eines Bruders von Su Dongpu.

1116 ★Im *Bencao yanyi* wird der Schwimmkompaß beschrieben und das Maß der magnetischen Abweichung genau angegeben.

1119 Einführung der Dschurdschen-Schrift bei den Jin.

1120 Erste Erwähnung des Dominos. Um 1120, ein Werk al-Marwazīs über China, die Türkei und Indien.

1121 ☆Tod Qingjiaos, des Gründers der Sekte der Weißen Wolke in Hangzhou.

1122 ★Das *Xuanhe fengshi gaoli tushuo*, ein Bericht einer Gesandtschaft in Korea (Erwähnung des Kompasses auf Schiffen).

1123 Das *Xuanhe shuhua pu*, ein Katalog der Malereien und Kalligraphien der kaiserlichen Sammlung.

1124 ☆Das *Biyanlu*, eine Sammlung von *gong'an* (Meditationsthemen) der *chan*-Schule.

1125 Ende der Herrschaft Kaiser Huizongs, des Malers, Ästheten und Sammlers.

1126 Während der Dschurdschen-Invasion werden die Sammlungen von Malereien, Kalligraphien und Antiquitäten des Kaiserpalastes zerstört.

1129 Tod des Zhao Mingcheng, des Verfassers eines Katalogs von Stein- und Bronzeinschriften, des *Jinshilu*.

1131 Qin Gui, der für Verhandlungen mit den Jin eintritt, wird zum Kanzler ernannt.

1132 Kaiser Gaozong der Südlichen Song richtet sich in Hangzhou ein.

1133 Austausch von Gesandtschaften zwischen den Song und den Jin.

1134 Gegenoffensive der Song in die von den Jin besetzten Territorien.

1135 Die Song bestimmen Hangzhou als ihre provisorische Hauptstadt.

1137 Die Jin setzen dem Qi-Reich ein Ende, das sie 1130 in Nordchina geschaffen hatten.

1138 Friedensvertrag zwischen den Song und den Jin.

1139 Angriffe der Mongolen auf das Jin-Reich.

1141 Die Friedensgespräche zwischen den Song und den Jin werden wieder aufgenommen. General Yue Fei, ein Verfechter der Rückeroberung, stirbt im Gefängnis. Die Karakitan expandieren auf Kosten der seldschukischen Türken nach Transoxanien.

1142 Rückgabe der Leiche von Kaiser Huizong. Friede mit den Jin.

1147 Zweiter Kreuzzug.

1148 Der Gelbe Fluß ändert seinen Lauf.

1149 Bei den Jin usurpiert der Kanzler Wanyan Ling die kaiserliche Macht.

1150 Die Song kontrollieren ihre von den Jin-Einfällen bedrohten Küsten wirksamer.

1151 Die Jin verlegen ihre wichtigste Hauptstadt nach Peking (Yanjing).

1154 Erste Ausgabe von Papiergeld bei den Jin.

1155 Tod des Ministers Qin Gui.

1159 Die Jin bereiten eine Invasion zu Land und zu Wasser des Reichs der Südlichen Song vor. Aufstände der chinesischen Bevölkerung unter den Jin.

1161 Die Heere und Flotten der Jin fallen ins Territorium der Song ein. Die Jin verlegen ihre Hauptstadt nach Kaifeng.

1162 Berühmte Schlacht von Caishi in Anhui, in der die Song die Heere der Jin besiegen.

1164 Neue Friedensgespräche zwischen den Song und den Jin.

1165 Volkserhebung unter den Song in Hunan und Guangdong.

1131 Das *Shishilun* von Hu Anguo, ein Projekt politischer, wirtschaftlicher und sozialer Reformen.

1133 Vorwort zum *Jilebian*, einer Sammlung historischer Anekdoten.

1135 (ca.): ★In der Enzyklopädie *Shilin guangji* wird der Schwimmkompaß (der »Holzfisch«) und der an einem Drehzapfen aufgehängte Kompaß beschrieben.

1137 In Stein eingravierte geographische Karten des Museums von Xi'an.

1138 Tod des Dichters Chen Yuyi.

1141? Tod der Dichterin Li Qingzhao, der Frau und Mitarbeiterin Zhao Mingchengs.

1143 Die im Jahr 1135 in Hangzhou begonnene Eingravierung der Klassiker auf Stelen wird vollendet.

1147 Vorwort zum *Dongjing menghua lu*, einer Beschreibung von Kaifeng zu Beginn des 12. Jh.

1148–1173: ☆Druck des buddhistischen Kanons bei den Jin.

1149 (ca.): Das *Chenfu nongshu*, eine Abhandlung über Landwirtschaft.

1150 (ca.): ★In Indien, Abhandlung über Arithmetik von Bhāskara (Quadratwurzeln).

1151 Auf kaiserlichen Befehl werden die Klassiker und Dynastiegeschichten in Hangzhou im Blockdruckverfahren gedruckt.

1156 Das *Songmo jiwen*, ein Bericht über das Jin-Reich von Hong Hao aus dem Song-Reich.

1157 Das *Nenggaizhai manlu*, eine Sammlung verschiedener Aufzeichnungen von Wu Zeng aus dem Song-Reich. ★Um 1157, das *Keishi-zan*, das älteste japanische Mathematikwerk.

1160 Das *Liuchao shiji bianlei*, Aufzeichnungen zur Geschichte der Südlichen Dynastien (222–589).

1162 stirbt Zheng Qiao, der Autor des *Tongzhi,* einer neuen Art von historischer Enzyklopädie.

1164 Die Jin übersetzen die Klassiker und die Dynastiegeschichten in die Dschurdschen-Sprache.

1167 Das *Huaji* von Deng Chun, eine Geschichte der Kunst von 1074 bis 1167.

1170 Fan Chengda Gesandter bei den Jin.

1173 Die Jin verbieten den Dschurdschen, chinesische Familiennamen anzunehmen. Aufstand in Luoyang.

1174 Die seit einigen Jahren im unteren Yangzi-Gebiet unternommenen großen Bewässerungsarbeiten werden vollendet.

1175 Die Cham nehmen Angkor ein.

1179 Rebellion in Guangxi unter der Leitung des Anführers einer heterodoxen Sekte.

1180 Kambodscha befreit sich vom beherrschenden Einfluß der Cham.

1181–1200: Herrschaft Jayavarmans II. in Kambodscha. Großartige Bauten in Angkor.

1185 Ende der Heian-Periode in Japan, Beginn der Kamakura-Periode.

1186 Neuerliche Anstrengungen gegen die Sinisierung der Dschurdschen-Aristokratie bei den Jin.

1189 Dritter Kreuzzug.

1191 Erneuter mohammedanischer Vorstoß nach Nord-Indien.

1168 Das *Lishi*, ein epigraphisches Werk von Hong Gua aus dem Song-Reich. ★Der Gouverneur von Nanking läßt Kriegsschiffe mit zahlreichen Schaufelrädern bauen.

1170 ☆Tod Wang Chongyangs, des Gründers der taoistischen Quanzhen-Sekte, bei den Südlichen Song.

1174 ★Theorie über die magnetische Abweichung im *Tonghualu* von Zeng Sanyi.

1175 Das *Tongjian jishi benmo*, eine Klassifizierung des Inhalts des *Zizhi tongjian* (1084) nach Sachgebieten. Vorwort zum *Guihai yuheng zhi* von Fan Chengda, einer Monographie über Guangxi. ☆Gründung der Sekte des Reinen Landes (Jōdo) in Japan.

1177 Das *Wuchuanlu* von Fan Chengda, Bericht einer Reise von Chengdu nach Suzhou.

1178 Das *Lingwai daida* von Zhou Qufei über die südostasiatischen Länder und den Indischen Ozean.

1183 Der Historiker Li Tao stirbt vor der Fertigstellung seiner großen Fortsetzung zum *Zizhi tongjian* von Sima Guang.

1184 Tod von Hong Gua, dem Autor des *Panzhouji*, einer Sammlung von verschiedenen Aufzeichnungen, und des *Lishi*.

1185 Das *Dongdu shilue* (Geschichte der Nördlichen Song) (960–1126).

1189 ★Das *Yishuo*, eine medizinische Abhandlung von Zhang Gao.

1190 Das *Fanhan heshizhangzhong zhu*, ein Xixia-chinesisches Lehrbuch. ★Um 1190, erste Erwähnung des Kompasses in Europa (bei Alexander Neckam).

1191 Das *Beibian beidui*, eine Geographie und Geschichte der Mongolei und Zentralasiens. ☆Der japanische Mönch Eisai führt nach seiner Rückkehr aus China in Japan die *chan*-Sekte Rinzai ein.

1192 Tod des intuitionistischen Philosophen Lu Jiuyuan, eines Gegners von Zhu Xi.

1193 ★Sternkarte von Suzhou (Polarprojektion). Tod des Dichters Fan Chengda.

1194 Der Gelbe Fluß verlagert seinen Lauf vom Norden der Halbinsel Shandong nach Süden.

1195 Diktatur des Kanzlers Han Tuozhou bei den Song.

1197 Aufstand in Guangdong aufgrund des Mißbrauchs der Salzsteuer.

1198 Angesichts der mongolischen Bedrohung bemühen sich die Jin, die Großen Mauern zu restaurieren.

1199 Die Song verbieten den koreanischen und japanischen Kaufleuten in China den Export von Kupfermünzen.

1201 Ein Brand zerstört in Hangzhou 53 000 Wohnungen.

1202 Die Jin setzen einen neuen Strafcodex in Kraft, den *Taihe lüling*. 4. Kreuzzug.

1205–1207: Scheitern einer Offensive der Song zur Rückeroberung Nordchinas.

1206 Tschingis Khan ergreift in der Mongolei die Macht. Rebellion des Generals Wu Xi in Sichuan.

1207 Ermordung des Han-Kanzlers Tuozhou.

1208 Neuerliche Friedensgespräche mit den Jin.

1211 Gründung des Sultanats von Delhi.

1214 Die Jin verlegen unter dem Druck der Mongolen ihre Hauptstadt nach Kaifeng.

1215 Die Mongolen nehmen den Jin ihre nördliche Hauptstadt (Peking) weg.

1217 Offensive der Song gegen die Jin. Erste Angriffe Tschingis Khans gegen die Westlichen Xia.

1218 Das Reich der Karakitan oder Westlichen Liao wird von Tschingis Khan zerstört.

1219 Erste Blitzangriffe Tschingis Khans in die islamischen Länder des Mittleren Orients.

1220 (ca. ab): Niedergang des Khmer-Reichs.

1221 Bündnis der Song und der Mongolen gegen die Jin.

1223 Eroberung des Chwaresm durch Tschingis Khan. Die Mongolen wenden sich nach Europa.

1194 Das *Sanchao menghui bian*, eine Geschichte der Beziehungen zwischen den Song und den Jin.

1195 Vorwort des *Qiman congxiao*, eines ethnographischen Werks über die Eingeborenen von Hunan.

1196 Die Klassiker-Interpretationen von Zhu Xi werden am Hof der Song als heterodox erklärt.

1197 Proskription der Anhänger der Zhu Xi-Schule.

1198 stirbt Cai Yuanding, ein Schüler des Philosophen Zhu Xi und Spezialist des *Yijing*.

1200 Tod des großen Meisters Zhu Xi, des Gründers der unter der Bezeichnung »Neokonfuzianismus« bekannten naturalistischen Philosophie.

1202 stirbt Hong Mai, Autor einer großen Sammlung von außergewöhnlichen Erzählungen, des *Yijianzhi*.

1205 Tod des Historikers Yuan Shu.

1206 Tod des Dichters Yang Wanli.

1209 Tod des berühmten Dichters Lu You.

1211 Das *Xihan huiyao*, über die Institutionen der Früheren Han, von Xu Tianlin.

1216 ★Große Abhandlung über Kinderheilkunde von He Daren.

1220 ☆Auf Verlangen Tschingis Khans bricht der taoistische Meister Changchun von Peking nach Afghanistan auf.

1221 Tod des Dichters Zhou Bangyan, der *ci* (Gedichte zum Singen) verfaßte. ★Beobachtung des Schattens des Gnomon bei Sommersonnenwende am Kerulen (Mongolei) durch den Mönch Changchun.

1223 (ca.): Das *Beishiji*, Reiseaufzeichnungen eines Gesandten der Jin in der Äußeren Mongolei, Turkestan, der Sogdiane und dem oberen Indus-Becken.

1223–1227: ☆Chinaaufenthalt des japanischen Mönchs Dōgen, der in Japan die *zen*-Sekte Sōtō einführen sollte.

1224 Tschingis Khan an der indischen Grenze. Friede zwischen den Song und den Jin.

1225 Gründung der Trân-Dynastie in Vietnam (1225–1400). Tschingis Khan kehrt in die Mongolei zurück.

1226 Vordringen der Mongolen in Gansu. Niederlage der Xia.

1227 Ende des Reichs der Westlichen Xia. Tod Tschingis Khans (18. August).

1229 Yelü Chucai wird Generalverwalter Nordchinas für die Mongolen. Die Mongolen übernehmen das System der Poststationen, der Speicher und der Steuern.

1230 Sieg der Jin über die Mongolen.

1231 Die Mongolen greifen Korea an.

1233 Tod des Song-Kanzlers Shi Miyuan. Die Mongolen erobern Kaifeng.

1234 Ende der Jin nach dem gemeinsamen Kampf der Mongolen und der Song.

1236 Erste Emission von Papiergeld bei den Mongolen. Mongolische Offensive in Sichuan.

1238 6. Kreuzzug.

1239 Mohammedaner aus Zentralasien erhalten von den Mongolen die Steuerpacht in Nordchina. Offensive der Song gegen die Mongolen.

1240 Die Mongolen nehmen Kiew ein.

1241 Korea unterzeichnet mit den Mongolen einen Friedensvertrag. Die Mongolen in Ungarn und Wien.

1244 See-Expedition der Song nach Shandong, wo sich der Widerstand gegen die Mongolen organisiert hat.

1245–1246: Pu Shougeng, ein reicher arabischer oder persischer Kaufmann, wird zum Kommissär für Handelsschiffe in Quanzhou ernannt, dem wichtigsten Hafen unter den Song.

1225 Das *Zhufanzhi* von Zhao Rugua über die südostasiatischen Länder und den Indischen Ozean.

1226 Tod des Philosophen Yang Jian, eines Schülers von Lu Jiuyuan. Das *Donghan huiyao*, über die Institutionen der Späteren Han (25–220).

1227 ☆Tod des taoistischen Meisters Changchun, des religiösen Beraters von Tschingis Khan.

1229 Das *Daxue yanyi* (Ausführungen über den Sinn der Großen Lehre), eines der Vier Bücher.

1230 Tod des Spezialisten der Klassiker Cai Chen.

1232 Tod des Epigraphikers Zhao Bingwen.

1233 (ca.): Das *Zhanran jushi ji*, eine Sammlung der Gedichte Yelü Chucais, eines Beraters am Mongolenhof.

1235 Bei den Song stirbt Yan Yu, der Autor des *Canglang shihua*, einer berühmten Abhandlung über Poetik.

1235–1238: ☆Reise des japanischen Mönchs Eison ins China der Song.

1237 Das *Heida shilue*, der Bericht einer Gesandtschaft der Song an den Hof von Ögödei in der Mongolei.

1239 Das *Fangyu shenglan*, eine Geographie des Song-Reichs (Verwaltung, Bräuche, Produkte, Kuriositäten).

1240 Guß von Lettern in Korea.

1241 Der japanische Mönch Enji bringt die Werke von Zhu Xi nach Japan.

1242 ★Älteste Darstellung des Steuerruders in Europa. ☆Die Mongolen begünstigen die buddhistische *chan*-Sekte. ★Das *Xiyuanlu*, die erste Abhandlung über Gerichtsmedizin bei den Südlichen Song.

1243 Tod des Historikers Li Xinchuan, des Autors einer Chronologie der Südlichen Song.

1244 Dōgen gründet in Japan das Zentrum der *zen*-Sekte Sōtō.

1246 Das *Shiwen leiju*, eine Enzyklopädie bei den Südlichen Song. Giovanni de Piano Carpini in Karakorum (äußere Mongolei).

1246–1249: Guillaume Boucher, ein Pariser Goldschmied und Mechaniker, wird am Hof der Mongolen in Karakorum angestellt.

1247 ★Das *Shushu jiuzhang*, eine mathematische Abhandlung von Qin Jiushao unter den Song.

1251 Die Mongolen planen eine Invasion Sichuans. Beginn der Reformen des Liu Bingzhong bei den Mongolen.

1253 Die mongolischen Heere dringen in Sichuan und Yunnan ein. Ende des tibeto-birmanischen Dali-Reichs in Yunnan.

1254 Neuerliche mongolische Angriffe in Korea.

1256 Die Mongolen werben auch Angehörige der nordchinesischen Bevölkerung für ihre Heere.

1257 Mongolische Einfälle in Vietnam.

1258 Ein chinesischer General kommandiert bei der Belagerung Bagdads die mongolischen Heere. Korea wird von den Mongolen unterworfen.

1259 Ein Expeditionskorps der Song marschiert nach Sichuan und wird am Yangzi besiegt.

1260 Machtantritt Khubilai Khans. Die Mongolen erzwingen die Verwendung von Papiergeld als einzigem Zahlungsmittel.

1260 (ca.): Die Uiguren Xinjiangs geraten unter die Kontrolle des Khanats von Tschaghatei.

1263–1275: Agrarreformen des Ministers Jia Sidao bei den Südlichen Song.

1264 Peking wird die Hauptstadt der Mongolen. Der Mohammedaner Sayyid Ajall wird zum Gouverneur von Sichuan ernannt.

1267 Beginn mit dem Bau der Außenmauern des mongolischen Peking (Khanbalik). Liu Bingzhong leitet die die Bauarbeiten.

1270 8. Kreuzzug.

1248 ★Tod des Botanikers und Pharmakologen Ibn al-Baytār in Damaskus.

1249 ★Das *Ceyuan haijing*, eine Abhandlung von Li Ye über die Kreisberechnung.

1250 ★Auftauchen des Schubkarrens in Europa, der wohl etappenweise aus Ostasien eingeführt wird.

1251 stirbt Li Gao, Verfasser medizinischer Werke (Jin- und Yuan-Dynastie).

1251–1262: ☆Aufenthalt des japanischen Mönchs Mukan Fumon (*zen*-Sekte) bei den Südlichen Song.

1253 ☆Ankunft des tibetischen Mönchs 'P'ags-pa in Peking. ☆Tod des Gründers der *zen*-Sekte Sōtō, Dōgen, in Japan.

1253–1254: Wilhelm von Rubruk am Hof in Karakorum.

1254–1269: Reise der Brüder Polo in die Mongolei und nach China.

1257 ☆Tod des Haiyun, eines am Mongolenhof einflußreichen Mönchs der *chan*-Sekte. Tod des Dichters Yuan Haowen (Jin- und Yuan-Dynastie).

1258 (nach): ★Bau des großen astronomischen Observatoriums von Marāgha südlich von Täbris, das von chinesischen Gelehrten besucht wird.

1259 ★Das *Yigu yandu,* eine Abhandlung über Algebra von Li Ye.

1260 ☆Der tibetische Mönch 'P'ags-pa wird mit der Leitung der religiösen Gemeinschaften in Nordchina betraut.

1261 ☆Der Mongolenhof begünstigt den tibetischen Lamaismus vor allen anderen Religionen. Geschichtsakademie der Mongolen. ★Das *Xiangjie jiuzhang suanfa zuanlei*, ein mathematisches Werk von Yang Hui unter den Song.

1262 ☆★Tod des Mathematikers Qin Jiushao, der als erster die Null verwendet hat, unter den Song.

1263 Das *Xishiji*, ein Reisetagebuch des taoistischen Mönchs Changchun über seine Reise quer durch Zentralasien und Afghanistan.

1266 Die Brüder Polo brechen mit einem Auftrag Khubilais an den Papst aus der Mongolei auf.

1267 ★Der persische Astronom Jamal al-Din stellt bei den Mongolen einen Kalender auf.

1269 ☆Das *Fozu tongji*, eine allgemeine Geschichte des Buddhismus. Annahme der von dem tibetischen Lama 'P'ags-pa zur Transkription des Mongolischen erfundenen Schrift.

1270 Das *Zhuzi yülei*, die Korrespondenz und Gespräche von Zhu Xi.

1271 Der Ingenieur und Mathematiker Guo Shoujing wird von den Mongolen mit sämtlichen Problemen der Regulierung der Wasserläufe und der Bewässerung betraut. Die Mongolen nehmen den dynastischen Namen Yuan an. Requisitionen für den Bau der Außenmauern und Paläste in Peking.

1272 Rückkehr einer mongolischen Gesandtschaft aus Japan mit 26 Japanern.

1273 Einnahme von Fancheng am linken Ufer des Han gegenüber Xiangyang.

1274 Erster Invasionsversuch der Mongolen in Japan.

1275 Fall von Anqing in Anhui. Die Mongolen erreichen den Yangzi. Tod des Kanzlers Jia Sidao bei den Song.

1276 Die Mongolenheere dringen in Hangzhou ein. Flucht des Song-Kaisers nach Fujian.

1277 Die Mongolen besetzen Bhamo in Ober-Burma. Die Mongolen marschieren in Kanton ein.

1279 Selbstmord des letzten Kaisers der Südlichen Song. Die Mongolen besetzen ganz China.

1279–1294: Bau des nördlichen Abschnittes des Großen Kanals.

1281 Zweiter Versuch der Mongolen, in Japan einzudringen. Der »Wind der Götter« (kamikaze) zerstört die von den Mongolen geleitete chinesisch-koreanische Flotte.

1282 Die Khmer schlagen die mongolischen Angriffe in Kambodscha zurück.

1283 Die Mongolen dringen in Champa ein. Gründung des Môn-Reichs von Pegu in Nieder-Burma.

1285 Mongolische Offensive im Becken des Roten Flusses und Rückzug aufgrund der vietnamesischen Guerilla. Champa und Kambodscha anerkennen die mongolische Oberherrschaft.

1287 Neuerlicher Kriegszug (300 000 Mann) und neuerliches Scheitern in Vietnam. Die Mongolen besetzen Pagan in Burma.

1288 Vietnam erkennt die mongolische Oberhoheit an.

1289 Der Gelbe Fluß verlagert seinen Lauf.

1271 Die Brüder Polo brechen in Begleitung von Marco von Venedig nach Ostasien auf.

1272 Das *Dai Viêt su-ky*, eine vietnamesische Chronik.

1273 Das *Baichuan xuehai*, die älteste Sammlung verschiedener Werke *(congshu)*. ★Das *Sibi suanfa duanshu*, eine mathematische Abhandlung.

1274 Vorwort zum *Mengliangl*u, einer großen Beschreibung von Hangzhou, der Hauptstadt der Südlichen Song.

1275 ☆Nestorianisches Erzbistum von Peking. ★Werke des Mathematikers Yang Hui unter den Südlichen Song.

1275–1290 (ca.): Der chinesische Nestorianermönch Rabban Sauma besucht Täbris, Rom und Frankreich.

1275–1291: Marco Polo im Dienst Khubilai Khans.

1276 ★Erstes astronomisches Instrument mit Äquatorialsystem, ein Vorläufer des modernen Teleskops.

1277 ☆Der tibetische Lama Yanglianzhenjia wird zum Generalverwalter der religiösen Gemeinschaften in Südchina ernannt.

1279 ★Guo Shoujing konstruiert in Peking astronomische Instrumente. ★Tod des Mathematikers der Song Li Ye (oder Li Zhi).

1280 ☆Tod des tibetischen Lama 'P'ags-pa, der Berater am Mongolenhof war. ★Berechnungen von Guo Shoujing für die Kalenderreform.

1282 ☆In Japan, Tod Nichirens, des Gründers der nach ihm benannten Sekte. Tod des Dichters Wen Tianxiang.

1286 ★Das *Nongsang jiyao*, eine Abhandlung über Landwirtschaft und Seidenraupenzucht unter den Mongolen.

1289 ★Gründung der islamischen Akademie von

Peking auf Anregung des Ministers Moiz al-Din.

1291–1293: Bau des Tonghui-Kanals (80 km), der Peking mit dem Haihe und dem Meer verbindet, zur Versorgung der Hauptstadt.

1291 Tod des Dichters Wang Yisun, der *ci* (Gedichte zum Singen) schrieb. ☆Tod des uigurischen Lama Senge, der am Hof von Khubilai in Gunst stand. ☆Tod des taoistischen Patriarchen Zhang Zongyan. Giovanni de Monte Corvino schifft sich in Ormus nach China ein.

1292 Kriegszug Khubilais gegen den javanischen Singosari-Staat. Beendigung der Bauarbeiten im mongolischen Peking.

1292 Marco Polo schifft sich in Quanzhou nach Sumatra und Ormus ein.

1293 Mongolischer Kriegszug gegen Majapahit im Zentrum von Java.

1294 Tod Khubilai Khans.

1294 Emission von Papiergeld in Täbris.

1295 Tod des Malers und Kalligraphen Zhao Mengjian. Giovanni de Monte Corvino in Peking. Rückkehr Marco Polos nach Italien.

1296 Verbot der Ausfuhr von Gold und Silber auf dem Seeweg.

1296 Zhou Daguan besucht Angkor, von dem er eine Beschreibung hinterlassen hat. Tod Wang Yinglins, des Autors der großen Enzyklopädie *Yuhai*.

1298 Das *Devisement du monde* oder *Livre des merveilles* von Marco Polo.

1299 ★Das *Suanxue qimeng*, eine mathematische Abhandlung.

1300 Kriegszug nach Burma.

1400 (ca.): Tod des Pekinger Dramatikers Wang Shifu, des Autors des berühmten Theaterstücks *Xixiangji*. ★Tod des Astronomen und Geographen des Mongolenhofs Jamal al-Din.

1303 Ein Erdbeben fordert in Shanxi zahlreiche Todesopfer.

1303 Das *Yuanyi tongzhi*, eine Geographie des Mongolenreichs in 1300 Kapiteln. ★Das *Syuan yujian*, eine große Abhandlung über Algebra von Zhu Shijie. Die Yuan erklären die »neokonfuzianische« Lehre und die »neokonfuzianischen« Interpretationen der Klassiker zur offiziellen Lehre.

1304 An Hyang führt die »neokonfuzianische« Philosophie in Korea ein.

1305 ☆Das *Lianzong baojian*, ein Klassiker der heterodoxen buddhistischen Sekte des Weißen Lotos. Um 1305, Reise des japanischen Mönchs Ryūzan Tokken ins Yuan-Reich.

1306 Rekrutierung von 100 000 Mann in Henan zur Wiederherstellung der Dämme des Gelben Flusses. Ein Erdbeben fordert in Gansu über 5000 Opfer.

1307 ☆Giovanni de Monte Corvino wird zum Erzbischof von Khanbalik (Peking unter den Yuan) ernannt.

1307–1328: Chinareise des japanischen Mönchs Sesson Yubei.

1308 Verbot der buddhistischen Sekte des Weißen Lotos.

1308 ★Das *Wuyuanlu*, eine Abhandlung über die Gerichtsmedizin. Das *Pingsonglu*, eine Geschichte der Eroberung der Song durch die Mongolen. Die Ausübung des Arztberufs wird allen, die nicht die offiziellen Prüfungen bestanden haben, verboten.

1309 Währungsreform. Den Han-Chinesen wird der Besitz von Waffen verboten.

1311 Das Jāmi al-Tawārīkh, eine persische Weltgeschichte.

1315 Erste Beamtenprüfungen. Verbot des privaten Eisengießens.

1318 Kämpfe zwischen Champa und Vietnam.

1319 Großer Brand in Yangzhou.

1320 Eine mongolische Gesandtschaft in Champa, auf der Suche nach gezähmten Elefanten.

1324 Der Gelbe Fluß ändert seinen Lauf.

1325 Bestrebung, die buddhistischen Klöster Jiangnans zu besteuern.

1326 Die Eingeborenenaufstände im Südwesten nehmen zu.

1327 Verschlimmerung der Überschwemmungen des Gelben Flusses und seiner Nebenflüsse.

1328 Nach dem Tod Kaiser Taidings kommt es zum Machtkampf zwischen verschiedenen Mongolenfürsten.

1329 Bemühung, die Jagdausgaben und die Ausgaben zugunsten der buddhistischen Kirche einzuschränken.

1330 Rebellion von Mongolenfürsten in Yunnan.

1333 Ende der Kamakura-Periode in Japan.

1313 ★Der »Schatz des Il-Khan über die Wissenschaften Cathays« des Persers Raschid al-Din. ★Das *Nongshu* von Wang Zhen, eine Abhandlung über die Landwirtschaft (darin werden das klassische Verfahren zur Umwandlung einer Rotations- in eine Longitudinalbewegung und ein drehbarer Setzkasten zur Klassifizierung der beweglichen Lettern erwähnt).

1314–1330: Reise Odoricos de Pordenone nach Indien und China.

1315 Das *Daxue yanyi*, ein »neokonfuzianisches« Werk der Song-Zeit, wird ins Mongolische übersetzt.

1315–1330: ★Hui Sishi beschreibt in seinem *Yinshan zhengyao* (Die korrekten Prinzipien der Diätetik) die nassen und trockenen Formen der Beri-Beri-Krankheit und empfiehlt Nahrungsmittel, die heute als vitaminreich bekannt sind.

1316 ★Tod des Mathematikers und Ingenieurs Guo Shoujing.

1317 Das *Wenxian tongkao*, eine Geschichte der Institutionen vom Altertum bis zur Song-Zeit.

1320 Der große Atlas *Yutudi.*

1321 Das Taqwīn al-Buldān, ein Werk des syrischen Geographen Abū al-Fidāh, das Informationen über China enthält.

1324 Odorico de Pordenone geht in Kanton an Land. 1330 kehrt er nach Padua zurück.

1325–1332: Chinaaufenthalt des japanischen Mönchs Chūgan Engetsu.

1325–1349: Reisen Ibn Battutas aus Tanger nach Indien und China.

1329 Der chinesische Mönch Mingji besucht auf Einladung des *bakufu* von Kamakura Japan.

1330 Vorwort zum *Luguibu*, einem Katalog von Theaterstücken der Yuan-Zeit.

1332 (ca.): stirbt Giovanni de Monte Corvino. Sein Nachfolger als Bischof von Peking wird der mit 26 Begleitern nach China gekommene französische Franziskaner Nicolas.

1333 Tod Wu Chengs, eines synkretistischen Philosophen (Schulen des Zhu Xi und Lu Jiuyuan).

1334 Das *Yuanweilei*, eine Anthologie von Dichtern und Prosaschriftstellern der Mongolenzeit.

1336 Der Gelbe Fluß verlagert sich in sein altes Bett.
1337 Beginn einer nationalistischen Reaktion bei den Mongolen.
1338 Nach mehrjährigen Unruhen wird in Japan die Ordnung wiederhergestellt: Beginn der Ashikaga- oder Muromachi-Periode.
1340 Neuerliches Verbot des privaten Besitzes von Kriegswaffen.
1342 Hungersnot in Shanxi.
1344 Dammbrüche des Gelben Flusses an drei verschiedenen Stellen.
1344–1360: Aufstand von Ngô Bê in Vietnam.
1345 Hungersnot in Shandong und Henan.
1346 Bauernaufstände in den unter Hungersnöten leidenden Provinzen.
1347 Neuerliche Hungersnot in Shanxi.
1349 Erwähnung einer chinesischen Kolonie in Tomasik (heutiges Singapur).
1350 Ende der siamesischen Sukhothai-Dynastie und Gründung von Ayuthya im Norden des heutigen Bangkok.
1351 Die anti-mongolischen Aufstände weiten sich aus. Erste Erwähnung der Roten Turbane (Hongjin).
1352 Xu Shouhui nimmt mehrere Städte in Hubei und Jiangxi ein.
1352–1353: Piratenakte von Fang Guozhen in Zhejiang. Schwere Epidemie in Datong. Hungersnot in Quanzhou.
1354 Hungersnot und Epidemie in Peking.
1355 Han Liner, der Führer der Aufständischen, läßt sich zum Kaiser der Song ausrufen. Ein großer Teil des Reichs entgleitet von nun an der Herrschaft der Mongolen.
1357 Zhu Yuanzhang, der spätere Gründer der Ming-Dynastie, besetzt Yangzhou.
1358 Einfälle japanischer Piraten an den Küsten.
1359 Zhu Yuanzhang nimmt Nanking und Umgebung ein.
1360–1362: Zhu Yuanzhang besetzt Jiangxi und Hubei.
1364 Zhu Yuanzhang läßt sich zum König von Wu ausrufen. Gründung des Shan-Reichs in Ava in Ober-Burma.

1336 Das *Huangyuan fengya*, eine Sammlung von Gedichten der Mongolenzeit.
1337 Tod des berühmten Geographen Zhu Siben.
1340 Tod des persischen Geographen Hamdallah a-Mustaufī al-Qazwīnī, in dessen Werken Informationen über China zu finden sind.
1341–1368: Die große Enzyklopädie *Yuhai* wird gedruckt.
1342 Papst Benedikt XII. schickt den Franziskanermönch Giovanni de Marignolli nach Peking. ☆Christliches Grab der Genueserin Catharina de Viglione in Yangzhou (Jiangsu).
1344 ☆Vorwort des *Fozu lidai tongzai*, einer allgemeinen Geschichte des Buddhismus bis zum Jahr 1333.
1344–1345: Dynastiegeschichte der Song *(Songshi)*, der Liao *(Liaoshi)* und der Jin *(Jinshi)*.
1347 Giovanni de Marignolli verläßt China auf dem Seeweg in Quanzhou und kehrt 1353 nach Avignon zurück.
1350 (ca.): Das *Daoyi zhilue* (Bericht über die Barbareninseln), über die südostasiatischen Länder. Das *Bianhuobian*, eine Kritik des Aberglaubens von Xie Yingfang.
1354 Tod Huang Gongwangs, des Autors einer Abhandlung über die Landschaftsmalerei. ★In Florenz wird nach dem chinesischen Prinzip der Brücken mit Segmentbögen der Ponte Vecchio gebaut. ☆Das *Shishi jigu lue*, eine Zusammenfassung der Geschichte des Buddhismus in China.
1358 ★stirbt Zhu Zhengheng, ein Arzt und Verfasser von medizinischen Abhandlungen.
1362 ★Ibn Ahmad al-Samarqandī verfaßt für einen mongolischen Fürsten Chinas eine astronomische Abhandlung mit Mondtafeln.

1365 Beginn der Eroberungen Timurs (Tamerlan).

1368 Zhu Yuanzhang ruft die Ming-Dynastie aus. Peking wird befreit.

1369 Gesandtschaften der Ming nach Champa, Kambodscha, Borneo, Sumatra und Java entsandt. Einnahme der zweiten Hauptstadt der Mongolen in der östlichen Mongolei. Die mongolischen Streitkräfte werden eingekreist.

1370 Korea erkennt die Oberherrschaft der Ming an. Gründung von Seehandelsämtern in Ningbo, Quanzhou und Kanton.

1370–1398: Gewaltige Anstrengungen zum Wiederaufbau der Landwirtschaft (Bewässerung, Aufforstung usw.).

1371 Wiedereroberung Sichuans.

1371–1380: Gesandtschaften von den Ryūkyū-Inseln, aus Borneo, Java, Sumatra, von der Koromandelküste, aus Syrien usw. in Nanking.

1372 Wiedereroberung von Gansu.

1374 Verstärkung der Küstenverteidigung gegen die japanischen Piraten.

1375 Verbot des Gebrauchs von Gold und Silber für Handelstransaktionen.

1377 Der Bau des Palastes von Nanking ist vollendet.

1380 Große politische Säuberungen, Prozeß gegen Hu Weiyong, einen ehemaligen Mitkämpfer des Gründers der Ming-Dynastie.

1382 Wiedereroberung Yunnans. Aufstellung der Jinyiwei (Garden mit den Brokatkleidern), einer Art von politischer Polizei.

1383 10 000 Tanka, Perlenfischer von den Küsten Guangdongs, werden zum Bau einer Kriegsflotte eingezogen.

1387 Ganz China wird befreit. Ein allgemeiner Reichskataster wird aufgestellt.

1390 Weitere Prozesse und Säuberungen.

1392 Ende der Koryo-Dynastie und Gründung der neuen koreanischen Yi-Dynastie.

1365 Vorwort zum *Tuhui baojian*, einer Abhandlung über die Malerei mit Biographien von 1500 Malern vom 3. bis zum 14. Jh.

1366 Das *Chuogenglu* (Die unterbrochenen Landarbeiten), Aufzeichnungen über die Sozialgeschichte Chinas zur Mongolenzeit.

1368 ★Einrichtung eines mohammedanischen astronomischen Amtes in Nanking, der Hauptstadt der Ming.

1368–1378: Chinaaufenthalt des japanischen Mönchs Zekkai Chūshin.

1370 Das *Yuanshi*, die Dynastiegeschichte der Mongolen. Tod des Dichters Yang Weizhen.

1373 Tod des orthodoxen Philosophen Wang Yi.

1374 Tod des Dichters Gao Qi. Tod des klassischen Malers Ni Zan.

1375 ★Tod des Mathematikers, Astronomen und Naturalisten Liu Ji.

1376 Das *Shushi huiyao*, Angaben über die großen Kalligraphen der Vergangenheit bis zur Mongolenzeit.

1377 Tod Ibn Battutas in Fez. Im Rheinland tauchen im Blockdruck verfertigte Spielkarten auf.

1378 Die Enzyklopädie *Caomuzi* von Ye Ziqi. Um 1378 wird die Erzählungssammlung *Jiandeng xinhua* vollendet.

1381 Tod des Hauptverfassers des *Yuanshu* (Geschichte der Yuan) Song Lian.

1382 ☆Einrichtung einer leitenden Stelle zur Registrierung der Mönche.

1385 Tod des »neokonfuzianischen« Philosophen Fan Zugan.

1387 wird nach Gu Yanwu erstmals der achtgliedrige Aufsatz *(bagu)* als Prüfungsaufgabe bei den Beamtenexamina verlangt.

1393 Veröffentlichung des *Zhusi zhizhang*, der Verwaltungsreglemente der Ming.

1395 Seit 1368 wurden bedeutende Leistungen auf dem Gebiet der Flußregulierung und der Bewässerung erzielt.

1397 Erste Edition des Ming-Codex (*Daminglü*).

1398 Tod des Gründers der Ming-Dynastie Zhu Yuanzhang (Ende der Hongwu-Ära). Tamerlan brennt Delhi nieder und massakriert seine Einwohner.

1400 Die Hô usurpieren in Vietnam die Macht.

1401 Rebellion des Fürsten von Yan, Zhu Di, in Peking.

1402 Zhu Di nimmt Nanking ein und läßt sich zum Kaiser ausrufen. Beginn der Yongle-Ära (1403–1424).

1403 Gründung von Malakka durch einen indonesischen Fürsten. Wiedereröffnung der Ämter für Handelsschiffe. Einsetzung von *tusi* – von den Ming abhängiger lokaler Führer – in Nord-Laos.

1403–1435: Bau von Großen Mauern in Nordchina.

1405 Tod Timurs (Tamerlan).

1405–1433: Große maritime Expeditionen der Ming nach Südostasien und in den Indischen Ozean, den Persischen Golf, ans Rote Meer und an die Ostküste Afrikas.

1406 Besetzung Vietnams durch die Heere der Ming.

1407 Schaffung des Siyiguan, eines Dolmetscherbüros für Beziehungen zum Ausland.

1407–1418: Missionen des Eunuchen Li Da nach Zentralasien und ins Timuriden-Reich.

1408 Tod eines an den Ming-Hof gereisten Fürsten von Borneo in Nanking.

1409 Einziehung von 47 000 Mann für Kriegszüge nach Vietnam. Auf hoher See besiegt die chinesische Flotte die japanischen Piraten.

1410 Angriff der Singhalesen auf das Expeditionskorps Zheng Hes in Ceylon. Chinesischer Sieg. Sieg der Ming am Onon in der östlichen Mongolei.

1411–1415: Wiederherstellung des Großen Kanals der Mongolenzeit.

1412 Umfangreiche Instandsetzungsarbeiten an den Dämmen des Gelben Flusses.

1397 Der *Kinkakuji*, der goldene Pavillon von Kyoto.

1399 ★Das *Maniu yifang*, eine Abhandlung über Veterinärmedizin.

1401 ★Abhandlung über Baumzucht von Yu Zhenmu.

1402 ★Koreanische Karte, auf der Afrika mit der Spitze nach Süden dargestellt ist, und die besser ist als der katalanische Atlas von 1475. Hinrichtung des »neokonfuzianischen« Literaten Fang Xiaoru, der dem abgesetzten Kaiser Huidi treu geblieben war.

1403–★Beginn der großen Editionen mit beweglichen Lettern in Korea.

1404 Zhu Jiyou wird öffentlich bestraft, weil er in einem seiner Werke die Song-Philosophie kritisiert hatte.

1406 ★Das *Jiuhuang bencao* (Pharmacopeia für Zeiten der Hungersnot), des kaiserlichen Prinzen Zhu Xiao. ☆Das *Daomen shigui*, ein taoistisches Werk des 43. Himmelsmeisters Zhang Yuchu.

1407 Das *Yongle dadian*, eine umfangreiche Textsammlung. Beginn mit dem Bau des Kaiserpalastes von Peking.

1409 Eine dreisprachige Stele (chinesisch, Tamil und persisch) wird von Zhang He in Ceylon errichtet. Sie wurde 1911 wiederentdeckt.

1410 Das *Puyifang* (Einfache medizinische Rezepte) für die breite Öffentlichkeit. Druck des tibetischen buddhistischen Kanons in China.

1412–1413: Chinesische Siege in Vietnam.

1414 Großer Kriegszug von 500 000 Mann gegen die Oiraten in der Mongolei.

1415 Der Eunuch Chen Cheng wird als Gesandter nach Zentralasien und ins Timuriden-Reich geschickt. Der Große Kanal wird eröffnet.

1417 Japanische Piraten an der Küste Zhejiangs.

1418 Der vietnamesische Widerstand gegen die Streitkräfte der Ming verstärkt sich.

1419 Sieg über die japanischen Piraten in Liaodong.

1420 Bauernaufstand unter der Führung von Tang Saier in Shandong.

1421 Beschluß, die Hauptstadt von Nanking nach Peking zu verlegen. Diese Verlegung findet schrittweise zwischen 1421 und der Mitte des 15. Jh. statt.

1422 Feldzug gegen die Tataren.

1423–1424: Weitere Offensiven der Ming in der Mongolei.

1424 Die Oiraten werden bis zum Kerulen zurückgedrängt. Gründung des Sultanats von Atjeh in Sumatra.

1425 Lê Loi siegt in Vietnam über die chinesischen Truppen.

1426 Der Geheimrat (Neige) wird vorherrschend. Verstärkung des Absolutismus.

1427 Befreiung Vietnams und Gründung der Lê-Dynastie durch Lê Loi.

1428 (ab): Machtgewinn der Oiraten.

1430 Bau von Deichen an den Küsten Zhejiangs. Aushebung von Truppen und von Bauern für den Bau von Befestigungen im Norden. Die Khmer verlassen unter dem Druck der Thai Angkor, das im darauffolgenden Jahr besetzt wird.

1433 Vertrag, in dem die offiziellen Beziehungen zwischen den Ming und Japan geregelt werden. Rückkehr der letzten maritimen Expedition unter Zheng He aus dem Indischen Ozean und dem Roten Meer. Gesandtschaften aus Mekka und Medina in Nanking.

1434 Die Khmer setzen sich in Phnom-penh fest.

1436 Umsiedlung von 500 mohammedanischen Familien aus Gansu nach Nanking.

1438 Einziehung von Handwerkern für den Bau der kaiserlichen Paläste in Peking.

1415 Das *Lidai mingchen zouyi*, eine Sammlung berühmter Throneingaben vom Altertum bis zur Mongolenzeit. In Nanking treffen Giraffen aus Malindi (Kenya) als Geschenke ein. Das *Xingli daquan* und das *Sishu daquan*, Lehrbücher zur »neokonfuzianischen« Philosophie, zu den Klassikern und den Vier Büchern.

1419 ☆stirbt Tsong-kha-pa, der Reformator des tibetischen Buddhismus und Gründers der Gelben Kirche.

1419–1444: Reisen des Venezianers Niccolo de Conti nach Indien und Südostasien.

1420 Der Kaiserpalast in Peking wird vollendet. ☆Um 1420 dringt der Islam in Malakka ein.

1425 Das *Kyongsang toji riji*, das älteste erhaltene koreanische Geographiewerk.

1427 Tod Qu Yous, des Autors der berühmten Erzählungssammlung *Jiandeng xinhua*.

1434 Das *Xifang fanguo zhi* über die südostasiatischen Länder und den Indischen Ozean. Tod des skeptischen Philosophen Cao Duan.

1436 Das *Xingcha shenglan* über die südostasiatischen Länder.

1439 Esen Khan einigt die Oiraten-Stämme.
1439–1449: Mongolische Gegenoffensive in Nordchina.
1440–1441: Bau der Paläste in Peking.
1442–1443: Japanische Piraten an der Küste von Zhejiang.
1442–1450: Aufstand der Bergarbeiter in den Silberbergwerken Süd-Zhejiangs und Nord-Fujians (Rebellion unter Ye Zongliu).
1444 Wiedereröffnung der Silberbergwerke in Fujian und Zhejiang.
1448–1449: Aufstand unter Deng Maoqi (Bauern und Bergarbeiter der Grenzgebiete von Zhejiang und Fujian).
1449 Schwere chinesische Niederlage in Tumu (Shanxi). Der Kaiser wird von den Mongolen gefangengenommen.
1450 Angriffe der Oiraten von Ningxia in Taiyuan.
1450–1458: Lockerung der Einschränkungen für die private Ausbeutung von Bergwerken.
1452 Bauernaufstand in Fujian. Große Überschwemmungen im Norden des Huai.
1453 Konstantinopel wird von den Türken eingenommen.
1454 Tod Esen Khans, des Führers der Oiratenstämme. Niedergang der Oiraten und Aufstieg der Tataren.
1456 Der Gelbe Fluß tritt in Kaifeng über die Dämme. Überschwemmungen in Henan, Hebei und Shandong.
1458 Wiedereröffnung von Silberbergwerken in Yunnan, Fujian und Zhejiang.
1459 (ab): Eingeborenenaufstände im Südwesten.
1460 Festnahme von über 38 000 flüchtigen Handwerkern.
1462 Sturmflut in Jiangsu.
1463 Schließung der Silberbergwerke.
1464 Schaffung einer kaiserlichen Privatdomäne aus Ländereien, die nach einem Prozeß konfisziert wurden.
1465 Die Tribute der Provinzen werden in Silber bezahlt. Angriff der Yao auf Xinhui in Guangdong.
1466 Bau von Forts und Verteidigungsanlagen gegen die Tataren in Shenxi und Gansu.
1467 Wiedereröffnung der Silberbergwerke.
1468 Japanische Gesandtschaft aus in Japan

1439 Tod des Dramatikers und Prinzen der kaiserlichen Ming-Familie Zhu Youdun.
1446 Offizielle Annahme des *hangul*-Alphabets in Korea. ☆Tod des *Chan*-Meisters Jinglong, der für eine Synthese zwischen dem Konfuzianismus, dem Buddhismus und dem Taoismus eintrat.
1451 *Ko-ryo-sa*, eine Geschichte Koreas. Edition des *Yingya shenglan* (Wunder der Meere) über die ostasiatischen Länder und den Indischen Ozean.
1454 (ca.): Das *Inpō nittō ki*, ein Bericht einer japanischen Gesandtschaft in China in den Jahren 1451–1454.
1456 Das *Huanyu tongzhi*, eine revidierte Ausgabe des 1370 in Auftrag gegebenen *Daming yitong zhi*, einer illustrierten Geographie des Ming-Reiches.
1464 Tod des »neokonfuzianischen« Literaten Xue Xuan, des Verfassers des *Dushulu* (Lesenotizen).
1467 Der japanische Mönch Sesshū, der nach der Schule Li Zais malt, kommt nach China.

wohnenden Chinesen aus Ningbo. Vietnamesischer Einfall in Guangxi.

1470–1480: Bau von Großen Mauern in Nordchina.

1471 Die Vietnamesen besetzen Vijaya, die Hauptstadt von Champa (Südostküste Vietnams).

1472 Einfälle der Tataren in Gansu. Überschwemmungen in Jiangsu und Zhejiang fordern 28 460 Opfer.

1474 Nahezu 900 km lange Große Mauern werden fertiggestellt.

1475 Die Steuern der Salzproduzenten werden in Silber bezahlt. Epidemie in Fujian und Jiangxi.

1477 Beginn einer Periode großer Prozesse, die vom Chef der Geheimpolizei, dem Eunuchen Wang Zhi, organisiert werden.

1478 Kurzer vietnamesischer Einfall in Yunnan.

1480 Japanische Piraten an der Küste Fujians. Einfall der Tataren in Datong.

1481 Eine Gesandtschaft aus Samarkand bringt Löwen als Tribut. Die Vietnamesen besetzen Champa und fallen in Laos ein.

1482 Eine Überschwemmung in Henan fordert 11 800 Todesopfer.

1483 Der Eunuch Wang Zhi fällt in Ungnade.

1484 Schwere Hungersnot in Shenxi und Shanxi.

1486 Der König von Champa sucht in Peking Zuflucht. Er wird im folgenden Jahr von einem chinesischen Expeditionskorps in seine Heimat zurückgebracht.

1487 Säuberung in der überzähligen Beamtenschaft und bei den Mönchen.

1488 Bartolomeu Dias umschifft das Kap der Guten Hoffnung.

1489 Der Gelbe Fluß tritt über die Ufer. Dammbrüche in Kaifeng. Vietnamesischer Einfall in Yunnan.

1490 Neuerlicher Tribut in Form von Löwen aus Samarkand. Verbot für die kaiserlichen Prinzen, Ländereien und Abhängige anzufordern.

1492 Der Gelbe Fluß tritt abermals über seine Ufer. Reform von Ye Qi, der den Salzhändlern gestattet, ihre Lizenz in Silber statt in Getreide zu bezahlen. Kolumbus und seine Begleiter erreichen die Ostküste von Kuba (28. Oktober).

1469 Tod des gebildeten Eremiten Wu Yubi, eines intuitionistischen Philosophen.

1474 (ca.): ★Das *Yilin jiyao*, eine medizinische Abhandlung, in der die Schilddrüse beschrieben und die Verwendung tierischer Schilddrüsen zur Behandlung des Kropfes empfohlen wird.

1483 Der Silberpavillon von Kyoto, Ginkakuji.

1484 Tod des Philosophen Ju Juren, eines gebildeten Eremiten intuitionistischer Tendenz.

1487 Das *Daxue yanyi bu*, eine wichtige politische Abhandlung (Institutionen, Gesellschaft, Wirtschaft).

1489 ☆Korea schenkt dem japanischen Hof ein Exemplar des buddhistischen Kanons. Verbreitung der Vier Bücher und der Klassiker mit ihren »neokonfuzianischen« Kommentaren in Korea.

1491 Tod des »neokonfuzianischen«, vom *chan*-Buddhismus beeinflußten Philosophen Lou Liang.

1493 Große Hungersnot in Shandong.

1495 Über 200 000 Mann werden zur Instandsetzung des Großen Kanals aufgeboten. Erstarkung der Mongolenstämme, die von Gansu bis Liaodong einfallen.

1495 (ca.): ★Das *Bianmin tuzuan*, eine Abhandlung über Landwirtschaft, Seidenraupenzucht, Baumzucht, Tierzucht usw.

1496 Die Bevölkerung von Hami in Zentralasien flieht aufgrund der Angriffe des Reichs von Turfan nach Gansu.

1498 Der arabische Steuermann Ahmad ibn-Mājid führt Vasco da Gama von Malindi (Kenya) nach Kalikut, einem Hafen an der Südwestküste Indiens.

1500 Verbot des privaten Waffenhandels.

1500 Tod des gebildeten Eremiten aus Kanton Chen Xianzhang, eines vom *chan*-Buddhismus beeinflußten antikonformistischen Philosophen.

1501 Ein Erdbeben fordert in Nord-Shenxi zahlreiche Opfer.

1503 Bauernaufstand in Shandong.

1505 Der Eunuch Liu Jin wird an der Spitze des Staates allmächtig. Einfälle von Tataren diesseits der Großen Mauern. Italienische Kaufleute in Pegu (Burma).

1506 Yang Yiqing legt ein Projekt zur Instandsetzung der Großen Mauern vor, das fehlschlägt. Der Eunuch Liu Jin setzt zahlreiche Beamte ab.

1506 Das *Pingfan shimo*, eine Geschichte der Kriege zwischen den Ming und dem Sultanat von Turfan am Ende des 15. Jh.

1507 Öffnung von Silberbergwerken in Zhejiang, Fujian und Sichuan.

1509–1511: Von Lan Tingrui geleitete Rebellion in den westlichen Provinzen. Allgemeine Unruhe.

1509 Tod des Malers und Literaten Shen Zhou.

1510 Hinrichtung des Eunuchen Liu Jin. Schwere Überschwemmungen des Gelben Flusses. Die Portugiesen besetzen Goa an der Westküste von Dekkan.

1510–1511: Bauernaufstand von Liu Liu und Liu Qi in Hebei.

1511 der portugiesische Konquistador Alfonso d'Albuquerque in Malakka. Erste Ausgabe des *Ming huidian* (Institutionen der Ming).

1511 Tod des Dichters Xu Zhenqing.

1513 Die Portugiesen in Ternate (Nördliche Molukken). Entdeckung der amerikanischen Westküste durch Balboa in Panama.

1514 Öffnung von Silberbergwerken in West-Yunnan. Die ersten Portugiesen an der Küste von Guangdong.

1515 Der Eunuch Liu Yun wird mit einer Mission zum Lebenden Buddha in Wusizang nach Tibet gesandt.

1516 Tod des Dichters und Theoretikers der Dichtkunst Li Dongyang.

1517 Einfall von Turfan nach West-Gansu.

1518 Wang Shouren setzt der Unruhe unter den Bauern in Jiangxi ein Ende. Portugiesische Gesandtschaft.

1518 Erste Ausgabe der philosophischen Gespräche von Wang Shouren (Wang Yangming).

1519 Kurzlebige Rebellion eines Ming-Fürsten, der Nanking und Jiujiang angreift.

1519 Tod des Philosophen Lin Guang, eines Schülers von Chen Xianzheng.

1521 Schließung der Silberbergwerke von Dali. Portugiesische Gesandtschaft. Magellan auf den Philippinen.

1522 Aufstand in Ost-Guangxi.

1523 Konflikt zwischen zwei japanischen Gesandtschaften, die Ningbo plündern.

1524 Rebellion der Truppe in Datong (Nord-Shanxi).

1525 Gesandtschaft aus Mekka.

1526 Hungersnot in Hebei. Epidemie in Korea. Bäber gründet in Delhi das Mogulen-Reich.

1527 Überschwemmung des Gelben Flusses. Usurpation der Macht in Vietnam. Ende des Shan-Reichs von Ava in Ober-Burma.

1528 Instandsetzung des Großen Kanals.

1530 Trotz mehrjährigen Instandsetzungsarbeiten kommt es zu Dammbrüchen am Gelben Fluß.

1530–1581: Ausweitung der Steuerzahlung in Geldform auf der Basis von Silberbarren.

1531 Einfälle der Tataren in Gansu und Datong. Ab 1531, Wiederaufschwung der birmanischen Macht.

1533 Die kaiserlichen Truppen setzen den endemischen Aufständen in Guangdong ein Ende.

1534 Die osmanischen Türken nehmen Bagdad ein.

1536 Eine vietnamesische Gesandtschaft prangert die Usurpation durch die Mac an.

1537 Vorbereitungen in den Südwestprovinzen zu einer Militärexpedition nach Vietnam gegen die Mac.

1538 Wiedereröffnung von Silberbergwerken in Yunnan und Henan. Kriegszug nach Vietnam, um der legitimen Dynastie zu helfen.

1539 Japanische Gesandtschaft. Portugiesische Korsaren mit Arkebusen und Kanonen in den birmanischen Heeren.

1540 (ab): Wiederaufflackern des Piratentums an den Küsten.

1520 ★Erster Einsatz von Kanonen, die die Ming bei den Portugiesen kauften. Tod des Dichters He Jingming. Um 1520, das *Xiyang chaogong dianlu* über die südostasiatischen Länder.

1521 Tod des Dichters He Jingming.

1523 Tod des antikonformistischen und buddhistischen Literaten Tang Yin.

1525 Vorwort zum *Caoyun tongzhi*, einer Monographie über die Geschichte des Großen Kanals. Tod des Malers und Literaten Zhu Yunming.

1529 Tod des großen intuitionistischen Philosophen Wang Yangming (9. Januar). Tod des Prosaschriftstellers und Dichters Li Mengyang.

1530–1540 (ca.): Erste Erwähnung der Erdnuß.

1532 Tod des Dichters Bian Gong.

1534 ☆Gründung des Jesuitenordens durch Ignatius von Loyola.

1536 ☆Zerstörung der buddhistischen Bauten, Statuen und Reliquien des Kaiserpalastes aus der Mongolenzeit. Das *Song sizi chaoshi*, eine Anthologie der ersten Philosophen der Song-Zeit (11. Jh.).

1537 Das *Tingyuin guangtie*, Reproduktionen von berühmten Kalligraphien des 4. bis 15. Jh.

1538–1541: Erste Chinareise des japanischen Mönchs Sakugen.

1540 Das *Yuejiaoshu*, ein Werk über Vietnam. Um 1540, Tod des Dramatikers und Marionettenspielers Lu Cai.

1541 Tod Wang Gens, eines Philosophen der Schule Wang Yangmings (4. Januar).

1541 Die Ming anerkennen die Mac in Vietnam. Der Große Kanal ist wegen der Überschwemmungen unbenutzbar. Portugiesische Schiffe in Japan.

1541–1551: Das *Qingpingshantang huaben*, eine Textsammlung von Erzählern der Song-Zeit.

1542 Mongolische Angriffe in Shanxi. Gesandtschaft der Mac.

1543 Die Portugiesen führen die ersten Arkebusen auf Tanegashima ein. Spanische Schiffe in Hirado.

1543 Mei Zu prangert den apokryphen Charakter gewisser Teile eines der Klassiker in alten Schriftzeichen, des *Shangshu*, an.

1544 Die Mitglieder einer japanischen Gesandtschaft, die mangels offizieller Dokumente abgewiesen wurde, betreiben Privathandel an den chinesischen Küsten.

1544 Das *Gujin shuohai*, eine Sammlung von Erzählungen vor der Ming-Zeit. Tod Wang Tingxiangs, eines »materialistischen« Philosophen, der die Song-Philosophie ablehnte.

1545 Einfälle der Dschurdschen in Liaoning.

1546 Reparaturarbeiten an den Großen Mauern in Shanxi.

1546–1550: Zweite Chinareise des japanischen Mönchs Sakugen.

1547 Eine Überschwemmung des Gelben Flusses fordert zahlreiche Opfer. In Fujian und Zhejiang verschlimmern sich die Angriffe der Piraten.

1547 Tod des politischen Schriftstellers und Philosophen Luo Qinshun.

1548 Japanische Gesandtschaft.

1549 ☆Ankunft des heiligen Francisco Xavier in Kyūshū.

1550 Peking wird während acht Tagen von den Mongolen belagert. Ab 1550, schwerere Angriffe der japanischen Piraten (Wokou).

1550 Das *Nanzhao yeshi*, eine Geschichte der yunnanesischen Reiche Nanzhao und Dali (649–1253). ★Um 1550, das *Yixian* von Wang Wenlu, eine Abhandlung über Präventivmedizin.

1550–1552: Große mongolische Offensiven.

1551 Die Ausgaben für die Verteidigung Pekings und der Nordgrenzen (5 950 000 *liang*) machen eine Steuererhöhung in Nanking und Zhejiang nötig.

1551 Tod des Philosophen Huang Wan, der die Song-Philosophie und die Intuitionisten der Ming-Zeit ablehnte.

1552 Überschwemmungen im Becken des Gelben Flusses und am Großen Kanal.

1552 ☆Tod Francisco Xaviers bei Kanton.

1553 ★Das *Longjiang chuanchang zhi*, ein Bericht über die Werften von Longjiang, in Nanking.

1554 In Vietnam werden Beamtenprüfungen organisiert.

1555 Die japanischen Piraten greifen Hangzhou an und bedrohen Nanking.

1556 Erdbeben im Nordwesten: 830 000 Todesopfer (2. Februar).

1557 Die Portugiesen nehmen Macao ein.

1558 Das *Yiyuan zhiyan*, eine literarische Abhandlung von Wang Shizhen, die 1565 vervollständigt wurde.

1559 Altan-Khan erobert Qinghai (Kukunor).

1559 Tod des Malers und Literaten Wen Zhengming.

1560 Aufstände von Bergarbeitern und Seeleuten in Fujian. Die japanischen Piraten plündern Chaozhou.

1560 Tod des Philosophen Zhan Ruoshui, eines Fortsetzers der Literaten-Eremiten des 15. Jh. Tod Tang Shunzhis, eines enzyklopädischen Gelehrten. ☆In Goa etabliert sich die Heilige Inquisition.

1561 Bergarbeiteraufstände in Guangdong, Sichuan und Fujian.

1561–1562: Revolte der Schiffseigentümer und Kaufleute von Yuexiang in Fujian infolge der Restriktionen für den Seehandel.

1563 Japanische Piraten verwüsten die Küste von Fujian. Abschaffung der Dienstleistungen für unabhängige Handwerker.

1563 Das *Chouhai tubian*, eine Geschichte der japanischen Piraten (Wokou) in 13 Kapiteln. Erste Erwähnung der Süßkartoffel.

1564–1571: Die Spanier setzen sich auf den Philippinen fest.
1565 Aufstand in den Grenzgebieten von Zhejiang, Anhui und Jiangxi.
1567 Überschwemmungen in Henan. Mongolische Einfälle in Shanxi. Rückkehr zu einer liberalen Politik auf dem Gebiet des Seehandels.
1568 Chinesischer Sieg über die Mongolen.
1569 Bauernaufstand in Shenxi. Birmanische Angriffe in Siam.
1570 Wiederherstellung der Grenzmärkte mit den Mongolen. Der Hafen von Nagasaki wird den portugiesischen Kaufleuten geöffnet (Seide aus Kanton gegen japanisches Silber). Chinesische Schiffe in Japan.
1570 (ca.): Beginn des Silberimports aus Amerika.
1570–1580: Allgemeine Verbreitung der Steuerzahlung in Silberbarren.
1571 Friedensvertrag zwischen den Ming und den Mongolen.
1572 Angriffe der japanischen Piraten in Guangdong.
1573 Modus vivendi zwischen den Ming und den Mongolen.
1573–1578: Altan-Khan dringt in Tibet ein.
1574 Angriffe der Dschurdschen an den Nordgrenzen. Angriff des Kaufmanns und Piraten Lin Daojian (Limahong) auf Manila. Portugiesen an der Küste Fujians.
1575 Große Sturmflut in Zhejiang.
1578 Kambodschanische Einfälle in Siam.
1579 Der Engländer Drake landet in Ternate (Molukken).
1580 stirbt Yu Dayou, der Hauptorganisator der Repression gegen die japanischen Piraten.
1581 Großes Projekt zur Reform der Staatsfinanzen von Zhang Juzheng. Philipp II. von Spanien annektiert Portugal.
1582 Aufruhr in Hangzhou. Tod des Großministers Zhang Juzheng. Tod Altan Khans, des Hauptanführers der Mongolenstämme. Aufbruch einer japanischen Gesandtschaft zum Vatikan.
1583 Birmanische Einfälle in Yunnan.

1564 ☆Tod des Mathematikers Gu Yingxiang. Die Enzyklopädie *Yulin*.
1567 Das *Siyikao* über die ostasiatischen und zentralasiatischen Länder.
1568 Tod des Erzählers, Dramatikers und Autors eines kunstkritischen Werks Li Kaixian.
1569 Der *Tractado* . . . von Gaspar da Cruz, das erste europäische Werk über das China der Ming-Zeit.
1570 Tod des »neokonfuzianischen« Philosophen Yi T'oe Gye in Korea.
1570 (ca.): Das *Xiyouji* (Die Reise nach dem Westen), der berühmte Roman, in dem die Abenteuer des Mönchs Xuanzang und des Affen Sun Wukong erzählt werden. ★Allgemeine Verbreitung der Variolation.
1573 Erste Erwähnung des Maisanbaus.
1573–1619: (Wanli-Ära) ★Höhepunkt der chinesischen Druckkunst.
1574 ★Druck mit beweglichen Lettern des großen Sammelwerks von Erzählungen *Taiping guangji*. Tod des Philosophen Qian Dehong, eines Schülers von Wang Yangming.
1577 Das *Tushubian*, eine illustrierte Enzyklopädie.
1578 ★Das *Bencao gangmu*, die große und berühmte Abhandlung über Arzneikunde von Li Shizhen, wird vollendet. ★Das *Shuxue tonggui*, ein mathematisches Lehrbuch, das die Lösungen mathematischer Aufgaben mit Hilfe eines Akabus anführt.
1579 Hinrichtung des antikonformistischen Philosophen Liang Ruyan (He Xinyin). Auf Anordnung von Zhang Juzheng werden 64 Privatakademien zerstört.
1582 ☆Ankunft Matteo Riccis in Macao.
1583 Zwei hohe Beamte aus Guangdong laden die

1584–1590: Bau des Grabes für Kaiser Wanli.

1585–1586: Bewässerungsarbeiten in der Region von Peking.

1585–1589: Große Epidemie, die einen Bevölkerungsrückgang in der Nordchinesischen Tiefebene und in Jiangnan zur Folge hat.

1587 Dammbruch des Gelben Flusses in Kaifeng. Birmanische und kambodschanische Angriffe in Siam.

1589 Rebellion in der Region des Taihu-Sees. Japan versucht mit Korea in Kontakt zu treten und führt dort die ersten Arkebusen ein.

1590 Rückkehr der im Jahr 1582 aufgebrochenen japanischen Gesandtschaft vom Vatikan.

1590–1605: Das »Erzfieber«.

1592 Die Japaner landen unter dem Kommando von Hideyoshi in Korea. Chinesische Niederlage in Pyongyang. Bobai, der Mongolenführer der Region von Ningxia, trennt sich von China ab. Spanische und portugiesische Handelsschiffe in Japan.

1593 Chinesischer Sieg in Korea über die Japaner. Bergarbeiteraufstände in Henan.

1594 Japanische Gesandtschaft in Peking zur Besprechung des Friedensvertrages.

1595 stirbt Pan Jixun, der wichtigste Leiter der Reorganisation des Flußsystems.

1596 Zweite japanische Invasion Koreas. Die Holländer in Bentam (West-Java). Ab 1596 infolge der Ernennung von Eunuchen zu Steuerkommissären, zahlreiche Handwerker- und Kaufmannsaufstände in den Städten.

1598 Tod Hideyoshis (16. September) und Rückzug der Japaner aus Korea.

1599 Registrierung der in der Folge des chinesisch-japanischen Kriegs nach China geflüchteten Koreaner.

1600 Eingeborenenaufstand in Guizhou. Die allgemeine Wirtschaftslage verschlechtert sich.

in Macao residierenden Missionare nach China ein. Das *Shuyu zhouzi lu* über die ostasiatischen und zentralasiatischen Länder.

1584 ★Der kaiserliche Prinz Zhu Zaiyu definiert in seinem *Lülü jingyi* die temperierte Schwingung. ☆Das *Tianzhu shengjiao shilu*, der erste von einem Jesuitenmissionar chinesisch geschriebene Aufsatz über das Christentum. ★Erste Ausgabe der Weltkarte von Matteo Ricci. Tod des intuitionistischen Philosophen Wang Ji.

1585 *Historia de las cosas más notables*... von Gonzales de Mendoza, ein sehr erfolgreiches Werk über China.

1586 Das *Xu wenxian tongkao*, eine Fortsetzung zur Geschichte der Institutionen von Ma Duanlin (1317).

1587 ☆Dekret über die Ausweisung der christlichen Missionare aus Japan. ★Erste Ausgabe des *Wanbing suichun*, einer medizinischen Abhandlung.

1589 Vorwort des *Jingji huitong*, eines bibliographischen Werks. ☆Neuerliches Verbot des Christentums in Japan.

1591 ★ Das *Zunsheng baijian*, eine Abhandlung über Heilgymnastik.

1592 Spanische Franziskanermissionare in Japan. ★Um 1592, Tod des Mathematikers Cheng Dawei, des Autors des *Suanfa tongzong*, in dem mathematische Probleme mit dem Abakus gelöst werden.

1593 ★Tod des großen Naturalisten Li Shizhen. Tod des Malers und Dramatikers Xu Wei.

1595 Vorwort der Enzyklopädie *Tianzhongji*. ★Tod des koreanischen Admirals Yi Sunsin, der als einer der ersten Schiffe mit gußeisernen Platten panzerte.
☆Matteo Ricci nimmt die Literatenkleidung an.

1596 ★Druck des *Bencao gangmu*, der großen Abhandlung über Arzneimittelkunde von Li Shizhen.

1597 Das *Guangzhiyi*, ein geographisches und ethnographisches Werk. Die Enzyklopädie *Langye daizu bian*.

1598 ☆Tod des aus Fujian stammenden Gründers der synkretistischen Sanyijiao-Sekte Lin Zhao'en.

Gründung der East India Company. In Japan, Beginn der Tokugawa-Periode. Englische Schiffe in Edo (Tokyo). Erste holländische Schiffe in Japan.

1601 Städtische Unruhen in Wuchang und Suzhou. Erstes holländisches Schiff in Guangdong.

1602 Die Bergarbeiter von Mentougou marschieren nach Peking. Gründung der Vereenigde Oostindische Cie.

1603 Die Engländer in Bentam (West-Java). Gründung des Shougunats der Togukawa durch Ieyasu.

1604 Schwere Überschwemmungen in Hebei.

1605 Tod des Mogulenkaisers Akbar, der 1556 den Thron bestiegen hatte.

1606 Einfall der Dschurdschen in Korea. Japanische Gesandtschaft in Siam.

1607 Überschwemmungen in der Region von Peking, im unteren Yangzi-Becken und in Zhejiang.

1607–1636: Sultanat von Iskandar Muda in Atjeh (Nordwest-Sumatra).

1609 Japanische Piraten in Wenzhou (Zheijiang). Eine Überschwemmung in Fujian fordert nahezu 100 000 Todesopfer. Erdbeben in Gansu; nahezu 400 km der Großen Mauer werden zerstört. Holländisches Kontor in Hirado (Kyūshū).

1610 Die Partei der Donglin-Akademie wird wieder als illegal angeprangert. Eine japanische Gesandtschaft in Siam verschafft sich dort Kanonen und Pulver.

1611 Weitere Überschwemmungen. Aufstand der Handwerker in den Seidenwebereien von Suzhou.

1611–1612: Einfälle der Tataren in Gansu.

1612 Die ersten englischen Handelsschiffe in Siam. Siam stellt portugiesische Söldner ein.

1613 Erstes englisches Kontor in Hirado (Kyūshū). Verstärkung der Verteidigung gegen die Piraten in Fujian und Zhejiang.

1615–1627: Konflikt zwischen der Eunuchenpartei und der Donglin-Partei.

1616 Die Dschurdschen gründen die Späteren Jin.

1601 ☆Matteo Ricci siedelt sich in Peking an (24. Juni). Tod des Dichters und fruchtbaren Kompilators Hu Yinglin. Tod Tycho Brahes.

1602 ★Chinesischer Weltatlas von Matteo Ricci. Selbstmord des antikonformistischen Philosophen Li Zhi. ☆Druck des tibetischen buddhistischen Kanons in China. Gründung der großen Bibliothek von Edo.

1603 ★Das *Shenqipu*, eine Abhandlung über Feuerwaffen.

1604 Katalog der Bibliothek des Neige. Wiedereröffnung der in der Song-Zeit geschaffenen privaten Donglin-Akademie.

1605 Der Jesuitenpater Bento de Goës trifft aus Agra über Zentralasien kommend in Gansu ein und stellt die Identität Chinas und Cathays fest.

1606 Das *Maoshi guyin kao* von Chen Di, dem Inititator einer wissenschaftlichen Methode der Textkritik. ☆Portugiesische Missionare in Siam.

1607 ★Das *Jihe yuanben*, eine Übersetzung der ersten sechs Bücher der *Elemente des Euklid* von Clavius. ☆Druck des taoistischen Kanons.

1608 ★Das *Huangrong jiaoyi*, eine Abhandlung über isoperimetrische Figuren von Matteo Ricci und Li Zhizao.

1609 Die illustrierte Enzyklopädie *Sancai tuhui*.

1610 ☆stirbt Matteo Ricci in Peking. Tod des Dramatikers Shen Jing.

1611 *Yuanquxuan*, eine Auswahl von Theaterstücken der Yuan-Zeit. ☆Verbot des Christentums in Japan.

1612 ★Das *Taixi shuifa*, eine hydrologische Abhandlung, die Li Zhizao aus dem Italienischen übersetzte.

1613 ★Das *Tongwen suanzhi*, eine Übersetzung des *Epitome arithmeticae practicae* von Clavius durch Matteo Ricci und Li Zhizao.

1615 Tod des gebildeten Mönchs Zhuhong. *Recueil d'observations curieuses* von Nicolas Trigault.

1616 Tod des Dramatikers und Dichters Mei

Schwere Hungersnot in Shandong, gefolgt von Aufständen.

1618 Die Dschurdschen besetzen einen Teil von Liaoning.

1619 Scheitern der chinesischen Gegenoffensive im Nordosten. Die Holländer gründen Batavia in Djakarta.

1620 (ca.): Größter Aufschwung der japanischen Kolonisation in Südostasien (Japanische Viertel in Kambodscha, Siam, Luzon und Zentralvietnam).

1621 Die Dschurdschen nehmen Shenyang (Mukden) und Liaoyang ein. Angriff Liu Zongzhous, Mitglieds der Donglin-Partei, auf den Eunuchen Wei Zhongxian.

1621–1629: Eingeborenenaufstände in den Randgebieten Sichuans, Guizhous und Yunnans unter der Leitung von She Chongming.

1622 Aufstand des Weißen Lotos (Bailianjiao) in Nordchina. Holländischer Angriff auf Macao.

1623 Siamesische Gesandtschaft in Japan.

1624 Die Holländer setzen sich an der Küste Taiwans fest.

1624–1627: Diktatur des Eunuchen Wei Zhongxian.

1625 Schreckliche Repression gegen die Mitglieder der Donglin-Partei. Die Dschurdschen richten ihre Hauptstadt in Shenyang (Mukden) ein.

1626 stirbt Nurhaci, der Gründer der Dschurdschen-Mandschu-Macht. Japanische Handelsschiffe in Indien.

1627 Beginn der großen Militär- und Bauernaufstände der ausgehenden Ming-Zeit. Die Dschurdschen greifen Korea an. Piratentum an den Südküsten Fujians.

1628 Ermordung des Eunuchen Wei Zongxian. Gründung der Erneuerungsgesellschaft (Fushe) in Suzhou, in der die Donglin-Partei wieder auflebt.

1629 Erste große Zusammenkunft der Fushe-Partei.

Dingzu. ☆Die Jesuitenmissionare sind in Schwierigkeiten (Verfolgung in Nanking). ★Die Kirche verdammt die heliozentrische Theorie Galileis als Häresie.

1617 Tod des Philologen und Linguisten Chen Di und des Dramatikers Tang Xianzu. ★Das *Dongxiyangkao*, ein Navigationshandbuch von Zhang Xie aus Fujian.

1618 Tod des »materialistischen« Philosophen Lü Kun.

1619 Tod Fujiwara Seikas, des Gründers der »neokonfuzianischen« Studien in Japan. Um 1619, das *Jinpingmei*, ein berühmter Sittenroman. Das *Yongchuang xiaopin*, Aufzeichnungen zur politischen, sozialen und wirtschaftlichen Geschichte der Ming-Zeit.

1620 ★Das *Yuelü quanshu*, die große Abhandlung über Musikwissenschaft des Prinzen Zhu Zaiyu.

1621 ★Das *Wubeizhi*, eine große Abhandlung über die Kriegskunst.

1622 ☆Neuerliche Angriffe auf die Missionare (zweite Verfolgung von Nanking).

1623 ☆Entdeckung der nestorianischen Stele in Xi'an. ★Das *Zhifang waiji*, eine Universalgeographie von Pater Aleni. ☆Der Jesuitenpater Alexandre de Rhodes in Vietnam.

1623–1632: Publikation der großen Erzählungssammlungen *Sanyan* und *Erpai*.

1624 ★Das *Leijing*, Abhandlung über die Ursachen der Krankheiten.

1626 ★Das *Yuanjingshuo* (Erklärungen zum Teleskop) von Adam Schall. Das *Zhaodai jingjiyan*, eine Sammlung wirtschaftlicher Texte zur Ming-Zeit.

1627 ★Das *Yuanxi qiqi tushuo* (Illustrierte Erklärungen zu den seltsamen Maschinen des Fernen Westens).

1628 ☆stirbt Pater Nicolas Trigault in Hangzhou.

1630 Die Aufstände in Shenxi greifen auf Shanxi über. Zusammenbruch der Silberproduktion in Mexiko und Peru.

1631 Teng Yangxing wird von den Mandschus mit dem Kommando einer Batterie von 40 Kanonen beauftragt.

1632 Angriffe von Piraten an den Küsten Fujians und Guangdongs.

1633–1639: In Japan wird eine Reihe von Maßnahmen zur Einschränkung der Aktivitäten zur See und der Außenbeziehungen getroffen.

1635 Die Dschurdschen nehmen den Namen Mandschu an.

1636–1637: Neuerliche Offensiven der Mandschus in Korea.

1639 Einführung einer zusätzlichen Abgabe für Kriegsausgaben. Delhi wird die Hauptstadt des Großmoguls.

1639–1642: Große Epidemie in Ostchina.

1640 Die Khoschoten-Mongolen herrschen über Tibet.

1641 Beginn der holländischen Herrschaft in Indonesien und Malaya. Die Holländer nehmen den Portugiesen Malakka ab.

1642 Die Mandschus besetzen sämtliche Provinzen im Nordosten. Der Dalai Lama versucht, mit den Mandschus in Verbindung zu treten.

1643 Li Zicheng richtet seine Hauptstadt in Xiangyang (Hubei) ein.

1644 In Peking, wo der Ming-Kaiser Selbstmord begeht, marschiert Li Zicheng am 25. April ein. Er wird von den Mandschus vertrieben. Beginn der Qing-Dynastie. Zhang Xianzhong erobert Sichuan.

1645 Die Streitkräfte von Li Zicheng werden von den Mandschus aufgerieben. Die Mandschus zwingen die Chinesen zum Tragen des Zopfes und der mandschurischen Kleidung und schaffen Enklaven in Nordchina.

1646 Die Mandschus besetzten Zhejiang, Fujian und Sichuan.

1647 Einnahme von Kanton durch die Mandschus. Tod Zhang Xianzhongs.

1649 Gründung von Ochotsk durch russische Kosaken.

1630 Die Enzyklopädie *Qianqueju leishu*, 1400 Artikel. ☆Verbot der Einfuhr von westlichen Werken in chinesischer Übersetzung nach Japan.

1631 stirbt Li Zhizao; er war Astronom, Mathematiker, Mitarbeiter von Matteo Ricci, und war zum Christentum übergetreten.

1632 Vervollkommnung der der urigurischen Schrift nachgebildeten Mandschu-Schrift.

1633 Tod des Mitarbeiters von Matteo Ricci Xu Guangqi. Das *Yangyu yueling*, eine Enzyklopädie des täglichen Lebens.

1635 Das *Dijing jingwu lue*, ein Führer Pekings und seiner Umgebung. ★Das Teleskop wird im Nordosten für Artilleriekämpfe eingesetzt. ☆Verbot des Christentums in Japan und Verbot von Überseereisen. ★Das *Chongzhen lishu*, eine Summe der wissenschaftlichen Beiträge aus Europa.

1636 Tod des berühmten Kalligraphen, klassischen Malers und Kunsttheoretikers Dong Qichang.

1637 ★Das *Tiangong kaiwu*, eine große Abhandlung über die Technik.

1638 ☆Striktes Verbot des Christentums in Japan. ☆Vertreibung der Missionare und Zerstörung von Kirchen in Fujian.

1639 ★Publikation des *Nongzheng quanshu*, einer Abhandlung über die Landwirtschaft von Xu Guangqi.

1640 ★Tod des berühmten Geographen Xu Hongzu (Xu Xiake). Das *Mingshancang*, eine historische Enzyklopädie über die Ming-Zeit.

1642 Das *Imperio de la China* von Alvarez de Semedo.

1643 ★Das *Yuyicao*, eine medizinische Abhandlung, in der die chinesische Variolation beschrieben wird.

1644 Tod des klassischen Malers Ni Yuanlu und Ling Mengchus, des Autors der großen Erzählungssammlung der ausgehenden Ming-Zeit.

1645 Auslegung des *Yijing* nach der buddhistischen *chan*-Lehre durch den Mönch Zhixu. ☆Alexandre de Rhodes wird aus Vietnam vertrieben. Tod des Erzählers und Dramatikers Feng Menglong.

1646 Der Philosoph Liu Zongzhou, ein ehemaliges Mitglied der Donglin-Partei, stirbt im Gefängnis.

1649–1662: Piratenakte von Zheng Chenggong (Coxinga) an den Küsten Fujians und Taiwans.

1650 Coxinga ist an den Küsten Fujians allmächtig.

1652 Besuch des Dalai Lama in Peking. Russische Kosaken gründen Irkutsk.

1655 Holländische Gesandtschaft.

1657 Russische Gesandtschaft. Wiederaufnahme der Staatsprüfungen zur Rekrutierung neuer Beamter.

1658 Aurangzeb tritt in Agra die Macht an.

1658–1659: Offensiven Wu Sanguis gegen die Südlichen Ming im Südwesten. Coxinga dringt bis vor Nanking ins Landesinnere.

1661 Machtantritt Kaiser Kangxis. Coxinga landet in Taiwan, von wo er die Holländer vertreibt. Ende des Widerstands der Südlichen Ming. Kriegszug der Qing gegen die russischen Kosaken im Amur-Tal.

1662 Hinrichtung des letzten Vertreters der Südlichen Ming. Tod Coxingas. Die Qing ordnen die Evakuierung aller Küstenregionen an.

1663–1664: Angriff der Qing auf Taiwan.

1665 Die Qing-Heere dringen nördlich des Amur vor.

1668 Die Mandschurei wird für Chinesen gesperrt.

1670 Portugiesische Gesandtschaft.

1650 ☆Erste katholische Kirche in Peking: der Nantang. ★Nach 1650, das *Wuli xiaozhi*, eine Enzyklopädie von Fang Yizhi über Naturwissenschaft und Technik.

1651 Erste Transkriptionen des Vietnamesischen in lateinische Buchstaben (Beginn des quôc-ngu).

1652 Tod des nonkonformistischen Malers Chen Hongshou.

1655 ☆Tod des buddhistischen Literaten-Mönchs Zhixu.

1656 Das *Huangshu* von Wang Fuzhi, eine Abhandlung über politische Philosophie und eine Theorie des chinesischen Nationalismus. ★*Flora sinensis* von M. Boym.

1657 Gründung von Akademien, die vom Mandschu-Staat patroniert werden. Tod des »neokonfuzianistischen« Philosophen Hayashi Razan in Japan.

1658 Das *Mingshi jishi benmo*, eine thematische Gliederung der »Geschichte der Ming«.

1659 ☆Das *Budeyi*, ein antichristliches Pamphlet von Yang Guangxian.

1661 Hinrichtung Jin Shengtans, eines antikonformistischen Literaturkritikers. ★Das *Shuduyan* (Verallgemeinerungen über die Zahlen) von Fang Zhongtong.

1663 Das *Mingyi daifang lu* von Huang Zongxi, einem Kritiker der absolutistischen Institutionen.

1664 ☆Die Jesuitenmissionare in Schwierigkeiten.

1665 ★Das *De arte combinatoria* von Leibniz.

1666 Tod des Dramatikers Ruan Dacheng. ★Tod des Hofastronomen Pater Adam Schall von Bell.

1667 Das *China illustrata* von A. Kirchner erscheint in Amsterdam.

1668 Das *Essay towards a Real character and Philosophical language* von Wilkins, das von der chinesischen Schrift inspiriert ist.

1668–1669: ★Kontroversen am Hof über die chinesischen und westlichen Methoden der Kalenderberechnung.

1670 Die »Sechzehn moralischen Maximen« (Heilige Instruktionen) von Kangxi. ★Pi-Berechnung in Japan mit Hilfe der Methode der eingezeichneten Rechtecke (Infinitesimal-Rechnung).

1671 Tod des evolutionistischen Philosophen Fang Yizhi. Das *Mingji nanlue*, Geschichte der Südlichen Ming.

1673 Wu Sangui rebelliert gegen die Qing. Sezession der Südprovinzen.

1674 Wu Sangui gewinnt den Gouverneur von Shenxi und von Gansu für seine Sache.

1676 Der Gouverneur von Guangdong und von Guangxi macht gemeinsame Sache mit Wu Sangui. Russische Gesandtschaft.

1677 Die Qing nehmen Fujian und die Nordwestprovinzen wieder ein. Großes Projekt zur Regulierung des Gelben Flusses von Jin Fu.

1678 Tod Wu Sanguis.

1678–1679: Die Sungaren besetzen das Tarim-Becken.

1680 Die Qing-Heere besetzen Sichuan wieder.

1681 Die Qing nehmen Guizhou wieder ein. Wu Shifan, ein Enkel Wu Sanguis, begeht in Kunming beim Einmarsch der Qing-Heere in Yunnan Selbstmord.

1683 Endgültige Besetzung von Taiwan durch die Qing.

1684 Erste Reise Kangxis ins untere Yangzi-Gebiet.

1685 Jede weitere Konfiskation von Grund und Boden für die Banner wird verboten.

1685–1686: Die Qing belagern die russische Festung von Albasin.

1686 Offensive Galdans gegen die Äußere Mongolei.

1688 Galdan besetzt das Territorium der Khalkha in der Äußeren Mongolei.

1689 Russische Gesandtschaft. Vertrag von Nertschinsk zwischen den Russen und den Chinesen. Zweite Reise Kangxis ins untere Yangzi-Gebiet.

1690 Niederlage Galdans in Ulanbutung.

1691 Die Khalkha schließen sich den Qing an.

1672 Tod Lu Shiyis, der für die Förderung der praktischen Kenntnisse eintrat. ★Das *Fangchenglun* (Abhandlung über die Gleichungen) von Mei Wending.

1673 ★Pater Verbiest stattet das Observatorium von Peking mit neuen Instrumenten aus.

1676 Das *Rizhilu* von Gu Yanwu, eine Essay-Sammlung. Das *Mingzu xuean* von Huang Zongxi, eine Geistesgeschichte der Ming-Zeit. ★Der Dominikaner Domingo de Navarrete erwähnt die Überlegenheit des chinesischen Kolbengebläses.

1677 »Fünf Schriften über die Phonetik« von Gu Yanwu.

1678 Das *Dushi fangyu jiyao* von Gu Yanwu, eine historische Geographie.

1679 Auswahl der Kompilatoren der »Geschichte der Ming«.

1680 ★Tod des Astronomen Xue Fengzu, der ein westliches Werk über Astronomie übersetzte. Um 1680, Tod des Dramatikers und Romanschriftstellers Li Yu.

1682 Tod Gu Yanwus, des Gründers der wissenschaftlichen Textkritik. ★Tod des Astronomen Wang Xichan. In Japan, Tod Yamazaki Ansais, der für eine Rückkehr zu Zhu Xi eintrat.

1683 ☆Druck des tibetischen buddhistischen Kanons in Peking. Tod des Philologen Wan Sida und des nationalistischen Philosophen Lü Liuliang. ★Das *Qiqi mulue*, über die von Huan Lüzhuang konstruierten Maschinen.

1685 ☆Erste Entsendung von Jesuitenmissionaren von Frankreich nach China.

1687 Sittenverderbende Romane werden auf den Index gesetzt. In Paris wird das *Confucius Sinarum philosophus* von Pater Couplet gedruckt.

1688 ★Tod des Hofastronomen Pater Verbiest. Ankunft Pater Gerbillons in Peking. ★Das *Mizhuan huajing*, eine Abhandlung über Botanik und Zoologie.

1692 Tod des Soziologen und Philosophen Wang Fuzhi und des Geographen Gu Zuyu. ☆Toleranzedikt Kangxis zugunsten der Missionare.

1693 Russische Gesandtschaft.

1696 Offensive der Dsungaren in die Regionen südlich des Baikal-Sees. Große Gegenoffensive der Qin in die Äußere Mongolei. Schlacht von Urga (Ulan Bator).

1697 Die Streitkräfte der Qing besetzen die Äußere Mongolei. Feldzug nach Ningxia. Tod von Galdan.

1699 Dritter Besuch Kangxis im unteren Yangzi-Gebiet.

1702 Unruhe unter Eingeborenenvölkern in Guizhou.

1703 Vierter Besuch Kangxis im unteren Yangzi-Gebiet. Bau eines Sommerpalastes in Jehol. Beendigung der Regulierungsarbeiten am Gelben Fluß.

1705 Fünfter Besuch Kangxis im unteren Yangzi-Gebiet. Gesandtschaft des Vatikans in Peking.

1705–1706: Erster Versuch der Qing, sich in Lhasa festzusetzen.

1707 Sechster Besuch Kangxis im unteren Yangzi-Gebiet.

1710 Gründung des usbekischen Khanats von Kokand im oberen Becken des Syr-darja.

1712 Piraten an der Küste von Zhejiang und Fujian. Verurteilung von Dai Mingshi wegen Übertretung der offiziellen Tabus in seinem *Nanshanji*.

1714 Verbot des Untergrundhandels in Japan.

1715 Die Qing hindern Tsewang Araptan daran, Hami einzunehmen. Russische Gesandtschaft.

1695 stirbt Liu Xianting, der Gründer der chinesischen Dialektologie. Tod des Historikers und Philosophen Huang Zongxi und des kantonesischen Dichters Qu Dajun, der für die Verbreitung einer einheitlichen gesprochenen Sprache in ganz China eintrat.

1696 *Nouveaux mémoires sur l'état présent de la Chine* von Pater Louis le Comte.

1697 *Novissima Sinica Historia nostri temporis illustrata* von Leibniz.

1698 ★Bau der Lougou-Brücke (Lougouqiao) (235 m) südwestlich von Peking, die später von den Europäern Marco Polo-Brücke getauft wurde.

1699 Das *Taohuashan*, ein berühmtes Theaterstück von Kong Shangren.

1700 ★Das *Gusuanqikao* (Untersuchungen über die alten Recheninstrumente) von Mei Wending. Um 1700, das *Liaozhai zhiyi* von Pu Song-ling, eine Sammlung von Erzählungen in klassischer Sprache.

1702 Tod des Historikers Wan Sitong, eines Schülers von Huang Zongxi. ★Berechnung des Erdmeridians und Definition des *li* 90 Jahre vor dem Kilometer. ☆Verbot der Verbreitung des Christentums in Vietnam.

1703 Das *Quantangshi*, die vollständige Sammlung der Tang-Dichter.

1704 stirbt Tang Zhen, der Autor des *Qianlun*, eines philosophisch-politischen Werks. Tod des Philologen Yan Ruoxu. Tod des Dramatikers Hong Sheng. Um 1704, das *Nüxian waishi*, ein historischer Roman.

1705 ★Erste Versuche der Porzellanherstellung in Frankreich.

1707 ☆Mgr. von Tournon belegt die Praktiken und Gebräuche der Chinesen mit dem Kirchenbann.

1708 ★Das *Guangqun fangpu*, eine große botanische Abhandlung. Tod des Dramatikers Kong Shangren.

1710 ★Die Patres de Mailla und Régis erhalten von Kangxi den Auftrag, eine allgemeine Karte des chinesischen Reichs herzustellen.

1711 Tod des Dichters Wang Shizhen.

1713 ★Das *Lülü zhengyi*, eine Theorie der westlichen Musik. ☆Die Beitang, eine katholische Kirche in Peking, wird fertiggestellt.

1714 Tod des Philologen Hu Wei. Die Zensur unsittlicher Werke wird verschärft.

1715 Tod des klassischen Malers Wang Yuanqi und des Schriftstellers Pu Songling. ☆In der

Die East India Company gründet in Kanton ein Kontor.

1717 Die Dsungaren besetzen Lhasa und die wichtigsten tibetischen Zentren. Einschränkungen für den Seehandel, außer mit Japan und Luzon.

1719 Russische Gesandtschaft in Peking.

1720 Zweiter Versuch der Qing, sich in Lhasa festzusetzen. Rückzug der Dsungaren aus Tibet. Gesandtschaft des Vatikans.

1721 Aufstand Zhu Yiguis gegen die Mandschu-Herrschaft in Taiwan. In Turfan werden Garnisonen eingerichtet.

1722 Tod Kaiser Kangxis.

1723 Kaiser Yongzheng besteigt den Thron. Aufstand in Qinghai.

1725 Tod Peters des Großen.

1726 Gesandtschaften aus Portugal und Rußland.

1726–1729: Bemühung, die Eingeborenenvölker von Guizhou und Yunnan der kaiserlichen Verwaltung zu unterwerfen.

1727 Vertrag von Kiachta zwischen China und Rußland. Tod Tsewang Araptans.

1728 Modus vivendi zwischen den Qing und den Dsungaren. Einfuhr von Reis aus Siam nach Amoy.

1729 Schaffung des obersten Regierungsorgans, des Junjichu (fortschreitende Zentralisierung). Erstes Verbot der Opiumeinfuhr in Fujian.

1730 Erdbeben in Peking.

1731–1732: Kampfhandlungen in Zentralasien, die der Macht der Oiraten ein Ende setzen.

1733 300 chinesische Siedler ergreifen in einer Thronnachfolgeaffäre in Siam Partei und greifen den Königspalast von Ayuthya an.

Bulle *Ex illa die* werden die chinesischen Zeremonien verdammt (März).

1716 Das *Peiwen yunfu*, ein großes Reimwörterbuch, und das *Kangxi zidian*, ein Zeichenwörterbuch. Tod Leibniz'. ★Erste Kolbenpumpe mit Doppelwirkung in Europa, nach dem Vorbild der chinesischen Gebläse. ☆Ausweisungsedikt gegen die Missionare.

1717 Allgemeiner Atlas Chinas *(Huanyu quanlan tu)*. ☆Die Verbreitung des Christentums wird verboten.

1718 ★Lady Montagu läßt in Konstantinopel ihre Familie mit der chinesischen Methode gegen Pocken impfen.

1719 (ca.): Tod des Malers und Kunsttheoretikers Shitao (Bitterer Kürbis).

1721 ☆Die ersten christlichen Missionare in Burma. ★Tod des Spezialisten für chinesische Mathematikgeschichte Mei Wending.

1722 ★Das *Shuli jingyun*, ein kollektives Werk von vier Mathematikern. ★Das *Lixiang kaocheng*, eine Abhandlung über Astronomie.

1723 Kaiser Yongzheng schickt die Missionare, die nicht im astronomischen Amt arbeiten, nach Macao zurück. ★Edition des *Lisuan quanshu*, eines mathematischen Werks von Mei Wending.

1724 Paraphrase der »Heiligen Instruktionen« Kangxis durch Kaiser Yongzheng. ★Das *Lüli yuanyuan*, eine Sammlung von Werken über das Kalenderwesen, die Mathematik und die Musik.

1727 Tod Newtons.

1728 Die große illustrierte Enzyklopädie *Tushu jicheng* in 10 000 Kapiteln wird fertiggestellt.

1729 Druck der Enzyklopädie *Tushu jicheng* mit beweglichen Lettern. Das *Dayi juemi lu*, ein Werk Kaiser Yongzhengs, in dem die Legitimität der Mandschu-Dynastie gerechtfertigt wird. *Observations . . . aux Indes et à la Chine* von E. Souciet.

1732 ☆Kaiser Yongzheng verwandelt seine ehemalige Residenz im Yonghegong in einen lamaistischen Tempel.

1733 Tod des antikonformistischen Philosophen Li Gong.

1734 Ava wird birmanische Hauptstadt.
1735 Tod Kaiser Yongzhengs.
1736 Thronbesteigung Kaiser Qianlongs.
1738 Die Provinzen stellen ihre Tributlieferungen ein.
1739 Vertrag zwischen den Qing und den Dsungaren. Als Grenze wird das Altai-Gebirge festgesetzt.
1740 Massaker der in Batavia lebenden Chinesen durch die Holländer.
1743 Verbot des Tabakanbaus. Herabsetzung der Anzahl der Handelsschiffe nach Japan.
1746–1749: Aufstände im Jinchuan-Gebiet in Nordwest-Sichuan.
1749 Verbot des Kupferexports.
1751 Endgültige Festsetzung der Qing in Tibet. Reise von Kaiser Qianlong ins untere Yangzi-Gebiet.
1753 Gesandtschaft aus Portugal.
1755 Gründung von Rangoon.
1756–1757: Ausrottung der Dsungaren durch die Streitkräfte der Qing. Eroberung des Ili-Tals.
1757 Kaiser Qianlong reist ins untere Yangzi-Gebiet.
1758–1759: Aufstand der mohammedanischen Bevölkerung des Tarim-Beckens. Die Qing erobern das Tarim-Becken.

1735 Die »Geschichte der Ming« *(Mingshi)* wird vollendet. *Description . . . de la Chine* von J. B. du Halde. ★Das *Gezhi jingyuan* über die chinesischen Entdeckungen auf dem Gebiet der Wissenschaften und der Technik.
1736 Das *Taihai shicha lu*, eine Monographie über Taiwan.
1737 ★Ergänzungen zum *Lixiang kaocheng*, in denen Pater Kögler die Arbeiten von Kepler, Cassini und Newton vorstellt.
1740 (ca.): ★Das *Lülü xinlun* (Neue Abhandlung über die Musikwissenschaft) von Jiang Yong.
1742 ★Das *Shoushi tongkao*, eine Abhandlung über die Landwirtschaft.
1743 Das *Liaoshi shiyi* (Ergänzungen zur Geschichte der Liao) *(Liaoshi)*.
1744 Das *Shiqu baoji*, ein Katalog der Malereien und Kalligraphien der kaiserlichen Sammlung.
1745–1749 (ca.): Das *Rulin waishi* (Der Weg zu den weißen Wolken), ein großer sozialkritischer Roman.
1746 ★In Peking stirbt der Mathematiker und Astronom I. Kögler, der 1717 nach Peking gekommen war. ★Dai Zhen untersucht das *Kaogongji*, ein Werk über die Technik im Altertum.
1747 Der Yuanmingyuan, der Sommerpalast Kaiser Qianlongs, wird im westlichen Stil umgebaut.
1748 Montesquieu: *De l'esprit des lois*.
1749 Das *Xiqing gujian*, ein archäologisches Werk über die Bronzen der Zhou-Zeit und antike Münzen. Tod Nicolas Frérets, des Korrespondenten der Jesuiten von Peking.
1750 (ca.): Das Tarare (Getreidereinigungsmaschine), das in China seit der Han-Zeit in Gebrauch ist, wird in Europa übernommen.
1751 Das *Qingwen huishu*, ein mandschurisch-chinesisches Wörterbuch.
1754 Tod des Romanschriftstellers Wu Jingzi, der das *Rulin waishi* verfaßte.
1755 ★Abhandlung von Dai Zhen über die Kreisberechnung.
1756 Das *Xiaoshan huapu*, eine Abhandlung über die Malerei.
1757 *Designs of Chinese buildings* . . . von William Chambers.
1758 Tod des Spezialisten der Han-Kommentatoren Hui Dong.
1759 ★In Peking stirbt Pater Antoine Gaubil, der erste Historiker der chinesischen Astronomie und Korrespondent von Fréret.

1760 Einrichtung von Militärkolonien im Ili-Tal. Die Birmanen belagern Ayuthya, die Hauptstadt Siams.

1762 Man zählt 200 Millionen Einwohner. Reise Kaiser Qianlongs ins untere Yangzi-Gebiet. Gesandtschaft aus Siam.

1764 Lockerung der für ausländische Kaufleute geltenden Einschränkungen im Kauf von Seide. Einstellung des Handels in Kiachta, aufgrund der Verletzung der Reglemente durch russische Kaufleute.

1765 Die East India Company bemächtigt sich Bengalens. Weitere Reise Qianlongs ins untere Yangzi-Gebiet. Aufstand der Mohammedaner der Oase Usch im Süden des Balchasch-Sees.

1766 Die Qing-Armeen dringen auf der Suche nach aufständischen Eingeborenen in birmanisches Territorium ein. Unruhe im Jinchuan-Gebiet im Nordwesten von Sichuan.

1767 Russische Gesandtschaft. Die Birmanen plündern Ayuthya. Wiederaufnahme des Handels in Kiachta.

1767–1771: Birmanischer Krieg.

1768 Chinesische Niederlage in Burma.

1769 Ende der Einschränkungen des Schwefelimports. Wiederaufnahme der Kämpfe in Burma. Die Qing-Armeen werden durch Tropenkrankheiten dezimiert. Friede mit Burma.

1770 Große Epidemie in Korea.

1771 Aufstand im Becken des Roten Flusses und Erhebung der Brüder Tây-son in Süd-Vietnam.

1773 Die East India Company reißt das Monopol des Opiumhandels an sich.

1774 Kurzer Aufstand der Sekte des Weißen Lotos in Nordchina.

1775 Heshen, ein junger Bannergeneral, wird der Günstling von Kaiser Qianlong. Die Korruption schreitet fort. Man zählt 264 Millionen Einwohner. Birmanische Angriffe in Nord-Siam.

1776 Ende der Aufstände im Jinchuan-Gebiet.

1761 Das *Wuli tongkao*, historische Untersuchungen über das Altertum (262 Kapitel).

1762 stirbt Jiang Yong, der Arbeiten über das Ritual, die Musik, die Astronomie und die Sprachgeschichte verfaßte.

1763 Cao Xueqin hinterläßt bei seinem Tod den unvollendeten großen psychologischen Sittenroman *Der Traum der Roten Kammer* (*Hongloumeng* oder *Shitouji*). ★Tod des Mathematikers und Spezialisten für die Geschichte der chinesischen Mathematik Mei Gucheng.

1765 Tod von Zheng Xie (Zheng Banqiao), einem sehr originellen Dichter, Maler und Kalligraphen.

1767 ★Das *Taoshuo*, eine Abhandlung über Keramik. *Le Despotisme de la Chine* von F. Quesnay.

1768 Tod des Philologen und Historikers Qi Zhaonan.

1769 ★Der *Qianlong-Atlas*, ein kollektives Werk von Jesuitenmissionaren und chinesischen Geographen, das den zeitgenössischen westlichen Arbeiten überlegen ist.

1770 Das *Pingding zhungeer fanglue*, eine Geschichte der Kriege gegen die Dsungaren.

1771 Historische und geographische Monographie über Xinjiang, Qinghai und Tibet (ergänzt um 1782).

1772 »Kommentar zur wörtlichen Bedeutung des Menzius« von Dai Zhen.

1773 ☆Auflösung des Jesuitenordens. Auswahl der Kompilatoren des *Siku quanshu*. ☆Neuerliches Verbot des Christentums in Vietnam.

1774 Tod François Quesnays, des Begründers der Physiokratenschule. ★Das *Kaitai shinsho*, eine japanische Übersetzung der *Ontleedkundige Tafeln* (Amsterdam 1734) (Beginn der »holländischen Studien« in Japan).

1774–1789: Die große »literarische Inquisition« der Qianlong-Ära.

1776 *Lettres édifiantes et curieuses* . . .

1777 Aus Furcht vor der Verbreitung der Feuerwaffen verbieten die Qing ihre Verwendung in den Militärprüfungen. Gesandtschaft aus Siam.

1778 Russische Schiffe in Japan. Unruhen unter den Bauern in Vietnam.

1780 Reise Qianlongs ins untere Yangzi-Gebiet.

1781 Die Qing verweigern den Siamesen das Recht, in Amoy und Ningbo Handel zu betreiben.

1781–1784: Mohammedaneraufstände in Gansu, ausgelöst durch die Gründung einer neuen Sekte durch Ma Mingxin.

1782 Bürgerkrieg in Vietnam. Über 10 000 chinesische Siedler werden in Vietnam massakriert.

1784 Reise Qianlongs ins untere Yangzi-Gebiet. Ende der Mohammedaner-Aufstände in Gansu.

1785 Einführung von Kartoffeln aus Fujian in Henan. Birmanischer Angriff in Siam.

1786 Den Bauern von Henan werden die Territorien zurückerstattet, die sie infolge von Mißernten an reiche Grundbesitzer von Shanxi verkauft hatten. Aufstand der Trias-Gesellschaft in Taiwan.

1787 Ein Staatsstreich setzt in Hanoi der Dynastie der Lê ein Ende.

1787–1788: Der Aufstand in Taiwan wird blutig niedergeschlagen.

1789 Sieg der Tây-son in Vietnam über die Streitkräfte der Qing.

1790 Der neue Kaiser von Dai Viet (Vietnam) besucht Qianlong. Birmanische Gesandtschaft.

1791–1792: Kriegszug der Mandschu-Armeen gegen die Gurkha nach Nepal.

1793 Reglementierung des Handels zwischen Nepal und Tibet. Macartneys Mission in China.

1795–1797: Eingeborenenaufstände in Hunan und Guizhou.

1795–1803: Aufstände der Sekte des Weißen Lotos in Nordchina. Verbot der Opiumeinfuhr.

1777 Tod des Mathematikers, Philologen, Philosophen und bedeutendsten Vertreters der textkritischen Schule *(kaozhengxue)* Dai Zhen.

1780 Das *Sanhe bianlan*, ein großes dreisprachiges Wörterbuch (mandschurisch-chinesisch-mongolisch). ☆Die christlichen Missionare werden aus Burma vertrieben.

1781 Das *Jiezhou xuehua bian*, ein berühmtes Lehrbuch der Landschaftsmalerei.

1782 Vollendung des *Siku quanshu*, der vollständigen Sammlung sämtlicher in chinesischer Sprache geschriebenen Werke, und der Anmerkungen des *Siku quanshu*. Das *Huangyu xiyu tuzhi*, eine illustrierte Geographie Xinjiangs.

1783 Watt übernimmt für die Dampfmaschine das Kolbensystem mit Doppelwirkung, dessen Vorbild der chinesische Blasebalg ist.

1784–1785: Die Jesuitenmissionare sind abermals in einer schwierigen Lage.

1785 *Description générale de la Chine* von Grosier.

1786 Das *Huangchao wenxian tongkao*, eine Geschichte der Institutionen.

1787 stirbt Xia Jingqu, der Autor der *Yesoubuyan* (Worte eines Alten vom Land, der sich an der Sonne wärmt).

1788 Das *Zibuyu* (Was Konfuzius nicht gesagt hat), eine Sammlung von Erzählungen des Dichters Yuan Mei. Tod des Zhuang Cunyu, des Vorläufers der Schule der Klassiker in neuer Schrift des 19. Jh.

1789–1798: Erzählungssammlung des großen Literaten Li Yun, das *Yueweicaotang biji*.

1791–1794: Eingravierung der Klassiker auf Stelen in Peking.

1792 Erste Ausgabe des *Hongloumeng* in 120 Kapiteln.

1794 Tod des Philologen Wang Zhong.

1795 Das *Yangzhou huafang lu*, Beschreibung der Schönheiten von Yangzhou, dem Zentrum des Salzhandels.

1796 Qianlong dankt zugunsten von Jiaqing ab, regiert aber faktisch weiter.

1799 Tod des Kaisers Qianlong und seines Günstlings Heshen. Auflösung der holländischen Ostindischen Kompanie.

1800 Dekret über das Verbot der Opiumeinfuhr sowie die Anpflanzung von Mohn.

1800–1809: Kampf gegen das vietnamesische und chinesische Piratentum an den Küsten Guangdongs, Fujians, Jiangsus und Taiwans.

1802 Eingeborenenaufstände in Yunnan. Aufstand der Trias-Gesellschaft in Guangdong. In Vietnam tritt Kaiser Gia-long, der Gründer der neuen Dynastie der Nguyên, die Macht an.

1803 Ende der Aufstände des Weißen Lotos in Nordchina. Ende der Erhebung der Trias-Gesellschaft in Guangdong.

1804 Angriffe der Piraten an den Küsten Taiwans und Zhejiangs.

1805 Maßnahmen gegen die zum Christentum übergetretenen Chinesen und Kontrolle der ausländischen Werke. Gesandtschaft Burmas und Rußlands.

1806 Neuerliche Angriffe der chinesischen Piraten in Taiwan. Rebellion der Truppe in Shenxi. Die Piraten müssen in Fujian und Zhejiang Zuflucht suchen.

1807 Die Unruhen in den Armeen dehnen sich auf Shenxi und Sichuan aus. Bauernaufstand in Gansu. Englische Handelsschiffe im vietnamesischen Danang (Tourane).

1808 Amoy wird von den Engländern bedroht. Russische Gesandtschaft. Englische Seeleute plündern Nagasaki.

1809 Reglementierung des Außenhandels in Kanton. Endgültige Niederlage der von Wu Zhu angeführten Piraten (über 40 Schiffe und über 800 Kanonen werden beschlagnahmt).

1811–1814: Aufstand der Sekte der Himmlischen Ordnung (Tianlijiao) in Shandong und Hebei.

1811–1816: Besetzung Javas durch die Engländer.

1812 Volkszählung: 361 Millionen Einwohner.

1813 Die Verordnungen über das Opium werden durchgeführt. Die Verschwörung der Anhänger der Sekte der Himmlischen Ordnung, die den Kaiserpalast einnehmen wollen, wird aufgedeckt.

1814 Maßnahmen gegen den Außenhandel, ausgelöst durch den Silberabfluß aus China. Aufdeckung einer anti-mandschurischen Ver-

1796 Tod des Philologen und Philosophen Peng Shaosheng, der von der intuitionistischen Schule der Ming-Zeit beeinflußt war.

1797 Tod des berühmten manieristischen Dichters Yuan Mei und des Philologen Wang Mingsheng.

1799 ★Das *Chourenzhuan* von Ruan Yuan, Aufzeichnungen über die chinesischen Mathematiker und die Geschichte der Mathematik in China.

1801 Tod des Historikers und Philosophen Zhang Xuecheng.

1802 Tod des Philologen Zhang Huiyan.

1804 stirbt Qian Daxin, der Verfasser von mathematischen, geographischen, historischen, epigraphischen und anderen Arbeiten.

1805 Vorwort zum Werk Liu Fenglus über den Kommentar von He Xiu zum *Gongyangshuan*, das erste Manifest der Gongyang-Schule.

1806 Tod des Epigraphikers Wang Chang.

1807 ☆Englische protestantische Missionare in Kanton (Ankunft von R. Morrisson).

1809 stirbt Hong Liangji, der Verfasser von Arbeiten über die Klassiker und über historische Geographie.

1810 ☆Das Predigen des Christentums wird verboten.

1811 ☆Maßnahmen gegen die ausländischen Missionare und die Ausübung des Christentums.

1812 Ein Weltatlas wird von Taiwanesischen Beamten herausgegeben.

1813 Tod des Philologen Qian Dazhao, des Bruders von Qian Daxin.

1814 Das *Quantangwen*, die vollständige Sammlung der Prosawerke der Tang-Zeit (1000 Kapitel). *Mémoires concernant . . . des Chinois.*

schwörung in Jiangxi. Übergriff Siams nach Kambodscha.

1815 Der Opiumhandel wird in einem weiteren Dekret verboten. Das Ende der Napoleonischen Kriege erlaubt die Wiederaufnahme der britischen Kolonialexpansion.

1816 Amhersts Mission in Peking. Die East India Company beschließt, die Opiumeinfuhr nach China auszubauen. Die Holländer sind wieder in Java.

1817 Englische Schiffe in Japan. Verhaftung von über 2000 Mitgliedern der Trias-Gesellschaft in Kanton. Gesandtschaft aus Vietnam in Peking.

1818 Kurze Rebellion von Eingeborenen in Yunnan. Angriffe von javanischen Piraten an den Küsten Vietnams.

1819 Instandsetzungsarbeiten am Großen Kanal in Shandong. Die Engländer setzen sich in Singapur fest.

1820 Aufstand der Trias-Gesellschaft in Guangxi. Russische Gesandtschaft. Verbot des Opiums in Vietnam.

1820–1825: Der Opiumimport hat ein Defizit der chinesischen Handelsbilanz zur Folge.

1821 In Vietnam fordert eine Epidemie 206 835 Todesopfer. Epidemie in Peking.

1822 Verbot des Opiums in allen Häfen. Überschwemmungen im Becken des Yangzi und des Gelben Flusses. Der private Besitz von Feuerwaffen wird verboten.

1823 Zeitweilige Aufhebung der Bestimmungen über den Opiumhandel. Maßnahmen zur Verhinderung der Abwanderung der Nomadenvölker von Qinghai (Kukunor) nach Norden.

1824 Lin Zexu wird mit den Regulierungsarbeiten der Wasserläufe Jiangsus betraut. Verschärfung der Verbote in bezug auf den Opiumhandel in Vietnam.

1825–1830: Eine nationale Erhebung in Java wird durch die Holländer niedergeschlagen.

1826 Aufstand der Trias-Gesellschaft in Taiwan. Versuche, zwischen Jiangsu und Tianjin Reis auf dem Seeweg zu transportieren.

1826–1827: Sezession der mohammedanischen Oasen West-Xinjiangs unter der Führung von Jehangir.

1827 Wiedereroberung Kaschgars und der anderen Oasen West-Xinjiangs.

1828 Hinrichtung Jehangirs in Peking. Überschwemmungen in Jiangsu und Zhejiang. Zwischenfälle zwischen Siam und Vietnam.

1829 Reform der Salzverwaltung durch Wang

1815 Tod Yao Nais, eines Gelehrten orthodoxer Tendenz. Tod des Linguisten und Philologen Duan Yucai, eines Schülers von Dai Zhen. Gründung des *Chinese Monthly Magazine*, der ersten Zeitung in chinesischer Sprache, durch englische Missionare.

1816 Tod des Historikers und Philologen Cui Shu, der die traditionellen Legenden über das frühe chinesische Altertum kritisierte.

1817 ★Tod des Mathematikers Li Rui.

1820 Das *Hailu* von Yang Bingnan über die westlichen Länder. Das *Miaofang beilan*, eine Geschichte der Rebellionen der Miao in den Jahren 1795–1797. Tod Jiao Xuns, des Philologen, Mathematikers, Philosophen und Bewunderers von Dai Zhen.

1821 Das *Xinjiang shilue*, eine Monographie über Xinjiang.

1823 ★Das *Xiyu shuidao ji* über das orographische System und die Hydrographie der Süd- und Nordabhänge des Tianshan.

1825 Das *Jinghuayuan*, ein frauenrechtlerischer Roman des Linguisten Li Ruzhen (gedruckt 1828).

1825–1829: Publikation des *Huangqing jingjie*, eines großen kritischen Werks von Ruan Yuan über die Kommentare der Klassiker.

1827 Das *Huangchao jingshi wenbian*, eine Sammlung von reformfreundlichen Essays sozialen, wirtschaftlichen und administrativen Charakters.

1829 stirbt Liu Fenglu, der Gründer der großen

Fengsheng. Verbot des Opiumhandels in Guangdong.

1830 Französischer Angriff in der Region von Tourane in Vietnam. Volkszählung: 394 780 000 Einwohner. Ab 1830, rasche Zunahme der verbotenen Opiumeinfuhr.

1831 Verschärfung der Gesetzgebung über den Opiumschmuggel. Verbot des Mohnanbaus in Yunnan. Eingeborenenaufstand in Hainan.

1832 Aufstand der Trias-Gesellschaft in Guangdong und Taiwan. Vietnam gestattet den amerikanischen Handelsschiffen in Tourane (Danang) den Handel.

1833 Verbot der Silberausfuhr aus China. Eingeborenenaufstände in Guizhou und Sichuan. Aufstand in Vietnam. Chinesisch-vietnamesisches Piratentum an der chinesischen Küste. Rebellion des Lê Van Khôi in Kotchinchina.

1834 Englische Schiffe bombardieren die Forts von Humen in der Zhujiang-Mündung. Abschaffung des chinesischen Zweigs der East India Company infolge des Aufschwungs des privaten Opiumschmuggels.

1836 Xu Naiji schlägt eine Abgabe auf das Opium und den Kauf chinesischer Waren als Gegenleistung für den Opiumverkauf vor. Aufstand der Trias-Gesellschaft in Guangxi.

1837 Lin Zexu wird zum Gouverneur von Hebei und Hunan ernannt. Neuerliches Verbot der Ausfuhr von chinesischem Silber. Einfuhr von 43 000 Opiumkisten im Jahr 1837. Malakka wird die Hauptstadt der Straits Settlements.

1838 Verschärfung des Opiumverbots.

1839 Lin Zexu trifft als Gouverneur der beiden Guang-Provinzen radikale Maßnahmen gegen den Opiumimport in Kanton, die von seiten der Engländer Piratenaktionen auslösen.

1840 Die Engländer besetzen die Zhousan-Inseln und blockieren die Häfen von Xiamen (Amoy) und Ningbo. Lin Zexu wird abgesetzt, aber die Gespräche mit den Engländern werden abgebrochen.

1841 Wiederaufnahme der englischen Angriffe an der Küste Guangdongs, in Amoy, Ningbo und Schanghai. Im August wird Nanking bedroht.

1842 Vertrag von Nanking (Hongkong wird an Großbritannien abgetreten; Kanton, Schanghai, Amoy, Fuzhou und Ningbo werden für den Opiumhandel geöffnet). Die Engländer besetzen Rangoon.

1843 Erste Exterritorialrechte der Ausländer. Öffnung der Häfen von Schanghai und Ningbo. Hong Xiuquan gründet die *Gesellschaft der Gottesverehrer (Baishangdihui)*.

1844 Eröffnung von Silberbergwerken in den Südwestprovinzen. Die Häfen von Fuzhou und

reformerischen Neutextschule (Gongyang-Schule).

1830 ☆Amerikanische protestantische Missionare in Kanton. Tod des Linguisten und Romanschriftstellers Li Ruzhen.

1832 Tod des großen Philologen Wang Niansun.

1833 Der deutsche protestantische Missionar Gützlaff gründet in Kanton die periodische Zeitschrift in chinesischer Sprache *Eastern-Western Monthly*.

1834 Die Zensur anstößiger Werke wird verschärft. Tod des Philologen Wang Yinzhi.

1835 (ca.): ★Das *Jingjing lingchi*, eine Abhandlung über Optik von Zheng Fuguang.

1836 Monographie über die Küstenverteidigung Guangdongs von Chen Hongchi.

1838 ☆Gründung der Tenri-Sekte in Japan.

1839 ★Kommentare und Erklärungen des Mathematikers Luo Shilin zur berühmten Abhandlung über Algebra von Zhu Shijie, dem *Siyuan yujian* (1303).

1841 stirbt Gong Zizhen, ein Schüler und Fortsetzer von Liu Fenglu (Gongyang-Schule).

1842 Das *Shengwuji* von Wei Yuan, über die Modernisierung der Bewaffnung und die Reform der politischen Institutionen.

1843 stirbt Yan Kejun, der Autor kritischer Editionen alter Werke. ★Das *Suanfa dacheng*, eine mathematische Abhandlung.

1844 Das *Haiguo tuzhi* von Wei Yuan.

Amoy werden den Ausländern geöffnet. Französisch-chinesischer Vertrag von Huangpu.

1845 Aktivität der Trias-Gesellschaft in Guangdong. Mohammedaneraufstand in West-Yunnan. Festlegung der Grenzen der britischen Konzession in Schanghai. Erste Schifffahrtslinie London-Hongkong.

1846 Volkszählung: 421 340 000 Einwohner. Verstärkung der Küstenverteidigung. Neuerlicher Mohammedaneraufstand in Yunnan.

1846–1847: Verbot für chinesische Bauern, sich in Korea niederzulassen (zahlreiche Infiltrationen jenseits der Yalu-Grenze).

1847 In der Folge von Zwischenfällen in Fatshan bei Kanton bombardieren die Engländer die Zhujiang-Mündung und fordern eine Entschädigung. Transport chinesischer Kulis nach Kuba. Französischer Angriff in Vietnam.

1848 Machtdemonstration englischer Kanonenboote vor Kanton. Aufstandsplan der Trias-Gesellschaft in Guangdong, Guangxi und Hunan. Entdeckung von Gold in Kalifornien.

1849 Allgemeine Unruhe in Guangdong. Überschwemmungen in Zhejiang, Anhui und Jiangsu. Französische Konzession in Schanghai. Die Engländer besetzen Pandschab.

1850 Beginn des Taiping-Aufstands in Ost-Guangxi. Tod Lin Zexus.

1851 Volkszählung: 432 Millionen Einwohner. Hong Xiuquan läßt sich zum Himmelskönig ausrufen. Goldbergwerke in Australien. Beginn der Nian-Aufstände in Nordchina.

1852 Besetzung Nieder-Burmas durch Großbritannien.

1852–1853: Vordringen der Taiping in Hunan und im Yangzi-Tal.

1853 Die Taiping machen das von ihnen besetzte Nanking zu ihrer »himmlischen Hauptstadt« (Tianjing). Einführung des *lijin*, einer neuen Abgabe auf den Handelsverkehr. Große Nian-Aufstände.

1853–1854: Die Taiping dehnen sich nach Norden und Westen aus.

1854 Aufstand der Miao in Guizhou. Die Taiping bedrohen Peking. Zeng Guofan organisiert in Hunan die Xiang-Armee. Senggelinqin bringt den Marsch der Taiping gegen Peking zum Stillstand. Die Gesellschaft des kleinen Säbels greift Schanghai an.

1855 Der Gelbe Fluß verlagert seinen Lauf vom Norden in den Süden der Halbinsel Shandong. Niederlage der Taiping in Shandong. Mohammedaneraufstand in Yunnan. Wiedereinnahme von Wuchang durch die Taiping. Vertrag von Kanagawa zwischen Japan und den USA.

1847 ☆Katholische Kirche von Zikawei in einem Vorort Schanghais.

1848 Das *Yinghuan zhilue*, eine Universalgeographie. Tod des Historikers und Geographen Zentralasiens Xu Song. ★Das *Zhiwu mingshi tukao*, ein großes botanisches Werk traditioneller Art.

1849 Tod des Philologen und Mathematikers Ruan Yuan.

1850 Tod des Philologen und Geographen Qian Yiji. Tod des französischen Sinologen Edouard Biot.

1851 ☆Die katholischen Missionare gründen in Schanghai ein Waisenhaus. Tod Fang Dongshus, eines orthodoxen Literaten und Gegner der textkritischen Schule.

1853 Das *Yueyatang congshu*, eine Sammlung literarischer Werke aus Guangdong. ★Tod des Mathematikers Luo Shilin. Um 1853, Tod des Epigraphikers Liu Xihai.

1855 Tod des Spezialisten für agronomische, militärische und administrative Fragen Bao Shichen.

1856 Schwere Niederlage der kaiserlichen Banner bei Nanking. Ermordung Yang Xiuqings, eines der besten Generäle der Taiping. Massaker von Mohammedanern in Yunnan. Ab 1856, Versuch der Zusammenarbeit zwischen den Taiping und den Nian.	1856 Tod des Geographen und Reformers Wei Yuan. Das *Dayingguozhi*, eine aus dem Englischen übersetzte Geschichte Englands.
1857 Bombardierung von Kanton durch die Engländer und Franzosen. Gießereien von Nagasaki.	1857 Die englischen Missionare gründen in Schanghai die Zeitschrift *Liuhe congkan*.
1858 Die französisch-britischen Angriffe auf Changjiang in Jiangsu werden von der Artillerie der Taiping zurückgeschlagen. Li Hongzhang organisiert die Huai-Armee. Vertrag von Tianjin. Vertrag von Aigun, in dem die Territorien östlich des Ussuri Rußland zugesprochen werden.	1858 Das *Shuofang beisheng*, eine Geschichte und Geographie Nordasiens von He Qiutao. Die erste chinesische Zeitung in Hongkong. Amerikanische Missionare gründen in Ningbo die Zeitung *Zhongwai xinbao*.
1859 Hong Rengan tritt bei den Taiping in seinem *Zizheng xinpian* für die Modernisierung und Industrialisierung ein. Die Franzosen besetzen Saigon. Chinesischer Sieg in Dagu über die französisch-britische Flotte. Anlage des Hafens von Nagasaki.	1859 ★Tod des Astronomen und Mathematikers Zou Boqi. ★Das *Tantian*, eine Übersetzung der astronomischen Abhandlung von Herschel. ★Übersetzung von westlichen Werken zur Algebra, analytischen Geometrie und Botanik.
1860 Plünderung Pekings durch die Franzosen und Engländer und Zerstörung des Sommerpalastes (Yuanmingyuan) Kaiser Qianlongs. Konvention von Peking. Sieg Zeng Guofans über die Taiping und die mit ihnen verbündeten Nian.	1860 stirbt Song Xiangfeng, ein Gelehrter der Gongyang-Schule. ★Tod des Mathematikers Xu Youren, eines Spezialisten für Kegelschnitte.
1861 Mohammedaneraufstand in Shenxi und Gansu. Einrichtung des *Zongli yamen* für ausländische Beziehungen. Wiedereroberung von Anqing durch die kaiserlichen Truppen. Abschaffung der Leibeigenschaft in Rußland.	1861 Essaysammlung von Feng Guifen über die Reform der sozialen und politischen Institutionen. Englisches Spital in Peking.
1862 Die mohammedanischen Territorien in Xinjiang trennen sich von China ab. Ausweitung des *lijin* (Transitabgabe) auf alle Provinzen. Schlacht von Nanking. Waffenfabriken von Anqing.	1862 Eröffnung des Tongwenguan von Peking, einer Schule für westliche Sprachen und Wissenschaften. Gründung der Zeitung *Shanghai xinbao* in Schanghai. Tod des Historikers Xu Cai, eines Spezialisten der Südlichen Ming.
1863 Französisches Protektorat in Kambodscha. Die Engländer übernehmen die chinesische Seezollverwaltung. Angriffe der kaiserlichen Truppen auf Nanking. Shi Dakai, der erste General der Taiping, wird in Sichuan geschlagen. Abschaffung des Sklaventums in den USA.	1863 Tod des Philologen der textkritischen Schule Qian Taiji. Bau des Guangfang yanguan in Schanghai, der Entsprechung zum Tongwenguan von Peking. Das *Qing yitong yutu*, eine Karte des Qing-Reichs im Maßstab 1:1 000 000.
1864 Zuo Zongtang nimmt Hangzhou wieder ein. Belagerung und Fall von Nanking. Selbstmord Hong Xiuquans und der wichtigsten Taiping-Führer. Bombardierung Shimonosekis durch die Engländer, Franzosen, Holländer und Amerikaner.	1864 Bau des Tongwenguan von Kanton.
1865 Siegreiche Gegenoffensive der Nian. Bank von Hongkong und Schanghai. Chinesische Anleihe bei englischen Banken. Ende des Khanats von Kokand. Gießereien in Yokohama und Yokosuka.	1865 stirbt Li Tangjie, der Vertreter der orthodoxen Reaktion nach der Taiping-Rebellion. Amerikanisches Spital in Schanghai.

1866 Endgültige Niederschlagung des Taiping-Aufstands. Arsenal von Mawei bei Fuzhou. Zeng Guofan wird mit der Bekämpfung des Nian-Aufstands betraut. Französischer Angriff in Korea.

1867 Die Nian bedrohen Peking, aber Li Hongzhang besiegt sie im letzten Moment. Marineakademie in Fujian. Ehemalige Taiping bilden in Vietnam Milizen (die »Schwarzflaggen«).

1868 Beginn der Meiji-Ära. In China werden die ersten Dampfschiffe gebaut. Zuo Zongtang wird mit der Niederschlagung der Mohammedaneraufstände im Nordwesten betraut.

1869 Eröffnung des Suez-Kanals. Erstes modernes Bergwerk in Japan. Zuo Zongtang gründet in Xi'an eine Waffenfabrik.

1870 Zwischenfälle von Tianjin. Um 1870 ist das Jiangnan-Arsenal von Schanghai eines der größten der Welt.

1871 Die Streitkräfte von Zuo Zongtang erreichen Zentral-Gansu. Die Russen besetzen das Ili-Gebiet. Yakub Beg greift Turfan an. Telegraphische Verbindung Wladiwostok – Nagasaki – Schanghai – Hongkong – Singapur.

1872 stirbt Zeng Guofan. Chinesische Dampfschiffahrtsgesellschaft.

1873 Höchster Opiumimport nach China. Der Mohammedaneraufstand in Yunnan wird nach Massakern und weitreichenden Zerstörungen niedergeschlagen. Ganz Xinjiang steht in Rebellion.

1874 Japanischer Angriff auf Taiwan.

1875 Kaiserin Cixi führt allein die Regierung. Befestigung von Yantai, Weihai und Dengzhou in Shandong. China verbietet den Handel mit Kulis in Macao. Bank von Indochina.

1876 Russische Expansion in Zentralasien. Eisenbahn Schanghai – Wusong.

1876–1877: Zuo Zongtang nimmt Urumtschi wieder ein und schlägt den Mohammedaneraufstand in Xinjiang nieder.

1876–1879: Schwere Hungersnot in Nordchina.

1877 Bergwerke von Tangshan. Konvention von Zhifu, in der den Ausländern sechs weitere Städte geöffnet werden. Yakub Beg, der Aufständischenführer von Xinjiang, verübt Selbstmord.

1878 Ganz Xinjiang wird befriedet. Baumwollspinnerei von Schanghai.

1868 Tod des Dramatikers Huang Xieqing. Der *Chinese Recorder*, eine in Fuzhou erscheinende amerikanische Zeitung.

1869 Ein Werk von Wang Dai über Yan Yuan und Li Gong, antikonformistische Philosophen des 17. und beginnenden 18. Jh. Das *Pingding yuekou jilue*, eine Geschichte des Kampfes gegen die Taiping.

1871 Das *Faguo zhilue*, eine Kurzfassung der Geschichte Frankreichs von Wang Tao.

1872 ★Das astronomische Observatorium von Zikawei (Vorort von Schanghai) wird von französischen Missionaren geschaffen. Entsendung von 32 Studenten in die USA. Das *Pufa zhangji*, eine Geschichte des französisch-preußischen Krieges von Wang Tao. Gründung der Zeitung *Shenbao* in Schanghai.

1873 Tod des Gelehrten und Philosophen Wang Dai. Tod des französischen Sinologen Stanislas Julien.

1874 Japaner führen in Schanghai die Rikscha ein. Tod des Reformers Feng Guifen. Wang Tao gründet in Hongkong die Tageszeitung *Xunhuan ribao*.

1875 »Worte über die Veränderung« von Zheng Guanying. Schaffung der Zeitung *Wanguo gongbao* in Schanghai. ★Um 1875, Tod des Mathematikers Ding Quzhong.

1876 Entsendung von Studenten nach England und Frankreich. ★Gründung des *Chinese scientific Magazine*.

1877 Gründung der Guangxuehui, Society for the diffusion of christian and general knowledge among the Chinese.

1879 Vertrag von Livadija, der Rußland den größten Teil des Ili-Gebiets zuspricht. Wu Ketan begeht aus Protest gegen die Verletzung der Nachfolgeregeln durch Cixi Selbstmord.

1880 Beginn mit dem Bau einer neuen Kriegsflotte unter der Leitung von Li Hongzhang. Marineakademie von Tianjin. Die USA verbieten die Einwanderung von Chinesen.

1881 Rußland gibt China gegen Entschädigung einen Teil der Ili-Gebiete wieder zurück. 114 km Eisenbahnlinien in Japan.

1882 Die Neuen Territorien (Xinjiang) werden in eine Provinz umgewandelt. Elektrizitätswerke von Schanghai. Französischer Angriff auf Hanoi.

1883 Französische Angriffe in Zentral-Vietnam. Konflikt zwischen China und Frankreich.

1884 Ausweitung der französischen Angriffe auf das Becken des Roten Flusses. Als Repressalie gegen die Vietnam geleistete chinesische Hilfe bombardieren die Franzosen Städte in Fujian und Taiwan und versenken eine chinesische Flotte der Werften von Mawei.

1885 Besetzung Ober-Burmas durch die Engländer. Feng Zicai besiegt die Franzosen in Langson an der chinesisch-vietnamesischen Grenze. Tod Zuo Zongtangs. Ende des französisch-chinesischen Kriegs. Chinesisch-japanischer Vertrag über die Korea-Frage. Eisenbahngesellschaft der Bergwerke von Tangshan.

1886 Die Schule für Militäringenieure von Tianjin. Waffenfabrik von Schanghai.

1887 Befestigung von Wusong und Jiangyin im unteren Yangzi-Gebiet. Schwere Überschwemmungen des Gelben Flusses.

1888 Eröffnung der Eisenbergwerke von Daye in Hubei. Aufbau der Flotte der Nordzone. Ab 1888, große Ausgaben für den Ausbau des Yiheyuan, des Sommerpalastes der Kaiserin Cixi im Nordwesten von Peking.

1889 Waffenfabrik in Wuhan. Cixi tritt die Macht an Kaiser Guangxu ab.

1890 Gießereien in Hanyang. Agitation der Geheimgesellschaft Gelaohui im mittleren Yangzi-Gebiet. Goldbergwerke in Transvaal.

1892 Aus Angst vor Aufständen verbietet China den Ausländern den Verkauf von Waffen an Privatleute. Antichristliche Unruhen in Changsha.

1893 Die Franzosen gründen in Laos ein Protektorat. Eisenbahn von Taiwan. Eisenbahn Peking–Shanhaiguan.

1894 Der Tonghak-Aufstand in Korea löst den chinesisch-japanischen Krieg aus. Schwere

1879 »Skizze einer Außenpolitik« von Xue Fucheng, eine Apologie des nationalen Kapitalismus. Das *Shiwanjuanlou congshu*, eine Sammlung seltener Texte von Autoren von der Hanbis zur Yuan-Zeit.

1881 Projekte für Volks-, Mittel- und Pädagogische Hochschulen.

1882 ★Tod des Mathematikers Li Shanlan. Tod des enzyklopädischen Gelehrten Chen Li.

1884 Tod des Malers und Kalligraphen Zhao Zhiqian.

1885 Gründung des Verbandes der christlichen Jugend in Fuzhou.

1887 Zhang Zhidong gründet in Kanton den Verlag *Guangya shuju*. Das *Ribenguozhi* (Geschichte Japans) von Huang Zongxian.

1889 Zweite Internationale.

1890 Tod des Bibliographen und Archäologen Pan Zuyin.

1891 Tod des Diplomaten und Gelehrten Guo Songdao. Das *Xinxue weijing kao* von Kang Youwei.

1893 Zhang Zhidong gründet in Wuhan eine moderne Schule mit vier Abteilungen: Fremdsprachen, Mathematik, Naturwissenschaften und Handel. Tod Hong Juns, eines Diplomaten und Spezialisten der mongolischen Geschichte.

1894 Tod des Bibliographen Lu Xinyuan.

chinesische Niederlagen. Webereien von Schanghai. Spinnereien und Webereien von Hubei. Eisenbahn Tianjin – Schanghai. Sun Yat-sen (Sun Wen) gründet die Xingzhonghui.

1895 Vertrag von Shimonoseki: Taiwan und die Penghu-Inseln (Pescadores) an Japan, Kriegsentschädigung von 200 Millionen *liang*. Reformmanifest von Kang Youwei und Liang Qichao. Sun Yat-sen flieht nach Japan.

1896 Gründung des Chinesischen Postdienstes. Chinesisch-russisches Abkommen über den Bau der transmandschurischen Eisenbahn. 30 Millionen *liang* an Japan für die Evakuierung von Liaodong. Anleihe von 100 Millionen *liang* bei einem englisch-deutschen Bankenkonsortium, um die Entschädigung von Shimonoseki zu bezahlen.

1897 Deutschland annektiert die Region von Qingdao in Shandong. Militärakademie von Tianjin. Japan nimmt den Goldstandard an.

1898 Die Engländer annektieren die Region von Weihai in Shandong, die Russen diejenige von Dalian und Lüshun in Liaodong. Die USA schlagen den nationalen Widerstand auf den Philippinen blutig nieder. Scheitern der 100-Tage-Reform. Hinrichtung des Reformers Tan Sitong. Die transsibirische Eisenbahn erreicht Irkutsk. Gründung der Tōa dōbunkai, Vereinigung zur Verbreitung des japanischen Einflusses in Ostasien. Tod Liu Mingchuans, der in Taiwan für die Modernisierung eintrat.

1899 Die Franzosen annektieren die Region von Zhanjiang (Guangzhouwan) in West-Guangdong. Ende der Exterritorialrechte in Japan. In Jiangsu gründet Zhang Jian die Dasheng-Baumwollfabriken.

1900 Die Boxer besetzen Peking und belagern die Gesandtschaften. Internationaler Feldzug nach Peking und Kriegserklärung an China. Eine britische Gesellschaft kauft die Kaiping-Bergwerke zurück.

1901 Boxerentschädigungen: 450 Millionen Silberdollar. Tod Li Hongzhangs.

1902 Tod des Militärgouverneurs des unteren Yangzi-Gebiets Liu Kunyi.

1903 Tod des Oberkommandierenden der kaiserlichen Streitkräfte Ronglu. Die transsibirische Eisenbahn erreicht Lüshun (Port Arthur). Publikation des *Gemingjun* (Die Revolutionsarmee) von Zou Rong.

1895 Kang Youwei gründet in Schanghai die Qiangxuehui (Gesellschaft zur Untersuchung der Macht) und gründet mit Liang Qichao die Zeitung *Qiangxuebao*. Tod des englischen Sinologen T. F. Wade. Das *Taixi xinshi lanyao*, eine Übersetzung von *The nineteenth century* von R. Mackenzie.

1896 Kang Youwei verfaßt das *Datongshu*, eine politische und gesellschaftliche Utopie. Das *Yongshu*, Vorschläge für politische Reformen von Chen Zhi. Das *Xixue shumu biao* von Liang Qichao, ein Katalog der Übersetzungen westlicher Werke ins Chinesische.

1897 Das *Kongzi gaizhi kao* von Kang Youwei. Tod Wang Taos und des schottischen Sinologen J. Legge. Gründung der Commercial Press, eines großen Verlagshauses in Schanghai. Yan Fu übersetzt *Evolution and Ethics* von T. Huxley.

1898 ★Das *Guijin suanxue congshu*, eine Sammlung von chinesischen und westlichen mathematischen Werken.

1899 Entdeckung der Inschriften vom Ende des 2. Jahrtausends. Das *Yanjing suishi ji* über Feste und Bräuche in Peking.

1900 Übersetzung des *Wealth of Nations* von Adam Smith durch Yan Fu. Entdeckung der Papiermanuskripte von Dunhuang (5.–10. Jh.). Tod Shenyus, eines Spezialisten der mongolischen Geschichte.

1901 Das *Laocan youji*, ein Roman von Liu E.

1902 ★Tod des Mathematikers Hua Hengfang. Tod des Archäologen und Kalligraphen Wu Dacheng. Gründung der Hochschule von Peking. Gründung der Zeitung *Dagongbao* in Tianjin.

1903 Yan Fu übersetzt *On Liberty* von J. S. Mill. Gründung der Fudan-Universität in Schanghai.

1904 Das Vordringen der Russen im Nordosten löst den russisch-japanischen Krieg aus.

1905 Der russisch-japanische Krieg endet nach der Zerstörung der russischen Flotte in Tsushima mit einem klaren Sieg Japans. Allgemeiner Boykott gegen amerikanische Produkte. Sun Yatsen gründet in Tokyo die »Liga der Verbündeten« (Tongmenghui). Die Eisenbahnlinie Peking–Hangkou wird fertiggestellt.

1906 Japan gründet die South Manchurian Railways.

1907–1908: Sun Yat-sen und Huang Xing in Hanoi.

1908 Tod der Kaiserin Cixi und des Ex-Kaisers Guangxu.

1909 stirbt Zhang Zhidong, der Gouverneur der beiden Hu und Initiator großer Industrieprojekte. Yuan Shikai wird vom Hof entlassen.

1910 Erlaß eines neuen Codex, der vom Westen inspiriert ist. Japan annektiert Korea (Ende der koreanischen Dynastie der Yi). Aufteilung Nordostchinas in eine russische und eine japanische Einflußzone.

1911 Scheitern des von Sun Yat-sen in Kanton organisierten Aufstandes, Versuch der Nationalisierung der Eisenbahnen. Am 10. Oktober: republikanischer Aufstand in Wuchang. Am 27. Oktober wird Yuan Shikai zum Oberbefehlshaber der Nord-Armeen ernannt. Die Äußere Mongolei gerät unter russische Kontrolle.

1912 Am 1. Januar gründet Sun Yat-sen in Nanking die chinesische Republik. Am 12. Februar dankt Kaiser Xuantong ab. Am 14. Februar tritt Sun Yat-sen die Macht an Yuan Shikai ab, der die republikanische Regierung nach Peking verlegt. In Kanton wird die republikanische Partei Vietnams gegründet (Viêt Nam Quang Phuc Hôi).

1913 Ermordung Song Jiaorens, eines Verteidigers des republikanischen Regimes. Yuan Shikai beseitigt die Fassade einer parlamentarischen Demokratie. Ein internationales Bankenkonsortium gewährt Yuan Shikai ein Darlehen von 25 Millionen Pfund Sterling.

1914 Yuan Shikai löst das Parlament auf. Beginn des ersten Weltkriegs. Die Japaner besetzen die deutschen Besitzungen in Shandong. Zentral- und West-Tibet unter britischer Kontrolle.

1915 Die Äußere Mongolei wird de facto in ein russisches Protektorat umgewandelt. Die 21 Forderungen Japans. Die Günstlinge Yuan Shikais wenden sich gegen ihn.

1904 Tod des modernistischen Dichters Huang Zongxian und des Spezialisten für die Geschichte der Mongolei Wen Tingshi.

1905 Durch die »Essays von Jing'an« von Wang Guowei werden Nietzsche und Schopenhauer bekannt. Yan Fu übersetzt das *System of Logic* von J. S. Mill. Abschaffung der traditionellen Beamtenprüfungen.

1906 Tod des Romanschriftstellers Li Baojia (Li Boyuan). Um 1906 sind rund 1300 chinesische Studenten in Japan.

1907 Tod des Dichters und Historikers Yu Yue.

1907–1908: Die Zeitung der chinesischen Anarchisten *Xin shiji, Le Nouveau Siècle*, erscheint in Paris.

1908 Tod des Philologen Sun Yirang. Gründung der Tongji daxue (Hochschule für öffentliche Arbeiten) in Schanghai.

1909 Übersetzung von Montesquieus *De l'esprit des lois* durch Yan Fu.

1910 Tod des Romanschriftstellers Wu Woyao und des japanischen Sinologen Sone Toshitora. Eröffnung von Hochschulen in Nanking und Chengdu durch amerikanische Missionare.

1912 Allgemeine Reform des Unterrichtswesens. Gründung der Universität von Shanxi. Die Hochschule von Peking (Jingshi daxuetang) wird in eine Universität umgewandelt. Gründung der chinesischen Ingenieursgesellschaft.

1914 ★Einrichtung des chinesischen geologischen Instituts unter der Leitung von Ding Wenjiang. Tod des Philologen und Historikers Yang Shoujing.

1915 Gründung der Zeitschrift *Xin qingnian* in Schanghai. Tod des Journalisten Huang Yuanyong. Das *Songyuan juqu shi* (Geschichte des Theaters der Song und der Qing) von Wang Guowei.

1916 Tod Yuan Shikais und Huang Xings, des Mitbegründers der chinesischen Republik. Beginn der *Warlord*-Periode.	
1917 Oktoberrevolution.	1917 *Vorschläge für eine literarische Reform* von Hu Shi. *Über die literarische Revolution* von Chen Duxiu. Gründung der Bibliothek und des Forschungszentrums für Asienkunde, *Tōyō bunko*, in Tokyo.
1918 Japaner und Engländer besetzen Wladiwostok, das 1922 geräumt wird.	1918 Gründung der Zeitschrift *Renaissance* an der Universität von Peking. Das *Tagebuch eines Verrückten* von Lu Xun. Tod des Dichters Su Manshu. Entdeckung des Pekingmenschen in Zhoukoudian. Tod des französischen Sinologen E. Chavannes.
1919 Die chinesische Wirtschaft hat sich während der Atempause des ersten Weltkriegs erholt. Im Vertrag von Versailles werden Japan die ehemaligen deutschen Besitzungen in China zugesprochen. Vierte-Mai-Bewegung.	1919 Große literarische und geistige Erneuerungsbewegung des 4. Mai. »Geschichte der chinesischen Philosophie« von Hu Shi. Gründung der Universität von Tianjin.
1920 Chen Jiongming, *warlord* von Guangdong, nimmt Sun Yat-sen und seine republikanische Regierung auf.	1919–1921: John Dewey in China.
1921 In Schanghai wird von einigen Intellektuellen die kommunistische Partei gegründet. In Kanton wird eine von Sun Yat-sen geleitete nationalistische Regierung gebildet. Peng Pai organisiert in der Nähe von Kanton die ersten Bauernvereinigungen.	1921 stirbt Yan Fu, der westliche philosophische Werke ins Chinesische übersetzte und adaptierte. Gründung der Gesellschaft für das Studium der Literatur und der Gesellschaft »Schaffen«.
1922 Die britischen Truppen schießen in Hongkong auf streikende Seeleute. Chen Jiongming wendet sich gegen Sun Yat-sen. Japan wird in der Konferenz von Washington gezwungen, China die Territorien in Shandong zurückzuerstatten.	1922 Gründung der Zeitschrift »Schaffen«. »Die Zivilisationen des Orients und des Okzidents und ihre Philosophien« von Liang Shuming.
1923 Sowjetrußland beschließt, Sun Yat-sen zu unterstützen, der sich erneut in Kanton festsetzt und Chiang Kai-shek zu Ausbildungszwecken in die Rote Armee entsendet. Wu Peifu schlägt den Streik der Eisenbahnarbeiter der Linie Peking–Hankou blutig nieder.	1923 Gründung der Zeitschrift für Sinologie *Guoxue jikan*. Große Debatte zwischen »Scientisten« und »Metaphysikern«.
1924 Parteitag der Guomindang in Kanton. Eröffnung der Militärakademie von Huangpu (Whampoa) bei Kanton. Tod Lenins.	1924 stirbt Lin Shu, der westliche literarische Werke ins Chinesische übersetzte und adaptierte.
1925 Am 12. März stirbt in Peking Sun Yat-sen, der zu Gesprächen mit der Clique der Generäle dorthin gekommen war. Zwischenfälle vom 30. Mai in Schanghai und vom 23. Juni in Kanton. Arbeiterunruhen in Schanghai, Hongkong und Kanton; Streiks und Boykott gegen die ausländischen Waren. 1. Juli: nationalistische Regierung von Kanton.	1925 Eröffnung des Museums des ehemaligen Kaiserpalastes in Peking (Gugong bowuguan).
1926 Chiang Kai-shek schaltet die Kommunisten aus den leitenden Stellungen aus. Im Juli: Beginn des Nordfeldzuges *(beifa)*. Stalin tritt für die Präsenz verschiedener Tendenzen innerhalb der Guomindang ein. Die nationalistische Regierung wird nach Wuhan verlegt.	1926 ★Gründung der chinesischen Gesellschaft für Physiologie.

1926–1927: Bauernvereinigungen von Hunan.

1927 Chiang Kai-shek schlägt in Schanghai die Revolution nieder und zerschlägt die Arbeiterbewegung. Er bildet eine eigene Regierung in Nanking. Aufspaltung in den Reihen der Guomindang. Die Japaner landen in Shandong. In Peking werden ungefähr 30 Kommunisten hingerichtet. Die ersten chinesischen Sowjets in den Jinggang-Bergen zwischen Hunan und Jiangxi. Die Kommune von Kanton.

1928 Chiang Kai-shek organisiert einen zweiten Feldzug nach Norden. Einnahme von Peking. Zhu De und Lin Biao stoßen in den Jinggang-Bergen zu Mao Tse-tung.

1929 Rebellion der Generäle der Guangxi-Clique gegen Chiang Kai-shek. Sowjetrepublik in Süd-Jiangxi. Die Guomindang läßt Peng Pai hinrichten, den Organisator von Bauernvereinigungen. Tod Liang Qichaos, der für eine konstitutionelle Monarchie eintrat.

1930 Gründung von kommunistischen Parteien in Indochina, Malaya und auf den Philippinen.

1930–1934: Einkreisungsfeldzug gegen die Sowjetzone von Jiangxi.

1931 Die Japaner besetzen die Mandschurei (18. September).

1932 Japanischer Angriff auf Schanghai. Die Japaner schaffen den Staat Manshūkoku (Mandschukuo). Japanische Angriffe in Nordchina.

1933–1935: Vormarsch der Japaner in Nordchina.

1934 Beginn des Langen Marsches *(changzheng)*. Abfluß des chinesischen Silbers infolge von amerikanischen Ankäufen. Währungsreform der Regierung von Nanking und Kontrolle des Bankensektors durch die Guomindang. Chiang Kai-shek startet die Bewegung »Neues Leben«.

1935 Konferenz von Zunyi (Nord-Guizhou), in der Mao Tse-tung wieder als kommunistischer Parteichef eingesetzt wird. Die Japaner gründen die »Autonome Region von Ost-Hebei«. Ankunft der Überlebenden des Langen Marsches in Nord-Shenxi. Studentendemonstrationen in Peking gegen die japanische Herrschaft in Nordchina.

1936 Tod Hu Hanmins, eines Mitglieds des rechten Guomindang-Flügels, und des Philosophen und Revolutionärs Zhang Binglin. Tod Zhang Jians, des Gründers von Industrieanlagen und Schulen in Jiangsu. Am 6. Dezember wird in Xi'an Chiang Kai-shek gefangengenommen und gezwungen, seine Anstrengungen von nun an gegen die Japaner zu richten.

1937 Sowjetregierung von Yan'an (Randgebiet

1927 Selbstmord des Philologen und Historikers Wang Guowei.

1927–1937: Wissenschaftliche Ausgrabungen an der Stelle der letzten Hauptstadt der Shang bei Anyang (14.–11. Jh. vor Chr.).

1928 Tod des Philosophen Gu Hongming. Gründung der Qinghua-Universität in Peking (ehemalige Mittelschule).

1930 Gründung der Liga der linken Schriftsteller.

1932 ★Gründung der chinesischen Gesellschaft für Physik. »Untersuchungen zur chinesischen Gesellschaft des Altertums« von Guo Moruo. Tod des Philologen der Gongyang-Schule und Inspirators von Kang Youwei Liao Ping.

1933 ★Gründung der chinesischen Gesellschaft für Chemie. Tod des Soziologen Yan Quan.

1934 Tod des japanischen Sinologen Naitō Torajirō. »Geschichte der chinesischen Philosophie« von Feng Youlan. Tod des Romanschriftstellers Zeng Pu, der Victor Hugo und A. Dumas übersetzte.

1935 Publikation des *Datongshu* von Kang Youwei. Gründung der chinesischen Gesellschaft für Philosophie. ★Gründung der chinesischen Gesellschaft für Mathematik.

1936 Tod des großen Romanschriftstellers Lu Xun (Zhou Shuren), des Philologen und Historikers Wang Shunan und des revolutionären Gelehrten Zhang Binglin. ★Tod des Geologen Ding Wenjiang.

1937 Tod des Dichters Chen Sanli.

von Shenxi, Ningxia und Gansu). Die Japaner lösen eine allgemeine Offensive in Nordchina aus (7. Juli) und bemächtigen sich aller Großstädte. Im November besetzen sie Schanghai. Im Dezember fällt Nanking. Bildung einer neuen Sowjetzone aus den Provinzen Shanxi, Hebei und Chahar.

1938 Um den japanischen Vormarsch aufzuhalten, zerstören die nationalistischen Armeen Dämme des Gelben Flusses, der seinen Lauf gegen den mittleren Huai hin verlegt. Die nationalistische Regierung zieht sich von Hankou nach Chongqing zurück. Die Japaner besetzen Kanton und Hankou. Erfolge der Kommunisten in Henan, Shandong und Zhejiang. Große nationalistische Offensive gegen die kommunistischen Basen in Nordwesten.

1939 Die Japaner dringen auf die Insel Hainan vor. Beginn des zweiten Weltkriegs.

1940 Wang Jingwei gründet in Nanking eine von Japan abhängige Marionettenregierung. Die Japaner setzen sich in Vietnam fest.

1941 Die Sowjetunion schließt mit Japan einen fünfjährigen Nichtangriffspakt ab. »Liga für die Unabhängigkeit Vietnams« (abgekürzt: Viêtminh). 7. Dezember: Pearl Harbour. Die USA greifen in den zweiten Weltkrieg ein.

1942 Die Japaner besetzen ganz Südostasien und schneiden den Weg über Burma ab. Die USA und Großbritannien verzichten auf ihre Exterritorialrechte in China.

1942–1943: Hungersnot in Henan (schätzungsweise 2 Millionen Tote).

1944 stirbt Wang Jingwei, der Regierungschef der projapanischen Regierung. Ausweitung der japanischen Besetzung auf Henan und Südchina.

1945 Die Japaner werden aus Burma vertrieben. 14 August: Japanische Kapitulation. Besetzung der Mandschurei durch russische Truppen. Die kommunistischen und die nationalistischen Streitkräfte, die von den Amerikanern unterstützt werden, rivalisieren in der Bemühung, soviel Territorium wie möglich zu besetzen. Unabhängigkeitserklärung Vietnams.

1945–1949: Kampf der Niederlande gegen die indonesische Unabhängigkeitsbewegung.

1946 Die Sowjetunion gibt Shenyang (Mukden) an die Nationalisten zurück und zieht sich aus der Mandschurei zurück, wobei sie die großen Fabriken demontiert und nach Europa transportiert. Bombardierung Haiphongs durch die Franzosen: Beginn der französisch-vietnamesischen Feindseligkeiten. Philippinische Republik.

1938 ★Die biochemische Forschung erreicht ein internationales Niveau.

1940 Tod des Philologen Luo Zhenyu, des Philosophen Cai Yuanpei und des Darwin-Übersetzers Ma Junwu. Das *Dongshu jicheng*, eine große Textsammlung.

1941 (ab): Systematische Übersetzung der großen westlichen Philosophen.

1942 Eingreifen Mao Tse-tungs in die Literatur- und Kunstgespräche von Yan'an. Tod des Dramatikers Xiaohong und des Gründers der chinesischen kommunistischen Partei Chen Duxiu.

1945 Tod des Romanschriftstellers Yu Dafu in Sumatra. »Das Bronzezeitalter« und »Zehn kritische Studien« von Guo Moruo. Tod des japanischen Spezialisten für die Geschichte des chinesischen Buddhismus Tokiwa Daijō.

1947 Militärische Erfolge der Nationalisten, die Yan'an und Nanking einnehmen. Vormarsch der Kommunisten in der Mandschurei. Unabhängigkeit Burmas. Aufstand in Taiwan gegen die nationalistische Regierung.

1948 Chiang Kai-shek wird in Nanking zum Präsidenten der Republik gewählt. Die Volksbefreiungsarmee nimmt Yan'an wieder ein. Bildung einer Volksregierung in Nordchina. Der Gelbe Fluß verlagert sich vom Süden nach dem Norden Shandongs und nimmt damit den Verlauf von 1855. Malaiische Föderation.

1949 Die Kommunisten besetzen ganz Nordchina. Die Volksarmee überquert den Yangzi und besetzt Schanghai und Nanking. Am 1. Oktober wird in Peking die chinesische Volksrepublik ausgerufen. Die nationalistische Regierung flieht nach Taiwan.

1950 Vertrag zwischen der Sowjetunion und der chinesischen Volksrepublik. Heiratsgesetz. General Mac Arthur stellt Taiwan unter den Schutz der 7. Flotte. Im Oktober Beginn des Korea-Kriegs und der chinesischen Intervention in Korea.

1951 Die Volksarmee marschiert in Tibet ein. Mac Arthur wird aus Japan zurückgerufen. Kampagne gegen Konterrevolutionäre.

1952 Erste große Umerziehungskampagne: gegen die Korruption, die Verschwendung und die Bürokratie. Die Sowjetunion gibt China die mandschurische Eisenbahn zurück.

1953 Erster Fünfjahresplan. Ende des Korea-Kriegs. Volkszählung: 601 Millionen Einwohner. Am 5. März stirbt Stalin.

1954 Französische Niederlage in Vietnam. Frankreich zieht sich aus Indochina zurück. Unterzeichnung des Südostasien-Paktes. Verteidigungspakt zwischen den USA und der chinesischen Republik Taiwan. Erste Kampagne für Geburtenkontrolle. Vertrag über friedliche Koexistenz zwischen China und Indien.

1955 Kampagne gegen »abweichlerische« Intellektuelle. Konferenz von Bandung.

1956 20. kommunistischer Parteitag in Moskau. »Entstalinisierung«. Beginn der sogenannten Kampagne der »Hundert Blumen«. Fast vollständiges Verschwinden der Privatunternehmen. 8. Parteitag der KPCh.

1957 Chinesisch-sowjetisches Wirtschaftsabkommen (Hilfe an China auf dem Gebiet der Atomkraft). Abwanderungsbewegung vom Land in die Städte. Ende der Periode der »Hundert Blumen«.

1958 Beginn des »Großen Sprungs nach vorn« *(dayuejin)*. Schaffung der Volkskommunen. Zweiter Fünfjahresplan. Die Anzahl der städ-

1947 ☆Tod des Mönchs Taixu, des Gründers einer buddhistischen Erneuerungsbewegung.

1948 Ermordung des Dichters Wen Yiduo in Kunming.

1949 Tod des aus Sichuan stammenden Schriftstellers Wu Yu, der für eine radikale Kritik der klassischen Traditionen eintrat.

1953 Tod des anarchistischen Denkers Wu Zhihui.

1954 Gründung der Zeitschrift *Lishi yanjiu* (Historische Forschungen).

1955–1960: *Allgemeine Geschichte des chinesischen Denkens* unter der Leitung von Hou Wailu.

1956 Zwölfjahresplan für Forschungen in der Agronomie, in Natur- und Humanwissenschaften.

1958–1961: Schwierige Periode für die Wissenschaftler während des Großen Sprungs nach vorn.

tischen Arbeiter ist seit 1957 von 9 auf schätzungsweise 23,7 Millionen angewachsen. Besiedlung des Nordwestens und Xinjiangs durch Chinesen.

1959 Aufstand in Tibet. Liu Shaoqi löst Mao Tse-tung als Staatschef ab. Peng Dehuai verliert seinen Posten als Verteidigungsminister.

1960 Im August zieht die Sowjetunion alle Techniker aus China ab und stellt ihre Wirtschaftshilfe ein. Die Jahre 1960 und 1961 sind eine Zeit allgemeinen Mangels.

1961 Der Landwirtschaft wird erneut Priorität eingeräumt.

1962 Konflikt zwischen Indien und China wegen der Himalaja-Grenze. Militärische Überlegenheit Chinas.

1963 Beginn des Rückstroms von den Städten aufs Land.

1964 Im August beginnt Amerika mit der Bombardierung Nordvietnams. Im Oktober erster chinesischer Atomversuch.

1965 Das Eisenbahnnetz erreicht eine Länge von 36 000 km. Sturz Sukarnos und Zerschlagung der kommunistischen Partei Indonesiens.

1966 Dritter Fünfjahresplan. Beginn der »Großen proletarischen Kulturrevolution«.

1967 Beginn der Unruhen. Rückgang der Produktion. Wasserstoffbombe.

1969 Chinesisch-sowjetische Zwischenfälle am Ussuri. 9. Parteitag der KPCh.

1971 Ausschaltung von Lin Biao. Beitritt Chinas zur UNO.

1972 Präsident Nixon besucht China.

1973 10. Parteitag der KPCh.

1974 Beginn der Kampagne gegen Lin Biao und der Antikonfuziuskampagne.

1976 Tod Zhou Enlais (8. Januar) und Mao Tsetungs (9. September).

1961 Guan Feng kritisiert Zhuangzi. Tod des Mathematikers Ren Hongjun.

1962 Tod des pragmatischen Philosophen Hu Shi.

1963 Reform des Theaters.

1966 Die Kulturrevolution führt ab 1966 zur Lahmlegung des gesamten Gebiets der Humanwissenschaften, mit Ausnahme der Archäologie. Diktatur der Frau Mao Tse-tungs Jiang Qing auf dem Gebiet der Kunst und der Literatur.

BIBLIOGRAPHIE

Da das vorliegende Buch im Prinzip nicht für ein Fachpublikum bestimmt ist, wurden in die Bibliographie keine Publikationen in chinesischer und japanischer Sprache aufgenommen, obwohl sie die große Masse der Arbeiten über China und seine Randgebiete ausmachen. Die folgenden Literaturangaben sind daher notwendigerweise sehr unvollständig.

Die Bibliographie wurde den Bedürfnissen der deutschen Leser angepaßt und durch Literatur in deutscher Sprache ergänzt. Außerdem wurde sie auf den neuesten Stand gebracht.

Für nähere Hinweise benutze man folgende bibliographische Werke:

H. CORDIER, *Bibliotheca sinica*, 4 Bde., Paris, Guilmoto, 1904–1908, und Geuthner, 1924.

Tung-li YUAN, *China in Western Literature*, Yale University, 1958.

Annual Bibliography of Oriental Studies, Kyoto, Jimbun kagaku kenkyūjo, Kyoto University, 1935 ff.

Revue bibliographique de sinologie, Paris-La Haye, Mouton, 1955 ff.

Bulletin of Far Eastern Bibliography, New York, 1936–1957 (Anhang des *Far Eastern Quarterly)*

Journal of Asian Studies: bibliographischer Anhang seit 1957.

H. FRANKE, *Sinologie*, Bern, A. Francke, 1953 (ein Forschungsbericht zur Lage der Sinologie).

J. LUST, *Index sinicus*, 1920–1955, Cambridge, Heffer, 1964 (eine Sammlung von Artikeln aus Periodika der Jahre 1920–1955).

L. C. GOODRICH und H. C. FENN, *A Syballbus of the History of Chinese Civilization and Culture*, New York, The China Society of America, 1958.

C.O. HUCKER, *China, a Critical Bibliography*, Tucson, 1962.

G. W. SKINNER (Hg.), *Modern Chinese Society, an analytical bibliography: 1. Publications in Western languages, 1644–1972*. Stanford University Press, Stanford, California, 1973.

R. HOFFMANN, *Bücherkunde zur chinesischen Geschichte, Kultur und Gesellschaft*, München, Weltforum V., 1973, 518 S.

I. PERIODIKA

Acta Orientalia Academiae Scientiarum Hungaricae, Budapest, 1950 ff.

Archiv Orientální, Prag, 1929 ff.

Archives of the Chinese Art Society of America, New York, 1945 ff.

Ars Orientalis, Washington, 1945 ff.

Artibus Asiae, Ascona – New York, 1925 ff.

Asia Major, London, 1949 ff.

Asiatische Studien, Bern, 1947 ff.

Bulletin de l'École française d'Extrême-Orient, Hanoi, 1901 ff.

Bulletin of the Museum of Far Eastern Antiquities, Stockholm, 1929 ff.

Bulletin of the School of Oriental and African Studies, London, 1917 ff.

Central Asiatic Journal, Den Haag, 1955 ff.

China aktuell, Hamburg, Institut für Asienkunde, 1972 ff.

China Quarterly, Contemporary China Institute of the School of Oriental and African Studies, London University, London, 1960 ff.

Far Eastern Quarterly, Ithaca, N. Y., 1941–1956.

Harvard Journal of Asiatic Studies, Cambridge, Mass., 1936 ff.

Journal of Asian Studies, Ann Arbor, 1956 ff.

Journal asiatique, Paris, 1822 ff.

Journal of Economic and Social History of the Orient, Leiden, 1957 ff.

Journal of Oriental Studies, Hongkong, 1954 ff.

Journal of the Royal Asiatic Society, London, 1834 ff.

Mélanges chinois et bouddhiques, Brüssel, 1931 ff.

Monumenta serica, Tokyo, 1935 ff.

(Nachrichten der Gesellschaft für Natur- und Völkerkunde Ostasiens), Deutsche Gesellschaft für Natur- und Völkerkunde Ostasiens, Wiesbaden (Leipzig 1926), 1951 ff.

Narody Azii i Afriki, Moskau, 1961 ff.

Oriens, Leiden, 1948 ff.

Oriens Extremus, Wiesbaden, 1954 ff.

Philosophy East and West, Honolulu, 1951 ff.

Problemy Vostokovedenija, Moskau, 1959 ff.

Rivista dei Studi Orientali, Rom, 1907 ff.

Rocznik Orientalistyczny, Warschau, 1914 ff.

Sinologica, Basel, 1947 ff.

T'oung Pao, Leiden, 1890 ff.

Zeitschrift der deutschen morgenländischen Gesellschaft, Wiesbaden, 1847 ff.

II. ALLGEMEINE WERKE

Zur Geographie Ostasiens und Chinas:

J. SION, *Asie des Moussons*, 2 Bde., Paris, Armand Colin, 1928 in: *Géographie universelle* unter der Leitung von P. Vidal de la Blache und L. Gallois.

P. GOUROU, *L'Asie*, Paris, Hachette, 1953, 542 S.

P. GOUROU, *La Terre et l'homme en Extrême-Orient*,

Paris, Armand Colin, 1947, 224 S.

G. B. CRESSEY, *China, Land of the 500 millions*, New York, McGraw-Hill 1955.

J. PEZEU-MASSABUAU, *La Chine*, Paris, Armand Colin, 1970, 334 S.

T. R. TREGEAR, *An Economic Geography of China*, Leiden, 1970.

A. HERRMANN, *Historical and Commercial Atlas of China*, 1. Auflage Harvard University Press, 1935, rev. Ausgabe Amsterdam, 1966.

A. KOLB, *Ostasien – China, Japan, Korea: Geographie eines Kulturerdteils*. Heidelberg, Quelle und Meyer, 1963.

NAGEL's Enzyklopedia-Guide: *China*, Nagel Publishers, Geneva etc., 1973 (französische Ausgabe: Encyclopédie de voyage: *Chine*, Éditions Nagel, Genève 1973², 1568 S.).

F. VON RICHTHOFEN, *China*. 5 Bände. Berlin, 1877–1883, Neudr. Bd. 1, 1971.

D. C. TWITCHETT, J. M. GEELAN, *The Times Atlas of China*. London, Times books, 1974.

Gesamtdarstellungen der chinesischen Geschichte:

W. EBERHARD, *Chinas Geschichte*, Bern, A. Francke, 1948, Neuauflage 1971, Stuttgart, Kröner, 436 S.

W. EICHHORN, »Geschichte Chinas« in *Abriß der Geschichte außereuropäischer Kulturen* II, S. 85–161, München, Oldenbourg, 1964.

W. EICHHORN, *Kulturgeschichte Chinas*, Stuttgart, Kohlhammer, 1964, 288 S.

J. ESCARRA, *La Chine, passé et présent*, Paris, A. Colin, 1937, Neuauflage 1949, 214 S.

C. P. FITZGERALD, *China von der Vorgeschichte bis ins 19. Jahrhundert*. München, Kindlers Kulturgeschichte, 1967, 642 S. (aus dem Englischen: *China, a Short Cultural History*, London, Cresset Press, 1954).

O. FRANKE, *Geschichte des chinesischen Reiches*, 5 Bde., Berlin, de Gruyter, 1930–1952.

H. FRANKE und R. TRAUZETTEL, *Das chinesische Kaiserreich*, in: Fischer Weltgeschichte, Band 19, Frankfurt, 1968, 384 S.

L. C. GOODRICH, *A Short History of the Chinese People*, New York–London, Harper, 1943¹, 1959², 260 S.

K. S. LATOURETTE, *The Chinese, their History and Culture*, 1934¹, 1946², New York, Macmillan, 848 S.

B. WIETHOFF, *Grundzüge der älteren chinesischen Geschichte*, Darmstadt, Wiss. Buchgesellschaft, 1971, 231 S.

B. WIETHOFF, *Grundzüge der neueren chinesischen Geschichte*, Darmstadt, Wiss. Buchgesellschaft, 1977, 233 S.

Darstellungen größerer Zeiträume der chinesischen Geschichte:

J. CHESNEAUX, *L'Asie orientale aux 19e et 20e siècles*, Paris, P.U.F., Clio, 1966, 366 S.

H. MC ALEAVY, *The Modern History of China*, London, Weidenfeld and Nicolson, 1967, 392 S.

R. GROUSSET, *La Chine jusqu'à la conquête mongole*, Paris, P.U.F., 1941.

D. LOMBARD, *La Chine impériale*, Paris, P.U.F., 1967, 126 S.

H. MASPÉRO und E. BALAZS, *Histoire et institutions de la Chine ancienne*, Paris, P.U.F., 1967, 322 S.

J. GERNET, *La Chine ancienne*, Paris, P.U.F., 1964, 124 S.

E. O. REISCHAUER und J. K. FAIRBANK, *East Asia, the Great Tradition*, Boston, Houghton Mifflin, 1960, 740 S.

J. K. FAIRBANK, E. O. REISCHAUER, A. M. CRAIG, *East Asia, the Modern Transformation*, Boston, Houghton Mifflin, 1965, 956 S.

A. W. HUMMEL, *Eminent Chinese of the Ch'ing Period (1644–1912)*, 2 Bde., Washington, Library of Congress, Government Printing Office (grundlegend für die Mandschu-Zeit).

L. BIANCO (Hg.), *Das moderne Asien*, in: Fischer Weltgeschichte, Band 33, Frankfurt und Hamburg, 1969, 357 S.

FAN Wen-lan, *Neue Geschichte Chinas, 1840–1901*, VEB, Deutscher Verlag der Wissenschaften, Berlin, 1959, 576 S.

W. FRANKE, *Das Jahrhundert der chinesischen Revolution, 1851–1949*, München, R. Oldenbourg, 1958, 297 S.

W. FRANKE (Hg.), *China Handbuch*, Düsseldorf, Bertelsmann Universitätsverlag, 1974, 1768 S.

G.-K. KINDERMANN, *Der Ferne Osten*. dtv-Weltgeschichte des 20. Jh., Bd. 6, Deutscher Taschenbuch Verlag 1970, 528 S.

Yuan-li WU (Hg.), *China, a Handbook*, New York, Praeger, 1973.

Zu Teilaspekten der chinesischen Geschichte:

Aspects de la Chine, Vorwort von P. Demiéville, 2 Bde., Paris, P.U.F., 1959, 440 S.

R. DAWSON (Hg.), *The Legacy of China*, Oxford, Clarendon Press, 1964, 392 S.

R. DAWSON, *The Chinese Chameleon. An analysis of European conceptions of Chinese civilization*. London, Oxford University Press, 1967, 235 S.

M. LOEWE, *Das China der Kaiser. Die historischen Grundlagen des modernen China*, Wien u. Berlin, P. Neff, 1966, 385 S. (aus dem Englischen: *Imperial China: the Historical Background to the Modern Age*, London, Allen & Unwin, 1966, 326 S.)

E. BALAZS, *Chinese Civilization and Bureaucracy, Variations on a Theme*, New Haven, 1964.

J. K. FAIRBANK (Hg.), *Chinese Thought and Institutions*, Chicago University Press, 1957, 438 S.

W. BAUER, *China und die Hoffnung auf Glück. Paradiese, Utopien, Idealvorstellungen*, München, Carl Hanser V., 1971, 703 S. und Deutscher Taschenbuchverlag, München, 1974, 702 S.

W. FRANKE, *China und das Abendland*, Göttingen, Vandenhoeck und Ruprecht, 1962, 140 S.

O. LATTIMORE, *Studies in Frontier History*, Paris, Mouton, 1962, 565 S.

B. WIETHOFF, *Chinas dritte Grenze. Der traditionelle chinesische Staat und der küstennahe Seeraum*, Wiesbaden, Harrassowitz, 1969, 226 S.

H. WILHELM, *Gesellschaft und Staat in China*, Hamburg, Rowohlt, 1960.

K. A. WITTFOGEL, *Wirtschaft und Gesellschaft Chinas*, Leipzig, Hirschfeld, 1931, 768 S.

K. A. WITTFOGEL, *Die Orientalische Despotie*, Frankfurt, Ullstein, 1977, 625 S. (Köln-Berlin, 1962, 624 S.).

Zur Wirtschaft und Demographie:

HO Ping-ti, *Studies on the Population of China, 1368–1953*, Cambridge (Mass.), Harvard University Press, 1959, 342 S.

H. BIELENSTEIN, »The census of China during the period A.D. 2 – 742«, B.M.F.E.A. 19, S. 125–163, Stockholm, 1957.

CHI Ch'ao-ting, *Key Economic Areas in Chinese History*, London, Allen & Unwin, 1936, 168 S., Neuauflage New York, Paragon Book, 1963.

D. H. PERKINS, *Agricultural Development in China, 1368–1968*, Aldine Publishing Co., 1969, 396 S.

YANG Lien-sheng, *Money and Credit in China, a Short History*, Cambridge (Mass.), Harvard University Press, 1952.

YANG Lien-sheng, *Les Travaux publics dans la Chine impériale*, Paris, Collège de France, 1964, 84 S.

CHANG Tsung-tung, *Die chinesische Volkswirtschaft. Grundlagen, Organisation, Planung*, Köln, Westdeutscher V., 1965, 193 S.

B. GROSSMANN, *Die wirtschaftliche Entwicklung der Volksrepublik China*, Stuttgart, Gustav Fischer V., 1960, 412 S.

M. ELVIN, G. W. SKINNER, *The Chinese City between two Worlds*, Stanford, California Stanford University Press, 1974, 458 S.

J. W. LEWIS (Hg.), *The City in Communist China*, Stanford University Press, Stanford, California, 1971, 449 S.

G. W. SKINNER (Hg.), *The City in late imperial China*, Stanford University Press, Stanford, 1977, 820 S.

Zur Wissenschaft und Technik in China:

J. NEEDHAM, *Science and Civilization in China*, bisher 7 Bände, Cambridge University Press, 1954–1971.

J. NEEDHAM, *Clerks and Craftsmen in China and the West*, Cambridge University Press, 1970, 470 S.

J. NEEDHAM, *The Development of Iron and Steel Technology in China*, London, Newcomen Society, 1958.

J. NEEDHAM, *Wissenschaftlicher Universalismus. Über Bedeutung und Besonderheit der chinesischen Wissenschaft*, Frankfurt, Suhrkamp, 1977, 412 S.

Y. MIKAMI, *The Development of Mathematics in China and Japan*, Leipzig, Teubner, 1913.

M. PORKERT, *Die theoretischen Grundlagen der chinesischen Medizin, Das Entsprechungssystem*, Wiesbaden, Steiner, 1973, Münchener Ostasiatische Studien Bd. 5, 300 S. und Tafeln.

N. SIVIN, *Chinese Alchemy, Preliminary studies*, Harvard Monographs in the History of Science. Harvard University Press, Cambridge, 1968, 339 S.

P. U. UNSCHULD, *Pen-ts'ao. 2000 Jahre traditionelle pharmazeutische Literatur Chinas*, München, Heinz Moos V., 1973, 256 S.

Zur Geschichte der chinesischen Philosophie:

FENG Yu-lan, *A History of Chinese Philosophy*, übersetzt von D. Bodde, Neuauflage Princeton University Press, 1952 und 1953, 2 Bände.

A. FORKE, *Geschichte der alten chinesischen Philosophie, Geschichte der mittelalterlichen chinesischen Philosophie* und *Geschichte der neueren chinesischen Philosophie*, Hamburg, de Gruyter, 1927, 1934, 1938, 1964.

F. E. A. KRAUSE, *Ju-Tao-Fo, die religiösen und philosophischen Systeme Ostasiens*, München, E. Reinhard V., 1924, 588 S. und Indexband.

Zur Geschichte der Religionen in China:

P. DEMIÉVILLE, »Le bouddhisme chinois« und M. KALTENMARK, »Le taoïsme«, beide in: *Encyclopédie de la Pléiade, Histoire des religions, Paris*, Gallimard, 1970.

M. KALTENMARK, *Lao-tseu et le taoïsme*, Paris, Éd. du Seuil, 1965, 190 S.

N. VANDIER-NICOLAS, *Le Taoïsme*, Paris, P.U.F., 1965, 132 S.

K. S. CH'EN, *Buddhism in China, a Historical Survey*, Princeton, 1964, 560 S.

A. F. WRIGHT, *Buddhism in Chinese History*, Stanford University Press, 1949, 144 S.

C. L. PICKENS, *Annotated Bibliography on Islam in China*, Hankow, 1950, 72 S.

M. MARTIN, *Zur Geschichte des Islam in China*, Leipzig, W. Heims, 1921, 152 S.

J. J. M. de GROOT, *Sectarianism and Religious Persecution in China*, Amsterdam, 1903–1904, Neuauflage Peking, 1940, 2 Bde.

H. MASPÉRO, *Mélanges posthumes sur les religions et l'histoire de la Chine*, Paris, Musée Guimet, 1950, Band I und II (»Les religions chinoises«, »Le Taoïsme«).

J. J. M de GROOT, *The Religious System of China*, Leiden, Brill, 1892–1910, 6 Bde.

M. GRANET, *La Religion des Chinois*, Paris, P.U.F., 1951², 176 S.

F. L. K. HSÜ, *Under the Ancestor's Shadow; Chinese Culture and Personality*, London, Routledge, 1949, 318 S.

H. DORÉ, *Manuel des superstitions chinoises*, Neuauflage Paris-Hongkong, 1970, Centre de publ. de l'U.E.R. d'Asie orientale, Université de Paris VII, 230 S.

A. C. MOULE, *Christians in China Before the Year 1550*, London, Society for Promoting Christian Knowledge, 1930, 294 S.

P. M. d'ELIA, *The Catholic Missions in China*, Shanghai, Commercial Press, 1934, 122 S.

K. S. LATOURETTE, *A History of Christian Missions in China*, New York, Macmillan, 1929, 930 S.

W. EICHHORN, *Die Religionen Chinas*, Stuttgart, Kohlhammer, 1973, 420 S.

W. EICHHORN, *Die alte chinesische Religion und das Staatskulturwesen*, Handbuch der Orientalistik, 4. Abt.: China, 1. Bd., Leiden, 1976, 262 S.

W. GRUBE, *Religion und Kultus der Chinesen*, Leipzig, R. Haupt, 1910, 220 S. (ein Nachdruck soll bald erscheinen).

W. MÜNKE, *Die klassische chinesische Mythologie*, Stuttgart, Klett, 1976, 389 S.

Zur Geschichte der Kunst:

M. SULLIVAN, *An Introduction to Chinese Art*, Berkeley-Los-Angeles, University of California Press, 1961, 223 S.

W. WILLETS, *Chinese Art*, London, Penguin Book, 1958, 802 S.

O. SIREN, *Chinese Painting*, New York, Ronald Press, 7 Bde., 1956–1958.

O. SIREN, *The Chinese on the Art of Painting*, Peking, H. Vetch, 1936.

O. SIREN, *Gardens of China*, New York, Ronald Press, 1949.

O. SIREN, *Chinese Sculpture from the Vth to the XIVth Century*, London, Benn, 4 Bde., 1925.

J. CAHILL, *La Peinture chinoise*, Paris-Genf, Skira, 1964, 214 S.

P. C. SWANN, *Chinese Painting*, Paris, P. Tisné, 1958.

M. SULLIVAN, *The Birth of Landscape Painting in China*, Berkeley-Los Angeles, University of California Press, 1962.

P. PELLIOT, *Les Grottes de Touen-Houang, peintures et sculptures bouddiques des époques des Wei, des T'ang et des Song*, Paris, Mission Pelliot en Asie centrale, 1920–1924, 6 Bde. mit Taf.

CHIANG Yee, *Chinese Calligraphy*, Erste Auflage 1938, Neuauflage Cambridge (Mass.), 1954 und London, Methuen, 1961, 230 S.

M. PIRAZZOLI-T'SERSTEVENS, *Chine*, coll. »Architecture Universelle«, Fribourg, Office du Livre, 1970.

L. SICKMANN und A. SOPER, *The Art and Architecture of China*, Baltimore, 1956.

A. BOYD, *Chinese Architecture*, London 1962.

K. REINHARD, *Chinesische Musik*, Eisenach, E. Röth, 1956², 248 S.

SPEISER-GOEPPER, *Chinesische Kunst. Malerei, Kalligraphie, Steinabreibungen, Holzschnitte*, Fribourg, Office du Livre, und Zürich, Atlantis V., 1965, 361 S.

Zur Geschichte der Literatur:

M. KALTENMARK, »Littérature chinoise«, in: *Encyclopédie de la Pléiade, Histoire des littératures*, vol. I, Paris, Gallimard, S. 1166–1300.

E. FEIFEL, *Geschichte der chinesischen Literatur, mit Berücksichtigung ihres geistesgeschichtlichen Hintergrundes*, dargestellt nach M. K. NAGASAWA, Mon. Ser., Monogr. VIII, Peking 1945, Neuauflage G. Olms Verlag, Hildesheim, 1960, 450 S.

LIU Wu-chi, *An Introduction to Chinese Literature*, Bloomington-London, Indian University Press, 1966, 322 S.

CH'EN Shou-yi, *Chinese Literature, a Historical Introduction*, New York, Ronald Press, 1961.

J. R. HIGHTOWER, *Topics in Chinese Literature*, Cambridge (Mass.), Harvard University Press, 1953, 142 S.

C. BIRCH, *Anthology of Chinese Literature from Early Times to the XIVth Century*, New York, Grove Press, 1965.

G. MARGOULIÈS, *Anthologie raisonnée de la littérature chinoise*, Paris, Payot, 1948, 458 S.

A. C. SCOTT, *The Classical Theater of China*, London, Allen & Unwin, 1957, 250 S.

LU HSÜN, *A Brief History of the Chinese Fiction* (übersetzt von YANG Hsien-yi und G. YANG), Peking, Foreign Languages Press, 1959, 462 S.

J. PRUŠEK, *Chinese History and Literature*, Prag, Academia, 1970, 588 S.

W. G. BEASLEY und E. G. PULLEYBLANK (Hg.), *Historians of China and Japan*, London, Oxford University Press, 1961, 352 S.

C. S. GARDNER, *Chinese Traditional Historiography*, rev. Ausgabe Cambridge (Mass.), Harvard University Press, 1961, 120 S.

M. DAVIDSON, *A List of Published Translations from Chinese into English, French and German*, Washington, American Council of Learned Societies, 1952.

W. T. de BARY, W. T. CHAN, B. WATSON, *Sources of Chinese Tradition*, New York – London, Columbia University Press, 1960.

G. DEBON, *Ts'ang-lang's Gespräche über die Dichtung (Ts'ang-lang shih-hua)*, ein Beitrag zur chinesischen Poetik, Wiesbaden, Harrassowitz, 1962, 258 S.

W. GRUBE, *Geschichte der chinesischen Literatur*, Leipzig, C. F. Amelang, 1909, 467 S. und Faksimile davon: Stuttgart, Koehler, 1969.

C. T. HSIA, *A History of Modern Chinese Fiction, 1917–1957*, New Haven, Yale University Press, 1962, 662 S.

KINDLERS Literaturlexikon, Kindler V., Zürich, 1965, 7 Bde. + Ergänzungsband (darin werden zahlreiche chinesische literarische Werke zusammengefaßt und kommentiert).

Zur chinesischen Sprache:

CHAO Yuen-ren, *A Grammar of Spoken Chinese*, Berkeley and Los Angeles, University of California Press, 1965.

A. A. DRAGUNOV, *Untersuchungen zur Grammatik der modernen chinesischen Sprache* (aus dem Russ.), Berlin, Akademie-Verlag, 1960, 280 S.

R. A. D. FORREST, *The Chinese Language*, London, Faber and Faber, 1948, rev. ed. 1965, 352 S.

John de FRANCIS, *Nationalism and Language Reform in China*, New York, Octagon Books, 1972, 306 S.

E. HAENISCH, *Lehrgang der klassischen chinesischen Schriftsprache*, Leipzig, O. Harrassowitz, 1957–1967, 4 Bde.

B. KARLGREN, *Schrift und Sprache der Chinesen* (übersetzt aus dem Engl. von U. Klodt: *Sound and symbol in Chinese*, Hongkong Univ. Press, 1962, 99 S.), Berlin, Springer V., 1975, 119 S.

P. KRATOCHVIL, *The Chinese Language today*, London, Hutchinson University Library, 1968, 199 S.

M. PIASEK, *Elementargrammatik des Neuchinesischen*, Leipzig, VEB, Verlag Enzyklopädie, 1971[4].

TH. A. SEBEOK u. a. (Hg.), Current Trends in Linguistics, II: *Linguistics in East Asia and South East Asia*. Den Haag, Mouton, 1967.

G. VON DER GABELENTZ, *Chinesische Grammatik mit Ausschluß des niederen Stils und der heutigen Umgangssprache*, Leipzig 1881, T. O. Weigel, Berlin 1953[2], 549 S.

G. VON DER GABELENTZ, *Anfangsgründe der chinesischen Grammatik*, Leipzig, T. O. Weigel, 1883, 150 S.

III. LITERATUR ZU DEN EINZELNEN PERIODEN

Altertum bis zum 5. Jahrhundert vor Chr.

CHANG Kwang-chih, *The Archaeology of Ancient China*, New Haven, Yale University Press, 1963.

CHANG Tsung-tung, *Der Kult der Shang-Dynastie im Spiegel der Orakelinschriften. Eine paläographische Studie zur Religion im archaischen China*, Wiesbaden, Harrassowitz, 1970.

CHENG Tê-k'un, *Archaeology in China*, Bd. 1, *Prehistoric China*, Bd. 2, *Shang China*, Bd. 3, *Chou China*, Cambridge, Heffer, 1959–1963.

F. S. COUVREUR, *Le Cheu king*, Ho-kien-fou, 1896, Neuauflage Sien-hien, 1926.

F. S. COUVREUR, *La Chronique de la principauté de Lou, Tch'ouen-ts'iou et Tso-tchouan*, 3 Bde., Ho-kien-fou, 1914, Neuaufl. Paris, Les Belles Lettres, 1951.

F. S. COUVREUR, *Mémoires sur les bienséances et les cérémonies*, 4. Bde., Neuaufl. Paris, Les Belles Lettres, 1951.

F. S. COUVREUR, *Cérémonial*, Neuaufl. Paris, Les Belles Lettres, 1951.

F. S. COUVREUR, *Chou king, Les Annales de la Chine*, Neuaufl. Paris. Les Belles Lettres, 1950.

M. VON DEWALL, *Pferd und Wagen im frühen China*, Bonn. R. Habelt, 1964, 280 S.

W. EBERHARD, *Lokalkulturen im alten China*, Leiden-Peking, 1942, 2 Bde., Monumenta serica 3.

W. EBERHARD, *Kultur und Siedlung der Randvölker Chinas*, Leiden, 1942, T'oung pao 36 suppl.

R. FELBER, *Die Entwicklung der Austauschverhältnisse im alten China (Ende 8. Jh. bis Anfang 5. Jh, v. u. Z.)*, Berlin, Akademie V., 1973, 300 S.

M. GRANET, *Danses et légendes de la Chine ancienne*, 2 Bde., Neuaufl. Paris P.U.F., 1959, 706 S.

M. GRANET, *Die chinesische Zivilisation. Familie, Gesellschaft, Herrschaft von den Anfängen bis zur Kaiserzeit*, München, Piper, 1976, 315 S. (aus dem Frz.: *La Civilisation chinoise*, 1929[1], Paris, Albin Michel, 1948, 1969, 506 S.).

M. GRANET, *Le Féodalité chinoise*, Oslo, Ascheboug, Cambridge (Mass.), Harvard University Press, 1952, 228 S.

M. GRANET, *Fêtes et chansons anciennes de la Chine*, 1919[1], Neuaufl. 1929, Paris, E. Leroux, 304 S.

C. HENTZE, *Bronzegerät, Kultbauten, Religion im ältesten China der Shang-Zeit*, Antwerpen, 1951, 2 Bde.

HO Ping-ti, *The Cradle of the East. An inquiry into the indigenous origins of techniques and ideas of neolithic and early historic China, 5000–1000 B.C.*, Hongkong, Chinese University, 1975, 440 S.

HSU Cho-yun, *Ancient China in Transition*, Stanford, Stanford University Press, 1965, 238 S.

J. LEGGE, *The Chinese Classics*, in 5. vol., London. Henry Frowde, 1865–1872, 2. Auflage: Oxford, Clarendon Press, 1893–1895, in 6 parts, reprinted Hongkong Unversity Press, 1961.

J. LEGGE, *Li chi, Book of rites*, New York, University books, 1967, 2 Bde.

J. LEGGE, *I ching, Book of changes*, New York, University books, New Hyde Park, 1966.

LI Chi, *The Beginnings of Chinese Civilization*, Seattle, University of Washington Press, 1957, 124 S.

M. LOEHR, *Chinese Bronze Age Weapons*, Ann Arbor, University of Michigan Press, 1956, 234 S.

H. MASPÉRO, *La Chine antique* (über die Periode von den Ursprüngen bis zum Kaiserreich), rev. Neuauflage Paris, 1955 und 1965, P.U.F., 520 S.

E. H. SCHAFER, *Ancient China*, New York, Time-Life Books, 1967, 192 S.

R. L. WALKER, *The Multi-State System of Ancient China*, Hamden (Conn.), Shoe String Press, 1953, 136 S.

R. L. WALKER *Ancient China*, New York, Wetts, 1969.

W. WATSON, *China Before the Han Dynasty*, New York, Praeger, 1961, 264 S.

W. WATSON, *Early Civilization in China*, London, Thames & Hudson, 1966.

H. WILHELM, *Die Wandlung. 8 Essays zum I Ging*, Zürich, Rhein-Verlag., 1958, 104 S.

R. WILHELM, *Li Gi, Das Buch der Sitte*, Jena, Diederichs, 1930, 449 S.

R. WILHELM, *I Ging, Das Buch der Wandlungen*, Düsseldorf-Köln, Diederichs, 1972 (Neuaufl.), 644 S.

Die Kämpfenden Staaten

F. S. COUVREUR, *Œuvres de Meng-tseu*, Neuaufl. Paris, Les Belles Lettres, 1949–1950.

F. S. COUVREUR, *Les Entretiens de Confucius et de ses disciples*, Neuaufl. Paris, Les Belles Lettres, 1950.

J. I. CRUMP, *Intrigues, Studies of the Chan-kúo-ts'ê*, Ann Arbor, University of Michigan Press, 1964.

G. DEBON, *Lao-tsû – Tao-tê-king*, Stuttgart, Reclam jun., 1961, 142 S.

H. H. DUBS, *Hsün-tzu, the Moulder of Ancient Confucianism*, London, Probsthain, 1927, 308 S.

H. H. DUBS, *The Works of Hsün-tzu*, London, Probsthain, 1928, 338 S.

J. J. L. DUYVENDAK, *The Book of Lord Shang*, London, Probsthain, 1928.

J. J. L. DUYVENDAK, *Tao tö king, le Livre de la Voie et de la Vertu*, Paris, Maisonneuve, 1953, 187 S.

A. FORKE, *Me Ti, des Sozialethikers und seiner Schüler philosophische Werke*, Berlin, Mitteilungen des Seminars für Orientalische Sprachen, 1922, 638 S.

L. GILES, *Taoist Teachings from the Book of Lieh tzu*, London, J. Murray, 1947.

A. C. GRAHAM, *The Book of Lieh-tzu, a New Translation*, J. Murray, 1960, 184 S.

S. B. GRIFFITH, *Sun tzu, The Art of War*, Oxford, Clarendon Press, 1963, 198 S.

M. GRANET, *Das chinesische Denken*, München, Piper, 1963 (aus dem Frz.: *La Pensée chinoise*, 1934[1], Neuaufl. Paris, Albin Michel, 1968, 568 S.).

D. HAWKES, *Ch'u-tz'u, the Songs of the South – an Ancient Chinese Anthology*, London, Oxford Unversity Press, 1959, 230 S.

H. KÖSTER, *Hsüntze, Werke*, Kaldenkirchen, Steyler, 1967, 403 S.

KOU Pao-koh, *Deux Sophistes chinois, Houei Che et Kong-souen Long*, Paris, P.U.F., 1953, 164 S.

J. LEGGE, *The Texts of Taoism*, New York, Julian Press, 1959 (= reprinted from the Sacred books of the East, Oxford, Clarendon Press, 1891, vol. 39–40).

W. K. LIAO, *The Complete Works of Han Fei Tzu*, London, Probsthain, 1939–1959, 2 Bde.

L. MAVERICK (Hg.), *Economic Dialogues in Ancient China: Selections from the Kuan-tzu*, Carbonale (III), 1954, 470 S.

Y. P. MEI, *The Ethical and Political Works of Motse*, London, Probsthain, 1929, 276 S.

Y. P. MEI, *Motse, the Neglected Rival of Confucius*, London, Probsthain, 1934.

R. MORITZ, *Huishi und die Entwicklung des philosophischen Denkens im alten China*, Berlin, Akademie V., 1973, 203 S.

P. J. OPITZ, *Lao-Tzû. Die Ordnungsspekulationen im Tao-tê-ching*, München, List V., 1967, 202 S.

P. J. OPITZ, *Chinesisches Altertum und konfuzianische Klassik. Politisches Denken in China von der Chou-Zeit zum Han-Reich*, München, List V., 1968, 178 S.

H. SCHMIDT-GLINTZER, *Mo Ti*. 2. Bde.: 1. Solidarität und allgemeine Menschenliebe (Buch I–IV), 2. Gegen den Krieg (Buch V–IX), Düsseldorf-Köln, Diederichs, 1975.

F. TOKEI, *Naissance de l'élégie chinoise, K'iu Yuan*

et son époque, Paris, Gallimard, 1967, 226 S.

L. VANDERMEERSCH, *La Formation du légisme*, Paris, École Française d'Extrême-Orient, 1965, 300 S.

A. WALEY, *Three Ways of Thought in Ancient China*, New York, Macmillan, 1939.

A. WALEY, *The Way and its Power, a Study of the Tao tê ching and its Place in Chinese Thought*, London, Allen & Unwin, 1934, 262 S.

A. WALEY, *The Nine Songs, a Study of Chamanism in Ancient China*, London, Allen & Unwin, 1955, 64 S.

WANG Yü-ch'üan, *Early Chinese Coinage*, New York, American Numismatic Society, 1951.

B. WATSON, *Han Fei Tzu, Basic Writings*, New York, Columbia University Press, 1964, 134 S.

B. WATSON, *Basic writings of Mo tzu, Hsün tzu and Han Fei tzu*, New York, Columbia University Press, 1967, 140 + 178 + 136 S.

L. WIEGER, *Les Pères du système taoïste*, Neuaufl. Paris, Les Belles Lettres, 1950, 522 S.

R. WILHELM, *Frühling und Herbst des Lü Bu We*, Jena, Diederichs 1928, 542 S, Neuaufl. Düsseldorf-Köln, Diederichs, 1971, 542 S.

R. WILHELM, *Chia yu, Schulgespräche*, Düsseldorf, Diederichs, 1961, 238 S. (Diederichs' Taschenausgaben 24), Neuaufl.

R. WILHELM, *Laotse – Tao te king*, Düsseldorf-Köln, Diederichs, 1972, 157 S., Neuaufl.

R. WILHELM, *Liä Dsi, Quellender Urgrund*, Düsseldorf-Köln, Diederichs, 1972, 244 S., Neuaufl.

R. WILHELM, *Dschuang Dsi, Südliches Blütenland*, Düsseldorf-Köln, Diederichs, 1972, 332 S., Neuaufl.

R. WILHELM, *Kungfutse, Gespräche: Lun yü*, Düsseldorf-Köln, Diederichs, 1972, 220 S., Neuaufl.

R. WILHELM, *Mong Dsi*, aus dem Chines. verdeutscht und erläutert, Jena, Diederichs, 1916, 207 S.

Das Qin- und das Han-Reich

E. BALAZS, »La crise sociale et la philosophie politique à la fin des Han«, *T'oung Pao* XXXIX, 1948–1950, S. 83-131.

H. BIELENSTEIN, »The Restoration of the Han Dynasty«, *B.M.F.E.A.* XXVI, Stockholm, 1953, S. 1–209.

D. BODDE, *China's First Unifier, a Study of the Ch'in Dynasty as Seen in the Life of Li Ssu* (280? – 208 B.C.), Leiden, Brill, 1938, 270 S.

D. BODDE, *Festivals in Classical China. New Year and other annual observances during the Han-Dynasty, 200 B.C. – A. D. 220*, Princeton University Press, 1975, 438 S.

E. CHAVANNES, *Les Mémoires historiques de Sse-ma Ts'ien*, Paris, 1895–1905[1], Neuaufl. E. Leroux, 5 Bde., 1967.

CH'Ü T'ung-tsu, *Han social structure*, University of Washington, Seattle and London, 1973, 570 S.

J. P. DIÉNY, *Aux origines de la poésie classique en Chine, étude sur la poésie lyrique à l'époque des Han*, Leiden, Brill, 1968, 168 S.

J. P. DIÉNY, »Les dix-neuf poèmes anciens«, *Bulletin de la Maison Franco-Japonaise*, nouvelle série, t. VII, 4, Paris, P.U.F., 1963, 194 S.

H. H. DUBS, *The History of the Former Han Dynasty*, 3 Bde., Baltimore, Waverly Press, 1938–1955.

A. FORKE, *Lun-Heng, Wang Ch'ung's Essays*, Neuaufl. New York, Paragon Book Gallery, 2 Bde., 1962.

E. GALE, *Discourses on Salt and Iron, a Debate on State Control of Commerce and Industry in Ancient China*, Leiden, Brill, 165 S.; Fortsetzung in *Journal of the North China Branch of the Royal Asiatic Society* LXV, 1934, S. 73–110.

Y. HERVOUET, *Un poète de cour sous les Han, Sseu-ma Siang-jou*, Paris, Institut des Hautes Études Chinoises, 1964, 480 S.

A. F. P. HULSEWÉ, *Remnants of Han Law*, 1. Bd., Leiden, Brill, 1955, 456 S.

M. KALTENMARK, *Le Lie-sien tchouan*, Peking, Centre d'Études Sinologiques, 1953, 204 S.

R. P. KRAMERS, *K'ung-tzu chia-yü, the School Sayings of Confucius*, Leiden, Brill, 1949, 380 S.

M. J. KÜNSTLER, *Ma Jong, vie et œuvre*, Warschau, Panstowe Wydawnictwo Naukowe, 1969, 224 S.

M. LOEWE, *Records of Han Administration*, Cambridge, Cambridge University Press, 2 Bde., 1967.

M. LOEWE, *Everyday Life in Early Imperial China*, London, Batsford, 1968, 208 S.

E. MORGAN, *Tao, the Great Luminant, Essays from Huai nan tzu*, London, Kegan Paul, 1935, 288 S.

M. PIRAZZOLI-T'SERSTEVENS, *La civilisation du royaume de Dian à l'époque Han*, École Française d'Extrême-Orient, Paris, 1974, 340 S.

R. C. RUDOLPH und WEN Yu, *Han Tomb Art of West China*, Berkeley, University of California Press, 1951, 68 S.

K. SCHIPPER, *L'Empereur Wu des Han dans la légende taoïste, Han Wu-ti nei-tchouan*, Paris, École Française d'Extrême-Orient, 1965, 132 S.

A. SEIDEL, *La Divinisation de Lao-tseu dans le taoïsme*, Paris, École Française d'Extrême-Orient, 1969, 172 S.

H. O. H. STANGE, *Die Monographie über Wang Mang*, Leipzig, Brockhaus, 1938, 336 S.

N. L. SWANN, *Pan Chao, Foremost Woman Scholar of China*, New York-London, Century, 1932, 123 S.

N. L. SWANN, *Food and Money in Ancient China*, Princeton, Princeton University Press, 1950, 482 S.

T. S. TJAN, *Po hu t'ung, the Comprehensive Discussion in the White Tiger Hall*, Leiden, Brill, 2 Bde., 1949 und 1952.

WANG Yü-ch'üan, »An Outline of the Central Government of the Former Han Dynasty«, *H.J.A.S.* XII, 1949, S. 134–187.

B. WATSON, *Records of the Grand Historian of China*, New York-London, Columbia University Press, 2 Bde., 1961.

B. WATSON, *Ssu-ma Ch'ien, Grand Historian of China*, New York, Columbia University Press, 1958, 276 S.

C. M. WILBUR, *Slavery in China During the Former Han Dynasty*, Chicago, Field Museum of Natural History, 1943, Neuaufl. New York, Russel & Russel, 1967, 490 S.

L. S. YANG, »Great Families of Eastern Han«, in E-tu Sen SUN und J. de FRANCIS, *Chinese Social History*, Washington, American Council of Learned Societies, 1956, S. 103–134.

Y. S. YÜ, *Trade and Expansion in Han China*, Berkeley-Los Angeles, University of California Press, 1967, 252 S.

Das chinesische Mittelalter (vom Han-Reich zum Sui-Reich)

E. BALAZS, »Le traité économique du Souei chou«, *T'oung pao* XLII, 3–4, S. 113–329, Leiden, Brill, 1953.

E. BALAZS, *Le Traité juridique du Souei chou*, Leiden, Brill, 1954, 228 S.

T. D. CARROLL, *Account of the Tu-yü-hun in the History of the Chin Dynasty*, Berkeley, University of California Press, 1953, 48 S.

CHEN Shih-hsiang, *Biography of Ku K'ai-chih*, Berkeley, University of California Press, 1953, 32 S.

P. DEMIÉVILLE, »Le Bouddhisme, Sources chinoises«, in L. RENOU und J. FILLIOZAT, *L'Inde classique, Manuel des études indiennes*, vol. III, S. 398–463, École Française d'Extrême-Orient, Hanoi, 1953.

A. E. DIEN, *Biography of Yuwen Hu*, Berkeley, University of California Press, 1962, 162 S.

W. EBERHARD, *Das Toba-Reich Nordchinas, eine soziologische Untersuchung*, Leiden, Brill, 1949, 396 S.

W. EBERHARD, *Conquerors and Rulers, Social Forces in Medieval China*, Leiden, Brill, 1965², 192 S.

A. FANG, *The Chronicle of the Three Kingdoms (A.D. 220–165)*, 2 Bde., Cambridge (Mass.), Harvard University Press, 1962 und 1965, 698 und 522 S.

H. A. GILES, *The Travels of Fa-Hsien*, Cambridge University Press, 1923, Neuaufl. London, Routledge und Kegan Paul, 1956, 112 S.

C. S. GOODRICH, *Biography of Su Ch'o*, Berkeley, University of California Press, 1953, 116 S.

R. H. van GULIK, *Siddham, an Essay on Sanskrit Studies in China and Japan*, Nagpur, Sarasvati-Vihara series XXXVI, 1956.

J. R. HIGHTOWER, *The Poetry of T'ao Ch'ien*, Oxford, Clarendon Press, 1970, 270 S.

D. HOLZMAN, »Les Sept sages de la forêt de bambou et la société chinoise de leur temps«, *T'oung Pao* XLIV, S. 317–346, Leiden, Brill, 1956.

D. HOLZMAN, *La Vie et la pensée de Hi K'ang (223–262)*, Leiden, Brill, 1957, 186 S.

D. HOLZMAN, *Poetry and politics. The life and works of Juan Chi, A.D. 210–263*, Cambridge, London, Cambridge University Press, 1976, 316 S.

H. IKEUCHI, »A Study on Lo-lang and Tai-fang, ancient Chinese prefectures in korean peninsula«, in: *Memoirs of the Research Dept. of the Tôyô bunko*, V, 1930.

J. LEGGE, *A Record of Buddhistic Kingdoms, Being an Account by the Chinese Monk Fa-Hien of his Travels in India and Ceylon*, Oxford, 1886, Neuaufl. New York, Paragon Book, 1966.

LIU Mau-tsai, *Die chinesischen Nachrichten zur Geschichte der Ost-Türken (T'u-küe)*, 2 Bücher, Wiesbaden, Göttinger asiatische Forschungen, Heissig, 1958.

R. B. MATHER, *Biography of Lü Kuang*, Berkeley, University of California Press, 1959.

R. B. MATHER (Hg.), LIU, I-ching, *Shi-shuo hsin-yu: A new account of tales of the world*, with commentary by Liu Chien, translation with introd. and notes by R. B. Mather. Minneapolis, University of Minnesota Press, 1976, 726 S.

S. MIZUNO und T. NAGASHIRO, *Yün-kang, the Buddhist Cave-Temples of the Vth Century in North China*, 16 Bde., Kyoto, 1951–1956.

M. C. ROGERS, *The Chronicle of Fu Chien*, Berkeley, University of California Press, 1968, 406 S.

R. SHIH, *Biographies des moines éminents (Kao seng tchouan) de Houei-kiao*, Louvain, Institut Orientaliste, 1969, 178 S.

SHIH Yu-chung, *The Literary Mind and the Carving of Dragons by Liu Hsieh*, New York, Columbia University Press, 1959.

J. K. SHRYOCK, *The Study of Human Abilities, the Jen Wu Chih of Liu Shao*, New Haven, American Oriental Society, 1937, 168 S.

L. S. YANG, »Notes on the Economic history of the

Chin dynasty«, *H.J.A.S.*, Cambridge (Mass.), Juni 1946, 145 S.

E. ZÜRCHER, *The Buddhist Conquest of China, the Spread and Adaption of Buddhism in Early Medieval China*, 2 Bde., Leiden, Brill, 1959, 468 S.

Sui, Tang und die Fünf Dynastien

W. R. B. ACKER, *Some T'ang and pre-T'ang Texts on Chinese Painting*, Leiden, Brill, 1954, 414 S.

W. BINGHAM, *The Founding of the T'ang*, Baltimore, Waverly Press, 1941, 184 S.

K. BÜNGER, *Quellen zur Rechtsgeschichte der Tang-Zeit*, Peiping, 1946, Monumenta serica IX.

E. CHAVANNES, *Documents sur les Tou-k'iue occidentaux*, Sankt Petersburg, 1903, Neuaufl. Paris 1942, A. Maisonneuve, 378 + 110 S.

P. DEMIÉVILLE, *Le Concile de Lhasa, une controverse sur le quiétisme entre bouddhistes de l'Inde et de la Chine au VIIIe siècle de notre ère*, Paris, P.U.F., 1952, 400 S.

E. D. EDWARDS, *Chinese Prose Literature of the T'ang Period*, London, Probsthain, 1937–1938, 2 Bde.

C. P. FITZGERALD, *Son of Heaven, a Biography of Li Shih-min*, Cambridge University Press, 1933.

C. P. FITZGERALD, *The Empress Wu*, London, Cresset Press, 1956, Neuaufl. Vancouver, University of British Columbia, 1968, 264 S.

J. GERNET, *Les Aspects économiques du bouddhisme dans la société chinoise du Ve au Xe siècle*, Saigon, École Française d'Extrême-Orient, 1956, 332 S.

B. GRAY, *Buddhist Cave Painting at Tunhuang*, Chicago, University of Chicago Press, 1959, 70 Taf.

J. R. HAMILTON, *Les Ouighours à l'époque des Cinq dynasties*, Paris, P.U.F., 1955, 204 S.

W. HUNG, *Tu Fu, China's Greatest Poet*, Cambridge (Mass.), Harvard University Press, 1952, 300 S.

H. S. LEVY, *Biography of Huang Ch'ao*, Berkeley-Los Angeles, University of California Press, 1955, 144 S.

G. H. LUCE, *The Man-shu, Book of the Southern Barbarians*, Ithaca, Cornell University, 1961, 116 S.

C. MACKERRAS, *The Uighur Empire (744–840)*, Canberra, Australian National University, 1968, 187 S.

P. PELLIOT, »Deux itinéraires de Chine en Inde à la fin du VIIIe siècle«, *B.E.F.E.O.* IV, S. 131–413, Hanoi, 1904.

E. G. PULLEYBLANK, *The Background of the Rebellion of An Lu-shan*, London-New York, Oxford University Press, 1966, 294 S.

E. G. PULLEYBLANK, »A Sogdian Colony in Inner Mongolia«, *T'oung Pao* XLI, S. 317–357, 1952.

E. O. REISCHAUER, *Ennin's Diary, the Record of a Pilgrimage in China in Search of the Law* und *Ennin's Travel in Tang China*, New York, Ronald Press, 1955, 454 + 342 S.

L. RICAUD, »Wu Tsö-t'ien«, *Bulletin de la Société des Études Indochinoises*, XXXIV, 2, Saigon, 1958–1959, 172 S.

R. des ROTOURS, *Traité des fonctionnaires et traité de l'armée*, Leiden, Brill, 1947 und 1948, 2 Bde., 1094 S.

R. des ROTOURS, *Histoire de Ngan Lou-Chan*, Paris, P.U.F., 1962, 398 S.

R. des ROTOURS, *Traité des examens*, Paris, E. Leroux, 1932, 414 S.

R. des ROTOURS, *Courtisanes chinoises à la fin des T'ang (Pei-li tche. Anecdotes du quartier du Nord par Souen K'i)*, Paris, P.U.F., 1968, 200 S.

Y. SAEKI, *The Nestorian Documents and Relics in China*, Neuaufl. Tokyo, Maruzen, 1951 und 1955.

J. SAUVAGET, *Ahbâr as-Sin wa l'Hind, Relation de la Chine et de l'Inde*, Paris, Les Belles Lettres, 1948, 82 S.

E. H. SCHAFER, *The Empire of Min*, Tokyo, Rutland, 1954, 146 S.

E. H. SCHAFER, *The Vermilion Bird, T'ang Images of the South*, Berkeley-Los Angeles, University of California Press, 1967, 380 S.

E. H. SCHAFER, *The Golden Peaches of Samarkand, a Study of Tang Exotics*, Berkeley-Los Angeles, University of California Press, 1963, 400 S.

E. H. SCHAFER, *The Reign of Liu Ch'ang, First Emperor of Southern Han*, Berkeley, University of California Press, 1947, 200 S.

B. S. SOLOMON, *The Veritable Record of the T'ang Emperor Shun-tsung*, Cambridge (Mass.), Harvard University Press, 1955, 82 S.

M. T. SOUTH, *Li Ho, a Scholar-Official of the Yuan-ho Period (806–821)*, Leiden, Brill, 1959, 495 S.

J. TAKAKUSU, *I Tsing, a Record of the Buddhist Religion as Practised in India and the Malay Archipelago (671–695)*, Oxford, Clarendon Press, 1896, 240 S.

D. TWITCHETT, »Lu Chih (754–805), imperial adviser and court official«, in: *Confucian Personalities*, hg. von A. F. WRIGHT und D. TWITCHETT, Stanford University Press, 1962, S. 84–122.

D. TWITCHETT, *Financial Administration Under the T'ang Dynasty*, Cambridge, Cambridge University Press, 1963, Neuaufl. 1970, 386 S.

A. WALEY, *The Life and Times of Po Chü-i, 772–846*, New York, Macmillan, 1949, 238 S.

A. WALEY, *The Poetry and Career of Li Po, 701–762*, New York, Macmillan, 1950, 124 S.

A. WALEY, *The Real Tripitaka and Other Pieces*, London, Allen & Unwin, 1952, 292 S.

WANG Gung-wu, »The Nanhai Trade, a study of the Early History of Chinese trade in South China Sea«, *Journal of the Malayan Branch of the Royal Asiatic Society*, XXXI, 2, 1958.

WANG Gung-wu, *The Structure of Power in North China During the Five Dynasties*, Kuala Lumpur, 1963, Neuaufl. Stanford University Press, 1967, 258 S.

Die Song-Zeit

L. BIEG, *Huang T'ing-chien, 1045–1105. Leben und Dichtung*, Darmstadt, J. B. Bläschke, 1975, 404 S.

T. F. CARTER, *The Invention of Printing in China and its Spread Westward*, von L. C. GOODRICH revidierte und erweiterte Ausgabe, New York, Ronald Press, 1955, 293 S.

H. FRANKE (Hg.), *Sung Biographies*, Münchener Ostasiatische Studien, Bd. 16/1–3, Bd. 17, Wiesbaden, F. Steiner, 1976.

J. GERNET, *La Vie quotidienne en Chine à la veille de l'invasion mongole*, Paris, Hachette 1959, 286 S.

R. R. van GULIK, *T'ang Yin Pi Shih, Parallel Cases from under the Peartree*, Leiden, Brill, 1956, 198 S.

W. GUNDERT, *Bi-yän-lu*, München, Carl Hanser V., 1960, 580 S.

Y. HERVOUET, *Bibliographie des travaux en langues occidentales sur les Song parus de 1946 à 1965*, Bordeaux, So-bo-di, Université de Bordeaux, 1969, 140 S.

F. HIRTH und W. W. ROCKHILL, *Chao Ju-Kua, his Work on the Chinese and Arab Trade in the XIIth and XIIIth Centuries*, Sankt Petersburg, Kaiserliche Akademie der Wissenschaften, 1911, Neuaufl. Amsterdam, Oriental Press, 1966, 288 S.

S. KATÔ, »On the Hang or the association of merchants in China«, *Memoirs of the Research Department of the Tôyô Bunko*, Tokyo, VIII, 1936.

E. A. KRACKE Jr., *Civil Service in Early Sung China*, Cambridge (Mass.), Harvard University Press, 1953, 262 S.

J. KUWABARA, »On P'u Shou-keng«, *Memoirs of the Research Department of the Tôyô Bunko*, II,1 und VII,1, Tokyo, 1928 und 1935.

S. LE GALL, *Le philosophe Tchou Hi, sa doctrine, son influence*, Variétés Sinologiques VI, Schanghai, Tu-se-wei, 1894, 2. Aufl. Schanghai, Mission catholique, 1923, 132 S.

LI Shu-hua, *The South-Pointing Carriage and the Mariner's Compass*, Taipei, Yee-wen publ. Co, 1959, 124 S.

LIN Yu-tang, *The Gay Genius, the Life and Times of Su Tungpo*, New York, J. Day, 1947, Neuaufl. London-Melbourne, Heinemann, 1948, 370 S.

J. T. C. LIU, »An Early Sung Reformer, Fan Chung-yen«, in: J. K. FAIRBANK (Hg.), *Chinese Thought and Institutions*, S. 105–131, Chicago, University of Chicago Press, 1957.

J. T. C. LIU, *Reform in Sung China, Wang An-shi and his New Policies*, Cambridge (Mass.), Harvard University Press, 1959, 140 S.

J. T. C. LIU, *Ou-yang Hsiu, an XIth-century Neo-confucianist*, Stanford, Stanford University Press, 1967, 228 S.

LO Jung-pang, »The Emergence of China as a Sea-power During the Late Sung and Early Yuan periods«, *Far Eastern Quarterly*, XIV, 4, 1955, S. 489–503.

J. NEEDHAM u. a., *Heavenly Clockwork*, Cambridge, Cambridge University Press, 1960, 254 S.

V. MINORSKY, *Sharaf az-Zamân Tâhir Marvazî on China, the Turks and India*, London, Luzac, 1942, 170 S.

A. C. MOULE, *Quinsai With Other Notes on Marco Polo*, Cambridge, Cambridge University Press, 1957, 92 S.

P. PELLIOT, *Les Débuts de l'imprimerie en Chine*, Paris, A. Maisonneuve, 1953, 138 S.

E. PINKS, *Die Uiguren von Kan-chou in der frühen Sung-Zeit (960–1028)*, Wiesbaden, Harrassowitz, 1968, 226 S.

G. E. SARGENT, *Tchou Hi contre le bouddhisme*, Paris, P.U.F., 1955, 156 S.

E-tu Zen SUN und J. de FRANCIS, *Chinese Social History*, Washington, American Council of Learned Societies, 1956, 400 S.

TCHEOU Hoan, *Le Prêt sur récolte institué en Chine au XIe s.*, Paris, Jouve, 1930, 150 S.

R. TRAUZETTEL, *Ts'ai Ching (1046–1126) als Typus des illegitimen Ministers*, Berlin, K. Urlaub, 1964, 214 S.

H. A. GILES (Übers.), *The Hsi yuan lu or Instructions to Coroners*, London, Bale and Danielsson, 1924.

N. VANDIER-NICOLAS, *Art et sagesse en Chine, Mi Fou (1051–1107)*, Paris, P.U.F., 1963, 346 S.

N. VANDIER-NICOLAS, *Le Houa-che de Mi Fou ou le carnet d'un connaisseur à l'époque des Song du Nord*, Paris, P.U.F., 1964, 194 S.

P. WHEATLEY, »Geographical notes on some commodities involved in Sung maritime trade«, *Journal of the Malayan Branch of the Royal Asiatic Society*, XXXII, 2, Kuala Lumpur, 1961.

H. R. WILLIAMSON, *Wang An-shih, a Chinese Statesman and Educationalist of the Sung Dynasty*, 2 Bde., London, Probsthain, 1935 und 1937.

Die Reiche der Liao, der Jin, der Xia und der Mongolen

E. A. BUDGE, *The Monks of Kublai Khan, or the History of the Life and Travels of Rabban Sauma and Marqos*, London, Religious Tract Society, 1928, 336 S.

CHIEN Yuan, *Western and Central Asians in China under the Mongols*, Los Angeles, University of California Press, 1966, 328 S.

P. DEMIÉVILLE, »La situation religieuse en Chine au temps de Marco Polo«, *Oriente Poliana*, Rom, 1957, S. 193–234.

H. FRANKE, *Geld und Wirtschaft in China unter der Mongolen-Herrschaft*, Leipzig, Harrassowitz, 1949, 172 S.

H. FRANKE, *Beiträge zur Kulturgeschichte Chinas unter der Mongolen-Herrschaft: das Shan-kü sin-hua des Yang Yü*, Wiesbaden, Steiner, 1956, 160 S.

FU Lo-huan, *»Nat Pat« and »Ordos« (Camps and Tents), a Study of the Way of Live and Military Organization of the Khitan Emperors and their People*, London, School of Or. and Afr. Studies, 1950, 230 S.

H. A. R GIBB, *The Travels of Ibn Battuta, A.D. 1325–1354*, 2 Bde., Neuaufl. Cambridge, The Hakluyt Society, 1958–1962.

R. GROUSSET, *L'Empire mongol*, Paris, Boccard, 1941, 584 S.

E. HAENISCH, *Die geheime Geschichte der Mongolen*, Leipzig, Harrassowitz, 1948², 196 S.

M. KOMROFF, *Contemporaries of Marco Polo*, New York, Boni & Liveright, 1928, 358 S.

A. C. MOULE und P. PELLIOT, *Marco Polo, the Description of the World*, London, Routledge, 1938, 2 Bde.

P. OLBRICHT, *Das Postwesen in China unter der Mongolenherrschaft im XIII. und XIV. Jh.*, Wiesbaden, Harrassowitz, 1954, 110 S.

L. OLSCHKI, *Marco Polo's Precursors*, Baltimore, John Hopkins Press, 1943, 100 S.

L. OLSCHKI, *Guillaume Boucher, a French Artist at the Court of the Khans*, Baltimore, John Hopkins University Press, 1964, 126 S.

P. PELLIOT, »Mémoire sur les coutumes du Cambodge«, *B.E.F.E.O.*, IV, 1904.

Marco POLO, *Von Venedig nach China. Die größte Reise des 13. Jahrhunderts*, hg. und kommentiert von Theodor A. KNUST, Tübingen u. Basel, H. Erdmann Verlag, 1972, 338 S.

P. RATCHNEVSKI, *Un Code des Yuan*, Paris, E. Leroux, 1937, 348 S.

H. F. SCHURMANN (Übers.), *Economic Structure of the Yuan Dynasty*, Cambridge (Mass.), Harvard Yenching Institute Series XVI, 1956, 252 S.

B. VLADIMIRSTOV, *Le Régime social des Mongols*, Paris, Maisonneuve, 1948, 292 S.

A. WALEY, *The Travels of an Alchemist*, London, Routledge, 1931, 166 S.

K. A. WITTFOGEL und FENG Chia-sheng, *History of Chinese Society: Liao (907–1125)*, Philadelphia, American Philosophical Society, New York, Macmillan, 1949, 725 S.

H. YULE, *The Book of Sir Marco Polo*, 3., von H. CORDIER rev. Ausgabe, London, Routledge, 1938, 2 Bde.

Die Ming-Zeit

L. AVENOL (Übers.), *Si Yeou Ki ou le voyage en Occident*, Paris, Ed. du Seuil, 1957, 956 S.

H. BERNARD-MAITRE, *Le Père Matthieu Ricci et la société chinoise de son temps (1552–1610)*, Tientsin, Hautes Études, 1937, 2 Bde.

J. P. BISHOP, *The Colloquial Short Story in China*, Cambridge (Mass.), Harvard University Press, 1956, 144 S.

C. R. BOXER, *Fidalgos in the Far East, 1550-1610*, Den Haag, Nijhoff, 1948, 297 S.

C. R. BOXER, *South China in the XVIth Century*, London, Hakluyt Society, 1953, 388 S.

H. BUSCH, »The Tung-lin Academy and its Political and Philosophical Significance«, *Monumenta Serica* XIV, 1949–1955, S. 1–163.

CHANG T'ien-tse, *Sino-Portughese Trade from 1514 to 1644*, Leiden, Brill, 1934, 158 S.

W. T. DE BARY (Hg.), *Self and Society in Ming Thought*, New York, Columbia University Press, 1970, 516 S.

J. J. L. DUYVENDAK, *Ma Huan re-examinded*, Amsterdam, Noord Hollandsche, 1933, 74 S.

J. J. L. DUYVENDAK, *China's Discovery of Africa*, London, Probsthain, 1949, 36 S.

O. FRANKE, *Li Tschi, ein Beitrag zur Geschichte der chinesischen Geisteskämpfe im XVI. Jahrhundert*, Berlin, Akademie der Wissenschaft, 1938, 62 S.

H. FRIESE, *Das Dienstleistungssystem der Ming-Zeit*, Wiesbaden, Harrassowitz, 1959, 164 S.

L. J. GALLAGHER, *The China that was, China as Discovered by the Jesuits at the Close of XVIth Century*, Milwaukee, Bruce, 1942, 200 S.

L. J. GALLAGHER, *China in the XVIth Century, the Journals of Matthew Ricci*, Cambridge (Mass.), Harvard University Press, 1959, 616 S.

L. C. GOODRICH, Dr. h. c. FANG Chaoying, *Dictionary of Ming-biography*, 2 Bde., New York und

London, Columbia University Press, 1976.

T. GRIMM, *Erziehung und Politik im konfuzianischen China der Ming-Zeit*, Wiesbaden, Harrassowitz, 1960, 178 S.

R. H. van GULIK, *Dee Gong An, Three Murder Cases Solved by Judge Dee*, Tokyo, Toppan printing Co, 1949, 238 S.

F. G. HENKE (Übers.), *The Philosophy of Wang Yang-ming*, New York, Paragon Book, 1964².

HO Ping-ti, *The Ladder of Success in Imperial China: Aspects of Social Mobility, 1368–1911*, New York-London, Columbia University Press, 1962, 386 S.

C. O. HUCKER, *The Censorial System of Ming China*, Stanford, Stanford University Press, 1966, 406 S.

C. O. HUCKER, *Chinese Government in Ming Times*, New York, Columbia University Press, 1969, 286 S.

C. O. HUCKER, *The Traditional Chinese State in Ming Times*, Tucson, University of Arizona Press, 1961, 86 S.

A. KAMMERER, *La Découverte de la Chine par les Portugais au 16e siècle*, Leiden, Brill, 1944, 260 S.

Y. KUNO, *Japanese Expansion on the Asiatic Continent*, 1 Bd., Berkeley, University of California Press, 1937.

A. LEVY, *Ling Mong-tch'ou, l'amour de la renarde*, Paris, Gallimard, 1970, 285 S.

LIANG Fang-chung, *The Single-whip Method of Taxation*, Cambridge (Mass.), Harvard University Press, 1956, 71 S.

J. V. G. MILLS, *Ma Huan Yingyai sheng-lan, the Overall Survey of the Ocean's Shores*, Cambridge, Cambridge University Press, 1971, 394 S.

F. MOTE, *The Poet Kao Ch'i*, Princeton University Press, 1962, 261 S.

F. MÜNZEL, *Strafrecht im alten China . . ., MingAnnalen*, Wiesbaden, Harrassowitz, 1968, 138 S.

NGHIEM TOAN und L. RICAUD, *Les Trois Royaumes*, Saigon, Société des Études Indochinoises, 1960–1963, 3 Bde.

J. B. PARSONS, *The Peasant Rebellions in Late Ming Dynasty*, Tucson, University of Arizona Press, 1970, 260 S.

P. PELLIOT, »Le Hoja et le Sayyid Husain de l'Histoire des Ming«, *T'oung Pao* XXXVIII, 1948, S. 81–292.

H. SERRUYS, *Sino-Jurced Relations During the Yung-lo Period (1403–1424)*, Wiesbaden, Harrassowitz, 1955, 118 S.

SO Kwan-wai, *Japanese Piracy in Ming China during the 16th Century*, East Lansing, Michigan State University Press, 1975, 254 S.

E. T. Z. SUN und S. C. SUN (Übers.), *T'ien-kung k'ai-wu, Chinese Technology in the XVIIth Century*, London, University Park, Pennsylvania State University Press, 1966, 272 S.

WANG Tch'ang-tche, *La Philosophie morale de Wang Yang-ming*, Paris, Université de Paris, 1936, 217 S.

B. WIETHOFF, *Die chinesische Seeverbotspolitik und der private Überseehandel von 1368 bis 1567*, Hamburg, Mitteilungen der Gesellschaft für Natur- und Völkerkunde Ostasiens, Bd. 45, 1963, 235 S.

Von 1644 bis 1798

P. AUCOURT, »Journal d'un bourgeois de Yangtcheou (1645)«, *B.E.F.E.O.* VII, 1907, S. 297–312.

L. DERMIGNY, *Le Commerce à Canton au XVIIIe siècle, 1716–1833*, Paris, S.E.V.P.E.N., 1964, 4 Bde.

W. EBERHARD, *Die chinesische Novelle des 17.–19. Jahrhunderts, eine soziologische Untersuchung*, Ascona, Artibus Asiae, 1948, 240 S.

R. ETIEMBLE, *Les Jésuites en Chine, la querelle des rites (1552–1773)*, Paris, Julliard, 302 S.

H. A. GILES (Übers.), *Strange Stories from a Chinese Studio*, 1880¹, Neuaufl. New York, Boni & Liveright, 1925, 2 Bde.

L. C GOODRICH, *The Literary Inquisition of Ch'ien-lung*, Baltimore, Waverly, 1935, 276 S.

Y. HERVOUET (Hg.), *P'ou Song-ling, contes extraordinaires du Pavillon du Loisir*, Paris, Gallimard, 1969, 218 S.

E. T. HIBBERT, *Jesuit Adventure in China during the Reign of K'ang-hsi*, New York, Dutton, 1941, 298 S.

E. T. HIBBERT, *K'ang Hsi, Emperor of China*, London, Kegan Paul, 1940, 298 S.

HO Ping-ti, »The salt merchants of Yang-chou, a study of Commercial capitalism in XVIIIth-century China«, *Harvard Journal of Asiatic Studies*, XVII, 1954, S. 130–168.

M. JOURDAIN, *Chinese Export in the XVIIIth Century*, London, Country Life, und New York, Scribner, 1950, 152 S.

F. KUHN (Übers.), *Der Traum der Roten Kammer*, Insel V., 1932, Neuaufl. Insel Taschenbuch, 2 Bde. it 292, Frankfurt 1977.

F. LESSING, *Yung Ho Kung, an Iconography of the Lamaist Cathedral in Peking*, Göteborg, Elanders, 1942, 190 S.

F. MICHAEL, *The Origin of Manchu Rule in China*, Baltimore, John Hopkins, 1942, 128 S.

D. S. NIVISON, *The Life and Thought of Chang Hsüeh-ch'êng (1738–1801)*, Stanford, Stanford University Press, 1966, 336 S.

PANG Ching-jen, *L'Idée de Dieu chez Malebranche*

et l'idée de li chez Tchou Hi, Paris, J. Vrin, 1942, 130 S.

L. PETECH, *China and Tibet in Early XVIIIth Century, History of the Establishment of Chinese Protectorate in Tibet*, Leiden, Brill, 1950, 286 S.

V. PINOT, *La Chine et la formation de l'esprit philosophique en France (1640–1740)*, Geuthner, 1932, 480 S.

A. SCHULZ, *Hsi Yang Lou, Untersuchungen zu den »Europäischen Bauten« des Kaisers Ch'ien-lung*, Isny im Allgäu, Schmidt und Schulz, 1966, 98 S.

J. D. SPENCE, *Ts'ao Yin and the K'ang-hsi Emperor, Bondservant and Master*, New Haven-London, Yale University Press, 1966, 330 S.

SZE Mai-mai, *The Tao of Painting*, New York, Bollingen Foundation, 1956, 2 Bde.

TENG Ssu-yü, »Chinese influence on the Western examination system«, *Harvard Journal of Asiatic Studies*, VII, 1943, S. 267–312.

E. J. VIERHELLER, *Nation und Elite im Denken von Wang Fu-chih, (1619–1692)*, Hamburg, Mitteilungen der Gesellschaft für Natur- und Völkerkunde Ostasiens, XLIX, 1968, 138 + 30 S.

A. WALEY, *Yuan Mai, XVIIIth-Century Chinese Poet*, New York, Allen & Unwin, 1956, 228 S.

C. C. WANG (Übers.), *Dream of the Red Chamber*, London, Routledge, 1929, 372 S.

YANG Hsien-yi und G. YANG (Übers.), *The Scholars*, Peking, Foreign Languages Press, 1957, 722 S.

19. Jahrhundert

W. L. BALES, *Tso Tsung-t'ang, Soldier and Statesman of Old China*, Schanghai, Kelly & Walsh, 1937, 436 S.

K. BIGGERSTAFF, *The Earliest Modern Government Schools in China*, Ithaca, Cornell University Press, 1961, 276 S.

J. O. P. BLAND und E. BACKHOUSE, *China Under the Empress Dowager, Being the History of the Life and Times of Tz'u hsi*, Peking, Vetch, 1939, 470 S.

E. P. BOARDMAN, *Christian Influence upon the Ideology of the Taiping Rebellion, 1851–1864*, Madison, University of Wisconsin Press, 1952, 188 S.

CHANG Chung-li, *The Chinese Gentry, Studies on their Role in XIXth-Century China*, Seattle, University of Washington Press, 1955, 250 S.

CHANG Hsin-pao, *Commissioner Li and the Opium War*, Cambridge (Mass.), Harvard University Press, 1964, 318 S.

CHIANG Siang-tseh, *The Nien Rebellion*, Seattle, University of Washington Press, 1954, 160 S.

S. C. CHU, *Reformer in Modern China, Chang Chien (1853–1926)*, New York und London, Columbia University Press, 1965, 256 S.

CHU Wen- chang, *The Moslem Rebellion in North-West Chinas, 1861–1878*, Den Haag, Mouton, 1966, 232 S.

CH'Ü T'ung-tsu, *Local Government in China under the Ch'ing*, Cambridge (Mass.), Harvard University Press, 1962, 360 S.

P. A. COHEN, *The Missionary Movement and the Growth of Chinese Antiforeignism, 1860–1870*, Cambridge (Mass.), Harvard University Press, 1963, 392 S.

M. COLLIS, *La Guerre de l'opium*, Paris, Calmann-Lévy, 1948, 336 S.

J. K. FAIRBANK, *Trade and Diplomacy on the China Coast: the Opening of the Treaty Ports, 1842–1854*, Cambridge (Mass.), Harvard University Press, 1964, 2 Bde., 490 S.

P. W. FAY, *The Opium War 1840–1842*, Chapel Hill, University of North Carolina Press, 1975, 406 S.

A. FEUERWERKER, *China's Early Industrialization, Sheng Hsüan-huai (1844–1916) and Mandarin Enterprise*, Cambridge (Mass.), Harvard University Press, 1958, 312 S.

K. E. FOLSOM, *Friends, Guests and Colleagues, the Mu-fu System in the Late Ch'ing Period*, Berkeley, University of California Press, 1968, 234 S.

W. J. HAIL, *Tseng Kuo-fan and the Taiping Rebellion*, New Haven, Yale University Press, 1927, 422 S., Neuaufl. New York, Paragon Book, 1964.

HAO Yen-p'ing, *The Comprador in XIXth Century China*, Cambridge (Mass.), Harvard University Press, 1970, 315 S.

HSIAO Kung-ch'üan, *Rural China, Imperial Control in the XIXth Century*, Seattle, University of Washington Press, 1960, 784 S.

I. C. Y. HSÜ, *The Ili Crisis, a Study of Sino-Russian Diplomacy 1871–1881*, Oxford, Clarendon Press, 1965, 230 S.

F. H. H. KING, *Money and Monetary Policy in China, 1845–1895*, Cambridge (Mass.), Harvard University Press, 1965, 330 S.

K. S. LATOURETTE, *A History of Christian Missions in China*, 1929[1], Neuaufl. New York, Russel & Russel, 1967, 930 S.

LIANG Ch'i-ch'ao, *Intellectual Trends in the Ch'ing Period*, Cambridge (Mass.), Harvard University Press, 1959.

LIN Tai-i, *Flowers in the Mirror*, London und Berkeley, Owen, 1965, 310 S. (Übers. von *Jinghuayuan* von Li Ruzhen).

K. C. LIU, *Anglo-American Steamship Rivalry in China, 1862–1874*, Cambridge (Mass.), Harvard University Press, 1962, 218 S.

W. F. MANNIX, *Memoirs of Li Hung-chang*, Boston-New York, Houghton Mifflin, 1923, 298 S.

R. M. MARSH, *The Mandarins: the Circulation of Elites in China*, Glencoe, Free Press of Glencoe, 1961, 300 S.

F. MICHAEL, *The Taiping Rebellion*, Bd. 1, *History*, Seattle, University of Washington Press, 1966, 243 S.

J. L. RAWLINSON, *China's Struggle for Naval Development, 1839–1895*, Cambridge (Mass.), Harvard University Press, 1967, 318 S.

J. RECLUS (Übers.), *Chen Fu. Récits d'une vie fugitive*, Paris, Gallimard, 1967, 180 S.

V. Y. C. SHIH, *The Taiping Ideology, its Sources, Interpretations and Influences*, Seattle, University of Washington Press, 1967, 554 S.

S. SPECTOR, *Li Hung-chang and the Huai Army, a Study in XIXth Century Chinese Regionalism*, Seattle, University of Washington Press, 1964, 359 S.

H. STOECKER, *Deutschland und China im 19. Jahrhundert. Das Eindringen des deutschen Kapitalismus*, Berlin, Schriftenreihe des Instituts für allgemeine Geschichte an der Humboldt-Universität Berlin, 1958, 307 S.

TENG Ssu-yü, *The Nien Army and their Guerrilla Warfare*, Paris-Den Haag, Mouton, 1961, 254 S.

TENG Ssü-yü, *New Light on the History of the T'ai-ping Rebellion*, Cambridge (Mass.), Harvard University Press, 1950, 132 S.

TENG Ssü-yü und J. K. FAIRBANK, *China's Response to the West, 1839–1923*, Cambridge (Mass.), Harvard University Press, 1954, Neuaufl. New York, Atheneum, 1963.

F. WAKEMAN, *Strangers at the Gate, Social Disorder in South China, 1839–1861*, Berkeley, University of California Press, 1966, 276 S.

A. WALEY, *The Opium War Through Chinese Eyes*, London, Allen & Unwin, 1958, 258 S.

L. T. S. WEI, *La Politique missionaire de la France en Chine, 1842–1856*, Paris, Nouvelles Éditions Latines, 1960, 652 S.

M. C. WRIGHT, *The Last Stand of Chinese Conservatism, the T'ung-chih Restoration, 1862–1874*, Stanford, Stanford University Press, 1957, 426 S.

Die erste Hälfte des 20. Jahrhunderts

L. BIANCO, *Der Weg zu Mao. Die Ursprünge der chinesischen Revolution*, Berlin, Ullstein, 1969, 255 S. (aus dem Frz.: *Les Origines de la révolution chinoise, 1915–1949*, Paris, Gallimard, 1967, 384 S.)

H. L. BOORMAN (Hg.), *Biographical Dictionary of Republican China*, Bd. I, Ai-Ch'ü, New York, Columbia University Press, 1967, 484 S., Bd. II, 1968, Bd. III, 1970, Bd. IV, 1971.

H. van BOVEN, *Histoire de la littérature chinoise moderne*, Peking, Université catholique, 1946, 188 S.

C. BRANDT, B. SCHWARTZ, J. K. FAIRBANK, *Der Kommunismus in China. Eine Dokumentargeschichte*, München, Oldenbourg, 1955, 392 S.

O. BRAUN, *Chinesische Aufzeichnungen 1932–1939*, Berlin, Dietz, 1973, 390 S.

O. BRIÈRE, »Les courants philosophiques en Chine depuis 50 ans«, *Bulletin de l'Université l'Aurore* X, no 40, Schanghai, 1949, engl. Übersetzung: *Fifty Years of Chinese Philosophy*, London, Allen & Unwin, 1956, 160 S.

M. CAMERON, *The Reform Movement in China, 1898–1912*, Stanford, Stanford University Press, 1931, 224 S.

CHAN Wing-tsit, *Religious Trends in Modern China*, New York, Columbia University Press, 1953, 328 S.

J. K. CHANG, *Industrial Development in Pre-Communist China*, Chicago, Aldine Publ. Co. 1969, 144 S.

J. CHESNEAUX, *Recherches sur le mouvement ouvrier chinois de 1919 à 1927*, Paris-Den Haag, Mouton, 1962, 652 S.

J. CHESNEAUX, *Les Sociétés secrètes en Chine*, Paris, Julliard, 1965, 277 S.

J. CHESNEAUX und J. LUST, *Introduction aux études d'histoire contemporaine de Chine*, Paris-Den Haag, Mouton, 1964, 148 S.

China Yearbook, London, 1912–1919, T'ien-tsin, 1919–1939.

CHOW Tse-tsung, *The May Fourth Movement, Intellectual Revolution in Modern China*, Stanford, California University Press, 1960, Neuaufl. 1967, 486 S.

J. DOMES, *Vertagte Revolution. Die Politik der Guomindang 1923–1937*, Berlin, de Gruyter, 1969, 795 S.

H. DORÉ, *Recherches sur les superstitions en Chine*, Schanghai, Tu-se-wei, 1914–1929, 15 Bde.

L. E. EASTMAN, *The abortive Revolution, China under Nationalist Rule 1927–1937*, Cambridge (Mass.),. Harvard University Press, 1974, 398 S.

FEI Hsiao-tung, *Peasant Life in China, a Field Study of Country Life in the Yangtze Valley*, London, Kegan Paul, 1939, 300 S.

J. F. de FRANCIS, *Nationalism and Language Reform in China*, Princeton, Princeton University Press, 1950, 306 S.

W. FRANKE, *Chinas Kulturelle Revolution, die Bewegung vom 4. Mai 1919*, München, Oldenbourg, 1957, 90 S.

D. G. GILLIN, *Warlord, Yen Hsi-shan in Shanhsi*

Province, 1911–1949, Princeton, Princeton University Press, 1967, 334 S.

J. GUILLERMAZ, *Histoire du Parti communiste chinois, 1921–1949*, Paris, Payot, 1968.

J. B. GRIEDER, *Hu Shih and the Chinese Renaissance, Liberalism in the Chinese Revolution*, Cambridge (Mass.), Harvard University Press, 1970, 350 S.

HAN Suyin, *Die eiserne Straße*, Genf, Kossodo, 1965, 607 S. (Orig.: The crippled tree).

J. P. HARRISON, *The long March to power. A history of the Chinese Communist Party 1921–1972*, London, Macmillan, 1973, 647 S.

M. HEMERY, *De la révolution littéraire à la littérature révolutionnaire*, Paris, L'Herne, 1970, 336 S.

C. T. HSIA, *A History of Modern Chinese Fiction, 1917–1957*, New Haven, Yale University Press, 1961, 622 S.

H. ISAACS, *The Tragedy of the Chinese Revolution*, London, 1958, frz. Übersetzung: *La Tragédie de la révolution chinoise*, Paris, Gallimard, 1967, 446 S.

A. HUMMEL (Übers.), *The Autobiography of a Chinese Historian* (Ku Chieh-kang), Leiden, Brill, 1931, 200 S.

G. K. KINDERMANN (Hg.), *Konfuzianismus, Sunyatsenimus und chinesischer Kommunismus, Dokumente* . . . Freiburg i. B., Rombach, 1963, 284 S.

O. LANG, *Pa Chin and his Writings*, Cambridge (Mass.), Harvard University Press, 1967, 402 S.

J. R. LEVENSON, *Liang Ch'i-ch'ao and the Mind of Modern China*, Cambridge (Mass.), 1953, 2. Aufl. Berkeley, University of California Press, 1967, 316 S.

J. R. LEVENSON, *Confucian China and its Modern Fate*, Berkeley, University of California Press, 1958, 224 S.

LI Chien-nung, *The Political History of China, 1840–1928*, Übersetzung aus dem Chines., Stanford, Stanford University Press, 1956, Neuaufl. 1967, 544 S.

LIN Shu-shen, *Histoire du Journalisme en Chine*, Avesnes, Éd. de l'Observateur, 1937, 164 S.

M. MEISNER, *Li Ta-chao and the Origin of Chinese Marxism*, Harvard University Press, 1967, 326 S., Neuaufl. New York, Atheneum, 1974.

W. MOHR, *Die moderne chinesische Tagespresse, ihre Entwicklung in Tafeln und Dokumenten*, 3 Bde., Wiesbaden, Steiner, 1976, 263 S.

P. J. OPITZ (Hg.), *Chinas große Wandlung. Revolutionäre Bewegungen im 19. und 20. Jahrhundert*, 8 Beiträge, München, Beck, 1972, 321 S.

R. L. POWELL, *The Rise of Chinese Military Power, 1895–1912*, Princeton, Princeton University Press, 1955, 384 S.

V. PURCELL, *The Chinese in South-East Asia*, London-New York, Oxford University Press, 1951, 802 S.

V. PURCELL, *The Boxer Uprising, a Background Study*, Cambridge, Cambridge University Press, 1963, 271 S.

RÄTE-CHINA, *Dokumente der chinesischen Revolution 1927–1931*, hg. von Manfred Hinz, Frankfurt, Ullstein, 1973, 619 S.

TH. SCHARPING, *Der demokratische Bund und seine Vorläufer 1939–1949; Chinesische Intelligentsia zwischen Kuomintang und KP*, Hamburg, Mitteilungen des Instituts für Asienkunde, 1972, 155 S.

B. I. SCHWARTZ, *In Search of Wealth and Power, Yen Fu and the West*, Cambridge (Mass.), Harvard University Press, 1964, 298 S.

J. SCHYNS u. a., *1500 Modern Chinese Novels and Plays*, Peking, Catholic University Press, 1948, 484 S.

J. E. SHERIDAN, *Chinese Warlord: The Career of Feng Yü-hsiang*, Stanford, Stanford University Press, 1966, 386 S.

J. E. SHERIDAN, *China in Disintegration. The Republican Era in Chinese History 1912–1949*, New York, The Free Press, 1975, 338 S.

A. SMEDLEY, *La longue marche. Mémoires du Général Zhu De (Chu Te)*, 2 Bde., Paris, Imprimerie Nationale, 1969.

E. SNOW, *Roter Stern über China. Mao Tse-tung und die chinesische Revolution*, Frankfurt, S. Fischer, 1977, 509 S. (aus dem Engl.: *Red star over China*, New York, Random House, 1938, 474 S., Neuaufl. Grove Press, 1961 und 1968).

SUN Yat-sen, *Reden und Schriften*, Leipzig, Reclam jun., 1974, 415 S. (aus dem Chines. von B. Scheibner u. H. Scharner).

C. C. TAN, *The Boxer Catastrophe*, New York, Columbia University Press, 1955, 276 S., Neuaufl. New York, Octagon Books, 1967.

TCHENG Cheng (Übers.), *Lieou Ngo, l'odyssée de Lao Ts'an*, Paris, Gallimard, 1964, 280 S.

TSCHIANG Kai-shek, *Sowjetrußland in China*, Bonn, Athenäum, 1959, 450 S. (aus dem Amerikan.).

L. G. THOMPSON, *Ta t'ung shu, the One-world Philosophy of K'ang Yu-wei*, London, Allen & Unwin, 1958, 300 S.; deutsche Übersetzung von H. Kube: K'ang Yu-wei, *Ta T'ung Shu, Das Buch von der Großen Gemeinschaft*, Düsseldorf-Köln, Diederichs, 1974, 280 S.

C. C. WANG, *Chinese Intellectuals and the West*, Chapel Hill, University of the North Carolina Press, 1966, 558 S.

H. WELCH, *The Practice of Chinese Buddhism, 1900–1950*, Cambridge (Mass.), Harvard University Press, 1967, 588 S.

L. WIEGER, *Chine moderne*, Hsien-hsien, 1920–1932, 10 Bde.

M. C. WRIGHT (Hg.), *China in Revolution: the First Phase 1900–1913*, New Haven, Conn., Yale University Press, 1968, 505 S.

Nach 1949

BAO Ruo-wang, *Gefangener bei Mao*, Bern und München, Scherz, 1975, 340 S. (aus dem Engl.: *Prisoner of Mao)*.

A. D. BARNETT, *Communist China, The Early Years, 1945 1955*, New York, Praeger, 1964, 338 S.

W. BARTKE, *Chinaköpfe, Kurzbiographien der Partei- und Staatsfunktionäre der VRCh.*, Hannover, Schriftenreihe des Forschungsinstituts der Friedrich-Ebert-Stiftung, 1966, 454 S.

L. BIANCO, *La Chine populaire et Taiwan depuis 1945*, in: Maurice Crouzet, *Le monde depuis 1945*, Paris, P.U.F., 1973.

J. DELEYNE, *Die chinesische Wirtschaftsrevolution*, Hamburg, Reinbek, 1972, 182 S. (aus dem Frz.).

J. P. DIÉNY, *Die Welt gehört den Kindern. Das moderne China und seine Kinderbücher*, Weinheim-Basel, Beltz, 1973, 114 S. (aus dem Frz.: *Le monde est à vous; la Chine et les livres pour enfants)*.

J. DOMES, *Die Ära Mao Tse-tung*, Stuttgart, Kohlhammer, 1971, 256 S.

A. FEUERWERKER (Hg.), *History in Communist China*, Cambridge (Mass.), M.I.T.Press, 1968, 382 S.

J. GITTINGS, *The Role of the Chinese Army*, New York, Oxford University Press, 1967, 330 S.

J. GLAUBITZ, *Opposition gegen Mao. Abendgespräche am Yenshan und andere politische Dokumente*, Olten u. Freiburg i. B., Walter V., 1969, 217 S.

J. GLAUBITZ, *China und die Sowjetunion. Aufbau und Zerfall einer Allianz*, Hannover, Schriftenreihe der Niedersächsischen Landeszentrale für politische Bildung, 1973, 114 S.

T. GRIMM, *Mao Tse-tung in Selbstzeugnissen und Bilddokumenten*, Hamburg, Rowohlt, 1968, 180 S.

J. GUILLERMAZ, *La Chine populaire*, 4., aktualisierte Auflage, Paris, P.U.F., 1967, 128 S.

J. GUILLERMAZ, *Le parti communiste au pouvoir (1949–1972)*, Paris, Payot, 1972, 549 S.

M. GOLDMAN, *Literary Dissent in Communist China*, Cambridge (Mass.)., Harvard University Press, 1967, 344 S.

W. HINTON, *Fanshen. Dokumentation über die Revolution in einem chinesischen Dorf*, 2 Bde., Frankfurt, Suhrkamp, es 566/567, 1972 (aus dem Amerikanischen).

S. LEYS, *Maos neue Kleider. Hinter den Kulissen der Weltmacht China*, München-Basel, Desch, 1972, 327 S. (aus dem Frz.: *Les Habits neufs du président Mao, Chronique de la révolution culturelle*, Paris, Champ libre, 1971).

MAO Tse-tung, *Ausgewählte Werke*, 4 Bde., Peking, Verlag für fremdsprachige Literatur, 1969. (Der 5. Bd. ist 1977 in englischer Sprache erschienen: Peking, Verlag für fremdsprachige Literatur, 518 S.)

H. MARTIN (Hg.), *Mao intern. Unveröffentlichte Schriften, Reden und Gespräche Mao Tse-tungs 1949–1971*, München, C. Hanser, 1974, 308 S. und München, Deutscher Taschenbuchverlag, 1977, 308 S.

J. MYRDAL, *Bericht aus einem chinesischen Dorf*, München, Deutscher Taschenbuchverlag, 1969, 370 S.

R. C. NORTH, *Der chinesische Kommunismus*, München, Kindler, 1966, 256 S. (Aus dem Englischen von G. Theusner-Stampa).

J. PRUŠEK, *Die Literatur des befreiten China und ihre Volkstradition*, Prag, Artia, 1955, 740 S.

P. SCHRAM, *The Development of Chinese Agriculture, 1950–1959*, Urbana, University of Illinois Press, 1969, 200 S.

S. R. SCHRAM, *Die permanente Revolution in China*, Frankfurt, Suhrkamp, es 151, 1966, 185 S. (aus dem Engl.).

S. R. SCHRAM, *Mao tse-tung*, Frankfurt, S. Fischer, 1969, 390 S. (aus dem Engl.).

S. R. SCHRAM, *Das Mao-System; die Schriften von Mao Tse-tung, Analyse und Entwicklung*, München, Hanser, 1972, 408 S. (aus dem Engl.).

F. H. SCHURMANN, *Ideology and Organization in Communist China*, Berkeley, University of California Press, 1966, 540 S.

E. VOGEL, *Canton under Communism. Programs and Politics in a Provincial Capital 1949–1968*, Cambridge (Mass.), Harvard University Press, 1969, 448 S.

O. WEGGEL (Hg.), *Die Außenpolitik der Volksrepublik China*, Stuttgart, Kohlhammer, 1977, 172 S.

C. K. YANG, *Chinese Communist Society. The Family and the Village*, Cambridge (Mass.), The M.I.T.Press, 1965, 276 S.

INDEX DER PERSONENNAMEN

Die kursiv gesetzten Seitenangaben verweisen auf Stellen,
an denen das jeweilige Stichwort ausführlicher behandelt ist.

Abahai: 394
Abbasiden: 241, 308
Aguda: 304
Ahmad ibn Mājin: 381
Akbar: 383
Alexander der Große: 219
Aloben 阿羅本: 239
Altan Khan (Anda Khan): 354
Amituofo 阿彌陀佛: 188
Amoghavajra: 237
An (Familie) 安 286
Andi 安帝: 134
An Lushan 安祿山: 199, 202, 211, *219*, 220, 224, 241, 246, 295
An Shigao 安世高: 185, 197
Antoninus Pius: 116
Araber: 218, 220, 236, 237, 240, 242, 247, 249, 279
Araptan: 405
Argun (Khan): 320
Aristoteles: 296, 384
Armenier: 319
Aśoka: 183
Atā ibn Ahmad: 325
Attiret, Jean-Denis: 440
Avalokiteśvara: 188
Awaren: 165

Bacon, Roger: 265
Bada Shanren 八大山人: 419
Bai Gui 白圭: 88
Bai Juyi 白居易: 232
Bai Qi 白起: 97
Bajin 巴金: 545, 546
Bakunin: 545
Ban Chao 班超: 133, 134
Ban Gu 班固: 146, 293
Bao Shichen 包世臣: 497
Batu (Khan): 308
Bayan: 240
Berg-Yue 山越: 154
Bergson, H.: 545
Bertin, Henri: 441
Bessemer: 457
Bi Sheng 畢昇: 286
Bobai 哱拜: 364
Bodhisattva Maitreya: 187, 188, 217, 317, 329, 351, 460
Bodhisattva Samantabhadra (Puxian): 188, 234
Borodin: 530
Bosi 波斯: 241
Böttger, J.F.: 441
Bouvet, P.: 439
Brahe, Tycho: 387
Brahmanen: 241
bTsan-po: 242
Bucharin: 547
Buddha: 91, 181, 182, 183, 184, 187, 188, 190, 194, 248
Buddha Amitābha: 188, 234, 316
Buddha Bhaishajyaguru: 188
Buddhabhadra: 193
Bukong 不空: 237
Buyi 布依: 22

Cai Yong 蔡邕: 144, 175
Cai Yuanpei 蔡元培: 545
Cao (Familie) 曹: 158, 175
Cao Cao 曹操: 136, *152–3*, 176, 178
Cao Kun 曹錕: 529
Cao Pei 曹丕: 158, 178, 179
Cao Xueqin 曹雪芹: 429
Cao Yin 曹寅: 431
Cao Zhi 曹植: 178
Castiglione, Giuseppe (Pater): 440
Cattanes, Lazare: 385, 386
Cervantes: 542
Chabarow: 412
Chambers, W.: 443
Cham: 241
Changchun 長春: 319, 326
Chang De 常德: 320
Chang Qu 常璩: 169
Chao Cuo 鼂錯: 106, 109
Chen Baxian 陳霸先: 159
Chen Cheng 陳誠: 336
Chen Di 陳第: 375
Chen Duxiu 陳獨秀: 535, 543, 546, 547
Chen Guofu 陳果夫: 533
Chen Hungchi 陳鴻墀: 497
Chen Jiongming 陳炯明: 530
Chen Lifu 陳立夫: 533
Chen Menglei 陳夢雷: 430
Chen Pengnian 陳彭年: 198
Chen Sheng 陳勝: 100
Chen Shou 陳壽: 170, 293
Chen Tang 陳湯: 134
Chen Xianzhang 陳獻章: 372
Chen Xingshen 陳省身: 549
Chen Youliang 陳友諒: 330
Chen Zi'ang 陳子昂: 232
Cheng 成: 54
Cheng Han 成漢: 151, *155*
Cheng Hao 程顥: 295
Cheng Yi 程頤: 295
Chiang Kai-shek: 509, 514, 523, *530–2*, *533*, 534, 535, 537, 541, 547, 550, 552, 557
Chinesen s. Han 漢
Chioniten: 155
Chishō Daishi 智證大師: 246
Chomjakov: 498
Chonghou 崇厚: 486
Chongzhen (Kaiser) 崇禎: 368
Chruschtschow: 557
Chunshen 春申君: 74
Cixi (Tz'u-hsi) 慈禧: 373, 478, 487
Clemens III., V., XIV.: s. Klemens
Comte, Auguste: 499
Courbet (Admiral): 487
Coxinga 國姓爺: 397, 452
Cruz, Gaspar da: 388
Cui (Familie) 崔; 154
Cui Hao 崔浩: 165, 181
Cui Shi 崔實: 145
Cui Shu 崔述: 433

Dai (Fürst von) 代: 169
Dai Wang 戴望: 499
Dai Zhen 戴震: 429, 432, *434–5*, 494, 502
Dao'an 道安: 186, 187, 191, 194
Daoguang (Kaiser) 道光: 448, 453
Daowudi 道武帝: 165
Daoxuan 道宣: 193
Darwin: 542
Dayan (Khan): 354
Da Yueshi, Yuezhi 大月氏, 月支: 109, 183
Deng 鄧: 134
Deng Maoqi 鄧茂七: 351
Deng Tuo 鄧拓: 559
Deng Xiaoping 鄧小平: 559
Dengyō Daishi 傳教大師: 246
Deutsche: 376
Dewey, John: 545
Dharmaraksha: 186, 191
Di 氐 (Barbaren): 151, 168
Diaz, Emmanuel: 386
Dickens, Charles: 542
Ding Du 丁度: 198
Dingling 丁玲: 546
Ding Wenjiang 丁文江: 549
Dinh (Dynastie) 丁: 257
Donghu 東胡: 110
Dong Zhongshu 董仲舒: 140, 143, 495, 496
Dong Zhuo 董卓: *136*, 175
Dörbeten: 403
Dou 竇: 134
Dschurdschen 212, 258, 263, 265, 269, 290, 299–300, 301, 302, *304–5*, 309, 313, 326, 347,

354, 364, 367, 369, 370, *393–4*, 395
Dsungaren: 403, 405
Duan Yucai 段玉裁: 435, 494
Duan Qirui 段旗瑞: 528
Du Fu 杜甫: 232
Dugu 獨孤: 172
Du Mu 杜牧: 232
Du Wenxiu 杜文秀: 467
Du You 杜佑: 233, 294
Du Yu 杜預: 153, 232
Dumas, A.: 542
Dupont de Nemours: 443

Enchin 圓珍: 246
Engels, F.: 547
Engländer: 405, 440, 449, 452, 453, 468, 496, 504
Engyō 圓行: 246
Ennin 圓仁: 246
Ershi Huangdi 二世皇帝: 100
Erster Kaiser s. Shi Huangdi: 29, 70, 79, 100, 108, 114, 120, 131, 136, 139, 142
Esen (Khan): 341
Eun 惠運: 246
Europäer: 318, 335, 341, 352, 356, 397, 439, 497, 499, 504

Faber, Etienne: 385
Faguo 法果: 190
Fan Chong 樊崇: 131
Fan Li 范蠡: 88
Fan Wencheng 范文程: 394
Fan Zhongyan 范仲淹: 263, 272, 289
Fang Dongshu 方東樹: 497
Fang Guozhen 方國珍: 329, 330, 355
Fang La 方臘: 268
Fang Yizhi 方以智: 422, 423
Faxian 法顯: 191, 193
Fayong 法勇: 290
Fazang 法藏: 234
Feng Dao 馮道: 286
Feng Guifen 馮桂芬: 498, 499
Feng Guozhang 馮國璋: 528
Feng Yuxiang 馮玉祥: 531, 532
Fernandes, Sebastian (Pater): 345, 386
Fischer von Erlach: 388
Flamen: 437
Folangji (Franken) 佛郎機: 381
Fomu 佛母: 351
Fotudeng 佛圖澄: 186
Francisco Xavier (heiliger): 382
Franzosen: 414, 433, 439, 487, 490, 504
Fréret, Nicolas: 441
Fucha 夫差: 60
Fu Gong 傅肱: 290
Fu Jian 苻堅: 169, 172
Fukang'an 福康安: 415
Fukienesen: 378, 520, 542
Fuxi 伏羲: 94, 149

Galdan: 403
Galen: 530
Galenus: 39
Galilei, Galileo: 384
Gama, Vasco da: 381
Gan Bao 干寶: 180
Gan Ying 甘英: 120
Gao Hou 高后: 106
Gao Huan 高歡: 167
Gao Ming (Zecheng) 高明（則誠）: 326
Gao Shi 高適: 232
Gao Xianzhi 高仙芝: 218
Gaozong 高宗: 214, 216, 238
Gaozu 高祖: 139, 201
Gaubil, Antoine (Pater): 439
Ge Hong 葛洪: 179, *180*
Geng Jingzhong 耿精忠: 398, 399
Geng Shouchang 耿壽昌: 141
Geng Zhongming 耿仲明: 394
Gembō 玄昉: 243
Genuesen: 319, 321
Gerbillon (Pater): 412, 440
Gilbert, W.: 388
Goëz, Benedict de: 383
Gogol: 546
Gong, Prinz 恭: 473
Gongsun (Familie) 公孫: 170, 171
Gongsun Long 公孫龍: 92
Gongsun Shu 公孫述: 131
Gongsun Yang 公孫鞅: 77
Gong Zizhen 龔自珍: 496
Goujian 勾踐: 60
Granet, Marcel: 89, 433
Griechen: 109, 441
Grimaldi, P.: 443
Grosier, J.B.: 441
Gu Kaizhi 顧愷之: 178
Gu Yanwu (Tinglin) 顧炎武（亭林）: 361, 375, 423, 424, 426, 430, 432, 436, 494, 499
Gu Zuyu 顧祖禹: 424
Guan Hanqing 關漢卿: 326
Guanyin (Guanshiyin) 觀音, 觀世音: 100, 188
Guan Zhong 管仲: 86, 93
Guangwudi 光武帝: 130, 132
Guo Moruo 郭沫若: 545
Guo Shoujing 郭守敬: 323, 325
Guo Xiang 郭象: 176, 177, 186
Guoxingye 國姓爺: 397
Guo Wei 郭威: 256
Gurkha: 412
Guyot de Salins: 280
Güyük: 308

Haiyun 海運: 326
Hakka (Kejia) 客家: 411, 459, 520
Halde, du J.B.: 441
Han (Volk) 漢: *16–9*, 164, 168, 169, 210, 257, 303, 305, 312, 395, 397, 411, 413, 467
Han Daozhao 韓道昭: 198
Han Fei 韓非: 86, 87, 92
Han Gan 韓翰: 211
Han Liner 韓林兒: 329
Han Shantong 韓山童: 329
Han Tuozhou 韓侂冑: 258
Han Yanzhi 韓彥直: 290
Han Yu 韓愈: 146, 248, 295
Hang Shijun 杭世駿: 432
Harshavardhana: 202
Hart, Robert: 471, 483
Harun Al-Rashid: 241
Hayton: 319
He Changling 賀長齡: 496
Hedi 和帝: 134
Hegel: 233, 437
He Jin 何進: 135
Helin 和琳: 415
Heshen 和珅: 415, 416, 445, 447
He Xiu 何休: 143, 495, 496
He Yan 何晏: 177
Hideyoshi Toyotomi 秀吉豐臣: 364, 378
Holländer: 359, 361, 381, 388, 398, 412
Hong Chengchou 洪承疇: 368
Hong Mai 洪邁: 291
Hongmaoyi 紅毛夷: (Holländer) 381
Hong Rengan 洪仁玕: 464, 475
Hong Sheng 洪昇: 419
Hongwu 洪武: 331, 334, 337, 346, 350, 355, 365
Hong Xiuquan 洪秀全: 459, 460
Hong Zun 洪遵: 291
Hou Jing 侯景: 159
Hou Xian 侯顯: 336
Hu (Kaiserin) 胡: 167, 189, 193
Hu Hanmin 胡漢民: 526
Hu Juren 胡居仁: 372
Hu Linyi 胡林翼: 472
Hu Shi 胡適: 544, 545
Hu Wei 胡渭: 433
Hu Weiyong 胡惟庸: 333
Hu Zongxian 胡宗憲: 358
Hua (Familie) 華: 286
Hua Hengfang 華衡芳: 502
Huaqiao 華僑: 520
Huan (Familie) 桓: 156
Huan Tan 桓譚: 144
Huan Xuan 桓玄: 157

Huang Chao 黄巢: 225, 227, 242, 247
Huangdi 黄帝: 94, 135
Huanglao 黄老君: 135, 184
Huang Tingjian 黄庭堅: 283, 293
Huang Xing 黄興: 521, 526, 527, 548
Huang Zongxi (Lizhou) 黄宗羲(梨洲): 420, 421, 424, 432, 434, 495
Hugo, Victor: 542
Huhanye 呼韓邪: 121
Huichao 慧超: 236
Huidi 惠帝: 139
Hui Dong 惠棟: 434
Huineng 慧能: 234
Hui Shi 惠施: 92
Huiyuan 慧遠: 187, 188, 190, 234
Huizong 徽宗: 268, 283, 290, 291, 305
Hülägü (Khan): 240, 308, 320
Hunnen: 107, 155
Huo Guang 霍光: 130, 132
Huxley, T.H.: 542
Huyghen van Linschoten, Jan: 388

Ibn al-Baytār: 266
Ibn Battuta: 310, 311, 319
Ibsen: 542
Il-Khan: 308, 317, 320
Inder: 169, 173, 183, 197, 237, 241
Indo-Iranier: 116, 238, 279, 317
Indoskythen: 109, 183, 186
Innozenz IV.: 318
Iraker: 241
Iranier: 170, 240, 249, 313, 315, 468
Italiener: 387

Jamal al-Din: 325
Japaner: 265, 333, 354, 358, 364, 381, 397, 420, 502, 504, 548, 553
Javaner: 279, 354, 381
Jehangir: 449
Jenner, Edward: 442
Jesus Christus: 460
Ji Yun 紀昀: 429, 494
Jia (Familie) 賈: 154
Jia Kui 賈逵: 143
Jia Sidao 賈似道: 258, 314
Jia Yi 賈誼: 106, 109, 146
Jiang Jieshi 蔣介石 s. Chiang Kai-shek
Jiang Qing 江青: 561
Jiang Zong 江總: 179
Jianzhen 鑑眞: 243
Jiao Bingzhen 焦秉貞: 440
Jiaqing (Kaiser) 嘉慶: 448
Jie (Barbaren) 羯: 150
Jin Shengtan 金聖嘆: 419
Jing Cha 景差: 94
Jingdi 景帝: 106, 130
Jinghaiwang 淨海王: 355
Jisun 季孫: 60
Jōgyō 常曉: 246
Joliot-Curie, F. und J.: 549

Kalmücken: 413
Kang Senghui 康僧會: 184
Kang Tai 康泰: 169
Kangxi (Kaiser) 康熙: 400, 401, 402, 420, 426, 430, 431, 437, 438, 439, 440, 447
Kang Youwei 康有爲: 496, 498, 499, 505, 525, 546, 548, 552
Kant, I.: 549
Kantonesen: 372, 520
Karakitan: 308
Kasachen: 354
Ke (Dame) 客: 366
Kereit: 239
Khalkha: 403
Khmer: 241
Khodja Türken: 449
Khoschoten: 403
Khubilai Khan: 308, 312, 318, 323, 325, 327
Kireevskij: 498
Kirgisen: 354
Kitan: 213, 221, 229, *257*, *299–300*, *301*, 305, 306, 309, 313, 326, 347
Klemens III.: 320
Klemens V.: 318
Klemens XIV.: 439
Kōbō daishi 弘法大師: 246
Koffler, Andreas Xavier: 397
Konfuzius (Kong Qiu): *83–84*, 90, 143, 433, 438, 495, 496, 498, 533, 543
Kong Anguo 孔安國: 142, 232
Kong fuzi (Kong Qiu) 孔夫子(孔丘) (Confucius): 83, 87
Kong Qingjiao 孔淸覺: 316
Kong Shangren 孔尚任: 419
Kong Xiangxi 孔祥熙: 533
Kong Yingda 孔穎達: 232
Kong Youde 孔有德: 394
König Jing von Chengyang 城陽景王: 131
Koreaner: 22, 237, 313, 354
Kosaken: 412
Kou Qianzhi 寇謙之: 180, 189
Koxinga s. Coxinga
Kropotkin: 545
Kublai Khan s. Khubilai
Kūkai 空海: 246
Kumārajīva: 187, 188, 194
Kunlun 昆侖: 241
Kushānen: 169, 183

Laoshang 老上: 109
Lao Tse s. Laozi
Laozi 老子: 135, 184
Lê 黎 (vietnames. Dynastie): 336, 414, 464
Lê Loi 黎利: 336, *414*
Le Comte, Louis: 385
Lee Tsungdao 李政道: 549
Legge, James: 500
Leibniz: 441, 443
Lenin: 547
Li (Volk) 黎: 26
Li (Familie) 李: 172, 199, 217
Li (König) 厲: 55
Li Ao 李翱: 248, 295
Li Bai 李白: 232
Li Baojia (Boyuan) 李寶嘉(伯元): 543
Li Bing 李冰: 66
Li Changgeng 李長庚: 414
Li Daoyuan 酈道元: 193
Li Dazhao 李大釗: 535, 546, 547, 552
Li Fang 李昉: 298
Li Gong 李塨: 425, 499
Li Hanzhang 李瀚章: 472
Li Hongzhang 李鴻章: 464, 467, 472, 476, 487, 488, 491, 492, 504, 505, 524, 525
Li Jie 李誡: 290
Li Keyong 李克用: 225, 227
Li Linfu 李林甫: 219
Li Longji 李隆基: 218
Li Madou pusa (Bodhisattva Ricci) 利瑪竇菩薩: 383
Li Ruzhen 李汝珍: 429
Li Qingzhao 李清照: 291
Li Shan 李善: 231
Li Shanlan 李善蘭: 502
Li Shangyin 李商隱: 232
Li Shimin 李世民: 201
Li Shizeng 李石曾: 545
Li Shizhen 李時珍: 376, 449
Li Shun 李順: 228
Li Si 李斯: 102, 103
Li T'ai-po s. Li Bai
Li Tangjie 李棠階: 497
Li Tao 李燾: 294
Li Xinchuan 李心傳: 294
Li Yan 李巖: 368
Li Yanshou 李延壽: 232
Li Ye (oder Li Zhi) 李冶(治): 290, 324
Li Yu 李漁: 419
Li Yuan 李淵: 201
Li Zhaoluo 李兆洛: 497

Li Zhi 李贄: 283, 373, 419, 425
Li Zhizao 李之藻: 385, 387
Li Zhun 李準: 528
Li Zicheng 李自成: 352, *368*, 399
Liang 梁: 134
Liang Ji 梁冀: 132
Liang Qichao 梁啟超: 505, 526, 541, 545
Liang Shuming 梁漱溟: 545
Liao Mosha 廖沫沙: 559
Liao Ping 廖平: 498
Lin Biao 林彪: 558 560, 561
Lin Shu 林紓: 497, 542
Lin Zexu 林則徐: 452, 453, 496, 514
Linghu 令狐: 172
Liu An 劉安: 106, 139, 146
Liu Bang 劉邦: 102, 103
Liu Bei 劉備: 152, 154
Liu Bingzhong 劉秉忠: 312, 326
Liu Cong 劉聰: 155
Liu E 劉鶚: 51, 543
Liu Fenglu 劉逢祿: 495, 498
Liu Kunyi 劉坤一: 472, 505
Liu Mian 劉冕: 248
Liu Shao 劉劭: 176
Liu Shaoqi 劉小奇: 558, 559, 560
Liu Xiang 劉向: 180
Liu Xie 劉勰: 179
Liu Xin 劉歆: 143, 498
Liu Xiu 劉秀: 131
Liu Yao 劉曜: 155
Liu Yiqing 劉義慶: 176
Liu Yongfu 劉永福: 487
Liu Yu 劉郁: 320
Liu Yu 劉裕: 157
Liu Yu 劉予: 305
Liu Zongyuan 柳宗元: 146, 248
Liu Zhi 劉秩: 233
Liu Zhiji 劉知幾: 233, 291
Lolo: 304
Longobardo (Pater): 386, 387, 438
Lorenzetti: 320
Loyola, Ignatius von: 382
Lü (Kaiserin) 呂后: 128
Lü Buwei 呂不韋: 77, 88, 97, 138
Lü Dalin 呂大臨: 291
Lu Fayan 陸法言: 198
Lü Guang 呂光: 172, 188
Lu Hsün s. Lu Xun
Lu Jia 陸賈: 139
Lu Jiuyuan 陸九淵: 296
Lü mu 呂母: 131
Lu Xun 魯迅: 545
Lu Yuanlang (Deming) 陸元郎 (德明): 232
Ludwig IX. (der Heilige): 318
Ludwig XIV.: 439, 442
Ludwig XV.: 407
Lunatscharskij: 546
Luo Fangbai 羅芳柏: 411
Luo Shilin 羅士琳: 502
Luo Zhenyu 羅振玉: 548
Ly (vietnames. Dynastie) 李: 257

Ma 馬: 337
Ma Dexin 馬德新: 467
Ma Duanlin 馬端臨: 294
Ma Hualong 馬化龍: 468
Ma Huan 馬歡: 341
Ma Rong 馬融: 143, 144, 175
Ma, Yilong 馬一龍: 376
Ma Yin 馬殷: 227
Ma Yu 馬裕: 432
Ma Yuan 馬援: 115, 134
Ma Yueguan 馬日琯: 432
Ma Yuelu 馬日璐: 432
Ma Zhiyuan 馬致遠: 326
Malaien: 241, 249, 279, 354, 381
Malaiisch-polynesische Völker: 150, 279, 398
Mamelucken: 340, 381
Mandschus: 22, 304, 306, 328, 335, *353–4*, *368*–9, 378, *392*–3, 394 (s. Qing), 395, 396, 397, 400, 401, 402, 403, 406, 419, 427, 453, 460, 494
Manjuśri: 188, 234
Manzhou 滿洲: 393
Mao Dun 冒頓: 107
Maodun 茅盾: 546
Mao Tse-tung: 422, 536, 547, 550, 551, 552, 555, 556, 558, 559, 560, 561
Mao Yuanyi 茅元儀: 378
Mao Zedong 毛澤東 s. Mao Tse-tung
Mao Ziyuan 茅子元: 316
Marc Aurel: 116
Martini, Martino: 388
Marx, K.: 547
Matsudaira 松平: 354
Masubuchi Tatsuo 增淵龍夫: 67
Maurya: 183
Mei Wending 梅文鼎: 425, 434
Mei Yingzu 梅膺祚: 375
Mei Zhuo 梅鷟: 375, 432
Mencius s. Mengzi
Mendoza, Gonzales de: 388
Mengchang 孟嘗君: 74
Meng Haoran 孟浩然: 232
Mengsun 孟孫: 60
Meng Tian 蒙恬: 100
Mengzi 孟子: 84, *90–1*, 92, 435
Menzius s. Mengzi
Meo: 26
Mhong: 26
Mi Fu 米芾: 283
Miao 苗: 26, 150, 351, 411, 421, 422
Mile 彌勒 (Maitreya): 188, 316, 329, 351, 460
Mill, Stuart: 542
Min Yue 閩越: 100, 114
Mirabeau: 443
Moghulen: 383
Mohammed: 337
Mohammed al-Rasi: 39
Mohammedaner: 241, 312, 313, 317, 318, 321, 323, 337, 340, 411, 449, 465, *467–9*
Mohe 靺鞨: 218
Moiz al-Din: 325
Möngke: 308, 318, 319, 320
Mongolen 蒙古: 22, 27, 107, 220, 239, 258, 263, 265, 269, 297, *299*, 300, 301, 303, 306, 307–12, *309–10*, *317*–8, 320, 321, 323, 326, 327, 329, 331, 333, 335, 336, 341, 347, 348, 349, 351, 352, *353–4*, 364, 372, 387, 393, 403, 405, 467
Mon-Khmer: 115, 150
Montagu, Lady: 442
Montaigne: 388
Monte-Corvino, Giovanni de: 318, 320, 382
Montesquieu: 388, 542
Montfort de Feynes: 442
Moti, Motse s. Mozi
Mozi 墨子: 84, 85, 88, 89, 92, 127, 144, 176, 548
Mu (König) 穆: 54, 56, 93
Murong 慕容: 169, 172
Mutter Lü (Lümu): 131

Nabatäer: 120
Naimanen: 313
Napier, John: 434
Needham, Joseph: 180, 387, 444
Nepalesen: 215
Nguyên 阮: (vietnames. Dynastie) 414
Nietzsche, F.: 545, 549
Niida Noboru 仁井田陞: 207
Nishihara 西原: 529
Niu Jinxing 牛金星: 368
Nügua 女媧: 94
Nurhaci: 364, 393, 394

Ögödei: 307, 309
Oiraten: 335, 341, 403
Ölöten: 405
Omaiyaden (Araber): 215, 218, 236, 240
Ongot: 239

Osmanen: 381
Ouyang Xiu 歐陽脩: 289, 291, 295

'P'ags-pa: 317, 327
Pan Jixun 潘季訓: 364
Pan Ruzhen 潘汝禎: 367
Paramārtha: 194
Parrenin (Pater): 439
Parther: 120, 183, 185, 196
Paulsen, F. 545
Pei Wei 裴頠: 177
Pei Yaoqing 裴耀卿: 224
Pereira (Pater): 412, 440
Perser: 173, 237, 247, 443
Philipp der Schöne: 320
Piano Carpini, Giovanni de: 310, 311, 318
Pingyuan 平原君: 74
Piruz: 238
Plechanow: 546
Plinius der Ältere: 123
Polo, Marco: 297, 302, 310, 311, 312, 318, 383, 387
Polo, Matteo und Nicolo: 318
Polomen 婆羅門: 241
Pordenone, Odorico de: 318
Portugiesen: 359, 362, 378, 381, 382, 388, 398, 414, 449, 475
Prémare de, Pater: 439
Priester Johannes: 259, 303
Ptolemäus: 387
Pu Fa'e 普法惡: 351
Pu Songling 蒲松齡: 429
Puxian 普賢: 188
Puyi (Kaiser Xuantong) 溥儀（宣統）: 29, 527, 548

Qarluq: 313
Qi Baishi 齊白石: 419
Qi Jiguang 戚繼光: 358
Qi Zhaonan 齊召南: 432
Qian Daxin 錢大昕: 432, 494
Qian Liu 錢鏐: 227
Qianlong (Kaiser) 乾隆: 400, 401, 402, 413, 415, 416, 431, 435, 440, 445, 447, 448, 483
Qian Sanqiang 錢三强: 549
Qiang (Barbaren) 羌: 122, 133, 152, *160*, 303
Qin Gui 秦檜: 258
Qin Jiushao 秦九韶: 290
Qingcheng (Fürst) 慶成: 365
Qingxiang 頃襄: (König von Chu): 73
Qu Yuan 屈原: 37, 146, 419, 435
Quanrong 犬戎 (»Hunde-Barbaren«): 54
Quan Zuwang 全祖望: 432
Quesnay, François: 443

Rada, Martin de: 388
Raschid al-Din: 321, 443
Renan, Ernest: 432
Ren Yi (Bonian) 任頤（伯年）: 419
Ricci, Matteo: 287, 365, 382, 383, 384, 385, 387, 388, 425, 438, 440, 501
Rinrashi 林羅士: 381
Roberts: 459
Rocha, Jean de: 385
Rochechouart, Julien de: 489
Rouran 柔然: 165, 213
Roxane: 219
Ruan Dacheng 阮大鋮: 381, 420
Ruan Ji 阮籍: 178
Ruanruan 蠕蠕: 107, 165, 167, 213
Ruan Yuan 阮元: 432, 502
Rubruk, Wilhelm von: 318, 319
Ruizong 睿宗: 218
Russell, Bertrand: 545
Russen: 312, 317, 412, 441, 468, 486, 492, 504
Rustichello: 319
Ruzhen (Dschurdschen) 女眞: 304

Saichō 最澄: 246
Śakyamuni: 182
Salusti, J.D.: 440
Samantabhadra: 188, 232
Sanbao taijian 三保太監: 340
Sarten: 27, 313
Sassaniden: 238, 239, 240
Sauma, Rabban Bar: 320
Sayyid Ajall: 323
Schall von Bell, Adam: 386, 437
Schopenhauer: 545, 549
Schreck, Johann: 376
Schwartz, Berthold: 378
Scott, W.: 542
Senge: 327
Senggelinqin 僧格林沁: 466
Sengyou 僧佑: 194
Seres: 123
Shan: 26
Shandao 善導: 234
Shan Yue 山越: 154
Shangdi 上帝: 394, 438
Shang Kexi 尚可喜: 394, 399
Shang Yang 商鞅: 77, 86, 97
Shang Zhixin 尚之信: 399
Shao Yong (Kangjie) 邵雍（康節）: 262, 290, 295
Shato Tataren: 225
Shato Türken 沙陀: 227, 301
Shen Buhai 申不害: 86
Shen Dao 愼到: 86
Shen Fu 沈復: 430
Shen Gua 沈括: 290, 295
Shen Jiaben 沈家本: 525
Shen Quanji 沈佺期: 232
Shen Que 沈潅: 386
Shen Yue 沈約: 158, 198
Shenzong 神宗: 258
Sheng Xuanhuai 盛宣懷: 525
Shennong 神農: 94
Shi Dakai 石達開: 461
Shi Hu 石虎: 186, 189
Shi Kefa 史可法: 396
Shi Le 石勒: 186
Shi Miyuan 史彌遠: 258
Shi Qi 史起: 66
Shi Siming 史思明: 219, 279
Shihuangdi 始皇帝: 29, 102, 132
Shitao 石濤: 419
Shizong 世宗: 306, 319
Shūei 宗叡: 246
Shun 舜: 90, 94, 433
Shundi 順帝: 134
Shunzhi 順治（世祖）: 394, 419, 437
Shusun 叔孫: 60
Sieben Weisen vom Bambushain (Die): 177–8
Siemens-Martin: 123
Sima (Familie) 司馬: 154, 156, 175
Sima Guang 司馬光: 258, 262, 293
Sima Qian 司馬遷: 52, 74, 81, 139, 145, 248, 293, 419, 436
Sima Tan 司馬談: 88, 139, 145
Sima Xiangru 司馬相如: 146
Sima Yan 司馬炎: 153
Singhalesen: 169, 237
Smith, A.: 542
Sogdier: 27, 166, 183, 219, 234, 237, 239, 246, 249
Song Ci 宋慈: 290
Song Jiaoren 宋教仁: 527
Song Suqing 宋素卿: 358
Song Yu 宋玉: 94
Song Yun 宋雲: 193, 195
Song Zhiwen 宋之問: 232
Song Ziwen 宋子文: 533
Soragne, Guillaume de: 318
Spanier: 353, 359, 362, 381
Spencer, H.: 542
Stalin: 533
Stevin, Simon: 388
Suleyman (Sultan): 467
Suleyman: 242
Su Shi (Dongpo) 蘇軾（東坡）: 283, 293
Su Song 蘇頌: 291
Sun Ce 孫策: 136
Sun En 孫恩: 157
Sun Mian 孫愐: 198

Sun Quan 孫權: 136, *151*
Sun Shiyi 孫士毅: 416
Sun Wen 孫文 s. Sun Yat-sen
Sun Wukong 孫悟空: 379
Sun Yan 孫炎: 198
Sun Yanling 孫延齡: 394, 399
Sun Yat-sen (逸仙): 521, 522, 526, 527, 528, 529, *530–1*, 548
Sun Yi-rang 孫詒讓: 548
Suzong 肅宗: 219, 232, 241
Syrer: 116

Tabgač: 169–70, 171, 188, 303, 395
Taichang (Kaiser) 泰昌: 366
Taiwudi 太武帝: 181
Taizong 太宗: 201, 202, 211, 216, 258
Taizu 太祖: 214
Tan Sitong 譚嗣同: 423, 505
Tang Bin 湯斌: 497
Tang Jiyao 唐繼堯: 528, 529
Tang Meng 唐蒙: 118
Tang Saier 唐賽兒: 351
Tanguten 項黨: 27, 160, 201, 213, 216, 257, 261, *299–300*, 301, 302, 303, 313, 326
Tang Xianzu 湯顯祖: 381
Tanka 蜑家: 398
Tanyao 曇曜: 189
Tao Hongjing 陶弘景: 180
Tao Qian (Yuanming) 陶潛 (淵明): 178, 179
Tao Zongyi 陶宗儀: 313
Tataren (»Tartaren«) 韃靼: 227, 335, 354
Thai 傣: 19, 26, 115, 150, 351, 411
Thomas, Antoine (Pater): 440
Tian 田: 61, 62
Tian Shengong 田神功: 257
Tianqi (Kaiser) 天啟: 366, 367
Tibetaner s. Tibeter
Tibeter 藏: 22, 27, 160, 211, 216, 219, *220*, 221, 236, 237, 241, 242, 246, 257, 301, 303, 304, 313, 325, 327, 329, 404–5, 449
Tibeto-Birmanen: 150, 220, 351, 411
Timur (Tamerlan): 336
Tocharer: 27, 183
Toktogha (Tuo Ke Tuo) 脫脫 (脫克脫): 312
Tölös: 167, 201
Torghoten: 403
Tournon, Charles M. de: 438
Trân 陳: 336
Trigault, Nicolas: 386, 388, 442
Tru'ng Thac, Tru'ng Nhi 徵側, 徵貳: 115
Tschaghatai: 307, 317
Tschingis Khan: 240, 302, 304, 307, 308, *309*, 320, 326
Tsewang Rabtan: 405
Tujue s. Türken 突厥: 213
Tungusen: 229, 304, 335, 393
Tuoba 拓跋: 169–70
Tuq Temür: 323
Türken: 27, 107, 167, 172, 201, 210, 213, 214, 216, 218, 225, 227, 237, 239, 242, 247, 299, 300, 301, 303, 313, 335, 403, 468; Khodja-Türken: 449; Seldschukische T.: 303; Shato-T.: 225, 227, 301
Türko-Mongolen: 229, *303*
Tuyuhun 吐谷渾: 173, 193, 201, 213, 216, 299, 301, 303
Tuvas: 313
Tycho Brahe: 384
Tz'u-hsi s. Cixi 慈禧

Uiguren: 22, 27, 201, 212, 218, 219, 220, 237, 239, 242, 247, 277, 287, 301, 302, 303, 313, 321, 327

Vairocana: 21, 195, 217
Vauban: 443
Venezianer: 317, 318, 321, 381
Verbiest, Ferdinand: 437–8, 475
Verjus (Pater): 441
Verne, Jules: 546
Vico: 233
Vietnamesen: 241, 354, 414, 487
Viglione, Katharina von: 319
Vogler, G.J.: 441

Waldersee, von: 506
Wan Sida 万斯大: 432
Wan Sitong 万斯同: 433
Wang (Familie) 王: 156
Wang (Brüder) 王: 227
Wang Anshi 王安石: 258, 261, 262, 264, 293
Wang Bi 王弼: 177, 232
Wang Changling 王昌齡: 232
Wang Chong 王充: 144
Wang Chongyang 王重陽: 326
Wang Dayuan 王大淵: 323
Wang Fu 王符: 144
Wang Fuchen 王輔臣: 399
Wang Fuzhi (Chuanshan) 王夫之 (船山): 420, 421, 422, 436, 495, 501
Wang Gen 王艮: 373
Wang Guowei 王國維: 81, 545, 549
Wang Ji 王畿: 376
Wang Jian 王建: 227
Wang Jingwei 汪精衛: 526
Wang Mang 王莽: 96, 115, 117, 128, *130–1*, 132, 134, 143, 170, 217, 460
Wang Niansun 王念孫: 446, 495
Wang Shiduo 汪士鐸: 514
Wang Shifu 王實甫: 326
Wang Shouren (Yangming) 王守仁 (陽明): 296, 367, 372, 433, 436, 498, 545
Wang Su 王肅: 176
Wang Tao 王韜: 500, 501, 524
Wang Wei 王維: 232
Wang Wenshu 王溫舒: 127
Wang Xianzhi 王仙芝: 225
Wang Xiaobo 王小波: 228
Wang Xizhi 王羲之: 178
Wang Xuance 王玄策: 215
Wang Yangming s. Wang Shouren
Wang Yinglin 王應麟: 323
Wang Yinzhi 王引之: 435, 494
Wang Yirong 王懿榮: 51
Wang Zhen 王禎: 286
Wang Zheng 王徵: 376
Wang Zhi 汪直: 354
Wang Zhong 汪中: 433
Wanli (Kaiser) 萬歷 (神宗): s. Aera: 364
Wei (Kaiserin) 韋后: 246
Wei Xiao 隗囂: 131
Wei Yuan 魏源. 496, 514
Wei Zhongxian 魏忠賢: 366, 367, 419
Wen (König) 文: 54
Wendi 文帝: 106, 109, 130, 140, 178
Wenshushili 文殊師利: 188
Wen Tingyun 溫庭筠: 232
Wenxiang 文祥: 473
Weng Tonghe 翁同龢: 492
Wokou 倭寇: *354*–8, 397
Woren 倭人: 170
Wu (König) 武: 54, 80
Wu Changshi 吳昌碩: 419
Wu Chongyao 伍崇曜: 494
Wu Daoxuan 吳道玄: 196
Wu Daozi 吳道子: s. Wu Daoxuan
Wu Dayou 吳大猶: 549
Wudi (Liang-Kaiser) 梁武帝: 158, 159, 189, 194, 200
Wudi (Han-Kaiser) 漢武帝: 96, 102, 104, 108, *109*, 110, 113, 118, 119, 121, 125, 128, 129, 130, 132, 134, 143, 146, 222
Wugeng 武庚: 54
Wu Guang 吳廣: 100
Wu Guowang 吳國王: 330
Wuhou 武后 s. Wu Zetian 武則天

Wu Han 吳晗: 559
Wuhuan 烏桓: 110, 118, 122, 152
Wu Jingzi 吳敬梓: 429
Wukong 悟空: 236
Wu Lanxiu 吳蘭修: 497
Wu Peifu 吳佩孚: 529
Wu Sangui 吳三桂: 368, 394, 397, 399, 418
Wu Shifan 吳世璠: 399
Wusun 烏孫: 126, 134
Wu Ta-yu (Wu Dayou) 吳大猶: 549
Wu Woyao (Jianren) 吳沃堯（趼人）: 543
Wu Xian 吳憲: 549
Wu Yubi 吳與弼: 372
Wu Zetian 武則天: 189, *217*, 218, 236, 239, 460
Wu Zhao 武照: 216, 217
Wuzong 武宗: 250

Xi Kang 稽康: 177
Xia (Barbarenreich) 夏: 160, 164
Xia Jingqu 夏敬渠: 429
Xiahou (Familie) 夏侯: 154
Xianbei 鮮卑: 118, 122, 133, 152, *160*, 161, 166, 198, 301, 303
Xiandi 獻帝: 136
Xianfeng (Kaiser) 咸豐: 473
Xianzong 憲宗: 247
Xiang Rong 向榮: 461
Xiang Xiu 向秀: 177, 186
Xiang Yu 項羽: 100
Xiao Daocheng 蕭道成: 157
Xiaomingdi 孝明帝: 166, 167
Xiaoqin 孝欽: (Kaiserin) (Cixi): 473
Xiaowendi 孝文帝: 166
Xiao Yan 蕭衍: 158
Xie (Familie) 謝: 156
Xie He 謝赫: 179
Xie Lingyun 謝靈運: 178, 179
Xie Qinggao 謝清高: 497
Ximen Bao 西門豹: 66
Xinling 信陵君: 74
Xiongnu 匈奴: 27, 100, *107–9*, 117, 119, 121, 122, 126, 133, 134, 152, 155, *160*, 299, 300
Xu Guangqi 徐光啓: 376, 386, 387
Xu Hongzu 徐宏祖: 378, 379
Xu Ling 徐陵: 179
Xu Mian 徐勉: 158
Xu Naiji 許乃濟: 458
Xu Qianxue 徐乾學: 430
Xu Shen 許愼: 143
Xu Shouhui 徐壽輝: 330
Xu Shuzheng 徐樹錚: 529
Xu Xiake 徐霞容: 378, 379
Xuantai 玄太: 242
Xuantong (Kaiser) 宣統 s. Puyi: 29, 478
Xuanwang 宣王: 55
Xuanzang 玄奘: 192, 195, *235–6*, 379
Xuanzhao 玄照: 168, 242
Xuanzong 玄宗: 218, 219, 232, 239, 246, 419
Xunzi 荀子: 83, *91–2*

Yakub beg: 468, 486
Yan Fu 嚴復: 497, 542
Yan Jici 嚴濟慈: 549
Yan Ruoqu 閻若璩: 432
Yan Shigu 顏師古: 232
Yan Xishan 閻錫山: 532
Yan Yanzhi 顏延之: 179
Yan Yuan 顏元: 283, 425, 499
Yanyun 玁狁: 55
Yangdi 煬帝: 201, 259
Yang Guangxian 楊光先: 437
Yang Guozhong 楊國忠: 219
Yang Jian 楊堅: 167, 199, 200
Yang Kuan 楊寬: 67
Yanglian Zhenjia 楊璉眞加: 327
Yang Shi 楊時: 366
Yang Tingyun 楊廷筠: 386
Yang Xianzhi 楊衒之: 166, 193
Yang Xiong 楊雄: 144, 146
Yang Xiuqing 楊秀清: 461
Yang Xuangan 楊玄感: 201
Yang Yan 楊炎: 222, 229
Yang Yuhuan (guifei) 楊玉環（貴妃）: 219, 419
Yao 瑤族: 19, 26, 150, 351, 411, 421, 449
Yao 堯: 90, 94, 433
Yao Nai 姚鼐: 497
Yaoshi rulai 藥師如來: 188
Yao Xing 姚興: 188
Yao Zui 姚最: 179
Yelang 夜郎: 133
Yelü Chucai 耶律楚材: 309
Ye Shengtao 葉聖陶: 546
Ye Zongliu 葉宗留: 351
Yi (koreanische Dynastie) 李: 330
Yi 彝 (Lolo): 22, 304
Yijing 義淨: 235, 236
Yingzong 奕訢: 344
Yixin 一行: 473, 487
Yixing 英宗: 197
Yongle 永樂: 335–6, 336, 347
Yongli (Kaiser) 永歷: 396, 421
Yongzheng (Kaiser) 雍正: 400, 401, 402, 405, 413, 439, 447
Youwang 幽王: 55
Yu 禹: 90, 94
Yu 庾 (Familie): 156
Yuchi 尉遲: 172
Yu Dafu 郁達夫: 546
Yu Dayou 俞大猷: 358
Yuwen 宇文: 161, 172
Yuwen Tai 宇文泰: 167, 168
Yu Yue 俞樾: 548
Yuan 元 (Familie): 166
Yuan Mei 袁枚: 429, 433
Yuan Shao 袁紹: 135
Yuan Shikai 袁世凱: 505, 507, 509, 524, 525, *527–8*, 529
Yuan Shu 袁樞: 294
Yuan Shu 袁述: 136
Yuan Zhen 元稹: 232
Yue Fei 岳飛: 279
Yue Shi 樂史: 290
Yuezhi 月支: 107, 183

Zang 藏: 22
Zarathustra: 240
Zeng Gongliang 曾公亮: 265
Zeng Guofan 曾國藩: 461, 466, 472, 473, 475, 476, 491, 497
Zeng Guoquan 曾國荃: 472
Zenon aus Elea: 94
Zhan Tianyou 詹天佑: 474
Zhang Bangchang 張邦昌: 305
Zhang Bao 張寶: 135
Zhang Binglin 章炳麟: 526, 548
Zhang Daoling (Zhang Ling) 張道陵（張陵）: 135, 136, 152, 181
Zhang Fei 張斐: 153
Zhang Heng 張衡: 141, 146
Zhang Jian 張謇: 522
Zhang Jiao 張角: 135
Zhang Jiuling 張九齡: 219
Zhang Juzheng 張居正: 364
Zhang Liang 張良: 135, 136
Zhang Lu 張魯: 136, 151
Zhang Qian 張騫: 108, 118, 119
Zhang Shicheng 張士誠: 329
Zhang Xianzhong 張獻忠: 368, 396, 461
Zhang Xie 張燮: 378
Zhang Xuecheng 章學誠: 232, 294, 295, 422, 429, *436*
Zhang Xueliang 張學良: 532
Zhang Yanyuan 張彥遠: 231
Zhang Zai 張載: 295, 353
Zhang Zhidong 張之洞: 505, 522, 525
Zhangzong 章宗: 306
Zhang Zuolin 張作霖: 529, 532
Zhaodi 昭帝: 114
Zhao Kuangyin 趙匡胤: 256
Zhao Mingcheng 趙明誠: 291
Zhao Rugua 趙汝适: 281
Zhao Zhiqian 趙之謙: 419
Zhendi 眞諦: 194

Zhenzong 眞宗: 257
Zheng 政 (Fürst): 99
Zheng Chenggong 鄭成功: 397
Zheng Fuguang 鄭復光: 502
Zheng Guo 鄭國: 66
Zheng He 鄭和: 337–8, 340, 341
Zheng Jing 鄭經: 397
Zheng Qiao 鄭樵: 294
Zhengtong 正統 s. Yingzong
Zheng Xie (Banqiao) 鄭燮 (板橋): 430
Zheng Xuan 鄭玄: 144, 175, 232, 424
Zhi Daolin 支道林 s. Zhi Dun
Zhi Dun 支遁: 186
Zhimeng 智猛: 193
Zhisheng 智昇: 194
Zhiyi 智顗: 234
Zhong Rong 鍾嶸: 179
Zhong Xiang 鍾相: 269
Zhou Daguan 周達觀: 321
Zhou Dunyi 周敦頤: 295
Zhou Enlai 周恩來: 535
Zhougong 周公: 54
Zhou Qufei 周去非: 281
Zhou Weiliang 周煒良: 549
Zhouxin 紂辛: 54
Zhu De 朱德: 536
Zhu Di 朱棣: 335
Zhu Fahu 竺法護: 186, 191
Zhuge Liang 諸葛亮: 154
Zhulin qixian 竹林七賢: 177
Zhu Shijie 朱世傑: 323, 325
Zhu Shixing 朱士行: 191
Zhu Siben 朱思本: 323
Zhu Wen (Quanzhong) 朱溫 (全忠): 225, 227
Zhu Xi 朱熹: 294, 296, 323, 372, 373, 425, 433, 436
Zhu Ying 朱應: 169
Zhu Youlang 朱由榔: 396
Zhu Yu 朱彧: 280
Zhu Yuanzhang 朱元璋: 330, 348
Zhu Zaiyu 朱載堉: 376
Zhuang 僮族: 26
Zhuang Cunyu 莊存與: 495
Zhuang Zhou 莊周: 88, 92, 94
Zhuangzi s. Zhuang Zhou 莊子→莊周
Zhuo 卓: 127
Zonglei 宗泐: 336
Zou Yan 鄒衍: 93, *138*, 140, 142
Zuo Qiuming 左丘明: 143, 145
Zuo Zongtang 左宗棠: 464, 468, 472, 473, 475, 486, 492

INDEX DER GEOGRAPHISCHEN NAMEN

Acapulco (Galeone von): 360
Aden: 340
Afghanistan: 133, 183, 193, 195, 236, 238, 307, 320
Afrika: 275, 278, 279, 340
Agra: 383
Ägypten: 46, 241, 319, 340, 381
Aksu: 405
Albasin: 412
Altai: 11, 155, 213, 299, 307, 320, 405
Amerika: 353, 409, 454, 456, 457, 508, 511, 519; s. Vereinigte Staaten
Amoy s. Xiamen
Amu-darja (Fluß): 27, 109, 118, 166, 173, 181, 183, 218, 219, 238, 313
Amur (Fluß): 12, 16, 17, 218, 299, 335, 347, 394, 406, 412 486
An 安: 215, 238
Anatolien: 50
Anbei 安北: 216
Andong 安東: 216
Angkor: 272, 321
Anhui 安徽: 44, 47, 106, 136, 161, 223, 225, 228, 265, 305, 317, 329–32, 352, 354, 358, 363, 367, 410, 434, 451, 461, 466, 476, 497, 515, 524, 528, 529
Annam: 257
Annan 安南: 215
Anqing 安慶: 461, 528
Antwerpen: 388
Anxi 安西: 216, 225
Anyang 安陽: 47, 48, 51, 53, 58, 291, 548, 549
Aomen 澳門 s. Macao
Arabien: 319, 340
Assam: 235
Astāna: 196
Atjeh: 281
Australien: 520

Ba 巴: 73, 79
Bagdad: 39, 240, 241, 301, 308, 319, 320, 325
Baiji 白濟: 170
Baikal-See: 107, 122, 201, 211, 213, 299, 403, 412
Baktra (Balch): 173, 238
Baktrien: 109, 118, 219
Balasaghun: 303
Balchasch-See: 107, 110, 218, 239, 240, 303, 405, 406, 414
Bāmiyān: 183, 195
Banpo 半坡: 45
Baoding 保定: 270, 507
Baoxie 褒斜: 106
Basra: 241, 242
Beiting 北庭: 216, 225
Belgien: 398, 483
Bengalen: 181, 236, 336, 397, 449
Berlin: 545
Bhamo: 397
Bihar: 235
Bischbalik: 216, 225
Blauer Fluß s. Yangzi
Bohai 渤海: 301, 492
Böhmen: 308
Bombay: 16
Bordeaux: 416
Borneo: 13, 17, 115, 275, 281, 337, 521
Britisch-Indien: 450
Buchara: 173, 211, 215, 219, 238, 323
Buinor: 330
Burma: 13, 108, 113, 116, 118, 150, 220, 307, 308, 309, 321, 362, 383, 397, 406, 411, 415, 467, 475, 486, 520
Byzanz: 238, 239, 318, 320

Caishi 采石: 267
Cathay: 302, 383
Celebes: 16, 357
Ceylon: 169, 181, 183, 191, 237, 279, 318, 321, 340, 511
Chahar: 393
Champa 占城: 169, 172, 201, 238, 273, 308, 337, 340
Chang'an 長安: 102, 105, 108, 118, 121, 124, 131, 136, 155, 159, 161, 167, 168, 181, 183–8, 191, 196, 200, 201, 202, 205, 210–4, 216, 218, 219, 220, 223, 225, 229, 232, 235–240, 241, 243–7, 250, 271, 368
Changsha 長沙: 115, 132, 228, 409, 422, 461, 536
Changzhou 常州: 273
Chaozhou 潮州: 242, 358, 411, 520
Charkhlik: 172
Chengdu 成都: 65, 97, 106, 114, 127, 219, 220, 223, 225, 274, 286, 368
Chengzhou 成周: 54
Chengziya 城子崖: 45
Chi'anze 城岸澤: 210
Chibi 赤壁: 152
Chinesisches Meer: 397
Chituguo 赤土國: 201
Cholon: 17, 520
Chongming, Insel 崇明島: 355
Chongqing 重慶: 536–8
Choresmien: 240
Chu, Reich von 楚: 464
Chusan s. Zhoushan 舟山
Cixian 磁縣: 361
Cīna: 73, 117, 120

Dagu 大古: 482
Daifang 帶方: 169
Dai-Viêt 大越: 335, 414
Dali 大理: 220, 257, 467
Dalian (Dairen) 大連: 504
Daliang 大梁: 77
Dalmatien: 307, 308
Damaskus: 241, 266
Danang: 114
Datong 大同: 108, 164, 166–7, 172, 189, 195, 213, 301, 348, 354, 368
Daxingcheng 大興城: 201
Daye 大冶: 525, 528
Da(yi) Shang 大（邑）商: 47
Dayuan 大宛: 107, 108, 134
Dekkan: 235
Delhi: 183, 319
Deutschland: 439, 501, 504, 512, 528, 530, 536, 544
Dian 滇: 73, 114, 170
Dinghai 定海: 452
Dingxian 定縣: 274
Djidda: 340
Don (Fluß): 307, 318
Donau (Fluß): 397
Dông-son: 114
Dongting (See) 洞庭: 269, 279, 363, 536
Drei Reiche: 151–2
Dsungarei: 108, 120, 211, 213, 307, 317, 403–5, 413
Dunhuang 燉煌: 27, 108, 109, 112, 173, 183, 186, 195, 196, 209, 218, 240, 284, 405, 548, 549

Emei (Berg) 峨嵋: 190, 234
Ephesus: 239
Erhai (See) 洱海: 220
Etsingol (Juyuan 居延): 105, *112*, 120, 548
Euphrat (Fluß): 320
Eurasien: 240, 307
Europa: 155, 166, 178, 200, 265, 266, 279–81, 284, 286, 289, 297, 301, 307, 316, 317, 318, 319, 320, 361, 363, 382, 383, 387–8, 437–43, 451, 453, 455–7, 474, 475, 480, 497, 501, 526, 545, 547; Eindringen der Europäer in China: 381–2, 449–53, 472–3

Fanyang 范陽: 224
Fatshan 佛山: 409
Fei (Fluß) 淝水: 156, 161
Felsen (Roter): 152
Fen (Fluß) 汾河: 108
Fengtian 奉天: 529
Ferghana: 126, 134, 172, 241
Flandern: 318
Formosa s. Taiwan
Frankreich: 320, 439, 482, 486, 487, 491, 492, 498, 501, 502, 504, 509–12, 520, 529, 534
Fujian 福建: 100, 102, 114, 155, 156, 223, 227, 228, 239–42, 268, 270, 273–7, 278, 279, 318, 321, 351, 355, 358, 361–3, 366, 381, 383, 388, 396–9, 408, 409, 414, 447, 449, 451, 454, 458, 464, 518, 520, 529, 542, 557
Funan 扶南: 116, 169, 172
Fushun 撫順: 393, 394
Fuzhou 福州: 100, 114, 255, 270, 318, 337, 356, 454, 476, 487, 501, 502, 520, 542
Fuzhou (Jiangxi) 撫州: 261

Galizien: 307
Gan (Fluß) 贛江: 28, 156, 458
Gandhāra: 87, 193, 211, 236
Ganges (Fluß): 120, 173, 181, 191, 195, 236
Gansu 甘肅: 27, 44, 45, 54, 100, 105, 107, *108*, 122, 123, 131, 133, 136, 141, 150, 160, 161, 165, 172, 182, 188, 193, 209–12, 216, 220, 237–41, 246, 257, 270, 284, 301–3, 318, 323–5, 330, 348, 383, 399, 414, 415, 467–9, 548
Ganzhou 贛州: 318
Gaochang 高昌 (Turfan): 201, 209, 214
Gaojuli 高句麗: 170
Gascogne: 320
Gaya: 235
Gelber Fluß s. Huanghe
Gobi 戈壁: 44
Griechenland: 16, 78
Großbritannien: 273, 320, 412, 441, 442, 453, 456, 474, 480, 482, 483, 500–2, 509–12, 526, 529, 537, 542
Großer Kanal (Yunhe 運河): 203 (Karte), 219, 223, 228, 238, 246, 273, *315*, 318, 346, *349*, 364, 386, 458, 461
Guangdong 廣東: 20, 26, 28, 44, 106, 108, 114, 115, 118, 151, 169, 277–9, 316, 319, 348, 352, 355, 358, 362, 381–3, 388, 396, 397–9, 409–11, 414, 421, 447, 450–1, 454, 458–9, 482, 487, 494, 518, 521, 524, 526
Guangxi 廣西: 17, 26, 100, 114–5, 122, 169, 225, 257, 348, 396, 399, 411, 414, 422, 448, 458–61, 487
Guangzhou 廣州: s. Kanton
Guangzhouwan 廣州灣: 504
Guannei 關內: 210, 247
Guiji 會稽: 178
Guilin 桂林: 100, 114, 396, 461
Guixian 貴縣: 116
Guizhou 貴州: 17, 22, 26, 73, 108, 118, 151, 169, 348, 364, 366, 399, 411, 413–4, 447, 449, 467, 469, 496

Haicheng 海澄: 357
Haihe 海河: 482
Hainan 海南: 26, 169, 242
Hami (Yiwu): 134, 214, 216, 218, 468
Han (Fluß) 漢水: 63, 97, 104, 135, 151, 154, 159, 187, 351, 514
Handan 邯鄲: 66, 71, 97
Hangzhou 杭州: 28, 150, 157, 202, 227, 258, 270–4, 276, 286, 305, 316, 318, 327, 348, 355, 358, 360–1, 367, 386, 388, 394, 409, 452, 464, 469, 548
Hankou 漢口: 506, 536
Hanoi 河內: 100, 114, 184, 216, 220, 308, 414
Hanzhong 漢中: 97
Hanyang 漢陽: 461, 474, 479, 525, 528
Harbin 哈爾濱: 305
Havre, Le: 416
He 何: 215
Hebei 河北: 47, 71, 72, 97, 102, 119, 133, 136, 140, 147, 155, 158, 160, 164, 166, 186, 195, 201, 257, 301, 305, 326, 329, 341, 344, 349, 361, 367, 368–9, 425, 448, 466, 507, 515
Hedong 河東: 224
Hefei 合肥: 464
Heiliges Land: 320
Heilongjiang 黑龍江: 302, 304–5, 394
Helin 和林: 312
Henan 河南: 45, 49, 54, 58, 77, 93, 97, 131, 135–7, 139, 147, 154, 166, 171, 187, 202, 212, 224–5, 237, 246, 273, 305, 316, 329, 349, 365, 447–8, 466–9, 515, 538, 548
Hengyang 衡陽: 420
Hepu 合浦: 115
Herat: 238
Hexi 河西: 225
Hindukusch: 12, 183, 320
Hirado 平戶: 397
Hondo 本土: 492
Hongkong 香港: 453, 464, 475, 483, 500, 512, 526
Honolulu: 526
Huai (Fluß) 淮河: 50, 54, 152, 155, 209, 221, 223, 246, 256, 269, 273, 305, 307, 309, 314, 331, 358, 362–3, 410, 464, 515
Huai'an 淮安: 383
Huainan 淮南: 106, 139, 146
Huanghe 黃河 (Gelber Fluß): 33, 34, 44, 46, 47, 53, 54, 60, 66, 105, 110, 120, 131, 135, 167, 183, 201, 202, 213, 220, 225, 237, 257, 301, 303–5, 317, 329, 362–4, 416, 448, 458, 461, 514, 520
Huangpu 黃埔 (Whampoa): 531
Hubei 湖北: 58, 152, 156–8, 199, 212, 273, 330, 331, 363, 410, 467, 505, 506, 525–6
Huê: 114
Hunan 湖南: 17, 28, 72, 115, 131, 146, 169, 225, 228, 273, 277, 316, 331, 348, 363, 399, 409, 410, 414, 420, 422, 447, 448, 451, 458–63, 469, 505, 522, 524–5, 536
Huzhou 湖州: 409

Iki (Insel) 壹岐: 170, 278
Ili (Fluß) 126, 134, 201, 213, 216, 218, 405, 414, 440, 486, 491, 492
Ilmova-Pad: 121
Indien: 24, 27, 29, 36, 73, 94, 115–6, 120, 151, 169, 173, 181–4, 187, 191–5, 202, 218, 234–6, 237, 241, 242, 247, 250, 279, 280, 318, 336, 442, 449, 454–6, 511, 557
Indischer Ozean: *115*, 158, *169*, 173, 182, 183, 193, 241, 275, 281, 321, 328, 337, 340, 345, 381, 453
Indochina: 169, 336, 357, 381, 409, 520
Indonesien: 17, 24, 169, 355, 357, 360, 381, 409, 411, 520
Indus (Fluß): 46, 120, 173, 182–3, 191, 193
Irak: 120, 378
Iran: 26, 29, 35, 118, 120, 155, 173, 181–3, 187, 195, 211,

216–9, 233, 237–41, 247, 250, 307, 317–20, 325, 378, 456
Irawadi (Fluß): 26, 397, 412
Irtysch (Fluß): 486
Italien: 241, 248, 297, 318, 440, 511

Jalta: 486
Japan: 11, 24, 37, 109, 157, *170*, 172, 181, 184, 186, 195–7, 233, 236, 238, 242, 243, 275, 279–81, 286, 301, 307–8, 309, 337, 341, 354–8, 361, 395, 397, 409, 429, 446, 454, 457, 474, 477, 478–80, 486, 491–2, 496, 504, 505–6, 507, 509–14, 522, 525, 527, 529, 530, 534–6, 540–4, 548, 549
Jarkend: 216, 405, 449
Java: 12, 17, 115, 169, 183, 272, 279, 281, 307–8, 309, 319, 321, 336, 340, 407
Jehol (Rehe 熱河): 393, 473, 508
Jenissei (Fluß): 49, 307, 320
Ji'an 吉安: 274
Jiangling 江陵: 97, 159, 190
Jiangnan 江南: 154
Jiangsu 江蘇: 16, 28, 44, 50, 54, 183, 222, 224, 227, 243, 274, 305, 314, 330, 355, 366, 395, 431, 460, 464, 467, 469, 524, 533, 538, 549
Jiangxi 江西: 156, 268, 273–4, 277, 330, 352, 360–1, 368, 382, 383, 399, 451, 525, 530, 534, 537, 550
Jiangyin 江陰: 395
Jiankang 建康: 155
Jiannan 劍南: 225
Jianyang 建陽: 274
Jiaozhi 交趾: 169
Jiaozhou 膠州: 184, 276, 504
Jiaxing 嘉興: 395
Jinan 濟南: 383, 515, 538
Jinchuan 金川: 414
Jing (Fluß) 涇河: 54
Jingdezhen 景德鎮: 274, 361, 394, 409
Jintiancun 金田村: 459
Jiujiang 九江: 187, 461
Jiujinshan 舊金山: 518
Jiulong 九龍 s. Kowloon
Jiuquan 酒泉: 105, 108, 110, 183, 383, 468
Jixia 稷下: 93
Jizhoudao 濟州島: 169
Johore: 410
Juyan 居延: 105, 112, 548

Kabul: 183, 191, 195, 320, 383
Kaifeng 開封: 28, 77, 225, 227, 228, 256, 268–9, *270*, 274–5, 286, 290, 301, 305–6, 308, 515, 538
Kaiping 開平: 330, 370; (Mongolei), (Hebei): 477
Kalgan (Zhangjiakou 張家口): 118, 414, 474
Kalifornien: 518
Kalikut: 340, 381
Kalkutta: 236
Kāmarūpa: 235
Kambodscha: 115, 169, 170, 172, 194, 201, 238, 308, 321, 337, 410, 520
Kanada: 443
Kang 康: 215, 238
Kanton (Guangzhou 廣州): 12, 28, 100, 114, 115, 118, 151, 158, 180, 183, 190, 193, 194, 221, 222, 225, 228, 237, *241*, 247, 257, 276, 279, 318, 321, 325, 337, 357, 382, 397, 399, 409, 410, 449, 452–4, 458, 459, 482, 496, 501, 511, 520, 526, 528–31, 535, 536, 539, 540
Kap der Guten Hoffnung: 381
Kaputana: 215
Karakorum: 308, 312, 318–20, 354
Karaschahr: 172, 214
Karasuk: 50
Kasachstan: 317
Kasan: 307
Kaschgar: 173, 188, 191, 216, 241, 303, 406, 449
Kaschmir: 173, 181, 183, 188, 191, 193, 235, 237, 238, 247
Kaukasus: 307
Kenya: 381
Kerbela: 241
Kertsch: 120
Kew: 443
Khanbalik: 312, 318, 325, 382
Khānfū: 241
Khingan (Berge): 406
Khotan 于闐: 120, 134, 172, 183, 191, 193, 195, 211, 216, 237
Khuttal: 211
Kiachta: 412
Kiew: 307, 308
Kisch: 211, 215, 238
Koguryo: 170, 201, 213, 246
Kohlenhügel (Meishan 煤山): 368
Kokand: 211, 468
Köln: 437
Konstantinopel: 318, 320, 442, 467
Korea: 11, 24, 37, 73, 100, 102, 108, *109–10*, 111, 117, 118, 122, 127, 147, 151, 169, *170–1*, 201, 213–6, 219, 220, 233, 236, 242, 243, *246*, 257, 278–80, 286, 297, 301, 305, 330, 337, 354–5, 364, 369, 393, 406, 409, 486, 492, 557
Koromandel: 337
Kotchinchina: 487
Kotschin: 337, 340
Kowloon (Jiulong 九龍): 483
Kreml: 547
Krim: 120, 307, 318
Ktesiphon: 215, 238
Kuba: 518
Kufa: 233, 241
Kukunor: 173, 257, 299, 403, 449
Kuldscha: 486
Kunlun (Berge) 崑崙: 94, 172, 405
Kunming 昆明: 73, 108, 110, 113, 397, 399, 418, 467
Kunshan 昆山: 423
Kuschanika: 215
Kutscha 龜茲: *172*, 183, 186–7, 191, 194, 195, 211, 216, 225, 236, 238
Kyōto 京都: 243, 246, 382
Kyūshū 九州: 170, 243, 278, 354, 382, 397, 492

Lanfang Gongsi 蘭芳公司: 411
Lanzhou 蘭州: 105, 303, 468
Laos: 13, 520
Leipzig: 545
Leizhou: 雷州: 115
Lelang 樂浪: 111, 170
Lhasa: 242, 405
Li (Berg) 驪山: 100
Liang, Land von 梁: 146
Liangzhou 涼州: 133, 164, 188, 225, 238, 240
Liaodong 遼東: 28, 100, 110, 136, 153, 170, 279, 348, 355, 369, 504
Liaohe (Fluß) 遼河: 12, 110, 213, 370, 394
Liaoning 遼寧: 133, 164, 216, 348, 367, 369, 393, 394, 529
Liaoyang 遼陽: 369, 393
Liguo 利國: 274
Lijiang 醴降: 409
Lingnan 嶺南: 225
Lingzhou 靈州: 225
Linqing 臨清: 364
Lintun 臨屯: 110
Linzi 臨淄: 71, 93
Linyi 林邑: 169, 172, 201
Livadija: 486

London: 443
Longmen 龍門: 195, 217
Longshan 龍山: 45–6
Longyou 隴右: 225
Lop Nor: 193, 468
Lu, Land von 魯: 55, 56, 57, 79, 82, 143
Luo (Fluß) 洛水: 201
Luoyang 洛陽: 54, 114, 116, 121, 131, 134, 135, 153, *166–8*, 171, 174, 183, 185, 189, 193, 195–6, 200–1, *202–4*, 219, 225, 229, 236, 237, 238, 240, 243, 308, 539
Luoyi 洛邑: 71
Lushan (Berg) 盧山: 187, 190
Lüshun 旅順 (Port-Arthur): 278, 504
Luzon: 354, 410
Lyon: 318, 511

Macao (Aomen, 澳門): 382–3, 386, 414, 475, 526
Madagaskar: 16
Magadha: 202, 215, 235–6
Maghreb: 241
Maijishan: 麥積山: 195
Maimargh: 211, 215, 238
Majapahīt: 281, 340
Malabar: 319, 321, 340, 381
Malaiische Halbinsel: 16, 318, 337, 410, 510
Malaya s. Malaiische Halbinsel
Malakka: 17, 241, 281, 337, 340, 354, 357, 520
Malindi: 381
Malwa: 450
Mandschurei: 19, 44, 73, 105, 107, 108, 109, 110, 117, 121, 147, 150, 155, 159, 161, *170–1*, 172, 213–5, 224, 257, 278, 299, 301, 304–7, 335–6, 347–8, 355, 369, 392, 393–5, 406, 504–7, 518, 522, 528, 529, 535, 548
Manila: 353, 383, 409
Marāgha: 325
Mathurā: 183, 195
Matsudaira: 354
Mawei 馬尾: 476, 487
Mekka: 319, 337, 467
Mekong (Fluß): 26, 116, 169, 378
Mekran: 319
Melanesien: 16, 279
Menam (Fluß): 26
Mentougou 門頭溝: 365
Merw: 238
Mesopotamien: 46, 233, 241, 297
Mexiko: 388
Mi 米: 215, 238
Mindanao: 16
Minjiang (Fluß) 岷江: 151
Mittelmeer: 116, 120, 155, 279, 281, 297, 317, 381
Mittlerer Orient: 25, 30, 46, 48, 52, 169, 211, 274, 277, 315, 317, 319, 336
Mittlerer Yangzi: 329, 363, 459, 461, 469, 505, 525, 531
Mogadischu: 340
Molukken: 357
Mongolei: 11, 13, 17, 23, 27, 44, 74, 105, *107–10*, 117, 122, 133, 150, 161, 166, 197, 201, 213–6, 237, 242, 257, 266, 299, 301–6, 309, 317–8, 320, 325, 328, 330, 334–5, 341, 347, 354, 363, 367, 382, 395, 401, 403, 404–5, 468, 548
Montpellier: 545
Moskau: 307, 320, 530, 535, 547
Mukden (Shenyang 瀋陽): 369, 393–4, 430
Muye 牧野: 54
Muyili 慕義里: 167

Nagasaki 長崎: 361, 420
Naher Osten: 182, 378, 381
Nālandā: 244–6
Nam-Viêt 南越: 115
Nanchang 南昌: 382–3, 528
Nanking 南京: 17, 116, 151, 154, 155–9, 170, 172, 184, 186, 190, 193, 201, 301, 305, 315, 325, 330, 335, 337, 347, 349, 358, 361, 382, 383, 385, 394, 397, 409, 414, 420, 438, 452, 461, 464, 468, 477, 505, 509, 514, 527, 532–3, 537
Nantang 南堂: 437
Nantong 南通: 522, 549
Nanxiong 南雄: 383
Nanyang 南陽: 131
Nanyueguo 南越國: 114
Nanzhao 南詔: 218, 220, 257
Nara 奈良: 243
Nepal: 236, 242, 336, 383, 406, 412, 415
Nertschinsk: 412
Neue Welt: 362, 409
Neuguinea: 357
Niederlande: 17, 388, 412, 439
Ningbo 寧波: 157, 276, 305, 356, 358, 381, 420, 453, 469
Ningxia 寧夏: 213, 220
Niya: 120, 134
Noin-Ula: 120
Nordchina: 12, 13, 19, 24, 27, 44, 48, 59, 104, 108, 110, 123, 125, 133, 134, 136, 148, 150–3, 155, 156, 159, 161–71, 173–4, 180, 183, 185, 186, 189–91, 195, 200, 202, 210, 211, 213, 222–4, 229, 230, 237, 240, 241, 243, 257, 258, 267, 268, 275, 277, 300, 305–7, 309–13, 318, 319, 323, 329, 341, 344, 368, 392–5, 423, 458, 464, 465, 487, 507, 518, 531, 534
Nordchinesische Tiefebene: 44, 50, 54, 57, 58, 63, 64, 66, 131, 152, 224, 329, 362, 407, 527, 532, 534, 536, 538, 540
Nordostchinesische Provinzen:
Nowgorod: 307, 320
Nurgan: 336

Oasen Zentralasiens: 107, 120, 123, 134, 151, 159, 166, *172–3*, 182, 183, 191–5, 201, 214–6, 218, 220, 231, 236, 237–41, 303, 403–4, 449, 468
Ob (Fluß): 48
Onon (Fluß): 335
Orchon (Fluß): 201, 213, 242, 299, 307
Ordos: 44, 100, 108, 110, 114, 161, 211, 213, 239, 299, 301–3
Ormus: 318, 319, 340
Österreich: 307, 308, 388
Oxus: 27

Paeckche: 170, 246
Pakistan: 183
Palembang: 183, 193, 201, 236, 279, 340
Palmyra: 116, 120
Pamir-Gebirge: 27, 109, 118, 120, 134, 172, 211, 214, 216, 220, 237, 249, 302–3, 307, 318, 405, 468
Panyu 番禺: 100, 118
Paris: 320, 545
Partherreich: 120
Patna: 201, 215, 235
Pearl Harbour: 537
Peking 北京: 27, 55, 62, 68, 73, 110, 117, 161, 202, 219, 224, 229, 301–7, 312, 315–20, 323–7, 330, 335, 337, 341, *346*–50, 352, 354–8, 363, 365–8, 370, 382, 383–5, 393–7, 398, 400, 404–5, 412, 418, 423, 437, 440, 448, 450, 452, 453, 461, 467, 468, 473–4, 479, 483, 487, 492, 501, 505–7, 525, 527, 531, 538, 543–9, 550, 559
Penang: 17, 520
Pengcheng 彭城: 184
Penghu 澎湖 (Pescadores): 487, 504

Penglai 蓬萊: 278
Perlfluß: 382
Persien: 93, 173, 216, 237, 241, 247; s.a. Iran. Persischer Golf: 241–2, 319, 340
Peru: 518
Perugia: 318
Peschawar: 133, 173, 183
Philippinen: 12, 17, 275, 281, 341, 353, 356, 360, 381, 388, 406, 409, 521
Phnam: 116, 169
Pinglu 平盧: 224
Pingnanguo 平南國: 468
Pingxiang 萍鄉: 479, 525, 528
Pingyang 平陽: 326
Poitiers: 241
Polen: 307
Pontianac: 411
Port Arthur s. Lüshun
Portugal: 336, 412, 439
Poyang (See) 鄱陽: 190, 225, 361
Purushapura: 183
Pyong-yang: 475

Qi (Land von) 齊: 59–60
Qianfodong 千佛洞: 195
Qiemo 且末: 173
Qin (Land von) 秦: 62–3
Qingdao 青島: 276, 504–5, 512
Qinghai 青海: 19, 25, 173, 213, 216, 220, 257, 299, 301, 303, 354, 403, 468
Qinling 秦嶺: 100
Qinzhong 黔中: 73
Qinzhou 秦州: 270
Quanzhou 泉州: 242, 270, 276, 318–9, 325, 337, 357, 358, 363, 387
Quemoy: 557

Rājagrha: 235
Rājgir: 235
Rochelle, La: 439
Rock Springs (Wyoming): 519
Rom: 320, 388
Römisches Reich: 116, 120
Rongyang 榮陽: 71
Roter Felsen: 152
Roter Fluß: 12, 26, 114, 134, 155, 160, 169, 184, 221, 257, 272, 336, 407, 487
Rotes Becken: 126, 132, 152, 286
Rotes Meer: 278, 281
Ruijin 瑞金: 534
Rumänien: 17, 307
Rußland: 125, 155, 307, 317, 320, 335, 406, 412, 442, 474, 486, 504, 507, 511, 557; s.a. UdSSR
Ryūkyū 琉球: 169, 201, 357, 378, 397, 406, 486, 491

Sajó (Fluß): 266, 321
Salwin (Fluß): 378
Sankt Petersburg: 486
Sansibar: 279
Samarkand: 173, 211, 215, 238, 239, 241, 303, 320, 383
Samudra-Pasai (Sultanat): 340
Sarawak: 17, 521
Sasebo: 佐世保: 397
Schanghai 上海: 17, 361–2, 383, 409, 451, 453, 459–61, 477–9, 499–501, 509–13, 527, 530–3, 538, 540, 543, 554, 560
Schasch: 211
Schottland: 500
Schwarzes Meer: 318
Schweden: 442
Sechzehn Reiche der Fünf Barbaren: 150, 159–60
Seleukia: 108
Serbien: 307, 308
Shandong 山東: 28, 44, 45, 58, 60, 71, 79, 93, 102, 110, 131, 135, 138, 139, 147, 155, 157, 159, 160, 193, 195, 201, 224–5, 246, 273, 276–9, 305, 315, 320, 326, 351, 355, 358, 362–5, 369, 398, 416, 448, 461, 466, 486, 504–7, 515, 518–20, 528, 538, 543
Shangdu 上都: 318, 330
Shanhaiguan 山海關: 368, 369, 370, 394
Shanshan 鄯善: 196
Shanxi 山西: 25, 44, 45, 59, 60, 62, 65, 68, 107–23, 152, 155, 159, 160, 161, 167, 187, 201, 212, 213, 222, 224, 234, 243, 256, 257, 301, 326, 329, 344, 348, 350, 354, 363, 365, 367, 385, 393, 410, 467, 515, 533, 537
Shanyu 單于: 216
Shanyuan 澶淵: 257, 302
Shanzhou 鄯州: 225
Shaoxing 紹興: 157, 178, 327, 469
Shaozhou 韶州: 383, 385
Shashi 沙市: 504
Shazhou 沙州: 240
Shenxi 陝西: 28, 54, 57, 59, 66, 68, 108, 132, 133, 136, 156, 157, 160, 169, 202, 210, 212, 237, 239, 246, 257, 303–5, 367, 386, 399, 467, 469, 515
Shenyang 瀋陽: (Mukden): 369, 393, 394, 430
Shexian 歙縣: 363
Shi 史: 215
Shi 石: 215, 238
Shimonoseki 下關: 446, 477–8
Shizhaishan 石寨山: 114
Shu (Land von) 蜀: 73, 97
Shuofang 朔方: 120, 225
Siam; 337, 341, 354, 360, 397, 406, 410
Sibirien: 12, 13, 16, 29, 48, 120, 405, 412
Sichuan 四川: 19, 25, 65, 66, 73, 97, 105, 108, 114, 118, 120, 125, 127, 131, 135, 146, 150–3, 156–60, 169, 190, 193, 195, 200, 213, 227, 228, 230, 256, 273, 274, 277, 286, 307, 316, 325, 329–30, 351, 388, 396, 399, 414, 510, 535–7
Sinkiang s. Xinjiang
Sizilien: 110
Sikhota Alin: 406, 486
Silla: 170, 201, 220, 246
Singapur: 17, 321, 520
Sīrāf: 241, 242
Siramuren (Fluß): 161, 301
Sirkap: 133
Sogdiane: 109, 173
Somalia: 340
Song (Land von) 宋: 57, 80
Songjiang 松江: 361–2, 365, 408
Songkhla: 410
Songshan 嵩山: 196
Sowjetunion s. UdSSR
Spanien: 240, 241, 336, 439
Śri Vijaya: 191, 235, 281
Stanowoj-Berge: 406
Südchina: 100, 102, 116, 117, 118, 151, 158, 168, 169, 190, 241, 257, 272, 277, 279, 307, 309, 313, 314, 321, 329, 388, 394, 407, 448, 458, 473, 520, 527, 528, 529, 530
Südostasien: 115, 116, 118, 158, 168, 169–73, 182, 184, 191, 193, 200, 201, 237, 241, 249, 274, 279–81, 318, 321, 328, 330, 337, 340, 341, 345, 381, 409–11, 453, 455, 509, 513, 520–2, 523, 557
Südsee: 158, 169
Suez: 456
Sumatra: 13, 115, 181, 183, 193, 201, 235, 279, 281, 319, 337, 340; Leute aus S.: 241, 249, 279, 354, 381
Sumeru (Berg): 94
Sungari (Fluß): 12
Suyab: 216
Suzhou 肅州 (Gansu): 468
Suzhou 蘇州: 190, 261, 273,

316, 355, 358, 361, 365, 367, 386, 394, 409, 423, 433, 549
Swatow (Shantou 汕頭): 518
Syr-darja (Fluß): 27, 108, 109, 173, 468
Syrien: 120, 319, 381

Täbris: 317, 320, 321, 325
Taihangshan 太行山: 136, 165
Taihu (See) 太湖: 157, 269, 273–4, 315
Taiwan 臺灣 (Formosa): 16, 19 169, 201, 392, 397, 398, 399, 414, 487, 492, 511, 538, 556
Taiyuan 太原: 123, 201, 210, 225, 256
Takla-makan: 27, 120
Talas (Fluß): 218, 241
Tāmralipti: 191, 236
Tanegashima 種子島: 378, 382
Tanger: 319
Tangshan 唐山: 477
Tarbagatai: 413
Tarim: 107, 118, 134, 172, 183, 201, 216, 225, 237, 247, 317, 383, 405, 468, 486
Taschkent: 215, 320
Taxila: 134, 195
Thailand: 17, 520–1
Thanh-hoa: 114
Tianjin 天津 (Tientsin): 315, 358, 452, 461, 473, 476, 487, 489, 504, 507, 511, 536, 548
Tianshan 天山: 108, 301, 320
Tianshui 天水: 160, 195, 270
Tiantaishan 天台山: 243
Tibet (Xizang 西藏): 12, 25, 181, 196, 220, 237, 242, 303, 326, 336, 354, 378, 383, 392, 399, 403, 404–5, 411, 419, 475, 504, 557
T'ientsin s. Tianjin
Tigris (Fluß): 107, 215, 238, 320
Timor: 16
Tochara: 218, 238
Tokyo 東京: 521
Tongcheng 桐城: 497
Tongking: 115
Tourane: 108, 114
Transoxanien: 25, 93, 120, 172, 183, 201, 211, 214, 216–8, 240–2, 307, 317, 336
Tschertschen: 173
Tschu (Fluß): 239
Tsushima 對馬: 170, 278, 526
Tumasik: 321
Tumu 土木: 341
Tunesien: 110
Turfan: 108, 172, 195, 196, 202, 209, 214, 216, 220, 238, 301
Türkei: 378, 442, 450
Turkestan: 25, 218, 240, 405, 486

UdSSR: 16, 406, 530, 533, 535, 538, 547, 550, 551, 553–5, 556, 560, 561
Udyāna: 193
Ukraine: 307
Ulan Bator: 120, 312, 335
Ungarn: 266, 308, 321
Unteres Yangzi-Gebiet: 314, 326, 329, 330, 336, 346, 347, 350, 352, 355, 362, 383, 386, 395, 400, 407, 452, 459, 461, 469, 505, 515 531
Urumtschi: 216, 225, 403
USA s. Vereinigte Staaten v.A.
Ussuri (Fluß): 406, 486

Vatikan: 384, 397, 413, 438
Venedig: 318, 381
Vereinigte Staaten von Amerika: 483, 501, 502, 519, 520, 526, 533, *536–8*, 540, 548, 556
Vietnam 越南: 11, 26, 37, 100, 108, 114, 115, 134, 169, 170, 183, 197, 201, 216, 221, 241, 257, 272, 274, 286, 307, 308, 309, 318, 321, 335, 337, 354, 398, 406, 407, 410, 414, 464, 487, 492

Washington: 529
Wei 衞: 57, 63
Wei, Land von 魏: 55, 60, 71
Wei (Fluß) 渭: 45, 55, 56, 64, 66, 77, 100, 105, 136, 151, 159, 161, 201, 219, 223, 238, 362, 368, 468
Weihai 威海: 504
Wen 溫: 71
Wenzhou 溫州: 270, 432
Westen (westliche Länder): 376, 421, *455–7*, 474–5, 481, 500, 522, 540
Whampoa s. Huangpu
Wolga (Fluß): 23, 307, 317
Wu, Land von 吳: 60, 65
Wuchang 武昌: 136, 154, 159
Wuhan 武漢: 512, 531, 555, 560
Wuhu 蕪湖: 361, 409
Wutai (Berg) 五臺山: 333
Wuwei 武威: 108, 110, 133, 161, 172, 183, 188, 193, 220, 238, 240, 303
Wuxi 無錫: 366

Xiamen 厦門 (Amoy): 357, 358, 397, 410, 452, 518, 520
Xi'an 西安: 45, 54, 77, 102, 160, 167, 196, 325, 368, 386
Xiang 象 100
Xiang, Lang von 湘 (Hunan): 461
Xiang (Fluß) 湘: 28, 459
Xiangyang 襄陽: 158, 159, 187, 190, 308
Xianyang 咸陽: 77, 100
Xijiang 西江: 114, 378
Xin'an 新安: 363, 410
Xinhui 新會: 409
Xinjiang 新疆: 55, 120, 239, 302, 403, 405, 410, 414, 449, 465, 467–9, 486, 492
Xinjinshan 新金山: 518
Xinluo 新羅: 170
Xiongzhou 雄州: 270
Xuanhua 宣化: 354
Xuantu 玄菟: 110
Xuzhou 徐州: 536

Yaksa: 412
Yalu (Fluß) 鴨綠: 110, 369
Yan, Land von 燕: 62, 68, 335
Yan'an 延安: 368, 539, 547, 550
Yangdu 揚都: 201
Yangshao 仰韶: 45–6
Yangzhou 揚州: 205, 223, 239, 243–6, 274, 318, 395, 396, 410, 432, 461, 494
Yangzi(jiang) 揚子江 (Blauer Fluß): 12, 16, 18, 24, 26, 28, 29, 46, 50, 55, 58, 105, 113, 132, 143, 148, 150–1, 153–9, 161, 167–9, 172, 173, 174, 183–7, 189, 202–3, 221–6, 228–30, 231, 239, 246, 256, 258, 265, 268, 270, 272–4, 277–80, 284, 289, 296, 300, 305, 307, 313–4, 316, 326, 358, 361, 362, 365, 368, 383, 401, 452, 459, 461, 512, 515, 522, 527, 529, 534, 536; s.a. Mittlerer Yangzi, Unterer Yangzi
Yantai 烟臺: 486
Yawata 八幡: 474
Ye 鄴: 162
Yidu 益都: 93, 351
Yinchuan 銀川: 211, 213, 303
Ying 郢: 71, 97
Yingzhou 營州: 225
Yining 義寧: 239
Yining 伊寧: 486
Yiwu (Hami) 伊吾: 134
Yizhou 夷州島: 169
Yonghegong 雍和宮: 405, 439
Yongningsi 永寧寺: 196
Yorkshire: 449
Youzhou 幽州: 225
Yuanmingyuan 圓明園: 440, 483
Yue, Land von 越: 60

Yueyang 邱陽 : 448
Yumenguan 玉門關 : 105, 108, 173, 220
Yungang 雲崗 : 189, 195
Yunnan 雲南 : 18, 22, 26, 73, 108, 113, 118, 122, 155, 169, 171, 218, 220, 257, 323, 325, 337, 348, 362, 366, 397, 399, 412, 413, 467–9, 486–7, 528, 529

Zaytun: 242
Zentralasien: 12, 13, *27*, 34, 93, 102, *107–10*, 117–22, 133, 134, 151–9, 161–6, *171–3*, 181–3, 185–93, 195, 196, 200, 209–12, *214–6*, 217, *220*, 230, 231, 236, 237–42, 247, 257, 275, 277, 280, 303, 312, 315, 319, 328, 330, 336, 363, 383, 392, 401, 403, *404–7*, 410, 415, 438, 445, 467–9, 472, 475, 477; s.a. Oasen Zentralasiens
Zeya (Fluß): 412
Zhangjiakou 張家口 (Kalgan): 118, 414, 474
Zhangye 張掖: 105, 108, *110*, 183, 303, 318
Zhangzhou 漳州 : 363
Zhanjiang 湛江 : 504–5
Zhao, Land von 趙 : 58, 64
Zhaoqing 肇慶 : 383
Zhejiang 浙江 : 28, 60, 114, 155, 156, 178, 186, 190, 222, 227, 228, 234, 239, 243, 268, 270, 274, 284, 297, 305, 314, 329–30, 346, 351, 355, 356–8, 361, 363, 367, 397, 408, 414, 420, 427, 432, 452, 458, 548
Zhenfan 眞番 : 110
Zhenjiang 鎮江 : 239, 274, 461
Zhenla 眞臘 : 201
Zheng, Land von 鄭 : 57
Zhengzhou 鄭州 : 48, 537
Zhexi 浙西
Zhifu 芝罘 : 222, 486
Zhili 直隸 : 529
Zhongguo 中國 : 58, 60
Zhongnanshan 終南山 : 105
Zhoushan 舟山 (Chusan): 157, 358, 452
Zhouzong 周宗 : 54, 56
Zhujiang 珠江 (Perlfluß): 382, 452
Zhuya 珠崖: 169
Zikawei 徐家滙 : 386
Zunyi 遵義 : 364

INDEX DER TITEL VON WERKEN

Abhandlung (von Gaspar da Cruz): 388
Abhandlung über Charakterkunde: 176
Abhandlung über das Namenlose: 177
Abhandlung über das Nicht-Handeln: 177
Abhandlung über den Vorrang des Seins: 177
Abhandlung über die Beamten der Zhou: 435
Abhandlung über die Gründe, warum die Mönche den Herrschern nicht ihre Ehrerbietung erweisen müssen: 190
Abhandlung über die Landwirtschaft: 286
Abhandlung über die nestorianische Stele: 386
Abhandlung über die Politik: 145
Abhandlung über die Seele: 386
Abhandlung über Südfrüchte: 290
Abriß der Geschichte Frankreichs: 500
Abriß der Geschichte der Ming-Dynastie
Abriß über Macao: 384
Akhbār al-Shīn wal-Hind: 251
Allgemeine Annalen der Patriarchen des Buddhismus: 250
Alte Uebersetzungen: 194
Annalen von Lu: 55, 82, 140, 143, 144, 145, 393, 495
Antike Münzen: 291
Antike Uebersetzungen: 194
Antworten auf Fragen über die Regionen südlich der Gebirgsketten: 281
Aomen jilue 澳門記略: 384
Archäologische Tafeln: 291
Aufzeichnungen über die Barbarenreiche der Westlichen Meere: 341
Aufzeichnungen über die Etappen einer Reise in die Westlande: 336
Aufzeichnungen über die Gebräuche Kambodschas: 321
Aufzeichnungen über eine Mission in den Westen: 320
Ausführungen über das Daxue: 323
Avatamsakasūtra: 234
Bambusannalen: 81, 175
Bambusschriften der Kämpfenden Staaten: 145
Baopuzi 抱朴子: 179, 180
Beamten (die) der Zhou: 82, 131, 435
Beishi 北史: 232
Bencao gangmu 本草綱目: 376, 449
Bencaojing jizhu 本草經集注: 180
Bericht (von Martin de Rada): 388
Bericht des Faxian: 193
Bericht über China und Indien: 242
Bericht über das Reich von Huayang: 169
Bericht über den Buddhismus, aus der Südsee übersandt: 236
Bericht über die ausländischen Länder: 193
Bericht über die Barbareninseln: 323
Bericht über die Barbarenreiche der Westlande: 336
Berichte über die Begebenheiten aus dem Allgemeinen Spiegel vom Anfang bis zum Ende: 274
Bericht über die besuchten Länder: 193
Bericht über die buddhistischen Klöster von Luoyang: 166
Bericht über die buddhistischen Reiche: 193
Bericht über die fremden Länder: 281
Bericht über die großen Mönche, die in der Tang-Zeit im Westen das Gesetz suchten: 236
Bericht über die Kuriositäten von Funan: 169
Bericht über die Suche nach Geistern: 180
Bericht über die Westlande: 191
Beschreibung der Meere: 497
Beschreibungen der fremden Reiche zur Wu-Zeit: 169
Beschreibung der vier Weltteile: 496
Buch der Lieder: 143, 433
Buch der Sitte: 143, 296, 499
Buch der Urkunden: 142, 375, 432
Buch der Wandlungen: 82, 144, 175, 177, 295
Buch von der großen Gemeinschaft (Das): 498
Budeyi 不得已: 437
Cefu yuangui 册府元龜: 290
Celiang fayi 測量法義
Cesuan 策算: 434
Changchun zhenren xiyoulu 長春眞人西遊錄: 320
Changshengdian 長生殿: 419
Chenshu 陳書: 238
Chongyoulun 崇有論: 177
Chourenzhuan 疇人傳
Chronik einer Reise in den Westen zur Tang-Zeit: 235
Chuci 楚辭: 146, 168
Chunqiu 春秋: 82, 140, 144, 495
Chunqiu fanlu 春秋繁露: 140, 496
Chunqiu sanzhuan yitong shuo 春秋三傳異同說: 143
Chuogenglu 輟耕錄: 313
Chusanzang jiji 出三藏記集: 194

Daci'ensi sanzangfashi zhuan 大慈恩寺三藏法師傳: 235
Da Dai liji 大戴禮記: 82
Daodejing s. Laozi
Daoyi zhilue 島夷誌略: 323
Datang xiyu ji 大唐西域記: 235
Datang xiyu qiufa gaoseng zhuan 大唐西域求法高僧傳: 236
Datongshu 大同書: 498, 522
Daxue 大學: 296, 433
Daxue yanyi 大學衍義: 323
Dayi juemi lu 大義覺迷錄: 402
De Bello Tartarico: 388
De Christiana Expeditione apud Sinas: 388
Der Weg zu den weißen Wolken: 429
Description de la Chine et de la Tartarie chinoise: 441
Description générale de la Chine: 441
Despotisme de la Chine: 442
Devisement du monde: 387
Diamantsūtra: 284
Dianlun 典論: 179
Diskussionen über das Salz und das Eisen: 129
Dominus ac Redemptor: 438
Dongxi wenhua ji qi zhexue 東西文化及其哲學: 545
Dongxiyangkao 東西洋考: 378
Drei Sammlungen von Geschichten: 379

Durchgehender Spiegel zur Hilfe bei der Regierung: 293
Dushi fangyu jiyao 讀史方輿紀要 : 424–5
Dynastiegeschichten: 312

Einführung in die Mathematik: 323
Elemente des Euklid: 385
Epochenweiser Abriß über berühmte Maler: 232
Erjingfu 二京賦 : 146
Erya 爾雅 : 143
Essays von Jing'an: 545
Evolution and Ethics: 542

Faguo zhilue 法國志略 : 500
Fahuajing 法華經 : 234, 419
Familienbriefe: 430
Faxian zhuan 法顯傳 : 193
Fayi 法意 : 542
Fischschuppenkarten und -register: 332
Flußdiagramm (Das): 433
Foguoji 佛國記 : 193
Fozu lidai tongzai 佛祖歷代通載 : 326
Fozu tongji 佛祖統紀 : 250, 326
Frühling und Herbst s. Chunqiu
Frühling und Herbst des Lü Bu We: 138
Fu der beiden Hauptstädte: 146
Fünf Klassiker 五經 : 372
Fünf Schriften zur Phonetik: 423
Fusheng liuji 浮生六記 : 430
Funan tusu 扶南土俗 : 169
Funan yiwu zhi 扶南異物志 : 169

Gekka seidan 月下清談 : 381
Gelbe Register: 332
Gengzhitu 耕織圖 : 440
Geschichte der Chen-Dynastie: 232–3
Geschichte der chinesischen Ethik: 545
Geschichte der Drei Reiche: 171, 293
Geschichte der Han-Dynastie: 115, 145, 293
Geschichte der Jin-(Tsin-)Dynastie: 233
Geschichte der Jin-(Kin-)Dynastie: 312
Geschichte der Liang-Dynastie: 116, 232
Geschichte der Liao-Dynastie: 312
Geschichte der Liao und der Jin: 312
Geschichte der Ming-Dynastie: 401, 420, 432
Geschichte der Nördlichen Dynastien: 232
Geschichte der Nördlichen Zhou: 233
Geschichte der Song-Dynastie: 312
Geschichte der Südlichen Zhou: 233
Geschichte der Sui-Dynastie: 232
Geschichte der Tang-Dynastie: 293
Geschichte der Wei-Dynastie: 171
Geschichten, bei deren Lektüre der Leser unwillkürlich mit der Hand auf den Tisch schlägt: 379
Geschichten Nordchinas: 171
Gesellschaft (Die) des Elends: 520
Gespräche des Konfuzius s. Lunyu: 83, 142, 295
Gespräche (Die über Staaten: 145
Gongbu changku xuzhi 工部廠庫須知 : 376
Gongyangzhuan 公洋傳 : 82, 140, 144, 495, 496, 499
Gongyang chunqiu Heshishili 公洋春秋何氏釋例 : 496
Gougu geyuanji 勾股割圜記 : 434
Große (Die) Lehre: 296, 433
Guangchang xianxing ji 官場現形記 : 543
Guangdong haifang huilan 廣東海防彙覽 : 497
Guangdong tongzhi 廣東通志 : 432
Guangyun 廣韻 : 198
Guanzi 管子 : 93
Guhuapin 古畫品 : 179
Gujin tushu jicheng 古今圖書集成 : 287, 430
Guliang zhuan 穀梁傳 : 82, 144
Guofeng 國風 : 81, 433
Guoyu 國語 : 93, 143, 145
Guquan 古泉 : 291
Gushi shijiushou 古詩十九首 : 147, 178

Haidaojing 海道經 : 315
Haiguo jiwen 海國紀聞 : 497
Haiguo tuzhi 海國圖志 : 496
Hailu 海錄 : 497
Halle (Die) des ewigen Lebens: 419
Handbuch der Krabben: 290
Han Feizi 韓非子 : 66, 86
Hangongqiu 漢宮秋 : 326
Hanshu 漢書 : 145
Heilige Anweisungen: 403
Herbst (Der) des Han-Palastes: 326
Hetuwei 河圖緯 : 141, 433
Historia de las cosas más notables, ritos y costumbres del gran Reyno de la China: 388.
Historische Aufzeichnungen (Shiji) 史記 : 52, 74, 81, 145, 293, 419, 436
Höchstes Geheimnis: 139
Hongloumeng 紅樓夢 : 429, 431
Hongmingji 弘明集 : 176
Huainanzi 淮南子 : 141, 146
Huangce 黃册 : 332
Huangchao jingshi wenbian 皇朝經世文編 : 496
Huangliangmeng 黃粱夢 : 326
Huangqing jingjie 皇清經解 : 432
Huangyu quanlantu 皇輿全覽圖 : 440
Huayangguozhi 華陽國志 : 169
Huayanjing 華嚴經 : 234
Huayi yiyu 華夷譯語 : 406
Huoqi tushuo 火器圖說 : 500

Illustrierte Erklärungen zu den seltsamen Maschinen des Fernen Westens: 376
Illustrierter Kommentar zur Abhandlung über die Berufe: 435
Illustriertes Handbuch über die ans Meer angrenzenden Länder: 496
Itinerario: 388

Jadespiegel (Der) der vier Prinzipien: 323
Jianyanyilai xinianyaolu 建炎以來繫年要錄 : 294
Jigulu 集古錄 : 291
Jihe yuanben 幾何原本 : 385
Jin-Kodex: 153
Jingangjing 金剛經 : 284
Jing'an wenji 靜安文集 : 545
Jingde chuandeng lu 景德傳燈錄 : 250
Jinghuayuan 鏡花緣 : 429
Jingjiaobeiquan 景教碑詮 : 386
Jingjing lingchi 鏡鏡詅癡 : 502
Jingu qiguan 今古奇觀 : 379–81
Jinpingmei 金瓶梅 : 379
Jinshi 金史 : 312
Jinshilu 金石錄 : 291
Jinshi wenzi ji 金石文字記 : 423

Jinshu 晋書 : 233
Jiyun 集韻 : 198
Jou Pu Tuan, ein erotisch-moralischer Roman aus der Ming-Zeit: 419
Julu 橘錄 : 290

Kaiyuan shijiao mulu 開元釋教目錄 : 194
Kameliendame (Die): 542
Kangxi-Atlas: 440
Kangxi zidian 康熙字典 : 431
Kaogongji tuzhu 考工記圖注 : 435
Kaogutu 考古圖
Karte (Die) vom Fluß: 141, 433
Katalog der Stein- und Bronzeinschriften: 291
King ping Meh, Die abenteuerliche Geschichte von Hsi men und seinen sechs Frauen: 379
Klassifizierender Katalog der alten Maler: 179
Klassiker: *80–3*, *140–2*, 197, 232, 242, 248, 286, 295, 301, 309, 375, 419, 423, 427, *432–3*, 436, 438, 495, 500, 549
Klassiker (Der) des höchsten Friedens: 135
Klassiker (Der) der Kindlichen Pietät: 142
Klassiker (Der) der Seewege: 315
Kodex: Jin-Kodex: 243; Ming-Kodex: 334; Taihō-Kodex: 243; Tang-Kodex: 107, *208*, 243, 254
Kojiki 古事記 : 243
Kommentar des Zuo zur Chronik »Frühling und Herbst«: 55
Kongzi gaizhi kao 孔子改制考 : 498
Kritischer Kommentar zum Shangshu in alten Schriftzeichen: 433
Kritischer Kommentar zur wörtlichen Bedeutung des Menzius: 435
Kunyu wanguo quantu 坤宇萬國全圖 : 386
Kushehui 苦社會 : 520

Länder der Yoga-Meister: 235, 236
Laocan youji 老殘遊記 : 543
Laozi daodejing 老子道德經 : 89, 135, 176, 180, 186, 232, 235, 326
(Die) Laute: 326
Lehre der Mitte: 296
Lettres édifiantes et curieuses: 441
Li 禮 : 82, 144
Liangdufu 兩都賦 : 146
Liangshu 梁書 : 233
Liaojinshi 遼金史 : 312
Liaoshi 遼史 : 312
Liaozhai zhiyi 聊齋誌異 : 429
Lidai minghua ji 歷代名畫記 : 231
Lieder von den Fürstenstaaten: 82, 433
Liexianzhuan 列仙傳 : 180
Liezi 列子 : 88
Liguozhuan 歷國傳 : 193
Liji 禮記 : 82, 142, 143, 296, 499
Lingwai daida 嶺外代答 : 281
Lisao 離騷 : 419
(Der) Literarische Geist und das Gravieren von Drachen: 179
Livre des merveilles: 319, 387
Liyun 禮運 : 499
Lotos des Guten Gesetzes: 234, 419
Lülü jingyi 律呂精義 : 376
Lülü zhengyi 律呂正義 : 440
Lunheng 論衡: 144
Lunyu 論語 : 83, 142, 143, 295
Luoshuwei 洛書緯 : 149, 433
Luoyang qielan ji 洛陽伽藍記 : 166, 193
Lüshi chunqiu 呂氏春秋 : 138

Maoshi guyin kao 毛詩古音考 : 375
Massaker der Franziskaner in Ceuta (Bild): 321
Mémoires concernant les sciences, les arts, les mœurs et les usages des Chinois: 441
Mengqi bitan 夢溪筆談 : 286, 290, 294
Mengzi s. Menzius
Mengzi ziyi shuzheng 孟子字義疏証 : 435
Menzius: 90, 248, 296, 366, 372,401, 460
Ming-Kodex: 334
Minglü 明律 : 334
Mingru xue'an 明儒學案 : 420
Mingshi 明史 : 401, 430, 432
Mingyi daifang lu 明夷待訪錄 : 420
Monadologie: 444
Mouzi lihuolun 牟子理惑論 : 176
Mouzi oder die zerstreuten Zweifel: 176
Mudanting 牡丹亭 : 381
Mutianzi zhuan 穆天子傳 : 93
Nach Jahren gegliederte Zusammenfassung der Ereignisse seit der Jianyan-Ära: 294
Nanfang caomu zhuang 南方草木狀 : 169
Nanhai jigui neifa zhuan 南海寄歸內法傳 : 236
Nanshi 南史 : 232
Neue Darstellung von Geschichten aus der Welt: 176
Neue Geschichte der Fünf Dynastien: 293
Neue Geschichte der Tang: 293
Neue Jugend: 543
Neue Schriften zur Hilfe bei der Regierung: 464, 475
Neue Übersetzungen: 194
Neuer Kodex: 153, 176
(Die) Neunzehn antiken Gedichte: 147
Nihonshoki 日本書記 : 243
Nongpu liushu 農圃六書 : 376
Nongshu 農書 : 286, 323
Nongshuo 農說 : 376
Nongzheng quanshu 農政全書 : 376, 386
Notizen zur Schreibweise der Bronze- und Steininschriften: 423
Nouvelle Jeunesse: 543

Offizielle Geschichte der Ming-Dynastie: 430
On Liberty: 542

Pai'an jingqi 拍案驚奇 : 379
(Die) Päonienlaube: 381
Peiwen yunfu 佩文韻府: 431
(Der) Pfirsichblütenfächer: 419
Pingdingyili 平定伊犁 : 440
Pingzhou ketan 萍洲可談 : 292
Pinselaufzeichnungen (*biji* oder *suibi*): 290
Pipaji 琵琶記 : 326
(Die) Pläne der Kämpfenden Staaten: 146
Poxieji 破邪集 : 384
Prajnāpāramitā: 106, 326
Pufa zhanji 普法戰記 : 500

Qianfulun 潛夫論 : 144
Qianlong-Atlas: 440
Qieyun 切韻 : 198
Quantangshi 全唐詩 : 232, 431
Quantangwen 全唐文 : 494
Quanzhi 泉志 : 293
Qunji quanjie lun 羣已權界論 : 542

Qunxue siyan 羣學肆言: 542
Qu Yuan fuzhu 屈原賦注: 434

(Die) Räuber vom Liang-shan Moor: 373, 419, 429
Recueil d'observations curieuses: 442
Reine Gespräche bei Mondschein: 381
(Die) Reise nach dem Westen: 379, 429
Reisebericht des Meisters Can: 543
Renmin ribao (Tägliche Volkszeitung) 人民日報: 551
Renwuzhi 人物志: 176
(Die) richtige Auslegung der fünf Klassiker: 232
Riten der Zhou: 82, 131, 143, 432, 460
Rizhilu 日知錄: 423
(Der) Roman der Drei Reiche: 373, 429
Rouputuan 肉蒲團: 419
Rulin waishi 儒林外史: 429

Sammlung der wichtigsten Militärtechniken: 265
Sammlung, in der die Häresien widerlegt werden: 384
Sammlung über die Weitergabe der Lampe, verfaßt zur Jingde-Ära: 250
Sämtliche Schriften der vier Literaturgattungen: 431
Sanguozhi 三國志: 170
Sanguozhi yanyi 三國志演義: 373
Sanminzhuyi 三民主義: 526
Sanyan 三言: 379
(Der) Schatz des Il-khan über die Wissenschaften Kathays: 321, 443
(Die) Schrift vom Luo: 140, 433
Sechs Erzählungen über ein unstetes Leben: 430
Sechs Klassiker: 144, 175
Shamen bujing wangzhe lun 沙門不敬王者論: 190
Shangjunshu 商君書: 86
Shangshu 尙書: 80, 143, 375, 432
Shangshu guwen shuzheng 尙書古文疏證: 432
Shangzi 商子: 86, 87
Shenbao 申報: 500
Shenshi nongshu 沈氏農書: 376
Shenxianzhuan 神仙傳: 180
Shengyu 聖諭: 402
Shiji 史記: 52, 74, *145*
Shijia fangzhi 釋伽方志: 193
Shijing 詩經: 50, 143, 433
Shipin 詩品: 179
Shishuo xinyu 世說新語: 176
Shitong 史通: 233
Shu 書: 80, 144
Shuihuzhuan 水滸傳: 373, 419, 429
Shuijingzhu 水經注: 193
Shuowen jiezi 說文解字: 143, 499
Shushu jiuzhang 數書九章: 290
Shuyu zhouzi lu 殊域周咨錄: 378
Siècle nouveau: 545
Siku quanshu 四庫全書: 427, 431, 435
Siku quanshu zongmu tiyao 四庫全書總目提要: 431
Sishierzhangjing 四十二章經: 185
Sishu 四書: 296
Sishu daquan 四書大全: 372
Sitten und Gebräuche in Kambodscha: 169
Siyuan yujian 四元玉鑑: 323
Sizhouzhi 四洲志: 496
Songshi 宋史: 312
Song si dashu 宋四大書: 289
Songyuan xue'an 宋元學案: 420
Songyun jiaji 宋雲家記: 193
Soushenji 搜神記: 180
Studien über die apokryphen Klassiker der Schule der Xin-Dynastie: 418
Studien zur Historiographie: 233
Studien über Konfuzius als Reformer: 498
Study of Sociology: 542
Suanxue qimeng 算學啓蒙: 323
Suishu 隋書: 232
(Die) Summe der Philosophen der menschlichen Natur und des Ordnungsprinzips: 372
System der Ethik: 545

Tagebuch der zehn Tage von Yangzhou: 395
Taihō-Kodex 大寶: 243
Taiping guangji 大平廣記: 286, 289
Taiping huanyu ji 大平環宇記: 285
Taipingjing 大平經: 135
Taipingyulan 大平御覽: 289
Taixi shuifa 泰西水法: 386
Taixuan 太玄: 139
Tanglü shuyi 唐律疏義: 207
Tang-Kodex: 107, *208*, 243
Tangyun 唐韻: 198
Taohuashan 桃花扇: 419
Tiangong kaiwu 天工開物: 376
Tianxia junguo libing shu 天下郡國利病書: 423
Tianyanlun 天演論: 542
Tongdian 通典: 233, 294
Tongjian gangmu 通鑑綱目: 294
Tongjian jishi benmo 通鑑紀事本末: 294
Tongzhi 通志: 294
(Der) Traum der Roten Kammer: 429, 431
Tushu jicheng 圖書集成: 287, 431

(Die) unterbrochenen Landarbeiten: 313
Untersuchung der alten Reime des Buches der Lieder: 375
Untersuchung der östlichen und westlichen Ozeane: 378
Urkunden: 80
(Über die) Ursprünge des Guten: 435

(Die) Vier Bücher 四書: 296, 375, 433, 500
(Die) Vier großen Song-Bücher: 289
Vimalakīrti nirdeśa: 106
Vollkommenheit der Weisheit: 106
Vollständige Sammlung der Prosaschriftsteller der Tang-Dynastie und der Fünf Dynastien: 494
Vollständige Sammlung der Tang-Dichter: 232
Voyage fait par terre depuis Paris jusqu'à la Chine: 442

Waiguozhuan 外國傳: 193
Wandlungen s. Buch der Wandlungen
Wanyanshu 萬言書: 312
Was man über die Werkstätten und Lagerhäuser des Ministeriums für öffentliche Arbeiten wissen muß: 376
Wealth of Nations: 542
(Der) Weg zu den weissen Wolken: 429
Weishu 魏書: 171
Weltatlas: 386
Wenxian tongkao 文獻通考: 294
Wenxin diaolong 文心彫龍: 179

Wenxuan 文選: 179, 231, 289
Wenxuan mit Fünf Kommentatoren: 231
Wenyuan yinghua 文宛英華: 289
Wenzhou fuzhi 溫州府誌: 432
(Die) Wesentliche Bedeutung der Musik: 376
(Das) Westzimmer: 326, 419
Worte eines Alten vom Land, der sich an der Sonne wärmt: 429
Worte eines Eremiten: 144
Wubeizhi 武備志: 378
Wuchengzhu wenxuan 五臣注文選: 231
Wujing daquan 五經大全: 372
Wujing zhengyi 五經正義: 232
Wujing zongyao 武經總要: 265, 378
Wuminglun 無名論: 177
(Die) Wunder der Meere: 341
(Die) Wunderdinge, die vom Sternenschiff entdeckt wurden: 341
Wundersame Geschichten aus neuer und alter Zeit: 379
Wushi waiguo zhuan 吳時外國傳: 169
Wuyin jiyun 五音集韻: 198
Wuweilun 無爲論: 177
Wuzi 吳子: 93

Xiaojing 孝經: 142, 326
Xiepu 蟹譜: 290
Xingcha shenglan 星槎勝覽: 341
Xingli daquan 性理大全: 425
Xinlü 新律: 176
Xinqingnian 新青年: 543
Xinshiji 新世紀: 545
Xintangshu 新唐書: 293
Xinwudaishi 新五代史: 293
Xinxue weijing kao 新學僞經考: 498
Xinyu 新語: 139
Xishiji 西使記: 320
Xixiangji 西廂記: 326, 411
Xiyang fanguozhi 西洋番國志: 341
Xiyouji 西遊記: 379
Xiyuanlu 洗冤錄: 290
Xiyu fanguo zhi 西域番國志: 336
Xiyu tudi renwu lue 西域土地人物略: 378
Xiyu xingcheng ji 西域行程記: 336
Xiyuzhi 西域志: 191
Xu guhuapin 續古畫品: 179
Xunhuan ribao 循環日報: 500
Xu zizhitongjian changbian 續資治通鑑長編: 294

Yangzhou shiriji 揚州十日記: 395
Yantielun 鹽鐵論: 129
Yanzi chunqiu 晏子春秋: 93
Yesou buyan 野叟曝言: 429
Yijianzhi 乙堅志: 291
Yi(jing) 易(經): 82, 144, 175, 177, 180, 232, 295
Yili 儀禮: 82, 143
Yingya shenglan 瀛涯勝覽: 341
Yingzao fashi 營造法事: 290
Yinxue wushu 音學五書: 423
Yogācaryābhūmiśastra: 235
Yongle dadian 永樂大典: 431
Ystoria Mongalorum: 318
Yuanfu 原富: 542
Yuanshan 原善: 435
Yuanxi qiqi tushuo 遠西奇器圖說: 376
Yuditu 輿地圖: 323
Yue 樂: 82, 144
Yueling 月令: 138
Yueweicaotang biji 閱微草堂筆記: 429
Yueyatang congshu 粵雅堂叢書: 494
Yuhai 玉海: 323
Yulin tuce 魚鱗圖册: 332
Yuqie shidi lun 瑜伽師地論: 235

Zhanguoce 戰國策: 93, 145
Zhengdian 政典: 233
Zhenglun 政論: 145
Zhenla fengtuji 眞臘風土記: 321
Zhifang waiji 職方外記: 386
Zhihui 字彙: 375
Zhongguo lunli xueshi 中國倫理學史: 545
Zhongyong 中庸: 296
Zhouguan 周官: 82, 131, 434
Zhouli 周禮: 82, 131, 143, 217, 433, 434, 460
Zhoushu 周書: 233
Zhouyi 周易: 177, 432
Zhouyi cantong qi 周易參同契: 180
Zhuangzi 莊子: 88, 176, 177, 180, 186
Zhudao tujing 諸道圖經: 290
Zhufanzhi 諸蕃志: 281
Zhushu jinian 竹書紀年: 81, 176
Zibuyu 子不語: 429
Zizheng xinpian 資政新篇: 464, 475
Zizhi tongyian 資治通鑑: 293
Zongli zhongjing mulu 綜理衆經目錄: 187
Zuo(shi)zhuan 左(氏)傳: 56, 82, 143, 144, 153, 232
Zweiundvierzigteilige Sūtra: 185

SACHINDEX

Abgaben: 69, 104, 128, 166, 222, 261, 350, 365, 469, 532, 536; Handels-: 158, 223, *275*, 332, 341, 361, 365, 409, 458, *464*, *470–1*, 478, 488, 510, 513; in Silber: 350, 353; s.a. *lijin*, Steuern, Zölle
Abhandlungen (technische und wissenschaftliche): 287, *290*, 325, 361–2, 376, 434, 440, 464, 500
Absolutismus: 000–0; s. Autokraten
Abwertung des Geldes: 352, 455, 458, 510, 537
Academica Sinica: 51
Achat: 115
Achsstand der Wagen: 95
»Acht Beratungen« (Die): 107
Ackerbauern s. Seßhafte A.
Adel: 150–1, *157–9*, 171, 174, 178, 187, 190, *199*–200, 210, 211, 218, 224, 229, 231, 247, 250, 259, 266–7, 282, 309, 314, 315, 316, 326, *365*, 400, 447, 471, 473, 525; Niedriger Adel: 57, 63, 74, 84, 85, 267; s.a. Aristokratie
Adoption: 227
Agrarkrise: 131, 135, 218, 347–8; s. Krise
Agrarreform: 554
Agrarverordnungen: 208–9
Agronomie: 56, 85, 87, 125, 223, 262, 273, 323, *362*, 376, 386, *407*, 548
Ahimsā: 302
Ahnherr (Gründer eines Clans): 57
Akrobaten: 146
Akupunktur: 376
Alarmsignale: 112
Alchimie: 139, 188, 265, 384
Algebra: 290, 325, 549
Alienation: wirtschaftliche –: 508–9, 511–2, 518, 533
Alkohol: 103, 108, 128, 276, 460
Almanache: 286
»Altai«-Sprachen: 107
»Alter Stil«: 143, 248, 295
Altersgruppen: 209
Altruismus, allgemeiner: 84
Amnestien: 104, 142
Amt: Astronomisches –: 437; – für wirtschaftliche Fragen: 259
Ämterverkauf: 470
Amulette: 135–6
Anarchismus: 545; Romantischer A.: 371
Anbauflächen (Größe der): 273
»Angeborenes Wissen«: 373
Anker: 280
Anleihen: 473, 475, 477, 492, 508–9, 510, 525, 529, 534
Annalen: 55, 81, 145–6, 175
Annexionen: 492, 504–5, 529–30, 534, 540
Anti-Intellektualismus: 425
Antikonformismus: 419–21, 425, 429, 430, 433
Antiquitäten: 291
Äquatorialarmilla: 141
Arbeit: s. manuelle –, Kollektiv-, Lohn-A.
Arbeiterorganisationen: 523, 535
Arbeitskräfte: *270*, 271, 274, 283, 314, 332, 348, 351, *361*, 365, 395, 408, 459, 474, 504, *515–8*
Arbeitslosigkeit: 450, 458, 478, 492, 506, *523*
Archäologie: 47, 51, 52, 110, 113, 115, 117, 120, 123, 133, 142, 170, 280, 284, 287, 291–2, 319, 337, 364, 387, 423, *433–4*, 547
Architektur: 274, 287, *290*, 312, 320, 325, 327, 388, 439–40, 442; buddhistische –: 195–6
Archive: 81, 145, 301, 436
Arhat: 182
Aristokratie: endogame –: 156; Nomaden-: 166, 305, 314; s. Adel
Arkebuse (Hakenbüchse): 378
Armbrust: 65, 112, 123, 133; Repetier-: 265
Armee: (Altertum): 112, 145, 152–3, 159, 167–8, 200; (Tang): *209–10*, 216, *219*, *224–5*, 229, 241, 254; (Song): 257–61, *263*, 269, 300; (Yuan): 309–10; (Ming): 329, *332–5*, 342, 345, *347–9*, 365, 367–8; (Qing): 399, 403–5, 411, 414, 445, 453, *464*, 471, *477*, 505, 524; (1911–1949): 527, *531*, *534*, 536–9; Bauern-: 510; Berufs-: 218, 229, 231; – der Nordzone: 507, 525; persönliche –: 237, 528–9; weibliche –: 461; s.a. Rote Armee, Aushebung von Soldaten, reguläres Heer, Söldnertum, Autonomie der Armee
Armeeführer s. Heerführer
Armenhäuser: 263
Armillarsphäre: 141
Arsenale: 265, 332, 472, *476–7*, 478, 501
Artillerie: 475, 500; s. Kanonen
Arzneimittelkunde: 180, 376, 449
Assimilation: 113, 117, 122; s. Sinisierung
Ästhetik: 175–6, 237, 248
Astrologie: 197, 237, 239
Astronomie: 82, 138, 141, 180, 197, 237, 239, 290, *291*, 321, *325*, 375, 382, *384*, 385–6, *387*, 420, 425, 431, 434, 437, 439, 502; astronomische Instrumente: 141; s. Mohammedanisches astronomisches Amt
Atlas: 323, 386, 440
Atomversuche: 561
Atomwaffen: 557
Aufgeklärter Despotismus: 364, *400*–1, 426, 430, 440
Aufstände: Bauern- oder Volks-: 96, 100, 105, 115, 131, 134, 137, 157, 201, 212, 213, 224–5, 267, *268*, 298, 306, 313, *316*, *329*–30, *351–2*, 366, *367*–9, 392, 395, 396, *415*–6, 417, 437, *445*, *447–8*, 454, 457–*8*, 459–67, (Karte: 462–3): 468, 495, *505–7*, 514, *534*–5; Rebellion der Acht Feudalfürsten: 154–5; Aufstand von An Lushan: 219; Aufstand der Drei Feudalfürsten: 398–9; Aufstände von Bergarbeitern: 314, *351*, 357, 365, 467; Handwerker-: 351, 365; Aufstand von Kanton (27.4.1919): 526; A. der Nian: 465–6; Aufstände nicht-chinesischer Völker: 350, 366, 392, 411, *413–4*, 415, *447*, 448–9, 457–8, *465–9*; städtische –: 526, 530, *531*, 535; Taiping-: 458–9; s.a. Militärische Rebellionen, Revolutionäre Bewegungen, Taiping
Ausbeutung Chinas: durch die Mongolen: 300, 309–10, 314–5, 329, 330; d. die Mandschus: 395; d. die Engländer: 504–5; d. die Westmächte: 504–5
Ausgrabungen (von Anyang): 47, 51, 112, 117, 123, 134, 147, 170, *175*, 319, 364, 548
Aushebung von Soldaten: 96, 103, *113*, 122, 133, 150, 153, 154, 169, 190, 210, 229, *264*–5, 268

Ausländische Hilfe: *536*–7
Ausländische Kontingente: 456, 475
Auslegung s. Interpretation
Außenhandelsmächte: 271
Aussprache des Chinesischen: 10
Autokraten: 298, 323, 326, *333–4*, *345*–6, 364, 392, 415, 417, 418, 424, 427
Autonomie: der Armeen: 264, 399, 465, 471–7, 478, 524, 529; Regional-: 229, 330, 392, 399, 405, 424, 473, 478; s.a. Sezession

ba 霸: 59
bagu 八股: 426
baihua 白話: 544
baiji 白籍: 156
Bailian(jiao) 白蓮教: 316, 415, 448, 458, 466, 506
Baishangdihui 拜上帝會: 459
Baiyun 白雲: 316
Bambus: 118, 169, 290, 361
Banditentum: 142, 152, 159, 167, 212, 224, 227, 264, 269, 333, 373, 448, 459, 464, 466, 529
Bankanweisung: 278
Banken: 461, 468, 477, 479, 504, 508, 512, 520, 522, 525, 528, *533–4*, 537
Bankiers: 349, 363, 410, 472, 481
Banknoten: 278, 312, 352
Banner: 369, 394–5, 412, 415, 448, 461, 465
Baohuanghui 保皇會: 505
baojia 保甲: 262
baolei 保類: 422
Barbaren: 150; sinisierte –: 159–60, 247, 282; s.a. Barbarenreiche, Sechzehn Reiche der Fünf Barbaren, Sinisierung, Steppennomaden
Barbarenreiche: 159–60, 213, 257–8, 403
Bauarbeiten s. Große Bauarbeiten
Bauern(schaft): 74, 78, 81, 102, 103, 130, 132, 164, 190, 217, 221, 261, 267–9, 314–5, 329, 331, *347*, *348*, 349, *350–1*, 361, 363–5, 367–8, 395, 401, *407*, 415, 447, 448, 458, 459, 465, 469, 506, 510–1, 513, 515–20, 522, 529, 533, *534*, *535*, 537, 553, 554, 555, 556, 558; revolutionäre –: 535–6, 538, 546; umherirrende –: 135, 271, 276, 329, *333*, 350, 361, 395, 459, 469, 523; s.a. Banditentum, Aufstände, Milizen, Geheimgesellschaften, Chiliasmus
Bauernfamilien: 332, 350, 351
Baumwolle: 168, 273, *361*, 407, 409, 412, 449, 451, 457, 488, 497, *511*
Baumwollkleider: 361
ba yi: 八議: 107
Beamte: (Altertum): 60, 79, 86, 96; (Han): 103, 122, 130, 132, 134, 153, 167, 191; (Tang): 206–7, 218, 221, 227, 232, 247; (Song): 261, 266, 269–70, 271, 281, 286, 305; (Yuan): 312, 315, 329; (Ming): 331, 345, 352, 355, 364, 366–7, 382, 386; (Qing): 394–5, 415, 417, 420, 424, 430, 432, 445, 447, 450, 458, 471–3, 478, 481, 492, 497, 524–5; (1911–1949): 534
Beamtenprüfungen: 217, 232, 247, *259*, 261, 262, 271, 286, 306, 309–12, 323, 367, 372, 386, *416*, 426–7, 430, 442, 496, 505, 525; System der –: 442
Befestigungen (Befestigungsanlagen): 100, 105, 213, 312, 355, 370; s. Große Mauern
Befreiung von 1949: 331, 553, 556
beifa 北伐: 531
beiyang lujun 北洋路軍: 509, 525
ben 本: 87
Bergvölker: 25, 133, 181, 263, 299–300, 475
Bergwerke: 127, 270, *273*, 276, 350, *351–3*, 361, 393, *476–7*, 479, 501, 504, 512, 518; geheime Ausbeutung der –: 350, 351, 357
Bernstein: 115, 275
Betriebe: 274, 408; staatliche –: 123, 274, 276, 314
Bevölkerung: 16, 123, 207, 221, *223*, 241, 254, 258, 267, *273*, 332–3, *347*–8, 363, 392, 406–7, *410–1*, *447–8*, 458, 469, *518–22*; Bevölkerungsdichte: 16–7, 519; s.a. Volkszählung, Demographischer Schub
Bevölkerungsumsiedlungen und Deportationen: 100, 102, 104, 110, 112–3, 132, 165, 320, 331, 351, 395, 397
Bevölkerungsverteilung
Bewässerung: 66, 100, *105*, 110, 132, 150, 152, 209, 221, 262, 272, 320, 323, 331, 362, 407, 458, 556, 562
Beziehungen: zum Ausland: *73*, *118*–9, *168*–9, *241*–2, *243*–6, 337, *357*–8, 378, 558; s.a. Gesandtschaften, Reisen; zu islamischen u. christlichen Ländern: 317–8; zum Westen: 381–2, 449–50; s.a. Missionare; wirtschaftliche –: 73, 118–9, 133–4, 281, 345
bi 鄙: 57
bianzhe 辯者: 92
bianzi 辮子: 395
Bibliographie: 194, 293, 431
Bibliotheken: Kaiserliche –: 136, 143, 175; Privat-: 198, 289, 312, 431
biji s. Pinselaufzeichnungen
Bildungsschicht s. Intelligentsia, Literaten
Bimetallismus: 454–5
bingbu 兵部: 332
binghu 兵戶: 158
binke 賓客: 74
Binnenzoll (*lijin*): 365, 410, 461, 470–1, 483
Binomen: 39
Biographien: 195, 250
Biologie: 144
Blei: 274
Blockade: 557
Blockdruck: 196, 239, *284–9*, 297, *321*
Blutrache: 104
bo 伯: 50
Bogen: 112, 153, 210, 299; Reflex-: 50, 65
Bogenschießen: 80, 425
Bombarde (Steinschleudermaschine): s. Mörser
booi (baoyi 包衣): 394, 431
bosijingjiao 波斯經教: 239
Botanik: 169, 238, 290, 294, 376, 378, 431, 502
Bourgeoisie: 274, 282, 283, 363, 371, 426, 429, 492, 508, 509, 520, 522–3, 525, 530, 531–2, 535, 547
Boxen: 425, 506
Boxer: 471, 477, *506*, 510, 525, 540
Boykott: 513, 520, 529–30, 544
Brokat: 127, 228, 364
Bronze: 47, 48, 60, 68, 291; -kunst: 114; Dynastie des Bronzezeitalters: 47; -axt (-beil): 115; -inschriften: 145; -spiegel: 121, 170; -trommeln: 114
Brücken: 168, 454; Hänge-: 388
Brustbeerbaum: 331
Brustgurtgeschirr: 50, 68, 125, 171

bu 布: 71, 209
bu 部: 122
Buchdruck: 241, 254, 270, 283, 284–9, 321, 362, 379, 431
Bücher, gedruckte: 274, 276, 283, *284–9*, 304, 306, 326, 357, 358, 371, 431
Bücherverbrennung: 100
buci 卜辭: 51
Buddhismus: 116, 133, 145, 148, 268, 282, 284, 289, 293, 295, 296, 302–3, 312, 326, 336, 348, 357–8, 372–5, 385–6, 387, 401, 404, 424, 433, 439, 460, 465, 499, 548; Einführung des –: 158, 165, 170, 173, 174, 177–9, 181–*198*, 199, 217; Höhepunkt des –: 233–4, 239, 242, 243–8; Niedergang und Repression: 248–9, 256, 263; *chan*-Buddhismus: 234, 248, *250*, 312, 326, 372, 386, 433; esoterischer –: 236; tibetischer –: 326–7; s.a. Religionen
Buddhistenverfolgung: 191, 198, 249, 256
Buddhistische Kirche: 188–9, 217, 230, 247, 249–50
Buddhistische Literatur: 194–7, 284, 289, 375
Buddhistische Studien: 231–2, 439
Buddhistischer Kanon: 236, 326
Budget: 218, 259; Veröffentlichung des –: 503, 525; s.a. Staatseinkünfte
buqu 部曲: 132, 157, 199, 267
Bürgertum s. Bourgeoisie
Bürokratie: 415, 417, 424, 452, *479*, 536, 560

Cai 蔡: 57
caiyi 采邑: 57, 63
Cao 曹: 57
caoshi 草市: 270
Cao-Wei 曹魏 (Reich): 149, *150–3*, 166, 170–1, 172, 175, 179, 185, 205, 207
chan 禪 (Buddhismus): 234, 248, *250*, 312, 326, 372, 373, 386, 433
changmaofei 長毛匪: 459
changsheng 長生: 180
changzheng 長征: 537
chanwei 讖緯: 140
Charakterkunde: 176
chazhuang 茶莊: 408–9
Chemie: 502–49
Chen 陳: 57
Chen 陳 (Dynastie): 151, *159*, 179, 200–1, 244
cheng 誠: 248
Cheng-Han 成漢 (Reich): 151, 155
Chenghua 成化 (Ära): 344, 362
Chiliasmus: 140, 317, 329, 351, 460, 465
Chimei 赤眉: 131
Chinesische Kolonisierung s. Kolonisierung
Chinesische Zivilisation: Grundzüge: 34–6; mittelalterliche: 174–5, 231–2
chong 銃: 266
Chongde 崇德 (Ära): 419
Christentum: 317–8, 382–3, 437–8; Römisches –: 318, 383–4; Verbreitung des –: 239; s.a. Missionare
Christenverfolgung: 386, 402, 438
Christliche Kirche: 383–7
Chronologie: des 10.–14.Jh.: 255; traditionelle –: 55, 439
Chu 楚: 57
Chu 楚 (Reich): 58, 60, 63, 71, 74, 81, 94, 97, 100, 104, 117, 138, 151
Chu 楚 (Reich der Fünf Dynastien): 227, 228, 464
Chu 楚 (fiktives Reich): 305
chuanmin 船民: 355, 398
Chuanshan xueshe 船山學社: 422
Chuci 楚辭: 146, 168
Chunqiu 春秋 (Epoche): 55, 58, 93
ci 辭: 39
ci 詞: 282
Clan: königlicher –: 50; s. Familienclan
Cliquen: militärische: 529, *531*; Cliquenkämpfe in der Partei: 552
Cohong 公行: 453
Compradores: 477, 522
Conquistadores: 382
cun 村: 268

dacheng 大乘: 182
Dadaohui 大刀會: 506
daifu 大夫: 57
daitian 代田: 125
Dalai Lama: 403, 404
dalisi 大理司: 206
Da Ming 大明 s. Ming 明
Dämme: 105, 229, 256, 273, 329, 330, 364, 415, 469, 514, 515
Dampfschiffahrtsgesellschaft: 456, 464, 477, 479, 506, 525
dang 黨: 164
dao 道 (Münze): 72
dao 道 (Verwaltungsregion): 206
dao 道: 88, 435, 436
daojia 道家: 88–9; s. Taoismus
daoren 道人: 139
daotong 道統: 422
Da Qing 大清 s. Qing 清
Da Qinjiao 大秦教: 239
Darlehen: ausländische: 472–3, 475, 477, 492, 508, 511, 525, 528–9, 534, 544–5; staatliche –: 262; wucherische –: 126, 247, 262, 316, 373, 407, 412, 418, 521
Da Shun 大順: 368
datong 大同: 499, 546, 552
Dattelpflaumenbäume: 331
Datum: erstes historisches – der chinesischen Geschichte: 55, 81
dayuejin 大跳進: 555–6
dazi 大字: 306
dazong 大宗: 56
Deiche s. Dämme
Defizit: 349, *364–5*, 415, 445, *449–51*, 457, *478–9*, 487, 504, 510, 525, 533
Demographie: 66, 103, 122, 148, 254, 443; s. Bevölkerung, Volkszählung, Demographischer Schub
Demographischer Schub: 407, *411*, 445, *448*, 458, 467, 470
Denunziation: 79, 427
Deportation s. Bevölkerungsumsiedlung
Deserteure: 229, 349, 459, 538
Dezennium von Nanking: 507, *531–3*, 550
Dezentralisierung: 558
Dezimalsystem: 52
dhārāni: 197, 327
dhyāna: 185, 186, 234
di 帝 s. shangdi 上帝: 53
Dialekte (chinesische): 19, 411
Dialektik: 144, 188, 248
diao 調: 209
Diaspora (chinesische): 319–21, 515–20
Diätetik: 376
Dienerschaft: 267, 283, 361
Dienstleistungen: 275, 349–50, 353, 396; s. Frondienste
Diktatur: von Chiang Kai-shek: 531–3, 534, 540; von Yuan Shi-kai: 527
ditouqian 地頭錢: 222
Domänen: 132, 134, 154, 156, 157, 182, 189, 217, 221, 250, 267, 309, 315, 349, 365, 394, 396; »Gerechtigkeits-«: 263, 272

dongchang 東場: 346
Donglin-Akademie: 366–7
Donglin(yuan) 東林（院）: *366–7*, 375, 401, 420, 427
Dongwen xueshe 東文學社: 549
Dorfversammlungen: 552
Dreifuß: 291
Drei Reiche: 151–2
Dschunke: 279, 336–7, 340, 359, 409
duchayuan 都察院: 416
dudufu 督都府: 215
duhufu 都護府: 215
dui 碓: 125
duifang 兌房: 278
dujun 督軍: 529
Dünger: 66, 558
Dürre: 515, 554
Dynastie des Bronzezeitalters (Shang-Yin): 47–53
Dynastiegeschichten s. Historiographie
Dynastische Zyklen: 233

East India Company s. Ostindische K.
Ebenholz: 275
Editionen: 401, 430–1, 494, 502; – buddhistischer Werke: 404, 439; Volks-: 379
Egalitarismus: 459, *460–1*, 545, 550
Egge: 223
Eigenwechsel: 278
Eindringen des Auslands: 381–2, 445, *449–50*, 455–7, 467, 473, 475, 477, *480*, *481–2*, *483–7*, *488–91*, 491–3, 504–5; Karte: 484–5
Einfluss: ausländischer: 237–8, 319, 381, 387–8, 437–8, 460, 496, 500, 501, 523, 540–1, 542–2f, 549; – Chinas: 387–8, 440–4; – Chinas auf Japan: 243, 357, 381; – der Gestirne: 144
Einflußsphären: 504, 509, 528, 540
Eingravieren von Stelen: 284; s. Steinschneidekunst
Einigung: – der chinesischen Länder: 97, 105, 120; – Nordchinas: 161, 215, 256; – im Jahr 589 vor Chr.: 167, 200, 216; – durch die Song: 227, 256; – Asiens durch die Mongolen: 330; – der Steppenstämme: 532
Einkreisung Chinas: 475, 486, 487–93
Eisen: 67, 117, 126, 134, 170, 297, 341, 351, 479, 488, 525, 528
Eisen- und Stahlindustrie: 67, 126, 361, 376, 474
Eisenbahn: 456, 464, 474, 479, *475–7*, 506, 512, 525, 528–9, 534, 540, 553, 554, 561
Eisengießen s. Gußeisen
Eisenschmieden: 134
Ektasepraktiken: 184–5, 190, 234–5; s. Trance
Elektrizität: 456, 512, 554
Elfenbein: 115, 241, 275
Elitetruppen: 210, 212, 229, 264
Emigranten (Huaqiao 華僑): 520–1, 525
Emigration: 115, 155, 321, 341, *410*, 469, *518–9*; – nach Südostasien: 521; s. auch: Diaspora
Energieerhaltung: 428
Entdeckungen: 382
Entstalinisierung: 557
Enzyklopädien: 143, 286, 289, 290, 323, 478–9; geographische –: 290; historische –: 233, 293; politische –: 233; volkstümliche –: 379; wissenschaftliche –: 422
Epigraphik: 51, 143, 291, *293*, 423, *432–3*, 547
Erblichkeit der Berufe: 314, 332, 347–8, 349–50
erchen 二臣: 398
Erdgott: 104, 139, 189, 385
Erdnuss: 359, 362, 407, 448
Erdöl: 456, 554
Eremiten: 420–1
Erfindungen: 264–5, 283, 297, 321, 362, 383, 388, 441–2
»Erneuerungsgesellschaft«: 367, 375, 419, 423
Erneuerungspartei: 367
Ertrag (landwirtschaftlicher): 223, 273, 275
Erzählungen: 283, 289, 325, 379, 381, 429
Esel: 126
Esoterische Kommentare und Interpretationen: 139–42, 143
Ethik: 295; s.a. Sittliche Ordnung
Ethnische Diskriminierung: 312–3, 395, 467, 488
Eunuchen: 96, 130, 132, *134*, 136, 152, 205, 242, *247*, 249, 260, 335, 336, 341, *345*, 364, 365, 366, 367, 395, 400, 419–20
Evolutionistische Philosophie: 431, 433, 436, 500
Examina s. Beamtenprüfungen
Exegese s. Interpretation
Exodus: 155, 271, *398*, *518–9*, 536
Expansion: 107–8, 114, 169, 172, 201; (Han): 107, 109, 112; (Tang): 201–2, 214–5 (Karte), 214, 219, 231, 240, 242, 244–5 (Karte); (Song): 272–3; (mongolische): 307, 316–7; (Ming): 335–41, 347; (Qing): 392, 402, 404 (Karte), 405–6, 411–2; (koloniale – des Westens): 445, 449, 453, 455–6; (– zur See): 201, 240, 337–41
Expeditionen: (zur See): 278, 307–8, 321, 331, 336–41; (von Zhang He): 337–8; (Karte): 336–9; (militärische): 113, 114, 118, 134, 161, 169, 171, 201, 212, 215, 216, 220, 228, 321, 328, 330, 335, 365, 397–8, 405, 411–2, 413, 468; (nach Norden): 531
Expeditionskorps: 113, 115, 118 134, 161, 169, 171, 201, 212, 215, 216, 220, 238, 321, 328, 330, 335, 365, 398, 405, *412*, *414–5*, 468
Explosivstoffe: 254, *265*, 266, 273, 354
Export: 274–5, 277–8, 303, 357, 362, 409, 412, 450–1, 511; verbotener –: 123, 355
Exterritorialität: 453

Fabriken: 473, 474, *475–7*, 478, 504, 507, 508, 512, 553, 558
fajia 法家: 75, 85, 86; s. Legalisten
Fälschungsmethoden: 291
Familienclan: 272
fanbing 藩兵: 264
fangshi 方士: 139
fangtudi 方土地: 385
fangzhaihu 放債戶: 278
fangzhen 方鎮: 218, 234
fangzhi 方志: 436
fanqie 反切: 197
fanzhen 藩鎮: 218, 234
Farbdrucke: 289, 361–2
Farben: 138
Färberei: 361
feihuo 飛火: 265
feiqian 飛錢: 223, 277
Feld s. Gemeinsames Feld
Feminismus: 373, 429, 433, 460, 496

fen 分: 176, 185, 187
feng 封 (fengguo 封國) s. Lehen
fenye 分野: 140
Feste: 190, 196, 283
Finanzielle Vereinigungen: 198
Finanzkrise s. Krise
Fischer: 114, 411
Fischzucht: 126, 132, 267, 407
Flammenwerfer: 265
Flockseide: 119
Flotte: Dampfschiff-: 456, 474, 529; – für die Flußschiffahrt: 274, 279, 483; Segelschiff-: 279, 471; s. Kriegsflotte, Handelsflotte; s.a. Expeditionen zur See, Schiffe, Seewege, Schiffverkehr
folangji chong 佛郎機銃: 378
Folklore: 93, 168
Forschungsreisen: 337, 378, 381–2, 412
Freihäfen: s. Häfen
Freischwebende Metallzunge: 441
Freundschaftspakt mit der UdSSR: 557
Friedhöfe, öffentliche: 263
Frondienste: 103, 123, 156, 190, 209, 249, 261, 314, 315; s. Dienstleistungen
Fruchtwechsel: 125
Frühere Liang 前涼: 160, 172
Frühere Qin 前秦 (351–394): 160, 172, 188
Frühling und Herbst (春秋): 55
fu 府: 207
fu 賦: 60, 78
fu 賦: 94, 144, 146
fubing 府兵: 168, 210, 218
fuguo 富國: 77
fuguo qiangbing 富國强兵: 88
Fünf Barbaren: 159–60
Fünf Dynastien 五代: 196, 199, 226; (Karte): 271, 277, 289, 293
Fünf Elemente: 82, 93, 135, *138–40*, 141; s. yinyang
Fünfjahresplan: 556
Fünf-Reisscheffel-Sekte: 136, 139, 157, 180
Fürstenstaaten: archaische: 56–61; – der Chunqiu-Zeit: 58, 367
Fushe 復社: 419, 420, 423
Fußvolk: 57, 65, 165, 210; s. Infanterie

Gabeldeichsel: 68, 125, 300
ganpu 幹僕: 267
ganren 幹人: 267
Gaocheng 高昌 (Reich): 172
gaoliang 高粱: 407
Garden: mit den Brokatkleidern: 334, 346; s. Privatgarden.
Garnisonen: 110, 112, 115, 119, 134, 213, 216, 269, 393, 403
Gärten: 267, 283, 443
»Gäste«: 132
ge 戈: 48
Gebläse: 68, 125, 273
Geburtenbeschränkung: 558
Gedicht: das »antike« –: 147; das gesungene –: 283; das regelmäßige –: 147, 240
Gegen-Reform: 382
Geheimgesellschaften: 240, 268, *316–7*, *329*, 384, 415, *448–9*, 458, *459–60*, 465–6, 492, 505, 525, 545
Geisel: 121, 122
Gelaohui 哥老會: 506
Gelbe Turbane: 135, 139, 140, 154, 170
Geld: 275, 277. 309, 315, 350–1, *352–3*, 453–4, 533; s. Metallgeld, Papiergeld, Silber, Münzen, Währungspolitik
Gelehrsamkeit: 426, 431, 433–4, 435–6, 439, 494–5, 497, 548
Gelehrtenschule, konfuzianische: 83
Gemeinsames Feld: 90
»Gemeinschaftsfamilien«: 165
geming sanzun 革命三尊: 548
Generaldirektion der Fünf Heere: 334
Generalgouvernements: 215
Genetik: 144
gengtian 耕田: 348
Gentry: 103, 117, 126–7, *130*–1, 207, 212, 222, 333, 351, 355, 416, 471, 527, 534
Geographie: 138, 169, 181, 193, *290*, 294, 323, 325, *340*, 376, 386, 423, *425*, 431–2, 495–514; historische –: 424, 432–3
Geologie: 378, 379, 549
Geomantik: 280
Geometrie: 434
Geräte: Eisen-: 134; landwirtschaftliche –: 223, 267, 272
Gerste: 407
Gesandte aus christlichen Ländern: 318–9
Gesandtschaften: *172–3*, 238, 241, *326–7*, 346, *357*, 403–5, 412; – aus Byzanz: 238; – aus christlichen Ländern: 318–9
Geschäftsleute: 363, 379–80, 491, 508, 509, 520, 531, 533
Geschenke: Politik der –: 117, 119–20
Geschichten und Erzählungen: seltsame und merkwürdige: 289, 293
Geschichtenerzähler: 283
Geschichtsakademie: 312
Gesetze: 60, 78–9, 86, 102, 106, 107, 138, 145, 153, 207–8, 261, 416, 431, 525; Steuer-: 207, 261, 314
Gesellschaft: archaische –: 46–7; Adels- des 9.–7.Jh.: 56–7; – vor der Einigung: 74; Han: 207–8; Mittelalter: 150–1, 199–200; Tang: 232, 237–8, 250, 254, 261; Song: 266–7, 271, 282–3; Yuan: 313–4; Ming: 347–8f, 350–1, 357–8, 363, 375; Qing: 401, 407, 415, 416, *426–7*, 458–9, 494–5; Zerfall der –: 508–9, 521–2; s. Demographie, Bauern, Literaten, Bevölkerung, Krisen, Aufstände, Volkszählung
»Gesellschaft der Älteren Brüder«: 506
»Gesellschaft der Großen Schwerter«: 506
»Gesellschaft zur Erhebung Chinas«: 526
Gestampfter Lehm: 45, 48
Gestüte: 208, 210–2, 218, 220, 247
Gesundheitswesen: 562
Getreide: 125, 128, 165, 209, 222, 262, 273, 300, 303, 363, 365
Getreidesteuern: 209, 221, 276, 311, 314, 332, 352
Gewaltentrennung: 259
Gewerkschaften: 523
Gewürze: 242, 381 (Pfeffer)
Gießereien: 123, 126, 196
Gifte: 168
Gilden: 261, 409, 453
Ginseng (renshen 人參): 393, 399
Glas: 115
Glocken: 166, 190, 217, 249, 256, 290
Gnomon: 197
Gold: 116, 180, 275, 304, 316, 330, 347, 352, 357, 399, 411, 454, 510, 519
Goldene Horde: 307, 317, 320
Goldschmiede: 239, 241
Goldstandard: 505, 510
gong 公: 57
gong 貢: 345
gong'an 公案: 235

gongbu 工部: 332
gongshou 弓手: 268
Gongyangxue 公洋學: 495, 498, 546
gongyong 功用: 87
Gottesverehrer: 459–60
Gottheiten, archaische: 53
Gouverneure: 312, 413, 477–8, 505, 527
Grabfiguren (-statuetten): 53, 116, 147, 237
Gräber: s. Kaisergräber, Königsgräber
Grammatik: 197
Granaten: 265
Grenzkonflikte: – mit der französischen Kolonisation: 487, 492; – mit der japanischen: 487, 492; – mit der russischen: 412, 487, 492; – in Yunnan u. Burma: 411–2; – mit den Nomaden: s. Steppennomaden u. Steppengrenze
Große Bauarbeiten: 102, 105, 128, 200, 201–2, 329
Große Familien: 154–7, 159, 221, 229, 266–8
Große Mauern: 100, 105, 107, 108, 109, 132, 201, *213*, 342–3 (Karte), 344, 348
Großer Friede (太平): 135, 140, 460
Großer Sprung nach vorn: 555–6, 557–9, 560, 561, 562
Großes Fahrzeug: 174, 177, *182*, 185–7, 191, 197, 234
Großgrundbesitzer: 131, 155, 156, 158, 222, *266–9*, 315, 333, *359*, 361, 364, 368, 407, 448, 469
Grundbesitzer: 96, 131, 134, 189, 208, 217, 230, 249, 258, 267–8, 274, 314–5, 333, 347, 534, 553; s. Großgrundbesitzer, Konzentration des Grundbesitzes
Grundrentner: *266–7*, 282, 365, 448
Grüne Bataillons: 471
Guangxu 光緒 (Ära): 473, 478
guantian 官田: 269, 314, 348
guanzi 關子: 277
Guerilla: 309, 423, 509–10, 553
guifei 貴妃: 219, 260
guijian 貴賤: 106
Günstlinge: männliche: 130, 561; weibliche: 219, 260
guo 國: 57, 228
guofeng 國風: 81
Guomindang 國民黨: 528, *531–3*, 536, 551
guozijian 國子監: 206
gushi 古詩: 147
Gußeisen: 67, 68, 75, 123, 134, 196, 273, 297, 301, 457
Gußformen: für Bronze: 48; für Eisen: 68
Gütergemeinschaft: 499
guwen 古文: 143, 248, 295, 498
guyi 古譯: 194
Gynäkologie: 376

Häfen: 116, 228, *241*, 276, 280, 319, 321, 337, 341, 355–6, 362; Freihäfen: 449–53, 483, 486, 487, 492, 509, 512, 522, 532, 534–5, 541, 547
Hakenbüchse (Arkebuse): 378
»Halbkoloniale Periode«: 554
Hämmern: 68, 239
Han 漢 (Dynastie): 83, 84, 86, 87, 89, 96, 100–1, 150, 151, 152–3, 166, 170, 172, 176, 178, 183, 184, 205, 213, 216, 217, 220, 229, 231, 237–8, 243, 248, 267, 271, 276, 281, 284, 421, 423, 434, 442, 460, 495, 496, 498, 548; (Expansion: 107–8, 117–8; Restauration: 131; Zivilisation: 138); s. Nördliche Han, Südliche Han
Han 韓 (Reich): 55, 61, 63, 71, 72, 100
Hanchen 漢臣: 398
Handel: im Altertum: 71, 87, 114; Han-Zeit: 109, 110, 112, 117–9, 133, 148, 183; Sui und Tang: 199, 211, 229, 254; Song: 262, 270–5, 276–7, 280, 289, 296; Jin: 302; Yuan: 315–9; Ming: 331, 340, 353–8, 360, 373; Qing: 392–3, 406, 409, 447–55, 470, 508; s.a. Handelszentren, Handelsströme
Handelseffekten: 278
Handelsflotte: 110, *115–6*, *201*, *241*, *274*, *279–80*, 315, 321, 331, *336–7*, *354–5*, 362, 397, *409*, 453, 511; Aufschwung der –: 241, 279–80
Handelshäuser: 223, 363
Handelsstaat: 259, 275–6
Handelsstraßen: 100, 105, 110, 117–9, 150, 161, 182, 188, *202*, 214, 218, *229*, 236, 242, 303, 315; s.a. Beziehungen (wirtschaftl.), Kommunikationssektor, Handelsströme
Handelsströme: 230, 274–5, 302, 315, 381, 410, 420
Handelsverkehr: 119–20, 273–4, 275, 408–9, 412, 426
Handelszentren: 70, 118, 133, 183, 205, 222, *224*, 228, 237–8, 242, 270–1, 274, 280, 283, 352, 378
Händler s. Kaufleute
Handwerk: 72, 87, 120, 123, 126, 164, 178, 209, 228, 238, 261, 270, 273–*4f*, 289, 309, 314, 320, 323, 328, 332, *349–50*, 351, *361–2*, 365, 392, 407; Buch-: 289; industrielles –: 409, *470*, 473, 497, 504, *510–1*; Luxus-: 274; staatliches –: 314, 349
Handwerkerfamilien: *332*, *349*
Handwerksbetriebe: 360–1, 365
Handwerksmeister: 350
Hanf: 209, 221, 273
hang 行: 261, 272
Hanlin guoshiyuan 翰林國史院: 312
hanmen 寒門: 156
Hanren 漢人: 313
Hanxue 漢學: 433
Hauspersonal s. Dienerschaft
Heer s. Armee
Heerführer: 159, 167, 218–9, 221, 225, 246, 348, 394–5, 398, 472–3, *509*, 523, 527–*9*, 530–3, 534
Hegemonien: 59, 62, 82
Heian 平安: 243
Heilmittel: 303; s. Arzneimittelkunde
Heiqijun 黑旗軍: 464, 487
Heiraten: 166, 172, 267; Kollektiv-: 74; politische –: 121, 213, 242, 301; verbotene –: 156, 314, 365, 395
Heiratspolitik: 121, 213, 242, 301
Hellebarde: 123
Helm: 300
Hemmung der Uhr: 254, 290
heqi 合氣: 135
heqin 和親: 108
hequzu 河渠卒: 112
Herbarien: 287
Heuschrecken: 155
Hexagramme: 82, 138
Hierarchie: 139, 176, 207
»Himmel- und Erdgesellschaft«: 459
Himmelssohn s. tianzi: 56
»Himmlische Ordnung« (Sekte): 448, 458
Hinduisierung: 116, 169, 183
Hirse: 362, 407
Historiographie: *145*, 169, 171, 200, 231, *232*, 243, 254, *293*, 423, *430*, 432, *436*, 496, 547

Historische Kritik s. Kritik
Hochöfen: 479, 556
Höhlentempel: 189, *195*
Hongjin 紅巾: 487
Hongwu 洪武 (Ära): 328, 329, 331–6, 345, 347–8, 349, 363
Hose: 171
hou 侯: 50
hu 戶: 53, 89, 94
hubu 戶部: 332
huangcheng 皇城: 206
huangdi 皇帝: 53, 97
huangji 黃籍: 156
Huangjin 黃巾: 368
Huayan 華嚴 (Schule): 234
Huayi yiyu 華夷譯語: 406
hui 會: 135, 222
huiguan 會館: 410
Huihui guozixue 回回國子學: 325
Huihui sitianjian 回回司天監: 325
Huihui sitiantai 回回司天臺: 325
huji 戶籍: 209, 218
»Hundert-Blumen«-Bewegung: 554–5
Hunderttagereform (1898): 423, 505, 541
Hungersnöte: 155, 202, 224, 329–30, 367, 461, 469, 478, 506, *513–4*, 556
Hydraulik: 125, 297, 331, 364, 385, 432; s.a. Kanäle, Dämme, Bewässerung
Hydrographie: 376, 514
Hydrologie: 85, 376
Hygiene: 376
Hymnen: 80

Illustrationen von Texten: 287–8, 290
Immigration: 157, 351, 411
Imperialismus: 406, 457, 474, 480, 543
Impfung: 442; s. Variolation (Pockenimpfung)
Import: 275–6, 352, 357, 409, 412, *449*, *488*, 504, 505–6, 510–3, 518; verbotener –: 448–52
Indigo: 351, 361
Individualismus: 177–8, 371
Indoktrinierung: 551
Industrialisierung: 445, *474–6*, 477–9, 480–1, 492, 512–3, 554, 556, 557, 558
Industrie: 75, 126, 128, 168, 270, 361, 409, 423, *457*, 464, *474*–9, 511; s.a. Handwerk, industrielles; ausländische –: 504, 508, *511–2*, 513, 515; Kriegs-: 473, 474, *475*, 477, 479, 483, 496; Schwer-: 479; Textil-: 513
Infanterie: 57, 65, 165, 210, 224
Inflation: 329, 352, 417, 537, 553
Ingenieure: 66, 320, 323, 441, 474
Inneres Kabinett: 345
Inquisition, literarische: 402, 427
Inschriften: auf Bambus: 175, 548; auf Bronze: 80, 549; auf Holz: 548; auf Knochen: 548; religiöse –: 319; auf Schildkrötenpanzer: 51, 547
Inschriftenkunde s. Epigraphik
Institutionen, staatliche: 79, 86–7, 102–3, 137, 165, 171, 199; Tang: *202–3*, 207–8, 221, 231, *233*, 254; Song: 256, *258–9*, 293, 297, 301, 303, 309; Yuan: 309–10, 332; Ming: 328, *331–5*, *345–6*, 348, 352, 359; Qing: 394, 400, 415, 417–8, 421, 440, *441–2*, 443, 481, 497, 501, 506, 524; Republik: 527
Instrumente: astronomische: 141; Musik-: 301
Intelligentsia: 508–9, 523, 525, 530, 535, 538, *540–1f*, 543–4, 554, 555, 558; s.a. Literaten
Interpretation: 140, 143, 250, 296, 372, 423–4, 432–3, 436
Intuitionismus: 433, 436, 497
Invasionen: der Nomaden: 254, *257*, 299, 301, *304–5*, 341, *344*, 347–8; der Mongolen: 240, 258, 278, 297, 300–1, 303, 305–6, 309, 353–4, 363–4; der Mandschus: 328, 350, 363–4, 367, *368–70*, 378, *394–7*, 398, 418, 421, 433; der Japaner: 393, 487, 505, 509, 514, 523, 524, 528, 529, *534–6*, 543
Islam: 240–1, 250, 297, 303, *317–8*, *323*, 340, 382
Islamische Akademie: 325

Jade: 120, 290, 291
Jagd: 50, 299
Jasmin: 115
Jātaka: 182, 197
Jesuiten s. Missionare
Jesuiten-Orden: 439–40
ji 吉: 142
jiaguwen 甲骨文: 51
Jiajing 嘉靖 (Ära): 354, 378
jian 監: 259
jian'ai 兼愛: 84
Jian'an 建安 (Ära): 178
jianghu 匠戶: 332
Jiangnan zhizaoju 江南製造局: 476
jiangxue 講學: 373
jianli 兼利: 84
jianzhuang 監莊: 267
jiao 教: 296
jiaofang 教坊: 283
jiaozi 交子: 277
jiaozipu 交子鋪: 278
jiaoyinpu 交銀鋪: 278
jiapu 家譜: 156
jiazi 甲子: 136
jiedushi 節都使: 218, 224
jifupu 寄附鋪: 278
Jin 晉 (Reich): 55, 59, 60, 62, 64, 77, 81, 83
Jin 金 (Dschurdschen-Reich): 258, 269, 275, 277, 301–3, 304, *305–6*, 307, 312, 318, 320, 326, 393, 394
jing 經: 82
jing 井: 90
jingtian 井田: 460
Jingjiao 景教: 239
jingshi 經世: 496
jingtu 淨土: 188, 234
jinjun 禁軍: 264
jinshi 進士: 416
jinwen 今文: 143, 495–6
Jinwenxue 今文學: 495
jinyinpu 金銀鋪: 278
jinyiwei 錦衣衞: 334, 346
jinzouyuan 進奏院: 223
jiuchen 舊臣: 398
jiupin 九品: 153
jiuyi 舊譯: 194
Jōdo 淨土 (japan. Sekte): 243
Journalismus: 500
juan 絹: 209
jue 爵: 104
jun 軍: 259
jun 郡: 64, 100
junhu 軍戶: 332, 348
juntianfa 均田法: 208
juntun 軍屯: 348, 349
junxian 郡縣: 122
junxian 軍縣: 259
junyu 軍餘: 348
junzi 君子: 83
juren 舉人: 416

Kabaretts: 270
Kader: 551, 552–3, 554, 555–6, 560
kaijiao san da zhushi 開教三大柱石: 385
Kailan Mining-Gesellschaft: 512
Kaisergräber: 364, 366
Kaiserinnen: 130, 134, 139, 167, 190, 193, 205, 217, 260
Kaiserliche Akademie: 139, 175,

201, 259, 372
Kaiserliche Bibliothek: 136, 142, 175
Kaiserliche Kommissäre: 218, 224, 227, 260
Kaiserliches Sekretariat: 259, 325, 334
Kalender: 52, 242, 313, 325, 383, 386, 431
Kalligraphie: 178, 231, 283, *284*, 291, 295, 358, 380, 401, 430–1
Kamele: 299, 303
Kämpfende Staaten 戰國: 55, 58, 61, 62, 66, 86, 93, 110, 112, 114, 117, 145, 146, 160, 175, 178, 180, 423, 432, 499
Kampfer: 275
Kanäle: 100, 105, 201, *202*, 203, 205, 274, 315, 331, *223*, 256, 432; s. Großer Kanal, Bewässerung, Dämme, Hydraulik
Kangxi 康熙 (Ära): 401, 430, 439, 494, 499
Kanonen: 378, 386, 414, 453, 475
kaoyi 考異: 293
Kaozhengxue 考証學: 434, 439, 494, 548
Kapital: ausländisches: 472–3, 475, 477–8, 481, 492, 504, 508, *511–2*, *522–3*, 525, 528, 533; Bank- und Industrie-: 457; Boden-: 267, 348; landwirtschaftliches –: 470; Privat-: 268, 273, 360, 363, 478, 512, 531, 532
Karakitan-Reich: 302
Karawanen: 118, 216, 237, 302, 316
Karman: 185, 282
Karneol: 115, 275
Karten s. Spielkarten, Reliefkarten.
Kartographie: 280, 288, *290*, 301, 382, 387, *440*, 498
Kataloge: 289, 293, 401; buddhistische –: 194
Kataster: 209, 221, 332
Kaufleute: 69, 74, 87, 100, *116*, 117, *126–7*, 128, 148, 158, 183, 223, 230, 238, 261, 271, *274*, 312, 315, 319, 351, 355, 358, *363*, 382, *409*, 430, 432, 434, 450, 453, 458, 471–2, *477*, 478, 481, 494, *522*; Kaufmannskolonien: 349; ausländische –: 158, 166, 169, 173, 184, 185, 205, 225, 236, 237, *238*, 241, 247, 258, 281, 303, 312, 315, *317–8*, 409, *449–50*, *458*, 472, 475; Maßnahmen gegen die –: 127–9, 133
Kauri-Muscheln: 56, 72, 114
Kavallerie: 65, 107, 122, 153, 169, 171, 210, 211, 212, 216, 224, 241, 258, *299*–300, 368, 370, 464, 466
ke 客: 132, 156, 199, 267
kehu 客戶: 268
Keramik: 46, 48, 228, 270, *274*, 303, 320, 361, 409; s. Töpferei
Kettenhemd: 300
Kettenpumpe: 223
Khene: 26, 114, 168; s. sheng
Kirche s. buddhistische, lamaistische, nestorianische, taoistische K.; s.a. Klerus, Missionare, Lamaismus
Klangsteine: 80
Klassenlose Gesellschaft: 552, 561
Klassifikationstheorien: 82, 93
Klassifikatorische Verwandtschaft: 74
Klassische Sprache: 39
Klassische Studien: 144, 232, 401; s. Interpretation
Kleines Fahrzeug: 186, 191
Klepsydra: 141, 301
Klerus: 181, 182, 187, *189*, 217, 247, *249*, 329, 384, 483
Klientele (Klienten): 74, 85, 104, 138, 146, 189, 267, 471
Klöster: *166*, *189*, 195, 198, 209, 217, 221, *249*, 256, 263, 267, 289, 315
Kodex: der Tang: 107, *207–8*, 243; der Jin: 153; der Ming: 334; Neuer –: 153; Straf-: 86, 100, 107, 145, 153, 154, 165, 190, 201, 207, 313, 354, 357, 361, 384, 445, *448*, *449–55*, 465
Königsgräber: 53; Schändung der –: 316, 327
Koexistenz, friedliche: 557–8
Kohle: 273, 319, 456, 479, 525, 528, 534, 554; s. Steinkohle
Kolben mit Doppelwirkung: 265
Kolchosen: 554, 555
Kollektivarbeit: 74, 123
Kollektivhaftung: 77, 79, 165, 212, 333, 395
Kollektivierung: 554, 555, 557
Kollektivselbstmorde: 157, 268
Kolonien: ausländische-: 237; Militär-: 105, 109, 112, 128, 132, 152, 209, 216, 246, *348*, *349*, 411
Kolonisierung: durch die Chinesen: 74, 105, 108, 114, 117, 150, 153, 155, 169, 221, 394–5, 405–6, *411*, 412, 445, 467, *520–1*; – Chinas durch die Ausländer: 474–5, 479, *482–3*, 483–9, *490–1*, *509–11*, 522, 528
Kommandanturen: 64, 100, 103, 105, 110, 113, 115, 142, 156, 170, 405; unabhängige –: 227, 243
Kommerzialisierung der Agrarprodukte: 267, 273, 275, 361
Kommunen s. Volkskommunen
Kommunikationssektor: 464, 474, 475–7, 479, 562; s. Kanäle, Straßen
Kommunisten: 509, 534–5, 536–7, *538*, 546–7
Kommunistische Partei: 534, *535–9*, 543, 547, 550–1, 558, 562
Kompaß: *280*, 297, 359
Konfiskationen: 249, 256, 348, 395, 411, 427, 460, 467
Konfuzianisches Reich: 402–3
»Konfuzianismus«: 83–4, 138, 144, 366, 372
Konkubinen: 140, 190, 216, 219, 221, 249, 267
Konservativismus: 478, 488, 491–3, 497, 505, 525
Konsumgüterindustrie: 554
Konterrevolutionäre: 559
Kontore: 382, 486
Kontrolle: der Ausländer 358, 382; – der Wirtschaft 127–9
Konvertiten: 385–6, 438
Konzentration des Grundbesitzes: 126, 130, 268, 347, 448
Konzessionen, ausländische: 453, *482*, 483, 504, *505*, 532
Kopfsteuer: 78, 103, 190, 275–6, 314
Korallen: 275
Korruption: 413, *414–5*, 416–7, 445–7, 450, 452, 458, 492, 514, 526, 536, 543, 553
Kosmologie: 94, 140–2, 295–6, 433
Kosmopolitismus: 237
koufentian 口分田: 209
Kraftfeld: 444
Kreditüberweisung: 223, 277
Kreisberechnung: 434
Kreuzzüge: 297, 318
Krieg: 112–3, 118, 258, 264–5, 297, 300, 305–6, 329–30, 395–6, 398–400, 403, 475; Belagerungs-: 265, 266, 300, 307, 320; Bürger-: 154, 159, 167, 200, 225, 229, 298, 336, 352, 365, 368, 396, 445, 469,

479, 482, 497, 514, 537–8, 553; chinesisch-japanischer –: 453, 471, 472, 504, 550; Kalter –: 556, 557–8; Korea-: 556; Opium-: 452–3; s.a. Opium See-: 257, 265, 398; Taiping-: 452, 458–65; – mit den Westmächten: 507; Widerstands-: 316–7, 328, 355, 392, 396, 398, 400–1, 418, 419–20, 423, 459, 482, 491, 526, 536, 538, 547
Kriegsakte und Übergriffe der Ausländer: 489–90
Kriegsentschädigungen: 474, 475–6, 477, 479, 483, 496, 511
Kriegsflotte: 257, 265, 278, 300, 312, 337, 348, 355, 397, 453, 461, 475, 477, 487, 496, 498, 502, 504, 511
Kriegskunst: 84, 85, 93, 154, 265, *300*, *376–8*, 423, 425, 461, 466, 496–7, *501*
Kriegsmaschinen: 262
Krise: – der Adelsgesellschaft: 77, 78, 84, 85; Agrar-: 131, 135, 218, 348–9; Finanz-: 364–5; (Ming) 367, 414, 445–6; (Qing) 492; – der Institutionen: 130–1; politische und moralische –: 174, 175 (Han); 218 (Tang); 418–9 (Qing); politische und soziale –: 144 (Han); 157 (Jin); 159 (Liang); 338 (Ming); 418–9 (Qing); soziale, politische u. wirtschaftliche –: (Qing) 445, 447–8, 455–7; Wirtschafts-: 154, 257–8; (Song) 328, 331; (Ming) 447–51, 453–5, 475–9; (Qing) 487–8, 504–5, 508–9
Kritik: des Aberglaubens: 144, 148; historische-: 232–3, 293, 373, 384, 422, 424, *432–4*; – der Institutionen: 418–9, 497, 499, 544; Kunst-: 178, 231; literarische –: 174, 176–7, 186, 189; – der Philosophie: 419–21, 497; soziale u. politische –: 419, *420*, 426, 510; Text-: 371, 375, 384, 424, *432–3*, 435–6, 494
Kritische Studien: 432–5, 494–7, 548–9
Kryptomerie (Japan. Zeder): 268
ku 庫: 460
kuaizi 會子: 277
Küche: 237, 274
Kulis: 518, 519, 520, 523
Kult: buddhistischer –: 184–5; Familien-: 56, 57, 74, 91, 140
Kultgefässe: 49, 50, 56
Kulturrevolution: 552, 555, 557–9, 560–2
Kumtgeschirr: 68, 171
Kuomintang s. Guomindang
Kunst: 282, 357, 371, 384, 389, 419, 431, 443; l'art pour l'art: 176, 177, 545; buddhistische –: 195, 239, 327; – in der Steppe: 113; – in der VRCh: 561
Künstlerische Darstellung von Tieren: 48
Kupfer: 123, 241, 249, 274, 275, 277, 341, *351*, 352, *357*, 399, 488
Kupferplatten: 439
Kupfer-Sapequen: 455
Kurbelsystem: 265
Küstenregion: 348, 351, 353, *354–8*, 361, 381–2, 399, 410, 414, 487
kuzu 庫卒: 112

Lacke: 121, 123, 126, 268, 273, 303, 361, 409
Lamaismus: *327*, 401, 403, 404, 405, 439
Lamaistische Kirche: 327
Lamas: 327, 329
Landflucht: 365
Landhunger: 514
Landkollektivierung s. Kollektivierung
Landverteilung: 164, *209*, *221*–2, 230, 267, *268*, 309, 314, 348–9, 395, 421, 459, 553
Landwirtschaft: 24, 34, 87, 100, *112*, 151, 152, 164, 165, 209, 223, 230, 256, 267, *272–3*, 298, 303, *331–2*, 348–50, 359–62, 376, 392, 407, 425, 443, 448, *470*–1, 475, 478, 488, 496, 510–1, 522, 534
landwirtschaftliche Probleme: 221–2, 267–8, 331–2, 347–8
Langer Marsch: 537, 550
Lantinghui 蘭亭會: 178
Lebensweise und Kultur: 22–3
Legalisten: 75, 85–6, 91, 100, 103, 126, 138, 142, 144, 151, 153, 164, *175*, 417
Legierungen: 46, 48, 360, 362
Lehen: 54, 63, 78, 102, 103, 105, 131, 154, 158, 219, 421, 422
Leibeigene: 249–50
Leichtindustrie: 558
Lettern, bewegliche: 286, 290, 321, 362, 431
li 吏: 333
li 理: 91, 296, 376, 422, 425, 435, 444
li 禮: 82, 90, 91
li 里: 104, 164, 268, 271, 440
Liang 涼 (Dynastie): 158–9, 170, 179
liang 兩 (Tael): 352, 364, 365, 399, 409, 415, 447, 454–5, 477, 478, 482–3, 489, 504, 510
liangshuifa 兩稅法: 222, 314
liangzhi 良知: 373
Liao 遼 (Kitan-Reich): 257, 261, 275, 277, 299, 301–2
libaitang 禮拜堂: 460
Lieder: 80, 146, *325*, 433
Liga der Verbündeten: 521, 526
lijia 里家: 333
lijin 釐金: 461, 470, 477, 488, 513
Limes: 112, 113; s. Steppengrenzen
lin 鄰: 164
lingchi 凌遲: 313
Linguistik: 429
liqixue 理氣學: 296
Literarische Gesellschaften: 543; s. Privatakademien
Literarische Inquisition s. Inquisition
Literarische Kreise: 174, 175–6, 186, 189
Literaten: 100, 139, 147, 175–6, 219, 229, 234, 246–7, 259, 272, *282*–3, 286, 293, 313, 334, 346, 357, 359, *366*, *372*, 379, 383–5, 392, 395, 400–1, 407, 416, 420, *426–7*, 429–32, 434, 438–9, 466, 472, 494, 497, 505, 522, 540, 541
Literatur: -im alten Stil: 248; Auftrags-: 430; Brief-: 430; gelehrte –: 282, 379; höfische –: 146; – auf dem Index: 402, 427; – in klassischem Chinesisch: 429–30; moderne –: 540–6; müdliche Volks-: 146, 284, 325, 548; profane –: 357; Roman-: 379, 381, 429; s. Roman; schriftliche Volks-: 230, 284, 420, 548; städtische –: 379–80, 426, 429; taoistische –: 375; – in Umgangssprache: 325, 373, 379, 420, 429; – in der VRCh: ; s.a. Erzählungen, Gedicht, Historiographie, Lyrik, Pinselaufzeichnungen, Prosa, Sammelwerke, Theater, Übersetzungen.
Litschis (Lee-chih) (lizhi 荔枝): 351
Liu-Song 劉宋 (Dynastie): 143
liutiao bianqiang 柳條邊牆: 370

liuzhen 六鎮: 167
lixue 理學: 296, 424
Logik: 92, 548; kombinatorische –: 444; mathematische –: 444
Lohnarbeit: 267, 349, 409
London Missionary Society: 502
longguche 龍骨車: 223
Longqing 隆慶 (Ära): 364
Longshan-Kultur: 45
Löß: 44
Lotterie: 198
louchuan 樓船: 157
lu 路: 206
Lu 魯 (Reich): 54
lü 律: 79
lun 論: 208
lunban 輪班: 350
lüshi 律詩: 147
lüying 綠營: 466, 471
Luzerne
Lyrik: 175–6, buddhistische: 197; klassische: *231*, 283, 401, 431; in den Beamtenprüfungen: 259; gelehrte: 231

Magie: 88, 138–9, 142, 146, 157, 185, 197, 236, 269, 284, 326, 330, 385, 506
Magnetismus: 388, 444
Mahāyāna s. Großes Fahrzeug
maiban 買辦: 477, 522
Mais: 362, 448, 514
Majestätsbeleidigung: 334, 429
Malerei: 174, *178*–9, 231, 237, 283, 290, 294, 357, 358, 401, *419*, 431, 440; Landschafts-: 174, 178, 283, 419; Miniatur-: 321; Pferde-: 211; Wand-: 112, 147, 195; s. Kalligraphie
Mandala: 327
Mandarine: 260, 416; s. Beamte, Literaten
Mangonel: 266
Manichäismus: *239*, 249, 269, 317, 465
Mantra: 197, 327
Manuelle Arbeit: 425
Manufakturen: 512; s. Handwerk, Handwerksbetriebe, Privatbetriebe, Staatsbetriebe, Werkstätten
Manuskripte: auf Holz: 112; – auf Papier: 547–8
Maoistische Bewegungen: 557
Märkte: für Kunstgegenstände: 291; ländliche –: 268, 283, 341, 354
Marionetten: 283
Marxismus: 296, 523, 535, 538, 541, 545–6
Maschinen: astronomische –: 291; Gramme-: 456; hydraulische –: 273, 319, 376; landwirtschaftliche –: 362, 376; militärische –: 376
Massaker: 325, 467–9, 531
Maße und Gewichte: 79, 100, 142
Materialismus: 144
Mathematik: 93, 180, 197, 237, 282, *290*, *323*, 325, *376*, 382, 385, *387*, 401, 420, *425*, 431, *432*, *434*, 437, 439, 443, 498, 499, 502, 549
Mathematische Gleichungen: 434
Matrosen s. Seeleute
Mazdaismus: 239, 249, 317
Mäzene: 232, 430–2, 481, 494–5
Maulbeerbäume: 209, 221, 273, 331
Mausoleum: 100
Mechanik: 434, 439
Medizin: 100, 168, 180, 185, 197, 237, 243, 290, 321, *376*, 393, 425, *442*, 501
Mehl: 513
Meiji 明治 (Ära): 478–9, 496, 541
meng 盟: 59
menxiasheng 門下省: 206, 217
Meridianberechnung: 440
Messer aus Stein: 50
Messianistische Revolutionäre: 135–6, 316, 459–60, s. Geheimgesellschaften
Metaphysik: *174–5*, 188, 194, 235, 295–6, 548
Metallgeld: 72, 108, 114, 116, 118, 119, 121, 130, 132, 170, 218, 222, *249*, 256, 275, *277*, 315, 347, *353*, 357, 359, 432, 447, 448, 451, *454–5*, 505, 510, 534
Metallurgie: 32, 190, 270, 273
Methode des »einmaligen Peitschenschlags«: 353
Militärbasen: 528, 534, 537
Militärbezirke: 218, 224–5; autonome –: 227–8, s.a. Autonomie, Sezession
Militärische Ausgaben: *264*, 275, 276–7, 344, 348–9, 364–5, 414, 447, 510–1, 534, *534*
Militärische Familien: 332, 347–9; »zusätzliche« –: 348;
Militärische Rebellionen: 151, *219–20*, 224–5, 335, 349, *398*–400
Militärkolonien s. Kolonien
Militärmachthaber s. Heerführer
Militarisierter Staat: 153, 155, 227, 309–10, 394
Milizen: 168, 210, 218, 465, 496, 509, 524; Bauern-: 262, 264, 268, 349, 453, 524, 535–8; Privat-: 132, 154, 227, 269, 365, 368; Volks-: 510
Min 閩 (Reich): 228, 250
ming 命: 144, 176, 185
Ming 大明 (Dynastie): 91, 205, 209, 211, 221, 240, 260, 266, 273, 276, 278, 295, 298, 315, 323, 325, 328; (Gründung) 330–1; (Expansion) 335–6; (Rückzug) 341; (Polilik, Wirtschaft, Gesellschaft) 345; (Krise) 359–60, 371, 385, 393, 394, 396, 401, 406, 408, 410, 415, 417, 419–21, 423, 424–6, 430–1, 433, 437, 439, 447, 449, 461, 475, 501, 548
mingdao 明刀: 117
mingjia 名家: 156
minhu 民戶: 332
Minister: 219, 258, *259–60*, 269, 316, 364, 394, 396
Ministerien: 206, 332, 333
Minoritäten, ethnische: 348, 364, 375, 411, 413, *467*
minzhuang 民壯: 349
Mischkultur: 26
Missionare: christliche –: 92, 239, 295, 460, 475, 482, 483, 489, 490, 491, 500–1, 506–7; Dominikaner-: 318, 383, 387; Franziskaner-: 318, 383, 388; Jesuiten-: *382–7*, 388, 397, *436–40*, 489
Mittelalter: 148–9
Mittelalterliche Kultur: 174–5, 231–2
mo 末: 87
Modernisierung: 456, 464, *472*, *475*, *481*, 492, 497, 508, 541
»Modernisten«: *473–7*, 478, 496, 513, 525, 540
Mohammedanisches astronomisches Amt: 325
Mohismus: 84, 128, 176
moli 茉莉: 115
Monarchisten: 527–8
Mönche: *184–5*, 234–5, 243–7, 249–50, 312, 316, 319, 325, 326, 327, 329, 330, 336, 357–8, 378, 385; Literaten –: 234, 235, 243, 250, 357; »verrückte« –: 419
Mönchsregeln: 190
Mondtafeln: 325
Mongolenreiche: 307, 308, 309, 310–1 (Karte)
monijiao 摩尼教: 239

Monismus: 435
Monographien: 233; Lokal-: 289, 423, 432, 436, 496
Monopole: Alkohol-: 128, 222, 276; Ginseng-: 395, 399; Kupfer-: und Gold-: 399; – des Opiumschmuggels: 449; Parfum-: 276; Rhabarber-: 399; Salz-: 222, 223, 276, 399; Salz- und Eisen-: 123, 129; Steuer-: 312; Tee-: 222, 276
Monsun: 407
Moral: 91, 293, 367, 423, 435, 460, 542
Mörser: 266
Moscheen: 325
Moxibustion: 376
mu 畝: 268, 269
Mundorgel: 26, 114, 168, 441
Münzen (Arten von): *76*, 100, 277
Münzprägung: 72, 274, 277
Münzsammlungen: 290, 291
Musik: 91, 145, *146–7*, 177, 185, 237, *238*, 320, 420, 440, 561
Musiker: 144, 145, 177, 232, 283, 401, 439, 440
Musikbehörde: 146
Musikinstrumente s. Instrumente
Musikwissenschaft: 376
musu 苜蓿: 125
Mysterienschule: 177, 180, 186, 232, 296
Mythen: 94, 168, 433

Nackenjoch: 48, 68
Nahrungsmittel: 362–3, 409, 513, 558
Nanbeichao 南北朝 (Nördl. und Südl. Dynastien): 148, 149
Nanzhao 南詔: 218, 220, 257
Nationalisierung: 130; – des Silbers: 533
Nationalismus: 247, 248, 295, 306, 397, 418, 422, 491, 525, 542; s.a. Tradition
Nationalisten: 527, 530, *532–3*, 534–8
Nationalitäten, nicht-chinesische: 22; s. Minoritäten
Naturkatastrophen: 302, 367, 514–5; s. Überschwemmungen, Dürren, Heuschrecken
Naturalismus: 282, 295
Nebenbeschäftigungen: 350, 361, 379, 409, 430, 523
neichangcheng 內長城: 344
neige 內閣: 345
»Neokonfuzianismus«: 248, *296*, 323, 366, 400, *402*, 416, 424–5, 433, 435, 444, 497–8
Neolithikum: 44–5, 223, 278, 317, 362
Nestorianische Kirche: 239
Nestorianismus (nestorianisches Christentum): 239, 249, 303, 319, 386
Neue Gesetze: 262
»Neue Territorien«: 405
Neuer Kodex: 153
Neun Grade: 153
Nian 捻 (Aufstand der –): *466–7*, 472
Nicht-Adelige: 156, 158
Nicht-Sein: 177, 185
Niedergang: der Adelsinstitutionen: 58–61; – des Königtums des Altertums: 57
Nockenwelle: 125
Nomaden s. Steppennomaden
Nomadische Viehzüchter: 24–5, 35, 109–12, 209–11, 257, *299–300*, *303*, 313, 403, 405, 465
Nominalismus: 175–6
Nördliche Dynastien: 148–9
Nördliche Han 北漢: 257
Nördliche Liang 北涼: 164, 172
Nördliche Qi 北齊 (557–577): 167, 213, 344
Nördliche Wei 北魏 (Tuoba-Reich): 149, 150, *169–70*, 171, 172, *174*, 181, 190, 191, 195, 205, 208
Nördliche Yan 北燕: 160, 161, 164
Nördliche Zhou 北周: 149, 150, 159, 160, 167, 190–1, 195, 199, 200, 207, 213, 240
nubi 奴婢: 132, 156, 199, 267
Null: 290
Numismatik: 291

Oasenstraße: 27, 230, 242, 247, 316
Observatorium: 325
Obstbäume: 331
Ochsen: 125, 303, 354
Okkulte Praktiken: 326
Ölpressen: 190, 250, 267
Opfer: 48, 50, 53, 56, 80; Menschen-: 53
Opium: 460, *488*, 496, 523, 529; -schmuggel: 445, *449*, *450–1*, *453–5*, 456, 458, 460, 480, 483, 495
Opium-Krieg: Erster –: 452–3, 471, 482, 483, 495; Zweiter –: 483
Optik: 502
Ortaq: 312
Orthodoxie: konfuzianische –: 139; neokonfuzianische –: 91, 372, 472, 495–7; Rückkehr zur –: 472; s. Tradition, Neokonfuzianismus
Ostasiatische Sprachen: 12–6, 160, 304, 304–5, 317, 406
Ostblockstaaten: 557
»Ost-Esplanade«: 346
Ostindische Kompanie: 409, 442, 449
Östliche Jin 東晋: 155–7, 161, 164, 169, 186, 231, 249
Östliche Wei 東魏: 167

pa 爬: 223
Pachtgebiete: 504–5, 540
Pächter: 132, 217, 222, 268, 269, 333, 351
Paddy: 272; s. Reis
'P'ags-pa: 319
Paläontologie: 502, 549
Pāli (Schrift): 193
Pamphlete, antichristliche: 384, 437, 487
pao 砲: 266
Papier: 241, 268–70, 274, 276, 284, 297, 351, 361, 409
Papiergeld: 223, *277–8*, 286, *312*, *315*, 319, 321, 329, *352*, 461; s. Münzen, Metallgeld, Währungspolitik
Paramilitärische Organisation: 460
Parlamentarische Demokratie: 481, 520, 527, 533, 543
Parteien, politische: 260, 262, 271, *366–7*, 508–9, 522, 527, 530, 532; s. Kommunistische Partei, Guomindang
Parteitag der KPdSU: 554, 557
Parzellen auf Lebenszeit: 209, 221, 267
Pässe (Dokumente): 112
Patriarchalismus, autoritärer: 392, *400–1*, 447
Patrioten: 396, 401, 426, 468, 473, 478, 487, 491, 495, 499, 509, 522–3, 525, 530, 536, 547, 553, 558
Pelze: 393, 412
Pergament: 284
Perlen: 69, 115, 393, 398
Perspektive in der Malerei: 440
Petroleum: 488, 506, 513
Pfahlbauten: 114
Pfandleihanstalten, Pfandleihe: 198, 223, 247, 250, 262, 478
Pfeffer: 381
Pfeifen (lü, 律): 79

Pferd: 54, 59, 63, 65, 68, 109–13, 125, 128, 165, 170, 173, 210, *211*, 212, 216, 218, 220, 224, 264, 275, 299, 303, 317, 341, 354, 365, 399; s. Gestüte
Pflanzen: amerikanische –: 24, 362, 407; aus China eingeführte –: 441; Heil-: 168; Textil-: 273, 407; Abhandlungen über –: 290
Pflanzenfasern: 115
Pflanzenöle: 361
Pflug für das Reisfeld: 223
Pharmakologie s. Arzneimittelkunde
Pharmazeutische Werke: 286, 376
Philologie: 235, 294, 371, 375–6, *431–5*, 495–500
Philosophie: 289, 293–5, 326, 357, 367, 372–5, 386, 418, *419–25*, 431, 433, *435–6*, 442, 497, 499, *540*–1, 548–9; Geschichts-: 422, 436; scholastische –: *138–42*, 174, 187–8, 423; s.a. Politische –
Phonetik: 158, 179, 197, 294, 423; historische –: 423, 433–4
Phonologie, historische: 371
Physiokraten: 443
Physik: 141, 144, 290, 389, 422, 502, 549
pianwen 駢文: 179
pili huoqiu 霹靂火毬: 265
pilipao 霹靂砲: 265
Pilze: 290
Pinsel: 361
Pinselaufzeichnungen (biji), 筆記: 290, 313, 423, 429
Piraten: 157, 242, 280, 329, 333, 340, 349–50, 351, 353, *354–8*, 361, 363–4, 382, 384, 392, *397*, 400, *414*, 452; japanische –: 354, 360, 363–4, 378, 397, 452; vietnamesische –: *414*
Plünderungen: 142, 167, 212, 224, 264, 267, 269, 448, 459, 466, 529; s.a. Banditentum
Pockenimpfung s. Variosation
Politik: 295, 367, 426; – der Geschenke: 117, 119–20; kritische –: 418, 419, 423, 424; Partei-: 260, 263, 271, 366–7, 508–9, 522, 527, 529–30; – und Polizei: 334; – und Psychologie: 489
»Politische Linie«: 552
Politische Ökonomie: 87–8, 93, 117, 423–5, 442, 497
Politische Philosophie: 419, 424
Politische Prozesse: 334
Politische Texte: 289, 312, 464, 496–7, 499–501
Polizeihunde: 113
Polo: 211, 238, 283
Porzellan: 274–5, 361, 394, 409, 441–2, 452
Poststationen: 100, 216, 224, *309–12*
pozijun 婆子軍: 461
Präfekturen: 77, 103, 142, 201, 207, 215, 218, 259
Prākrit: 183, 193
Predigersekte: 84
Priesterschaft s. Klerus
Privatakademien: 289, 366, 375, 427
Privatbetriebe: 123, 128, 474, 481
Privatbibliotheken: 198, 289, 312, 431
Privatgarden: 157, 227
Privathof: 138
Produkte: exotische –: 115, 237, 246; Luxus-: 35, 69, 119, 128, 198, 237, 241, 275, 337, 345, 361, 394
»Produktionskooperativen«: 554
Proletariat: 269, 271, 363, 508, 518, 523, 535, 546
Prosa: 231, 248, 293; s. Literatur
Proskription von Religionen: 191, 198, 236, 239, 246, *249–50*, 256
Prostituierten-Sängerinnen: 232, 270
Protektorate: 405
Provinzversammlungen: 525, 526
Prunkbauten: 166, 364–5
Psychologie: 423, 489
pu 樸: 89
Pulver (für Waffen): 265
Puritanismus: 368, 460

Qi 齊 (Reich): 59–60, 62, 66, 71, 74, 79, 83, 86, 93, 123, 138, 142
Qi 齊 (Dynastie, 479–502): 156, *158*, 159, 167, 169, 240, 249
Qi 齊 (fiktives Reich): 305
qi 旗: 393
qi 氣: 296, 422, 435
qian 錢: 119
qianhu 錢戶: 278
Qianlong 乾隆 (Ära): 417, 427, 439, 494
qianyin 錢引: 277
qiangbing 强兵: 77
qiaojun 僑郡: 156
Qin 大秦 (Reich): 55, 60, 63; Bildung: 77, 97; Sturz: 100–3, 116, 117, 120, 151, 213, 229, 263
Qing 大清 (Mandschu-Dynastie): 91, 259, 283, 306, 315, 332, 350, 352, 363, 366, 371, 375, 392, 548; Machtergreifung: 393–4; aufgeklärter Despotismus: 400–1; Expansion: 403–4; Schwierigkeiten: 412–3; geistiges Leben: 418–9, 494; Niedergang u. Krise: 445–6; Sturz: 525–6
qing 情: 248
qing 頃: 411
qing 卿: 57
qingmiaoqian 青苗錢: 222
qingtan 清談: 176–7, 180, 186
qingyi 清議: 491
qinshu 親疏: 106
qiufa 求法: 187
qixiong 七雄: 63
qu 曲: 326
quan 圈: 395
Quanzhen 全眞: 319, 326
Quecksilber: 180

Radloser Pflug: 125
Radsturz: 69
Ränge: 77, 87, 91, 104, 365, 399
Raketenantrieb: 266
Raketenwerfer: 266
Ramie (Chinagras)-Gewebe: 351
Rassentrennung: 395; s. Ethnische Diskriminierung
Rationalismus: 294
Rebellion der Acht Feudalfürsten: 154–5
Rebellionen s. Aufstände
Rechenschieber: 434
Rechenstäbchen: 434
Recht, chinesisches: 86–8, 153, 166, 207; s. Gesetze, Kodex
Reflexbogen s. Bogen
Reformen: von Shang Yang: 77, 79, 86, 97; von Wang Mang: 130; von Xuanzong: 218; von Li Si (Schrift): 100; von Yang Yan: 229; von Wang Anshi: 258–60, 261–5, 268; von Jia Sidao: 269; von Liu Bingzhong: 312; Steuer- im 16. Jh.: 353; soziale – im 16. Jh.: 364, 419; Hunderttage-: 423, 541; – am Ende der Qing-Zeit: 525; literarische –: 543
Reformer: 492, *495–9*, 500–1, 505, 525, 540–1
Register: genealogische –: 156; Volkszählungs-: 209, 218, 221, 249, 332
Reguläres Heer s. Aushebung von Soldaten

(Das) »Reich des Himmels«: 458–65, 467–9
Reime: 198, 231, 431
»Reine Gespräche«: 176–7, 180, 186
Reis: 125, 126, 151, 202, 209, 223, *272–3*, 276, 362–3, 407, 409, 513; Umsetzen der -schößlinge: 223, 272
Reisanbau: 24, 202, 209, 221, 230, 267, 268, 273, 315, 351, 359, 363, 520
Reisen zur See: 241, 279, 281, 335–41
Reisende: 170, 183, *191–3*, 281, *317–21*, *336*–7, 387, 423, 425
Reiten: 425
Reliefkarten: 290
Religion: buddhistische –: 182–3; s. Buddhismus; christliche –: 318, 382–3; Staats-: 188–9; – unter den Mongolen: 321–3, 326, 329; s. Christentum, Erdgott, Konvertiten, Kult, Manichäismus, Missionare, Pamphlete, Proskription, Taoismus, Vier Verfolgungen,
Religiöse Gemeinschaften: 188–9, 198, 233–5, 250, 327, 385–6, 459
ren 仁: 84, 90
renshen s. Ginseng
Republik: – von 1912–1949: 422–3, 454, 509, 522, 526, *527–8*; Sowjet- von Jiangxi: 534, 537; chines. Volks-: 406, 536
Requisitionen: 123, 150, 201, 230, 268, 275, 309, 314, 358
Reservoirs: 152, 331
Restauration der Tongzhi-Ära: 497
»Revisionisten«: 558, 560
Revolten s. Aufstände
Revolution: französische –: 442; kommunistische –: 553; republikanische –: 509, 527
Revolutionäre s. Messianistische R.
Revolutionäre Bewegungen: *351*, 368, 420, *458–9*, 526–7, 533, 534–5, 541
Revolutionäre Romantik: 551, 555
Revolutionskomitees: 560
Rezession, wirtschaftliche: 392, *447*, 455, 458–9, 492, *511*–3, 515–8; s. Arbeitslosigkeit, Defizit, Inflation, Wirtschaftskrise
Rhabarber: 441
Rhetorik: 85, 92
Rhinozeroshörner: 115, 241, 275
»Richtigstellung der Bezeichnungen«: 83, 91, 175
Riten: 145
Ritenbücher: 82, 83
»Ritenstreit«: 384, 438
Rodung s. Urbarmachung
Rohrzucker s. Zuckerrohr
Romane: 192, 284, 287, 325, 371, 373, 379–80, 402, *419*, 427, 543
Römisches Reich: 116
Rōnin 良人: 354
Rotationsmechanismus: 291
Rote Armee: 535, 538, 552, 553
Rote Augenbrauen: 131, 151
Rote Garden: 559, 560
Rote Turbane: 316, 330
ru 儒: 139
Ruder: 220
rujia 儒家: 83

Säbel: 357
Salpeter: 266
Salz: 123, 126, 128, 129, 223, 230, 270, 275, 303, 314, *329*, 349, 352, 363, 410, 431, 466, 494, 512, 532; s. Salzsteuer
Salzgärten: 222
Salzsteuer: 222, 452, 470, 529–31
Sammelwerke: 283, *289*, 431, 481, 494, 497; Textsammlungen: 289, 372, 402, 427, 430–1, 434, 494, 498
sanbaomiao 三保廟: 340
Sandelholz: 275
Sanfan zhi luan 三藩之亂: 399
Sanguo 三國: 152–3
Sanhehui 三合會: 448, 459
sansi 三司: 259
Sanskrit: 183, 193, 235
sanyi 三役: 268
Sappan-Holz: 357
Sattel: 168, 171
Säuberungen: 333, 367, 398
Schafgarbe: 81
Schamanen: 53, 94
Schauspieler: 232, 283
Schiffe: 128, 157, 171, 246, 272, 279, 319, *337*–8, 355–6, 360, 397, 409, 452, 477; Dampf-: 456, 464, 476, 479, 488, 506, 525; mehrstöckige –: 157; Schaufelrad-: 265, 453, 456; s. Dschunke
Schiffahrt: Fluß-: 202, 274, 376; See-: 236, 241, 279; s. Flotte, Seewege, Kompaß, Kartographie, Dschunke
Schiffahrtskunst: 168
Schiffbare Wasserwege: 230, 315
Schiffer: 329, 354–5, 398, 450, 458
Schiffseigentümer: 355, 363
Schiffsschraube: 456
Schiffswerften s. Werften
Schiffverkehr: auf den Flüssen: 376, 458, 461, 489; – auf dem Meer: 110, *115*, 182, 183, 201, 202, 229, *241–2*, 246, 271, 274, 278–9, *321*, 353, *355–6*, 361, 363, 398, 409, 449, 487, *488–9*
Schildkrötenpanzer: 47, 51, 81, 115
Schirrung, Schirrweise: 125, 168, 171
Schleusen: 315
Schmuggelwesen: 133, *303*, *329*, 341, 350, *355*, 356, 357, 360, 384, 397, 445, *449*, 450–5, 466; s. Opium
Schöpfbecher, drehende: 291
Schreiber: 63, 91
Schrift: archaische –: 51, 293; chinesische –: 36–9, 196, 443, 495; Ostasiatische Schriftarten: 37, 38; Altertum: 143, 293; Han: 100–1, 141, 495; Geschichte der –: 497; vom Chinesischen abgeleitete Schriftarten: 38, 302, 304, 306; – der Dschurdschen: 306; – der Xixia: 303; s.a. Kalligraphie, Schriftzeichen
Schriftdokumente: 80; in Dunhuang gefundene –: 548
Schriftzeichen: 51, 217, 285, 304, 375, 431; Radikale (Klassifikatoren) der –: 143, 375, 431; verbotene –: 334
Schubkarren: 126, 297
Schulen: 262, 289, 402, 427
»Schwarzflaggen«: 464, 487
Schwefel: 354, 357
Schwerindustrie: 554
Schwert: 65, 114, 123
Schwurbruderschaft: 227
Sechs Dynastien: 200, 250, 271, 295
Sechzehn Reiche der Fünf Barbaren: *159–61*, 171
Sedentarisierung der Nomaden: 150, 160, 161, 165, 216, 218, 239, 299, 301–*2*, 303, 393; s.a. Sinisierung
Seeleute: 279, 329, 337, 354–5, 381, 382, 397, 497; s. Schiffer
Seewege: 115, 171, 182, 200, 315, 317, 381
Seezölle: 144, 500

Segelwagen: 388
Seide, Seidenwaren: 73, 108, *109*, 116, *119–20*, 123, 126, 128, 133, 170, 202, 209, 211, 228, 241, 273–6, 302, 303, 309, 354, 357, 361, 394, 409, 412, 441, *452*, 496, 504, 512–3; s. Flockseide
Seidenraupenzucht: 441
Seidenstraße: 120, 316
Seismograph: 141
Sekten: 74, 94, 135, 142, 180, 188, 190, 195, 217, *233–4*, 268–9, 458; buddhistische –: 234, 243, 250, 295, 317; Quanzhen-: 319, 326
Selbstkritik: 551
Selbstmorde: mystische –: 189; s. Kollektivselbstmorde
Selbstverwaltungssystem: 333
semuren 色目人: 313
sengqihu 僧祇戶: 165, 189
Serienproduktion: 68, 265, 270, 361
service d'ost: 60, 78
Seßhafte Ackerbauern: 23–4
Setzkasten: 287, 458, 467
Sezession: 527–8, 531; s. Autonomie, regionale
Shang(-Yin) 商殷 (Dynastie): *47–51*, 54, 58, 80, 291, 548
shangdi 上帝: 53, 56, 438, 459
shangshusheng 尙書省: 206
shangtun 商屯: 349
shanhu 山戶: 408
shanyu 單于: 108, 118, 121
shaomaiyin 燒埋銀: 313
shaoshu minzu 少數民族: 467
she 社: 104, 189
sheng 笙: 26, 114, 286, 441
shengci 生祠: 367
Shengshuihui 聖水會: 386
shengyuan 生員: 417
sheren 舍人: 74
shi 石: 202, 224, 273, 276, 331, 352, 365
shi 士: 57, 63, 74, 79
shi 尸: 53
shi 市: 268
shi 詩: 80
shi 筮: 82
shi 勢: 87
shibosi 市舶司: 242, 276, 357
shijia 士家: 153, 158
Shingon (Sekte) 眞言: 243
shixue 實學: 425, 499
shoucheng 守城: 348
Shu 蜀 (Reich): 228, 256
shu 書: 82
shu 術: 88
shu 恕: 84
shuguo 屬國: 121
Shu-Han 蜀漢 (Reich): 149, 151, 152–4
shumiyuan 樞密院: 259, 264
shushi 術士: 139
shuyuan 書院: 366, 373, 427
shuzi 庶子: 63
sibu 四部: 175, 431
(Die) »Sieben Mächte«: 63
Siebentageswoche: 239
Siegel: 121, 170, 284
sihu 寺戶: 250
sikong 司空: 63
sikou 司寇: 63
Silber, -währung: 275, 277, 301, 304, 309, 315, 347, 350–1, *352–3*, 357, 359, 409, 448, *451*, *453–4*, 510–1, 513, 533
Silberbarren: 350, 353–4, 359–60
siliuwen 四六文: 179
sima 司馬: 63
Sinisierung: 121, 151, 153, 155, 160, 161, *165*–7, 174, 189, 199, 210, 220, 225, *230*, 258, 282, 299, *301–3*, *305–6*, 309, 313, 392, 394, 401
Sinisierte Reiche: 299, 301–2
Sinologie: 431, 433, 436, 500
Sittliche Ordnung: 402, 406, 424, *426–7*, 472
situ 司徒: 63
Sklaven: 74, 75, 115, 127, 132, 165, 227, 237, 241, 279, 309, 395, 518
Skulptur: 147, 183, 189, 211
Soja: 125
Söldnertum: 113, 152, 154, *159*, 227, 229, 264, 270, 332, *349*, 365, 464, *523–4*
Song 大宋 (Dynastie): 84, 90, 175, 196, 205, 212, 222, 227–9, 232, 240, 242, 248, 250, 315–6, 321, 323, 326–7, 329, 332, 334, 416, 420, 424, 430, 433, 497, 549; Beginn u. Institutionen: 256–7; Gesellschaft u. Wirtschaft: 266–73f; Kultur u. Wissenschaft: 282–3; Kriege: 299–300; Südliche Song: 258–9, 305–6
Sonnenflecken: 141
Sophisten: 92, 139, 548
Sorghum: 24, 209, 407
Sowjetisches Modell: 554ff
Sowjets: 534–5, 539, 550
Sozialismus s. Utopischer S.
Spaten aus Holz: 50
Spätere Jin 後金: 393
Spätere Liang 後涼: 172
Spätere Liang 後梁: 225, 249
Spätere Tang 後唐: 225, 228
Spätere Zhou 後周: (10. Jh.) 186, 191, 257
Speicher: 201, 224, 263, 317, 333, 469; Gratis-: 136; öffentliche –: 309
Spekulation: 316, 522, 533
Sperrstunde: 271
Spiegel: 121, 170
Spiele: 237, 238
Spielkarten: 321
Spill: 280
Spione: 346
Sport: 283
Sprachinstitute f. Fremdsprachen: 501
Springbrunnen: 440
Staatliche Institutionen s. Institutionen
Staatsbetriebe: 274, 275, 361, 478–9, 525
Staatseinkünfte: 119, 132, 222, 275, 352, 361, 365, *411*, 451, *470*, 479, 504, 510, 533
Staatskapitalismus
Staatskasse: 119, 132, *222*–3, 262, *275*–6, 332; s. Budget, Konfiskationen, Steuern, Abgaben, Staatseinkünfte
Staatsprüfungen s. Beamtenprüfungen
Staatsschuld: 510–1, 518, 528
Staatstheorie: 85–6, 418, 420–1, 424
Stadt: ummauerte –: 50, 57; Altertum (Pläne) 70–3; Wachstum der Städte: 70–1, 166, 173, 254; Tang: *205*, 222, 229, 240; Song: 262, 270; Aufschwung des Städtewesens: *271–2*, 283; Yuan: 325; Qing: 456, 469; große moderne Städte: 508, *512*, *518*; schwimmende –: 274, 398; Straße in der –: 271
Städtische Berufe: 270, 271, 283
Stahl 68, *123*, 134, 180, 409, 512, 522, 554; s. Eisen- und Stahlindustrie
Stahlhärtung: 180
Stahlwerke: 474, 476
Statuen: 184–5, 189, 195, 217, 249, 327
Steigbügel: 168, 201
Steine: geschliffene –: 46; seltsame –: 290
Steinkohle: 273, 319, 456, 479, 525, 528, 534
Steinschleudermaschine (Mangonel): 266, 297
Steinschneidekunst: 284; s.

Eingravieren von Stelen
Stelen: 284, 301, 306, 337, 340; nestorianische –: 239, 319, 386
Stenographie: 39
Steppengrenze: 112–3, 212, 218, 220, 230, 258, 261, 263, 269, 275, *301–2*, *303–4*, *344*, 347, 348, 353, 403, 405
Steppenkultur: 171
Steppennomaden: 59, 65, 74, 96, 97, 100, 104; Han: *107–9*, 111, 117, *119–21*, 133, 150, 153, 155, 159, 161, 164–7, 171, 181; Sui und Tang: 200, 205, 210, *213*, 216, 225, 230, 237, 239, 263; Song: *299–300*, 302, *303*; Yuan: 306–7, 309, 328, 335; Ming: *341–4*, *353–4*, 364, 365; Qing: 393, 395, 396, 403; s.a. Steppengrenze, Grenzkonflikte, Große Mauern, Geschenke (Politik der –), Politische Heiraten, Invasionen, Sedentarisierung
Steppenreiche: 107, 257–8, 299–300, 301–2, 316–7, 403; s. Barbarenreiche
Steuern: 60, 66, 78, 106, 122, 132, 154, 155, 157, 190, 201, *209*, 217, *221*, 230, 249, 256, 259, 261, 267, *268*, 269, *276*, 309, *314–5*, 316, 331, *333*, 349–50, *352–3*, 365–6, 395, 407, 449, 458, 461, *470–2*, 478, 481, 518; – auf die Ernte: 222, 314, 331, 470; – auf den Handel: 158, 223, 276, 331, 341, 361, 365, 410, 451, 461, 470, 471, 478, 488, 510, 512; Grund-: 221, 261, 267, 268, 276, 309–12, 331, 392, 469, 473; – in Form von Getreide: 208, 221, 276, 309, 314, 331, 352; – in Form von Silber: 352–3; s.a. Abgaben, Kopfsteuer, Zölle, Salzsteuer, Monopole
Steuerruder: 280, 297
Stimmung, temperierte: 376
Stoffdruck: 321
Stoffe s. Textilien
Stoffwechsel: 422
Strafgesetzbuch s. Kodex (Straf-)
Straßenbau: 105, 168
Strategie: 84, 85, 93, 154, 265, 300, 375, 423, 425, 461, 466, 496, 500
Streiks: 530, 544, 560, 561
Streitaxt: 48
Studenten: chinesische – im Ausland: 501, 502, *525*, 530, 535, *541*, *543–4*, 549, 554, 555, 559
Stūpa: 183, 184, 189, 196
Südliche Dynastien: 148–9, 168–9
Südliche Han 南漢: 221, 228, 257
Südliche Ming 南明: 396–7, 398–9, 400, 420–1, 423
Südliche Qi 南齊 (479–502): 179
Südliche Song 南宋 (420–479): 156, *157*, 169, 193
Sui 隋 (Dynastie): 107, 143, 148, 150, 159, 165, 167, 172, 174, 190, 195, *199–200*, 210, 213, 219, 233, 240, 315, 344
suibi 隨筆: 290
Sündenbekenntnis, öffentliches: 135
suotou 索頭: 395
Süßkartoffel: 359, 360, 362, 407, 448
Sūtra: 188, *193–7*, 234, 419
suwang 素王: 495
Symbole: 444
Symbolische Darstellungen: 140
Syrisch: 319

ta 塔: 189, 196
Tabak: 360, 362, 460, 512
Tabu: 334, 427
Taiping 太平天國: 421, 445, 447, 451–2, 457, *459–65*, 466–73, 475, 477, 487, 495–7, 499, 524, 546, 552
taiping 太平: 135, 140, 552
taipingdao 太平道: 135
Taishi 泰始 (Ära): 154
taishou 太守: 64
taixue 太學: 175
Taizhou 泰州 (Schule):
Tamil-Schrift: 319
Tang 唐 (Dynastie): 126, 147, 148, 150–1, 165, 168, 174, 179, 190, 191, 194–6, 199, 267, 271, 282 -3, 293, 299, 386, 388, 401, 431, 460; politische und wirtschaftliche Geschichte: 201–2; Expansion: 212–3; Niedergang: 220–1; Teilung des Reichs: 227–8; Kultur: 231–2; ausländischer Einfluß: 237–8
Tänze: rituelle –: 81; s. Zentralasiatische T.
Tao s. dao 道; s. Taoismus
Taoismus: *88–9*, 102, 135, *139*, 141, 144, 145, 175–9, *180–1*, 184, 185, 189, 191, 240, 250, 266, 319, *325*, 373, 385, 460, 465, 545
Taoistische Kirche: 383
Taoistische Studien: 439
taomin 逃民: 333, 350
Tarare (Windfege): 441
Tätowierung: 313
Tauwetter: 557
Technik(en): 35, 65–6, 123, 222, 240–1, 254, 270, 273, 282, 284, 289, 290, 321, *323–4*, *362*, 376, 384, 387, 388, 407–9, 431, 434, 440, *441–2*, 456, 474–5, 479, 489, 496, 497–8, *500–2*; s.a. Erfindungen, Wissenschaften; Agrar-: 222, 264, *407*, 441; – der Keramikherstellung: 376; – des Buchdrucks: 230, *284–5*, 362; Militär-: 65, 265–6, 300, *378*; Schiffahrts-: 279–80, 378; Fortschritt der –: 123–4; Webe-: 361–2
Tee: *223*, 228, 268, 274–5, 304, 351, 361, 399, 407, *408*, *409*, 412, *451*, 458, 504, 511
Telegraphie: 477, 479
Tendai 天臺 (japan. Sekte): 243
Texte: alte –: 80–1; – in alten Schriftzeichen: 495
Textilien: 117, 120, 123, 127, 165, 196, 228, 237, 274, 302, 363, 408, 483, 506, 513; Textilsteuer: 209, 274, 314
Textkritik s. Kritik
Theater: 197, 283, 325, 381, *419*, 561; Schatten-: 283
ti 體: 177
tian 天: 92, 438
Tiandihui 天地會: 448, 459
Tianguo 天國: 460
Tianjin-Zwischenfälle: 489–90, 511
tianjing 天京: 46
Tianlijiao 天理教: 448, 458
tianling 田令: 208
tianming 天命: 464
tianshi 天師: 181
Tiantai 天台 (Schule): 234
Tianqi 天啓 (Ära): 366
tianwang 天王: 461
tianzi 天子: 56
tiehuopao 鐵火砲: 265
tiepao 鐵砲: 265
Tōa dōbunkai 東西同文會: 541
tong 桐: 513
Tonghak 東學: 492
Tongmenghui 同盟會: 521, 526
tongxing 同姓: 58

Tongzhi 統治 (Ära): 469, 473, 478
tongzi 童子: 123
Töne (in der chines. Sprache): 197–8
Tonleiter: 140
Töpferei: archaische-: 35, 44, 45, 115, 121; – von Yangshao und Longshan: 141; s. Keramik
Töpferscheibe: 45
Tradition: – des 10.–6. Jh.: 81, 82; konfuzianische –: 81, 246, 495; Rückkehr zur –: 246–7, 254, 282
Trance, kollektive: 135
Transkription: der chinesischen Schrift: 10; – indischer Wörter: 197
Transporte: 125, 202, *224*, 271–2, 315, 349, 458, 474, 479, 497, 506, 512, 562; – auf den Flüssen: 376, 489; – auf dem Meer: 315, 487
Trias-Gesellschaft: 448, 459
Tribute: 119, 121, 172, 257, *302*, *303*, 340, *345*, 353
Trigonometrie: 385
Trigramme: 138
Trockenlegung von Sümpfen: 66, 273
Trockenmilch: 300
Trommeln s. Bronzetrommeln
Tropen: 279–80
Tropisches Jahr: 290
tu 圖: 140
tu 徒: 57, 65
tubing 土兵: 349
tuntian 屯田: 104, 110, 128, 152, 154; s. Militärkolonien
Tusche: 290, 371, 375
tusi 土司: 413
Typographie: 284, 297

Überbevölkerung: 410, 446, 479, 514
Überschwemmungen: 135, 305–6, 317, *329*, *416*, 458, 461, 466, 478, 514, 515
Übersetzungen: 183–9, 191, *193*, 197, 234–5, 236–7, 304, 306, 312, 383, 386, 387, 404–5, 439, 497, 502, *541–2*, 544, 546
Uhren: 254, 290, 301, 383
Uigurisches Alphabet: 317
»Ultralinke«: 560
Umerziehung (Umwandlung der Gesellschaft): 551, 555, 560, 561
Umsiedlungen s. Bevölkerungs u.
Universitäten: 561
UNO: 557
Unsterbliche: 139, 178, 180
Unternehmertum, freies: 480–1
Urbanisierung: 222, 240; s. Städte
Urbarmachung: 66, 67, 77, 105, 110, 164, 208, 348, 448
Utopischer Sozialismus: 499

Variolation (Pockenimpfung): 376, 442
Vegetarier: 268, 316
Ventil: 68
Verbindungswege des eurasischen Kontinents: 27, 297, 303, 316–7, 318, 383; s. Oasenstraße, Seidenstraße
Verbreitung des Wissens: 230, 262, 287; s. Buchdruck
Verfolgung der Literaten: 402, 427; s.a. Christenverfolgung, Buddhistenverfolgung
Vergnügungszentren: 271, 283, 325–6, 379
Verkehr s. Kommunikationssektor
Versorgung der Armeen: 128, 230, 349, 363, 367, 399
Verstümmelung als Strafe: 106
Verträge (politische): von Nertschninsk: 412; – von Kiachta: 412; – von Shimonoseki: 445, 492, 498, 504–5, 510–1, 524, 540–1; – von Nanking: 452–3, 458, 483; – von Peking: 473, 483, 492; – von Tianjin: 483–9; – von Zhifu: 486; – von Livadija: 486–9, 511; – von Paris: 523, 530, 540
Verwaltung: 86, 88, 100, 106, 110, 126, 145, 157, 165, 168, 176, 201, 202; Tang: *206–7*, 214–5, 217, 221, 222, 226, 254; Song: *258–9*, 268, 273, 283, 305; Yuan: *309*, 316, 319, 329; Ming: 331–5, *345–6*, 361, 366–7, 368; Qing: 392, 393–4, 395, 405–6, 413, 415, *416–7*, 423–4, 427, 445, 458–9, 456, 458, 461, 465, 467, 473, 497, 505, 514
Verwaltungskreise: 64, 67, 77, 100, 122, 140, 201, 413, 421, 422
Verzahnung (Uhr): 290
Viehzucht: archaische: 52, 60; Han: 112, 132, 171; Tang: 210–1, 216; Song: 264, 299; Qing: 407; s.a. Pferde, Ochsen
Viehzüchter s. Nomadische V.
»Vier Verfolgungen«: 191, 236, 246, *249*
Vierte Mai-Bewegung 1919: 522, *530*, 544, 545
Vijnānavāda: 236, 296
Volksbefreiungsarmee: 558, 560
Volkskommunen: 555, 557, 558
Volksrepublik, chinesische: 406, 538, 550ff
Volkszählungen: *66*, 103, 132, 156–8, 209, 221, *234*, 249, 332, 335, 363, 442, *448*; s. Register
Voluntarismus: 552

Waffen: Brand-: 265; Bronze-: 48, 56, 65; Eisen-: 68; Feuer-: *265*–6, 297, *321*, 360, 453, *475*, 496, 529; geheime -herstellung: 351; geschärfte –: 133; Stahl-: 68, 123; tragbare –: 378; -besitz: 100, 128, 313; s.a. 133, 264, 300, 341, 351, 359, 394; s.a. Kanonen
Wagen: *48*, 50, 53, 54, 57, 65, 66, 67, 100, 118, 125, 128, 359; Sturm-: 265
Wahrsagung: 47, 82, 93, 102, 138, 142, 185; – mit Schafgarbenstengeln: 81; Stern-: 138; – mit Feuer: 51; Abhandlungen über die –: 100, 177; s. Hexagramme
Wahrsageknochen: 51, 81
Währungspolitik: 250, 315, 350, *352–3*, 359–60, 373, 448, *454–5*
Währungsprobleme
waiqi 外戚: 134
Waisenhäuser: 263
Wallfahrten: *191*–3, 234–5, 237, 242, 243
wang 王: 172
Wanli 萬歷 (Ära): 287, 361–6, 408, 467
Warlords: 509, *528–9*, 533, 534, 544, 547
washi 瓦市: 283
Wasserbauingenieure: 66, 320
Wasserdichte Abteilungen auf Schiffen: 279
Wassermühlen: 125, 190, 221, 250, 267, 297
wazi 瓦子: 271, 283
Weben: 241, 301, 320, 361, 409, 477, 511, 513, 522
Webstühle: 297, 361
Wechsel: 223, 230, *277*, 286
Wechselbeziehungen: 139, 144
Wechselstuben: 223, *278*, 363
Wegmesser: 290
»Wehrbauern«: 78, 110, 112, 117; s.a. Militärkolonien
Wei 衞 (Reich): 57, 62, 66, 77

Wei 魏 (Reich): 55, 61, 62, 71, 72, 74; s. Nördliche Wei, Östliche Wei, Westliche Wei
wei 衞: 393
Weideland: 309, 317, 365
Weihrauch: 241, 275, 303
weiqun 衞羣: 422
»Weiße Wolke« (Sekte): 316
Weißer Lotos (Sekte): 316, 415, 448, 458, 466, 495, 506
weitian 圍田: 273
Weizen: 209, 273, 303, 362, 407
wen 文: 52, 84, 85
Werften: 474, *476–7*, 478, 501
Werkstätten: 164, 267, 270, 361; staatliche –: 332, 345, 349, 394, 558
West-Esplanade: 346
Westliche Jin 西晋: 153, 159, 172, 175
Westliche Liang 西涼: 161
Westliche Liao 西遼: 302, 304, 312, 317, 323, 326, 393
Westliche Wei 西魏: 159, 167, 199
Westliche Xia 西夏 (Reich): *257*, 261, 264, 275, 303–4, 323
Westmächte: 445, 472, 475
Widerstandskampf gegen d. Besatzer: 316–7, 328, 355, 392, *395–6*, *399*, 400, 401, 418, 420–1, 423, 459, 482, 491, 525, *536*, 538, 547
Wiederaufforstung: 331, 337, 562
Windfege (Tarare): 441
Wirtschaft: Altertum: 66–7, 78, 85; Han: 103, *109–10*, 117–8, 123–4, Tang: 202–3, 250; Song: *228*–9, 261, 272–3, 278, 302; Yuan: 315; Ming: 330, 331–2, 335, 340, *352–3*; Qing: 392, 407, *409–10*, 445; Aufschwung der –: 166, 254, 272–3; – im unteren Yangzi-Gebiet: 350, 409–10; staatliche –: 125, 127–8, 352, 355, 363, 453, *481*; städtische –: 123, 132, 136, *148*, *224*, 250, *271*, 297, 363
Wirtschaftliche Privilegien: 453, 474, 479, 481, 483–7, 504, 512–4, 529
Wirtschaftliche Spezialisierung: 362; s. Wirtschaftszentren
Wirtschaftskrise: 153, 258–9, (Song); 328, 331, (Ming); 448–9, (Qing); s. Krise, Rezession
Wirtschaftszentren: *124*, 132, 136, 223, 230, 274, 297, 347, 408, 458, 469
Wissenschaftliches Denken: 418, *419–23*, *432–5*, 443, 455, 495, 500
wo 倭: 170, 354
Wolle: 274
Wonuwang 倭奴王: 170
Wörterbücher: 143, 286, 304, 371, 401, 406, 499
Wu 吳 (Reich): 60, 65, 146, 152, *153–5*, 170, 183
wu 巫: 53, 89
wu 武: 85
Wudoumidao 五斗米道: 136, 157, 180
Wuhu shiliuguo 五胡十六國: 160
wujing boshi 五經博士: 139
Wujun dudufu 五軍都督府: 334
Wurfmaschinen: 112, 265, 266
wuxing 五行: 233
Wu-Yue 吳越 (Dynastie): 227, 228, 250, 284

Xenophilie: 237–8
Xenophobie: 247, 249, 489–90, 492, 506
Xia 夏 (Neolithische Dynastie): 47, 90; s. Westliche Xia
xian 縣: 64, 77, 103, 206, 259, 268, 333
xian 秈，粞: 273
xiang 鄉: 268
xiang 相: 64
xiang 廂: 270
xiangbing 鄉兵: 264
xiangjun 廂軍: 264
xianjiao 祆教: 240
xianling 縣令: 64
xiaozi 小字: 306
xiaozong 小宗: 56
xichang 西場: 346
Xin 新 (Dynastie): 130
xin 心: 248, 296, 424
xinfujun 新附軍: 321
xinfuren 新附人: 321
xing 性: 90, 248, 424
xinglixue 性理學: 296
Xingzhonghui 興中會: 526
xinlü 新律: 153, 176
Xinshenghuo yundong 新生活運動: 533
xinyi 新譯: 194
xiong 凶: 142
Xixia s. Westliche Xia (Xixia 西夏)
Xiyuduhu 西域督護: 108
Xuande 宣德 (Ära): 340, 362
Xuantong 宣統 (Ära): 478
xuanxue 玄學: 177, 180, 186, 232, 295
xuanye 宣夜: 387
xueshiyuan 學士院: 259
Xylographie s. Blockdruck

yamen 衙門: 450
Yan 燕 (Reich): 62, 66, 73, 100, 107, 110, 117; s. Nördliche Yan
yanglian 養儉: 401
Yangshao-Kultur: 45
yangsheng 養生: 89, 180
yi 邑: 57, 189
yi 易: 82
yi 義: 84, 90, 91, 272
yibi 蟻鼻: 72
yier 義兒: 227
Yihequan 義和拳: 506
yi mashang qu tianxia, buke yi mashang zhi 以馬上取天下不可以馬上治: 312
Yin 殷 (Dynastie); s. Shang-Yin
yinsi 淫祠: 465
yinyang 陰陽: 82, 135, 180
yinyang wuxing jia 陰陽五行家: 82, 93, 140–2
yinyang wuxing shuo 陰陽五行說: 138
yitiao bianfa 一條鞭法: 353
yiwang 翼王: 461
yixing 異姓: 58
yi yi zhi yi 以夷制夷: 513
yizhuang 義莊: 263, 272
Yoga (buddhistische): 185, 188
yong 用: 177
yong 庸: 209
Yongle 永樂 (Ära): 228, *335*, 336, 340–1, 346, 350, 356
Yongli 永歷 (Ära): 397, 421
Yongye 永業 (Ära): 209
Yongzheng 雍正 (Ära): 427
Yuan 元 (mongolische Dynastie): 201, 211, 228, 239, 242, 278, 290, 297, 307–9, 334, 336, 347, 363, 393, 403, 415, 420, 451, 466, 549; Eroberung und Institutionen: 313–4; Beziehungen zum Ausland: 317–8; Kultur und Wissenschaft: 321–2; Ende: 329–30
Yuanfeng 元豐 (Ära): 258
Yuanhe 元和 (Ära): 247
Yuanjia 元嘉 (Ära): 157
yue 樂: 82
yuefu 樂府: 146, 178
yushitai 御史臺: 206

Zahl sechs: 138
zaju 雜劇: 326
Zauberkünstler: 240
Zelt: 300
zen 禪: 234, 243, 248, 250

Zensoratsinspektoren: 416
Zensur: 233, 402, 427
Zentralasiatische Oasen: *107–8*, 119–21, 123, 134, 151, 159, 165, 172, 181, 191–6, 201, *213–6*, 218, 220, 235, 238–41, 302–3, 315, 316, 318, 383, *403–4*, 414, 449, 468
Zentralasiatische Sprachen: 238
Zentralasiatische Tänze: 238
Zentralisierung s. Zentralstaat: 60
Zentralstaat: 62–3, 64, 76–7, 243 (Bildung); 96–7, 106 (Entwicklung); 156, 219, 359, 445–7, 449–50, 473 (Niedergang); 148, 150, 153, 258, 298, 399, 494, 525 (Erneuerung); 158, 229, 258, 297, 334, 345, 351, 364, 392, 402, 417, 426, 447 (verstärkte Zentralisierung)
Zerfall: des Kaiserreichs: 148; – der chinesischen Welt: 224–5; politischer –: 225–6
Zersplitterung des chinesischen Reichs: 224–5, 225–6
Zerstückelung Chinas: Karte 226, 492, *505*, 507
zhai 齋: 135, 184
zhandao 棧道: 105
Zhanguo 戰國; s. Kämpfende Staaten
Zhao 趙 (Reich): 55, 60, 62, 71, 72, 74, 97, 100, 107, 115, 117, 139
zhen 鎮: 268
Zheng 鄭 (Reich): 57
zhengming 正名: 83, 91, 175
Zhengtong 正統 (Ära): 341, 344
Zhenguan 貞觀 (Ära): 248
zhenren 眞人: 94
zhentianlei 震天雷: 265
zhi 治: 295
zhi 智: 90
zhi 質: 121, 422
zhipu 質鋪: 278
zhitong 治統: 422
Zhiyuan tongxing baochao 至元通行寶鈔: 315
Zhongguo 中國: 58, 60
zhongshumenxia 中書門下: 259
zhongshusheng 中書省: 206, 334
Zhongtong yuanbao jiaochao 中統元寶交鈔: 315
zhongxue wei ti, xixue wei yong 中學爲體，西學爲用: 498
zhongzheng 中正: 176
Zhou 周 (Dynastie): 51, 53–5, 57, 58, 71, 72, 74, 97, 139, 145, 433, 549
Zhou 周 (690): 217
Zhou 周 (1673–1681): 399; s. Nördliche Zhou, Spätere Zhou
zhou 州: 206
zhuang 莊: 222, 268
zhuangyuan 莊園: 221, 267
zhuhu 主戶: 268
zhuzi 諸子: 93
zhuzuo 佳作: 350
zi 字: 52
Ziselieren: 238
Zinn: 274
zongli (geguo shiwu) yamen 總理各國事務衙門: 475
Zoologie: 294, 431
Zopf (Tragen des –): 395, 459
zu 祖: 208
Zucker: 274, 362, 409
Zuckerrohr: 274, 351, 361, 407, 518
Zugkraft, tierische: 68
Zugtiere: 126, 152, 267
zui 罪: 208
zujie 租界:
zunbei 尊卑: 106
zuyongdiao 租庸調: 314
Zyklische Zeichen: 52, 136, 242

VERZEICHNIS DER KARTEN UND PLÄNE

1. Die Sprachgruppen Ostasiens 14-15
2. Die Verteilung der chinesischen Dialekte 20-21
3. Die Hauptschriftarten Ostasiens und ihr Ursprung 40-41
4. Die großen Fürstenstaaten zur Chunqiu-Zeit (Frühling und Herbst) 59
5. Städte der Epoche der Kämpfenden Staaten: A. Die Stadt Linzi, 70. B. Die Stadt Teng, 70. C. Die Stadt Xue, 71. D. Die Stadt Zhencheng, 71. E. Die Stadt Xintian, 71. F. Die Stadt Wuguo, 72. G. Die Stadt Wangcheng, 72. H. Die Stadt Handan, 73. I. Die Stadt Xiadu, 73. 70-73
6. Die Kämpfenden Staaten 75
7. Schematische Verteilung der verschiedenen Münzarten zur Zeit der Kämpfenden Staaten . 76
8. Die Große Mauer der Qin und der Verlauf der Großen Mauern unter den verschiedenen Dynastien 98-99
9. Die Han-Kommandanturen in Korea .. 111
10. Wirtschaftszentren im China der Früheren Han-Zeit 124
11. Die Zersplitterung Nordchinas im 4. Jahrhundert: Die Sechzehn Reiche der Fünf Barbaren 162-163
12. Lage und Ausdehnung von Luoyang von der Han- zur Tang-Dynastie 164
13. Die wichtigsten Pilgerfahrten chinesischer buddhistischer Mönche nach Indien 192
14. Der Große Kanal 203
15. Chang'an unter den Sui und den Tang . 204
16. Zentralasien im 7. und 8. Jahrhundert 214-215
17. Die politische Zersplitterung Chinas unter den Fünf Dynastien (10. Jh.) 226
18. Wechselseitige Einflüsse zur Tang-Zeit 244-245
19. Die Mongolenreiche und die Verbindungen quer durch den eurasischen Kontinent zur Mongolenzeit 310-311
20. Die maritimen Expeditionen von Zheng He (1405-1433) 338-339
21. Die Großen Mauern zur Ming-Zeit (15. Jh.) 342-343
22. Die verschiedenen aufeinanderfolgenden Lagen der Hauptstädte der Liao, der Jin und der Yuan auf dem Gebiet des heutigen Peking . 346
23. Die Einfälle der Wokou in Ostchina ... 356
24. Die Verteidigung des Nordostens am Ende der Ming-Zeit 369
25. Die Ausdehnung des Qing-Reichs im Jahr 1759 404
26. Die soziale Explosion der Jahre 1850-1868 und die Erhebungen der chinesischen Mohammedaner 462-463
27. Die Veräußerung Chinas an die Ausländer 484-485
28. Die Verlagerung des Gelben Flusses im Laufe der Geschichte 516-517
29. Die Bevölkerungsverteilung in China im Jahr 1925 519

QUELLENVERZEICHNIS DER ABBILDUNGEN IM TEXT

I. Die verschiedenen Schriftarten Chinas und seiner Randgebiete:
1. Orchon-Türkisch. – Vom Aramäischen abgeleitete Schriftarten: 2. Sogdisch. – 3. Uigurisch. – 4. Allgemein gebräuchliches Mongolisch. – 5. Mandschurisch. – Vom Brahmi abgeleitete Schriftarten: 6. Tibetisch. – 7. 'P'ags-pa-Mongolisch. – Von der chinesischen Schrift abgeleitete Schriftarten: 8. Chinesisch, Normalschrift. – 9. Chinesisch, Kursivschrift. – 10. Die Schrift der Kitan. – 11. Die Schrift der Xixia. – 12. Die Schrift der Dschurdschen. (Diese Schriftfragmente stammen aus Manuskripten oder gedruckten Werken, die sich in der Bibliothèque Nationale in Paris befinden: Section orientale, Département des manuscrits, *Fotos Michel Cabaud,* außer den Fragmenten I (British Museum) und 3 (Musée Guimet). 38
II. Verschiedene Arten von Kultgefäßen . . . 49
III. Links: Schema eines Wagens aus der Ausgrabungsstätte Anyang (Ende des 2. Jahrtausends). – Rechts: Schema eines Wagens aus der Ausgrabungsstätte Huixian (Henan) (5. Jh. vor Chr.) 67
IV. Gußeisengeräte aus dem 4. und 3. Jh.: Hacken, Pflugschar, Sicheln, Beil und Messer. . 69
V. Chinesische Schriftarten der Qin- und Han-Zeit:
A. Vereinheitlichte Schrift des Qin-Reichs (Kopien des 8. und 10. Jh.). – B. Offizieller Stil der Späteren Han (1.-2. Jh.). 101
VI. Zweiteiliges Legitimationsemblem der Qin-Dynastie (221-206). Der Text auf den beiden Seiten des Tigers lautet: »Zweiteiliges Legitimationsemblem für das Heer. Der rechte Teil befindet sich im Kaiserpalast, der linke in Yangling.« Diese Art von Legitimationsemblem, bei der das Zusammenpassen der beiden Teile die Echtheit der Befehle bewies, taucht zur Zeit der Kämpfenden Staaten auf und bleibt bis zur Tang-Zeit (7.-9. Jh.) in Gebrauch. 102
VII. Schublehre aus dem Jahr 9 nach Chr., auf *cun* (10. Teil von *chi*) und auf *fen* (10. Teil von *cun*) geeicht. Die Inschrift auf der rechten Seite lautet: »Hergestellt am Tag *guiyou,* zum Neumond des fünften Monats des ersten Jahres *Shijianguo.*« 103
VIII. Plan eines Palastes von Chang'an, aus dem japanischen Werk *Chang'an yu Luoyang* von Takeo HIRAOKA, das von YANG LI-SAN ins Chinesische übersetzt wurde (Xi'an, Shanxi, *renmin chubanshe,* 1957). Es handelt sich um eine Illustration aus dem *Chang'anzhi, Bericht über Chang'an,* von SONG MINQIU (1019-1079). 206
IX. Gedruckter Text aus der Song-Zeit (das 1. Kapitel des *Taiping huanyu ji,* einer Geographie Chinas und der fremden Länder, die im Jahr 979 abgeschlossen wurde). 285
X. A. Chinesische Karte, die 1137 in Stein graviert wurde. Zu beachten sind die Nord-Süd-Ost-West-Koordinaten, die seit der Zeit von Pei Xiu (224-271) in Gebrauch waren. Jedes Viereck entspricht 100 *li,* d. h. ca. 50 km. – B. Zum Vergleich eine englische Karte aus dem 18. Jahrhundert (nach einer englischen Gravur gezeichnet, *Collection Viollet*). 288
XI. Himmelskarten aus dem *Xin yixiang fayao* (1092).
A. Himmelskarte, Projektion vom Südpol. B. Die Himmelsgegenden, die 14 der 28 Mondhäuser entsprechen, mit Äquatorialdarstellung (im Zentrum) und Ekliptikdarstellung. Projektion von Mercator. 292
XII. Die Mathematik der Song- und der Yuan-Zeit.
A. Gleichung von Li Ye (oder Li Zhi) (1192-1279). B. Diagramm aus dem *Ceyuan haijing* (1248), in dem die Eigenschaften der in rechtwinklige Dreiecke eingezeichneten Kreise veranschaulicht werden. – C. Darstellung des Pascalschen Dreiecks im *Siyuan yujian* (1306), einer Abhandlung über Algebra von Zhu Shijie. 324
XIII. Techniken der Ming-Zeit. A. Sämaschine. B. Mühle. C. Haspel. D. Keramikwerkstätte (Holzschnitte aus dem *Tiangong kaiwu)* (1637). . . 374
XIV. Holzschnitt aus dem *Bencao gangmu.* Rechts: zwei Arten von Zimtstauden. Links: zwei Arten von Magnolien. (Bibliothèque Nationale, Section orientale, Département des manuscrits, *Foto Michel Cabaud*) 377
XV. Kalligraphie aus der Ming-Zeit von Zhang Bi (1425-1487) in Vollkursivschrift (Paris, Musée Cernuschi, *Foto Michel Cabaud*). 380
XVI. Szenen aus dem Alltagsleben am Ende des 18. Jahrhunderts. (Holzschnitte aus dem *Shinzoku kibun,* einem japanischen Werk aus dem Jahr 1799). 428

Den Tafeln II, III, IV, V, VI, VII, VIII, IX, X A, XI, XII, XIII, XVI liegt Material zugrunde, das vom Centre de documentation et de recherche sur la littérature chinoise zur Verfügung gestellt wurde.

QUELLENVERZEICHNIS DER BILDTAFELN

Zwischen Seite 64 und Seite 65

1. Vielfalt der chinesischen Landschaften.
Oben: Terrassenfelder in Yunnan *(Foto Marc Riboud-Magnum)*.
Unten: Die mongolische Steppe in der Nähe des Flusses Mergun *(Foto Keystone)*.

2. Vielfalt der chinesischen Landschaft.
Oben: Floß aus Lederschläuchen auf dem Fluß Xining in Qinghai (Kukunor) *(Foto Ella Maillart)*.
Unten: Einsammeln von Wasserpflanzen am Ufer des Taihu-Sees (Jiangsu) *(Foto Charbonnier-Réalités)*.

3. Waffen aus der Shang-Zeit. Links: Dolchaxt *ge* mit Jadeklinge. Paris, Musée Guimet *(Foto Michel Cabaud)*. Rechts: Yue-Zeremonialbeil aus Anyang. Paris, Musée Guimet *(Foto Michel Cabaud)*.

4. Zun-Ritualgefäß in Elefantenform (Beginn der Zhou-Zeit: 11.-9. Jh.). Paris, Musée Guimet *(Foto Michel Cabaud)*.

5. Wagengrube des Reiches Guo in der Nähe der Sanmen-Schluchten in Henan (8.-7. Jh.). *(Foto Brian Brake-Rapho)*.

6. Steingravierungen aus der Han-Zeit. Oben: Detail einer auf eine gebrannte, schwärzliche Tonplatte eingravierten Jagdszene (die Gravierarbeit ist restauriert worden). Rom, Museo Nazionale d'Arte Orientale (Negativ des Museums). Unten: Auf Steinplatten eingravierte Zeremonie oder Prozession. Paris, Musée du Louvre *(Foto Archives photographiques, Paris)*.

7. Grabkeramiken aus der Han-Zeit. a) Befestigter Bauernhof von Lach-te'uong in Thanh-hoa (Vietnam). Paris, Musée Cernuschi *(Foto Michel Cabaud)*. b) Zaubermeister mit zwei Köpfen (Töpferei). Paris, Musée Cernuschi *(Foto Giraudon)*. c) Pferd, Statuette vom Ende der Han-Zeit. Paris, Musée Cernuschi *(Foto Giraudon)*. d) Hund aus lackierter Terrakotta aus der Späteren Han-Zeit. 0,25 x 0,20 m. Paris, Musée Cernuschi *(Foto Giraudon)*.

8. Krieger der Nördlichen Wei in seiner Rüstung. Grabkeramik. Paris, Musée Cernuschi *(Foto Michel Cabaud)*.

Zwischen Seite 224 und Seite 225

9. Basrelief aus dem Grab des Tang-Kaisers Taizong, des Sohnes des Gründers der Tang-Dynastie (626-649). Philadelphia, USA, The University Museum *(Negativ des Museums)*.

10. Hofdamen der Tang-Zeit, Grabstatuetten (7. Jh.). Paris, Musée Cernuschi *(Foto Michel Cabaud)*.

11. Bodhisattva aus vergoldeter Bronze, Statuette aus der Wei-Zeit (Nordchina, 6. Jh.). Stockholm, Sammlung des schwedischen Königs *(Foto A. Desjardins-Réalités)*.

12. Bodhisattva und Wächter der Grotte von Fengxian, eines Felsheiligtums von Longmen (Henan) (7. Jh.) *(Foto E. Hürsch, Zürich)*.

13. Buddha-Kopf aus der Tang-Zeit (7.-8. Jh.). Paris, Collection E. F. *(Foto Giraudon)*.

14. Blick auf die buddhistischen Grotten von Dunhuang (4.-13. Jh.) *(Foto Claude Arthaud)*.

15. Die buddhistischen Wallfahrtsorte. Links: Dayanta-Stupa im Daci'ensi-Kloster in Xi'an (Shenxi), im Jahr 652 erbaut und zu Beginn des 8. Jahrhunderts restauriert *(Foto Landau-Rapho)*. – Rechts: Detail aus einer Freske der Grotte 323 von Qianfodong bei Dunhuang *(Foto Dominique Darbois)*.

16. Detail einer Freske aus den buddhistischen Grotten von Qianfodong bei Dunhuang *(Foto Dominique Darbois)*.

Zwischen Seite 384 und Seite 385

17. Malereien aus der Song-Zeit. Oben: »Flüsse und Berge soweit das Auge reicht« (Anonym, 12. Jh.). Cleveland, Museum of Art (Don Hamia Fund) *(Foto Giraudon)*. Unten: »Berge mit verschneiten Gipfeln« von Yu Jian (Südliche Song) *(Foto Giraudon)*.

18. Porzellan aus der Song- und Yuan-Zeit. a) Schale mit Zeichen der Yuan-Dynastie. Oxford, Museum of Eastern Art, Collection Sir H. Ingram *(Foto Giraudon)*. b) Vase in Flaschenform mit Blumenmuster (schwarz auf weißem Grund) aus der Tang-Zeit (Tse Tchenu-Stil). Wendover, Großbritannien, Collection Sir A. Barlou *(Foto Giraudon)*. c) Vase in Flaschenform (Meiping) aus der Song-Zeit, mit grauem Päonien-Muster auf weißer Engobe gemalt. London, G. Seligman Arts Council *(Foto Giraudon)*. – d) Schale aus der Song-Zeit (eingeritzter Lotos unter olivgrüner Glasur. Zeladon-Porzellan aus dem Norden. Oxford, Museum of Eastern Art, Collection Sir H. Ingram *(Foto Giraudon)*.

19. Malereien aus der Mongolen-Zeit. Oben: Landschaft von Ni Zan (1301-1374). Osaka, Städtisches Museum *(Foto Giraudon)*. Unten: Bildrolle mit acht Pferden, Kopie aus der Ming-Zeit eines Werks von Qian Xuan (Qian Shunju) aus der Yuan-Zeit (Detail). Paris, Musée Guimet *(Negativ des Museums)*.

20. Die Astronomie in der Yuan- und der Ming-Zeit. Oben: Astronomische Instrumente aus dem Observatorium von Peking *(Fotos: Dominique Darbois)*. Unten: Observatorium von Zijinshan bei Nanking *(Foto Keystone)*.

21. Porzellan aus der Ming-Zeit: blau-weiße Flasche. Paris, Musée Guimet *(Foto Giraudon)*.
22. Die Große Mauer des 15. Jahrhunderts nördlich von Peking. Oben: Ausschnitt *(Foto René Burri-Magnum)*. Unten: Blick auf einen Abschnitt der Großen Mauer. *(Foto Dominique Darbois)*.
23. Der Kaiserpalast in Peking, dessen Hauptgebäude zwischen 1421 und der Mitte des 15. Jahrhunderts erbaut wurden. *(Fotos Jean Charbonnier-Réalités)*.
24. Ming-Bauten in Nanking. Oben: Allee in Nanking zum Grab von Kaiser Hongwu (1368 bis 1398), dem Gründer der Ming-Dynastie *(Foto Paolo Koch-Rapho)*. Unten: Allee zum Grab eines Königs von Borneo, der 1408 in Nanking starb *(Foto Claude Arthaud)*.

Zwischen Seite 480 und Seite 481

25. Die Welt des Literaten zur Qing-Zeit. Oben: Holzschnitt aus dem *Senfkorngarten (Jieziyuan huazhuan)*, einem Lehrbuch für Malerei aus dem Jahr 1679 (ergänzt 1701). Paris, Musée Guimet *(Foto Giraudon)*. Unten: Grüne Schale aus dem beginnenden 18. Jahrhundert, auf der ein in einem Pavillon lesender Literat dargestellt ist; diese Szene stammt wahrscheinlich aus einem Roman. Paris, Musée Guimet *(Foto Michel Cabaud)*.
26. Tibet als Protektorat des Qing-Reiches. a) Großes Lamakloster in Gyantse, südwestlich von Lhasa *(Collection Viollet)*. b) Mandala aus vergoldeter Bronze. Höhe: 0,38 m. Durchmesser: 0,35 m. Paris, Musée Guimet *(Negativ des Museums)*. c) Bronzestatue der Prinzessin Wencheng, die im Jahr 641 mit dem bTsan-po von Lhasa verheiratet wurde. *(Foto: Weiss-Viollet)*.
27. Tafeln aus dem Manuskript von 1840-1850 des *Miao pu lui shi si ye*, dessen Text die Sitten und Gebräuche, die Religion, Wirtschaft, Geschichte und Geographie eines unzivilisierten südchinesischen Stammes beschreibt. Dieses Album enthält als Illustrationen 64 farbige Malereien auf Papier. Paris, Musée Guimet *(Fotos Michel Cabaud)*.
28. Die Einflüsse der europäischen Kunst auf China. Oben und unten: »Die tatarischen Gesandten bringen dem Kaiser Qianlong Pferde dar«, Gemälde von Pater G. Castiglione (Details). Paris, Musée Guimet *(Negative des Museums)*. – In der Mitte: Der Yuanmingyuan, der Sommerpalast von Kaiser Qianlong bei Peking, der nach Plänen der Jesuiten ausgebaut und im Jahr 1860 von den englisch-französischen Truppen geplündert und in Brand gesteckt wurde. Paris, Cabinet des estampes, Bibliothèque Nationale (Negativ B. N.).
29. Die zweite Hälfte des 19. Jahrhunderts. Oben: Die Kaiserin Cixi (Tz'u-hsi), umgeben von ihren Ehrendamen *(Foto Harlingue-Viollet)*. Unten: Li Hong-zhang (1823-1901), Armeeführer der Huai-Armee zur Zeit des Taiping-Aufstandes und wichtigste Führungspersönlichkeit der Periode 1864 bis 1894 *(Collection Viollet)*.
30. Der Angriff auf Nanking, die »Himmlische Hauptstadt« der Taiping, im Jahr 1864. Holzschnitt *(Collection Viollet)*.

Zwischen Seite 544 und Seite 548

31. Die Epoche der Fremdbestimmung. Oben: Yuan Shikai (1859-1916), der Armeechef der Nordzone und spätere Präsident der chinesischen Republik *(Foto Harlingue-Viollet)*. Unten: Sun Yat-sen (Sun Wen) (1866-1925) zur Zeit der Nankinger Regierung *(Foto Keystone)*.
32. Eine Handelsstraße in Schanghai. Das Foto wurde um 1880 aufgenommen. Genf (Privatsammlung).
33. Der Aufstieg von Chiang Kai-shek (Jiang Jieshi). Oben: Nachschubkolonne mit Ochsenkarren während der Einkreisungskampagne der Sowjetrepublik von Ruijin in Jiangxi (1931-1934) *(Collection Viollet)*. Unten: Chiang Kai-shek (1897-1975) zur Zeit des Nordfeldzuges *(Collection Viollet)*.
34. Mao Tse-tung in Peking in den ersten Jahren der Volksrepublik *(Foto Brian Brake-Photo)*.
35. Das städtische und industrielle China zur Zeit Chiang Kai-sheks. Oben: Die Eisen- und Stahlwerke von Hankou *(Collection Viollet)*. Unten: Der »Bund« in Schanghai (Negativ aus den 1960er Jahren). *(Foto Keystone)*.
36. Die chinesische Landwirtschaft. Oben: Reisfelder nach dem Umsetzen der Schößlinge *(Foto Charbonnier-Réalités)*. – Unten: Tee-Ernte in Zhejiang *(Foto Roger-Viollet)*.
37. Bauten in der Volksrepublik China. Oben: Die Yangzi-Brücke in Nanking im Bau *(Foto Paolo Koch-Rapho)*. Unten: Baustelle in Peking *(Foto Landau-Rapho)*.
38. Rote Winde, gemalt von Qi Baishi (Ts'i Paiche) (1863-1957). Paris, Musée Cernuschi *(Foto Giraudon)*.

INHALTSVERZEICHNIS

EINLEITUNG 11

Raum und Bevölkerung 12
Die Han 16
Lebensweise und Kultur 22
Die hochentwickelte Kultur der seßhaften Ackerbauern 23
Die nomadischen Viehzüchter der Steppenzone 24
Die Bergvölker des Himalaja-Massivs und seiner Randgebiete 25
Die Mischkulturen Südchinas und Südostasiens 26
Die Kulturen der Seßhaften und die Händler der zentralasiatischen Oasen 27
Die Verbindungswege des eurasischen Kontinents 27
Überblick über die historische Entwicklung Chinas 28
Grundzüge der chinesischen Zivilisation ... 34
Die chinesische Schrift 37

Das Altertum 43

TEIL 1: VOM ARCHAISCHEN KÖNIGTUM ZUM ZENTRALSTAAT 44

I. KAPITEL: DAS ARCHAISCHE KÖNIGTUM 44
1. Die neolithischen Vorstufen 44
Die Yangshao- und die Longshan-Kultur .. 45
2. Das archaische Königtum 46
Die erste Dynastie der Bronzezeit: die Shang- oder Yin-Dynastie 47
Wahrsagung und Opferbräuche 51

II. KAPITEL: DAS ZEITALTER DER FÜRSTENSTAATEN 54
1. Der Niedergang des archaischen Königtums 54
Die ersten Jahrhunderte der Zhou-Zeit 54
Die traditionelle Chronologie 55
2. Von den Fürstenstaaten zu den Königreichen 56
Die Adelsgesellschaft des 9. bis 7. Jahrhunderts 56
Der Niedergang der Adelsinstitutionen 58

III. KAPITEL: DIE ENTSTEHUNG DES ZENTRALISIERTEN STAATES 62
1. Die Beschleunigung des Wandels 62
Der Wandel der politischen Macht 63
Der Wandel des Kriegswesens 65
Der wirtschaftliche Aufschwung und die technischen Neuerungen 66
Die sozialen Umwälzungen 74
2. Die staatliche Revolution 75
Die Gründung des Zentralstaates 76
Besonderheiten des neuen Staates 78

IV. KAPITEL: DAS ERBE DES ALTERTUMS 80
1. Die Traditionen des 10. bis 6. Jahrhunderts 80
Die Klassiker 80
Die relativ späte Aufzeichnung der klassischen Traditionen 82
2. Das Erwachen der ethischen und politischen Reflexion 83
Konfuzius, Meister der Gelehrtenschule ... 83
Mozi, der Gründer einer Predigersekte 84
3. Geistige Strömungen des 4. und 3. Jahrhunderts 85
Die Staatstheoretiker 85
Von den religiösen Praktiken zur Philosophie: die Taoisten 88
Menzius 90
Xunzi 91
Die Sophisten und die Vertreter der »Fünf-Elementen-Lehre« 92
Die Literatur 93

Die kriegerischen Reiche 95

TEIL 2: AUFSTIEG, ENTWICKLUNG UND NIEDERGANG DES ZENTRALSTAATES 96

I. KAPITEL: DIE ZEIT DER EROBERUNGEN 97
1. Von der Qin- zur Han-Dynastie 97
Die Einigung der chinesischen Länder und die ersten expansionistischen Tendenzen . 97
Der Zusammenbruch des Qin-Reichs und die Gründung der Han-Dynastie ... 100
Der Fortbestand der legalistischen Institutionen 102
Die Bemühung um die Abschaffung der »Lehen« und die Gleichschaltung des kaiserlichen Adels 105
2. Die große Expansion der Han in Asien ... 107
Die Mongolei und Zentralasien 108
Die Mandschurei und Korea 110
Die Organisation des Nordheeres 111
Das Vordringen der Han in die Tropengebiete 113
Erste Öffnung nach Südostasien und zum Indischen Ozean 115

II. KAPITEL: URSACHEN UND FOLGEN DER EXPANSION 117
1. Wirtschaft und Politik 117
Handel und Expansion 117
Die Politik der Geschenke und der Seidenhandel 119
Die Sinisierung der Barbaren und ihre Integration ins Kaiserreich 120
2. Wirtschaft und Gesellschaft 123
Der Fortschritt der Technik und der wirtschaftliche Aufschwung 123

Die reiche Kaufmannschaft und die Gentry . 126
Freiheit oder Kontrolle der Wirtschaft? . . . 127

III. KAPITEL: DER AUFSTIEG DER GENTRY UND DIE KRISE DER POLITISCHEN INSTITUTIONEN . . 130
Von den Palastintrigen zur Usurpation 130
Die neuen Grundlagen des restaurierten Kaiserreichs 131
Der Fortschritt der Handelsbeziehungen im 1. und 2. Jahrhundert nach Chr. 133
Die Entwicklung des neuen Reichs von seiner Gründung bis zum Aufstand des Jahres 184 134
Die messianischen Revolutionäre 135
Das Kaiserreich unter der Herrschaft der Soldateska 136

IV. KAPITEL: DIE KULTUR DER HAN-ZEIT 138
Die scholastische Philosophie der Fünf Elemente 138
Die Vielfalt der Traditionen 138
Der Aufschwung der esoterischen Interpretationen 140
Beziehungen der scholastischen Philosophie zur Wirklichkeit ihrer Zeit 141
Rivalitäten zwischen den Schulen und gegensätzliche Tendenzen 142
Der Höhepunkt der klassischen Gelehrsamkeit und die geistige Erneuerung am Ende der Han-Zeit 144
Die neue Auffassung von der Geschichtsschreibung als Synthese und als politische und sittliche Reflexion 145
Eine höfische Literatur 146

TEIL 3: DAS MITTELALTER 148

I. KAPITEL: BARBAREN UND ARISTOKRATEN . . 150
Allgemeines 150
1. Von der Militärdiktatur zur Anarchie (190-317). Die Drei Reiche 152
Das Cao-Wei-Reich in Nordchina 152
Das Shu-Han- und das Wu-Reich (Sichuan und Yangzi-Tal) 153
Der Bürgerkrieg und der Aufstand der sinisierten Söldner 154
2. Die Herrschaft der Aristokraten im Yangzi-Becken 156
Die Östlichen Jin 156
Die Song-Dynastie 157
Die Qi-Dynastie 158
Die Liang-Dynastie 158
Die Chen-Dynastie 159
3. Königreiche und Kaiserreiche sinisierter Barbaren in Nordchina 159
Die Sechzehn Reiche der Fünf Barbaren (4. Jh.) 159
Der Aufstieg der Tabgač und die Entstehung des Reiches der Nördlichen Wei 161
Spannungen, Zerfall und Aufteilung Nordchinas (534-577) 167
4. Kontakte, Einflüsse und Beziehungen nach außen 168
Südchina, Südostasien und der Indische Ozean 168
Die Mandschurei, Korea und Japan 170
Die Mongolei und Zentralasien 171

II. KAPITEL: DIE KULTUR IM MITTELALTER . . . 174
1. Metaphysik, Ästhetik und Dichtkunst . . . 175
Vom legalistischen Nominalismus zu ontologischen Spekulationen 175
Individualismus, Freiheit, Ästhetik und Dichtkunst 177
Die taoistischen Kreise 180
2. Die große Welle der buddhistischen Frömmigkeit 181
Das Eindringen des Buddhismus nach China 182
Die Anpassung des Buddhismus in China . . 184
Der große Aufschwung des Buddhismus in China 187
Religion, Gesellschaft und Politik 189
Die Pilgerfahrten 191
Buddhistische Übersetzungen und buddhistische Literatur in chinesischer Sprache 193
Der Beitrag des Buddhismus zur chinesischen Welt 195

TEIL 4: VON DER WIEDERVEREINIGUNG ZUR ZERSPLITTERUNG 199

I. KAPITEL: DAS ARISTOKRATENREICH 199
Die politische Geschichte der Periode zwischen 581 und 683 200
1. Die politischen und wirtschaftlichen Grundlagen des Tang-Reichs 202
Die großen Bauarbeiten 202
Das Verwaltungssystem 205
Die juristischen Institutionen 207
Das Agrarsystem 208
Das Heer 210
2. Die große Expansion des 7. Jahrhunderts . 213
Die Ereignisse 213
3. Die politische Geschichte der Periode zwischen 684 und 755 216
Die Kaiserinnen Wu und Wei 216
Das goldene Zeitalter der Tang 218
Die Militärrevolte von 755-763 219

II. KAPITEL: DER ÜBERGANG ZUM REICH DER MANDARINE 220
1. Die Folgen der Rebellion 220
Der Rückzug 220
Die Veränderungen im Steuersystem und die Entwicklung der Gesellschaft . . 221
Die erste große Blüte des Reisanbaus 223
2. Die Zersplitterung des Reichs 224
Die politische Entwicklung 224
Eine neue Form der Macht 226

Regionale Autonomie und wirtschaftliche Blüte im 10. Jahrhundert ... 228
3. Konklusion ... 229
Der Anbruch einer neuen Zeit ... 229

III. KAPITEL: VON DER ÖFFNUNG CHINAS FÜR AUSLÄNDISCHE EINFLÜSSE ZUR RÜCKKEHR ZU DEN QUELLEN DER KLASSISCHEN TRADITION 231
1. Der Höhepunkt der mittelalterlichen Kultur 231
Geschichtsschreibung und Dichtkunst ... 231
Der Höhepunkt des chinesischen Buddhismus 233
2. Die ausländischen Einflüsse ... 237
Der iranische Einfluß ... 238
China und die islamische Welt vom 7. bis zum 9. Jahrhundert ... 240
3. Die Ausstrahlung der Tang-Kultur ... 242
Der Einfluß Chinas auf Japan ... 243
4. Die »nationalistische« Reaktion und die Rückkehr zu den Quellen der chinesischen Tradition ... 246
Die »Alt-Stil-Bewegung« ... 248
Die antibuddhistische Repression und der Niedergang des Buddhismus ... 248

Das Reich der Mandarine von der Song-Dynastie zur Ming-Dynastie ... 253

TEIL 5: DIE CHINESISCHE »RENAISSANCE« 254

I. KAPITEL: DIE NEUE WELT ... 256
1. Politische Geschichte und Institutionen .. 256
Die Ereignisse ... 256
Der neue Staat ... 258
Die Reformbewegung ... 260
2. Das Heer ... 263
Vom regulären Heer zum Söldnerheer ... 263
Die Feuerwaffen ... 265
3. Die neue Gesellschaft ... 266
Eine Klasse von Grundrentnern ... 266
Die Agrarprobleme ... 268
Das Aufblühen der Städte ... 270
Eine mobilere Gesellschaft ... 271
4. Die wirtschaftliche Expansion ... 272
Die Erhöhung der Nahrungsmittelproduktion ... 272
Der Aufschwung des Handwerks und des Handelsverkehrs ... 273
Der Handelsstaat ... 275
Der Aufschwung der Geldwirtschaft ... 277
Der Aufschwung der Seefahrt ... 278

II. KAPITEL: KULTUR UND WISSENSCHAFT IN DER CHINESISCHEN »RENAISSANCE« ... 282
1. Die Voraussetzungen für die Erneuerung . 282
Gelehrte und volkstümliche Kultur ... 282
Blockdruck und Buchdruck ... 284
2. Wissenschaft und Philosophie ... 289
Das Schrifttum der Song-Zeit und die Entwicklung der Wissenschaften ... 289
Die Anfänge der wissenschaftlichen Archäologie ... 291
Neue Tendenzen in der Geschichtswissenschaft ... 291
Kosmologie und Ethik: die Entstehung einer naturalistischen Philosophie ... 294
3. Konklusion ... 297

TEIL 6: VON DEN SINISIERTEN REICHEN ZUR MONGOLENHERRSCHAFT ... 299
Nomaden und Bergvölker vom 10. bis zum 14. Jahrhundert ... 299
Die drei Generationen von Reiternomaden . 300

I. KAPITEL: DIE SINISIERTEN REICHE ... 301
Das Liao-Reich der Kitan ... 301
Das Reich der Westlichen Xia, eines Volks von Viehzüchtern und Karawanenhändlern . 303
Das Jin-Reich der Dschurdschen ... 304

II. KAPITEL: MONGOLENSTURM UND MONGOLENHERRSCHAFT ... 307
1. Das Mongolen-Regime ... 309
Die Schaffung des mongolischen Ausbeutungssystems ... 309
Ethnische Diskriminierungen ... 312
Das Steuerwesen und die Ausbeutung der Reichtümer Chinas ... 314
Aufstände und Widerstand gegen die Eroberer ... 316
2. Die Beziehungen zwischen Ostasien, den christlichen und den islamischen Ländern 317
Gesandte und Kaufleute aus den christlichen Ländern ... 318
Die chinesische Diaspora auf dem eurasischen Kontinent ... 319
Geisteswissenschaften, Naturwissenschaften und Religion in der Mongolenzeit ... 321

TEIL 7: DIE HERRSCHAFT DER AUTOKRATEN UND DER EUNUCHEN . 328

I. KAPITEL: WIEDERAUFBAU UND EXPANSION . 329
1. Die Auflösung des Mongolenreichs und die Gründung der Ming-Dynastie ... 329
Die Befreiung des Territoriums ... 329
Der Wiederaufbau der Landwirtschaft ... 331
Die Kontrolle der Bevölkerung ... 332
Absolutistische Tendenzen ... 333
2. Die Fortsetzung der Expansion ... 335
Mongolei, Mandschurei und Vietnam ... 335
Die großen Expeditionen zur See ... 336
Der Beginn des Rückzugs ... 341

II. KAPITEL: POLITISCHE, SOZIALE UND ÖKONOMISCHE VERÄNDERUNGEN ... 345
1. Die politische Entwicklung ... 345
Eunuchen und Geheimpolizei ... 345

Die Verlegung der Hauptstadt 346
2. Die soziale und wirtschaftliche Entwicklung 347
Das Problem der militärischen Familien . . . 348
Der allmähliche Untergang der Handwerkerfamilien 349
Soziale Unruhen 350
Die wirtschaftlichen Veränderungen 352
3. Die Gefahren von außen 353
Die Offensiven der Mongolen 353
Das Piratentum 354

III. KAPITEL: DER BEGINN DER NEUZEIT IN CHINA UND DIE KRISE AM ENDE DER MING-ZEIT . . 359
1. Der Wiederaufschwung des Städewesens . 360
Der Aufschwung des Großhandels und des industriellen Handwerks 360
Die technischen Fortschritte 361
Eine neue Gesellschaft von Städtern und Kaufleuten 363
2. Die Krisenzeit der letzten fünfzig Jahre . . 364
Die Finanzkrise 364
Die politische Krise 366
Die großen Volkserhebungen 367
Die Bedrohung durch die Mandschus 368

IV. KAPITEL: DAS GEISTIGE LEBEN IN DER MING-ZEIT 371
1. Philosophie, Wissenschaft und Literatur . 372
Die Entwicklung der geistigen Strömungen 372
Der Fortschritt der Wissenschaften 375
Eine städtische Literatur 379
2. Die ersten Einflüsse des neuzeitlichen Europa 381
Das Eintreffen der ersten katholischen Missionare in Ostasien 382
Die Schwierigkeiten des Dialogs 383
Die bedeutendsten Konvertiten 385
Die wechselseitigen Einflüsse 387

Das China der Neuzeit 391

TEIL 8: DER AUTORITÄRE PATRIARCHALISMUS 392

I. KAPITEL: DIE EROBERUNG CHINAS UND DIE ERRICHTUNG DER MANDSCHU-HERRSCHAFT 393
1. Der Aufstieg der Mandschu-Macht 393
Die Periode ihrer Entstehung 393
Die Festsetzung der Eroberer in China 394
2. Verzögerungen und Schwierigkeiten 396
Der Widerstand der Südlichen Ming 396
Das Wiederaufflammen des Piratentums . . 397
Die Rebellion der »Drei Feudalfürsten«, 1674-1681 398

II. KAPITEL: DIE AUFGEKLÄRTEN DESPOTEN . . . 400
1. Die Herrschaft der sittlichen Ordnung . . . 400
Der Anschluß der Oberschicht 400
Ein »konfuzianisches« Reich 401
2. Das größte Reich der Welt 403
Die Mongolei, Zentralasien, Tibet: Krieg, Religion und Diplomatie 403
Die Schaffung der »Neuen Territorien« . . . 405
Ein kontinentales und kosmopolitisches Reich 405
3. Eine Ära des Wohlstands 406
Der Höhepunkt der Agrartechniken 407
Das »industrielle« Großhandwerk und der beispiellose Aufschwung des Handels 408
Das Bevölkerungswachstum und die Kolonisation 410
4. Grenzkonflikte 411
Die ersten Konflikte mit der russischen Kolonisation in Ostasien 412
Erhebungen kolonisierter Völker 413
Das vietnamesische Piratentum 414
5. Die Verschlechterung des politischen und sozialen Klimas 415
Die Zunahme der Korruption und die ersten Bauernaufstände 415
Die Mängel des politischen Systems 416

III. KAPITEL: DAS GEISTIGE LEBEN VON DER MITTE DES 17. BIS ZUM ENDE DES 18. JAHRHUNDERTS . 418
1. Die Philosophen des 17. Jahrhunderts . . . 418
Die Kontinuität der geistigen Strömungen im 17. Jahrhundert 418
Die Kritik am Absolutismus und die ersten Forschungen zur Geistesgeschichte Chinas . 419
Eine evolutionistische Soziologie 420
Physik und Geschichte bei Fang Yizhi 422
Gu Yanwu, der Vater der wissenschaftlichen Kritik auf den Gebieten der Geschichte und der Philologie 423
Die Rückkehr zum Konkreten und die neue Pädagogik 424
2. Politik, Gesellschaft und Geistesleben unter den aufgeklärten Despoten 426
Die sittliche Ordnung 426
Das Mäzenatentum der Kaiser und der reichen Kaufleute 430
3. Der Aufschwung der Textkritik und die Philosophen des 18. Jahrhunderts 432
Die Entstehung der textkritischen Schule . . 432
Dai Zhen, Naturwissenschaftler, Gelehrter und Philosoph 434
Eine Philosophie der Geschichte 436
4. Das Werk der Jesuiten und der Einfluß Chinas in Europa 437
Die wissenschaftliche Leistung und der Einfluß der Jesuiten in China 437
Die Entlehnungen aus China und die europäischen Reaktionen 441

TEIL 9: VOM NIEDERGANG ZUR FREMDBESTIMMUNG UND SELBSTENTFREMDUNG 445

I. KAPITEL: DIE GROSSE REZESSION 447
1. Die inneren Ursachen des Niedergangs . . 447

2. Schmuggel und Piratentum 449
Das Defizit der Handelsbilanz 449
Der erste Opium-»Krieg« 452
Währungsprobleme 453
3. China und der Westen 455

II. KAPITEL: DIE SOZIALE EXPLOSION UND IHRE FOLGEN 458
1. Das Reich des Himmels 458
Eine revolutionäre Tradition 459
Höhepunkt und Unterdrückung des Taiping-Aufstandes 461
2. Andere Aufstände 465
Die Nian 466
Die kolonisierten Völker 467
3. Die Folgen 468
Die Priorität des landwirtschaftlichen Wiederaufbaus 469
Die Erhöhung der Handelsabgaben 470
Die politischen Veränderungen 471
Die Entstehung der Widersprüche 473

III. KAPITEL: DAS SCHEITERN DER MODERNISIERUNG UND DAS WEITERE EINDRINGEN DES AUSLANDES 474
1. Die Probleme der Modernisierung 475
Die ersten Bemühungen um eine Industrialisierung 475
Die Ursachen des Scheiterns 477
Freies Unternehmertum oder Staatswirtschaft? 480
2. Das fortschreitende Eindringen des Auslands und seine Folgen 481
Die fortschreitende Unterjochung Chinas 482
Die Einkreisung 486
Die wirtschaftlichen Auswirkungen 487
Psychologie und Politik 488
3. Konklusion 491

IV. KAPITEL: DIE GEISTIGEN STRÖMUNGEN IM 19. JAHRHUNDERT 494
Der reformierte Konfuzianismus 495
Die orthodoxe Reaktion und die Erneuerung der Reformbewegung 497
Die Rückkehr zu den vergessenen Traditionen 499
Die wissenschaftlichen Einflüsse des Westens 501

Das moderne China 503

TEIL 10: DAS GEDEMÜTIGTE CHINA 504

Der Beginn der Schreckensjahre 504
Die Manifestationen der Zerrüttung 505

I. KAPITEL: DER ZERFALL DER TRADITIONELLEN WIRTSCHAFT UND GESELLSCHAFT 508
1. Der Zusammenbruch der chinesischen Wirtschaft 510
Der Druck der Kriegsentschädigungen 510
Die wirtschaftliche Fremdbestimmung 511
Die Naturkatastrophen 514
2. Bevölkerungsbewegungen und soziale Umwälzungen 515
Exodus und Emigration 518
Der Zerfall der traditionellen Gesellschaft . 521

II. KAPITEL: DIE POLITISCHE ENTWICKLUNG IN DER ERSTEN HÄLFTE DES 20. JAHRHUNDERTS .. 525
1. Die Epoche Yuan Shikais 525
Der Untergang des alten Regimes 525
Die Diktatur Yuan Shikais 527
2. Die Periode der Warlords 528
Innenpolitik und ausländische Präsenz 528
Von den Anstrengungen Sun Yat-sens zum Sieg Chiang Kai-sheks 530
3. Das Dezennium von Nanking 531
Die Grundlagen und Charakteristika des Nationalistischen Regimes 532
Die japanische Invasion der Mandschurei und die Entwicklung der Roten Armee . 534
4. Von der japanischen Invasion zur Gründung der Volksrepublik 536
Die Epoche von Chongqing 536
Der Bürgerkrieg der Jahre 1946-1949 538

III. KAPITEL: DIE PHILOSOPHISCHE UND LITERARISCHE ENTWICKLUNG 540
Der Einfluß Japans und die Entdeckung des Evolutionismus 541
Die Invasion des Westens 543
Die Entwicklung des Marxismus 546
Die historischen und die exakten Wissenschaften 547

TEIL 11: EIN NEUES KAPITEL DER GESCHICHTE 550

DIE CHINESISCHE VOLKSREPUBLIK 550
Die Charakteristika des neuen Regimes ... 550
1. Vom Bündnis mit der Sowjetunion zum Bruch 552
Das sowjetische Modell 554
Der Große Sprung nach vorn 555
2. Vom Bruch mit der Sowjetunion bis zum Tod Mao Tse-tungs 556
Das Zwischenspiel der Jahre 1960-1965 ... 558
Die Kulturrevolution 559

ANHANG

Chronologische Tafeln 564
Bibliographie 652
Index der Personennamen 668
Index der geographischen Namen 676
Index der Titel von Werken 683
Sachindex 688
Verzeichnis der Karten und Pläne 706
Quellenverzeichnis der Abbildungen im Text 707
Quellenverzeichnis der Bildtafeln 708
Inhaltsverzeichnis 710